AF530374

उदीयमान भारतीय समाज में शिक्षा

EDUCATION IN EMERGING INDIAN SOCIETY

एस. गुप्ता
जे. सी. अग्रवाल

SHIPRA

(First Published in India in 2008)

Rs. 1600

ISBN: 978-81-7541-393-1

2020 Impression

उदीयमान भारतीय समाज में शिक्षा

Published by:
SHIPRA PUBLICATIONS
LG 18-19, Pankaj Central Market,
I.P. Ext., Patparganj, Delhi 110092, India
Ph.: +91 11 22235152/6152
Email: info@shiprapublication.com
Website: www.shiprapublication.com

भूमिका

प्रस्तुत पुस्तक में भारतीय समाज के शिक्षा के विविध आयामों को न केवल भारतीय समाज के संविधान में दर्शाए सामाजिक एवं दार्शनिक परिप्रेक्ष्य में अपितु वर्तमान तथा भविष्य में समाज के सामने आ रही तथा आने वाली चुनौतियों से भी पाठकों को अवगत कराने का प्रयास किया गया है।

पुस्तक में शिक्षा के सन्दर्भ में भारतीय दर्शन, भारतीय शिक्षाशास्त्रियों तथा पाश्चात्य शिक्षाविदों का योगदान, भारतीय संविधान की विशेषताओं का ज्ञान, समाजशास्त्रीय आधार, राष्ट्रीय एवं भावात्मक एकता आदि सभी बिन्दुओं पर सहज एवं स्वाभाविक भाषा का प्रयोग करते हुए यथोचित प्रकाश डाला गया है।

पुस्तक की मुख्य विशेषता यह है कि सभी प्रकरणों से सम्बन्धित आधारभूत तथा महत्वपूर्ण सामग्री जो प्रायः मूल स्रोतों तथा दस्तावेजों से ली गई है, उसे सरल, सुबोध, वैज्ञानिक तथा व्यावहारिक स्वरूप प्रदान किया गया है ताकि छात्र परीक्षा में उत्तम अंक तथा ग्रेड प्राप्त कर सकें और साथ ही विषय पर अधिकार भी।

नवीन सामाजिक व्यवस्था निर्माण में किस प्रकार शिक्षा के माध्यम से विभिन्न प्रकार की असमानताओं जैसे लैंगिक असमानता को दूर किया जा सकता है, पर विवेचना की गई है।

उदीयमान भारतीय समाज किस प्रकार विकासशील देशों की पंक्ति में अपना उचित स्थान ले सकता है। इस पर भी आवश्यकतानुसार चर्चा की गई है।

आंकड़ों सम्बन्धी पुस्तक के मुख्य स्रोत इस प्रकार हैं:

1. *दुनिया के बच्चों की स्थिति*, 2007 युनिसेफ
2. *भारत 2007*, प्रकाशन विभाग, सूचना और प्रसारण मंत्रालय, भारत सरकार।
3. *वार्षिक रिपोर्ट 2006-2007*, मानव संसाधन मंत्रालय, भारत सरकार।

आशा है कि पुस्तक छात्रों की ही नहीं, वरन् उन सभी वर्गों की आवश्यकताओं की पूर्ति करेगी जो भारत शिक्षा के विकास तथा इसके राष्ट्रीय योगदान में रुचि रखते हैं।

लेखक उन सभी लेखकों तथा प्रकाशकों के आभारी हैं जिनके प्रकाशनों से यह पुस्तक लिखने में सहायता ली।

एस. गुप्ता
जे.सी. अग्रवाल

विषय-सूची

1

शिक्षा का अर्थ एवं प्रकृति
(Meaning and Nature of Education)

1.1 शिक्षा का महत्त्व: वेदों तथा अन्य शास्त्रों में (Significance of Education in the Vedas and Other Scriptures)

शिक्षा के महत्त्व को शास्त्रों ने निम्न प्रकार से दर्शाया है:

1. शिक्षा अपूर्व धन (Education as Unique Wealth)

न ता नशन्ति न दभाति तस्करो नासामामित्रो व्यथिरो दधर्षति।
देवांश्च याभिर्यजते ददाति च ज्योगित्ताभिः सचते गोपतिः सह।।

–अ० 4/21/3

विद्याएँ कभी नष्ट नहीं होती हैं, ये अनश्वर धन हैं। विद्या-धन को तस्कर चुरा नहीं सकते, दु:खदायी शत्रु भी इसका तिरस्कार नहीं कर सकते। विद्या धन वह धन है जिसके द्वारा देवयज्ञादि पञ्चयज्ञ किये जाते हैं और जिसका दान सर्वोत्तम है तथा इन्द्रियों के स्वामी जीवात्मा गोपति का निरन्तर इस विद्या के साथ सम्बन्ध रहता है अर्थात् मरने पर जीवात्मा के साथ केवल विद्या-धन ही जाता है, अन्य सारे सांसारिक ऐश्वर्य यहीं रह जाते हैं।

2. मन की शुद्धता शिक्षा द्वारा (Purification of Mind through Education)

अद्भिर्गात्राणि शुद्ध्यन्ति मनः सत्येन शुद्ध्यति।
विद्यातपोभ्यां भूतात्मा बुद्धिर्ज्ञानेन शुद्ध्यति।। –मनु० 5/109

जल से शरीर की शुद्धि होती है, मन सत्य से शुद्ध होता है, विद्या और तप से आत्मा की शुद्धि होती है और बुद्धि ज्ञान से शुद्ध होती है।

3. शिक्षा कामधेनुनू के रूप में (Education as an Instrument of Providing Everything)

कामधेनुगुणा विद्या ह्यकाले फलदायिनी।
प्रवासे मातृसदृशी विद्या गुप्तं धनं स्मृतम्।। –चा० 4/5

विद्या में कामधेनु के समान गुण हैं, यह असमय में भी फल देनेवाली है, यह विदेश

में माता के समान रक्षक और हितकारिणी होती है, इसलिए विद्या को गुप्त-छिपा हुआ धन कहा गया है।

4. शिक्षा सबसे उत्तम मित्र (Education as the Best Friend)

विद्या मित्रं प्रवासेषु भार्या मित्रं गृहेषु च।
व्याधितस्यौषधं मित्रं धर्मो मित्रं मृतस्य च।। —चा० 5/15

विदेशों में विद्या मनुष्य का सच्चा मित्र होता है। घर में शील-गुण-युक्त नारी मनुष्य की वास्तविक मित्र होती है। रोगी के लिए औषध मित्र होता है और मरे हुए मनुष्य का मित्र उसका धर्म होता है।

5. शिक्षा सबसे मूल्यवान जेवर (Education as the Most Valuable Ornament)

नक्षत्रभूषणं चन्द्रो नारीणां भूषणं पतिः।
पृथिवी भूषणं राजा विद्या सर्वस्य भूषणम्।।

आकाश का आभूषण चन्द्रमा है, नारी का आभूषण पति है, पृथिवी का आभूषण राजा है, परन्तु विद्या सभी का आभूषण है।

6. शिक्षा आदर का स्रोत (Education as Source of Honour)

विद्वान् प्रशस्यते लोके विद्वान् गच्छति गौरवम्।
विद्यया लभ्यते सर्वं विद्या सर्वत्र पूज्यते।। —चा० 8/20

संसार में विद्वान् ही प्रशंसित होता है, विद्वान् ही सर्वत्र आदर पाता है। विद्या से धन-धान्य, मान-प्रतिष्ठा आदि सब कुछ मिलता है। विद्या का सर्वत्र आदर होता है।

7. शिक्षा गौरव का साधन (Education as an Instrument of Prestige)

रूपयौवनसम्पन्ना: विशालकुलसम्भवा:।
विद्याहीना न शोभन्ते निर्गन्धा इव किंशुका:।। —चा० 3/8

रूप और यौवन से सम्पन्न तथा ऊँचे कुल में जन्म लेने पर भी विद्याविहीन मनुष्य ऐसे ही सुशोभित नहीं होता, जैसे गन्धरहित ढाक के फूल।

8. शिक्षा से जीवन की सार्थकता (Education Provides Purpose to Life)

शुनः पुच्छमिव व्यर्थं जीवितं विद्यया विना।
न गुह्यगोपने शक्तं न च दंशनिवारणे।। —चा० 7/19

जैसे कुत्ते की पूँछ न तो गुप्तेन्द्रियों को ढाँपने में ही समर्थ है और न ही मच्छर आदि को उड़ाने में। इसी प्रकार विद्याहीन व्यक्ति का जीना व्यर्थ होता है।

9. शिक्षा से आनन्द प्राप्ति (Bliss through Education)

विद्यया विन्दतेऽमृतम्। —केन० 2/2/4

विद्या से परम आनन्द की प्राप्ति होती है।

10. शिक्षा देव लोक का साधन (Education as a means of Dev Lok)

विद्यया देवलोकः देवलोको वै लोकानां श्रेष्ठस्तस्माद्विद्यां प्रशसन्ति।।
—बृहदा० *1/5/16*

विद्या से देवलोक की प्राप्ति होती है। देवलोक सारे लोकों में श्रेष्ठ है, इसलिए विद्या की प्रशंसा की जाती है।

11. शिक्षा द्वारा ब्रह्म लोक की प्राप्ति (God Realisation through Education)

केन ब्रह्मत्वं क्रियते? त्र्यीविद्ययेति।। —एतरेय 5/5/8

ब्रह्मत्व की प्राप्ति कैसे होती है? त्रयीविद्या के अध्ययन से मनुष्य को ब्रह्मत्व की प्राप्ति होती है।

12. शिक्षा से प्रसिद्धि (Fame through Education)

विद्यया ख्यापिता ख्याति:।। —चा०सू० 297

विद्या से शीघ्र ख्याति मिल जाती है।

13. शिक्षा की सुरक्षा (No Danger of Theft to Education)

विद्या चौरैरपि न ग्राह्या।। —चा०सू० 296

विद्या को चोर भी नहीं चुरा सकते।

14. शिक्षा द्वारा क्रोध पर विजय (Controlling Anger through Education)

शक्यं विद्याविनीतेन लोके संजीवनं शुभम्।
आत्मानं विद्यया तस्मात् पूर्वकृत्वा तु भाजनम्।।
वश्येन्द्रियो जितक्रोधो भूतात्मानं तु भावयेत्।।

—महा० अनु० अ० 145 पृ० 5956

विद्या से विनीत हुआ पुरुष संसार में शुभ जीवन बिता सकता है, अत: अपने-आपको पहले विद्या द्वारा पुरुषार्थ का भाजन बनाकर क्रोध विजयी एवं जितेन्द्रिय पुरुष सम्पूर्ण भूतों के आत्मा-परमात्मा का चिन्तन करे।

15. शिक्षा द्वारा सभी कामनाओं की पूर्ति (Fulfilment of All Desires through Education)

विद्यया स्फीयते ज्ञानं ज्ञानात् तत्त्वनिदर्शनम्।
दृष्टतत्त्वो विनीतात्मा सर्वार्थस्य च भाजनम्।।

—महा० अनु० अ० 145 पृ० 5956

विद्या से ज्ञान बढ़ता है, ज्ञान से तत्त्व का दर्शन होता है और तत्त्व का दर्शन कर लेने के पश्चात् मनुष्य विनीतचित्त होकर समस्त पुरुषार्थों का भाजन हो जाता है।

उपसंहार

एक समय था जब ज्ञान तथा शिक्षा के क्षेत्र में भारत को 'जगत गुरु' माना जाता था। उस समय भारत आर्थिक दृष्टि से भी सम्पन्न था। 'सोने की चिड़िया' माना जाता था। आज जब हम संसार के विकासशील तथा विकसित देशों की तुलना करते हैं तो हम पाते हैं कि विकसित देशों के विकास तथा समृद्धि का कारण वहाँ का शिक्षा स्तर है। विकसित देशों में लगभग शत-प्रतिशत साक्षरता तो है ही, साथ ही इन देशों ने विज्ञान तथा प्रौद्योगिकी में भी बहुत उन्नति की है।

1.2 शिक्षा के महत्त्व पर कुछ पाश्चात्य विद्वानों के विचार (Views of Some Great Western Scholars on the Significance of Education)

एडिसन जोसफ (*Addison Josephs* 1672–1719 A.D.): "संगमरमर के साथ जो सम्बन्ध मूर्तिकला का है, वही सम्बन्ध आत्मा के साथ शिक्षा का है।"

अरस्तु (*Aristotle*) (384–322 BC): "जिस प्रकार जीवित व्यक्ति मृतक व्यक्ति से श्रेष्ठ होता है, उसी प्रकार शिक्षित व्यक्ति अशिक्षित व्यक्ति से।"

ऐपीसीटस (*Epicetus*) (*1st-2nd Century BC*): "शिक्षित व्यक्ति ही केवल स्वतन्त्र है।"

डायोजिनस (*Diagenes*) (412–323 BC): "शिक्षा युवकों के लिए अनुशासन की शान, वृद्धों के लिए ढांढस, निर्धन के लिए धन तथा धनियों के लिए आभूषण है।"

लॉके (*Locke, 1632-1740*): "पौधे का विकास जुताई से तथा मनुष्य का विकास शिक्षा से होता है।"

ड्यूवी, जॉन (*Dewey, John* 1859–1962)–"शारीरिक जीवन के लिए जिस प्रकार आहार तथा प्रजनन हैं, उसी प्रकार सामाजिक जीवन के लिए शिक्षा।"

1.3 शिक्षा का अर्थ (Meaning of Education)

शिक्षा के अर्थ को स्पष्ट करने से पूर्व यह जान लेना बहुत आवश्यक है कि विभिन्न विचारकों, चिन्तकों, विद्वानों, दार्शनिकों आदि ने अपने-अपने दर्शन तथा समाज की स्थिति के संदर्भ में अपने विचार रखे हैं। अत: स्वाभाविक है कि शिक्षा के अर्थ के सम्बन्ध में विभिन्न मत हों। शिक्षा शब्द की उत्पत्ति संस्कृत के शब्द 'शिक्ष्' धातु से हुई है। इसका अर्थ है 'सीखना' तथा 'ज्ञान प्राप्त करना' अथवा अध्ययन करना।

भारतीय भाषा के सन्दर्भ में शिक्षा का शाब्दिक अर्थ (Meaning of Education in Context of an Indian Language): शिक्षा के अनुरूप अथवा समान अर्थ वाला एक और शब्द 'विद्या' है जो संस्कृत के 'विद्' धातु से बना है जिसका अर्थ है 'जानना' या 'ज्ञान प्राप्त करना'।

अत: शिक्षा से अभिप्राय: ज्ञान प्राप्त करना है। चूँकि ज्ञान भी अनेक प्रकार का होता है और ज्ञान प्राप्ति के लक्ष्य तथा साधन भी अनेक प्रकार के, इस कारण शिक्षा का अर्थ एवं परिभाषा भी भिन्न हो जाती है।

संस्कृत के अन्य धातु: *शिक्षा शब्द*: शिक्ष से निकला है, जिसका अर्थ है सिखाना अथवा शिक्षा देना।

संस्कृत में और धातु 'शास' है जिसका अर्थ 'अनुशासन में रखना', 'नियन्त्रण में रखना', 'निर्देश देना' (To discipline, to control, and to instruct or to teach)

पश्चिमी भाषा के सन्दर्भ में शिक्षा का शाब्दिक अर्थ (Literal Meaning of Education in the Context of Foreign Language): अंग्रेजी भाषा में शिक्षा को एजूकेशन (Education) कहते हैं। विद्वानों के अनुसार इस शब्द की उत्पत्ति लैटिन (Latin) भाषा के निम्न शब्दों से हुई है।

शब्द *(Word)*	अर्थ *(Meaning)*
Educare (एडुकेयर)	संवर्द्धन करना (To nourish), पालन पोषण करना (To bring up)
Educere (एडूकीयर)	विकसित करना (to develop), बाहर निकालना (To lead out)
Educatus (एडूकेटस)	पढ़ाना (To teach), प्रशिक्षित करना (To train)
Educo (एडूको)	अन्दर से निकालना (To lead out), अन्दर का विकास करना (To develop from withen), आगे बढ़ना (To move forward)

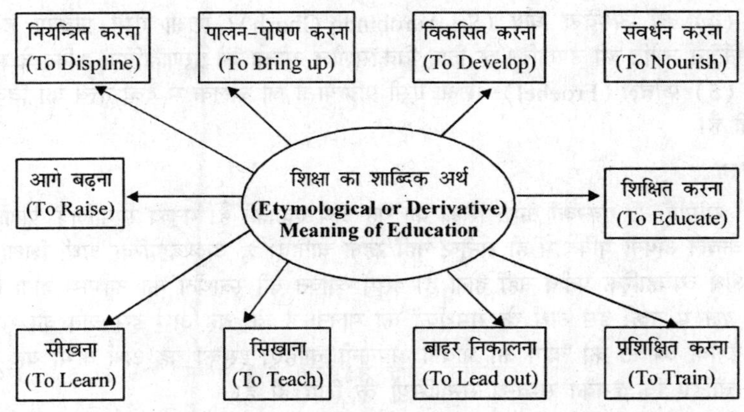

चित्र 1.1: शिक्षा का शाब्दिक अर्थ
(Etymological Meaning of Education)

1.4 पांच प्रकार की परिभाषाओं के संदर्भ में शिक्षा का अर्थ (Meaning of Education in the Context of Five Types of Definitions)

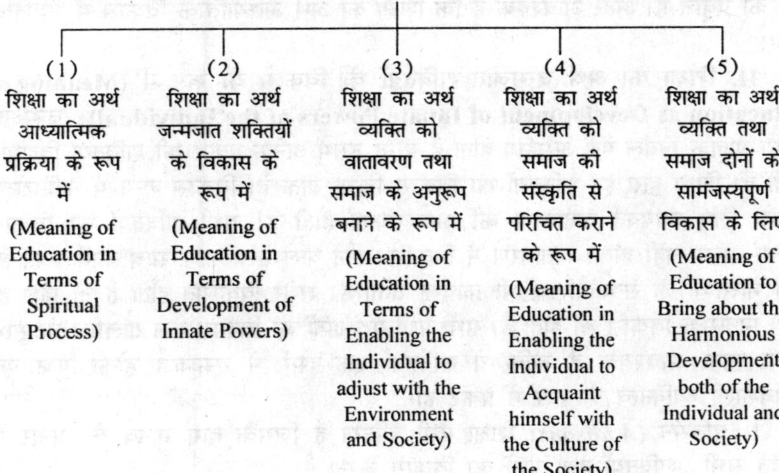

I. शिक्षा का अर्थ आध्यात्मिक प्रक्रिया के रूप में: निम्नलिखित विद्वानों ने शिक्षा का अर्थ एक आध्यात्मिक प्रक्रिया के रूप में माना है:

(1) *अरस्तु* (*Aristotle*): शिक्षा ऐसी प्रक्रिया है जो मनुष्य को परम सत्य, शिवं एवम् सुन्दरम का चिन्तन करने योग्य बना सके।

(2) *कणाद* (*Kanad*): मुनि के अनुसार 'शिक्षा का मुख्य उद्देश्य मानव के भीतर आत्मसन्तोष उत्पन्न करना है।

(3) *स्वामी शंकराचार्य* (Swami Sankaracharya)–स्वामी शंकराचार्य के शब्दों में "विद्या वही है जो मुक्ति प्रदान करे।"

(4) *श्री अरविन्द घोष* (Sri Aurobindo Ghosh): शिक्षा ऐसी प्रक्रिया है जो अन्तर्निहित ज्योति की उपलब्धि के लिए विकासशील आत्मा को प्रेरणादायिनी शक्ति दे सके।

(5) *फ्रोबेल* (Froebel): शिक्षा ऐसी प्रक्रिया है जो बालक में दैवी तत्त्व का विकास करती है।

समीक्षा

सीमाएँ: 1. *एकाकी अर्थ:* शिक्षा का यह अर्थ एकांकी है। मनुष्य सामाजिक प्राणी है। उसे केवल अपनी मुक्ति में ही सन्तुष्ट नहीं रहना चाहिए। 2. *अव्यवहारिक अर्थ:* शिक्षा का यह अर्थ व्यवहारिक प्रतीत नहीं होता है। इसमें व्यक्ति की स्वार्थता का आभास होता है।

पक्ष में तर्क: इस अर्थ के समर्थकों का मानना है कि यह अर्थ इस बात का संकेत देता है कि व्यक्ति को त्याग की भावना अपनानी चाहिए। इसका यह अर्थ कभी यह नहीं लेना चाहिए कि इसका सम्बन्ध सन्यासियों के लिए ही है।

शिक्षा के इस अर्थ का यदि गहन रूप से मूल्यांकन किया जाए तो यह बहुत ही उच्च कोटि का है। मनुष्य जीवन का लक्ष्य परमात्मा के साथ आत्मसात करना है।

उपसंहार

आज का युग भौतिकवाद का युग कहलाता है इसमें रुपये-पैसे को ही सर्वोत्तम स्थान देने की प्रवृत्ति है। अत: आवश्यक है कि शिक्षा का अर्थ आध्यात्मिक विकास में भी लिया जाए।

II. शिक्षा का अर्थ जन्मजात शक्तियों के विकास के रूप में (Meaning of Education as Development of Innate Powers of the Individual): जन्म के समय बालक निर्बल एवं असहाय होता है परन्तु उसमें अनेक प्रकार की शक्तियां विद्यमान होती हैं। शिक्षा द्वारा इन शक्तियों का विकास किया जाता है। विकास शून्य में नहीं होता। उसके लिए उपयुक्त वातावरण की आवश्यकता होती है। सभी शक्तियों का विकास अलग-अलग नहीं होता। वातावरण में विकसित होने वाले तत्त्व साथ-साथ कार्य करते हैं। जैसे मस्तिष्क के साथ पेशियाँ भी कार्यरत रहती हैं। शरीर विकसित होता है तो साथ ही साथ मानसिक विकास भी होता है। सभी पक्षों एवं अंगों का विकास एक तालमेल के साथ किया जाना आवश्यक है ताकि ये शक्तियाँ एक-दूसरे से सुसम्बद्ध होकर पुष्ट एवं प्रभावशाली व्यक्तित्व के रूप में प्रकट हों।

1. *एडिसन* (*Addison*): शिक्षा ऐसी प्रक्रिया है जिसके द्वारा मानव के अन्तर में निहित सभी शक्तियों तथा गुणों का विकास करना है।

2. *पेस्टालाजी (Pestalozzi)*: शिक्षा का अर्थ मनुष्य की जन्मजात शक्तियों का स्वाभाविक, समरूप तथा प्रगतिशील विकास है।

3. *रॉस (Ross)*: शिक्षा ऐसी प्रक्रिया है जो स्वाभाविक प्रवृत्तियों को समुचित दिशा में मोड़ कर, उनमें एकरसता लाकर तथा सामंजस्य उत्पन्न करके उनका उन्नयन करती है।

4. *गांधी जी (Gandhiji)*: शिक्षा से मेरा अभिप्राय बालक और मनुष्य के शरीर, मन और आत्मा के सर्वोत्तम गुणों को व्यक्त करना है अथवा बाहर निकालना है।

जन्मजात शक्तियों के विकास पक्ष में तर्क: 1. *मनोवैज्ञानिक दृष्टिकोण*: शिक्षा का यह अर्थ मनोवैज्ञानिक है। यह बालक की जन्मजात क्षमताओं के सम्यक् विकास पर बल देता है।

2. *विस्तृत पाठ्यक्रम*: इस अर्थ को मान्यता प्रदान करने से पाठ्यक्रम विस्तृत और आकर्षक हो जायेगा।

3. *सन्तुलित नागरिक*: इस अर्थ को मानने से समाज को संतुलित एवं आकर्षक व्यक्तित्व के नागरिक मिलेंगे, जो समाज की प्रगति में योगदान देंगे।

4. *समान विकास का अवसर*: अगर बालक की सभी शक्तियों का समान विकास न करके एक-दो का ही विकास किया गया तो व्यक्तित्व एकांगी हो जायेगा।

5. *सामाजिक कुशलता का विकास*: इसके कारण सामाजिक कुशलता एवं नागरिक गुणों का विकास होगा।

6. *प्रभावी व्यक्ति*: यह अर्थ बालकों को ऐसा बना देता है कि वे विभिन्न परिस्थितियों का सामना करने तथा उनसे समझौता करने में समर्थ होते हैं।

7. *मानसिक तथा शारीरिक संरक्षण*: इसके कारण व्यक्ति मानसिक या शारीरिक रोगों से बच सकता है।

8. *गहन तथा विस्तृत अर्थ*: यह एक ऐसा अर्थ है, जिसमें शिक्षा के सभी अर्थ तथा उद्देश्य एक साथ सम्मिलित हैं।

9. *सेवा-भाव का बोध*: इस अर्थ से मानव में सेवा भाव का बोधा होता है। वह समाज का सच्चा नागरिक बनता है।

10. *पाठ्यान्तर क्रियाओं पर बल*: इसमें पाठ्यान्तर प्रक्रियाओं का भी सहारा लिया जाता है जिससे बालकों की विभिन्न प्रकार की क्षमताओं का विकास होता है।

11. *उपचारिक तथा अनौपचारिक शिक्षा का प्रावधान*: इसमें शिक्षा के औपचारिक एवं अनौपचारिक दोनों ही प्रकार के साधन आ जाते हैं। इस कारण शिक्षा का रूप व्यापक हो जाता है।

शिक्षा के जन्मजात शक्तियों के अर्थ के विपक्ष में तर्क: 1. *अव्यवहारिक अर्थ*: यह अर्थ व्यावहारिक नहीं है। सिद्धान्त रूप से यह आकर्षक अवश्य है। पर इसे व्यवहार में परिणित करना एक कठिन कार्य है।

2. *समविकास का अर्थ अस्पष्ट*: समविकास का अर्थ स्पष्ट नहीं है। कैसे जानकारी होगी कि बालक का समविकास हुआ या नहीं? इसका कोई मापदण्ड नहीं है।

3. *व्यक्तिगत विभिन्नता पर ध्यान देना कठिन कार्य*: सभी बालकों की जन्मजात शक्तियों का समविकास करना एक कठिन कार्य है। व्यक्तिगत विभिन्नता के आधार पर शिक्षा देना सरल कार्य नहीं है।

4. *समान विकास सम्भव नहीं*: व्यक्तिगत विभिन्नता के रहते हुए यह कैसे सम्भव है कि सभी बालकों का समान विकास किया जाए? इस कारण यह अमनोवैज्ञानिक है।

5. *विशिष्टीकरण में अव्यवहारिक:* आज का युग विशिष्टीकरण का है। विशिष्टीकरण के युग में समविकास स्वीकार करना सम्भव नहीं है।

6. *निर्देशन में कठिनाइयाँ*: समविकास के उद्देश्य की पूर्ति के लिए निर्देशन करने का कार्य कठिन है। ऐसे निर्देशकों की बड़ी कमी है।

III. शिक्षा का अर्थ व्यक्ति को वातावरण तथा समाज के अनुरूप बनाने के रूप में: 1. *स्टुअर्ट मिल* (Mill): "शिक्षा एक संस्कृति है जिसे एक पीढ़ी अपनी आगामी सन्तति को संदेश देती है, ताकि वह अपने को इस योग्य बना सके कि प्राप्त की हुई संस्कृति को ज्यों-का-त्यों बनाये रखे और यदि सम्भव हो सके तो उसके उस उन्नत स्तर को ऊँचा उठायें जो उस समय तक संरक्षित है।"

2. *एनसाइक्लोपीडिया ब्रिटेनिका* (*Encyclopaedia Britanica*): "शिक्षा मानव-समाज के प्रौढ़ व्यक्तियों के ऐसे प्रयत्न को कहते हैं जो अपने समुदायगत आदर्शों के अनुसार ही अपनी आगामी पीढ़ी के विकास को एक आकार प्रदान करता है।"

3. *रेमाण्ट* (Raymont): "शिक्षा मानव जीवन के विकास की वह प्रक्रिया है जो शैशवावस्था से प्रौढ़ावस्था तक चलती रहती है-शिक्षा विकास का वह क्रम है जिससे मानव अपने आपको आवश्कतानुसार भौतिक, सामाजिक तथा आध्यात्मिक वातावरण के अनूकूल बना लेता है।"

समीक्षा: जर्मनी, इटली तथा रूस में उक्त अर्थ पर अधिक बल देने से व्यक्ति को समाज का एक प्रकार से दास बना दिया। व्यक्ति का व्यक्तित्व लगभग समाप्त कर दिया। शिक्षा का अर्थ उस प्रक्रिया से लिया जाने लगा जिससे कि व्यक्ति में इस प्रकार के गुणों का निर्माण हो सके जिनसे वह केवल सरकार को सब कुछ समझे। व्यक्ति की स्वतन्त्रता पर कुठारागात हुआ। व्यक्ति केवल 'मशीन' बन कर रह गया। उसके व्यक्तित्व का कोई अर्थ न रहा। 'व्यक्ति पूजा अर्थात् नेता पूजा' के लिए ही शिक्षा का अर्थ लिया जाने लगा। यह अर्थ अधूरा है। शिक्षा का कार्य बालक को केवल संस्कृति से परिचित कराना ही नहीं है, अपितु उसे इस योग्य भी बनाना है कि वह संस्कृति के गुण-दोषों को परख सके तथा गुणों को धारण करें।

समाज का उपयोगी सदस्य बनाने का गलत अर्थ लिया जाने लगा।

शिक्षा का अर्थ केवल उस प्रक्रिया से लिया जाने लगा जिससे व्यक्ति का विकास हो या न, परन्तु समाज का विकास ही सर्वोत्तम है। यह अर्थ बहुत संकीर्ण बन गया।

इस अर्थ को भली-भाँति समझने के लिए आवश्यक है कि व्यक्ति तथा समाज के सम्बन्ध को अच्छी तरह जान लिया जाए।

समाज का उपयोगी सदस्य बनाने में तथा समाज के लिए ही शिक्षा-इन दोनों में बहुत अन्तर है।

IV. शिक्षा का अर्थ बालक को समाज की संस्कृति से परिचित कराना: बालक की शिक्षा 'शून्य' में और 'शून्य' के लिए नहीं है। बालक एक सामाजिक प्राणी है, उसे समाज की संस्कृति से परिचित कराना आवश्यक है। अत: शिक्षा का अर्थ उसी अवधारणा पर आधारित है। यह बालक पर निर्भर है कि वह उस संस्कृति के कौन-से तत्त्व अपनाता है।

V. शिक्षा व्यक्ति तथा समाज दोनों के विकास के रूप में: अनेक विद्वानों का मानना है कि शिक्षा का अर्थ व्यक्ति को केवल समाज के लिए ही तैयार नहीं करना है अपितु उसके अपने व्यक्तित्व का भी विकास कराना है। शिक्षा का अर्थ समाज के हितों तथा व्यक्ति के हितों में उपयुक्त तालमेल स्थापित कराना है। व्यक्ति मशीन के समान नहीं है। उसका अपना अस्तित्व भी है। यदि व्यक्ति ही नहीं होगा तो समाज कैसे बन सकता है। इस बात की पुष्टि में कुछ विद्वानों के विचार नीचे दिए गए हैं:

1. *हैंडरसन* (*Henderson*) का कथन है: ''यदि शिक्षा केवल सामाजिक विरासत को एक पीढ़ी से दूसरी पीढ़ी को हस्तांतरित करती है, तो वह केवल अतीत की पुनरावृत्ति करती है। यदि शिक्षा केवल बच्चों की अभिवृद्धि और विकास करती है, तो वह सामाजिक विरासत की अवहेलना करती है। पर यदि शिक्षा अभिवृद्धि और विकास की प्रक्रिया अर्थात् एक ऐसी प्रक्रिया है जिसमें सामाजिक वातावरण के रूप में सामाजिक विरासत को उत्तम और बुद्धिमान पुरुषों एवं स्त्रियों के विकास के लिए प्रयोग किया जा सके तो यह शिक्षा की वही प्रक्रिया है, जिसका समर्थन दार्शनिकों और शिक्षा-सुधारकों ने किया है। यही शिक्षा की सत्य धारणा है।''

2. *बॉसिंग* (*Bossing*): ''शिक्षा का कार्य व्यक्ति को वातावरण के साथ उस सीमा तक अनुकूलन कराना है जिससे व्यक्ति तथा समाज दोनों के लिए स्थायी सन्तोष प्राप्त हो सके।''

3. *ब्राउन* (*Brown*): ''शिक्षा चैतन्य रूप में एक नियन्त्रित प्रक्रिया है जिसके द्वारा व्यक्ति के व्यवहार में परिवर्तन किये जाते हैं तथा व्यक्ति के द्वारा समाज में।''

4. *कौटिल्य* (*Kautilya*): शिक्षा मानव को एक सुयोग्य नागरिक बनाना सिखाती है तथा उसका व्यक्तिगत विकास करती है।

ड्यूवी (Dewey) ने इस बात पर बल दिया है कि "वातावरण से पूर्ण अनुकूलन करने का अर्थ है–मृत्यु। आवश्यकता इस बात की है कि वातावरण पर नियन्त्रण रखा जाए।"

ड्यूवी ने सामाजिक वातावरण का अर्थ इस प्रकार बताया, ''सामाजिक वातावरण में उसके किसी भी सदस्य की सभी क्रियाएँ आ जाती हैं। उनका प्रभाव उतनी ही मात्रा में वास्तविक रूप से शिक्षाप्रद होता है जितनी मात्रा में एक व्यक्ति समाज की सहयोगी क्रियाओं में भाग लेता है।''

समीक्षा: शिक्षा का यह अर्थ सर्वमान्य प्रतीत होता है। इसमें व्यक्ति तथा समाज दोनों पर बल दिया गया है। प्रजातन्त्र में व्यक्ति का विशेष स्थान है अत: शिक्षा का अर्थ समाज तथा व्यक्ति के हितों के संदर्भ में देखा जाना चाहिए।

1.5 गांधी जी के अनुसार शिक्षा की परिभाषा तथा अर्थ (Definition and Meaning of Education according to Gandhiji)

गांधी जी के अनुसार, ''शिक्षा से मेरा अभिप्राय: बालक तथा मनुष्य के शरीर, मन और आत्मा के अर्न्तीनहित सर्वोत्तम शक्तियों के सर्वांगीण विकास (प्राक्ट्रय) से है।''

ऊपर दी गई शिक्षा की परिभाषा में निम्नलिखित तत्त्वों पर विशेष ध्यान देने की आवश्यकता है–1. बालक तथा मनुष्य की अर्न्तनिहित अथवा आन्तरिक शक्तियाँ, 2. सर्वांगीण विकास, 3. शारीरिक, मानसिक तथा आत्मिक (शरीर, मन तथा आत्मा)

शिक्षा एक ऐसी प्रक्रिया है जो बालक तथा मनुष्य के अन्दर छिपी हुई शक्तियों का सर्वोमुखी विकास करती है। यह विकास किस प्रकार का हो, इस की रूपरेखा भी गांधीजी

ने बतलाई है। यह विकास शरीर का है, मन का है तथा आत्मा का है। विकास किस प्रकार का हो सकता है तथा किस प्रकार से किया जा सकता है इनका उत्तर है–यह विकास एक विशेष प्रकार के वातावरण में हो सकता है। स्कूल द्वारा यह वातावरण उपलब्ध कराया जाता है। शिक्षक इस प्रकार से प्रयत्न करता है कि बालक को ऐसा वातावरण प्रदान किया जाए जो उसकी आन्तरिक शक्तियों का इस प्रकार विकास करने में सहायक हो जिससे बालक समाज का उपयोगी सदस्य बन सके।

शिक्षा के अर्थ की व्याख्या करते हुए गांधी जी ने स्पष्ट किया कि शिक्षा का अर्थ अक्षर-ज्ञान नहीं है, शिक्षा एक साधन मात्र है। हम मनुष्य बनें। मात्र पुस्तकीय ज्ञान से मनुष्यत्व नहीं आता। ज्ञान के साथ-साथ शरीर तथा आत्मा का विकास अत्यन्त आवश्यक है।

बालक के सर्वोमुखी विकास के लिए गांधी जी ने बुनियादी शिक्षा पद्धति पर बल दिया क्योंकि यह पद्धति मस्तिष्क, शरीर और आत्मा तीनों का विकास करती है। साधारण शिक्षा पद्धति केवल मस्तिष्क के विकास पर बल देती है। दूसरे शब्दों में यह शिक्षा अधूरी है। इसमें बालक की सभी आन्तरिक शक्तियों का सामंजस्य एंव विकास नहीं होता है। शिक्षक का कार्य है कि वह छात्र के भीतर विद्यमान प्रतिभा को विकसित करे और उसे प्रकाश में लाये।

सर्वांगीण शिक्षा का विकास इस प्रकार से हो कि बालक में विद्यमान शक्तियों को ऐसा मोड़ दिया जाए कि वह एक आदर्श नागरिक बन सके। आदर्श नागरिक वही होगा जो जीविका उपार्जन भी कर सके। इसके लिए गांधी जी ने दस्तकारी पर बल दिया।

सर्वांगीण विकास में संगीत तथा कला का विकास भी आ जाता है। प्रत्येक व्यक्ति में इस प्रकार के गुणों का बीज जन्मजात होता है। उसे बाहर निकालने के अवसर मिलने चाहिए।

शुद्ध आचरण तथा नैतिक शिक्षा आदि सर्वांगीण शिक्षा के अभिन्न अंग हैं।

गांधी जी का मत है कि बुद्धि की सच्ची शिक्षा हाथ, पैर, आँख, कान, नाक आदि शरीर के अंगों के ठीक अभ्यास और शिक्षण से हो सकती है। दूसरे शब्दों में, इन्द्रियों के बुद्धिपूर्वक उपयोग से बालक की बुद्धि को विकास का उत्तम और लघुत्तम मार्ग मिलता है। परन्तु जब तक मस्तिष्क और शरीर का विकास साथ-साथ न हो और उसी मात्रा में आत्मा की जागृति न होती रहे, तब तक केवल बुद्धि के एकाकी विकास से कुछ विशेष लाभ नहीं होगा। अतः शरीर, मन और आत्मा की विविध शक्तियों के विकास में उचित तालमेल और एकरसता लाने की अत्यन्त आवश्यकता है।

गांधी जी के विचारों के संदर्भ में कुछ महान शिक्षाविदों की चर्चा करना उपयुक्त प्रतीत होता है।

पेस्टालॉजी (Pestalozzi) ने लिखा है, "शिक्षा मनुष्य की आन्तरिक शक्तियों का प्राकृतिक समन्वित एवं प्रगतिशील विकास है।"

रूसो (Rousseau) का विचार है, "शिक्षा आभ्यान्तर की छिपी हुई शक्तियों का विकास है।"

फ्रोबेल (Froebel) के विचार में, "शिक्षा एक प्रक्रिया है जिससे बालक की अन्तर्निहित शक्तियों को बाहर लाना है।"

यदि ऊपर दी गई शिक्षा की परिभाषाओं की गांधी जी द्वारा दी गई परिभाषा से तुलना

की जाए तो यह ज्ञात हो जाता है कि गांधी जी की परिभाषा शिक्षा के अर्थ को विस्तृत रूप से स्पष्ट करती है। यह परिभाषा 'सर्वांगीण' तथा 'सर्वोत्तम' शब्दों पर उचित बल देती है।

1.6 शिक्षा के अर्थ को स्पष्ट करने वाली डॉ. राधाकृष्णन तथा स्पेंसर की परिभाषाएँ (Definitions given by Dr. Radhakrishnan and Spencer)

डॉ॰ राधाकृष्णन ने शिक्षा पर गहन चिन्तन किया और सभी पक्षों को ध्यान में रखते हुए शिक्षा के प्रति एक संतुलित तथा व्यापक दृष्टिकोण अपनाया। उन्होंने कहा, "अब यह बात अधिकाधिक स्वीकार की जाने लगी है कि शिक्षा के प्रति सन्तुलित दृष्टिकोण का विकास किया जाना चाहिए। मानसिक प्रशिक्षण के साथ-साथ, कल्पना-शक्ति और मनोभावों को निर्मल बनाया जाना चाहिए। जिज्ञासु मस्तिष्क, अन्तर्ज्ञानी हृदय, चेतनशील आत्मा और छानबीन करने वाले विवेक का विकास किया जाना चाहिए। विज्ञान और प्रौद्योगिकी के इस युग में हमें यह याद रखना चाहिए कि जीवन का वृक्ष लोहे के ढाँचे से बिल्कुल भिन्न है। यदि हम विज्ञान और प्रौद्योगिकी का प्रयोग करके निर्धनता को दूर करना चाहते हैं तो ललित कलाओं द्वारा मस्तिष्क की हीनता को भी दूर किया जाना चाहिए। केवल भौतिक दरिद्रता ही दुःख का कारण नहीं है। हमें समाज के हितों को नहीं, वरन् मानव-हितों को भी सन्तुष्ट करना चाहिए। सौन्दर्यात्मक और आध्यात्मिक उत्कर्ष, पूर्ण मानव के निर्माण में योग देता है। मानव के निर्माणकारी पहलू का विकास कला द्वारा होता है। सारांश में, शिक्षा को मनुष्य और समाज का निर्माण करना चाहिए।"

इसी प्रकार शिक्षा के उद्देश्य को स्पष्ट करते हुए स्पेंसर ने लिखा है, "शिक्षा हमें ज्ञान कराये कि हम अपने शरीर, मस्तिष्क और आत्मा के साथ कैसा व्यवहार करें; अपने कार्यों का प्रबन्ध किस प्रकार करें, अपने परिवार में किस प्रकार व्यवहार करें और प्रकृति द्वारा दिये जाने वाले सुख के साधनों का किस प्रकार उपयोग करें; अपने और दूसरों के अधिकतम लाभ के लिए सब शक्तियों का प्रयोग किस प्रकार करें।"

उपसंहार: शिक्षा की सर्वोत्तम परिभाषा किसे कहा जाए, यह एक विवादास्पद प्रश्न है। शिक्षा की विभिन्न परिभाषाओं के अध्ययन से पता चलता है कि कहीं न कहीं कोई कमी रह गई है, फिर भी इन सब परिभाषाओं में ऊपर दी गई दो परिभाषाएँ सबसे उत्तम प्रतीत होती हैं क्योंकि वह शिक्षा के प्रति एक सन्तुलित दृष्टिकोण रखती हैं।

इन परिभाषाओं में मनुष्य के सर्वांगीण विकास की परिकल्पना की गई है। ये परिभाषाएँ विज्ञान तथा प्रौद्योगिकी के विकास को आत्मा के विकास के साथ जोड़ती हैं। साथ ही व्यक्ति तथा समाज दोनों के कल्याण की चिंता करती हैं। यथार्थवाद, प्रकृतिवाद, आदर्शवाद तथा प्रयोगात्मकवाद के सिद्धान्तों में सामंजस्य स्थापित करती हैं।

1.7 शिक्षा का अर्थ: चार एच (4 Hs) के समायोजित विकास के लिए (Meaning of Education in Terms of 4 Hs—Head, Hand, Health and Heart)

शिक्षा का अर्थ व्यक्ति के चार पक्षों का समायोजित विकास माना जाता है जो चित्र 1.2 द्वारा दर्शाया गया है।

1. *मस्तिष्क* (*Head*): शिक्षा के व्यक्ति के विकास का एक पक्ष मस्तिष्क है। मस्तिष्क अथवा मानसिक विकास में ये तत्त्व सम्मिलित हैं–ज्ञान प्राप्त करना, सोचने, दूरदर्शिता से आभास करने, समझने, कल्पना करने, तर्क करने, समीक्षा करने, समस्या समाधान से निर्णय लेने की योग्यताओं के गुण।

2. *हृदय* (*Heart*): आधुनिक शिक्षा में व्यक्ति के भावात्मक पक्ष पर विशेष बल दिया जाता है।

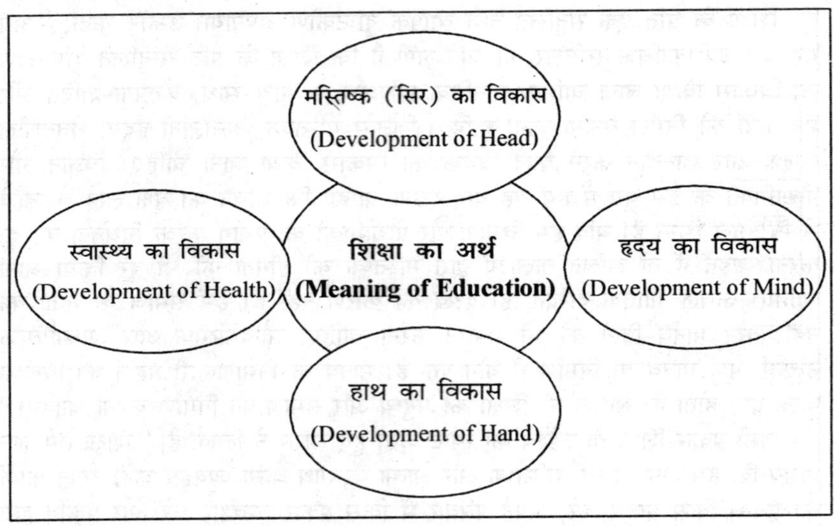

चित्र 1.2: शिक्षा का अर्थ 4 'एच' के रूप में

(Meaning of Education in Terms of Development of 4 Hs)

3. *हाथ* (*Hand*): हाथ यहाँ पर व्यावसायिक क्षमता का प्रतीक है। गांधीजी ने हस्तकला की शिक्षा पर बल दिया।

4. *स्वास्थ्य* (*Health*): उचित स्वास्थ्य निर्माण के बिना शिक्षा अधूरी है। स्वास्थ्य के दुर्बल होने से मस्तिष्क, हृदय तथा हाथ का उचित विकास नहीं हो सकता है।

1.8 जनतन्त्र में शिक्षा का विशेष अर्थ (Special Meaning of Education in a Democracy)

शिक्षा 7 Rs के सन्दर्भ में–Reading, Writing, Arithmetic, Rights, Responsibilities, Relationship and Recreation (चित्र 1.3)

परम्परागत शिक्षा व्यवस्था में 3 Rs जो कि विषयों के ज्ञान के प्रतीक में, उन पर बल दिया जाता था। दूसरे शब्दों में केवल 'ज्ञान' पक्ष की प्रधानता थी। छात्र के जीवन के अन्य पक्षों पर उचित ध्यान नहीं दिया जाता था। परन्तु जनतन्त्र में इस बात को प्राथमिकता दी जा रही है कि छात्र अपने अधिकारों तथा उत्तरदायित्वों में समन्वय स्थापित करें। साथ ही मनोरंजन के साधनों पर भी उचित ध्यान दें।

अब शैक्षिक संस्थाओं में विषयों के साथ-साथ 'जीवन में रहने की कला' (Art of Living) में प्रशिक्षण का प्रावधान किया जा रहा है।

उपसंहार: शिक्षा का अर्थ उस प्रक्रिया से है जिस के द्वारा छात्रों में निहित क्षमताओं तथा योग्यताओं का इस प्रकार प्रयोग करना है कि उनका अधिकतम विकास हो ताकि छात्र अपना तथा समाज का सर्वांगीण विकास कर सकें। शिक्षा छात्रों को इस योग्य बनाती है कि वे समाज के उत्तरदायी घटक के नाते अपना कर्त्तव्य भली प्रकार निभा सकें।

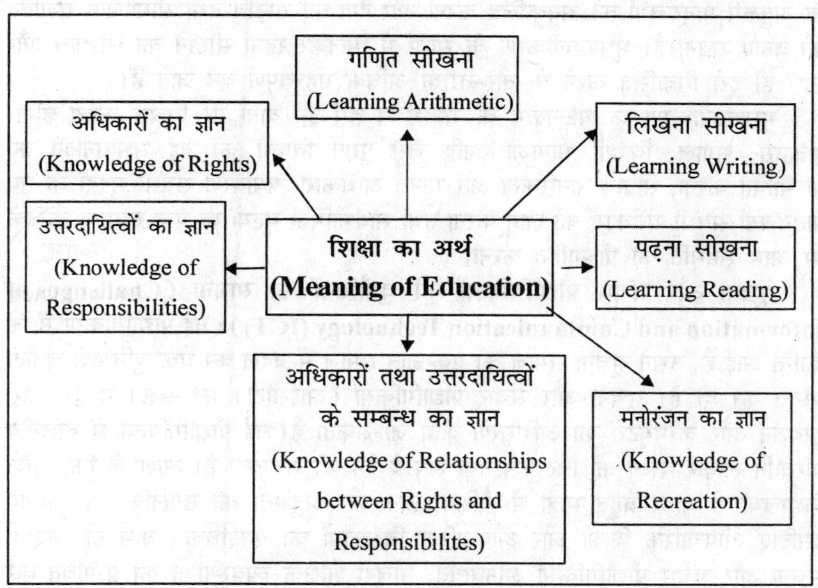

चित्र 1.3: शिक्षा का अर्थ 7 R's का विकास
(Meaning of Education in Terms of 7 R's)

1.9 भूमण्डलीकरण के सन्दर्भ में शिक्षा (Education in the Context of Globalization)

इक्कीसवीं शताब्दी की विशेष चुनौतियाँ हैं जिनमें से एक चुनौती आर्थिक वित्तीय क्षेत्रों के विश्वव्यापी समाकलन के कारण बहुत बड़े भाग में होने वाले भूमण्डलीकरण का परिणाम है। भूमण्डलीकरण त्वरित और महत्त्वपूर्ण प्रौद्योगिकीय बदलावों, भू-राजनैतिक विकास तथा बाजार द्वारा विनियमन की एक प्रभावी विचारधारा का परिणाम है। भूमण्डलीकरण के कारण अधिक समस्याएँ किसी एक देश की सीमा पर समाप्त नहीं हो जातीं बल्कि वे विश्वव्यापी समाधानों के लिए आवाह्न करती हैं। इन अर्थों में अब हम 'भूमण्डलीय गति' के सच्चे सदस्य बन गए हैं अथवा ऐसा कह सकते हैं कि प्राचीन भारतीय परम्परा में हमने अपने आपको वसुधैव कुटुम्बकम् (पूरी दुनिया ही एक कुटुम्ब) के सिद्धान्त के प्रति सच्चे अर्थों में पुनः समर्पित कर दिया है।

भूमण्डलीकरण के परिणाम सूचना तथा संचार के स्रोतों में विविधता से प्रतिफलित

अधिगम समाजों के उदय, कार्य की प्रकृति के रूपांतरण, जिससे अधिक लचीलेपन की आवश्यकता उत्पन्न होगी, टीम के रूप में कार्य करने की जरूरत और नयी प्रौद्योगिकियों के इस्तेमाल के रूप में सामने आएंगे। शैक्षिक प्रक्रियाओं के सन्दर्भ में भूमण्डलीकरण द्वारा उत्पन्न चुनौतियों का अर्थ यह होगा कि इन बातों के सम्बन्ध में पुनर्विचार किया जाए: शैक्षिक अन्तर्वस्तु का संप्रेषण, सूचना के नए स्रोतों का एकीकरण, ज्ञान के साथ-साथ क्षमता विकसित करना और साथ ही विभिन्न सामाजिक-सांस्कृतिक समूहों की आवश्यकताओं के अनुरूप पाठ्यचर्या को अनुकूलित करना और देश की राष्ट्रीय तथा सामाजिक संशक्ति को बनाए रखना है। भूमण्डलीकरण के संदर्भ में मिलकर रहना सीखने का सिद्धान्त और साथ ही इसे विकसित करने के तौर-तरीके अधिक महत्त्वपूर्ण बन जाते हैं।

भूमण्डलीकरण के घटनाक्रम के सन्दर्भ में हमें इन बातों पर विचार करना होगा: इतिहास, भूगोल, विदेशी भाषाओं आदि जैसे पुराने विषयों की नई संभावनाओं को परिभाषित करना, सक्रिय नागरिकता और मानव अधिकारों, पर्यावरण संबंधी मुद्दों के नए पाठ्यचर्या संबंधी सरोकारों को लागू करना तथा सार्वभौमिक मूल्यों के एक सामान्य केंद्रिक पर आम सहमति को प्रोत्साहित करना।

सूचना और संचार प्रौद्योगिकियों की चुनौतियों का सामना (Challenges of Information and Communication Technology (ICT)): नई प्रौद्योगिकियों में जो क्रान्ति आई है, उसने सूचना समाज को एक ज्ञान समाज में बदल कर एक बुनियादी चुनौती प्रस्तुत कर दी है। सूचना और संचार प्रौद्योगिकियों (आईसीटी) को संक्षेप में दूरसंचार, दूरदर्शन और कम्पयूटरों का अभिसरण कहा जा सकता है। नई प्रौद्योगिकियों में वांछनीय परिवर्तन लाकर शिक्षा को बिल्कुल नया रूप दे देने की संभावना है। आशा है कि, चूंकि विद्यालयों से बाहर बहुत मात्रा में शैक्षिक ज्ञान और अनुभवों की उपलब्धि हो जाएगी, इसलिए औपचारिक शिक्षा और औपचारिक विद्यालयों का एकाधिकार कम हो जाएगा। सूचना और संचार प्रौद्योगिकियाँ अनिवार्यत: मौजूदा शैक्षिक व्यवस्थाओं को प्रभावित करे रही हैं और उनमें बदलाव ला रही हैं, शिक्षा के भूमण्डलीकरण को प्रभावित करेंगी, मौजूदा पाठ्यचर्या में बदलाव लाएंगी, नए दौर की अधिगम सामग्री लाएंगी और विद्यालयों के नेटवर्क निर्माण को प्रोत्साहित करेंगी।

1.10 शिक्षा का व्यापक तथा संकुचित अर्थ (Wider and Narrow Meaning of Education)

शिक्षा का व्यापक अर्थ: शिक्षा के व्यापक अर्थ के अनुसार यह सारा संसार शिक्षा क्षेत्र है। प्रत्येक व्यक्ति–बाल, युवा, वृद्ध, स्त्री-पुरुष सभी शिक्षार्थी हैं। वे सब जीवनपर्यन्त कुछ न कुछ सीखते हैं। अत: व्यक्ति का सारा जीवन उसका शिक्षा काल है। साथ ही प्रत्येक व्यक्ति जहाँ स्वयं दूसरों से कुछ सीखता है वह दूसरों को भी कुछ न कुछ शिक्षा देता है। जीवन की छोटी-छोटी घटनाएँ भी हमें शिक्षा देती रहती हैं। इसी प्रकार शिक्षा प्राप्त करने तथा प्रदान करने का कोई निश्चित स्थान नहीं है। शिक्षा व्यापक अर्थ में घर, बाजार, स्कूल तथा खेल-कूद के मैदान आदि समस्त स्थानों पर प्राप्त होती रहती है। जड़ प्रकृति भी मानव को शिक्षा प्रदान करती है।

शिक्षा के व्यापक अर्थ का स्पष्टीकरण निम्नांकित परिभाषाओं से किया जा सकता है:

जे. एस. मेकेन्जी (*J. S. Mackenzie*): "व्यापक अर्थ में शिक्षा एक ऐसी प्रक्रिया है, जो आजीवन चलती रहती है और जीवन के प्रायः प्रत्येक अनुभव से उसके भंडार में वृद्धि होती है। शिक्षा को जीवन का मुख्य साध्य भी कहा जा सकता है।"

मार्क हॉपकिन्स (*Mark Hopkins*) के शब्दों में, "अपने अति व्यापक अर्थ में शिक्षा में वे सभी बातें आ जाती हैं, जो निर्माणकारी प्रभाव डालती हैं।"

प्रो. डम्विल (*Prof. Dumville*) के विचार में, "शिक्षा के व्यापक अर्थ में सभी प्रभाव आते हैं, जो व्यक्ति को जन्म से लेकर मृत्यु तक प्रभावित करते हैं।"

जॉन स्टुअर्ट मिल (*Mill*) ने लिखा है, "जो कोई बात मानव के निर्माण में सहायता देती है अथवा रुकावट डालती है, वह उसकी शिक्षा का भाग है।"

इस सम्बन्ध में *टी. रेमॉण्ट* (*T. Raymont*) का यह कथन उल्लेखनीय है–"शिक्षा, विकास का वह क्रम है, जिससे व्यक्ति अपने को धीरे-धीरे विभिन्न प्रकार से अपने भौतिक, सामाजिक और आध्यात्मिक वातावरण के अनुकूल बना लेता है। जीवन ही वास्तव में शिक्षित करता है। एक व्यक्ति अपने व्यवसाय, पारिवारिक जीवन, मित्रता, विवाह, पितृत्व, मनोरंजन यात्रा आदि के द्वारा शिक्षित किया जाता है।"

अपने विचार व्यक्त करते हुए *स्वामी विवेकानन्द* ने लिखा है–"यदि कोई मनुष्य केवल कुछ परीक्षाएँ पास कर सकता है और अच्छे व्याख्यान दे सकता है, तो क्या आप उसको शिक्षित समझते हैं ? क्या वह शिक्षा शिक्षा कहलाने योग्य है, जो सामान्य जन-समूह को जीवन के संघर्ष के लिए अपने आप को तैयार करने में सहायता नहीं देती है, और उनमें शेर का-सा साहस उत्पन्न नहीं करती है!"

लॉज (*Lodge*) ने लिखा है–"बच्चा अपने माता-पिता को, और छात्र अपने शिक्षकों को शिक्षित करता है। प्रत्येक बात, जो हम सोचते या करते हैं, हमें किसी प्रकार भी दूसरे व्यक्तियों के द्वारा कही, सोची या की गई बात से कम शिक्षित नहीं करती है। इस व्यापक अर्थ में जीवन शिक्षा है और शिक्षा जीवन है।"

शिक्षा के व्यापक अर्थ में नीचे लिखे शिक्षा के सभी रूपों का समावेश होता है: 1. नियमित या औपचारिक शिक्षा (Formal Education), 2.अनियमित शिक्षा (Informal Education), 3. औपचारिकेत्तर शिक्षा (Non-Formal Education), 4. प्रत्यक्ष शिक्षा (Direct Education), 5. परोक्ष शिक्षा (Indirect Education), 6. वैयक्तिक शिक्षा (Individual Education), 7. सामूहिक शिक्षा (Collective Education), 8. सामान्य शिक्षा (General Education), 9. विशिष्ट शिक्षा (Specific or Specialised Education) 10. सतत् शिक्षा (Continuous Education)

सूचना प्रौद्योगिकी तथा शिक्षा (Information Technology and Education): आज मानवीय प्रयास का कोई क्षेत्र सूचना प्रौद्योगिकी के प्रभाव से अछूता नहीं है। इन्टरनेट की दुनिया में ज्ञान एक बड़ी शक्ति है। शिक्षा के क्षेत्र में प्रौद्योगिकी असीमित बल तथा आयामों के अवसर उपलब्ध करा सकती है। संसार भर में शैक्षिक रुझान बदल रहे हैं। हम वर्तमान में एक तकनीकी रूप में विकसित 'हाई-टैक संसार' में रह रहे हैं। उच्च तकनीकी युक्त इस विश्व में शिक्षा का क्षेत्र भी बहुत विस्तृत हो गया है। शिक्षा के क्षेत्र में प्रौद्योगिकी का प्रयोग विलासिता न रह कर एक महत्त्वपूर्ण आवश्यकता बन चुका है। शिक्षा में सीखने-सिखाने की प्रक्रिया में यह महत्त्वपूर्ण सुधार कर दिखाने की क्षमता रखती है।

इसका प्रभावी उपयोग शिक्षक केन्द्रित प्रथा से दूर हट कर विशेष लचीले छात्र केन्द्रित वातावरण के रूप में उभर कर सामने आया है और इसके फलस्वरूप शिक्षा का क्षेत्र बहुत विशाल बनता जा रहा है। अब तो घर बैठे-बिठाए उच्च शिक्षा भी प्राप्त की जा रही है। वास्तव में अब शिक्षा के संकुचित क्षेत्र का कोई अर्थ नहीं रह गया है।

शिक्षा का संकुचित अर्थ (Narrow Meaning of Education): कुछ विद्वानों का विचार है कि शिक्षा केवल शिक्षा संस्थाओं में ही दी जाती है। यह शिक्षा एक निश्चित समय या उम्र से प्रारम्भ होती है और एक निश्चित उम्र पर जाकर समाप्त हो जाती है। शिक्षा का एक विशेष प्रकार का पाठ्यक्रम होता है। इस संदर्भ में विद्वानों के मत इस प्रकार हैं:

1. *जे. एस. मेकेन्जी* (*J. S. Mackenzie*) ने शिक्षा के संकुचित अर्थ को इस प्रकार स्पष्ट किया है–"संकुचित अर्थ में शिक्षा का अभिप्राय हमारी शक्तियों के विकास और उन्नति के लिए चेतनापूर्वक किए गए किसी भी प्रयास से हो सकता है।"

2. *टी. रेमॉण्ट* (T. Raymont) के अनुसार–"संकुचित शिक्षा के जिस अर्थ में शिक्षा का प्रयोग बोलचाल की भाषा और कानून में किया जाता है, उसमें शिक्षा व्यक्ति के आत्म-विकास और वातावरण के सामान्य प्रभावों को अपने में कोई स्थान नहीं देती है। इसके विपरीत, यह केवल उन विशेष प्रभावों को अपने में स्थान देती है, जो समाज के अधिक आयु के व्यक्ति जानबूझकर और नियोजित रूप में अपने से छोटों पर डालते हैं, भले ही ये प्रभाव परिवार, धर्म या राज्य द्वारा डाले जायें।"

3. *प्रो. ड्रीवर* (*Prof. Drewer*): "शिक्षा एक प्रक्रिया है जिसमें तथा जिसके द्वारा बालक के ज्ञान, चरित्र तथा व्यवहार को एक विशेष ढाँचे में डाला जाता है।"

4. *जी. एच. थॉम्सन* (*G. H. Thomson*) का कहना है, "शिक्षा एक विशेष प्रकार का वातावरण है जिसका प्रभाव बालक के चिन्तन, दृष्टिकोण तथा व्यवहार करने की आदतों पर स्थायी रूप परिवर्तन करने के लिए डाला जाता है।"

उपसंहार: वर्तमान में शिक्षा के विस्तृत अर्थ को स्वीकार किया जा रहा है। जैसा कि ऊपर लिखा जा चुका है कि सूचना तथा प्रौद्योगिकी के विस्फोट के कारण सारा संसार शिक्षा क्षेत्र बनता जा रहा है।

1.11 शिक्षा की प्रकृति (Nature of Education)

1. *शिक्षा आजीवन चलने वाली प्रक्रिया है*: शिक्षा जन्म से आरम्भ होती है तथा मृत्यु-पर्यन्त चलती है।

2. *शिक्षा एक विकासात्मक प्रक्रिया है*: पेस्टालॉजी का कहना है कि, "शिक्षा मनुष्य की जन्मजात शक्तियों का स्वाभाविक, समरूप एवं प्रगतिशील विकास है।"

ऐसा ही विचार रूसो का भी था। उसने कहा कि "शिक्षा अन्दर के विकास को कहते हैं न कि बाहर के विकास को...।"

इसी प्रकार गाँधी जी ने कहा है कि "शिक्षा से मेरा अभिप्राय बालक तथा मनुष्य के शरीर, मन और आत्मा में अन्तर्निहित सर्वोत्तम शक्तियों के सर्वांगीण विकास (प्राकट्य) से है।"

3. *शिक्षा एक संश्लिष्ट-प्रक्रिया* (*Synthesis Process*) है: शिक्षा की प्रक्रिया में जो विकास होता है, वह संश्लिष्ट होता है, अलग-अलग नहीं। इसमें विकसित होने वाले अंग

साथ-साथ कार्य करते हैं, जैसे मस्तिष्क के साथ पेशियाँ भी कार्यरत रहती हैं। शरीर विकसित होता है, तो साथ ही साथ मानसिक विकास भी होता है।

4. *शिक्षा एक द्विमुखी प्रक्रिया (Two-way Process) है:* एडम्स का मत है कि शिक्षा एक द्विमुखी प्रक्रिया है। इसके एक ओर विद्यार्थी और दूसरी ओर शिक्षक रहता है। रॉस महोदय ने भी एडम्स के इस मत का समर्थन किया है और कहा है कि 'चुम्बक की तरह शिक्षा के भी दो ध्रुव हैं। यह एक द्विमुखी प्रक्रिया है।'

इस प्रक्रिया में एक सिरे पर अध्यापक रहता है और दूसरे सिरे पर छात्र रहता है। एक कहता है, दूसरा सुनता है, एक पढ़ाता है, दूसरा पढ़ता है। अध्यापक अपने व्यक्तित्व एवं ज्ञान से छात्र को प्रभावित करता है। परन्तु छात्र की महत्ता अध्यापक से कम नहीं है। आज की शिक्षा तो छात्र को अध्यापक से भी अधिाक महत्त्वपूर्ण मानती है।

द्विमुखी क्रिया एक दूसरे रूप में भी मानी जा सकती है। शिक्षा में व्यक्तिगत एवं सामाजिक दोनों ही भावनाएँ होती हैं। शिक्षा का उद्देश्य दोनों ही प्रकार के विकास की पूर्ति है। ड्यूवी ने शिक्षा को इसी कारण समाजीकरण की प्रक्रिया कहा है।

5. *शिक्षा एक त्रिमुखी प्रक्रिया (Three-way Process) है:* एडम्स की बात को ड्यूवी ने भी माना है, किन्तु एक और तथ्य जोड़कर। उसने शिक्षा को द्विमुखी के बदले त्रिमुखी कहा है। इसमें शिक्षक एवं छात्र के अलावा सामाजिक तत्वों का भी भरपूर प्रभाव है, और इसका महत्त्व उन दोनों से कम नहीं है।

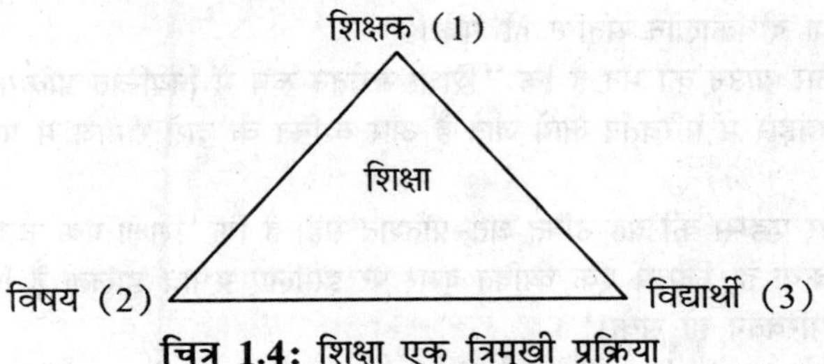

चित्र 1.4: शिक्षा एक त्रिमुखी प्रक्रिया

विद्यार्थी (1)

शिक्षा

विषय (2) शिक्षक (3)

चित्र 1.5: प्राथमिकता के आधार पर शिक्षा की प्रकृति

5. *शिक्षा एक पंचमुखी प्रक्रिया है:* 20वीं शताब्दी के अंत और 21वीं शताब्दी के आरंभ में इस प्रक्रिया के निम्नलिखित पात्र हैं:

(1) विद्यार्थी, (2) वर्तमान तथा भविष्य की माँगें, (3) विषय तथा पाठान्तर क्रियाएँ, (4) जनसंचार के साधन, (5) शिक्षक।

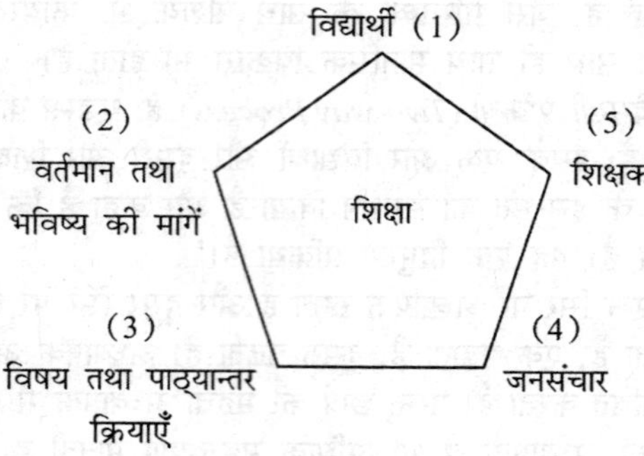

चित्र 1.6: वर्तमान के सम्बन्ध में शिक्षा की प्रकृति

6. *शिक्षा एक सचेतन एवं प्रयोजनशील प्रक्रिया है*: एडम्स ने लिखा है कि "शिक्षा एक सचेतन एवं विचारपूर्ण प्रक्रिया है, जिसमें एक व्यक्ति दूसरे पर इसलिए प्रभाव डालता है कि दूसरे का विकास और परिवर्तन हो सके।" इसलिए शिक्षा प्रयोजनहीन नहीं हो सकती। शिक्षा व्यक्तित्व के निर्माण एवं लाभ के लिए है। इससे व्यक्ति चेतना पाता है और अपना प्रयोजन सिद्ध करता है। *बासिंग* ने लिखा है कि "शिक्षा का कार्य व्यक्ति को उसके वातावरण से समायोजित करना है, जिससे कि व्यक्ति तथा समाज दोनों को अत्यधिक तथा दीर्घकालीन संतुष्टि हो सके।"

इसी प्रकार *ब्राउन* का मत है कि "शिक्षा सचेतन रूप में नियन्त्रित प्रक्रिया है, जिससे व्यक्ति के व्यवहार में परिवर्तन लाये जाते हैं और व्यक्ति के द्वारा समाज में परिवर्तन लाये जाते हैं।"

इस प्रकार एडम्स की यह उक्ति शत-प्रतिशत सही है कि 'शिक्षा एक चैतन्यशील एवं विचारपूर्ण प्रक्रिया है, जिसमें एक व्यक्ति दूसरे पर इसलिए प्रभाव डालता है कि दूसरे का विकास एवं परिवर्तन हो सके।'

7. *शिक्षा एक गतिशील प्रक्रिया है*: शिक्षा स्थिर नहीं, विकासोन्मुख है। इसमें परिवर्तन होता है। शिक्षा के गतिशील स्वरूप को सभी शिक्षाशास्त्री स्वीकार करते हैं। शिक्षा जीवन के लिए है। शिक्षा स्वयं जीवन है। जीवन विकास है। जीवन का अर्थ गति है। इस प्रकार शिक्षा गतिशील है। इसीलिए *रेमण्ट* ने लिखा है कि "शिक्षा विकास का यह क्रम है, जिसमें व्यक्ति के शैशवावस्था से प्रौढ़ावस्था तक की वे क्रियाएँ निहित हैं, जिनके द्वारा वह अपने को धीरे-धीरे विभिन्न विधियों से अपने भौतिक, सामाजिक एवं आध्यात्मिक वातावरण के अनुकूल बनाता है।"

ड्यूवी ने भी लिखा है कि "शिक्षा व्यक्ति की उन सभी क्षमताओं का विकास है, जिससे व्यक्ति वातावरण पर नियन्त्रण करने योग्य बने।"

8. *शिक्षा एक परिवर्तन है*: शिक्षा-शास्त्रियों का विचार है कि शिक्षा एक परिवर्तन है। यह व्यक्ति के व्यवहार एवं आचार-विचार में परिवर्तन लाती है। जन्म के समय बालक असहाय, अव्यावहारिक एवं अशिक्षित होता है। शिक्षा ही उसे व्यावहारिक, शिक्षित, सभ्य, सुसंस्कृत एवं परिष्कृत बनाती है। *कनिंघम* ने लिखा है कि "व्यक्ति एवं समाज दोनों ही दृष्टिकोणों से शिक्षा परिवर्तन लाती है।"

शिक्षा क्षमता में परिवर्तन लाती है और बालक को क्षमताशील बनाती है, अज्ञान के बदले ज्ञान का भंडार भरती है तथा विचारों, आदर्शों एवं अभिप्रेरणाओं में परिवर्तन लाती है। संसार के सभी परिवर्तन शिक्षा के माध्यम से ही आते हैं।

9. *शिक्षा व्यक्ति को प्रशिक्षित करने की प्रक्रिया है:* कुछ विचारकों के मतानुसार शिक्षा व्यक्ति को प्रत्येक क्षेत्र के लिए प्रशिक्षण देती है। शिक्षा व्यक्ति को भौतिक एवं मानसिक क्षेत्रों में प्रशिक्षण प्रदान करती है। भौतिक क्षेत्र में प्रशिक्षण प्रदान करके शिक्षा व्यक्ति को रोजी-रोटी के लिए तैयार करती है तथा आर्थिक दृष्टि से सुदृढ़ करती है।

10. *शिक्षा सामाजिक प्रक्रिया है:* शिक्षा प्रक्रिया व्यक्ति को शून्य (Vacuum) में प्रशिक्षित नहीं करती है। अपितु सामाजिक वातावरण में।

11. *शिक्षा उद्देश्य प्रक्रिया है:* शिक्षा प्रक्रिया केवल शिक्षा के लिए नहीं है। इसका प्रयोजन होता है।

12. *शिक्षा मनोवैज्ञानिक प्रक्रिया है:* शिक्षा में छात्रों की रुचियों, अभिरुचियों, क्षमताओं तथा आवश्यकताओं पर ध्यान दिया जाता है।

13. *शिक्षा गतिशील प्रक्रिया है:* शिक्षा के उद्देश्यों, पाठ्यक्रम, शिक्षण विधियों आदि में समय के अनुसार परिवर्तन किए जाते हैं।

14. *शिक्षा सर्वोत्तम विकास की प्रक्रिया है: गांधी* जी ने शिक्षा का अर्थ मनुष्य के शरीर, मस्तिष्क तथा आत्मा का उत्कृष्ट विकास माना है।

15. *शिक्षा प्रक्रिया वैज्ञानिक तथा कलात्मक है:* शिक्षा को विज्ञान तथा कला दोनों की संज्ञा दी जाती है।

16. *शिक्षा व्यक्तिगत तथा सामाजिक समंजन (Adjustment) की प्रक्रिया है:* शिक्षा ऐसी प्रक्रिया है जो व्यक्ति तथा समाज में समंजन स्थापित करने में अहम भूमिका निभाती है।

17. *शिक्षा ज्ञानात्मक (Cognitive)* क्रियात्मक (Conative) अथवा कौशलात्मक (Skillful) तथा भावात्मक (Affective) प्रक्रिया है-शिक्षा में विषयों का ज्ञान दिया जाता है। कौशलों तथा मूल्यों के धारण में प्रशिक्षण दिया जाता है।

1.12 शिक्षा का क्षेत्र (Scope of Education)

शिक्षा का क्षेत्र अति विस्तृत हैं। शिक्षा का अर्थ व्यक्ति का सर्वांगीण विकास है अतः शिक्षा का सम्बन्ध मोटे तौर पर जीवन के प्रत्येक पक्ष से होता है।

शिक्षा का क्षेत्र निम्न चार्ट में दिया गया है।

शिक्षा का क्षेत्र: शिक्षा प्रक्रिया के प्रमुख तत्त्व

(Scope of Education: Important Elements of Education Process)

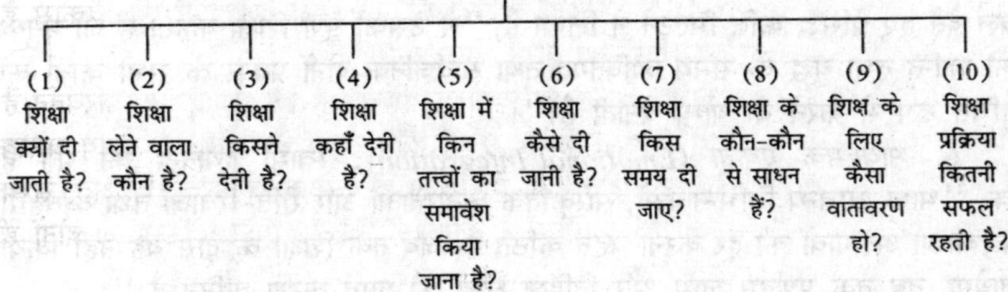

1. *शिक्षा क्यों दी जाए अथवा शिक्षा के उद्देश्य:* शिक्षा दर्शन/शिक्षा मनोविज्ञान व्यक्ति तथा समाज की प्रगति के लिए।
2. *शिक्षा लेने वाला कौन:* छात्र। अतः छात्र को समझना अत्यन्त आवश्यक है।
3. *शिक्षा किसने देनी है:* अध्यापक ने। अतः उसे अपने आप को, छात्र को तथा अन्य प्रक्रियाओं को समझ लेना चाहिए।
4. *शिक्षा कहाँ देनी है:* स्कूल तथा स्कूल से बाहर।
5. *शिक्षा में किन तत्त्वों का समावेश किया जाना है:* पाठ्यक्रम तथा अन्य क्रियाएँ।
6. *शिक्षा कैसे दी जाती है:* शिक्षण विधियों से।
7. *शिक्षा किस समय दी जाए:* छात्र जब अभिप्रेरित हो जाएँ।
8. *शिक्षा के कौन-कौन से साधन हैं:* श्रवण-दृश्य सामग्री तथा अन्य साधन।
9. *शिक्षा के समय कैसा वातावरण हो:* उत्साहवर्धक, प्रेरणादायक।
10. *शिक्षा के समय अनुशासन कैसा हो:* आन्तरिक तथा सामाजिक।
11. *शिक्षा प्रक्रिया कितनी सफल रही:* शिक्षा में मूल्यांकन।

1.13 शिक्षा के सामान्य कार्य (General Functions of Education)

शिक्षा के सामान्य कार्य नीचे दिए जा रहे हैं:

1. *अनुभवों का पुनर्गठन एवं पुनर्रचना* (*Reorganisation and Reconstruction of Experience*): जॉन ड्यूवी के शब्दों में–"शिक्षा का मुख्य कार्य है प्रत्येक पग पर अपने अनुभव द्वारा जीवन को समृद्ध बनाना।"

2. *आवश्यकता की पूर्ति* (*Satisfaction of Need*): शिक्षा के इस कार्य पर प्रकाश डालते हुए स्वामी विवेकानन्द ने लिखा है–"शिक्षा का कार्य यह पता लगाना है कि जीवन की समस्याओं को कैसे सुलझाया जाय, और इसी बात की ओर संसार के आधुनिक सभ्य समाज का गंभीर ध्यान पूर्णतया लगा हुआ है।"

3. *आत्मनिर्भरता की प्राप्ति* (*Achievement of Self-sufficiency*): स्वामी विवेकानन्द के शब्दों में, "केवल पुस्तकीय ज्ञान से काम नहीं चलेगा। हमें उस शिक्षा की आवश्यकता है, जिससे व्यक्ति अपने पैरों पर स्वयं खड़ा हो जाए।"

4. *उत्तम नागरिकता का निर्माण* (*Development of Good Citizenship*): माध्यमिक शिक्षा आयोग (Secondary Education Commission) के अनुसार–"शिक्षा को ऐसे चारित्रिक गुणों, आदतों तथा दृष्टिकोणों को विकसित करना चाहिए जिससे नागरिक अपनी प्रजातांत्रिक नागरिकता के उत्तरदायित्वों को पूरा कर सकें तथा उन प्रवृत्तियों को नष्ट कर सकें जो व्यापक राष्ट्रीय तथा धर्मनिरपेक्ष दृष्टिकोण के विकसित होने में बाधक हों।"

5. *प्रौढ़ जीवन के लिए तैयारी* (*Preparation for Adult Life*): शिक्षा के कार्य पर बल देते हुए प्रसिद्ध कवि मिल्टन ने लिखा है, "मैं उसको पूर्ण शिक्षा कहता हूँ जो मनुष्य को शान्ति तथा युद्ध के समय व्यक्तिगत तथा सार्वजनिक दोनों प्रकार के सभी कार्यों को उचित रूप से करने के योग्य बनाती है।"

6. *भावात्मक एकता* (*Emotional Integration*): स्वामी दयानन्द का मत है कि–"भाषा-सम्बन्ध विभिन्नताओं, सांस्कृतिक कठोरताओं और रीति-रिवाजों तथा व्यवहारों के कारण अलगावों को दूर करना बहुत कठिन है। जब तक शिक्षा के द्वारा यह नहीं किया जायेगा, तब तक पूर्णतम लाभ और निर्दिष्ट ध्येय को प्राप्त करना कठिन है।"

7. *भावी जीवन की तैयारी* (*Preparation for Life*): शिक्षा के इस कार्य पर प्रकाश डालते हुए स्वामी विवेकानन्द ने लिखा है–"यदि कोई मनुष्य कुछ परीक्षायें पास कर सकता है तथा अच्छे व्याख्यान दे सकता है तो आप उसको शिक्षित समझते हैं। क्या वह शिक्षा, शिक्षा कहलाने योग्य है, जो सामान्य जनसमूह को जीवन के संघर्ष के लिए अपने आप को तैयार करने में सहायता नहीं देती और उनमें शेर का सा साहस उत्पन्न नहीं करती है।"

8. *भौतिक सम्पन्नता की प्राप्ति* (*Achievement of Material Prosperity*): जॉन रस्किन का विचार है कि–"माता-पिता कहते हैं कि शिक्षा का प्रमुख कार्य उनके बालकों को जीवन में उच्च-स्थान प्राप्त करने, बड़े और धनी व्यक्तियों के समाज में महत्त्वपूर्ण बनने तथा आराम और ऐश्वर्य का जीवन व्यतीत करने के लिए तैयार करना है।"

9. *मानव प्रकृति एवं चरित्र का प्रशिक्षण* (*Training of Human Nature and Character*): प्रसिद्ध शिक्षाशास्त्री प्लेटो ने बल देते हुए लिखा है–"शिक्षा का अन्तिम उद्देश्य तथा कार्य मानव की प्रकृति तथा चरित्र को प्रशिक्षित करना है।"

10. *नागरिक तथा सामाजिक कर्त्तव्यों की भावना का समावेश* (*Inculcation of Civic and Moral Duties*): भारत के तीसरे राष्ट्रपति डॉ० जाकीर हुसैन ने लिखा है–"प्रजातांत्रिक समाज में यह आवश्यक है कि व्यक्ति समाज के जीवन को उत्तम बनाने के लिए नैतिक और भौतिक दोनों प्रकार के सम्मिलित उत्तरदायित्व को प्रसन्नतापूर्वक स्वीकार करे।"

11. *नैतिकता का विकास* (*Development of Morality*): हरबर्ट का विश्वास है कि शिक्षा बालक के आचरण को सुधार कर उसका नैतिक विकास कर सकती है। अत: उसके अनुसार–"शिक्षा के सम्पूर्ण कार्य को एक ही शब्द में प्रकट किया जा सकता है और वह शब्द है–नैतिकता।"

12. *राष्ट्रीय एकता* (*National Integration*)–शिक्षा के इस कार्य पर बल देते हुए भारत के दूसरे राष्ट्रपति डॉ० राधाकृष्णन ने लिखा है–"भारत में प्रजातंत्र का भविष्य अनुशासन में रहने की इच्छा तथा व्यक्तिगत बलिदान पर आधारित है। यदि भारत को स्वतंत्र, संयुक्त तथा प्रजातांत्रिक रहना है, तो शिक्षक को चाहिए कि वह लोगों को एकता के लिए न कि प्रादेशिकता के लिए, प्रजातंत्र के लिए न कि तानाशाही के लिए प्रशिक्षित करे।"

13. *राष्ट्रीय सुरक्षा* (*National Security*): *एच. मान* (*H. Mann*) के अनुसार–"केवल शिक्षा से ही हमारी राजनीतिक सुरक्षा सम्भव है।"

14. *जन्मजात शक्तियों का विकास* (*Development of Innate Powers*): प्रसिद्ध शिक्षा शास्त्री फ्रॉबेल के अनुसार, "शिक्षा वह प्रक्रिया है जिसके द्वारा बालक की जन्मजात शक्तियाँ बाहर की ओर प्रकट होती हैं।"

15. *वातावरण के अनुकलन* (*Adaptation to Environment*): *टामसन* (*Thomson*) ने ठीक ही लिखा है–"वातावरण शिक्षक है और शिक्षक का कार्य है–बालक को उस वातावरण के अनुकूल बनाना ताकि वह जीवित रह सके तथा अपनी मूल-प्रवृत्तियों को संतुष्ट करने के लिए अधिक से अधिक सम्भव अवसर प्राप्त कर सके।"

16. *वातावरण पर नियन्त्रण* (*Control over Environment*): जॉन ड्यूवी ने लिखा है, "वातावरण से अनुकूल करने का अर्थ है–मृत्यु। आवश्यकता इस बात की है कि वातावरण पर नियंत्रण रखा जाए।"

17. *व्यक्तित्व का सर्वांग विकास* (*All Round Development of Personality*):

शिक्षा के इस कार्य पर डेनियल वेबस्टर (Daniel Webster) ने बल देते हुए लिखा है–''शिक्षा के द्वारा भावनाओं को अनुशासित, आवेगों को नियन्त्रित और अच्छी प्रेरणा को प्रोत्साहित किया जाना चाहिए।''

18. *सामाजिक भावना का विकास* (*Inculcation of Social Feeling*): एच. गार्डन के शब्दों में, ''शिक्षक के लिए यह जानना आवश्यक है कि वह सामाजिक प्रक्रिया को उन व्यक्तियों को समझाने की दिशा में कार्य करे, जो उसे समझने में असमर्थ है।''

19. *सामाजिक सुधार* (*Social Reform*): शिक्षा के इस महत्त्वपूर्ण कार्य पर प्रकाश डालते हुए जॉन ड्यूवी (John Dewey) ने लिखा है–''शिक्षा में अति निश्चित और अल्पतम साधनों द्वारा सामाजिक तथा संस्थागत उद्देश्य के साथ-साथ समाज के कल्याण, प्रगति तथा सुधार में रुचि का पुष्पित होना पाया जाता है।''

20. *संस्कृति एवं सभ्यता का संरक्षण* (*Preservation of Culture and Civilization*): *जॉन स्टूअर्ट मिल* (*John Stuart Mill*) ने शिक्षा के इस कार्य पर बल देते हुए लिखा है, ''शिक्षा द्वारा एक पीढ़ी के लोग दूसरी पीढ़ी के लोगों में संस्कृति का संक्रमण करते हैं ताकि वे उसका संरक्षण कर सकें तथा यदि सम्भव हो तो उसमें उन्नति कर सकें।''

21. *अनुशासन में प्रशिक्षण* (*Training in Discipline*): शिक्षा के इस महत्त्वपूर्ण कार्य पर बल देते हुए माध्यमिक शिक्षा आयोग का मत है–''प्रजातंत्र सफलतापूर्वक कार्य नहीं कर सकता, जब तक सभी व्यक्ति, केवल एक विशेष वर्ग ही नहीं, अपने-अपने उत्तरदायित्व को निभाने के लिए प्रशिक्षित नहीं किए जाते और इसके लिए अनुशासन के प्रशिक्षण की आवश्यकता है।''

22. *ज्ञान तथा कौशल में विस्फोट के सन्दर्भ में शिक्षा का कार्य* (*Function of Education in the Context of Revolution in Knowledge and Skills*): बीसवीं शताब्दी के अन्त में सूचना सम्प्रेषण तकनीकी (ICT) में जबरदस्त क्रान्ति आयी है। परम्परागत समाज में ज्ञान-भण्डार सीमित था तथा उसमें धीरे-धीरे वृद्धि होती है। इस कारण शिक्षा के मुख्य उद्देश्य का अर्थ ज्ञान को सुरक्षित रखना लगाया जाता था। इसके विपरीत, आधुनिक समाज में ज्ञान-भण्डार बहुत विशाल होता है और उसमें वृद्धि की गति अनंतरूप से तीव्र होती है। आधुनिक समाज में शिक्षा का एक प्रमुख कार्य, ज्ञान में इस वृद्धि के साथ कदम मिलाकर चलना होता है। इस प्रकार के समाज में, ज्ञान अवश्यम्भावी रूप से केवल निष्क्रिय रूप से ग्रहण करते रहो कि प्रक्रिया नहीं रह जाता है, वह एक ऐसी प्रक्रिया बन जाती है जिसे स्वयं खोजकर पाना होता है।

23. *जल्दी-जल्दी होने वाला सामाजिक परिवर्तन* तथा शिक्षा (*Rapidly Changing Society and Education*): आधुनिक समाज की एक और विशेषता यह है कि उसमें बहुत जल्दी-जल्दी तथा आश्चर्यजनक गति से सामाजिक परिवर्तन हो रहा है। परम्पराग्रस्त समाज में, यह परिवर्तन इतना धीरे-धीरे होता था। इसके विपरीत, आधुनिक समाज में परिवर्तन इतनी तेजी से हो रहा है कि यदि स्कूल को महत्त्वपूर्ण परिवर्तनों के साथ-साथ चलना है, तो उसे सदा ही जागरूक रहना चाहिए। इसलिए ऐसी स्थिति में, एक गतिशील नीति अपनाने की बहुत आवश्यकता है। जो शिक्षा प्रणाली अविराम अपना नवीकरण नहीं करती रहती है, वह पुरानी पड़ जाती है तथा उन्नति में बाधक बनती है क्योंकि वह अपने

फलदायक प्रयोजनों और आदर्शों तथा विकास की नई आवश्यकताओं–इन दोनों के बीच गुणात्मक और परिमाणात्मक दोनों ही दृष्टियों से मंद गति उत्पन्न कर देती है। शिक्षा के उद्देश्य को ही दूसरे दृष्टिकोण से देखना होगा–अब शिक्षा को केवल गढ़ी गड़ाई वस्तु उत्पन्न कर देने से सम्बन्धित नहीं माना जाता बल्कि उसे जिज्ञासा उत्पन्न करने, उचित रुचियों, प्रवृत्तियों और मूल्यों को विकसित करने तथा स्वतंत्र अध्ययन एवं चिंतन करने के लिए आवश्यक कौशल निर्मित करने एवं स्वयं निर्णय लेने से सम्बन्धित माना जाता है, जिसके बिना लोकतांत्रिक समाज का जिम्मेवार सदस्य बनना सम्भव नहीं है।

अन्तर्राष्ट्रीय शिक्षा आयोग 21वीं शताब्दी (International Education Commission for the 21st Century) की रिपोर्ट जो 1996 में प्रकाशित हुई, उसमें शिक्षा के चार स्तम्भ माने गए हैं:

1. ज्ञान के लिए शिक्षा (Learning to Know)
2. करने के लिए शिक्षा (Learning to Do)
3. मिलजुल कर रहने के लिए शिक्षा (Learning to Live Together)
4. बनने के लिए अर्थात् व्यक्तित्व का सम्पूर्ण विकास करने के लिए शिक्षा (Learning to Be)

2

शिक्षा के प्रकार तथा इससे संबंधित अन्य प्रत्यय

(Types of Education and its Related Concepts)

2.1 नियमित (औपचारिक), अनियमित तथा अनौपचारिक शिक्षा (Formal, Informal and Non-formal Education)

कई लेखक इस प्रकार शब्दावली का प्रयोग करते हैं–

अनौपचारिक शिक्षा–Informal Education

अंशौपचारिक शिक्षा अथवा निरौपचारिक शिक्षा–Non-Formal Education

राष्ट्रीय शिक्षा नीति में Non-Formal Education के लिए अनौपचारिक शब्दावली का प्रयोग किया गया है।

औपचारिक शिक्षा (Formal Education): ऐसी शिक्षा जो एक व्यवस्थित, तर्कपूर्ण तथा योजनाबद्ध तरीके से दी जाती है उसे औपचारिक शिक्षा कहते हैं। ऐसा माना जाता है कि इस प्रकार की शिक्षा केवल शिक्षा संस्थाओं में ही दी जा सकती है, उनसे बाहर नहीं। *हैन्डरसन* के विचार में जब बालक को सचेत करके और विशेष दृष्टिकोण को सम्मुख रखकर पढ़ाया जा सकता है तो वह शिक्षा औपचारिक शिक्षा कहलाती है। *ड्यूवी* के अनुसार औपचारिक शिक्षा वह शिक्षा है जिससे समाज की जटिल धरोधर को हस्तान्तरित किया जाता है।

नियमित शिक्षा में शैक्षिक संस्था की शिक्षा पर ही विचार किया जाता है। नियमित शिक्षा जान-बूझकर विचारपूर्वक निश्चित उद्देश्यों की प्राप्ति के लिए दी जाती है। इस शिक्षा की योजना और ध्येय पहले से ही निश्चित होते हैं। इसमें बालक को निश्चित ज्ञान प्रदान किया जाता है। यह शिक्षा निश्चित समय पर, नियमित रूप, नियन्त्रित वातावरण में, किसी विशेष व्यक्ति द्वारा दी जाती है। इस शिक्षा की यह विशेषता है कि यह व्यक्ति, समाज और राष्ट्र की आवश्यकताओं की पूर्ति करती है। यह शिक्षा ज्ञान को व्यवस्थित करती है तथा बालकों को किसी व्यवसाय के योग्य बनाती है।

अनियमित शिक्षा (Informal Education): अनियमित शिक्षा का आरम्भ गर्भ-काल

से ही हो जाता है। यह शिक्षा किसी न किसी रूप में हर समय चलती रहती है। यह शिक्षा अनायास, बालक के अनजाने, आकस्मिक रूप में और अनिश्चित गति से होती रहती है। इस शिक्षा को बालक घर के भीतर, बाहर, खेल के मैदान में, घूमने के स्थानों पर, खेलते-कूदते, उठते-बैठते, बातचीत करते तथा यात्रा करते समय प्राप्त करता है। इन शिक्षा का कोई निश्चित समय तथा स्थान नहीं होता है। यह शिक्षा स्वाभाविक होती है तथा हमें वास्तविक जीवन के लिए तैयार करती है।

अनौपचारिक शिक्षा (Non-Formal Education): अनौपचारिक शिक्षा के अर्थ को समझने के लिए आवश्यक है कि निम्नलिखित परिभाषाओं पर विचार किया जाए:

1. *हैण्डरसन* (*Henderson*) के विचार में, "अनौपचारिक शिक्षा स्कूली शिक्षा की अपेक्षा अधिक व्यापक तथा यह अंतर्विष्ट (Inclusive) है। यह स्कूल के बाहर व्यापक अनुभव प्रदान करती है।"

2. *मक्काल* (*McCall*) के विचार में, "अनौपचारिक शिक्षा का अर्थ उन सभी समूचे अधिगम अनुभवों से है जो नियमित स्कूल पद्धति से बाहर प्राप्त होते हैं।"

3. *पॉलसन* (*Paulson*) का लिखना है, "अनौपचारिक शिक्षा के वे सभी शैक्षिक तथा प्रशिक्षण क्रियाएँ आ जाती हैं जिनकी संरचना स्कूल से बाहर विकसित की जाती है, जिनकी अवधि अपेक्षाकृत कम होती है जिनके माध्यम से प्रयोजक अभिकरण विशिष्ट रूप से निर्धारित समुदाय में वांछित व्यावहारिक परिवर्तन चाहते हैं।"

4. *हरबीसन* (*Harbison*) के अनुसार-"अनौपचारिक शिक्षा ही एकमात्र ऐसा साधन है जो स्कूलों में जाने वाले और न जाने वाले व्यक्तियों के अन्तर को मिटा सकता है।"

5. *अन्तर्राष्ट्रीय शिक्षा आयोग* (*International Education Commission* 1971) ने इस प्रकार से विचार व्यक्त किए हैं, "अनौपचारिक शिक्षा जीवन भर चलने वाली प्रक्रिया है तथा यह उन व्यक्तियों की शिक्षा पर बल देती है जिन्होंने जीवन में कभी नियमित शिक्षा को छोड़ दिया होता है परन्तु अब वे इसकी आवश्यकता को अनुभव करते हैं।"

6. *कूम्बस* (*Coombs* 1971) के अनुसार-"अनौपचारिक शिक्षा समाजीकरण एवं कौशल की शिक्षा है जो उपचारिक शिक्षा से बाहर है।"

7. *ब्रेमवर्क* (*Bremwork* 1973) ने अनौपचारिक शिक्षा की इस प्रकार व्याख्या की है, "अनौपचारिक शिक्षा औपचारिक शिक्षा से इस रूप में भिन्न है कि यह सीखने का उपयोग तुरन्त क्रिया, कार्य और अवसर के प्रयोग के द्वारा करने पर बल देती है।"

2.2 औपचारिक शिक्षा तथा अनौपचारिक शिक्षा की तुलना (Comparision/Difference between Formal and Non-formal Education)

औपचारिक शिक्षा	*अनौपचारिक शिक्षा*
1. **उद्देश्य:** औपचारिक शिक्षा का लक्ष्य निश्चित रहता है।	1. अनौपचारिक शिक्षा का लक्ष्य निश्चित नहीं है।
2. **वातावरण:** औपचारिक शिक्षा नियन्त्रित वातावरण में दी जाती है।	2. अनौपचारिक शिक्षा का वातावरण नियन्त्रित नहीं होता।

(*क्रमशः*)

औपचारिक शिक्षा	*अनौपचारिक शिक्षा*
3. **कार्यक्रम:** औपचारिक शिक्षा पूर्व निश्चित कार्यक्रम के अनुसार दी जाती है।	3. यह आकस्मिक भी होती है।
4. **साधन:** औपचारिक शिक्षा के साधन इस प्रकार हैं: 1. स्कूल 2. वाचनालय 3. पुस्कालय 4. व्यवस्थित मनोरंजन केन्द्र 5. प्रयोगशाला 6. व्यवस्थित ढंग से शिक्षा देने पर दूरदर्शन (टेलीविजन) 7. व्यवस्थित ढंग से शिक्षा देने पर आकाशवाणी 8. व्यवस्थित ढंग से शिक्षा देने पर धर्म	4. अनौपचारिक साधन इस प्रकार हैं: 1. परिवार 2. समुदाय 3. रेडियो (व्यवस्थित ढंग के बिना) 4. टेलीविजन (व्यवस्थित ढंग के बिना) 5. समाचारपत्र 6. युवक समूह आदि 7. फिल्में 8. आधुनिक सूचना तकनीकी (सामान्य तौर पर)
5. **प्रकृति:** औपचारिक शिक्षा कृत्रिम होती है।	5. यह शिक्षा स्वाभाविक एवं प्राकृतिक होती है।
6. **अध्यापक:** औपचारिक शिक्षा प्रदान करने के लिए अध्यापक निश्चित रहते हैं।	6. अनौपचारिक शिक्षा में जिस किसी भी व्यक्ति से ज्ञान प्राप्त किया जाता है, वही शिक्षक है।
7. **समय :** औपचारिक शिक्षा निश्चित समय में समाप्त होती है।	7. अनौपचारिक शिक्षा जीवनपर्यन्त चलती रहती है।
8. **पाठ्यक्रम:** औपचारिक शिक्षा में पाठ्यक्रम, समय, विभागचक्र आदि निश्चित होते हैं।	8. इसमें प्रायः कुछ भी निश्चित नहीं होता है।
9. **परीक्षा:** औपचारिक शिक्षा की समाप्ति पर परीक्षा होती है। 10. **प्रमाण पत्र:** परीक्षा की सफलतापूर्वक समाप्ति पर उपाधि अथवा प्रमाणपत्र मिलता है। 11. **आधार:** यह संस्था पर आधारित है 12. **शिक्षण-अधिगम विधियाँ:** मुख्यत: कक्षा-कक्ष में अध्यापक की गतिविधियाँ भाषण आदि 13. **सम्पर्क:** अध्यापक का छात्रों में प्रत्यक्ष सम्बन्ध रहता है। 14. **अन्तर्सम्प्रेषण:** कक्षा में छात्र-छात्र तथा अध्यापक-छात्र में अन्तसम्प्रेषण रहता है।	9. यह शिक्षा अनुभव से प्राप्त होती है, प्रायः परीक्षा नहीं होती। 10. प्रायः कोई उपाधि नहीं दी जाती। दक्षता प्रमाणपत्र कभी-कभी दिए जाते हैं। 11. यह संस्था पर आधारित नहीं है 12. पत्राचार, टी.वी. आदि 13. प्रायः सम्बन्ध अप्रत्यक्ष रहता है। 14. बहुत कम परस्पर अन्तर्सम्प्रेषण रहता है।

2.3 औपचारिक, अनियमित तथा अनौपचारिक शिक्षा में अन्तर (Difference between Formal, Informal and Non-formal Education)

तत्त्व (Element)	*औपचारिक शिक्षा (Formal Education)*	*अनियमित शिक्षा (Informal Education)*	*अनौपचारिक शिक्षा (Non-formal Education)*
1. *उद्देश्य*	बौद्धिक विकास	सर्वांगीण विकास पर बल	व्यावहारिक पक्ष पर बल
2. *अभिकरण*	शैक्षिक संस्थाएं	परिवार, समुदाय, धर्म, आकस्मिक वार्तालाप आदि	सरकारी तथा गैर सरकारी
3. *कार्यक्रम*	पूर्व निर्धारित	आकस्मिक, अनिश्चित	पूर्व निर्धारित,
4. *शिक्षक*	निश्चित, पूर्णकालिक	माता-पिता, भाई-बहन, मित्र-मण्डली, समुदाय	अंशकालिक अध्यापक
5. *वातावरण*	कृत्रिम	स्वाभाविक, प्राकृतिक	कृत्रिम तथा स्वाभाविक दोनों
6. *अनुशासन*	प्राय: दृढ़ तथा कठोर	प्राय: बहुत लचीला	लचीला
7. *अवधि*	स्कूल में 12 वर्ष अथवा इससे कम	कोई अवधि नहीं	सुविधाजनक अवधि
8. *स्थान*	शैक्षिक संस्था	सम्पूर्ण समाज	सुविधाजनक, प्राय: कम स्थान
9. *पाठ्यक्रम*	निर्धारित	अनिर्धारित	मिला जुला रूप
10. *शिक्षण विधियाँ*	अध्यापक का भाषण, वार्तालाप, प्रश्नोत्तर आदि	कोई निश्चित विधि नहीं है।	पत्राचार, टी.वी. आदि
11. *मूल्यांकन*	लिखित, मौखिक तथा प्रयोगात्मक	कोई परीक्षा नहीं	परीक्षा होती है तथा नहीं भी।
12. *प्रमाण पत्र*	प्रमाणपत्र-उपाधि दी जाती है	कोई प्रमाणपत्र नहीं	प्रमाणपत्र होता है तथा नहीं भी होता है।
13. *संगठन*	संघठन द्वारा संस्था का संचालन किया जाता है संगठन स्थायी होता है।	इसके पीछे कोई संगठन नहीं होता है	स्थायी अथवा अस्थायी संगठन
14. *प्रवेश*	प्रवेश बिन्दु होता है	कोई प्रवेश बिन्दु नहीं होता है	प्रवेश बिन्दु लचीला होता है
15. *पाठ्य-पुस्तकें*	पाठ्य-पुस्तकें निश्चित होती हैं	कोई पाठ्य-पुस्तक नहीं होती है	पाठ्य-पुस्तकें होती तथा नहीं भी
16. *प्रयास*	छात्रों द्वारा अधिक प्रयास	कोई प्रयास नहीं करना पड़ता	कम प्रयास करना पड़ता है
17. *मानसिक स्थिति*	मानसिक तनाव बना रहता है	कोई तनाव नहीं होता	बहुत कम मात्रा में तनाव की स्थिति
18. *समय तालिका*	निश्चित	अनिश्चित	दोनों प्रकार की
19. *व्यय*	व्यय का प्रमुख स्थान है	कोई तय नहीं	कम व्यय
20. *अन्तर्क्रिया*	छात्र-छात्र तथा अध्यापक छात्र में अन्तर्क्रिया होती है।	स्थिति पर निर्भर है।	बहुत कम अन्तर्क्रिया रहती है।
21. *सामाजिकता*	सामाजिकता रहती है।	समाज में ही क्रिया होती है।	सामाजिक क्रिया बहुत कम रहती है।
22. *अभिप्रेरणा*	अधिगम में छात्रों को अभिप्रेरित किया जाता है।	अभिप्रेरणा की कोई आवश्यकता नहीं है।	छात्र स्वयं अभिप्रेरित होकर शिक्षा ग्रहण करते हैं।
23. *नियोजन*	औपचारिक शिक्षा में नियोजन का बहुत महत्त्व है।	नियोजन की कोई आवश्यकता नहीं होती	नियोजन का अपेक्षाकृत कम महत्त्व है।

2.4 सूचना प्रौद्योगिकी तथा औपचारिक एवं अनौपचारिक शिक्षा (Information Technology and Formal and Non-formal Education)

सूचना प्रौद्योगिकी के शिक्षा क्षेत्र में प्रयोग में लाने से औपचारिक एवं अनौपचारिक शिक्षा में और विशेषकर शिक्षा के साधनों में बहुत ही कम अन्तर रह गया है। अब तो घर बैठे-बैठे भी शिक्षा की उपाधियाँ नेटवर्क द्वारा प्राप्त की जा रही हैं। देश में ही नहीं अपितु विदेश में भी उपलब्ध शिक्षा के साधनों का अधिक से अधिक उपयोग किया जा रहा है। उपाधियाँ भी प्राप्त की जा रही हैं।

2.5 शिक्षा तथा निर्देशन (Education and Instruction)

शिक्षा (Education)	*निर्देशन अथवा अनुदेशन (Instruction)*
1. **उद्देश्य**–शिक्षा का उद्देश्य बालक का सर्वांगीण विकास करना है।	1. शिक्षा का उद्देश्य बालक का मानसिक विकास करना है।
2. **अवधि**–शिक्षा जन्म से मृत्यु पर्यन्त चलने वाली प्रक्रिया है।	2. निर्देशन प्रक्रिया प्राय: शैक्षिक संस्था तक सीमित है।
3. **क्षेत्र**–शिक्षा का क्षेत्र विस्तृत है।	3. शिक्षा का क्षेत्र संकुचित है।
4. **साधन**–शिक्षा के अनेक साधन हैं–घर, शिक्षक, शैक्षिक संस्थाएं, सांस्कृतिक तथा सामाजिक केन्द्र आदि।	4. अनुदेशन में मुख्यत: औपचारिक शिक्षा ही आती है।
5. **प्रकार**–शिक्षा में व्यावहारिक, अनौपचारिक तथा गैर-उपचारिक सभी प्रकार की शिक्षा का समावेश है।	5. अनुदेशन में मुख्यत: औपचारिक शिक्षा ही आती है।
6. **स्वरूप**–शिक्षा में व्यावहारिक ज्ञान पर विशेष बल दिया जाता है।	6. अनुदेशन में सैद्धान्तिक ज्ञान पर अधिक बल दिया जाता है।
7. **पाठ्यक्रम**–शिक्षा का पाठ्यक्रम विस्तृत होता है। इसमें विषयों के अतिरिक्त कई प्रकार की क्रियाएँ भी आती हैं।	7. अनुदेशन केवल विषयों पर ही आधारित है। पढ़ाने वाले अध्यापक तथा प्रत्येक विषय पढ़ाने का समय निश्चित होता है।
8. **शिक्षण विधियाँ**–शिक्षा में अनेक प्रकार की शिक्षण विधियाँ प्रयोग की जाती हैं।	8. अनुदेशन में प्राय: व्याख्यान विधि की प्रधानता है।
9. **अनुशासन**–शिक्षा में सामाजिक अनुशासन पर बल दिया जाता है।	9. अनुदेशन में साधारण तथा आज्ञा द्वारा बच्चों को अनुशासित किया जाता है।
10. **प्रेरणा का स्रोत**–शिक्षा में व्यक्ति के लिए सामाजिक प्रतिष्ठा प्रेरणा के रूप में काम करती है।	10. अनुदेशन में बच्चे की प्रेरणा का स्रोत विषयों में अच्छे अंक प्राप्त करना है।
11. **बालक का स्थान**–शिक्षा में बालक पर अधिक ध्यान दिया जाता है।	11. अनुदेशन में अध्यापक को अधिक महत्त्व दिया जाता है।
12. **ज्ञान की स्थिरता**–शिक्षा द्वारा दिया गया ज्ञान तथा कौशल स्थायी होते हैं क्योंकि बच्चे अपनी रुचियों से शिक्षा प्राप्त करते हैं।	12. अनुशासन में प्रदत्त ज्ञान अस्थायी होता है क्योंकि प्राय: यह केवल परीक्षा की दृष्टि से ही दिया जाता है।
13. **अध्यापक**–अध्यापक की भूमिका विशेष रूप से नियुक्त होती है तथा अन्य व्यक्ति भी कभी-कभी निभाते हैं।	13. विशेष रूप से नियुक्त व्यक्ति ही अध्यापन कार्य करते हैं।

(*क्रमश:*)

(*क्रमशः*)

शिक्षा (Education)	*निर्देशन अथवा अनुदेशन (Instruction)*
14. **समय**–शिक्षा में निश्चित तथा अनिश्चित समय भी होता है।	14. निदेशन का समय निश्चित है।
15. **स्थान**–शैक्षिक संस्थाएं तथा खुला विद्यालय आदि।	15. केवल शैक्षिक संस्थाएं।
16. **अनुशासन**–सामाजिक अनुशासन की प्रमुखता है।	16. अनुशासन कठोर होता है।
17. **व्यवहार**–शिक्षा में वांछित व्यवहार पर जोर दिया जाता है।	17. ग्रेड अथवा अंकों पर बल दिया जाता है।
18. **स्थिरता**–ज्ञान, कौशल तथा भावों की स्थिरता पर बल दिया जाता है।	18. ज्ञान प्रायः रटने पर आधारित होता है। अतः इसमें स्थिरता कम रहती है।

संक्षेप में कहा जा सकता है कि शिक्षा का क्षेत्र विस्तृत है। अनुदेशन वास्तव में शिक्षा का एक महत्त्वपूर्ण अंश है। जिसकी गतिविधियाँ सीमित है। शिक्षा का प्रभाव स्थायी होता है और यह प्रक्रिया जीवन पर्यन्त चलती रहती है। शिक्षा का उद्देश्य बालक का सर्वागीण विकास है जबकि अनुदेशन का उद्देश्य ज्ञान तक सीमित है।

2.6 शिक्षा तथा स्कूलिंग
(Education and Schooling)

शिक्षा (Education)	*स्कूलिंग अथवा विद्यालयीकरण (Schooling)*
1. **उद्देश्य**–शिक्षा का उद्देश्य बालक का सर्वागीण विकास है।	1. स्कूलिंग में मानसिक विकास पर अधिक बल दिया जाता है।
2. **क्षेत्र**–शिक्षा का क्षेत्र व्यापक है। शिक्षा जीवनपर्यन्त चलने वाली प्रक्रिया है।	2. स्कूलिंग शिक्षा का प्रमुख अंग है।
3. **स्वरूप**–शिक्षा स्वाभाविक प्रक्रिया है।	3. स्कूलिंग कृत्रिम प्रक्रिया है।
4. **पाठ्यक्रम**–पाठ्यक्रम विस्तृत है। पाठ्यक्रम में विभिन्न विषयों तथा क्रियाओं का समावेश होता है।	4. साधारणतया स्कूलिंग विषय प्रधान है।
5. **शिक्षा संस्थाएँ**–औपचारिक तथा अनौपचारिक दोनों प्रकार की हैं।	5. केवल औपचारिक शिक्षा संस्थाएँ।
6. **शिक्षण विधियाँ**–निश्चित तथा अनिश्चित दोनों प्रकार की अपनायी जाती हैं।	6. शिक्षण विधियाँ निश्चित होती हैं।
7. **समय**–शिक्षा जीवन पर्यन्त तक चलती रहती हैं।	7. शिक्षा का समय सीमित है।

(*क्रमशः*)

(*क्रमशः*)

शिक्षा (Education)	*स्कूलिंग अथवा विद्यालयीकरण (Schooling)*
8. **अवधि**–शिक्षा की अवधि निश्चित तथा अनिश्चित दोनों हैं।	8. अवधि निश्चित है।
9. **अध्यापक**–औपचारिक शिक्षा में विशिष्ट व्यक्ति अध्यापक होते हैं तथा अनौपचारिक में अन्य भी।	9. अध्यापक विशेष रूप से नियुक्त होते हैं।
10. **बालक का स्थान**–शिक्षा का केन्द्र बिन्दु बालक को समझा जाता है।	10. इसमें बालक का स्थान गौण है।
11. **अध्यापक का स्थान**–शिक्षा में अध्यापक का स्थान गौण है।	11. अध्यापक का मुख्य स्थान है।
12. **मूल्यांकन**–औपचारिक शिक्षा में मूल्यांकन आवश्यक है परन्तु अनौपचारिक शिक्षा में आवश्यक नहीं है।	12. मूल्यांकन आवश्यक है।
13. **प्रमाण पत्र**–औपचारिक शिक्षा में प्रमाण पत्र दिए जाते हैं परन्तु अनौपचारिक शिक्षा में प्रमाण पत्रों का दिया जाना आवश्यक नहीं है।	13. परीक्षा में उत्तीर्ण होने पर प्रमाण पत्र अवश्य दिए जाते हैं।
14. **ज्ञान की स्थिरता**–शिक्षा द्वारा प्राप्त ज्ञान स्थायी होता है क्योंकि बच्चा अपनी रुचि एवं अनुभव से सीखता है।	14. प्रदत्त ज्ञान केवल परीक्षा की दृष्टि से प्राप्त किया जाता है अतः यह अस्थायी होता है।
15. **प्रकार**–शिक्षा में औपचारिक, अनियमित तथा अनौपचारिक पक्ष आते हैं।	15. प्रायः केवल औपचारिक होता है।
16. अनुशासन, सामाजिक अनुशासन तथा अनुशापसन पर बल दिया जाता है।	16. प्रायः अनुशासन कठोर होता है।

शिक्षा एक विस्तृत प्रक्रिया है और स्कूलिंग उसका एक अंग है। स्कूलिंग की सभी बातें शिक्षा के अन्तर्गत आती हैं परन्तु शिक्षा की सभी बातें स्कूलिंग के अन्तर्गत नहीं आती हैं। पिछले कई वर्षों से स्कूलिंग पर कई प्रकार के आक्षेप हुए हैं। स्कूलिंग की कमियों के बारे में *इवान इलियच* (Ivan Illich), *जॉन हॉल्ट* (John Holt) तथा *पाल गुडमैन* (Paul Goodman) आदि ने कई पुस्तकों का प्रकाशन किया है जिनमें स्कूल में किए जा रहे कार्यक्रमों के दोषों और सीमाओं की ओर ध्यान दिलाया है–

'*School is Dead*', '*De Schooling*', '*Pedagogy of the Oppressed*', '*Compulsory Miseducation*', '*Teaching as a Subversive Activity*', '*How Children Fail*'.

2.7 शिक्षा और प्रशिक्षण में अन्तर (Difference Between Education and Training)

शिक्षा (*Education*)	प्रशिक्षण (*Training*)
1. **उद्देश्य**–शिक्षा का उद्देश्य बालक का सर्वांगीण विकास है, जिसमें शारीरिक, मानसिक, सामाजिक, आर्थिक, धार्मिक, नैतिक तथा सांस्कृतिक विकास आता है।	1. प्रशिक्षण का उद्देश्य व्यक्ति में किसी विशेष कौशल का विकास करना होता है।
2. **क्षेत्र**–शिक्षा का क्षेत्र बहुत व्यापक है।	2. प्रशिक्षण का क्षेत्र बहुत संकुचित है।
3. **स्वरूप**–शिक्षा एक स्वाभाविक प्रक्रिया है।	3. प्रशिक्षण मुख्यत: औपचारिक होता है।
4. **पाठ्यक्रम**–औपचारिक शिक्षा में निश्चित तथा अनौपचारिक शिक्षा में अनिश्चित पाठ्यक्रम होता है।	4. प्रशिक्षण का कार्यक्रम निश्चित होता है। पाठ्यक्रम में क्रियात्मक पक्ष मुख्य होता है।
5. **शिक्षा संस्थाएँ**–औपचारिक तथा अनौपचारिक दोनों प्रकार की होती हैं।	5. विभिन्न कौशलों के लिए प्रशिक्षण संस्थाएँ औपचारिक रूप से स्थापित की जाती है।
6. **शिक्षण विधियाँ**–औपचारिक शिक्षा में मुख्यत: भाषण, प्रश्नोत्तर तथा वाद-विवाद जैसी विधियाँ प्रयुक्त की जाती हैं।	6. इनमें प्रदर्शन तथा क्रियात्मक विधियों की प्रधानता है।
7. **अवधि**–औपचारिक शिक्षा की अवधि निश्चित होती है, अनौपचारिक की नहीं।	7. प्रत्येक व्यवसाय का प्रशिक्षण निश्चित समय में दिया जाता है।
8. **समय**–निश्चित तथा अनिश्चित दोनों।	8. समय निश्चित होता है।
9. **शिक्षक**–औपचारिक शिक्षा में विशिष्ट तथा निश्चित शिक्षक होते हैं। अनौपचारिक शिक्षा में ऐसा नहीं है।	9. प्रशिक्षण के लिए प्रशिक्षित शिक्षक नियुक्त किए जाते हैं।
10. **अनुशासन**–सामाजिक अनुशासन की महत्ता है।	10. अनुशासन कठोर होता है।
11. **मूल्यांकन**–औपचारिक शिक्षा में आवश्यक तथा अनौपचारिक शिक्षा में आवश्यक नहीं।	11. प्रशिक्षण अवधि के समाप्त होने पर मूल्यांकन किया जाता है।
12. **प्रमाणपत्र**–औपचारिक शिक्षा में आवश्यक परन्तु अनौपचारिक में आवश्यक नहीं है।	12. प्रशिक्षण के पश्चात् उत्तीर्ण .होने पर प्रमाणपत्र अवश्य दिया जाता है।
13. **प्रेरणा स्रोत**–शिक्षा में व्यक्ति का प्रेरणास्रोत सामाजिक प्रतिष्ठा है।	13. प्रशिक्षण में आर्थिक पहलू प्रेरणा स्रोत होता है।
14. **विशेष पक्ष**–दोनों क्रियात्मक तथा सैद्धान्तिक पक्षों पर बल दिया जाता है।	14. क्रियात्मक पक्ष की प्रधानता रहती है।

प्रशिक्षण, शिक्षा का ही अंग है। प्रशिक्षण में व्यावसायिक कुशलता पर विशेष बल दिया जाता है, शिक्षा में जीवन के सभी पक्षों पर। पहले 'अध्यापक प्रशिक्षण संस्थाएँ' थीं, और अब उन्हें 'अध्यापक शिक्षा संस्थाएँ या संस्थान' कहा जाता है। प्रशिक्षण में शिक्षण कला पर विशेष बल दिया जाता है। परन्तु अब इसके अतिरिक्त कई प्रकार के अन्य कार्यक्रमों पर बल दिया जाता है।

2.8 शिक्षा तथा प्रतिपादन (Education and Indoctrination)

प्रतिपादन का अर्थ–प्रतिपादन का अर्थ है कि किसी विशेष मत अथवा वाद (Ism) के सिद्धान्तों को बार-बार दोहराकर इन सिद्धान्तों के प्रति छात्रों तथा व्यक्तियों में अटूट आस्था निर्माण करना है। प्रतिपादन का अर्थ एक प्रकार से अन्धविश्वास उत्पन्न करता है। इसमें तर्क का कोई स्थान नहीं होता है। किसी विशेष 'वाद' अथवा 'मत' के सिवाय किसी अन्य सिद्धान्तों को मानने का कोई स्थान नहीं रहता है। उदाहरणार्थ एक साम्यवादी समाज (Communist Society) में शासक वर्ग अपनी विचारधारा का ही प्रचार करता है। इसके विपरीत जनतन्त्र समाज में इस प्रकार का कोई प्रतिबंध नहीं रहता है। विचारों की स्वतन्त्रता रहती है।

शिक्षा तथा प्रतिपादन में अन्तर (Difference between Education and Indoctrination)

1. **उद्देश्य:** शिक्षा का उद्देश्य व्यक्तित्व का सर्वांगीण विकास है। प्रतिपादन का उद्देश्य व्यक्ति का भावात्मक विकास है।

2. **क्षेत्र:** शिक्षा का क्षेत्र व्यापक है जबकि प्रतिपादन का सीमित।

3. **केन्द्र बिन्दु:** शिक्षा का केन्द्र बिन्दु व्यक्ति है परन्तु प्रतिपादन विचार तथा विश्वास केन्द्रित है।

4. **समय:** शिक्षा जन्म से मृत्यु तक चलती है परन्तु प्रतिपादन का सबसे उपयुक्त समय बाल्यकाल होता है।

5. **अनुशासन:** शिक्षा में अनुशासन उत्पन्न करने के लिए समाज अधिक भूमिका निभाता है। इसके विपरीत प्रतिपादन में अनुशासन कठोरता से लाया जाता है।

6. **तर्क का स्थान:** शिक्षा में तर्क का विशेष स्थान है। व्यक्ति सोच-समझकर सीखता है। प्रतिपादन में तर्क का कोई स्थान नहीं है।

7. **स्वरूप:** व्यक्ति के व्यवहार में शिक्षा द्वारा किसी प्रकार का परिवर्तन आता है परन्तु प्रतिपादन प्राय: धार्मिक तथा राजनैतिक व्यवहार तक सीमित रहता है।

8. **शिक्षण विधि:** शिक्षा में अनेक प्रकार की शिक्षण विधियों को प्रयोग में लाया जा सकता है, प्रतिपादन में नहीं।

9. **पाठ्यक्रम:** अनेक प्रकार के विषयों तथा अनुभवों का प्रावधान किया जाता है। प्रतिपादन में किसी 'मत' 'विश्वास' तथा 'वाद' की प्रधानता रहती है।

10. **वातावरण:** शिक्षा में स्वाभाविक तथा कृत्रिम दोनों प्रकार का होता है। प्रतिपादन में वातावरण कृत्रिम तथा जड़ होता है।

11. **लोचकता:** शिक्षा के कार्यक्रमों में लोचता रहती है परन्तु प्रतिपादन में इसका कोई स्थान नहीं है।

12. **अध्यापक:** अध्यापक को कार्य में काफी स्वतन्त्रता दी जाती है परन्तु प्रतिपादन में ऐसा नहीं होता है।

13. **शिक्षण विधियाँ:** शिक्षा में विविध प्रकार की शिक्षण विधियाँ अपनायी जाती हैं परन्तु प्रतिपादन में ऐसा नहीं होता।

प्राय: प्रतिपादन का दुरुपयोग किया जाता रहा है। बच्चे अथवा व्यक्ति को केवल वही स्वीकार करना सिखाया जाता है जो उसे बताया जाए। प्रतिपादन में व्यक्ति की भावनाओं को उत्तेजित किया जाता है और उन्हें किसी विशेष लक्ष्य के लिए प्रेरित किया जाता है। उदाहरण के लिए समाजवादी देश में व्यक्ति को साम्यवाद में आस्था उत्पन्न करने का प्रयास किया जाता है उसे दल की नीतियों की जानकारी दी जाती है। वह जो भी करता है केवल दल के हितों को ध्यान में रखकर करता है। यह 'राजनीतिक प्रतिपादन' (Political Indoctrination) है। इसी प्रकार जब हम किसी व्यक्ति के मन में किसी धर्म विशेष के प्रति आस्था उत्पन्न करना चाहते हैं तो इसे धार्मिक प्रतिपादन (Religious Indoctrination) कहेंगे। इस प्रकार के प्रतिपादन के परिणाम बड़े भयानक तथा जहरीले निकलते हैं।

2.9 शिक्षा तथा साक्षरता में भेद (Difference between Education and Literacy)

शिक्षा एक व्यापक प्रत्यय है। साक्षरता केवल पत्र, समाचार तथा पुस्तक आदि पढ़ने तक सीमित है। परम्परागत दृष्टिकोण से साक्षरता केवल 3R's के ज्ञान तक सीमित है। ये हैं–Arithmetic, Reading and Writing अर्थात् गणित, पढ़ना तथा लिखना। इसके विपरीत शिक्षा का आधुनिक अर्थ 7R's के ज्ञान, कौशल तथा भावों से लिया जाता है। ये हैं–Arithmetic, Reading, Writing, Rights, Responsibilities and their Relations and Recreation।

साक्षरता प्राय: प्राथमिक स्तर की शिक्षा अथवा प्रौढ़ साक्षरता तक सीमित है। शिक्षा माध्यमिक, उच्च माध्यमिक तथा उच्च स्तरों से संबंधित है। शिक्षा में गहन अध्ययन आता है। अनेक विषयों के ज्ञानों तथा विज्ञानों का समावेश शिक्षा में होता है। शिक्षा के अर्थ तथा कार्यों पर विस्तार से पहले चर्चा की जा चुकी है।

शिक्षा (Education)	*साक्षरता (Literacy)*
1. **उद्देश्य**–व्यक्ति का सम्पूर्ण विकास	1. व्यक्ति को पढ़ना, लिखना, सिखाना।
2. **क्षेत्र**–शिक्षा का क्षेत्र बहुत व्यापक है। इसमें अनेक प्रकार के अनुभव सम्मिलित हैं।	2. साक्षरता का क्षेत्र बहुत सीमित है।
3. **स्तर**–प्राथमिक, माध्यमिक तथा उच्च शिक्षा स्तर।	3. प्रौढ़ शिक्षा, प्राथमिक शिक्षा स्तर।

(*क्रमश:*)

(*क्रमशः*)

शिक्षा (*Education*)	*साक्षरता* (*Literacy*)
4. **विषय**–शिक्षा में अनेक विषयों का ज्ञान दिया जाता है।	4. साक्षरता में गणित तथा भाषा का थोड़ा सा ज्ञान शामिल है।
5. **अवधि**–शिक्षा जीवन पर्यन्त चलने वाली प्रक्रिया है।	5. प्रायः एक वर्ष से कम समय साक्षरता का होता है।
6. **मानवता के गुण**–यह आवश्यक नहीं है कि शिक्षित व्यक्ति में मानवता के गुण हों।	6. निरक्षर व्यक्ति में मानवता के असीम मूल्य तथा गुण हो सकते हैं।
7. **स्थान**–शिक्षा के लिए भवनों की आवश्यकता रहती है।	7. प्रायः एक कमरे की ही आवश्यकता होती है।
8. **व्यय**–शिक्षा पर अधिक व्यय होता है।	8. साक्षरता में बहुत कम व्यय होता है।
9. **शिक्षक**–शिक्षा प्रक्रिया में अनेक शिक्षक होते हैं।	9. प्रायः एक ही शिक्षक होता है।
10. **शिक्षक का प्रशिक्षण**–शिक्षक प्रशिक्षित होते हैं। प्रशिक्षण का समय कम से कम एक वर्ष होता है।	10. शिक्षक के प्रशिक्षण का समय एक वर्ष से कम होता है।
11. **नियमित शिक्षा**–शिक्षा नियमित होती है।	11. साक्षरता अनियिमित होती है।
12. **पाठ्यक्रम**–शिक्षा में पाठ्यक्रम विस्तृत तथा गहन होता है।	12. पाठ्यक्रम अत्यन्त सरल होता है।
13. **शिक्षण विधियाँ**–अनेक प्रकार की शिक्षण विधियाँ प्रयोग में लायी जाती हैं।	13. शिक्षण विधियाँ प्रायः सीमित होती हैं।
14. **मूल्यांकन**–मूल्यांकन विस्तृत तथा गहन होता है।	14. मूल्यांकन अत्यन्त सरल विधि से किया जाता है।
15. **व्यावसायिक तथा अन्य उद्देश्य**–छात्रों को आत्मनिर्भरता का प्रशिक्षण देने का प्रयास किया जाता है।	15. उद्देश्य केवल पत्र आदि पढ़ना तथा लिखना होता है। साधारण हिसाब-किताब सिखाने पर भी ध्यान दिया जाता है।

3

शिक्षा के उद्देश्य
(Aims of Education)

3.1 शिक्षा के उद्देश्यों का महत्त्व (Significance of Aims of Education)

शिक्षा के उद्देश्यों पर भले ही विद्वानों का एक मत न हो परन्तु इसमें कोई सन्देह नहीं है कि इनके बिना शिक्षा एवं शिक्षण प्रक्रिया का संचालन नहीं किया जा सकता है। मुख्य तौर पर शिक्षा में उद्देश्यों का निम्नलिखित महत्त्व है:

1. *प्रयासों का निर्देशन* (*Directing Efforts*): उद्देश्य का ज्ञान हो, उद्देश्य प्रगतिशील एवं उपयुक्त हों तो प्रयास जारी रखा जा सकता है तथा पूरी कोशिशें की जा सकती हैं। उद्देश्य ही छात्रों (बालकों) को सही रास्ते पर लाते हैं। उद्देश्य ही अध्यापक को प्रयासों के निर्देशन की सही दिशा प्रदान करते हैं।

2. *अपव्यय को दूर करना* (*Avoiding Wastage*): शिक्षा के उद्देश्यों के कारण हमारी शक्ति एवं समय नष्ट होने से बच जाते हैं। इनके रहने पर व्यक्ति इन्हीं को ध्यान में रख कर कार्य करते हैं। उद्देश्य हमें कार्य को सही एवं बुद्धिपूर्वक करने की प्रेरणा देते हैं। इनसे पता चल जाता है कि कब हमें क्या और कैसे करना है?

3. *स्वत: मूल्यांकन* (*Self Evaluation*): शिक्षा के उद्देश्यों के रहने से व्यक्ति अपने कार्यों का मूल्यांकन स्वयं कर सकता है। उक्त उद्देश्य की पूर्ति किस सीमा तक हुई, क्या कमी रह गई, क्या और करना चाहिए, आदि का ज्ञान इनसे प्राप्त हो जाता है।

4. *वर्तमान स्थितियों का मूल्यांकन करना* (*Evaluating Present Situation*): शिक्षा के उद्देश्यों के संदर्भ में अध्यापन, पाठ्यक्रम, पुस्कालय, पाठ्य-सामग्री, शिक्षण-विधि आदि की वर्तमान स्थिति का मूल्यांकन किया जाता है। उद्देश्य शिक्षण की प्रक्रिया में एवं शिक्षा के क्षेत्र में एक प्रकाश बिन्दु का कार्य करते हैं। इनसे शिक्षा जगत की सभी विधियों का मूल्यांकन किया जा सकता है।

5. *विद्यालय संगठन एवं शिक्षा प्रक्रिया के लिए* (*Organising Schools and Education Process*): विद्यालय संगठन के लिए भी शिक्षा के उद्देश्यों की नितांत आवश्यकता पड़ती है। शिक्षा की प्रक्रिया एवं विद्यालय-संगठन शैक्षिक उद्देश्यों के अनुरूप चलते हैं। छात्र एवं शिक्षक का सम्बन्ध, शिक्षक एवं अधिकारियों का सम्बन्ध, शिक्षक एवं समुदाय, राज्य या राष्ट्र का सम्बन्ध–ये सभी शैक्षिक उद्देश्यों के अनरूप होते हैं।

3.2 शिक्षा के बदलते उद्देश्य (Changing Aims of Education)

शिक्षा के उद्देश्यों की विवेचना करते समय इस बात पर विशेष बल देना आवश्यक है कि विद्वानों ने शिक्षा की अपने-अपने दृष्टिकोणों से व्याख्या की है। इस मतभेद के कारण नीचे दिए जा रहे हैं।

1. *मानवीय जीवन के विभिन्न लक्ष्य हैं* (*Different Ideals of Human Beings*): इन लक्ष्यों को प्राप्त करने के लिए शिक्षा एक महत्त्वपूर्ण साधन है। चूँकि जीवन के लक्ष्यों में भिन्नता पाई जाती है, इस कारण शिक्षा का स्वरूप, शिक्षा के लक्ष्य, शिक्षण सामग्री, शिक्षण विधियाँ तथा अनुशासन भी एक जैसा नहीं हो सकता।

2. *प्रत्येक देश की परिस्थितियाँ विभिन्न हैं* (*Different Situations in Countries*): अत: शिक्षा का अर्थ भी भिन्न हो जाता है।

3. *एक ही देश में परिस्थितियाँ सदा एक जैसी नहीं रहतीं* (*Changing Situations in the Same Country*): इस कारण शिक्षा प्रणाली भी बदलती रहती है।

4. *शिक्षा एक ऐसा विषय है जिसका संबंधा प्रत्येक वर्ग तथा व्यक्ति से है* (*Education Being the Concern of All*): विभिन्न दार्शनिकों, विद्वानों, विचारकों, राजनीतिज्ञों, नेताओं कलाविदों, पुरोहितों तथा पादरियों ने अपने-अपने दृष्टिकोण को लेकर तथा काल के अनुसार शिक्षा के विषय में अपने मत प्रस्तुत किए हैं।

5. *शिक्षा के विभिन्न प्रकार* (*Different Types of Education*): प्रत्येक प्रकार की शिक्षा के प्रत्येक देश में तथा क्षेत्र में अपने-अपने उद्देश्य होते हैं।

6. *मानवीय वातावरण की जटिलता* (*Complexity of Human Nature*): प्रत्येक व्यक्ति एक-दूसरे से भिन्न होता है। अत: शिक्षा के उद्देश्य भी बदलते रहते हैं। जीवन प्रतिदिन जटिल होता जा रहा है। स्वाभाविक है कि शिक्षा प्रक्रिया जिसका सम्बन्ध जीवन से हो, अलग-अलग परिस्थितियों में अलग-अलग उद्देश्यों की पूर्ति करे।

शिक्षा का स्थान व समय से संबंध जुड़ा रहता है। माध्यमिक शिक्षा आयोग (Secondary Education Commission 1952-53) ने इस प्रकार लिखा, "ज्यों-ज्यों राजनीतिक, सामाजिक तथा आर्थिक परिस्थितियों में परिवर्तन होता जाता है तथा नई-नई समस्यायें सामने आती जाती हैं, त्यों-त्यों शिक्षा के विभिन्न स्तरों पर दृष्टि रखे जाने वाले उद्देश्यों का पुन: परीक्षण तथा सावधानी से पुनर्वर्णन अवश्य होता जाता है।"

शिक्षा के उद्देश्यों का सम्बन्ध समाज के वास्तविक जीवन से होता है। एक व्यवस्थित शिक्षा प्रणाली समाज की वास्तविक आवश्यकताओं के अनुसार होनी चाहिए। इसका समाज की मूल और सामाजिक आवश्यकताओं से सम्बन्ध अवश्य होना चाहिए।

3.3 शिक्षा के उद्देश्यों को प्रभावित करने वाले कारक (Factors Influencing Aims of Education)

शिक्षा का अर्थ और उद्देश्य स्थान, जाति, देश और समय के साथ विभिन्न रहे हैं। अपनी आवश्यकतानुसार विभिन्न देशों ने विचारकों में शिक्षा का अर्थ लगाया है। प्राचीन काल में सुकरात (Socrates) के जमाने से अब तक गाँधी जी (Gandhi ji), ड्यूवी (Dewey) और अन्य विद्वानों ने अलग-अलग परिभाषाएँ दी हैं। अरस्तु के अनुसार स्वस्थ शरीर में स्वस्थ मस्तिष्क का निर्माण ही शिक्षा का कार्य माना गया है। सामाजिक कार्यकर्त्ताओं और समाजशास्त्रियों ने अच्छे नागरिक बनाना, विद्वानों ने ज्ञान प्राप्ति,

दार्शनिकों ने आत्मज्ञान प्राप्ति, धर्म गुरुओं ने नैतिकता, प्रकृतिवादियों ने वैयक्तिक विकास पर बल दिया है और इनके अनुसार ही शिक्षा के उद्देश्य पर बल। इन विभिन्नताओं के निम्नलिखित कारण हैं:

1. *मानव प्रकृति* (*Human Nature*): मानव स्वभाव की जटिलताओं या पेचीदेपन के कारण शिक्षा के बहुत से अर्थ निकल आये हैं। मानव का व्यक्तित्व विभिन्न तत्त्वों पर आधारित है। इसमें बड़ी विभिन्नताएं हैं, इसकी शारीरिक, बौद्धिक, सामाजिक, नैतिक, आत्मिक क्षमताओं के अनुसार बहुत से अर्थ निकल आते हैं। विद्वानों ने अलग पक्षों पर बल देकर अपनी अलग परिभाषाएँ दी हैं।

2. *वातावरण की विभिन्नता* (*Difference in Enviroment*): मानव विकास विद्यमान स्थान के वातावरण पर निर्भर रहता है। सामाजिक, सांस्कृतिक तथा प्राकृतिक वातावरण की विभिन्नताएं ही मानव जीवन के ढंग को निर्धारित करती हैं। शिक्षा भी जीवन के अनुरूप ही होनी चाहिये। अत: शिक्षा का उद्देश्य वातावरण पर निर्भर होगा और वातारण के अनुसार इसमें परिवर्तन आना आवश्यक है।

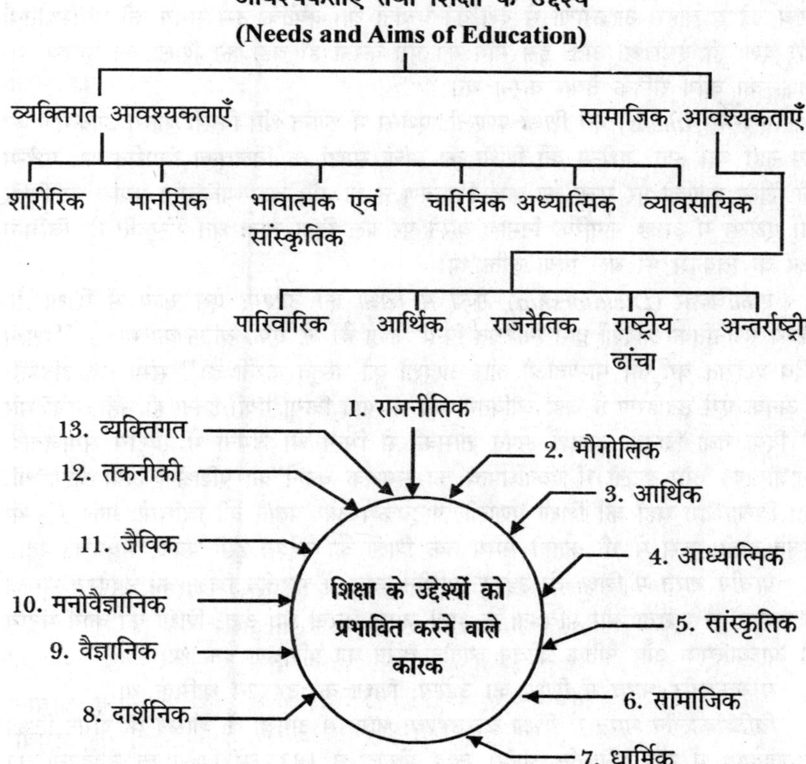

चित्र 3.1: शिक्षा के उद्देश्यों को प्रभावित करने वाले कारक
(Factors Influencing Education)

3. *जीवन दर्शन की विभिन्नताएँ* (*Differences in Ideals of Life*): प्रत्येक व्यक्ति का जीवन का आदर्श अलग-अलग है।

विद्वानों ने अपने ढंग से ही जीवन में अनेक मूल्यों और आदर्शों को अपनाने पर बल दिया है। ज्ञान के इस अथाह सागर में निरन्तर खोज जारी रहती है। विद्वान तथा विचारक अपने विचार समाज तथा संसार के सामने रखते हैं। परिणामस्वरूप जीवन दर्शन हमारे सामने आते हैं तथा उन्हीं के आधार पर शिक्षा को क्रियान्वयन किया जाता है।

3.4 समय-समय पर बदलते शिक्षा के उद्देश्य: एक दृष्टि में (Changing Aims of Education at a Glance)

आदिकाल में शिक्षा का उद्देश्य: आदिकाल में मनुष्य को अपनी रक्षा के लिए धनुर्विद्या की आवश्यकता थी। उसकी आवश्यकताएँ कम और सरल थीं। उस समय उत्पादन, उपभोग, विनिमय और वितरण भी सरल थे। इसलिए साधारण शिक्षा की आवश्यकता थी। यह आवश्यकता साधारण शिक्षा प्रणाली द्वारा पूर्ण की जाती थी।

स्पार्टा (*Sparta*) *की शिक्षा का उद्देश्य*: स्पार्टा राज्य एक सैनिक राज्य था। राज्य का मुख्य उद्देश्य बाहरी आक्रमणों से देश को बचाना था। क्योंकि उस समय की परिस्थितियाँ और दशा ही ऐसी थीं अत: इस माँग को पूरा करना ही वहाँ की शिक्षा का उद्देश्य था। शिक्षा का कार्य सैनिक तैयार करना था।

एथेन्स (*Athens*) *की शिक्षा प्रणाली*: एथेन्स में शान्ति थी। किसी बाहरी आक्रमण का भय नहीं था। अत: एथेन्स की शिक्षा का ढांचा स्पार्टा के बिलकुल विपरीत था। एथेन्स की शिक्षा प्रणाली पर राज्य का कोई नियन्त्रण न था और वह व्यक्तिगत प्रयास पर निर्भर था। एथेन्स में अच्छे नागरिक निर्माण करने पर बल दिया जाता था। संस्कृति के विभिन्न पक्षों के विकास पर बल दिया जाता था।

एकाधिकार (*Dictatorship*) *राज्य में शिक्षा का उद्देश्य*: ऐसे राज्य में शिक्षा का उद्देश्य राजनैतिक आदर्शों द्वारा निश्चित किया जाता है। *जे. एफ. ब्राउन* का मत है, ''शिक्षा सदैव शासित वर्ग की मान्यताओं और आदर्शों को प्रस्तुत करती है।'' संसार के इतिहास में अनेक ऐसे उदाहरण है जहाँ व्यक्तियों को भयभीत किया गया। इतना ही नहीं, उन्हें मार भी दिया गया जिनके आदर्श अपने शासकों से भिन्न थे। जर्मनी में राष्ट्रीय समाजवादी (नाजीवाद) और इटली में एकाधिपत्य का समर्थक बनाने का प्रशिक्षण दिया जाता था। यही विचारधारा वहाँ की शिक्षा प्रणाली, पाट्यक्रम और पढ़ाने की विधियों आदि में भी प्रस्तुत होती। रूस में भी काफी समय तक शिक्षा का उद्देश्य इसी प्रकार संकुचित रहा।

प्राचीन भारत में शिक्षा के उद्देश्य: प्राचीन काल में भारतीय शिक्षा का उद्देश्य समाज के सदस्यों में शुद्धता और पवित्रता के भाव जागृत करना था। अत: शिक्षा का कार्य मनुष्य को आध्यात्मिक और नैतिक जीवन व्यतीत करने का प्रशिक्षण देना था।

मध्यकालीन भारत में शिक्षा का उद्देश्य: शिक्षा का उद्देश्य धार्मिक था।

ब्रिटिशकालीन भारत में शिक्षा का उद्देश्य: भारत में अंग्रेजों के शासन के दौरान शिक्षा के उद्देश्य में मूल परिवर्तन आया। *लार्ड मैकाले* ने 1835 में शिक्षा के उद्देश्यों का उल्लेख अपने प्रसिद्ध अभिलेख (Minute) में किया है। शिक्षा का उद्देश्य ऐसे भारतीय तैयार करना था, जिससे कि भारतीय लोगों को सांस्कृतिक दृष्टि से भी पराजित किया जा सके तथा उन्हें विदेशी ढंग में ढाला जा सके।

स्वतंत्र भारत में शिक्षा के उद्देश्य: स्वतंत्र भारत में शिक्षा के उद्देश्य संविधान में दर्शाए गए निम्न आदर्शों के अनुसार हैं–1. प्रजातन्त्रीय सामाजिक व्यवस्था। 2. समाजवादी सामाजिक व्यवस्था। 3. पंथनिर्पेक्ष सामाजिक व्यवस्था। 4. समतावादी सामाजिक व्यवस्था।

संक्षेप में हम कह सकते हैं कि शिक्षा के उद्देश्य निम्नलिखित तत्वों पर आधारित हैं: 1. राजनैतिक मान्यताएँ एवं आदर्श। 2. सामाजिक मूल्य एवं परम्पराएँ। 3. आर्थिक आवश्यकताएँ तथा समस्याएँ। 4. सामाजिक-धार्मिक विचारधाराएँ। 5. प्रचलित दार्शनिक जीवन दर्शन। 6. समाज की औद्योगिक प्रगति। 7. भौगोलिक परिस्थिति। 8. देश के संविधान में दर्शाया गया दर्शन। 9. सूचना प्रौद्योगिकी की प्रगति। 10. वैज्ञानिक प्रगति। 11. व्यक्तिगत आदर्श। 12. मनोवैज्ञानिक प्रगति।

3.5 प्राचीन भारत में शिक्षा के उद्देश्य (Aims of Education in Ancient India)

वर्धयैनं ज्योतयैनं महते सौभगाय। संशितं चित् संतरं सं शिशाधि।

अ० 7/16/1

1. *बुद्धि का परिष्कार और बौद्धिक विकास* (*Mental Development*): अथर्ववेद का कथन है कि शिक्षा का उद्देश्य है–व्यक्ति की बुद्धि को विकसित करना, उसे परिष्कृत करना, उसे तीक्ष्ण बनाना, उन्नति की ओर ले जाना और महान् सौभाग्य प्राप्त करना।

तपस्तप्यामहे .. श्रुतानि शृण्वन्तः ... सुमेधसः।

अ० 7/61/2

2. *जीवन को तपस्वी बनाना* (*Making Life Pure*): शिक्षा का अन्य उद्देश्य है–जीवन को सधा हुआ बनाना। तप और साधना से ही जीवन सधा हुआ बनता है। इसके लिए साधारण और कठिन साधनाएँ करनी पड़ती हैं। अतः अथर्ववेद का कथन है कि तपस्वी जीवन व्यतीत करते हुए, वेदों को पढ़ते हुए, दीर्घायु और मेधावी हों।

इदमहम् अनृतात् सत्यमुपैमि। यजु० 1/5

3. *आचार शिक्षा और चरित्र-निर्माण* (*Character Development*): शिक्षा के उद्देश्य में अन्य महत्त्वपूर्ण तत्त्व हैं–चरित्रनिर्माण, सत्यनिष्ठता, सत्याचरण। असत्य, झूठ, छल-प्रपंच आदि का परित्याग। जब तक चारित्रिक शुद्धि और परिष्कार नहीं होगा, तब तक विद्या फलीभूत नहीं होगी। अतएव यजुर्वेद में कहा गया है कि–मैं असत्य को छोड़कर सत्य को अपनाता हूँ।

व्रतेन दीक्षामाप्नोति, दीक्षयाप्नोति दक्षिणाम्।
दक्षिणा श्रद्धामाप्नोति, श्रद्धया सत्यमाप्यते।। यजु० 19/30

4. *व्रत और श्रद्धा* (*Dedication and Faith*): किसी एक लक्ष्य को लेकर उसके प्रति समर्पित भाव से जुट जाना व्रत है। यजुर्वेद में व्रत को जीवन की आधारशिला बताते हुए कहा गया है कि व्रत से मनुष्य दीक्षित होता है, दीक्षा से दाक्षिण्य या प्रवीणता आती है, उस दक्षता के कारण ही मनुष्य में श्रद्धा उत्पन्न होती है और श्रद्धा से ही जीवन के लक्ष्य-रूप सत्य-ब्रह्म की प्राप्ति होती है।

शं सरस्वती सह धीभिरस्तु। अ० 19/11/2

5. *विद्या और बुद्धि का समन्वय* (*Integration of Education with Intelligence*):

विद्या के साथ व्यावहारिक बुद्धि का होना आवश्यक है। व्यवहार-शून्य और लौकिक ज्ञान-शून्य विद्या को विद्या नहीं कहा जा सकता है। अतः वेद का कथन है कि सरस्वती (विद्या) के साथ धी (व्यवहार-बुद्धि) आवश्यक है।

अप्नस्वती मम धीरस्तु शक्र। अ० 20/89/3

6. *ज्ञान और कर्म का समन्वय (Integration of Knowledge and Action)*: शिक्षा वही सफल होती है, जिसमें कर्मठता की दीक्षा दी जाती है। प्रगतिशील, कर्मठ एवं सतत संघर्षशील बनाना शिक्षा का लक्ष्य है। अतएव अथर्ववेद में कहा गया है कि मेरी बुद्धि सदा कर्मठ रहे।

इच्छन्ति देवाः सुन्वन्तम्। अ० 20/18/3

देवता पुरुषार्थी को चाहते हैं, अकर्मण्य को नहीं।

अविद्यया मृत्युं तीर्त्वा, विद्ययाऽमृतमश्नुते।

यजु० 40/14। ईश०उप० 11

यजुर्वेद में स्पष्ट रूप से कहा गया है कि ज्ञान और कर्म दोनों का समन्वय ही अभीष्ट है। कर्ममार्ग (अविद्या) से जीवननिर्वाह होता है और ज्ञानमार्ग (विद्या) से मोक्ष (अमृत) प्राप्त होता है।

विनाशेन मृत्युं तीर्त्वा, संभूत्याऽमृतमश्नुते।

यजु० 40/11। ईश०उप० 11

7. *अध्यात्मवाद और भौतिकवाद का समन्वय (Integration of Spiritualism and Materialism)*: वेद अध्यात्म और भौतिकवाद के समन्वय की शिक्षा देता है। यजुर्वेद और ईश उपनिषद् का कथन है कि केवल भौतिकवाद या प्रकृतिवाद अनर्थ का कारण है और केवल अध्यात्म उससे भी अधिक अनर्थकारी है, अतः जीवन के समन्वित विकास के लिए दोनों का समन्वय अभीष्ट है। भौतिकवाद जीवन की ज्वलन्त समस्याओं को हल करता है और अध्यात्मक अमरत्व एवं आत्मिक शान्ति प्रदान करता है।

द्वे विद्ये वेदितव्ये...परा यया तदक्षरम् अधिगम्यते।

मुंडक उप० 1.1.4-5

मुण्डक उपनिषद् ने इसी बात को परा और अपरा विद्या कहकर स्पष्ट किया है। अपरा विद्या भौतिक जीवन को सफल बनाती है और परा विद्या (अध्यात्म) जीवन के लक्ष्य अमरत्व या ब्रह्म की प्राप्ति कराती है।

भद्रमिच्छन्त ऋषयः...तपो दीक्षाम् उपनिषेदुरग्रे। अ० 19.41.1

8. *तप और दीक्षा (अनुशासन और समर्पण) (Discipline and Dedication)*: अथर्ववेद ने तप (अनुशासन Discipline) और दीक्षा (समर्पण, Dedication) को राष्ट्रीय उन्नति का आधार बताया है और कहा है कि इससे ही राष्ट्र, समाज और व्यक्ति की उन्नति होती है।

केतुं कृण्वन् अकेतवे, पेशो मर्या अपेशसे। ऋग्० 1/6/3

9. *ज्ञान-ज्योति प्रज्वलित करना (Development of Innersight)*: ऋग्वेद में शिक्षा का उद्देश्य बताया गया है–अज्ञानी को ज्ञान-ज्योति देना, उसके अज्ञानान्धकार को दूर करना, निष्क्रिय और निश्चेष्ट को सक्रिय और सचेष्ट बनाना तथा प्रबुद्ध बनाना।

आहं वृणे सुमतिं विश्वजन्याम्। यजु० 17/74

10. *लोकहितकारी सद्बुद्धि देना (Development of Power of Deliberation or Reflection)*: शिक्षा के सामाजिक उद्देश्य की ओर संकेत करते हुए यजुर्वेद में कहा गया है कि शिक्षा के द्वारा ऐसी सुमति (सद्बुद्धि) प्राप्त हो, जो विश्वजनीन हो अर्थात् जिससे संसार का कल्याण कर सकें।

मनुर्भव, जनया दैव्यं जनम्। ऋग्० 10/53/6

11. *निर्णय-शक्ति को बढ़ाना (Increasing Power of Decision Making)*: शिक्षा का उद्देश्य है—मनुष्य में विचार-शक्ति, मननशक्ति, चिन्तन-शक्ति और कर्त्तव्याकर्त्तव्य के निर्धारण करने वाली विवेक शक्ति को जागृत करना और बढ़ाना। ऋग्वेद का इसके साथ ही आदेश है कि स्वयं में दिव्य गुणों का विकास करके दूसरों में भी दैवी गुणों का विकास करो।

भारत में मध्य युग में शिक्षा के प्रमुख उद्देश्य (Aims of Education in Medieval India)

1. इस्लाम धर्म का प्रसार करना। 2. इस्लामी राज्य का विस्तार करना। 3. शरियत (इस्लामी संस्कृति तथा कानून आदि का प्रसार करना)। 4. भौतिक सुखों की प्राप्ति। 5. धार्मिक नैतिकता का विकास। 6. मुसलमानों में शिक्षा का प्रसार करना। 7. चारित्र निर्माण करना।

अंग्रेजी शासन काल में शिक्षा के प्रमुख उद्देश्य (Main Aims of Eduction During the British Rule)

1. ऐसे भारतीय निर्माण करना जो रंग-रूप में भारतीय हों परन्तु वेशभूषा, बातचीत, चिन्तन तथा विचारों में अंग्रेज। 2. यूरोपीय साहितय तथा विज्ञान का प्रसार करना। 3. अंग्रेजी भाषा को बढ़ाना देना। 4. शासन चलाने के लिए कर्मचारी तैयार करना। 5. एक वर्ग अंग्रेजी भक्त तैयार करना।

3.6 शिक्षा के प्रमुख उद्देश्य (Main Aims of Education)

1. सौन्दर्यात्मक विकास का उद्देश्य (Appreciation Development Aim)
2. सम्पूर्ण रहने की कला के विकास का उद्देश्य (Art of Complete Living Aim)
3. सांस्कृतिक उद्देश्य (Cultural Aim)
4. समायोजित तथा समेकित विकास का उद्देश्य (Harmonious and Integrated Development Aim)
5. व्यक्तिगत उद्देश्य (Individual Aim)
6. ज्ञानात्मक उद्देश्य (Knowledge Aim)
7. अन्तर्राष्ट्रीय भावना तथा शान्ति का उद्देश्य (International Understanding and Peace Aim)
8. नैतिक उद्देश्य (Moral Aim)
9. शारीरिक तथा स्वास्थिक उद्देश्य (Health and Physical Aim)
10. समय के सदुपयोग का उद्देश्य (Proper Use of Leisure Aim)
11. चरित्र निर्माण उद्देश्य (Character Development Aim)
12. आत्मसात् उद्देश्य (Self-Realization Aim)

13. धार्मिक उद्देश्य (Religious Aim)
14. ईश्वर प्राप्ति उद्देश्य (God Realisation Aim)
15. आध्यात्मिक उद्देश्य (Spiritual Aim)
16. व्यावसायिक उद्देश्य (Vocational Aim)
17. सामाजिक उद्देश्य (Social Aim)
18. नागरिकता विकास उद्देश्य (Citizenship Development Aim)
19. प्रजातान्त्रिक उद्देश्य (Democratic Aim)
20. धर्म निर्पेक्षता उद्देश्य (Secular Aim)
21. समाजवादी उद्देश्य (Socialist Aim)
22. उदार उद्देश्य (Liberal Aim)

3.7 शिक्षा के वैयक्तिक तथा सामाजिक उद्देश्य (Individual and Social Aims of Education)

शिक्षा का वैयक्तिक उद्देश्य (Individual Aim of Education)

वैयक्तिक उद्देश्य का अर्थ–इस उद्देश्य का अर्थ है, शिक्षा द्वारा व्यक्ति की व्यक्तिगत रुचियों, क्षमताओं और विशेषताओं के विकास को प्राथमिकता देना।

शिक्षा के वैयक्तिक उद्देश्य के समर्थक (Supporters of Individual Aim of Education): 1. *वैदिक काल* में शिक्षा का उद्देश्य मानव को मुक्ति दिलाना था। "सा विद्या या विमुस्तये" (शिक्षा वह है जो मुक्ति दिलाए। **उपनिषद्**)।

2. *आदि शंकराचार्य*: शिक्षा आत्मानुभूति है।

3. *स्वामी विवेकानन्द*: शिक्षा का अर्थ मानव में पहले से विद्यमान दैनिक व्यक्तित्व को उभारना है।

4. *गुरु नानक*: शिक्षा का उद्देश्य आत्म-साक्षात्कार तथा आत्म-अभिव्यक्ति में सहायता देना है।

5. *श्री अरविन्द*: शिक्षा का उद्देश्य व्यक्ति का आध्यात्मिक पुनर्निमाण करना है।

6. *एम. एल. जेक्स* (*M. L. Jacks*) के अनुसार "शिक्षा का कार्य बालक को इस योग्य बनाना है कि वह स्वयं के लिए चिन्तन कर सके।"

7. *काण्ट* (*Kant*) के अनुसार "शिक्षा व्यक्ति की उस पूर्णता का विकास है, जिसमें उसकी क्षमता है।"

8. *प्लेटो* (*Plato*) का कथन है, ''शिक्षा बालक के शरीर और आत्मा में पूर्णता को विकसित करती है, जिसके वह योग्य है।''

9. व्यक्ति के महत्त्व पर बल देते हुए *नन* (*T. P. Nunn*) ने लिखा है, "मानव-जगत् में प्रत्येक अच्छाई व्यक्तिगत पुरुषों और स्त्रियों के स्वतन्त्र कार्यों द्वारा आती है। इसलिए शिक्षा-पद्धति को इस सत्य के अनुरूप बनाना चाहिए।"

नन के अनुसार, ''वैयक्तिकता जीवन का आदर्श है। शिक्षा की किसी भी योजना का महत्त्व उसकी उच्चतम वैयक्तिक श्रेष्ठता का विकास करने की सफलता से आँका जाना चाहिए।''

10. *रुसो* (*Rousseau*): "प्रत्येक व्यक्ति एक विशिष्ट स्वभाव को लेकर जन्म लेता

है। हम बिना सोचे समझे विभिन्न-विभिन्न रुचियों वाले बालकों को एक ही प्रकार के कार्यों में जुटा देते हैं। ऐसी शिक्षा उनकी विशेषताओं को नष्ट करके एक निर्जीव समानता की छाप लगा देती है।"

11. *वरट्रैण्ड रसेल* (*Bertrand Russell*) *के विचार में, "व्यक्ति की शिक्षा नागरिक शिक्षा से उत्तम है।"*

शिक्षा को ऐसी दशाएँ उत्पन्न करनी चाहिए, जिससे वैयक्तिकता का पूर्ण विकास हो सके तथा व्यक्ति मानव जीवन को अपना मौलिक योगदान दे सके।

वैयक्तिक उद्देश्य के पक्ष में तर्क (Arguments in Favour of Individual Aim): 1. *उत्कृष्ट तत्वों की उत्पत्ति* (*Creation of Excellent Elements*): संसार की समस्त अच्छी बातों की उत्पत्ति मनुष्य के स्वतन्त्र प्रयत्नों के कारण हुई है। अत: व्यक्ति के विकास का उद्देश्य प्रकृति के नियम के अनुकूल है। शिक्षा के संकुचित तथा व्यापक दोनों अर्थों में समन्वय स्थापित करते हुए कहा जाता है-"शिक्षा मानव जीवन के विकास की प्रक्रिया का वह क्रम है जिससे मानव अपने आपको आवश्यकतानुसार भौतिक, सामाजिक तथा आध्यात्मिक वातावरण के अनुकूल बना लेता है।"

2. *प्रजातान्त्रिक दर्शन* (*Democratic Philosophy*) प्रजातन्त्र में व्यक्ति की स्वतन्त्रता पर बल दिया जाता है, अत: शिक्षा का उद्देश्य व्यक्ति का विकास होना चाहिए।

3. *व्यक्ति संस्कृति को हस्तान्तरित करने वाला* (*Individual as the Vehicle of Culture*): व्यक्ति ही हर समाज तथा सभ्यता को उन्नत रूप देकर एक पीढ़ी से दूसरी पीढ़ी तक पहुँचाते हैं। इसलिए शिक्षा में वैयक्तिक विकास को महत्त्व दिया जाए।

4. *जीव विज्ञान का प्रभाव* (*Biological Consideration*): जीव विज्ञान के अनुसार संसार का प्रत्येक प्राणी अपने उच्चतम विकास के लिए स्वतन्त्र है, अत: व्यक्ति को अपने विकास का अवसर मिलना चाहिए।

5. *मनोवैज्ञानिकों के विचार* (*Psychologist's Views*): मनोविज्ञानिकों के अनुसार व्यक्ति की मूल प्रवृत्तियों के विकास पर समाज के आदर्शों को लादने से उसमें मानसिक रोग पैदा होते हैं। मूल प्रवृत्तियों का विकास स्वाभाविक वातावरण में होना चाहिए।

6. *व्यक्ति की स्वतन्त्रता* (*Harmful Impact on the Freedom of the Individual*): इतिहास से हमें पता चलता है कि व्यक्ति की स्वन्त्रता का दमन करने से परिणाम अच्छे नहीं रहे हैं। अत: व्यक्ति को स्वतन्त्रता पर अंकुश नहीं लगाने चाहिए।

7. *व्यक्ति समाज का निर्माता* (*Individual Creator of Society*): व्यक्ति अपने हित के लिए समाज का निर्माण करता है। अत: व्यक्ति के विकास का लक्ष्य प्रमुख होना चाहिए।

8. *व्यक्ति का उत्थान समाज का उत्थान* (*Welfare of the Society through the Welfare of the Individual*): व्यक्ति समाज की इकाई है। अत: व्यक्ति के उत्थान से ही समाज का उत्थान होता है।

9. प्रकृतिवाद का प्रभाव (*Influence of Naturalism*): प्राकृतवादी जैसे रूसो (Rousseau), पेस्टालॉजी (Pestalozzi), कोमिनियस (Comenius) आदि ने प्रकृति के अनुसार व्यक्ति के विकास पर बल दिया है।

शिक्षा के वैयक्तिक उद्देश्य के आलोचक (Critics of the Individual Aim of Education): 1. *रेमाण्ट* (*Raymont*): "समाज के बिना व्यक्ति कोरी कल्पना है।"

2. *रॉस (Ross)*: "सामाजिक वातावरण के बिना व्यक्तित्व मूल्यहीन तथा अर्थहीन है।"

वैयक्तिक उद्देश्य के विपक्ष में तर्क (Arguments against Individual Aim)

1. *व्यक्तिवाद को प्रोत्साहन*: व्यक्तिवाद को प्रोत्साहन देने से भयंकर परिणाम हो सकते हैं।

2. *सामाजिक विघटन*: हर व्यक्ति को मनमानी करने की स्वतन्त्रता देना समाज का विघटन करना है।

3. *समाजवाद का शत्रु*: समाजवाद तथा व्यक्तिवाद दो विरोधी विचारधाराएँ हैं।

4. *वातावरण में अनुचित परिवर्तन*: व्यक्तिगत स्वतन्त्रता के कारण वातावरण पर बुरे प्रभाव पड़ने का भय रहता है।

5. *मनुष्य के सामाजिक स्वरूप की उपेक्षा*: समाज के बिना व्यक्ति कोरी कल्पना है। मनुष्य एक सामाजिक प्राणी है और समाज में रहकर ही अपना विकास कर सकता है।

6. *नैतिक गुणों की उपेक्षा*: व्यक्तिगत गुणों पर बल देने से सहानुभूति, सहयोग, दया आदि नैतिक गुणों का विकास नहीं किया जा सकेगा।

7. *वातावरण की उपेक्षा*: इस उद्देश्य में वंशानुक्रम (Heredity) पर बल दिया जाता है और वातावरण के प्रभाव की उपेक्षा की जाती है।

8. *वास्तविक जीवन के लिए अव्यावहारिक*: प्रत्येक बालक की रुचियाँ अलग-अलग होती हैं इसलिए अलग-अलग पाठ्यक्रम की व्यवस्था करना अव्यावहारिक प्रतीत होता है।

शिक्षा का सामाजिक उद्देश्य (Social Aim of Education)

सामाजिक उद्देश्य का अर्थ: मनुष्य एक सामाजिक प्राणी है। समाज में ही प्रत्येक प्राणी का पालन-पोषण होता है, समाज में ही उसकी विभिन्न आवश्यकताओं की पूर्ति होती है। समाज की उन्नति में ही उसकी उन्नति होती है। अत: शिक्षा की व्यवस्था ऐसी हो जिसके द्वारा मनुष्य समाज का सच्चा सामाजिक घटक बन सके।

शिक्षा के सामाजिक उद्देश्य से ही समाजवाद का जन्म हुआ। नीचे लिखे चार्ट में सामाजिक उद्देश्य के संकुचित तथा व्यापक अर्थ दिए गए हैं:

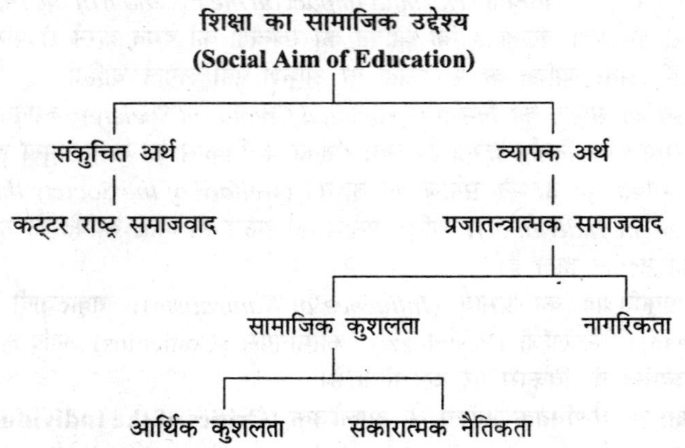

शिक्षा के सामाजिक उद्देश्य के समर्थक (Supporters of Social Aim of Education): *बागले* (*Bagley*) तथा *ड्यूवी* (*Dewey*) आदि शिक्षा-शास्त्रियों ने सामाजिक उद्देश्य पर बल दिया है।

1. *ड्यूवी* (*Dewey*) का कथन है–"जो कार्य शरीर के लिए भोजन और प्रजनन करते हैं, वही कार्य सामाजिक जीवन के लिए शिक्षा करती है।"

2. *रॉस* (*Ross*) का कहना है–"सामाजिक पर्यावरण से अलग वैयक्तिकता का कोई मूल्य नहीं है।"

3. *बाल्डविन* (*J. M. Baldwin*) के अनुसार–"व्यक्तित्व को सामाजिक शब्दों के अतिरिक्त और किसी प्रकार व्यक्त नहीं किया जा सकता है।"

4. *हुमायूँ कबीर* (*Humayun Kabir*)–"यदि व्यक्ति को समाज का रचनात्मक सदस्य बनना है, तो उसे केवल अपना ही विकास नहीं करना चाहिए, वरन् समाज के विकास में भी योग देना चाहिए।"

सामाजिक उद्देश्य के पक्ष में तर्क (Argument in Favour of Social Aim)

1. *मनुष्य का जन्म समाज में*: मनुष्य का जन्म, विकास और पोषण समाज में ही होता है। अतः उसे समाज में रहने योग्य बनने के लिए शिक्षा की आवश्यकता है।

2. *मानव का मानव प्रवृत्तियाँ अपनाना*: मनुष्य पाशविक प्रवृत्तियों को ही लेकर जन्म लेता है, परन्तु समाज में रहकर वह दानव से मानव बन जाता है।

3. *समाज सेवा मुक्ति का साधन*: कुछ विद्वानों का विचार है कि समाज-सेवा कार्य से मुक्ति मिलती है इसलिए शिक्षा को समाज सेवा के लिए व्यक्ति तैयार करने चाहिए।

4. *समाज के बिना व्यक्ति का अस्तित्व कोरी कल्पना*: बिना समाज के व्यक्ति कोरी कल्पना है। अतः शिक्षा व्यक्तियों को समाज में रहने के लिए तैयार करे।

5. *व्यक्ति का समाज में विकास*: समाज में रहकर व्यक्ति दूसरे व्यक्तियों के सम्पर्क में आता है। फलस्वरूप उसकी विभिन्न शक्तियों का विकास होता है। अतः समाज की रक्षा करना व्यक्ति का परम कर्त्तव्य है।

6. *नई खोजें*: सामूहिक जीवन में ही व्यक्ति नई खोजों तथा आविष्कारों के अवसर प्राप्त करता है।

7. *सभ्यता तथा संस्कृति का समाज जन्मदाता*: समाज सभ्यता तथा संस्कृति को जन्म देता है, इस कारण व्यक्ति को सामाजिक हित पर बल देना चाहिए।

8. *समाजवादी समाज में भौतिक सम्पन्नता*: कभी-कभी ऐसा कहा जाता था कि जिन देशों में समाजवादी विचारधारा प्रचलित है, वे अन्य देशों की तुलना में सुखी हैं। परन्तु रूस में समाजवाद के विफल होने से यह धारणा लगभग समाप्त हो गई है।

सामाजिक उद्देश्य के विपक्ष में तर्क (Arguments against Social Aim)

1. *अमनोवैज्ञानिक आधार*: सामाजिक उद्देश्य व्यक्ति की रुचियों, प्रवृत्तियों और योग्यताओं की अवहेलना करता है।

2. *मनुष्य समाज का एक साधनमात्र*: नाजी जर्मनी में मनुष्य का व्यक्तित्व बिल्कुल समाप्त कर दिया गया था।

3. *कला तथा साहित्य के विकास में बाधा*: व्यक्ति की स्वतंत्रता पर प्रतिबन्ध लगने से वह कला तथा साहित्य के बारे में सोच ही नहीं सकता।

4. *शिक्षा के साधनों का दुरुपयोग*: सामाजिक उद्देश्य के कारण व्यक्ति को श्रमिक ही समझा जाता है।

5. *ऐतिहासिक दुष्परिणाम*: 'मेरा देश ठीक तथा गलत' इस प्रकार की भावना के विकास से संसार में दो महायुद्ध हुए।

6. *व्यक्तिगत स्वतन्त्रता का दमन*–सामाजिक उद्देश्य व्यक्तिगत स्वतन्त्रता का दमन करता है। व्यक्ति सदा नेता के आदेशों के अनुसार ही चलता है।

7. *समाज मनुष्य से श्रेष्ठ नहीं*: समाज का अस्तित्व व्यक्तियों की आवश्यकताओं को पूर्ण करने के लिए है। व्यक्ति का विकास होने से ही समाज का विकास हो सकता है।

8. *एकांगी शिक्षा*: सामाजिक उद्देश्य शिक्षा द्वारा व्यक्ति का एक ही दिशा में विकास करना है। अतः इस प्रकार की शिक्षा अधूरी है।

9. *आध्यात्मिक मूल्यों की अवहेलना*: सामाजिक उद्देश्य द्वारा व्यक्ति के नैतिक तथा आध्यात्मिक मूल्यों की अवहेलना होती है।

शिक्षा के वैयक्तिक एवं सामाजिक उद्देश्यों का समन्वय (Synthesis of Individual Aim and Social Aim of Education): शिक्षा के वैयक्तिक और सामाजिक दोनों ही उद्देश्य हैं। शिक्षा के द्वारा व्यक्ति और सामज के अधिकारों का सन्तुलन होना चाहिए। दोनों उद्देश्य एक दूसरे के पूरक हैं। यहाँ पर हम कुछ विद्वानों के कथन प्रस्तुत करते हैं।

1. *जॉन ड्यूवी* (*John Dewey*) ने एक ओर तो शिक्षा के मनोवैज्ञानिक आधार को स्वीकार किया है, दूसरी ओर शिक्षा के सामाजिक आधार पर अधिक बल देते हुए लिखा है–''शिक्षा मनोवैज्ञानिक आधार को दृष्टि में रखते हुए अवश्य प्रारम्भ होनी चाहिए, परन्तु बालक की व्यक्तिगत क्षमताओं, रुचियों तथा आदतों का महत्त्व उसी समय है, जब वे समाज के हित में विकसित हों।''

2. *रॉस* (*Ross*) ने लिखा है–"व्यक्ति और व्यक्तित्व का मूल्य उसी सामाजिक वातावरण में है जिसमें रहकर व्यक्ति अपने व्यक्तित्व का विकास करता है। उसके अलग होने पर उसकी वैयक्तिकता का कोई मूल्य ही नहीं रह जाता तथा उसका व्यक्तित्व निरर्थक हो जाता है। आत्मबोध केवल सामाजिक सेवा द्वारा ही प्राप्त किया जा सकता है तथा ऐसे व्यक्तियों के द्वारा ही समाज के लिए सामाजिक आदर्शों को स्थापित किया जा सकता है जिनके व्यक्तित्व का समुचित विकास हो गया हो। यह चक्र तोड़ा नहीं जा सकता।"

3. *रायबर्न* (*Ryburn*) ने ठीक ही लिखा है–"समुदाय की उन्नति प्रत्येक व्यक्ति की उन्नति से होती है। समुदाय को चाहिए कि वह व्यक्ति के विकास के लिए ऐसे अवसर प्रदान करे जिससे वह समाज को अपना विशेष योगदान दे सके।"

4. *मैकाइवर* (*MacIver*) के अनुसार, "समाजीकरण और वैयक्तिकरण एक ही प्रक्रिया के दो पहलू हैं।"

5. *रस्क* (*Rusk*) के विचार में, "आत्म-विकास केवल समाज सेवा द्वारा ही प्राप्त किया जा सकता है और वास्तविक महत्त्व का सामाजिक आदर्श केवल उन स्वतन्त्र व्यक्तियों द्वारा स्थापित किया जा सकता है, जिन्होंने महत्त्वपूर्ण वैयक्तिकता का विकास किया है।"

6. *एडमग* (*Adams*)–"आत्मसात् समाज में सामाजिक अन्तर्क्रिया द्वारा ही प्राप्त होता है।"

7. *नन* (*Nunn*)–"व्यक्तित्व का विकास केवल सामाजिक वातावरण में होती है जहाँ उसे सांझीं रुचियाँ तथा क्रियाएँ प्राप्त होती हैं।

3.8 शिक्षा का व्यावसायिक उद्देश्य (Vocational Aim of Education)

प्रत्येक माता-पिता की यह प्रबल इच्छा रहती है कि उनके बच्चों की शिक्षा इस प्रकार हो कि वे रोजगार पाने में समर्थ हों। आजकल इस उद्देश्य पर बहुत जोर दिया जा रहा है। क्योंकि आधुनिक औद्योगिक युग में विभिन्न प्रकार के काम-धन्धों के लिए विशेष प्रशिक्षण की आवश्यकता होती है।

एक पुरानी कहावत है कि 'भूखा कौन-सा पाप नहीं करता?' दूसरे शब्दों में प्रत्येक व्यक्ति को अपने पालन-पोषण तथा जीवित रहने के लिए काम-धन्धे की आवश्यकता होती है ताकि उसकी आर्थिक आवश्यकता की पूर्ति हो सके।

इस सन्दर्भ में कुछ विद्वानों के विचार नीचे दिए गए हैं:–

1. *ड्यूवी* (*Dewey*) का विचार है कि "शिक्षा का व्यावसायिक उद्देश्य व्यक्ति की विशिष्ट योग्यता तथा समाज सेवा में संतुलन स्थापित करेगा।"

2. *गांधी जी* (*Gandhi ji*) ने कहा है कि "सच्ची शिक्षा से बालकों को बेरोजगारों से एक प्रकार की सुरक्षा देनी चाहिए।"

3. *हारंशार्ने* (*Hartsharne*) के विचार में, "व्यावसायिक शिक्षा एक अत्यन्त प्रभावशाली प्रकार की शिक्षा है जिस के अभाव से जो स्कूल जाते हैं, वे आजीवन हानि उठाते हैं।"

4. *स्पेन्स रिपोर्ट* (*Spens Report*)–इग्लैंड में प्रकाशित इस रिपोर्ट में कहा गया है, "हमारी शिक्षा का एक महत्त्वपूर्ण कार्य है बच्चों को व्यवसाय के लिए तैयार करना।"

5. *जोड* (*Joad*) रोटी-दाल की समस्या का निदान आवश्यक है। इसकी पूर्ति के बिना कोई काम ठीक ढंग से नहीं होता है। इसी कारण *जोड* (Joad) ने कहा है कि शिक्षा ऐसी हो जो प्रत्येक बालक-बालिका को जीविका चलाने योग्य बनाए। इसी कारण आज के युग में व्यावसायिक शिक्षा पर अधिक बल दिया जा रहा है।

7. *एडम्स* (*Adams*) के अनुसार, "दो प्रकार की शिक्षाएँ होती हैं, एक जो पेशे अथवा व्यवसाय को अपनाना सिखाए और दूसरी, कैसे जिएँ, यह सिखाए।"

शिक्षा के व्यावसायिक उद्देश्य की आवश्यकता–समर्थन में तर्क (Need for Vocational Aim—Arguments in its favour)

1. *आधारभूत आवश्यकताओं की पूर्ति* (*Realisation of Basic Needs*): मानव बिना बुनियादी जरूरतों को पूरा किये जीवित नहीं रह सकता। भोजन, आवास, कपड़े आदि की समस्या की पूर्ति आवश्यक है। अत: व्यावसायिक उद्देश्य आवश्यक है।

2. *उत्पादन में वृद्धि* (*Increase in Production*): इस उद्देश्य को मानने से उत्पादन बढ़ता है और देश प्रगति करता है।

3. *बेकारी आदि का समाधान* (*Solution of Unemployment etc.*): बेकारी, भुखमरी, एवं निष्क्रियता को समाप्त करने के लिए यह उद्देश्य आवश्यक है।

4. *आशावादी दृष्टिकोण* (*Positive Outlook*): निराशा, चिन्ता, परेशानी से बचाने में यही उद्देश्य सहायता करता है।

5. *व्यक्ति तथा समाज का सुख* (*Happiness for the Individual and Society*): यह उद्देश्य व्यक्ति एवं समाज दोनों को सुखी बनाता है। क्योंकि इससे भौतिक साधनों को इकट्ठा करना सरल है।

6. कार्यकुशलता (*Work Efficiency*): यह उद्देश्य मानव को श्रम कुशल, कार्य कुशल एवं धन पैदा करने वाला बनाता है।

7. *बौद्धिक तथा श्रमिक पक्ष पर बल* (*Emphasis on Mental and Physical Aspects*): यह उद्देश्य बौद्धिक एवं शारीरिक दोनों ही प्रकार के श्रम को महत्त्व प्रदान करता है। एक प्रजातांत्रिक देश की प्रगति के लिए ये दोनों श्रम आवश्यक हैं।

8. *कुशल कार्यकर्त्ता* (*Efficient Workers*): इस उद्देश्य को मानने से समाज के प्रत्येक कार्यक्षेत्र के लिए कुशल कार्यकर्त्ता एवं कारीगर मिलेंगे।

9. *मनोवैज्ञानिक तथा वैज्ञानिक आधार* (*Psychological and Scientific Basis*): यह उद्देश्य मनौवैज्ञानिक एवं वैज्ञानिक है।

10. *मानसिक क्षमता में बढ़ोत्तरी* (*Increase in Mental Power*): व्यावसायिक क्षमता और उसकी पूर्ति से मानसिक क्षमता भी प्रभावित होती है। इंग्लैंड में प्रकाशित *स्पेन्स रिपोर्ट* में लिखा भी गया है कि–"वास्तव में ऐसे भी व्यक्ति होते हैं, जिनकी मानसिक शक्तियों का उचित प्रयोग व्यावसायिक काम-धन्धों द्वारा ही हो सकता है।"

11. *रोटी कमाने का साधन* (*Means of Earning Bread*): मुदालियर आयोग ने लिखा है कि–''उस ज्ञान को प्राप्त करने का कोई लाभ नहीं, यदि उससे व्यक्ति अपनी रोटी नहीं कमा सकता।''

शिक्षा के व्यावसायिक उद्देश्य के विरोध में तर्क (Arguments against Vocational Aim of Education)

1. *राक्षसी समाज की स्थापना* (*Establishment of Devil's Society*): विश्वविद्यालय शिक्षा आयोग 1948-49 ने स्पष्ट शब्दों में लिखा कि केवल व्यावसायिक उद्देश्य को ही सब कुछ मानना 'राक्षसी समाज' को आमन्त्रित करना होगा।

2. *संकीर्ण तथा एकांकी उद्देश्य* (*Narrow and One-Sided Aim*): यह उद्देश्य संकीर्ण एवं एकांगी है। मनुष्य केवल रोटी-रोजी के लिए ही पैदा नहीं हुआ है। अगर यही उद्देश्य मानव के सामने भी रह जाए तो मानव एवं पशु में अन्तर ही क्या रहेगा? एक विशुद्ध व्यावसायिक प्रशिक्षण व्यक्ति के जीवन के प्रति दृष्टिकोण को संकुचित बना देता है। यह एक अच्छा कारीगर, अच्छा डाक्टर, अच्छा वकील, अच्छा मिस्त्री, अच्छा बिजली का कारीगर बना सकता है, लेकिन अनिवार्यत: एक अच्छा मनुष्य नहीं।

3. *कारखाने के रूप में* (*School as a Factory*): इस उद्देश्य को मानने का अभिप्राय: यह होगा कि विद्यालय, विद्यालय के रूप में न रहकर कारखाने के रूप में या शिल्प केन्द्र के रूप में रहेंगे।

4. *महत्वूपर्ण उद्देश्य की अवहेलना* (*Neglect of Significant Aims*): इस उद्देश्य को प्रमुखता प्रदान करने से जीवन के सामाजिक, नैतिक, सांस्कृतिक एवं बौद्धिक उद्देश्यों की अवहेलना होगी, जबकि मानव की पूर्णता के लिए इनका होना आवश्यक है।

5. *शिक्षा व्यवसाय का साधन* (*Education as an Instrument of Vocation*): इस उद्देश्य को मानने का मतलब यह होगा कि शिक्षा व्यवसाय का साधन बन जायेगी। व्यवसाय की चेरी बनकर जो शिक्षा चलेगी, उससे भलाई की आशा करना व्यर्थ है।

6. *अन्य विषयों की अवहेलना* (*Neglect of Other Subjects*): इस उद्देश्य से साहित्य, कला, दर्शन, विज्ञान आदि की शिक्षा को गहरा आघात पहुँचता है। इन विषयों की अवहेलना की जाती है, जो किसी भी प्रकार उचित नहीं है।

7. *शान्ति उद्देश्य की अवहेलना* (*Disregard of Peace and Other Aims*): इस उद्देश्य से शान्ति, विश्व बन्धुत्व एवं आध्यात्मिक वातावरण की आशा रखना बेकार है।

8. *भौतिकवाद का बढ़ावा* (*Promotion of Materialism*): धन की अत्यधिक लालसा बहुधा बहुत-सी बुराइयों की जड़ है। चोरी, भ्रष्टाचार, बेईमानी आदि बुराईयां भौतिक धन के कारण प्राय: पैदा हो जाती हैं। इसलिए धन को मालिक नहीं बनने देना चाहिए। धन को सदैव नौकर बना कर रखना चाहिए।

3.9 शिक्षा का चरित्र निर्माण का उद्देश्य (Character Development as the Aim of Education)

चरित्र निर्माण का अर्थ: शिक्षा के चरित्र निर्माण उद्देश्य पर चर्चा करने से पूर्व हमें चरित्र के अर्थ पर प्रकाश डालना उचित प्रतीत होता है। चरित्र का संकुचित तथा विस्तृत अर्थ है परन्तु शिक्षा में चरित्र का अर्थ हम विस्तृत रूप में लेंगे।

संकुचित अर्थ: कुछ लोग चारित्रिक व नैतिक विकास का अर्थ धर्म, कर्म, पूजा-पाठ, स्नान-ध्यान, यज्ञ, तपस्या आदि को ही मानते हैं। परन्तु आवश्यक नहीं कि धार्मिक व्यक्ति ही चरित्रवान एवं नैतिक हो। एक क्रान्तिकारी व्यक्ति भी चरित्रवान एवं नैतिक हो सकता है। शिक्षा में इस अर्थ का कोई विशेष महत्त्व नहीं है।

विस्तृत अथवा व्यापक अर्थ: व्यापक अर्थ के अन्तर्गत नैतिक भावों, शुद्ध आचरण और उत्तम एवं विकासशील विचार वाले लोग चारित्रिक एवं नैतिक आते हैं। सामाजिक भावों की प्रधानता वाले व्यक्ति भी इस श्रेणी में आते हैं। एक नैतिक एवं चारित्रिक व्यक्ति में निम्न गुण निहित हैं:

(1) त्याग की भावना तथा समाज के लिए कष्ट सहन करना, (2) दूसरों के दुख-सुख में शरीक होना, (3) अहिंसा, (4) आत्म नियन्त्रण, (5) सत्य, (6) प्रेम, (7) संवेदनशीलता, (8) साहस, (9) बुद्धि का उचित उपयोग, (10) पौरुष, (11) उच्च आदर्श, (12) उत्तरदायित्व की भावना, (13) ईमानदारी से धन कमाना, (14) परिश्रम।

चरित्र-निर्माण उद्देश्य की आवश्यकता: आज के भौतिक तथा वैज्ञानिक युग में नैतिकता या चरित्र-निर्माण के उद्देश्य की अत्यन्त आवश्यकता है। कभी-कभी ऐसा अनुभव होता है कि चरित्र के बिना मानव अपनी प्रकृति छोड़कर दानव बनता जा रहा है। आज भारत में दुर्भाग्यवश महान व्यक्तियों की नैतिकता पर भी प्रश्न चिह्न लग गया है। स्थिति बहुत निराशाजनक होती जा रही है। इस दिशा में गम्भीर विचार तथा ठोस कदम ही स्थिति को संभाल सकते हैं।

चरित्र निर्माण उद्देश्य के समर्थक (Promoters of Character Development Aim): 1. शिक्षा के विभिन्न पक्षों पर विचार करते हुए *गांधी* जी (*Gandhi ji*) ने लिखा,

''वास्तविक अर्थों में सच्ची शिक्षा वही है जो चरित्र निर्माण करे।'' उनके विचार में ''विद्यालय और महाविद्यालय चरित्र निर्माण के कारखाने हैं।''

2. *हरबार्ट (Herbart)* ने नैतिक शिक्षा पर बल देते हुए कहा, ''शिक्षा के समस्त कार्य को एक ही शब्द में प्रगट किया जा सकता है और वह शब्द है, 'नैतिकता'।''

3. *रेमॉट (Ramont)* ने लिखा है, ''शिक्षा का अन्तिम उद्देश्य न तो स्वास्थ्य भण्डार बढ़ाना है, न ज्ञान का विपुल भण्डार बढ़ाना और न भावों से भरपूर बनाना है वरन् उसमें चरित्र की पवित्रता प्रदान करना है।''

4. *डियूवी (Dewey)*: ''स्कूल निर्देशन तथा अनुशासन का विस्तृत उद्देश्य चरित्र निर्माण है।"

5. *डॉ. राधाकृष्णन*: ''पूर्ण होने के लिए शिक्षा को मानवीय होना चाहिए। इसमें न केवल बौद्धिक प्रशिक्षण शामिल होना चाहिए, अपितु हृदय का परिष्कार और आत्मा का अनुशासन भी शामिल होना चाहिए।''

6. *श्री सत्य साईं बाबा*: ''शिक्षा को नैतिकता, सच्चाई और चरित्र का विकास करना चाहिए। शिक्षा को मानव का हृदय करुणा से भरना चाहिए।''

7. *रवीन्द्रनाथ टैगोर*–''शिक्षा का सम्पूर्ण उद्देश्य न केवल पवित्र होना सिखाना है, अपितु पवित्र से प्यार करना।''

स्वामी दयानन्द, स्वामी विवेकानन्द तथा अन्य शिक्षाविदों ने शिक्षा में चरित्र-निर्माण के पक्ष पर बल दिया है।

शिक्षा के चरित्र-निर्माण उद्देश्य के पक्ष में तर्क (Arguments in Favour of Character Building as the Aim of Education): 1. चरित्र के कारण व्यक्ति में संयम का विकास होता है। संयम से व्यक्ति की मानसिक एवं शारीरिक प्रगति होती है।

2. चरित्र के कारण व्यक्ति में सामाजिक गुणों की वृद्धि होती है।

3. यह उद्देश्य व्यक्ति में राष्ट्रीय एवं अन्तर्राष्ट्रीय भावों का विकास करता है।

4. इससे शाश्वत सत्यों एवं गुणों का विकास होता है। व्यक्ति में सत्यम्, शिवम् एवं सुन्दरम् के भावों का विकास होता है, जिसकी आज के युग में बड़ी आवश्यकता है।

5. इस उद्देश्य के कारण व्यक्ति में मानवीय भावों एवं गुणों की वृद्धि होती है। इससे विचारों का परिष्कार होता है।

6. इससे समाज में नैतिक एवं आध्यात्मिक गुणों की वृद्धि होती है।

7. इस उद्देश्य से व्यक्ति के आन्तरिक गुणों की वृद्धि होती है।

8. घोर भौतिकता, पशुता, युद्धमय वातावरण से बचने के लिए इस उद्देश्य की नितांत आवश्यकता है।

9. प्राचीन विचारकों से लेकर आज तक के विचारकों ने शिक्षा में चरित्र-निर्माण उद्देश्य को स्वीकार किया है और इसे महान उद्देश्य माना है।

शिक्षा के चरित्र-निर्माण उद्देश्य के विपक्ष में तर्क (Arguments Against the Character Development Aim of Education)

1. यह उद्देश्य एकांगी है। इससे उदरपूर्ति तथा वैज्ञानिकता आदि को ठेस पहुँचती है।

2. इस उद्देश्य से जीविकोपार्जन की अवहेलना होती है। यह अवहेलना किसी भी देश या समाज के लिए खतरनाक है।

3. प्रायः नैतिक व चारित्रिक व्यक्ति व्यावहारिक नहीं होते। इस प्रकार समाज में व्यवहार कुशलता घटेगी।

4. इस मत को मानने पर सामाजिक भावों की अपेक्षा व्यक्तिगत विकास को अधिक प्रोत्साहन मिलेगा।

5. इस उद्देश्य को प्रमुखता प्रदान करने पर भौतिक व इतिहास जैसे विषयों की अवहेलना होगी। इतिहास में नैतिक एवं अनैतिक दोनों तथ्य हैं।

6. बहुधा इस उद्देश्य का अर्थ पूजा-पाठ, ध्यान-योग से लगाया जाता है। इस कारण ढोंग बढ़ता है। इससे व्यक्तित्व का विकास नहीं होता है।

7. शारीरिक विकास के लिए यह उद्देश्य उतना उपयुक्त नहीं है।

8. चारित्रिक एवं नैतिक विकास के लिए कौन-कौन से गुण आवश्यक हैं। इसके बारे में विद्वानों में मतभेद हैं। यह एक विवादग्रस्त विषय है।

9. चारित्रिकता एवं नैतिकता का कोई स्थिर एवं सुदृढ़ मापदण्ड नहीं है। यह समयानुसार परिवर्तनशील है।

उपसंहार: शिक्षा के चरित्र-निर्माण पर चर्चा करते हुए इस बात का उल्लेख करना बहुत जरूरी है कि चरित्र-निर्माण का उद्देश्य किसी भी प्रकार से व्यावसायिक क्षमता का विरोधी नहीं है। वास्तव में शिक्षा का केवल एक ही उद्देश्य नहीं है। परन्तु सभी उद्देश्यों में चरित्र-निर्माण को प्राथमिकता मिलनी चाहिए।

4

वर्तमान भारतीय समाज तथा शिक्षा के उद्देश्य
(Present Indian Society and Aims of Education)

4.1 भारतीय संविधान में सांकेतिक उद्देश्य (Aims Indicated in the Constitution of India)

वर्तमान भारतीय समाज की शिक्षा की आवश्यकताओं तथा उद्देश्यों को जानने के लिए जरूरी है कि स्वतन्त्रता प्राप्ति के पश्चात् भारतीय समाज का जो ढाँचा संविधान द्वारा दर्शाया गया है उसे भली-भाँति समझ लिया जाए। इसमें कोई संदेह नहीं है कि राष्ट्र का संविधान वह दर्पण होता है जिसमें उसकी विशेषताएँ प्रतिबिम्बित होती हैं।

भारतीय संविधाान की प्रस्तावना में भारतीय समाज का रूप प्रस्तावित किया गया है।

संविधाान की प्रस्तावना के अनुसार हम यह कह सकते हैं कि वर्तमान भारतीय समाज की निम्नलिखित विशेषताएँ हैं: 1. भारत प्रजातांत्रिक समाज है। 2. भारत धार्मनिरपेक्ष समाज है। 3. भारत समाजवादी समाज है। 4. भारतीय समाज में सभी नागरिकों को सामाजिक, आर्थिक और राजनैतिक न्याय की व्यवस्था है।

4.2 विभिन्न आयोगों द्वारा दर्शाए भारतीय समाज के शिक्षा के प्रमुख उद्देश्य (Main Aims of Education According to Education Commissions)

भारतीय समाज की मान्यताएँ, आकांक्षाएँ तथा आवश्यकताएँ भारतीय संविधान में दर्शायी गई हैं। अतः इनकी पूर्ति के लिए शिक्षा ने महत्त्वपूर्ण भूमिका निभानी है। शिक्षा के उद्देश्य इस प्रकार से निर्धारित किए जाने हैं जो भारतीय समाज के आदर्श के अनुरूप हों। संविधान से पूर्व विश्वविद्यालय शिक्षा आयोग–1948 (University Education Commission or Dr. Radhakrishnan Commission) ने भी शिक्षा के उद्देश्यों की विवेचना की। माध्यमिक शिक्षा आयोग, 1952-53 (Secondary Education Commission), कोठारी शिक्षा आयोग, 1964-66 (Kothari Education Commission or Education Commission 1964-66), राष्ट्रीय शिक्षा नीति, 1968 (National Policy on Education), तथा राष्ट्रीय शिक्षा नीति, 1986 (National Policy on Education) द्वारा भारतीय समाज की आवश्यकताओं का विवेचन किया गया और शिक्षा के विभिन्न उद्देश्य बताए गए।

4.3 विश्वविद्यालय शिक्षा आयोग (1948–49) द्वारा प्रस्तावित शिक्षा के उद्देश्य (Aims of Education according to University Education Commission)

1. छात्रों में आध्यात्मिकता का विकास करना।
2. छात्रों को भारतीय संस्कृति का ज्ञान देना।
3. छात्रों को अच्छा नागरिक बनाना।
4. छात्रों का शारीरिक तथा मानसिक विकास करना।
5. छात्रों में विश्व-बन्धुत्व की भावना का विकास करना।
6. छात्रों को विभिन्न क्षेत्रों में नेतृत्व के लिए तैयार करना।
7. जीवन तथा ज्ञान की विभिन्न शाखाओं में समन्वय स्थापित करना।
8. छात्रों के जन्मजात गुणों को खोज निकालना तथा उन गुणों का प्रशिक्षण द्वारा विकास करना।
9. छात्रों का चारित्रिक विकास उस प्रकार करना जिनसे वे अनुशासित जीवन व्यतीत करना सीख जाएँ।
10. छात्रों को समाज के साथ समन्वय स्थापित करने के योग्य बनाना।

4.4 माध्यमिक शिक्षा आयोग 1952–53 तथा शिक्षा के उद्देश्य (Secondary Education Commission and Aims of Education)

संविधान में बताई गई गणतान्त्रिक आवश्यकताओं को ध्यान में रखते हुए माध्यमिक शिक्षा आयोग ने भारतीय शिक्षा के निम्नलिखित उद्देश्य बताए हैं–

1. *गणतान्त्रिक नागरिकता का विकास (Development of Democratic Citizenship)*: इसके अन्तर्गत इन गुणों का व्यक्ति में निर्माण करना है। (i) स्पष्ट विचार; (ii) नए विचारों को स्वीकार करने की क्षमता; (iii) लिखने तथा पढ़ने में विचारों की स्पष्टता; (iv) समाज में रहने की कला; (v) सामाजिक जागरूकता; (vi) सहनशीलता; (vii) देश प्रेम की भावना; तथा (viii) अन्तर्राष्ट्रीय भावना।

2. *व्यावसायिक क्षमता का विकास (Development of Vocational Efficiency)*: शिक्षा का दूसरा उद्देश्य छात्रों में व्यावसायिक क्षमता को बढ़ाना है। इसके अन्तर्गत हैं–(क) कार्य के महत्त्व को समझने की भावना। (ख) कार्य को यथाशक्ति अच्छा तथा सुन्दर बनाना।

3. *व्यक्तित्व का विकास (Development of Personality)*: इसके अन्तर्गत हैं–विद्यार्थियों में सृजनात्मक शक्तियों का विकास करना जिससे वे अपनी सांस्कृतिक परम्पराओं के प्रति गर्व अनुभव कर सकें। साथ ही कला-कौशल आदि विषयों में स्थान देकर उनकी सौन्दर्य शक्ति का विकास करना।

4. *नेतृत्व के गुणों का विकास (Development of Qualities of Leadership)*: गणतन्त्र की सफलता के लिए आवश्यक है कि शिक्षा ऐसे गुणों का निर्माण करे जिससे छात्रों में नेतृत्व के गुणों का विकास हो। जहाँ एक ओर अनुयायी बनने के गुणों का होना आवश्यक है वहाँ दूसरों का आवश्यकतानुसार नेतृत्व करना आना जरूरी है।

माध्यमिक शिक्षा आयोग द्वारा प्रस्तावित शिक्षा के उद्देश्य नीचे दिए गए चार्ट में दर्शाए गए हैं।

चार्ट: माध्यामिक शिक्षा आयोग द्वारा दर्शाए गए शिक्षा के उद्देश्य
(Chart: Aims of Education according to the Secondary Education Commission)

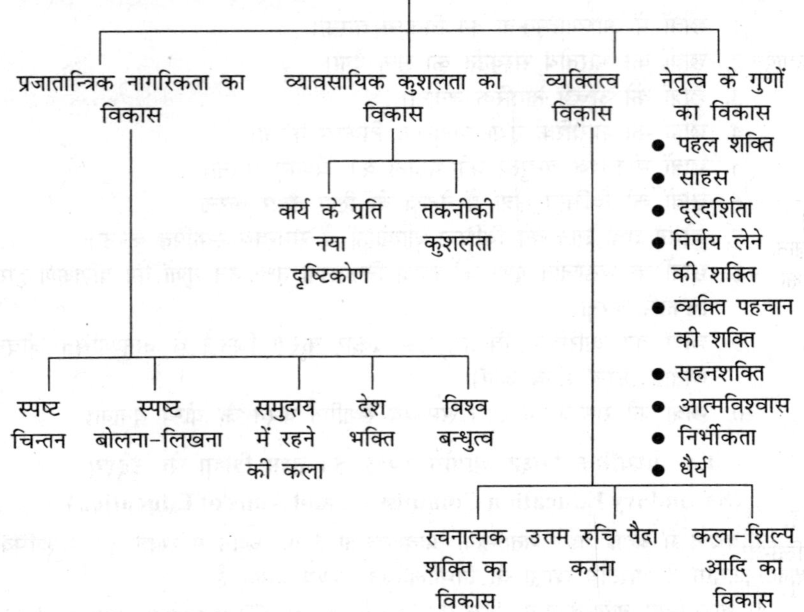

4.5 शिक्षा-आयोग 1964-66 द्वारा दर्शाए गए शिक्षा के उद्देश्य (Aims of Education as Envisaged by the Education Commission)

शिक्षा आयोग ने भारतीय समाज की चार आवश्यकताएँ अनुभव की और उनकी पूर्ति के लिए शिक्षा में आवश्यक सुधारों की सिफारिशें कीं। भारतीय समाज की चार आवश्यकताएँ इस प्रकार बताई–(1) उत्पादन बढ़ाना (Productivity); (2) सामाजिक तथा राष्ट्रीय एकीकरण (Social and National Integration); (3) आधुनिकीकरण (Modernisation); तथा (4) सामाजिक, नैतिक और आध्यात्मिक मूल्यों का विकास (Development of Social, Moral and Spiritual Values)।

शिक्षा आयोग ने भारतीय शिक्षा के निम्नलिखित चार उद्देश्य बताए हैं:

1. शिक्षा और उत्पादकता (Education and Productivity)
2. शिक्षा तथा सामाजिक एवं राष्ट्रीय एकीकरण (Education and Social and National Integration)
3. शिक्षा तथा आधुनिकीकरण (Education and Modernisation)
4. शिक्षा एवं सामाजिक, नैतिक तथा सामाजिक मूल्यों का विकास (Education and Development of Social, Moral and Spiritual Values)

कोठारी आयोग द्वारा बताए गए शिक्षा के उद्देश्य तथा उनकी प्राप्ति के साधन निम्न प्रकार से दर्शाए गए हैं:

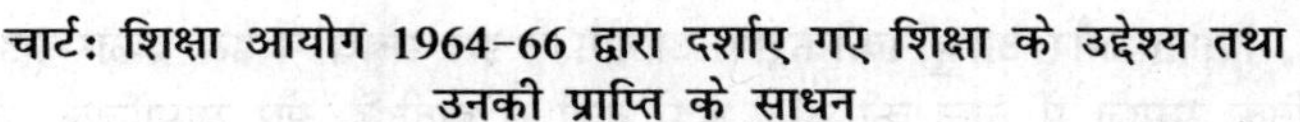

चार्ट: शिक्षा आयोग 1964-66 द्वारा दर्शाए गए शिक्षा के उद्देश्य तथा उनकी प्राप्ति के साधन

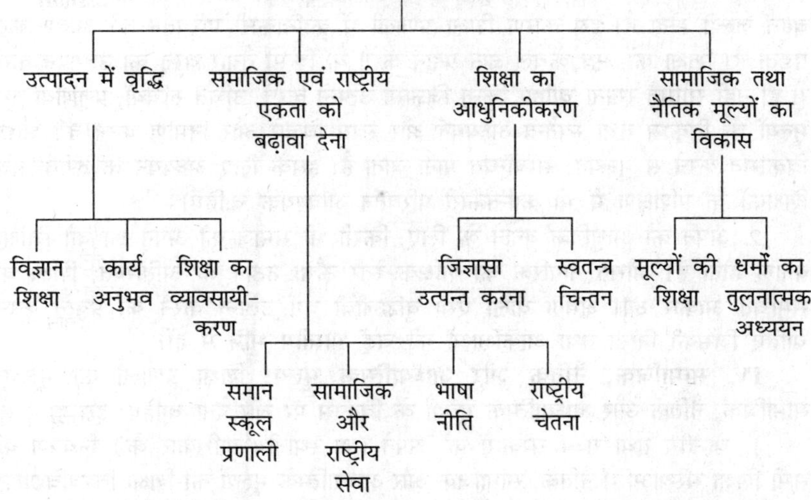

I. शिक्षा और उत्पादिता – शिक्षा का सम्बन्ध उत्पादिता से जोड़ने के लिए निम्नलिखित कार्यक्रम आवश्यक हैं–

1. *विज्ञान की शिक्षा*: विज्ञान की शिक्षा स्कूली शिक्षा का एक अभिन्न अंग बन जाना चाहिए और अंत में जाकर यह विश्वविद्यालय स्तर पर सभी पाठ्यक्रमों का एक भाग बन जाए।

2. *कार्य-अनुभव*: कार्य-अनुभव को सभी प्रकार की शिक्षा के एक अभिन्न अंग के रूप में प्रारम्भ किया जाए। कार्य-अनुभव को शिल्पविज्ञान तथा औद्योगिकरण की ओर उन्मुख करने तथा उत्पादक प्रक्रियाओं, जिनमें कृषि भी शामिल है, में विज्ञान के उपयोग के लिए हर प्रयत्न किया जाना चाहिए।

3. *व्यवसायीकरण*: माध्यमिक शिक्षा का अधिकाधिक तथा बड़े पैमाने पर व्यवसायीकरण होना चाहिए तथा उच्चतर शिक्षा में कृषि और तकनीकी शिक्षा पर अधिक जोर दिया जाना चाहिए।

II. सामाजिक और राष्ट्रीय एकीकरण: शिक्षा प्रणाली का एक महत्त्वपूर्ण लक्ष्य सामाजिक तथा राष्ट्रीय एकीकरण है। राष्ट्रीय चेतना और एकता को मजबूत बनाने के लिए निम्नलिखित कदम उठाए जाने चाहिए:

1. *समान स्कूल प्रणाली*: लोक शिक्षा प्रणाली के रूप में समान स्कूल प्रणाली को राष्ट्रीय लक्ष्य के रूप में अपनाया जाना चाहिए और उसे 20 वर्षों की अवधि में क्रमबद्ध कार्यक्रम के रूप में प्रभावपूर्ण ढंग से अमल में लाया जाना चाहिए।

2. *सामाजिक और राष्ट्रीय सेवा*: सामाजिक और राष्ट्रीय सेवा सभी स्तरों पर सभी विद्यार्थियों के लिए अनिवार्य बना दी जानी चाहिए। स्कूलों और कॉलेजों में अध्ययन-विषयों के साथ इन कार्यक्रमों का आयोजन किया जाना चाहिए।

III. शिक्षा और आधुनिकीकरण: आयोग ने इस संबंध में इस प्रकार सुझाव दिए– 1. आधुनिक समाज में, ज्ञान की वृद्धि बड़ी तेजी से होती है और सामाजिक परिवर्तन भी बहुत जल्दी होता है। इस कारण शिक्षा-प्रणाली में क्रान्तिकारी परिवर्तन की आवश्यकता पड़ती है। शिक्षा को अब केवल ज्ञान प्रदान करने या किसी तैयार वस्तु का उत्पादन करने से ही नहीं सीमित रखना चाहिए किन्तु जिज्ञासा उत्पन्न करने, उचित रुचियों, प्रवृत्तियों तथा मूल्यों के विकास तथा स्वतन्त्र अध्ययन और स्वयं विचार और निर्माण करने की क्षमता विकसित करने से मुख्यत: सम्बन्धित माना जाता है। इसके लिए अध्ययन के तरीके तथा शिक्षकों के प्रशिक्षण में भी क्रान्तिकारी परिवर्तन आवश्यक चाहिए।

2. अपने को आधुनिक बनाने के लिए, किसी भी समाज को अपने आपको शिक्षित बनाना होता है। औसत नागरिक का शैक्षिक स्तर ऊँचा उठाने के अतिरिक्त, शिक्षा को समुचित आकार और क्षमता वाला ऐसा बुद्धिजीवी वर्ग उत्पन्न करने का प्रयत्न करना चाहिए जिसकी निष्ठा तथा आकांक्षाओं की जड़ें भारतीय भूमि में हों।

IV. सामाजिक, नैतिक और आध्यात्मिक मूल्य: शिक्षा प्रणाली को मूलभूत सामाजिक, नैतिक और आध्यात्मिक मूल्यों के विकास पर जोर देना चाहिए। इस दृष्टि से:

1. केन्द्रीय तथा राज्य सरकारों को अपने (या स्थानीय प्राधिकार के) नियंत्रण की सभी शिक्षा संस्थाओं में नैतिक, सामाजिक और आध्यात्मिक मूल्यों की शिक्षा विश्वविद्यालय शिक्षा आयोग तथा धार्मिक और नैतिक शिक्षण समिति की सिफारिशों के अनुसार प्रारम्भ करना चाहिए।

2. गैर-सरकारी प्रबंध की शिक्षा संस्थाओं से भी यह आशा की जाए कि वे भी ऐसा ही करेंगी।

3. इस प्रकार के मूल्यों की शिक्षा को स्कूल कार्यक्रमों का सामान्यत: अभिन्न अंग बनाने के अतिरिक्त, इस प्रयोजन के लिए टाइम-टेबल में कुछ घण्टे अलग रखे जाने चाहिए। ये घण्टे विशेष रूप से भर्ती किए गए शिक्षकों द्वारा नहीं, अपितु इस प्रयोजन के लिए उपयुक्त समझे गए सामान्य शिक्षकों द्वारा लिए जाएं और यदि वे विभिन्न समुदायों के हों, तो अधिक अच्छा होगा। शिक्षकों के प्रशिक्षण में लक्ष्य इस प्रकार के शिक्षकों को तैयार करना भी होना चाहिए।

4. तुलनात्मक धर्मों सम्बन्धी विश्वविद्यालयों के विभागों का यह खोज करना विशेष कार्य होना चाहिए कि किन तरीकों से छात्र इन मूल्यों की शिक्षा बुद्धिमत्तापूर्वक एवं प्रभावशाली ढंग से धारण कर सकें।

कोठारी आयोग ने भारत की वास्तविक स्थिति का आर्थिक, सामाजिक, जनतान्त्रिक तथा सांस्कृतिक परिवेश में अध्ययन किया तथा शिक्षा के योगदान पर उचित प्रकाश डाला। लक्ष्यों की प्राप्ति के उचित सुझाव दिए।

4.6 राष्ट्रीय शिक्षा नीति, 1986 द्वारा प्रस्तावित शिक्षा के उद्देश्य

राष्ट्रीय शिक्षा नीति 1986 में किसी एक विशेष स्थान पर शिक्षा के उद्देश्यों का विवरण नहीं दिया है। शिक्षा नीति के विभिन्न भागों का अवलोकन करने पर शिक्षा के निम्नलिखित उद्देश्य दृष्टिगोचर होते हैं:

1. परम्परागत मूल्यों की रक्षा, 2. वैज्ञानिक दृष्टिकोण का विकास, 3. जन शक्ति का विकास, 4. समाजवाद के मूल्यों का विकास, 5. धर्म-निरपेक्षता के मूल्यों का विकास,

6. लोकतन्त्र के मूल्यों का विकास, 7. भावात्मक तथा राष्ट्रीय एकता का विकास, 8. व्यावसायिक क्षमता का विकास, 9. अन्तर्राष्ट्रीय भावना का विकास

4.7 भारतीय समाज में शिक्षा के दो प्रमुख उद्देश्य: चरित्र निर्माण तथा व्यावसायिक क्षमता (Two Aims of Education of Indian Society: Character Development and Vocational Efficiency)

देश बड़े नाजुक दौर से गुजर रहा है। इसके सम्मुख अनेक चुनौतियाँ हैं। इन चुनौतियों का प्रभावशाली ढंग से मुकाबला करने के लिए शिक्षा के दो महत्त्वपूर्ण उद्देश्य हैं: 1. शिक्षा का उद्देश्य चरित्र निर्माण करना। 2. शिक्षा का उद्देश्य व्यावसायिक क्षमता का निर्माण करना।

1. *शिक्षा तथा चरित्र-निर्माण* उद्देश्य: आज हम अपने दैनिक जीवन में मूल्यों के क्रमिक ह्रास को देखकर अत्यन्त खिन्न हैं। इस अनैतिकता की जड़ इतनी गहरी चली गई है कि कई बार उन लोगों के कार्यकलाप पर भी प्रश्न चिन्ह लग जाता है जो कि अनुकरणीय हैं क्योंकि वे इस प्रक्रिया के शिकार हो जाते हैं। यह स्थिति विशेष रूप से उस देश के लिए जो उच्च परम्पराओं में धनी रहा है, अत्यन्त दुर्भाग्यपूर्ण है। हमें इस बात को कभी नहीं भूलना होगा कि देश में सम्प्रदायवाद, विघटन, अलगाववाद तथा आतंकवाद के पनपने में नैतिक मूल्यों का ह्रास प्रमुख कारण है। यह नितान्त आवश्यक है कि गणमान्य लोग समाज में नैतिकता के उच्चतम कीर्तिमान कायम करें। नैतिक पुनरुत्थान की दिशा में हमें एक धर्मयुद्ध छेड़ना है। शिक्षा चरित्र-निर्माण के लिए धर्मयुद्ध का सबसे प्रमुख और प्रभावी साधन है।

चरित्र के मुख्य पक्ष हैं–सभी के साथ भ्रातृभाव, अहिंसा, सहनशीलता, ईमानदारी से धन कमाना और सामाजिक कल्याण के लिए खर्च करना, सरकार द्वारा लगाए गए करों का समय पर भुगतान करना, देश-प्रेम आदि। यदि गम्भीतरपूर्ण इस उद्देश्य पर विचार किया जाए तो पता चलता है कि इसके अन्तर्गत जनतन्त्र, नागरिकता, धर्म-निरपेक्षता तथा समाजवाद के मूल्यों का समावेश है। चरित्र-निर्माण में ही व्यक्तित्व का विकास आ जाता है और नेतृत्व के गुणों का विकास भी।

स्वामी दयानन्द तथा स्वामी विवेकानन्द ने शिक्षा का उद्देश्य चरित्र-निर्माण बताया। उनका कहना था कि चरित्रबल अथवा नेक जीवन और धर्माचरण सर्वोत्तम सद्गुण हैं। सारे पढ़ने, लिखने, सीखने और सुनाने का निचोड़ यही है, यहीं पर इस सबकी समाप्ति है। सच्ची शिक्षा वही है जो चरित्र का निर्माण करे, चरित्रबल वाला मनुष्य ही सदा नेकी के मार्ग पर चल सकेगा।

मनुष्य का चरित्र उसकी विभिन्न प्रवृत्तियों को जोड़ना है, उसके मन के समस्त झुकावों का योगफल है। सुख तथा दु:ख मनुष्य के मन पर होकर ज्यों-ज्यों गुजरते हैं वे उस पर अपनी छाप अथवा संस्कार छोड़ जाते हैं। इन सब भिन्न-भिन्न छापों का फल ही मनुष्य का चरित्र कहलाता है। यदि आप किसी मनुष्य के चरित्र की जाँच वस्तुत: करना चाहते हैं तो उसके बड़े कार्यों द्वारा जाँच मत करें। उसके अत्यन्त साधारण कार्यों की जाँच करें। वास्तव में वे ही ऐसे हैं जिनसे किसी महापुरुष के वास्तविक चरित्र का ठीक-ठाक पता लग सकता है। कुछ विशेष अवसर तो छोटे मनुष्य को भी किसी-न-किसी प्रकार का

बड़प्पन दे देते हैं, परन्तु वास्तव में बड़ा तो वही है जिसका चरित्र सदैव और सभी अवस्थाओं में महान रहता है।

जिस प्रकार स्वामी दयानन्द तथा स्वामी विवेकानन्द ने चरित्र-निर्माण पर बल दिया, उसी प्रकार गांधी जी ने भी शिक्षा में चरित्र-निर्माण पर बल दिया। उनका कहना है कि हमारी सारी सीख और सारी विद्या निष्फल रहेगी यदि वे हमारे हृदय में पवित्र भावों को नहीं उपजाते।

"सारे ज्ञान का अन्तिम लक्ष्य आवश्यक रूप से चरित्र-निर्माण ही है। वह शिक्षा ही क्या जिसमें चरित्र-निर्माण न हो सके और वह चरित्र ही क्या जिसमें आरम्भिक वैयक्तिक पवित्रता न हो। व्यक्ति का चरित्र उसकी व्यक्तिगत शुचिता का परिणाम होता है।" संसार के सब बड़े-बड़े महत्वशाली धर्म, चाहे वे आपस में बहुत अधिक भिन्न-भिन्न ही क्यों न हों, इस आधारभूत विषय में सर्वथा एकमत हैं कि कोई भी व्यक्ति जो अपवित्र मन वाला होगा, सम्भवत: महान श्वेत सिंहासन के सामने खड़ा होने का साहस नहीं कर सकता। गाँधी जी ने हमें याद दिलाया है कि "शिक्षा का मुख्य और पहला कर्त्तव्य यह है अथवा होना चाहिए कि उससे विद्यार्थियों के चरित्र का निर्माण हो और उस अध्यापक को निराश होने की आवश्यकता नहीं है जो स्वयं चरित्र का पालन करता है।" "वे (अध्यापक) भले ही अपने विद्यार्थियों को संसार भर की विद्याएँ प्रदान कर दें, परन्तु उनके मनों में शुचिता और सत्य की भावनाएँ नहीं बैठाते तो निस्सन्देह वे उन्हें धोखा दे देंगे शौर उनको उन्नति के मार्ग पर डाल देने के स्थान पर विनाश के पथ पर लुढ़का देंगे। अध्यापक का कार्य बड़ा पुण्य कार्य है। उसको एक उच्च पद मिला हुआ है, जहाँ से वह अपने शिष्यों को बहुत अधिक प्रभावित कर सकता है।" "मैंने देखा है कि विद्यार्थी अध्यापकों के निजी जीवनों से जितना अधिक पा लेते हैं, उतना वे उनसे सुनी हुई बातों तथा पुस्तकों से ग्रहण नहीं करते।"

2. *शिक्षा की व्यावसायिक क्षमता का उद्देश्य*: शिक्षा का दूसरा महत्त्वपूर्ण उद्देश्य समाज के व्यक्तियों में व्यावसायिक तथा तकनीकी कुशलता लाना है। इसके अन्तर्गत है–(1) कार्य के प्रति एक नई भावना को जन्म देना जिससे वे कार्य के महत्त्व को समझ सकें, (2) विद्यार्थियों को अनुभव कराना कि देश की समृद्धि इस बात पर निर्भर है कि हम जिस कार्य को भी आरम्भ करें उसे यथाशक्ति सफल और सुन्दर बनाएँ, (3) सभी अध्यापक इस बात का प्रयत्न करें कि यह बात पाठशाला में विद्यार्थियों के व्यवहार में स्पष्ट रूप से दिखाई दे, और (4) शिक्षा के सभी स्तरों पर व्यावसायिक क्षमता का विकास हो जिससे औद्योगिक और तकनीकी क्षेत्र में कुशल व अनुभवी व्यक्ति मिल सकें।

गांधी जी ने 11 सितम्बर, 1937 के 'हरिजन' में लिखा, "शिक्षा को बेरोजगारी के विरुद्ध एक बीमा (Insurance) होना चाहिए।" उन्होंने बेसिक पद्धति में इस बात पर बल दिया कि छात्र किसी न किसी व्यवसाय के लिए तैयार हो सकें।

निष्कर्ष: विभिन्न उद्देश्यों को एक-दूसरे से पूरे तौर पर अलग करना सम्भव नहीं है। समाज में परिस्थितियाँ इतनी जटिल हो गई हैं कि किसी एक ही उद्देश्य को पूर्ण मानना न्यायसंगत नहीं है। अत: यहाँ पर दो प्रमुख उद्देश्यों की चर्चा की गई है। ये दोनों ही महत्वपूर्ण हैं तथा इन्हीं की प्राप्ति से देश संसार में उचित मान-सम्मान प्राप्त कर सकता है।

4.8 स्वास्थ्य निर्माण शिक्षा का उद्देश्य: शारीरिक, मानसिक तथा भावात्मक (Health Development as an Aim of Education: Physical, Mental and Emotional)

स्वास्थ्य का अर्थ (*Meaning of Health*): स्वास्थ्य निर्माण शिक्षा के उद्देश्य पर चर्चा करने से पहले यह आवश्यक हो जाता है कि स्वास्थ्य के अर्थ पर पहले संक्षेप में विवेचना कर ली जाए। इस सन्दर्भ में कुछ विचार नीचे दिए जा रहे है।

1. *विश्व स्वास्थ्य संगठन* (*World Health Organisation*): "स्वास्थ्य केवल रोग या निर्बलता या विकृति का होना ही नहीं है वरन् यह शारीरिक, मानसिक तथा सामाजिक कल्याण की पूर्ण अवस्था है।"

2. *वेब्सटर का शब्दकोष* (*Webster's Dictionary*): "स्वास्थ्य शरीर, मन या आत्मा में स्वस्थता तथा निरोगता की अवस्था है। मुख्यतः यह शारीरिक रोग या दुःख का अभाव है।"

3. *इन्सइक्लोपीडिया ऑफ हैल्थ* (*Encyclopaedia of Health*) ने स्वास्थ्य को इस प्रकार परिभाषित किया है, "स्वास्थ्य वह स्थिति है जिसमें व्यक्ति अपने बौद्धिक, भावनात्मक एवं शारीरिक संसाधनों को अधिकतम दैनिक आजीविका एवं जीवन के लिए क्रियाशील बनाने में समर्थ है।"

4. *जे. एम. विलियन* (*J.M. William*): "स्वास्थ्य जीवन का ऐसा गुण है जो व्यक्ति को सर्वोत्तम जीवन व्यतीत करने तथा सर्वोत्तम सेवा करने के योग्य बनाता है।"

उपयुक्त परिभाषाओं के आधार पर हम यह कह सकते हैं कि "स्वास्थ्य में पर्याप्त मात्रा में शारीरिक शक्ति, सक्रियता या चुस्ती तथा सहनशक्ति निहित है। साथ ही इसमें मानसिक स्वास्थ्य भी निहित है जिससे दैनिक जीवन की माँगों की पूर्ति की जा सके। इस दृष्टि से एक स्वस्थ व्यक्ति में निम्नलिखित विशेषताएँ पायी जाती हैं–

1. कल्याण की भावना। 2. कुशलता तथा उत्साह के साथ कार्य करने की योग्यता। 3. स्फूर्ति। 4. आत्मविश्वास तथा आत्मनियन्त्रण। 5. रोग का अभाव। 6. स्वस्थ मानसिक दृष्टिकोण। 7. अनावश्यक चिन्ता से मुक्त। 8. साहस। 9. दूसरों के साथ मिलकर कार्य कने की योग्यता।

स्वास्थ्य निर्माण शिक्षा का उद्देश्य क्यों? (Why Development of Health as an Aim of Education?): स्वास्थ्य की महत्त्वता के कारण भारतीय तथा पाश्चात्य विचारकों ने अच्छे स्वस्थ्य की भरपूर प्रशंसा की है। कहा गया है कि 'शरीर माधं खलु धर्म साधनम्–अर्थात् धर्म की स्थापना शरीर द्वारा ही हो सकती है। इसमें कोई सन्देह नहीं है कि उत्तम स्वास्थ्य के बिना छात्र का सर्वांगीण विकास नहीं हो सकता है। लोके (Locke) के शब्दों में 'स्वस्थ मन स्वस्थ शरीर में ही रह सकता है।

स्वामी विवेकानन्द ने नौजवानों से कहा, "मेरे नौजवान मित्रों। तुम पहले बलवान बनो। धर्म पीछे आएगा। गीता के मार्ग की अपेक्षा फुटबाल के माध्यम से स्वर्ग अधिक नजदीक है। यदि तुम्हारे पुट्टे और मांसपेशियां अधिक बलशाली होंगी तो गीता अधिक तरह समझ में आएगी।" उन्होंने बार-बार कहा, "शक्ति ही जीवन है। दुर्बलता मृत्यु है।"

माध्यमिक शिक्षा आयोग (1952-53) ने शिक्षा के उद्देश्यों का उल्लेख करते हुए कहा है, "जब तक भौतिक तथा शारीरिक विज्ञान का सामान्य शिक्षा का स्कूल के अभिन्न

अंग नहीं बनाया जाता तब तक देश के भावी नागरिक राष्ट्रीय कल्याण में मूल्यवान योगदान नहीं दे सकतें।

रायर्वन (*Ryurn*) के कथन के अनुसार भारत में स्वास्थ्य शिक्षा संबंधी सामान्य दर्शन की आवश्यकता है।

संक्षेप में स्वास्थ्य का निर्माण शिक्षा का उद्देश्य निम्न कारणों से होना चाहिए।

1. स्वास्थ्य व्यक्ति, समुदाय तथा समाज का आधार-स्तम्भ है। 2. स्वस्थ शरीर में स्वस्थ मस्तिष्क निवास करता है। 3. स्वास्थ्य व्यक्ति के सम्पूर्ण विज्ञान का महत्त्वपूर्ण अंग है। 4. स्वास्थ्य हर्ष तथा उल्लास की कुंजी है। 5. स्वास्थ्य का आर्थिक विकास में योगदान है। 6. स्वास्थ्य मानसिक विकास में सहायता देता है। 7. स्वास्थ्य द्वारा भावात्मक विकास होता है।

स्वास्थ्य के पक्ष (Dimensions of Health)

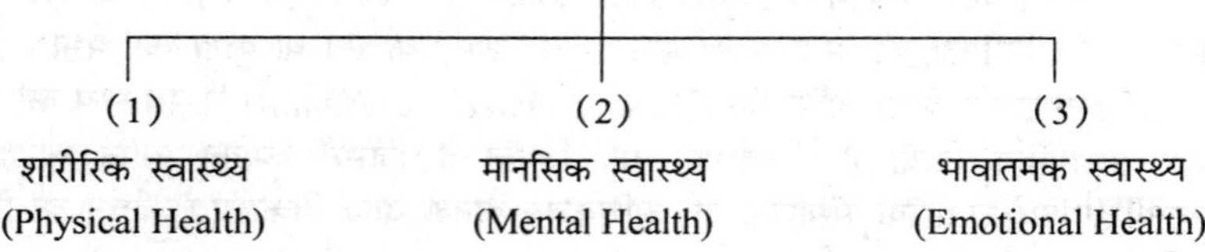

शारीरिक स्वास्थ्य: सम्पूर्ण स्वास्थ्य का सब से पहला आयाम शारीरिक शरीर के सभी अंगों को है। शरीर से स्वास्थ्य व्यक्ति क्रियाशील होता है। उसमें कार्य करने की शक्ति व्यापक होती है। वह कठोर कार्य करने की क्षमता रखता है। उसे थकावट अनुभव नहीं होती है। उसमें रोग के प्रतिरोध की क्षमता होती है।

भावात्मक अथवा संवेगात्मक स्वास्थ्य: स्वस्थ व्यक्ति उत्साही, धैयवान, कार्य-कुशल तथा सतर्क होता है। वह अन्य के साथ मधुर सम्बन्ध बनाने की क्षमता रखता है। शारीरिक स्वास्थ्य ठीक न होने पर मानसिक तनाव की आशंका बनी रहती है। धीरे-धीरे व्यक्ति अपने परिवार के सदस्यों, मित्रों, सहपाठियों, पड़ोसियों आदि के साथ मधुर सम्बन्ध बनाने में असमर्थ हो जाता है। इस से उसके समक्ष विभिन्न संवेगात्मक समस्याएँ उत्पन्न हो जाती हैं जो उसके दैनिक जीवन के व्यवहार को विकृत तथा अप्रिय बना देती हैं। अत: स्पष्ट है कि शारीरिक स्वास्थ्य मानसिक एवं संवेगात्मक स्वास्थ्य को बनाए रखने में अत्यन्त महत्त्वपूर्ण भूमिका निभाता है।

बौद्धिक स्वास्थ्य: अच्छा स्वास्थ्य न होने के कारण व्यक्ति का बौद्धिक स्वास्थ्य भी बिगडता जाता है। अध्ययन में मन नहीं लगता है। बुरा स्वास्थ्य शिक्षा में पिछड़े पन का कारण बन जाता है। विद्यार्थी स्कूल में नियमित नहीं रह पाता है। कुशलता पूर्वक शिक्षा प्राप्त नहीं कर सकता।

स्वास्थ्य निर्माण उद्देश्य की प्राप्ति के साधन (Measures for Achieving the Objective of Health Education): मोटे तौर पर कहा जा सकता है कि सम्पूर्ण स्कूल स्वास्थ्य कार्यक्रम के प्रमुख क्षेत्र निम्न लिखित हैं:–

1. स्वास्थ्यप्रद स्कूल वातावरण (Healthful School Environment)
   (i) स्वास्थ्यप्रद मनोवैज्ञानिक वातावरण (Healthful Psychological Environment)

(ii) स्वास्थ्यप्रद भौतिक वातावरण (Healthful Physical Environment)

2. स्वास्थ्य शिक्षण (Health Instruction)
3. स्वास्थ्य सेवाएँ (Health Services)
4. स्वास्थ्य शिक्षण (Physical Instruction)
5. स्वास्थ्य क्रियाएँ (Physical Activities)

समीक्षा: इस में कोई सन्देह नहीं है कि स्वास्थ्य का व्यक्ति के जीवन में बहुत महत्त्व है परन्तु केवल स्वास्थ्य से ही व्यक्ति का सम्पूर्ण विकास नहीं हो सकता न स्वास्थ्य के साथ-साथ व्यक्ति में जीविका उपार्जन की क्षमता भी होनी चाहिए। व्यक्ति को चरित्रवान भी होना चाहिए। व्यक्ति के सर्वांगीण विकास के कई पक्ष हैं। अत: स्वास्थ्य उद्देश्य एकागी है तथा अधूरा भी। यह शिक्षा के उद्देश्यों में से एक उद्देश्य है।

4.9 भारतीय समाज का शिक्षा का आधुनिकीकरण: एक उद्देश्य (Modernisation as an Objective of Education of Indian Society)

आधुनिकीकरण समय की पुकार (Modernisation as the Timely Slogan of the Present Times): आज जीवन के सभी क्षेत्रों में आधुनिकीकरण अथवा आधुनिकता की गूंज ध्वनित हो रही है। विज्ञान तथा तकनीक ने जीवन के प्रत्येक पक्ष को प्रभावित किया है। सभी राष्ट्र तथा सभी व्यक्ति आधुनिकीकरण की दौड़ में आगे बढ़ना चाहते हैं। आज सारा विश्व एक प्रकार से छोटा सा गांव बन रह गया है। आज का नागरिक विश्व नागरिक बनता जा रहा है। यह बात दूसरी है कि आज का पड़ोसी अपने पड़ोस से दूर होता जा रहा है। यह आधुनिकीकरण का दूसरा पक्ष भी है। अत: आवश्यक है कि आधुनिकता के अर्थ पर गम्भीरता से विचार किया जाए।

आधुनिकीकरण का अर्थ (Meaning of Modernisation): आधुनिकीकरण को हम एक ऐसे प्रयास के रूप में परिभाषित कर सकते हैं, जिससे कि एक समाज, संस्था तथा व्यक्ति नये समझे जाने वाले मूल्यों, विचारों, दृष्टिकोणों, संरचनाओं व संगठनों को अपनाने का प्रयास करे। यह एक व्यावहारिक क्रम है जिसके माध्यम से कम विकसित देश विकसित देशों की उपलब्धि एवं क्रियाविधि के मापकों को अपने राष्ट्रीय जीवन में उतारते हैं और इस क्रम के लिये व्यक्ति और समाज को कुछ नवीन संरचनात्मक परिवर्तनों में से होकर गुजरना पड़ता है। आधुनिक विकसित देशों की भांति आधुनिक जीवन में सफलतापूर्वक रहकर काम कर सकने के लिये एक व्यक्ति में कई गुणों का होना आवश्यक है। आधुनिक प्रौद्योगिकी वाली व्यवस्था में एक व्यक्ति को समाज के आधुनिक संगठन में रोजगार ढूँढने के लिये कुछ विशिष्ट गुण होने चाहिए। वह शिक्षित तो होना ही चाहिए, साथ ही उसे उच्च स्तर की व्यवसायिक शिक्षा का प्रशिक्षण भी प्राप्त होना चाहिए। साथ ही जीवन में सफलता और प्रगति पाने के लिये समय पर आना, ईमानदारी, कठोर परिश्रम, रुचि, कार्य के प्रति वैज्ञानिक दृष्टिकोण, नवीनतम तकनीकी परिवर्तनों को समझने व अपनाने की क्षमता, निरन्तरता एवं दक्षता आदि गुणों का होना आवश्यक है। प्रतियोगिताओं में भाग लेने की क्षमता तथा आशा और निराशा के थपेड़ों से निराश न होने की योग्यता भी होनी चाहिए। ये सभी गुण

समाज के सभी व्यक्तियों में आने चाहिए जिस से समाज का उचित विकास हो सके। मूर (Moor) द्वारा दी गई आधुनिकीकरण की परिभाषा व्यावहारिक प्रतीत होती है। "आधुनिकीकरण का अर्थ ऐसा क्रान्तिकरण परिवर्तन है जो परम्परावादी समाज को विकसित, आर्थिक रुप से सम्पन्न और राजनैतिक रूप से अपेक्षाकृत अधिक स्थिर समाज में परिवर्तित करता है।"

आधुनिकीकरण के पक्ष (Dimensions of Modernisation): आधुनिकीकरण के विभिन्न पक्ष निम्न चित्र में दर्शाए गए हैं:

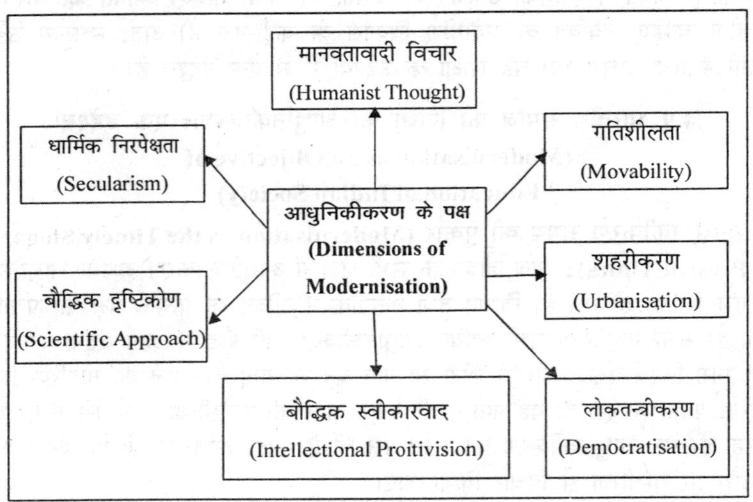

आधुनिकीकरण के मुख्य तत्त्व नीचे दिए गए हैं–

1. *परानुभूति (Empathy)*: यह एक ऐसा गुण है जिसमें दूसरों की स्थिति में अपने को रखकर देखा जाता है। इससे व्यक्ति का मस्तिष्क विस्तृत हो जाता है और वह तर्क द्वारा उपयुक्त सामाजिक परिवर्तन एवं ढ़ाँचे का चयन करने में सक्षम हो जाता है। उसमें एक गतिशील व्यक्तित्व का उदय हो जाता है, जो संकुचित क्षेत्र से विस्तृत क्षेत्र की ओर अग्रसर होता है।

2. *संतुलित व सही चिन्तन:* सही चिन्तन का अर्थ है कि व्यक्ति अपने समाज के मूल्यों में संघर्ष करते हुए सही दिशा में चिन्तन कर सके तथा सामाजिक व सांस्कृतिक विडम्बनाओं से बाहर निकल सके तथा उचित व्यवहार करने का अभ्यस्त बन सके। सभी व्यक्तियों के सन्तुलित व सही चिन्तन से समाज आधुनिकीकरण की ओर तीव्रता से प्रगति कर सकेगा।

3. *उच्चस्तरीय उपलब्धियाँ*: समाज के व्यक्ति अथवा समूह तार्किक आधार पर विज्ञान एवं टैक्नॉलोजी के क्षेत्र में उच्च स्तर के कार्यों में भाग लेकर ऐसी उपलब्धियाँ प्राप्त करने का निरन्तर प्रयास करते रहें जिससे आधुनिक राष्ट्रों की भांति विकासशील राष्ट्र भी आधुनिकीकरण की ओर गतिशील हो।

4. *उचित कल्पनाएँ:* व्यक्ति नवीन खोजों एवं आविष्कार के लिए सही दिशा में उचित कल्पनाएँ कर सकें जो व्यावहारिक भी हों और जिनकी सामाजिक उपयोगिता भी

हो। यह गुण आधुनिकीकरण के लिये अत्यधिक उपयोगी एवं आवश्यक है। जापान तथा उत्तरी अमेरिका आदि देश इसी गुण के आधार पर आधुनिकीकरण कर पाये हैं।

5. *स्वतंत्र सम्मति*: व्यक्ति अपने कार्यक्षेत्र के अतिरिक्त भी विभिन्न विषयों पर सम्मति दे सके, इसके लिये आवश्यक है कि वह आधुनिक समाज के निरन्तर ज्ञान के विस्फोट के सम्पर्क में आये ताकि उसी को आधार मानकर अपने समाज के उपयुक्त विभिन्न क्षेत्रों के लिये उपयुक्त सम्मति देने के लिये सचेष्ट रहे।

6. *संस्थागत प्रतियोगिता:* इस का अर्थ है–सकारात्मक प्रतियोगी की भाँति व्यावहार करने के लिए उद्धृत रहना।

7. *नवीन दृष्टिकोण:* धन, बचत, कार्य एवं जोखिम के प्रति नवीन दृष्टिकोण विकसित करना।

8. *परिवर्तन की संभावनाएँ:* परिवर्तन की संभावनाओं एवं आकांक्षाओं में विश्वास रखना जिससे वांछित परिवर्तन लाने के लिये उचित कदम साहसपूर्वक उठाये जा सकें।

9. *सामाजिक, आर्थिक एवं राजनैतिक अनुशासन:* पूर्ण ईमानदारी एवं न्यायप्रियता के साथ अनुशासनात्मक रूप में क्रियाएँ की जायें जिससे सामाजिक, आर्थिक एवं राजनैतिक क्षेत्र में वांछित परिवर्तन लाकर आधुनिकीकरण की ओर बढ़ा जा सके।

10. *सन्तोष एवं सहनशक्ति:* भविष्य में दूरगामी उद्देश्यों की प्राप्ति के लिये आवश्यक है कि प्रारम्भ में इन उद्देश्यों की प्राप्ति हेतु किये गये छोटे प्रयासों के प्रतिफल के प्रति सहनशीलता व सन्तोष का सहारा लिया जाये, तभी बड़े कार्य व परिवर्तन किये जा सकेंगे।

उपर्युक्त तत्त्वों की क्रिया एवं प्रतिक्रिया द्वारा कुछ वांछित परिवर्तन आते हैं, जैसे व्यक्तित्व का विकास, मूल्यों एवं अभिरुचियों में परिवर्तन, संस्थागत प्रबन्धों का नवीनीकरण ओर इन सभी में प्रत्येक स्तर पर परिवर्तन एक-दूसरे को प्रभावित करते हैं तथा इनका उचित समन्वय आधुनिकीकरण लाने में सफल होता है।

आधुनिकीकरण क्या नहीं है? (What Modernisation is Not?): 1. आधुनिकीकरण पश्चिमीकरण की अन्धा-धुन्ध नकल करना नहीं है। 2. आधुनिकीकरण औद्योगिकरण नहीं है। 3. आधुनिकीकरण परम्परागत धरोहर को बिल्कुल त्यागना नहीं है। 4. आधुनिकीकरण केवल भौतिकवादी होना नहीं है। 5. आधुनिकीकरण समाजवाद को अपनाना नहीं है। 6. आधुनिकीकरण केवल यन्त्रों का उपयोगीकरण नहीं है। 7. आधुनिकीकरण भारतीयकरण नहीं है।

शिक्षा तथा आधुनिकीकरण (Education and Modernisation): शिक्षा आधुनिकीकरण के लिये एक उचित माध्यम है। शिक्षा से आकांक्षाएँ बढ़ती हैं, मानसिक विकास होता है, जिससे व्यक्ति खुले दिमाग से सोच सकता है तथा ध्यान केन्द्रित कर सकता हैं। शिक्षा जीवनस्तर को ऊँचा उठाने के लिये इच्छा उत्पन्न करती है और आकांक्षाएँ बढ़ती हैं जिनको प्राप्त करने में अनेक समस्याएँ आती हैं। यह समस्याएँ व्यक्ति को खुले दिमाग से सोचने का अवसर देती हैं जिससे वह आधुनिकीकरण के समय जो एक संघर्ष की स्थिति पारम्परिक समाज के संदर्भ में आती है वह शिक्षा के माध्यम से बहुत सीमा तक कम हो जाती है।

शिक्षा आयोग 1964-66 द्वारा प्रस्तावित शिक्षा में सुधार तथा इसका आधुनिकीकरण: सामाजिक आधुनिकीकरण के सम्बन्ध में शिक्षा-आयोग के दिए गए सुझाव आज भी प्रासंगिक हैं यद्यपि इस दिशा में कुछ कार्य भी हुआ है। 1. शिक्षा तथा शिक्षण में नवीन

तकनीकें अपनाना। 2. शिक्षा द्वारा रुढ़िवादिता को समाप्त करना। 3. शिक्षा द्वारा नए कौशलों का निर्माण करना। 4. शिक्षा द्वारा सोच में खुलापन लाना। 5. अन्य देशों से अधिक मात्रा में आदान-प्रदान करना। 6. संकुचित धारणाओं को त्यागकर सभी के विकास में रुचि लेना। 7. भौतिक तथा मानवीय स्रोतों का पूरा-पूरा उपयोग करना। 8. वैज्ञानिक मूल्यों तथा आध्यात्मिक मूल्यों में समन्वय स्थापित करना।

राष्ट्रीय शिक्षा नीति 1986 तथा संशोधित नीति 1992 में शिक्षा में आधुनिकरण के सम्बन्ध में कार्यक्रम (Programme of Modernisation of Education in NPE 1986 and Modified NPE 1992): 1. वर्तमान स्थिति में शिक्षा को दोराहे (Cross road) पर खड़ा कर दिया है। अब तो शिक्षा के क्षेत्र में न तो सामान्य विस्तार से ओर न ही सुधार की वर्तमान गति से काम चल सकेगा।

2. भारतीय विचारधारा के अनुसार मानव एक बहुमूल्य राष्ट्रीय पूंजी है तथा बेशकीमती राष्ट्रीय संसाधन भी। आवश्यकता इस बात की है कि उस की परवरिश पूरे एहतियात, और संवेदनशीलता से की जानी चाहिए। प्रतयेक व्यक्ति का अपना विशिष्ट व्यक्तित्व होता है। विकास की इस पेचीदा और गतिशील प्रक्रिया में शिक्षा अपना उत्प्रेरक (Catalytic) योगदान दे सके। इस के लिए बहुत सावधानी से योजना बनाने ओर उस पर पूरी लगन के साथ अमल किए जाने की आवश्यक़ता है।

3. आज भारत, राजनीतिक और सामाजिक दृष्टि से ऐसे दौर से गुजर रहा है जिससे परम्परागत आदर्शों की जड़ें कटती-सी महसूस होती हैं और समाजवाद धर्म निर्पेक्षता, लोकतन्त्र तथा वृत्रिक संहिता के लक्ष्यों की प्राप्ति में लगातार बाधाएँ आ रही हैं।

4. आने वाले समय में अनेक तनाव भी पैदा होगें। उन तनावों से निपटने और अवसरों का लाभ उठाने के लिए मानव में संसाधन को नए ढंग से विकसित करना होगा।

5. आने वाली पीढ़ियों के लिए यह भी आवश्यक है कि वे वह नए विचारों को सतत् सृजनशीलता के साथ आत्मसात कर सकें। उन पीढ़ियों में मानवीय मूल्यों और सामाजिक न्याय के आर्दशों को प्रतिष्ठित करना होगा।

6. शिक्षा द्वारा समानता को बढ़ावा देना होगा।

7. शिक्षा द्वारा विश्वव्यापी दृष्टिकोण को सुदृढ़ करना है।

8. सीमित परिवार के महत्त्व पर शिक्षा द्वारा प्रकाश डालना है।

9. वैज्ञानिक अभिरुचि को बढ़ावा देना है।

10. सूचना सम्प्रेषण तकनीकी (ICT) का अधिक से अधिक प्रयोग करना है।

11. पाठ्यक्रम, शिक्षण-अधिगम विधियों तथा शैक्षिसक प्रबन्धन मूल्यांकन प्रणाली आदि में तभी तकनीकों को प्रयोग में लाना है।

4.10 स्कूली शिक्षा के उद्देश्य (Objectives of School Education)

राष्ट्रीय शैक्षिक अनुसन्धान और प्रशिक्षण परिषद (NCERT) ने वर्ष 2000 में अपने दस्तावेज '*विद्यालयी शिक्षा के लिए राष्ट्रीय पाठ्यचर्या की रूपरेखा*' में निम्नलिखित उद्देश्य दर्शाए हैं:

1. सामाजिक जीवन तथा भावी अधिगम के लिए आवश्यक भाषा सम्बन्धी योग्यताएँ (सुनना, बोलना, पढ़ना व लिखना) विकसित करना।

2. दिन-प्रतिदिन के कार्यकलापों में प्रभावशाली प्रतिभागिता के लिए सम्प्रेषण कौशलों का विकास करना (मौखिक तथा दृश्यात्मक)।

3. तार्किक बुद्धि के विकास के लिए गणितीय योग्यताएँ विकसित करना, ताकि शिक्षार्थी साधारण गणितीय कार्यों और दैनिक जीवन में उनके अनुप्रयोगों से कुछ सीख सके।

4. रूढ़िवादिता, अंधविश्वास तथा भाग्यवाद को समाप्त करने के लिए प्रश्न पूछने का साहस करने तथा जानने की इच्छाशक्ति के विकास के उद्देश्य से वैज्ञानिक दृष्टिकोण और सोच विकसित करना।

5. जाँच पड़ताल की वैज्ञानिक प्रविधियों का ज्ञान तथा समस्याओं के समाधान में इसका अनुप्रयोग करना।

6. पर्यावरण को उसकी संपूर्णता में जानना (प्राकृतिक और सामाजिक तथा उनकी अनुक्रियात्मक प्रक्रिया), पर्यावरण की समस्याएँ और पर्यावरण की रक्षा के उपाय।

7. विभिन्न विषयों और समस्याओं को स्थानीय, क्षेत्रीय, राष्ट्रीय और विश्व स्तर पर जांचने-परखने की योग्यता तथा स्वतन्त्र रूप से स्वयं मूल्यांकन करने की क्षमता बढ़ाना।

8. भारत में स्वाधीनता संग्राम में स्वतन्त्रता सेनानियों और सामाजिक उत्थान के सामाजिक कार्यकर्ताओं के योगदान तथा उनके बलिदान का महत्त्व समझना तथा उनके आदर्शों पर तत्परता से अमल करना।

9. ऐसे गुणों का निर्माण करना जिनसे मनुष्य में मानवता का विकास हो तथा वे सामाजिक दृष्टि से प्रभावी सिद्ध हो सकें और उन्हें जीवन की सार्थकता और दिशा मिले। ये मूल्य सामाजिक/आर्थिक और वैयक्तिक/आध्यात्मिक मूल्यों से बँधे होने चाहिए।

10. देश के विभिन्न भागों में रहने वाले लोगों तथा देश के विभिन्न भागों में व्याप्त विविधता को समझना तथा देश की सामाजिक सांस्कृतिक विरासत को समझना।

11. परिवर्तन सापेक्ष प्रौद्योगिकी और देश की परम्परा तथा विरासत की निरंतरता के बीच सन्तुलित संश्लेषण की आवश्यकता को महत्त्व देना।

12. राष्ट्रीय प्रतीकों के प्रति सम्मान और राष्ट्र की एकता और पहचान के आदर्श को अक्षुण्ण रखने वाले आदर्शों और आकांक्षाओं का ज्ञान देना।

13. अपने देश के विशिष्ट संदर्भ में भूमंडलीकरण, उदारीकरण तथा स्थानीकरण की प्रक्रियाओं के सकारात्मक और नकारात्मक प्रभावों को समझना।

14. सामान्य विकास के प्रतिमान के आधार पर शारीरिक और मानसिक रूप से पूर्णत: स्वस्थ रहने के लिए आवश्यक ज्ञान, मनोवृत्ति, जीवनचर्या और आदतों का विकास करना।

15. मानवीय मूल्यों और सामाजिक न्याय के प्रति दृढ़ प्रतिबद्धता के साथ विश्वव्यापी भाईचारे के लिए आवश्यक समानता के प्रति जागरूकता पैदा करना।

16. समाजवाद, पंथ निरपेक्षता, स्वस्थ लोकतन्त्र तथा अहिंसा के राष्ट्रीय उद्देश्यों को जीवन में अपनाने के महत्त्व और इसके प्रति तत्परता का बोध कराना।

17. सुशिक्षित समाज के निर्माण के लिए स्व-अधिगम, स्वत:निर्देशित अधिगम तथा जीवनपर्यंत अधिगम के लिए आवश्यक गुणवत्ता और चारित्रिक विशिष्टताएँ विकसित करना।

18. उत्पादकता वृद्धि, आजीविका वृत्ति संतुष्टि और अर्थोपार्जनकारी कार्य प्रणालियों के लिए अपेक्षित शारीरिक कार्य की गरिमा और महत्त्व को समझना।

19. जीवन की विभिन्न परिस्थितियों में सौन्दर्य की खोज तथा उसके महत्त्व को जानने की योग्यता तथा इसे अपने व्यक्तित्व में उतारने की आवश्कयता।

20. वास्तविक सूचना को ग्रहण करने के अतिरिक्त उसे समझने, परिलक्षित करने तथा आत्मसात करने और अपनी अंतर्दृष्टि को विकसित करने की क्षमता बढ़ाना।

21. विभिन्न विषयों/विचारधाराओं की विविधता और अंतरालों को स्वीकार करने और महत्त्व को समझने की योग्यता और मूल्य व्यवस्थाओं के विकल्पों के चयन की क्षमता बढ़ाना।

22. बड़े परिवारों के विभिन्न प्रभावों और परिणामों को समझना तथा जनसंख्या अतिवृद्धि और जनसंख्या वृद्धि को रोकने की जरूरत को समझना।

23. स्वस्थ लैंगिक संबंधों के प्रति समुचित दृष्टिकोण और मनोवृत्ति का विकास तथा विपरीत लिंग के सदस्यों के प्रति आदरपूर्ण व स्वस्थ दृष्टिकोण का विकास करना।

5

शिक्षा के साधन अथवा अभिकरण
(Agencies of Education)

5.1 शिक्षा के साधनों का अर्थ
(Meaning of Agencies of Education)

सर गॉडफ्रेज थॉमसन (*Sir Godfrej Thompson*) के शब्दों में, "व्यापक अर्थ में सम्पूर्ण वातावरण व्यक्ति की शिक्षा का साधन है। परन्तु उस वातावरण में कुछ तत्त्व अधिक महत्त्वपूर्ण हैं जो शिक्षा से विशेष रूप से सम्बन्धित हैं–जैसे परिवार, स्कूल, धर्म, प्रेस, व्यवसाय, सार्वजनिक जीवन, मनोरंजन तथा प्रिय कार्य।"

5.2 शिक्षा के साधनों का वर्गीकरण
(Classification of Agencies of Education)

मुख्य तौर पर शिक्षा के साधनों का वर्गीकरण तीन प्रकार से किया जाता है जो निम्नलिखित हैं:

शिक्षा के साधनों का पहला वर्गीकरण

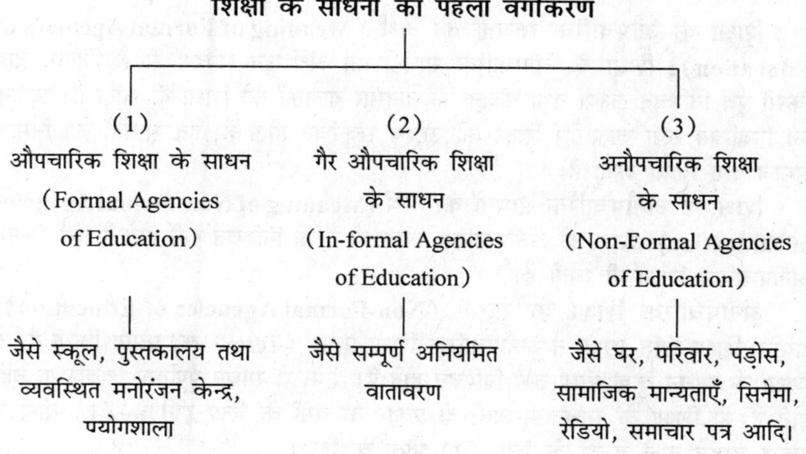

शिक्षा के साधनों का दूसरा वर्गीकरण

(1)
शिक्षा के सक्रिय साधन
(Active Agencies of Education)
जैसे स्कूल, समुदाय, धर्म, राज्य, सामाजिक क्लब, सामाजिक कल्याण केन्द्र

(2)
शिक्षा के निष्क्रिय साधन
(Passive Agencies of Education)
जैसे सिनेमा, टी.वी., प्रेस आदि

शिक्षा के साधनों का तीसरा वर्गीकरण

औपचारिक साधन	अनौपचारिक साधन	व्यावसायिक साधन	अव्यावसायिक साधन
1. स्कूल	1. परिवार	1. रेडियो	1. खेल संघ (Sports Club)
2. धार्मिक संस्थाएँ	2. खेल-समूह	2. टेलीविजन	2. समाज कल्याण केन्द्र (Social Welfare Centre)
3. पुस्तकालय	3. समाज	3. चलचित्र	3. नाटकीय संघ (Dramatic Club)
4. आर्टगेलरीज (Art Galleries)	4. राज्य	4. नृत्य-गृह (Dancing Hall)	4. युवक कल्याण संघ (Youth Welfare Organization)
		5. नाट्यशाला (Theatre)	5. स्काइटिंग
		6. समाचार पत्र	6. प्रौढ़ शिक्षा
		7. प्रेस	7. गर्ल गाइडिंग

शिक्षा के औपचारिक साधनों का अर्थ (Meaning of Formal Agencies of Education): शिक्षा के औपचारिक साधनों का अर्थ उन साधनों से है जिनके द्वारा किसी पूर्व निश्चित लक्ष्यों तथा योजना के अनुसार बालकों को शिक्षा दी जाती है। साधनों को नियन्त्रित रखा जाता है। शिक्षा का उद्देश्य संकुचित होता है। इन साधनों का निर्माण समाज द्वारा किया जाता है।

शिक्षा के अनौपचारिक साधनों का अर्थ (Meaning of Non-formal Agencies of Education): शिक्षा के अनौपचारिक साधन वे हैं जो निश्चित नहीं होते हैं तथा जिनमें अनौपचारिक शिक्षा दी जाती है।

अनौपचारिक शिक्षा के साधन (Non-Formal Agencies of Education): राष्ट्रीय शिक्षा नीति 1986 ने अनौपचारिक शिक्षा प्रत्यय (Term) का प्रयोग किया है। ये शिक्षा के साधन कुछ सीमा तक निश्चित होते हैं। प्राय: ये साधन पूर्णतया व्यवस्थित नहीं होते हैं। ये शिक्षा के साधन मुख्यत: दो प्रकार के वर्गों के लिए होते हैं–(1) बीच में स्कूल छोड़ने वाले बच्चों के लिए (2) प्रौढ़ों के लिए।

नोट: कई लेखक गैर औपचारिक शिक्षा के साधनों को अनौपचारिक शिक्षा के साधन मानते हैं तथा इन दोनों में कोई भेद नहीं देखते हैं।

राष्ट्रीय शिक्षा नीति 1986 में Non-Formal Education का अर्थ अनौपचारिक शिक्षा माना है। उसी कारण इस पुस्तक में 'अनौपचारिक शिक्षा' प्रत्यय को ही अपनाया गया है।

बदलती परिस्थितियों में अनौचारिक शिक्षा के साधनों तथा औपचारिक शिक्षा के साधनों में अन्तर कम होता जा रहा है।

शिक्षा के गैर-अनौपचारिक साधन (Informal Agencies of Education): शिक्षा के गैर अनौपचारिक साधन वे हैं जो कतई अनियमित हैं। आकस्मिक हैं। बिल्कुल अनिश्चित होते हैं। कोई भी उद्देश्य नहीं रखते हैं।

यह शिक्षा आकस्मिक, अनियन्त्रित होती है। इसे कक्षा से बाहर मिलने वाली शिक्षा भी कहा जाता है। इसके लिए कोई सचेष्ट प्रयास नहीं किए जाते। बालक अनुभव द्वारा शिक्षा प्राप्त करता है। अनुभव प्राप्त करने का कोई पूर्व निश्चित स्वरूप या तरीका नहीं होता। बालक अपने चारों ओर के वातावरण से अनुभव के आधार पर कुछ-न-कुछ सीखता रहता है। इस शिक्षा द्वारा बालक अथवा व्यक्ति के व्यवहार में स्वत: संशोधन और परिवर्तन आते रहते हैं। इसमें इस प्रकार के साधन आते हैं-दैनिक परस्पर बातचीत, बाजार, गली, मुहल्ले में बातचीत, सामाजिक क्लब, आदि या मिलन।

5.3 शिक्षा के सार्वजनिक तथा अनौपचारिक साधनों में भेद (Differences Between Formal and Non-formal Agencies of Education)

औपचारिक साधन	*अनौपचारिक साधन*
1. **उद्देश्य**-ये साधन साधारणतया शिक्षा के निश्चित उद्देश्य को प्राप्त करते हैं।	1. इन साधनों से कोई पूर्व निश्चित उद्देश्य की प्राप्ति नहीं होती।
2. **योजना**-इन साधनों की योजना पूर्व निश्चित होती है।	2. इन साधनों की कोई पूर्व निश्चित योजना नहीं होती।
3. **प्रत्यक्ष शिक्षा अथवा अप्रत्यक्ष**-ये साधन प्रत्यक्ष रूप से शिक्षा प्रदान करते हैं।	3. ये साधन अप्रत्यक्ष रूप से शिक्षा प्रदान करते हैं।
4. **स्थान तथा समय**-इन साधनों के कार्य करने का स्थान तथा समय निश्चित होता है।	4. इन साधनों का कार्य करने का कोई स्थान तथा समय निश्चित नहीं होता है।
5. **पाठ्यक्रम तथा समय विभागचक्र**-इन साधनों का पाठ्यक्रम, शिक्षण विधियाँ तथा समय विभागचक्र सब पूर्व निर्धारित होते हैं।	5. इस प्रकार का कोई बन्धन नहीं होता।
6. **वातावरण**-ये साधन बालक के सम्मुख नियंत्रित वातावरण प्रस्तुत करते हैं।	6. अनौपचारिक साधन बालक के सम्मुख अनियंत्रित वातावरण प्रस्तुत करते हैं।
7. **अध्यापक**-औपचारिक साधनों की देखभाल के लिए प्रशिक्षित व्यक्ति नियुक्त किए जाते हैं।	7. इन साधनों की देखभाल के लिए प्राय: विशेष रूप से प्रशिक्षित व्यक्तियों की आवश्यकता नहीं होती।

(*क्रमश:*)

(क्रमशः)

औपचारिक साधन	*अनौपचारिक साधन*
8. **अनुशासन**–ये साधन अनुशासन पर विशेष बल देते हैं।	8. इन साधनों में अनुशासन के स्थान पर स्वतन्त्रता का महत्त्व दिया जाता है।
9. **समय अवधि**–ये साधन शिक्षा को एक निश्चित समय में समाप्त कर देते हैं।	9. इन साधनों द्वारा शिक्षा जीवनपर्यन्त चलती रहती है।
10. **परीक्षा**–शिक्षा समाप्ति पर इन साधनों द्वारा परीक्षा ली जाती है।	10. परीक्षा लेना अनिवार्य नहीं है।
11. **प्रमाणपत्र**–परीक्षा में उत्तीर्ण होने पर ये साधन-प्रमाणपत्र तथा उपाधियाँ देते हैं।	11. इन साधनों से नाना प्रकार के अनुभव प्राप्त होते हैं।
12. **व्यवस्था**–इन साधनों के द्वारा शिक्षा-प्रक्रिया सुव्यवस्थित ढंग से प्राप्त की जाती है।	12. इन साधनों द्वारा शिक्षा प्रायः व्यवस्थित ढंग से प्रदान नहीं की जाती है।
13. **मुख्य प्रकार**–औपचारिक साधन इस प्रकार हैं:	13. अनौपचारिक साधन इस प्रकार हैं:
(i) स्कूल	(i) परिवार
(ii) धर्म	(ii) समुदाय
(iii) म्यूजियम	(iii) राज्य
(iv) वाचनालय	(iv) रेडियो
(v) पुस्तकालय	(v) समाचार-पत्र
(vi) व्यवस्थित मनोरंजन केन्द्र	(vi) युवक समूह आदि
(vii) टेलीविजन तथा रेडियो (व्यवस्थित ढंग से शिक्षा देने पर)	(vii) टेलीविजन (सामान्य ढंग से शिक्षा देने पर)

हैण्डरसन (*Henderson*) ने इन दोनों साधनों के अन्तर को इस प्रकार स्पष्ट किया है, "जब बालक व्यक्तियों के कार्यों को देखता है, उनका अनुकरण करता है और भाग लेता है तब वह अनौपचारिक रूप से शिक्षित होता है। जब उसको सचेत करके और जान-बूझकर पढ़ाया जाता है, तब वह औपचारिक रूप से शिक्षा प्राप्त करता है।"

5.4 औपचारिक साधनों के गुण तथा सीमाएँ
(Merits and Limitations of Different Agencies of Education)

औपचारिक साधनों के गुण: जॉन ड्यूवी ने औपचारिक साधनों द्वारा प्रदान की जाने वाली शिक्षा के लाभों पर प्रकाश डालते हुए लिखा है, "औपचारिक शिक्षा के बिना जटिल समाज के साधनों तथा सिद्धान्तों को हस्तान्तरित करना सम्भव नहीं है। यह एक ऐसे अनुभव की प्राप्ति का द्वार खोलती है, जिसको बालक दूसरों के साथ रहकर औपचारिक शिक्षा के द्वारा प्राप्त नहीं कर सकते।"

औपचारिक साधनों की सीमाएँ: गुणों के साथ-साथ, औपचारिक शिक्षा साधनों में दोष भी है। इनकी ओर संकेत करते हुए ड्यूवी ने लिखा है, "औपचारिक शिक्षा बड़ी सरलता से तुच्छ, निर्जीव, अस्पष्ट और किताबी बन जाती है। कम विकसित समाजों में जो संचित ज्ञान होता है, उसे कार्य में बदला जाता है। पर उन्नत संस्कृति में जो बातें सीखी

जाती हैं, वे प्रतीकों के रूप में होती हैं और उनको कार्यों में परिणत नहीं किया जा सकता है। इस बात का सदैव डर रहता है कि औपचारिक शिक्षा जीवन के अनुभव से कोई सम्बन्ध न रखकर, केवल विद्यालयों की विषय सामग्री न बन जाए।"

5.5 अनौपचारिक साधनों के गुण तथा सीमाएँ (Merits and Limitations of Non-formal Agencies of Education)

अनौपचारिक साधनों के गुण: ड्यूवी ने शिक्षा के अनौपचारिक साधनों को औपचारिक साधनों की अपेक्षा अधिक महत्त्व दिया है। इनका मत है, "बालक दूसरों के साथ रहकर अनौपचारिक ढंग से शिक्षा प्राप्त करता है, और साथ रहने की प्रक्रिया ही शिक्षा देने का कार्य करती है। यह प्रक्रिया अनुभव को विस्तृत करती है और कल्पना को प्रेरणा देती है। यह कथन और विचार में शुद्धता और सजीवता लाती है।"

अनौपचारिक साधनों की सीमाएँ: अनौपचारिक साधनों से बालकों को सुचारू ढंग से नियमित तथा क्रमबद्ध शिक्षा प्रदान नहीं की जा सकती हैं।

5.6 साधनों में समन्वय (Coordination Between Agencies of Education)

उपसंहार–इसमें कोई सन्देह नहीं है कि शिक्षा के अनौपचारिक साधनों की अपेक्षा औपचारिक साधनों का अधिक महत्त्व है। परन्तु यह भी सत्य है कि अनौपचारिक शिक्षा के साधनों के बिना औपचारिक शिक्षा अधूरी है।

आज के प्रौद्योगिकी के युग में शिक्षा के अनौपचारिक साधन शिक्षा के औपचारिक साधन बनते जा रहे हैं। इन दोनों प्रकार के साधनों में उचित समन्वय की अत्यन्त आवश्यकता है।

दूरभाष द्वारा जब नियमित शिक्षा दी जाती है तो इसे शिक्षा का औपचारिक साधन माना जाता है परन्तु जब साधारणतया शैक्षिक विषय पर प्रसारण किया जाता है तो यह शिक्षा का अनौपचारिक साधन बन जाता है। कई प्रकार के मनोरंजन के कार्यक्रम स्वत: शिक्षा प्रदान करते हैं तो उन्हें गैर औपचारिक साधनों में शामिल कर लिया जाता है।

आज का युग सूचना प्रेषण तकनीकी (ICT) के युग में शिक्षा के साधनों में अन्तर की खाई घटती जा रही है।

घर बैठे-बैठे इन्टरनेट (Internet) द्वारा देश-विदेश की शैक्षिक उपाधियाँ प्राप्त की जा सकती हैं।

दूरस्थ शिक्षा (Distance Education), मुक्त शिक्षा (Open Education) तथा पत्राचार शिक्षा (Correspondence Education) में अनेक प्रकार के साधनों का प्रयोग किया जाता है जिन्हें सामान्यत: अनौपचारिक शिक्षा के साधन माना जाता है परन्तु व्यापक दृष्टि से अब ये औपचारिक शिक्षा के साधन बनते जा रहे हैं।

पैने (Payne) के विचार में, "शैक्षिक संस्थानों और साधनों के ये सभी वर्ग सतत् रूप से कार्यरत हैं तथा सामाजिक अनुकूलन में निश्चित तौर पर प्रभावी हैं। इनमें से प्रत्येक वर्ग समाजिक नियन्त्रण के विकास में योगदान प्रदान करता है।" ये सर्वदा लोगों के ज्ञान, दृष्टिकोण तथा आदतों को प्रभावित करते रहते हैं।

ब्राउन (*Brown*) के कथनानुसार, "परिवार, स्कूल तथा चर्च समाज के स्तम्भ हैं। ये व्यक्ति के व्यक्तित्त्व तथा समाज की संस्कृति को अत्यधिक प्रभावित करते हैं।"

इसमें कोई सन्देह नहीं है कि औपचारिक शिक्षा साधनों का शिक्षा में विशेष महत्त्व है। इसी के अन्तर्गत हमें अनौपचारिक शिक्षा साधनों का ज्यादा से ज्यादा प्रयोग करना चाहिए।

अनौपचारिक शिक्षा में भी औपचारिक शिक्षा के साधनों का इस्तेमाल इस शिक्षा को बहुत प्रभावी बना सकता है।

6

परिवार तथा स्कूल शिक्षा के साधन के रूप में (Family and School as Agencies of Education)

6.1 परिवार का अर्थ (Meaning of Family)

परिवार एक थोड़ा-बहुत स्थायी संगठन है जिसके अन्तर्गत पति-पत्नी के बच्चे तथा अन्य सदस्य आ जाते हैं। परिवार के सदस्य स्नेह तथा उत्तरदायित्व की भावना से परस्पर बँधे रहते हैं।

विभिन्न समाजों में परिवार के विभिन्न अर्थ लगाए जाते हैं। विभिन्न विचारकों के परिवार सम्बन्धी विचार नीचे दिए गए हैं।

1. *वील्स* तथा *हाईजर*: परिवार को संक्षेप में एक सामाजिक समूह के रूप में परिभाषित किया जा सकता है जिसके सदस्य रक्त के आधार पर एक-दूसरे से जुड़े रहते हैं।

2. *ऑगर्बन* तथा *निमकॉक*: परिवार पति-पत्नी का बच्चों सहित थोड़ा-बहुत स्थायी संघ है अथवा एक स्त्री या पुरुष का अकेले ही बच्चों के साथ वाला संघ है।

3. *वर्गेस औरलोक*: परिवार व्यक्तियों के उस समूह का नाम है जिसमें वे विवाह या दत्तक सम्बन्ध से बँधे होकर एक गृहस्थी का निर्माण करते हैं। इस गृहस्थी में एक-दूसरे पर पति-पत्नी, माता-पिता, पिता-पुत्री तथा भाई-बहन के रूप में प्रभाव डालते हैं और एक-दूसरे के साथ सम्बन्ध स्थापित करते हैं। वे सब एक गृहस्थी में एक सामान्य संस्कृति को जन्म देते हैं और उसको बनाए रखते हैं।

4. *मैकाइवर तथा पेज*: परिवार उस समूह को कहते हैं जो यौन-सम्बन्धों पर आधारित है और जो इतना छोटा व स्थायी है कि जिसमें बच्चों की उत्पत्ति तथा पालन हो सके।

6.2 शिक्षा के साधन के रूप में परिवार के महत्त्वपूर्ण कार्य (Important Functions of the Family as an Agency of Education)

परिवार निम्नलिखित शैक्षिक कार्य करता है:

1. *शारीरिक विकास*: बालक के शारीरिक विकास में घर तथा परिवार में उपलब्ध भोजन, वस्त्र, खेल-कूद, व्यायाम तथा वातावरण का गहरा प्रभाव पड़ता है।

2. *मानसिक विकास*: वंशानुक्रम से प्राप्त की हुई मानसिक शक्तियाँ कितनी ही उत्तम क्यों न हों, निश्चित रूप से कुण्ठित हो जाएंगी यदि परिवार में विचार, कल्पना, निरीक्षण तथा परीक्षण आदि के विकास के अवसर न प्राप्त हों।

3. *सीखने का प्रथम स्थान*: रेमाण्ट के शब्दों में, "सामान्य रूप से घर वह स्थान है, जहाँ बालक अपनी माँ से चलना, बोलना, मैं और तुममें अन्तर करना और अपने चारों ओर की वस्तुओं के सरलतम गुणों को सीखता है।"

4. *संवेगात्मक विकास*: परिवार के अच्छे वातावरण में बालकों में सहानुभूति, साहस, आनन्द, प्रसन्नता तथा आत्मविश्वास आदि अनेक प्रभावात्मक संवेगों का विकास होता है। इसके विपरीत जिन परिवारों में सदैव कलह, लड़ाई-झगड़े तथा मारपीट आदि का वातावरण रहता है वहाँ बालकों में क्रोध, घृणा, भय, चिन्ता तथा ईर्ष्या आदि निषेधात्मक संवेग विकसित हो जाते हैं।

5. *सामाजिक विकास*: परिवार में अन्य सदस्यों के साथ रहने से बालक सामाजिक आदर्शों, परम्पराओं तथा व्यवहारों से परिचित होता है। बालक का समाजीकरण होता है।

6. *धार्मिक विकास*: परिवार में रहते हुए बालक को उचित धार्मिक वातावरण मिलता है, जब उसे अन्य सदस्यों के साथ धार्मिक पुस्तकें पढ़ने, धार्मिक कथाएँ सुनने, पूजा-पाठ तथा अन्य कार्यों में भाग लेने के अवसर प्राप्त होते हैं।

7. *संस्कृति का हस्तांतरण*: परिवार में रहते हुए बालक स्वत: ही अपनी संस्कृति ग्रहण करता है।

8. *भाषा का विकास*: इसमें सन्देह नहीं कि बालक द्वारा शब्दों के उच्चारण आदि में परिवार का विशेष प्रभाव पड़ता है।

9. *रुचियों तथा आदतों का विकास*: बालकों में उचित तथा अनुचित रुचियाँ अपने बड़ों को देखकर परिवार में ही विकसित होती हैं।

10. *नैतिकता तथा चरित्र का विकास*: परिवार के रहन-सहन, खान-पान, वेश-भूषा तथा आचार-विचारों की गहरी छाप बालक के नैतिक तथा चारित्रिक गुणों के विकास पर पड़ती है।

11. *जन्मजात प्रवृत्तियों का विकास*: परिवार एक ऐसा स्थान है जहाँ पर बालक की जन्मजात प्रवृत्तियों के प्रकाशन के लिए उपयुक्त वातावरण प्राप्त होता है।

12. *व्यक्तित्त्व का विकास*: परिवार में बालक के व्यक्तित्त्व के विकास का बीजारोपण होता है।

13. *व्यावहारिकता का विकास*: परिवार में रहने से बालक को दूसरों के साथ उठने-बैठने, बातचीत करने, अतिथियों का सत्कार एवं व्यवहार करने का स्वत: ही ज्ञान हो जाता है।

14. *व्यावसायिक शिक्षा का विकास*: प्राचीन काल में तो परिवार का बालक की व्यावसायिक शिक्षा पर विशेष प्रभाव पड़ता था। परन्तु बदलती हुई परिस्थिति में यह प्रभाव कम होता जा रहा है।

15. *नि:स्वार्थता की शिक्षा*: *बोगार्डस* ने लिखा है, "परिवार का आधार-आत्मविश्वास का सिद्धान्त है। आत्मबलिदान के ही कारण इसकी महान् शक्ति है, और इसलिए यह बालकों के सामाजिक प्रशिक्षण का केन्द्र है।" यह तत्त्व समाजीकरण में अत्यन्त लाभदायक है।

16. *सहयोग की शिक्षा का विकास*: *बोसाँके* ने लिखा है, "परिवार ही वह स्थान है, जहाँ प्रत्येक नई पीढ़ी नागरिकता का यह नया पाठ सीखती है कि कोई भी मनुष्य बिना सहयोग के जीवित नहीं रह सकता है।"

17. *परोपकार की शिक्षा:* *शॉ* का कहना है, "परोपकार की भावना का विकास सबसे पहले परिवार में होता है—जहाँ बालक परिवार में रोगी, वृद्ध और छोटे सदस्यों की सहायता और सेवा को न केवल देखते हैं बल्कि उन्हें अक्सर ऐसा करना भी पड़ता है।"

परिवार के दोष: दूषित वातावरण होने पर परिवार छात्रों की शिक्षा पर अनुचित प्रभाव डालता है। छात्रों में बुरी आदतों का निर्माण होता है। *ए.सी. एण्डरसन* का कथन है, ''हमारे अपराधियों में से 80% असहानुभूतिपूर्ण घरों से आते हैं।''

6.3 परिवार के आवश्यक तत्त्व (Essential Elements of Family)

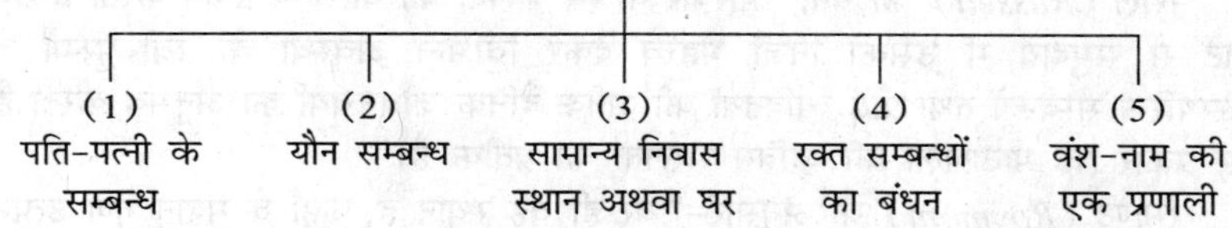

6.4 बालक की शिक्षा में परिवार का महत्व: विद्वानों के विचार (Significance of Family in the Education of the Child: Views of Scholars)

परिवार एक छोटी-सी सामाजिक संस्था है जिसमें रहते हुए बालक माता-पिता के अतिरिक्त भाई-बहनों तथा अन्य सम्बन्धियों के सम्पर्क में आता है। सभी सदस्य एक-दूसरे पर अपना प्रभाव डालते हैं। बालक परिवार के प्रत्येक सदस्य से प्रत्येक क्षण प्रभावित होता है तथा अपने व्यक्तित्त्व का निर्माण करता है। इस प्रकार परिवार बालक पर अपना स्थायी प्रभाव अंकित करता है। बालक वैसा ही बनता है, जैसा उसका घर होता है। घर के वातावरण के कारण गांधी जी ने प्रेम और सत्य के सिद्धान्तों को अपनाया। शिवाजी ने अपनी माता से रामायण और महाभारत की शिक्षा प्राप्त करके ही मराठा राज्य की नींव डाली। भारत में प्राचीन काल से ही बालक की शिक्षा पर घर के प्रभाव को अत्यन्त महत्त्व दिया गया है। इसी विचारधारा के फलस्वरूप स्वामी दयानन्दजी ने स्त्री शिक्षा पर विशेष बल दिया।

कुछ विद्वानों के विचार परिवार के शैक्षिक महत्व पर नीचे दिए जा रहे हैं:

1. *रूसो के विचार:* रूसो ने परिवार के महत्त्व पर बल देते हुए लिखा है, "शिक्षा जन्म से प्रारम्भ होती है तथा माता उपयुक्त परिचारिका है।"

2. *पेस्टेलॉजी का विचार:* "परिवार प्यार तथा स्नेह का केन्द्र, शिक्षा का सर्वोत्तम स्थान तथा बालक का प्रथम स्थान है।"

3. *फ्रॉबेल का विचार:* "माताएँ बालकों की आदर्श गुरु होती हैं तथा परिवार द्वारा प्राप्त की हुई अनौपचारिक शिक्षा सब से अधिक प्रभावशाली और प्राकृतिक होती है।"

4. *मॉण्टसेरी का मत:* "बच्चों के घर में प्रेम तथा स्वतन्त्रता का वातावरण पाया जाता है।"

5. *मैजनी का विचार:* "बालक नागरिकता का प्रथम पाठ माता के चुम्बन एवं पिता के संरक्षण के बीच सीखता है।"

6. *के.जी. सैयदन का विचार:* "व्यक्ति की शिक्षा पारिवारिक वातावरण पर निर्भर

करती है। यदि ये सभी वातावरण परिवार के अच्छे रीति-रिवाजों पर आधारित हैं तो इनका व्यक्ति की विचारधारा और विकास पर प्रशंसनीय प्रभाव पड़ेगा तथा उसकी शिक्षा न केवल उसके लिए अपितु सम्पूर्ण समाज के लिए लाभप्रद सिद्ध होगी।"

लॉरी का मत: "शैक्षिक इतिहास के सभी स्तरों पर परिवार, बालक की शिक्षा का प्रमुख साधन है।"

हैण्डरसन (Henderson) का विचार: "बालक की शिक्षा उसके घर में प्रारम्भ होती है। जब वह अन्य व्यक्तियों के कार्यों को देखता है, उनका अनुकरण करता है, और उनमें भाग लेता है, तब वह अनौपचारिक रूप से शिक्षित किया जाता है।"

रसेल (Russell) का मत: "परिवार या घर बालक को वात्सल्य प्रदान करता है तथा छोटे से समुदाय में उसको निजी महत्त्व देकर विभिन्न अवस्था के स्त्री-पुरुषों के पारस्परिक सम्बन्धों तथा प्रौढ़ व्यक्तियों की अनेक दैनिक जीवनचर्या का अनुभव करता है। इस प्रकार वह पाठशाला की कृत्रिम सरलता का प्रतीक है।"

रेमाण्ट (Raymont) के अनुसार-"घर ही वह स्थान है, जहाँ वे महान् गुण उत्पन्न होते हैं, जिनका सामान्य विशेषता 'सहानुभूति' है। घर में ही घनिष्ठ प्रेम की भावनाओं का विकास होता है। यहीं बालक उदारता और अनुदारता, निःस्वार्थ और स्वार्थ, न्याय और अन्याय, सत्य और असत्य, परिश्रम और आलस्य में अन्तर सीखता है। यहीं उसमें इनमें से कुछ की आदत सबसे पहले पड़ती है।"

प्रत्येक परिवार के प्रभाव अलग-अलग होते हैं, इसलिए एक बालक दूसरे बालकों से विभिन्न होता है। रेमाण्ट के शब्दों में, "दो बालक एक ही स्कूल में भले ही पढ़ते हों, एक से ही शिक्षकों से प्रभावित होते हों, एक साथ ही अध्ययन करते हों, फिर भी सामान्य ज्ञान, रुचियों, भाषा, व्यवहार तथा नैतिकता में अपने-अपने अलग पारिवारिक वातावरण के कारण, भिन्न होते हैं।"

6.5 अतीत और वर्तमान में परिवार के कार्य (Role of the Past and Prenent Family)

प्राचीन युग में संयुक्त परिवार की प्रथा थी जिसमें माता-पिता, चाचा-चाची, ताऊ-ताई, दादा-दादी, भाई-बहिन, भतीजे-भतीजियाँ-सभी सदस्य एक साथ सम्मिलित रूप से रहते थे। इस प्रकार परिवार सम्पूर्ण सामाजिक जीवन का आधार था। परन्तु आज संयुक्त परिवार की प्रथा टूटती जा रही है। अत: परिवार सम्पूर्ण सामाजिक जीवन का आधार नहीं रहा।

प्राचीन काल में शिक्षा और व्यावसायिक प्रशिक्षण देना परिवार का मुख्य कार्य था। परन्तु आज का परिवार व्यावसायिक शिक्षा बहुत ही कम दे पाता है। परिवार के बहुत से शैक्षिक कार्य भी स्कूल के द्वारा किए जाते हैं। परन्तु इसका यह अर्थ नहीं कि परिवार, शिक्षा तथा समाजीकरण का साधन नहीं रहा है।

स्कूल शैक्षिक साधन के रूप में (School as an Agency of Education)

6.6 स्कूल का अर्थ (Meaning of School)

स्कूल शब्द की उत्पत्ति एक ग्रीक शब्द '*Skhole*' से हुई है। इस शब्द का अर्थ

है–'अवकाश' (Leisure)। प्राचीन यूनान (Greece) में अवकाश के स्थानों को ही स्कूल के नाम से पुकारा जाता था। अवकाश शब्द का स्पष्टीकरण करते हुए *ए.एफ. लीच (A.F. Leach)* ने लिखा है, "वाद-विवाद या वार्ता के स्थान जहाँ एथेन्स (Athens) के युवक अपने अवकाश के समय को खेल-कूद, व्यायाम और युद्ध के प्रशिक्षण में व्यतीत करते थे, धीरे-धीरे दर्शन तथा उच्च कक्षाओं के स्कूलों में बदल गए। एकेडमी (Academy) के सुन्दर बागों में व्यतीत किए जाने वाले अवकाश के माध्यम से स्कूल का विकास हुआ।"

6.7 स्कूल एक सामाजिक संस्था के रूप में : विद्यालय समाज का निर्माता (School as a Social Institution: Maker of a Nation)

भारतीय शिक्षा आयोग 1965-66 ने अनुभव किया "भारत के भाग्य का निर्माण इस समय उसकी कक्षाओं में हो रहा है। हमारा विश्वास है कि यह कोई चमत्कारोक्ति नहीं है। विज्ञान और शिल्पज्ञान पर आधारित इस दुनिया में शिक्षा ही लोगों की खुशहाली, कल्याण और सुरक्षा के स्तर का निर्धारण करती है। हमारे स्कूलों और कॉलेजों से निकलने वाले विद्यार्थियों की योग्यता और संख्या पर ही राष्ट्रीय पुनर्निर्माण के उस महत्त्वपूर्ण कार्य की सफलता निर्भर करेगी जिसका प्रमुख लक्ष्य हमारे रहन-सहन का स्तर ऊँचा उठाना है।"

विद्यालय समाज की एक महत्त्वपूर्ण संस्था है। इस संस्था द्वारा ही समाज उन्नति के पथ पर अग्रसर होता है। विद्यालय एक ऐसा दर्पण है जिससे समाज के ठीक स्वरूप का पता चलता है। विद्यालय एक ऐसा स्थान है जहाँ पर कल के नागरिक, जिनके कन्धों पर समाज तथा राष्ट्र का भावी भार है, शिक्षा प्राप्त करते हैं। विद्यालय बच्चों के लिए इस प्रकार के वातावरण की सृष्टि करता है जिसमें पलकर वे अच्छे नागरिक बन सकें, अपने तथा समाज के जीवन को सुखमय बना सकें। विद्यालय बच्चों के आचार, विचार तथा चरित्र पर बहुत ही महत्त्वपूर्ण प्रभाव डालता है।

6.8 स्कूल के महत्त्व, कार्य तथा स्वरूप के बारे में विद्वानों के मत (Views of Scholars on the Importance, Functions and Nature of School)

1. *जॉन ड्यूवी (John Dewey)* ने कहा है, "जो कुछ सबसे श्रेष्ठ और बुद्धिमान माता-पिता अपने बालक के लिए चाहते हैं वही समाज अपने बालकों के लिए चाहता है। हमारे विद्यालयों के लिए कोई अन्य आदर्श संकुचित और अप्रिय है और यदि इस पर व्यवहार किया जाए तो यह हमारे जनतन्त्र को नष्ट करेगा।"

2. *एच.जी. वेल्स (H.G. Wells)* का कहना है, "ऐसा समाज बिगड़ा हुआ समाज ही माना जाएगा जिसके विद्यालय सुचारू रूप से नहीं चलाए जाते। दूसरे शब्दों में विद्यालय ही समाज की उन्नति तथा अवनति का सूचक है।"

3. *एस. बालाकृष्ण जोशी (S. Balakrishan Joshi)*: विद्यालय को सारे सामाजिक जीवन का 'सुन्दर सार' कहा जाता है, क्योंकि इसमें समाज का प्रत्येक अंग, जिससे समाज बनता है, सम्मिलित है। वास्तव में विद्यालय समाज का एक ऐसा छोटा किन्तु आदर्श अंग है, जिसमें समाज के क्रियाकलाप बच्चों की योग्यतानुसार उनके सामने रखे जाते हैं। विद्यालय का वातावरण शुद्ध, पवित्र तथा कपटरहित होना चाहिए ताकि बच्चों में सद्गुणों की सृष्टि तथा विकास हो सके। सदा इस बात पर जोर दिया जाना चाहिए कि बच्चे आपस

में प्रेमपूर्वक रहें। सारांश में, एक सुसंचालित विद्यालय–एक सुखी परिवार, एक परित्र मन्दिर, एक सामाजिक केन्द्र, लघु रूप में एक राज्य और मनमोहक वृन्दावन है, जिसमें छात्रों का सुन्दर प्रशिक्षण होता है।

4. *टी.पी. नन्न* (*T.P. Nunn*): स्कूल को मुख्य रूप से इस प्रकार का स्थान नहीं समझना चाहिए जहाँ निश्चित ज्ञान को सिखाया जाता है वरन् ऐसा स्थान जहाँ बालकों को कुछ विशेष प्रकार के क्रियाशीलनों में अनुशासित किया जाता है। वे क्रियाशीलन इस सुविस्तृत विश्व में अत्यन्त स्थायी महत्त्व के हैं।

5. *जे.बी. रॉस* (*J.B. Ross*): स्कूल वे संस्थाएँ हैं, जिनको समाज ने इस दृष्टि से स्थापित किया है कि समाज को सुव्यवस्थित तथा योग्य सदस्यता के लिए बालक की तैयारी में सहायता मिले।

6. *रेमॉण्ट* (*Raymont*): स्कूल बाल जीवन के बीच अर्द्ध–पारिवारिक कड़ी है जो बालक की उस समय प्रतीक्षा करता है जब वह अपने माता–पिता की छत्र–छाया को छोड़ता है।

7. *के.जी. सैयदन* (*K.G. Saiyidain*): इस प्रकार आधुनिक प्रगतिशील स्कूल सूचना के स्थान पर अनुभव को देने का प्रयत्न करता है तथा अपनी पाठ्यवस्तु के लिये अनुभव के महत्त्वपूर्ण और स्थायी तत्त्वों को चुनता है। इस प्रकार स्कूल जीवन को सक्रिय तथा अर्थपूर्ण बनाता है।

जॉन ड्यूवी (*John Dewey*): विद्यालय एक ऐसा विशिष्ट वातावरण है, जहाँ जीवन के कुछ गुणों और कुछ विशेष प्रकार की क्रियाओं तथा व्यवसायों की शिक्षा इस उद्देश्य से दी जाती है कि बालक का विकास वांछित दिशा में हो।

9. *लिस्टर स्मिथ* (*Lister Smith*): स्कूल को व्यापक कार्य करने चाहिएं। उसे निश्चित रूप से सामाजिक दायित्व और समाज के प्रति भक्ति का निर्माण और विकास का कार्य करना चाहिए।

सारांश–विद्यालय बाह्य जीवन का एक संक्षिप्त रूप है। प्रोफेसर ड्यूवी के अनुसार विद्यालय का कार्य समाज के कार्यकलापों को सरल, शुद्ध और सन्तुलित ढंग से प्रस्तुत करना है ताकि बच्चा उन्हें सरलता से सीख सके। अतः समाज के जटिल कार्यों को उसके सामने सरल एवं क्रमिक रूप में प्रस्तुत किया जाना चाहिए।

के.जी. सैयदन के अनुसार विद्यालय प्रबल जीवन का केन्द्र है। यह चारों ओर के जीवन की वास्तविकताओं से निकट से सम्बन्धित है और वह उसकी अत्युत्तम और महत्त्वपूर्ण विशेषताओं को प्रदर्शित करता है जो बालक को सरलतापूर्वक आकर्षित करती हैं।

6.9 परम्परागत स्कूल तथा वर्तमान स्कूल (Traditional School and Modern School)

परम्परागत स्कूल: *एच.जी. वेल्स* ने कहा है, "यदि तुम यह अनुभव करते हो कि राष्ट्र शीघ्रता से विनाश की ओर जा रहा है तो तुम्हें अपने मन और मस्तिष्क को प्राइवेट स्कूलों पर लगाना होगा।" यह बात इंग्लैण्ड के तत्कालिक व्यक्तिगत विद्यालयों को देखकर कही गई थी, वहाँ के वर्तमान काल के स्कूलों पर यह बात चरितार्थ नहीं होती। परन्तु यह बात हमारे अधिकांश व्यक्तिगत तथा सार्वजनिक विद्यालयों के लिए पूर्णरूपेण सत्य है।

भूतकाल में स्कूल को ज्ञान का उत्पादन स्थान समझा जाता था और यह ज्ञान पुस्तकीय, यांत्रिक और रूढ़िगत होता था। शिक्षा की एकरूपता के कारण बच्चे की व्यक्तिगत आवश्यकताओं को ध्यान में नहीं रखा जाता था। कंठस्थ करने को ही प्राथमिकता दी जाती थी। बच्चों को बेजान जानवरों की तरह समझा जाता था। स्कूलों में शिक्षा देने का प्रमुख साधन 'डण्डा' ही था। स्कूलों में 'भय' का वातावरण रहता था। अध्यापक को 'पुलिसमैन' और कवायद कराने वाला समझा जाता था। पाठ्यक्रम सहगामिनी क्रियाओं को कोई महत्त्व नहीं दिया जाता था। माता-पिता का सहयोग प्राप्त करने के लिये कोई प्रयत्न नहीं किये जाते थे।

पैस्टेलॉजी ने ठीक ही लिखा है कि, "हमारे अपने अवैज्ञानिक स्कूल बालकों को उनके प्राकृतिक जीवन से दूर कर बैठते हैं, स्वतंत्रता को निरंकुशता से रोक देते हैं और उन्हें अनाकर्षक बातों को याद करने के लिये भेड़ों के समान हाँकते हैं और घण्टों, सप्ताहों, महीनों और वर्षों तक दर्दनाक जंजीरों से बाँध देते हैं।"

गुरुदेव टैगोर ने अपने स्कूलों की संज्ञा पिंजरों से की है जिनमें तोते की भांति छात्र कैदी थे।

वर्तमान विद्यालयों के कार्य (Functions of Present Day Schools): स्वतन्त्रता के पश्चात् भारत के वर्तमान विद्यालयों के कार्यों में अत्याधिक परिवर्तन आ गया है। हमारा देश जनतांत्रिक आदर्शों पर विश्वास करने वाला है। देश के नागरिकों पर जनतांत्रिक दृष्टिकोण अनेकों उत्तरदायित्व डालता है। यह प्रेम, सहयोग, सहनशक्ति, पक्षपातरहित, सत्यवादिता और समान भावनाओं पर आधारित है। हमारा देश अनेक विश्वासों, जातियों और समुदायों का देश है। यदि जनतन्त्र को जीवित रखना है तो शिक्षा में उन निश्चित गुणों को जीवित रखना होगा जो इसके जीवित रहने के लिये अनिवार्य हैं। किसी व्यक्ति को जिस समुदाय का वह सदस्य हो, वहाँ स्वतन्त्रता एवं प्रभावपूर्ण ढंग से कार्य करने का अवसर दिया जाना चाहिए। शिक्षा एक सामाजिक क्रिया है। *डॉ. राधाकृष्णन* के मतानुसार सम्पूर्ण शिक्षा सामाजिक है, शिक्षा तकनीकी दक्षता एवं सांस्कृतिक परम्पराओं को एक पीढ़ी से दूसरी पीढ़ी को देने का साधन है। उस शिक्षा का कोई महत्त्व नहीं, जो किसी व्यक्ति को समाज में मेल और सहयोग को साथ रहने के लिये सहायक नहीं होती। *रवीन्द्रनाथ टैगोर* इस प्रकार कहते हैं, "सच्ची शिक्षा वह है जो हमें न केवल ज्ञान प्रदान करती है वरन् हमारा अपने चारों ओर के अस्तित्त्व के साथ समन्वय करती है।"

शिक्षा के परम्परागत 'तीन आर' (R's) का स्थान 'सात आर' (7R's) ने ले लिया है जैसे–पढ़ना, लिखना, गणित, मनोरंजन, कर्त्तव्य, उत्तरदायित्व और सम्बन्ध (Reading, Writing, Arithmatic, Recreation, Responsibilities, Rights and Relationships)।

वर्तमान स्कूल बच्चों की मानसिक, शारीरिक, सौन्दर्यात्मक, आध्यात्मिक और मनोवैज्ञानिक आवश्यकताओं की पूर्ति का प्रयास करता है। *थ्यूडर रूजवेल्ट* ने लिखा है, "हमारे राष्ट्र के लिए जो भी कार्य किया गया या किया जा सकता है उसमें सर्वश्रेष्ठ कार्य उन बच्चों के शरीर, मस्तिष्क और सबसे अधिक चारित्र को शिक्षित करना है तथा उन्हें आध्यात्मिक और चारित्रिक प्रशिक्षण देना है जिन्हें आने वाले कुछ वर्षों में राष्ट्र के भाग्य का निर्णायक होना है।"

स्कूल को परिवार की 'लम्बी बाँह' कहा गया है। अध्यापक, मित्र, दार्शनिक और मार्गदर्शक' का कार्य करता है, बच्चे के लिये पर्याप्त अवसर प्रस्तुत किये जाते हैं,

जिससे वह अपनी आयु के बच्चों के साथ सहयोग के आधार पर खेल और व्यवहार कर सके।

बच्चों के वैयक्तिक भेदों को देखा जाता है और उनके लिये विभिन्न प्रकार के पाठ्यक्रम प्रस्तुत किये जाते हैं। विद्यालय पाठ्यक्रम को क्रियाकलापों की दृष्टि से देखा जाता है न कि विषयों की दृष्टि से। अंग्रेजी, गणित और हिन्दी जैसे विषयों के अतिरिक्त विद्यालय के पाठ्यक्रम में सहगामिनी क्रियाओं को भी स्थान मिलता है। इन पाठ्यक्रम सहगामिनी क्रियाओं को अन्य विषयों की तरह ही महत्त्वपूर्ण समझा जाता है।

नवीन शिक्षा प्रणाली जैसे डाल्टन विधि, योजना विधि, ह्यूरिस्टक विधि, माण्टेसरी विधि आदि ने हमारी शिक्षण पद्धति में प्रभावी परिवर्तन कर दिये हैं।

वर्तमान स्कूल के कार्यों का संक्षेप में विवरण इस प्रकार दिया जा सकता है:

1. इसे समाज की आवश्यकताओं और समस्याओं पर आधारित होना चाहिए। समाज के सभी महत्त्वपूर्ण क्रियाकलाप स्कूल के कार्यक्रमों में प्रदर्शित होने चाहिएँ। स्कूल को बाह्य जीवन के विभिन्न पक्षों से सम्बन्धित होना चाहिए।

2. इसे चयनात्मक वातावरण प्रस्तुत करना चाहिए। बाहरी जीवन के वास्तविक महत्त्वपूर्ण एवं जटिल कार्यों को सन्तुलित, शुद्ध एवं सरल रूप में स्कूल-जीवन में प्रस्तुत करना चाहिए, भूतकाल के विसंगत एवं अप्रचलित अनुभवों को त्याग देना चाहिए।

3. स्कूल को अपने विभिन्न कार्यों द्वारा छात्रों को लोकतान्त्रिक समाज के लिए तैयार करना चाहिए। उन्हें 'सहयोग के साथ रहने की कला' से अवगत कराना चाहिए तथा प्रशिक्षण भी देना चाहिए। जाति, रंग व वर्ग-भेद से होने वाली बुराइयों से भी अवगत कराना चाहिए तथा उनसे दूर रहने की शिक्षा देनी चाहिए।। प्रजातान्त्रिक एवं धर्मनिरपेक्ष समाज के उत्तरदायी सदस्यों के कर्त्तव्यों एवं अधिकारों का भी विद्यार्थी को ज्ञान कराना चाहिए।

4. इसे उचित प्रकार की राष्ट्रीयता की भावना छात्रों में उत्पन्न करनी चाहिए।

5. इसे छात्रों की विभिन्न प्रकार की रुचियों और रुझानों की आवश्यकताओं की पूर्ति करनी चाहिए।

6. इसे छात्रों की व्यावसायिक आवश्यकताओं की भी पूर्ति करनी चाहिए।

7. इसे छात्रों को चारित्रिक एवं आध्यात्मिक शिक्षा भी देनी चाहिए।

8. स्कूल स्व-अनुशासन पर बल दे।

9. स्कूल प्रयोगशाला, फार्म तथा पुस्तकालय आदि क्रियाकलापों का केन्द्र बनें।

10. स्कूल स्वस्थ मानवीय सम्बन्ध पर बल दें।

11. स्कूल समुदाय सेवा का केन्द्र बनें।

12. भारत में अधिकांश लोग गाँवों में रहते हैं। वे अशिक्षित भी हैं। अत: गाँव के स्कूलों पर विशेष उत्तरदायित्व है कि वे वहाँ शिक्षा का प्रसार करें। और गाँव के अन्धकार को दूर करें। ऐसा तभी हो सकता है जबकि इन स्कूलों के पाठ्यक्रम में विशेष परिवर्तन हो।

13. समय-समय पर स्कूलों के छात्रों तथा अध्यापकों को ग्रामीणों के पास जाकर उन्हें स्वास्थ्य के सामान्य सिद्धान्तों का भी परिचय कराना चाहिए।

14. प्रौढ़ शिक्षा के प्रसार के लिए विद्यालय के अध्यापकों को पूरा प्रयत्न करना चाहिए।

15. सहकारी कार्य को प्रोत्साहन दिया जाए।

16. अन्धविश्वास तथा गाँव में प्रचलित किसी अन्य बुरे रीति-रिवाज के विरूद्ध शिक्षा दी जाए।

17. स्कूलों को गाँव के खेलों और मनोरंजन का केन्द्र बनाया जाए।

स्कूलों के प्रमुख कार्य

(1)	(2)	(3)	(4)	(5)	(6)	(7)	(8)	(9)
छात्रों का मानसिक विकास करना	छात्रों का शारीरिक विकास करना	छात्रों का व्यावसायिक विकास करना	छात्रों का नैतिक विकास करना	छात्रों का सामाजिक विकास करना	छात्रों का आध्यात्मिक विकास करना	छात्रों का जनतान्त्रिक विकास करना	छात्रों का सौन्दर्यात्मक विकास करना	छात्रों में विश्व-बन्धुत्वता के गुणों का विकास करना।

6.10 साधारण भारतीय स्कूलों के मुख्य दोष (Main Limitations of Common Schools in India)

1. भारतीय स्कूल का स्वरूप प्राय: पाश्चात्य दृष्टिकोण पर आधारित है।
2. भारतीय स्कूलों के स्वरूप में जनतान्त्रिक पद्धति का अभाव है।
3. भारतीय स्कूलों में पाठ्यवस्तु पर बल दिया जाता है।
4. भारतीय स्कूलों में बालकों का सर्वांगीण विकास न होकर केवल एकांगी अर्थात् मानसिक विकास ही हो पाता है।
5. भारतीय स्कूलों का वातावरण नीरस, निर्जीव तथा भयंकर होता है।
6. भारतीय स्कूलों का पाठ्यक्रम स्थायी तथा कठोर होता है।
7. भारतीय स्कूलों की शिक्षण पद्धतियाँ दोषपूर्ण हैं।
8. भारतीय स्कूल छात्रों की व्यक्तिगत विभिन्नता की उपेक्षा करते हैं।
9. भारतीय स्कूलों में चरित्र निर्माण तथा नैतिकता के विकास पर पर्याप्त बल नहीं दिया जाता है।
10. भारतीय स्कूलों में व्यावसायिक शिक्षा का अभाव है।
11. भारतीय स्कूल पुस्तकीय ज्ञान पर बल देते हैं।
12. भारतीय स्कूलों में रचनात्मक तथा सृजनात्मक क्रियाओं का अभाव है।
13. भारतीय स्कूलों में सुप्रशिक्षित शिक्षकों का अभाव है।
14. भारतीय स्कूल वास्तविक जीवन से अलग हैं।
15. भारतीय स्कूल सामाजिक उन्नति के विकास में असमर्थ हैं।

6.11 माध्यमिक शिक्षा आयोग द्वारा प्रस्तावित माध्यमिक स्कूलों का चित्र (Picture of School as Envisaged by the Secondary Education Commission)

आयोग की रिपोर्ट के निम्नलिखित दृष्टिकोण माध्यमिक स्कूलों के चित्र स्पष्ट करते हैं:

1. *प्रोत्साहित करने वाले वातावरण की व्यवस्था:* स्कूल का प्रथम कार्य छात्रों के लिए सम्पन्न, मनोहारी, और उत्साहवर्द्धक वातावरण प्रस्तुत करना है, जो छात्र की बहुमुखी रुचियों को जागृत करेगा और जीवन को सुखद अनुभव का रूप देगा।

2. *बालक के सम्पूर्ण व्यक्तित्त्व का विकास*: स्कूल से यह अपेक्षा की जाती है कि वह बालक के बहुमुखी व्यक्तित्त्व के विकास के लिए विभिन्न प्रकार के क्रियाकलापों को प्रस्तुत करें।

3. *एक साथ रहने की कला का प्रशिक्षण*: स्कूल केवल औपचारिक शिक्षा प्राप्त करने का स्थान नहीं हैं। उसका प्रमुख कार्य निश्चित ज्ञान प्रदान करता तो है ही, साथ ही यह एक ऐसा जीवित समुदाय है जो प्रारम्भिक रूप से बच्चे को 'मिलकर रहने की कला' का प्रशिक्षण देता है।

4. *क्रिया प्रधान स्कूल*: भविष्य के माध्यमिक स्कूलों को क्रिया प्रधान स्कूलों में परिवर्तित कर दिया जाए; क्योंकि प्रत्येक साधारण बालक को क्रियाएँ बहुत आकर्षित करती हैं और यह ज्ञान प्राप्त करने का नैसर्गिक मार्ग है।

5. *स्कूल प्रयोगशाला*: स्कूल की प्रयोगशाला एक ऐसा स्थान न हो, जहाँ अध्यापक के संरक्षण में कुछ सरल एवं सावधानी से नियोजित प्रयोगों को ही किया जाये और केवल मात्र निश्चित दैनिक कार्य को ही किया जाए। परन्तु यह छात्रों में अन्वेषण का आनन्द एवं उत्साह उत्पन्न करे तथा इन्हें परीक्षण और भूल सुधार द्वारा शैक्षणिक योग्यता प्राप्त कराये।

6. *स्व-अनुशासन*: छात्रों को विभिन्न कार्यक्रमों के गठन की पर्याप्त स्वतन्त्रता दी जाए। उन्हें अपनी समितियों द्वारा स्कूल के कार्यक्रमों को करने एवं निश्चित प्रकार के अनुशासनिक झगड़ों आदि को तय करने का अधिकार मिले, इस प्रकार अनुशासन एक सामाजिक वातावरण के प्रभाव से स्थापित हो और यह धीरे-धीरे आत्म-अनुशासन की ओर अग्रसर हो।

7. *निष्ठावान अध्यापक*: स्कूलों में एक निष्ठावान अध्यापक अपनी सच्चाई, ईमानदारी, कठोर परिश्रम और छात्रों की समस्याओं को सहानुभूतिपूर्ण ढंग से हाथ में लेकर अपने लिए आदर का स्थान बनायें और अपने बच्चों के प्रेम और विश्वास को प्राप्त करने का प्रयत्न करें।

8. *दिन-प्रतिदिन के कार्य का मूल्यांकन*: स्कूल में परीक्षा के स्थान पर मूल्यांकन पर बल दिया जाए। अध्यापक और छात्र शिक्षा के वास्तविक उद्देश्य पर अपना ध्यान केन्द्रित करें। विद्यार्थियों के दिन प्रतिदिन के कार्य पर अधिक ध्यान दिया जाए और इस कार्य का सावधानीपूर्वक पूर्ण विवरण रखा जाए। छात्र की उन्नति का मूल्यांकन करने के लिए शैक्षिक उपलब्धि के अतिरिक्त उसकी सामाजिक भावना, सहनशक्ति, अनुशासन, सहयोग, नेतृत्व आदि पर अधिक बल दिया जाए।

9. *स्कूल, क्रियाकलापों का केन्द्र-पुस्तकालय*: पुनर्गठित स्कूलों में पुस्तकालय बौद्धिक एवं साहित्यिक जीवन का केन्द्र होगा। जिस प्रकार विज्ञान के और तकनीकी विषयों के लिए वर्कशॉप कार्य करते हैं उसी प्रकार स्कूल पुस्तकालय भी अन्य विषयों के लिए कार्य करें।

10. *कला एवं उत्पादक कार्यों के लिए सुविधा*: स्कूल कला एवं उत्पादक कार्यों पर भी विशेष ध्यान दें। इस प्रकार सैद्धान्तिक एवं व्यावहारिक अध्ययन में सन्तुलन लाने का प्रयत्न करें।

स्कूलों में वर्कशॉप और कला कक्ष हों, जहाँ छात्र विभिन्न प्रकार के उपकरणों का प्रयोग करना और विविध प्रकार के कच्चे माल को उचित आकार प्रदान करना सीखें।

11. *स्कूल सामूहिक सेवा केन्द्र के रूप में*: स्कूल सामूहिक सेवा का केन्द्र बनें।

12. *शारीरिक श्रम*: इसमें सन्देह नहीं कि यदि छात्रों को उचित प्रोत्साहन दिया जाए तो वे छोटी-मोटी मरम्मत का काम, स्कूल कक्षों की सफेदी, स्कूल बाग की देखरेख, फर्नीचर को रंगना व पॉलिश करना, स्कूल की दीवारों को चार्ट, चित्र आदि द्वारा सजाना तथा फूलों से सुसज्जित करने का काम कर सकेंगें। ऐसा करने से वे श्रम के महत्त्व को समझ सकेंगे।

एस. बालाकृष्णन जोशी के विचार: *एक आदर्श स्कूल का चित्रण*: स्कूल ईंट और गारे की बनी हुई इमारत नहीं है, जिसमें विभिन्न प्रकार के छात्र और शिक्षक होते हैं। स्कूल-बाजार नहीं है, जहाँ विभिन्न योग्यताओं वाले अनिच्छुक व्यक्तियों को ज्ञान प्रदान किया जाता है। स्कूल रेल का प्लेटफार्म नहीं है जहाँ विभिन्न उद्देश्यों से विभिन्न व्यक्तियों की भीड़ जमा होती है। स्कूल कठोर सुधारगृह नहीं हैं, जहाँ किशोर अपराधियों पर कड़ी निगरानी रखी जाती है। स्कूल आध्यात्मिक संगठन हैं, जिसका अपना स्वयं का विशिष्ट व्यक्तित्त्व है। स्कूल गतिशील सामुदायिक केन्द्र हैं, जो चारों ओर जीवन और शक्ति का संचार करता है। स्कूल एक आश्चर्यजनक भवन है, जिसका आधार सद्‌भावना है-जनता की सद्‌भावना, माता-पिता की सद्‌भावना, छात्रों की सद्‌भावना। सारांश में, एक सुसंचालित विद्यालय-एक सुखी परिवार, एक पवित्र मन्दिर एक सामाजिक केन्द्र, लघु रूप में एक राज्य और मनमोहक वृन्दावन है, जिसमें इन सब गुणों का सुन्दर मिश्रण होता है।

उन्होंने एक अन्य स्थान पर इस प्रकार लिखा है:

"राष्ट्र की उन्नति का निर्णय और निश्चय संविधान परिषद् में नहीं हो सकता जहाँ आवेग से न्याय को ऐंठा जाता है और बनाए जाने वाले कानून को दूषित किया जाता है, न न्यायालय में हो सकता है जहाँ दण्ड कैदी को सुधारने के स्थान पर और अधिक कठोर बनाता है; न कारखानों में हो सकता है जहाँ व्यक्ति का यांत्रिकरण हो जाता है और वह समाज के हितों की अपेक्षा अपने व्यक्तिगत स्वार्थ पर ही अधिक सोचता है, परन्तु स्कूलों में होता है जहाँ भविष्य के नागरिकों के मस्तिष्क को ढाला जाता है, जहाँ उनकी आदतों, रुचियों और सम्भावनाओं का उचित विकास किया जाता है। स्कूलों में राष्ट्र के भाग्य विधाता बनाए जाते हैं।"

सारांश: स्वतन्त्रता के पश्चात् भारत के वर्तमान विद्यालयों के कार्यों में अत्यधिक परिवर्तन आया है। हमारा देश जनतान्त्रिक आदर्शों पर विश्वास करने वाला है। देश के नागरिकों पर जनतन्त्र अनेक उत्तरदायित्व डालता है। यह प्रेम, सहयोग, सहनशक्ति, पक्षपातरहित, सत्यवादिता और समान भावनाओं पर आधारित रहता है तो शिक्षा द्वारा उन निश्चित गुणों को जीवित रखना होगा जो इसके जीवित रहने के लिए अनिवार्य है। व्यक्ति को, जिस समुदाय का वह सदस्य हो, उसे स्वतन्त्रता एवं प्रभावपूर्ण ढंग से कार्य करने का अवसर दिया जाना चाहिए। शिक्षा एक सामाजिक क्रिया है। डॉ. *राधाकृष्णन* के मतानुसार सम्पूर्ण शिक्षा सामाजिक है, शिक्षा तकनीकी दक्षता एवं सांस्कृतिक परम्पराओं को एक पीढ़ी से दूसरी पीढ़ी को देने का साधन है। उस शिक्षा का कोई महत्त्व नहीं जो किसी व्यक्ति को समाज में मेल और सहयोग के साथ रहने के लिए सहायक नहीं होगी। अतः स्कूल इन उत्तरदायित्वों को भली-भाँति निभाने के लिए छात्रों को तैयार करें।

6.12 परिवार (अभिभावकों) तथा स्कूल का बच्चों की शिक्षा में सहयोग (Cooperation between the Home and the School in the Education of Children)

बालक की समुचित शिक्षा तथा उसके सम्पूर्ण विकास के लिए आवश्यक है कि अध्यापकों तथा बच्चों के अभिभावकों में समुचित सम्पर्क, सहयोग तथा सहभागिता हो। *जॉर्ज टॉमिसन* (*George Tomilson*) ने अभिभावक-शिक्षक सहयोग पर इस प्रकार बल दिया है, "सदा याद रहे कि अभिभावकों तथा अध्यापकों में किसी भी प्रकार का टकराव सदैव छात्रों के अहित में होता है। परस्पर सामंजस्यपूर्ण बर्ताव ही वांछित परिणाम दे सकता है।"

बहुधा अभिभावक अपने बच्चों को विद्यालय भेजना ऐसा ही समझते हैं जैसे निकटतम पत्र-पेटी में पत्र डलवा देना और इसके पश्चात् अपने को समस्त उत्तरदायित्व से मुक्त समझना। परन्तु धीरे-धीरे इस प्रकार की मनोवृत्ति में परिवर्तन हो रहा है।

छात्र के व्यक्तित्त्व का निर्माण 'घर' तथा विद्यालय दोनों जगह होता है। दोनों का एक ही लक्ष्य है। अत: दोनों का सहयोग आवश्यक है।

अध्यापक के सम्पर्क में छात्र केवल पाँच-छ: घण्टे रहते हैं और वह भी वर्ष में पाँच-छ: महीने ही। छात्रों का शेष समय घर पर ही व्यतीत होता है। अत: आवश्यक है कि स्कूल के जीवन और घर के जीवन को एक सम्मिलित इकाई के रूप में परिणत किया जाए। कोई भी विद्यालय उस समय तक उन्नति के मार्ग पर अग्रसर नहीं हो सकता जब तक छात्रों के संरक्षक विद्यालय के कार्यों में रुचि न रखें और छात्रों के विकास के लिए प्रयत्न न करें। डॉ. *एस.एन. मुकर्जी* का कहना है, "गृह विद्यालय सहयोग माता-पिता और विद्यालय के मध्य द्विपक्षीय सम्प्रेषण (Two-way trafiic) है। यह तभी प्रभावपूर्ण हो सकता है जब माता-पिता, जो कुछ विद्यालय उनके बच्चों के लिए करने का प्रयास कर रहा है, जानने का कष्ट करें। इसके बदले में विद्यालय यह ध्यान रखे कि बच्चा घर पर किस प्रकार जीवनयापन करता है।"

अध्यापकों के दृष्टिकोण से अभिभावक-शिक्षक सहयोग (Parents Teacher Co-operation from the Point of View of Teachers): 1. छात्र को भली-भाँति समझने के लिए यह आवश्यक है कि शिक्षक उसके सम्बन्ध में उसके अभिभावक से पूछताछ करे।

2. अध्यापक चाहते है कि छात्र प्रतिदिन ठीक समय पर विद्यालय आये। इस लक्ष्य की प्राप्ति के लिए वे अभिभावकों का सहयोग चाहते हैं।

3. अध्यापक चाहते हैं कि छात्र के अभिभावक उसे समय पर पुस्तकें आदि ले दें।

4. अध्यापक चाहते हैं कि अभिभावक उनको इस बात में सहायता दें कि छात्र विद्यालय के नियमों के अनुसार कार्य करें।

5. विद्यालय के लिए दान आदि की सहायता की आवश्यकता कई बार पड़ती है, अत: शिक्षक अभिभावकों का सहयोग चाहते हैं।

6. घर में अभिभावक पढ़ाई का उचित वातावरण रखें।

7. अभिभावक बालक के शारीरिक और मानसिक विकास पर समुचति ध्यान दें।

8. अभिभावक, घर का वातावरण शुद्ध बनाये रखें।

अभिभावक शिक्षकों का सहयोग क्यों चाहते हैं? (Why do Parents want Co-operation of the Teachers): (क) वे समय-समय पर छात्र की प्रगति के बारे में जानना चाहते हैं।

(ख) वे चाहते हैं कि समस्या उत्पन्न होने से पहले ही उन्हें सूचना दी जाए जिससे वे सुधार के उपाय सोच सकें।

(ग) वे चाहते हैं कि ध्यानपूर्वक तथा पर्याप्त मात्रा में उनके बालकों को गृह-कार्य दिया जाए तथा उसकी जांच की जाए।

(घ) वे चाहते हैं कि विद्यालय उनके बच्चों की सर्वांग उन्नति के लिए कार्य करे।

अभिभावक-शिक्षक सहयोग में कठिनाईयाँ (Difficulties in Parents-Teacher Co-operation): प्राय: अध्यापक नहीं चाहते कि अभिभावक उनके कार्य की आलोचना करें, इस कारण वे उनसे दूर रहना चाहते हैं। उनके पास इतना समय भी नहीं होता कि वे अभिभावकों से सम्पर्क स्थापित कर सकें। कई अध्यापक समझते हैं कि अभिभावकों के सम्पर्क से छात्र की प्रगति पर किसी प्रकार का अच्छा प्रभाव नहीं पड़ता।

अधिकांश अभिभावक तो यह समझते हैं कि उनका कर्त्तव्य तो केवल समय पर फीस देना तथा पुस्तकें आदि ले देना है। वे यह जानने की चिन्ता नहीं करते कि उनके बच्चे विद्यालय में जाकर क्या पढ़ते हैं? वे विद्यालय से वांछित अभिरुचि नहीं रखते और न अध्यापकों से मेलजोल करने की इच्छा रखते हैं। वे अपने व्यवसाय में इतने व्यस्त रहते हैं कि बच्चों की दैनिक समस्याओं पर विचार करने का समय ही नहीं मिलता, परन्तु अवसर मिलने पर वे विद्यालय की टीका-टिप्पणी करने तथा अध्यापकों की बुराई बढ़ा चढ़ाकर करने में कभी नहीं चूकते।

सम्पर्क स्थापित करने के उपाय (Measures for Contacting the Parents): हमारे देश में अधिकांश जनसंख्या शिक्षा से अनभिज्ञ है, अत: विद्यालय के शिक्षकों पर ही यह उत्तरदायित्व आ जाता है कि वे जनता का दृष्टिकोण बदलें और उनकी उदासीन प्रवृत्ति को रोकें। सम्पर्क स्थापित करने के लिए निम्नलिखित उपाय काम में लाये जा सकते हैं:

1. *छात्र के प्रवेश के अवसर पर अभिभावक से भेंट:* विद्यालय में जब छात्र भर्ती हो तो उस समय प्रधानाध्यापक को चाहिए कि वह इस बात पर बल दे कि अभिभावक छात्र की भर्ती के समय विद्यालय में स्वयं आयें। इस प्रकार का नियम बना देने से प्रधानाध्यापक को संरक्षक से सम्पर्क में आने का अवसर मिल जाता है। इस समय उसे संरक्षकों से अवश्य कहना चाहिए कि केवल बालक का नाम विद्यालय में लिखा देने से ही उनका कर्त्तव्य पूरा नहीं हो जाता। अब से ही उन्हें बालक की शिक्षा की ओर पूरा ध्यान देना होगा और उचित होगा यदि वे समय-समय पर शिक्षकों से मिलते रहें और छात्र के बारे में पूछताछ करते रहें।

2. *छात्र प्रगति-पत्र:* संरक्षकों से सम्पर्क स्थापित करने में छात्र का प्रगति-पत्र सहायक होता है। प्रत्येक छात्र का प्रगति-पत्र प्रतिमास उसके अभिभावक के पास भेजना चाहिए और उस पर संरक्षक के हस्ताक्षर होने चाहिए। प्रगति-पत्र द्वारा संरक्षक छात्रों की प्रगति के बारे में जान सकेंगे। इसी प्रगति-पत्र पर संरक्षक को मिलने के लिए भी लिखा जा सकता है। इस प्रगति-पत्र में छात्र के मानसिक, सामाजिक, शारीरिक तथा नैतिक विकास का विवरण भी होना चाहिए।

3. *समय-समय पर सूचना देना:* जो छात्र कक्षा में देर से आते हैं अथवा कक्षा में

अनुपस्थित रहते हैं या विद्यालय का कार्य ठीक ढंग से नही करते हैं या विद्यालय के नियमों का भली-भाँति पालन नहीं करते हैं, उनके बारे में उनके अभिभावकों को अवश्य सूचना दी जाए। अभिभावकों से अनुरोध किया जाए कि वे विद्यालय की इस कार्य में सहायता करें।

4. *अभिभावकों के साथ सहानुभूतिपूर्ण व्यवहार*: जब कभी अभिभावक विद्यालय में आयें तो उनके साथ सहानुभूति तथा स्नेह का व्यवहार किया जाए। उनके साथ अत्यन्त नम्रता तथा उदारता का व्यवहार करना चाहिए। वार्षिक तरक्की के अवसर पर अध्यापकों को बहुत दूरदर्शिता तथा सावधानी से काम लेने की आवश्यकता है। प्रायः अभिभावक अपने बच्चों को अगली कक्षा में पढ़वाना चाहते हैं, भले ही उनके बच्चे पढ़ाई में कमजोर हों, ऐसे अवसर पर बड़ी सावधानी, नम्रता तथा दृढ़ता से काम लेने की आवश्यकता होती है। संरक्षकों को समझा दिया जाए कि जो कुछ किया जा रहा है वह छात्रों की भलाई के लिए ही हो रहा है।

5. *विद्यालय उत्सव*: विद्यालय में समय-समय पर होने वाले उत्सवों पर छात्रों के संरक्षकों को आमन्त्रित किया जाए।

6. *विद्यालय पत्रिका*: विद्यालय की अपनी पत्रिका होनी चाहिए। पत्रिका में विद्यालय में किये जा रहे कार्यों का उल्लेख होना चाहिए। इस पत्रिका द्वारा संरक्षकों का विद्यालय सम्बन्धी ज्ञान बढ़ेगा और वे विद्यालय के समीप आयेंगे।

7. *अभिभावक-अध्यापक संघ*: विद्यालय में अभिभावक-अध्यापक संघ अवश्य बनाया जाए। संघ के सदस्य, विद्यालय के सभी अध्यापक और वहाँ के छात्रों के समस्त अभिभावक होते हैं। सदस्य बनने के लिए कोई शुल्क न हो तो अच्छा ही है। समय-समय पर संघ की बैठकें अवश्य होनी चाहिए। इन बैठकों में विषयानुसार गृह-कार्य, स्वास्थ्य कार्यक्रम आदि पर वार्तालाप किया जाना चाहिए।

इस अवसर पर शिक्षक विद्यालय की उन्नति से सम्बन्धित विचार अभिभाकों के समक्ष रखें। प्रधानाध्यापक विद्यालय द्वारा की गई प्रगति तथा आवश्यकताओं पर अपने विचार स्पष्ट करें।

यदि हो सके तो प्रत्येक कक्षा में पढ़ने वाले छात्रों के अभिभावक तथा उस कक्षा को पढ़ाने वाले शिक्षकों के संघ स्थापित करके उनकी बैठकें बुलाई जायें। ऐसी बैठकों में सदस्यों की संख्या कम होने के कारण तथा केवल सम्बन्धित सदस्यों की उपस्थिति होने से काम ठोस होगा।

8. *प्रबन्ध समिति*: विद्यालय की प्रबन्ध समिति में एक या दो अभिभावक लिए जायें तो अच्छा होगा। इससे अभिभावक विद्यालय में अधिक रुचि लेने लगेंगे।

9. *शैक्षिक सम्मेलन*: कभी-कभी शिक्षा सम्बन्धी सम्मेलनों का आयोजन करना बहुत लाभदायक होता है। ऐसी सभाओं में अभिभावक, शिक्षक तथा शिक्षाशास्त्री भाग लेते हैं और शिक्षा सम्बन्धी विचार प्रकट करते हैं। भविष्य की योजनाएँ भी बनाई जाती हैं।

10. *सामाजिक केन्द्र*: विद्यालय को सामाजिक केन्द्र बनाना चाहिए। उपयोगी विषयों पर विद्वानों के भाषण भी कराये जा सकते हैं। प्रौढ़ शिक्षा का आयोजन रात्रि-पाठशाला के रूप में किया जा सकता है। विद्यालय के पुस्तकालय तथा वाचनालय भी समुदाय के प्रयोग के लिए खोले जा सकते हैं।

11. *अभिभावक दिवस*: वर्ष में एक दिन 'संरक्षक अथवा अभिभावक दिवस' मनाया जाए जिसमें सभी छात्रों के संरक्षक उपस्थित हों।

इस प्रकार के आयोजन में निम्नलिखित बातों का ध्यान रखना आवश्यक है:

1. अभिभावक दिवस की पूर्व सूचना छात्र, अभिभावक एवं अध्यापकों को होनी आवश्यक है।

2. आधे दिन के लिए दैनिक शिक्षण कार्य चलता रहे।

3. अभिभावकों को कक्षा-कार्य से अवगत कराया जाए।

4. अभिभावकों को छात्रों की कलाकृतियाँ तथा अन्य वस्तुएँ दिखलाई जायें।

5. अभिभावकों को खेलकूद दिखालाये जायें।

6. अभिभावकों को पारितोषिक वितरण में सम्मिलित होने के लिए आमन्त्रित किया जाए।

7. सम्भव हो तो शैक्षिक चलचित्र का आयोजन किया जाए।

8. इस अवसर पर विद्यालय पत्रिका प्रकाशित की जाए तथा विद्यालय की उपलब्धियाँ अभिभावकों के सम्मुख प्रस्तुत की जाएँ।

9. विद्यालय की कठिनाईयाँ भी अभिभावकों के सामने रखी जानी चाहिए।

10. यह दिवस मनाने के लिए कई कमेटियों का गठन किया जाना चाहिए, ताकि विभिन्न पहलुओं अर्थात् पानी का प्रबन्ध, साइकिल तथा अन्य वाहन आदि रखने का प्रबन्ध, अभिभावकों को कक्ष आदि तक ले जाने आदि की व्यवस्था का उचित प्रबन्ध किया जा सके।

11. अभिभावक के साथ उचित शिष्टाचार का बर्ताव किया जाए।

12. अभिभावक शिक्षक दिवस पर विद्यालय में अनुशासन तथा स्वच्छता पर भी विशेष बल दिया जाए ताकि अभिभावक विद्यालय के बारे में अच्छी धारणा बना सकें।

13. कार्यक्रम इस प्रकार हो: (i) कक्षाएँ पहली मीटिंग के पूर्व लगनी चाहिए, जिससे अभिभावक विद्यालय में बालक के पढ़ने की व्यवस्था देख सकें। (ii) मध्यावकाश के बाद अन्य क्रियाएँ होनी चाहिए। (iii) सायंकाल पारितोषिक वितरण होना चाहिए। (iv) रात्रि में नाटक, 'वैराइटी शो', एकांकी आदि का आयोजन हो।

14. विद्यालय की सामर्थ्यानुसार अभिभावक शिक्षक कोष से जलपान की व्यवस्था की जाए।

अभिभावक दिवस के लाभ: 1. शिक्षक और अभिभावक परस्पर बच्चों की शिक्षा के विषय में विचार-विनिमय करते हैं। 2. अभिभावकों को बच्चों की शिक्षा के विषय में पूर्ण परिचय मिलता है। 3. छात्र स्वयं प्रदर्शनी आदि सजाते हैं और विद्यालय के अन्य स्थानों को सुन्दर बनाने का प्रयत्न करते हैं। इस प्रकार छात्रों में विद्यालय के प्रति प्रेम उत्पन्न होता है तथा सहयोग की भावना का विकास होता है। 4. छात्रों में अनुशासन की भावना बढ़ती है।

अभिभावक शिक्षक संघ (Parents-Teachers Association): इस बात पर आजकल बहुत बल दिया जा रहा है कि प्रत्येक विद्यालय में अभिभावक-शिक्षक संघ हो, जिसका प्रमुख कार्य अभिभावकों तथा शिक्षकों में परस्पर मेल कराकर विद्यालय के शैक्षिक स्तर को ऊँचा उठाना है। संघ के अधिकारी प्राय: खुले अधिवेशनों में चुन लिए जाते हैं और कभी-कभी मनोनीत भी किये जाते हैं। इस संघ द्वारा विद्यालय को पूरा लाभ तभी पहुँच सकता है जबकि अध्यापक तथा अभिभावक एक-दूसरे को समझने का प्रयास करें। इस बात पर विशेष ध्यान दिया जाए कि संघर्ष की भावनाएँ उत्पन्न न हों। कार्य

मेल-मिलाप द्वारा हो। सभा में बेकार भाषणबाजी न हो। विद्यालय की समस्याओं पर गम्भीरतापूर्वक विचार हो। अभिभावक शिक्षक संघ की एक छोटी समिति बनायी जाए जो समय-समय पर विद्यालय की उन्नति के लिए ठोस सुझाव प्रस्तुत करे।

अभिभावक शिक्षक संघ के उद्देश्य: 1. विद्यालय तथा घर को निकट लाना। 2. विद्यालय के शैक्षिक स्तर को उन्नत बनाना। 3. विद्यालय की शैक्षिक तथा अन्य समस्याओं की जानकारी प्रदान करना। 4. विद्यालय की गतिविधियों में सहयोग प्रदान करना। 5. परिवार के वातावरण में सुधार लाना ताकि बच्चों के विकास के लिए स्वस्थ वातावरण मिल सके।

विद्यालय शिक्षक संघ के कार्य: 1. विद्यालय के शैक्षिक उद्देश्यों को प्रदान करने के कार्यक्रमों के बारे में सुझाव देना।

2. विद्यालय में स्थानाभाव तथा भौतिक साधनों की कमी को दूर करने के लिए समुदाय से धन तथा अन्य साधनों का संग्रह करना।

3. समस्यात्मक छात्रों के सुधारने हेतु अभिभावकों तथा शिक्षकों को मिलकर उपायों पर विचार करना।

4. निर्धन छात्रों को आर्थिक सहायता प्रदान करना।

5. अध्यापकों को समाज में उत्सवों पर सम्मानित करना जिससे छात्रों में अध्यापकों के प्रति सम्मान बढ़े।

6. समय-समय पर मौहल्लों में अभिभावक-शिक्षक संघ की सभाओं का आयोजन करना तथा समुदाय की समस्याओं को अध्यापकों के समक्ष रखना।

7. सामाजिक सप्ताह के अन्तर्गत सामाजिक सर्वेक्षण में सहायता प्रदान करना।

8. समय-समय पर शैक्षिक गोष्ठियों का आयोजन करना।

9. अभिभावक दिवस मनाने में स्कूल से सहयोग करना।

10. स्कूल वार्षिक उत्सव में सक्रिय भाग लेना।

अभिभावक-शिक्षक संघ की सफलता के लिए प्रधानाचार्य का विशेष उत्तरदायित्व (Role of the Headmaster in the Successful Functioning of PTA): प्रधानाचार्य ही प्राय: अभिभावक शिक्षक संघ के प्रधान होते हैं। प्रधानाचार्य को बहुत ही धीरज से काम लेना चाहिए। यदि अभिभावक विद्यालय के किसी कार्य की आलोचना भी करते हैं तो इस आलोचना के समाधान के लिए उनका सहयोग लिया जाए। उन्हें विद्यालय तथा अध्यापकों की सीमाओं से परिचित कराया जाये। इसी प्रकार अध्यापकों से समय-समय पर स्टाफ मीटिंग में अभिभावकों के साथ मधुर सम्बन्ध स्थापित करने पर बल दिया जाए।

यदि विद्यालय के सम्बन्ध में कोई आलोचना होती है तो इस पर धैर्य से विचार करना चाहिए और यदि कोई विशेष कठिनाई सामने न आये तो इस प्रकार की समस्याओं को अभिभावकों और अध्यापकों की एक समिति को सौंपा जा सकता है। प्रधानाचार्य तथा विद्यालय के अध्यापकगण कभी-कभी समाज के उत्सवों में भाग लें और अपने प्रभाव द्वारा उनके सहयोग के लिए उपयुक्त वातावरण बनायें। प्रधानाचार्य का कर्त्तव्य है कि अभिभावक दिवस को मानते समय इसकी प्रत्येक कार्यविधि पर उचित ध्यान दें।

7

शिक्षा के साधन के रूप में समुदाय, स्वयंसेवी संगठन तथा राज्य

(Community, Non-Governmental Organizations (NGOs) and State as Agencies of Education)

7.1 समुदाय का अर्थ (Meaning of Community)

समुदाय को अंग्रेजी भाषा में 'Community' कहते हैं जो '*Com*' तथा '*Munis*' दो शब्दों से मिलकर बना है, '*Com*' का अर्थ है–एक साथ तथा '*munis*' का अर्थ है–'सेवा करना'। इस प्रकार 'Community' अथवा 'समुदाय का अर्थ हुआ एक साथ सेवा करना।'

समुदाय के अर्थ को स्पष्ट करने के लिए निम्नलिखित भाषाएँ लाभदायक हैं:

1. *गिंसबर्ग* (*Gingberg*): समुदाय सामाजिक प्राणियों का एक ऐसा समूह समझा जाता है जिसमें सब प्रकार के असीमित विभिन्न तथा जटिल सम्बन्ध होते हैं एवं जो उस सामान्य जीवन के परिणामस्वरूप होते हैं अथवा जो उसका निर्माण करते हैं।

2. *आगबर्न तथा निमकॉक* (*Organ and Nimkolf*): किसी सीमित क्षेत्र के अन्तर्गत सामाजिक जीवन के सम्पूर्ण संगठन को समुदाय समझा जाता है।

3. *के. डेविस* (*K. Davis*): समुदाय सबसे छोटा ऐसा क्षेत्रीय समूह है, जिसके अन्तर्गत सामाजिक जीवन के सभी पक्ष आ जाते हैं।

संक्षेप में: समुदाय समाज का वह भाग अथवा समूह है जिसके सदस्य एक निश्चित भौगोलिक क्षेत्र में रहते हैं। इसके सभी सदस्य एकत्व की भावना रखते हैं। इस समूह में सामाजिक जीवन के सभी पक्ष सम्मिलित किए जा सकते हैं।

4. *ऑटावे* (*Ottaway*): समुदाय किसी विशेष क्षेत्र में रहने वाले व्यस्कों, बच्चों, सामाजिक तथा गैर सामाजिक व्यक्तियों का समूह है जहाँ सभी की एक जैसी जीवन पद्धति होती है। समुदाय के उद्देश्य तथा मूल्य एक जैसे होते हैं जिनसे वे जुड़े रहते हैं।

6. *ब्राउन* (*Brown*): समुदाय से हमारा तात्पर्य उस छोटे समूह से है जहाँ युवा तथा वृद्ध, पुरुष तथा स्त्री विभिन्न योग्यताएँ तथा कौशल वाले निकटतम पड़ोसियों की भाँति मिल कर रहते हैं।

7. *कुक तथा कुक* (*Cook and Cook*): किसी भौगोलिक क्षेत्र में समुदाय एक संगठित जीवन ढंग है। इसमें रहने वाले लोगों की ऐतिहासिक परम्परा होती है। इनकी

आधारभूत संस्थाएँ होती हैं। ये लोग स्थानीय एकता के लिए जागरूक रहते हैं तथा सार्वजनिक हित वाली स्थानीय समस्याओं का समाधान करने में समर्थ होते हैं।

7.2 समुदाय के शैक्षिक कार्य (Functions of the Community)

1. *स्कूलों की स्थापना*: समुदाय अपनी आवश्यकताओं के अनुसार विभिन्न प्रकार के स्कूलों की स्थापना करता है।

2. *शिक्षा के उद्देश्यों का निर्माण*: समुदाय संविधान में दिए गए सामान्य उद्देश्यों को भी ध्यान में रखकर शिक्षा के उद्देश्यों का निर्माण करता है।

3. *शिक्षा संस्थाओं पर उचित नियन्त्रण*: निर्धारित उद्देश्यों की पूर्ति के लिए शैक्षिक संस्थाओं पर पर्याप्त मात्रा में अपना नियन्त्रण रखता है।

4. *सार्वभौमिक शिक्षा की व्यवस्था*: समुदाय अपने सदस्यों को शिक्षित करने के लिए अनिवार्य शिक्षा की व्यवस्था करता है।

5. *नि:शुल्क शिक्षा की व्यवस्था*: अपने साधनों के अनुसार विभिन्न स्तरों पर समुदाय नि:शुल्क शिक्षा की व्यवस्था करता है।

6. *पाठ्यक्रम का निर्माण*: समुदाय अपने शैक्षिक उद्देश्यों की प्राप्ति के लिए विभिन्न स्तरों के लिए पाठ्यक्रम का निर्माण करता है।

7. *प्रौढ़ शिक्षा*: अपनी उन्नति के लिए प्रौढ़ों की शिक्षा की आवश्यकता को अनुभव करके समुदाय प्रौढ़ शिक्षा की व्यवस्था करता है।

8. *व्यावसायिक एवं औद्योगिक शिक्षा*: आवश्यकतानुसार समुदाय व्यावसायिक, औद्योगिक तथा तकनीकी शैक्षिक संस्थानों की स्थापना करता है।

9. *शैक्षिक संस्थाओं के लिए धन की व्यवस्था*: समुदाय शैक्षिक संस्थाओं के भवन निर्माण, फर्नीचर तथा शिक्षकों के वेतन आदि के लिए अधिक से अधिक धन की व्यवस्था करता है।

7.3 शिक्षा के साधन के रूप में समुदाय: औपचारिक तथा अनौपचारिक प्रभाव (Community as an Agency of Education : Formal and Non-formal Influences)

परिवार तथा स्कूल की भाँति समुदाय भी बालक की शिक्षा का एक महत्त्वपूर्ण साधन है। चूँकि स्वभाव से मानव सामाजिक प्राणी है, इसलिए उसने वर्षों के अनुभवों से सीख लिया है कि व्यक्तित्त्व तथा सामूहिक क्रियाओं का सर्वोत्तम रूप में विकास समुदाय द्वारा किया जा सकता है।

प्रत्येक समुदाय बालक पर औपचारिक तथा अनौपचारिक दोनों प्रकार के प्रभाव डालता है। नीचे लिखी पंक्तियों में बालक पर समुदाय के प्रभावों का विवरण दिया गया है:

1. *शारीरिक विकास पर प्रभाव*: समुदाय स्थानीय संस्थाओं का निर्माण करता है। ये संस्थाएँ गाँवों तथा नगरों के गली-कूचों में सफाई का प्रबन्ध करती हैं और स्थान-स्थान पर पार्कों की व्यवस्था करती है। इस प्रकार ये संस्थाएँ बालकों के स्वास्थ्य एवं शारीरिक विकास पर शक्तिशाली प्रभाव डालती है।

2. *मानसिक विकास पर प्रभाव*: स्थान-स्थान पर समुदाय द्वारा खोले गए स्कूलों तथा पुस्तकालयों आदि का बालक के मानसिक विकास पर प्रभाव पड़ता है।

3. *सामाजिक विकास पर प्रभाव*: समुदाय में समय-समय पर सामाजिक सम्मेलनों, मेंलों तथा उत्सवों एवं धार्मिक कार्यों में भाग लेने से बालक विभिन्न व्यक्तियों से सम्पर्क स्थापित करता है। अतः बालकों में सहानुभूति, सहयोग, सहनशीलता, समाज सेवा एवं त्याग की भावना आदि का विकास होता है। सामाजिक वातावरण में रहते हुए उसे कर्त्तव्यों और अधिकारों का भी ज्ञान होता है।

4. *सांस्कृतिक विकास पर प्रभाव*: प्रत्येक समुदाय की निजी संस्कृति होती है। इस संस्कृति की छाप समुदाय के प्रत्येक सदस्य पर लग जाती है। बालक अनजाने ही समाज की बोलचाल, भाषा तथा आचरण को अपनाता है।

5. *चारित्रिक तथा नैतिक विकास पर प्रभाव*: परिवार की भांति बालक के नैतिक तथा चारित्रिक विकास पर समुदाय का गहरा प्रभाव पड़ता है।

6. *व्यावसायिक विकास पर प्रभाव*: समुदाय की व्यावसायिक स्थिति छात्र के व्यावसायिक विकास पर बहुत प्रभाव डालती है।

7.4 स्कूल तथा समुदाय में सहयोग तथा उचित सम्बन्ध (Cooperation and Close Relationship between School and Community)

बालक की समुचित शिक्षा के लिए तथा उसके सर्वांगीण विकास के लिए यह आवश्यक है कि शिक्षक और संरक्षक में सम्पर्क हो। छात्र के व्यक्तित्त्व का निर्माण 'घर' तथा विद्यालय दोनों स्थान पर होता है। दोनों का एक ही लक्ष्य है। अतः दोनों का सहयोग आवश्यक है। समूह के अन्तर्गत अनेक घर तथा परिवार आ जाते हैं।

अध्यापक के सम्पर्क में बच्चे केवल पाँच-छः घण्टे रहते हैं और वह भी वर्ष में पाँच-छः महीने ही। बच्चों का शेष समय घर पर ही व्यतीत होता है। अतः आवश्यक है कि विद्यालय के जीवन और घर तथा समुदाय के जीवन को एक सम्मिलित इकाई के रूप में परिणित किया जाए। कोई भी विद्यालय उस समय तक उन्नति के मार्ग पर अग्रसर नहीं हो सकता जब तक छात्रों के संरक्षक विद्यालय के कार्यों में रुचि न रखें और छात्रों के विकास के लिए प्रयत्न न कर सकें। गृह-विद्यालय सहयोग माता-पिता और विद्यालय के मध्य द्विपक्षीय यातायात (Two way trafiic) है। यह तभी प्रभावपूर्ण हो सकता है जब माता-पिता, जो कुछ विद्यालय उनके बच्चों के लिए करने का प्रयास कर रहा है, जानने का कष्ट करें। इसके बदले में विद्यालय यह ध्यान रखे कि बच्चा घर पर किस प्रकार जीवनयापन करता है।

माता-पिता समूह के ही सदस्य होते हैं। दूसरे शब्दों में स्कूल तथा समूह के सम्बन्ध अति मधुर होने चाहिएं।

विद्यालय के समुदाय सम्बन्धी कार्य: 1. *पाठ्यक्रम*: विद्यालय का पाठ्यक्रम समुदाय की आवश्यकताओं की पूर्ति के आधार पर बनाया जाए। पाठ्यक्रम छात्रों को इस योग्य बनाए कि विद्यालय छोड़ने पर वे सामुदायिक क्रियाओं में कुशलता के साथ भाग ले सकें।

2. *जीविका उपार्जन*: पाठ्यक्रम में ऐसे विषय अवश्य रखे जायें जो छात्रों को जीविकोपार्जन की क्षमता प्रदान कर सकें जिससे छात्र समुदाय पर बोझ न बनें।

3. *भ्रमण यात्राएँ:* छात्रों को इस प्रकार के अवसर प्रदान किए जाने चाहिएँ कि वे अपने समीप के वातावरण को अच्छी तरह समझ सकें। उन्हें काम करते हुए किसान, बढ़ई, लौहार, कुम्हार आदि के कार्यों से भी परिचित कराया जाए।

4. *समुदाय सेवा सम्बन्धी कार्य:* प्रौढ़ शिक्षा के लिए, गली-मुहल्ले की सफाई के लिए तथा मेलों आदि में सेवा करने के लिए छात्रों को उत्साहित किया जाए। ऐसा करने से छात्रों को अपने समुदाय की समस्याएँ समझने के उचित अवसर मिलेंगे। उन्हें इस बात का अनुभव होगा कि उन्हें भी अपने-आपको समुदाय का एक सच्चा घटक बनाना है। पाठ्यक्रम में आई हुई बातों का व्यावहारिक ज्ञान उन्हें प्राप्त होगा। विद्यालय तथा समुदाय के अच्छे सम्बन्ध स्थापित होने में सहायता मिलेगी।

5. *विद्यालय समारोह में संरक्षकों को आमन्त्रित करना:* विद्यालय में होने वाले समारोह, नाटक आदि कार्यक्रमों में समुदाय के सदस्यों को भी भाग लेने का अवसर दिया जाए।

6. *उत्सवों का मनाना:* विद्यालयों में सामाजिक, सामयिक, राष्ट्रीय तथा अन्तर्राष्ट्रीय दिवस अवश्य मनाये जाने चाहिएँ जिससे संरक्षक विद्यालय के समीप आएँ और छात्रों का समाज सम्बन्धी ज्ञान भी बढ़े।

7. *विद्यालय का प्रौढ़ पुस्तकालय:* विद्यालय पुस्तकालय में प्रौढ़ शिक्षा-सम्बन्धी पुस्तकें हों और पुस्तकें उन्हें पढ़ने के लिए दी जाएँ।

8. *अभिभावकों के अनुभवों से लाभ:* समुदाय के अनुभवी व्यक्ति जो विभिन्न कार्यों में कुशल हैं, स्कूल में बुलाए जाने चाहिएँ और उनके उनके काम के बारे में भाषण आदि कराया जाए।

9. *अभिभावक-शिक्षक संघ:* अभिभावक-शिक्षक सम्पर्क होना इस क्षेत्र में अति महत्त्वपूर्ण है।

समुदाय द्वारा विद्यालय के शिक्षण कार्यों में सहायता देना: 1. विद्यालय के कमरे तथा भवन निर्माण में विभिन्न प्रकार से सहायता देना।

2. विद्यालय भवन की मरम्मत आदि में सहायता देना।
3. विद्यालय भवन की सफेदी में सहायता देना।
4. विद्यालय की चारदीवारी बनाना।
5. विद्यालय के बगीचे में सहायता देना।
6. दोपहर के निःशुल्क भोजन में सहायता देना।
7. विद्यालय भवन अथवा खेल के मैदान के लिए भूमि देना।
8. विद्यालय में उपकरण उपलब्ध कराने में सहायता देना।
9. निर्धन छात्रों के लिए पुस्तकों, स्कूल वर्दी आदि का प्रबन्ध करना।
10. अनाज, ईंधन आदि का प्रबन्ध करना।
11. पीने के पानी की व्यवस्था में सहायता देना।
12. रात्रि में पढ़ने के लिए विद्यालय में प्रकाश के प्रबन्ध में सहायता देना।
13. मनोरंजन की गतिविधियों में सहायता देना।
14. छात्रों के व्यावसायिक निर्देशन के लिए समुदाय के अनुभवी व्यक्तियों द्वारा भाषण आदि की व्यवस्था करना।

नोट: इस सूची का विस्तार किया जा सकता है। यह केवल सांकेतिक है।

सारांश: समुदाय का सबसे महत्त्वपूर्ण कार्य है कि समुदाय के सदस्य प्रभावी वातावरण स्थापित करें। प्रभावी वातावरण में ही बच्चे उचित ढंग से शिक्षा पा सकते हैं। यदि समुदाय के सदस्य उदार विचारों के नहीं होंगे तो बच्चों पर बुरा प्रभाव पड़ता है।

7.5 शिक्षा में स्वयंसेवी संगठन अथवा ऐच्छिक संगठन अथवा गैर-सरकारी संघठन (Non-Governmental Organizations (NGOs) or Voluntary Organizations in Education)

गैर-सरकारी संगठनों का अर्थ (Meaning of NGOs): गैर-सरकारी संगठनों का अर्थ उन संगठनों से है जो इच्छापूर्वक बिना किसी द्वारा दबाव डाले, शिक्षा का कार्य करते हैं। प्राचीन काल में तो इनका विशेष महत्त्व था। धनी व्यक्ति शिक्षा के कार्य के लिए दान देते थे। उस समय धनी व्यक्ति स्वयंऐच्छिक संस्था के रूप में कार्य करते थे। परन्तु आज की तरह संगठित नहीं थे।

पिछली कई शताब्दी से शिक्षा के क्षेत्र में अनेक स्वयंसेवी संगठन महत्त्वपूर्ण कार्य कर रहे हैं। उदाहरणार्थ आर्य समाज, सनातन धर्म तथा सिक्ख समाज आदि द्वारा अनेक स्कूल स्थापित किए गए हैं जो मूलत: राज्य के विभाग अथवा शिक्षा बोर्ड द्वारा निर्धारित पाठ्यक्रम आदि के अनुसार शैक्षिक कार्य करते हैं। शिक्षा विभाग द्वारा बनाए गए नियमों के अनुसार इन स्कूलों को मान्यता दी जाती है। सरकार से वित्तीय सहायता प्राप्त करने वाले स्कूल भी हैं तथा बिना वित्तीय सहायता प्राप्त करने वाले स्कूल भी।

सरकार द्वारा प्रयास किया जाता है कि ये स्कूल अध्यापकों को निर्धारित वेतनमान आदि दें। धर्मनिरपेक्षता के मूल्यों का विकास करें।

प्रौढ़ शिक्षा के क्षेत्र में अनेक प्रकार के गैर-सरकारी संगठन भी कार्यरत हैं।

शिक्षा-आयोग 1964-66 तथा राष्ट्रीय शिक्षा नीति, 1986 तथा 1992 के अनुसार गैर-सरकारी संगठनों का शिक्षा के कई क्षेत्रों में पर्याप्त महत्त्व है।

गैर-सरकारी संगठनों का वर्गीकरण (Classification of NGOs): गैर-सरकारी अथवा स्वयंसेवी संगठनों का वर्गीकरण कई प्रकार से किया जा सकता है। जहाँ पर प्रमुख वर्गीकरणों के भेद किए जाते हैं।

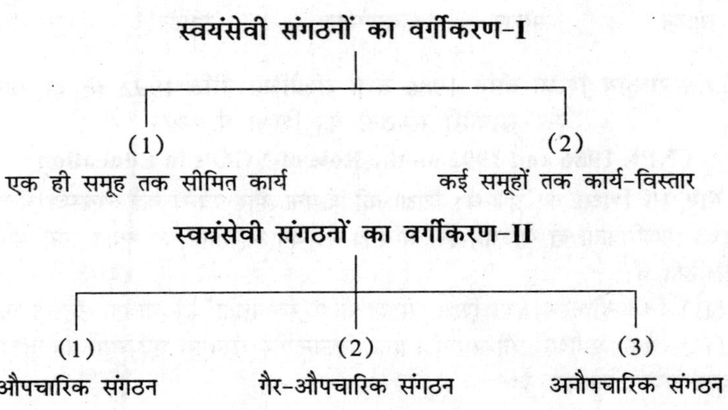

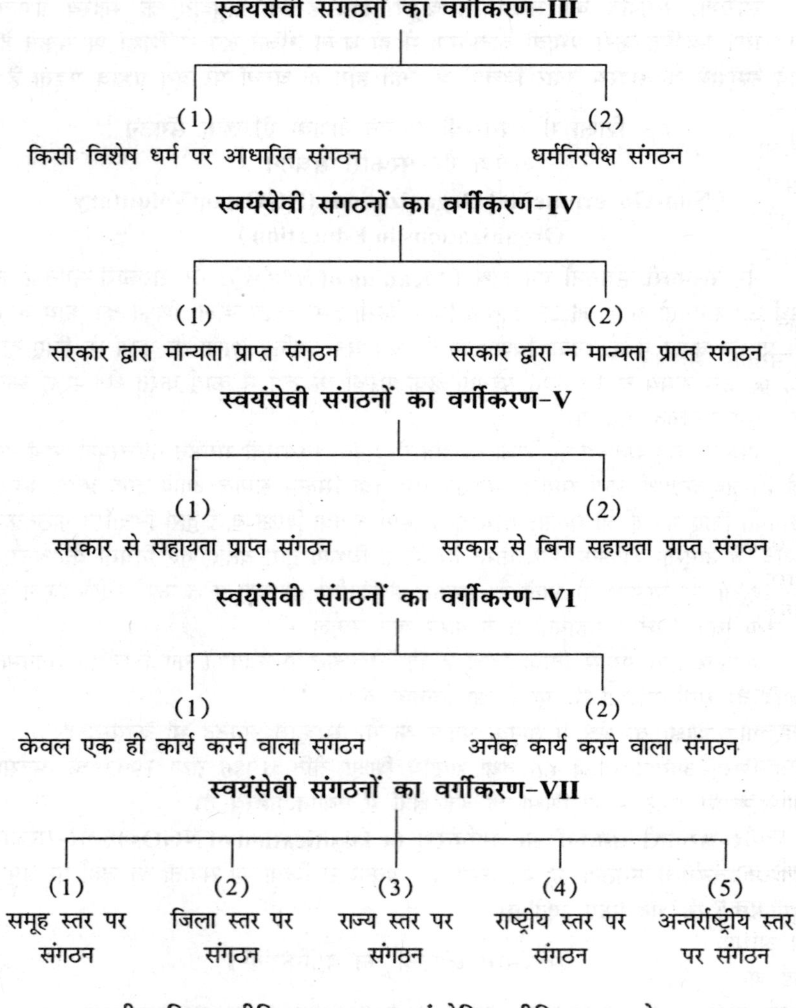

7.6 राष्ट्रीय शिक्षा नीति 1986 तथा संशोधित नीति 1992 के अनुसार गैर–सरकारी संगठनों का शिक्षा में स्थान

(NPE 1986 and 1992 on the Role of NGO's in Education)

भाग 10 शिक्षा का प्रबन्ध: शिक्षा की योजना और प्रबन्ध की व्यवस्था में पुनर्गठन को उच्च प्राथमिकता दी जाएगी, इस सम्बन्ध में जिन सिद्धान्तों का ध्यान रखा जायेगा, वे निम्नलिखित हैं:

(B) विकेन्द्रीकरण तथा शिक्षा संस्थाओं में स्वायत्तता की भावना उत्पन्न करना।

(C) लोक–भागेदारी को प्रधानता देना, जिसमें गैर–सरकारी एजेंसियों का जुड़ाव तथा स्वैच्छिक प्रयास शामिल है।

7.7 गैर-सरकारी संगठनों के गुण-दोष (Merits and Demerits of NGO's)

गैर-सरकारी संगठनों के शिक्षा में योगदान का स्वरूप बदलता जा रहा है। अब सेवा भावना का स्थान 'मुनाफा कमाना' होता जा रहा है। स्कूल स्तर पर सरकारी सहायता प्राप्त स्कूलों की संख्या में कमी आती दिखाई दे रही है। भारी फीस लेने वाले स्कूलों की स्थापना होती जा रही है। अब अनेक बड़े-बड़े उद्योगपति शिक्षा को धन कमाने का साधन बनाते जा रहे हैं। इनकी मनमानी रोकने के लिए सरकारी हस्तक्षेप इन स्कूलों में बढ़ता जा रहा है। स्थिति में सुधार की अत्यन्त आवश्यकता है।

प्रौढ़ शिक्षा के क्षेत्र में कुछ गैर-सरकारी संगठन सराहनीय कार्य कर रहे हैं। परन्तु हाल ही एक अध्ययन में पाया गया है कि अनेक गैर-सरकारी संगठन अनौपचारिक शिक्षा में सरकारी सहायता का दुरूपयोग कर रहे हैं तथा सैंकड़ों संस्था संगठनों की मान्यता रद्द कर दी गई है।

7.8 गैर औपचारिक शिक्षा में विभिन्न प्रकार के समूह (Informal Groups Influencing Education)

प्राय: ये पाँच प्रकार के होते हैं: 1. अनौपचारिक खेल समूह (Informal Play Groups)। 2. एक मत वाले समूह (Cliques)। 3. संगठित समूह तथा जत्थे (Organized Groups or Gangs)। 4. नवयुवक संगठन (Youth Organizations) 5. संगी-साथी अथवा समकक्ष (Peer Groups)

7.9 अनौपचारिक खेल समूह (Informal Play Groups)

इस समूह का निर्माण साथ-साथ खेलने की इच्छा से होता है। प्राय: ऐसे समूह में मौहल्ला अथवा पड़ोस में रहने वाले दो या दो से अधिक परिवारों के बालक होते हैं। ऐसे समूहों का आकार छोटा होता है, बालक स्वतन्त्रतापूर्वक बिना किसी जातिपाति, रंगरूप, भेद आदि के इस समूह में भाग लेते हैं। आपसी सहयोग की भावना भी सीखते हैं। बालकों में एक साथ रहने में सहयोग, सहनशीलता, त्याग तथा टीम भावना आदि अनेक सामाजिक गुणों का विकास होता है।

एकमत वाले समूह (Cliques): इस प्रकार के समूह का आकार बहुत छोटा होता है। अधिकतर तीन या चार बालक होते हैं। एक दूसरे पर सदस्य बहुत विश्वास करते हैं। कई बार वे अपनी बातें बहुत ही गोपनीय रखते हैं और घर के किसी भी सदस्य को नहीं बताते। ऐसे समूहों का निर्माण एक ही जाति वाले अथवा एक साथ स्कूल जाने वाले बालकों द्वारा किया जाता है।

7.10 संगठित समूह अथवा जत्थे (Organized Groups and Gangs)

प्राय: इन जत्थों के सदस्यों में असामाजिकता की भावना पाई जाती है। ये जत्थे लड़ने-झगड़ने, चोरी करने, जुआ खेलने, लूटमार करने तथा बालक अथवा बालिकाओं को सताने में रुचि लेते हैं। जत्थों की विशेषता उसकी अखण्डता (Solidarity) में होती है। कभी-कभी ये जत्थे स्कूलों तथा कॉलेजों में प्रदर्शन करवाते हैं, जुलूस निकलवाते हैं, हड़ताल करवाते हैं अथवा अधिकारियों को तंग करते हैं। इस प्रकार के जत्थों से सहानुभूतिपूर्ण ढंग से वार्तालाप करने से तथा उनको विश्वास में लेकर कार्य करना चाहिए।

7.11 नवयुवक संगठन (Youth Organizations)

स्काउटिंग, गर्ल गाइडिंग, नवयुवक दल तथा समाज कल्याण केन्द्र आदि ऐसे संगठनों के उदाहरण हैं। ये नवयुवक संगठन शिक्षा की दृष्टि से बड़े प्रभावशाली सिद्ध हुए हैं। इनके प्रमुख लाभ इस प्रकार हैं:

1. ये संगठन नवयुवकों के सामने ऊँचे जीवन-आदर्श प्रस्तुत करते हैं।
2. ये संगठन छात्रों में नागरिकता के ऊँचे गुणों का विकास करते हैं।
3. ये संगठन अपनी क्रियाओं द्वारा छात्रों में राष्ट्रीय एकता के भावों को विकसित करते हैं।
4. ये संगठन छात्रों में त्याग की भावना का विकास करते हैं।
5. ये संगठन छात्रों में व्यापक दृष्टिकोण का विकास करते हैं।
6. ये संगठन छात्रों में मानवीय व्यवहार, सहनशीलता और सहयोग आदि गुणों को विकसित करते हैं।
7. ये संगठन छात्रों को समय का सदुपयोग सिखाते हैं।
8. ये संगठन छात्रों को शारीरिक, सामाजिक तथ सांस्कृतिक क्रियाओं में भाग लेने के अवसर प्रदान करते हैं।

7.12 संगी-साथी अथवा समकक्ष अथवा समस्तर का अर्थ (Meaning of Peer Groups)

संगी-साथी प्राय: छात्रों के उस समूह को कहते हैं जिसके सदस्य उसी कक्षा अथवा स्तर के होते हैं। इनकी रुचियाँ बहुधा समान होती हैं। एक ही प्रकृति के छात्र अपनी प्रकृति वाले छात्रों के साथ खेलना-कूदना आदि पसन्द करते हैं।

समकक्ष समूह की विशेषताएँ: 1. समकक्ष समूह के सदस्यों का लगभग समान स्तर होता है। 2. सदस्य स्वतन्त्रतापूर्वक विभिन्न विषयों पर चर्चा करते हैं। 3. सदस्य बिना किसी हिचकिचाहट के अपनी भावनाओं को व्यक्त करते हैं। 4. प्राय: समूह के सदस्यों की रुचियाँ समान होती हैं।

संगी-साथी तथा शिक्षा (Peer Group and Education): बच्चों की शिक्षा में सामाजिक वातावरण का अपना महत्त्व है। बच्चे छोटे-छोटे समूहों में खेलते हैं। भ्रमण के लिए जाते हैं। स्कूल में इकट्ठे जाते हैं। बच्चों के संगी-साथियों का अनौपचारिक ढंग से एक-दूसरे पर अनेक व्यक्तिगत तथा सामाजिक प्रभाव पड़ते हैं। संगी-साथियों के साथ रहना भी एक प्रकार का सामाजिक वातावरण है। इस वातावरण में उनकी भाषा, निर्णयशक्ति, सोच-विचार, नेतृत्व तथा कार्य करने की विधि आदि सभी बातें प्रभावित होती हैं।

इसमें कोई सन्देह नहीं कि जब संगी-साथी पढ़ाई में रुचि लेते हैं तो किशोर उसी प्रकार पढ़ाई में रुचि लेता है। अच्छी आदतों के विकास के लिए आवश्यक है कि संगी-साथियों का चुनाव ठीक ढंग से किया जाए। कई बार बुरे संगी-साथियों के वातावरण में अच्छा किशोर भी बुरी आदतों का शिकार हो जाता है।

समकक्ष समूह का शैक्षिक योगदान (Role of Peer Groups in Education): संक्षेप में पीयर ग्रुप के निम्नलिखित लाभ हैं: 1. पीयर ग्रुप छात्रों के समाजीकरण (Socialization) में सहायक होता है। 2. पीयर ग्रुप में 'हम भावनाओं' (We Feelings) का विकास होता है। 3. सदस्यों में सहयोग की भावना पनपती है। 4. सदस्यों में

उत्तरदायित्व की भावना का विकास होता है। 5. सदस्यों में आत्मविश्वास बढ़ता है। 6. सदस्य आत्मनिर्भर होना सीखते हैं। 7. सदस्यों के व्यवहार में सुधार आता है। 8. सदस्यों में इकट्ठे रहने की कला (Art of Living Together) का विकास होता है।

7.13 शिक्षा के साधन के रूप में राज्य (State as an Agency of Education)

राज्य का अर्थ तथा परिभाषा: राज्य एक विशाल संगठित तथा सुव्यवस्थित समूह है जिसके चार आवश्यक तत्त्व होते हैं, जो इस प्रकार हैं: 1. भूखण्ड अथवा प्रदेश (Territory), 2. जनसंख्या (Population), 3. सरकार (Government), 4. राजनीतिक सत्ता (Sovereignty)।

राज्य की दो महत्त्वपूर्ण परिभाषाएँ नीचे दी जा रही हैं:

आई.एल. कैंडिल (I.L. Kandil): राज्य की परिभाषा एक सुसंगठित राजनीतिक समुदाय के रूप में दी जा सकती है, जिसके साथ एक सरकार होती है तथा जिसे लोगों द्वारा मान्यता प्राप्त होती है।

गार्नर (Garner): राज्य मनुष्यों के उस बहुसंख्यक समुदाय अथवा संगठन को कहते हैं जो स्थायी रूप से किसी निश्चित भूखण्ड में रहता है, जो बाहरी नियन्त्रण से पूर्ण स्वतन्त्र है तथा जिसकी संगठित सरकार है और जिसकी आज्ञा का पालन जनता स्वाभाविक रूप से करती है।

राज्य तथा शिक्षा में सम्बन्ध (Relationship Between State and Education): राज्य तथा शिक्षा के बीच गहरा सम्बन्ध होता है परन्तु यह सम्बन्ध राज्य की प्रकृति पर निर्भर है। जनतन्त्र राज्य में यह सम्बन्ध जनता की समानता तथा स्वतन्त्रता आदि के अधिकारों के अनुरूप होता है परन्तु एकाधिकार राज्य में कठोर अनुशासन, शासन के प्रति अन्ध-भक्ति आदि के सिद्धान्तों पर आधारित होता है। इन्हीं सिद्धान्तों के अनुसार शिक्षा क्षेत्र में भी कार्य किया जाता है।

जनतन्त्र राज्य में विद्यालय केवल राज्य द्वारा ही संचालित नहीं होते बल्कि अन्य समूह भी भाग लेते हैं। राज्य यह नहीं निर्धारित करता कि "यह पढ़ो, वह न पढ़ो" आदि। शिक्षा क्षेत्र में व्यक्तिगत स्वतन्त्रता के लिए समुचित प्रावधान किया जाता है।

एकाधिकार राज्य में शिक्षा के लक्ष्य, पद्धतियाँ, पुस्तकें आदि राज्य द्वारा निधारित किए जाते हैं।

स्कूल राज्य का प्रतिबिम्ब होता है। इसलिए राज्य की वास्तविक स्थिति का पता वहाँ के स्कूलों को देखकर आसानी से लगाया जा सकता है। जो राज्य धन-धान्य से परिपूर्ण हैं, वहाँ के स्कूलों की स्थिति अच्छी होती है वहाँ पर आधुनिक शिक्षण पद्धतियों तथा सामग्रियों का प्रयोग प्रचुर मात्रा में किया जाता है।

शिक्षा पर राज्य का नियन्त्रण तथा इसके लाभ: 1. शिक्षा पर राज्य का नियन्त्रण होने से सभी बालकों के लिए एक निश्चित स्तर तक सार्वभौमिक अनिवार्य तथा नि:शुल्क शिक्षा की व्यवस्था करना सुगम हो सकता है। 2. छात्रों में सामाजिक चेतना का विकास हो सकता है। 3. राज्य द्वारा नियन्त्रित शिक्षा छात्रों को चरित्रवान् नागरिक बनाने में सहायक सिद्ध हो सकती है। 4. पाठ्यक्रम में एकरूपता लाई जा सकती है। 5. राष्ट्रीय शिक्षा की योजना बन सकती है। 6. शिक्षा राष्ट्रीय एकता में महत्त्वपूर्ण योगदान दे सकती है।

शिक्षा पर राज्य का नियन्त्रण तथा इसके दोष: 1. शिक्षा में राजनीति के प्रवेश होने से शिक्षा की योजनाओं के निर्माण में केवल शासक वर्ग का ही हाथ रह सकता है।

2. शिक्षा जनहित की अवहेलना करके केवल राज्य के स्वार्थ तथा संकुचित आदर्शों को प्रसारित करने का साधन बन सकती है। *नैपोलियन* के शब्दों में "शैक्षिक संस्थाओं को स्थापित करने का मेरा विशेष उद्देश्य यही है कि मेरे पास लोगों के राजनीतिक तथा नैतिक विचारों को प्रभावित करने का साधन हो जाए।"

3. शिक्षा क्षेत्र में शासक वर्ग उन्हीं शिक्षकों की नियुक्ति करेगा जो राज्य की नीति के अनुसार छात्रों को एक-से ढाँचे में ढाल सकें।

4. शिक्षा के वास्तविक उद्देश्य तथा महत्त्व को चोट पहुँच सकती है।

5. शिक्षा पद्धति के द्वारा बालक की वैयक्तिकता का पूर्ण विकास नहीं हो पाएगा।

6. शिक्षा पद्धति में अमनोवैज्ञानिक प्रवृत्ति को प्रोत्साहन मिल सकता है।

7. बालकों को उनकी रुचियों, क्षमताओं तथा योग्यताओं के अनुसार शिक्षा प्राप्त करने के अवसर न मिल पाएंगे।

8. राज्य द्वारा शिक्षा पर नियन्त्रण होने से स्वतन्त्रता तथा समता के अधिकार समाप्त होने का भय रहता है।

9. ऐसी नियन्त्रित शिक्षा में स्वतन्त्र मनोवृत्ति वाले सुयोग्य एवं चरित्रवान् नागरिक तैयार नहीं हो सकते हैं, केवल नौकर ही तैयार होंगे।

10. नियन्त्रित शिक्षा में वैज्ञानिक प्रगति रूक जाती है, *रसेल* के शब्दों में, "वैज्ञानिक भावना तथा सरकार द्वारा किए गए विज्ञान के प्रयोग से उत्पन्न होने वाले द्वन्द्व के कारण वैज्ञानिक प्रगति के रूक जाने की सम्भवना है।"

निष्कर्ष: *रेमाण्ट* ने (Raymont) राज्य के शिक्षा सम्बन्धी कार्यों का वर्णन करते हुए बड़े सुन्दर ढंग से लिखा है, "राज्य का कार्य व्यक्ति अथवा परिवार का स्थान ले लेना अथवा उनका शोषण करना नहीं है अपितु उनकी रक्षा तथा उन्नति करना है। शिक्षा के क्षेत्र में परिवार तथा धर्म संस्था के अधिकारों की रक्षा करना राज्य का कर्त्तव्य है। इसी प्रकार माता-पिता की योग्यता, शक्तिहीनता अथवा अन्य किसी कारणवश जो शिक्षा में कमियाँ आ जाती हैं उनको ठीक करना तथा तर्क एवं विश्वासों के अनुकूल समस्त सामाजिक बाधाओं को दूर करके उनकी नैतिक एवं धार्मिक शिक्षा की संरक्षा करना भी राज्य का ही कार्य है। यह देखना तथा इस बात की माँग को पूरा करना कि प्रत्येक व्यक्ति अपने नागरिक व राष्ट्रीय कर्त्तव्यों को भली-भाँति समझने तथा बौद्धिक व नैतिक संस्कृति के मिश्रित स्वर को प्राप्त करे, राजय का कर्त्तव्य है।"

भारतीय समाज की आकांक्षाएँ तथा राज्य के शैक्षिक कार्य (Aspirations of Indian Society and the Role of the State in Education): शताब्दियों की दासता के पश्चात् सन् 1947 में भारत स्वतन्त्र हुआ और सन् 1950 में अपना संविधान लागू हुआ। इसी संविधान में नए भारतीय समाज की आकांक्षाएँ संजोई गई हैं। यही हमारी आकांक्षाएँ हमारे गन्तव्य स्थान हैं जहाँ हम जाना चाहते हैं। उन्हें प्राप्त करने का भारतीय समाज प्रयास कर रहा है। उन्हें प्राप्त करने का मुख्य साधन शिक्षा है। अत: राज्य पर शिक्षा के विकास का विशेष उत्तरदायित्व है।

भारत में राज्य के शिक्षा सम्बन्धी निम्नलिखित कार्य हैं:

1. *शैक्षिक उद्देश्यों का निर्धारण करना:* संविधान के मूल्यों तथा आदर्शों की प्राप्ति के लिए शैक्षिक उद्देश्य निर्धारण करना अत्यन्त आवश्यक है।

2. *राष्ट्रीय शिक्षा योजना का निर्माण:* जनतांत्रिक व्यवस्था में शिक्षा को राज्य की आत्मा माना जाता है। उच्च-कोटि के शिक्षाशास्त्री, दार्शनिक, अर्थशास्त्र के विद्वान, शिक्षामन्त्री आदि देश की आवश्यकताओं को ध्यान में रखकर आपस में परामर्श करके देश के लिए राष्ट्रीय शिक्षा योजना का निर्माण करते हैं। प्राय: राष्ट्रीय शिक्षा योजना देश के लिए तैयार की गई योजना का एक अंग होता है।

3. *नागरिकता का प्रशिक्षण:* नागरिकता के प्रशिक्षण के लिए विद्यालयों में विभिन्न प्रकार की क्रियाओं की व्यवस्था की जाती है।

4. *सार्वभौमिक, अनिवार्य तथा नि:शुल्क शिक्षा:* प्रत्येक जनतांत्रिक राज्य अपने यहाँ एक निश्चित स्तर तक की सार्वभौमिक, अनिवार्य तथ नि:शुल्क शिक्षा की व्यवस्था करता है, क्योंकि ऐसा माना जाता है कि प्रजातन्त्र की सफलता ऐसे नागरिकों पर निर्भर है जिनका पर्याप्त बौद्धिक एवं मानसिक विकास हो तथा जो अपने कर्त्तव्यों एवं अधिकारों को भली प्रकार से समझ सकें।

5. *स्कूलों तथा अन्य शैक्षिक संस्थाओं की व्यवस्था:* राज्य द्वारा या तो स्वयं शैक्षिक संस्थाएँ स्थापित की जाती हैं अथवा गैर-सरकारी तथा ऐच्छिक संगठनों को शैक्षिक संस्थाएँ खोलने के लिए प्रोत्साहित किया जाता है। इस बात पर विशेष ध्यान दिया जाता है कि गैर-सरकारी अथवा ऐच्छिक संगठन शैक्षिक संस्थाएँ चलाते समय राज्य के नियमों का पालन करें।

राज्य के अन्य शैक्षिक कार्य इस प्रकार हैं:

6. प्रौढ़ शिक्षा को बढ़ावा देना।

7. अध्यापकों के प्रशिक्षण की व्यवस्था करना।

8. शिक्षा सम्बन्धी अनुसंधान एवं प्रयोग की व्यवस्था करना।

9. शिक्षा के सभी अभिकरणों से सम्बन्ध स्थापित करना।

10. शैक्षिक आयोजनों तथा समितियों का गठन करके उनकी संस्तुतियों पर उचित कार्यवाही करना।

11. शैक्षिक आँकड़े एकत्रित करना तथा उनका शैक्षिक योजनाओं में प्रयोग करना।

12. सेमिनार तथा कार्यशालाओं का आयोजन करना।

13. शैक्षिक बोर्डों (Boards of Education) का गठन करना।

14. राष्ट्रीय तथा राज्यीय स्तर पर सरकारी विधि से स्वायत्त शैक्षिक संस्थाओं को स्थापित करना तथा निरीक्षण करना।

15. शिक्षा विभागों को स्थापित करना जिससे शिक्षा संबंधी विकास पर उचित नियंत्रण रखा जा सके तथा मार्गदर्शन किया जा सके।

8

जनसंचार माध्यम तथा सूचना प्रेषण तकनीकी शिक्षा के साधन के रूप में

[Mass Media and Information Communication Technology (ICT) in Education]

8.1 जनसंचार के माध्यम तथा शिक्षा (Mass Media and Education)

जनसंचार के माध्यमों का अर्थ (Meaning of Mass Media): जनसंचार के माध्यमों का अर्थ है वे माध्यम जो विज्ञान तथा सूचना तकनीकी की देन है तथा जिनका प्रभाव जन-जन तक एक ही समय में पड़ता है। इन माध्यमों में आते हैं—समाचार पत्र, आकाशवाणी, दूरदर्शन तथा चलचित्र। सभी व्यक्तियों तक सूचना, समाचार, विचारों, टीका-टिप्पणियों, चित्रों और ऐसी ही अन्यान्य सूचनाओं को संप्रेषित करने के साधनों के रूप में समाचारपत्रों, रेडियो और टेलीविजन का अत्यधिक महत्त्वपूर्ण योगदान है। इन्हें हम व्यापक जनसंचार के माध्यम (Mass Media) कहते हैं जिनकी पहुँच आम जनता तक होती है। व्यापक जनसंचार के माध्यमों का लोगों के जीवन और संस्कृति पर गहरा प्रभाव पड़ता है। लोग एक समय या एक ही दिन जो कुछ भी पढ़ते, सुनते या देखते हैं उन पर वे सोच-विचार करते हैं और विश्लेषण करते हैं तथा प्राय: उन पर आपस में चर्चा करते हैं, अपने विचारों का आदान-प्रदान करते हैं और इस बात का निर्णय करते हैं या विचार निर्मित करते हैं कि उनके देश या दुनिया में जो कुछ भी घटित हो रहा है उनमें से क्या ठीक है और क्या गलत है। यह उनके लिए किसी विषय की तह तक जाकर सोच-विचार करने तथा यह महसूस करने कि क्या सही और क्या गलत हो रहा है तथा अपनी राय बनाने में सहायक सिद्ध होता है। जनता द्वारा स्वतंत्र रूप से सोचने, तथ्यों का विश्लेषण करने और स्वयं निर्णय करने में ही लोकतंत्र की सफलता अंतनिर्हित है। रेडियो और टेलीविजन समाचार आदि के द्वारा अनेक बातों के बारे में जानकारी उपलब्ध कराने के साथ-साथ मनोरंजन प्रदान करने में भी सहायक हैं।

जनसंचार माध्यमों का औपचारिक तथा अनौपचारिक शिक्षा दोनों में अत्यन्त महत्त्व है। अब तो जनसंचार माध्यमों का औपचारिक शिक्षा की भाँति अनौपचारिक शिक्षा में भी उतना ही योगदान है। वास्तव में इनमें बहुत कम अन्तर रह गया है, विशेषकर दूरदर्शन का।

समाचारपत्रों को विशेष स्थान स्कूली शिक्षा को दिया जा रहा है। प्रमुख समाचारपत्र विशेष संस्करण प्रतिदिन निकाल रहे हैं जो कि विशेष कर स्कूलों के लिए है।

जनसंचार माध्यमों के शैक्षिक लाभ (Merits of Mass Media in Education): जनसंचार माध्यमों के शिक्षा में निम्नलिखित लाभ हैं:

1. राष्ट्रीय एकीकरण समझ का विकास करना। 2. अन्तर्राष्ट्रीय समझ का विकास करना। 3. सामाजिक कार्यों में भाग लेने के लिए प्रवृत्ति का विकसित करना। 4. स्वास्थ्य संबंधी ज्ञान, कौशल तथा भावों का विकास करना। 5. वायु, जल तथा ध्वनि प्रदूषण की हानियों के प्रति जागरूकता उत्पन्न करना। 6. स्वच्छ वातावरण संबंधी रुचि उत्पन्न करना। 7. सामाजिक बुराइयों के प्रति जागरूकता उत्पन्न करना। 8. प्राकृतिक संसाधनों के सदुपयोग की प्रवृत्ति का निर्माण करना। 9. विविद नए-नए विचारों हेतु ग्रहणशीलता का विकास करना। 10. दूरदर्शन पर विभिन्न प्राकृतिक घटनाओं को दिखलाकर निरीक्षण शक्ति का विकास करना। 11. जीव-जन्तुओं तथा वन्य जीवन में रुचि उत्पन्न करना। 12. विद्यालय में पढ़ाए जाने वाले विषयों में दक्षता उत्पन्न करना। 13. वैज्ञानिक रुचि तथा जिज्ञासा का विकास करना। 14. राष्ट्रीय विकास की योजनाओं तथा उपलब्धियों की जानकारी देना। 15. सामाजिक उत्तरदायित्वों को निभाने की प्रवृत्ति पैदा करना। 16. व्यवसाय संबंधी कौशलों के बारे में जानकारी देना। 17. अनपढ़ जनसमुदाय की शिक्षा हेतु दूरदर्शन को एक सशक्त साधन के रूप में उपयोग करना। 18. समाचारपत्रों में छपे महत्त्वपूर्ण लेखों तथा समाचारों को विभिन्न विषयों के प्रकरण में गहनता लाना। 19. विश्लेषण शक्ति का निर्माण करना।

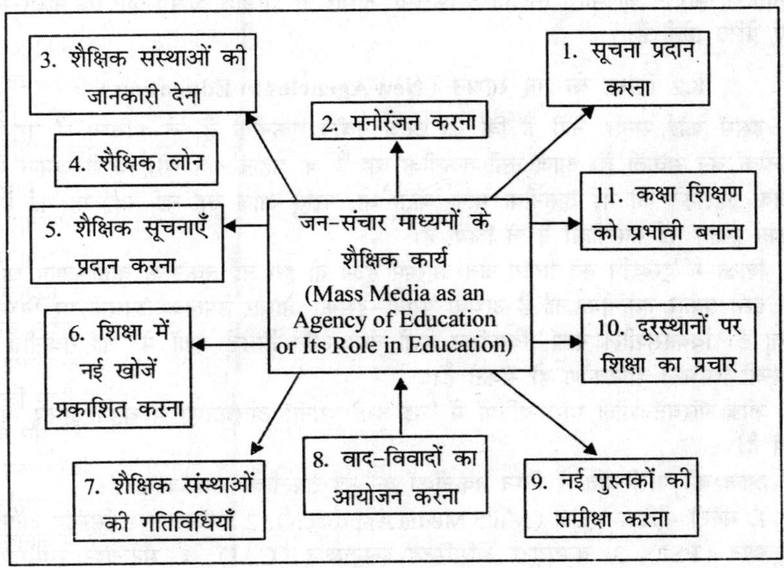

चित्र 8.1: जनसंचार माध्यमों के शैक्षिक कार्य

देश में साक्षरता के प्रसार के साथ ही समाचारपत्रों की माँग में तेजी से वृद्धि हुई है। शिक्षित लोगों के लिए रोज प्रातः समाचारपत्र पढ़ना उनकी दिनचर्या का एक अनिवार्य अंग बन गया है। गाँवों में भी अशिक्षित जनता की समाचार जानने की तीव्र इच्छा की पूर्ति

किसी शिक्षित व्यक्ति द्वारा उनके समक्ष समाचार का वाचन करके की जाती है। समाचारपत्र में विभिन्न प्रकार के शैक्षिक लेख प्रकाशित होते हैं। विशेष संस्करण छपते हैं जिनका सम्बन्ध शिक्षा के विभिन्न पक्षों से होता है।

स्वतंत्रता संग्राम के दिनों में समाचारपत्रों ने राष्ट्रीय चेतना के विकास में अत्यंत महत्त्वपूर्ण भूमिका निभाई। उन दिनों अनेक स्वतंत्रता सेनानियों ने अपने खुद के समाचारपत्रों का मुद्रण और वितरण शुरू किया तथा अपने समाचारपत्रों के माध्यम से उन्होंने देशवासियों को अंग्रेजी शासन के दौरान देश की दुरावस्था से अवगत कराकर उनमें साहस और ओज भरने और स्वतंत्रता संग्राम को सफल बनाने के लिए उन्हें प्रेरित करने का प्रयास किया। ऐसे प्रयास करने वाले अनेक स्वतंत्रता सेनानियों को गिरफ्तार कर लिया गया और देश से निर्वासित कर दिया गया तथा उनके समाचारपत्रों का प्रकाशन रोक दिया गया।

रेडियो और टेलीविजन की तुलना में समाचारपत्रों से यह लाभ है कि इनमें समाचारों को अपेक्षाकृत अधिक विस्तार से और ब्यौरेवार प्रस्तुत किया जाता है। समाचारपत्रों में सरकार, राजनीति, खेल, विज्ञान, व्यवसाय और कला आदि विभिन्न क्षेत्रों से संबंधित नवीनतम घटनाओं के बारे में लेख प्रकाशित किए जाते हैं। संपादकीय लेखों में राष्ट्रीय समस्याओं, राजनीतिक घटनाओं और सरकार के कार्य-निष्पादन पर समीक्षात्मक टिप्पणियाँ निहित होती हैं। कभी-कभी सरकार जनमनत का सम्मान करते हुए अपनी नीति में कुछ परिवर्तन लाती है। कभी-कभी समाचारपत्रों से सरकार को उसकी नाक के नीचे अपने ही विभाग के बारे में जानकारी मिलती है जिसके आधार पर सरकार उचित कार्रवाई करने के लिए प्रेरित होती है।

8.2 शिक्षा के नए साधन (New Agencies in Education)

इसमें कोई सन्देह नहीं है कि जो आज नवीन तकनीकें हैं, वे भविष्य में पुरानी तकनीकें बन सकती हैं। आज नयी तकनीक वह है जो पहले नहीं थी। किसी जमाने में मैजिक लालटेन को नई तकनीक माना जाता था, परन्तु आज वह नई नहीं रह गई है। उसका स्थान नई तकनीकों ने ले लिया है।

शिक्षा में दूरदर्शन का प्रयोग जब आरम्भ हुआ तो इसे नई तकनीक कहा जाता था।

इसी प्रकार तकनीक नई है अथवा पुरानी–इसका आधार उपलब्ध साधनों पर निर्भर करता है। विकासशील देशों, विकसित देशों तथा अति पिछड़े देशों में 'नई तकनीक' सम्बन्धी विभिन्न दृष्टिकोण हो सकते हैं।

शीघ्र परिवर्तनशील परिस्थितियों में 'नई तथा पुरानी' अवधारणा में बहुत अन्तर आ जाता है।

आज की परिस्थिति में निम्न तकनीकों को नई तकनीकें कहा जाता है:

1. मल्टी मीडिया एप्रोच (Multi Media Approach), 2. पर्सनलाइज्ड सिस्टम ऑफ इन्स्ट्रक्शन (PSI), 3. कम्पयूटर असिस्टिड इन्स्ट्रक्शन (CAI), 4. सैटेलाइट सम्प्रेषण (Satellite Communication), 5. मौड्यूलर उपागम (Modular Approach), 6. रेडियोविजन (Radiovision), 7. इण्टरनेट (Internet), 8. ई-मेल (E-mail), 9. सीडी-रोम (CD-ROM), 10. सीमुलेटेड शिक्षण (Simulated Teaching), 11. अन्तःक्रिया प्रणाली (Interaction System), 12. सिस्टम्स एप्रोच (Systems Approach), 13. अभिक्रमित अध्ययन (Programmed Instruction), 14. शैक्षिक दूरदर्शन (Educational

Television), 15. टेलीकॉन्फ्रेसिंग (Teleconferencing), 16. शिक्षण मशीन (Teaching Machine), 17. वीडियो टैक्स (Vedio Tex), 18. वीडियो डिस्क (Video Disc)

8.3 रेडियो अथवा आकाशवाणी पाठ (Radio Lesson)

रेडियो द्वारा शिक्षण: एक महान् विद्वान श्री आर. जी. रेनॉल्ड ने रेडियो की शिक्षण-प्रक्रिया में उपयोगिता बताते हुए लिखा है, "रेडियो शिक्षा का बहुत ही महत्त्वपूर्ण साधन है। कक्षा-शिक्षण के पूरक रूप में इसकी सीमाएँ बहुत बढ़ जाती हैं। इसकी शिक्षण सम्भावनाएँ स्कूल-दिवस के पाँच या छः घण्टे तक ही सीमित नहीं हैं। वह प्रातःकाल से रात तक उपलब्ध रहता है। रेडियो द्वारा प्रदत्त शैक्षिक तथा सांस्कृतिक उपहार दूर स्थित समुदायों के प्रौढ़ों तथा बालकों को संसार के कला और ज्ञान के उत्तम भण्डार से परिचित कराता है। किसी दिन शैक्षिक उपकरण के रूप में इसका प्रयोग इतना सामान्य हो जायेगा जितना कि पाठ्य-पुस्तकों तथा ब्लैकबोर्ड का है।"

रेडियो द्वारा शैक्षिक प्रसारण के मुख्य लाभ नीचे दिये जा रहे हैं:

1. स्कूली पाठ्यक्रम में कई पाठ अथवा विषय इतने कठिन होते हैं कि उन्हें आसानी से विद्यार्थियों को समझाया नहीं जा सकता है। इस प्रकार के पाठों को रेडियो प्रसारण से सुगमता से समझाया जा सकता है। छोटा परिवार, सुखी परिवार; दहेज प्रथा, घर की स्वच्छता जैसे विषय को रेडियो नाटक द्वारा रुचिकर ढंग से प्रस्तुत किया जा सकता है।

2. रेडियो प्रसारण द्वारा गम्भीर विषयों की ओर छात्रों को आसानी से आकर्षित किया जा सकता है। रेडियो प्रसारण में वास्तव में शिक्षा का सशक्त साधन सिद्ध होने की क्षमता है क्योंकि ये प्रसारण एक ओर तो शिक्षा को यथार्थ जीवन के अनुभवों से जोड़ते हैं और दूसरी ओर स्वस्थ मनोरंजन का आनन्द प्रदान करते हैं।

3. रेडियो के द्वारा प्रसिद्ध विचारकों, विद्वानों, लेखकों, विषय-विशेषज्ञों, शिक्षाशास्त्रियों के विचार, भाषण, बातचीत, वाद-विवाद आदि को सुनने के अवसर छात्रों को प्राप्त होते हैं। इनसे छात्रों के विचार-भण्डार में वृद्धि और विकास होता है। छात्रों की विचार-शक्ति का भी विकास होता है।

4. जनसंचार माध्यम के रूप में रेडियो एक कम खर्चीला साधन है। एक ही समय में लाखों छात्र विभिन्न स्कूलों तथा स्थानों पर रहने वाले, इसके द्वारा प्रसारित होने वाले कार्यक्रमों से लाभान्वित हो सकते हैं। नयी योजनाएँ जैसे खुला (मुक्त) विश्वविद्यालय, खुला स्कूल, पत्राचार शिक्षा तथा दूरगामी शिक्षा आदि को क्रियान्वित करने के लिए यह एक किफायती, सरल तथा प्रभावशाली साधन सिद्ध हो सकता है। रेडियो प्रसारण पर होने वाला व्यय इसकी उपयोगिता की तुलना में बहुत ही कम है।

5. मानवीय तथा भौतिक सामग्री की कमी के कारण शिक्षा के क्षेत्र में जिन समस्याओं का सामना करना पड़ता है, उनका समाधान करने में रेडियो प्रसारण पूरी तरह से समर्थ है।

6. छात्रों की संख्या दिन-प्रतिदिन बढ़ती जा रही है। शैक्षिक पाठ्यक्रम विस्तृत होते जा रहे हैं। अच्छी पाठ्य-पुस्तकों, सुनियोजित शैक्षिक कार्यक्रमों, उपयुक्त शैक्षिक साधनों तथा अनुभवी तथा योग्य अध्यापकों का अभाव है। ऐसी स्थिति में रेडियो द्वारा प्रसारित किये जाने वाले शैक्षिक कार्यक्रम ही सीखने-सिखाने की प्रक्रिया को प्रभावी बना सकते हैं।

7. रेडियो प्रसारण कक्षा-शिक्षण के पूरक के रूप में बहुत सहायक है। इससे छात्रों के सामान्य ज्ञान-विज्ञान में वृद्धि होती है।

8. रेडियो प्रसारण द्वारा छात्रों में पर्यावरण तथा सामाजिक जागरूकता बढ़ती है। छात्रों में प्रजातन्त्र के मूल्यों के प्रति आस्था उत्पन्न करने में रेडियो प्रसारण सहायक होते हैं।

9. प्रौढ़ शिक्षा तथा अनौपचारिक शिक्षा में रेडियो प्रसारण का विशेष महत्त्व है।

रेडियो प्रसारण के अधिकतम उपयोग के उपाय (Measures for Making the Best Use of Radio Boradcasts): वांछित परिणामों को प्राप्त करने के लिए रेडियो प्रसारण के कार्यक्रमों की उचित व्यवस्था करना बहुत आवश्यक है। इस सम्बन्ध में निम्नलिखित बातें काफी सहायक सिद्ध हो सकती है–

1. अध्यापकों को विभिन्न आकाशवाणी केन्द्रों द्वारा प्रकाशित होने वाली कार्यक्रम सम्बन्धी पत्रिका तथा अन्य सामग्री से भली-भाँति परिचित होना चाहिए ताकि प्रसारित होने वाले कार्यक्रमों की पूरी जानकारी मिल सके।

2. अध्यापकों को अपने पाठों को रेडियों पाठों से एकीकृत करने के लिए पाठों के प्रसारण से पहले पूरी योजना बना लेनी चाहिए।

3. पाठ प्रसारित होने से पूर्व छात्रों को मनोवैज्ञानिक व शैक्षिक दोनों रूपों में यथासम्भव तैयार करना चाहिए। प्रसारित होने वाले पाठ से सम्बन्धित पूर्व ज्ञान प्रसारण से पहले ही छात्रों को दे दिया जाए ताकि छात्रों को नवीन ज्ञान को प्राप्त करने की उत्सुकता जागृत हो जाए और वे मानसिक रूप से उसे ग्रहण करने के लिए तैयार हों।

4. सभी छात्रों को प्रसारण के विषय, समय व तिथि की पूर्व-सूचना अवश्य दी जानी चाहिए।

5. प्रसारण से पूर्व रेडियो सेट का ठीक ढंग से परीक्षण कर लिया जाए और यह निश्चित किया जाए कि उसकी ध्वनि स्पष्ट है।

6. रेडियो सेट कक्षा में ऐसे स्थान पर रखा जाना चाहिए जिससे सभी छात्रों को उसकी आवाज स्पष्ट सुनाई दे।

7. प्रसारण के समय अनुशासन पर ध्यान दिया जाए ताकि छात्र पूरे ध्यान से उसे सुन सकें।

8. कमरे की सारी परिस्थितियाँ अनुकूल होनी चाहिए। बाहर से किसी प्रकार का शोर नहीं आना चाहिए।

9. अध्यापक को स्वयं भी पाठ ध्यान से तथा रुचिपूर्वक सुनना चाहिए ताकि वह प्रसारण के उपरान्त छात्रों की समस्याओं का समाधान कर सके।

10. रेडियो प्रसारण पाठों को प्रभावपूर्ण बनाने में अनुवर्ती कार्यक्रम का अपना महत्त्व है। प्रसारण के उपरान्त छात्रों के साथ पाठ-सम्बन्धी वार्तालाप अवश्य करना चाहिए। रेडियो द्वारा प्रसारित कार्यक्रम का जो अंश छात्रों को स्पष्ट न हो सका हो, अध्यापक द्वारा पुनः उसे समझाया जाए। छात्रों की शंकाओं का उसे निवारण करना चाहिए।

8.4 दूरदर्शन एक शिक्षण साधन के रूप में (T.V. as a Teaching Aid)

दूरदर्शन सम्प्रेषण संचार क्रिया का एक प्रभावी तथा शक्तिशाली माध्यम है। दूरदर्शन के शैक्षिक कार्यक्रमों की लोकप्रियता बढ़ती जा रही है। दूरदर्शन शिक्षण, वीडियो शिक्षण का एक प्रकार है। दूरदर्शन शिक्षण के प्रयोग को दो प्रकार से बाँटा जा सकता है।

शैक्षिक दूरदर्शन का स्थान के आधार पर वर्गीकरण (Classification of Educational T.V. on the Basis of Place): 1. खुला परिपथ दूरदर्शन (Open Circuit Television), 2. बन्द परिपथ दूरदर्शन (Close Circuit Television)

खुला परिपथ दूरदर्शन: इसका प्रसारण केन्द्र द्वारा वायु के माध्यम से कार्यक्रमों का ग्रहण किया जाता है तथा विभिन्न स्थान को प्रेषित किया जाता है हमारे देश में सामान्यतया इसी माध्यम से दूरदर्शन का प्रयोग किया जाता है।

बन्द परिपथ दूरदर्शन: बन्द परिपथ दूरदर्शन का प्रयोग उच्च स्तर की शैक्षिक संस्थाओं तक ही सीमित है। यह एक प्रकार से स्थानीय व्यवस्था है जो कि किसी विशेष क्षेत्र में आने वाली एक या अधिक शैक्षिक संस्थाओं तक सीमित है।

शिक्षा के प्रकार के आधार पर शैक्षिक दूरदर्शन प्रसारण का वर्गीकरण (Classification of Educational T.V. on the Basis of Type of Education): 1. अनौपचारिक शैक्षिक प्रसारण, 2. औपचारिक शैक्षिक प्रसारण।

अनौपचारिक शिक्षा प्रसारण: इन प्रसारणों का सीधा सम्बन्ध तो स्कूली पाठ्यक्रम से नहीं होता है, परन्तु छात्रों का ज्ञानवर्धन करने में ये प्रसारण बहुत सहायक होते हैं। इन प्रसारणों में नृत्य, नाटक, संगीत, बच्चों के लिए कार्यक्रम, महिलाओं के लिए कार्यक्रम, ग्रामीण भाईयों के कार्यक्रम, देश-विदेश की घटनाओं से सम्बन्धित कार्यक्रम, खेल-जगत से सम्बन्धित कार्यक्रम, सामाजिक विषयों पर कार्यक्रम आदि आते हैं।

औपचारिक शैक्षिक प्रसारण: ये प्रसारण प्रत्यक्ष रूप से शैक्षिक संस्थाओं से सम्बन्धित होते हैं। इस प्रकार के कार्यक्रमों में प्रसारित होने वाले पाठों का विषय-विशेषज्ञों द्वारा तैयार किया जाता है। ये प्रसारण निम्नलिखित वर्गों के लिए हो सकते हैं:

(i) ग्रामीण तथा पिछड़े क्षेत्रों में शैक्षिक सुविधाओं के विस्तार के लिए। (ii) स्कूली छात्रों के पाठ्यक्रम से सम्बन्धित विषयों पर। (iii) स्कूली छात्रों के पाठ्यक्रम के पूरक के रूप में। (iv) विश्वविद्यालयों के छात्रों के पाठ्यक्रम से सम्बन्धित विषयों पर। (v) प्रौढ़ शिक्षा के लिए। (vi) अध्यापकों के प्रशिक्षण के लिए।

टेलीविजन कार्यक्रम (T.V. Programmes)

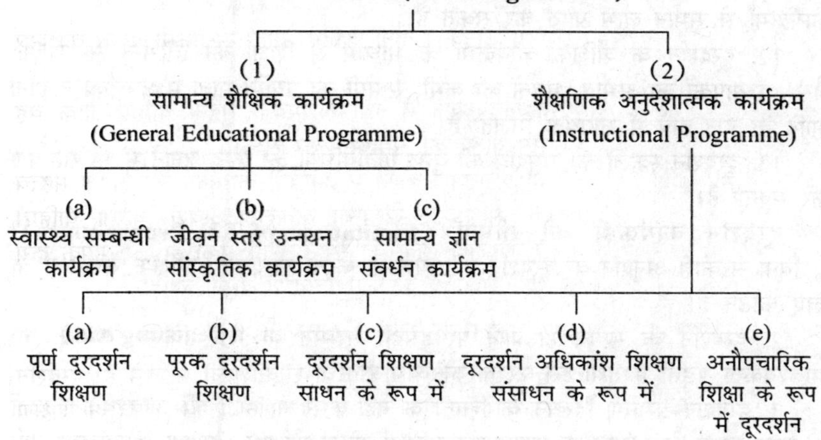

दूरदर्शन के शैक्षिक लाभ (Uses of T.V.): 1. दूरदर्शन पर जो भी कार्यक्रम प्रसारित किये जाते हैं वे विशेषज्ञों द्वारा तैयार किये जाते हैं, इसलिए ये कार्यक्रम छात्रों को विषय की विस्तृत तथा जानकारी प्रदान करने में सहायता करते हैं।

2. दूरदर्शन की सहायता से एक ही समय में अधिक से अधिक छात्रों को शिक्षा प्रदान की जा सकती है।

3. दूरदर्शन-कार्यक्रम दूरदराज क्षेत्रों में भी प्रसारित किये जाते हैं, इस प्रकार इन क्षेत्रों में रहने वाले लोग विस्तृत जानकारी प्राप्त कर सकते हैं।

4. दूरदर्शन एक ही समय में लाखों विद्यार्थियों को शिक्षा देता है। इस कारण यह एक मितव्ययी साधन है।

5. दूरदर्शन कार्यक्रम अधिगम-प्रक्रिया को सुधारने में बहुत सहायक सिद्ध होते हैं क्योंकि दूरदर्शन पर प्रसारित शिक्षा-कार्यक्रमों में दृश्य-श्रव्य सामग्री तथा उपकरणों की पूर्ण योजना, क्रमिक प्रस्तुतीकरण और एकीकरण सम्मिलित होता है।

6. दूरदर्शन पर प्रसारित होने वाले कार्यक्रमों में छात्रों की श्रवण तथा दृश्य दोनों इन्द्रियों का प्रयोग होता है। इस कारण पाठ मनोरंजक, रुचिकर, आकर्षक तथा आसान हो जाते हैं।

7. दूरदर्शन कार्यक्रम को देखकर अध्यापक भी अपने शिक्षण-कौशलों को सुधारने के लिए मार्गदर्शन प्राप्त कर सकते हैं।

8. दूरदर्शन पर छात्र उच्च स्तर के कलाकार, संगीतज्ञ, खिलाड़ी, उच्च कोटि के वैज्ञानिक, शिक्षाशास्त्री, समाज-सुधारक तथा अपने-अपने क्षेत्र के विशिष्ट व्यक्तियों के विचार और कार्य को सुन व देख सकते हैं। अतः उनकी यह समीपता छात्रों के लिए मनोवैज्ञानिक तथा शैक्षिक रूप से अत्यन्त लाभदायक सिद्ध होती है।

9. छात्र स्कूल में बैठे-बैठे संसार के विभिन्न स्थलों की सैर कर लेते हैं।

10. छात्र विभिन्न देशों व प्रदेशों का रहन-सहन, वेशभूषा, नृत्य, संगीत तथा भाषा आदि के कार्यक्रमों से समान लाभ प्राप्त कर सकते हैं।

11. साधनहीन दूर स्थित ग्रामीण क्षेत्रों में पढ़ने वाले छात्र दूरदर्शन द्वारा प्रसारित कार्यक्रमों से समान लाभ प्राप्त कर सकते हैं।

12. दूरदर्शन के शैक्षिक कार्यक्रमों के माध्यम से शिक्षा की विभिन्न समस्याओं, जैसे-अध्यापकों का अभाव, भवनों की कमी, सामग्री का पर्याप्त मात्रा में उपलब्ध न होना आदि के हल होने में सहायता मिलती है।

13. दूरदर्शन स्कूलों को समुदाय की कुछ गतिविधियों का केन्द्र बनाने में भी सहायता कर सकता है।

दूरदर्शन कार्यक्रमों की सीमाएँ (Limitations of T.V. Programmes): 1. बिना सरकारी अनुदान के दूरदर्शन की व्यवस्था करना सामान्यतः शैक्षिक संस्थाओं के लिए कठिन है।

2. दूरदर्शन के खराब हो जाने पर इसकी मरम्मत के लिए किसी विशेषज्ञ की आवश्यकता पड़ती है तथा इस पर काफी व्यय होता है।

3. दूरदर्शन-प्रसारण दिखाने के लिए एक बड़े कमरे या हॉल की आवश्यकता होती है, परन्तु स्थान के अभाव के कारण यह सुविधा अनेक शैक्षिक संस्थानों में उपलब्ध नहीं

हो पाती। इस कारण छात्र पास से कार्यक्रम देखते हैं जिससे उनके नेत्रों पर बुरा प्रभाव पड़ता है और दृष्टि-दोष होने का भय बना रहता है।

4. प्राय: शैक्षिक संस्थाओं में दूरदर्शन पर प्रसारित होने वाले कार्यक्रमों को दुहराया नहीं जा सकता।

दूरदर्शन का शिक्षण में प्रयोग करने की उचित व्यवस्था (Proper Arrangement for the Use of T.V. in Education) : 1. अध्यापक को चाहिए कि दूरदर्शन पर प्रसारित होने वाले कार्यक्रमों की सूची बना लें।

2. दूरदर्शन-प्रसारण दिखाने से पहले अध्यापक अपने-आपको पूर्ण रूप से तैयार कर ले ताकि आवश्यकता पड़ने पर छात्रों की समस्याओं का समाधान किया जा सके।

3. दूरदर्शन-कार्यक्रम दिखाने से पहले अध्यापक द्वारा छात्रों को उचित निर्देश दे दिये जाने चाहिए ताकि छात्र आवश्यकतानुसार महत्त्वपूर्ण बिन्दुओं पर विशेष ध्यान दे सकें।

4. दूरदर्शन-कार्यक्रम दिखाने से पूर्व यह निश्चित कर लिया जाये कि दूरदर्शन सैट ठीक प्रकार से कार्य कर रहा है।

5. दूरदर्शन-प्रसारण से पहले कमरे अथवा हॉल के भौतिक वातावरण का निरीक्षण कर लेना चाहिए ताकि छात्र प्रसारण-कार्यक्रम से पूरा-पूरा लाभ उठा सकें।

6. दूरदर्शन उपकरण इस प्रकार रखा जाये कि सभी छात्र ठीक प्रकार से देख सकें तथा सुन सकें।

7. दूरदर्शन-प्रसारण के अवसर पर उचित अनुशासन होना चाहिए।

8. छात्रों को उचित निर्देश दिया जाए जिससे वे महत्त्वपूर्ण बिन्दु पर नोट ले सकें।

9. अध्यापक स्वयं भी प्रसारण-कार्यक्रम का सावधानी से देखें।

10. प्रसारण-कार्यक्रम होने के पश्चात् कक्षा में अध्यापक के निर्देशन में उस कार्यक्रम पर चर्चा की जानी चाहिए। छात्रों की पाठ सम्बन्धी शंकाओं का समाधान भी अध्यापक को करना चाहिए।

11. प्रसारित कार्यक्रम के गुण-दोषों के बारे में सम्बन्धित वर्गों को सूचित किया जाए ताकि अगले प्रसारण-कार्यक्रमों में सुधार किया जा सके।

शैक्षिक दूरदर्शन तथा अध्यापक (Educational T.V. and the Teacher): शैक्षिक टेलीविजन के क्षेत्र में शिक्षक की विशेष भूमिका होती है। सर्वप्रथम शिक्षक को विभिन्न पत्र-पत्रिकाओं अथवा दूरदर्शन केन्द्रों से आवश्यक सामग्री प्राप्त करके सभी शैक्षिक कार्यक्रमों की जानकारी प्राप्त करनी चाहिए। यह जानकारी वह अपने छात्रों को दे। तत्पश्चात् मनोवैज्ञानिक रूप से शैक्षिक प्रसारण देखने के लिए छात्रों को प्रेरित करे तथा उनके देखने के लिए छात्रों की आयु, मानसिक स्तर आदि का ध्यान रखे। शिक्षक को कार्यक्रम आने से पूर्व टेलीविजन सैट पहले एक बार चलाकर देखना चाहिए, यदि उसमें कोई खराबी है तो ठीक करा लेनी चाहिए। तभी सैट को कक्षा में लाना चाहिए। छात्रों के बैठने का स्थान भी निर्धारित किया जाना चाहिए। प्रसारण के समय पूर्ण अनुशासन होना चाहिए। कार्यक्रम से सम्बन्धित प्रमुख बिन्दु पहले छात्रों को स्पष्ट करने चाहिए। उसे यह भी देखना चाहिए कि आवश्यकतानुसार छात्र नोट्स लेते रहें। प्रसारण के समय भी छात्रों के अनुशासन पर एक नजर रखनी चाहिए, साथ ही उनके बैठने के ढंग पर भी ध्यान देना चाहिए।

प्रसारण कार्यक्रम के पश्चात् प्रसारण विषय पर छात्रों के साथ विचार-विमर्श किया जाना चाहिए और छात्रों की शंकाओं का समाधान होना चाहिए। शैक्षिक प्रसारण में रह गये तथ्यों को अपनी वार्ता से पूरा करना चाहिए।

शैक्षिक प्रसारण छात्रों के लिए प्रभावशाली तो बन सकता है, परन्तु शिक्षक का स्थान नहीं ले सकता।

तालिका : सभी स्तरों पर शैक्षिक दूरदर्शन तथा अध्यापक के कार्य

अध्यापक द्वारा प्रसारण सम्बन्धी तैयारी	*प्रस्तुतीकरण की अवस्था में अध्यापक*	*प्रसारण सम्बन्धी अनुवर्ती कार्य*
(1)	(2)	(3)
(i) प्रसारण केन्द्रों से सम्बन्धित सभी मुद्रित सामग्री प्राप्त करना।	(i) दूरदर्शन को ठीक प्रकार से चलाना ताकि आवाज तथा आकृति स्पष्ट हो।	(i) प्रसारण कार्यक्रम के तुरन्त पश्चात् छात्रों को नोट्स अथवा स्कैचों की कमी को पूरा करने के लिए कहना।
(ii) प्रसारित होने वाले कार्यक्रमों की सूची से अवगत होना।	(ii) कक्षा में प्रसारण समय में अनुशासन बनाये रखना।	(ii) छात्रों के साथ प्रसारण पर विचार-विनिमय करना।
(iii) छात्रों को दूरदर्शन से लाभ प्राप्त करने के लिए शैक्षिक तथा मनोवैज्ञानिक तौर पर भली प्रकार तैयार करना।	(iii) छात्रों को संक्षिप्त रूप में नोट्स लेने आदि के लिए कहना।	(iii) प्रत्येक छात्र की शंका का निवारण करना।
(iv) दूरदर्शन कक्ष में भौतिक सुविधाओं तथा साधनों की व्यवस्था करना।		(iv) छात्रों को प्रसारण कार्यक्रम में देखे गये प्रयोगों के लिए क्रियात्मक कार्य करने का अवसर देना।
		(v) मूल्यांकन करना।
		(vi) प्रसारण में छूट गई बातों की जानकारी देना।

प्रसारण से पूर्व अध्यापक के कार्य (Pre-cast Role of the Teacher): 1. दैनिक प्रसारण की समय सारिणी और विषय सूची के बारे में पहले से ही जानकारी प्राप्त कर लें तथा प्रसारण पूर्व उस विषय पर छात्र-छात्राओं से वार्तालाप कर लें।

2. कार्यक्रम की विषय-वस्तु के बारे में कुछ सामान्य प्रश्न पूछकर विचार-विमर्श करें। इससे बच्चों में प्रसारण के लिए विषय-वस्तु के बारे में उत्सुकता जाग्रत हो सके तथा बच्चे कार्यक्रम के लिए मानसिक रूप से तैयार हो सकें और कार्यक्रम को रुचि तथा लगन से धैर्यपूर्वक ग्रहण कर सकें।

कार्यक्रम का अभिग्रहण तथा अध्यापक के कार्य (Role of the Teacher During Telecast): 1. टी.वी. को निर्धारित समय से 5 मिनट पूर्व खोल दें। सभी प्रकार की औपचारिकता पूर्ण कर लें।

2. कार्यक्रम प्रसारण के समय छात्रों के साथ आप भी कक्षा में पूरे समय तक उपस्थित रहें, इससे अनुशासन बना रहेगा तथा बच्चे कार्यक्रम को अच्छी प्रकार देख सकेंगे।

3. अपने सहयोगी अध्यापकों को भी प्रसारण देखने के लिए आमंत्रित करें। प्रसारण की अच्छी बातों को नोट कर लें जिससे प्रसारण के बाद के वार्तालाप में इस सामग्री का प्रयोग किया जा सके।

4. प्रसारण के समय छात्र/छात्राओं की गतिविधियों पर नजर रखें तथा आवश्यकतानुसार उसे नोट भी करें।

5. कार्यक्रम प्रसारण के समय छात्रों को कुछ भी लिखने/नोट करने से रोकें।

प्रसारण के बाद अध्यापक के कार्य (Post Telecast Role of the Teacher): 1. कार्यक्रम समाप्त होने पर टी. वी. को बन्द कर दें तथा प्लग को सॉकेट से निकाल दें।

2. छात्र/छात्राओं को अपने स्थान पर यथावत् बैठे रहने दें। वार्तालाप आरम्भ करने के लिए उनसे कुछ सामान्य प्रश्न पूछें, इससे कार्यक्रम की पुनरावृत्ति होगी, साथ-साथ विषय बच्चों को अच्छी तरह से याद हो जायेगा।

3. कार्यक्रम की घटनाओं/पात्रों के बारे में सम्बन्धित क्रियाओं के बारे में प्रश्न पूछें।

4. बच्चों को कार्यक्रम की महत्त्वपूर्ण घटनाओं/गीतों, कविताओं आदि को सुनाने तथा कार्यक्रम की क्रियाओं को अभिनय द्वारा करने को प्रोत्साहित करें।

5. कक्षा के सभी छात्रों को प्रश्नोत्तर में भाग लेने दें। उनको मुक्त रूप से बोलने का अवसर प्रदान करें तथा उनके प्रश्नों/शंकाओं का समाधान अवश्य करें।

6. प्रसारित कार्यक्रम से छात्रों ने कितना सीखा, इसका मूल्यांकन करें। विषय-वस्तु को समझने में छात्रों की मदद करें, आवश्यकतानुसार श्यामपट्ट पर लिखकर छात्रों को समझाया जाना चाहिए।

7. कार्यक्रम सम्बन्धी क्रियाकलाप के लिए छात्रों को प्रोत्साहित करें तथा उन्हें अभ्यास कार्य भी दें।

8. टेलीविजन से प्रसारित शैक्षिक कार्यक्रमों के बारे में फीडबैक देना आवश्यक तथा महत्त्वपूर्ण कार्य है। उसके सुझाव, समीक्षा तथा आलोचना का टी.वी. के कार्यक्रम तैयार करने में महत्त्वपूर्ण योगदान होगा तथा भविष्य में प्रसारित होने वाले कार्यक्रमों में सुधार लाने तथा उन्हें रुचिपूर्ण बनाने में महत्त्वपूर्ण भूमिका प्रदान करेंगे। छात्र-छात्राओं के सुझावों तथा आलोचना-समालोचना को भी सम्बन्धित अधिकारी को प्रेषित करें।

8.5 बन्द परिपथ दूरदर्शन–क्लोज्ड सर्किट टेलीविजन (Closecd Circuit Television—CCTV)

साधारणत: टेलीविजन प्रसार में शैक्षिक कार्यक्रम पहले स्टूडियो में रिकॉर्ड किया जाता है, फिर ट्रान्समीटर द्वारा रिले किया जाता है। टी.वी. रिसीवर एण्टीना के द्वारा प्रसारित कार्यक्रमों को प्राप्त कर टेलीविजन पर दिखाया जाता है। क्लोज्ड सर्किट टेलीविजन (बन्द परिपथ दूरदर्शन) में प्रसारण, केवल कक्षाओं/स्कूल भवन तक सीमित रहता है इसीलिए इसे क्लोज्ड सर्किट टेलीविजन कहा जाता है। इसमें प्रसारण रिले के को-एक्सिल केबिल

द्वारा टी.वी. सैट या मॉनीटर तक आता है ये कार्यक्रम या तो सीधे ही प्रसारित होते हैं या पहले से रिकॉर्ड करके फिर प्रसारित किये जाते हैं। इनका उद्देश्य केवल पूर्व निश्चित प्रकरणों पर कार्यक्रम प्रसारित करना होता है। इस तरह के प्रसारण में माइक्रोवेब का सीमित प्रयोग किया जाता है, इसीलिए इसका प्रसारण भी किसी विशेष स्थान तथा दर्शकों तक सीमित रहता है।

शिक्षक-प्रशिक्षण के क्षेत्र में छात्राध्यापकों के शिक्षण में सुधार हेतु यह अत्यन्त सक्षम साधन हैं। मेडीकल कॉलेजों में विशेष आयोजन प्रक्रिया प्रदर्शित करने के लिए यह एक सशक्त उपकरण है।

C.C.T.V. की विशेषताएँ: 1. C.C.T.V. के प्रयोग से अनुदेशन का विस्तार क्षेत्र बढ़ जाता है।

2. शैक्षिक संस्थाओं में जिन वस्तुओं या प्रक्रियाओं का प्रदर्शन सभी छात्र एक साथ नहीं देख पाते, C.C.T.V. के माध्यम से ये प्रदर्शन सभी छात्रों को एक साथ दिखाये जा सकते हैं और उनकी बारीकियों को सरलता से समझाया जा सकता है।

3. C.C.T.V. के माध्यम से शैक्षिक संस्थाएँ अपनी-अपनी समय सारणी के अनुसार शिक्षण प्रक्रिया समावेशित कर सकती हैं।

4. अच्छे शिक्षकों के पाठ प्रदर्शन C.C.T.V. के माध्यम से कई कक्षाओं तथा अन्य शैक्षिक संस्थाओं तक पहुँचाये जा सकते हैं जिससे शिक्षा व शिक्षण का स्तर ऊँचा किया जा सकता है।

विकसित देशों में तो C.C.T.V. का शैक्षिक कार्यक्रमों में बहुत प्रयोग किया जाता है, परन्तु भारत जैसे विकासशील देश में इसका बहुत ही कम प्रयोग हो रहा है।

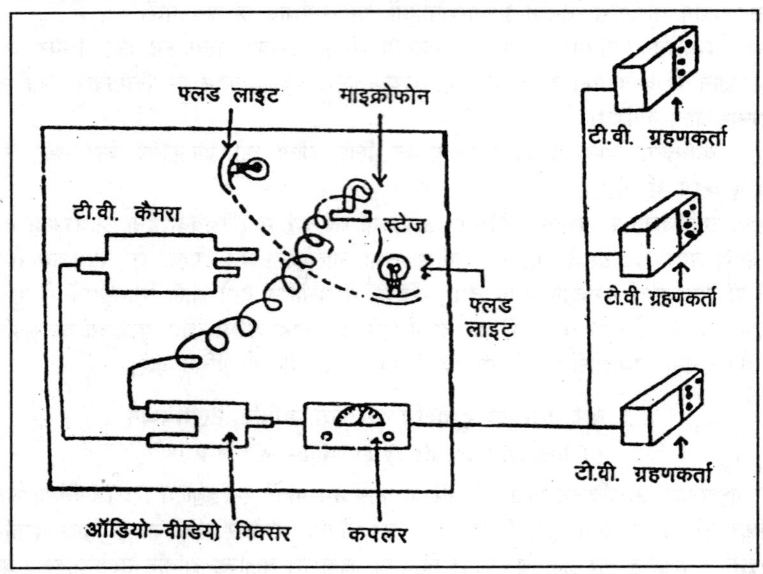

चित्र 8.2: साधारण बन्द सर्किट टी.वी. सिस्टम

8.6 वीडियो कॉन्फ्रेसिंग (Video Conferencing)

वर्तमान में वीडियो कॉन्फ्रेसिंग का बहुत प्रचलन होता जा रहा है। इसके माध्यम से हम दूर बैठे अपने परिचित अथवा ट्यूटर से बातचीत करते हुए उस देख भी सकते हैं। वीडियो कॉन्फ्रेसिंग में हमें कम्पयूटर से जुड़े हुए एक कैमरा की मदद से अपने चित्र एक या अधिक लोगों को भेजने की सुविधा मिलती है। साथ ही हम अपने मित्र की भी शक्ल देख सकते हैं। इसमें हम चित्रों के साथ साथ अपनी आवाज भी भेज सकते हैं। इसके लिए हमें कम्प्यूटर में एक माइक्रोफोन, स्पीकर, साउण्ड कार्ड, वेब कैमरा तथा Conferencing software होना भी आवश्यक है।

इस प्रकार अब सन्देश टाइप करने के स्थान पर (जैसा कि हम Chart room में करते हैं) हम अन्य लोगों से बात कर सकते हैं, उनके चेहरे देख सकते हैं तथा उन्हें अपना वीडियो भी भेज सकते हैं ताकि वे हमारा चेहरा भी देख सकें। इस माध्यम से एक साथ कई व्यक्ति अलग-अलग स्थानों पर रहते हुए भी, ऐसे मीटिंग कर सकते हैं जैसे कि वे एक कमरे में बैठे हों। इसमें शामिल व्यक्ति को माइक्रोफोन तथा स्पीकर तो आवश्यक होते हैं परन्तु प्रत्येक व्यक्ति को वेब कैमरा आवश्यक नहीं होता है। यदि किसी व्यक्ति के पास वेब कैमरा नहीं है तो भी वह दूसरों की तस्वीरों को तो देख सकता है परन्तु अन्य लोग उसे नहीं देख पायेंगे।

वीडियो प्रणाली के लाभः 1. यह प्रत्यक्ष शिक्षण जैसा ही लाभकारी साधन है।

2. दूर-दूर तक फैले छात्रों के लिए यह साधन बहुत उपयुक्त है।

3. यह एक लचीली प्रणाली है जिसमें आवश्यकतानुसार संशोधन या परिमार्जन अथवा परिवर्तन किया जा सकता है।

4. इस साधन द्वारा परिसर (Complex) के बाहर के अध्ययन केन्द्रों से सम्पर्क सरलता से बनाया जा सकता है तथा उन्हें केन्द्र द्वारा नियन्त्रित भी किया जा सकता है।

5. इस प्रणाली में तुरन्त पृष्ठपोषण (Feedback) सम्भव होता है।

6. इस प्रणाली के द्वारा अनुदेशन सामग्री के स्तर में सुधार लाया जा सकता है और उसे उच्चकोटि का बनाया जा सकता है।

7. यह विधि अन्य विधियों से कम खर्चीली है।

8. इन्दिरा गाँधी मुक्त विश्वविद्यालय तथा अन्य मुक्त शिक्षा की संस्थाएँ, मुक्त शिक्षा के क्षेत्र में इस प्रणाली का प्रयोग कर रहे हैं, यद्यपि प्रयोग की मात्रा सीमित है।

8.7 कम्प्यूटर तथा इण्टरनेट का संसार को ग्राम का रूप देना (ग्लोबल विलेज का रूप देना) (Role of Computer and Internet in Making Global Village)

आज हम एक तकनीकी रूप में विकसित हाईटैक संसार में रह रहे हैं। इलैक्ट्रॉनिक संचार माध्यम से सूचना को कम-से-कम समय में उपलब्धि के कारण संसार दिन-ब-दिन सिकुड़ता जा रहा है। आज हम हजारों किमी. की दूरी में होते हुए भी क्षण भर में परस्पर सम्पर्क में आ जाते हैं। जैसे एक गाँव में रहने वाले सभी व्यक्ति एक-दूसरे से निकट का सम्बन्ध बनाये रहते हैं, उसी प्रकार सारे संसार के लोग एक-दूसरे से कम्प्यूटर तथा इण्टरनेट द्वारा सम्पर्क बना सकते हैं। इसी कारण से संसार को अब 'संसार-ग्राम' कहा जाने लगा है। कभी-कभी हम ऐसा भी कहते हैं कि 'घर

का एक कमरा' मानो 'संसार' बन गया है। घर में रहते हुए संसार के सभी भागों की सैर कर सकते हैं। संसार में दिन-प्रतिदिन होने वाली घटनाओं को घर बैठ जान लेते हैं। समाचार-पत्र भी नये साधनों द्वारा पढ़ सकते हैं। हवाई जहाज पर जाने की कई बार आवश्यकता नहीं पड़ती। घर में अथवा कार्यालय में टेलीस्कोप अथवा वीडियो कॉन्फ्रेंस कर सकते हैं। घर बैठकर दूसरे देशों की उपाधियाँ पा सकते हैं। इस प्रकार की सुविधाओं की गणना करना बहुत कठिन है।

मानव-जीवन का कोई भी पक्ष अथवा प्रयास ऐसा नहीं है जो सूचना प्रौद्योगिकी के प्रभाव से अछूता है। इण्टरनेट की दुनिया में ज्ञान एक बड़ी शक्ति है तथा इसकी सर्वाधिक चर्चा है।

शिक्षा के सभी क्षेत्रों में प्रौद्योगिकी का प्रयोग महत्त्वपूर्ण सुधार कर दिखाने की क्षमता रखता है।

संसार आज एक डिब्बे में बन्द हो गया है। इसी कारण हम संसार को ग्लोबल ग्राम (Global Village) की संज्ञा देते हैं।

संसार के किसी भी कोने में एक कमरे के अन्दर बैठकर पुस्तकालय, चिड़ियाघर तथा संग्रह आदि देखने की कल्पना करें तथा इन स्थानों पर कैसे पहुँचा जाए, वहाँ पर क्या-क्या है, इसकी जानकारी लीजिए तथा संस्कार का अंग बन जायेंगे। संसार के दूसरे कोने में बैठे व्यक्ति से बातचीत करने की कल्पना कीजिए। कोई भी परस्पर एक-दूसरे की बातचीत को देख सकता है। आधुनिक संसार में यह सब कम्प्यूटर द्वारा ही सम्भव हो पाया है।

कम्प्यूटर नेटवर्क (Computer Network): कम्प्यूटर नेटवर्क से तात्पर्य अलग-अलग कम्प्यूटरों को एक साथ जोड़ने से है ताकि उनके मध्य सूचनाओं का आदान-प्रदान किया जा सके, विभिन्न प्रकार के संसाधनों का सामूहिक उपयोग हो सके और अलग-अलग स्थानों पर स्थित व्यक्ति किसी परियोजना पर संयुक्त रूप से कार्य कर सकें। नेटवर्क कई प्रकार के होते हैं, जिनमें सर्वप्रमुख हैं विश्वव्यापी अन्तर्राष्ट्रीय नेटवर्क 'इण्टरनेट'। भारत में अनेक प्रकार के इण्टरनेट का विकास किया गया है। देश के कोने-कोने को जोड़ने के लिए 'निकनेट', 'एरनेट', 'आई नेट' इत्यादि जैसे राष्ट्रव्यापी कम्प्यूटर, संचार नेटवर्क स्थापित किये गये हैं। इन नेटवर्कों का प्रयोग रेलवे आरक्षण प्रणाली, विमान आरक्षण प्रणाली, बैंकिंग व्यवस्था, भूमि सम्बन्धी रिकॉर्ड इत्यादि के लिए किया जाता है।

सूचना क्रान्ति के तेजी से विकसित होने के कारण सूचनाओं के नये अन्तरिक्ष की परिकल्पना परिलक्षित हुई है और इस पर कुछ लोगों का एकाधिकार समाप्त हुआ है। इस परिकल्पित अन्तरिक्ष को 'साइबर स्पेस' नाम दिया गया है। इस प्रणाली के अन्तर्गत विश्व के विभिन्न देशों के कम्प्यूटर करोड़ों लोगों के विचार व एकत्र की गई सूचनाओं का आदान-प्रदान करते हैं तथा विभिन्न प्रकार के आँकड़ों को आसानी से इधर-उधर शीघ्रतापूर्वक भेजने में सक्षम है। वस्तुत: यह कम्प्यूटर प्रणाली का एक नेटवर्क है। इस प्रकार के तीन नेटवर्क पूरे विश्व में कार्यरत हैं—कम्पयूसर्व, अमेरिका ऑनलाइन और इण्टरनेट। इन तीनों में इण्टरनेट सबसे विशाल नेटवर्क है। इसे अधिकांशत: सूचना राजपथ (Information highway) के नाम से जाना जाता है।

8.8 शिक्षा में इण्टरनेट अभिकरण के रूप में (Internet as an Agency of Education)

इण्टरनेट की परिभाषा: इण्टरनेट एक अत्यानुधिक संचार प्रौद्योगिकी है, जिसमें करोड़ों कम्प्यूटर एक नेटवर्क से जुड़े होते हैं। इण्टरनेट को मोटे तौर पर कम्प्यूटरों के विश्वव्यापी नेटवर्क के रूप में परिभाषित किया जा सकता है, जो एक प्रोटोकॉल (सूचना के आदान-प्रदान सम्बन्धी नियम) के जरिये संचार करते हैं।

इण्टरनेट का विवरण: इण्टरनेट का वर्णन करना बिल्कुल ऐसा ही है जैसे किसी नगर का वर्णन करना। नगर का मानचित्र, उसके लोग, बाजार, गलियाँ, घर, लोग, सरकार, मैदान, मौसम आदि या इनका समग्र रूप। यही तो नगर के वर्णन में निहित होता है। इण्टरनेट भी एक ऐसा ही स्थान है।

इण्टरनेट कोई सॉफ्टवेयर (Software) नहीं है, न यह कोई प्रोग्राम है, न कोई हार्डवेयर। वास्तव में यह तो एक ऐसा स्थान है जहाँ हमें अनेक प्रकार की शैक्षिक जानकारियाँ तथा सूचनाएँ प्राप्त होती हैं।

इण्टरनेट का शैक्षिक उपयोग (Use of Internet in Education): इण्टरनेट के माध्यम से सूचनाओं तक पहुँचा जाता है, जिसमें व्यक्तियों और विश्व भर के संगठनों का योगदान होता है। उन्हें नेटवर्क ऑफ सर्वर्स (यानि सेवकों का नेटवर्क) कहा जाता है। इण्टरनेट का एक 'वर्ल्ड वेब' (www) है, जिसे मात्र 'वेब' भी कहा जाता है, जो विभिन्न संगठनों, वाणिज्यिक प्रतिष्ठानों, औद्योगिक इकाइयों, शैक्षिक प्रतिष्ठानों, आम अथवा खास हितों से सम्बद्ध समूहों अथवा निजी व्यक्तियों द्वारा बनाये गये हजारों सर्वर्स को आपस में जोड़ता है। सर्वर्स पर भरे गये वेब पृष्ठों (पेजिज) में विभिन्न प्रकार की जानकारी उपलब्ध होती है, जैसे–पाठ सामग्री (प्लेन टैक्स्ट), तस्वीर, ऐनिमेशन, मल्टीमीडिया आदि। इसे प्राप्त करने के लिए सामान्य शुल्क देना पड़ता है और कभी-कभी बिना किसी लागत के यह जानकारी उपलब्ध हो जाती है। वेब-पृष्ठों से ईमेल, कान्फ्रेंसिंग, इलैक्ट्रॉनिक पब्लिकेशन्स जैसी सेवाएँ और अन्य व्यावसायिक सुविधाएँ भी उपलब्ध होती हैं, इण्टरनेट पाठ सामग्री (टैक्स्ट) अथवा सूचना को विश्व भर में एक स्थान से दूसरे स्थान पर पहुँचाने का एक नया माध्यम है जो अत्यन्त शीघ्र, सस्ते में और आसानी से संचार करता है। यह स्वयं अन्तर्क्रिया नहीं करता, किन्तु उपयोगकर्त्ता कम्प्यूटरों से इस पर नियन्त्रण रखते हैं, जो उन्हें नेटवर्क पर सूचना भेजने और प्राप्त करने में सहायता पहुँचाते हैं।

इण्टरनेट के माध्यम से विभिन्न प्रकार के दस्तावेज (Documents), वैज्ञानिक आँकड़े, रुचि सूची तथा विभिन्न प्रकार के विज्ञापन एवं संस्थानों के विषय में सूचनाएँ उपलब्ध होती हैं। ये सूचनाएँ विश्व के किसी भी कोने से प्राप्त की जा सकती हैं। ये सूचनाएँ बड़ी सरलता से और त्वरित गति से प्राप्त हो जाती हैं। यदि घर में टेलीविजन और निजी कम्प्यूटर हो तो अति आधुनिक प्रौद्योगिकी की सहायता से हम भली-भाँति जानकारी प्राप्त कर सकते हैं, भरपूर मनोरंजन कर सकते हैं और शिक्षा प्राप्त कर सकते हैं। सूचनाओं के मुक्त प्रवाह और ज्ञान में भागीदारी के फलस्वरूप हमारे सामाजिक, आर्थिक तथा राजनीतिक जीवन में गुणात्मक परिवर्तन हो रहे हैं।

लोग इण्टरनेट, डाक (Mail, Electronic mail, E-mail) का प्रयोग करते हैं।

इण्टरनेट पर कोई भी वार्ता कर सकता है। बशर्ते उसके पास एक पर्सनल कम्प्यूटर,

एक मॉडम (Modem) तथा एक टेलीफोन होना चाहिए। साथ ही सम्बन्धित आवश्यक हार्डवेयर/सॉफ्टवेयर खरीदना पड़ता है। मॉडम के द्वारा कम्प्यूटर का सम्बन्ध सामान्य टेलीफोन लाइन द्वारा दूसरे कम्प्यूटर्स (PV) के साथ स्थापित किया जाता है।

इण्टरनेट की विशेषताएँ तथा इससे लाभ (Characteristics of Internet and its Advantages): इण्टरनेट की प्रमुख विशेषताएँ निम्नांकित हैं:

1. इण्टरनेट बड़ी मात्रा में आँकड़ों की खोज करने में सहायक होता है।
2. इण्टरनेट में एक स्थान से अनेक स्थानों तक प्रसारण संचार की अपेक्षा बिन्दु से बिन्दु तक संचरित होता है।
3. इण्टरनेट के द्वारा अनेक मल्टीमीडिया सम्बन्धी कार्यक्रम भी प्रस्तुत किये जा सकते हैं, जैसे–वीडियो कान्फ्रेसिंग, डॉक्यूमेण्ट, रिट्रीवल आदि।
4. एक सर्वर से अन्य के बीच हाइपर लिंकिंग सुविधा, जिसमें एक शब्द क्लिक करके उपयोगकर्त्ता विश्व के किसी भी स्थान तक सीधे आँकड़ों के स्रोत तक पहुँच सकता है।
5. संक्षिप्त किन्तु महत्त्वपूर्ण सामाजिक नोट्स (Notes) के आदान-प्रदान में यह सहायता देता है।
6. विश्व की नवीनतम खबरें प्राप्त करने में यह सहायक है।
7. व्यापारिक समझौते (वार्ता) करने के काम आता है।
8. वैज्ञानिक शोध पर Collaboration करने का माध्यम है।
9. समान रुचि वाले लोगों के साथ सूचनाओं का आदान-प्रदान करने में सहायक है।
10. आवश्यकतानुसार कम्प्यूटर फाइल्स का स्थानान्तरण करने में सहायता करता है।

इण्टरनेट प्रयोग करने वाले विभिन्न वर्ग (प्रतिशत में) (Different Sections of Society Using Internet (in percentage)): 1. व्यापारी तथा उद्योगपति (Businessmen and Industrialists, 3%), 2. स्वयं कार्यरत (Self Employeed, 10%), 3. गृहणियाँ (Housewives, 2%), 4. छात्र (Students, 20%), 5. सीनियर प्रबन्धक (Senior Executives, 22%), 6. खुदरा तथा छोटे व्यापारी (Small Businessmen/Traders, 3%), 7. जूनियर प्रबन्धक (Junior Executives, 22%), 8. अन्य (Others, 18%)

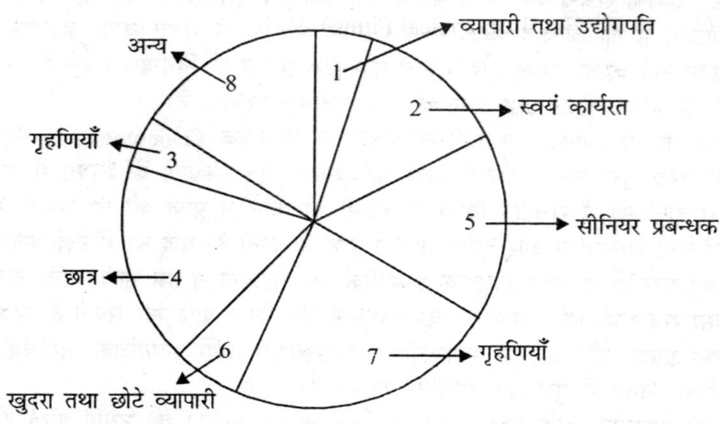

चित्र 8.3: इण्टरनेट प्रयोग करने वाले विभिन्न वर्ग

8.9 शिक्षा में सिनेमा अभिकरण के रूप में अथवा शैक्षिक फिल्में (Cinema or Educational Films as Agency of Education)

शैक्षिक फिल्मों के निम्नलिखित लाभ हैं–

1. शैक्षिक फिल्में ध्यान आकर्षित करती हैं।
2. शैक्षिक फिल्में घटनाओं तथा तथ्यों को जीवन-अनुरूप प्रस्तुत करती हैं।
3. शैक्षिक फिल्में सुदूर अतीत (Distant part) तथा वर्तमान को कक्षा में ला सकती हैं।
4. शैक्षिक फिल्में अनेक प्रकार के प्रयोगों को प्रदर्शित कर सकती हैं जो कि सामान्तया कक्षाओं में प्रदर्शित नहीं किए जा सकते हैं।
5. शैक्षिक फिल्में ज्ञानवर्धक हो सकती हैं।
6. शैक्षिक फिल्में इतिहास, भूगोल तथा विज्ञान आदि संबंधी महत्त्वपूर्ण जानकारियाँ दे सकती हैं।
7. शैक्षिक फिल्में नैतिक आदि के गुणों का भी विकास कर सकती हैं।

शैक्षिक फिल्मों की सीमाएँ

1. प्राय: शैक्षिक फिल्में, पढ़ाए जाने वाले विषयों से सम्बन्धित नहीं होती हैं।
2. शैक्षिक फिल्में बहुत ही कम मात्रा में उपलब्ध होती हैं।
3. शैक्षिक फिल्में कभी-कभी तथ्यों को ठीक प्रकार से नहीं दर्शाती हैं।
4. शैक्षिक संस्थाओं में कई बार बिजली आदि की व्यवस्था भी नहीं होती है।

शैक्षिक फिल्मों के प्रकार: 1. बच्चों की फिल्में (Children's Films)

2. औद्योगिक फिल्में (Industrial Films)
3. दस्तावेजी फिल्में (Documentary Films)
4. नाट्य फिल्में (Dramatic Films)
5. ऐतिहासिक फिल्में (Historical Films)
6. वैज्ञानिक फिल्में (Scientific Films)
7. जीवन चरित्र फिल्में (Biographical Films)

9

जे.जे. रुसो (1712–1778)

(J.J. Rousseau)

9.1 संक्षिप्त जीवन चरित्र (Brief Life Sketch)

रुसो एक प्रसिद्ध दार्शनिक तथा शिक्षावद् थे। उनका जन्म 1712 में जैनेवा (स्विटजरलैण्ड) नगर में हुआ। यह बड़े अचम्भे की बात है कि यद्यपि उन्हें बहुत कम औपचारिक शिक्षा मिली, फिर भी उनका नाम संसार के प्रमुख दार्शनिकों तथा शिक्षाविदों में लिया जाता है। उनके पिता का व्यवसाय घड़ियों का कार्य था। उनके जन्म के पश्चात् माता का साया सिर से उठ गया। जब वे बारह वर्ष के थे तो वे एक इंजीनियर के सहायक नियुक्त हुए। वहाँ पर उन्हें बहुत निराशा हुई। उनके साथ बहुत बुरा बर्ताव हुआ। वहाँ से वे इटली गए। उन्होंने अनेक व्यवसायों जैसे–निजी अध्यापक, कम्पोजर, सैक्रेटरी, नाटककार आदि–में प्रवेश किया परन्तु रुसो कहीं भी सफल नहीं हुए। 12 वर्ष तथा 29 वर्ष के बीच वे एक प्रकार से आवारागर्द रहे। इसी दौरान वे विभिन्न वर्गों के सम्पर्क में आए। प्रकृति से उनका लगाव हुआ। निर्धनों से सहानुभूति की। समाज की अनेक मान्यताओं का उल्लंघन किया। कई विवाह किए तथा सन्तानें पैदा कीं परन्तु किसी को भी न अपनाया। वे जीवन से इतने निराश भी हुए कि उन्होंने आत्मदाह किया। उन्होंने ने अपने कुकर्मों को अपनी पुस्तक (Confession) में भी उल्लेख किया है।

वर्ष 1950 में जब वे 38 वर्ष के थे तब उन्होंने एक लेखक के नाते ख्याति पायी।

फ्रांस में क्रान्ति के अग्रदूतः रुसो का जन्म ऐसे समय में हुआ था जब औपचारिकता (Formalism), निरंकुशता (Despotism) तथा पाखण्ड (Hypocrisy) का समाज में बोलबाला था। उन्होंने इन सबके विरोध में जोरदार प्रचार किया। कहा जाता है कि उनके विचारों ने इतना प्रभाव डाला कि फ्रांस में 1789 में जबरदस्त क्रान्ति हुई।

9.2 रुसो द्वारा लिखित पुस्तकें (Publications of Rousseau)

1. *The Progrerss of the Art and Science* (1750), 2. *The Origin of Inequality among Men* (1753), 3. *The New Heloise Roamnce (1759)*, 4. *Social Contract* (1762), 5. *Emile or Concerning Education* (1762)

9.3 रुसो का प्रकृतिवाद (Naturalism of Rousseau)

रुसो का कथन है कि "प्रत्येक वस्तु प्रकृति के निर्माता के यहाँ से अच्छे रूप में आती

है, केवल मनुष्य के सम्पर्क से ही वह दूषित हो जाता है।" उनका यह भी कहना है कि विधाता प्रत्येक वस्तु को अच्छा बनाता है, परन्तु मनुष्य इसके साथ छेड़छाड़ करता है और उसे दूषित बना देता है।

प्रकृति में अच्छाई होती है और समाज में बुराई तथा चालाकी। प्रकृति हमें स्वतन्त्रता देती है और समाज क्रूर शासन और प्रभुत्व।

रुसो स्थापित संस्थाओं का विरोधी था। उसका कथन है, "जो साधारणत: किया जाता है, उसका ठीक उल्टा करो, तब तुम ठीक पथ पर पहुँच जाओगे।" इसलिए संस्थाओं के विरोध में उसने "प्रकृति की ओर लौटो" का नारा लगाया।

रुसो ने स्वतन्त्रता (Liberty), समता (Equality) तथा भ्रातृभाव (Fraternity) के मूल्यों पर बल दिया।

प्रकृति का अर्थ (Meaning of Nature): रुसो के अनुसार व्यापक रूप से प्रकृति का अर्थ इस प्रकार है–

1. *समाज से पृथकता (Isolation from Society)*: रुसो ने लिखा है, "नगर मानव जीवन के कब्रिस्तान हैं।"

2. *बालकों की जन्मजात प्रवृत्तियाँ (Natural Tendencies of the Children)*: बच्चों का जन्मजात प्रवृत्तियों का स्वच्छन्द विकास होना चाहिए।

3. *प्राकृतिक वातावरण से सम्बन्ध (Contact with Nature)*: रुसो ने इस बात पर बल दिया कि बालकों की शिक्षा में प्राकृतिक तत्वों का सबसे अधिक महत्व है।

रुसो के प्रकृतिवाद के विशेष तत्व (Main Elements of Rousseau's Naturalism)

1. प्रकृति के यहाँ से सभी वस्तुएँ अच्छे रूप में आती हैं।
2. बुराइयों एवं दुर्भाग्य का मूल कारण सभ्यता है।
3. बालक स्वभाव से अच्छे होते हैं।
4. समाज की अपेक्षा व्यक्ति का अधिक महत्व है।
5. बालक तथा उसकी प्रवृत्ति शिक्षा का केन्द्र-बिन्दु हो।
6. शिक्षा का उद्देश्य नैसर्गिक शक्तियों का विकास तथा जन्मजात प्रवृत्तियों का प्रकाशन है।
7. शिक्षा के तीन स्रोतों–प्रकृति, मनुष्य, वस्तुएँ हैं, परन्तु प्रकृति का महत्व सबसे अधिक है।
8. बालक की शक्तियों एवं स्वभाव का स्वच्छन्द विकास ही निषेधात्मक शिक्षा है।
9. सर्वोत्तम शिक्षण प्रणाली स्वानुभव द्वारा 'करके सीखने' की है।
10. स्त्री की शिक्षा घर की देखभाल के लिए हो।

9.4 शिक्षा में रुसो का प्रकृतिवाद (Naturalism of Rousseau in Education)

रुसो के विचारों का शिक्षा में प्रकृतिवाद पर बहुत प्रभाव पड़ा है। उनकी प्रसिद्ध पुस्तक '*एमाइल*' (*Emile*) है जो शिक्षा के क्षेत्र में एक उच्च कोटि की पुस्तक मानी जाती है।

9.5 रुसो के शिक्षा दर्शन की प्रमुख विशेषताएँ (Main Characteristics of Rousseau's Educational Philosophy)

I. शिक्षा का अर्थ (Meaning of Education): रुसो ने लिखा है, "शिक्षा आन्तरिक विकास है, न कि बाहर से कुछ प्राप्त किया हुआ। शिक्षा बच्चे की प्राकृतिक शक्तियों तथा आन्तरिक योग्यताओं का विकास है।" रुसो के अनुसार "शिक्षा आनन्ददायक (Enjoyable), तर्कयुक्त (Rational), सुसंगत (Harmonious), सन्तुलित (Balanced), उपयोगी (Useful) तथा प्राकृतिक (Natural) जीवन के विकास की प्रक्रिया है।"

II. शिक्षा के तीन स्रोत (Sources of Nature): रुसो ने 'इमाइल' के प्रारम्भ में ही कहा है कि शिक्षा की प्राप्ति के तीन मूल साधन हैं–'प्रकृति', 'मनुष्य' एवं 'वस्तुएँ'।

(i) *प्रकृति का अर्थ (Meaning of Nature)*: *प्रकृति का व्यापक अर्थ*: प्रकृति का व्यापक अर्थ लिए जाने पर इसमें अन्य दोनों साधनों 'मनुष्य' तथा 'वस्तुओं' का भी समावेश हो जाता है। रुसो ने इन तीन साधनों का सम्बन्ध स्पष्ट नहीं किया है।

प्रकृति का संकुचित अर्थ: जब शिक्षा के तीन साधनों में से प्रकृति को एक साधन मानते हैं तो उसका अर्थ बालक को समाज के दूषित वातावरण से अलग रखकर प्रकृति के सौन्दर्यपूर्ण वातावरण में शिक्षा देना है।

छात्र की प्रकृति (Nature of the Child): रुसो ने कहा कि बालक को उसकी प्रकृति के अनुसार शिक्षा दी जाए। बिना मानवीय बन्धन के बालक के गुणों के सहज विकास को ही रुसो ने प्रकृति की शिक्षा माना है। "प्राकृतिक मनुष्य जंगली मनुष्य नहीं है, अपितु वह स्वयं के प्राकृतिक नियमों द्वारा नियंत्रित एवं शासित है न कि सामाजिक संस्थाओं द्वारा।" रुसो ने शिक्षा का अर्थ लिया है 'नैसर्गिक शक्तियों का विकास तथा जन्मजात प्रवृत्तियों का प्रकाशन।'

(ii) *शिक्षा का दूसरा साधन 'मानव' (Man as the Second Source of Education)*: सम्भवत: यहाँ रुसो ने इसका अर्थ समाज से लिया है। रुसो का कहना है कि सामाजिक संस्थाओं के मुकाबले में छात्र प्रकृति से अधिक सीखता है। रुसो से पूर्व समाज के प्रभाव को अधिक समझ कर प्रकृति की अवहेलना की जाती थी। रुसो के विचार इस दृष्टिकोण के प्रति विद्रोह के रूप में विकसित हुए।

(*iii*) *शिक्षा का तीसरा साधन 'वस्तुएँ' (Things as the Third Source of Education)*: इसका अर्थ हमारे भौतिक वातावरण से है।

वस्तु आधारित शिक्षा पर बल देते हुए रुसो ने कहा, "किसी वस्तु को समझाने के लिए साधारण चिन्हों का प्रयोग न करें। वस्तु के अभाव पर ही इन चिन्हों का प्रयोग होना चाहिए क्योंकि चिन्ह बालक के ध्यान को अपनी ओर आकर्षित करके वास्तविक वस्तु के प्रति विस्मृति उत्पन्न करा देते हैं।"

III. प्राकृतिक शिक्षा के प्रकार (Types of Natural Education): तीन प्रकार की शिक्षा इस प्रकार दर्शायी जा सकती है–

1. प्राकृतिक शिक्षा वह है, जब बालक अपनी प्राकृतिक शक्तियों के अनुसार विकास करता है।

2. 'मानव से शिक्षा' का अर्थ उस शिक्षा से है, जब बालक सामाजिक वातावरण में शिक्षा प्राप्त करता है।

3. 'वस्तु' से शिक्षा का अर्थ है, भौतिक वातावरण से बालक का स्वत: ही अनुभव प्राप्त करना।

IV. शिक्षा के उद्देश्य (Aims of Education): रुसो ने शिक्षा के उद्देश्य जीवन की विभिन्न अवस्थाओं के सन्दर्भ में दर्शाए हैं:

(i) ***शैक्षिक अवस्था: जन्म से 5 वर्ष:*** *सुनियोजित स्वतन्त्रता का विकास (Development of Well Regulated Freedom)*: शैशव काल में शिक्षा का विकास उसकी योग्यताओं के अनुकूल सुनियोजित स्वतन्त्रता से होना चाहिए। 5 से 12 वर्ष की अवस्था में बच्चे में पर्याप्त शक्ति विकसित की जानी चाहिए।

(ii) ***बाल्यकाल अवस्था:*** *पर्याप्त शक्ति का विकास (Development of Sufficient Strength)*: रुसो ने कहा कि सुनियोजित स्वतन्त्रता के सन्दर्भ में बच्चे का विकास इस प्रकार हो, "शरीर का विकास उसके अंगों, इन्द्रियों तथा शक्तियों का विकास होना चाहिए।" जहाँ तक सम्भव हो, आत्मा को सोने देना चाहिए–"Exercise the body, the organs the senses and powers and keep the soul lying low, as long as you can"

(iii) ***कैशार्य (Boyhood) अवस्था*** *अर्थात् 12 से 15 वर्ष की अवस्था में बौद्धिक विकास (Intellectual Development During Boyhood)*: इस अवस्था में ज्ञान प्राप्ति मुख्य उद्देश्य है जिस से बालक में व्यावहारिक ज्ञान न कि पुस्तकीय ज्ञान प्राप्त करने की योग्यता का विकास हो सके। बालक में अन्वेषक की प्रवृत्ति आनी चाहिए। इस अवस्था में प्राकृतिक ज्ञानों की शिक्षा का प्रभुत्व होना चाहिए।

(iv) ***सुवावस्था में*** *(15 वर्ष से 25 वर्ष) भावात्मक, नैतिक तथा धार्मिक विकास (Emotional, Moral and Religious Development at the Adulthood Stage)*: रुसो ने इस अवस्था को नयी उत्पत्ति के रूप में माना है। इस अवस्था में व्यक्ति में आदर्श इत्यादि समझने की क्षमता का विकास हो जाता है। अत: शिक्षा का मुख्य उद्देश्य व्यक्ति का भावात्मक, नैतिक तथा धार्मिक विकास होना चाहिए।

रुसो के अनुसार शिक्षा का प्रमुख उद्देश्य बालक को सैनिक, पादरी या मजिस्ट्रेट नहीं बनाना है बल्कि उसे वास्तव में 'मनुष्य' बनाना है।

V. पाठ्यक्रम (Curriculam): रुसो ने जिस प्रकार चार अवस्थाओं के सन्दर्भ में शिक्षा के उद्देश्य दर्शाए, उसी प्रकार उद्देश्यों के अनुसार पाठ्यक्रम का विवरण भी दिया।

रुसो का कहना है कि "निर्बलता दुष्टता की जननी है।" अत: बालकों को शक्तिशाली बनाया जाए। रुसो के अनुसार "बाल्यकाल विवेक की सुप्त अवस्था है तथा अध्यापक को बच्चे की नींद में बाधा नहीं डालनी चाहिए।"

1. *शैशव काल:* यह अवस्था जन्म से 5 वर्ष तक रहती है। इस अवस्था में छात्र का विकास स्वतन्त्रतापूर्वक हो। उसकी स्वाभाविक क्रियाओं पर कोई रोक-टोक नहीं होनी चाहिए। रुसो का कहना है कि बालक की क्रियाशीलता में कोई बाधा नहीं पड़नी चाहिए।

2. *बाल्यकाल:* यह अवस्था 5 से 12 वर्ष तक रहती है। इस अवस्था पर तो ज्ञानेन्द्रियों की शिक्षा ही सबसे उत्तम शिक्षा है।" बालक की ज्ञानेन्द्रियों को स्वतन्त्रतापूर्वक प्रयोग में लाने से बालक में आकार, रूप, रंग, स्थिति के ज्ञान का विकास होता है।

रुसो के अनुसार इस अवस्था में पुस्तकीय ज्ञान नहीं देना चाहिये। पुस्तक द्वारा ज्ञान देने से बालक की स्वयं विचारने की शक्ति नहीं पनप पाती। रुसो ने लिखा है–"इस

अवस्था की शिक्षा निषेधात्मक होगी। उसे सद्‌गुणों तथा सत्य की महिमा के पाठ नहीं पढ़ाये जायेंगे। बालक के हृदय को बुराई तथा मन को अनुचित भावों से बचाया जाएगा।"

3. *किशोर अवस्था*: यह अवस्था 12 से 15 वर्ष तक रहती है। रुसो का विचार है कि इस अवस्था में बालक में जिज्ञासा की प्रवृत्ति रहती है। अतः उसे प्राकृतिक विज्ञानों की शिक्षा देनी चाहिए। बालक को उपयोगी तथा व्यावहारिक ज्ञान प्राप्त करने के लिए प्रोत्साहन देना चाहिए।

4. *युवावस्था*: यह अवस्था 15 वर्ष की आयु से लेकर विवाह के समय तक (लगभग 25 वर्ष) रहती है। रुसो के विचार में इस काल की शिक्षा का उद्देश्य नैतिक पूर्ण तथा संवेगात्मक विकास होना चाहिए।

इस अवस्था पर निम्नलिखित विषयों की शिक्षा दी जानी चाहिए:

(i) *भौतिक विज्ञान* (*Physical Sciences*): इन विषयों से बच्चों में अन्वेषण अथवा अनुसंधानात्मक दृष्टिकोण का विकास होगा।

(ii) *हस्तशिल्प* (*Manual Craft*): हस्तशिल्प से छात्रों में अनेक गुणों का विकास होता है। यहाँ पर ध्यान योग्य है कि गाँधी जी ने भी हस्तकला के शिक्षण पर बहुत बल दिया है।

(iii) *गणित*: गणित स्पष्ट चिन्तन में सहायक होगा।

(iv) *चित्रकला*: चित्रकाल के माध्यम से आँखों तथा मांसपेशियों के प्रशिक्षण में बहुत सहायता मिलती है।

(v) *सामाजिक चित्रण*: सामाजिक विषयों से छात्रों के मन में सहयोग के भावों का विकास होगा तथा वे परस्पर निर्भरता के मूल्य को समझेंगे।

VI. शिक्षण विधियाँ (Teaching Methods): रुसो को निम्नलिखित शिक्षण विधियों का समर्थक माना जाता है:

1. *इन्द्रियों का प्रशिक्षण* (*Training of Senses*): इन्द्रियों के प्रशिक्षण पर बल देते हुए रुसो ने लिखा है–"शिक्षा को इन्द्रियों का उचित प्रयोग करके ज्ञान के द्वार खोलने चाहिएं।"

2. *क्रिया द्वारा सीखना* (*Learning by Doing*): रुसो ने शिक्षा में 'क्रिया द्वारा सीखना' के सिद्धान्त पर बल दिया है। शिक्षा केवल व्याख्यान प्रणाली द्वारा नहीं होनी चाहिए।

रुसो ने स्वयं लिखा है–"बालक को मौखिक पाठ न पढ़ाओ, उसे केवल अनुभव के द्वारा ज्ञान देना चाहिए। जब तक सम्भव हो उसे 'करके सीखने' के अवसर दो तथा शब्दों का प्रयोग केवल उस समय करो जब क्रिया असम्भव हो....पुस्तकीय ज्ञान कम से कम होना चाहिए।" रुसो ने केवल एक पुस्तक पढ़ने के लिए बताई है। वह है 'रॉबिन्सन क्रूसो।'

3. *अनुभव द्वारा सीखना* (*Learning by Experience*): रुसो ने 'अवलोकन', 'अनुभव', तथा 'अन्वेषण' द्वारा बालक को शिक्षा देने पर विशेष बल दिया है। ऐसा करने से उनके विचार में बालक की विवेक शक्ति का विकास होता है। हमें बालक की केवल स्मरण शक्ति नहीं बढ़ानी है।

4. *व्यक्तिगत शिक्षण* (*Individualised Teaching*): रुसो ने छात्र के व्यक्तिगत शिक्षण पर बल दिया।

5. *ह्यूरिस्टिक विधि* (*Heuristic Method*): इस विधि के अनुसार छात्र एक अण्वेषणकर्त्ता की स्थिति में रहता है। रूसो ने इस विधि को अच्छी विधि माना।

6. *उदाहरण पर बल* (*Emphasis on Example*): रुसो ने नैतिक शिक्षा में व्यक्तिगत उदाहरण प्रस्तुत करने पर बल दिया न कि नैतिक शिक्षा के सिद्धान्त पढ़ाने पर।

VII. प्राकृतिक अनुशान (Natural Discipline): रुसो का मत है, "बालकों को दण्ड नहीं देना चाहिए। उनकी अवांछनीय क्रियाओं के परिणामस्वरूप दण्ड प्राकृतिक रूप से उन्हें प्राप्त होना चाहिए।" रुसो के प्रसिद्ध ग्रन्थ 'इमाइल' का सर्वप्रथम वाक्य ही उसके अन्तरदर्शन का परिचय देता है– "प्रकृति के निर्माता के हाथों में सभी वस्तुएँ अच्छे रूप में मिलती हैं, परन्तु मानव के सम्पर्क में आते ही वे सब दूषित हो जाती हैं।" रुसो के अनुसार "प्राकृतिक परिणामों द्वारा अनुशासन (Discipline of Natural Consequences) सर्वश्रेष्ठ है।"

VIII. स्त्री शिक्षा (Women Education): स्त्री शिक्षा के बारे में रुसो ने लिखा है कि उन्हें घर सम्भालना है, इसलिए उनका गृह-कार्य में निपुण होना आवश्यक है। रुसो का कहना है कि वे सीने, काढ़ने, बुनने, खाना बनाने आदि में कुशल हों, उन्हें शारीरिक शिक्षा देनी चाहिए जिससे वे स्वस्थ तथा सुन्दर बन सकें, उनकी शिक्षा केवल पुरुष के योग्य बनने के ध्येय को रखकर ही होनी चाहिए।

स्त्री शिक्षा के बारे में रुसो ने इस बात पर बल दिया कि "स्त्री का जन्म उसे (पुरुष को) प्रसन्न रखने के लिए हुआ है।" अत: नारी का कर्त्तव्य है कि वह पालन-पोषण का कार्य ठीक ढंग से करे।

रुसो के शब्दों में "उच्च शिक्षा प्राप्त नारी अपने पति, बच्चों, परिवार, नौकरों, यहाँ तक कि प्रत्येक के लिए एक झंझट है।"

9.6 निषेद्यात्मक शिक्षा (Negative Education)

निषेद्यात्मक शिक्षा का अर्थ (Meaning of Negative Education): रुसो ने निषेद्यात्मक शिक्षा का अर्थ इस प्रकार दर्शाया है, "मैं निषेद्यात्मक शिक्षा उसे कहता हूँ जो ज्ञान देने के पहले ज्ञान के ग्रहण करने वाले अंगों को दृढ़ बनाती है और जो इन्द्रियों के उचित उपयोग से विवेक शक्ति को बढ़ाती है। निषेद्यात्मक शिक्षा समय को मूर्खता से व्यतीत नहीं करती वरन् इससे बहुत दूर है। यह गुण नहीं देती, पाप से बचाती है। वह सत्य का ज्ञान नहीं कराती, त्रुटियों से रक्षा करती है। वह बालक को सत्य की ओर जाने के लिए प्रेरित करती है, जब कि बालक इसको समझने की आयु प्राप्त कर लेता है तथा गुण को ग्रहण करने की प्रेरणा देती है कि उसको पहचानने एवं उसकी प्राप्ति की क्षमता प्राप्त कर लेता है।"

रुसो ने इस बात पर बल दिया है कि गुण तथा सत्य के सिद्धान्त बालक को नहीं पढ़ाए जाने चाहिएं वरन् प्रयत्न यह करना चाहिए कि उसका हृदय पाप से तथा मस्तिष्क भ्रम से सुरक्षित रहे।

रुसो का कहना है कि बालक बाहरी दूषित वातावरण से बचा रहे। जो शिक्षा बालक को प्रौढ़ व्यक्तियों के कर्त्तव्य के सम्बन्ध में शिक्षा देती है वह शिक्षा दोषपूर्ण है। उचित समय के आने से पूर्व ही मस्तिष्क को प्रौढ़ता प्रदान करना ठीक नहीं। ऐसी शिक्षा से बालक का मस्तिष्क भ्रम जाल में पड़ जाता है और उसका जीवन दोषपूर्ण हो जाता है। रुसो का कहना है कि "इस समय तो ज्ञानेन्द्रियों की शिक्षा ही सबसे उत्तम शिक्षा है।"

निषेद्यात्मक शिक्षा की विशेषताएँ (Characteristics of Negative Education):

1. *बौद्धिक क्षेत्र में निषेद्यात्मक शिक्षा (Negative Education in Mental Aspect)*: इसमें निम्नलिखित बातें आती हैं:

(i) *तर्क न देना*: इस काल में बालक के मस्तिष्क को ढालने अथवा प्रेरित करने का कोई भी प्रयत्न नहीं किया जाना चाहिए; क्योंकि यह अवस्था तर्क के होने का समय है।

(ii) *किसी पुस्तक का न पढ़ना*: बालक को कोई भी पुस्तक न पढ़ाई जाए; बल्कि उसे अपने प्रयत्न एवं विभिन्न अनुभवों के आधार पर ज्ञान प्राप्त करने का अवसर दिया जाए। रुसो ने कहा, ''पढ़ना बचपन के लिए अभिशाप है।''

2. *नैसर्गिक* दण्ड (*Natural Punishment*): अध्यापक को नैसर्गिक दण्ड का सिद्धान्त प्रयोग में लाना चाहिए। इस सिद्धान्त के अनुसार बालक को अपनी भूल पर स्वयं दण्ड मिलना चाहिए। अर्थात् वह अपनी भूल से शिक्षा ले।

3. *कोई आदत निर्माण न करना (No Habit Formation)*: बालक को किसी भी स्वभाव का आदी नहीं बनने दिया जाए। उसे स्वच्छन्द छोड़ दिया जाए। रुसो ने कहा, "बच्चे को केवल वही आदत बनाने देनी चाहिए कि वह कोई भी आदत न डाले।" उन्होंने जोर देकर कहा, "बच्चे की प्राकृतिक आदतें निर्माण करने के लिए छोड़ देना चाहिए।"

4. *शारीरिक विकास में निषेद्यात्मक शिक्षा (Negative Education in Physical Development)*: निषेद्यात्मक शिक्षा का सिद्धान्त जो कि शारीरिक शिक्षा के लिए प्रयुक्त होता है, उसके अनुसार बालक को स्वच्छन्द वायु एवं प्राकृतिक वातावरण में जीवन व्यतीत करने के अवसर मिलने चाहिएं।

5. *सामाजिक वातावरण से बाहर शिक्षा (Education Out of Social Environment)*: रुसो के अनुसार बच्चे की शिक्षा सामाजिक वातावरण में नहीं होनी चाहिए क्योंकि वह सामाजिक वातावरण को दूषित मानता था। रुसो का मानना था कि सामाजिक वातावरण बच्चे को दूषित बना देगा।

6. *औपचारिक शिक्षा का विरोध (Criticism of Formal Education)*: रुसो का कथन था, "बच्चे को पाठों से मुक्त करे। ऐसा करने से हम बच्चों के दुःख के मुख्य कारण को दूर करेंगे।"

7. *व्यक्तिगत शिक्षा (Individualised Education)*: रुसो ने लिखा है, "मुझे पाँच वर्ष का वह बालक दो जो कुछ भी न जानता हो। 15 वर्ष की आयु का जब मैं उसे लौटाऊँगा तो वह इतना जानता होगा जितना प्रारम्भिक काल से ही किसी शिक्षण संस्था में पढ़ा होगा। अन्तर यह होगा कि तुम्हारा छात्र केवल ज्ञान को रटने वाला होगा परन्तु मेरा पढ़ाया हुआ छात्र ज्ञान का प्रयोग करने वाला होगा।'' गाँधी जी ने भी ज्ञान के उपयोग पर बल दिया।

8. *प्रचलित परम्पराओं का विरोध (Opposition to Customary Practices)*: रुसो ने शिक्षा के क्षेत्र में ही नहीं अपितु जीवन के हर क्षेत्र में परम्पराओं का विरोध किया। रुसो ने कहा, "प्रचलित परम्पराओं के विरूद्ध कार्य करो। इससे आपके सभी कार्य ठीक हो जाएंगे।"

निषेद्यात्मक शिक्षा के आधार (Basis of Negative Education): रुसो द्वारा प्रतिपादित निषेद्यात्मक शिक्षा के निम्न आधार हैं–

1. *बुराईयों तथा दुर्भाग्य का मूल कारण संस्थाएँ*: रुसो के अनुसार, "सभ्य मनुष्य दासता के राज्य में पैदा होता है, जीवन व्यतीत करता है तथा इसी में वह अपनी अन्तिम सांस लेता है। उत्पन्न होते ही मनुष्य कपड़ों से लपेटा जाता है, मृत्यु के समय कफन से ढका रहता है तथा जब तक वह जीवित रहता है, वह संस्थाओं की जंजीरों से जकड़ा रहता है।" रुसो ने यह प्रस्तावित किया कि कृत्रिम आवरण को फेंक कर मनुष्य को नैसर्गिक विकास का प्रयत्न करना चाहिए। अतएव मनुष्य की रक्षा से एकमात्र उपाय है कि उसकी शिक्षा निषेद्यात्मक हो और मनुष्य प्रकृति की ओर लौटे।

2. *प्रचलित शिक्षा के उलट चलना*: प्रचलित शिक्षा के प्रति विरोधात्मक भावना अपनाकर रुसो ने कहा, "मुझे पाँच वर्ष का ऐसा कोई बालक सौंप दीजिए जो कुछ भी नहीं जानता हो। पन्द्रह वर्ष की आयु में मैं उसे लौटा दूँगा और उसको इतना ज्ञान होगा जितना बाल्यकाल में अन्य किसी उपदेश प्राप्त बालक का होगा। अन्तर दोनों में केवल इतना ही होगा कि जहाँ आप द्वारा शिक्षित बालक रट्टा लगाने में तेज होगा वहाँ मेरे द्वारा शिक्षित बालक अपने ज्ञान का उपयोग करने में सर्वथा समर्थ होगा।"

3. *समय का खोना*: रुसो ने लिखा है, "शिक्षा का उद्देश्य समय का उपयोग नहीं करना है वरन् उसे खोना है। इस समय के बीच अध्यापक अपने विद्यार्थी को किसी भी प्रकार की आक्षरिक अथवा तरतीबवार शिक्षा नहीं देगा; क्योंकि बालक तो केवल 'अनुभव' के द्वारा ही पढ़ाया जाएगा। वह स्वभवत: खेल तथा ज्ञानेन्द्रियों के व्यायाम द्वारा ही सीख लेगा।"

9.7 एमाइल पर संक्षिप्त नोट (A Brief Note on '*Emile*')

एमाइल शिक्षा में एक उपन्यास के रूप में है जिसके तीन पात्र कहे जा सकते हैं। एमाइल नाटक का मुख्य पात्र है। इसको शिक्षा देने वाला ट्यूटर रुसो है तथा सोफिया (Sophie), जैसे एमाइल की जीवन संगिनी कहा जा सकता है। इस पुस्तक में रुसो ने एमाइल तथा सोफिया की शिक्षा के विभिन्न पक्षों पर प्रकाश डाला गया है।

एमाइल की पाँच इकाईयाँ (Parts) हैं जिन्हें रुसो ने पुस्तकों (Books) की संज्ञा दी है।

इकाई अथवा खण्ड एक में शैशव अवस्था, खण्ड दो बचपन, खण्ड तीन किशोर अवस्था, खण्ड चार युवा अवस्था की शिक्षा तथा खण्ड पाँच में स्त्री शिक्षा पर विवरण दिया गया है। इन सभी अवस्थाओं पर शिक्षा के उद्देश्यों तथा पाठ्यक्रम पर पहले ही जहाँ पर चर्चा की जा चुकी है।

9.8 शिक्षा पर रुसो के विचारों की सीमाएँ (Limitations of Rousseau's Views on Education)

1. *पुस्तक को स्थान न देना अव्यावहारिक है (Impractical to Ignore Books)*: रुसो ने कहा कि 12 वर्ष से पूर्व बालकों के लिये किसी प्रकार की पुस्तक नहीं होनी चाहिए। यह कथन अव्यावहारिक प्रतीत होता है।

2. *छात्र के तर्क तथा सामाजिक संवेग की निश्चित अवस्था का न होना* (*Wrong Assumption about Child's Social Development*): रुसो का यह कहना है कि 12 वर्ष तक बालक तर्कहीन और 15 वर्ष तक असामाजिक होते हैं, गलत प्रतीत होता है।

3. *'प्राकृतिक परिणामों' का सिद्धान्त* (*Faulty Principle of Natural Consequences*): प्राय: रुसो के इस सिद्धान्त को स्वीकार नहीं किया जाता अपितु तर्क दिया जाता है कि क्या बालक को 'जहर पीने' आदि के परिणाम से सीखने दिया जा सकता है?

4. *स्त्री शिक्षा सम्बन्धी रुढ़िवादी विचार* (*Very Conservative Views on Women*): रुसो ने वैसे तो समानता तथा स्वतन्त्रता के विचार प्रकट किये हैं; परन्तु स्त्री शिक्षा के क्षेत्र में रुसो के विचार रुढ़िवादी विचारों से आगे नहीं बढ़ पाए।

5. *जनतन्त्रवाद की शिक्षा का उल्लेख न होना* (*No Reference to Education for Democracy*): रुसो की शैक्षिक विचारधारा में ऐसे बहुत ही कम तत्व मिलते हैं, जिनसे व्यक्ति जनतन्त्र प्रणाली के सदस्य के नाते तैयार किया जा सके।

6. *एकान्तवास में शिक्षा कहाँ सम्भव है* (*Education in Vaccum*): रुसो ने इस बात पर दिया कि इमाइल को समाज से दूर जाकर प्राकृतिक वातावरण में शिक्षित किया जाए। इस प्रकार की विचारधारा के अनुसार कुछ व्यक्तियों की शिक्षा का भले ही प्रबन्ध किया जा सके; परन्तु व्यापक रूप में जनसाधारण शिक्षा प्रणाली स्थापित नहीं की जा सकती।

7. *सुशिक्षित व्यक्ति की निश्चित परिभाषा का न होना* (*No Clarification of Well Educated Person*): रुसो ने कहा, "मैं इमाइल को जीवन का व्यवसाय सिखाना चाहता हूँ; वह सबसे पहले एक मनुष्य होगा।" रुसो ने इस आदर्श की व्याख्या नहीं की।

8. *सकारात्मक गुणों की अवहेलना* (*Ignoring Positive Values*): रुसो ने नकारात्मक शिक्षा पर बल दिया है।

9. *नकारात्मक सामाजिक दृष्टिकोण* (*Negative Attitude of Society*): रुसो ने समाज की जरूरत से ज्यादा निन्दा की है। समाज में अच्छाईयाँ तथा बुराईयाँ दोनों ही होती हैं परन्तु रुसो ने समाज की बुराईयों को ही देखा है।

9.8 रुसो का वर्तमान शिक्षा पर प्रभाव (Impact of Rousseau on Education)

मुनरो (*Munro*) के अनुसार "रुसो ने वह मार्ग प्रस्तुत किया जिस पर विश्व के भावी शिक्षाविदों तथा शिक्षकों ने चलना था।"

आर. एच. क्विक (*R.H. Quick*) के शब्दों में, "रुसो ने विचारों की दुनिया में वह कार्य किया जो फ्रांसिसी क्रान्तिकारियों ने राजनीति के क्षेत्र में किया। उसने सब कुछ साफ करके नए सिरे से प्रारम्भ करने का प्रयास किया।"

लॉर्ड मॉरले (*Lord Morley*) के विचार में, "रुसो ने यन्त्रीकरण के स्थान पर विकास पर बल दिया।"

रुसो को एक महान् शिक्षाशास्त्री माना जाता है। उनकी विचारधारा से शिक्षा में क्षेत्र में एक क्रान्तिकारी परिवर्तन आया। रुसो के शिक्षा सम्बन्धी विचारों से शिक्षा में रुढ़िवादिता कम हुई है। रुसो की प्रसिद्ध पुस्तक 'इमाइल' ने शिक्षा के इतिहास में एक नवीन युग को आरम्भ किया।

एक लेखक ने ठीक ही कहा है, "हमने अपने युग में वास्तव में इतिहास के सभी युगों में एक या दो बार से अधिक, ऐसा साहित्य कभी नहीं देखा जिसने मनुष्यों के मस्तिष्क पर हर प्रकार और श्रेणी के विचारकों पर ऐसा बड़ा प्रभाव डाला हो जैसा साहित्य रुसो ने सृजन किया है।"

उन्नीसवीं शताब्दी के लगभग सभी शैक्षिक सुधारकों ने किसी न किसी रूप में रूसो से प्रेरणा ली।

शिक्षा में पेस्टालजी की रुचि प्रत्यक्ष रूप से रुसो के कारण हुई।

फ्रोवेल ने बालक-प्रकृति के अनुसरण का सिद्धान्त रुसो से लिया।

हरवर्ट ने भी रुसो से प्रेरणा ली।

9.9 रूसो द्वारा शिक्षा में तीन प्रवृत्तियों को बढ़ावा देना (Encouragement to Three Tendencies in Education by Rousseau)

रुसो ने शिक्षा में निम्नलिखित तीन प्रवृत्तियों को बढ़ावा दिया है-

1. शिक्षा में मनोवैज्ञानिक प्रवृत्ति (Psychological Tendency in Education)
2. शिक्षा में वैज्ञानिक प्रवृत्ति (Scientific Tendency in Education)
3. शिक्षा में समाजशास्त्रीय प्रवृत्ति (Sociological Tendency in Education)

I. शिक्षा में मनोवैज्ञानिक प्रवृत्ति (Psychological Tendency in Education): इस के अन्तर्गत निम्नलिखित तत्व आ जाते हैं:

(i) छात्रों में व्यक्तिगत विभिन्नताएँ तथा उनके अनुसार शिक्षण (Individual Differences of *Students* and *Education* to take into *Consideration* These Differnces)

(ii) व्यक्ति के विकास की अवस्थाएँ तथा प्रत्येक अवस्था की आवश्यकताओं की पूर्ति करना (Different Stages of the Life of an Individual and Education to Later to Each Stage According to its Needs)

(iii) बच्चों की जन्मजात रुचियाँ तथा उनका विकास (Natural Endowment of Children and Their Development)

(iv) अवलोकन तथा अन्वेषण द्वारा शिक्षण (Teaching through Observation and Enquiry)

II. शिक्षा में वैज्ञानिक प्रवृत्ति (Scientific Tendency in Education): रुसो ने नीचे दिये तत्वों पर बल दिया:

(a) निर्णय तथा विवेक द्वारा शिक्षण (Teaching through judgment and reasonsing)

(b) कारण तथा परिणाम द्वारा शिक्षण (Teaching through cause and effect)

(c) ह्युरिस्टिक विधि को अपनाना (Incorprating Heuristic method)-छात्र को अनुसंधानकर्त्ता के रूप में देखना।

III. शिक्षा में समाजशास्त्रीय प्रवृत्ति (Sociological Tendency in Education): यद्यपि रुसो ने व्यक्तिगत स्वतन्त्रता पर बल दिया परन्तु सामाजिक दृष्टिकोण को भी माना।

उपसंहार: रुसो के विचार 'कोरी कल्पना' के समान हैं। उस की कल्पना का बालक आज तक जन्म नहीं ले पाया है अथवा स्थितियाँ ऐसी रही हों कि जहाँ कि बालक का विकास प्रकृति के खुले वातावरण में विचरण करने से हुआ हो। उसके विचार अव्यावहारिक

हैं। बालक की शिक्षा बिना किसी निर्देशन तथा शिक्षण के नहीं हो सकती। बालक समाज में जन्म लेता है तथा समाज में ही रहता है। समाज के सभ्य नागरिक बनने के लिए उपयुक्त वातावरण की अत्यन्त आवश्यकता है और यह वातावरण अनियंत्रित परिस्थितियों में उत्पन्न नहीं किया जा सकता। बिना किसी नियन्त्रण के अथवा प्रशिक्षण से बालक को प्रकृति के भरोसे छोड़ा नहीं जा सकता।,

इसमें भी कोई सन्देह नहीं है कि रुसो के विचारों ने शिक्षा के क्षेत्र में नयी दिशाएँ प्रदान की हैं। अब बालक को बालक समझ कर शिक्षा दी जाती है न कि उसे प्रौढ़ समझ कर। 'रटने' के स्थान पर 'समझ' पर बल दिया जाने लगा है। क्रियाशीलता के महत्व को समझा जाने लगा है। स्वयं सीखने की प्रक्रिया को प्रोत्साहन दिया जा रहा है। शिक्षण में तर्क तथा अन्वेषण के महत्व को समझा जाने लगा है। शिक्षा में मनोवैज्ञानिक तथा वैज्ञानिक दृष्टिकोणों को उचित स्थान दिया जा रहा है।

रुसो के शिक्षा सम्बन्धी विचारों के पक्ष तथा विपक्ष के पहलुओं की समीक्षा करने के बाद यह बात स्पष्ट हो जाती है कि रुसो का शिक्षा में अद्वितीय योगदान है। यही कारण है कि लगभग तीन शताब्दियों के पश्चात् भी बी.एड. तथा अन्य पाठ्यक्रमों में रुसो को प्रमुख स्थान दिया जा रहा है।

नोट: अध्याय 16 भी देखें।

10

जॉन हेनरिक पेस्टेलॉजी (1746–1827)
(John Henrick Pestalozzi)

10.1 संक्षिप्त जीवन चरित्र (Brief Life Sketch)

पेस्टेलॉजी स्विस (Swiss) शिक्षाविद् था, जिसने शिक्षा में मनोवैज्ञानिक प्रवृत्ति को बढ़ावा दिया। कुछ विद्वानों के विचार में उसने शिक्षा को मनोवैज्ञानिक बनाया अथवा शिक्षा का मनोवैज्ञानीकरण किया।

पेस्टेलॉजी का जन्म जूरिच (Zurich) में हुआ। उसके पिता एक चिकित्सक थे। जब वह पाँच वर्ष का ही था तब उसके पिता का देहान्त हो गया। पिता की मृत्यु हो जाने के कारण उसकी माता ने प्रेमपूर्वक उसका पालन पोषण किया जिससे उसकी धारणा बनी कि घर बालक का प्रथम स्कूल है और माता सर्वोत्तम शिक्षक। तदनन्तर उसने स्थानीय स्कूल और कॉलेज में शिक्षा पाई।

शिक्षा में प्रयोग: उसने कई व्यवसाय किए। वकालत की। राजनीति में भाग लिया। परन्तु सफलता नहीं मिली। उसने न्यू (Neuh) स्थान पर कृषि कार्य का विकास किया। वहाँ पर शिक्षा प्रयोग आरम्भ किया। उसने अपने बच्चे जकोबी (Jhcobi) को स्वयं पढ़ाना शुरू किया। वह रुसो की पुस्तकों से बड़ा प्रभावित हुआ और देश की गरीबी दूर करने का एक प्रमुख साधन अच्छी शिक्षा समझने लगा। सन् 1796 में वह बीस गरीब बच्चों को लेकर उद्योग धन्धों के माध्यम से पढ़ाने लगा। सन् 1798 में सरकार ने स्टेन्ज (Stanz) में शिक्षा का प्रयोग करने के लिए उसे एक विद्यालय में नियुक्त किया। यहाँ उसने ज्ञानेन्द्रिय 'प्रशिक्षण' और 'करके सीखने' पर बल दिया। फिर वह बर्गडार्फ (Burgdorf) के स्कूल में गया जहाँ उसने इन्द्रिय प्रत्यक्षीकरण या 'प्रेक्षण विधि' 'आगमन विधि' पर बल दिया और उसका विवरण उसने अपनी पुस्तक 'हाऊ ग्ररट्रडु टीचेज हर चिल्ड्रन' में दिया है। धनाभाव के कारण सन् 1805 में वह ईवरडॉ चला गया और वहाँ अपनी शिक्षण पद्धतियों पर प्रयोग करता रहा। गरीबी तथा अनुपयुक्त वातावरण के कारण उसे प्राय: असफलता ही हाथ लगी, किन्तु उसके शैक्षिक प्रयोगों की बड़ी ख्याति हुई और दूर-दूर से शिक्षाविद् उन्हें देखने-सुनने आते थे जिनके लिए उसने एक अध्यापक-प्रशिक्षण संस्था की भी व्यवस्था की थी। उसके शिक्षण सिद्धान्तों का यूरोप के सभी देशों की शिक्षा पर बड़ा प्रभाव पड़ा।

10.2 पेस्टेलॉजी का शिक्षण क्षेत्र में योगदान

1. शिक्षा का अर्थ: पेस्टेलॉजी ने शिक्षा को सम्पूर्ण मनुष्य के विकास की क्रिया माना। उसने उसे मनुष्य की जन्मजात शक्तियों के स्वाभाविक, सामंजस्यपूर्ण एवं क्रमिक विकास की संज्ञा दी। स्वाभाविक विकास के सम्बन्ध में उसने कहा, "मनुष्य वृक्ष के समान है, जिस प्रकार वृक्ष पर्यावरण से पोषण सामग्री लेकर स्वत: बढ़ता है, उसी प्रकार बालक की छिपी शक्तियाँ जीवन में विकसित होती हैं। शिक्षक को पर्यावरण प्रस्तुत करने में माली को काम करना चाहिए।"

2. शिक्षा में मनोवैज्ञानिक प्रवृत्ति: (i) पेस्टेलॉजी ने शिक्षा का मनोवैज्ञानीकरण किया। प्रचलित स्कूल के वातावरण तथा स्कूलों को कृत्रिम गला घोंटने वाली मशीनें बताया। उसने बालक के अनुभव, पर्यवेक्षण और स्वतन्त्रता पर बड़ा बल दिया था।

(ii) उसने कहा कि इन अनुभवों में भी क्रमश: सरल से कठिन की ओर चलना चाहिए।

(iii) शब्दों के पहले पदार्थ आने चाहिए जिससे छात्र को मूर्त से सूक्ष्म विचार की ओर अग्रसर किया जा सके।

(iv) उसने अवलोकन तथा इन्द्रिय ज्ञान को शिक्षा का आधार माना।

(v) उसने एक नये शब्द 'आन्शचांग' का प्रयोग किया था जिसका अर्थ इन्द्रिय अनुभव, अथवा सीधा मूर्त अवलोकन है। इसका तात्पर्य पदार्थों के अवलोकन से बालक की बाह्य एवं आन्तरिक इन्द्रियों पर प्रभाव डालना था।

(vi) उसने बालक की क्रियाशीलता के आधार पर 'करके सीखने' पर बल दिया।

(vii) शिक्षण-अधिगम को वह मूलत: विश्लेषणात्मक (Analytic) रखना चाहता था, और आगमन विधि का प्रयोग आवश्यक समझता था।

(viii) उसने संगठन और सहसम्बन्ध (Correlation) पर जोर देते हुए कहा कि मन और शरीर, ज्ञान और छात्र तथा स्कूल और छात्र में निकट का सम्बन्ध स्थापित किया जाए।

(ix) वह विद्यालय में भी 'परिवार भावना' चाहता था।

3. पेस्टेलॉजी तथा पाठ्यक्रम (Pestalozzi and Curriculum): पेस्टेलॉजी ने पाठ्यक्रम में निम्न विषयों का समावेश किया।

1. *गणित:* गणित के शिक्षण के लिए पेस्टेलॉजी ने एक तालिका की रचना की जिसे वर्गों के रूप में खण्ड प्रस्तुत करके तथा उन्हें उदग्र (Vertically) तथा अनुप्रस्थ (Horizontaly) करके बालकों को सुगमतापूर्वक गणित की शिक्षा दीं

2. *ड्राइंग:* लकड़ी जैसे पदार्थों के खण्डों को जोड़ कर पूरा चित्र बनाना सिखाया।

3. *ज्यामिति:* समकोण, न्यूनकोण व अधिककोण आदि सिखाने के लिए कार्डबोर्ड के मॉडल प्रयोग में लाए।

4. *प्रकृति निरीक्षण तथा भूगोल:* इन विषयों में पयवेक्षात्मक विधि अपनाई गई।

5. *संगीत:* संगीत का प्रशिक्षण भी रोचक ढंग से दिया गया।

धार्मिक तथा नैतिक शिक्षा: धार्मिक तथा नैतिक शिक्षा का आधार ठोस उदाहरण थे। इनके माध्यम से उसने छात्रों को उनके अन्त:करण के अस्तित्व से परिचित कराया।

विभिन्न स्तरों पर पाठ्यक्रम

प्राथमिक कक्षाएँ			*अपर कक्षाएँ*		
क्र. सं.	*पाठ्यक्रम के विषय*	*घण्टे*	*क्र. सं.*	*पाठ्यक्रम के विषय*	*घण्टे*
1.	प्रकृति अध्ययन	2	1.	प्राकृतिक इतिहास	2
2.	हस्तकला	2	2.	तकनीकी कार्य	2
3.	भूगोल	2	3.	गणित	6
4.	भ्रमण	2	4.	ज्यामिति तथा ड्राइंग	4
5.	मानसिक गणित	6	5.	भाषा	4
6.	ड्राइंग	4	6.	संगीत	3
7.	पढ़ना तथा भाषा	6	7.	धार्मिक तथा नैतिक शिक्षा	9
8.	संगीत	3			
9.	धार्मिक तथा नैतिक शिक्षा	6			
	कुल	**33**		**कुल**	**30**

4. व्यावसायिक शिक्षा (Vocational Education): पेस्टेलॉजी ने पाठ्यक्रम में व्यावसायिक विषयों पर बल दिया।

5. धार्मिक शिक्षा: पाठ्यक्रम के अवलोकन से स्पष्ट है कि पेस्टेलॉजी ने स्कूलों में धार्मिक शिक्षा को बहुत महत्वपूर्ण स्थान दिया। उसके विचार में धार्मिक शिक्षा आध्यात्मिक विकास में बहुत योगदान देती है।

6. पेस्टेलॉजी का आनशांग (Anschaung): पेस्टेलॉजी द्वारा प्रतिपादित 'आनशांग' के सिद्धान्त को शिक्षाविदों ने एक क्रान्किारी सिद्धान्त माना है।

पेस्टेलॉजी उन गिने-चुने शिक्षाशास्त्रियों में से हैं जिन्होंने अपने गहन अनुभव के आधार पर नये शिक्षण सिद्धान्तों तथा विधियों का सूत्रपात किया। पेस्टेलॉजी के सिद्धान्तों तथा विधियों ने शिक्षा में एक प्रकार से क्रान्ति लायी। पेस्टेलॉजी ने तत्कालीन स्कूलों के वातावरण के बारे में लिखा है, "हमारे स्कूल अवश्य ही गला घोंटने वाली केवल कृत्रिम मशीनें हैं, जिनके द्वारा प्रकृति के दिए हुए सभी अनुभव व शक्तियों का विनाश होता है।" 'आनशांग' इसी के विरूद्ध एक क्रान्तिकारी कदम था।

'आनशांग' का अर्थ इन्द्रिय अनुभव (Sense Perception) अथवा सीधा मूर्त अवलोकन है। इसका तात्पर्य पदार्थों के अवलोकन से बालक की बाह्य तथा आन्तरिक इन्द्रियों पर प्रभाव डालना है।

पेस्टेलॉजी ने कहा कि जो ज्ञान स्वयं 'खोजकर' प्राप्त किया जाता है, वह बहुत लाभकारी होता है। आन्तरिक विवेक का सिद्धान्त ज्ञान प्राप्त करने का प्रत्यक्ष साधन है।

मस्तिष्क के विकास के तीन स्तर तथा 'आनशांग' (Three Levels of Mental Development and Anschaung): पेस्टेलॉजी की यह धारणा थी कि शिक्षण विधि प्रभावी हो सकती है जो कि मस्तिष्क के विकास के अनुरूप हो। उसने मस्तिष्क के तीन स्पष्ट स्तरों की ओर ध्यान दिया।

(i) मस्तिष्क प्रथम स्तर पर इन्द्रियों के माध्यम से पदार्थ के प्रतिरूप को ग्रहण करता है परन्तु, यह प्रतिरूप धुंधला तथा अस्पष्ट होता है।

(ii) मस्तिष्क के विकास के दूसरे स्तर पर पदार्थ के ये प्रतिरूप एक-दूसरे से भिन्न होने लगते हैं। इस स्तर पर तब यह प्रतिरूप एक इकाई के रूप में स्पष्ट हो जाता है।

(iii) मस्तिष्क के विकास के तीसरे स्तर पर पदार्थ का वास्तविक ज्ञान हो जाता है। सभी प्रतिरूप निश्चित प्रयत्नों में बदल जाते हैं।

प्रेम सीखने के लिए प्रेम की बातों से काम नहीं चलेगा, वास्तव में प्रेम करना होगा। इसी प्रकार किसी ज्ञान प्राप्त करने के लिए उसका अनुभव करना होगा। अध्यापक का उत्तरदायित्व है कि वह ऐसे अनुभवों का प्रावधान करे जिनसे छात्र निष्कर्ष अथवा निष्कर्षों तक पहुँचे।

पेस्टेलॉजी ने यह माना कि सभी पदार्थों की संख्या, स्वरूप तथा नाम होते हैं, इसी बात को ध्यान में रखकर उसने 'आनशांग' का आधार भी संख्या, भाषा तथा नाम को ही माना। उसके अनुसार 'संख्या' तथा स्वरूप तो वास्तविक हैं और 'नाम' इन तत्वों को छात्र के मस्तिष्क में अधिक स्पष्ट करने के लिए है। पदार्थों का प्रत्यक्ष सम्पर्क 'आनशांग' के अन्तर्गत आता है। यह सम्पर्क और ऐन्द्रिक हो अथवा दृश्यश्रव्य, चाहे सरल हो अथवा जटिल।

संक्षेप में 'आनशांग' का अभिप्राय: छात्र द्वारा अपने स्वयं प्रयोग द्वारा प्राप्त करने से है। ज्ञान वही सार्थक है जो स्वयं के परिश्रम से प्राप्त किया जाए।

10.3 पेस्टेलॉजी के महत्वपूर्ण प्रकाशन (Important Publications of Pestalozzi)

1. '*The Evening Hour of a Hermit*': इस पुस्तक में प्रकृतिवाद का प्रभाव स्पष्ट दिखाई देता है।

2. '*Leonard and Gertrude*': इस पुस्तक में पेस्टेलॉजी ने विश्वास प्रकट किया कि शिक्षा ही समाज के विकास का साधन है।

3. '*My Investigation into the Course of Nature in the Development of the Human Race.*': इसमें पेस्टेलॉजी ने मानव जाति के विकास की प्रकृति पर प्रकाश डाला है।

4. '*How Gerrude Teacher Children*': इस पुस्तक में पेस्टेलॉजी के शिक्षा-सिद्धान्तों का स्पष्ट चित्र दर्शाया गया है।

10.4 पेस्टेलॉजी के शिक्षा दर्शन का मूल्यांकन (Evaluation of Pestalozzi's Philosophy)

1. पेस्टेलॉजी ने शिक्षा का मनोवैज्ञानीकरण किया। 2. शिक्षा का अर्थ बालक की छिपी हुई शक्तियों का विकास करना है। 3. शिक्षण में पर्यवेक्षण विधि पर जोर दिया। 4. स्कूल को एक आदर्श घर की संज्ञा दी। 5. शिक्षा के जनतन्त्रीकरण पर बल दिया। 6. बालक को अनुशासित करने के लिए बाह्य नियन्त्रण का सहारा न लिए जाने की बात कही। 7. शिक्षण स्थूल पदार्थों की सहायता से किया जाए। 8. ऑनश्चॉड्ड सिद्धान्त प्रस्तुत किया। 'मूर्त से अमूर्त' शिक्षा सिद्धान्त पर बल दिया।

11

जॉन ड्यूवी (1859–1952)
(John Dewey)

11.1 जॉन ड्यूवी का संक्षिप्त जीवन चरित्र
(Brief Life Sketch of John Dewey)

इनका जन्म एक साधारण व्यापारी के यहाँ 1859 ई. में अमेरिका के वरलिंगटन नगर में हुआ था। इनका बाल्यकाल ग्रामीण वातावरण में व्यतीत हुआ था। माता का इन पर विशेष प्रभाव पड़ा। 1879 में इन्होंने वारमॉण्ट विश्वविद्यालय (Vermont University) से बी.ए. की उपाधि प्राप्त की। एक साल तक दर्शन-शास्त्र का अध्ययन करने के पश्चात् ये अध्यापक बन गए। परन्तु उन्होंने शीघ्र ही अध्यापन कार्य छोड़ दिया और जॉन हॉपकिन्स विश्वविद्यालय से पी.एच.डी. की डिग्री दर्शन-शास्त्र में प्राप्त की। इस विश्वविद्यालय में ड्यूवी अनेक ख्याति प्राप्त विद्वानों के सम्पर्क में आये। इस सम्पर्क ने उनके दर्शन एवं शिक्षा सिद्धान्तों के विकास पर स्वस्थ प्रभाव डाला। ड्यूवी ने मनोविज्ञान का अध्ययन जी. स्टैनली हॉल, इतिहास का हारवार्ट वी. एडम्स तथा दर्शन-शास्त्र का अध्ययन जॉर्ज एस. मॉरिस तथा चार्ल्स एस. पीयर्स से किया।

अध्ययन समाप्त करने के पश्चात् अध्यापन कार्य आरम्भ किया। सबसे पहले मिनेसोटा विश्वविद्यालय में सन् 1888 से 1889 तथा मिशीगन विश्वविद्यालय में 1889 से 1894 तक अध्यापन कार्य किया। 35 वर्ष की आयु में वह 1894 में शिकागो विश्वविद्यालय के दर्शन-शास्त्र विभाग के अध्यक्ष पद पर आसीन हुए।

1894 में उन्होंने शिकागो विश्वविद्यालय में लेबोरेट्री स्कूल (Laboratory School) की स्थापना की। इस स्कूल में उन्होंने शिक्षा सम्बन्धी सिद्धान्तों पर प्रयोग किए। इसमें सन्देह नहीं कि इस स्कूल के कार्यों ने उन्हें बहुत ख्याति प्रदान की।

1904 में यह कोलम्बिया विश्वविद्यालय में दर्शन-शास्त्र के प्रोफेसर नियुक्त हुए। इस पद पर इन्होंने 1930 तक कार्य किया। परन्तु इसके पश्चात् भी अपनी मृत्यु तक (1952 ई.) इन्होंने इस विश्वविद्यालय से सम्बन्ध बनाए रखा।

इन्होंने टोकियो में शिक्षा-दर्शन पर व्याख्यान दिया। पीकिंग विश्वविद्यालय द्वारा आमन्त्रित किये जाने पर दो साल तक वहाँ रहे। टर्की में भी वे गए। वहाँ पर विश्वविद्यालयों के नव-संगठन का कार्य टर्की की सरकार ने इन्हें सौंपा था।

11.2 ड्यूवी के प्रकाशन (Publications of Dewey)

ड्यूवी एक प्रभावी तथा सशक्त लेखक थे। सम्भवत: शिक्षा तथा इससे सम्बन्धित क्षेत्र में इसके विभिन्न पक्षों पर जितना साहित्य ड्यूवी ने प्रकाशित किया, किसी और लेखक ने नहीं।

ड्यूवी के महत्वपूर्ण प्रकाशनों के नाम इस प्रकार हैं: 1. *My Pedagric Greed* (1897), 2. *Psychology and Philosophic Theory* (1899), 3. *Studies in Logical Theory* (1903), 4. *Ethics* (1908), 5. *The Influence of Design and Other Essays* (1910), 6. *How We Think* (1910), 7. *Democracy and Education* (1916), 8. *Essays in Experimental Logic* (1916), 9. *Creative Intelligence* (1917), 10. *Lectures at Tokyo Imperial University* (1920), 11. *Reconstruction in Philosophy* (1920), 12. *Human Nature and Conduct* (1922), 13. *Experience and Nature* (1925), 14. *The Public and its Problem* (1927), 15. *The Quest for Certainty* (1927), 16. *Art as Experience* (1934), 17. *A Common Faith* (1934), 18. *Philosophy and Civilisation* (1934), 19. *Liberalism and Social Action* (1935), 20. *Experience in Education* (1938), 21. *Freedom and Culture* (1939), 22. *Theory of Valuation* (1939), 23. *Problems of Men* (1946), 24. *Knowing and the Known* (1949), 25. *Educatuion Today* (1949), 26. *Interest and Effort in Education* (1953), 27. *Schools of Tommorrow* (1953), 28. *The Child and the Curriculum* (1956), 29. *The School and Society* (1900), 30. *Philosophy of Education* (1958), 31. *Moral Principles in Education* (1959).

11.3 जॉन ड्यूवी के दर्शन की विशेषताएँ (Characteristics of John Dewey's Philosophy)

चित्र 11.1 द्वारा जॉन ड्यूवी के दर्शन की विशेषताएँ दर्शायी गई हैं।

11.4 विशेषताओं का संक्षिप्त विवरण (Brief Description of Characteristics)

1. *कोई दैवी शक्ति नहीं* (*No Supernatural Power*): ड्यूवी के विचार में हमें दैवी शक्ति की कल्पना नहीं करनी चाहिए। इनकी यह आस्था है कि परम सत्य का दिग्दर्शन मानव से ही सम्भव है। यह कहना कि ब्रहाण्ड ही सब कुछ है और मानव की कोई सामर्थ्य नहीं, भ्रमात्मक है।

2. *मन स्थायी नहीं है* (*Mind is not Fixed*): ड्यूवी का विचार है कि मन स्थायी नहीं है, वरन् इसके विकास की क्रिया चलती रहती है। मन का सम्बन्ध वातावरण से है। मन वातावरण पर प्रभाव डालता है और स्वयं उससे प्रभावित होता है।

3. *मूल्य निश्चित नहीं है; वरन् वे उत्पन्न किए जाते हैं* (*Values are not Permanent*): ड्यूवी का मत है कि अनन्त सार्वभौम सत्य के सम्बन्ध में सुनिर्मित धारणा निश्चित करना न केवल असम्भव है वरन् व्यर्थ भी है। ड्यूवी के अनुसार जीवन के मूल्य समय, स्थान एवं व्यक्ति के साथ बदलते रहते हैं। सत्य केवल व्यक्ति का अनुभव मात्र है। अनुभव के द्वारा ज्ञान की वृद्धि होती है तथा सत्य का आगमन होता है। ज्ञान प्राप्ति की

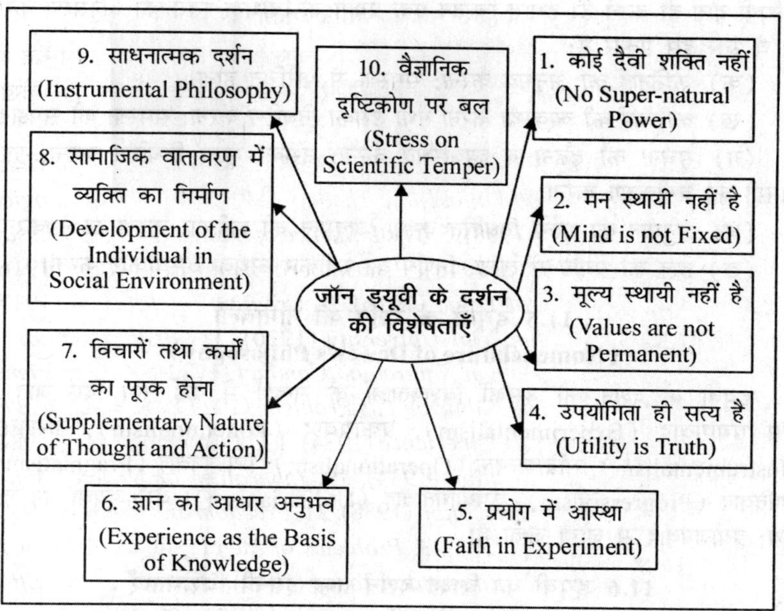

चित्र 11.1: जॉन ड्यूवी के दर्शन की विशेषताएँ

विधि प्रयोगात्मक है, "सब कुछ अस्थायी है और स्थायी न होने के कारण कुछ भी अन्तिम सत्य नहीं है। ज्ञान विशेषत: एक साधन है, साध्य नहीं है।"

4. *उपयोगिता ही सत्य है (Utility is Truth)*: संसार में उपयोगिता ही सत्य है।

5. *प्रयोग में आस्था (Faith in Experiment)*: जीवन में प्रयोगों का बहुत महत्व है। प्रयोगों द्वारा ही सत्य की परख होती है।

6. *अनुभव प्रयोग का आधार है (Experience is the Basis of Experiment)*: प्रयोग अनुभव पर निर्भर रहता है।

7. *ज्ञान का आधार अनुभव (Experience as the Basis of Experience)*: प्रयोग, अनुभव तथा ज्ञान एक प्रकार से एक दूसरे पर निर्भर रहते हैं।

8. *सामाजिक वातावरण में व्यक्ति का निर्माण (Development of the Individual in Scoial Environment)*: मानव एक सामाजिक प्राणी है तथा उसका विकास समाज में ही हो सकता है।

9. *साधनात्मक दर्शन (Instrumental Philosophy)*: ड्यूवी के विचार में मानव जीवन की प्रत्येक क्रिया किसी निश्चित उद्देश्य का साधन है। क्रियाएँ तथा विचार जीवन की समस्याओं का हल करने के साधन हैं।

10. *वैज्ञानिक दृष्टिकोण पर बल (Stress on Scientific Temper)*: ड्यूवी ने विज्ञान के तत्वों अर्थात् प्रयोग जिसमें अनुभव, तर्क, कारण तथा प्रभाव आदि पर बल दिया है।

ड्यूवी का विचार है कि हम अपनी समस्याओं का समाधान वैज्ञानिक प्रयोगात्मक

विधियों द्वारा ही करते हैं। हमारा चिन्तन एक प्रयोग के विभिन्न स्तरों का अनुसरण करता है। वे स्तर इस प्रकार हैं:

(क) *कठिनाई का अनुभव करना:* समस्या से परिचित होना।

(ख) *कठिनाई की व्यवस्था करना तथा उसका निर्धारण करना:* समस्या को समझना।

(ग) *सूचना को ढूँढना व व्यवस्थित करना:* उसका मूल्य निर्धारण करना, प्रदत्त सामग्री का वर्गीकरण करना।

(घ) *अनुमान का मूल्य निर्धारित करना:* अनुमान को स्वीकार करना या न करना।

(ङ) *हल को प्रयोग में लाना:* निर्णय को स्वीकार अथवा अस्वीकार करना।

11.5 ड्यूवी के दर्शन की नामावली (Nomenclature of Dewey's Philosophy)

ड्यूवी के दर्शन को उसकी विशेषताओं के सन्दर्भ में कई नाम दिए जाते हैं जैसे–प्रयोगवाद (Experimentalism), प्रकार्यवाद (Functionalism), करणवाद (Instrumentalism), संक्रियात्मक (Operationalism), प्रयोजनवाद (Pragmatism), प्रगतिवाद (Progressivism), उपयोगितावाद (Utilitarianism)। वैसे ड्यूवी का नाम प्राय: प्रयोजनवाद से जोड़ा जाता है।

11.6 ड्यूवी का शिक्षा दर्शन तथा इसकी विशेषताएँ (Dewey's Philosophy of Education and Its Characteristics)

ड्यूवी के दर्शन के सन्दर्भ में उसके शिक्षा दर्शन की निम्न विशेषताएँ हैं।

1. शिक्षा अनुभवों का पुनर्निमाण (Education as Reconstruction of Experience): ड्यूवी ने कहा, "शिक्षा समाज में निहित विषय-वस्तु को विकसित तथा गम्भीर बनाने के लिए अनुभवों के पुनर्निर्माण की एक अनवरत प्रक्रिया है, जिसके साथ व्यक्ति उन अनुभवों के पुनर्निर्माण सम्बन्धी सभी विषयों पर पूर्णरूप से नियन्त्रण प्राप्त कर लेता है या पूर्णरूप से उनका अभ्यस्त हो जाता है।"

"शिक्षा से तात्पर्य अनुभव को विकसित, परिवर्तित और संशोधित करना है। शिक्षा एक ऐसी प्रक्रिया है जो सतत् रूप से अनुभवों का नव-निर्माण तथा पुनर्गठन करती है।" ड्यूवी का विचार है कि जीवन की प्रगति केवल अनुभव के आधार पर ही हो सकती है। हमारे अनुभवों में प्रतिक्षण परिवर्तन आते रहते हैं। पुनर्गठन तथा नव-निर्माण की क्रिया सदैव चलती रहती है।

2. शिक्षा सतत् क्रिया (Education as Continuous): ड्यूवी ने लिखा है, "शिक्षा अनुभव की होती है, आत्म-अनुभव द्वारा होती है तथा अनुभव के लिए होती है–उन्होंने इसी सम्बन्ध में कहा है "शिक्षा एक ऐसी क्रिया है जो सतत् रूप से अनुभवों का नवनिर्माण तथा पुनर्संगठन करती है (Education is Reconstruction and Reorganization of Experience)।

3. शिक्षा की परिभाषा (Definition of Education): शिक्षा व्यक्ति की उन योग्यताओं का विकास करती है जो उसमें अपने वातावरण पर नियन्त्रण रखने तथा अपनी सम्भावनाओं को पूर्ण करने की सामर्थ्य प्रदान करे (Education is the development of all those capacities in the individual which will enable him to control his environment and fulfil his possibilities)।

4. मन का गत्यात्मक विकास (Motor Development of Mind): शिक्षा का कार्य मन का इस प्रकार विकास करना है कि वह गत्यात्मक अथवा गतिशील हो जो सभी परिस्थितियों में साधन-सम्पन्न एवं साहसयुक्त हो तथा जिसमें अज्ञात भविष्य के मूल्यों के निर्माण की क्षमता हो।

5. विकास में सहायक होना (Helpful in Growth): ड्यूवी ने शिक्षा के कार्य पर प्रकाश डालते हुए लिखा है, "शिक्षा का कार्य असहाय प्राणी के विकास में सहायता पहुँचाना है जिससे वह सुखी, नैतिक तथा कुशल मानव बन सके।"

6. शिक्षा तथा समाज का अस्तित्व (Education and Society's Existence): ड्यूवी ने समाज के लिए शिक्षा की उपयोगिता को इस प्रकार दर्शाया है, "जिस प्रकार जीवन पोषण तथा सन्तानोत्पादन की क्रिया शारीरिक जीवन के लिए करती है उसी प्रकार शिक्षा सामाजिक जीवन के लिए करती है (What nutrition and reproduction are to the physiological life, education is to social)।

7. शिक्षा सामाजिक क्रिया के रूप में (Education as Social Process): शिक्षा की प्रक्रिया सामाजिक है अर्थात् व्यक्ति को सामाजिक वातावरण में रखकर ही शिक्षा का उचित प्रबन्ध किया जा सकता है। इसीलिए ड्यूवी का कथन है, "सामाजिक वातावरण में उसके किसी भी सदस्य की सभी क्रियाएँ आ जाती हैं। इसका प्रभाव उतनी ही मात्रा में वास्तव में शिक्षा देने वाला होता है जितनी मात्रा में एक मनुष्य समाज की सहयोगी क्रियाओं में हिस्सा लेता है।"

शिक्षा के इस कार्य को महत्वपूर्ण बताते हुए ड्यूवी ने लिखा है, "शिक्षा में अति निश्चित और अल्पतम साधनों द्वारा सामाजिक और संस्थागत उद्देश्य के साथ-साथ समाज के कल्याण, प्रगति और सुधार में रुचि का पुष्पित होना पाया जाता है।"

8. औपचारिक शिक्षा: ड्यूवी ने लिखा है, "औपचारिक शिक्षा के बिना जटिल समाज के साधनों तथा उपलब्धियों को हस्तान्तरित करना सम्भव नहीं है। वह एक ऐसे अनुभव की प्राप्ति का द्वार खोलती है, जिसको बालक दूसरों के साथ रहकर अनौपचारिक शिक्षा के द्वारा प्राप्त नहीं कर सकते हैं।"

9. शिक्षा द्वारा वातावरण पर अधिकार: ड्यूवी ने लिखा है, "शिक्षा व्यक्ति की उन सब शक्तियों का विकास है, जिनसे वह अपने वातावरण पर अधिकार प्राप्त कर सके और अपनी भावी आशाओं को पूरा कर सके।"

वातावरण का रूप-परिवर्तन करके उस पर अधिकार रखने की आवश्यकता की ओर संकेत करते हुए जॉन ड्यूवी ने लिखा है, "वातावरण से पूर्ण अनुकूलन करने का अर्थ है-मृत्यु। आवश्यकता इस बात की है कि वातावरण पर नियन्त्रण रखा जाए।"

सामाजिक वातावरण का अर्थ: ड्यूवी ने लिखा, "सामाजिक वातावरण में उसके किसी भी सदस्य की सभी क्रियाएँ आ जाती हैं। इसका प्रभाव उतनी ही मात्रा में वास्तविक रूप से शिक्षाप्रद होता है, जितनी मात्रा में एक व्यक्ति समाज की सहयोगी क्रियाओं में भाग लेता है।"

10. शिक्षा जीविका प्राप्ति के लिए: ड्यूवी के अनुसार, "यदि एक व्यकित जीविका प्राप्त करने में असमर्थ है तो इस बात की आशंका है कि वह स्वयं चरित्रभ्रष्ट हो जाये और दूसरों को हानि पहुँचाये।"

11. जनतन्त्र तथा शिक्षा: ड्यूवी ने लिखा है, "लोकतन्त्र केवल सरकार का रूप न होकर, उससे भी अधिक कुछ है। यह मुख्यत: सहयोगी जीवन और सम्मिलित रूप से दिए गए अनुभव की विधि है।"

ड्यूवी ने लोकतन्त्र के लिए शिक्षा की आवश्यकता पर प्रकाश डालते हुए लिखा है, "लोकतन्त्र में इस प्रकार की शिक्षा होनी चाहिए, जिससे व्यक्तियों की सामाजिक सम्बन्ध और नियन्त्रण में व्यक्तिगत रुचि उत्पन्न हो और उनमें ऐसी मानिसक आदतों का निर्माण हो, जिनसे अव्यवस्था उत्पन्न हुए बिना सामाजिक परिवर्तन का होना सम्भव हो।"

11.7 शिक्षा के उद्देश्य (Aims of Education)

ड्यूवी ने शिक्षा के उद्देश्यों के बारे में इस प्रकार कहा है कि "शिक्षा के उद्देश्य नहीं होते हैं। उद्देश्य केवल व्यक्तियों के होते हैं और व्यक्तियों के उद्देश्य बहुत भिन्न होते हैं। बालकों में विभिन्नताएँ होती हैं। जैसे-जैसे बालक बड़े होते जाते हैं, वैसे वैसे उनके उद्देश्य बदलते रहते हैं।"

ड्यूवी के विचारों का अध्ययन करने के पश्चात् शिक्षा के उद्देश्यों को हम दो प्रकार से बाँट सकते हैं।

(i) व्यक्तिगत उद्देश्य (Individual Aims)

(ii) सामाजिक उद्देश्य (Social Objectives)

व्यक्तिगत उद्देश्य: व्यक्तिगत उद्देश्य दो प्रकार के होते हैं:

(i) व्यक्ति को मूल्यों तथा समस्याओं का निर्धारण करने में सहायता देना जो उसके लिए तत्कालिक महत्व के हों।

(ii) व्यक्ति को इस योग्य बनाना कि वह अपने अनुभव से ये मूल्य धारण कर सकें तथा समस्याओं का समाधान कर सकें।

11.8 सामजिक दृष्टि से शिक्षा के उद्देश्य (Aims of Education According to Social Point of View)

ड्यूवी ने सामाजिक दृष्टि से शिक्षा का उद्देश्य व्यक्ति में सामाजिक कुशलता (Social Efficiency) का विकास करना बताया है। एक सामाजिक कुशल व्यक्ति में निम्नलिखित विशेषताएँ होती हैं:

(i) आर्थिक कुशलता अर्थात् जीवनयापन की योग्यता।

(ii) जनतन्त्र के मूल्यों को समझना तथा इन मूल्यों पर आचरण करना।

(iii) सकारात्मक कुशलता (Positive Efficiency)

(iv) *नकारात्मक कुशलता (Negative Efficiency)*: नकरात्मक कुशलता का अर्थ उन सब अनैतिक कामनाओं तथा इच्छाओं को सन्तुष्ट होने से रोकना, जिनके सन्तुष्ट होने से प्रत्यक्ष या अप्रत्यक्ष रूप से सामाजिक विकास में बाधा पड़े।

11.9 ड्यूवी द्वारा प्रस्तावित पाठ्यक्रम (Curriculum according to Dewey)

ड्यूवी ने प्रचलित पाठ्यक्रम की आलोचना की तथा निम्नलिखित नवीन सिद्धान्तों को प्रतिपादित किया–

(i) *उपयोगिता का सिद्धान्त (Principle of Utility)*: ड्यूवी ने पाठ्यक्रम के निर्माण में उपयोगिता के सिद्धान्त पर सबसे अधिक बल दिया है। इनके विचार में पाठ्यक्रम में केवल उन विषयों तथा क्रियाओं को महत्व देना चाहिए जो उपयोगी हों।

(ii) *सामाजिक अनुभव का सिद्धान्त (Principle of Social Experience)*: विकास सामाजिक वातावरण में ही सम्भव है। अतः हमें सामाजिक अनुभवों की महत्ता को समझकर विद्यालय में उनका प्रबन्ध करना चाहिए।

(iii) *पाठ्यक्रम बालक की रुचियों के अनुसार (Principle of Students' Interests)*: चूँकि प्रत्येक बालक दूसरे से भिन्न है अतः पाठ्यक्रम का निर्धारण इस प्रकार किया जाना चाहिए कि बालकों की मूल प्रेरणाओं, प्रवृत्तियों तथा रुचियों के अनुसार हो।

(iv) *जीवन से पाठ्यक्रम का सम्बन्ध (Principle of Relationship to Life)*: पाठ्यक्रम के विषय जीवन से सम्बन्धित होने चाहिएँ।

(v) *पाठ्यक्रम में लचीलापन (Principle of Flexibility)*: ड्यूवी ने इस बात पर जोर दिया है कि स्थिति के अनुसार पाठ्यक्रम में परिवर्तन लाकर इसे लचीला बना दिया जाए। पाठ्यक्रम का निर्धारण पहले से नहीं किया जा सकता।

(vi) *पाठ्यक्रम क्रियाओं द्वारा (Principle of Doing)*: ड्यूवी का कहना है कि पाठ्यक्रम को विषय की कोठरियों में बन्द नहीं किया जाना चाहिए क्योंकि इस प्रकार शिक्षा केवल विभिन्न विषयों का ज्ञान मात्र स्मरण ही बनकर रह जाएगी। बालक के व्यक्तित्व का विकास नहीं हो पाएगा। पाठ्यक्रम विभिन्न क्रियाओं तथा अनुभवों पर आधारित होना चाहिए।

(vii) *पाठ्यक्रम तथा समन्वय का सिद्धान्त (Principle of Correlation)*: पाठ्यक्रम के विभिन्न विषयों में समन्वय होना चाहिए।

(viii) *पाठ्यक्रम में कला-कौशल (Principle of Creativity)*: बालकों को सृजनात्मक अनुभव प्रदान करने के लिए ड्यूवी ने कला-कौशल को महत्व दिया है।

(ix) *क्रिया द्वारा नैतिक तथा धार्मिक शिक्षा (Principle of Moral Education through Collective Activities)*: ड्यूवी ने इन विषयों को अलग से पढ़ाना उचित नहीं समझा है। इनका विचार है कि सामूहिक क्रियाओं में भाग लेने से नैतिक तथा धार्मिक गुणों का विकास होता है।

11.10 अध्यापक का स्थान (Role of the Teacher)

ड्यूवी ने शिक्षा प्रक्रिया में अध्यापक को विशेष स्थान दिया है। उन्होंने समाज के हित की दृष्टि से अध्यापक को ईश्वर का प्रतिनिधि माना है।

ड्यूवी के विचार में अध्यापक, "योजना-नायक, पथ-प्रदर्शक तथा निरीक्षक (Planner, Guide and Judge) है। उसे बालकों पर अपनी आज्ञाएँ नहीं थोंपनी चाहिएँ, शिक्षक शैक्षिक प्रक्रिया के ड्रामे का कलाकार न होकर ड्रामे का संयोजक होता है। वह बालकों के लिए सुन्दर तथा सामाजिक वातावरण का निर्माण करता है।

11.11 ड्यूवी के अनुसार अनुशासन (Discipline according to Dewey)

ड्यूवी का विचार है कि विद्यालय का अनुशासन सामाजिक वातावरण से उत्पन्न एक सामूहिक प्रयत्न के रूप में होना चाहिए। इन्होंने 'सामूहिक एवं सहकारी जीवन' का सिद्धान्त प्रस्तुत किया है। ड्यूवी ने व्यक्तिगत अनुशासन की अपेक्षा सामाजिक अनुशासन पर बल दिया है।

ड्यूवी का विचार है कि उद्देश्यपूर्ण क्रियाकलापों द्वारा बालकों की नैतिक अन्तर्दृष्टि का विकास होगा तथा ये आत्म-नियन्त्रण तथा सामाजिक मूल्यों के महत्व को समझेंगे।

ड्यूवी ने सामाजिक अनुशासन संबंधी दो बातों पर बल दिया है: 1. सामाजिक क्रियाओं द्वारा अनुशासन। 2. स्वतन्त्रता का सिद्धान्त।

11.12 शिक्षण विधियाँ (Methods of Teaching)

ड्यूवी से निम्न शिक्षण विधियों पर बल दिया जाए:

1. क्रिया द्वारा सीखना (Learning by Doing), 2. अण्वेषण विधि (Enquiry Method), 3. समस्या विधि (Problem Method), 4. प्रोजेक्ट विधि (Project Method), 5. स्व शिक्षा विधि (Self-Education Method), 6. खेल विधि (Play-way method), 7. स्वशासन विधि (Self-government Method)

11.13 ड्यूवी के विद्यालय के बारे में विचार (Dewey's Views on School)

ड्यूवी ने अपने समय के विद्यालयों की कड़ी आलोचना की। ड्यूवी ने अनुभव किया कि विद्यालयों का समय के साथ न बदलना ही उसका एक बड़ा भारी दोष है, ड्यूवी ने कहा कि औद्योगिक विकास के कारण तथा प्रतिदिन के वैज्ञानिक आविष्कारों से समाज में भारी परिवर्तन आता है। अत: विद्यालयों में भी इस प्रकार परिवर्तन की आवश्यकता है। इन्होंने विद्यालयों के नव संगठन पर बल दिया।

ड्यूवी के अनुसार–1. स्कूल बाहरी जीवन का सार (Epitome) है। 2. स्कूल समाज का लघुरूप (Society in Miniature) है। 3. स्कूल बड़ा परिवार (Lengthened Family) है।

एक आदर्श स्कूल के कार्य तथा विशेषताएँ (Functions and Characteristics of an Ideal School): स्कूल के स्वरूप के सम्बन्ध में ड्यूवी ने इस प्रकार विचार व्यक्त किया है, "स्कूल एक सामाजिक संस्था है। यह समाज से जुड़ा रहना चाहिए। साधारण रूप से स्कूल एक सामुदायिक जीवन है जिसमें वे सभी साधन केन्द्रित हैं जो बच्चे को समाज के परम्परागत स्रोतों का उपयोग करने तथा उसे सामाजिक उद्देश्यों की प्राप्ति के लिए अपनी शक्ति की प्रयोग करने के लिए क्षमता प्रदान करते हैं।"

ड्यूवी के अनुसार आदर्श स्कूल की निम्न विशेषताएँ हैं:

1. *आर्दश परिवार (Ideal Family)*: स्कूल एक बड़ा परिवार है परन्तु ऐसा परिवार जिसके सदस्य परस्पर स्नेह तथा विश्वास रखकर सहयोग के साथ कार्य करते हैं।

2. आदर्श लघु समाज (*Ideal Mini Society*): स्कूल समाज का ऐसा दर्पण है जो समाज की अच्छाईयों की ओर बच्चों का ध्यान दिलाता है तथा प्रयास करता है कि लघु

समाज के रूप में यह आदर्श वातावरण प्रस्तुत करें। समाज की कुरीतियों से छात्रों को सावधान करता है।

3. *समाज का साधारण रूप* (*Simple Form*): समाज में अनेक पेचेदीगियाँ (Complexities) हैं। इन्हें साधारण रूप से बच्चों के सम्मुख प्रस्तुत करने के प्रयास स्कूल द्वारा किए जाने चाहिए।

4. *तालमेल बैठाना* (*Balancing*): समाज के वातावरण में अनेक विभिन्नताएँ तथा विसंगतियाँ हैं। स्कूल का कार्य है कि इनमें तालमेल स्थापित करके बच्चों के सम्मुख संतुलित वातावरण प्रदान करे।

5. *बाल-केन्द्रित शैक्षिक संस्था* (*Child Centered Educational Institution*): स्कूल बालक को शिक्षा के नाटक में उसे नायक का स्थान दें। अर्थात् उसकी रुचियों, अभिरुचियों तथा क्षमता को ध्यान में रखकर पाठ्यक्रम में उचित अनुभवों की व्यवस्था करे।

6. *करके सीखने की व्यवस्था* (*Learning by Doing*): विद्यालय में भाषणों आदि पर जोर न देकर 'करके सीखने' पर बल दिया जाए।

7. *एक साथ कार्य करने तथा रहने की कला का प्रशिक्षण* (*Training in the Art of Working and Living Together*): स्कूल केवल औपचारिक शिक्षा प्रदान करने का स्थान नहीं है। उसका एक प्रमुख कार्य है कि छात्रों को रहने की कला में प्रशिक्षण दे।

8. *स्कूल प्रयोगशाला* (*School as a Laboratory*): स्कूल का कार्य इस प्रकार का वातावरण प्रदान करना है जिसमें छात्र अन्वेषण का आनन्द ले।

9. *स्व-अनुशासन तथा सामाजिक अनुशासन* (*Self-discipline and Social Discipline*): छात्रों को विभिन्न प्रकार के प्रभावी कार्यक्रमों में भाग लेने के पर्याप्त अवसर दिए जाने चाहिए। स्कूल में सृजनात्मकता के विकास के लिए अनेक अवसर दिए जाने चाहिए।

संक्षेप में ड्यूवी के अनुसार स्कूल में इस प्रकार की विशेषताएँ वांछनीय हैं:

1. विद्यालय एक आर्दश सामाजिक संस्था है।
2. विद्यालय द्वारा सामाजिक प्रगति तथा समाज कल्याण की चेष्टा की जाती है।
3. विद्यालय समाज का आदर्श तथा लघु रूप है।
4. विद्यालय समाज के लिए उपयोगी क्रियाओं को सरल, शुद्ध तथा संतुलित रूप में प्रस्तुत करता है।
5. विद्यालय में छात्र के व्यक्तित्व विकास पर सामाजिक वातावरण में बल दिया जाता है।
6. विद्यालय में बालक को विभिन्न अनुभव प्राप्त कराने के लिए पर्याप्त अवसर प्रदान किए जाते हैं।
7. विद्यालय में बालकों को मिलजुल कर रहना और सहयोग की भावना को अपनाना सिखाया जाता है।
8. विद्यालय में आदर्श घर जैसा वातावरण प्रस्तुत करने पर बल दिया जाता है। विद्यालय में उन शैक्षिक क्रियाओं का आयोजन किया जाता है जो घर के जीवन पर आधारित हों।

9. विद्यालयों में जनतन्त्रीय वातावरण पर बल दिया जाता है ताकि बालकों को नागरिकता की शिक्षा दी जा सके।

10. विद्यालय में बालकों को इस प्रकार की व्यावसायिक शिक्षा दी जाती है कि उनका सामाजिक तथा व्यक्तिगत विकास हो।

ड्यूवी का शिकागो में 'प्रयोगात्मक विद्यालय' (Laboratory School): ड्यूवी ने अपने विचारों को कार्यरूप में परिणत करने के लिए 1896 में इस विद्यालय की स्थापना की। इस विद्यालय में तत्कालीन शिक्षा-प्रणाली का परित्याग कर अपने विचारों के अनुसार व्यवस्था की। यह विद्यालय ड्यूवी के शिक्षा सिद्धान्तों के परीक्षण का केन्द्र था। इसमें सिद्धान्तों की आलोचना भी की जाती थी तथा नवीन सत्यों की खोज होती थी।

चार से चौदह वर्ष की विभिन्न आयु के बालक इस विद्यालय में आठ या दस की संख्या में छोटे-छोटे वर्गों में विभाजित कर दिए जाते थे।

ड्यूवी ने बालकों के श्रेणी विभाजन की कोई कड़ी योजना नहीं अपनायी।

अध्यापक सदा प्रयत्न करते थे कि विद्यालय तथा समुदाय के जीवन की खाई को किस प्रकार पाटा जाए। वे बालकों की शिक्षा के लिए भिन्न-भिन्न तथा उपयोगी विषयों को सम्मिलित करने के उपाय सोचा करते थे।

ड्यूवी ने इस विद्यालय का विस्तृत वर्णन अपनी पुस्तक '*The School and Society*' में किया है तथा अमेरिका में अध्यापकों के समक्ष एक नवीन स्कूल का चित्र प्रस्तुत किया।

11.14 ड्यूवी का वर्तमान शिक्षा पर प्रभाव (Impact of Dewey's Views on Modern Education)

शिक्षा का कोई भी प्रमुख क्षेत्र ऐसा नहीं है जिसे ड्यूवी के विचारों ने प्रभावित न किया हो। सबसे महत्वपूर्ण तत्व यह है कि उसने अपने सिद्धान्तों का व्यावहारिक परीक्षण किया। सिद्धान्तों की सत्यता को परखा तथा अनुभव के आधार पर उनमें वांछित संशोधन भी किए।

ड्यूवी ने शिक्षा सम्बन्धी सैद्धान्तिक तथा व्यावहारिक विचारधारा पर अपूर्व प्रभाव डाला है। इनकी विचारधारा के आधार पर 'एक्टीविटी स्कूल' (Activity Schools) खोले गए।

ड्यूवी ने शिक्षा के क्षेत्र में रूढ़िवादिता का घोर विरोध किया। मानव जीवन की परिवर्तित एवं परिवर्तनशील स्थितियों के लिए एक उपयुक्त शिक्षा दर्शन का प्रस्तुतीकरण किया। इनके प्रयोगात्मक एवं सैद्धान्तिक कार्यों ने शिक्षा का पुनर्मनोवैज्ञानीकरण किया है तथा इनको समाजीकरण, औद्योगिक एवं वैज्ञानिक रूप प्रदान किया है।

मुख्य तौर पर ड्यूवी ने निम्नलिखित शैक्षिक क्षेत्रों पर अपना प्रभाव डाला:

1. शिक्षा को सक्रियता प्रदान की गई है।
2. शिक्षा का नया अर्थ लिया जाने लगा है। इसे अनुभवों का नव-निर्माण और पुनर्गठन कहा जाने लगा है। शिक्षा में सामाजिक तथा प्रजातान्त्रिक मूल्यों पर बल दिया है।
3. शिक्षा के उद्देश्य पर नवीन दृष्टिकोण से विचार होने लगा है।
4. विद्यालय के कार्यों में समाज के परिवर्तन के अनुकूल परिवर्तन लाना अच्छा समझा जाने लगा है।

5. विद्यालय को समाज का आदर्श लघु रूप समझा जाने लगा है।

6. विद्यालय में ऐसी शिक्षा पर बल दिया जाने लगा है, जो छात्रों की सामाजिक भावना का विकास करे।

7. विद्यालय का कार्य जनतन्त्र की भावना का विकास करना समझा जाने लगा है।

8. विद्यालय को समाज की प्रगति तथा उत्थान का साधन माना जाने लगा है।

9. विद्यालय में सामूहिक कार्यक्रम को प्रोत्साहन देना अच्छा समझा जाने लगा है।

10. पाठ्यक्रम पर नवीन दृष्टिकोण से विचार होने लगा है।

11. पाठ्यक्रम को सक्रियता प्रदान की गई है।

12. पाठ्यक्रम में हस्तकला इत्यादि पर विशेष बल दिया जाने लगा है।

13. बालक के अनुभव के आधार पर शिक्षा देना अच्छा समझा जाने लगा है।

14. अध्यापक का स्थान महत्वपूर्ण समझा जाने लगा है।

15. अनुशासन को सामाजिक अनुशासन का रूप दिया जाने लगा है।

16. शिक्षण में चिन्तन को प्रोत्साहित करना अच्छा समझा जाने लगा है।

17. समन्वय का सिद्धान्त महत्वपूर्ण माना जाने लगा है।

18. शिक्षण प्रणाली में प्रयोजन विधि को अच्छा समझा जाने लगा है।

11.15 ड्यूवी के विचारों की आलोचना (Criticism of Dewey's Views)

1. ड्यूवी ने शिक्षा का कोई पूर्व निर्धारित उद्देश्य नहीं माना है। इनके विरोधियों का कहना है कि बिना उद्देश्य के शिक्षा सुचारू रूप से नहीं दी जा सकती है।

2. ड्यूवी ने किसी भी सिद्धान्त को सदैव सत्य नहीं माना है। इस प्रकार का विचार दोषपूर्ण है।

3. ड्यूवी ने 'उपयोगिता' पर आवश्यकता से अधिक बल दिया है। ऐसी विचारधारा हमें भौतिकवाद का गुलाम बनाती है तथा संसार में झगड़ा, ईर्ष्या, निर्दयता इत्यादि जैसी गन्दी प्रवृत्तियों को जन्म दे सकती है।

4. ड्यूवी ने समाज के एकत्रित अनुभवों अर्थात् विरासत को कोई महत्व नहीं दिया है। हर व्यक्ति के लिए सम्भव नहीं है कि वह स्वतः मूल्य निर्धारण करे।

5. 'प्रत्यक्ष अनुभव' को ही ड्यूवी ने ज्ञान प्राप्त करने का एकमात्र साधन माना है। अन्य साधनों की अवहेलना की है।

6. ड्यूवी ने नैतिकता के प्रति कोई सन्तोषजनक विचार प्रस्तुत नहीं किया है।

7. ड्यूवी ने पाठ्यक्रम में शारीरिक शिक्षा की अवहेलना की है।

8. ड्यूवी ने पाठ्यक्रम में सन्तान के पालन-पोषण आदि तत्वों को महत्वपूर्ण स्थान नहीं दिया है।

9. ड्यूवी ने अवकाश के समय की आवश्यकता को कोई महत्व नहीं दिया है।

10. पाठ्यक्रम को केवल क्रियाओं का समूह समझना ठीक नहीं प्रतीत होता है।

11. ड्यूवी के दर्शन में इस प्रकार के प्रश्नों की अवहेलना की गई है-आत्मा क्या है? ब्रह्म क्या है? ब्रह्माण्ड का निर्माता कौन है? इत्यादि। शिक्षा में इस प्रकार के विवेचना की आवश्यकता होती है।

12. अनौपचारिक शिक्षा की महत्ता पर प्रकाश नहीं डाला गया है।

13. प्रोजेक्ट विधि की अनेक सीमाएँ हैं।

14. शिक्षा प्रत्येक बालक की रुचि तथा योग्यता के अनुसार सम्भव नहीं हो सकती। यह विचार कोरी कल्पना है। समाज में इतने साधन नहीं हैं कि शिक्षा को व्यक्तिगत रूप प्रदान किया जा सके।

11.16 उपसंहार

प्रो. वागले (*Bagley*) ने ड्यूवी को शिक्षा के क्षेत्र में एक महान् नायक बताया है। उनके विचारों ने स्वराष्ट्र की संकुचित सीमा तोड़ कर विश्वव्यापी प्रभाव डाला है। वे सच्चे मायने में विश्व में शिक्षा का नायक था।

फ्रैडरिक मेयर (*Fredrick Mayor*) ने ड्यूवी को शिक्षा सुधारक के रूप में अग्रदूत की संज्ञा दी है। उन्होंने शिक्षा में वैज्ञानिक मनोवृत्ति पर जोर दिया है। उन्होंने ऐसी शिक्षा पद्धति का सूत्रपात किया है जो संसार में गड़बड़ी को दूर कर व्यवस्था स्थापित कर सकती है।

नोटः अध्याय 18 भी देखें।

12

बरट्रैण्ड आर्थर रसेल (1872–1970)

(Bertrand Arthur Russell)

12.1 संक्षिप्त जीवन चरित्र (Brief Life Sketch)

बरट्रैण्ड रसेल का जन्म 1872 में इंग्लैण्ड में हुआ। जब वे केवल तीन वर्ष के ही थे, उनके माता-पिता का देहान्त हो गया। अत: उनका पालन-पोषण उसके दादा-दादी ने किया। उनके लिए घर पर ही ट्यूटर रखा गया जिससे उन्होंने फ्रैंच तथा जर्मन भाषा का ज्ञान प्राप्त किया।

1890 में उन्होंने कैम्ब्रिज विश्वविद्यालय के ट्रिनिटी कॉलेज (*Trinity College*) में प्रवेश किया। दर्शन शास्त्र में विशेष योग्यता सहित उन्होंने प्रथम श्रेणी में उपाधि प्राप्त की। कुछ समय के पश्चात् वे इसी कॉलेज में प्रोफेसर बने।

1894 में उन्होंने कैम्ब्रिज छोड़कर फ्रांस के ब्रिटिश दूतावास में नौकरी की।

1903 में उनकी पहली पुस्तक '*Principles of Mathematics*' प्रकाशित हुई।

उनकी रुचि दर्शनशास्त्र तथा गणित में थी। इन विषयों पर उन्होंने अनेक पुस्तकें लिखीं।

प्रथम महायुद्ध के समय उनके विचारों के कारण उन्हें 100 पौंड दण्ड भुगतना पड़ा। दण्ड वसूल करने के लिए उनका निजी पुस्तकालय जब्त कर लिया गया।

1918 में एक लेख के कारण उन्हें 10 महीने का कारावास दिया गया। जेल में ही उन्होंने अपनी जगत् प्रसिद्ध पुस्तक '*Introduction to Mathematical Philosophy*' लिखी।

1920 में चीन के प्रसिद्ध पेचिंग विश्वविद्यालय में दर्शनशास्त्र पर भाषण के लिए उन्हें आमन्त्रित किया गया।

1950 में उनकी उत्कृष्ट कृतियों तथा विद्वता के कारण नोबेल पुरस्कार (Nobel Prize) से पुरस्कृत किया गया।

वे प्रसिद्ध गणितज्ञ तथा दार्शनिक थे। शिक्षा के विभिन्न पक्षों पर उन्होंने अपने विचार व्यक्त किए। रसेल ने स्वयं आधुनिक प्रणाली के अनुसार एक स्कूल भी खोला।

12.2 रसेल के प्रकाशन (Publications of Russel)

1. *Principles of Mathematics* (1903), 2. *Principles of Social Reconstruction* (1916), 3. *Introduction to Mathematical Philosophy* (1920), 4. *The ABC of Atom*, 5. *The ABC of Relativity* (1925), 6. *The Analysis of Matter* (1926),

7. *On Education* (1926), 8. *The OUtlines of Philosophy* (1928), 9. *Sceptical Essays* (1928), 10. *Marriage and Morals* (1929), 11. *The Conquest of Happiness* (1930), 12. *The Scientific Outlook* (1931), 13. *Education and the Social Order* (1932), 14. *Freedom and Organization* (1934), 15. Power : A New Social Analysis (1939), 16. An Enquiry Into Meaning of Truth (1940), 17. A History of Western Philosophy (1946), 18. Human Knowledge: Its Scope and Limits (1948), 19. Authority and Individual (1949), 20. New Hops for a Changing World (1951), 21. The Impact of Science on Society (1952).

12.3 रसेल के दर्शन के मुख्य तत्व (Main Elements of Russell's Philosophy)

1. उन्होंने व्यक्ति के सृजनात्मक पक्ष पर बल दिया।

2. उनका मत था कि यदि व्यक्ति के सृजनात्मक पक्ष का विकास किया जाए तो उसे वांछित सन्तुष्टि प्राप्त हो सकती है।

3. उनका तर्कना (Reasoning) में विश्वास था तथा वे इसी आधार पर सत्य की परख करना चाहते थे।

4. वे परमाणु हथियारों के विरोधी थे तथा इसी विरोध के कारण संसार के प्रथम युद्ध 1914-18 में सरकार ने कुछ महीनों के लिए कारावास दिया।

5. वे मानव कल्याण के समर्थक थे।

6. उनका विश्वास था कि व्यक्तियों की सृजनात्मकता का विकास जनतन्त्रीय मुक्त वातावरण में ही हो सकता है।

7. सभी संस्थाओं की क्रियाविधियों का आधार निर्देशन प्रवृत्ति का न होकर सृजनात्मक प्रवृत्ति का होना चाहिए।

8. सामाजिक संस्थाओं तथा संगठनों का पुनर्निमाण इस ढंग से किया जाए कि सृजनात्मकता की अधिकतम अभिव्यक्ति हो।

12.4 शिक्षा के विभिन्न पक्षों पर रसेल के विचार (Views of Russell on Different Aspects of Education)

1. शिक्षा का अर्थ (Meaning of Education): रसेल के अनुसार शिक्षा मनुष्य की सम्पूर्णता की प्रक्रिया है (Education is the process of human perfection)। शिक्षा केवल बाहरी ज्ञान देने की प्रक्रिया नहीं है अपितु मन में इस प्रकार की जोत जगाना है कि मनुष्य यह जान पाए कि उसका समाज तथा ब्रह्माण्ड (Universe) में क्या स्थान है।

2. शिक्षा के उद्देश्य (Aims of Education): रसेल ने शिक्षा के निम्न उद्देश्यों पर बल दिया:

(i) छात्रों का व्यक्तिगत विकास करना। (ii) व्यक्तिगत विकास के साथ-साथ नागरिकता का विकास करना। (iii) व्यक्तिगत तथा सामाजिकता के विकास के साथ विश्व का विकास करना। (iv) व्यक्तियों का इस प्रकार विकास करना कि उनमें इस प्रकार के सृजनात्मक गुण हों जिनसे वे सृजनात्मक समाज की स्थापना में अपना योगदान दे सकें। अत: शिक्षा द्वारा निम्न गुणों का विकास किया जाना चाहिए:

(i) निरीक्षण (ii) धैर्य (iii) उद्यमशीलता (iv) मस्तिष्क की उदारता (v) साहस (vi) संवदेनशीलता (vii) जीवन शक्ति (Vitality)।

3. शिक्षा तथा बौद्धिक गुण (Education and Intellectual Virtues): ज्ञान प्राप्ति की तकनीकों का नाम रसेल ने बौद्धिक गुण (Intellectual Virtues) दिया। शिक्षा द्वारा छात्रों में इन गुणों का विकास किया जाना चाहिए।

1. जिज्ञासा (Curiosity), 2. उदार मानिसकता (Open Mindedness), 3. धैर्य (Patience), 4. परिश्रम (Industry), 5. एकाग्रचित्तता (Concentration), 6. यथार्थता (Exactness)

4. स्कूल के विभिन्न स्तरों पर शिक्षा (Education at Diferent School Stages)

A. *स्तर–नर्सरी विद्यालय (Nursery Stage School) आयु–दो वर्ष से 5 वर्ष की आयु:* *शिक्षण सिद्धान्त तथा पाठ्यक्रम*: 1. बच्चों के झुकावों का पता लगाना। 2. बच्चों को सभी विषयों की सामान्य जानकारी होना। 3. किण्डरगार्डन तथा माण्टेसरी पद्धति को अपनाना। 4. गरीब बच्चों के लिए विशेष प्रबन्ध करना।

B. *स्तर–प्राथमिक शिक्षा (Elementary Education) आयु–5 से 14 वर्ष:* 1. बालकों की शिक्षा उनकी व्यक्तिगत विशेषताओं के अनुसार देना। 2. इतिहास और भूगोल की शिक्षा 5 वर्ष की आयु से आरम्भ करना। 3. गणित 4 वर्ष की आयु से आरम्भ करना। 4. विज्ञान और कला की शिक्षा 12 से 14 वर्ष के बीच करना। 5. परम्परागत भाषाओं का अध्ययन 12 से 14 वर्ष के बीच करना। 6. अन्य विषय: (1) कला, (2) अंकगणित, (3) बीजगणित, (4) ज्यामिति, (5) रसायन शास्त्र, (6) भौतिक शास्त्र।

C. *माध्यमिक तथा उच्च माध्यमिक स्तर (Secondary and Higher Secondary Stage) 14 से 18 वर्ष की आयु के बीच:* 1. *दो प्रकार की शिक्षा*: (1) विशिष्ठ शिक्षा उन छात्रों के लिए जिनकी बुद्धि सामान्य से अधिक है। (2) सामान्य शिक्षा–सामान्य बुद्धि वाले छात्रों को।

2. *पाठ्यक्रम (Curriculum)*: (1) प्राचीन भाषाएँ, (2) गणित तथा विज्ञान, (3) वर्तमान मानविकी विषय (Humanities) (4) इन विषयों का सामान्य ज्ञान दिया जाना चाहिए। (i) शरीर रचना शास्त्र, (ii) शरीर विज्ञान, (iii) स्वास्थ्य ज्ञान।

5. शिक्षण-अधिगम पद्धतियाँ (Teaching Learning Methods): रसेल ने निम्नलिखित सुझाव दिये हैं:

1. छात्रों को शिक्षण-अधिगम प्रक्रिया में सक्रिय सहयोगी बनाया जाए।

2. विद्यालय में कार्य के दिन का पर्याप्त भाग विद्यार्थियों की स्वेच्छा से अध्ययन (Self-Study) करने के लिए मिलना चाहिए।

3. विद्यालय में भली प्रकार सुसज्जित पुस्तकालय तथा प्रयोगशाला की व्यवस्था होनी चाहिए।

4. छात्र स्वेच्छा से जो पढ़े, उसका लेखा-जोखा तैयार करें।

5. छात्रों के लिए उचित मार्गदर्शन की व्यवस्था होनी चाहिए।

6. स्कूल के कार्य (Functions of School): 1. स्कूल समाज का लघु रूप धारण करे।

2. स्कूल छात्रों को भावी जीवन के लिए इस प्रकार तैयार करे कि वे भावी जीवन में बड़े समाज में अपने को भली-भाँति समायोजित कर सकें।

3. छात्रों को स्कूल में दैनिक कार्य करने के साथ-साथ सामाजिक, आर्थिक, धर्मशास्त्र संबंधी विषयों में रुचि लेने के लिए प्रोत्साहित किया जाए।

4. अध्यापक अपने विचार छात्रों पर थोपने का प्रयास न करे। तथा निष्पक्ष रूप से समस्या विशेष पर विचार करने के लिए प्रेरित करे।

5. कक्षा में समस्याओं पर वाद-विवाद कराया जाए।

6. प्रयास किया जाए कि छात्र समस्याओं के बारे में रुढ़िवादिता से हट कर वैज्ञानिक दृष्टिकोण अपनाएँ।

7. रसेल का कहना है कि स्कूल ऐसे छात्रों का निर्माण करे जो जटिल परिस्थिति में भी जटिलता को समझते हुए बुद्धिमानी से कार्य करें।

8. छात्रों को इस प्रकार का आभास न होने पाए कि उनकी मान्यताओं में किसी प्रकार के संशोधन या परिवर्तन के लिए स्थान नहीं है।

9. विद्यालय में छात्रों को इस प्रकार के अवसर प्रदान किए जायें कि वे परस्पर बौद्धिक विचार-विनिमय कर सकें।

7. डे स्कूल तथा आवासी स्कूल (Day-School and Boarding School): रसेल ने आवासी स्कूलों की आवश्यकता दो कारणों से दर्शायी है–(1) आवासी स्कूलों में स्वास्थ्यवर्द्धक पर्यावरण मिल सकता है जो बड़े-बड़े नगरों में उपलब्ध नहीं है। (2) कई प्रकार के शैक्षिक प्रयोग केवल आवासी स्कूलों में ही किए जा सकते हैं।

8. अनुशासन (Discipline): रसेल अनुशासन स्थापित करने में दण्ड को कोई स्थान नहीं देते हैं। उनका कहना है कि वह व्यक्ति जिसकी जुबान कानून द्वारा बन्द है अथवा जिस पर अनेक सामाजिक प्रतिबन्ध हैं, जिसका बचपन अनेक प्रकार के बन्धनों से जकड़ा हुआ व्यतीत हो चुका हो, समाज को रोषपूर्ण दृष्टिकोण से देखेगा। उसकी दशा उसी शिशु के समान है जिसकी टाँग तथा बाजू काम नहीं करते हैं। वह गुस्से में आकर विनाश की ओर बढ़ेगा, विद्रोही बनेगा, स्वभावत: अत्याचारी बनेगा। यह सोचना गलत है कि घोड़े के लिए जो स्थान चाबुक का है, वही स्थान डण्डे का बालक के लिए है।

9. यौन शिक्षा (Sex Education): रसेल के अनुसार छात्र-छात्राओं को यौन-शिक्षा अनिवार्य रूप से दी जानी चाहिए।

10. धार्मिक एवं नैतिक शिक्षा (Religious and Moral Education): रसेल के विचार में धार्मिक तथा नैतिक शिक्षा न दी जाए।

11. पृथक् विद्यालयों का प्रबन्ध (Special Schools): रसेल के विचार में चूँकि सामान्य बुद्धि के छात्र तथा मन्द-बुद्धि एवं कुशाग्र बुद्धि के छात्र साथ-साथ नहीं चल सकते, इसलिए अलग विद्यालयों की व्यवस्था होनी चाहिए।

12. शिक्षक की भूमिका (Role of the Teacher): अध्यापक का कार्य छात्रों के उनके दैनिक कार्य में मार्गदर्शन देना है। अपना सहयोग देना है। छात्र अध्यापक की उपस्थिति में किसी प्रकार का भय न अनुभव करें। छात्रों को उनकी रुचि तथा योग्यता के अनुसार कार्य दिया जाए। अध्यापक को छात्रों के मित्र तथा पथ-प्रदर्शक के रूप में कार्य करना चाहिए।

13. विश्वविद्यालय की शिक्षा (University Education): उद्देश्य: विश्वविद्यालय की शिक्षा के दो उद्देश्य होते हैं: (1) कुछ व्यवसायों के लिए प्रशिक्षित व्यक्ति (स्त्री तथा पुरुष) तैयार करना। (2) ज्ञान सीखने तथा अन्वेषण के कार्य को आगे बढ़ाना।

***विश्वविद्यालय में प्रवेश के लिए योग्यता*:** रसेल का मत है कि विश्वविद्यालय में उन्हीं छात्रों को प्रवेश मिलना चाहिए, जिन्हें इन व्यवसायों में प्रशिक्षित करना हो तथा जो इस प्रकार की योग्यताएँ रखते हों।

14. पब्लिक स्कूलों की आलोचना (Criticism of Public School): रसेल पब्लिक स्कूलों के घोर आलोचक थे। उनके विचार में ये स्कूल अहंकारी अथवा कुलीन (Aristocratic) प्रवृत्ति के व्यक्ति निर्माण करते हैं। जो उपनिवेशवाद (Colonialism) तथा साम्राज्यवाद (Imperialism) को बढ़ावा देते हैं।

15. शिक्षा पर सरकारी नियन्त्रण नहीं (No Government Control on Education): रसेल के अनुसार, शिक्षा पर सरकारी नियन्त्रण का अर्थ है, 'सरकारी व्यक्ति' निर्माण करना अर्थात् ऐसे व्यक्ति जो सरकार के इशारे पर ही चलें। रसेल ने सोवियत रूस की शिक्षा व्यवस्था की आलोचना करते हुए कहा कि इसमें व्यक्ति का बौद्धिक विकास नहीं होता। सोवियत रूस में स्वतन्त्र बौद्धिक चिन्तन की अवहेलना की जाती है।

16. विशुद्ध संस्कृति (Genuine Culture): रसेल के विचार में विशुद्ध संस्कृति का तात्पर्य है विश्व का नागरिक होना न कि किसी भाग का। विशुद्ध संस्कृति का उनके लिए बहुत महत्व है जो वास्तव में सत्ता प्राप्त करना चाहते हैं।

17. बीकन हिल स्कूल (Beacon Hill School): रसेल ने अपने बच्चों की शिक्षा समस्याओं का अध्ययन करने के परिणामस्वरूप 'आधुनिक' विचारधारा के अनुसार स्कूल खोलने का निश्चय किया। अत: 1927 में बीकन हिल स्थान पर उन्होंने इस प्रकार का स्कूल स्थापित किया। वे स्वयं इस स्कूल के मुख्याध्यापक बने। अपनी धर्मपत्नी डोरा रसेल का इस स्कूल की मुख्यअध्यापिका नियुक्त किया। इस स्कूल में उनके अपने बच्चों सहित 20 छात्र तथा छात्राएँ थीं जिनकी आयु 4 से 11 वर्ष के बीच थी।

इस स्कूल में बच्चों को कई खेलों में प्रशिक्षण दिया जाता था परन्तु क्रिकेट, फुटबाल तथा हॉकी में नहीं।

बच्चे बिना किसी बाधा के प्रश्न पूछ सकते थे। उनके सभी प्रश्नों के उत्तर दिए जाते थे।

रसेल बच्चों को दण्ड देने के पक्ष में नहीं थे। किसी भी अवस्था में शारीरिक दण्ड नहीं दिया जाता था।

बच्चे जो कुछ पढ़ना चाहें, पढ़ने के लिए स्वतन्त्र थे।

रसेल यह कभी भी नहीं चाहते थे कि बच्चों पर कोई भी नियन्त्रण न हो। वे चाहते थे कि प्रारम्भिक अवस्था में ही उन्हें यह आभास हो जाए कि दूसरों के प्रति उनके कुछ उत्तरदायित्व हैं तथा समाज में उन्हें अच्छे नागरिक के रूप में बर्ताव करना है। अत: उस प्रकार की शिक्षा उनके लिए स्कूल में अनिवार्य थी। इसी प्रकार कुछ विशेष बातों पर छात्रों ने ध्यान केन्द्रित करना होता था–जैसे स्वच्छता, समय पालन, दूसरों की चीजों की सुरक्षा, दूसरों के प्रति अच्छा व्यवहार आदि। इस प्रकार छात्रों में मानवीय मूल्यों का प्रशिक्षण छात्रों को प्राप्त होता था।

12.5 रसेल के शैक्षिक विचारों का मूल्यांकन (Evaluation of Russell's Views on Education)

रसेल महोदय ने शिक्षा में बौद्धिक विकास पर आवश्यकता से अधिक बल दिया है। शैक्षिक ढाँचे के बारे में उनका समय-विभाग वैज्ञानिक प्रतीत नहीं होता है। जनतन्त्र में विश्वविद्यालयी शिक्षा प्राप्त करने का सभी को अधिकार होना चाहिए।

विद्यालयी स्तर पर व्यावसायिक शिक्षा पर बल नहीं दिया गया है।

आवासी स्कूलों की स्थापना के जो कारण रसेल ने दर्शाए हैं वे तर्कयुक्त प्रतीत नहीं होते हैं।

रसेल धार्मिक कटुता से छात्रों को बचाना चाहते हैं। रसेल द्वारा आध्यात्मिक जीवन की उपेक्षा की गई है।

छात्रों में वैज्ञानिक दृष्टिकोण विकास करने के लिए विवाद पद्धति पर उचित बल दिया है।

रसेल के अनुशासन संबंधी विचार बहुत महत्वपूर्ण हैं।

रसेल का यह सुझाव बहुत ही उपयोगी है कि छात्रों को स्वेच्छा से अध्ययन करने की उपयुक्त व्यवस्था विद्यालय में होनी चाहिए परन्तु इस प्रकार की व्यवस्था करना वर्तमान परिस्थितियों में सम्भव नहीं है।

13

भारतीय विचारधारा तथा इसका शिक्षा में योगदान
(Indian Thought and its Contribution to Educational Practices)

13.1 भूमिका (Intorduction)

इस विषय पर चर्चा करने से पहले संक्षेप में यह कहना अवश्य प्रतीत होता है कि भारतीय विचारधारा का अर्थ क्या है? क्या भारतीय विचारधारा का संबंध प्राचीन भारत की विचारधारा से है? क्या इसे दर्शन का पर्यावाची शब्द लिया जाए? प्राचीन विचारधारा में भी अनेक प्रकार के विचार सामने आते हैं। बौद्ध तथा जैन विचारधाराएँ भी भारतीय हैं। मध्यकालीन विचारधारा सम्भवत: प्राचीन विचारधारा से कई तत्वों में मेल नहीं खाती है। अंग्रेजी काल में भारतीय विचारधारा का रूप कुछ और ही था। स्वतन्त्र भारत में भारतीय विचारधारा का मुख्य: स्रोत इसका संविधान है।

भारतीय विचारधारा पर योरोपीयन प्रभाव भी पड़ा है। जहाँ पर इन विषयों पर चर्चा करना न्यायसंगत प्रतीत नहीं होता है। मोटे तौर पर भारतीय विचारधारा वेदों तथा अन्य शास्त्रों पर आधारित है।

13.2 भारत की गौरवमय विचारधारा: भारत जगतगुरू के तौर पर (Glorious Indian Thought: India as a World Teacher)

जर्मनी के प्रसिद्ध दार्शनिक मैक्समूलर (Prof. Max Mueller—1823-1900) ने अपनी पुस्तक '*इंडिया : वट कैन इट टीच अस*' (*India : What Can it Teach us*), में भारतीय दर्शन तथा संस्कृति के बारे में लिखा है: ''अगर मैं विश्व भर में से उस देश को ढूंढने के लिए चारों दिशाओं में आँखें उठाकर देखूँ जिस पर प्रकृति-देवी ने अपना सम्पूर्ण वैभव, पराक्रम तथा सौन्दर्य खुले हाथों लुटाकर उसे पृथ्वी का स्वर्ग बना दिया है, तो मेरी अंगुली भारत की ओर उठेगी। अगर मुझसे पूछा जाए कि अन्तरिक्ष के नीचे कौन-कौन सा वह स्थल है जहाँ मानव के मानस ने अपने अन्तराल में निहित ईश्वर-प्रदत्त अन्यतम सद्भावों को पूर्ण-रूप से विकसित किया है, गहराई में उतरकर जीवन की कठिनतम समस्याओं पर विचार किया है, उनमें से अनेकों को इस प्रकार सुलझाया है, जिसको

जानकर प्लेटो (Plato) तथा काँट (Kant) का अध्ययन करने वाले मनीषी भी आश्चर्यचकित रह जाएँ, तो मेरी अँगुली भारत की तरफ उठेगी।''

जर्मनी के ही प्रसिद्ध दार्शनिक शोपनहॉर (Shopenhaner—1788-1860) का कहना है, कि ''विश्व के सम्पूर्ण साहित्यिक भण्डार में किसी ग्रन्थ का अध्ययन मानव विकास के लिए इतना हितकर तथा ऊँचा उठाने वाला नहीं है जितना उपनिषदों का अध्ययन। इनके अध्ययन से मुझे जीवन में शान्ति मिली है, इसके ही अध्ययन से मुझे मृत्यु के समय भी शान्ति प्राप्त होगी।''

मैंगस्थनीज (Megasthenese—तीन सौ शताब्दी पूर्व) ने अपनी पुस्तक '*इंडिका*' (*Indica*) में लिखा है कि जब सिकन्दर भारत पर आक्रमण करने के लिए निकला तो उसके गुरु अरस्तु (Aristotle) ने उसे कहा कि वहाँ से लौटते समय मेरे लिए दो उपहार लाना–एक गीता तथा दूसरा वहाँ का कोई दार्शनिक सन्त।

भारतीय विचारधारा के केन्द्र बिन्दु (Central Teachings of Indian Thoughts): भारतीय दर्शन के मुख्य स्रोत हैं: वेद, उपनिषद तथा शास्त्र

(1) चार वेद हैं–ऋग्वेद, यजुर्वेद, सामवेद तथा अथर्ववेद। वैदिक साहित्य के अंगमूल वैदिक संहिता, ब्राह्मण, आरण्यक और उपनिषद् साहित्य आता है।

(2) उपनिषदों में वे सभी तत्त्व हैं जिन्होंने भारतीय दर्शन को आदिकाल के शुरू से आज तक प्रभावित किया है। उपनिषदों के रचनाकाल पर विद्वान् एकमत नहीं हैं किन्तु अधिकांश इस पर सहमत हैं कि मुख्य उपनिषदों में से अधिकतर की रचना भगवान बुद्ध के अवतरण से पूर्व, सातवीं शताब्दी में हुई। उपनिषदों की संख्या के बारे में भी मतभेद हैं। श्री शंकराचार्य ने (788-820 ई.) में भाष्य के लिए दस उपनिषदों को चुना। ये हैं–ईश, केन, कठ, प्रश्न, तैत्तिरीय, ऐतरेय, मुण्डक, माण्डूक्य, छान्दोग्य तथा वृहदारण्यक।

(3) भारत की प्राचीन परम्परा के अनुसार छः दर्शन हैं–सांख्य, योग, न्याय, वैशेषिक, मीमांसा और वेदान्त। दर्शनशास्त्रों द्वारा भारत के विद्वान सृष्टि के मूल तत्त्वों का परिचय प्राप्त करने के प्रयास करते रहे हैं।

(4) भगवद् गीता, (5) तीन स्मृतियाँ

भारतीय दर्शन मूलतः वैदिक दर्शन है यद्यपि इस पर बौद्ध दर्शन, जैन दर्शन, सूफी दर्शन तथा पाश्चात्य दर्शन का भी प्रभाव पड़ा है।

13.3 चार वेद (Four Vedas)

चार वेद इस प्रकार हैं।

1. ऋग्वेद (Rig Veda), 2. यजुर्वेद (Yajur Veda), 3. सामवेद (Sama Veda), 4. अथर्ववेद (Athurva Veda)

वेद का अर्थ (Meaning of Veda): वेद शब्द की व्युत्पति संस्कृत के विद् धातु से हुई है, जिसका अर्थ है–(1) जानना (To Know), (2) होना (To be), (3) प्राप्त होना (To Obtain), (4) विचार करना (To Consider), (5) अनुभव करना (To feel), (6) कहना (To State), (6) निवास करना (To Reside)।

अतः वेदों का निम्नलिखित अभिप्राय है:

1. ईश्वर और ईश्वर के आविर्भाव इस भौतिक संसार को जानना।

2. अन्य प्राणियों के साथ सामंजस्य बनाकर रहना। प्रकृति के साथ सामंजस्य बनाकर रहना तथा ईश्वर के साथ एकात्मकता स्थापित करना।

3. निम्न भौतिक सत्ता से निर्मुक्त होकर उच्च आध्यात्मिकता सत्ता के साथ एकाकार की स्थिति प्राप्त करना।

4. यह समझना कि मनुष्य की समृद्धि, उसका तेज़ और उसकी बहुलता उसे ईश्वर और प्रकृति द्वारा प्रदान की गई है तथा प्रसन्न, स्वस्थ और नेक जीवन जीना।

5. अन्यों के लिए सद्भावना रखना।

6. ईश्वर के प्रताप को समझना।

7. अपनी आत्मा की गहराई को समझना और ईश्वर तथा प्रकृति की विशालता में विश्वास करना तथा जीवन को सार्थक बनाना।

वेदों में निहित ज्ञान (Knowledge Contained in the Vedas): वेदों में सभी प्रकार का ज्ञान अन्तर्निहित है और ये समस्त कला और विज्ञान की मूलभूत जानकारी प्रदान करते हैं। वास्तव में ये ज्ञान और विवेक के प्राथमिक स्रोत हैं। इनमें मानव जीवन के समस्त पहलुओं का समावेश है। इनमें विद्वानों, विद्यार्थियों, सैनिकों, योद्धाओं और शासकों आदि के कर्त्तव्यों को निर्धारित किया गया है।

वेदों में अत्यन्त उच्च कोटि के आदर्शों और मूल्यों का समावेश है।

यह सोचना गलत है कि वेदों में केवल श्लोक हैं जिनका धार्मिक अनुष्ठानों के समय पाठ किया जाता है और ये केवल अतीत के धार्मिक अनुष्ठानों के गूढ़ार्थों और मिथकों को स्पष्ट करने का कार्य करने वाले विद्वानों के लिए ही उपयोगी हैं। वेदों की विषय-वस्तु पर केवल सरसरी निगाह डालने से ही यह स्पष्ट हो जाता है कि उनकी विषय-वस्तु अत्यन्त विस्तृत है और मनुष्य के दैनिक जीवन से पूर्णत: सम्बन्धित है तथा ये मनुष्य मात्र के लिए अनिवार्य ज्ञान प्रदान करते हैं।

एस.सी. विलियम जोंस के शब्दों में, ''वेदों से हमें शल्य-क्रिया, औषधि, संगीत, धनुर्विद्या तथा भवन निर्माण का व्यावहारिक ज्ञान प्राप्त होता है। वे जीवन के प्रत्येक पहलू जैसे कि संस्कृति, धर्म, विज्ञान, रहस्यवाद, नीतिशास्त्र, विधि, ब्रह्माण्ड विज्ञान और मौसम विज्ञान आदि के विश्वकोष हैं।''

वेदों को ईश्वर की वाणी समझा जाता है। ऋषियों और मनीषियों ने वेदों में निहित ज्ञान को तप साधना द्वारा प्राप्त किया तथा गहन चिन्तन किया जिसे तप कहते हैं।

ऋग्वेद विश्व के पवित्र धर्मग्रन्थों में सर्वाधिक प्राचीन है। यह परवर्ती सभी ज्ञानों का मूलस्रोत है। इसमें 10,522 छन्दों में लिखे गए 1,028 श्लोक निहित हैं। इसे मंडलों में विभक्त किया गया है जो 85 उप खण्डों में उपविभाजित हैं। निस्सन्देह ऋग्वेद प्राचीन भारत की बौद्धिक और आध्यात्मिक प्रगति का एक महान कीर्ति-स्तम्भ है। सुप्रसिद्ध गायत्री मन्त्र (111,63,10) का भी सामवेद और यजुर्वेद में उल्लेख मिलता है। ऋग्वेदकालीन लोग स्वयं को आर्य कहते थे।

यजुर्वेद में 1984 छन्द हैं। इसमें प्रार्थनाओं और धार्मिक अनुष्ठानों का विवरण मिलता है।

सामवेद या पवित्र गीतों का वेद विशेष गीतों का एक संग्रह है। इसमें 875 छन्द हैं। संगीत के कुछ विद्वानों के अनुसार सामवेद में सात स्वरों का मूल अन्तर्निहित है।

अथर्ववेद मूलतः चिकित्सा विज्ञान से संबंधित है। इसमें, 5,977 छन्द हैं। यह भारतीय चिकित्सा शास्त्र की प्राचीनतम पुस्तक है।

चारों वेद वैदिक साहित्य के मूल और मुख्य स्रोत हैं। परवर्ती साहित्य में इन वेदों की व्याख्या की गई है तथा इनमें छिपे सत्य को प्रकट करने का प्रयास किया गया है। वेदों को श्रुति भी कहते हैं क्योंकि इनमें अंतर्निहित ज्ञान सुनकर अर्जित किया गया था।

वेदों का कालः वेदों के काल के संबंध में अनेक विवाद हैं। इन पर नीचे चर्चा की गई है–

1. गणित-ज्योतिषीय गणना के आधार पर प्रो. जैकोबी ने प्राचीनतम वेद ऋग्वेद का काल 4000 ई.पू. माना है।

2. बाल गंगाधर तिलक भी ऋग्वेद का काल 4000 ई.पू. ही मानते हैं।

3. प्रो. मैक्समूलर के अनुसार ऋग्वेद का काल 1200 ई.पू. से 1,1500 ई.पू. के बीच है। बाद में मैक्समूलर ने कहा, ''पृथ्वी पर ऐसी कोई शक्ति नहीं है जो यह निश्चित कर सके कि वैदिक स्रोत की रचना 1000 ई.पू. में की गई, 1500 ई.पू. में की गई या 2000 ई.पू. अथवा 3000 ई.पू. में की गई।''

4. डॉ. सर्वपल्ली राधाकृष्णन के अनुसार, वैदिक काल अस्पष्ट है और यह 2500 से 6000 ई.पू. के बीच हो सकता है।

5. डॉ. विंटरनिट्ज वेदों की रचना का काल 2000 से 2500 ई.पू. के बीच मानते हैं।

6. स्वामी दयानन्द के अनुसार वेदों का अस्तित्व अनन्त काल से है।

ब्राह्मण (Brahaman): ब्राह्मण व्याख्यात्मक टिप्पणियाँ हैं जो वेदों की विषयवस्तु को सरल करने के लिए लिखी गई हैं। प्रत्येक वेद के अपने ब्राह्मण हैं। ब्राह्मण वैदिक काल के सांस्कृतिक, राजनीतिक और सामाजिक जीवन के बारे में महत्त्वपूर्ण सूचनाएँ भी प्रदान करते हैं।

वेदों के आधार पर ब्राह्मण दैनिक कर्तव्यों को स्पष्ट करते हैं।

13.4 उपनिषदः अर्थ और महत्त्व (Upanishads, Meaning and Importance)

उपनिषद दो शब्दों अर्थात उप और निषद के मेल से बना है। यहाँ उप का अर्थ है निकट और निषद का अर्थ है बैठना। अतः उपनिषद का अर्थ है छात्र का अपने आध्यात्मिक गुरु के निकट दिव्य उपदेश सुनने के लिए श्रद्धा-आस्थापूर्वक बैठना। वैदिक साहित्य में वेदों के बाद उपनिषदों का ही महत्त्व है।

शोपेनहावर के शब्दों में, सम्पूर्ण विश्व में उपनिषदों के समान लाभकारी और आत्मा को उन्नत बनाने वाला कोई अन्य ग्रन्थ नहीं है। इससे मुझे जीवन में शान्ति मिली है और मुझे मृत्यु में भी शांति मिलेगी। प्रो. मैक्समूलर के अनुसार, यदि शोपेनहावर के इन शब्दों को समर्थन की आवश्यकता पड़ती है तो उपनिषदों के अध्ययन के लिए समर्पित अपने इस दीर्घ जीवन के अनुभव से मैं स्वेच्छापूर्वक इसे अपना समर्थन दे सकता हूँ। मुगल बादशाह शाहजहाँ के पुत्र दारा शिकोह उपनिषद के दर्शन से इतना प्रभावित थे कि उन्होंने उपनिषदों का फारसी में अनुवाद किया। अपने अनुवादित ग्रंथ की भूमिका में उन्होंने लिखा, ''मैंने अनेक धार्मिक ग्रंथों का अध्ययन किया है किंतु मुझे शांति केवल उपनिषदों के अध्ययन से ही मिली।''

उपनिषद संतों और ऋषियों द्वारा रचित ग्रन्थ हैं। इनमें मुख्य रूप से आत्मा और परमात्मा तथा उनके बीच के परस्पर सम्बन्ध की विवेचना की गई है।

स्मृति में उपनिषदों की संख्या एक सौ आठ बताई जाती हैं तथापि इनमें से निम्नलिखित ग्यारह उपनिषद मुख्य हैं–1. ईश उपनिषद, 2. केन उपनिषद, 3. कठ उपनिषद, 4. प्रश्न उपनिषद, 5. मुंडक उपनिषद, 6. मांडूक्योपनिषद, 7. छांदोग्य उपनिषद, 8. वृहदारण्यक उपनिषद, 9. ऐतरेय उपनिषद, 10. तैत्तिरीय उपनिषद, और 11. श्वेताश्वतर उपनिषद।

ईश उपनिषद के आरम्भिक छंद में ही सभी उपनिषदों का केंद्रीय भाव प्रस्तुत किया गया है अर्थात् चराचर जगत में सभी मूर्त-अमूर्त वस्तुओं की आध्यात्मिकता एकता और एकात्मकता के बारे में बताया गया है।

उपनिषद मनुष्य की परम सत्य की अवधारणा को परिशुद्ध करता है। कठ उपनिषद का विशेष आकर्षण है कि इसमें गुरु, यम और छात्र नचिकेता के बीच संवाद के रूप में चित्राकर्षक काव्य और अगाध दर्शन का सुखद सम्मिश्रण प्रस्तुत किया गया है। प्रश्न उपनिषद में, जैसा कि इसके नाम से ही स्पष्ट है, वेदांत पर प्रश्नों का समावेश किया गया है।

मांडूक्योपनिषद में आत्मा पर प्रकाश डाला गया है। छांदोग्य उपनिषद में मनुष्य की आध्यात्मिक शिक्षा और भौतिकवाद से ऊपर उठकर आध्यात्मिक की दिशा में उसकी प्रगति का प्रभावोत्पादक विवरण प्रस्तुत किया गया है।

वृहदारण्यक उपनिषद जो सभी उपनिषदों में सबसे वृहत उपनिषद है, में चार महान विभूतियों का वर्णन किया गया है। ये चार महान विभूतियाँ हैं–दार्शनिक राजा जनक, दार्शनिक महर्षि याज्ञवल्क्य, महर्षि याज्ञवल्क्य की विदुषी दार्शनिक पत्नी मैत्रेयी तथा वक्तृत्व-कला की धनी और ब्रह्मवादिनी गार्गी। इस उपनिषद में इन महान विभूतियों द्वारा की गई विशद परिचर्चाओं के माध्यम से मनुष्य के देवत्व की प्रकृति तथा इस संपूर्ण ब्रह्माण्ड की ब्रह्मा में आध्यात्मिक एकात्मकता की व्याख्या की गई है। ऐतरेय उपनिषद में मनुष्य के आत्मा की प्रकृति पर चर्चा की गई है। तैत्तिरीय उपनिषद में ब्रह्मा की वैज्ञानिक परिभाषा देते हुए कहा गया है कि इनसे सभी मनुष्यों का जन्म होता है और जन्म के बाद सभी मनुष्य इनसे ही जीवित रहते हैं और मृत्यु के पश्चात सभी मनुष्य इनमें ही लीन हो जाते हैं। मनुष्य देह में विद्यमान चैतन्यस्वरूप आत्मा ही उपनिषद का ब्रह्म है। जहाँ-जहाँ ईश्वर की सृष्टि का प्रसार है वहीं-वहीं उसकी भी परमगति है, पहुँच है। वह परमात्मा का अंशीभूत आत्मा है। इस परम बोध का उद्घोष करने के लिए उपनिषद के चार महामंत्र हैं–तत्त्वमसि (तुम वही हो), अहं ब्रह्मास्मि (मैं ब्रह्म हूँ), प्रज्ञानं ब्रह्म (आत्मा ही ब्रह्म है) और सर्वम् खिलविदम् ब्रह्म (सर्वत्र ब्रह्म ही है)

उपनिषदों में निहित दार्शनिक विचारों का सार: (i) वह (ईश्वर) प्रत्येक वस्तु को प्रकाशित करता है। (*श्वेताश्वतर उपनिषद 61.4*)

(ii) सभी के हृदय में सदा निवास करने वाले ब्रह्मा स्वतः देदीप्यमान हैं।

(*मुंडकोपनिषद 2.2.1*)

(iii) परमात्मा की प्राप्ति सत्य, तपस्या, उचित ज्ञान और आत्म संयम द्वारा की जा सकती है। (*मुंडकोपनिषद 3.1.5*)

(iv) मुझे प्रकाश की ओर ले चलो।

''असत्य मा सत्यम गमय तमसो मा ज्योतिर्गमय, मृत्योर्मा अमृतंगमय''

अर्थात हे ईश्वर! मुझे असत्य से सत्य की ओर ले चलो, अन्धकार से प्रकार की ओर ले चलो और मृत्यु से अमरत्व की ओर ले चलो। (*वृहदारण्यक उपनिषद 1.3.28*)

(v) कर्म ही जीवन है। इस संसार में हम सौ वर्षों तक जीवित रहने की इच्छा कर सकते हैं किंतु केवल कर्मरत रहकर। (*ईश उपनिषद*)

सारांश में, मनुष्य के भीतर ही देवत्व या आध्यात्मिकता निवास करती है और यह है उसकी आत्मा। भौतिकता से आध्यात्मिकता की ओर ऊपर उठने और ब्रह्म में लीन होने के लिए प्रयास किए जाने चाहिए।

***जीवन के चार आश्रम (विभाग)*:** जीवन के चार आश्रमों या विभागों की अवधारणा उपनिषदों से ली गई है। इस अवधारणा के अनुसार व्यक्ति के संपूर्ण जीवन काल को निम्नलिखित चार आश्रमों या विभागों में बाँटा गया है:

1. *ब्रह्मचर्य आश्रम*: छात्र जीवन जिसमें कठोर अनुशासन का पालन करना पड़ता है।
2. *गृहस्थ आश्रम*: इसमें मनुष्य विवाहित तथा गृहस्थ का जीवन व्यतीत करता है।
3. *वानप्रस्थ आश्रम*: यह जीवन का वह विभाग है जबकि मनुष्य गृहस्थ का जीवन छोड़कर वन में एकान्तवास करता है।
4. *संन्यास*: यह जीवन का वह विभाग है जिसमें मनुष्य परित्याग करता है और स्वयं को सभी सांसारिक मोह-माया से मुक्त कर लेता है।

13.5 छह दर्शन और उनके प्रवर्तक
(Six Systems of Philosophy and their Founders)

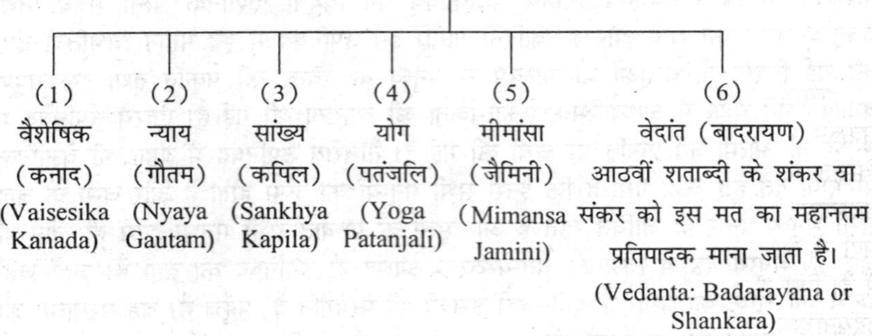

13.6 वैशेषिक दर्शन तथा शैक्षिक प्रभाव
(Vaisesikha Philososphy and Its Educational Impact)

वैशेषिक दर्शन का अर्थ (Meaning of Vaisesikha Philosophy): वैशेषिक दर्शन-ज्ञान के प्रवर्तक तथा विचारक कणाद मुनि थे। उन्होंने वैशेषिक सूत्रों की रचना की। उन पर आचार्य प्रशस्तपाद ने अपना भाष्य लिखा। वैशेषिक दर्शन के मूल प्रामाणिक ग्रन्थ ये ही हैं। बाद में इन पर व्योमशिखाचार्य ने '*व्योमवती*' तथा उदयनाचार्य ने '*किरणावली*' नाम की टीकाएँ लिखीं। श्रीधराचार्य की '*न्यायकन्दली*' तथा वेल्लभाचार्य की '*न्यायलीलावती*' आदि अनेक पुस्तकें वैशेषिक दर्शन के सम्बन्ध में लिखी गई हैं।

ज्ञान का अर्थ (Meaning of Knowledge): वैशेषिक के अनुसार संसार के कुल पदार्थ सात भागों में बाँटे जा सकते हैं–द्रव्य, गुण, कर्म, विशेष, सामान्य, समवाय और अभाव। पदार्थ का अभिप्राय है, ज्ञान का विषय। संसार की प्रत्येक सत्ता या प्रत्येक ज्ञातव्य (जिसे हम जान सकें) वस्तु को इन सात भागों के अन्तर्गत किया जा सकता है।

द्रव्य नौं प्रकार के होते हैं–पृथ्वी, जल, तेज, वायु, आकाश, काल, दिक्, आत्मा और मन। इन नौं में से पहले पाँच वे हैं, जिन्हें पंचाभूत कहा जाता है। काल और दिशा (Time and Space) ऐसे द्रव्य हैं, जिनसे बाहर विश्व की कोई भौतिक सत्ता कल्पित ही नहीं की जा सकती। आत्मा और मन ऐसी सत्ताएँ हैं, जिनका सम्बन्ध भौतिक पदार्थों से नहीं है। पृथ्वी, जल आदि पाँच द्रव्य भौतिक हैं, और इनका निर्माण परमाणुओं द्वारा हुआ है। परमाणु नित्य और शाश्वत हैं। वह तत्त्व जिसका विभाग नहीं किया जा सकता, परमाणु कहलाता है। परमाणुओं के संयोग से ही पृथ्वी, जल आदि द्रव्यों का निर्माण होता है।

ज्ञान प्रक्रिया (Knowledge Process): वैशेषिक दर्शन के अनुसार ज्ञान के चार साधन हैं, प्रत्यक्ष, अनुमान, स्मृति और आर्षज्ञान। ज्ञानेन्द्रियों, मन और आत्मा द्वारा जो ज्ञान होता है, उसे प्रत्यक्ष कहते हैं। अनुमान ज्ञान चार प्रकार से होता है–अनुमान से, उपमान से, शब्द से और ऐतिह्य से। ऐतिह्य का अभिप्राय अनुश्रुति से है। पहले जानी हुई वस्तु की याद (स्मृति) से जो ज्ञान होता है, उसे स्मृति कहते हैं। यह भी ज्ञान का साधन है। आर्षज्ञान वह है, जो ऋषियों ने अपनी अन्तर्दृष्टि से प्राप्त किया था। हम कितनी ही बातों को केवल इस आर्षज्ञान द्वारा ही जानते हैं।

13.7 न्याय दर्शन तथा इसका शैक्षिक प्रभाव (Nyaya Philosophy and Its Impact on Education)

न्याय दर्शन के प्रवर्तक तथा विचारक: न्याय दर्शन के प्रवर्तक महर्षि गौतम थे। उन्होंने सूत्ररूप में न्याय दर्शन की रचना की। गौतम रचित इन न्याय-सूत्रों पर वात्स्यायन मुनि ने विस्तृत भाष्य लिखा। न्याय दर्शन के मूलग्रन्थ गौतम द्वारा रचित सूत्र और उन पर किया गया वात्स्यायन-भाष्य ही हैं। बाद में न्याय दर्शन सम्बन्धी अन्य अनेक ग्रन्थ लिखे गये। सातवीं सदी में आचार्य उद्योतकर ने '*न्याय-वार्तिक*' लिखा, जो वात्स्यायनभाष्य की व्याख्या के रूप में है। फिर वाचस्पति मिश्र ने उसके ऊपर '*तात्पर्यटीका*' लिखी। इस तात्पर्य टीका की व्याख्या उदयनाचार्य ने '*तात्पर्य-परिशुद्धि*' नाम से की। इस प्रकार न्याय दर्शन का निरन्तर विकास होता गया। इसमें सन्देह नहीं, कि न्याय दर्शन के रूप में भारत के आर्यों ने एक ऐसे ज्ञान को विकसित किया जिसके द्वारा पदार्थों के ज्ञान व सत्यासत्य-निर्णय में बड़ी सहायता मिलती है।

न्याय दर्शन का सार: ज्ञान के आधारभूत जो विविध प्रमाण हैं, इनका खूब विस्तार से विवेचन न्याय दर्शन में किया गया है। ज्ञान के इन साधनों का विवेचन करके फिर न्याय दर्शन में संसार के विविध तत्त्वों का निरूपण कराने का प्रयत्न किया गया है। न्याय के अनुसार मूल पदार्थ या तत्त्व तीन हैं, ईश्वर, जीव और प्रकृति। जीवात्मा शरीर से भिन्न है। चार्वाक लोग शरीर और जीवात्मा में कोई भेद नहीं मानते थे। उनका कहना था, कि मृत्यु के साथ ही प्राणी की भी समाप्ति हो जाती है। पर नैयायिकों ने इसका खण्डन करके यह सिद्ध किया, कि जीवात्मा की पृथक् सत्ता है, और वह शरीर, मन व बुद्धि से भिन्न एक स्वतन्त्र तत्त्व है। इसी प्रकार ईश्वर और प्रकृति के स्वरूप का भी न्याय दर्शन में बड़े विस्तार के साथ विवेचन किया गया है।

न्याय दर्शन की महत्त्वपूर्ण विशेषताएँ हैं:

1. इसमें ईश्वर को सृष्टि का निर्माता माना गया है।
2. यह एक तर्कशास्त्र है।
3. इसमें ज्ञान के स्रोतों या साक्ष्यों का विस्तृत अध्ययन किया जाता है।
4. किसी निष्कर्ष पर पहुँचने के लिए इसमें निम्नलिखित पहलुओं पर विचार किया जाता है:

(i) प्रत्यक्ष बोध, (ii) अनुमान (iii) उपमान, (iv) शब्द।

न्याय दर्शन की ज्ञान सम्बन्धी खोज प्रणाली तथा शिक्षा पर प्रभाव: न्याय दर्शन का प्रधान लक्ष्य यह निश्चित करना है कि सही-सही ज्ञान की प्राप्ति के लिए कितने और कौन-कौन से प्रमाण हैं। प्रमाण चार हैं–प्रत्यक्ष, अनुमान, उपमान और शब्द। जिस बात को हम स्वयं साक्षात् रूप से जानें, वह प्रत्यक्ष है। ज्ञानेन्द्रियाँ पाँच हैं, आँख, नाक, कान, जिह्वा और त्वचा। जब किसी इंद्रिय का उसके विषय (अर्थ) से सीधा सम्पर्क (सन्निंकर्ष) होता है, तो उस विषय के सम्बन्ध में हमें ज्ञान होता है। यही ज्ञान प्रत्यक्ष है। हम कोई बात आँख से देखते हैं, कान से सुनते हैं, नाक से सूँघते हैं, जिह्वा से किसी रस का स्वाद लेते हैं, त्वचा के स्पर्श से किसी को जानते हैं, तो हमारा यह ज्ञान प्रत्यक्ष कहलाता है। जब किसी वस्तु को हम प्रत्यक्ष रूप से नहीं जानते, अपितु किसी हेतु द्वारा उसे जानते हैं, तो वह ज्ञान हमें अनुमान द्वारा होता है। हमने दूर पहाड़ की चोटी पर धुँआ उठता हुआ देखा। इस हेतु से हमने अनुमान किया कि वहाँ अग्नि है। क्योंकि जहाँ-जहाँ धुँआ होता है, वहाँ-वहाँ अग्नि अवश्य होती है। बिना अग्नि के धुआँ नहीं हो सकता। अत: धुएँ की सत्ता से हमने अग्नि की सत्ता का अनुमान किया। इस प्रकार के ज्ञान को अनुमान कहा जाता है। जब किसी जानी हुई वस्तु के सादृश्य (साधार्म्य) से हम न जानी हुई वस्तु को जानते हैं, तो उसे उपमान कहते हैं। एक आदमी गौ को अच्छी तरह जानता है, पर गवय (चंवर गौ) को नहीं जानता। उसे कहा जाता है कि गवय भी गाय के सदृश होती है। वह जंगल में एक पशु को देखता है, जिसकी आकृति आदि गाय के सदृश है। इससे वह समझ लेता है कि यह पशु गवय है। इस प्रकार जो ज्ञान प्राप्त होता है, उसे उपमान कहते हैं। पर बहुत-सी वस्तुएँ ऐसी है, जिन्हें हम प्रत्यक्ष, अनुमान या उपमान द्वारा नहीं जान सकते। उन्हें जानने का साधन केवल शब्द है। महाराज अशोक भारत में शासन करता था और उसने धर्मविजय की नीति का अनुसरण किया था, यह बात हम केवल शब्द द्वारा जानते हैं। भूमण्डल के उत्तरी भाग में ध्रुव हैं, जो सदा बर्फ से आच्छादित रहता है, यह बात भी हमें केवल शब्द द्वारा ज्ञात हुई है। इसी प्रकार की कितनी ही बातें हैं, जिनके ज्ञान का आधार शब्द प्रमाण के अतिरिक्त अन्य कुछ नहीं है।

13.8 सांख्य दर्शन तथा इसका शिक्षा पर प्रभाव (Sankhya Philosophy and Its Impact on Education)

सांख्य-दर्शन के प्रवर्तक कपिल मुनि थे। उन्होंने सांख्य-सूत्रों की रचना की थी। पंचशिखाचार्य का '*षष्टितन्त्र* ' इस शास्त्र का प्रामाणिक ग्रन्थ था, पर वह अब उपलब्ध नहीं होता। ईश्वर कृष्ण की '*सांख्यकारिका*' इस शास्त्र का प्रामाणिक व प्राचीन ग्रन्थ है। आचार्य विज्ञानभिक्षु ने '*सांख्य-प्रवचन-भाष्य*' नाम से सांख्य सूत्रों का भाष्य किया है। इसके अतिरिक्त सांख्यकारिका पर माठर की'*माठर वृत्ति*', गौड़पाद का *भाष्य* और वाचस्पति की *तत्त्व-कौमुदी*

टीकारूप में हैं। इस दर्शन के अनुसार आत्मा अमर है। आत्मा सर्वव्यापी है और अविनाशी है। केवल इस भौतिक शरीर का नाश होता है। शुद्ध आत्मा न तो किसी को मारती और न ही स्वयं मरती है। शरीर वस्त्र के समान है। जिस प्रकार हम पुराने वस्त्रों का त्याग करके नवीन वस्त्र धारण करते हैं उसी प्रकार आत्मा पुराने और जीर्ण-शीर्ण शरीर का त्याग करके नया शरीर धारण करती है। इस परिवर्तन चक्र में शरीर मरता है और फिर से जन्म लेता है।

शरीरधारी का जन्म, बाल्यकाल, युवावस्था, वृद्धावस्था और मृत्यु आत्मा के विभिन्न पर्याय हैं जो शरीर धारण करती है या शरीर का त्याग करती है।

शरीर का भौतिक तत्त्वों से मेल दु:ख या सुख उत्पन्न करता है जिन्हें सहन किया जाना चाहिए क्योंकि ये अनुभूतियाँ नित परिवर्तनशील होती हैं।

हमें अपने शरीर को बल और तेज़ से युक्त रखना चाहिए ताकि हम सुखपूर्वक जीवन व्यतीत कर सकें और अपने स्वयं के प्रति तथा समाज के प्रति अपने दायित्वों का संतोषजनक रूप में निर्वहन कर सकें।

सांख्य दर्शन में व्यक्तित्व (प्रकृति) के निर्माण के लिए उत्तरदायी तीन गुणों का विवेचन किया गया है–सत्त्व गुण या विशुद्धता का गुण, रजोगुण या ऐसा गुण जिसके कारण भोग-विलास, प्रदर्शन की रुचि उत्पन्न होती है तथा तमोगुण जो अज्ञान, आलस्य, क्रोध, भ्रम आदि का कारण है। सुसंतुलित व्यक्तित्व सत्त्व के सिद्धान्त अर्थात अच्छे विचार, अच्छी सोच, अच्छी समझ और शुद्ध भोजन पर आधारित होता है।

इन तीनों गुणों को निम्नलिखित रूप में भी व्यक्त किया जाता है।

एक आदर्श व्यक्ति के सभी कार्यों में सत्त्व गुण की प्रधानता होती है।

सांख्य दर्शन की तीन विशेषताएँ

सत्त्व दर्शाता है	**राजस दर्शाता है**	**तमस का अर्थ है**
(i) सत्य	(i) प्रचण्डता	(i) अंधकार
(ii) बुद्धिमत्ता	(ii) हिंसा	(ii) उदासी
(iii) अच्छाई	(iii) आवेश	(iii) मूर्खता
(iv) सुन्दरता		(iv) अवांछनीय विशेषताएँ

सांख्य दर्शन का एक अन्य विवेचन भी है। इस दर्शन के अनुसार कुल पच्चीस मूल सिद्धान्त हैं। जिनमें से पहला तत्त्व प्रकृति अर्थात पदार्थ है। यह पदार्थ ही है जिससे सभी तत्त्व जैसे वायु, जल, गगन, बुद्धि, आत्मचेतना, दृष्टि, स्पर्श, श्रवण आदि विकसित होते हैं। एक अन्य सर्वाधिक महत्त्वपूर्ण तत्त्व है–पुरुष (आत्मा)। पुरुष प्रकृति पर निर्भर नहीं करता। यह वह मुख्य तत्त्व है जिसके संयोग से प्रकृति विश्व की सृष्टि करती है अर्थात् 'प्रकृति' पुरुष पर निर्भर करती है। मोक्ष का अर्थ इसी भेद को पहचानने में अंतर्निहित है।

सांख्य-दर्शन की शिक्षा को देन: ***ज्ञान प्राप्ति:*** इन उपर्युक्त दु:खों से छुटकारा पाना ही मुक्ति है और शिक्षा का उद्देश्य व्यक्ति को इन दु:खों से छुटकारा पाने के लिए ज्ञान प्रदान करना है। सभी दु:खों का कारण हमारा अज्ञान है। मनुष्य ने अपने बुद्धि बल से जीवन की अनेक सुख-सुविधाएँ प्राप्त कर ली हैं, परन्तु इनसे क्षणिक सुख ही प्राप्त हो सकता है। सुख

बाह्य उपादानों में नहीं है, वह तो आन्तरिक है, वह तो आत्मज्ञान द्वारा ही प्राप्त किया जा सकता है। सुख और दु:ख वास्तव में शरीर के धर्म हैं। वे शरीर-जन्य, मानसिक अथवा बुद्धि जन्य हैं। सांख्य-दर्शन के अनुसार ये अनात्म विषय (आत्मा से भिन्न पदार्थ) आत्मा के चैतन्य से उद्‌भासित होते हैं और उसमें (आत्मा में) अपने विकास आरोपित करते हैं। इसी को अविवेक या अज्ञान कहा जाता है। यह अविवेक ही समस्त दु:खों का मूल कारण है।

दु:खों से मुक्ति पाने के लिए विवेक ज्ञान की आवश्यकता है। विवेक ज्ञान से ही दु:खों की निवृत्ति अथवा मुक्ति संभव है। इस बात को शाब्दिक रूप से जान लेने मात्र से मुक्ति नहीं हो जाती, अपितु इसकी साक्षात् अनुभूति होनी चाहिए कि आत्मा शरीर, इन्द्रिय, मन तथा बुद्धि से भिन्न है। जब आत्मा को मोक्ष प्राप्त होता है तब उसमें कोई विकार नहीं आता, न उसमें किसी नवीन गुण या धर्म का अविर्भाव होता है। मोक्ष का अर्थ है इस तत्त्व का साक्षात्कार कि आत्मा देशकाल से परे, शरीर और मन से भिन्न, मुक्त, नित्य और अमर है इस प्रकार की अनुभूति का होना ही विवेक ज्ञान का उदय होना है। विवेक के उत्पन्न होते ही तीनों प्रकार के दु:ख अपने आप नष्ट हो जाते हैं। लौकिक दृष्टि से उद्‌देश्यों का निरूपण प्रकृति तथा उसके तत्त्वों के विकास के संदर्भ में किया जा सकता है। बालक का शरीर ज्ञानेन्द्रियों एवं कर्मेन्द्रियों की तन्मात्राओं से बनी हुई संरचना है। उसके शारीरिक विकास के अंतर्गत उसकी कर्मेन्द्रियाँ सूक्ष्म तथा क्रियाशील होनी चाहिए। शिक्षा द्वारा उन्हें अकर्मण्यता के भार से मुक्त करना आवश्यक है।

***ज्ञानेन्द्रियों का पोषण करना*:** ज्ञानेन्द्रियाँ ज्ञान प्राप्ति के प्राथमिक साधन हैं। ज्ञानेन्द्रियों की सहायता से प्रदत्तों को एकत्र किया जाता है। यदि प्रत्यक्ष-ज्ञान ही दोषपूर्ण हो तो मन और बुद्धि क्या कर सकते हैं। इस प्रकार शिक्षा की दृष्टि से ज्ञान्द्रिय ज्ञान का विकास भी एक उद्‌देश्य है। इन सबसे ऊपर बौद्धिक विकास आता है। बौद्धिक विकास ही मनुष्य को सच्चे अर्थों में मनुष्य बनाता है। बौद्धिक विकास के फलस्वरूप व्यक्ति स्वतंत्र निर्णय लेने की शक्ति प्राप्त करता है। बौद्धिक विकास के फलस्वरूप वह शरीर, ज्ञान्द्रिय मन अथवा अहंकार का दास नहीं रहता, प्रत्युत्तर वह इनका स्वामी बन जाता है। इच्छा शक्ति की स्वतंत्रता का नियन्ता एवं नियामक यह महत् (बुद्धि) तत्त्व है। जिस विवेक की बात पूर्व में कही गई है, उस विवेक की जागृति के लिए बौद्धिक विकास आवश्यक होता है। संक्षेप में शारीरिक, मानसिक, व्यक्तिमत्तात्मक एवं बौद्धिक विकास जिसे आधुनिक शिक्षाशास्त्र में सर्वांगीण विकास कहते हैं, सांख्य-दर्शन के अनुसार भी शिक्षा का लौकिक उद्‌देश्य कहा जा सकता है। सांख्य-दर्शन के अनुसार बालक का सारा शरीर ज्ञानेन्द्रियों (श्रोत, त्वक्, चक्षु, रसना, प्राण), कर्मेन्द्रियों (मुख, हाथ, पैर, मल निष्कासनेन्द्रिय, प्रजनेन्द्रिय) एवं तन्मात्राओं (पंचभूतों का मूल सूक्ष्म रूप) से बनी संरचना है। बच्चे के शारीरिक व बौद्धिक विकास के अन्तर्गत उसकी इन्द्रियाँ समुचित क्रियाशील होनी चाहिए। शिक्षा द्वारा उन्हें अकर्मण्यता के भार से मुक्त करना आवश्यक है। अत: शिक्षा का महत्त्वपूर्ण लक्ष्य छात्र का शारीरिक, मानसिक, व्यक्तिमत्तात्मक तथा आध्यात्मिक विकास करना है।

13.9 पंतजली का योग शास्त्र तथा इसका शैक्षिक प्रभाव
(Yoga Darshan of Patanjali and Its Impact on Education)

योग का अर्थ: योगशास्त्र नामक प्राचीन पुस्तक के रचयिता पतंजलि (ई.पू. दूसरी शताब्दी) के अनुसार योग मन की प्रवृत्तियों को नियंत्रित करने की एक विद्या है। कुछ विद्वानों

के अनुसार योग का अर्थ है आत्मा का परमात्मा या ईश्वर से मिलन। योग का वर्णन शरीर, मन और आत्मा के सामंजस्यपूर्ण विकास के लिए अपनाई जाने वाली जीवन शैली के रूप में भी किया जाता है। योग क्या नहीं है? प्राय: योग का अर्थ समझने में हम भूल कर जाते हैं और इसका अर्थ शरीर को स्वस्थ बनाए रखने के लिए किए जाने वाले कुछ व्यायाम या आसन मान बैठते हैं। यह योग का बहुत संकीर्ण अर्थ या अवधारणा है। यह मात्र एक शारीरिक क्रिया या व्यायाम नहीं है। यह उससे काफी अधिक और काफी ऊपर है।

योग की प्रकृति: योग का उद्देश्य व्यक्ति की इच्छाओं और आकांक्षाओं को नियंत्रित करना है। योग आत्मा के वास्तविक स्वरूप को समझने का प्रयास करता है। इसे इच्छाओं और आकांक्षाओं को नियंत्रित करके वास्तविक अर्थों में समझा जा सकता है। योग की अवस्था इच्छाओं और वासनाओं को नियंत्रित करके प्राप्त की जा सकती है। जिस प्रकार हम अशांत जल में अपना सही प्रतिबिंब नहीं देख सकते उसी प्रकार यदि हमारा मन अस्थिर और अनियन्त्रित हो तो हम ईश्वर को नहीं समझ सकते। ईश्वर की झलक पाने के लिए योग का चिन्तन आवश्यक है।

योग के घटक: योग के आठ घटक हैं जिसे अष्टांग कहते हैं। ये हैं–यम, नियम, आसन, प्राणायाम, प्रत्याहार, धारणा, ध्यान और समाधि। योग के इन घटकों या अंगों की साधना करके अज्ञान को दूर किया जा सकता है और वास्तविक ज्ञान की प्राप्ति की जा सकती है। जैसे-जैसे साधक अपनी साधना में ऊपर उठता जाता है वैसे-वैसे उसका अज्ञान दूर होता जाता है और उसमें ज्ञान जागृत होता जाता है। अत: योग का मुख्य उद्देश्य अज्ञान को दूर भगाना और ज्ञान प्राप्त करना है। अब हम योग के इन आठ घटकों या अंगों की अलग से चर्चा करेंगे।

योग के चरण या उसकी विभिन्न शाखाएँ: पतंजलि ऋषि के अनुसार योग के निम्नलिखित आठ अंग हैं:

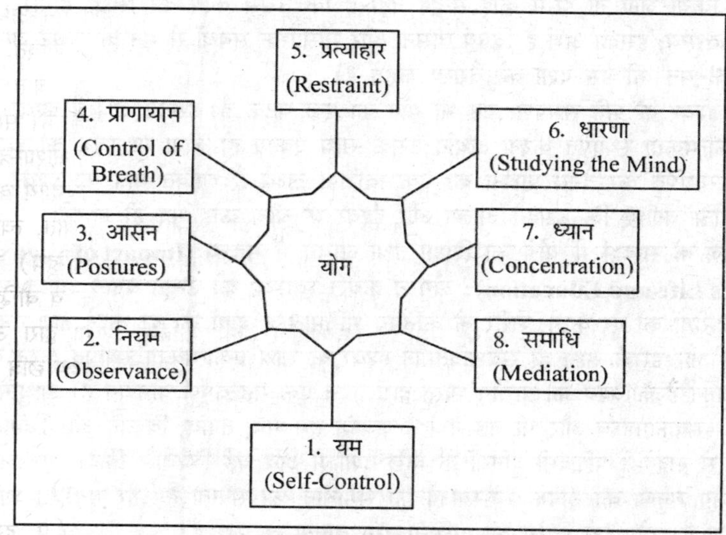

चित्र 13.1: योग के आठ अंग

1. *यम (आत्म नियन्त्रण)*: इसमें व्यक्ति के लिए नैतिक आचरण का उल्लेख है और इसमें सत्य, ब्रह्मचर्य, अस्तेय, निग्रह तथा अहिंसा का सिद्धान्त अन्तर्निहित है।

2. *नियम (अनुपालन)*: इसका अर्थ है तप, शौच, संतोष, धर्मग्रन्थों के पाठ और स्वयं को ईश्वर के प्रति समर्पित करके आत्मशुद्धि करना।

3. *आसन (मुद्राएँ)*: इसमें स्वास्थ्य की प्राप्ति और मन की शुद्धि करने के लिए कतिपय शारीरिक व्यायाम करना अंतर्निहित है। विभिन्न आसनों को शताब्दियों के प्रयास से विकसित किया गया है और इनसे शरीर की प्रत्येक मांसपेशी, तंत्रिका और ग्रंथी के व्यायाम में सहायता मिलती है।

4. *प्राणायाम (साँस का नियन्त्रण)*: यह श्वसन तंत्र को सुदृढ़ बनाने, रक्त को शुद्ध करने और मस्तिष्क को शांत रखने के लिए किया जाने वाला कार्य है।

5. *प्रत्याहार* (इंद्रिह-निग्रह): इसका अर्थ है इंद्रियों को विषयों से हटाना। यह अष्टांग योग के अन्तर्गत एक बहिरंग साधन है जिसमें इंद्रियों को उनके विषयों से हटाकर चित्त के समान निरुद्ध करते हैं।

6. *धारणा*: इसका अर्थ है मस्तिष्क में कोई एक वस्तु या बिन्दु को धारण करने की शक्ति।

7. *ध्यान*: इसका अर्थ है प्रयास द्वारा सर्वव्यापी ईश्वर का चिंतन करना और उसी पर अपना ध्यान केंद्रित करना।

8. *समाधि*: यह योग का अन्तिम चरण या अंग है। इस चरण में योगी स्वयं को परमात्मा में लीन कर देता है और अपने मन को ईश्वर पर केंद्रित कर देता है यद्यपि वह सजग और सचेत रहता है।

मानसिक प्रक्रिया के नियामक तत्त्व: 1. *साधना*: किसी अवस्था या स्थिति को स्थायी रूप प्रदान करने के लिए साधना आवश्यक है। यदि साधना को निरन्तर और समर्पण भाव से किया जाए तो इसमें कोई सन्देह नहीं है कि उससे कार्य की सिद्धि होगी।

2. *वैराग्य*: इसका अर्थ है विषय वासना और सांसारिक संबंधों से मन का उचट जाना। साधक के मन की इस दशा को वैराग्य कहते हैं।

3. *ईश्वर के प्रति समर्पण*: यह भी योग का एक घटक है। इसका अर्थ है ईश्वर के साथ एकात्मकता स्थापित करना अर्थात उसके साथ एकाग्र हो जाना या स्वयं को ईश्वर के प्रति समर्पित कर देना। प्रार्थना का एक विशिष्ट लक्ष्य है व्यक्ति मात्र को ईश्वर के निकट होना चाहिए कि उसकी आत्मा और ईश्वर के बीच कोई भेद ही न रहे।

आज के सन्दर्भ में योग का शिक्षा तथा जीवन में महत्त्व (Impact of Yoga on Today's Life and Education): योग न केवल स्वास्थ्य को उन्नत बनाने अपितु कुछ मानसिक रोगों को दूर करने, शरीर के कतिपय भंगिमात्मक दोषों को दूर करने तथा तनाव दूर करने और इसके साथ ही सर्वशक्तिमान ईश्वर के साथ एकात्मकता स्थपित करने का एक साधन है जो विश्व को प्राचीन भारत द्वारा प्रदत्त एक महत्त्वपूर्ण योगदान है। आधुनिक समय में इसका महत्त्व और भी बढ़ गया है जबकि हम भय, तनाव, विकृति और चिंताओं के बोझ से लदे हैं। पश्चिमी दुनियाँ के कुछ देशों में अब यह विश्वास किया जाने लगा है कि योग मनुष्य की अनेक समस्याओं का समाधान कर सकता है और मन की शांति ला सकता है। योग को शिक्षा का अभिन्न अंग बनाया जा रहा है।

13.10 मीमांसा तथा इसका शिक्षा पर प्रभाव (Mimansa and Its Impact on Education)

मीमांसा सूत्र के रचयिता जैमिनी ऋषि हैं। इस दर्शन का प्रतिपादन चौथी शताब्दी ई. पू. में किया गया था। मीमांसा सूत्रों की संख्या दो हजार पाँच सौ है। जैमिनीय दर्शन के अनुसार वेदों में उक्त कर्तव्यों के उचित रूप में निर्वहन से स्वर्ग की प्राप्ति होती है जहाँ प्राणी शाश्वत आनन्द और सुख का भोग करता है। जैमिनी ऋषि को मनुष्य और उसके प्रयासों में प्रचुर विश्वास था। उनका कहना था कि वैदिक अनुष्ठानों को निष्पादित करने के लिए मनुष्य में नैतिक शुद्ध का होना अनिवार्य है।

उन्होंने कर्म के सिद्धान्त का भी प्रतिपादन किया और कहा कि प्रत्येक कर्म की अपनी एक अंत:शक्ति होती है जिनका प्रभाव समय आने पर सामने आता है।

उन्होंने कहा कि कर्म ही धर्म है। अत: उनके अनुसार कर्म मनुष्य का अनिवार्य कर्तव्य है।

जैमिनीय दर्शन में मोक्षप्राप्ति के तीन मार्गों का वर्णन किया गया है। पहला मार्ग वेदों में निहित कर्मकाण्ड (अनुष्ठानों) से सम्बन्धित है। दूसरा मार्ग वेदों में निहित ज्ञानकाण्ड (ज्ञान की खोज) से तथा तीसरा मार्ग वेदों में लिखित कर्तव्यों के निवर्हन से सम्बन्धित है।

13.11 वेदान्त दर्शन तथा इसका शिक्षा पर प्रभाव (Vedant Philosophy and Its Impact on Education)

वेदान्त के प्रवर्तक तथा प्रमुख विचारक: वेदान्तसूत्रों का निर्माण महर्षि बादरायण ने किया था। जिस सिद्धान्त को महर्षि बादरायण ने सूत्र-रूप से लिखा था, मध्ययुग के दार्शनिकों ने उसे बहुत अधिक विकसित किया। इसके लिए उन्होंने वेदान्तसूत्रों (ब्रह्मसूत्रों) पर विस्तृत भाष्य लिखे। वेदान्त दर्शन को विशद्‌रूप से प्रतिपादित करने वाले दार्शनिकों में सर्वोच्च स्थान स्वामी शंकराचार्य का है, जो आठवीं सदी के उत्तरार्द्ध में उत्पन्न हुए थे। उनका जन्म केरल (मलाबार) के एक ब्राह्मण कुल में हुआ था। आचार्य गौड़पाद से शिक्षा प्राप्त कर उन्होंने वेदान्त दर्शन के प्रतिपादन और बौद्ध-मत के खण्डन में अपनी सारी शक्ति को लगा दिया। इस उद्‌देश्य से उन्होंने कन्याकुमारी से बदरीनाथ तक पर्यटन किया, और स्थान-स्थान पर बौद्धों से शास्त्रार्थ किए। यह संसार मिथ्या है, एकमात्र ब्रह्म ही सत्य सत्ता है, इस विचार को उन्होंने युक्तिपूर्वक प्रतिपादित किया।

शंकराचार्य ने ब्रह्मसूत्र शांकरभाष्य लिखकर वेदान्त दर्शन का प्रतिपादन किया था। नवीं सदी में वाचस्पति ने इस भाष्य पर *भामती टीका* लिखी। वेदान्त के अन्य उत्कृष्ट ग्रन्थों में श्रीहर्ष (बारहवीं सदी) का *खण्डनखाद्य*, चित्सुखाचार्य (तेरहवीं सदी) की *तत्त्वदीपिका*, विद्यारण्यस्वामी (चौदहवीं सदी) की पञ्चदशी और मधुमूदन सरस्वती (सोलहवीं सदी) की *अद्वैतसिद्धि* अत्यन्त महत्त्वपूर्ण हैं। ये सब ग्रन्थ मध्य युग में ही लिखे गए थे।

शंकराचार्य ने जिस ढंग से वेदान्तसूत्रों की व्याख्या की थी, अन्य कई दार्शनिकों ने उसे पसन्द नहीं किया। ब्रह्म के अतिरिक्त जीव की सत्ता को न मानने से ईश्वर-भक्ति का कुछ अर्थ ही नहीं रह जाता। इसलिए वैष्णव आचार्यों ने वेदान्तसूत्रों की इस प्रकार व्याख्या की, जिससे ब्रह्म और जीव की पृथक् सत्ता सिद्ध की गयी।

इन दार्शनिकों में रामानुज (1140 ई.), माधव (1127 ई.), निम्बार्क (1250 ई.) और वल्लभाचार्य (1500 ई.) के नाम विशेषरूप से उल्लेखनीय है। रामानुज के अनुसार जीव और जगत् ईश्वर के ही दो रूप हैं। इसीलिए उनका मत विशिष्टाद्वैत कहलाता है। मध्वाचार्य

के मत में ईश्वर और जीव दो पृथक् सत्ताएँ हैं। उनके मत को 'द्वैत' कहा जाता है। निम्बार्क जीव और ईश्वर को पारमार्थिक दृष्टि से अभिन्न मानते हैं, पर व्यावहारिक रूप से उनकी भिन्न सत्ता को स्वीकार करते हैं। इसीलिए उनके मत को द्वैताद्वैत कहते हैं।

वेदान्त दर्शन की व्याख्या: 'कुलपति सत्यकेतु' विद्यालंकार ने वेदान्त दर्शन की इस प्रकार व्याख्या की है:

"वेदान्त के अनुसार विश्व की वास्तविक सत्ता 'ब्रह्मा' है। वस्तुतः, ब्रह्म ही सत्य है, अन्य कोई सत्ता सत्य नहीं है। जीव की ब्रह्म से पृथक् कोई सत्ता नहीं है। प्रकृति या जगत् ब्रह्म से ही उत्पन्न हुए हैं। ब्रह्म से पृथक् उनकी भी सत्ता नहीं है। ब्रह्म का स्वरूप 'निर्विशेष-चिन्मात्र' है। ब्रह्म चेतन-स्वरूप है, वह चित-शक्ति के अतिरिक्त अन्य कुछ नहीं है। सांख्य-दर्शन जिन्हें पुरुष व प्रकृति कहता है, उनका विकास इसी ब्रह्म से होता है। जब ब्रह्म 'संकल्प' करता है, यह चाहता है कि वह 'ब्रह्मरूप' हो जाए, तो अपनी लीला द्वारा सृष्टि का विकास करता है।"

शंकराचार्य का '*ब्रह्मसूत्र-शांकर भाष्य*' सबसे प्रसिद्ध है। वस्तुतः, शंकर ने वेदान्त के एक नए सम्प्रदाय का प्रारम्भ किया, जिसे 'अद्वैतवाद' कहते हैं। इसके अनुसार सब जगत् मिथ्या है। जिस प्रकार रात के समय मनुष्य को रज्जु में साँप का भ्रम हो जाता है, वैसे ही संसार की दृष्टिगोचर होने वाली सब सत्ताएँ भ्रम का परिणाम है। जगत् माया के अतिरिक्त कुछ नहीं है। माया की परमार्थ में कोई सत्ता नहीं होती। जब ब्रह्म माया से अवच्छिन्न हो जाता है, तो वह ईश्वर कहलाता है। जीवात्मा वस्तुतः ब्रह्म ही है। जैसे एक ही सर्वव्यापी आकाश घट में घटाकाश के रूप से और मठ में मठाकाश के रूप से आभासित होता है, पर वस्तुतः वह एक ही आकाश होता है, ऐसे ही अन्तःकरणाविच्छन्न ब्रह्म जीवात्मा के रूप में आभासित होता है। पर वस्तुतः जीवात्मा ब्रह्म से पृथक् नहीं है, वह ब्रह्म ही है, ठीक वैसे ही जैसे घटाकाश आकाश ही है, वह सर्वव्यापी आकाश से पृथक् नहीं है।

वेदान्त के मुख्य सिद्धान्त: 1. वेदान्त का मूल भाव है कि सत्य आत्मा या ब्रह्म है।

2. ब्रह्म और आत्मा एक है।

3. जिस प्रकार बहती हुई नदियाँ अपना अलग नाम छोड़कर समुद्र में विलीन हो जाती हैं, उसी प्रकार ज्ञानी नाम रूप (से उत्पन्न भेदभाव) से मुक्त होकर ज्योर्तिमय परमात्मा को प्राप्त करता है जो परे (अर्थात् अव्यक्त प्रकृति) से भी परे है।

4. मानव जीवन में ब्रह्मानुभूति का सबसे अधिक महत्त्व है।

5. मनुष्य मूलतः एक आध्यात्मिक प्राणी है, मन, बुद्धि तथा शरीर आदि उसका वास्तविक रूप नहीं है।

6. ज्ञान व्यक्ति के दोषों का निवारण करता है।

7. उठो! जागो! और लक्ष्य प्राप्ति होने तक रुको मत।

8. हम सबके भीतर ब्रह्म की शक्ति है। दरिद्र के भीतर बैठा देवता हमारी सेवा चाहता है।

9. निर्भीकता से शारीरिक स्वतन्त्रता, मानसिक स्वतन्त्रता तथा आध्यात्मिक स्वतन्त्रता पनपती है।

10. वेदान्त सहिष्णुता तथा सर्वग्राह्यता पर जोर देता है।

11. त्याग भाव अत्यन्त आवश्यक है। इसी से ब्रह्म की प्राप्ति हो सकती है।

वेदान्त दर्शन का शिक्षा पर प्रभाव: *शिक्षा का स्वरूप तथा अर्थ:* स्वामी शंकराचार्य

के अनुसार शिक्षा व्यक्ति की ज्ञान प्राप्ति का साधन है। यही अज्ञान की निवृत्ति का माध्यम है। इसी द्वारा मोक्ष की प्राप्ति होती है।

ज्ञान से व्यक्ति को शोक-मोह आदि से छुटकारा मिलता है। शंकराचार्य ने शिक्षा की परिभाषा इस प्रकार की है, "शिक्षा मुक्तिपर्यन्त चलने वाली आध्यात्मिक प्रक्रिया है। शिक्षा के द्वारा व्यक्ति को उसमें निहित ब्रह्म भाव का जागरण होता है। शिक्षा द्वारा उसे अपने यथार्थ स्वरूप का बोध होता है। शिक्षा ही जीवन जगत् के प्रति उसके व्यवहार तथा विचारों में परिवर्तन, परिमार्जन एवं संशोधन करती है। शिक्षा व्यक्ति को ब्रह्मात्मैक्य की अनुभूति के योग्य बना कर सर्वत्र सम (ब्रह्म) दर्शन करने में समर्थ बनाती है।"

वेदान्त के अनुसार शिक्षा के मूल सिद्धान्त: 1. शिक्षा आध्यात्मिक प्रक्रिया है।

2. शिक्षा मनुष्य को अज्ञान, शोक, मोह तथा क्रोध आदि दोषों का निवारण करती है।

3. शिक्षा व्यक्ति में निहित ब्रह्म भाव को जागृत करती है।

4. शिक्षा और जीवन अन्योन्याश्रत है।

5. शिक्षा केवल मात्र भौतिक पदार्थों की जानकारी नहीं है, वरन् ब्रह्मात्मा के ऐक्य का बोध है।

6. शिक्षा व्यक्ति के लिए महत्त्वपूर्ण तथा आवश्यक है।

7. शिक्षा श्रेष्ठ व्यक्तियों का निर्माण कर श्रेष्ठ समाज के सृजन में योगदान करती है।

13.12 भगवद्गीता (Bhagvad Gita)

भगवद्गीता का महत्व: आकार में, गीता सात सौ छन्दों का एक लघु ग्रन्थ है। इन छन्दों को अठारह अध्यायों में विभाजित किया गया है। यह एक पद्य ग्रन्थ है जो महाभारत युद्ध के प्रसिद्ध सेनानायक अर्जुन और भगवान विष्णु के अवतार श्रीकृष्ण के बीच संवाद के रूप में है। अर्जुन के समक्ष खड़ी विशाल सेना में उसके अपने ही बन्धु-बान्धव और गुरुजन हैं। अपने प्रिय बन्धु-बान्धवों और श्रेष्ठ गुरुजनों को देखकर अर्जुन युद्ध की इच्छा त्याग देता है और अपने हथियार फेंक देता है। इस स्थिति में उसके मित्र और सारथी श्रीकृष्ण ने एक उचित कारण के लिए अर्जुन को युद्ध करने के लिए प्रेरित किया। अर्जुन के समक्ष कर्तव्य की व्याख्या और उसे पूरा करने के लिए श्रीकृष्ण के उपदेश गीता के सार हैं।

भगवद्गीता विश्वभर में भारत के आध्यात्मिक ज्ञान के मणि के रूप में विख्यात है। पाश्चात्य जगत में भारतीय साहित्य, संस्कृति तथा दर्शन का कोई भी ग्रन्थ इतना उद्धरित नहीं होता जितना कि भगवद्गीता, क्योंकि यही सर्वाधिक प्रिय है।

गीता को कामधेनु तथा कल्पवृक्ष की उपमा दी जाती है जिसका अनन्य भाव से चिन्तन-मनन करने से मनोवांछित लाभ प्राप्त किया जा सकता है। इसका अब तक लगभग 50 भाषाओं में अनुवाद हो चुका है।

गीता का सार: गीता में निहित दर्शन का सार यह है कि हमें अपने मन के दृढ़ विश्वास के साथ फल की इच्छा किए बिना कर्मनिष्ठ होकर ईमानदारी से अपने कर्तव्यों का निर्वाह करना चाहिए और शेष परमपिता परमात्मा की इच्छा पर छोड़ देना चाहिए।

कर्मण्येवाधिकारस्ते मां फलेषु कदाचन।
मां कर्मफलहेतुर्भुमा ते संगोस्तवकर्मणि ॥

हमें न्याय और उचित उद्देश्य के लिए अवश्य संघर्ष करना चाहिए। जिसका जन्म हुआ है उसकी मृत्यु भी निश्चित है। मृत्यु के पश्चात आत्मा का पुनर्जन्म भी निश्चित है।

अत: हमें निश्चित या अवश्यंभावी घटनाओं पर संतप्त नहीं होना चाहिए। आत्मा अमर है और शरीर नश्वर। सृजन का चक्र एक कठोर सत्य है और इससे बचा नहीं जा सकता।

गीता का दर्शन आदर्शवादी तथा यथार्थ दोनों ही है। मोह को त्यागकर मोक्ष की प्राप्ति की जा सकती है।

इन्द्रिय निग्रह द्वारा ही सांसारिक बन्धनों से छुटकारा प्राप्त किया जा सकता है।

कर्म करना मानव का कर्तव्य है। कर्म अर्थात् कर्तव्य के द्वारा ही मनुष्य लौकिक एवं पारलौकिक, भौतिक तथा अभौतिक आनन्द को प्राप्त कर सकता है।

भगवद्गीता के अनुसार शिक्षा के उद्देश्य (Aims of Education According to Bhagvad Gita): 1. छात्रों को यह सिखाना कि जीवन कैसे जिया जाए ।

2. छात्रों को सिखाना कि जीवन का परम उद्देश्य मोक्ष प्राप्त करना है।

3. छात्रों को नैतिकतापूर्ण जीवन जीने की प्रेरणा देना।

4. छात्रों को निष्काम भाव से कार्य करने के लिए प्रेरित करना।

5. छात्रों को अपने कर्त्तव्यों को समझने तथा उन्हें निष्ठापूर्वक निभाने के लिए प्रेरित तथा प्रशिक्षित करना।

6. छात्रों में निर्भीकता तथा साहस के मूल्यों का विकास करना।

7. मन को वश मे करने की प्रेरणा देना।

8. छात्रों को जीवन की चुनौतियों का सामना करने के लिए प्रशिक्षण देना।

शिक्षण विधियाँ (Methods of Teaching): गीता दर्शन के अनुसार निम्नलिखित शिक्षण विधियों का प्रयोग करना चाहिए:

1. प्रश्नोत्तर विधि। 2. तर्क विधि। 3. वार्तालाप विधि। 4. मौखिक विधि। 5. अनुकरण विधि।

अध्यापक छात्र सम्बन्ध (Teacher Student Relations): 1. अध्यापक के प्रति अतिश्रृद्धा। 2. अध्यापक में विश्वास। 3. छात्र से अपूर्व स्नेह। 4. छात्र को अपनी शंकाएँ बिना किसी भय के अध्यापक के समक्ष रखना। 5. अध्यापक द्वारा शंकाओं का तर्क सहित समाधान करना।

13.13 स्मृतियाँ (Smritis)

स्मृतियों में मानव जीवन के आचरण के नियमों को निर्धारित किया गया है। महान विचारक स्वायंभुव आदि मनु विश्व में पहले नियम-निर्माता थे। तीन स्मृतियाँ हैं: 1. आदि मनु द्वारा रचित मनुस्मृति, 2. महर्षि याज्ञवल्क्य द्वारा रचित याज्ञवल्क्य स्मृति, और 3. ऋषि पराशर द्वारा रचित पराशर स्मृति।

मनुस्मृति में हिन्दुत्व के चरित्र और उसकी मूल भावना को निरूपित किया गया है। विभिन्न विषयों जैसे कि प्रशासन, कूटनीति, शिक्षा और विधि आदि के अतिरिक्त मनुस्मृति में महिलाओं की स्थिति पर भी विशद चर्चा की गई है। मनुस्मृति में कहा है कि "*यत्र नार्यस्तु पूज्यन्ते रमन्ते तत्र देवता:*", अर्थात जहाँ नारी की पूजा होती है वहाँ देवताओं का वास होता है।

13.14 भारतीय विचारधारा के केन्द्र बिन्दु (Central Teachings of Indian Thought)

अरस्तु, दारा शिकोह, शोपनहार तथा मैक्समूलर ने जिस भारतीय विचारधारा से प्रेरणा

ग्रहण की थी उसका स्रोत वेद हैं, उपनिषद् हैं, दर्शन है। इन्हीं की वाणी को हमने भारतीय दर्शन की परम्परा कहा है। इस दर्शन का सार क्या है? इसका सार यह है कि व्यक्ति भौतिक दृष्टि से कितना ही उन्नत हो जाए, चाँद पर जो उतरे, कितना ही समृद्ध हो जाए, धन कुबेर हो जाए, वह भौतिक दृष्टि से कितनी उन्नति कर ले, संसार में सम्पत्ति का इतना ढेर लग जाए कि बाँटे नहीं बँटे, परन्तु यदि मानव आध्यात्मिक दृष्टि से निर्धन रहा, विश्व आध्यात्मिकता से शून्य रहा तो इस पृथ्वी का मानव और सम्पूर्ण विश्व कहने को उन्नत तथा समृद्ध होता हुआ भी दरिद्र का दरिद्र ही रहेगा।

आध्यात्मिकता का यह अर्थ नहीं कि संसार को हम मिथ्या कहें। धन-सम्पत्ति को बेकार कहें। इसका इतना ही अर्थ है कि मानव में शरीर यथार्थ है, परन्तु शरीर के साथ आत्मा भी यथार्थ है। जीवन का संचार करने वाला परमात्मा भी यथार्थ है।

क्या हम इस शरीर और इस जगत् को ही आदि और अन्त मानकर चलें? भारतीय विचारधारा का कहना है—नहीं, ऐसा करने से तो संसार भी सिद्ध नहीं होगा। भारतीय संस्कृति इस जगत् को मिथ्या नहीं कहती। इसे ही अन्तिम सत्य भी नहीं कहती। वह इन दोनों के समन्वय को लेकर मध्य-मार्ग पर चलती है।

उपनिषद् ने कहा है—'तेन त्यकतेन भुंजीथा'—संसार का भोग करो परन्तु संसार के भोग में ऐसे लिप्त न हो जाओ कि अपनी सुध-बुध ही भूल जाओ। आत्मा शरीर के बिना, परमात्मा प्रकृति के बिना अपने चैतन्य-स्वरूप को प्रकट नहीं कर सकता है, इसलिए आत्मा के लिए शरीर और परमात्मा के लिए प्रकृति का विकास उतना ही आवश्यक है जितना किसी कर्त्ता के लिए, कारीगर के लिए उसके साधन का, उपकरण का उत्तम से उत्तम होना आवश्यक है।

भारत का एक रूप है, जिसकी अन्य देशों के समान राजनीतिक, सामाजिक तथा अन्य प्रकार की सीमाएँ हैं। किन्तु भारत का दूसरा रूप भी है, जिसकी पहुँच और व्याप्ति असीम है, जो मानव और प्रकृति की उच्चतम वास्तविकता का साक्षी रहा है, जिसने संसार को मानव के गौरव तथा गरिमा की दृष्टियाँ विरासत में दी हैं। यही दृष्टियाँ आधुनिक संसार में मानव के सामूहिक और व्यक्तिगत अस्तित्व का अच्छा आधार बन सकती हैं।

सहिष्णुता (Tolerance): सहिष्णुता भारतीय विचारधारा की एक प्रमुख विशेषता रही है। भारतीय विचारधारा अनेक तत्त्वों के सम्मिश्रण का परिणाम है। इस देश की संस्कृति ने अनेक जातियों के विचारों, विश्वासों और परम्पराओं को अपनाया है और अपने में समाया है। इस देश के निवासी अन्य लोगों की भावनाओं और मान्यताओं का आदर करते हैं और उन्हें अपने में मिलाने के लिए सदा तत्पर रहे हैं। अध्यात्म-भावना के कारण जो सहिष्णुता यहाँ के लोगों में उत्पन्न हुई, उसी से यह बात सम्भव हो सकी।

अपने में सबको देखने की भावना—भारत का अध्यात्मवाद: इस अध्यात्मवाद का निचोड़ है, 'जो अपने को सब में और सबको अपने में देखता है, वही असल में देवता है', आँखों से दिखाई देने वाले इस स्थूल संसार से परे भी कोई सत्ता है जिससे जीवन व शक्ति प्राप्त करके यह प्रकृति फल-फूल रही है। यह विचार इस देश में सदा से चला आ रहा है। यह विश्वात्मा हम सब में विद्यमान है। हम सभी उसी के रूप हैं।

धार्मिक तथा सांस्कृतिक खुलापन (Religious and Cultural Openness): 'सब में अपने को देखने' की भावना का परिणाम यह हुआ कि इस देश में साम्प्रदायिक भावना

पनप नहीं पायी। प्राचीन वैदिक धर्म में सुधार लाने के लिए जो धार्मिक सुधारता भगवान बुद्ध ने आरम्भ की, उसके परिणामस्वरूप वैदिक धर्म के अनुयायियों ने उसे अपने में लीन कर लिया। बुद्ध को भी भगवान का अवतार मान लिया गया है। 'बोधिवृक्ष' हिन्दुओं का भी पवित्र वृक्ष बन गया। यवन, शक, कुशाण आदि जातियों ने भी सबमें अपने को देखने की भावना द्वारा अपने को भारतीय समाज का अंग बना लिया। साथ ही भारतीय संस्कृति ने उनके अनेक धार्मिक अनुष्ठानों और विश्वासों को अपने में सम्मिलित कर लिया।

समन्वय की प्रकृति (Harmonious Nature): भारत में अनेक सम्प्रदाय हैं परन्तु सब सम्प्रदायों की मूल प्रेरिक शक्ति वही आध्यात्म भावना रही है जो भारतीय संस्कृति की प्रमुख विशेषता है। समन्वय की इस प्रवृत्ति ने 'दीनेइलाही' के रूप में मूर्तरूप धारण किया, यद्यपि यह प्रयास सफल नहीं हो सका। मुसलमानों का सूफी सम्प्रदाय भारत के अध्यात्मवाद, योग साधना और रहस्यवाद का ही दूसरा रूप है। मुस्लिम पीरों के मकबरे बनाकर उनकी पूजा करना भारतीय संस्कृति की देन है। इस्लाम में भजन, नृत्य और संगीत द्वारा अपने पीर-पैगम्बरों की पूजा और भक्ति भारतीय कीर्तन का ही रूपान्तर है। राम और रहीम, कृष्ण और करीम की एकता के प्रतिपादन द्वारा इस देश के अनेक सन्तों ने इस्लाम और हिन्दू-धर्म में समन्वय का प्रयास किया।

विविध सम्प्रदायों के प्रति आदर तथा सहिष्णुता का भाव भारतीय संस्कृति की विशेषता रही है। सम्राट् अशोक ने इस भाव को बहुत ही सुन्दर शब्दों में प्रकट किया है, देवताओं के प्रियदर्शी राजा (अशोक) विविध दान व पूजा से गृहस्थ व सन्यासी सब सम्प्रदायों का सत्कार करते हैं, किन्तु देवताओं के प्रिय दान या पूजा की इतनी परवाह नहीं करते, जितनी इस बात की कि सब सम्प्रदायों के सार (तत्त्व) की वृद्धि हो। सम्प्रदायों के सार की वृद्धि कई प्रकार से होती है। पर उसकी जड़ वाणी का संयम है। अर्थात् लोग केवल अपने ही सम्प्रदाय को आदर और बिना कारण दूसरे सम्प्रदाय की निन्दा न करें। अशोक द्वारा प्रतिपादित सहिष्णुता की भावना भारत के सम्पूर्ण इतिहास में ओत-प्रोत रही है।

अभय की भावना (Fearlessness): अभय की भावना भी भारतीय संस्कृति की विशेषता है। वैदिक ऋषि ने कहा है, ''मित्र से मैं अभय होऊँ, अमित्र (शत्रु) से मैं अभय होऊँ। ज्ञात वस्तु से और परोक्ष (अज्ञात) वस्तु से मैं अभय होऊँ। रात और दिन सब समय में अभय होऊँ, और सब दिशाएँ मेरे प्रति मित्र भावना रखें।''

विचार-स्वातन्त्रय (Freedom of Expression): भगवत् गीता में कहा गया है, ''जिस किसी ढंग से जो मेरी उपासना करता है, वह उसी ढंग से मुझे प्राप्त कर लेता है।'' चींटी तक की हत्या को पाप मानने वाले और भैंसे की बलि देकर अपने आराध्य देवता को सन्तुष्ट करने वाले लोग जो एक साथ भारतीय संस्कृति में रह सके, उसका कारण विचार स्वातन्त्रय ही थी।

अध्यात्म के साथ इहलोक की उन्नति (Balanced Approach to Spiritual and Materialism): व्यक्ति भौतिक दृष्टि से कितना ही उन्नत हो जाए, चाँद पर जा उतरे, कितना ही समृद्ध हो जाए, धन कुबेर हो जाए, यह विश्व की भी भौतिक दृष्टि से कितनी उन्नति कर ले, संसार में सम्पत्ति का इतना ढेर लग जाए कि बाँटे नहीं बँटे, परन्तु यदि मानव आध्यात्मिक दृष्टि से निर्धन रहा, विश्व आध्यात्मिकता से शून्य रहा तो इस पृथ्वी का मानव और सम्पूर्ण विश्व कहने को उन्नत तथा समृद्ध होता हुआ भी दरिद्र का दरिद्र ही रहेगा।

आध्यात्मिकता का यह अर्थ नहीं कि संसार को हम मिथ्या कहें। धन-सम्पत्ति को बेकार कहें। इसका इतना ही अर्थ है कि मानव में शरीर यथार्थ है, परन्तु शरीर के साथ आत्मा भी यथार्थ है। जीवन का संचार करने वाला परमात्मा भी यथार्थ है।

उपनिषद् ने कहा है–'तेन त्यकतेन भुंजीथा'–संसार का भोग करो परन्तु संसार के भोग में ऐसे लिप्त न हो जाओ कि अपनी सुध-बुध ही भूल जाओ। आत्मा शरीर के बिना, परमात्मा प्रकृति के बिना अपने चैतन्य-स्वरूप को प्रकट नहीं कर सकता है, इसलिए आत्मा के लिए शरीर और परमात्मा के लिए प्रकृति का विकास उतना ही आवश्यक है जितना किसी कर्त्ता के लिए, कारीगर के लिए उसके साधन का, उपकरण का उत्तम से उत्तम होना आवश्यक है।

यह कहना उचित नहीं है कि भारतीय संस्कृति में अध्यात्म की भावना ने भारतवासियों को निष्क्रय और इहलोक की उन्नति से विमुख बना दिया है। इस सम्बन्ध में यह ध्यान योग्य है कि इस देश के राजा दिग्विजय और चक्रवर्ती साम्राज्य को सदा अपना आदर्श मानते रहे। उन्होंने अफगानिस्तान की नदियों को पार कर सुदूर बाल्हीक (बल्ल) देश पर भी विजय प्राप्त की। इस देश के विचारक तथा व्यापारी जावा, सुमात्रा, चीन, मिश्र, रोम जैसे सुदूर देशों में आते-जाते रहे। परन्तु किसी का शोषण नहीं किया। किसी पर अपनी संस्कृति थोपने का प्रयास नहीं किया। भारतवासियों ने ऐहलोक उन्नति की कभी उपेक्षा नहीं की। उन्होंने पारमार्थिक और व्यावहारिक में सदा भेद किया। भारतीय दार्शनिकों ने कहा कि सच्ची संस्कृति वह है, जो परलोक और इहलोक, अध्यात्म और भौतिक जीवन, आत्मा और शरीर इन सबका समान रूप से हित और कल्याण सम्पादित करती है। यही कारण है कि महर्षि वेद व्यास ने यह प्रतिपादित किया था कि संसार का जो प्रत्यक्ष जीवन है, उसको जाने बिना मनुष्य सर्वदर्शी नहीं हो सकता। सम्पूर्ण या सर्व ज्ञान के लिए मनुष्य के लिए भौतिक जीवन का ज्ञान भी आवश्यक है। इहलोक के जीवन की उपेक्षा करके काम नहीं चल सकता। हमारा सांस्कृतिक दृष्टिकोण अधूरा रह जाता है यदि हम इहलोक की उपेक्षा कर केवल परलोक की ही कामना करें। मनुष्य को इस लोक और प्रत्यक्ष जीवन में जो सुख व कल्याण प्राप्त होता है, उसकी उपेक्षा करना उचित नहीं है। इसी कारण महाभारत में कहा गया है, 'मनुष्यलोके यत्क्षेमः परं मन्ये युधिष्ठिर।' 'हे युधिष्ठिर, मनुष्य लोक में या मानव-जीवन में जो श्रेय है, उसी को मैं महत्त्वपूर्ण मानता हूँ।' संसार के सुख और भोग हेय नहीं हैं। उनका प्राप्त करना प्रत्येक मनुष्य के लिए आवश्यक है। पर साथ ही यह जान लेना और भी अधिक आवश्यक है कि ऐहलौकिक सुख ही मनुष्य का अन्तिम ध्येय नहीं है। भारतीय संस्कृति के अनुसार मनुष्य का सर्वांगीण विकास वांछनीय है। शरीर, मन और आत्मा, इहलोक और परलोक, भौतिक सुख और आध्यात्मिक संतोष सब क्षेत्रों में एक साथ उन्नति द्वारा ही मनुष्य अपनी वास्तविक उन्नति कर सकता है। भारतीय संस्कृति के अनुसार मनुष्य जहाँ धर्म, अर्थ और काम को प्राप्त कर सकता है, वहाँ साथ ही मोक्ष को अपना अन्तिम उद्देश्य मानता है। केवल अर्थ और काम को प्राप्त करके या केवल मोक्ष की प्राप्ति में तत्पर होकर मनुष्य अपनी उन्नति नहीं कर सकता। धर्म पर चल कर अर्थ की उपलब्धि करने, धर्मानुसार काम का सेवन करने और मोक्ष को अन्तिम लक्ष्य बनाकर ही मनुष्य अपनी सर्वांगीण उन्नति कर सकता है–यही भारतीय संस्कृति का आधारभूत विचार है।

भारतीय विचारधारा के जीवन सम्बन्धी चार आधार स्तम्भ (Four Pillars of Indian Thought in the Context of Daily Life): चार आधार इस प्रकार हैं: 1. धर्म (Righteousness), 2. अर्थ (Wealth or Necessities of Life), 3. काम या कार्य (Work or Duty), 4. मोक्ष (Salvation or Spiritual Freedom or Oneness with God)।

आत्मा, परमात्मा, जीवन, पुनर्जन्म, मोक्ष आदि पर बल न देकर हम ने भारतीय दर्शन के अन्य महत्त्वपूर्ण बिन्दुओं पर प्रकाश डालने का प्रयत्न किया है। भारतीय दार्शनिकों ने अच्छे तथा आदर्श जीवन पर भी प्रकाश डाला है। 'अच्छे जीवन' के लिए चार तत्त्वों के उचित मिश्रण की अत्यन्त आवश्यकता है। ये *धर्म*, (*Righteousness*), *अर्थ* (*Wealth*), काम (*Work or Duty*) तथा *मोक्ष* (*Spiritual Freedom*) है। काम को पुरुषार्थ की भी संज्ञा दी जाती है।

भारतीय दर्शन ने मोक्ष को सबसे महत्त्वपूर्ण माना है। अन्य तीनों तत्त्व इसी लक्ष्य की प्राप्ति के साधन हैं। आध्यात्मवाद का दूसरा रूप मोक्ष ही कहा जा सकता है। मोक्ष प्राप्ति के लिए आवश्यक है कि मानव अच्छे कर्म करे। जीवन में उच्च मूल्यों पर आचरण करे। अर्थ अथवा धन, मोक्ष प्राप्ति का साधन हैं, साध्य नहीं। यदि धन अच्छे तरीकों से कमाया जाए और अच्छे कार्यों पर खर्च किया जाए, तभी मोक्ष प्राप्त हो सकता है। मोक्ष प्राप्ति से जीवन संसार के दु:खों से छूट सकता है।

13.15 भारतीय विचारधारा तथा वैदिक साहित्य: चुने हुए अंश (Indian Thought and Vedic Literature: Selective Verses)

1. ओइम् असतो मा सद्गमय, तमसो मा ज्योतिर्गमय।
मृत्योर्मा अमृत गमय।

हे सर्वरक्षक प्रभो, आप हमें असत्य मार्ग से हटाकर सन्मार्ग की ओर, अज्ञान अन्धकार से बचाकर वैदिक ज्ञान रूपी प्रकाश की ओर तथा मृत्यु आदि दु:खों से छुड़ाकर अमृतत्व की ओर ले जाएँ। (ऋग्वेद)

2. समानी ये आकूति:
समाना हृदयानि व।
समानमस्तु वो मनो
यथा व: सुसहासति।

तुम सबकी चेष्टा समान हो, निश्चय एक समान।
हृदय तुम्हारे एक तुल्य हों, हो न विषमता मान।
एक सदृश ही हों तुम सबके अन्त:करण उदार।
हो सुन्दर सहवास तुम्हारा, ज्यों समता साकार। (ऋग्वेद *10, 191 से*)

3. संगच्छधवं संवद्धवं सं वो मनांसि जानताम्।
देवा भागं यथापूर्वे संजानाना उपासते।। (ऋग्वेद *10/191/2*)

मनुष्यो! सम्यक् मार्ग पर चलो। सम्यक् वाणी को बोलो। अपने मन से ज्ञान को सम्यक् प्रकार से जानो–जिस प्रकार सृष्टि के आरम्भ से देव अपने-अपने कर्त्तव्य को सम्यकतया अच्छी तरह जानकर पूर्ण करते हैं। हम सन्मार्ग पर, श्रेयो मार्ग पर ऐसे मिलकर चलें जिससे परस्पर ऐक्य न टूटे। हमारी वाणी ऐसी होनी चाहिए, जिससे श्रेय के साथ-साथ पारस्परिक

एकता बनी रहे। हमें सत्यज्ञान इस तरह प्राप्त करना चाहिए जिस तरह पारस्परिक प्रीति बिगड़े नहीं।

4. एकं सद्विप्रा बहुधा वदन्ति (1/164/46) (ऋग्वेद)
उस एक भगवान को विद्वान लोग अनेक नामों से पुकारते हैं

5. शुद्धाः पूता भवत यज्ञियासः (10/18/2) (ऋग्वेद)
शुद्ध और पवित्र बनो तथा परोपकारमय जीवन वाले हो।

6. *भद्रं कर्णेभिः श्रृणयाम* (25/21) (*यजुर्वेद*)
हम कानों से सदा भद्र-मंगलकारी वचन ही सुनें!

7. मा गृधः कस्य स्विद् धनम्। (40/1) (*यजुर्वेद*)
किसी के धन पर न ललचाओ।

8. *स एष एक एकवृदेक एव* (136/5/7) (*अथर्ववेद*)
वह ईश्वर एक और सचमुच एक ही है।

9. *रमन्ता पुण्या लक्ष्मीर्याः पापीस्ता अनीनशम्* (7/115/4) (*अथर्ववेद*)
पुण्य की कमाई मेरे घर की शोभा बढ़ाए। पाप की कमाई को मैंने नष्ट कर दिया है।

10. यदा सर्वे प्रमुच्यन्ते कामा मे अस्य हृदि मिश्रताः।
अथ मर्त्योंअमृतों भवत्यत्र ब्रह्रं समश्नुते (2/3/14) (*कंठ उपनिषद्*)
जब इसके हृदय में स्थित सारी कामनाएँ नष्ट हो जाती हैं, तब यह मरणाधर्मा मानव अमर हो जाता है और यहीं ब्रह्म का अनुभव करता है।

11. यस्तु सर्वाणि भूतान्यारमन्येदानु पश्यति।
सर्वभूतेषु चात्मानं ततो न विजुगुप्सते।। (*ईशोपनिषद्*)
वह प्रज्ञावान जो सब प्राणियों को अपने में देखता है तथा सब प्राणियों में अपनी ही आत्मा देखता है, इस दर्शन के कारण किसी से घृणा नहीं करता।

12. सर्वे भवन्तु सुखिनः सर्वे सन्तु निरामयाः।
सर्वे भद्राणि पश्यन्तु मा कश्चित् दुःखभाग भवेत्।। (*ईशोपनिषद्*)
सबका भला करो भगवान, सब पर दया करो भगवान।
सब पर कृपा करो भगवान, सबका सब विधि से हो कल्याण।।

14. काम, क्रोध, लोभ, मोह, मद्यपान, मद आदि, कपट, छल, चुगलखोरी, अविवेक, विचार शूलता, तमोगुण, स्वेच्छाचार, चपलता, लोलुपता, (भोगों के लिए) अत्यधिक प्रयास, अकर्मण्यता, प्रमाद (कर्त्तव्य कर्म न करना और अकर्त्तव्य करना), दूसरों के साथ द्रोह करने में आगे रहना, आलस्य, दीर्घसूत्रता, पर-स्त्री से अनुचित सम्बन्ध, बहुत अधिक खाना, कुछ भी न खाना, शोक, चोरी-इन दोषों से बचा रहकर जो अपना जीवन बिताता है, वह मानव पृथ्वी, देश तथा नगर का चारित्र्यभूषण है। वही श्रीमान्, विद्वान, कुलीन और मनुष्यों में सर्वोत्तम है। (*स्कन्द पुराण, प्रयासखण्ड*)

सारांशः संक्षेप में भारतीय विचारधारा अथवा दर्शन की निम्नलिखित प्रमुख विशेषताएँ हैं:

1. जीवन का लक्ष्य मोक्ष प्राप्त करना है। 2. उचित ढंग से धन कमाना (अर्थ) तथा अर्थ का भोग करना (काम) मोक्ष का मार्ग है। 3. प्राणी सत्यमार्ग पर चलें। 4. 'हम सब प्राणियों को मित्र की दृष्टि से देखें। 5. दूसरों का उपकार करने से पुण्य होता है और दूसरों

को पीड़ा देने की अपेक्षा अधिक कोई पाप नहीं। 6. अभिमान पाप की जड़ है। 7. जब तक शरीर में प्राण रहे, प्राणियों के प्रति दया भाव का परित्याग न करें। 8. जो दूसरों की पीड़ा का अनुभव करता है, वही सच्चे अर्थों में वैष्णवजन है। 8. ईश्वर भक्ति के कई मार्ग हैं। 10. संसार में रहते हुए भी इसमें लिप्त नहीं रहना चाहिए।

13.16 भारतीय विचारधारा तथा समृद्ध शैक्षिक विरासत (Indian Thought and Rich Educational Heritage)

शिक्षा तथा ज्ञान की दृष्टि से प्राचीन काल में भारत जगतगुरु के नाम से जाना जाता था। यहाँ की शिक्षा का स्तर इतना ऊँचा था कि अन्य देशों से छात्र एवं विद्वान बड़ी संख्या मे आकर शिक्षा ग्रहण करते थे और भारत में शिक्षा प्राप्त करना अपना गौरव समझते थे। समय व्यतीत होने पर भारत अपनी प्रतिष्ठा खो बैठा। 1947 के पश्चात् भारत को पुनः अवसर प्राप्त हुआ है कि प्राचीन काल की महत्ता को ध्यान में रखकर नई परिस्थितियों के अनुसार अपनी शिक्षा प्रणाली को बदलें।

सम्भवतः ऐसा कोई ही संसार में देश होगा, जहाँ ज्ञान के प्रति प्रेम इतने प्राचीन समय से आरम्भ हुआ हो जितना कि भारत में।

भारतीय शिक्षा की मुख्य विशेषताँए (Chief Characteristics of Indian Education): भारतीय शिक्षा की निम्न विशेष्ताँए थी।

1. *शिक्षा का तात्पर्य*: वैदिक युग से लेकर आज तक भारत में शिक्षा का मूल तात्पर्य यह रहा है कि शिक्षा प्रकाश का वह स्त्रोत है, जो जीवन के विभिन्न क्षेत्रों में हमारा सच्चा पथ-प्रदर्शक है। प्राचीन काल में भारतीयों का दृढ़ विश्वास था कि शिक्षा से विकसित बुद्धि ही यथार्थ बल है। उन्होंने दृढ़ता से कहा था कि शिक्षा कल्पवृक्ष के समान हमारे समस्त मनोरथों को सिद्ध करती है। विद्या के बिना मनुष्य पशु समझा जाता था।

प्राचीन काल में शिक्षा का तात्पर्य उस अन्तर्ज्योति और शक्ति से था जिससे मानव के शारीरिक, मानसिक, बौद्धिक तथा आत्मिक बलों का सन्तुलित विकास हो सकता था।

2. *शिक्षा का मुख्य* उद्देश्य: शिक्षा जीवन के मूल लक्ष्य 'मोक्ष' की प्राप्ति का एक साधन था। इसी भावना से प्रेरित होकर प्राचीन काल में भारतीय ऋषियों ने शिक्षा को धार्मिक क्रियाओं से ओत-प्रोत कर मानव के सर्वांगीण विकास की प्रेरणा दी। अतः ऐसा भी कहा जा सकता है कि ईश्वर-भक्ति तथा धार्मिकता की भावना, चरित्र-निर्माण, व्यक्तित्व का विकास, नागरिक तथा सामाजिक कर्त्तव्यों का पालन, सामाजिक कुशलता की उन्नति तथा राष्ट्रीय संस्कृति का संरक्षण और प्रसार प्राचीन भारत में शिक्षा के मुख्य उद्देश्य एवं आदर्श थे।

इस प्रकार वैदिक शिक्षा का उद्देश्य छात्र का सर्वांगीण विकास कर उसे समाज का सक्रिय एवं उपयोगी सदस्य बनाना था। वैदिक काल में बालक के शारीरिक, मानसिक एवं नैतिक पक्षों का विकास कर उसे कुशल सामाजिक प्राणी बनाने का उद्देश्य प्रमुख था।

3. *इहलोक तथा परलोक के सन्दर्भ में शिक्षा*: कुछ विचारक वैदिक कालीन की शिक्षा की आलोचना करते हैं कि यह शिक्षा केवल परलोक के लिए थी। परन्तु यह केवल भ्रान्ति है। वैदिक काल में दोनों प्रकार की विधा अर्थात् 'परा' तथा 'अपरा' विद्या पर ध्यान दिया जाता था।

संसार में धन-धान्य तथा समृद्धि देने वाली 'अपरा' है तथा संसार के बन्धन, से मोक्ष दिलाकर परमात्मा की प्राप्ति कराने वाली 'परा' विद्या है।

आध्यात्मिकता का यह अर्थ नहीं कि संसार को हम मिथ्या कहें। धन-सम्पत्ति को बेकार कहें। इसका इतना ही अर्थ है कि मानव में शरीर यथार्थ है, परन्तु शरीर के साथ आत्मा भी यथार्थ है। जीवन का संचार करने वाला परमात्मा भी यथार्थ है।

4. शिक्षा का संगठन–गुरुकुल प्रणाली: वैदिक काल में बालक की शिक्षा गुरुकुल में होती थी! वह शिक्षा काल में गुरु के घर रहता था। किसी शिष्य को स्वीकार करना गुरु की इच्छा पर निर्भर रहता था। जो बालक शिष्य रूप में स्वीकार किया जाता, उसे कई नियमों एवं संस्कारों में होकर गुजरना पड़ता था। इन सभी को सामूहिक रूप से 'उपनयन' कहते थे। 'उपनयन' का अर्थ है पास लाना। अतः इस संस्कार द्वारा बालक को अपने पास लाकर गुरु उसको विद्या देता था।

माता-पिता के समान गुरु छात्रों का पालन-पोषण करता था। छात्र ब्रह्मचर्य व्रत धारण करके नियमित दिनचर्या व्यतीत करते थे तथा व्यावहारिक, मानसिक एवं नैतिक शिक्षा प्राप्त करते थे।

गुरुकुल सामान्यतः नैसर्गिक सौन्दर्य से सुरभित, नगर के कोलाहल से दूर प्रकृति के सुरम्य कक्ष में स्थित होते थे। बड़े-बड़े गुरुकुलों के पोषण के लिए अनेक नृपति अपने गाँव के गाँव लगा देते थे। जिनकी आय से गुरुकुल अपना खर्चा चलाते थे।

5. *पाठ्यक्रम*: वैदिक काल में पाठ्यक्रम बहुत विस्तृत था। आध्यात्मिक और लौकिक, दोनों प्रकार की विद्याओं का समावेश पाठ्यक्रम में किया जाता था। पाठ्यक्रम में इन विषयों की शिक्षा दी जाती थी–चारों वेद, इतिहास और पुराण, व्याकरण, अर्थशास्त्र, शकुनविद्या, भूगर्भ विद्या, तर्कशास्त्र, आचार शास्त्र, भौतिकी, ब्रह्मविद्या प्राणिशास्त्र, सैन्य विज्ञान, शिल्प विज्ञान, संगीत शास्त्र एवं आयुर्वेद।

छात्र अपनी रुचि और सामर्थ्यानुसार किसी भी विषय का गहन अध्ययन कर सकते थे।

64 कलाएँ: ये इस प्रकार हैं–1. इतिहास, 2. आगम, 3. काव्य, 4. अलंकार, 5. नाटक, 6. गायकत्व, 7. कवित्व, 8. काम शास्त्र, 9. दुरोदर (द्युत), 10. देश भाषा लिपि ज्ञान, 11. लिपिकर्म, 12. वाचन, 13. गणक, 14. व्यवहार, 15. स्वरशास्त्र, 16. शाकुन, 17. सामुद्रिक, 18. रत्नशास्त्र, 19. गज-अश्वरथ कौशल, 20. मल्यशास्त्र, 21. सूपकर्म (रसोई पकाना), 22. भुरुहदोहद (बागवानी), 23. गन्धवाद, 24. धातुवाद, 25. रस सम्बन्धी खनिवाद, 26. बिलवाद, 27. अग्नि संस्तम्भ, 28. जल संस्तम्भ, 29. वाचः स्तम्भन्, 30. वयः स्तम्भन्, 31. वशीकरण, 32. आर्कषण, 33. मोहन, 34. विद्वेषण, 35. उच्चारन, 36. मारण, 37. काल वञ्चन, 38. परकाय प्रवेश, 39. पादुकासिद्धि, 40. वाक् सिद्धि, 41. गुटिका सिद्धि, 42. ऐन्द्रजालिक, 43. अञ्जन, 44. पर दृष्टि वञ्चन, 45. स्वर वञ्चन, 46. मणि मन्त्र औषधादिकी सिद्धि, 47. चोरकर्म, 48. चित्रक्रिया, 49. लोहक्रिया, 50. भश्मक्रिया, 51. मृत्क्रिया, 52. दासक्रिया, 53. वेणुक्रिया, 54. चर्मक्रिया, 55. अम्ब्रक्रिया, 56. अदृश्य-करण, 57. दन्तिकरण, 58. मृगयाविधि, 59. वाणिज्य, 60. पशुपाल्य, 61. कृषि, 62. लख-कुक्कट मेषादि युद्ध कारक कौशल, 63. आसनर्क, तथा 64. शुक-सारिका-प्रलापन।

6. *शिक्षण विधियाँ*: वैदिक काल में निम्नलिखित शिक्षण विधियों को प्रयोग में लाया जाता था:

(i) *मौखिक शिक्षण*: शिक्षण विधि मुख्यतः मौखिक थी। वेद-मन्त्र मौखिक विधि से ही पढ़ाए जाते थे। लिखे नहीं जाते थे। मौखिक विधि से ही अर्थ बताया जाता था।

(ii) *अनुपाठ*: फिर वेदों के उच्चारण, पढ़ने के ढंग आदि का भी अर्थ से कम महत्त्व न था क्योंकि वेद का अशुद्ध पाठ घातक माना जाता था। इन्हें पढ़ाने से पहले कई दिन शिक्षक स्वर, छन्द आदि का ज्ञान कराकर एक-एक पद विद्यार्थियों के सामने पढ़कर सुनाता था, जिसे वे ठीक उसी प्रकार दोहराते थे। इस समय अध्यापक तथा शिष्य जमीन पर सीधे बैठते थे। शिष्यों के आग्रह पर ही अध्यापन आरम्भ होता था। इस विधि में वेद-पाठ के बाद उनका अर्थ बताया जाता था। उसकी विधि यह थी कि किसी कठिन विषय पर आचार्य उसका अर्थ प्रथम विद्यार्थियों से पूछता था, यदि वह बता दे तो आगे बढ़ता, नहीं तो स्वयं उसे स्पष्ट करता। इस ढंग की शिक्षा में आत्मीयता प्रधान थी क्योंकि गुरु की कृपा पर ही शिक्षा अवलंबित थी। स्मरणशक्ति अत्यन्त प्रबल होती थी और सम्पूर्ण ज्ञान प्रत्येक समय व्यवहार के लिए प्रस्तुत रहता था।

(iii) *टीका*: अर्थ समझाने में तथा सिद्धान्तों को बताने में विशद टीका की जाती थी। दर्शन तथा सूत्र-साहित्य तो इसके बिना समझ में आ ही न सकता था। आवश्यकतानुसार उपमा, उत्प्रेक्षा, कहानी आदि की सहायता अध्यापक भी लेते थे।

(iv) *कहानी*: धर्मशास्त्र, नीतिशास्त्र आदि पढ़ाने में तो आख्यायिकाओं का बड़ा हाथ रहता था।

(v) *शंका-समाधान*: प्रमुख पाठनविधि शंका-समाधान वाली विधि थी। विद्यार्थी अस्पष्ट तथा संदिग्ध सिद्धान्तों तथा भागों पर प्रश्न करते थे और आचार्य उन्हें स्पष्ट करता था।

(vi) *भाषण*: इस विधि में आचार्य स्वयं ही प्रमुख बातों पर भाषण देता था जिसे सभी छात्र सुनते तथा लाभ उठाते थे। भाषण के बाद तत्सम्बन्धी शंकाएँ भी स्पष्ट की जाती थीं।

(vii) *अभ्यास*: व्यावसायिक शिक्षा में अभ्यास का मुख्य स्थान था, यथा आयुर्वेद में बीमारों की देखरेख, दवाएँ ढूँढ़ना, धनुर्वेद में हथियारों का अभ्यास आदि।

(viii) *श्रवण-मनन तथा तप*: अध्ययन की विधियों में मुख्य था गुरु के पढ़ाए पाठ को दोहराना। साथ ही अन्य विद्यार्थियों में शास्त्रार्थ अथवा बातचीत द्वारा अर्थ समझने तथा शंका-निवारण का प्रयास होता था। इस प्रकार श्रवण और बाद में उस पर तथा विशेषतया अस्पष्ट अंगों पर मनन; तथा अन्त में निदिध्यासन के द्वारा उसे सिद्ध कर लेना वैदिक शिक्षा के लिए आवश्यक तत्व थे। अध्ययन की एक प्रमुख विधि तप, उपासना अथवा योग थी।

(ix) *देश-पर्यटन तथा शास्त्रार्थ*: देश-पर्यटन तथा अन्य विद्वानों से मिलना, शास्त्रार्थ करना तथा ज्ञान-चर्चा करना भी भारतीय शिक्षा-पद्धति में प्रमुख स्थान रखते थे।

7. *गुरु शिष्य सम्बन्ध*: जिस प्रकार प्रत्येक पिता अपने पुत्र के विषय में यही आकांक्षा करता है कि वह उससे अधिक सुखी तथा प्रभावशाली हो, उसी प्रकार गुरु भी यही आकांक्षा करता था कि उसका शिष्य प्रत्येक दृष्टि से अधिक समुन्नत हो।

8. *व्यक्तिगत शिक्षण प्रणाली*: सम्पूर्ण शिक्षा-प्रणाली व्यक्तिगत थी। गुरु और शिष्य एक-दूसरे के व्यक्तित्व को पहचानते और एक-दूसरे के विचारों का सम्मान करते थे।

9. *शिक्षण काल*: शिक्षा-काल सामान्यत: 12 वर्ष का होता था। परन्तु छात्र अपनी इच्छा से अधिक समय भी लगाते थे।

10. *स्त्री शिक्षा*: वैदिक काल में स्त्री शिक्षा का प्रचलन था। बालिकाओं को बालकों के समान ही शिक्षा दी जाती थी। वेदों में 29 स्त्रियों के नाम मिलते हैं जिन्होंने वेद मन्त्र लिखे थे।

11. *परीक्षा प्रणाली*: शिक्षा प्राप्ति पर विशेष परीक्षाओं का प्रबन्ध न था। गुरु का संतोष ही सबसे बड़ी परीक्षा थी। गुरु प्रतिदिन जो भी पढ़ाते थे उसे अगले दिन प्रत्येक विद्यार्थी से सुनते थे। पूर्ण सन्तुष्ट होने पर अगला पाठ शुरू किया जाता था। इस प्रकार प्रत्येक छात्र की व्यक्तिगत योग्यता की ओर ध्यान दिया जाता था। प्रत्येक विद्वान को सदैव शास्त्रार्थ के लिए प्रस्तुत रहना पड़ता था। प्रसिद्ध विद्वानों द्वारा ही किसी भी स्नातक के ज्ञान का अनुमान लगा लिया जाता था।

12. *अनुशासन*: इस काल में आत्मानुशासन को ही उत्तम समझा जाता था। इन्द्रिय निग्रह पर बल दिया जाता था। गुरुकुल में 'सादा जीवन, उच्च विचार' को मानकर रहना पड़ता था।

13. *निशुल्क शिक्षा*: गुरुओं का कर्त्तव्य शिक्षा देना समझा जाता था। जब तक एक शिष्य शिक्षा का अर्जन करता रहता था तब तक गुरु उससे किसी प्रकार की फीस स्वीकार नहीं करता था।

14. *ब्राह्य नियन्त्रण से मुक्ति*: प्राचीन भारत में शिक्षा पर राज्य अथवा सरकार का नियन्त्रण नहीं था। राजा का यह कर्त्तव्य था कि वह इस बात को देखे कि विद्वान बिना किसी विघ्न के अध्यापन कार्य में लगे रहें।

15. *जनसाधारण की शिक्षा*: प्रत्येक बालक की शिक्षा का प्रबन्ध था। निर्धनता उच्चतम शिक्षा पाने में किसी प्रकार में रुकावट नहीं डाल सकती थी। कई राजे इस प्रकार का दावा कर सकते थे कि उनके राज्य में कोई अशिक्षित नहीं है। इस शिक्षा पद्धति की एक प्रमुख विशेषता यह थी कि वह राजा-महाराजाओं की सहायता अथवा कृपा पर ही आश्रित न थी। जनसाधारण, अध्यापकों तथा छात्रों का इसमें विशेष योगदान था।

16. *शिक्षा में दण्ड*: असाधारण परिस्थितियाँ आ जाने पर गुरु अपने शिष्यों को शारीरिक दण्ड भी देता था। कभी-कभी दण्ड कठोर भी बहुत होता था।

17. *गुरुदक्षिणा*: शिक्षा समाप्त होने तथा समावर्तन के उपरान्त शिष्य का कर्त्तव्य था कि वह गुरु को दक्षिणा द्वारा प्रसन्न करे। स्नातकों के लिए यह अपमान की बात थी कि उन्होंने दक्षिणा न दी हो। इसके लिए उन्हें अन्तिम बार भिक्षा माँगने का भी अधिकार था। गृहस्थ तथा राजा-महाराजे ऐसी भिक्षा के लिए 'नहीं' न कर सकते थे। अधिकतर स्नातक के घरवाले ही इसे प्रस्तुत कर देते थे।

छात्र अथवा शिष्य का गुरु के आश्रम में जीवनः 1. *साधना अथवा तप का जीवनः शारीरिक विकास*: प्रो. सत्यव्रत सिद्धान्तालंकार ने अपनी पुस्तक '*वैदिक विचारधारा का वैज्ञानिक आधार* (1981)' में आश्रम जीवन पर इस प्रकार प्रकाश डाला है।

गुरुकुल में प्रवेश का अभिप्राय है-गुरु के आश्रम में प्रविष्ट होना। 'आश्रम' का अर्थ है-जिसमें श्रम-ही-श्रम है, जिसमें आलस्य को स्थान नहीं, जिसमें हर समय सजग, सचेत रहना पड़ता है, जिसमें लगन-ही-लगन है, परिश्रम-ही-परिश्रम है, वैदिक परिभाषा में जिसमें 'तपस्या' है। गुरुकुलवास को ब्रह्मचर्याश्रम कहा गया है। आश्रम का मूलभूत भाव 'श्रम' या 'तपस्या' है। ब्रह्मचारी को गुरुकुलाश्रम में प्रवेश करते ही माता-पिता तथा आश्रम में उपस्थित जनता के समक्ष जो उपदेश दिये जाते हैं, उनका मूल आधार 'तपस्या' है। बालक को कहा जाता है-**'कर्म कुरु', 'दिवा मा स्वाप्सीः', 'क्रोधानृपे वर्जय', 'उपरि शय्यां वर्जय'**-काम करते रहना, श्रम का जीवन बिताना, निठल्ले मत रहना, रात को सोना, दिन सोने के लिए नहीं काम करने के लिए है, क्रोध मत करना, झूठ मत बोलना, गदेलों

पर मत पड़े रहना, तपस्या का जीवन बिताना। शिक्षा के जिस उद्देश्य को सामने रखकर वैदिक कुरुकुल-प्रणाली की नींव रखी गई थी उसका आधार 'तपस्या' था। अथर्ववेद के ग्यारहवें काण्ड के 'ब्रह्मचर्य-सूक्त' के 26 मन्त्रों में 15 बार 'तप' शब्द का प्रयोग हुआ है। 'स आचार्यं तपसा पिपर्ति', 'ब्रह्मचर्येण तपसा देवा मृत्युमुपाघ्नत'–ब्रह्मचारी तप से जीवन की साधना करता है। तपकर ही कच्चा लोहा पक्का बनता है, भट्ठी में तपकर ही सोना कुन्दन बनता है, तपस्या की आग में से गुजरकर ही इन्सान बनता है।

2. *समानता का भाव*: गुरुकुल में ऊँच-नीच तथा अमीर-गरीब का भेद मिट जाता है। आश्रम में आकर सब एक स्तर पर पहुँच जाते हैं–न कोई अमीर, न गरीब, न ऊँचा, न नीचा, सब बराबर, सब भाई-भाई। जब अमीरी-गरीबी शिक्षा-संस्था में चल रही हो, जब शिक्षा-संस्था में ही कोई शुल्क हो, तो यही लोग जब समाज में जाएँगे तब अमीरी-गरीबी, जात-बिरादरी को समाज में क्यों न ले जाएँगे? शिक्षा-संस्था में आकर किसी प्रकार का भेद-भाव नहीं रह सकता, 'गुरुकुल' शब्द का आधारभूत तत्त्व ही यह है। अगर शिक्षण-संस्था में किसी प्रकार का भेद-भाव रहता है, तो वह कूड़े में फेंक देने लायक है। हम समाजवाद की बढ़-चढ़कर चर्चा करते हैं, परन्तु स्मरण रखना होगा कि केवल पत्तों पर जल छिड़कने से वृक्ष हरा नहीं होता, जड़ में जल देने से ही वृक्ष में छटा आती है, पत्ते हरे होते हैं, फूल खिलते हैं, फल लगते हैं। बचपन में ही समाजवाद का भाव डालना वृक्ष की जड़ को सींचना है।

3. *ब्रह्मचर्य व्रत*: जो गुरु आश्रम में आता है वह ब्रह्मचारी है। गुरुकुल-शिक्षा-पद्धति में प्रत्येक बालक को जो गुरुकुल में प्रविष्ट होता है 'ब्रह्मचारी' कहा जाता है, सिर्फ विद्यार्थी ही नहीं, क्योंकि प्रत्येक के सामने जीवन में महान् होने का, बड़े होने का संकल्प शिक्षा के प्रारम्भ होने के दिन से ही रख दिया जाता है। इस शब्द का एक रूढ़ि अर्थ भी है, और वही अर्थ अधिक प्रसिद्ध है। रूढ़ि अर्थ में शरीर की भौतिक शक्ति को–वीर्य को–नष्ट न होने देना, शुद्ध चाल-चलन रखना, सदाचार का जीवन व्यतीत करना 'ब्रह्मचर्य' कहलाता है। इस दृष्टि से 'ब्रह्मचारी' शब्द के आध्यात्मिक तथा आधिभौतिक–ये दो अर्थ हैं। वैदिक शिक्षा की वैदिक विचारधारा के अनुसार गुरुकुलों का लक्ष्य बचपन से ही बालक के सामने दो उद्देश्य स्पष्ट रूप में रख देना था–बालक को आध्यात्मिक संस्कृति के रंग में रंगना होगा–यह वैदिक-शिक्षा का पहला उद्देश्य था जो 'ब्रह्मचारी' शब्द के यौगिक अर्थ में निहित है; बालक को अपने शरीर की भौतिक शक्ति का संचय करना होगा, वीर्य को नष्ट नहीं होने देना होगा, सदाचार का जीवन बिताना होगा–यह वैदिक शिक्षा का दूसरा उद्देश्य था, जो 'ब्रह्मचारी' शब्द के रूढ़ि अर्थ में निहित है।

छात्रों के गुण तथा उत्तरदायित्व: ऋग्वेद तथा अथर्ववेद में निम्न प्रकार के गुणों का उल्लेख है जो छात्र में होने चाहिए:

1. जिज्ञासु हो। 2. कर्मठ हो। 3. आज्ञाकारी हो। 4. दत्त चित हो। 5. संयमी हो। 6. गुरु में पूर्ण आस्था रखे। 7. परिश्रमी हो। 8. साधना करने वाला हो। 9. ब्रह्मचर्य के सभी गुणों को धारण करने वाला हो। 10. ब्रह्ममूर्त में उठे। 11. वाणी पर नियन्त्रण रखे। 12. माता-पिता तथा आचार्य को देवता समान समझे। 13. स्मरण शक्ति बढ़ाए। 14. प्रबुद्ध हो। 15. जन-कल्याण का कार्य करने वाला हो। 16. गुरु से ज्ञान प्राप्ति के लिए प्रयत्नशील रहे। 17. एकाग्रता हो। 18. काम भावना से मुक्त रहे। 19. गुरु-परिवार की सेवा करे। 20. आलस्य न हो।

वैदिक शिक्षा का मूल्याकंन (Evaluation of Vedic Education): *वैदिक शिक्षा के गुण:* वैदिक शिक्षा प्रणाली समाज की आवश्यकतानुसार थी। शिक्षा को मनुष्य की 'तीसरी आँख' कहा जाता था। व्यक्तित्व के विकास पर बल दिया जाता था। शिक्षा बिना किसी भेदभाव से उपलब्ध थी। अमीर-गरीब का कोई अन्तर नहीं था। जीवनपर्यन्त शिक्षा थी।

शिक्षा गुरु के घर पर दी जाती थी जिसे प्राय: गुरु-आश्रम या गुरुकुल कहा जाता था।

पाठ्यक्रम विस्तृत था। यद्यपि यह आध्यात्मिक पर आधारित था परन्तु व्यावसायिक भी था।

मूल्य शिक्षा को शिक्षा का अभिन्न अंग माना जाता था। गुरु तथा शिष्य का निकटतम सम्बन्ध था।

शिक्षा प्रकृति की गोद में दी जाती थी।

वैदिक शिक्षा की सीमाएँ: 1. शिक्षा में अधिकतर जड़ता था, 2. अनुशासन बहुत कठोर था, 3. रटने पर जोर था, 4. इहलोक की शिक्षा पर उचित बल नहीं दिया जाता था, 5. धार्मिक अनुष्ठानों की भरमार थी।

वैदिक शिक्षा की विशेषताएँ जो वर्तमान में अपनायी जा सकती हैं: 1. गुरु-शिष्य में निकटता, 2. कक्षाओं का छोटा आकार, 3. अनुशासन पर उचित बल, 4. प्रभावी नैसर्गिक वातावरण, 5. मूल्य शिक्षा को महत्त्व देना, 6. छात्रों का सतत् मूल्यांकन, 7. गुरु अथवा शिक्षकों का समाज में आदर का स्थान होना।

14

शिक्षा तथा दर्शन

(Education and Philosophy)

14.1 दर्शन का महत्व (Significance of Philosophy)

दर्शन उतना ही प्राचीन है जितना कि मानव जीवन। जीवन का कोई भी ऐसा पक्ष नहीं है जो दर्शन के विषय क्षेत्र के अध्ययन में न आता हो, इस की व्यापता से ही दर्शन का महत्व इंगित होता है, यही कारण है कि ग्रीक के महान दार्शनिक *अरस्तु* (*Aristotle—384-322 BC*) ने कहा "प्रत्येक व्यक्ति दर्शन के अनुसार कार्य करता है, भले ही वह यह नहीं जानता है," इसी प्रकार *फ्रांसिस बेकन* (*Francis Bacon,1561-1626*), जो कि प्रसिद्ध इंगलिश दार्शनिक थे, लिखा, "दर्शन सभी विज्ञानों की जननी है।"

एल्डस हक्सले (*Aldous Huxley—1894-1963*) ने दर्शन के महत्व पर इन शब्दों में प्रकाश डाला है: "मनुष्य अपने जीवन दर्शन तथा संसार के प्रति अपने विचारों के अनुरूप जीवन व्यतीत करते हैं। यह बिल्कुल या तनिक भी विचार न करने वाले व्यक्ति के लिए भी ठीक है। बिना किसी दर्शन के जीवित रहना असम्भ्व है।"

14.2 दर्शन का शब्दिक अर्थ (Etymological Meaning of Philosophy)

दर्शन अंग्रेजी भाषा के 'फिलोस्फी' (Philosophy) शब्द का रूपान्तर है। इस शब्द की उत्पत्ति ग्रीक भाषा के दो शब्दों 'फिलोस' (*Philos*) तथा 'सोफिया' (*Sophia*) से हुई है। '*फिलोस*' का अर्थ है, 'अनुराग' (Love) और '*सोफिया*' का अर्थ है 'ज्ञान' (Wisdom)। इस प्रकार दर्शन का अर्थ है ज्ञान के प्रति अनुराग (Love of Wisdom)।

14.3 दर्शन की परिभाषाएँ तथा अर्थ (Definitions of Philosophy and Meaning)

निम्न परिभाषाओं से दर्शन का अर्थ स्पष्ट हो जाता है–

1. दर्शनशास्त्री *प्लैटो* (*Plato*) ने अपनी पुस्तक '*Republic*' में लिखा है, ''वह व्यक्ति जिसे हर प्रकार के ज्ञान के प्रति रुचि है, ज्ञान प्राप्ति की उत्सुकता है, और इस दिशा में अपनी उपलब्धियों पर कभी सन्तुष्ट नहीं होता, वास्तविक अर्थ में दार्शनिक कहा जा सकता है।''

2. दार्शनिक *सुक्रात* (*Socrates*) के मतानुसार, ''जिन्हें सत्य के स्वरूप (Vision of

Truth) के ज्ञान की निरन्तर पिपासा रहती है, वे सही अर्थ में दार्शनिक कहलाते हैं।'' इसलिए दर्शन सभी प्रकार के विभिन्न ज्ञान राशि की जननी है। प्राकृतिक दर्शन, मानसिक दर्शन, और समाज दर्शन आदि कुछ प्रसिद्ध ज्ञान की शाखाएँ हैं। इन्हीं में एक शाखा शिक्षा दर्शन भी है, जो वृहत् दर्शन का एक अंग है।

3. *हॉर्न* (*Horn*) ने ''दर्शन को मानव के मस्तिष्क से ब्रह्माण्ड का होने वाला संघर्ष कहा है।'' दर्शनशास्त्री प्रत्येक विचार का तर्कपूर्ण ढंग से विश्लेषण करता है, तत्पश्चात् विश्वास का निरूपण कर सत्य प्रतिस्थापित करता है।

4. *वेबर* (*Weaber*) ने दर्शन के बारे में कहा है, ''दर्शन प्रकृति के समग्र रूप की खोज है, वस्तुओं की प्रकृति की एक सर्वव्यापी व्याख्या है। इसी खोज के प्रकाश में मानव स्वयं को समझ सकता है और शेष सृष्टि के साथ अपने सम्बन्धों पर विचार कर सकता है।''

5. *हैंडरसन* (*Handerson*) के विचार में ''दर्शन ऐसी सबसे जटिल समस्याओं का कठिन, अनुशासित तथा सावधानी के साथ किया हुआ विश्लेषण है जिसका मानव ने कभी अनुभव किया हो।''

6. *फिक्टे* (*Fichte*): "दर्शन ज्ञान का विज्ञान है।"

7. *कांट* (*Kant*): "दर्शन ज्ञान का विज्ञान तथा आलोचना है।"

8. *रेमाण्ट* (*Ramont*): "दर्शन सतत् प्रयास है जो कि विशेष तथ्यों के पीछे छिपे सत्य पर विचार करता है तथा सत्य की खोज करता है।"

9. *डा. एस. राधाकृष्णन*: "दर्शन वास्तविकता के स्वरूप की तर्क संगत खोज है"

10. *सिसरो* (Cicero): "दर्शन सभी कलाओं की जननी है और मन की सच्ची औषधि है"

11. *अशिस्टाप्पस* (*Aristippus*): "किसी भी समाज में सहजता का अनुभव करने की योग्यता दर्शन है।"

12. *हेरॉल्ड टाइट्स* (*Harold Titus*): "व्यक्ति का दर्शन उस के आधारभूत विश्वासों एवं धारणाओं का समूह है"

13. *शापनहावर* (*Schopenhauer*) के शब्दों में, ''संसार का प्रत्येक व्यक्ति दार्शनिक है।'' अर्थात् प्रत्येक व्यक्ति किसी न किसी रूप में सदैव सत्य की खोज करता रहता है।

14. *आर.डब्ल्यू. सेलर्स* (*R.W. Sellors*) के अनुसार, ''दर्शन उस निरन्तर प्रयास को कहते हैं, जिसके द्वारा हम अपनी और संसार की प्रकृति के सम्बन्ध में क्रमबद्ध ज्ञान द्वारा एक सूक्ष्म दृष्टि प्राप्त करने की चेष्टा करते हैं।''

15. *ब्रर्टेण्ड रसल* (*Bertrand Russell*) का कथन है, ''अन्य क्रियाओं के समान दर्शन का मुख्य उद्देश्य ज्ञान की प्राप्ति है।''

16. *ब्राइटमैन* (*Brightman*): "दर्शन शास्त्र की परिभाषा एक ऐसे प्रयास के रूप में दी जा सकती है जिसके द्वारा सम्पूर्ण मानव अनुभूतियों के सम्बन्ध में सत्यता से विचार किया जाता हो, अथवा जो हमारी सम्पूर्ण अनुभुतियों को बोधगम्य बनाता हो"

सारांश: दर्शन का अर्थ है ज्ञान की पिपासा, सत्य के स्वरूप की खोज, आत्मा, शरीर, ईश्वर तथा दृश्य जगत् आदि तत्त्वों के बारे में जानकारी प्राप्त करना। मैं कौन हूँ। इस ब्रह्माण्ड में मेरी स्थिति क्या है? मानव जीवन का उद्देश्य क्या है? जीवन क्या है? इन सभी प्रश्नों का उत्तर जानना ही दर्शन है।

14.4 दर्शन की मुख्य विशेषताएँ (Characteristics of Philosophy)

1. दर्शन का सम्बन्ध अनुभवों तथा परिस्थितियों से होता है। 2. दर्शन का विज्ञान से घनिष्ठ सम्बन्ध है। 3. दर्शन का समस्त जीवन से किसी न किसी प्रकार से सम्बन्ध है। 4. दर्शन का शिक्षा से गहरा सम्बन्ध है। 5. दर्शन का प्रत्येक व्यक्ति से किसी न किसी रूप में सम्बन्ध है।

14.5 दर्शन का कार्यक्षेत्र (Scope of Philosophy)

दर्शन के विषय क्षेत्र के बारे में इस अध्याय के आरम्भ में कहा गया है कि क्षेत्र अत्यन्त विस्तृत है। यहां पर केवल मौटे तौर पर कार्य क्षेत्र दिया गया है।

दर्शन का कार्यक्षेत्र निम्नलिखित है:

1. *तत्त्व मीमांसा* (*Metaphysics or Problem of Being*): यह सत्य के स्वरूप की खोज है। आत्मा, शरीर, काल और दृश्य जगत् तत्त्व क्या है? इनका उत्तर ढूँढने का चिन्तन इसमें किया जाता है।

2. *ज्ञान मीमांसा* (*Epistemology or Knowledge*): इसके अन्तर्गत ज्ञान के स्वरूप पर विचार किया जाता है और इसका वैद्यता का विवेचन करना है।

3. *कर्म मीमांसा* (*Axiology or Values*): इसके अन्तर्गत तत्कालिक एवं अन्तिम मूल्यों के प्रश्नों पर विचार किया जाता है। श्रेष्ठ क्या है? सुन्दर क्या है? आदि। सामाजिक, नैतिक तथा धार्मिक विषय इसके कार्यक्षेत्र में आते हैं।

दर्शन का विषय क्षेत्र (Subject Matter of Philosophy)

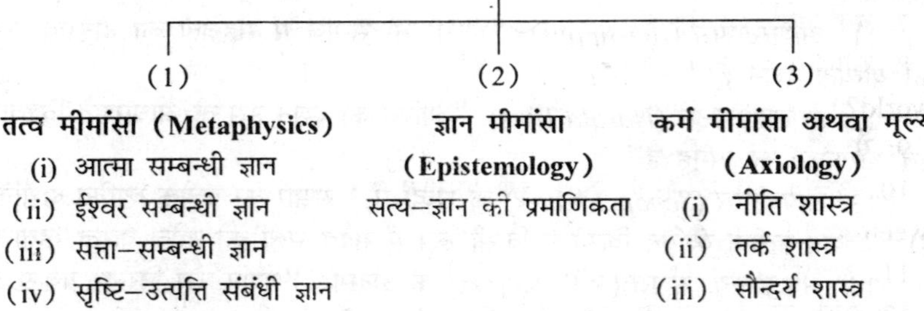

14.6 तत्वमीमांसा की शाखाएँ (Branches of Metaphysics)

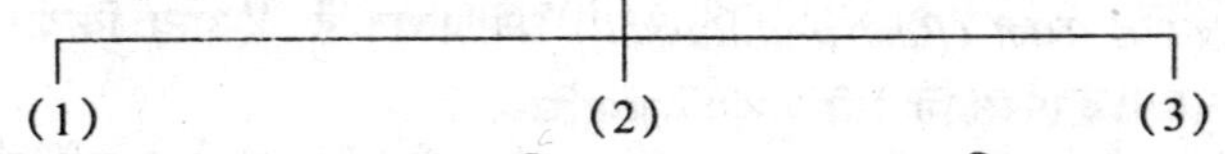

(1) सत्ता–मीमांसा (Ontology)

इसका सम्बन्ध इस प्रकार के प्रश्नों से है:

(i) ब्राह्मन के शास्वत तत्व कौन से हैं।

(ii) ब्राह्माण्ड के तत्वों का परस्पर सम्बन्ध क्या है?

(2) ब्राह्माण्ड–विज्ञान (Cosmology)

इसमें निम्न प्रकार के प्रकरण हैं:

(i) क्या ब्राह्माण्ड एक है।

(ii) क्या ब्राह्मण्ड आध्यात्मिक तत्त्वों से निर्मित है।

(3) सृष्टि शास्त्र (Cosmogony)

इसमें इस प्रकार के विषय है:

(i) ब्राह्माण्ड की उत्पत्ति कैसे हुई है?

(ii) क्या ब्राह्माण्ड का निर्माण किया गया है।

14.7 कर्म मीमांसा अथवा मूल्य (Axiology)

(1) नीति शास्त्र (Ethics)	(2) तर्कशास्त्र (Logic)	(3) सौन्दर्य शास्त्र (Aesthetics)
1. अच्छा क्या है? 2. बुरा क्या है। 3. अच्छा व्यवहार क्या है?	1. तार्किक विचार अथवा चिन्तन की क्या प्रकृति है? 2. आगमन विधि (Inductive Method) तथा निगमन विधि (Deductive Method)का क्या सम्बन्ध है।	1. सुन्दरता का मानदण्ड क्या हैं? 2. कुरूपता क्या है?

14.8 दर्शन के विचाराधीन अथवा विषय क्षेत्र में मुख्य प्रश्न (Main Questions Considered in the Subject-Matter of Philosophy)

1. ज्ञान क्या है? (What is knowledge?)
2. सत्य क्या है? (What is truth?)
3. वास्तविकता क्या है? (What is reality?)
4. ब्राह्माण्ड क्या है? (What is Universe?)
5. ब्राह्माण्ड एक या अनेक? (Is Universe one or many?)
6. क्या सृष्टि की रचना हुई? (Was the world created?)
7. क्या सृष्टि शाश्वत है? (Is the world eternal)
8. सृष्टि की रचना का उद्देश्य क्या है? (What is the object of the creation of world?)
9. मै कौन हूँ। (Who am I?)
10. आत्मा का शरीर के साथ क्या सम्बन्ध है? (What is the relationship between soul and body?)
11. अच्छा अथवा बुरा क्या है? (What is good or bad?)
12. स्वीकार्य तथा अस्वीकार्य का मानदण्ड क्या है? (What is the criteria of acceptable or non-acceptable?)
13. सौन्दर्य क्या है? उसकी प्रकृति क्या है? (What is beauty? What is its nature?)

14.9 दर्शन की मुख्य सामाजिक विज्ञान शाखाएँ (Main Types of Social Sciences of Philosophy)

विभिन्न सामाजिक विज्ञानों की दार्शनिक समस्याओं ने दर्शन की निम्नलिखित मुख्य शाखाओं को जन्म दिया है:

(i) सामाजिक दर्शन (Social Philosophy), (ii) राजनीतिक दर्शन (Politcal Philosophy), (iii) अर्थशास्त्र का दर्शन (Philosophy of Economics), (iv) इतिहास का दर्शन (Philosophy of History), (v) शिक्षा का दर्शन (Philosophy of Education)

14.10 दर्शन तथा शिक्षा का सम्बन्ध (Relationship of Philosophy and Education)

दर्शन तथा शिक्षा के अन्तर्सम्बन्ध पर विद्वानों के विचार (Views of Scholars on the Interrelationship of Philosophy and Education): 1. *रॉस (Ross)*: दर्शन तथा शिक्षा एक ही सिक्के के दो पहलू हैं। एक दूसरे में निहित है। पहला विचारपूरक (contemplative)पहलू हैं और दूसरा क्रियाशील (Active)"।

2. *जॉन एडम्स (John Adams)*: "शिक्षा दर्शन का गतिशील पहलू है।"

3. *जॉन ड्यूवी* (John Dewey): "शिक्षा एक ऐसी प्रयोगशाला है जहाँ दार्शनिक सिद्धान्त तथा विशिष्टताएँ स्पष्ट होती हैं तथा उनका परीक्षण होता है?"

4. *कॉन्नोर (Connor)*: "दर्शन शिक्षा को निर्देशित करता है तथा शिक्षा दर्शन को।"

5. *बटलर (Butler)*: "दर्शन शैक्षिक अभ्यास के लिए पथप्रदर्शक है। शिक्षा खोज के क्षेत्र में दार्शनिक निशार्य के लिए कुछ निश्चित आंकड़े प्रदान करती है।"

6. *हरबॉट* (Harbart)–"जब तक समस्त दार्शनिक समस्याओं को व्यावहारिक रूप नहीं दिया जाता है, तब तक चैन नहीं आ सकता" कहा जाता है कि शिक्षा दर्शन के बिना आधी है तथा दर्शन शिक्षा के बिना पंगु है।

सांराश: शिक्षा तथा दर्शन के पक्षों को एक-दूसरे से अलग नहीं किया जा सकता। दर्शन में विषय पर सूक्ष्म रूप से विचार किया जाता है और शिक्षा में व्यावहारिक रूप प्रदान किया जाता है।

दर्शन जीवन के लिए आदर्शों और मूल्यों की स्थापना का कार्य करता है, शिक्षा उसके क्रियान्वयन तथा प्रसार का कार्य।

जब-जब प्रयोग द्वारा दार्शनिक सिद्धान्तों में त्रुटियाँ पाई गईं, तब-तब उनमें परिवर्तन किए गए। इस प्रकार शिक्षा एक ओर तो दर्शन से अपना मार्ग निर्धारित करती है, दूसरी ओर वह दर्शन को मर्यादित भी करती है। पाश्चात्य देशों में शिक्षा-दर्शन में जो नए-नए 'वाद' चले हैं वे शिक्षा के क्षेत्र में होने वाले प्रयोगों के परिणामस्वरूप विकसित हुए हैं।

कहा जा सकता है कि शिक्षा दर्शन के बिना आधी है तथा दर्शन शिक्षा के बिना पंगु है। जैसे शरीर और प्राण का आपसी सम्बन्ध है, वैसे ही दर्शन एवं शिक्षा का आपसी सम्बन्ध है। इस बारे में निम्नलिखित बातें महत्त्वपूर्ण हैं:

1. दर्शन की विचारधारा के अनुरूप शिक्षा की संरचना की जाती है। 2. शिक्षा क्रियात्मक है जबकि दर्शन विचारात्मक। 3. दर्शन सत्यता खोजता है तथा शिक्षा उसका प्रयोग करती है। 4. शिक्षा का एक दार्शनिक आधार होता है। 5. महान दार्शनिक महान शिक्षाशास्त्री हुए हैं तथा महान शिक्षाशास्त्री महान दार्शनिक। 6. दर्शन तथा शिक्षा दोनों मानव जीवन के लिए आवश्यक हैं। 7. शिक्षा तथा दर्शन एक-दूसरे पर निर्भर हैं।

दर्शन का शिक्षा पर प्रभाव (Influence of Philosophy on Education): 1. *दर्शनशास्त्र से शिक्षा को दिशा मिलती है*: दर्शन से शिक्षा को मार्गदर्शन मिलता है। दार्शनिक सिद्धान्तों के बिना शिक्षा की कल्पना नहीं की जा सकती।

फिकटे (Fichte) के अनुसार, ''दर्शन के बिना शिक्षण कला अपने आप में कभी स्पष्ट पूर्णता प्राप्त नहीं कर सकेगी।''

बोड (*Bode*) के विचार में ''उद्‌देश्य को निश्चित करने में जब तक हमें दार्शनिक निर्देशन प्राप्त न हो, तब तक हम कहीं भी नहीं पहुँच सकते।''

2. *दर्शन शैक्षिक प्रयोगों का पथ प्रदर्शक है:* *बटलर* (*Butler*) के विचार में ''दर्शन शिक्षा के प्रयोगों के लिए पथप्रदर्शक है।''

3. *दर्शन शिक्षा की प्रकृति का स्पष्टीकरण करता है:* *जैन्टील* (*Gentile*) का कहना है, ''दर्शन के बिना शिक्षा की स्पष्ट प्रकृति को नहीं समझा जा सकता।''

4. *दर्शन तथा शिक्षा के उद्‌देश्य:* *ड्यूवी* का विचार है कि दर्शन शिक्षा के उद्‌देश्य निर्धारित करने से सम्बन्धित है। प्राचीन भारतीय दर्शन के अनुसार जीवन का उद्देश्य मोक्ष प्राप्त करना था। तदनुसार शिक्षा के उद्देश्य। अंग्रेजी राज में शिक्षा के उद्देश्य उनके दर्शन के अनुसार था। स्वतन्त्र भारत में शिक्षा के उद्देश्य संविधान में दर्शाए मूल्यों के अनुसार हैं। विभिन्न दर्शन अर्थात् आदर्शवाद शिक्षा में आत्म-अनुभूति (Self-realisation), प्रकृतिवाद शिक्षा में आत्म-अभिव्यक्ति (Self-expression) तथा प्रयोजनवाद शिक्षा में सामाजिक कुशलता (Social Efficiency) के उद्देश्यों पर बल देते हैं।

5. *दर्शन की तीन शाखाएँ तथा शिक्षा के तीन पक्ष:* दर्शन की तीन शाखाएँ–तत्व-मीमांसा, ज्ञान मीमांसा तथा मूल्य मीमांसा क्रमशः शिक्षा के तीन महत्वपूर्ण पक्षों–उद्देश्यों, विधियों तथा पाठ्यक्रमों को प्रभावित करती है।

6. *दर्शन और पाठ्यक्रम:* दर्शन ही पाठ्यक्रम का आधार है। पाठ्यक्रम में समाज की आशाओं, आकांक्षाओं और आवश्यकताओं का समावेश होता है। दर्शन के आधार पर ही कभी पाठ्यक्रम शिक्षक केन्द्रित रहा, कभी विषय केन्द्रित, कभी क्रीड़ा केन्द्रित तथा कभी छात्र केन्द्रित। कभी पाठ्यक्रम में मानवीय विषयों को तथा कभी वैज्ञानिक विषयों को दर्शन के आधार पर ही प्रधानता दी जाती रही है। रस्क (Rusk) का विचार है, ''दर्शन पर शिक्षा की निर्भरता और कहीं इतनी अधिक दिखाई नहीं देती जितनी पाठ्यक्रम में।'' पाठ्यक्रम की विवेचना करते समय *ब्रिगज* (Briggs) का कथन है "पाठ्यक्रम में शिक्षा को उन शिक्षाविदों की वास्तव में आवश्यकता है जिनके पास दुसरों को संतुष्ट करने के लिए विस्तृत तथा गहन दर्शन है तथा जो वांछित पाठ्यक्रम का निर्माण करने में उस का सतत् प्रयोग कर सकते है।"

7. *दर्शन और शिक्षण विधि:* शिक्षण विधि का सम्बन्ध भी दर्शन से होता है। यदि शिक्षक द्वारा पढ़ाई गई विषय वस्तु को छात्र ग्रहण नहीं करता तो उसके कारणों का पता लगाने में दर्शन उसकी सहायता करता हैं। शिक्षक पता लगाता है कि छात्र के सीखने में कौन-कौन से तत्त्व बाधक हो रहे हैं। *बटलर* (*Butler*) के विचार में ''दर्शन शिक्षा के प्रयोगों के लिए पथ प्रदर्शक है।'' इसी सम्बन्ध में *रॉस* (*Ross*) का कथन है– '' शैक्षिक उद्‌देश्य और विधियाँ सिद्धान्तों के स्वाभावकि परिणाम हैं।''

8. *दर्शन तथा पाठ्य पुस्तकें:* अच्छी पाठ्य पुस्तकें प्रचलित दर्शन की झलक देती हैं। उदाहरणार्थ भारतीय पाठ्य पुस्तकों मे संविधान द्वारा दर्शाए गए दर्शन के महत्वपुर्ण ल्नि्दु होने चाहिए।

9. *दर्शन और अनुशासन:* अनुशासन का सम्बन्ध स्वतन्त्रता, स्वछंदता और नियंत्रण से होता है। दर्शन के द्वारा ही यह जाना जा सकता है कि स्वतन्त्रता कहाँ तक आत्म नियन्त्रण सिखाने में सहायक होती है। छात्रों को किस सीमा तक और किन परिस्थितियों में स्वतन्त्रता देनी चाहिए। यह जानना अनुशासन स्थापित करने में सहायक सिद्ध होता है। अनुशासन का

अर्थ जनतन्त्र प्रणाली में क्या है तथा एकतन्त्र प्रणाली में क्या, इस दिशा में दर्शन सहायक होता है। *रस्क (Rusk)* ने कहा है, ''विद्यालय कार्य के अन्य किसी पक्ष की अपेक्षा अनुशासन किसी व्यक्ति या युग की दार्शनिक पूर्व-धारणाओं को अधिक प्रत्यक्ष रूप से प्रतिबिम्बित करता है।''

10. *दर्शन और शिक्षा की समस्याएँ*: शिक्षा के क्षेत्र में अनेक समस्याएँ उठती हैं। जितना ठोस समाधान दर्शन के क्षेत्र में इन समस्याओं का मिलता है, अन्य क्षेत्रों अर्थात् राजनीति आदि में नहीं मिलता। दर्शन समस्याओं के मूल में जाकर उनका विश्लेषण करता है जिससे वास्तविक कारणों का पता चलता है। *बरट्रेण्ड रसल (Bertrand Russell)* का कहना है, ''शिक्षा के अन्तिम प्रश्नों का उत्तर देने का प्रयास ही दर्शन है।'' *रस्क* (Rusk) के विचार में ''शैक्षिक समस्याओं के प्रत्येक पहलू से शिक्षा और जीवन के दार्शनिक आधार की माँग की जाती है।''

11. *दर्शन और अध्यापक*: *हैण्डरसन* (Henderson) का विचार है, ''अध्यापक के लिए दर्शन का कुछ ज्ञान अनिवार्य है।''

12. *दर्शन तथा विधालय प्रबन्ध*: यदि समाज लोकतान्त्रिक है तो वह अध्यापकों तथा छात्रों की स्कूल प्रबन्ध में भागेदारी पर बल देता है। इसके विपरीत तानाशाही दर्शन इसे कोई स्थान नही देता है।"

निष्कर्ष (Conclusion): दर्शन को शिक्षा का डायनमों (Dynamo) कहा जाता है। वह शिक्षा को शक्ति तथा दृष्टि प्रदान करता है। दर्शन से शिक्षा को उद्देश्य, तर्क, औचित्य, विधि, रूप तथा अनुशासन प्राप्त होता है। दर्शन शिक्षा को जीवन प्रदान करता है। दर्शन शिक्षा को आगे बढ़ने की इच्छाशक्ति (will) देता है। दर्शन शिक्षा की आत्मा है। दर्शन के बिना शिक्षा एक अन्धा प्रयास है। दर्शन शिक्षा की विकट समस्याओं के समाधान के लिए प्रकाश स्तम्ब हैं। इसमें कोई सन्देह नहीं है कि दर्शन शिक्षा को गतिशील बनाता है।

14.11 शिक्षक के लिए दर्शन का महत्व (Significance of Philosophy to the Teacher)

शिक्षा का कोई भी ऐसा पक्ष नहीं है जिसका दर्शन से सम्बन्ध न हो। दर्शन संस्कृत के 'दृश' शब्द से बना है, जिसका अर्थ है 'देखना'। अत: दर्शन एक 'दृष्टि' है जिससे मनुष्य किसी भी वस्तु अथवा विचार को गहराई से देखता है। दर्शन अध्यापक को विषय तथा छात्र के अन्तनिर्हित शक्तियों तथा क्षमताओं को गहराई से देखने के लिए प्रेरणा देता है। शिक्षा का कोई भी क्षेत्र ऐसा नहीं है जो अध्यापक से जुड़ा हुआ नहीं है। अत: अध्यापक का दर्शन से गहरा सम्बन्ध है।

ऐसा कहा गया है कि शत्रु से लड़ाई के लिए तैयार जनरल के लिए शत्रु की संख्या जानना जरूरी है परन्तु उससे भी ज्यादा जरूरी है उसके दर्शन को जानना। अर्थात् सभी अवस्थाओं में कार्य करने पर कार्य के दर्शन का जानना जरूरी है। शिक्षक के लिए आवश्यक है कि पाठ्यक्रम, अनुशासन तथा शिक्षण विधि आदि को जानने से पहले वह शिक्षा के दर्शन को जाने। एक लेखक का तो यह कथन है कि यदि अध्यापक का कोई दर्शन नहीं है तो उसे 'दुकानदारी' का व्यवसाय अपना लेना चाहिए।

हैण्डरसन के विचार में ''अध्यापक के लिए दर्शन का ज्ञान अनिवार्य है।'' इसी प्रकार

दर्शन के ज्ञान की आवश्यकता पर बल देते हुए जैटाइल (Gentile) ने कहा है, ''दर्शन की सहायता के बिना अध्यापक शिक्षा प्रक्रिया को ठीक मार्ग पर नहीं चला सकता।''

वास्तविकता तो यह है कि वह व्यक्ति सच्चा शिक्षक हो ही नहीं सकता, जिसकी कोई दार्शनिक विचारधारा नहीं है। बिना दार्शनिक विचारधारा के शिक्षक पंगु होता है।

दर्शन के ज्ञान के बारे में एक बात और महत्त्वपूर्ण है। वह है कि शिक्षक का संविधान द्वारा दर्शाए गए दर्शन का ज्ञान तथा उसी के अनुसार अध्यापन कार्य करना। अध्यापक को अपने आप को समाज के दर्शन के अनुरूप ढालकर छात्रों में उसी दर्शन के मूल्यों का निर्माण करना होगा। ऐसा करने से ही उसका कार्य सार्थक होगा।

दर्शन का ज्ञान अध्यापक का निम्न प्रकार की गतिविधियों में मार्गदर्शन करता है:

1. दर्शन अध्यापक को शिक्षण विधियों के चयन में प्रभावित करता है।

2. दर्शन अध्यापक को पाठ्यक्रम का निर्माण करने तथा उसे व्यावहारिक बनाने में सहायता देता है।

3. दर्शन अध्यापक को शिक्षण तकनीकों तथा व्यूह रचनाओं के चयन में प्रभावित करता है।

4. अनुशासन दर्शन से प्रभावित होता है। समय-समय पर दार्शनिक विचारधाराओं ने शिक्षा क्षेत्र में अनुशासन की समस्या को अपने ढंग से सुलझाया है। दर्शन से अध्यापक को अनुशासन के रूपों का पता चलता है।

(i) छात्रों में स्वानुशासन कैसे निर्मित किया जाता है? (ii) प्रभावात्मक अनुशासन का अर्थ क्या है? (iii) मुक्त्यात्मक अनुशासन क्या होता है?

14.12 शिक्षा की दर्शन को देन (Contribution of Education to Philosophy)

1. शिक्षा दर्शन की प्रयोगशाला के रूप में (Education as the Laboratory of Philosophy): प्रो. ड्यूवी ने स्पष्ट किया है "शिक्षा एक ऐसी प्रयोगशाला है जहाँ दार्शनिक विशिष्टताएँ स्पष्ट होती है और उन का परीक्षण होता है।" इसी प्रकार बटलर का कहना है, "शिक्षा अनुसंधान के क्षेत्र में दार्शनिक निर्णय के लिए निश्चित सामग्री को आधार के रूप में प्रदान करती हैं।" गाँधी जी ने अपने दर्शन की प्रभावता के बारे में स्कूलों को प्रयोगशाला बनाया। ड्यूवी ने शिकागो (यू.एस.ए.) में स्कूल स्थापित किया। गुरूदेव टैगोर ने शान्ति निकेतन में अपने दर्शन की परख की।

2. शिक्षा दर्शन के व्यावहारिक पहलू के रूप में (Education as Practical Side of Philosophy): *एडम्स* (*Adams*) के विचार में–"शिक्षा दर्शन का गत्यात्मक पहलू है। यह दार्शनिक विश्वासों का सक्रिय रूप है और जीवन के आदर्शों को प्राप्त करने का प्रयोगात्मक साधन है।"

14.13 विभिन्न दर्शन तथा उन का शिक्षा के विभिन्न पक्षों पर प्रभाव (Influence of Different Philosophies on Different Aspects of Education)

पिछले अध्याय में हम ने भारतीय विचारधारा तथा दर्शन के सन्दर्भ में शिक्षा पर प्रभावों के बारे में चर्चा की थी। इस अध्याय में मौटे तौर पर पाश्चात्य दर्शनों का शिक्षा पर प्रभाव का तुलनात्मक अध्ययन करेगें।

आदर्शवाद, प्रकृतिवाद, प्रयोजनवाद तथा यथार्थवाद का तुलनात्मक अध्ययन (Comparative Study of Idealism, Naturalism, Pragmatism and Realism)

आदर्शवाद	*प्रकृतिवाद*	*प्रयोजनवाद*	*यथार्थवाद*
1. आधारभूत सिद्धान्त (Fundamental Principles)			
1. मन-विचार तथा आत्मा वास्तविक है।	प्रकृति ही सब कुछ है।	वास्तविक सत्ता पूर्व निर्मित नहीं है।	भौतिक जगत सत्य है
2. ईश्वर की सत्ता पर विश्वास	ईश्वर की सत्ता को न मानना	ईश्वर की सत्ता तभी तक है जब तक मानवीय आवश्यकताओं की पूर्ति होती है।	मनुष्य सर्वोपरि है।
3. आध्यात्मिक तत्वों की सम्पूर्णता पर विश्वास	पदार्थ तथा भौतिक जगत की पूर्णता।	मानव की शक्ति की महत्ता।	वर्तमान पर बल।
4. मनुष्य ने अपनी बुद्धि के अनुसार नैतिक आदर्शों की स्थापना की है।	मनुष्य में जन्मजात शक्तियाँ हैं।	संसार एक प्रयोगशाला है जिसमें मानव अपने जीवन की समस्याओं को सुलझाता है।	इन्द्रियाँ ज्ञान प्राप्ति के साधन हैं।
2. शिक्षा के दार्शनिक सिद्धान्त (Philosophical Principles of Education)			
1. छात्र के आध्यात्मिक विकास पर बल।	भौतिक विकास पर बल।	सामाजिक एवं भौतिक विकास पर बल।	उदार शिक्षा।
2. शिक्षा में बालक का गौण स्थान।	शिक्षा में बालक का मुख्य स्थान।	शिक्षा में बालक का मुख्य स्थान।	
3. शिक्षा के उद्देश्य (Aims of Education)			
1. आत्मबोध	आत्म-अभिव्यक्ति	सामाजिक कुशलता	वास्तविक जीवन की तैयारी
2. नैतिक एवं पवित्र जीवन का विकास	व्यक्तित्व का स्वत: विकास।	परिस्थिति के अनुसार विकास।	सुखमय जीवन
3. सत्यं, शिवं तथा सुन्दरं की प्राप्ति।	वर्तमान तथा भावी प्रसन्नता की प्राप्ति।	साधनपूर्ण तथा साहसपूर्ण मस्तिष्क का विकास।	व्यावसायिक विकास।
4. पाठ्यक्रम (Curriculum)			
1. पाठ्यक्रम मूल्यों पर आधारित।	पाठ्यक्रम की रचना बालक की रुचियों के आधार पर।	बालकों की रुचियों तथा अनुभव पर बल।	व्यापक पाठ्यक्रम।

(क्रमश:)

(*क्रमशः*)

आदर्शवाद	*प्रकृतिवाद*	*प्रयोजनवाद*	*यथार्थवाद*
2. सभ्यता के उत्कर्ष की झलक।	आत्मरक्षा करने वाले विषयों पर बल।	उपयोगिता के आधार पर विषय।	पाठ्यक्रम के व्यावहारिक पक्ष पर बल।
3. मानवीय विषयों पर बल।	वैज्ञानिक विषयों पर बल।	एकीकरण के सिद्धान्त के अनुसार विषयों का अध्ययन।	उपयोगिता के आधार पर वैज्ञानिक विषय।
5. मुख्य शिक्षण पद्धतियाँ (Main Methods of Teaching)			
1. निर्देशन पद्धति।	करके सीखो।	क्रिया करके सीखना।	सह-सम्बन्ध विधि।
2. व्याख्यान पद्धति।	निरीक्षण पद्धति।	एकीकरण का सिद्धान्त।	भ्रमण, प्रयोग आदि।
3. पुस्तक पाठन।	अनुभव।	अनुभव।	अनुभव।
4. अभ्यास।	खेल प्रधान।	प्रोजेक्ट।	अभ्यास।
6. अध्यापक का स्थान (Place of the Teacher)			
1. अध्यापक का मुख्य स्थान।	अध्यापक का गौण स्थान।	अध्यापक मार्गदर्शक के रूप में।	अध्यापक का महत्त्वपूर्ण स्थान।
7. छात्र का स्थान (Place of the Student)			
1. बालक का गौण स्थान।	बालकेन्द्रित शिक्षा।	बालक का विशेष स्थान।	बालक का महत्त्वपूर्ण स्थान।
8. अनुशासन (Discipline)			
1. अध्यापक द्वारा प्रभावित।	स्वच्छन्द।	सीमित स्वच्छन्दता।	नियमितता और व्यवस्था का आधार।
2. नियन्त्रित।	स्वाभाविक परिणामों द्वारा सामाजिक अनुशासन।	सामाजिक अनुशासन	स्व अनुशासन।
9. विद्यालय (School)			
आदर्शात्मक स्थान।	प्राकृतिक वातावरण के रूप में।	सामुदायिक जीवन केन्द्र, समाज का लघु रूप।	विद्यालय मनुष्य के निर्माण का वास्तविक स्थान।

उपसंहार (Conclusion): सभी दर्शनों का अपना अपना महत्त्व है। हम किसी एक दर्शन के सभी तत्त्वों को नहीं अपना सकते। हमें अपना दृष्टिकोण विस्तृत रखना चाहिए। आदर्शवाद शिक्षा में आदर्शों तथा मूल्यों पर बल देता है। मानवी गुणों को प्रथम स्थान देता है। प्रकृतिवाद बालक की प्रकृति समझने पर जोर देता है।

प्रयोजनवाद शिक्षा में सामाजिक स्थिति तथा सामाजिक अनुशासन की धारणा उजागर करता है। यथार्थवाद में व्यापक पाठ्यक्रम पर बल है। सह-सम्बन्ध विधि यथार्थवाद की महत्त्वपूर्ण देन है।

नोट: यहाँ पर संक्षेप में विभिन्न दर्शनों पर चर्चा की गई है। प्रत्येक दर्शन पर विस्तृत चर्चा अलग से की गई है।

14.14 तार्किक प्रत्यक्षवाद (Logical Positivism)

तार्किक प्रत्यक्षवाद का अर्थ (Meaning of Logical Positivism): तार्किक प्रत्यक्षवाद का अर्थ है, प्रत्यक्ष अनुभवों के आधार पर ज्ञान को प्राप्त करना। इसे वैज्ञानिक प्रयोजनवाद भी कहा जाता है।

तार्किक प्रत्यक्षवाद डेविड ह्यूम (David Hume 1711-1776) तथा कॉम्टे (Comte 1798-1857) के विचारों पर आधारित हैं।

तार्किक प्रत्यक्षवाद के मुख्य तत्त्व (Main Elements of Logical Positivism): 1. प्रत्यक्ष जगत् ही एक मात्र जगत् है। 2. प्रत्यक्ष ज्ञान ही ज्ञान का एक मात्र स्रोत है। 3. वही कथन सत्य है जिसकी प्रामाणिकता सिद्ध हो सके। 4. यदि कथन अर्थयुक्त है तो उसकी प्रामाणिकता सिद्ध हो सकती है। 5. अनुभूतिमूलक दृष्टिकोण से ज्ञान सम्बन्धी सभी कथनों की प्रामाणिकता की सीधे जाँच की जा सकती है। 6. निगमनात्मक विश्लेषण को यह दर्शन अपनी विषयवस्तु नहीं बनाता।

तार्किक वस्तुनिष्ठावाद का शिक्षा पर प्रभाव (Impact of Logical Positivism on Education): यद्यपि तार्किक वस्तुनिष्ठवाद के समर्थकों में पर्याप्त मतभेद है, फिर भी इस वाद के शिक्षा सम्बन्धी प्रभाव इस प्रकार हैं:

1. शिक्षा में तथ्यों की प्रामाणिकता सिद्ध करने पर बल देना उचित है।
2. वैज्ञानिक आधार पर शैक्षिक तथ्यों का विश्लेषण करना चाहिए।
3. शिक्षा द्वारा दिए गए तथ्य स्पष्ट होने चाहिए।
4. शिक्षा में छात्रों को विश्वसनीय तथ्य देने चाहिए।
5. इस बात पर बल दिया जाए कि छात्र व्यावहारिक तथा वैज्ञानिक ज्ञान प्राप्त करें।
6. तथ्यों की प्राप्ति वस्तुनिष्ठ ढंग से होनी चाहिए।
7. तथ्यों की प्राप्ति में व्यक्तिनिष्ठता से ऊपर उठना चाहिए।
8. शिक्षा में पूर्णता पर बल दिया जाए।
9. छात्रों में निर्माणात्मक दृष्टिकोण का विकास किया जाए।
10. छात्रों को स्वयं की आलोचना करने के कम से कम अवसर दिए जाने चाहिए। ऐसा करने से उनमें हीनभावना आने की संभावना रहती है।
11. छात्रों में वैज्ञानिक दृष्टिकोण पनपने के लिए उन्हें अधिक से अधिक अवसर प्रदान किए जाने चाहिए।
12. भाषा शिक्षण में विश्लेषण पर बल दिया जाना चाहिए।
13. छात्रों की तर्कशक्ति का विकास किया जाए। वे 'कारण' पर बल दें न कि 'तथ्यों' को याद करने पर।
14. तार्किक वस्तुनिष्ठवाद में नैतिक तथा धार्मिक पक्ष का कोई स्थान नहीं है।

तार्किक वस्तुनिष्ठवाद की सीमाएँ (Limitations of Logical Positivism): यह वाद आध्यात्मिक, नैतिक तथा धार्मिक मूल्यों की अवहेलना करता है। इस कारण यह वाद अधूरा है।

14.15 शिक्षा में अस्तित्ववाद (Existentialism in Education)

अस्तित्ववाद के मुख्य प्रवर्तक (Chief Propounders of Existentialism): किर्कगार्द (Soren Kierkegaard 1813-1855) जो कि नार्वे के रहने वाले थे, को अस्तित्ववाद का जन्मदाता कहा जाता है। किर्कगार्द का कथन था, ''व्यक्ति की आन्तरिकता ही यथार्थ सत्य है।'' उन्होंने यह भी कहा, ''मेरा अस्तित्व है, क्योंकि मैं ऐसा सोचता हूँ। इसलिए मैं सोचता हूँ कि मेरा अस्तित्व है।''

जर्मन दार्शनिक कार्ल यास्पर्स (Karl Jaspers 1883-1973) ने भी ऐसा ही माना है। यास्पर्स के अनुसार अस्तित्व का अर्थ है, ''व्यक्ति की स्वयं की मौलिक स्वतन्त्रता और अभीष्ट उद्देश्य को चुनने का विकल्प''। यास्पर्स के विचार में ईश्वर ने प्रत्येक व्यक्ति को विवेक-बुद्धि दी है। इसी के सहारे वह सत्य का परीक्षण कर सकता है। ईश्वर जगत् में व्यक्त और अव्यक्त दोनों रूपों में व्याप्त है।

मार्टन हेडेगर (Martin Heideggaer 1889-1975) ने अस्तित्ववाद को इस प्रकार प्रस्तुत किया है–जगत् तथा व्यक्तियों के सम्पर्क से उत्पन्न स्थितियों में मानव का होना, उसका सोचना, काम करना, रुचि व धारणा बनाना, सम्बन्ध स्थापित करना–ये सब अस्तित्व के विभिन्न पक्ष हैं।

अस्तित्ववाद के मुख्य सिद्धान्त (Chief Principles of Existentialism): 1. अस्तित्ववाद में 'स्व' के प्रति चेतना को जागृत करने का प्रयास किया गया है।

2. अस्तित्ववाद अर्न्तज्ञान का बोध कराता है। भौतिकवाद के संकट के प्रति जागरूकता पैदा करता है।

3. अस्तित्ववाद में व्यष्टिवाद (Individualism) पर सबसे अधिक बल दिया जाता है।

4. अस्तित्व को बनाए रखने के लिए व्यक्ति को स्वयं संघर्ष करना पड़ता है।

5. अस्तित्ववादी व्यक्ति के अस्तित्व को केन्द्रबिन्दु मानते हैं। उसी के चारों ओर सृष्टि का विस्तार है।

6. यह ज्ञान को महत्त्व देता है। इसके अनुसार सत्य और ज्ञान की खोज आत्म ज्ञान द्वारा ही होती है। 'अपने को जानो' यह वाक्य इस दर्शन का मूलमंत्र है।

7. प्रत्येक मनुष्य को अपना आदर्श चुनने की स्वतंत्रता है। वह अपने ज्ञान की सहायता से अपना मार्ग निर्धारित करने के लिए स्वतंत्र है। इस दृष्टि से उसे किसी का अनुसरण करने की आवश्यकता नहीं है। यदि उसे आत्म-ज्ञान हो जाता है तो वह अपने भावी जीवन का मार्ग स्वयं निर्धारित कर सकता है।

8. मनुष्य पूर्ण नहीं है वरन् वह पूर्ण बनने के लिए प्रयत्नशील है। पूर्णता उसके लिए चुनौती है। उसे पूर्ण बनने के लिए इस चुनौती को स्वीकार करना है। पूर्णता प्राप्त करना ही उसके जीवन का अंतिम लक्ष्य होना चाहिए।

9. मानव किसी रूढ़िग्रस्त विचार के अनुसार अपना अस्तित्व नहीं मानता। पुरानी परंपराएँ उसे आश्वस्त करने में असफल हैं। वह अपने अस्तित्व का कारण ढूंढने और अपने भाग्य का निर्णय करने के लिए सर्वथा स्वतंत्र एवं सक्षम है 'भाग्य का अपने विधाता

में स्वयं' यह उसका मूलमंत्र है। अत: वह भाग्यवाद को नहीं मानता वरन् कर्म को महत्त्व देता है।

अस्तित्ववाद का शिक्षा पर प्रभाव (Influence of Existentialism on Education): 1. अस्तित्ववाद का उद्देश्य मनुष्य को यह अनुभव कराना है कि उसका संसार में महत्त्वपूर्ण स्थान है।

2. अस्तित्ववाद सम्पूर्ण व्यक्ति को शिक्षित करना चाहता है। वह एकांगी शिक्षा में विश्वास नहीं रखता।

3. अस्तित्ववाद वस्तुनिष्ठ ज्ञान को महत्त्व देता है।

4. अस्तित्ववाद वातावरण को शिक्षा का सशक्त साधन मानता है। परन्तु वातावरण वस्तुनिष्ठ होना चाहिए।

5. अस्तित्ववाद 'स्व' के ज्ञान पर बल देता है। अत: शिक्षा व्यक्ति की प्रकृति के अनुसार होनी चाहिए।

6. अस्तित्ववाद के अनुसार वैज्ञानिक, औद्योगिक तथा तकनीकी वातावरण व्यक्तित्व के विकास में बाधा डालता है। इस प्रकार का वातावरण 'स्व' के विकास को हानि पहुँचाता है।

7. आज का भौतिक वातावरण व्यक्ति के 'स्व' को उससे पृथक् करता है और उपयुक्त शिक्षा प्रदान करने की क्षमता नहीं रखता।

8. 'स्व' के विकास के लिए शिक्षा में स्वतन्त्र वातावरण ही लाभदायक है। अर्थात् मुक्त अनुशासन हो।

9. अस्तित्ववाद उदार शिक्षा (Liberal Education) पर बल देता है।

10. अस्तित्ववाद तर्क विद्या के अध्ययन को आवश्यक मानता है।

11. अस्तित्ववाद के अनुसार मानवतावादी विषयों का अध्ययन सर्वाधिक मूल्यवान है।

12. अस्तित्ववादी शिक्षण विधि में सुकराती विधि को प्राथमिकता देते हैं।

13. विद्यालय का वातावरण ऐसा होना चाहिए कि छात्र को सुरक्षा, प्रोत्साहन और शिक्षक की मान्यता प्राप्त हो। शिक्षकों को चाहिए कि छात्रों के व्यक्तित्व का ध्यान रखें और किसी प्रकार उन्हें नियंत्रित करने या अपनी इच्छा के अनुसार चलाने का प्रयास न करें।

14. शिक्षक सभी पाठ्य विषय छात्र के विकास के लिए उपयुक्त परिवेश एवं अवसर प्रदान करें।

15. अध्यापकों को चाहिए कि वे वह छात्रों में मौलिकता, सृजन शक्ति एवं साहस उत्पन्न करें। इन गुणों का विकास करके छात्रों को विकास की ओर ले जाने का प्रयत्न करना चाहिए। इसके लिए उपयुक्त सामग्री, साधन तथा अवसर प्रदान करना चाहिए।

16. अध्यापक को सर्वथा सक्रिय रहना चाहिए। उसे छात्रों के विचारों का स्वागत करना चाहिए और स्वतंत्र रूप से सोचने को प्रोत्साहित करना चाहिए।

17. विद्यालय का वातावरण जनतांत्रिक होना चाहिए। उसमें छात्रों का स्वशासन स्थापित करने के लिए छोटी-छोटी समितियाँ बनानी चाहिए जिनका प्रबंध छात्रों को ही करना चाहिए। ये छात्र संगठन विविध प्रकार से छात्रों के कल्याण के लिए कार्य करें। अध्यापक परामर्शदाता एवं साधनों को उपलब्ध करने में सहायक का काम करें।

18. छात्र के व्यक्तित्व का आदर करना चाहिए। प्रत्येक बालक एक महत्त्वपूर्ण प्राणी है। इसका ध्यान रखकर उसे किस प्रकार से बाहरी विचार या आदर्श द्वारा प्रभावित करने या बंधन में डालने का प्रयास अवांछनीय है।

सीमाएँ (Limitations): (1) अभी यह वाद अविकसित एवं अस्पष्ट है। इसके सिद्धान्त व्यावहारिक नहीं जान पड़ते, विशेषत: वर्तमान औद्योगिक समाज के लिए यह अनुपयुक्त जान पड़ता है।

(2) प्रत्येक छात्र से संपर्क रखना और उसके व्यक्तित्व का विकास करने के लिए अध्यापक को बहुत समय, शक्ति और योग्यता चाहिए जो सामान्य अध्यापक में प्राय: नहीं पाई जाती।

(3) इस दर्शन में प्रयुक्त पारिभाषिक शब्दावली अभी अस्पष्ट एवं अविकसित है। 'अस्तित्व' शब्द की ही व्याख्या स्पष्ट नहीं है।

15

यथार्थवाद: अरस्तु तथा जैन दर्शन के सन्दर्भ में
(Realism with Reference to Aristotle and Jainism)

15.1 यर्थाथवाद का अर्थ तथा परिभाषा
(Meaning and Definition of Realism)

यथार्थवाद वास्तव में कोई विशेष दर्शन नहीं है। यह एक प्रकार का दृष्टिकोण है। यह दृष्टिकोण वस्तुओं की प्रकृति परिचय देने का प्रयत्न करता हैं। यथार्थवादी के लिए मानवीय अनुभव ही मूल्य है। चाहे कोई वस्तु या तथ्य मानवीय अनुभव द्वारा जाना जा सके या नहीं, परन्तु यदि उसका स्वतन्त्र अस्तित्व कल्पना द्वारा भी सिद्ध हो सकता है तो यथार्थवादी उसे स्वीकार कर लेता है। यथार्थवादी का विश्वास है कि यह भौतिक संसार प्राकृतिक नियमों के अनुसार चलता है, यद्यपि सभी नियम प्रत्यक्ष अनुभव से नहीं आते वरन् अनुमान या प्रमाणों द्वारा सिद्ध होते हैं जैसे–पृथ्वी का गोल होना या इसका अपनी धुरी पर घूमना अथवा सूर्य की परिक्रमा करना। यथार्थवादी वैज्ञानिक विधियों से सत्य की खोज करने का प्रयास करता है।

यथार्थवाद एक बहुत ही पुराना दृष्टिकोण है। अरस्तु (384-322) जो कि ग्रीक का प्रसिद्ध दार्शनिक था, यथार्थवाद का प्रवर्तक माना जाता है। जैन दर्शन को भी यथार्थवादी दर्शन माना जाता है। परन्तु इसका विशेष प्रभाव अठारहवीं एवं उन्नवीसवीं शताब्दी में वैज्ञानिक आविष्कारों के परिणामस्वरूप दृष्टिगोचर हुआ।

यथार्थवाद शब्द की व्युत्पत्ति ग्रीक भाषा के *'Res'* (*रेस*) से मानी जाती है जिसका अभिप्राय है वस्तु। Realism का अर्थ हुआ वस्तु सम्बन्धी विचार। यथार्थवाद के दो प्रसिद्ध प्रवर्त्तक है–सनतायन (Santayna), 1863-1952, तथा पेरी रायफ बर्टन (Perry Raiph Burton), 1876-1957, दोनों अमरीकन दार्शनिक।

यथार्थवाद की प्रमुख परिभाषाएँ निम्नलिखित हैं:

1. *बटलर* (*Butler*) के अनुसार, "यथार्थवाद संसार को सामान्यत: उसी रूप में स्वीकार करता है जिस रूप में वह हमें दिखाई देता है।

2. *रॉस* (*Ross*) के अनुसार, "यथार्थवाद मानता है कि जिन वस्तुओं को हम प्रत्यक्ष में अनुभव करते हैं उनसे सम्बन्धित जगत् ही वास्तविक है।"

3. *कार्टर वी. गुड* (*Carter V. Good*) के विचार में, "यथार्थवाद वह सिद्धान्त है जो वस्तुगत वास्तविकता चेतन मन से स्वतन्त्र रूप में अस्तित्व रखता है, उसकी प्रकृति और उसके गुण उसके ज्ञान से मालूम होते हैं।"

4. भारतीय विचारकों में स्वामी रामतीर्थ यथार्थवाद के समर्थकों में है। उनके अनुसार, ''यथार्थवाद का अर्थ वह विश्वास है जो जगत् को वैसा ही स्वीकार करना है, जैसा कि वह हमें दिखाई देता है।''

15.2 यथार्थवाद के मुख्य सिद्धान्त (Main Tenets of Realism)

I. यथार्थवाद तथा यथार्थता की प्रकृति (Realism and Nature of Reality): 1. यथार्थवाद दर्शन विचारों के संसार से दूर है। इसका सम्बन्ध उस संसार से है, जिसमें हम रहते है। 2. यथार्थवाद के अनुसार अनुभव ज्ञान का स्रोत है। 3. यथार्थवाद का विश्वास है कि यथार्थ संसार प्राकृतिक संसार है। 4. यथार्थवाद के अनुसार जो कुछ इस ब्राह्माण्ड में है, वह शक्ति अथवा गति का स्रोत है।

II. प्रकृति के नियम तथा यथार्थवाद (Laws of Nature and Realism): यथार्थवाद के अनुसार भौतिक जगत प्रकृति के नियमों पर चलता है।

III. यथार्थवाद तथा विज्ञान (Realism and Science): यथार्थवाद वैज्ञानिक विधियों के माध्यम से सत्य की खोज करता है।

IV. यथार्थवाद तथा धर्म (Realism and Religion): अनेक यथार्थवादियों का विश्वास है कि परमात्मा का अस्तित्व नहीं है।

V. यथार्थवाद तथा मूल्य (Realism and Value): बहुत से यर्थाथवादियों की धारणा है कि व्यावहारिक मूल्य वही है जिसे सामाजिक मान्यता है।

VI. संसार का स्वतन्त्र अस्तित्व (Independent Existence of the World): भौतिक संसार का अपना अस्तित्व है। यह किसी भी प्रकार से मन के ज्ञान पर निर्भर नहीं है।

VII. अध्यात्मिक संसार की अवास्तविकता (Non-Entity of the Spiritual World): यर्थाथवाद की विचारधारा के अनुसार आध्यात्मिक संसार का कोई अस्तित्व नही है।

VIII. आत्मा तथा परमात्मा कल्पना आधारित (Soul and God as Figment of Imagination): यथार्थवादियों का कहना है कि चूकि आत्मा तथा परमात्मा को ज्ञानेन्द्रियों के द्वारा जाना नहीं जा सकता हैं, इस कारण वे कल्पना की उपज है।

IX. वर्तमान पर बल (Stress on the Present): यर्थाथवादी मानते है कि जीवन सत्य है और जीवन का उद्देश्य वर्तमान जीवन का विधिवत विकास है।

X. ज्ञान का स्रोत इन्द्रियाँ (Senses as the Sources of Knowledge): यर्थाथवदियों की धारणा है कि इन्द्रियों द्वारा ही सारा ज्ञान अर्जित किया जाता है।

XI. प्राण तत्व का सिद्धान्त (Theory of Organism): यर्थाथवाद के अनुसार चेतन तथ अचेतन वस्तुओं के सहयोग से प्राणी की रचना होती है।

XII. मानव की सर्वश्रेष्ठता (Supremacy of Man): यर्थाथवाद की मान्यता है कि भौतिक जगत में मानव सबसे श्रेष्ठ है।

XIII. निरीक्षण तथा प्रयोग पर बल (Emphasis on Observation and Experiment): यथार्थवादी दर्शन के अनुसार किसी भी बात पर तब तक विश्वास न किया जाए जब तक उस का परीक्षण नहीं हो जाता। अत: यथार्थ की कसौटी अनुभव है।

XIV. मनुष्य भौतिक संसार का एक अंग मात्र है (Man as a Part of Material World) : यर्थाथवाद की विचारधारा के अनुसार मनुष्य भौतिक जगत का एक अंग है। उस के पास मन है तथा ज्ञानेन्द्रियाँ भी जिन के माध्यम से वह भौतिक जगत के पदार्थों को ज्ञान की दृष्टि से देखता है

15.3 यथार्थवाद का शिक्षा पर प्रभाव (Influence of Realism on Education)

I. यथार्थवाद के शिक्षा में आधारभूत तत्व (Basic Elements of Realism in Education) : 1. यथार्थवाद शिक्षा में वैज्ञानिक दृष्टि कोण पर बल देता है।

2. यथार्थवाद बच्चे के वर्तमान जीवन को शिक्षा की क्रियाविधियों को केन्द्र बिन्दु मानता है।

3. यथार्थवाद बच्चो को सीमित स्वतन्त्रता देने में विश्वास करता है।

4. यथार्थवाद करके सीखने पर बल देता है।

5. यथार्थवाद इन्द्रिय शिक्षण को प्राथमिकता देता है।

6. यथार्थवाद प्रयोग पर बल देता है।

7. यथार्थवाद पुस्तकीय ज्ञान का विरोध करेता है,

8. यथार्थवाद बच्चे के व्यक्तिगत विकास तथा सामाजिक विकास पर बल देता है।

II. यथार्थवाद तथा शिक्षा के उद्देश्य (Realism and Aims of Education) :

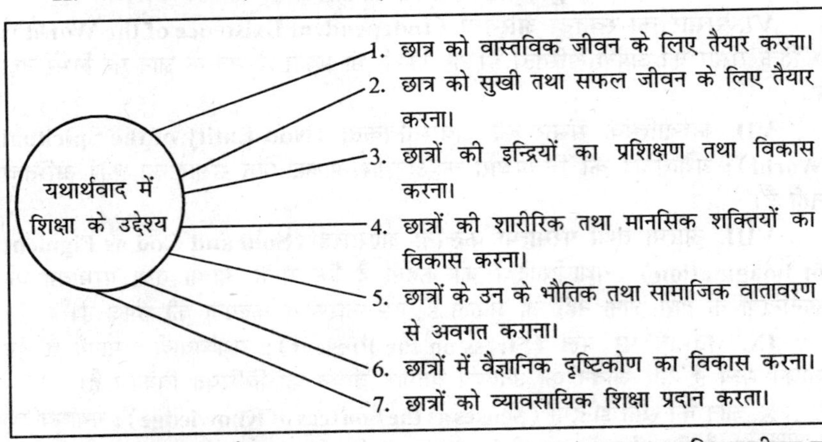

III. यथार्थवाद और पाठ्यक्रम (Realism and Curriculum): शिक्षा जीवन के लिए है। अतः जो कुछ भी पढ़ाया या सिखाया जाए, उसकी जीवन में उपयोगिता होनी चाहिए। केवल मानसिक व्यायाम के लिए कोई विषय न पढ़ाया जाए। यदि विषयवस्तु जीवन में उपयोगी नहीं हो सकती तो उसकी प्राप्ति का प्रयास करना समय और शक्ति का अपव्यय है।

यथार्थवाद का जन्म वैज्ञानिक आविष्कारों के परिणामस्वरूप हुआ। अतः यथार्थवाद के अनुसार पाठ्यक्रम में वैज्ञानिक विषयों का समावेश होना अत्यन्त आवश्यक है। पाठ्यक्रम में शारीरिक शिक्षा का भी विशेष महत्त्व है।

यथार्थवाद ने पाठ्यक्रम में विज्ञान को सम्मिलित करने पर बल दिया है। इससे पूर्व पाठ्यक्रम में केवल भाषा तथा गणित आदि विषयों की प्रधानता थी। विज्ञान का प्रवेश पहले जर्मनी के विश्वविद्यालयों ने, उसके पश्चात् ऑक्सफोर्ड एवं कैम्ब्रिज विश्वविद्यालयों ने किया। अमेरिका के विश्वविद्यालयों में भी विज्ञान का प्रभाव अठारहवीं शताब्दी के अन्त और उन्नीसवीं के आरम्भ में हुआ। धीरे-धीरे स्कूल के पाठ्यक्रम पर यथार्थवाद का प्रभाव पड़ा।

यथार्थवाद ने रुढ़ियों एवं हानिकारक परम्पराओं को त्यागकर उपयोगी परम्पराएँ क़ायम करने पर जोर दिया है तथा ज्ञान प्राप्त करने के लिए वैज्ञानिक दृष्टिकोण दर्शाया है। विस्तृत एवं व्यापक पाठ्यक्रम भी यथार्थवाद की देन है।

IV. यथार्थवाद में शिक्षण विधियाँ (Realism and Methods of Teaching): (i) जो कुछ सिखाना या पढ़ाना हो, उसकी उत्पत्ति, उसका मूल, उसकी प्रकृति आदि छात्रों को बतला देनी चाहिए। अर्थात् किसी तथ्य, विचार, वस्तु अथवा घटना को सिखाने के पूर्व उसके कारणों पर विचार कर लेना आवश्यक है।

(ii) जो कुछ पढ़ाना है उसे स्पष्ट ढंग से पढ़ाना चाहिए। आलंकारिक भाषा में पढ़ाना निरर्थक है।

(iii) एक समय में एक ही बात सिखाई जाए।

(iv) किसी वस्तु अथवा तथ्य के भाग, चाहे वे कितने ही छोटे हों, क्रम से सिखाए जाएँ।

(v) किसी वस्तु या घटना को स्मृति में चिरकाल तक रखने के लिए परस्पर सम्बन्ध के नियम को ध्यान में रखना चाहिए।

(vi) जब कोई तथ्य या वस्तु दूसरे तथ्य या वस्तु से समानता रखती है तब एक को सिखाने के लिए दूसरे से उसका अन्तर स्पष्ट करना आवश्यक है।

(vii) यदि कोई चीज कंठस्थ करनी है तो उसके सामान्य सिद्धान्तों का ज्ञान पहले से करा देना चाहिए, अन्यथा अर्थ समझे बिना रटने से कोई लाभ नहीं।

(viii) जहाँ तक सम्भव हो, आगमन विधि (Inductive Method) का प्रयोग किया जाए।

(ix) यात्रा द्वारा भी सीखा जाए।

(x) निरीक्षण तथा अनुभव को सीखने का आधार बनाया जाए।

(xi) विभिन्न विषयों में समवाद (Correlation)स्थापित किया जाए।

V. यथार्थवाद तथा शिक्षक (Realism and Teacher): यथार्थवाद अध्यापक को गौण और छात्र को प्रधान मानता है। वास्तव में शिक्षा देने की चीज नहीं है। शिक्षा तो ग्रहण करने की तथा अनुभव द्वारा प्राप्त करने की वस्तु है। छात्र की ज्ञान ग्रहण करने की रुचि महत्त्वपूर्ण है न कि अध्यापक की ज्ञान प्रदान करने की उत्सुकता।

VI. यथार्थवाद तथा अनुशासन (Realism and Discipline): यथार्थवादी विद्यालय में प्रभावी वातावरण स्थापित करने पर बल देते है। उन का विश्वास है कि छात्रों को सीमा के अन्तर्गत स्वतन्त्रता मिलनी चाहिए।

VII. यथार्थवाद तथा छात्र (Realism and Students): यथार्थवादी छात्रों को विषयों तथा क्रियाओं के चुनाव में पर्याप्त स्वतन्त्रता देने के पक्ष में हैं।

VIII. यथार्थवाद तथा स्कूल (Realism and School): यथार्थवादियों में स्कूल के कार्यों के बारे मे एक मत नहीं है। कुछ यथार्थवादियों के विचार में स्कूल की कोई आवश्यकता नहीं है। दूसरी ओर कुछ यथार्थवादी स्कूल को एक ऐसा अभिकरण मानते है जो छात्रों तथा समाज दोनों की आवश्यकताओं की पूर्ति करता है।

15.4 यथार्थवाद की सीमाएँ (Limitations of Realism)

1. यथार्थवाद भौतिक जगत् को आवश्यकता से अधिक महत्त्व देता है और आध्यात्मिक संसार की उपेक्षा करता है।
2. यथार्थवाद विज्ञान को आवश्यकता से ज्यादा महत्त्व देता है।
3. यथार्थवाद शाश्वत मूल्यों (Eternal Values) पर उचित बल नहीं देता है।
4. यथार्थवाद भावनाओं की अवहेलना करता है।
5. यथार्थवाद में कल्पना को कोई स्थान नहीं दिया गया है।
6. यथार्थवाद विज्ञान पर अधिक बल देकर पाठ्यक्रम को असंतुलित बनाता है।
7. यथार्थवाद आध्यत्मिक, मूल्यों पर उचित ध्यान नहीं देता है।

निष्कर्ष(Conclusion): जैसे कि अध्याय के आरम्भ में कहा गया है यर्थाथवाद एक दर्शन न होकर दृष्टिकोण है। अत: इस की यथार्थता इसी तत्व में निहित है। यथार्थवाद के समर्थकों का एक मत नहीं है।

15.5 यर्थाथवाद के प्रकार (Forms of Realism)

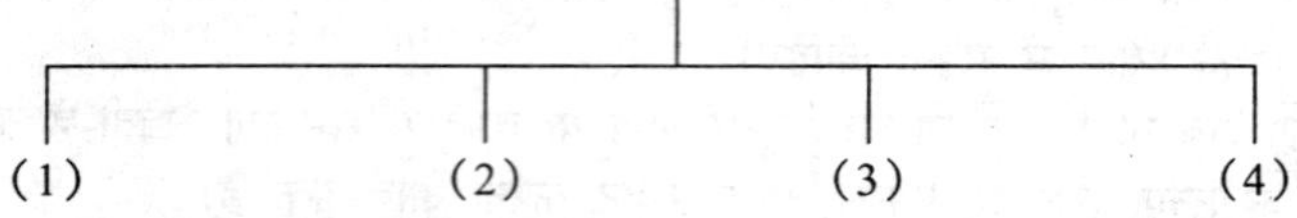

(1)	(2)	(3)	(4)
मानवतावादी यथार्थवाद	सामाजिक यथार्थवाद	ज्ञानेन्द्रिय यथार्थवाद	नव यथार्थवाद
(Humanistic Realism)	(Social Realism)	(Sense Realism))	(Neo-Realism)

मानवतावादी यथार्थवादी (Humanistic Realism): *मानवतावादी यथार्थवाद की विशेषताएँ*: मानवता यथार्थवाद जीवन की वास्तविकता तथा मनुष्य की आवश्यकताओं को पूरा करने पर बल देता है। मानवतावादी यथार्थवाद के समर्थकों के विचार में प्राचीन रोमन तथा यूनानी साहित्य के अध्ययन से ही व्यक्तिगत, तथा सामाजिक विकास हो सकता है।

मानवतावादी यथार्थवाद के समर्थक: मानवतावादी यथार्थवाद के निम्नलिखित तीन मुख्य समर्थक थे:

1. *इरैस्मस* (*Erasmus, 1466-1536*) ने उदार शिक्षा पर बल दिया। उस के विचार में शिक्षा दो प्रकार की है–वस्तु ज्ञान तथा शब्द ज्ञान। शब्द ज्ञान की अपेक्षा वस्तु ज्ञान का अधिक महत्व है।

2. *रैवीलायस* (*Rebelais,1483-1503*): रैवीलायस ने पाठ्यक्रम मे तर्क, व्याकरण तथा साहित्य शास्त्र को हटाने पर जोर दिया। रटने की अपेक्षा शिक्षा में वैज्ञानिक विधि को उचित माना।

3. *मिल्टन* (*Milton, 1608-1674*): मिल्टन एक उच्च कोटि के कवि तथा साहित्यकार के अतिरिक्त एक प्रसिद्ध शिक्षा शास्त्री तथा दार्शनिक भी थे। उसके शिक्षा

सम्बन्धी विचार उस की पुस्तक '*Tracts of Education*' में मिलते हैं। मिल्टन ने शिक्षा को इस प्रकार परिभाषित किया, "मैं उस शिक्षा को पूर्ण तथा उदार शिक्षा मानता हूँ जो मनुष्य को शान्ति तथा युद्धकाल के समस्त व्यक्तिगत तथा सामाजिक कर्त्तव्यों को चतुरता, औचित्य तथा उदारता से पूरा करने की योग्य बनाती है।" मिल्टन ने 12 वर्ष से लेकर 21 वर्ष तक के बालकों के लिए पाठ्यक्रम तैयार किया। भाषा, साहित्य, नैतिक शिक्षा, शरीर विज्ञान, शिल्पकला तथा कृषि आदि विषय विभिन्न स्तरों पर रखे।

सामाजिक यथार्थवाद (Social Realism): सामाजिक यथार्थवाद की *जे.एस. रॉस* (*J.S.Ross*) ने इस प्रकार व्याख्या की है, "सामाजिक यथार्थवादी पुस्तकीय पढाई को व्यर्थ समझते थे तथा मनुष्यों और वस्तुओं के प्रत्यक्ष अध्ययन पर बल देते थे। इस मत के प्रमुख समर्थक मुख्य रूप से उच्च वर्गों के लोग थे। वे लम्बी यात्रा करने के लिए कहते थे जिससे वास्तविक जीवन के विविध पक्षों का वास्तविक अनुभव हो सके।"

सामाजिक यथार्थवाद के समर्थकों में नीचे दिए गए विद्वानों के नाम उल्लेखनीय हैं:

मान्टेग्यू (*Montaigue–1533-1592*): वे फ्राँस के प्रसिद्ध दार्शनिक थे, उन्होंने तीन महत्वपूर्ण पुस्तकें लिखी।

1. *Pedantry*, 2. *Education of the Children*, 3. *Affection of the Father to their children.*

मांन्टेग्यू ने निम्न बातों पर बल दिया है:

(i) शिक्षा का उद्देश्य विवेक का विकास करना है। (ii) ज्ञान के लिए ज्ञान को स्वीकार नही करना चाहिए। (iii) समझने पर न कि रटने पर जोर दिया जाए। (iv) ज्ञान को कार्य रूप मे परिणित करना चाहिए।

जॉन लॉके (*John Locke, 1632-1704*): वे इंग्लैण्ड के प्रसिद्ध शास्त्री थे। उन्होंने अपने विचार '*Some Thoughts Concerning Education*' नामक पुस्तक में दिए हैं। उन्होंने बालक में इन मूल्यों के विकास पर बल दिया:

(i) सदाचार, (ii) सीखने की शक्ति

ज्ञानेन्द्रिय यथार्थवाद (Sense Realism): ज्ञानेन्द्रिय यर्थाथवाद निम्न तत्वों को प्रभावी मानता है: (i) ज्ञानेन्द्रिय का प्रशिक्षण, (ii) शिक्षा का माध्यम मातृभाषा, (iii) साहित्य तथा भाषाओं की अपेक्षा भौतिक विज्ञान प्रकृति निरीक्षण। (iv) आगमन विधि

ज्ञानेन्द्रिय यथार्थवाद के प्रमुख समर्थक हैं:

1. *मुलकास्टर* (*Mulcaster, 1530-1611*): मुलकास्टर के अनुसार शिक्षा का ध्येय है, "शारीरिक तथा मानसिक शक्तियों का विकास करना तथा प्रकृति को अपनी पूर्णता तक पहुँचाने मे सहायक होना।"

2. *फ्राँसिस बेकन* (*Francis Bacon, 1561-1626*): उनकी प्रसिद्ध कृति है– '*Advancement of Learning*'. बेकन के अनुसार, "सभी ज्ञान का उद्देश्य प्रकृति के ऊपर व्यक्ति को अधिकार देना है।" आगमन पद्धति को लोकप्रिय बताया"

3. *कॉमिनियस* (Comeniouse, *1592-1670*): कॉमिनियस के अनुसार, मनुष्य का अन्तिम उद्देश्य शाश्वत प्रसन्नता है।" उन्होंने ज्ञान के तीन आधारों के संतुलन पर बल दिया–इन्द्रिय प्रशिक्षण, बुद्धि का विकास तथा दैवीय दृष्टिकोण।

नवयथार्थवाद (Neo-realism): *अलफ्रेड वाइटहैड* (*Alfred Whitehead–1861-1947*) तथा *ब्रट्रेण्ड आर्थर रसेल* (*Bertrand Arthur Russell, 1872-1970*): नवयथार्थवाद के प्रमुख समर्थक थे। वाइटहैड वैज्ञानिक विषयों के साथ-साथ दूसरे मूल्यों के महत्व को भी स्वीकार करते थे। उन्होंने इस सन्दर्भ में लिखा "जब आप सूर्य के सम्बन्ध में सब कुछ जान जाओ, वातावरण तथा पृथ्वी की प्रक्रिया के सम्बन्ध में सब कुछ जान लो, फिर भी आप सूर्यास्त के सौन्दर्य को नहीं भूल सकते।"

रसेल के विचारों का विस्तृत विवेचन पहले किया जा चुका है।

15.6 अरस्तु के सन्दर्भ मे यथार्थवाद (Realism with Reference to Aristotle)

संक्षिप्त जीवन चरित्र: यूनान के तीन प्रमुख दार्शनिको में *सुकरात* (*Socrates, 470-399 BC*), *प्लेटो* (*Plato, 427-347 BC*) तथा *अरस्तु* (*Aristotle,* 384-322 BC) थे। इनकी गणना संसार के प्रमुख सर्वश्रेष्ठ दार्शनिकों में की जाती है।

अरस्तु महान दार्शनिक प्लेटो के प्रिय शिष्य तथा विश्वविजेता सिकन्दर (Alexander 356-322 BC) के गुरू थे।

अरस्तु के प्रमुख ग्रन्थ हैं: (i) *Ethics* (ii) *Politics*. It is said that he authored about 450 books.

अरस्तु ने प्लेटो की एकेडेमी (Academy) में लगभग 20 वर्ष तक शिक्षा प्राप्त की सम्राट सिकन्दर की मृत्यु के पश्चात् अरस्तु को कुछ लोगों ने धर्म विरोधी कहा। परिणाम स्वरूप उन्हें एथेन्स से निकाल दिया गया। उनकी मृत्यु के बारे में विभिन्न विचार प्रकट किए गए है। कुछ इतिहासकारों ने उनकी मृत्यु का कारण बीमारी बताया हैं, कुछ उनकी मृत्यु का कारण विष पीना बताया जाता है। इसमें कोई सन्देह नहीं है कि संसार के इस उच्च कोटि के दार्शनिक के जीवन के अन्तिम वर्ष दुखःमय थे।

अरस्तु के यर्थाथवाद के मुख्य तत्व (Main Elements of Realism of Aristotle): 1. मनुष्य में गुण तथा अवगुण दोनों हैं।

2. मनुष्य में स्वस्नेह तथा सामाजिकता दोनों हैं।

3. अरस्तु ने मनुष्य की आत्मा को दो भागों में बाँटा है–तर्क रहित अथवा विवेकरहित तथा तर्कयुक्त अथवा विवेकयुक्त। विवेक रहित भाग को नैतिक मूल्यों से सुधारा जा सकता है।

4. नैतिक मूल्य अभ्यास से आते हैं।

5. यद्यपि नैतिक मूल्य निधार्रित नहीं किए जा सकते हैं परन्तु फिर भी वे सीमित होने चाहिए।

6. मनुष्य को मध्यम मार्ग (Middle Path) अपनाना चाहिए। यद्यपि इस पर चलना कठिन है परन्तु फिर भी सोच-समझकर इस पर चला जा सकता है।

7. पूर्ण रूप से आनन्दयुक्त व्यक्ति वह है जो पूर्ण सदाचारी है। शारीरीक क्षमता रखता है। तकनीक युक्त है तथा मानसिक कुशलता से ओतप्रोत है।

8. एक सदाचारी व्यक्ति न तो अति आलोकिक (Super natural) बनने का प्रयास करे तथा न असामान्य (Sub-normal)

9. राज्य तथा नागरिक के सम्बन्धों में भी मध्यम मार्ग होना चाहिए।

10. अरस्तु के अनुसार कार्य तथा व्यवसाय के लिए हौसला तथा सहनशीलता चाहिए।

11. सबसे घटिया जीवन विलासता का जीवन है।

12. तर्कयुक्त जीवन मानव जीवन का सार है । इसकी प्रकृति अति पवित्र अथवा दैवी (Divine) है।

13. मनुष्य परम आनन्द उन क्रियाओं से प्राप्त करता है जो मानव स्वभाव के सर्वोत्कृष्ट तर्क से की जाती है।

14. तर्क की क्रियाएँ दो प्रकार की होती हैं: (i) सिद्धान्तक जैसे अधिमानसिकी और विज्ञान (ii) व्यावहारिक जैसे प्रियता, उदारता, साहस आदि।

अरस्तु के विचार में आदर्श व्यक्ति तथा शिक्षा (Concept of an Ideal Man according to Aristotle and the Role of Education): अरस्तु ने आदर्श व्यक्ति का विवरण इस प्रकार दिया है। ''आदर्श व्यक्ति बिना कारण संकट मोल नहीं लेता। वह किन्हीं परिस्थितियों में जान भी देने को तैयार रहता है। बातचीत में बहुत ही स्पष्टवादी होता है। किसी की निन्दा अथवा बुराई नहीं करता है। तुच्छ विचारों को अपने मस्तिष्क में कोई स्थान नहीं देता है।'' अरस्तु ने कहा कि इस प्रकार की शिक्षा व्यवस्था की जाए जो ऊपर वर्णित लक्ष्य की प्राप्ति में सहायक हो।

शिक्षा के उद्देश्य: अरस्तु के अनुसार शिक्षा का उच्चतम उद्देश्य है नैतिक तथा बौद्धिक गुणों की प्राप्ति जिन से मनुष्य सुखमय न कि विलासमय जीवन व्यतीत कर सके।

शिक्षा युवाओं को इस प्रकार निर्देशित करे ताकि वे प्रेम करने योग्य तत्वों से प्रेम करे तथा घृणा करने योग्य तत्वों से घृणा करें।

शैक्षिक आदर्श (Educational Ideals): अरस्तु ने निम्नलिखित शैक्षिक आदर्शों पर बल दिया:

1. संयम बर्तना सिखाना।
2. बौद्धिक शक्तियों का संतुलित विकास करना।
3. उत्सुकता को बढ़ावा देना।
4. तर्क पर बल देना।
5. आनन्दमय जीवन तथा विलासता के जीवन में भेद करके नैतिक मूल्यों के अनुसार जीवन व्यतीत करना।
6. जीवन में मध्य मार्ग को अपनाना।
7. भावनाओं तथा इच्छाओं पर इस प्रकार नियन्त्रण करना कि चरित्र निर्माण हो।

व्यक्ति के विकास में तीन चरण तथा शिक्षा (Three Stages in the Development of the Individual and Function of Education)

व्यक्ति विकास के चरण	*शिक्षा के पहलू*
1. शारीरिक विकास की अवस्था	शारीरिक शिक्षा
2. तर्कहीन अवस्था	चरित्र निर्माण
3. तर्क अवस्था	बौद्धिक विकास

पाठ्यक्रम: अरस्तु ने व्यावहारिक पाठ्यक्रम पर बल दिया। पाठ्यक्रम को चार विषयों में बाँटा। (1) पढ़ना, (2) लिखना, (3) व्यायाम, (4) संगीत तथा चित्रकला। उन्होंने कहा कि पढ़ना-लिखना व्यावहारिक उपयोगिता के आधार पर होना चाहिए। व्यायाम को

आत्मा की उन्नति का साधन माना न कि केवल शरीर को शक्तिशाली बनाने के लिए। संगीत को संवेगों के परिष्कार तथा विकास के रूप में देखा। चित्रकला को भी आत्मा के उन्नयन का साधन माना।

शिक्षण पद्धति: अरस्तु ने प्रत्यक्ष अनुभव को ज्ञान का माध्यम बनाया। अरस्तु ने इस संदर्भ में 'आगमन पद्धति' को महत्त्वपूर्ण स्थान दिया। वर्तमान में गणित, विज्ञान तथा व्याकरण के शिक्षण-अधिनियम में इसी पद्धति पर जोर दिया जाता है।

शैक्षिक संरचना तथा पाठ्यक्रम
(Structure of Education and Curriculum)

अवस्था	*आयुवर्ग*	*पाठ्यक्रम*
1.	प्रथम 7 वर्ष	शारीरिक गठन पर बल
2.	सात से चौदह वर्ष	(i) संगीत (ii) व्यायाम (iii) पढ़ना (iv) लिखना (v) अंक गणित
3.	चौदह से 21 वर्ष	(i) अंलकार शास्त्र (Rhetoric) (ii) व्याकरण (Grammar) (iii) साहित्य (Literature) (iv) भूगोल (Geography) (v) वाद्य संगीत (Instrumental Music) (iv) गणित (Mathmatics)
4.	21 वर्ष की आयु के उपरान्त	(i) जैविक विज्ञान (Biological Science) (ii) भौतिक विज्ञान (Physical Science) (iii) मनोविज्ञान (Psychology) (iv) नीतिशास्त्र (Ethics)

संगीत पर विशेष बल (Special Emphasis on Music): अरस्तु ने संगीत की निम्नलिखित उपयोगिताएँ बताई हैं:

1. संगीत मनोरंजन प्रदान करता है। 2. संगीत मन का बोझ हल्का करता है। (Katharsis or Purgative Influences)। 3. संगीत चरित्र निर्माण में सहायक है क्योंकि यह मन को उस तत्व के प्रति अभ्यस्त करता है जो अच्छा और श्रेष्ठ है। 4. अवकाश के समय संगीत बौद्धिक आनन्द प्रदान करता है।

आदत निर्माण (Development of Habit): नैतिक मूल्यों का विकास करने के लिए प्रारम्भिक अवस्था से ही छात्रों को प्रशिक्षण मिलना चाहिए अरस्तु ने अपनी पुस्तक '*Metaphysics*' में आदत निर्माण पर विशेष चर्चा की है।

अध्यापक तथा छात्र (Teacher and the Student): अध्यापक का कार्य है कि वह आश्वस्त करे कि छात्र की रचनात्मक शक्तियाँ तथा मनोवेग धीरे-धीरे नकारात्मक शक्तियाँ पर अपने अधिपत्य जमा लें।

अरस्तु के विचारों का मूल्यांकन: अरस्तु के अनुसार शिक्षा एक कला है। इस कला का सम्बन्ध व्यावहारिक एवं सामाजिक जीवन से है। अतः अरस्तु ने शिक्षा को व्यावहारिक रूप दिया है।

वर्तमान में शिक्षण-अधिगम के दो प्रचलित तत्त्वों–'आगमन पद्धति' तथा 'ज्ञात से अज्ञात' का स्रोत अरस्तु के शिक्षा दर्शन में पाया जाता है।

अरस्तु ने आदत निर्माण पर उचित बल दिया। अरस्तु ने विभिन्न स्तरों पर पाठ्यक्रमों में विषयों को उचित स्थान दिया। उसने जीवन की वास्तविकता को भली प्रकार समझा तथा 'सुनहरी मध्य मार्ग (Golden Mean)' पर बल दिया। इसी कारण से उसे यर्थाथवादी शिक्षा का दार्शनिक माना जाता है।

15.7 जैन दर्शन के सन्दर्भ मे यथार्थवाद (Realism with Reference to Jainism)

जैन धर्म के प्रवर्तक (Founders of Jainism): जैन मत के माननेवालों के मतानुसार वर्धमान महावीर (महावीर स्वामी) जैन धर्म के अन्तिम तीर्थंकर (Tirthankar) थे। तीर्थंकर का अर्थ है–मार्ग अथवा प्रकाश दर्शाने वाला। उन से पहले 23 अन्य तीर्थंकर हो चुके थे। पहले तीर्थंकर राजा ऋषभ थे। वे वृद्धावस्था में अपने पुत्र भरत को राज्य देकर स्वयं तीर्थंकर हो गए थे। तेइसवें तीर्थंकर पार्श्व थे। उन का समय महावीर स्वामी के प्रादुर्भाव से 250 पूर्व बताया जाता है। उन का प्रारम्भिक जीवन एक राजकुमार के रूप में व्यतीत हुआ। तीस वर्ष की आयु में राजा पार्श्वनाथ को वैराग्य हुआ और वे राजपाट छोड़ कर तपस्वी का जीवन व्यतीत करने लगे। तिरासी दिन तक घोर तपस्या के पश्चात् चौरासवें दिन उन्हें ज्ञान प्राप्त हुआ। 70 वर्ष तक उन्होंने ज्ञान का प्रचार किया। अन्त में 100 वर्ष की आयु में उन्होंने मोक्षपद प्राप्त किया।

वर्धमान महावीर (540–468 ई. पूर्व) चौबीसवें तीर्थंकर थे। मानवीय राग-द्वेषादि पर विजय प्राप्त करने के कारण महावीर (महानवीर) को 'जिन' अर्थात विजेता कहा गया है। उन्हें महावीर राजाओं पर विजय प्राप्त करने के कारण नहीं कहा गया बल्कि मनुष्यों के हृदयों को जीतने वाले के कारण। ऐसा भी कहा जाता है कि महावीर के 'जिन' होने के कारण ही जैन धर्म का नाम पड़ा। महावीर स्वामी को जैनियों का सर्वाधिक महत्वपूर्ण धर्म प्रचारक माना जाता है। महावीर स्वामी का जन्म उत्तरी बिहार में वैशाली के निकट एक राजपरिवार में हुआ था। उन्होंने तीस वर्ष की आयु में ही सांसारिक जीवन का त्याग कर दिया था और सन्यासी हो गए उस के उपरान्त धर्म प्रचार का कार्य किया।

जैन धर्म ग्रन्थ (Jain Scriptures): चौदह पूर्व (Purvas) जैनियों के धर्म ग्रन्थ हैं जिनकी रचना भगवान महावीर के शिष्य संभूतविजय और भद्रबाहु ने की। जैनधर्म के साहित्य को मुख्यत: छ: भागों में विभक्त कर सकते है: 1. द्वादश अंग, 2. द्वादश उपांग, 3. दस प्रकीर्ण, 4. षट छेदसूत्र, 5. चार मूल सूत्र, 6. विविध-इस में सब से महत्वपूर्ण नन्दिसूत्र तथा अनुयोगद्वार है।

जैन साहित्य संस्कृत तथा प्राकृत भाषा में है।

जैन दर्शन के अनुसार जीवन का उद्देश्य (Objective of Life): कैवल्य (मोक्ष) की प्राप्ति ही मनुष्य का सबसे बड़ा उद्देश्य समझा गया। महावीर स्वामी का कहना है कि सहज ज्ञान के अभाव में मनुष्य पाप करता है। ये पाप ही मनुष्य को पुन: जन्म के चक्कर में फँसा देते हैं। सिद्धशील को प्राप्त करने से मनुष्य जन्म-मरण के चक्र से छूट सकता है। कैवल्य प्राप्ति के लिए पाँच अणुव्रत, तीन गुणव्रत तथा चार शिक्षा व्रत हैं।

पाँच अणुव्रत (Anuvratas or Doctrines): (1) *अहिंसाणुव्रत:* जैन-धर्म के अनुसार प्रत्येक व्यक्ति के लिए यह आवश्यक है, कि वह अहिंसाव्रत का पालन करें। मन, वचन और शरीर से किसी भी प्रकार की हिंसा करना अत्यन्त अनुचित है।

(2) *सत्याणुव्रत:* मनुष्यों में असत्य भाषण करने की प्रवृत्ति अनेक कारणों से होती है। द्वेष, स्नेह तथा मोह का उद्वेग इसमें प्रधान कारण है। इन सब प्रवृत्तियों को दबाकर सर्वदा सत्य बोलना सत्याणुव्रत कहलाता है।

(3) *अचौर्याणुव्रत या अस्तेय:* किसी भी प्रकार से दूसरों की सम्पत्ति की चोरी न करना, और गिरी हुई, पड़ी हुई, व रक्खी हुई वस्तु को स्वयं ग्रहण न कर उसके स्वामी को दे देना अचौर्याणुव्रत कहलाता है।

(4) *ब्रह्मचर्याणुव्रत:* मन, वचन तथा कर्म द्वारा पर-स्त्री का समागम न कर अपनी पत्नी से ही सन्तोष तथा स्त्री के लिए मन, वचन व कर्म द्वारा पर-पुरुष का समागम न कर अपने पति से ही सन्तोष रखना ब्रह्मचर्याणुव्रत कहलाता है।

(5) *परिग्रह-परिमाण-अणुव्रत:* आवश्यकता के बिना बहुत-से धन-धान्य को संग्रह न करना 'परिग्रह-परिमाण-अणुव्रत' कहलाता है। गृहस्थों के लिए यह तो आवश्यक है, कि वे धन-उपार्जन करें, पर उसी में लिप्त हो जाना और अर्थ-संग्रह के पीछे भागना पाप है।

तीन गुणव्रत: इन अणुव्रतों का पालन तो गृहस्थों को सदा करना ही चाहिए। पर इनके अतिरिक्त समय-समय पर अधिक कठोर व्रतों का ग्रहण करना भी उपयोगी है। सामान्य सांसारिक जीवन व्यतीत करते हुए गृहस्थों को चाहिए कि वे कभी-कभी अधिक कठोर व्रतों की भी दीक्षा लें। ये कठोर व्रत जैन-धर्म-ग्रन्थों में 'गुणव्रत' के नाम से कहे गये हैं। इनका संक्षिप्त रूप से प्रदर्शन करना उपयोगी है: (1) *दिग्विरित:* गृहस्थ को चाहिए कि कभी-कभी यह व्रत ले ले, कि मैं इस दिशा में इससे अधिक दूर नहीं जाऊँगा। (2) *अनर्थ दण्ड विरति:* मनुष्य बहुत-से ऐसे कार्य करता है, जिनसे उसका कोई सम्बन्ध नहीं होता। ऐसे कार्यों से सर्वथा बचना चाहिए। (3) *उपभोग-परिभाग परिमाण:* गृहस्थी को यह व्रत ले लेना चाहिए कि मैं परिमाण में इतना भोजन करूँगा, भोजन में इतने से अधिक वस्तुएँ नहीं खाँऊगा, और इससे अधिक भोग नहीं करूँगा इत्यादि।

चार शिक्षा व्रत: इन तीन गुणव्रतों के अतिरिक्त चार शिक्षाव्रत हैं, जिनका पालन भी गृहस्थों को करना चाहिए:

1. *देशविरति:* एक देश व क्षेत्र निश्चित कर लेना, जिससे आगे गृहस्थ न जाए, और न अपना कोई व्यवहार करे।

2. *सामयिक व्रत:* निश्चित समय पर (यह निश्चित समय जैन-धर्म के अनुसार प्रात:, सायं और मध्याह्न, ये तीन संध्याकाल हैं) सब सांसारिक कृत्यों से विरक्त होकर, सब राग-द्वेष छोड़ साम्य भाव धारणकर शुद्ध आत्म-स्वरूप में लीन होने की क्रिया को सामयिक व्रत कहते हैं।

3. *पौषधोपवास-व्रत:* प्रत्येक अष्टमी व चतुर्दशी के दिन सांसारिक कार्यों का परित्याग कर 'मुनियों' के समान जीवन व्यतीत करने के प्रयत्न को 'पौषधोपवासव्रत' कहते हैं। इस दिन गृहस्थ को सब प्रकार का भोजन त्यागकर धर्मकथा श्रवण में ही अपना समय व्यतीत करना चाहिए।

4. *अतिथि-संविभाग-व्रत*: विद्वान् अतिथियों का और विशेषतया मुनि लोगों का सम्मानपूर्वक स्वागत करना अतिथि-संविभाग-व्रत कहलाता है।

जैन दर्शन का शिक्षा पर प्रभाव: जैन दर्शन का शिक्षा के क्षेत्र में भी बड़ा योगदान रहा है। इसके शिक्षा पर प्रभाव निम्न प्रकार से हैं:

1. *अहिंसा परमो धर्मः* शिक्षा के माध्यम से बालक द्वारा अहिंसा के मूल्य को जीवन में अपनाना मुख्य उद्देश्य होना चाहिए। ऐसी भावना का विकास किया जाना चाहिए। किसी का जी दुखाना भी हिंसा है, अतः 'बुरा मत करो तथा बुरा मत बोलो' का सिद्धान्त बालकों को व्यवहार में लाने के लिए प्रेरित करना चाहिए।

2. *कर्म प्रधान जीवन*: बालक को भिक्षा द्वारा ऐसे अवसर सुलभ कराने चाहिए जिससे वह कर्म की प्रधानता का जीवन में महत्त्व समझ सकें। सत्कर्म ही मानव को जन्म-मरण से छुटकारा दिला सकते हैं, इस भावना का विकास बालक में अत्यावश्यक है।

3. *चरित्र एवं नैतिकता का विकास*: शिक्षा ऐसी हो जो बालक के चरित्र का विकास करे। नैतिक आचरण तथा उच्च विचारों के माध्यम से ही मनुष्य 'निर्वाण' प्राप्त कर सकता है। यह भावना बालकों में विकसित हो जाये, इसके लिए महापुरुषों एवं आदर्श व्यक्तियों के जीवन उद्धरण बालकों के सम्मुख प्रस्तुत किए जायें। व्रत एवं तप के द्वारा मानव जीवन को निखारने की शिक्षा दी जाये।

4. *कठोर जीवनयापन की तैयारी*: धार्मिक शिक्षा के माध्यम से बालक को कठोर जीवनयापन के लिए तैयार करना चाहिए। जीवन में आने वाले कष्टों को सहने की शक्ति की क्षमता का विकास बालक में होना चाहिए। 'निर्वाण' के लिए महत्त्वपूर्ण इस बिन्दु के सन्दर्भ में बालकों को शिक्षित करना शिक्षा का प्रमुख उद्देश्य है।

5. *ज्ञान प्रदान करना*: सम्यक् ज्ञान प्राप्त करना शिक्षा का परम उद्देश्य है। बालक को सभी क्षेत्रों के ज्ञान-शाखाओं की शिक्षा दी जानी चाहिए। यह ज्ञान बालकों को जीवनयापन की पूर्ण तैयारी के लिए हो, लेकिन इससे अधिक मानसिक विकास करने के लिए सक्षम हो। सम्यक् ज्ञान प्राप्ति का उद्देश्य बालक को शिक्षा के माध्यम से पूरा करना चाहिए।

6. *सामाजिक कुशलता का विकास*: अहिंसा, सत्य, चोरी न करना और संग्रह न करना मूल्यों की प्राप्ति बालकों द्वारा शिक्षा के माध्यम से की जाये। इन मूल्यों की प्राप्ति बालक को बड़े होने पर समाज के साथ समायोजन में सहायक होंगी और बालक समाज की उन्नति में अधिक सक्रिय सहयोग देने में सक्षम होंगे।

7. *व्यक्तित्व का विकास*: व्यक्तित्व का सर्वांगीण विकास शिक्षा का उद्देश्य है। जैन व्यक्ति को ईश्वर का रूप मानते हैं। "मनुष्य की आत्मा में जो कुछ महान है और जो शक्ति तथा नैतिकता है, वही भगवान है।" इसके अतिरिक्त उनके लिए कोई ईश्वर नहीं है, अतः बालक की अन्तर्निहित क्षमताओं का पूर्ण विकास कर उसे स्वयं को पहचानने की शक्ति विकसित की जाये जिससे वह आत्मा को पहचानने में सक्षम हो।

8. *जैन दर्शन में गुरु-शिष्य सम्बन्ध*: जैन शिक्षा व्यवस्था में मठों में गुरु व शिष्य रहते थे। मठों में अनुशासन की व्यवस्था रहती थी। शिष्यों को गुरु की तनमन से सेवा करनी होती थी। शिष्यों को कठोर जीवन व्यतीत करना होता था। गुरु के सान्निध्य में शिष्य ज्ञानार्जन करते थे। गुरु व शिष्य के स्नेहिल सम्बन्ध होते थे, जो मठों की आचरण संहिता के अनुकूल होते थे। मठों की स्वच्छता एवं व्यवस्था का दायित्व शिष्यों का होता था। गुरु

व शिष्य दोनों ही मठों की आचरण संहिता का पालन करते हुए सम्मानजनक जीवन व्यतीत करते थे। गुरु सभी शिष्यों के साथ सम्मान व्यवहार करते थे।

शिक्षा व्यक्ति को आत्मसंयमी, वैरागी तथा त्यागी बना कर उसमें आत्म चिंतन की प्रवृत्ति पैदा करती है।

9. *शिक्षक का स्थान*: शिक्षा प्रक्रिया में शिक्षक का प्रमुख स्थान है। शिक्षा के तीन ध्रुव हैं–शिक्षक, छात्र तथा शास्त्र (पाठ्यक्रम)।

10. *शिक्षण विधियाँ: अध्यापक की दृष्टि से शिक्षण विधियाँ*: (1) प्रश्नोत्तर विधि, (2) व्याख्या विधि, (3) अध्यारोप-उपवाद विधि, (4) दृष्टान्त विधि, (5) कथा-कथन विधि, (6) उपदेश विधि।

छात्र की दृष्टि से शिक्षण विधियाँ–(1) श्रवण, (2) मनन, (3) निदिध्यासन, (4) तर्क विधि, (5) प्रश्नोत्तर विधि।

जैनदर्शन तथा यथार्थवाद : अनेकान्त सैयदवाद (Anekant Syadwad): जैनदर्शन किसी विचार अथवा वस्तु को अनेक प्रकार से देखता है। जैनदर्शन के अनुसार सत्य को विभिन्न दृष्टिकोणों से देखा जा सकता है। वाद-विवाद अथवा तर्क में जैनदर्शन केवल एक ही दृष्टिकोण को सत्य नहीं मानने पर बल देता है। जैनदर्शन के अनुसार सत्य किसी सन्दर्भ में देखा जाता है। सत्य और असत्य को कई दृष्टिकोणों से देखा जाता है। मिट्टी का बर्तन इस अवस्था में सत्य है परन्तु जब यह टूट जाता है, यह 'असत्य' का रूप धारण कर लेता है। इस प्रकार हर वस्तु को वातावरण अथवा स्थिति के अनुसार देखा जाए। किसी भी निष्कर्ष पर पहुँचने से पहले हमें स्थिति के सभी पक्षों पर ध्यान देना चाहिए। जैनदर्शन रूढ़िवादिता में विश्वास नहीं रखता। कुछ विचारकों का कहना है कि जैनदर्शन परमात्मा में विश्वास नहीं करता परन्तु इस का कोई प्रमाण नहीं है और प्रमाण बिना सत्य को जाना नहीं जा सकता।

जैन दर्शन छात्रों को सोचने की स्वतन्त्रता प्रदान करता है। जैन दर्शन मूल्य आधारित चिन्तन तथा व्यवहार की आवश्यकता को उजागर करता है।

जैन दर्शन वास्तविक ज्ञान तथा सद्गुणों से पूर्ण आचरण पर बल देता है।

जैन दर्शन जीवन को भाग्यवादी बनाने की अपेक्षा कर्मशील बनाने की शिक्षा देता है।

जैन दर्शन की यर्थाथता इस तथ्य से भी प्रमाणित होती है कि वह जन-साधारण की भाषाओं पर जोर देता है।

जैन दर्शन की सीमाएँ: कुछ विचारक जैन दर्शन को यथार्थ नहीं मानते क्योंकि कई क्षेत्रों में इस के विचार यथार्थता से बहुत अलग है। अहिंसा मूल्य की सीमाएँ हैं परन्तु ऐसा दिखाई देता है कि जैन शास्त्र इस दिशा में सीमा को पार करता है।

अनेक जैन मुनि वस्त्रों का त्याग करते हैं। यह तत्व यथार्थवाद पर आधारित नहीं है।

जैन दर्शन के अनेक व्रत ऐसे हैं जिनको व्यावहारिक रूप देना अति कठिन हो जाता है।

16

प्रकृतिवाद: रूसो तथा रवीन्द्रनाथ टैगोर के सन्दर्भ में
(Naturalism with Special Reference to the Views of Rousseau and Rabindranath Tagore)

16.1 प्रकृतिवाद का अर्थ तथा परिभाषा (Meaning and Definition of Naturalism)

प्रकृतिवाद एक ऐसी दार्शनिक विचारधारा है जो प्रकृति को मूल तत्व मानती है। यह अलौकिक (Metaphysics) और पारलौकिक (Super Natural) में विश्वास न करके प्रकृति को ही पूर्ण वास्तविक मानती है। प्रकृतिवाद को भौतिकवाद तथा पदार्थवाद की संज्ञा भी दी जाती है प्रकृतिवाद की निम्न लिखित परिभाषाएँ इस के विभिन्न पक्षों पर प्रकाश डालती है:–

1. *थॉमस और लैंग* (*Thomas and Lang*) के अनुसार, "प्रकृतिवाद आदर्शवाद के विपरीत मन को पदार्थ के अधीन मानता है और यह विश्वास करता है कि अन्तिम वास्तविकता भौतिक है, आध्यात्मिक नहीं।"

2. *वार्ड* (*Ward*) का कहना है, "प्रकृतिवाद वह विचारधारा है जो प्रकृति को ईश्वर से अलग करती है, आत्मा को पदार्थ के आधीन मानती है और प्रकृति के अपरिवर्तनशील नियमों की सर्वोच्च सत्ता मानती है।

3. *पैरी* (*Perry*) के मतानुसार, "प्रकृतिवाद विज्ञान नहीं परन्तु विज्ञान के सन्दर्भ में यह दावा करता है। वैज्ञानिक ज्ञान अन्तिम है। इसमें आध्यात्मिक दर्शन का कोई स्थान नहीं है।"

4. *जायसे* (*Joyce*) के अनुसार–"प्रकृतिवाद वह विचारधारा है जिसकी प्रमुख विशेषता आध्यात्मिकता को अस्वीकार करना है यह वाद प्रकृति एवं मनुष्य के दार्शनिक चिन्तन में उन बातों को स्थान देता है जो हमारे अनुभवों से परे नहीं है।"

5. *जे.एस. रॉस* (*J.S. Ross*) के विचार में, "प्रकृतिवाद एक ऐसी अवधारणा है जिसका शिक्षा सम्बन्धी सिद्धान्तों में उस शिक्षा प्रणाली के लिए प्रयोग किया जाता है जो स्कूलों और पुस्तकों पर आधारित होने के स्थान पर छात्रों के वास्तविक जीवन को क्रियात्मक रूप में प्रभावित करने का प्रयास करती है।"

6. *हॉकिंग* (*Hocking*) के अनुसार "प्रकृतिवाद दर्शन प्रकृति को पूर्ण वास्तविकता समझता है।"

7. *रस्क* (*Rusk*) के मत में ''प्रकृतिवाद वह दर्शन है जिसे वे लोग मानते हैं जो दर्शन की वैज्ञानिक दृष्टिकोण से व्याख्या करते हैं।
8. *एडमस्* (*Adams*) का विचार है, ''प्रकृतिवाद एक ऐसी अवधारणा है जिसे शिक्षा सिद्धान्त में प्रशिक्षण की प्रणालियों को लचीले तौर पर लागू किया जाता है जो कि स्कूलों तथा पुस्तकों पर निर्भर नहीं करती अपितु छात्र के वास्तविक जीवन पर निर्भर करती है।
9. ब्राइस (*Bryce*) के अनुसार ''प्रकृतिवाद एक प्रणाली है और जो कुछ आध्यात्मिक है, उसका बहिस्कार ही उसकी प्रमुख विशेषता है।

निष्कर्ष: प्रकृतिवाद के अनुसार प्रकृति ही मूल तत्व है। प्रत्येक वस्तु प्रकृति से ही जन्म लेती है तथा प्रकृति में विलीन हो जाती है। प्रत्येक मनुष्य की अपनी प्रकृति होती है। प्रकृतिवाद में आध्यात्मवाद का कोई स्थान नहीं है। भौतिक जगत ही वास्तविक जगत है।

प्रकृतिवाद के रूप (Forms of Naturalism)

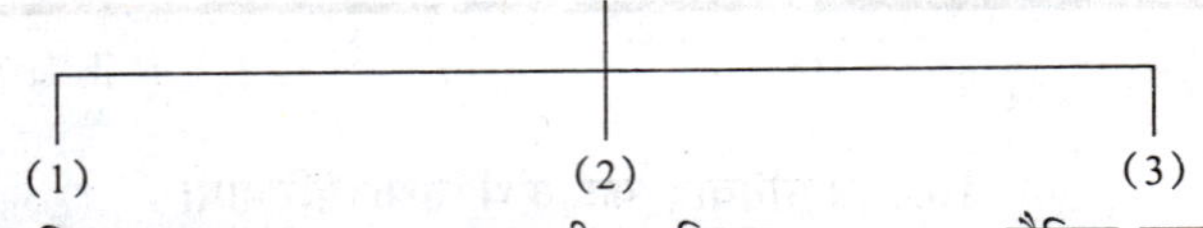

(1) पदार्थवादी प्रकृतिवाद (Physical Naturalism) यह वाद मानव तथा उसके अनुभवों सम्बन्धी तथ्यों की व्याख्या पदार्थ अथवा प्रकृति के नियमों के अनुसार करता है।

(2) यन्त्रावादी प्रकृतिवाद (Mechanical Naturalism) इस वाद के अनुसार विश्व एक प्राणविहीन यन्त्र है।

(3) जैविक प्रकृतिवाद (Biological or Evolutionary Naturalism) इस वाद के अनुसार मानव का विकास पशुओं से हुआ है।

प्रकृतिवाद के प्रमुख समर्थक (Chief Supporters of Naturalism): प्रमुख समर्थक थे : (1) अरस्तु (Aristotle), 384-322 ई.पू., (2) हॉब्स (Hobbes) 1588-1679, (3) रूसो (Rousseau) 1712-1778।

16.2 प्रकृतिवाद की विशेषताएँ

प्रकृतिवाद की महत्त्वपूर्ण विशेषताएँ निम्नलिखित हैं–

(i) प्रकृति ही सब कुछ है। इससे परे अथवा इसके पश्चात् और कुछ नहीं। प्रत्येक वस्तु प्रकृति से आती है और उसमें मिल जाती है।

(ii) वास्तविक सत्ता (Ultimate Reality) भौतिक अथवा (Material) है।

(iii) पदार्थ (Material) अथवा भौतिक जगत (Material World) ही सब कुछ है।

(iv) मानव में जन्मजात शक्तियाँ हैं।

(v) मानव एक महान यन्त्र के समान है।

(vi) प्रकृतिवाद में आत्मा, धर्म और ईश्वर का कोई स्थान नहीं है।

(vii) मानव जीवन पवित्र होता है। जन्म के समय इसमें कोई बुराई नहीं होती है।

(viii) मानव भौतिक सुख चाहता है। वह कभी स्वयं को प्रकृति के अनुकूल बनाकर अथवा कभी प्रकृति को अपने अनुकूल बनाकर भौतिक सुख प्राप्त करता है।

(ix) प्रकृति के नियम नहीं बदलते हैं।

(x) प्रकृतिवाद आध्यात्मिकता को स्थान नहीं देता है।
(xi) प्रकृतिवाद ज्ञान-इन्द्रियों को ज्ञान का मुख्य द्वारा मानता है।

16.3 शिक्षा में प्रकृतिवाद के मुख्य तत्व (Main Elements of Naturalism in Education)

I. प्रकृतिवाद के शिक्षा में सामान्य सिद्धान्त (Principles of Education Influenced by Naturalism): 1. भौतिक वातावरण में शिक्षा पर बल। 2. बाल केन्द्रित शिक्षा–शिक्षा में बालक का मुख्य स्थान। 3. बालक की प्रकृति के अनुसार शिक्षा। 4. शिक्षा में पुस्तकीय ज्ञान पर कम बल देना। 5. बालक की स्वतन्त्रता पर बल। दमन तथा दण्ड रहित शिक्षा। 6. निषेधात्मक शिक्षा (Negative Education) अर्थात् बालकों को बुरी आदतों या असत्य मार्ग से बचाना। 7. इन्द्रियों का प्रशिक्षण।

II. शिक्षा का प्रमुख उद्देश्य–बालक को जीवन संघर्ष में समर्थ बनाना (Main Objective of Education—Making The Child Capable of Life Struggle): रूसो के अनुसार, "शिक्षा आनन्ददायक, तर्कयुक्त, संतुलित, उपयोगी और प्राकृतिक जीवन के विकास की प्रक्रिया है।" रूसो ने शिक्षा के उद्देश्य की चर्चा करते हुए लिखा–"शिक्षा का उद्देश्य है बालक का उसकी प्रकृति के अनुसार विकास करना, सीखने की जिज्ञासा उत्पन्न करना एवं स्वस्थ तथा सशक्त बनाना।"

संक्षेप में प्रकृतिवाद शिक्षा के निम्नलिखित उद्देश्य मानता है:

1. आत्म संरक्षण का उद्देश्य (Objective of Self-defence)
2. आत्म-अभिव्यक्ति का उद्देश्य (Objective of Self-experience)
3. मानवीय यन्त्र की पूर्णता का उद्देश्य (Objective of Perfection of Human Machine)
4. प्रवृतियों के शुद्धिकरण का उद्देश्य (Objective of Sublimation of Instincts)
5. सफलतापूर्वक संघर्ष का उद्देश्य (Objective of Struggling Successfully)
6. सामंजस्य स्थापित करने का उद्देश्य (Objective of Securing Adjustment)
7. वर्तमान तथा भविष्य में आनन्द की प्राप्ति का उद्देश्य (Objective of Securing Present and Future Happiness)
8. सामाजिक विकास का उद्देश्य (Objective of Social Development)
9. व्यक्तित्व के विकास का उद्देश्य (Objective of Development of Individuality)

III. प्रकृतिवाद तथा पाठ्यक्रम (Naturalism and Curriculum): प्रकृतिवाद के अनुसार पाठ्यक्रम की रचना बालक की प्रकृति, रुचियों, अभिरुचियों, योग्यताओं आदि के अनुसार हो ताकि बालक को आत्माभिव्यक्ति के लिए अधिक से अधिक अवसर मिलें।

रूसो ने पाठ्यक्रम के निम्नलिखित तीन स्रोत बताए हैं–प्रकृति (Nature), मानव वातावरण (Human Environment) तथा भौतिक वातावरण (Physical Environment)।

प्रकृतिवाद के अनुसार पाठ्यक्रम में प्राकृतिक विज्ञानों सम्बन्धी विषयों पर विशेष ध्यान दिया जाता है। मानवीय विषयों पर कम। पाठ्यक्रम के मुख्य विषय हैं–शारीरिक विज्ञान, स्वास्थ्य विज्ञान, भौतिक विज्ञान आदि।

खेल-कूद और इन्द्रियों के प्रशिक्षण पर बल दिया जाता है।

भाषा का ज्ञान, विज्ञान आदि को समझने के लिए प्रशिक्षण दिया जाता है।

IV. प्रकृतिवाद तथा शिक्षण पद्धति (Naturalism and Methods of Teaching): प्रकृतिवाद में शिक्षण विधियों की निम्न विशेषताएँ हैं :

रूसो ने अवलोकन, अनुभव तथा अन्वेषण द्वारा बालक को शिक्षा देने पर विशेष बल दिया है। ऐसा करने से बालक की विवेक शक्ति का विकास होता है। हमें बालक की केवल स्मरण शक्ति नहीं बढ़ानी है।

1. प्रकृतिवाद 'करके सीखने' पर बल देता है। 2. प्रकृतिवाद अनुभव के द्वारा सीखने को मानता है। 3. प्रकृतिवाद खेल विधि में विश्वास करता है। 4. प्रकृतिवाद इन्द्रियों द्वारा शिक्षण में विश्वास करता है। 5. प्रकृतिवाद का विश्वास निरीक्षण विधि एवं प्रत्यक्ष विधि में है।

प्रकृतिवाद पर आधारित मुख्य शिक्षण विधियाँ हैं: निरीक्षण विधि (Observation Method), खेल विधि (Play-way Method), ह्यूरिस्टिक विधि (Heuristic Method), डाल्टन विधि (Dalton Method) तथा क्रियात्मक क्रियाएँ (Practical Exercises)।

V. प्रकृतिवाद तथा अनुशासन (Naturalism and Discipline): रूसो का मत है, ''बालकों को दण्ड नहीं देना चाहिए। उनकी अवांछनीय क्रियाओं के परिणामस्वरूप दण्ड प्राकृतिक रूप से उन्हें प्राप्त होना चाहिए।'' बालक यदि पेड़ पर चढ़ता है तो चढ़ने देना चाहिए। गिरने से उसे अपनी भूल का पता चलेगा। प्रकृति स्वयं बड़ा शिक्षक है।

प्रकृतिवाद का नारा है, ''प्राकृतिक परिणामों द्वारा अनुशासन।'' स्वच्छन्दता मूल-मन्त्र है। दमन या दण्ड का कोई स्थान नहीं है।

VI. प्रकृतिवाद तथा शिक्षक (Naturalism and Teacher): 1. प्रकृतिवादी प्रकृति को ही सच्चा शिक्षक मानते हैं। 2. प्रकृतिवादी शिक्षक को बालकों के पीछे रहने वाला मानते हैं। 3. प्रकृतिवाद शिक्षक को बाल मनोविज्ञान का अध्ययन करके चलने वाला मानते हैं। 4. अध्यापक का कार्य छात्रों के विकास के लिए वातावरण तैयार करना है। उनके लिए रंगमंच तैयार करना है। 5. प्रकृतिवाद में अध्यापक प्रेक्षक (Observer) के रूप में है।

VII. प्रकृतिवाद तथा छात्र (Naturalism and Student): प्रकृतिवादी छात्र को शिक्षा के ड्रामें का नायक (Hero of the Drama of Education) मानते हैं। सम्पूर्ण शिक्षा बच्चे की प्रकृति के अनुसार होनी चाहिए। उसकी रुचियों पर पूरा ध्यान दिया जाना चाहिए।

VIII. प्रकृतिवाद तथा स्कूल (Naturalism and School): प्रकृतिवादी इस बात पर विशेष बल देते हैं कि स्कूल का वातावरण स्वतन्त्रता से भरपूर होना चाहिए। स्कूलों की स्थापना प्रकृति की गोद में की जानी चाहिए।

16.4 प्रकृतिवाद शैक्षिक विचारधारा की आलोचनाएँ (Criticism of Naturalism in Education)

1. जनतंत्रवाद की शिक्षा का उल्लेख न होना: प्रकृतिवाद की शैक्षिक विचारधारा में ऐसे बहुत ही कम तत्त्व मिलते हैं, जिनसे व्यक्ति को जनतन्त्र प्रणाली के सदस्य के नाते तैयार किया जा सके।

2. पुस्तक को स्थान न देना अव्यावहारिक है: रूसो ने कहा कि 12 वर्ष से पूर्व बालकों के लिए किसी प्रकार की पुस्तक नहीं होनी चाहिए। यह कथन अव्यावहारिक प्रतीत होता है।

3. **'प्राकृतिक परिणामों' का सिद्धान्त:** प्राय: रूसो के इस सिद्धान्त को स्वीकार नहीं किया जाता अपितु तर्क दिया जाता है कि क्या बालक को 'जहर पीने' आदि के परिणाम से सीखने दिया जा सकता है।

4. **प्रकृति की विभिन्न व्याख्याएँ:** प्रकृति की धारणा में प्रकृतिवादियों के विभिन्न मत हैं।

5. **असन्तुलित पाठ्यक्रम:** पाठ्यक्रम में साहित्यिक विषयों पर उचित ध्यान नहीं दिया गया है।

6. **भविष्यकाल की अवहेलना:** प्रकृतिवाद भविष्य काल की लगभग अनदेखी करता है।

निष्कर्ष (Conclusion): कोई भी दर्शन स्वयं में सम्पूर्ण नहीं होता है। इसी प्रकार प्रकृतिवाद भी। परन्तु इसमें सन्देह नहीं है कि प्रकृतिवाद ने शिक्षा के विभिन्न पक्षों पर बहुत प्रभाव डाला है। प्रकृतिवाद ने मनोविज्ञान तथा वैज्ञानिक धारणा पर उचित बल दिया है।

16.5 प्रकृतिवाद का शिक्षा पर प्रभाव (Impact of Naturalism on Education)

प्रकृतिवादी विचारधारा से शिक्षा क्षेत्र में एक क्रान्तिकारी परिवर्तन आया है। शिक्षा सम्बन्धी विचारों से शिक्षा में रूढ़िवादिता कम हुई है। रूसो की प्रसिद्ध पुस्तक '*इमाइल*' ने शिक्षा के इतिहास में एक नवीन युग को आरम्भ किया। बालक को शिक्षा में प्रमुख स्थान दिया जाने लगा। 'अनुभव' तथा 'करके सीखो', स्वच्छन्द अनुशासन, आत्म-अभिव्यक्ति आदि-आदि पर बल दिया जाने लगा है।

संक्षेप में प्रकृतिवाद की शिक्षा को मुख्य देन इस प्रकार है:

1. बालक तथा उसकी प्रवृत्ति शिक्षा का केन्द्र-बिन्दु हो।

2. शिक्षा का उद्देश्य बालक की नैसर्गिक शक्तियों का विकास तथा जन्मजात प्रवृत्तियों का प्रकाशन हो।

3. शिक्षा के तीन स्रोत हैं: प्रकृति, मनुष्य तथा वस्तुएँ, परन्तु प्रकृति का महत्त्व सबसे अधिक है।

4. सर्वोत्तम शिक्षण प्रणाली स्वानुभव द्वारा सीखने और 'करके सीखने' की है।

5. शिक्षा में बालक का मुख्य स्थान है और अध्यापक का गौण स्थान है।

6. स्वतन्त्रता में अनुशासन हो।

7. शिक्षण विधियाँ प्रगतिशील हों।

16.6 रूसो (Rousseau) (1712-1718) का प्रकृतिवाद

(*अध्याय 9 देखें*)

16.7 रवीन्द्रनाथ टैगोर (1861-1941) तथा प्रकृतिवाद (Rabindranath Tagore and Naturalism)

16.8 टैगोर का संक्षिप्त जीवन चरित्र (Brief Life Sketch of Tagore)

उनका जन्म कोलकाता के प्रसिद्ध टैगोर (ठाकुर) वंश में हुआ था। उनके पिता माने हुए समाज सुधारक थे। वे ब्रह्म समाज के अग्रणीय नेता थे। उनका प्रभाव उनके जीवन पर भी पड़ा। वे उदार विचारों के थे।

टैगोर की शिक्षा (Education of Tagore): रवीन्द्रनाथ टैगोर की शिक्षा-दीक्षा का आरम्भ घर से ही हुआ। संस्कृत, बंगला, अंग्रेजी, चित्रकला एवं संगीत पढ़ाने के लिए अलग-अलग शिक्षक घर पर ही आते थे। कुछ समय उन्होंने 'ओरियंटल सेमीनरी' स्कूल में पढ़ाई की। परन्तु स्कूल का वातावरण उन्हें कतई पसन्द नहीं आया। उन्होंने शिक्षकों के व्यवहार को बड़ा कठोर तथा अमनोवैज्ञानिक पाया। उन्होंने स्कूल में पिंजरे में बन्द एक तोते के समान कैदी की भाँति अपने आप को समझा। स्कूल में इस प्रकार के वातावरण से उन्हें बहुत मानसिक आघात पहुँचा। इसके पश्चात् उन्हें दूसरे स्कूल में पढ़ने के लिए भेजा गया परन्तु वहाँ का वातावरण भी उन्हें कठोर लगा। स्नेह का स्कूल में बिल्कुल अभाव पाया। फिर उनकी शिक्षा अनौपचारिक ही होती रही। भारत में घर पर पढ़ाने के पश्चात् उन्हें 1877 में बैरिस्टर बनने के लिए इंग्लैण्ड भेज दिया गया था; परन्तु वे शीघ्र भारत लौट आये। अभी वे छोटी ही उम्र के थे कि कवि के रूप में उनकी प्रसिद्धि फैलने लगी और वे सहसा अन्तर्राष्ट्रीय ख्याति के पुरुष तब हुए जबकि 1911 में उन्हें अपनी '*गीतांजलि*' पर साहित्य में *नोबेल पुरस्कार* (Nobel Prize) मिला। उन्होंने इस पारितोषिक की सारी, 8000 पौंड राशि, अपनी प्रसिद्ध शिक्षा संस्था 'शान्ति निकेतन' की देखभाल में व्यय की। शान्ति निकेतन की स्थापना उन्होंने 1901 में बोलपुर में की। यह विद्यालय, जो एक वन में स्थित था, प्राचीन आश्रमों में नमूने का था। 1921 में यही विद्यालय विश्वविद्यालय बन गया।

सन् 1915 में टैगोर को 'सर' की उपाधि प्रदान की गयी। परन्तु अमृतसर के जलियांवाला बाग की दु:खद घटना से उन्हें इतना दु:ख और आघात पहुँचा कि उन्होंने 'सर' की उपाधि का तमगा लौटा दिया और वायसराय को पत्र लिखा-'समय आ गया है कि जब अपमान और प्रतिष्ठा के तमगे बेमेल दिखाई देते हैं और अपमान के सन्दर्भ में ये तमगे हमारी लज्जा संसार को दिखा रहे हैं। मैं तो अब सब प्रकार के विशेष सम्मान से मुक्त होकर अपने उन देशवासियों के साथ कन्धा भिड़ाकर खड़ा होना चाहता हूँ कि जिनको अपनी तथाकथित महत्त्वहीनता के कारण मानव के अयोग्य अपमान सहन करना पड़ता है।''

रवीन्द्रनाथ टैगोर, कवि, देशभक्त, शिक्षाशास्त्री, कलाकार, सामाजिक सुधारक और दार्शनिक-सभी कुछ थे। उन्होंने बहुत-सी कविताएँ, नाटक, उपन्यास और लघु कथाओं की रचना की। साहित्य का कोई भी क्षेत्र उनके योगदान से अछूता नहीं रहा। वे स्वयं एक अच्छे अभिनेता और गायक थे। उनके संगीत की रहस्यमयी गूँज प्रत्येक हृदय में समा चुकी है। चित्रकला तक में-जिसका आरम्भ उन्होंने 1929 में किया था, उन्होंने अपनी निजी शैली की रचना की थी। उनका व्यक्तित्व अनेक गौरवों से युक्त था और उन्होंने भारत के बौद्धिक, सांस्कृतिक, कलात्मक, शैक्षिक, सामाजिक आदि पक्षों पर अपना प्रभाव डाला।

16.9 टैगोर के शिक्षा सम्बन्धी प्रकाशन (Tagore's Publications on Education)

1. '*Shiksar Herpher*' (*Our Education and Its Incongruities*), 2. '*Shiksha*

Samasya' (*The Problem of Education*), 3. '*Abaran*' (*Culture or Covering*), 4. '*Tapovan*' (*Forest Colony*), 5. '*Dharma Shiksha*' (*Religious Education*), 6. '*Hindu Visvavidyalaya*' (*Hindu University*), 7. '*Stri Shiksha*' (*Women Education*), 8. '*Shikisan Bahan*' (*The Vehicle of Education*), 9. *My School*, 10. '*Shiksan Milan*' (*The Meeting of Cultures*), 11. *A Poet's School*, 12. '*Shiksan Vikiran*' (*Diffusion of Education*), 13. '*Ashram Shiksha*' (*Education in Ashram*), 14. '*Badher Sadhana*' (*Education of the Feeling*), 15. *अनेक दीक्षान्त भाषण* (*Several Convocation Addresses*)

16.10 टैगोर के दर्शन तथा शिक्षा दर्शन को प्रभावित करने वाले कारक (Factors Influencing Tagore's Philosophy and Philosophy of Education)

निम्नलिखित कारकों ने टैगोर के जीवन के सभी पक्षों को प्रभावित किया:

1. घर के वातावरण का उदार प्रभाव (Liberal Home Environment)
2. स्कूल के वातावरण का प्रभाव (Influence of School's Environment)
3. प्रकृति से स्वाभाविक प्रेम (Natural Love for Nature)
4. टैगोर के विस्तृत भ्रमण (Tagore's Extensive Tours)

31 वर्ष की आयु में सन् 1892 में लिखित 'शिक्षार हेरफेर' से लेकर अपनी मृत्यु सन् 1941 में गुरुकुल कांगड़ी विश्वविद्यालय में दिए गए दीक्षान्त भाषण तक की 50 वर्षों की अवधि में उन्होंने शिक्षा समस्या पर अनेक पुस्तकें लिखीं और चर्चाएँ कीं। शिक्षा के विस्तृत क्षेत्र की शायद किसी समस्या को उन्होंने छोड़ा हो। वर्णमाला की पुस्तक से लेकर 'रेलीजियन ऑफ मैन' तक; अभी-अभी उत्पन्न हुए शिशु की आवश्यकताओं से लेकर, विकसित होकर भविष्य में पूर्ण मनुष्य बनने तक से सम्बद्ध कोई विषय ऐसा नहीं है जिस पर उन्होंने विचार न प्रकट किए हों। अनेक बड़े-बड़े भागों में विभक्त उनके साहित्य से पता चलता है कि उन्होंने अपनी विकासात्मक विचारधारा को कार्य में कैसे परिणत किया। उनके कुछ निबन्ध, लेख और रचनाएँ ऐसी हैं कि वे उनकी शिक्षा सम्बन्धी विचारधारा के विकास में युगनिर्माता कही जा सकती हैं।

16.11 टैगोर के दर्शन विशेषकर प्राकृतिक दर्शन की एक झलक (Glimpses of Tagore's Philosophy Especially of Naturalism)

1. जहाँ मन निर्भय हो, सिर ऊँचा रखा जा सके,
2. जहाँ ज्ञान स्वतन्त्र हो,
3. जहाँ संसार के निवासी संकुचित घरेलू दीवारों द्वारा टुकड़ों में बँटे हुए न हों,
4. जहाँ कथन सत्य की गहराई से निकलता हो,
5. जहाँ मनुष्य पूर्णता की दशा में अनर्थक प्रयत्न करता हों,
6. जहाँ बुद्धि की स्वच्छ धारा निर्जीव आदत की तप्त रेत में अपना मार्ग न छोड़ बैठी हो,
7. जहाँ तू मेरे मन को सदा विस्तीर्यमाण विचार तथा क्रिया करने में लगाए रखे, हे पिता, उस स्वर्ग में मेरे देश को जागने दे।

16.12 टैगोर के शिक्षा में प्रकृतिवाद की पृष्ठभूमि (Background of Tagore's Naturalism in Education)

हमें और आपको अपनी सबसे पहली पाठशाला के विषय में भला कुछ याद है? रवीन्द्रनाथ टैगोर को वहाँ दिए गए अभद्र शारीरिक दण्ड की यातनाएँ और दर्द की ही केवल स्मृति थी। घर पर वे अध्यापक बनकर अपनी बालकीय हिंसा को बरामदे के जँगले की सीखचों पर प्रकट करते थे–सीखचों के वे अध्यापक की मार के शिकार छात्र मान लेते थे। मनोवैज्ञानिक दृष्टिकोण से यह बात बड़ी महत्त्वपूर्ण है। उन्होंने लिखा है–''मुझे पता लग गया है कि छोटे बच्चे उनको पढ़ाये गये ज्ञान की अपेक्षा अध्यापक की प्रवृत्ति को अधिक शीघ्रता से सीख जाते हैं। मैंने सिखाने की प्रक्रिया में अन्तर्निहित अन्याय, अधीरता, क्रोध और पक्षपात की भावनाओं को अपने पाठों की अपेक्षा अधिक सरलता से सीखा था।'' वे जिस अगले स्कूल में पढ़े वहाँ पर मिली छात्रों की घृणित संगति, सहानुभूति शून्य शिक्षण रीति और कृत्रिम वातावरण का उनके मन पर अमिट प्रभाव पड़ा। स्कूल उन्हें एक 'राक्षस-सरीखा' प्रतीत होता था–फैले हुए मुँह में, उन्हें भोजन के दैनिक नियत अंश की भाँति प्रविष्ट होना होता था। तीसरा स्कूल कुछ बेहतर लगा–इसके विषय में वे लिखते हैं–''इस स्कूल में कोई विशेष कष्ट नहीं था।'' परन्तु फिर भी था तो स्कूल ही। स्कूल के कमरों में ममता नहीं थी; इनकी दीवारें सन्तरियों-सरीखी लगती थीं। घर की-सी कोई बात वहाँ नहीं था। स्कूल मानो एक बड़ा सन्दूक था–जिसमें कोई अलग-अलग खाने बने हुए थे। उन्होंने अपने सारे जीवन भर यही यत्न किया कि बड़ा सन्दूक एक सुन्दर घर बन जाए। उदासीन-बेलाग-लोहे का पिंजरा एक सुखद घोंसला बन जाए।

16.13 टैगोर के शिक्षा दर्शन तथा उसकी मुख्य विशेषताएँ (Tagore's Philoshophy of Education and Its Characteristics)

प्राय: टैगोर के प्रकृतिवाद दर्शन को बहुत महत्व दिया जाता है यद्यपि उनका दर्शनवाद लगभग सभी दर्शनों के कुछ तत्व समाए हुए है। यहाँ पर संक्षेप में उनके शिक्षा दर्शन की प्रमुख विशेषताओं का विवरण दिया जा रहा है। उनके प्रकृतिवाद की व्याख्या तथा उसका शिक्षा पर प्रभाव इस अध्याय के दूसरे भाग में विस्तार में दिया गया है।

1. शिक्षा का उद्देश्य (Aim of Education): टैगोर के अनुसार, ''पूर्ण जीवन की प्राप्ति के लिए शिक्षा का उद्देश्य मनुष्य का पूर्ण विकास करना है।'' दूसरे शब्दों में शिक्षा द्वारा सामंजस्य स्थापित करना है। शिक्षा द्वारा बालक की सभी शक्तियों का विकास किया जाए।

2. शिक्षा का अर्थ (Meaning of Education): शिक्षा का सम्बन्ध समाज के जीवन से होना चाहिए।

3. प्रकृति की गोद में शिक्षा (Education in Nautral Surroundings): बालकों की शिक्षा नगरों से दूर प्राकृतिक वातावरण में हो।

4. बालक का पूर्ण मानव के रूप में विकास: शिक्षा ऐसी होनी चाहिए जिसे प्राप्त करके बालक मनुष्य के रूप में विकसित हो, न कि केवल एक अच्छा लिपिक, कृषक आदि।

5. बालक की कलात्मक शक्तियों का विकास (Development of the Artistic Abilities of the Student): बालक को संगीत, चित्रकला आदि की शिक्षा दी जानी चाहिए।

6. राष्ट्रीय शिक्षा का जीवन से सम्बन्ध (Education Related to National Needs): प्रत्येक बालक को शिक्षा के द्वारा भारतीय समाज की पृष्ठभूमि तथा भारतीय संस्कृति का ज्ञान कराया जाना चाहिए।

7. प्रेरणादायक शिक्षण विधियाँ (Inspirational Teaching Methods): (i) *प्रत्यक्ष स्रोतों से ज्ञान*: पुस्तकों के स्थान पर जहाँ तक सम्भव हो, प्रत्यक्ष स्रोतों से ज्ञान प्राप्त करने के अवसर प्रदान किए जाने चाहिए।

(ii) *स्वतन्त्र प्रयास द्वारा शिक्षा*: बालक को इस प्रकार के अवसर प्रदान किए जाएँ कि वह स्वतन्त्र प्रयास द्वारा शिक्षा पा सके।

(iii) *रटने की आदत का अन्त*: बालक को रटने के लिए बाध्यं न किया जाए।

(iv) *बालक की रचनात्मक प्रवृत्तियों का विकास*: बालक को इस प्रकार के अवसर प्रदान किए जाने चाहिए कि वह अपनी रचनात्मक प्रवृत्तियों का विकास कर सके।

(v) *सामाजिक सेवा के अवसर*: बालक को सामाजिक सेवा के अवसर मिलने चाहिए ताकि उसमें स्वशासन तथा उत्तरदायित्व के भावों का विकास हो सके।

8. मातृभाषा शिक्षा का माध्यम (Study of Mother Tongue): विदेशी भाषा से चिन्तन मूल्यों की प्राप्ति नहीं हो सकती।

9. अन्तर्राष्ट्रीय शिक्षा–शिक्षा हमें प्राणीमात्र के भले के लिए तैयार करे।

10. अनुशासन–शारीरिक दण्ड का कोई स्थान नहीं (Discipline—No Place for Punishment): टैगोर ने इस प्रकार लिखा, "बच्चों को कठोर दण्ड देते हुए देखकर मैं अध्यापक को ही दोषी पाता हूँ। जब मैं विद्यालय (शान्तिनिकेतन) में कार्य करता था तो शिक्षकों के कठोर विचार से छात्र की रक्षा करना मेरे लिए एक गम्भीर समस्या थी। मुझे अध्यापकों को समझाना पड़ता था कि अध्यापक शिक्षा को एक यन्त्र मात्र बनाने के लिए नहीं हैं। ऐसा करने पर मुझे कभी-कभी उनका अप्रिय पात्र भी बनना पड़ता था। मुझे ऐसे बहुत-से अवसर याद हैं जबकि मुझे छात्रों की उग्रदण्ड से रक्षा करनी पड़ती थी; परन्तु बाद में मुझे कभी इसके लिए पछताना नहीं पड़ा।"

"चाहे राष्ट्रतन्त्र हो या शिक्षातन्त्र, कठोर शासन नीति शासक वर्ग ही की अकर्मण्यता का प्रमाण है।"

11. पाठ्यक्रम (Curriculum): टैगोर के अनुसार शिक्षा का मुख्य उद्देश्य है–पूर्ण जीवन की प्राप्ति के लिए मनुष्य का पूर्ण विकास करना। इस उद्देश्य को ध्यान में रखकर उन्होंने पाठ्यक्रम में विभिन्न प्रकार के विषयों और क्रियाओं को स्थान देकर, उसे व्यापक रूप प्रदान किया है। पाठ्यक्रम के मुख्य विषय और क्रियाएँ इस प्रकार हैं:

(i) *विषय*: इतिहास, विज्ञान, प्रकृति अध्ययन, भूगोल, साहित्य आदि।

(ii) *क्रियाएँ*: नाटक, भ्रमण, बागवानी, क्षेत्रीय अध्ययन, प्रयोगशाला कार्य, ड्राइंग, मौलिक रचना, अजायबघर के लिए विभिन्न वस्तुओं का संग्रह आदि।

(iii) *अतिरिक्त पाठ्यक्रम क्रियाएँ*: खेल-कूद, समाज-सेवा, छात्र-स्वशासन आदि।

(iv) *शिल्प*: हस्तकला, बुनाई, रंगाई, कागज बनाना, कताई आदि।

12. अध्यापक का स्थान (Role of the Teacher): टैगोर ने अध्यापक को शिक्षा का आधार माना है। अध्यापक का कार्य छात्रों का मार्गदर्शन करना है तथा प्रेरणा देना है। अध्यापक को स्वयं सजग रहना चाहिए। उनके विचार में, "जब तक अध्यापक स्वयं न

सीख रहा हो, तब तक वह पढ़ा नहीं सकता। एक दीपक दूसरे दीपक को तब तक प्रकाशित नहीं कर सकता, जब तक वह स्वयं अपनी ज्योति को प्रज्जवलित न रखे।''

अध्यापक बच्चों की भावनाओं, प्रवृतियों, रुचियों तथा अभिरुचियों को समझकर उनके साथ कार्य करें। वे छात्रों के साथ सहानुभूतिपूर्ण व्यवहार करें।

13. स्त्री शिक्षा (Women Education): रवीन्द्रनाथ टैगोर स्त्री शिक्षा के प्रबल समर्थक थे। उनकी स्थिति सुधारने के लिए उन्होंने स्त्री शिक्षा का प्रचार किया। उनके कथन में, ''जो कुछ भी जानने योग्य है, वह दोनों पुरुषों तथा स्त्रियों के लिए है। फिर पुरुषों तथा स्त्रियों की शिक्षा में अन्तर क्यों?''

स्त्री शिक्षा के प्रसार के लिए उन्होंने सन् 1908 में शान्ति निकेतन में 'स्त्री शिक्षा विभाग' की स्थापना की। लड़कियों तथा लड़कों की शिक्षा में कोई भेद नहीं था। टैगोर के अनुसार, ''परिपक्व मानव बनने के लिए स्त्रियों को सिद्धान्तक ज्ञान प्राप्त करना चाहिए। सच्ची स्त्री बनने के लिए उसे उपयोगी ज्ञान प्राप्त करना चाहिए"।

16.14 शिक्षा बच्चे के स्वाभाविक तथा प्राकृतिक वातावरण में (Education according to the Nature of the Child and Natural Environment)

प्राकृतिक (अर्थात् प्रकृति के अनुसार) होना और प्रकृति तथा जीवन से कुछ सीखना बहुत ही आवश्यक है। परन्तु हम तो किताबों के गुलाम बन गए हैं; और केवल उन्हीं को ज्ञान तथा बुद्धि का स्रोत समझने की हमारी आदत हो गयी है। अपनी पुस्तक '*शिक्षा समस्या*' में टैगोर ने राष्ट्रीय शिक्षा की अपनी निजी धारणा का विवरण दिया है। राष्ट्रीय शिक्षा वह है जो स्वाभाविक प्रक्रिया द्वारा विकसित हो। एक ओर तो यह लोगों के प्रिय आदर्शों और प्रथाओं में से फूटकर निकले और बढ़े, दूसरी ओर यह राष्ट्रीय जीवन रूपी शरीर का एक आवश्यक अंग हो।

शिक्षा स्वाभाविक तथा प्राकृतिक वातावरण में हो: 'आवरण' शीर्षक निबन्ध में उन्होंने शिक्षा में प्रकृतिवाद अथवा प्रकृति के महत्त्व के सिद्धान्त को बतलाया है। शिक्षा की समस्या क्या है? यही कि आज की शिक्षा शरीर और मन दोनों को ढक देती है और शरीर तथा प्रकृति के मध्य तथा मन और जीवन के मध्य रहने वाले प्रत्यक्ष सम्बन्ध को काटकर फेंक देती है। शिक्षा एक रुकावट, बाधा खड़ी कर देती है। प्रकृति के प्रेरणादायक पवित्र स्पर्श से हमारा सम्बन्ध तोड़ देती है। वे कहते हैं कि कम से कम सात वर्ष की उम्र तक तो बालक को प्रकृति के बेरोकटोक तथा सीधे सम्पर्क में रहने देना चाहिए जिससे उसके शरीर और मन का पूरा-पूरा विकास सम्भव हो। ''तब तक तो बालक का कपड़ों अथवा सज्जा से कोई वास्ता नहीं होना चाहिए।'' उसका जीवन स्वतन्त्र और प्राकृतिक हो, उसे मिथ्या विनय और लज्जा की विकृत भावना से दूर रहने दो। हाँ, इतना वे अवश्य मानते हैं कि कृत्रिम साधनों से भी एक सीमित भलाई अवश्य सम्भव है, परन्तु सभ्यता के नाम पर उनका प्रयोग बड़ी मात्रा में नहीं किया जाना चाहिए।

हमें जो कुछ भी सीखना होता है उसके लिए हम पुस्तकों का सहारा लेते हैं; ज्ञान के प्राकृतिक स्रोत, प्रकृति और जीवन से हम कुछ नहीं सीखते। किताबी ज्ञान हमारे मन को दीवारों में बन्द कर देता है। हम संसार के ज्ञान से अपने आपको वंचित रखकर,

किताबी ज्ञान हासिल करते हैं। हम जीवन की हरी भूमि में पाये जाने वाले, सामाजिक सिद्धान्तों के आधार पर स्थापित ज्ञान से बहुत दूर एकान्त रेगिस्तानी रेत में अपने बौद्धिक मिथ्याभिमान में भरे ऐंठते और दु:ख उठाते रहते हैं। इसका परिणाम यह होता है कि हमारा मन समाज विरोधी और मानवता रहित जलवायु में बढ़ता है, इसलिए विपत्तियों की पूर्व सूचना देता है। किताबों से सीखा हुआ मिथ्यांतक मनुष्य को जीवन की शीतलधारा से दूर ले जाकर फेंक देता है, उसको तपते रेत के टीलों में भटका देता है और उसकी सभ्य भावना को विकृत कर देता है। इसके कारण मनुष्य की स्वतन्त्र-निर्णय शक्ति ठप्प हो जाती है, उसका मानसिक सन्तुलन बिगड़ जाता है और इसके परिणाम घातक होते हैं। ये कृत्रिम आवरण दूर होने ही चाहिएँ। टैगोर अपने '*आवरण*' निबन्ध में ताजी वायु तथा बेरोकटोक प्रकाश के हमारे मन तथा जीवन में प्रवेश का समर्थन करते हैं और कहते हैं कि सादे और स्वाभाविक का सम्मान करना चाहिए तथा उसको सर्वोपरि मानना चाहिए। उनकी एक दूसरी पुस्तिका '*तपोवन*' है–'*शिक्षा समस्या*' नाम की पुस्तक की पूरक ही है। इसमें प्राचीन संस्कृति के जन्म स्थान–तपोवन की भावना का आशय स्पष्ट किया गया है। सभी सत्ताओं, विद्यमान प्राणियों-अप्राणियों में एकता अथवा सार्वभौम चेतनता की धारा बह रही है और तपोवन इसकी भव्य अभिव्यक्ति का प्रतीक है। श्री टैगोर का एक गीत इस प्रकार है:

"वन भ्रमण के समय मुझे घास की कोमलता अनुभव होती है।
रास्ते किनारे के फूलों को देखकर मैं चमत्कृत हो उठता हूँ:
उस अनन्त शक्ति (परमेश्वर) के उपहार धूल में छितराये देखकर
मैं आश्चर्य से गा उठता हूँ।
मैंने देखा है, सुना है और जिया है;
ज्ञात की गहराई में उस सत्य को अनुभव
किया है जो सारे ज्ञान से बढ़कर है;
वह मेरे हृदय को आश्चर्य से परिपूर्ण
कर देता है; और मैं गाने लगता हूँ।"

तपोवन हमें सन्देश देते हैं–शान्ति का, पवित्रता का, उच्च भावना का, विशुद्ध हर्ष का–सादगी और मुक्ति का। तपोवन में प्रकृति हमें वह दृश्य दिखाती है कि जिसमें सब पदार्थ और सभी भावनाएँ अपने अतिशयोक्तिपूर्ण आकृति को खो देते हैं और उचित तुलनात्मक अनुपात धारण कर लेते हैं। 'तपोवन' निबन्ध में एक नयी विचारधारा प्रस्तुत की गयी है: तपोवन का सन्देश हमें तभी मिल सकता है; उसका ज्ञान तभी होता है जबकि हम अपने भीतर सहानुभूति अथवा संवेदना की प्रवृत्ति को बढ़ावें। इस भव्य सन्देश को न तो आँख, न ही कान अथवा न कोई दूसरा इन्द्रिय अथवा बुद्धि तक भी जान सकती है। यह निरी अनुभूति ही है। व्यक्ति को अनुभव करना, संवेदना की गहराई को बढ़ाना तथा सहानुभूति के क्षेत्र को बढ़ाना सीखना होगा। 'बोघेर साधना' अर्थात् 'संवेदना की शिक्षा' ही वस्तुत: आवश्यक है। हमें यह बात निरन्तर स्मरण रखनी होगी कि हमारे स्कूलों में न तो इन्द्रियों की शिक्षा को और न ही बुद्धि के शिक्षण को, अपितु अनुभूति के शिक्षण को सम्मान मिलना चाहिए। इसीलिए वे कहते हैं–"हमारी सच्ची शिक्षा तभी सम्भव है जब हम प्रकृति से घनिष्ठ सम्पर्क रखते हुए पवित्र बनाने वाले, कठोर तप के अनुष्ठानों में लगे रहें।"

टैगोर का कहना है, ''पेड़ों पर चढ़ने, तालाबों में गोता लगाने, फूलों को तोड़ने तथा प्रकृति माता के साथ अनेकों शैतानियाँ करने से बालकों के शरीर का विकास होगा तथा मस्तिष्क को आनन्द मिलेगा एवं बाल्यावस्था के स्वाभाविक आवेगों की सन्तुष्टि होगी।''

टैगोर ने विश्वभारती की नैसर्गिक वातावरण में स्थापना की। उन्होंने प्रकृति की गोद में शिक्षा पर बल दिया।

धार्मिक शिक्षा का वातावरण: 'धर्म शिक्षा' की शैली भी वही है जो 'तपोवन' की है। टैगोर न केवल इस बात को कहते हैं कि शिक्षण प्रकृति में होना चाहिए और वह भी आश्रम में निवास करते हुए, अपितु वे साथ ही यह भी कहते हैं कि केवल आश्रम में ही धार्मिक शिक्षण का सच्चा वातावरण मिल सकता है। जब पहले बता दिया जाए कि 'धर्म' का क्या अर्थ है, तभी धर्म शिक्षा का समर्थन किया जा सकता है। टैगोर के मत में, धर्म का अर्थ है–''ईश्वर प्राप्ति की प्रचण्ड उत्कण्ठा, ईश्वर का हर्षमय अनुभव। यहाँ प्रश्न उठता है कि धर्म मनुष्य के हृदय में कैसे प्रवेश पाता है? धर्म की उत्कण्ठा कैसे उत्पन्न होती है?'' टैगोर बताते हैं–''धर्म के प्रति उत्कण्ठा तब उत्पन्न होती है जब मनुष्य अपनी आत्मा की भूख–अन्त: के अभाव–को दूर करने का अत्यन्त भावमय और प्रबल प्रयत्न करता है।'' यह उत्कण्ठा–ईश्वर से एकाकार होने की प्रबल लालसा–मनुष्य में सदा से चली आई है और अमर है। ''भगवान् के लिए यह पुकार सारी मनुष्य जाति की पुकार है।'' धार्मिकता की जो परिभाषा दी गयी है उसको सम्प्रदायों, पृथक्-पृथक् किए हुए अथवा सामुदायिक विभागों में बाँटकर विकसित नहीं किया जा सकता। न ही इसकी शिक्षा कक्षाओं में पढ़ाये जाने वाले पाठों द्वारा अथवा बँधे-बँधाए उपदेशों द्वारा दी जा सकती है। इसको बाहर से धकेल कर भीतर प्रविष्ट नहीं किया जा सकता। इसका विकास तो भीतर से होना है। यह कोई ऐसी वस्तु नहीं है जो मनुष्य के लिए कृत्रिम अथवा अपरिचित हो। धर्म मनुष्य के अनुभव का परम उत्कृष्ट हो जाना है–एक ऐसी प्रक्रिया के द्वारा जो सांस लेने की क्रिया-जैसी सरल और स्वाभाविक है। दूसरे अनुभवों की भाँति धार्मिक अनुभव भी इसके लिए उपयुक्त वातावरण में ही होता है।''

टैगोर ने लिखा है, ''पुस्तकों की अपेक्षा प्रत्यक्ष रूप से जीवित व्यक्ति को जानने का प्रयत्न करना ही शिक्षा है। इससे न केवल कुछ ज्ञान ही प्राप्त होता है अपितु इसे जानने की शक्ति का इतना विकास हो जाता है, जितना कक्षा में दिये जाने वाले व्याख्यानों द्वारा होना असम्भव है।''

16.15 टैगोर के विचार में आदर्श विद्यालय की विशेषताएँ (Characteristics of an Ideal School according to Tagore)

मेरा विद्यालय (*My School*) निबन्ध में उन्होंने शान्ति-निकेतन में स्थापित अपने विद्यालय के कार्यक्रम और उसकी योजना का वर्णन किया है। आश्रम में रहकर आवासी शिक्षा, प्रकृति में और प्रकृति के द्वारा शिक्षा की व्यवस्था और आध्यात्मिक शिक्षा के सम्बन्ध में उनके विचार इस निबन्ध में दुहराए गए हैं। उन्होंने बताया है कि स्कूल में आदर्श वातावरण का श्रेय 'मेर किसी नए शिक्षा-सिद्धान्त को नहीं, अपितु मेरे स्कूली दिनों की स्मृति को ही है।' टैगोर ने पहले किसी सिद्धान्त का प्रचार करके उसके आधार पर विद्यालय की स्थापना नहीं की थी। उन्होंने अनुभव किया कि कुछ किया जाना आवश्यक

है। उन्हें सूझा और इसको रूप दे दिया। उनका कहना था कि बच्चों को वास्तविक सुख, स्वतन्त्रता, स्नेह और सहानुभूति से अब और अधिक देर तक वंचित नहीं रखना चाहिए। शैशव काल में शिशु को जीवन की पूरी घूँट पिलानी चाहिए इसके लिए इसकी प्यास अनन्त है। शिशु के मन को इस विचार से पूरा भर देना चाहिए।

टैगोर ने अपने विद्यालय में निम्नलिखित तत्वों पर बल दिया:–

1. विद्यालय प्राकृतिक वातावरण में स्थापित किया जाए।
2. विद्यालय का संचालन प्राचीन तपोवनों की व्यवस्था पर किया जाए।
3. विद्यालय में छात्रों को आध्यात्म मूल्यों का प्रशिक्षण दिया जाए।
4. विद्यालय में प्रकृति तथा प्राकृतिक तत्वों के प्रति संवेदना की भावना का विकास किया जाए।
5. विद्यालय में छात्रों के लिए स्वतन्त्रता का वातावरण प्रदान किया जाए।
6. विद्यालय छात्रों में वातावरण के लिए जागरूकता का विकास करे।
7. विद्यालय छात्रों को इस प्रकार के वातावरण में शिक्षित करे जो जीता जागता हो तथा अध्यापक तथा छात्र के परस्पर प्रभावी सम्पर्क पर आधारित हो।
8. विद्यालय छात्रों को उनकी मातृभाषा में शिक्षण दे।
9. प्रभावी आत्मीय छात्र-अध्यापक सम्पर्क के लिए आवश्यक है कि कक्षा में छात्रों की संख्या कम हो।
10. विद्यालय में शारीरिक श्रम के लिए प्रावधान किया जाए।
11. विद्यालय में समृद्ध पुस्तकालय हो।
12. विद्यालय में कई शिल्पों (Crafts) जैसे–सिलाई, जिल्दसाजी, बुनाई तथा बढ़ईगीरी के सिखाने की व्यवस्था की जाए।
13. विद्यालय में ड्राइंग, कला तथा संगीत को पाठ्यक्रम का अभिन्न अंग बनाया जाए।
14. विद्यालय में छात्रों के चुनाव के लिए अनेक पाठान्तर क्रियाओं की व्यवस्था की जाए।
15. विद्यालय में किसी भी प्रकार से जाति तथा धर्म के आधार पर भेद-भाव न किया जाए।
16. विद्यालय स्वशासित संस्था के आधार पर चलाया जाए जिसमें डेरी फार्म, डाकघर, अस्पताल तथा कार्यशाला हो।
17. विद्यालय में छात्र स्वयं न्यायालय का संचालन करें।
18. अध्यापक अपने व्यक्तित्व से छात्रों को प्रभावित करें।

16.16 टैगोर का शिक्षा में प्रकृतिवाद को साकार रूप देना (Tagore's Naturalism at Work in Education)

अपने शिक्षा सम्बन्धी विचार को मूर्तरूप प्रदान करने के लिए टैगोर ने 1901 ई. में बोलपुर के निकट प्रकृति के रम्य एवं आकर्षक वातावरण के बीच शिक्षा देने के लिए, शान्ति निकेतन की स्थापना की। प्रकृति की गोद में कक्षाएँ चलती थीं, खुली हवा, वृक्षों एवं घासों की छाया में छात्र खेलकूद-क्रिया एवं अनुभव के द्वारा यहाँ शिक्षा प्राप्त करते थे। 1921 में यह आकर्षक शिक्षा-संस्था एक विश्वविद्यालय के रूप में बदल गई और

उसका नाम 'विश्वभारती' रखा गया। आज यह विश्वविद्यालय पूर्व एवं पश्चिम की विविध विद्याओं का केन्द्र बनकर एक अन्तर्राष्ट्रीय विश्वविद्यालय बन चुका है।

16.17 विश्वभारती (शान्ति निकेतन) के उद्देश्य (Aims of Vishvabharti)

टैगोर ने सदा प्रकृति और तपोवन के आदर्शों पर बल दिया और उनके शिक्षा सम्बन्धी प्रथम प्रयोग 'शान्ति निकेतन' में इसका प्रतिबिम्ब दिखाई देता है। परन्तु प्रथम विश्वयुद्ध के पश्चात् उन्होंने एक नई बात पर बल दिया। यह बात उनके 'ए सेंटर ऑफ ईस्टर्न कल्चर' (A Centre of Eastern Culture) तथा 'ईस्टर्न यूनिवर्सिटी' (Eastern University) निबन्धों से स्पष्ट हो जाता है। इनमें सामाजिक-आर्थिक तथा अन्तर्राष्ट्रीय चेतना पर बल दिया गया है। संसार-भर के आपसी सहयोग तथा सार्वभौम भाई-चारे की अब उपेक्षा करना सम्भव नहीं है।

मनुष्य की सफलता इसी में है कि वह सबके साथ मिलकर एक हो जाए। यह वास्तविकता है, यथार्थ है। उपनिषदों के इस कथन में कि अपना आवरण हटा दे; अपनी यथार्थता प्रकट कर दे; उस सार्वभौम तक पहुँचने के लिए कि जिसमें सारा संसार एक ही आश्रय-स्थल को प्राप्त कर लेता है–'यत्र विश्वं भवत्यकनीडम्'–आवश्यक है कि मनुष्य अपनी 'अहं केन्द्रीय एकान्तता' को भंग कर दे–यही पुकार है।

'शिक्षार मिलन' (दी मीटिंग ऑफ कल्चर्स) नाम के अपने एक बाद के निबन्ध में श्री टैगोर ने पूर्व और पश्चिम के सांस्कृतिक मिलन पर बल दिया है। पश्चिम के पास धन-दौलत है, परन्तु प्रसन्नता बिल्कुल नहीं है; उसके पास शक्ति है, अधिकार है परन्तु शान्ति नहीं है। इसके पास सब कुछ है, परन्तु वास्तविक सन्तुष्टि नहीं है–यह तो सभी विद्यमान वस्तुओं–सत्ताओं–की आधारभूत एकता और भाईचारे के प्रत्यक्ष अनुभव से मिलती है, क्योंकि कल के इतिहास का प्रथम अध्याय अन्तर्राष्ट्रीय सहयोग का अध्याय होगा। इसलिए हमारी शिक्षा संस्थाएँ पूर्व तथा पश्चिम के संगम स्थान (Meeting Place) बन जाने चाहिए। अत: 1901 में स्थापित स्कूल को 1921 में विश्वभारती का रूप दिया। विश्वभारती दो शब्दों का मेल है–विश्व का अर्थ है–संसार। भारती का अर्थ है–संस्कृति। अर्थात् विश्व संस्कृति।

विश्वभारती के मुख्य उद्देश्य निम्न लिखित हैं: 1. पूर्व तथा पश्चिम से सजीव सम्बन्ध स्थापित करना। 2. पूर्व की विभिन्न संस्कृतियों की शिक्षा देना। 3. भारतीय आदर्शों तथा संस्कृति की शिक्षा देना। 4. अन्तर्राष्ट्रीय तथा विश्वबन्धुत्व की भावना का विकास करना। 5. विश्वभारती को विश्व की विभिन्न संस्कृतियों का केन्द्र बनाना।

विश्व भारती की विशेषताएँ (Characteristics of Vishvabharti): 1. आध्यात्मिक तथा धार्मिक वातावरण (Spiritual and Religious Environemnt)

2. प्राकृतिक वातावरण (Natural Environment)

3. घर जैसा वातावरण (Homely Environment)

4. स्वशासन (Self-government)

5. छात्र तथा अध्यापकों में आत्मीय सम्बन्ध (Intimate Contact between the Teachers and Students)

6. विभिन्न पाठ्यक्रम (Diversified Curriculum)
7. ललितकलाओं पर विशेष बल (Special Emphasis on Fine Arts)
8. स्वतन्त्र वातावरण (Free Environment)
9. समानता (Equality)
10. सादा जीवन (Simple Living)
11. आवासीय (Residential)
12. स्वालम्बन (Self-sufficiency)

विश्व भारती के शिक्षा संस्थान (Institutes of Vishvabharti): 1. Sisu Bhavan (Nursery School), 2. Path Bhavan (School Section—Matriculation), 3. Siksha Bhawan (Higher Secondary School), 4. Vidya Bhawan (College of Undergraduates, Postgraduate Studies and Research), 5. Viney Bhawan (Teacher Education College), 6. Kala Bhawan (College of Fine Arts and Crafts), 7. Sangeet Bhawan (College of Dance), 8. Sriniketan (Department of Rural Reconstruction), 9. Siksa Satra (Rural High School), 10. Silpa Sadan (College of Industrial Training), 11 Cheena Bhavan (School of Languages—Chinese, Tibetan etc.)

16.18 टैगोर के शिक्षा में प्रकृतिवाद का सार (Essence of Tagore's Naturalism in Education)

1. बालक की शिक्षा प्राकृतिक वातावरण में हो अर्थात् शिक्षा संस्थाएँ प्रकृति की गोद में स्थापित की जाएँ।
2. बालक की शिक्षा उसकी प्रकृति के अनुसार हो।
3. स्कूलों का वातावरण स्नेहमय हो तथा भय रहित।
4. स्कूलों का वातावरण हर्षपूर्ण और सुखद होना चाहिए।
5. शिक्षा व्यावहारिक हो।
6. शिक्षा अपव्यर्या तथा व्यर्थ न हो।
7. शिक्षा वास्तविक जीवन की आवश्यकताएँ पूर्ण करने वाली हो।
8. शिक्षा वास्तविकता से तालमेल रखे।
9. शिक्षा बच्चों को उनकी मातृभाषा में दी जाए।
10. शिक्षा का सम्बन्ध वर्तमान तथा भूतकाल के साथ होना चाहिए।
11. अनुशासन स्वाभाविक हो। स्वभाव का अर्थ है–दण्ड का न होना।

16.19 टैगोर के विचारों की सीमाएँ (Limitations of Tagore's Views)

रवीन्द्रनाथ टैगोर ने इस बात पर बहुत बल दिया है कि शैक्षिक संस्थाएँ प्राकृतिक वातावरण में स्थापित की जानी चाहिए। आज की परिस्थिति को देखते हुए यह सम्भव नहीं है। केवल कुछ शैक्षिक संस्थाएँ ही प्रकृति की गोद में स्थापित की जा सकती हैं। उन्होंने कक्षाओं में छात्रों की कम संख्या पर जोर दिया परन्तु ऐसा करना सम्भव नहीं है।

16.20 टैगोर का शिक्षा में योगदान
(Contribution of Tagore to Education)

टैगोर के शिक्षा दर्शनशास्त्र का मूल्यांकन करते हुए डॉ. एच.बी. मुखर्जी ने लिखा है–टैगोर आधुनिक भारत में शैक्षिक पुनरुत्थान के सबसे महान् पैगम्बर थे। उन्होंने अपने देश के सामने शिक्षा के सर्वोच्च आदर्शों को स्थापित रखने के लिए निरन्तर संघर्ष किया। उन्होंने अपनी शिक्षा संस्थाओं में शैक्षिक प्रयोग किये, जिन्होंने उनको आदर्श का सजीव प्रतीक बना दिया।

सुनील चन्द्र सरकार ने लिखा है–टैगोर ने शिक्षा को जो योगदान दिया, उसमें पेस्टालॉजी और फ्रोबेल के कार्य सम्मिलित हैं और उनके कार्यों में जो कमियाँ रह गई थीं, उनकी पूर्ति की है। उदाहरणार्थ–फ्रोबेल की किण्डरगार्टन पद्धति में खेल, नृत्य और रचनात्मक कार्यों का विशेष स्थान है। टैगोर ने बताया कि यह पद्धति सफलतापूर्वक तभी कार्य कर सकती है, जब जीवन की कठोर वास्तविकताओं से दूर अति सुन्दर वातावरण का निर्माण किया जाए।

रवीन्द्रनाथ टैगोर के तेजस्वी व्यक्तित्व में एक साथ ही कवि, गायक, संगीतकार, उपन्यासकार, कहानीकार, निबन्ध-लेखक, शिक्षाशास्त्री, दार्शनिक, राष्ट्र-उन्नायक तथा अन्तर्राष्ट्रीय चेतना के प्रसारक की समुन्नत क्षमताएँ समन्वित थीं। कला, संस्कृति, दर्शन और शिक्षा के व्यापक क्षेत्रों में उनकी बहुमुखी प्रतिभा अत्यन्त प्रखर प्रकाश के साथ प्रदीप्त हुई है, जिसने न केवल भारतीय ज्ञान-विज्ञान के क्षितिज को वरन् सम्पूर्ण अन्तर्राष्ट्रीय विचाराकाश को स्निग्ध किरणों से आलोकित किया है।

अन्तर्राष्ट्रीय मेल-मिलाप की शिक्षा बीसवीं सदी की उपज है। टालस्टाय, रोमां रोला, बर्टेण्ड रसल तथा बहुत से दूसरे महान् विचारकों ने सार्वभौम बन्धुता के लिए अपने जीवन अर्पित कर दिए। इनमें से केवल रसल ही एक व्यावहारिक शिक्षा देने वाला था, परन्तु तो भी उसका बेकन हिल स्कूल इतना यशस्वी नहीं बन पाया, जितना कि विश्व भारती। श्री टैगोर का योगदान अनुपम है।

महात्मा गाँधी के शब्दों में, ''श्री टैगोर ने शान्ति निकेतन के रूप में सारे राष्ट्र के लिए वस्तुतः सारे संसार के लिए, वसीयत छोड़ी है।'' आज परमाणु युग के दरवाजे की दहलीज पर खड़े संसार को उनसे बहुत कुछ सीखना है। टैगोर ने शान्ति, सार्वभौमिक सौहार्द, जीवन की पूर्णता और मानव भक्ति का सन्देश दिया है, ताकि पुराने संसार में से उससे अच्छे संसार की रचना की जा सके। शिक्षा द्वारा इस सन्देश को व्यावहारिक रूप दिया जाना है।

17

आदर्शवाद: प्लेटो, सुकरात तथा अद्वैत दर्शन के सन्दर्भ में
(Idealism with Reference to Plato, Socrates and Advaita Philosophy)

17.1 आदर्शवाद का अर्थ तथा परिभाषा
(Meaning and Definition of Idealism)

प्रचलित भाषा में आदर्शवाद का अर्थ उस वाद से है जो ऊँचे नैतिक, धार्मिक तथा आध्यात्मिक आदर्शों को प्रधानता देता है। दार्शनिक दृष्टिकोण से आदर्शवाद के अर्थ तथा इसके पक्षों को भली-भाँति जानने के लिए आवश्यक है कि विभिन्न विद्वानों के विचारों का उल्लेख किया जाए।

1. *अरस्तु* (*Aristotle*): "शिक्षा का मूल उद्देश्य व्यक्ति को नैतिक एवं बौद्धिक सद्गुणों का आधार बनाना है। व्यक्ति को ऐसे श्रेष्ठतम मूल्यों से अलंकृत करना है जो मानवता के लिए आवश्यक है। यह धारणा ही आदर्शवाद का प्रतिरूप है।"

2. *प्लेटो* (*Plato*): "विचार अन्तिम तथा सार्वभौमिक महत्व वाले होते हैं। यही वे परमाणु हैं जिनसे विश्व को ज्ञान प्राप्त होता है। ये वे आदर्श अथवा प्रतिमान हैं जिनके द्वारा 'उचित' की परीक्षा की जाती है। ये विचार अन्तिम तथा अपरिवर्तनीय हैं।"

3. *एच.एन. हॉर्न* (*H.N. Horne*): "आदर्शवाद वह सिद्धान्त है जिसके अनुसार देश और काल में सृष्टि का क्रम नित्य तथा आध्यात्मिक सत्य के प्रकटीकरण (Manifestation) के कारण चलता है।"

4. *जे.एस. रॉस* (J.S. Ross): "आदर्शवाद के अनेक विविध रूप हैं। परन्तु सबका आधारभूत तत्व यह है कि संसार की उत्पत्ति का कारण मन तथा आत्मा है तथा वास्तविक स्वरूप मानसिक रूप है।"

5. *हराल्ड बी. टाइरस* (*H.B. Tirus*): "आदर्शवाद के अनुसार वास्तविकता विचारों, मन तथा आत्मा में निहित है न कि भौतिक संसार की सत्ता में।"

6. *ब्रबेकर* (*Brubacher*): "आदर्शवादियों का मानना है कि संसार को समझने के लिए मन की भूमिका मुख्य होती है। उनके लिए इससे अधिक कोई बात नहीं है कि मन संसार को समझने के प्रयास में मानसिक क्रिया के अतिरिक्त और कोई वास्तविकता नहीं है।

7. डी.एम. दत्ता (*D.M. Dutta*): "आदर्शवाद का विश्वास है कि अन्तिम सत्य आध्यात्मवाद है।"

सारांश: आदर्शवाद भौतिक जगत (Physical World) की अपेक्षा आध्यात्मिक जगत (Spiritual World) को उत्कृष्ट तथा महान मानता है। यह वस्तु की अपेक्षा विचारों तथा भावों को स्वीकार करता है। केवल आध्यात्मिक जगत ही सत्य है। आदर्शवाद में प्राकृतिक तथा वैज्ञानिकों की अपेक्षा मानव के विचार तथा भाव अधिक महत्व रखते हैं।

आदर्शवाद के प्रवर्तक (Promoters of Idealism): आदर्शवाद संसार की प्राचीनतम विचारधाराओं में से प्रमुख विचारधारा है। समस्त वैदिक साहित्य आदर्शवाद के सिद्धान्तों पर आधारित है।

याज्ञवल्क्य, स्वामी दयानन्द (1825-1887), स्वामी विवेकानन्द (1868-1903), गांधी जी तथा डॉ. राधाकृष्णन इस विचारधारा के प्रमुख प्रतिपादक हैं। पश्चिम में इसका सूत्रपात सुकरात (Socrates, 469-399 B.C.) ने किया परन्तु प्लेटो (427-347) ने इस विचारधारा को चरम सीमा तक पहुँचाया। कान्त (1724-1804) तथा फ्रोबेल (1772-1852) इस विचारधारा के अन्य प्रमुख समर्थक थे।

17.2 आदर्शवाद के मूल सिद्धान्त (Main Principles of Idealism)

1. ईश्वर अथवा ब्रह्म की सत्ता सबसे ऊपर है। वह अनादि, अनन्त, निराकार तथा निर्गुण है।
2. ईश्वर को प्राप्त करने के लिए आध्यात्मिक पूर्णता आवश्यक है।
3. मानव जीवन का सार आध्यात्मिकता है।
4. मन, विचार व आत्मा वास्तविकता है।
5. आध्यात्मिकता का आधार आत्मानुभूति (Self-realisation) है।
6. आत्मानुभूति या आत्म-साक्षात्कार का आधार है, 'अपने आपको पहचानो' (Know thyself)।
7. आत्मानुभूति अच्छे आचरण द्वारा तथा इन्द्रिय निग्रह से प्राप्त होती है। मन को वश में करना होगा।
8. भिन्नता में एकता है।
9. नैतिक मूल्य ही अन्तिम तथा वास्तविक हैं।
10. जो कुछ मन संसार को देता है, वही वास्तविकता है।
11. नैतिक मूल्य ही अन्तिम तथा वास्तविकता है।
12. आदर्शवाद व्यक्तित्व के उन्नयन पर बल देता है।

17.3 आदर्शवाद का शिक्षा पर प्रभाव (Impact of Idealism on Education)

आदर्शवाद ने शिक्षा के विभिन्न पक्षों पर बहुत प्रभाव डाला है। इसका संक्षिप्त उल्लेख नीचे किया जा रहा है:

I. आदर्शवाद और शिक्षा के उद्देश्य (Idealism and Aims of Education): आदर्शवाद ने शिक्षा के सभी पक्षों को प्रभावित किया है परन्तु शिक्षा के उद्देश्य निर्धारित करने में इसकी भूमिका महत्त्वपूर्ण रही है। भारतवर्ष में शिक्षा अथवा विद्या प्राप्त करने का

लक्ष्य मोक्ष प्राप्त करना माना जाता रहा है। शिक्षा में आध्यात्मिकता पर विशेष बल दिया जाता है। आध्यात्मिकता का आधार चरित्र निर्माण है। इसमें नैतिकता की शिक्षा महत्त्वपूर्ण मानी जाती है।

संक्षेप में आदर्शवाद ने निम्नलिखित शैक्षिक उद्देश्य दिए हैं:

1. आध्यात्मिक मूल्यों का विकास। 2. आत्मानुभूति अथवा आत्मसाक्षात्कार का विकास। 3. संस्कृति का विकास। 4. नैतिक एवं चारित्रिक विकास। 5. व्यक्तित्व का सम्पूर्ण विकास। 6. शुद्ध जीवन व्यतीत करना। 7. सादा जीवन व्यतीत करना। 8. उच्च चिन्तन (High Thinking)।

उपनिषदों के अनुसार–"सा विद्या या विमुक्तये"–संसार बन्धन को छुड़ाने वाली विद्या ही है।" प्रसिद्ध विद्वान याज्ञवलक्य (Yaganvalkya) के विचार में–"शिक्षा मानव को चरित्रशील बनाती है।

II. आदर्शवाद एवं पाठ्यक्रम (Idealism and Curriculum): आदर्शवादी मस्तिष्क को सबसे महत्त्वपूर्ण मानते हैं तथा आध्यात्मिक पक्ष पर बल देते हैं; सत्यं (Truth), शिवं (Goodness) एवं सुन्दरम् (Beauty) मूल्यों की पाठ्यक्रम में प्रधानता है। आदर्शवादी विचारक पाठ्यक्रम को ज्ञान तथा चरित्र के विकास का साधन मानते हैं। आदर्शवाद में पाठ्यक्रम की निम्न विशेषताएँ हैं:

1. आदर्शवादी पाठ्यक्रम की रचना आदर्शों तथा शाश्वत मूल्यों पर आधारित है।

2. आदर्शवादी पाठ्यक्रम में मानवीय विषयों पर विशेष बल दिया जाता है।

3. आदर्शवादी पाठ्यक्रम में सभ्यता के उत्कर्ष की झलक स्पष्ट करने वाले विषयों की प्रधानता है।

4. धर्म तथा नैतिकता सम्बन्धी विषय पाठ्यक्रम का अभिन्न अंग है।

5. आदर्शवादी विचारक, साहित्य, संगीत कला व इतिहास विषयों को मानव विकास में सहायक मानते हैं।

प्लेटो ने शाश्वत मूल्यों की प्राप्ति हेतु पाठ्यक्रम का स्वरूप निम्न प्रकार से दर्शाया है:

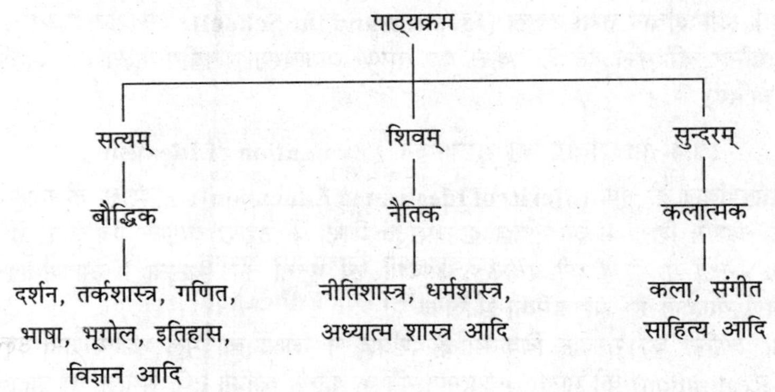

III. आदर्शवाद एवं शिक्षण विधियाँ (Idealism and Methods of Teaching): आदर्शवाद ने किसी एक विशेष शिक्षण विधि पर बल नहीं दिया है। कुछ आलोचक इसे आदर्शवाद की सबसे कमजोर कड़ी मानते हैं। आदर्शवादी कोई भी ऐसी विधि जो

आदर्शवाद के उद्देश्यों की प्राप्ति में सहायक हो, उसके पक्षपाती हैं। इस विषय में उन्होंने शिक्षक को पर्याप्त स्वतन्त्रता दे रखी है। बटलर (Butler) के अनुसार–"आदर्शवादी अध्यापक स्वतन्त्र शिक्षण-पद्धति का निर्माता एवं निर्वारण करता है।"

आदर्शवाद की प्रमुख शिक्षण विधियाँ इस प्रकार हैं: 1. प्रश्नोत्तर विधि अथवा सुकरात विधि। 2. वार्तालाप विधि। 3. आगमन-निगमन विधि। 4. व्याख्या विधि। 5. अनुकरण विधि।

IV. आदर्शवाद एवं अनुशासन (Idealism and Discipline): प्राय: आदर्शवादी नियन्त्रित स्वतन्त्रता में विश्वास रखते हैं। उनके विचार में छात्र की धार्मिक तथा आध्यात्मिक शक्तियों को उचित ढंग से प्रशिक्षित करने के लिए नियन्त्रण की आवश्यकता है। आदर्शवादी प्रभावात्मक अनुशासन पर बल देते हैं। उनका कहना है कि छात्र केवल उपदेश और ऊँचे आदर्शों से अनुशासित नहीं होते वरन् उनके अध्यापकों का चरित्र और आचरण, व्यवहार, रहन-सहन, बातचीत का ढंग इत्यादि उन्हें अधिक प्रभावित करता है। कठोर अनुशासन तथा आत्मानुशासन (Self Discipline) पर भी बल दिया जाता है। अनुशासन में आत्म विश्लेषण (Self Analysis) का महत्वपूर्ण स्थान है।

V. आदर्शवाद एवं अध्यापक (Idealism and Teacher): आदर्शवाद में अध्यापक की विशेष महिमा है। अध्यापक के प्रभाव से बालक के व्यक्तित्व का सर्वांगीण विकास होता है। आदर्शवाद में अध्यापक को श्रेष्ठता या परिपूर्णता का मानक माना जाता है। रॉस के शब्दों में "प्रकृतिवादी किसी भी गुलाब से सन्तुष्ट हो सकते हैं परन्तु आदर्शवादी को पूर्ण विकसित बढ़िया गुलाब चाहिए।" आदर्शवाद में शिक्षक पूर्णतया अपने विद्यार्थी को समर्पित है, वहीं उसका साध्य है तथा विद्यार्थी अपने अध्यापक को आदर्श मान कर उसका पूर्णरूपेण अनुगामी है।

आदर्शवाद में अध्यापक की महिमा इस प्रकार बताई गई है:

गुरु ब्रह्म, गुरु विष्णु, गुरु देवो महेश्वरा:।
गुरु साक्षात् परं ब्रह्म तस्मै श्री गुरवे नम:।।

VI. आदर्शवाद तथा स्कूल (Idealism and the School): आदर्शवादी स्कूल को पवित्र मन्दिर की संज्ञा देते हैं। स्कूल का सम्पूर्ण वातावरण मानवीय मूल्यों पर आधारित रहना चाहिए।

17.4 आदर्शवाद का मूल्यांकन (Evaluation of Idealism)

आदर्शवाद के गुण (Merits of Idealism in Education): 1. *शिक्षा के उदार तथा व्यापक उद्देश्य*: शिक्षा में आदर्शवाद द्वारा प्रस्तुत शिक्षा के उद्देश्य व्यापक एवं उदार हैं।

2. *शिक्षा में मूल्यों की प्रधानता*: आदर्शों एवं मूल्यों की स्थापना में आदर्शवाद का महत्वपूर्ण योगदान है। यह इसकी मौलिक देने है।

3. *व्यक्ति का सम्यक विकास*: आदर्शवाद ने शिक्षा का मूल उद्देश्य आत्मानुभूति (Self-Realisation) को माना है। आत्मानुभूति के कारण व्यक्ति तथा समाज का वातावरण सुधरेगा और व्यक्ति तथा मानवता का सम्यक विकास होगा।

4. *शिक्षा का महत्व*: आदर्शवाद ने शिक्षा में शिक्षक को महत्वपूर्ण स्थान प्रदान किया है, जो सर्वथा उचित है।

5. *व्यक्तित्व का आदर*: आदर्शवाद बालकों के व्यक्तित्व का आदर करने के लिए प्रेरित है।

6. *आत्म-अनुशासन*: आदर्शवाद का अनुशासन का पक्ष बड़ा आकर्षक एवं प्रबल है। प्रभावात्मक अनुशासन स्थायी होता है। आत्मनियंत्रण एवं आत्मानुशासन से ही व्यक्ति एवं समाज का कल्याण सम्भव है।

7. *चारित्रिक शिक्षा*: आदर्शवाद ने नैतिक एवं चारित्रिक शिक्षा, आध्यात्मिक एवं सांस्कृतिक शिक्षा पर बल दिया है। आज के शीत-युद्ध एवं भ्रष्टाचार के युग के लिए ऐसी शिक्षा बड़ी उपयोगी सिद्ध होगी।

8. *मानवीय तत्व*: आदर्शवादियों ने मानवीय शिक्षा पर उचित बल दिया है।

9. *महान दार्शनिकों की उपज*: आदर्शवाद महान दार्शनिकों की छाया में पनपा है।

10. *भिन्नता में एकता*: आदर्शवादी 'विभिन्नता में एकता' मूल्य में विश्वास करते हैं। भारत जैसे बहुधर्मी, बहुजातीय आदि विभिन्नताओं के देश के लिए आदर्शवाद बहुत उपयोगी है।

आदर्शवाद की सीमाएँ तथा दोष (Limitations and Demerits of Idealism):

1. *भौतिक जगत की अनदेखी*: आदर्शवाद भौतिक एवं प्रत्यक्ष जगत की बहुत अवहेलना करता है।

2. *असन्तुलित पाठ्यक्रम*: आदर्शवादी पाठ्यक्रम में दार्शनिक, आध्यात्मिक एवं सांस्कृतिक तत्व अधिक हैं।

3. *अति सूक्ष्म उद्देश्य*: आदर्शवादी शिक्षा पद्धति में सूक्ष्म उद्देश्यों पर अधिक बल देते हैं।

4. *रटने पर जोर*: आदर्शवादी शिक्षा रटने पर अधिक बल देती है। तथा समझने तर्क-वितर्क करने तथा मनोवैज्ञानिक शिक्षण-पद्धति की अवहेलना करती है।

5. *छात्र केन्द्रित न होना*: आदर्शवादी शिक्षा में बालक का स्थान गौण होता है और शिक्षक का स्थान प्रमुख। आज का शिक्षाशास्त्री बालक को प्रमुख मानता है और शिक्षक को गौण।

6. *बौद्धिक पक्ष की प्रधानता*: आदर्शवादी शिक्षा में विचारों, भावों एवं मन पर आवश्यकता से अधिक बल दिया जाता है। इसलिए आदर्शवादी पाठ्यक्रम आवश्यकता से अधिक बौद्धिक हो जाता है।

7. *अमनोवैज्ञानिक आधार*: यह शिक्षा मनोवैज्ञानिक नहीं है। इसमें बालकों को उनकी व्यक्तिगत विभिन्नता के अनुसार नहीं पढ़ाया जाता है।

8. *शारीरिक शिक्षा पर कम बल*: शारीरिक शिक्षा की आदर्शवादी पाठ्यक्रम में अवहेलना की गई है।

9. *सामाजिकता दृष्टिकोण की अवहेलना*: इस पद्धति में जीवन के सामाजिक पक्षों की भी अवहेलना की गई है। मनुष्य एक सामाजिक प्राणी है। इसलिए शिक्षा को भी सामाजिक पक्षों पर बल देना चाहिए।

10. *वैज्ञानिक दृष्टिकोण पर कम बल*: आदर्शवादी पाठ्यक्रम में वैज्ञानिक एवं तकनीकी विषयों को उचित स्थान नहीं दिया गया है, जबकि आज का युग वैज्ञानिक एवं तकनीकी शिक्षा का है।

11. *कमजोर शिक्षण विधियाँ*: आदर्शवादी शिक्षण पद्धतियाँ प्रगतिशील नहीं हैं। कहा जाता है कि आदर्शवाद का यह पक्ष सबसे कमजोर है।

12. *बहुत ऊँचे उद्देश्य*: आदर्शवादी कहते हैं कि उनके शिक्षा सम्बन्धी उद्देश्य बड़े ऊँचे एवं महान हैं। पर उन उद्देश्यों की प्राप्ति के लिए इनके पास साधनों का अभाव है।

13. *सह-शिक्षा की अवहेलना*: आदर्शवादी सामान्यत: सह-शिक्षा के विरोधी हैं।

14. *सर्वसाधारण की शिक्षा पर कम ध्यान*: आदर्शवादी दर्शन में जन-साधारण की शिक्षा के प्रति उचित दृष्टिकोण नहीं है।

17.5 आदर्शवाद की शिक्षा को देन
(Contribution or Implications of Idealism for Education)

आदर्शवाद दर्शन का शिक्षा के उद्देश्यों के निर्धारण में सबसे बड़ा योगदान रहा है। भौतिक जगत की अपेक्षा वैचारिक अथवा आध्यात्मिक जगत को पूर्ण एवं अधिक महत्वपूर्ण मानने के कारण इसका शैक्षिक उद्देश्य आध्यात्मिकता एवं नैतिकता का विकास है। आज के युग में तो नैतिक आदर्शों का विशेष महत्व है। मानव को अपनी सत्ता का उपयोग केवल भौतिक संसार की चकाचौंध और इन्द्रियों की तृप्ति के सन्दर्भ में ही नहीं करना है। अपने अन्दर अच्छे गुणों का विकास करना है। वर्तमान शिक्षा में आदर्शवाद द्वारा दर्शाए गए शैक्षिक उद्देश्यों को अपनाना अत्यन्त आवश्यक है।

भारतीय विद्यालयों में आदर्शवाद के उद्देश्यों तथा सिद्धान्तों को बढ़ावा देने के लिए आवश्यक है कि छात्र तथा अध्यापक एक-दूसरे के निकट आएँ। अध्यापक छात्रों के सामने आदर्श व्यक्ति का रूप प्रस्तुत करें ताकि उनके अच्छे चरित्र का विद्यार्थियों पर अच्छा प्रभाव पड़े। प्रात:काल सभा में अध्यापकों, छात्रों तथा समाज के महान व्यक्तियों द्वारा नैतिक तथा आध्यात्मिक मूल्यों पर चर्चा की जाए। समाज सेवा क्रियाओं पर बल दिया जाए। वैसे भारतीय शिक्षा प्रणाली आरम्भ से ही आदर्शवादी रही है। बदलती हुई परिस्थितियों में भारतीय शिक्षा के लिए यह आवश्यक हो गया है कि इसका उचित तालमेल प्रयोजनवाद से भी किया जाए।

17.6 सुकरात के सन्दर्भ में आदर्शवाद
(Idealism with Reference to Socrates)

सुकरात का संक्षिप्त जीवन चरित्र (Brief Life Sketch of Socrates): सुकरात (469-399 BC), जिनका संसार के महानतम दार्शनिकों में विशेष स्थान है, का जन्म 469 ई. पूर्व एक शिल्पकार के घर ऐथेन्स (यूनान देश) में हुआ। परिवार की आमदनी बहुत ही कम थी। माता दाई का कार्य करके कुछ धन कमाती थी। पिता की इच्छा के अनुसार सुकरात ने कुछ वर्ष पिता के साथ मूर्तिकार का कार्य किया। नियमित शिक्षा से सुकरात लगभग वंचित रहा। कुछ समय सुकरात ने सेना में कार्य किया। परन्तु यह कार्य भी उनकी अनश्वर आत्मा को छू न सका।

यह कहावत, ''होनहार विरवान के होत चिकने पात', सुकरात के सन्दर्भ में पूर्णतया सत्य है। सुकरात संसार को अलग प्रकार का संदेश देना चाहता था।

सुकरात एथेन्स नगर में विभिन्न स्थानों पर संवाद करने लगा। सुकरात की चर्चा में तथा संवाद में ईश्वर, प्रकृति, न्याय, पाप-पुण्य, उदारता तथा क्षमा आदि तत्व शामिल थे। संवाद के स्थल खुले चौराहे आदि थे। कोई निश्चित स्थान नहीं था।

सुकरात अन्धविश्वास तथा रुढ़िवादी विचार पर जोरदार चोट करता था। परिणाम यह हुआ कि सुकरात के मित्रों के साथ ही शत्रुओं की संख्या भी बढ़ने लगी।

सुकरात सत्य का खोजी थी। वह निडर होकर तत्कालीन शासन व्यवस्था तथा उसके आडम्बरपूर्ण कार्यों पर कस कर प्रहार करता था।

सुकरात का आदर्शवाद उसकी मृत्यु का कारणः सुकरात के अनुसार दर्शन का मुख्य उद्देश्य सार्वभौम सत्यों एवं ज्ञान को प्राप्त करना था। और इसी उद्देश्य के कारण उनको जहर का प्याला पीना पड़ा और इस भौतिक जीवन से हाथ धोना पड़ा। सुकरात के आदर्शवाद की झलक उनकी मृत्यु के समय उनके विचारों से स्पष्ट दिखाई देती है। कैसे शान्तचित से मृत्युदण्ड को सुनकर न्यायाधीशों से कहा,

''निर्णायकों ! तुम्हें समझ लेना चाहिए कि निर्दोष व्यक्ति पर आजन्म तथा मृत्यु के उपरान्त भी कोई विपत्ति नहीं आ सकती–मेरे लिए अब मरना दुःख से निवृत्त होना ही श्रेष्ठ है–मैं आरोप लगाने वालों पर कुपित नहीं हूँ–मैं मरने हेतु और तुम जीने के निमित्त, परन्तु ईश्वर ही जानता है। जीवन और मृत्यु में कौन श्रेष्ठ है।''

सुकरात पर देशद्रोह के संदर्भ में निम्नलिखित तीन आरोप लगाये गयेः

1. सुकरात एथेन्स राज्य के देवताओं का अपमान करता है।
2. उसने अपने लिए नये देवता गढ़ लिए हैं और वह उन्हीं नए देवताओं को मानता है।
3. उसने एथेन्स के युवकों को बिगाड़ दिया है।

इस संदर्भ में यह लिखना आवश्यक है कि सुकरात किसी भी देवता की पूजा नहीं करता था। अपने विचारों के प्रकार के लिए उसने न तो कोई संगठन बनाया और न ही कोई विशेष स्थान चुना।

17.7 सुकरात के दार्शनिक विचार की विशेषताएँ (Characteristics of Socrate's Philosophy)

1. सुकरात वस्तुनिष्ठ एवं सार्वभौम ज्ञान की स्थापना करना चाहता था।
2. सुकरात ज्ञान के व्यावहारिक पक्ष को महत्त्व देता था।
3. सुकरात द्वारा प्रतिपादित ज्ञान का सिद्धान्त तर्क पर आधारित था।
4. सुकरात के अनुसार नैतिक जीवन व्यतीत करने के लिए ज्ञान प्राप्त करना आवश्यक था।
5. सुकरात किसी तथ्य को अन्धविश्वास से स्वीकार नहीं करता था जिसके कारण उसे मृत्युदण्ड दिया गया।
6. सुकरात का कहना था कि जो व्यक्ति भद्र का ज्ञान प्राप्त कर लेता है वही कार्य करेगा जो भद्र है। इसलिए भद्र का ज्ञान समझ लेना चाहिए।
7. सुकरात के अनुसार ज्ञान की प्राप्ति आत्म निरीक्षण से होती है। सुकरात कहा करता था–''अपने को जानो'' (Know thyself)
8. सुकरात के अनुसार बाह्य पदार्थों में सुख नहीं है।
9. सुकरात के लिए आत्मा का सौन्दर्य ही मुख्य था।
10. सुकरात ने कहा कि सत्य, न्याय, ईमानदारी आदि नैतिक नियम किसी व्यक्ति की सम्पत्ति पर आधारित नहीं हैं। ये तो सशक्त नियम हैं, जो सर्वत्र तथा सदा सत्य हैं।

17.8 सुकरात की शिक्षा के मुख्य तत्व (Chief Characteristics of Socrate's Educational Philosophy)

1. शिक्षा के उद्देश्य (Aims of Education): सुकरात ने शिक्षा के निम्नलिखित उद्देश्य बताए हैं:

1. ज्ञान तथा अनुभव प्राप्त करना। सुकरात के अनुसार–"ज्ञान ही सद्‌गुण है।"
2. व्यक्ति को जीवन का रहस्य समझाना कि यह व्यक्ति के भीतर है।
3. अच्छे कार्य करना सिखाना तथा बुरे कामों से दूर रहना।
4. अपने भीतर छिपे सत्य (Truth), शिवम् (Goodness) तथा सुन्दरम् (Beauty) को पहचानने की शक्ति का विकास करना।
5. छात्रों में विचार तथा सोचने की शक्ति का विकास करना ताकि वे सत्य ज्ञान की उपलब्धि के लिए सदा प्रयत्नशील रहें।
6. छात्रों में आत्मज्ञान, आत्मनिर्भरता तथा आत्मनियन्त्रण के गुणों का विकास करना।

2. सुकरात द्वारा प्रतिपादित शिक्षण पद्धति (Socrate's Methods of Teaching): सुकरात की शिक्षण पद्धति द्वन्द्वात्मक थी (Dialectical Method)। सुकरात कहीं भी खड़ा हो जाता था और जो कोई भी उससे मिलता, उसी से वह किसी विषय पर बातचीत आरम्भ कर देता था। उसकी बातचीत का आरम्भ दैनिक जीवन से संबंधित साधारण घटनाओं एवं समस्याओं से होता था। संबंधित विषय पर वह लोगों से उनके विचार सुनता था। फिर उनसे विभिन्न प्रकार के प्रश्न पूछता था। प्रश्नों के माध्यम से वह समस्या के पीछे निहित गहन तथ्यों तक पहुँच जाता था। लोगों की बातचीत सुनते-सुनते वह बीच-बीच में अपने विचार भी प्रकट करता था। इस प्रकार संवादों के माध्यम से वह अभीष्ट निष्कर्षों पर पहुँच जाया करता था।

इसी द्वन्द्वात्मक विधि द्वारा ही सुकरात विभिन्न समस्याओं से संबंधित अवधारणाओं तथा परिभाषाओं का भी निर्माण किया करता था। इन अवधारणाओं को स्पष्ट तथा तथ्यपूर्ण बनाने के लिये वह दैनिक जीवन से संबंधित उदाहरण भी दिया करता था। वह अपने विचारों को छिपा कर रखता था ताकि दूसरों को स्वतन्त्र रूप से अपने विचार प्रकट करने का अवसर मिले।

3. ज्ञान का सिद्धान्त (Theory of Knowledge): ज्ञान का सिद्धान्त भी द्वन्द्वात्मक विधि पर आधारित था। आगमन (Inductive) विधि से हम प्रत्ययों का ज्ञान प्राप्त करते हैं। 'प्रत्यय' (Concept) किसी वर्ग के सभी सदस्यों के सामान्य गुणों को प्रतिपादित करने वाला विचार है। प्रत्यय के अन्दर विशिष्ट व्यक्तिगत गुणों या विशेषताओं का कोई स्थान नहीं है। एक प्रकार की अनेक वस्तुओं के अवलोकन तथा समीक्षा के माध्यम से उनके सामान्य गुणों को ज्ञात किया जाता है। इन्हीं सामान्य गुणों के समन्वित अमूर्त रूप को प्रत्यय की संज्ञा दी जाती है। मनुष्य के प्रत्यय में सामान्य गुणों जैसे दो हाथ, दो पैर, एक मुँह आदि की ही कल्पना की जा सकती है न कि काला, गोरा, ऊँचा, नाटा आदि।

4. नैतिक व्यवहार (Moral Behaviour): सुकरात नैतिक सिद्धान्तों की अपेक्षा व्यवहारों पर ज्यादा बल देता था। सुकरात के अनुसार नैतिकता का संबंध यथार्थ जीवन से है। नैतिकता का अर्थ परम शुभ को प्राप्त करना होता है। प्रत्येक व्यक्ति आनन्द चाहता है

और आनन्द सद्गुणी बनने से ही मिलता है। उसके लिए ज्ञान की आवश्यकता है। सुकरात के विचार में ज्ञान तथा ज्ञान की क्रिया में कोई अन्तर है।

सुकरात का कथन था, "कोई भी व्यक्ति स्वेच्छा से न बुरा होता है और न अनिच्छा से भला।" इस वाक्य का आशय यह है कि यदि किसी व्यक्ति को किसी कार्य की बुराई का ज्ञान हो तो वह कार्य नहीं करेगा। इसके विपरीत यदि किसी व्यक्ति को किसी कार्य की अच्छाई का ज्ञान न हो और वह उसे अनजाने में ही कर दे तो भी उसे भला या अच्छा नहीं कहा जाना चाहिए। वास्तव में जानबूझ कर किया गया कार्य शुभ एवं नैतिक कहलाता है।

सुकरात के शिक्षा संबंधी विचारों की सीमाएँ: 1. सुकरात ने किसी प्रकार के पाठ्यक्रम का कोई सुझाव नहीं दिया। पाठ्यक्रम के बिना औपचारिक शिक्षा का कोई अर्थ नहीं है।

2. सुकरात ने ज्ञान पर आवश्यकता से अधिक बल दिया है।

3. मनुष्य के कई कार्य संवेगों तथा भावनाओं द्वारा परिचालित होते हैं। अत: सुकरात के विचार एकांगी हैं।

4. शिक्षण अधिगम में प्रश्नोत्तर शैली के साथ-साथ अन्य विधियों की भी आवश्यकता होती है।

5. सुकरात ने किसी भी शिक्षण प्रणाली को व्यावहारिक रूप नहीं दिया।

उपसंहार: सुकरात के विचारों को आज भी अत्यन्त श्रद्धा से पढ़ा जाता है। उनकी 'प्रश्नोत्तर शिक्षण विधि' शिक्षा के क्षेत्र में महान देन है। सुकरात ने सत्य के मार्ग पर चलने का आदर्श हमारे सामने प्रस्तुत किया है। सुकरात के विचारों की सुगन्ध आज भी सम्पूर्ण संसार के कोने-कोने में वास कर रही है।

17.9 सुकरात का शिक्षा में योगदान
(Contribution of Socrates to Education)

शिक्षा का उद्देश्य–सुकरात की दृष्टि में जीवन का उद्देश्य भद्र आचरण करना है, अत: शिक्षा छात्रों को इस प्रकार की शिक्षा दे जिससे वे भद्र बन सकें।

ज्ञान प्राप्त करने की विधियाँ: 1. छात्रों तथा अध्यापक में संवाद। 2. प्रश्नोत्तर शैली।

3. आत्मचिन्तन। 4. आगमन विधि। 5. उदाहरण तथा दृष्टान्त विधि। 6. शंका निवारण विधि। 7. तर्क-वितर्क विधि।

17.10 प्लेटो के सन्दर्भ में आदर्शवाद
(Idealism with Reference to Plato)

प्लेटो का संक्षिप्त जीवन चरित्र (Brief Life Sketch of Plato): प्लेटो का जन्म 427 ई. पूर्व यूनान (Athens) में एक सम्माननीय तथा कुलीन परिवार में हुआ। वह अपने प्रारम्भिक जीवन काल में कुशल खिलाड़ी था। कुश्ती में भी बहुत प्रवीण था। यूनानी साहित्य का, विशेषकर होमर (Homer) जो कि यूनान का प्रसिद्ध साहित्यकार था, का अध्ययन किया। राजनीति में भी उसकी रुचि थी।

सुकरात से सम्पर्क: 20 वर्ष की अवस्था में प्लेटो यूनान के महान दार्शनिक सुकरात (Socrates) के सम्पर्क में आया तथा लगभग 10 वर्ष तक वह सुकरात का शिष्य रहा।

अकादमी की स्थापना: दस वर्ष यूनान से बाहर रहने के पश्चात् प्लेटो वापस आया तथा 386 ई. पूर्व एक शिक्षा अकादमी (उच्च शिक्षा संस्था) स्थापित की। उसी अकादमी में उसने जीवनपर्यन्त कार्य किया। इस अकादमी में गणित, मनोविज्ञान, समाजशास्त्र, राजनीति तथा संगीत विषयों की शिक्षा दी जाती थी।

विदेश भ्रमण: अपने गुरु सुकरात की विष द्वारा हत्या के पश्चात् वह बहुत दुःखी हुआ। तत्कालीन शासकों को सुकरात के विचार विरोधी नजर आए। सुकरात को स्वयं जहर पीने का आदेश दिया गया जिससे उसकी मृत्यु हो गई। प्लेटो ने यूनान छोड़ दिया। तत्पश्चात् उसने मिस्त्र तथा इटली आदि देशों का भ्रमण किया।

प्लेटो की रचनाएँ (Publications of Plato): प्लेटो ने अनेक पुस्तकें लिखीं। उनमें अत्यन्त महत्वपूर्ण निम्नलिखित हैं:

1. *Charmides*, 2. *Lysis*, 3. *Laches*, 4. *Protagoras*, 5. *Euthydemus*, 6. *Cratylus*, 7. *Phaedrus*, 8. *Ion*, 9. *Symposium*, 10. *Meno*, 11. *Euthyphro*, 12. *Apology*, 13. *Crito*, 14. *Phaedo*, 15. *Gorgias*, 16. *Republic*, 17. *Timaeus*, 18. *Critias*, 19. *Parmenides*, 20. *Theaetetus*, 21. *Sophist*, 22. *Statesman*, 23. *Philebus*, 24. *Laws*, 25. *Seventh Letter*, 26. *Articles.*

***The Republic*:** प्लेटो के शिक्षा सम्बन्धी विचार इस पुस्तक में मिलते हैं। मुख्यतः यह पुस्तक एक आदर्श राज्य की जो न्याय पर आधारित है, की संकल्पना है। रूसो (Rousseau) ने इस पुस्तक की भरपूर प्रशंसा की है–"यदि आप जानना चाहते हैं कि जन-शिक्षा का क्या अर्थ, तो प्लेटो की 'रिपब्लिक' पढ़ें।"

***'The Laws'* (दि लॉज):** इसे 'रिपब्लिक' की पूरक पुस्तक कहा जाता है। प्लेटो ने यह पुस्तक वृद्धावस्था में लिखी। इसमें कुछ विशेष राष्ट्रीय मुद्दों को स्पष्ट किया गया है।

17.11 प्लेटो के दर्शन की मुख्य विशेषताएँ (Chief Characteristics of Plato's Philosophy)

1. विचारों का संसार वास्तविक है।
2. विचार आध्यात्मिक हैं।
3. इन्द्रियों तथा वस्तुओं का संसार भौतिक है।
4. भौतिक संसार में कुछ भी सही तथा चिर स्थायी नहीं है।
5. मनुष्य सर्वश्रेष्ठ है।
6. मनुष्य ब्रह्माण्ड का सार है।
7. मनुष्य शरीर तथा आत्मा का सम्मिश्रण है।
8. मनुष्य नैतिक जीवन तभी व्यतीत कर सकता है जब उसकी आत्मा तथा शरीर का सन्तुलित विकास हो।
9. मूल प्रवृत्तियों, कामनाओं तथा प्रेरणाओं को नियन्त्रण में रखा जाना चाहिए।
10. संकल्प (Will) मनुष्य में सहनशीलता तथा धैर्य आदि गुणों का विकास करता है।
11. अच्छाई ब्रह्माण्ड की उच्चतम वास्तविकता है।
12. व्यक्ति को नैतिक होने के लिए इन मूल्यों की आवश्यकता है–(i) आत्म नियन्त्रण, (ii) न्याय, (iii) उदारता।

13. भौतिक संसार सब बुराइयों का स्त्रोत है।
14. राज्य एक दैवीय अभिकरण (Divine Agent) है।
15. राज्य व्यक्ति की आवश्यकताओं को पूरा करता है।
16. राज्य की तुलना में पारिवारिक कल्याण का महत्व बहुत कम है। राज्य का कल्याण सर्वोपरि है।

प्लेटो के अनुसार नैतिकता (Morality according to Plato)

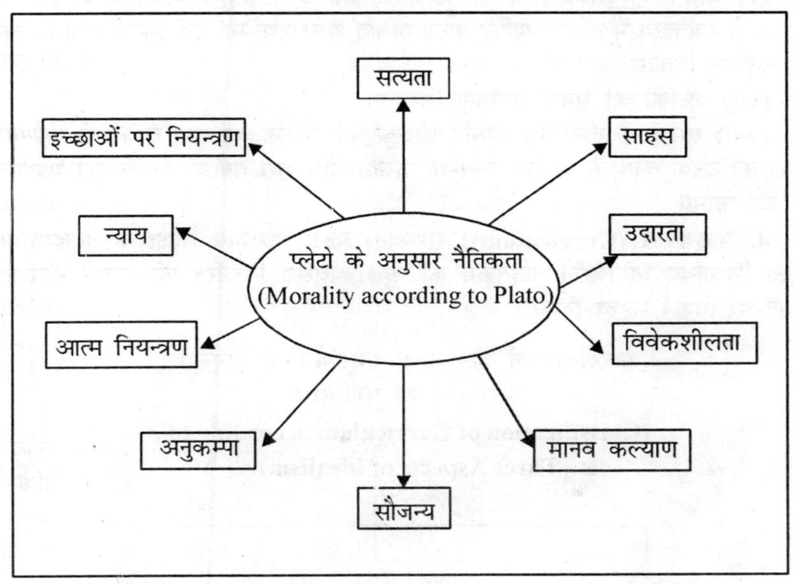

17.12 प्लेटो का शैक्षिक आदर्शवाद (Plato's Educational Idealism)

1. शिक्षा का महत्व (Significance of Education): प्लेटो ने लिखा–"शिक्षा प्रथम तथा सर्वश्रेष्ठ तत्व है जो सर्वोत्तम मनुष्य ही प्राप्त कर सकता है।" प्लेटो के विचार में, "शिक्षा ब्रह्माण्ड (Universe) व्यवस्था का एक आवश्यक कार्य है।" प्लेटो का कहना है, "यदि मनुष्य को शिक्षा नहीं दी जाती, तो वह इस पृथ्वी पर सबसे अधिक असभ्य प्राणी बन जाएगा।"

2. शिक्षा का अर्थ (Meaning of Education): प्लेटो ने शिक्षा का अर्थ इस प्रकार बताया है, "शिक्षा से मेरा अभिप्राय: उस प्रशिक्षण से है जो बालकों में उचित आदतों के निर्माण के द्वारा सद्‌गुणों को उत्पन्न करता है। इस प्रशिक्षण से हमें यह योग्यता प्राप्त होती है कि हम उस वस्तु से घृणा करें जिससे हमें घृणा करनी चाहिए और उस वस्तु से प्रेम करें जिससे वास्तव में प्रेम करना चाहिए। मेरी दृष्टि में इसी का नाम शिक्षा है।"

प्लेटो के अनुसार–"शिक्षा का अर्थ है, शरीर और आत्मा को उन सब वस्तुओं की पूर्णता देना जिनके प्रति वे संवेदनशील होते हैं।"

3. शिक्षा के उद्देश्य (Aims of Education): प्लेटो के अनुसार शिक्षा के निम्नलिखित उद्देश्य हैं:

(i) राज्य की एकता की रक्षा के लिए नागरिक तैयार करना।

(ii) बालकों में नागरिकता के गुणों का विकास करना।

(iii) बालकों में विवेक को जागृत करना तथा इसका विकास करना।

(iv) सत्यम्, शिवम् तथा सुन्दरम् के प्रति आस्था उत्पन्न करना।

(v) जीवन में विरोधी तत्त्वों को पहचानना तथा उनमें सन्तुलन स्थापित करना।

(vi) व्यक्तित्व में साम्य स्थापित करना अर्थात् शरीर तथा मन एवं आदतों तथा विवेक का संतुलित विकास करना।

(vii) बालकों को समता से रहना सिखाना।

(viii) समाज के तीनों वर्गों अर्थात् संरक्षक वर्ग, सैनिक वर्ग तथा व्यवसायी वर्ग की शिक्षा का उनके कार्य के अनुसार व्यवस्था करना। चौथे दास वर्ग की स्थिति को यथावत् स्वीकार करना।

4. पाठ्यक्रम (Curriculum): सम्भवत: प्लेटो पाश्चात्य शिक्षा के इतिहास में पहला शिक्षाविद् था जिसने पाठ्यक्रम की कुछ व्यवस्था निर्धारित की। उसने संतुलित जीवन पर विशेष महत्त्व दिया।

आदर्शवाद के तीन तत्वों (मूल्यों) के अनुसार पाठ्यक्रम का वर्गीकरण

(Classification of Curriculum according to Three Aspects of Idealism)

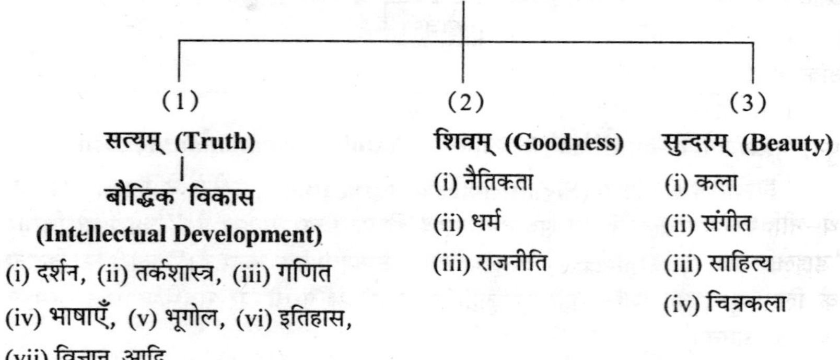

पाठ्यक्रम के तीन भाग

(Three Fold Division of the Curriculum)

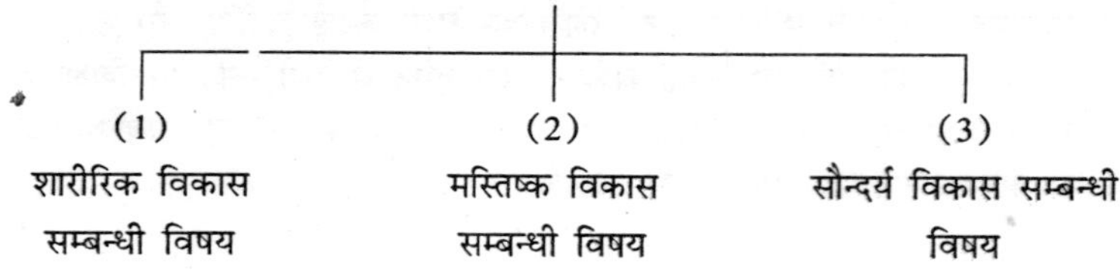

(i) *शारीरिक विकास सम्बन्धी विषय:* व्यायाम तथा जिमनास्टिक के अतिरिक्त पौष्टिक भोजन पर भी बल दिया।

(ii) *मस्तिष्क विकास सम्बन्धी विषय:* (1) गणित की शिक्षा पर विशेष जोर, (2) ज्यामिति, (3) बीजगणित, (4) उच्च शिक्षा में ज्योतिष।

(iii) *संगीत:* संगीत में चरित्र निर्माण को प्राथमिकता दी।

शिक्षा के विभिन्न स्तर (Different Steps of Education)

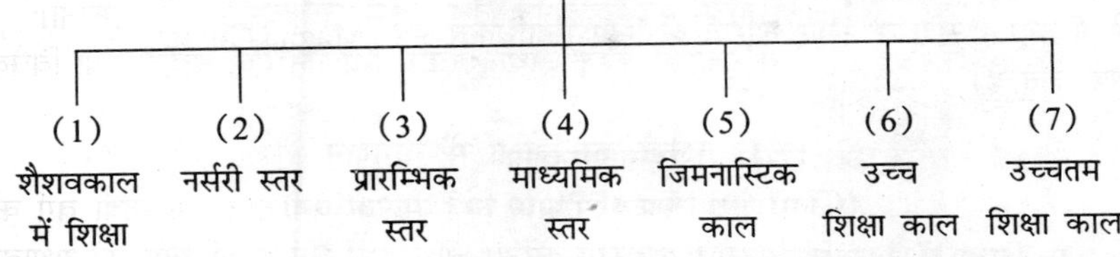

(i) *शैशवकाल:* जन्म से 3 वर्ष। पौष्टिक भोजन तथा ठीक लालन-पालन करना।

(ii) *नर्सरी:* 3 से 6 वर्ष की अवस्था। खेलकूद, परियों की कहानियाँ तथा सामान्य मनोरंजन की शिक्षा देना।

(iii) *प्राथमिक विद्यालय:* 6 वर्ष से 13 वर्ष की आयु। (1) बालक-बालिकाओं की अलग शिक्षा। (2) संगीत, नृत्य तथा काव्य की शिक्षा। (3) धर्म तथा गणित का शिक्षण।

(iv) *माध्यमिक शिक्षा:* 13 से 16 वर्ष की आयु। धार्मिक श्लोकों का वाद्य-यन्त्र सम्बन्धी संगीत, कविता पाठ तथा गणित के सिद्धान्तों के शिक्षण पर बल।

(v) *जिम्नास्टिक काल:* 16 से 20 वर्ष की आयु। 16 से 18 वर्ष की आयु में शारीरिक व्यायाम, सैनिक प्रशिक्षण की पृष्ठभूमि में तथा 18-20 आयु के बीच पूर्ण सैनिक प्रशिक्षण।

(vi) *उच्च शिक्षा:* 20 तथा 30 आयु के बीच। छात्रों के ज्ञान के मूल्यांकन के पश्चात् अंक गणित, रेखा गणित, संगीत, नक्षत्र विद्या आदि वैज्ञानिक विषयों का ज्ञान।

(vii) *उच्चतम शिक्षा:* 30 से 35 वर्ष की आयु के बीच। अधिकारियों का प्रशिक्षण पुन: मूल्यांकन के आधार पर 'डाइलेक्टिक' का अध्ययन करना था।

'डाइलेक्टिक ' प्लेटो के 'डाइलेक्टिक' शब्द के अन्तर्गत मुख्यत: ये विषय आते थे—नीतिशास्त्र, दर्शन, मनोविज्ञान, आध्यात्मशास्त्र, प्रशासन तथा कानून की शिक्षा। प्लेटो के 'डाइलेक्टिक' का विशेष स्थान था। ये विषय युवकों को दार्शनिक अथवा ज्ञान प्रेमी बनाने के लिए थे। इनका अध्ययन पाँच वर्ष तक करना होता था।

5. दासों की शिक्षा: प्राचीन यूनान में दास प्रथा प्रचलित थी। प्लेटो ने दासों को शिक्षा व्यवस्था से बाहर रखा।

6. शिक्षण विधियाँ (Methods of Teaching): प्लेटो के अनुसार निम्न शिक्षण विधियाँ अपनानी चाहिए:

1. प्रश्न पूछने की विधि (Question-answer Method)
2. सह-सम्बन्ध विधि (Correlation Method)
3. खेल विधि (Play-way Method)
4. अनुकरण विधि (Imitation Method)

7. शिक्षक की भूमिका (Role of the Teacher): प्लेटो के अनुसार शिक्षक का शिक्षा के क्षेत्र में सबसे महत्वपूर्ण स्थान है। वह सच्चा पथ-प्रदर्शक है।

8. स्त्री शिक्षा पर बल (Stress on Women's Education): प्लेटो ने स्त्री शिक्षा के महत्त्व को स्वीकार किया। प्लेटो के अनुसार स्त्रियों को पुरुषों के समान खेलकूद, व्यायाम, घुड़सवारी, सैन्य संचालन आदि का प्रशिक्षण भी मिलना चाहिए। प्लेटो के ये विचार अत्यन्त महत्वपूर्ण हैं–''न तो नारी के रूप में, न ही नर के रूप में कोई विशिष्ट कार्य है। बल्कि नारी तथा नर दोनों में स्वाभाविक गुण समान रूप से विद्यमान हैं।'' प्लेटो के ये उद्‌गार सदा के लिए नारियों के लिए महाधिकार पत्र (Magna Charta) के रूप में देखे जाते हैं।

17.13 प्लेटो का शिक्षा में योगदान (Contribution of Plato to Education)

1. *शिक्षा में आदर्शवादी दृष्टिकोण* (*Idealistic Approach to Education*): Plato ने शिक्षा में ऊँचे विचारों पर बल दिया है।

2. *शिक्षा की नियमित पद्धति* (*Organised System of Education*): सम्भवत: प्लेटो संसार का प्रथम शिक्षाविद् था जिसने व्यक्ति के जीवन की भिन्न-भिन्न अवस्थाओं को ध्यान में रखकर शिक्षा प्रणाली को साकार रूप प्रदान किया।

3. *चरित्र निर्माण* (*Emphasis on Character Development*): वर्तमान में सिद्धान्तक रूप से शिक्षा में चरित्र निर्माण पर बल दिया जाता है परन्तु व्यावहारिक रूप से इसकी अवहेलना हो रही है। इस दिशा में प्लेटो के विचार बहुत सामयिक प्रतीत होते हैं।

4. *स्त्री-पुरुष की शिक्षा में समानता*: हजारों वर्ष पूर्व प्लेटो ने स्त्री-शिक्षा पर उपयुक्त बल दिया है। यह विचार भी आज उतना ही सार्थक है जितना की प्लेटो के काल में। प्लेटो ने दोनों लिंगों की समानता को स्वीकार किया।

5. *अध्यापक का महत्वपूर्ण स्थान* (*Significant Role of the Teacher*): प्लेटो का आदर्शवाद अध्यापक में गुणों का भण्डार देखता है तथा अपने जीवन के उज्जसवी व्यक्तित्व के प्रभाव की छाप अपने छात्रों के ऊपर डालने का समर्थन करता है।

प्लेटो के शिक्षा दर्शन की सीमाएँ (Limitations of Plato's Educational Philosophy): 1. उत्पादक वर्ग (कारीगर तथा श्रमिक) की शिक्षा की अवहेलना की गई है। 2. शिक्षा में परिवार के महत्व पर यथेष्ट बल नहीं दिया गया है। 3. शिक्षा में व्यक्तिगत भिन्नता के पक्ष पर उचित ध्यान की कमी है। 4. शिक्षा में राज्य के हस्तक्षेप पर बल दिया है। 5. व्यक्ति के अधिकारों तथा कर्त्तव्यों में सन्तुलन दिखाई नहीं देता है। 6. दासों की शिक्षा का कोई प्रबन्ध नहीं है। 7. शिक्षा प्रणाली वर्ग आधारित है। 8. दर्शन पर अधिक जोर दिया गया है।

उपसंहार: प्लेटो के विचार अपने समय के अनुसार अत्यन्त प्रगतिशील थे। वे आज भी कुछ अपवादों के होते हुए भी उतने ही सार्थक हैं जितने कि 2500 वर्ष पूर्व। आज भौतिकवाद का बोलबाला है। मानवीय गुणों तथा चरित्र की अपेक्षा हो रही है। ऐसी स्थिति में आदर्शवाद ही समाज का तथा व्यक्ति का कल्याण कर सकता है। संसार में आपसी झगड़े बढ़ रहे हैं। मानव, मानवता के गुणों की अवहेलना कर रहा है। बड़े तथा शक्तिशाली राष्ट्र छोटे तथा कमजोर राष्ट्रों पर अपनी नीतियां थोंप रहे हैं। इसी प्रकार शक्तिशाली तथा

प्रभावी वर्ग निचले वर्गों का शोषण कर रहा है। नेताओं पर से विश्वास उठता जा रहा है। ऐसी स्थिति में आदर्शवाद ही एक सहारा है। प्लेटो द्वारा दर्शाए गए नैतिक गुणों को धारण करने की अत्यन्त आवश्यकता है।

17.14 अद्वैत दर्शन के सन्दर्भ में आदर्शवाद (Idealism with Reference to Advait Philosophy)

अद्वैतवाद का अर्थ (Meaning of Advait Philosophy): वेदान्त दर्शन के प्रवर्त्तक वादरायण व्यास थे। उन्होंने ही वेदान्त सूत्रों की रचना की। इन सूत्रों पर विविध आचार्यों ने अपने-अपने मत के अनुसार अनेक भाष्य लिखे। इनमें शंकराचार्य का 'ब्रह्मसूत्र-शांकर भाष्य ' सबसे प्रसिद्ध है। वस्तुत:, शंकर ने वेदान्त के एक नए सम्प्रदाय का प्रारम्भ किया, जिसे 'अद्वैतवाद' कहते हैं। इसके अनुसार सब जगत् मिथ्या है। जिस प्रकार रात के समय मनुष्य को रज्जु में साँप का भ्रम हो जाता है, वैसे ही संसार की दृष्टिगोचर होने वाली सब सत्ताएँ भ्रम का परिणाम है। जगत् माया के अतिरिक्त कुछ नहीं है। माया की परमार्थ में कोई सत्ता नहीं होती। जब ब्रह्म माया से अवच्छिन्न हो जाता है, तो वह ईश्वर कहलाता है। जीवात्मा वस्तुत: ब्रह्म ही है। जैसे एक ही सर्वव्यापी आकाश घट में घटाकाश के रूप से और मठ में मठाकाश के रूप से आभासित होता है, पर वस्तुत: वह एक ही आकाश होता है, ऐसे ही अन्त:करणाविच्छन्न ब्रह्म जीवात्मा के रूप में आभासित होता है। पर वस्तुत: जीवात्मा ब्रह्म से पृथक् नहीं है, वह ब्रह्म ही है, ठीक वैसे ही जैसे घटाकाश आकाश ही है, वह सर्वव्यापी आकाश से पृथक् नहीं है। स्वामी शंकराचार्य ने बल देकर कहा है, "ज्ञान द्वारा ही आत्मा-मोक्ष प्राप्त होता है।"

स्वामी शंकराचार्य का संक्षिप्त जीवन चरित्र (Brief Life Sketch of Swami Shankaracharya 788 to 822 AD): स्वामी शंकराचार्य हिन्दू धर्म के प्रमुख सुधारक माने जाते हैं। प्राय: उन्हें जगद्-गुरु शंकराचार्य कहा जाता है। उनका जन्म केरल के एक ब्राह्मण परिवार में हुआ था किन्तु उन्होंने समस्त भारत को अपना घर बना लिया। ऐसा माना जाता है कि उन्होंने 7 वर्ष की आयु में वेदों तथा शास्त्रों का गहन अध्ययन कर लिया था।

आठ वर्ष की अवस्था में उन्होंने संसार त्याग कर संन्यासी का जीवन व्यतीत करना शुरू किया।

बारह वर्ष की आयु में दर्शन पर अनेक पुस्तकें लिखीं। उन्होंने सारे देश का भ्रमण किया। संस्कृत के महान विद्वान और दार्शनिक होने के नाते हिन्दू धर्म के पुनरुद्धार के आन्दोलन का नेतृत्व किया। उनका कहना था कि हिन्दू धर्म के मूल सिद्धान्त वही है जो वेदों और उपनिषदों में है।

उन्होंने अद्वैतवाद के दर्शन या सिद्धान्त की व्याख्या की। उनके अनुसार ईश्वर और उसके द्वारा रचा गया संसार एक ही है। मोक्ष का मार्ग ईश्वर की भक्ति है। इस ज्ञान के सार है कि ईश्वर और उसके द्वारा बनाए गए जीव एक ही हैं। एकात्मवादी इस दर्शन को वेदान्त कहते हैं।

उनकी मृत्यु 32 वर्ष की अल्पावस्था में ही केदारनाथ में हुई। उन्हें आज भी भारत तथा भारत से बाहर करोड़ों हिन्दू प्रेम तथा श्रद्धा के साथ याद करते हैं।

शंकराचार्य का दर्शन बहुत ही ऊँचे स्तर का है।

17.15 वेदान्त के मुख्य सिद्धान्त (Main Principles of Advait Philosophy)

1. वेदान्त का मूल भाव है कि सत्य आत्मा या ब्रह्म है।
2. ब्रह्म और आत्मा एक है।
3. ब्रह्मा अमर है।
4. जिस प्रकार बहती हुई नदियाँ अपना अलग नाम छोड़कर समुद्र में विलीन हो जाती हैं, उसी प्रकार ज्ञानी, नाम रूप से उत्पन्न भेदभाव से मुक्त होकर ज्योर्तिमय परमात्मा को प्राप्त करता है जो परे (अर्थात् अव्यक्त प्रकृति) से भी परे है।
5. मानव जीवन में ब्रह्मानुभूति का सबसे अधिक महत्त्व है।
6. मनुष्य मूलत: एक आध्यात्मिक प्राणी है, मन, बुद्धि तथा शरीर आदि उसका वास्तविक रूप नहीं है।
7. ज्ञान व्यक्ति के दोषों का निवारण करता है।
8. उठो! जागो! और लक्ष्य प्राप्ति होने तक रुको मत।
9. हम सबके भीतर ब्रह्म की शक्ति है। दरिद्र के भीतर बैठा देवता हमारी सेवा चाहता है।
10. निर्भीकता से शारीरिक स्वतन्त्रता, मानसिक स्वतन्त्रता तथा आध्यात्मिक स्वतन्त्रता पनपती है।
11. वेदान्त सहिष्णुता तथा सर्वग्राह्यता पर जोर देता है।
12. त्याग भाव अत्यन्त आवश्यक है। इसी से ब्रह्म की प्राप्ति हो सकती है।
13. मोक्ष का अर्थ है ब्रह्म के साथ आत्मा का अन्तिम विलयीकरण।

17.16 अद्वैत दर्शन की शैक्षिक विशेषताएँ (Chief Educational Characteristics of Advait Philosophy)

1. शिक्षा आध्यात्मिक प्रक्रिया है।
2. शिक्षा मनुष्य के अज्ञान, शोक, मोह तथा क्रोध आदि दोषों का निवारण करती है।
3. शिक्षा व्यक्ति में निहित ब्रह्म भाव को जागृत करती है।
4. शिक्षा और जीवन अन्योन्याश्रत हैं।
5. शिक्षा केवल मात्र भौतिक पदार्थों की जानकारी नहीं है, वरन् ब्रह्मात्मा के ऐक्य का बोध है।
6. शिक्षा व्यक्ति के लिए महत्त्वपूर्ण तथा आवश्यक है।
7. शिक्षा श्रेष्ठ व्यक्तियों का निर्माण कर श्रेष्ठ समाज के सृजन में योगदान करती है।
8. शिक्षा व्यक्ति को आत्मसंयमी, वैरागी तथा त्यागी बना कर उसमें आत्म चिंतन की प्रवृत्ति पैदा करती है।

शिक्षा का अर्थ तथा स्वरूप (Meaning and Concept of Education): स्वामी शंकराचार्य के अनुसार शिक्षा व्यक्ति की ज्ञान प्राप्ति का साधन है। यही अज्ञान की निवृत्ति का माध्यम है। इसी द्वारा मोक्ष की प्राप्ति होती है।

ज्ञान से व्यक्ति को शोक-मोह आदि से छुटकारा मिलता है। शंकराचार्य ने शिक्षा की परिभाषा इस प्रकार की है, ''शक्ति मुक्तिपर्यन्त चलने वाली आध्यात्मिक प्रक्रिया है। शिक्षा

के द्वारा व्यक्ति को उसमें निहित ब्रह्म भाव का जागरण होता है। शिक्षा द्वारा उसे अपने यथार्थ स्वरूप का बोध होता है। शिक्षा ही जीवन जगत् के प्रति उसके व्यवहार तथा विचारों में परिवर्तन, परिमार्जन एवं संशोधन करती है। शिक्षा व्यक्ति को ब्रह्मात्मैक्य की अनुभूति के योग्य बना कर सर्वत्र सम (ब्रह्म) दर्शन करने में समर्थ बनाती है।''

शिक्षण विधियाँ (Methods of Teaching): 1. प्रश्नोत्तर विधि (Question-answer Method), 2. व्याख्या विधि (Explanation Method), 3. भाषण विधि (Lecture Method), 4. दृष्टान्त विधि (Illustrative Method), 5. कथा-कथन विधि (Story Telling Method), 6. उपदेश विधि (Sermon Method), 7. तर्कपूर्ण निष्कर्ष विधि (Logical Conclusion Method), 8. यथार्थ संकल्पना विधि (Real Vision Method), 9. निदिध्यासन विधि (Niddhyasan Method), सुनना, मनन करना तथा निष्कर्ष निकालना। 10. तर्क विधि (Reasoning Method), 11. मनन विधि (Contemplation Method)।

अध्यापक का स्थान (Place of the Teacher): अद्वैत दर्शन में शिक्षक का अत्यन्त महत्व है। उसे विचारों, शब्दों तथा कर्मों से अत्यन्त पवित्र होना चाहिए। उसके व्यक्तित्व का प्रभाव छात्रों को बहुत प्रभावित करता है। उसे अपने विषयों पर अधिकार होना चाहिए।

अनुशासन (Discipline): विद्यार्थी को धीरे-धीरे इन्द्रियों पर नियन्त्रण रखने का प्रशिक्षण मिलना चाहिए।

जन-साधारण की आध्यत्मिक शिक्षा (Spiritual Education of the Masses): स्वामी शंकराचार्य ने जन-साधारण की आध्यत्मिक शिक्षा पर बल दिया।

भारत की भावात्मक एकता: भारत की भावात्मक एकता को बढ़ावा देने के लिए स्वामी शंकराचार्य ने भारत की चार दिशाओं में चार मठ स्थापित किए।

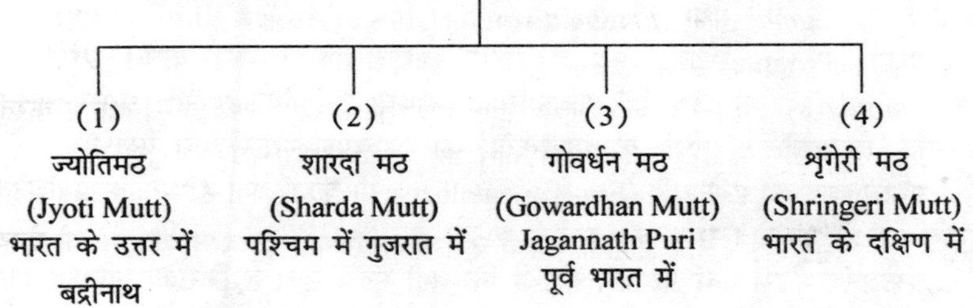

17.17 अद्वैतवाद दर्शन का मूल्यांकन (Evaluation of Advait Philosophy)

अद्वैतवाद सच्चे ज्ञान का उपासक है तथा छात्रों में ज्ञान की जिज्ञासा जागृत करता है। ज्ञान से जीवन को अपने कर्त्तव्यों का बोध होता है। शिक्षा इस प्रकार का ज्ञान बालक को प्राप्त करने के लिए तैयार करती है। शिक्षा एक आध्यात्मिक प्रक्रिया है। इसे विभिन्न विधियों से प्राप्त किया जा सकता है। अद्वैतवाद अनेक शिक्षण विधियों पर जोर देता है।

अद्वैतवाद को भली प्रकार समझने के लिए कठोर परिश्रम तथा धीरज की आवश्यकता है।

18

प्रयोजनवादः जॉन ड्यूवी के उपकरणवाद अथवा यान्त्रिकवाद अथवा साधनवाद तथा प्रयोजनवाद के सन्दर्भ में

(Pragmatism with Reference to Instrumentalism and Experimentalism of John Dewey)

18.1 प्रयोजनवाद का अर्थ तथा परिभाषा (Meaning and Definition of Pragmatism)

प्रयोजनवाद (Pragmatism) शब्द की व्युत्पत्ति ग्रीक भाषा के दो शब्दों से हुई मानी जाती है–'*Pragma*' तथा '*Pragmatikos*'.

प्रेग्मा (Pragma) का अर्थ है–क्रिया अथवा किया गया कार्य। प्रेग्मेटिकोज (*Pragmatiko's*) का अर्थ है, व्यावहारिकता अथवा उपयोगिता? अतः प्रयोजनवाद के अन्तर्गत 'क्रियाशीलता' तथा 'व्यावहारिकता' को महत्वपूर्ण स्थान दिया गया है।

प्रयोजनवाद को प्रयोगवाद (Experimentalism) भी कहा जाता है। क्योंकि प्रयोजनवाद प्रयोग को ही एकमात्र सत्य की कसौटी मानता है।

प्रयोजनवाद इस तत्व पर बल देता है कि वही मूल्य सत्य है जिसका परिणाभ किसी स्थिति में मानव के लिए व्यावहारिक, लाभप्रद तथा फलदायक हो। प्रयोजनवाद, आदर्शवादी की भाँति पूर्व निश्चित तथा परिचित प्रचलित सिद्धान्तों के अनुसार आदर्शों तथा मूल्यों के अस्तित्व को स्वीकार नहीं करता।

आदर्शवादियों ने 'विचार' को महत्व दिया, प्रकृतिवादियों ने 'पदार्थ' को जबकि प्रयोजनवादियों ने 'अनुभव' को सब कुछ माना है।

प्रयोजनवाद को प्रायः निम्न नाम दिए जाते हैं:

(1) व्यावहारिक दर्शन (Practical Philosophy), (2) संसारवादी दर्शन (Worldly Philosophy), (3) उपयोगितावादी दर्शन (Utilitarian Philosophy), (4) धरातल दर्शन (Down to Earth Philosophy), (5) प्रयोगवादी दर्शन (Experimental

Philosophy), (6) यान्त्रिकवाद दर्शन (Philosophy of Instrumentation), (7) परिणामवादी दर्शन (Philosophy of Consequentialism), (8) 'कैश दर्शन' तुरन्त परिणाम देने वाला दर्शन (Cash Philosophy)।

प्रयोजनवाद अमेरिका की देन है। इस विचारधारा के परिणामस्वरूप अमेरिका में प्रचलित शिक्षा व्यवस्था एवं विचारधारा में उन्नीसवीं शताब्दी के निकट एक नया मोड़ आया। प्रयोजनवाद में पूर्व निश्चित आदर्शों या सत्यों का कोई स्थान नहीं है। सत्य की प्रयोग द्वारा जाँच होने पर ही उसे सत्य कहा जा सकता है। प्रयोजनवाद में अनुभवों एवं क्रियाओं को विचारों अथवा सत्यों का आधार माना गया है। अनुभव ही सब वस्तुओं की कसौटी है।

प्रयोजनवाद के विभिन्न पक्षों को समझने के लिए प्रसिद्ध विद्वानों के विचार नीचे दिए गए हैं:

(1) *जेम्स बी. प्रेट* (*James B. Prett*) के अनुसार–"प्रयोजनवाद हमें अर्थ का सिद्धान्त, सत्य का सिद्धान्त, ज्ञान का सिद्धान्त तथा वास्तविकता का सिद्धान्त देता है।"

(2) *जे.एस. रोस* (*J.S. Ross*) के शब्दों में, प्रयोजनवाद आवश्यक रूप से एक मानवतावादी दर्शन है जो यह विश्वास करता है कि मानव क्रिया करते हुए स्वयं अपने मूल्यों का निर्माण करता है, वास्तविकता अपनी निर्माण अवस्था में है तथा हमारे सत्य मानव निर्मित तत्त्व हैं।"

(3) *रीड* (*Reed*) के विचार में, "प्रयोजनवाद क्रिया, व्यस्तता, वचनबद्धता तथा प्रतिद्वन्द (Encounter) को केन्द्रीय विषय मानता है।"

(4) *रस्क* (*Rusk*) के कथन में, "प्रयोजनवाद एक प्रकार के नए आदर्शवाद के विकास की केवल अवस्था है जो वास्तविकता के प्रति पूर्ण न्याय करेगा, क्रियात्मक तथा आध्यात्मिक मूल्यों का समन्वय करेगा तथा परिणामस्वरूप ऐसी संस्कृति का निर्माण करेगा जो निपुणता को पूर्ण स्थान देगी न कि इसकी अवहेलना करेगी।"

(5) *विलियम जेम्स* (*William James*) ने प्रयोजनवाद को इस प्रकार परिभाषित किया है, "प्रयोजनवाद मन का एक स्वभाव है तथा दृष्टिकोण है। यह विचारों तथा सत्य की प्रकृति का सिद्धान्त भी है तथा अन्त में यह वास्तविकता सम्बन्धी सिद्धान्त है।"

(6) रोजन (Rosen) के विचार में, "प्रयोजनवाद के अनुसार सत्य को उसके व्यावहारिक परिणामों के द्वारा जाना जा सकता है।"

संक्षेप में हम यह कह सकते हैं कि प्रयोजनवाद ऐसा दर्शन है जो विश्व की समस्त वस्तुओं, क्रियाओं तथा तत्वों को उपयोगिता की दृष्टि से देखता है तथा किसी चिरन्तन सत्य में विश्वास न करके सत्य को परिवर्तनशील मानता है। प्रयोगों के परिणामस्वरूप पाए जाए प्रमाणों को सत्य की कसौटी मानता है।

18.2 प्रयोजनवाद के रूप (Forms of Pragmatism)

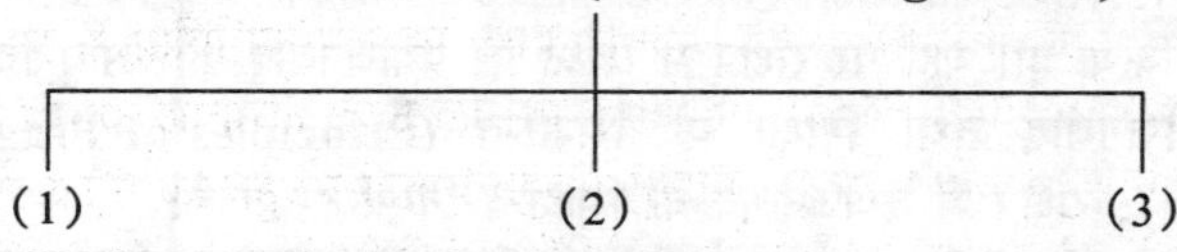

मानवता प्रयोजनवाद: मानवतावादी प्रयोजनवादियों की मान्यता है कि जो बात हमारे उद्देश्य को पूरा करती है, हमारी इच्छाओं को सन्तुष्ट करती है तथा हमारे जीवन का विकास करती है, वही सत्य है।

प्रयोगात्मक प्रयोजनवाद: इस वाद के समथर्कों का मानना है कि विज्ञान की प्रयोगशाला में जिस तत्व या बात को प्रयोग द्वारा सिद्ध किया जा सकता है, वही सत्य है। अथवा जो बात अथवा तत्व ठीक कार्य करता है, वही सत्य है।

जीवशास्त्रीय प्रयोजनवाद: जीव शास्त्रीय प्रयोजनवादी मानव की उस शक्ति को महत्वपूर्ण समझते हैं जिसकी सहायता से मानव अपने आपको वातावरण के अनुकूल बनाता है।

18.3 प्रयोजनवाद के प्रवर्तक (Promoters of Pragmatism)

प्रयोजनवाद के चार प्रमुख प्रवर्तक माने जाते हैं। वे हैं–(i) सी.बी. पीयर्स (C.B. Pearce), 1839–1914; (ii) विलियम जेम्स (William James), 1842–1910; (iii) विलियम हर्ड किलपैट्रिक (William Herd Kilpatrick), 1871-1935 तथा (iv) जॉन ड्यूवी (John Dewey), 1859–1952।

18.4 प्रयोजनवाद के आधारभूत सिद्धान्त (Basic Principles of Pragmatism)

1. मूल्य निश्चित नहीं हैं। 2. मूल्य उत्पन्न किए जाते हैं। 3. मूल्य परिवर्तनशील हैं। 4. कोई दैवी शक्ति नहीं है। 5. अनुभव ज्ञान का आधार है। 6. प्रयोग द्वारा ही सभी समस्याओं का हल निकाला जा सकता है। 7. उपयोगिता ही वास्तविकता है। 8. क्रिया का महत्व विचारों से अधिक है। 9. व्यक्ति का विकास सामाजिक वातावरण में ही किया जा सकता है। 10. वास्तविकता अभी निर्माण की अवस्था में है। 11. वर्तमान तथा भविष्य में विश्वास है। 12. वही आदर्श अर्थ पूर्ण हैं जो अभी तथा तुरन्त प्राप्त किए जा सकते हैं। 13. व्यक्तित्व का विकास केवल वातावरण के साथ प्रतिक्रिया द्वारा सम्भव है।

विलियम जेम्स (*William James*) ने लिखा है, "सत्यता किसी प्रकार का स्थायी गुण–धर्म नहीं है। वह तो अकस्मात विचार में निर्वासित होती है।"

उपयोगिता के बारे में जेम्स का कहना है, "किसी वस्तु की सत्यता उसकी उपयोगिता के आधार पर निर्धारित की जा सकती है।"

रस्क (*Rusk*) के विचार में, "प्रयोजनवाद इस बात की आवश्यकता ही नहीं समझता कि संसार में किसी एक तत्व के आधार पर स्पष्टीकरण किया जाए। प्रयोजनवाद बहुतत्ववादी है।

18.5 शिक्षा में प्रयोजनवाद (Pragmatism in Education)

सम्भवत: शिक्षा का कोई ऐसा पक्ष नहीं है जिसे कि प्रयोजनवाद ने थोड़ा–बहुत प्रभावित न किया हो। यहाँ पर संक्षेप में शिक्षा पर प्रयोजनवाद के प्रभाव दिए जा रहे हैं:

I. प्रयोजनवाद तथा शिक्षा के सिद्धान्त (Principles of Pragmatism in Education): संक्षेप में प्रयोजनवाद के सिद्धान्त निम्नलिखित हैं:

1. प्रयोजनवाद में शिक्षा का आधार समाज है। 2. प्रयोजनवाद भौतिक तथा सामाजिक शिक्षा पर बल देता है। 3. प्रयोजनवाद बालक की अभिरुचियों पर भी बल देता है।

4. प्रयोजनवाद शिक्षा में अनुभव पर बल देता है। 5. प्रयोजनवाद शिक्षा में प्रयोग को प्रबल मानता है।

II. प्रयोजनवाद तथा शिक्षा के उद्देश्य (Pragmatism and Aims of Education): प्रसिद्ध प्रयोजनवादी दार्शनिक *जॉन ड्यूवी* (*John Dewey*) का कथन है, ''शिक्षा के उद्देश्य विभिन्न बालकों के विभिन्न होते हैं। निर्धारित किए गए उद्देश्य भलाई की तुलना में बुराई अधिक कर सकते हैं। उनको केवल आने वाले परिणामों को जानने, स्थितियों की देख-रेख करने तथा बालकों की शक्तियों को मुक्त तथा निर्देशित करने के साधनों को चुनने के लिए सुझावों के रूप में स्वीकार किया जा सकता है।''

रॉस (*Ross*) के अनुसार, ''प्रयोजनवादी शिक्षा का सबसे सामान्य उद्देश्य मूल्यों की रचना करना है। शिक्षा का मुख्य कर्त्तव्य बालक को ऐसे वातावरण में रखना है जिसमें रहते हुए वह नवीन मूल्यों का निर्माण करता रहे।''

प्रयोजनवाद का किसी पूर्व शैक्षिक उद्देश्य में विश्वास नहीं है।

यद्यपि प्रयोजनवाद ने शिक्षा के उद्देश्य स्पष्ट निर्धारित नहीं किए हैं, फिर भी निम्नलिखित उद्देश्यों के संकेत मिलते हैं:

1. प्रयोजनवाद का उद्‌देश्य शिक्षा द्वारा व्यक्ति को सामाजिक दृष्टि से कुशल बनाना है।
2. प्रयोगवाद ऐसी शिक्षा व्यवस्था का निर्माण करना चाहता है जिससे सामाजिक व्यवस्था प्रगतिशील बन सके।
3. प्रयोगवादी शिक्षा का उद्देश्य वर्तमान समय, परिस्थिति तथा वातावरण के साथ व्यक्ति का अनुकूलन स्थापित करना है।
4. प्रयोगवादी शिक्षा नये मूल्यों तथा आदर्शों की स्थापना पर बल देती है।
5. प्रयोगवादी विचारक शिक्षा में व्यावसायिक क्षमता पर बल देता है।
6. प्रयोजनवाद के अनुसार समाज की परिस्थिति के अनुसार शिक्षा का उद्‌देश्य बालक को सामाजिक कार्यों के लिए तैयार करना है।
7. प्रयोजनवादी शिक्षा के अनुसार बालकों को लोकतान्त्रिक जीवन के लिए तैयार करना है।
8. प्रयोजनवादी शिक्षा बालक को गतिशील बनाना चाहती है।
9. प्रयोजनवादी शिक्षा बालक को चुनौतियों का सशक्त सामना करने के लिए तैयार करती है।

III. प्रयोजनवाद तथा पाठ्यक्रम (Pragmatism and Curriculum): 1. *उपयोगी विषय:* प्रयोगवाद उपयोगी विषयों के शिक्षण पर बल देता है।

2. *पाठ्यक्रम निर्माण का सिद्धान्त:* प्रयोगवादी पाठ्यक्रम के निर्माण के मुख्य सिद्धान्त निम्न हैं: (i) उपयोगिता का सिद्धान्त, (ii) सह-सम्बन्ध का सिद्धान्त, (iii) बाल केन्द्रियता का सिद्धान्त, (iv) व्यावसायिकता का सिद्धान्त, (v) क्रियाओं एवं अनुभव का सिद्धान्त।

3. *प्रमुख विषय:* प्रयोगवादी शिक्षा के प्रमुख विषय हैं: स्वास्थ्य विज्ञान, शरीर विज्ञान, गणित, इतिहास, भूगोल। लड़कियों के लिए गृह विज्ञान, कृषि तथा अन्य शिल्प।

4. *वैयक्तिक विभिन्नता:* प्रयोजनवाद पाठ्यक्रम भी वैयक्तिक विभिन्नता का ध्यान रखकर उपयोगी विषयों की शिक्षा देना चाहता है।

IV. प्रयोजनवाद तथा शिक्षण विधियाँ (Pragmatism and Methods of Teaching): 1. प्रयोजनवाद 'करके सीखने' या क्रिया द्वारा सीखने (Learning by doing) पर बल देता है।

2. प्रयोजनवाद अनुभव के द्वारा (Learning by Experience) सीखने पर बल देता है।

3. प्रयोजनवाद प्रयोगात्मक विधि (Experimental Method) में विश्वास करता है।

4. प्रयोजनवाद प्रोजेक्ट विधि (Project Method) पर बल देता है।

5. प्रयोजनवाद एकीकरण की विधि (Method of Integration) को महत्त्वपूर्ण मानता है।

V. प्रयोजनवाद तथा शिक्षक (Pragmatism and the Teacher): 1. प्रयोजनवादी शिक्षाविद् शिक्षकों को मित्र, दार्शनिक एवं निर्देशक का दर्जा देते हैं। 2. प्रयोजनवादी विचारक शिक्षक को छात्रों के बीच अगुवा या नेता के रूप में देखते हैं। 3. प्रयोजनवाद में शिक्षक एवं निर्देशक के रूप में साथ-साथ कार्य करता है।

प्रयोजनवाद में अध्यापक के निम्नलिखित कार्य हैं:

1. छात्रों में स्वयं सोचने की शक्ति का निर्माण करना। 2. छात्रों को करके सीखने पर बल देना न कि बता कर सिखाने पर। 3. छात्रों की पहल शक्ति को बढ़ावा देना। 4. छात्रों में समस्या समाधान की अभिवृत्ति का विकास करना। 5. छात्रों को क्रियात्मक बनाना। 6. छात्रों में सामाजिक रुचियों, आदतों तथा अभिवृत्तियों के विकास के लिए उचित मार्गदर्शन करना।

VI. प्रयोजनवाद में अनुशासन (Pragmatism and Discipline): *ड्यूवी* के अनुसार, "सामाजिक जीवन ही अनुशासन का आधार है।" इसी सन्दर्भ में *ड्यूवी* ने कहा हे, "स्कूल में शिक्षा व्यवस्था बालक की रुचि, रुझान और आवश्यकता के अनुसार की जाए, तो अनुशासन की समस्या ही नहीं होगी।" संक्षेप में निम्न दो बातें महत्वपूर्ण हैं:

1. प्रयोजनवाद शैक्षिक व्यवस्था में सीमित मुक्त्यात्मक अनुशासन या सीमित स्वतन्त्रता पर बल दिया जाता है।

2. प्रयोजनवादी विचारक सामाजिक अनुशासन के समर्थक हैं।

VII. प्रयोजनवाद तथा छात्र (Pragmatism and the Student): 1. छात्र को महत्वपूर्ण स्थान देना। 2. जहाँ तक सम्भव हो छात्र-केन्द्रित शिक्षा प्रक्रिया बनाना। 3. छात्रों की विभिन्न रुचियों तथा अभिरुचियों के अनुसार उनके विकास के उपयुक्त अवसर प्रदान करना। 4. छात्रों को सत्य तथा मूल्य निर्धारण में सहायता देना। 5. छात्रों को समाज के कुशल नागरिक बनाने में सहायता देना।

VIII. प्रयोजनवाद तथा स्कूल (Pragmatism and School): *ड्यूवी* ने स्कूल को समाज का लघुरूप (Miniature Society) माना है तथा इसे समाज का सच्चा प्रतिनिधि। (आदर्श स्कूल के बारे में अलग से चर्चा की गई है।)

18.6 प्रयोजनवाद की सीमाएँ तथा आलोचना (Limitations and Criticism of Pragmatism)

1. प्रयोजनवाद ने शिक्षा का कोई पूर्व-निर्धारित उद्देश्य नहीं माना है। अत: इसके विरोधियों का कहना है कि बिना उद्देश्य के शिक्षा सुचारू रूप में नहीं दी जा सकती।

2. प्रयोजनवाद ने किसी भी सिद्धान्त को सदैव सत्य नहीं माना है। इस प्रकार का विचार दोषपूर्ण है।

3. प्रयोजनवाद ने 'उपयोगिता' पर आवश्यकता से अधिक बल दिया है। इस प्रकार की विचारधारा हमें भौतिकवाद का गुलाम बनाती है तथा संसार में झगड़ा, ईर्ष्या, निर्दयता इत्यादि जैसी गन्दी प्रवृत्तियों को जन्म देती है।

4. प्रयोजनवाद ने समाज के एकत्रित अनुभवों अर्थात् विरासत को कोई महत्त्व नहीं दिया है। हर व्यक्ति के लिए सम्भव नहीं कि वह स्वत: मूल्य निर्धारण करे।

5. 'प्रत्यक्ष अनुभव' को ही प्रयोजनवाद ने ज्ञान प्राप्त करने का एकमात्र साधन माना है। अन्य साधनों की अवहेलना की है।

6. प्रयोजनवाद ने नैतिकता के बारे में कोई सन्तोषजनक विचार प्रस्तुत नहीं किया है।

7. प्रयोजनवाद ने पाठ्यक्रम में शारीरिक शिक्षा की अवहेलना की है।

8. प्रयोजनवाद ने अवकाश के समय की आवश्यकता को कोई महत्त्व नहीं दिया है।

9. पाठ्यक्रम को केवल क्रियाओं का समूह समझना ठीक प्रतीत नहीं होता है जैसा कि प्रयोजनवादी मानते हैं।

18.7 प्रयोजनवाद का शिक्षा पर प्रभाव अथवा शिक्षा में योगदान (Contribution of Pragmatism to Education)

प्रयोजनवाद ने शिक्षा सम्बन्धी सैद्धान्तिक तथा व्यावहारिक विचारधारा पर अपूर्व प्रभाव डाला है। इसकी विचारधारा के आधार पर 'एक्टीविटी स्कूल' (Activity School) प्रणाली का आरम्भ हुआ।

ड्यूवी, जो कि प्रयोजनवाद के प्रबल समर्थक हैं, उन्होंने शिक्षा के क्षेत्र में रूढ़िवादिता का घोर विरोध किया। मानव जीवन की परिवर्तित एवं परिवर्तनशील स्थितियों के लिए एक उपयुक्त शिक्षा दर्शन का प्रस्तुतीकरण किया। इनके प्रयोगात्मक एवं सैद्धान्तिक कार्यों ने शिक्षा का पुनर्मनोवैज्ञानीकरण किया है तथा इसको औद्योगिक एवं वैज्ञानिक रूप प्रदान किया है।

मुख्य तौर पर प्रयोजनवाद तथा ड्यूवी ने निम्नलिखित शैक्षिक क्षेत्रों पर अपना प्रभाव डाला:

1. शिक्षा का नया अर्थ लिया जाने लगा है। इसे अनुभवों का नव-निर्माण और पुनर्गठन कहा जाने लगा है।

2. शिक्षा के उद्देश्यों पर नवीन दृष्टिकोण से विचार होने लगा है।

3. विद्यालय के कार्यों में समाज के परिवर्तन के अनुकूल परिवर्तन लाना अच्छा समझा जाने लगा है।

4. विद्यालय को समाज का 'आदर्श लघु रूप' समझा जाने लगा है।

5. विद्यालय में ऐसी शिक्षा पर बल दिया जाने लगा है, जो छात्रों की सामाजिक भावना का विकास करे।

6. विद्यालय का कार्य जनतन्त्र की भावना का विकास करना समझा जाने लगा है।

7. विद्यालय में सामूहित कार्यक्रमों पर बल दिया जाने लगा है।

8. पाठ्यक्रम पर नवीन दृष्टिकोण से विचार होने लगा है।

9. पाठ्यक्रम में व्यवसायिक विषयों को प्रमुखता दी जाने लगी है।

10. शिक्षा में बालक को अनुभव द्वारा सीखने के अवसर प्राप्त करने पर बल दिया जा रहा है।

11. अनुशासन का आधार सामाजिक वातावरण में सहयोग है।

12. पाठ्यक्रम तथा शिक्षण विधियों में समन्वय के सिद्धान्त को बढ़ावा दिया जाने लगा है।

13. ज्ञान के एकीकरण के महत्त्व के कारण शिक्षण प्रणाली में प्रयोजन विधि को प्रोत्साहित किया जाने लगा है।

उपसंहार: प्रयोजनवाद ने शिक्षा के समस्त पक्षों को प्रभावित किया है। प्रयोजनवाद व्यावहारिकता पर बल देता है। प्रयोजनवाद छात्रों द्वारा 'करके सीखने' पर बल देता है। जहाँ पर इस बात पर जोर देना भी आवश्यक जान पड़ता है कि हमें एक ही 'वाद' अथवा 'दर्शन' पर निर्भर नहीं रहना चाहिए। 'वाद' को एक 'साधन' न कि 'साध्य' मानना चाहिए। अन्य वादों के अच्छे तथा प्रभावी सिद्धान्तों तथा विधियों का पूरा-पूरा लाभ उठाना चाहिए।

18.8 जॉन ड्यूवी का साधनवाद तथा प्रयोगवाद (Dewey's Instrumentalism and Experimentalism)

ड्यूवी के दर्शन की नामावली (Nomenclature of Dewey's Pragmatism): जैसा कि इस अध्याय के आरम्भ में कहा गया है, ड्यूवी के प्रयोजनवाद की नामावली बहुत विस्तृत है। इसे विभिन्न नामों से पुकारा जाता है जो इस प्रकार हैं:

1. यान्त्रिकवादी दर्शन (Philosophy of Instrumentalism), 2. व्यवहारवादी दर्शन (Practical Philosophy), 3. संसारवादी दर्शन (Worldly-wise Philosophy), 4. उपयोगितावादी दर्शन (Utilitarian Philosophy), 5. प्रयोगवादी दर्शन (Experimental Philosophy), 6. परिणामवादी दर्शन (Philosophy of Consequentialism), 7. कैश दर्शन (Cash Philosophy)

ड्यू*वी* की यह मान्यता है कि वैज्ञानिक पद्धतियों का अर्थ केवल प्रयोगशाला तक ही सीमित नहीं, बल्कि विद्यालय में भी उन पद्धतियों का प्रयोग किया जा सकता है। दूसरे शब्दों में वह यह मानते हैं कि शिक्षा की प्रत्येक समस्या का समाधान ढूँढते समय हमें अनवीक्षात्मक दृष्टिकोण (Spirit of Tentativeness) अपनाना चाहिए। ड्यूवी ने दूसरा महत्त्वपूर्ण विचार मन (Mind) की व्याख्या करते हुए दिया है। ड्यूवी के अनुसार मन एक स्थायी अस्तित्व नहीं है। यह अपने में ही कोई वस्तु नहीं है। यह समायोजन की एक प्रक्रिया है और क्रमिक विकास के साथ-साथ इसका स्वरूप भी विकसित होता रहता है। ड्यूवी ने अपने प्रयोगवाद के दर्शन को एक विशेष नाम दिया है और वह है कारणवाद (Instrumentalism)। इसे हम प्रयोजनवाद भी कहते हैं। इस विचारधारा के अनुसार ड्यूवी की सभी शिक्षा योजनाएँ साध्य को उतना महत्त्व ही देती है जितना कि साधन को क्योंकि ड्यूवी की यह मानना है कि उपयोगी साधन के अभाव में साध्य की कल्पना व्यर्थ है। इसके विरूद्ध आदर्शवादी सदैव साध्य के पीछे भागते रहे हैं।

अपनी इस आधारभूत विचारधारा को अधिक मूर्तरूप देते हुए डॅयूवी ने एक विधि का प्रतिपादन किया है और वह विधि है समस्यात्मक विधि (Problem Solving Method)।

प्रायोजना विधि (Project Method) भी किलपैट्रिक (W.S. Kilpatrick) द्वारा दी गई विधि उसी का रूपान्तर है। ड्यूवी का यह मत है कि मानव समाज की प्रगति विचारशीलता में है और मानव विचार करने पर बाध्य तब ही होता है, जब उसके सामने साध्य समस्या होती है। इसलिए शैक्षिक विधियों में समस्यात्मक विधि का महत्त्व है।

विचारपूर्ण अनुभवों को ड्यूवी ने अत्यधिक महत्त्व दिया है। उनके अनुसार "शिक्षा अनुभव की अनुभूति द्वारा अनुभव के लिए ही है।" प्रयोजनवाद मानव अनुभवों में मूल्य ढूँढता है, अतएव इसे मानववाद (Humanism) भी कहते हैं। यह वैज्ञानिक विधियों पर बल देता है, इसलिए यह प्रयोगवाद (Experimentalism) भी कहलाता है। *हॉर्न* (*Horn*) ने इसके विभिन्न नाम अनुभववाद, प्रयोजनवाद और उपकरणवाद आदि दिए हैं। कुछ अन्य विद्वानों द्वारा दी गई परिभाषाएँ निम्न प्रकार हैं–

"प्रयोजनवाद मस्तिष्क का एक स्वभाव और अभिवृत्ति है, यह विचार और सत्य की प्रकृति का सिद्धान्त भी है, और अन्त में यह वास्तविकता का सिद्धान्त है।"

–विलियम जेम्स

"प्रयोजनवाद एक मानवीय दर्शन है, जो यह मानता है कि मनुष्य क्रिया की अवधि में अपने मूल्यों का निर्माण करता है, और यह मानता है कि वास्तविकता सदैव निर्माण की अवस्था में रहती है।"

–रॉस

ड्यूवी के उपकरणवाद तथा प्रयोगात्मक दर्शन की झलक निम्न तत्वों अथवा विशेषताओं से स्पष्ट दृष्टिगोचर होती है:

1. शिक्षा का कोई पूर्व-निर्धारित उद्देश्य नहीं है।
2. प्रयोग द्वारा ही सभी समस्याओं का समाधान निकाला जा सकता है।
3. उपयोगिता ही वास्तविकता है।
4. क्रिया का महत्व विचारों से बहुत अधिक है।
5. अनुभव ज्ञान का आधार है।
6. शिक्षा द्वारा नए मूल्यों की स्थापना होती है। नए मूल्यों का आधार प्रयोग है न कि विचार।
7. 'करके द्वारा' ही सीखा जा सकता है।
8. समाज के एकत्रित अनुभवों अर्थात् विरासत का कोई महत्व नहीं है।
9. प्रत्यक्ष अनुभव ही ज्ञान प्राप्ति का साधन है।
10. शिक्षा का नया अर्थ लिया गया है। उसे अनुभवों का नव-निर्माण तथा पुनर्गठन माना गया है।

नोट: ड्यूवी के दर्शन की विवेचना अध्याय 11 में की गई है।

19

महात्मा गाँधी (1869-1948): बुनियादी शिक्षा के बुनियादी सिद्धान्त

(Mahatma Gandhi (1869-1948): Basic Tenets of Basic Education)

19.1 गाँधीजी का संक्षिप्त जीवन चरित्र (Brief Life Sketch of Gandhi Ji)

श्री मोहनदास कर्मदास गाँधी का जन्म 2 अक्तूबर सन् 1869 को गुजरात राज्य के पोरबन्दर स्थान पर हुआ था। 18 वर्ष की आयु में उन्हें वकालत की पढ़ाई के लिए लन्दन भेजा गया। वहाँ वे तीन वर्ष रहे तथा कानून की पढ़ाई समाप्त की। 1893 में वे दक्षिण अफ्रीका गए; वहाँ वे राजनैतिक संघर्ष में इतने फँस गये कि इन्होंने अपना कानूनी व्यवसाय छोड़ दिया–यद्यपि इससे इन्हें अच्छी आमदनी थी। उसके पश्चात् इन्होंने अपना सारा जीवन सार्वजनिक कार्यों में लगाने के लिए आत्म-निग्रह की कठोर साधना का व्रत ले लिया। दक्षिण अफ्रीकी सरकार के साथ संघर्ष में उन्होंने कैद भुगती। 1914 में भारत लौटे और इंडियन नेशनल कांग्रेस के कार्य में सक्रिय भाग लेना शुरू किया।

जलियांवाला बाग (1919) के हत्याकाण्ड ने लोगों का रोष जगा दिया। गाँधीजी ने लोगों से कहा कि वे सब सरकारी नौकरियाँ छोड़ दें, सरकारी संस्थाओं से सम्बन्ध छोड़ लें और सरकार के विरुद्ध सविनय अवज्ञा आन्दोलन में शामिल हों। इस आन्दोलन में कई स्थानों पर भीड़ हिंसक बन गयी, इसलिए यह बाद में वापस ले लिया गया। परन्तु स्वतन्त्रता के लिए संघर्ष कई दूसरे ढंगों से चलता रहा। गाँधीजी ने हिन्दू-मुस्लिम मेल के लिए भरसक प्रयत्न किया। उन्होंने ग्रामोद्धार तथा अछूतोद्धार में अपना जीवन लगा दिया। नमक बनाने के सरकार के एकाधिकार को चुनौती देने के लिए उन्होंने प्रसिद्ध 'डांडी यात्रा' का नेतृत्व किया। क्रूर और निर्दय, दमन तथा पकड़-धकड़ की शासकों की नीति ने लोगों का निश्चय और अधिक पक्का कर दिया। द्वितीय विश्वयुद्ध में गाँधीजी ग्रेट ब्रिटेन को अपना पूरा सहयोग देने के लिए इस शर्त पर तैयार हो गये थे कि भारत को पूर्ण स्वतन्त्रता दी जाए। 1942 में गाँधीजी ने 'भारत छोड़ो आन्दोलन' शुरू कर दिया। द्वितीय महायुद्ध के पश्चात् ब्रिटेन में मजदूर सरकार बन जाने से पूर्ण स्वतन्त्रता की सम्भावना दिखाई देने लगी

थी परन्तु 1946 में साम्प्रदायिकता का उन्माद फूट पड़ा और गाँधीजी ने 77 वर्ष की आयु में नंगे पाँव गाँव-गाँव में पहुँचकर लोगों से मेल और शान्ति बनाये रखने की प्रार्थना की।

15 अगस्त, 1947 को भारत स्वतन्त्र हो गया परन्तु गाँधीजी की इच्छा के विपरीत दो टुकड़ों में बँट गया। गाँधीजी ने जीवन-भर देश के सभी वर्गों और सम्प्रदायों में एकता, भाइचारे और प्रेम भावना भरने का प्रचार किया। अपने जीवन के अन्तिम कुछ महीनों में भी उन्होंने साम्प्रदायिक भावनाओं को शान्त करने की कोशिशें कीं। 30 जनवरी, 1948 को गाँधीजी जब दिल्ली में अपनी दैनिक प्रार्थना के लिए अपने कमरे से प्रार्थना स्थल की ओर जा रहे थे तो उनके विचारों के विरोधी एक व्यक्ति ने गोली मार दी जो घातक सिद्ध हुई। 'हे राम' कहकर उन्होंने शरीर छोड़ दिया।

19.2 गाँधीजी का जीवन दर्शन (Gandhiji's Philosophy of Life)

अहिंसा तथा सत्य के दिव्य सन्देशवाहक के रूप में गाँधीजी को सदा याद किया जाएगा। उन्होंने अपने आपको गरीबों और मजदूरों से भिन्न कभी नहीं समझा और नैतिक सिद्धान्तों को सर्वथा मान्य तथा वैध मानते हुए सार्वजनिक जीवन में उनका प्रयोग भी उचित ठहराया। ''मैं किसी से द्वेष नहीं करूँगा। मैं झूठ को सत्य से जीतूँगा और असत्य से संघर्ष करता हुआ सभी कष्टों को सहन करूँगा''।

गाँधीजी के जीवन दर्शन के मुख्य तत्त्व निम्न प्रकार थे:

1. *ईश्वर में अटूट विश्वास* (*Absolute Faith in God*): "ईश्वर सब जगह विद्यमान है।"

2. *सत्य* (*Truth*): गाँधीजी ने लिखा "विचार में सत्य, भाषण में सत्य तथा कार्य में सत्य होना चाहिए"

3. *अहिंसा* (*Ahimsa*): गाँधीजी के अनुसार अहिंसा का अर्थ है, "अपने क्रियाशील रूप में अहिंसा सभी के प्रति अच्छी भावना है। यही शुद्ध प्रेम है।"

4. *निर्भयता* (*Fearlessness*): गाँधीजी ने कहा समस्त बाह्य भयों से मुक्ति ही निर्भयता है।

5. *सत्याग्रह* (*Satyagraha*): गाँधीजी के विचार में "सत्यग्रह का अर्थ है–विरोधी को कष्ट देकर नहीं, वरन अपने को कष्ट देकर सत्य पर चलना"।

6. *मानव सेवा* (*Service to Humanity*): गाँधीजी ने लिखा, ''मानव सेवा में ही ईश्वर का साक्षात्कार किया जा सकता है।''

7. *आत्म-अनुशासन एवं आत्म-शुद्धि* (*Self-Discipline and Self-Purification*): गाँधीजी ने जीवन में सर्वदा आत्म-अनुशासन तथा आत्म-शुद्धि पर बल दिया। एक सत्याग्रही के तो यही आभूषण है।

8. *शुद्ध जीवन तथा सत्य जीवन धर्म के आधार* (*Clean or Pure Life and Truth as the Basis of Religion*): गाँधीजी ने बार-बार इस बात पर बल दिया कि सच्चा धर्म तथा नैतिकता एक-दूसरे से जुड़े हुए हैं।

9. *राम राज्य* (*Ram Rajya*): गाँधी की परिकल्पना का समाज राम राज्य के आदर्श पर आधारित था। राम राज्य का अर्थ ऐसे राज्य से था जिसमें न्याय, बराबरी, शान्ति, प्रसन्नता तथा सभी का कल्याण आदि तत्त्व थे।

19.3 शिक्षा तथा इस से सम्बन्धित गाँधी जी के प्रकाशन (Publications of Gandhiji on Education and Allied Subjects)

1. *My Experiments With Truth* (*Autobiography*), 2. *Basic Education*, 3. *Towards New Education*, 4. *True Education*, 5. *To the Students*, 6. *Task Before Indian Students*, 7. *India of My Dreams*, 8. *Medium of Instruction*, 9. *Task Before India*, 10. *Several Issues of Harijan—A paper founded by him.*

19.4 गाँधीजी का शिक्षा दर्शन बेसिक शिक्षा तक सीमित नहीं (Ghandhiji's Philosophy of Education not Limited to Basic System of Education)

राजनीतिक तथा सामाजिक क्षेत्रों को महात्मा गाँधी का योगदान इतना महत्त्वपूर्ण और दर्शनीय रहा है कि शिक्षा के क्षेत्र में किए गए उनके कार्य पर संसार का ध्यान उतना नहीं गया जितना कि जाना चाहिए था। इसका कारण सम्भवतः यह हो कि शिक्षा के क्षेत्र का विकास ही अभी हाल में हुआ है अथवा यह हो कि इसका उचित मूल्यांकन नहीं हुआ हो। केवल वर्धा शिक्षा योजना को ही उनका शिक्षा सम्बन्धी दर्शन मान लेना उचित नहीं होगा–क्योंकि उन्होंने अपने शिक्षा सम्बन्धी विचारों में उन सब शाश्वत जीवन मूल्यों पर विचार किया है जो जीवन के घटक हैं और उसको महत्त्वशाली बनाते हैं। महात्मा गाँधी भावी सन्तानों के लिए जो बपौती छोड़ गए हैं वह उनकी यह शिक्षा है कि यदि सत्य और अहिंसा के माध्यम से जीवन को फिर से सोच-समझकर नियमित कर लिया जाए तो संसार से आपसी अविश्वास और विनाश की सम्भावना मिट सकती है।

''शिक्षा से मेरा तात्पर्य, बालक तथा मनुष्य के तन, मन और आत्मा में से सर्वोत्तम को चारों ओर से बाहर निकाल लेना है।'' गाँधीजी ने अपनी शिक्षा सम्बन्धी विचारधारा का सार यही बताया है। 'चारों ओर से' एक ऐक्यपूर्ण सुसंगत विकास को सूचित करता है। 'बालक में से सर्वोत्तम को निकाल लेना' यह कहना इस बात को मान लेने का सूचक है कि बालक के भीतर एक महत्त्वपूर्ण क्षमता सिमटी पड़ी है जिसे मुक्त किया जा सकता है और विकसित करके उसको पूर्ण बनाया जा सकता है। 'तन, मन और आत्मा' इन शब्दों से समष्टि या समग्र मनुष्य का दर्शन सूचित होता है। आरम्भ तन–शरीर...से किया गया है और अन्तिम बिन्दु आत्मा है। व्यावहारिक कार्य के द्वारा मनुष्य की बुद्धि का विकास होता है। परन्तु बौद्धिक उपलब्धि...बुद्धि का विकास...शिक्षा का न तो आरम्भिक कार्य है, न ही यह अन्तिम–लक्ष्य–ही है। यह एक मध्य बिन्दु है। बुद्धि के विकसित हो जाने पर भी मनुष्य को अभी अपने भीतर विद्यमान सर्वोत्तम का पूरा विकास करके एक सुन्दर पुष्प बनना होता है। सारे विकास अर्थात् सारी वैयक्तिक उन्नति का लक्ष्य सत्य की खोज है, मनुष्य के भीतर विद्यमान सारे आत्मिक सार को निकाल लेना है। इस प्रकार शिक्षा केवल बचपन और युवावस्था तक ही सीमित नहीं रहती–शिक्षा प्रक्रिया जीवन भर चलती है और यही 'बालक तथा मनुष्य में विद्यमान सर्वोतम' का महत्त्व है।

19.5 गाँधीजी के शिक्षा के विभिन्न पक्षों पर उनके शब्दों में विचार (Views of Gandhiji in His Own Words on Various Dimensions of Education)

1. *शिक्षा का अभिप्राय (Meaning of Education)*: शिक्षा से मेरा अभिप्राय: बालक और मनुष्य के शरीर, मन तथा उस की आत्मा में से सर्वोत्तम की सर्वत्तोभिमुखी (All round) अभिव्यक्ति है।

2. *शिक्षा का अन्तिम उद्देश्य (Ultimate Aim of Education)*: शिक्षा का अन्तिम उद्देश्य चरित्र निर्माण होना चाहिए।

3. *साक्षरता साधन* के रूप में *(Literacy as a Means)*: साक्षरता, शिक्षा का अन्तिम उद्देश्य नहीं है। यह उसका आरम्भ भी नहीं है, यह तो नर-नारियों को सिखाने का केवल एक साधन है। साक्षरता स्वयं कोई शिक्षा नहीं है।

4. *शिक्षा और चरित्र (Education and Character)*: सभी शिक्षा का लक्ष्य चरित्र निर्माण होना आवश्यक है। बिना चरित्र के शिक्षा क्या है? और वह चरित्र ही क्या जिसमें व्यक्ति की शुद्धता को बढ़ावा न मिले।

5. *अध्यापक (Teacher)*: मैंने तो पाया है कि छात्र अध्यापक द्वारा उन को सुनाई गई अथवा पढ़ाई गई पुस्तकों से अथवा उनके दिए गए भाषणों से इतना ग्रहण नहीं करते जितना अध्यापकों के अपने जीवन से ग्रहण करते है।

धिक्कार है ऐसे अध्यापक को जो मुहँ से तो कुछ पढ़ाता है और दिल में कुछ और लिए रहता है।

6. *शिक्षा तथा रोजगार (Education and Employment)*: लड़के तथा लड़कियों का सर्वतोमुखी विकास तब होगा जब कि उनको सारी शिक्षा किसी लाभप्रद रोजगार के माध्यम से दी जाए।

7. *शिक्षा का माध्यम (Medium of Instruction)*: हमारी मातृभाषा हमारा प्रतिबिम्ब होती है।

मेरी मातृभाषा में कितनी ही कमियाँ क्यों न हों, फिर भी मैं उस से ऐसा चिपटा रहूँगा जैसा कि अपनी माता की छाती से चिपटता हूँ। वही मुझे प्राणदायक दूध दे सकती है।

विदेशी माध्यम ने हमारे बालकों को अपने ही देश में लगभग विदेशी बना दिया है।

8. *अहिंसा-शिक्षा का अंग (Ahimsa as Part of Education)*: जहां साथ-साथ पढ़नें वाले लड़के और लड़कियाँ भाई-बहनों की तरह रहेंगे, वे स्वतन्त्र हुए भी स्वयं आरोपित नियन्त्रण में रहेंगे।

9. *धर्म का अर्थ तथा शिक्षा (Meaning of Religion and Education)*: सत्य और सदाचार से बढ़कर कोई धर्म नहीं है।

10. स्त्री शिक्षा *(Women Education)*: मेरी दृढ़ राय है कि स्त्रियों को उतनी सुविधा अवश्य मिलनी चाहिए, जितनी पुरुषों को दी जाती है और आवश्यक हो, वहां विशेष सुविधाएँ भी मिलें।

नोट: गाँधी जी के अन्य विचारों का विवेचन बौद्धिक शिक्षा के बुनियादी आधारों में किया गया है।

19.6 बेसिक शिक्षा/नई तालीम/बुनियादी शिक्षा अथवा वर्धा शिक्षा के संक्षेप मे आधार (Basis of Basic Shiksha/Nai Talim/Buniyadi Shiksha/ Wardha Shiksha in Brief)

बेसिक शिक्षा के आधार थे–शिक्षा को राष्ट्रीय जीवन से जोड़ना। शिक्षा को स्वालम्बी बनाना। शिक्षा को बालक की प्रकृति के अनुसार बनाना। शिक्षा को उत्पादकता से जोड़ना। शिक्षा को रोजगार से जोड़ना। वास्तव में शिक्षा द्वारा गाँधी जी देश में अहिंसात्मक क्रान्ति लाना चाहते थे। वे एक महान् राजनायिक, स्वतन्त्रता सेनानी, समाजसेवक, चिन्तक एवं उच्च कोटि के शिक्षाशास्त्री थे। उनका दृढ़ विश्वास था कि शिक्षा ही एक ऐसा माध्यम है जिससे भारतीय समाज के सभी वर्ग उन्नति कर सकते हैं। उन्होंने शिक्षा के विभिन्न पक्षों पर गहन चिन्तन किया। शिक्षा पर अनेक लेख लिखे तथा पुस्तकें भी लिखीं। देश के प्रमुख शिक्षाविदों से विचार-विमर्श किया। अन्त में शिक्षा पद्धति को एक नई दिशा देने के प्रयास किए।

वर्धा शिक्षा योजना वह शिक्षा योजना है जिसका सूत्रपात महाराष्ट्र के वर्धा नगर में महात्मा गाँधी द्वारा बुलाए गए राष्ट्रीय कार्यकर्त्ताओं के शिक्षा से संबंधित सम्मेलन में हुआ तथा जिसकी विस्तृत रूपरेखा जाकिर हुसैन कमेटी द्वारा बनाई गई। यह सम्मेलन अक्तूबर 1937 में सम्पन्न हुआ था तथा कमेटी की रिपोर्ट मार्च 1938 में प्रकाशित हुई। इस रिपोर्ट को भारतीय राष्ट्रीय कांग्रेस के हरिपुरा सम्मेलन द्वारा, जो उसी मास में हुआ, स्वीकृति मिली।

19.7 मैकॉले द्वारा प्रतिपादित अंग्रेजी शिक्षा प्रणाली के दोष तथा वर्धा शिक्षा योजना का प्रतिपादन (Defects of Macaulay's English System of Education and Formulation of Wardha Education System)

गाँधी जी का विश्वास था कि अंग्रेजों द्वारा प्रचलित की गई शिक्षा प्रणाली देश के अनुकूल नहीं थी। उन्होंने लिखा–"मुझे इस बात का निश्चय हो चुका है कि शिक्षा की वर्तमान प्रणाली केवल व्यर्थ ही नहीं, बल्कि निश्चित रूप से हानिकारक है। बहुत से लड़के अपने माता-पिता तथा व्यवसाय को त्याग देते हैं, जहाँ वे उत्पन्न हुए थे। वे बुरी आदतें ग्रहण करते हैं, शहरी रंग-ढंग से प्रभावित होते हैं और किसी वस्तु का थोड़ा-सा ज्ञान प्राप्त करते हैं, जो शिक्षा के अतिरिक्त कुछ भी हो सकता है।" गाँधी जी ने जोर देकर कहा, ''शिक्षा का वर्तमान ढाँचा किसी भी रूप में देश की आवश्यकताओं को पूरा नहीं करता।'' उच्च शिक्षा के सभी क्षेत्रों में अंग्रेजी को माध्यम बना दिया गया है, जिससे थोड़े से शिक्षित व अनेक अशिक्षित लोगों के बीच स्थायी अंतर आ गया है। व्यावसायिक प्रशिक्षण न होने से शिक्षित वर्ग किसी उत्पादक कार्य के अयोग्य हो गया है। इससे उन्हें शारीरिक रूप से भी नुकसान पहुँचा है। प्राथमिक शिक्षा पर व्यय किया गया धन सर्व व्यर्थ है; क्योंकि जो कुछ थोड़ा पढ़ाया जाता है, वह शीघ्र भुला दिया जाता है और ग्रामों तथा शहरों के लिए थोड़ा या बिल्कुल ही कोई मूल्य नहीं रहता अर्थात् इसका कोई महत्त्व नहीं होता।

गाँधी जी फिर लिखते हैं–"अब तक हम केवल बालकों के मस्तिष्कों में प्रत्येक प्रकार का ज्ञान भरने के लिए ही ध्यान देते रहे हैं और अब हमें यह बंद कर देना उचित होगा, तथा उन के समुचित विकास के लिए उचित शिक्षा की व्यवस्था करनी चाहिए।"

19.8 गाँधी जी द्वारा दर्शाए गए बेसिक शिक्षा के प्रमुख तत्व: वर्धा सम्मेलन में गाँधीजी के भाषण के कुछ महत्त्वपूर्ण अंश (अक्तूबर 22, 23, 1937) (Main Tenets of Basic Education: Extracts from Gandhiji's Speech at Wardha Conference)

"जो विचार मैं आपके सामने रखना चाहता हूँ, उनको कहने का ढंग नया है, यद्यपि उन विचारों के सम्बन्ध में मेरा अनुभव पुराना है। मेरा प्रस्ताव प्रारम्भिक तथा कॉलेज-शिक्षा दोनों के बारे में है किन्तु प्रारम्भिक शिक्षा पर हमें अधिक ध्यान देना है। माध्यमिक शिक्षा को मैंने प्रारम्भिक शिक्षा के अंतर्गत मान लिया है क्योंकि ग्रामीणों के एक अंश ही को यह शिक्षा उपलब्ध है।"

"मेरा दृढ़ विचार है कि प्रारम्भिक शिक्षा के संगठन में अपव्यय ही नहीं है, अपितु वह निश्चित ही हानिकारक है। अधिकांश लड़के अपने अभिभावकों और खानदानी उद्योगों के काम के नहीं रह जाते। वे बुरी आदतें सीख जाते हैं, शहरवालों के रहने-सहने के ढंगों की नकल करते हैं और थोड़ी-सी बातें पढ़ लेते हैं। यह सब और कुछ भी हो, शिक्षा नहीं है। अब प्रश्न यह उठता है कि प्रारम्भिक शिक्षा का स्वरूप कैसा हो? मेरे विचार में व्यावसायिक अथवा हस्त-कलाओं द्वारा शिक्षा देने से ही सुधार सम्भव है। मुझे टॉल्स्टॉय-फार्म में अपने पुत्रों तथा अन्य बच्चों को लकड़ी तथा चमड़े के काम द्वारा पढ़ाने का अनुभव है।"

"मेरी योजना का उद्देश्य तथाकथित उदार शिक्षा के साथ केवल कुछ हस्तकलाएँ सिखाना ही नहीं है। मैं चाहता हूँ कि सम्पूर्ण शिक्षा किसी हस्तकला अथवा उद्योग के माध्यम से दी जावे। मध्यकाल में उद्योगों की शिक्षा उन्हीं में कुशलता प्राप्त करने के लिए थी, और बुद्धि को विकसित करने का कोई प्रयास न होता था। इसी कारण उन उद्योगों का ह्रास हो गया।"

तकली से कताई सिखाने में कपासों की किस्में, उनके लिए उपयुक्त भारतीय प्रान्तों में भूखण्ड, इस उद्योग के ह्रास का इतिहास, गणित आदि की शिक्षा भी निहित है। मैं तकली को विशेष स्थान देता हूँ क्योंकि यह उद्यम भारतवर्ष-भर में सिखाया जा सकता है। रचनात्मक खादी-योजना ही से सात प्रांतों में कांग्रेसी मंत्रिमण्डल बने हैं, और उनकी सफलता भी इसे कार्यरूप देने पर निर्भर है।"

"प्रारम्भिक शिक्षा में सफाई, हाईजीन, भोजन इत्यादि के साधारण नियमों के ज्ञान के साथ ही लड़कों को अपना काम स्वयं करने तथा माता-पिता की सहायता करने की शिक्षा देना भी आवश्यक है। वर्तमान पीढ़ी के लड़के सफाई और स्वावलम्बन से अनभिज्ञ हैं तथा उनका स्वास्थ्य दुर्बल है। अत: मैं संगीत के साथ ड्रिल द्वारा अनिवार्य शारीरिक शिक्षा का हिमायती हूँ।"

"मेरी योजना के आलोचक कहते हैं कि मैं उदार शिक्षा का विरोधी हूँ। यह विचार मुझ से बहुत दूर है। मैं तो उदार शिक्षा देने का मार्ग दिखाना चाहता हूँ।....यह भी कहा जाता है कि हम बच्चों के श्रम से बेजा लाभ उठाना चाहते हैं और इस पद्धति में बड़ा अपव्यय होगा (अर्थात् बहुतेरे बच्चे शिक्षा प्राप्त करने में असमर्थ रहेंगे।) अनुभव इसे असत्य सिद्ध करता है। जहाँ तक बच्चों पर भार डालने अथवा उनके श्रम से बेजा लाभ उठाने का प्रश्न है, मैं पूछता हूँ कि क्या विपत्ति (बेकारी) से बचाना उन पर भार डालना

है? तकली अच्छा खिलौना है, उत्पादक होने ही से क्या वह खिलौना नहीं रह जाता? बच्चे एक सीमा तक अपने माता-पिता के कारोबार में हाथ बँटाते ही हैं। अत: जब बच्चे सूत कातेंगे और कृषि-कार्यों में अपने माता-पिता की सहायता करेंगे तो उनमें यह भावना भी आ जाएगी कि वे अपने माता-पिता के ही नहीं हैं वरन् ग्राम तथा देश का भी उन पर अधिकार है और उन्हें उनका ऋण भी चुकाना चाहिए। यही एक मार्ग है। यदि वे अपने श्रम से अपनी शिक्षा का व्यय चुकावेंगे तो आत्मनिर्भर तथा साहसी होंगे। यही पद्धति हिन्दू, मुस्लिम, पारसी, ईसाई सभी के लिये होगी। लोग पूछते हैं कि मैं धार्मिक शिक्षा पर बल क्यों नहीं देता? मेरा कहना है कि मैं तो उन्हें स्वावलम्ब का व्यावहारिक धर्म सिखा रहा हूँ।"

"मेरी समझ में इस शिक्षा की कुशलता की कसौटी इसे स्वावलम्बी बनाना है। सात वर्ष के बाद बच्चों को अपनी शिक्षा पर किया गया व्यय चुका देना चाहिए और स्वयं कमाऊ बन जाना चाहिए।"

"कॉलेज-शिक्षा अधिकांशतया नगरों का प्रश्न है। मैं यह तो न कहूँगा कि प्रारम्भिक शिक्षा के समान यह भी पूर्णतया असफल सिद्ध हुई है किन्तु फिर भी फल यथेष्ट मात्रा में निराशाजनक हैं। एक भी ग्रैजुएट बेकार क्यों रहे?"

"यदि हम साम्प्रदायिक विद्वेष अन्तर्राष्ट्रीय झगड़ों को मिटाना चाहते हैं तो हमें नींव सुदृढ़ तथा शुद्ध रखनी चाहिए और उसके लिए नई पीढ़ी को मेरी योजना के अनुसार शिक्षा मिलनी चाहिए। इस योजना का आधार अहिंसा है। हमें अपने बच्चों को अपनी संस्कृति, अपनी सभ्यता और अपनी राष्ट्रीय प्रतिभा का यथार्थ प्रतिनिधि बनाना है। यह उन्हें स्वावलम्बी प्रारम्भिक शिक्षा दिये बिना असम्भव है। यूरोप का आदर्श हमारे लिये अनुपयुक्त है क्योंकि वहाँ की सभ्यता हिंसा और बेजा लाभ उठाने (Exploitation) पर निर्धारित है। हम बेजा लाभ उठाने की बात न तो सोच सकते हैं और न सोचेंगे। अत: अहिंसा पर आश्रित शिक्षा के अतिरिक्त हमारे पास कोई चारा नहीं है।"

वर्धा सम्मेलन में पारित प्रस्ताव (Resolution Passed in Wardha): 1. राष्ट्र के प्रत्येक बच्चे को 7 वर्ष तक नि:शुल्क एवं अनिवार्य शिक्षा प्रदान की जाए। 2. शिक्षा का माध्यम मातृभाषा हो। 3. इस सम्पूर्ण काल में शिक्षा किसी हस्तकला अथवा उत्पादक कार्य के माध्यम से दी जाए। अन्य विषय इस केन्द्रीय कार्य से संबंधित किए जाएँ। बच्चों की सभी योग्यताओं का विकास अथवा उनको दिया जाने वाला शिक्षण उनके पूर्ण वातावरण से संबंधित हो। 4. सम्मेलन को आशा है कि धीरे-धीरे शिक्षा की इस प्रणाली से शिक्षकों का वेतन निकलने लगेगा।

19.9 जाकिर हुसैन समिति 1937-38 की रिपोर्ट (Zakir Husain Committee's Report)

जाकिर हुसैन समिति के नौ सदस्य थे। समिति ने बेसिक शिक्षा को उपयुक्त मानकर संस्तुतियाँ दीं।

जैसा कि पहले लिखा जा चुका है जाकिर हुसैन समिति के प्रतिवेदन को कांग्रेस के हरिपुरा अधिवेशन (Haripura Session) में रखा गया और उसमें स्वीकृति की मुहर लग गई। इस प्रकार देश ने इस समिति के प्रतिवेदन को स्वीकार कर लिया।

वर्धा शिक्षा योजना द्वारा स्वीकृत योजना (Scheme Adopted by Wardha Scheme of Education): 1. *पाठ्यक्रम* (***Curriculam***): वर्धा शिक्षा योजना में नीचे लिखे पाठ्य-विषयों का समावेश किया गया है–

1. *हस्तोद्योग*: कातना, बुनना, गत्ते का काम, चमड़े का काम, काष्ठ-कर्म, फल-सब्जियाँ उगाना, खेतीबाड़ी अथवा स्थानीय भौगोलिक परिस्थितियों के अनुसार कोई भी अन्य हस्तोद्योग जिसमें शिक्षा देने की सम्भावनाएँ हों। 2. मातृभाषा। 3. सामाजिक अध्ययन (इतिहास, भूगोल तथा नागरिकशास्त्र)। 4. सामान्य विज्ञान (वनस्पति-ज्ञान, पशु-विज्ञान, शरीर-विज्ञान तथा स्वास्थ्य-विज्ञान का सम्मिलित पाठ्यक्रम)। 5. अंकगणित। 6. संगीत। 7. चित्रांकन। 8. हिन्दुस्तानी। 9. गृह-विज्ञान।

इस शिक्षा योजना के अनुसार पाँचवीं कक्षा तक सह-शिक्षा होगी। अतएव इस प्रक्रम तक बालकों और कन्याओं का पाठ्यक्रम एक-जैसा रहेगा। छठी कक्षा से पाठ्यक्रम में परिवर्तन आयेगा और कन्याओं के पाठ्यक्रम में गृह-विज्ञान को सम्मिलित कर लिया जाएगा।

समय सारणी (Time Table)

बुनियादी पाठशालाओं की दैनिक समय सारणी इस प्रकार है–

विषय	*समय*
1. हस्तोद्योग	3 घण्टे 20 मिनट
2. मातृभाषा	40 "
3. संगीत, चित्रांकन तथा अंकगणित	40 "
4. सामाजिक अध्ययन तथा सामान्य विज्ञान	30 "
5. शारीरिक शिक्षा	10 "
6. खेलकूद	10 "
	कुल समय = 5 घण्टे, 30 मिनट

वर्धा शिक्षा योजना के पाठ्यक्रम में कालान्तर में परिवर्तन (Changes in Curriculum of Wardha Education Scheme in Due Course): समय-समय पर परिवर्तनों के पश्चात् निम्नलिखित पाठ्यक्रम अपनाया गया:

विषय	*समय*
1. शारीरिक क्रियाएँ	20 मिनट
2. मातृभाषा	40 मिनट
3. सामाजिक ज्ञान तथा सामाजिक विज्ञान	60 मिनट
4. कला	40 मिनट
5. गणित	20 मिनट
6. हस्तकला तथा उससे सम्बन्धित विषय	150 मिनट
कुल समय	330 = 5 ½ घण्टे

2. *अनिवार्य निःशुल्क शिक्षा*: 8 वर्ष की अनिवार्य तथा निःशुल्क शिक्षा।

3. *प्राथमिक शिक्षा के स्तर*: प्राथमिक स्तर–कक्षा I से V; मिडिल स्तर–कक्षा VI–VII।

4. *शिक्षा का माध्यम*: मातृभाषा

5. *शिक्षा का आधार*: (1) हस्तकला, (2) बालक का सामाजिक वातावरण, (3) बालक का भौतिक वातावरण।

6. *आत्म निर्भरता*: आत्म निर्भरता पर विशेष बल न देना परन्तु छात्रों द्वारा बनायी गई वस्तुओं की बिक्री से शिक्षा व्यय का कुछ भाग पूरा किया जाना।

7. *परीक्षा*: कक्षा का आधार छात्रों का दैनिक कार्य बनाना।

8. *पाठ्यपुस्तकें*: यथा सम्भव पाठ्यपुस्तकों के प्रयोग को कम से कम करना।

9. *अन्य क्रियाकलाप*: सफाई, स्वास्थ्य, नागारिकता, खेल तथा मनोरंजन।

19.10 बेसिक शिक्षा का मूल्यांकन (Evaluation of Basic Education)

बेसिक शिक्षा के गुण-दोषों की समीक्षा नीचे दी जा रही है।

19.11 बेसिक शिक्षा के सिद्धान्त/गुण (Tenets of Basic Education/Merits)

1. *सम्पूर्ण शिक्षा का सिद्धान्त* (*Principle of All Round Education*): बुनियादी तालीम में शिक्षा को सम्पूर्ण ज्ञान माना गया है। समस्त शिक्षा का पाठ्यक्रम तीन पहलुओं पर आधारित है–भौतिक वातावरण, सामाजिक वातावरण और हस्तकला कार्य।

2. *शिक्षा का जीवन से जोड़ने का सिद्धान्त* (*Principle of Education Linking with Life*): बुनियादी स्कूल का वातावरण सामाजिक जीवन के वातावरण से भिन्न नहीं है। शिक्षा का सम्बन्ध जीवन की आवश्यकताओं से है।

3. *नागरिकता के प्रशिक्षण का सिद्धान्त* (*Principle of Training in Citizenship*): बुनियादी तालीम का उद्देश्य क्रियात्मक क्रियाओं द्वारा बालकों में सद्भावना, सहयोग, नागरिकता के गुण, व्यक्तिगत उत्तरदायित्व और निपुणता जैसे मूल्य उत्पन्न करना है।

4. *छात्र केन्द्रित शिक्षा का सिद्धान्त* (*Principle of Child Centred Education*): बुनियादी तालीम बालक को शिक्षा का आधार मानती है इसलिए उसकी आवश्यकताओं का अध्ययन करना और उसे उन्हें उपलब्ध कराना स्वीकार किया है। रूसो, पैस्टोलोजी, फ्रोबेल, हरबर्ट, ड्यूवी जैसे महान् शिक्षाशास्त्रियों ने भी शिक्षा में इस बात पर बल दिया है कि बच्चों की आवश्यकताओं और रुचियों को विशेष महत्त्व दिया जाए।

5. *क्रिया द्वारा शिक्षा का सिद्धान्त* (*Principle of Learning by Doing/Activity*): क्रिया द्वारा शिक्षा बुनियादी तालीम का आधार है। यह सोचना भारी भूल है कि पुस्तकों से ही शिक्षा प्राप्त होती है। ज्ञान-प्राप्ति में दूसरी प्रणालियाँ और साधन अधिक सहायक होते हैं। गांधी जी का विश्वास था कि स्कूल क्रियात्मक होना चाहिए। बुनियादी तालीम में बच्चे एक महत्त्वपूर्ण और उद्देश्यपूर्ण क्रिया के साथ औपचारिक विषयों का ज्ञान भी प्राप्त करते हैं।

6. *बुनियादी तालीम में हस्तकला द्वारा शिक्षा का सिद्धान्त* (*Principle of Education through Craft*): हस्तकला बुनियादी तालीम का माध्यम है। गाँधी जी ने कहा है कि मेरा हस्तकला सिखाने का सुझाव केवल उत्पादकता बढ़ाने के लिए नहीं है वरन् इसके द्वारा

बालकों की अभिरुचियों को विकसित करना है। उनके विचारानुसार समस्त शिक्षा का आधार हस्तकला अथवा उद्योग होना चाहिए।

7. *आत्मनिर्भर शिक्षा का सिद्धान्त* (*Principle of Self Sufficiency in Education*): इस योजना का एक गुण सीखने के साथ आय प्राप्त करना भी है। भारत जैसे निर्धन देश में बुनियादी तालीम के 'आत्मनिर्भर' तत्त्व का स्कूलों में एक महत्त्व है। स्कूलों को बिना आत्मनिर्भर बनाए संविधान में प्रस्तावित अनिवार्य और नि:शुल्क शिक्षा की व्यवस्था कठिन प्रतीत होती है।

8. *आठ वर्ष की अनिवार्य और नि:शुल्क शिक्षा का सिद्धान्त* (*Principle of Compulsory and Free Education*): अनिवार्य और नि:शुल्क शिक्षा का अर्थ है कि माता–पिता को कोई शुल्क नहीं देना होगा और वे बच्चों को स्कूल भेजेंगे।

गाँधीजी ने लिखा है कि प्राथमिक शिक्षा का समय सात वर्ष होगा और इसका स्तर अंग्रेजी को छोड़कर मैट्रिक के बराबर होगा। बाद में यह समय 8 वर्ष कर दिया गया।

9. *मातृभाषा को शिक्षण का माध्यम बनाने का सिद्धान्त* (*Priciple of Teaching through Mother Tongue*): गाँधीजी ने कहा था कि मातृभाषा द्वारा ही उचित शिक्षा दी जा सकती है। विदेशी भाषा के माध्यम द्वारा हम मौलिक कार्यों के अयोग्य हो जाते हैं। इससे केवल हम रटना और अंकगणित करना ही सीखते हैं। जब तक मनुष्य मातृभाषा में प्रभावपूर्ण लिखना और बोलना नहीं सीखता, उसके विचारों में स्पष्टता नहीं आती। इसके द्वारा ही बालक को गौरवपूर्ण अतीत की जानकारी कराई जाती है। इस प्रकार उसे सामाजिक शिक्षा मिलती है, जिसके द्वारा नैतिक गुणों का विकास होता है। इतना ही नहीं, मातृभाषा अपने भावों को व्यक्त करने का एक अच्छा साधन है।

10. *अध्यापक और बालक को अधिक स्वतंत्रता का सिद्धान्त* (*Principle of Adequate Freedom to the Child and the Teacher*): बुनियादी तालीम में अनुशासन का अर्थ भय नहीं है वरन् स्वतन्त्रता का उचित प्रयोग करना है। अध्यापक को स्वयं सोचने और प्रयोग करने के अधिक अवसर मिलते हैं और इस प्रकार वह अपने विचारों और योजनाओं को क्रियात्मक रूप दे सकता है।

11. *'बुनियादी तालीम सभी वर्गों के लिए' का सिद्धान्त* (*Principle of Basic Education for All Sections*): बुनियादी तालीम का उद्देश्य एक ऐसे समाज का निर्माण करना है जिसमें गरीब–अमीर का अन्तर नहीं होगा।

12. *ग्रामीण और नगर क्षेत्रों में बुनियादी तालीम का सिद्धान्त* (*Principle of Basic Education for the Rural and Urban Areas*): यह सोचना भूल है कि बुनियादी तालीम गाँव के लिए है। बुनियादी तालीम राष्ट्रीय शिक्षा प्रणाली है। इसके अन्तर्गत गाँव और नगर दोनों ही आते हैं। स्थानीय परिस्थितियों और आवश्यकताओं को ध्यान में रखकर हस्तकला निश्चित की जा सकती है और इसके ही कारण विभिन्न क्षेत्रों का पाठ्यक्रम भिन्न हो सकता है।

19.12 जाकिर हुसैन रिपोर्ट के अनुसार बेसिक शिक्षा की विशेषताएँ (Characteristics of Basic Education According to the Report of Zakir Hussain Committee)

मनोविज्ञान की दृष्टि से (Psychologically) यह (योजना) सर्वथा वांछनीय है;

क्योंकि यह बालक को उस विशुद्ध विद्यालयी तथा सैद्धान्तिक शिक्षण के अत्याचार से उबार लेती है जिसका विरोध बालक की सक्रिय प्रकृति सदा करती है।

सामाजिक (Socially) दृष्टिकोण से विचार करने पर पता लगता है कि शिक्षा में ऐसे व्यावहारिक उत्पादन कार्य का सूत्रपात, जिसमें कि राष्ट्र के सभी बालक हिस्सा लें, शारीरिक तथा बौद्धिक श्रमिकों के मध्य वर्तमान दोनों के लिए एक समान हानिकारक पक्षपातपूर्ण बाधाओं को दूर करने में सहायक होगा।

आर्थिक दृष्टिकोण से (Economic Point of View) विचार करने पर पता चलता है कि इस योजना को बुद्धिपूर्वक और विलक्षणता से कार्यान्वित करने पर हमारे श्रमिकों की उत्पादनशीलता में वृद्धि होगी और वे अपने खाली समय का उपयोग लाभदायक ढंग से कर सकेंगे।

विशुद्ध शैक्षणिक (Educationally) दृष्टि से सोचा जाए तो किसी महत्त्वपूर्ण हस्तशिल्प को शिक्षा का आधार बनाकर बालकों द्वारा अर्जित ज्ञान को अपेक्षतया अधिक प्रभावी और यथार्थ बनाया जा सकता है। इस प्रकार अर्जित ज्ञान का जीवन से सम्बन्ध स्थापित हो जाएगा और इसके विभिन्न पहलू परस्पर सम्बद्धित होंगे।

19.13 बुनियादी शब्द का महत्त्व/बुनियादी शिक्षा का नामकरण (Importance of Basic System/Its Nomenclature)

बुनियादी शब्द का आधार अथवा नींव है; जिस पर भवन अथवा सिद्धान्त अथवा प्रणाली का निर्माण किया जाता है।

यह बुनियादी है क्योंकि इसका आधार प्राचीन भारतीय सभ्यता है।

यह बुनियादी है क्योंकि यह शिक्षा का न्यूनतम स्तर निश्चित करती है जिसे प्राप्त करने का अधिकार प्रत्येक भारतीय बालक को है।

यह बुनियादी है क्योंकि इसका सम्बन्ध बालक की मूल आवश्यकताओं और अभिरुचियों से है।

यह बुनियादी है क्योंकि यह स्थानीय साधनों का प्रयोग करती है।

यह बुनियादी है क्योंकि इसका सम्बन्ध समाज के व्यवसायों से है।

यह बुनियादी है क्योंकि इसका सम्बन्ध देश के साधारण लोगों से है जो राष्ट्रीय जीवन का आधार हैं।

यह बुनियादी है क्योंकि इसका स्थान प्रथम है। इसका अर्थ प्राथमिक शिक्षा अर्थात् शिक्षा क्षेत्र का प्रथम चरण है।

19.14 बुनियादी तालीम की आलोचना (Criticism of Basic System of Education)

1. *मनोवैज्ञानिक सिद्धान्तों पर आधारित न होना* (*Not Based on Psychological Principles*): कुछ विद्वानों के विचार में बेसिक शिक्षा में बालक के मानसिक विकास से सम्बन्धित कोमल और महत्त्वपूर्ण सिद्धान्तों की अवहेलना की गई है। बालक को एक सिपाही अथवा सैनिक के रूप में समझा गया है। उसके महत्त्वपूर्ण व्यक्तित्व की अवहेलना की गई है। उसे एक उद्देश्य की पूर्ति में साधन समझा गया है। वह उद्देश्य जीविका कमाना है।

2. *समन्वय का आधार हस्तकला एक अस्वाभाविक कार्य* (*Unnatural Correlation with Craft*): किसी भी सुदृढ़ शिक्षा प्रणाली में हस्तकला द्वारा पाठ्यक्रम के सभी विषयों का सम्बन्ध स्थापित करना एक अस्वाभाविक कार्य है। अध्यापन प्रभावपूर्ण होना चाहिए। इसलिए इसका सम्बन्ध बालक के निजी अनुभवों से होना चाहिए। अतः यह भारी भूल है कि समस्त ज्ञान का केन्द्र हस्तकला रखा जाए।

3. *आदर्श धार्मिक गुणों की अवहेलना* (*Disregard of Religious Values*): हमारे राष्ट्रीय आदर्शों के अनुसार शिक्षा का आधार धर्म होना चाहिए और इसे धारण करना उद्देश्य होना चाहिए। हस्तकला पर आधारित शिक्षा हमारे प्राचीन धार्मिक आदर्शों के विपरीत है।

4. *औद्योगिक समय में बुनियादी तालीम की अनुपयुक्ता* (*In-appropriate in Industrial Age*): पंचवर्षीय योजना और सरकार की समस्त नीतियाँ औद्योगीकरण की हैं। ऐसी स्थिति में बुनियादी तालीम के लिए प्रयत्न करना अनावश्यक है। हमारी शिक्षा प्रणाली का एक उद्देश्य राष्ट्र का आर्थिक विकास करना है। अतः ऐसे देश में जहाँ सामूहिक आर्थिक विकास करना है वहाँ हस्तकला पर जोर देना बड़ी भूल है।

5. *हानिकारक प्रतियोगिता* (*Ruinous Competition*): इस योजना में प्रतियोगिता द्वारा कुशल कलाकारों को हानि होगी।

6. *बुनियादी स्कूलों का असफल कार्य* (*Inefficient Functioning of Basic Schools*): यांत्रिक गणित और शब्द अभ्यास की हानि हो रही है।

7. *बालक की अवहेलना* (*Neglect of the Child*): हस्तकला की ओर अधिक ध्यान देने के कारण बालक की अवहेलना की जाती है। बुनियादी तालीम को एक आर्थिक कार्य का माध्यम समझा जाता है।

8. *दूषित कार्य-विवरण* (*Defective Time Table*): बुनियादी स्कूलों में लगभग आधा समय विषय शिक्षण में लगता है और शेष हस्तकला को दिया जाता है। अधिकतर कार्यतालिका में शिक्षण कार्य को समय हस्तकला के बाद दिया जाता है, जिसका परिणाम यह होता है कि हस्त का कार्य सीख कर छात्र थक जाते हैं और वे शिक्षण-कार्य में रुचि नहीं ले पाते हैं।

9. *साहित्य और अन्य जानकारियों पर बहुत कम स्थान है* (*Very Little Time for Literary Work*): साहित्य और दूसरे महत्त्वपूर्ण विषयों को दूसरा स्थान दे दिया जाता है।

10. *किसी भी हस्तकला में निपुणता का न आना* (*Little Scope for Developing Skills in Some Craft*): विद्यार्थी लगभग स्कूल कार्य का आधा समय हस्तकला सीखने में लगाते हैं, फिर भी वे किसी भी कला में निपुण नहीं होते हैं।

बुनियादी तालीम से सम्बन्धित कुछ व्यंग्यात्मक विशेषण (Sarcastic Remarks on Basic Education): 1. बुनियादी तालीम एक भूल है। इसके कोई मनोवैज्ञानिक और अध्यापन सिद्धान्त नहीं हैं। 2. बुनियादी तालीम एक भुलावा है। इसके सिद्धान्त त्रुटिपूर्ण हैं और ठीक प्रकार से नहीं समझे गए हैं। 3. बुनियादी तालीम एक तमाशा है। योजना प्रयोगात्मक नहीं है। इसमें हस्तकला का सामान 'दिखावे' के लिए एकत्रित किया जाता है। जब अतिथि आते हैं तो सामान का प्रदर्शन किया जाता है। 4. बुनियादी तालीम एक धोखा है। इसे कुछ लोगों ने साधारण जनता पर थोपने का प्रयास किया है।

5. बुनियादी शिक्षा राजनीतिक चाल है जिसके माध्यम से राष्ट्रीय भावनाओं से खिलवाड़ किया गया है।

19.15 वर्धा शिक्षा योजना का कार्यान्वयन (Implementation of Wardha System of Education)

प्रान्तों में कांग्रेस मन्त्रिमण्डल (1937-39) तथा वर्धा शिक्षा प्रणाली: भारत सरकार अधिनियम 1935 के प्रावधानों के अन्तर्गत प्रान्तीय विधानसभाओं के 1937 में चुनाव कराए गए। चुनावों में कांग्रेस की उपलब्धि बहुत अच्छी रही। उस समय भारत 11 प्रान्तों में बँटा हुआ था। सात प्रान्तों, अर्थात् मद्रास (चैन्नई), बम्बई (मुम्बई), बिहार, उड़ीसा, मध्य प्रान्त, यू.पी. तथा पश्चिमोत्तर सीमान्त प्रान्त, में कांग्रेस मन्त्रिमण्डल बने। असम और सिंध में उसने मिले-जुले मंत्रिमण्डल बनाए। पंजाब तथा बंगाल में गैर कांग्रेसी मंत्रिमंडल बने। कांग्रेस मंत्रिमण्डलों ने लगभग 27 माह तक काम किया। वर्धा शिक्षा के क्षेत्र में उल्लेखनीय कार्य किया। 1939 में द्वितीय महायुद्ध आरम्भ हुआ। तीन सितम्बर 1939 को ब्रिटिश सरकार ने जर्मनी के विरुद्ध युद्ध की घोषणा कर दी। यह घोषणा करते समय ब्रिटिश सरकार ने कांग्रेस से विचार-विमर्श नहीं किया। अत: नवम्बर 1939 में कांग्रेस मंत्रिमण्डलों ने त्यागपत्र दे दिया।

स्वतन्त्र भारत में बेसिक शिक्षा का विकास (Progress of Basic Education in Free India): देश की स्वतन्त्रता के पश्चात् देश में कांग्रेस सरकारों का गठन हुआ। स्वभावत: बेसिक शिक्षा को बल मिला। प्राथमिक स्तर पर बेसिक शिक्षा को राष्ट्रीय शिक्षा प्रणाली का एक अभिन्न अंग माना गया। महात्मा गाँधी द्वारा प्रतिपादित विचारधारा में कुछ परिवर्तन किये गये, विशेष रूप से शिक्षा को 'स्वावलम्बन बनाने' में। यह पद्धति लागू करने के लिए उचित तैयारी भी न की गई। बेसिक शिक्षा के नाम पर प्रचुर धनराशि कुछ क्षेत्रों में दी गई परन्तु उस का भरपूर दुरुपयोग होने लगा। "रातों-रात परम्परागत प्राथमिक स्कूलों के साइनबोर्ड बदल दिए गए तथा उन्हें बेसिक स्कूलों का नाम दिया जाने लगा।" बेसिक शिक्षा संबंधी विवादों पर विचार के लिए कई सेमिनार आयोजित किए गए। कई समितियों द्वारा समीक्षा की गई। परन्तु उचित ढंग से बेसिक शिक्षा को व्यावहारिक रूप न दिया जा सका।

पहली चार पंचवर्षीय योजनाओं में बेसिक शिक्षा में कुछ प्रगति हुई परन्तु 1964-66 शिक्षा आयोग की रिपोर्ट के बाद बेसिक शिक्षा को बहुत धक्का लगा। कुछ विचारकों ने तो इस रिपोर्ट को 'बेसिक शिक्षा का मृत्यु पत्र (Death Warrant)' कहा।

उपसंहार: वर्धा योजना भरसक प्रयत्न करने पर भी सफल न हो पायी। अब इसका उल्लेख केवल पुस्तकों तक ही सीमित रह गया है।

बुनियादी तालीम में निहित 'कार्य अनुभव' (Work Experience) को किसी न किसी रूप में अब शिक्षा का अभिन्न अंग मान लिया गया है। यही बुनियादी तालीम की देन है।

शिक्षा में विषयों तथा कार्यों में सह-सम्बन्ध (Correlation) पर बल देना नई तालीम की दूसरी देन है।

19.16 गाँधी जी की शिक्षा क्षेत्र को देन—कुछ विचार (Contribution of Gandhiji to Education)

व्यस्क शिक्षा के क्षेत्र में गाँधीजी के विशिष्ट योगदान के सन्दर्भ में कहा गया

है–"आज के युग में न केवल भारत में ही अपितु समग्र संसार में ही वे वयस्क शिक्षा के क्षेत्र में सबसे बड़े कार्यकर्त्ता थे।"

प्रो. कबीर के शब्दों में, "राष्ट्र के लिए गाँधीजी की अनेक देनों में से नई शिक्षा के प्रयोग की देन सबसे महान् है। यह छात्रों को सहयोग, प्रेम और सत्य के आधार पर एक समुदाय के रूप में रहने की शिक्षा देकर नये समाज के लिए नागरिकों को तैयार करने का प्रयत्न करती है।"

जाकिर हुसैन समिति के अनुसार, "गाँधीजी ने अपनी शिक्षण-विधि में सहयोगी क्रिया, नियोजन, यथार्थता, चहलकदमी और व्यक्तिगत उत्तरदायित्व पर बल दिया है।"

ग्रीन का कथन है, "पेस्टोलॉजी वर्तमान शिक्षा सिद्धान्त तथा व्यवहार का प्रारम्भिक बिन्दु था। यह बात पाश्चात्य शिक्षा के क्षेत्र में सत्य हो सकती है। गाँधीजी के शिक्षा सम्बन्धी विचारों का निष्पक्ष अध्ययन इस बात को सिद्ध करता है कि वे पूर्व में शिक्षा सिद्धान्त और व्यवहार के प्रारम्भिक बिन्दु हैं।"

डॉ. एम.एस. पटेल ने गाँधीजी की शिक्षा क्षेत्र की देन के बारे में लिखा है, "गाँधीजी ने उन महान् शिक्षकों तथा उपदेशकों की गौरवपूर्ण मण्डली में अनोखा स्थान प्राप्त किया है, जिन्होंने शिक्षा के क्षेत्र को नयी ज्योति प्रदान की है।"

डॉ. एम.एस. पटेल एक अन्य स्थान पर लिखते हैं–"उनका शिक्षा-दर्शन अपनी योजना में प्रकृतिवादी, अपने उद्देश्य में आदर्शवादी और अपने कार्यक्रम और कार्य-विधि में प्रयोजनवादी है। शिक्षा-दार्शनिक के रूप में गाँधीजी की वास्तविक महानता इस बात में है कि उनके दर्शन में प्रकृतिवाद, आदर्शवाद और प्रयोजनवाद की मुख्य प्रवृत्तियाँ अलग और स्वतन्त्र नहीं हैं, वरन् मिलकर एक हो गयी हैं।"

20

गिजूभाई बधेका (1885–1939)
(Giju Bhai Badheka)

20.1 गिजूभाई वधेका का संक्षिप्त जीवन चरित्र (Brief Life Sketch of Giju Bhai Badheka)

गिजूभाई बधेका का पूरा नाम गिजूभाई गिरजाशंकर था। परन्तु वे गिजूभाई बधेका के नाम से लोकप्रिय हुए। भारत में पूर्व प्राथमिक शिक्षा के क्षेत्र में नए सिद्धान्त तथा विधियाँ निर्माण करने वाले वे पहले शिक्षाविद् थे। उनका जन्म 15 नवम्बर, 1885 को गुजरात में हुआ। कुछ वर्षों तक गिजूभाई ने वकालत की। तत्पश्चात् उनका सारा जीवन–सन् 1916 से मृत्यु तक–अर्थात् 1939 तक शिक्षा के क्षेत्र में व्यतीत हुआ।

सन् 1916 तथा 1920 तक वे विनय मन्दिर (हाई स्कूल) के मुख्याध्यापक रहे। इस अवधि में उन्होंने अध्यापकों तथा छात्रों का निकटता से अवलोकन किया। तद्पश्चात् उन्होंने अपने पद से त्यागपत्र देकर तीन वर्ष की आयु के बच्चों के लिए 'बाल मन्दिर' की स्थापना की।

धीरे-धीरे गुजरात में इस पद्धति पर अनेक बाल मन्दिर स्थापित किए गए।

20.2 बाल मन्दिर का सार (Essence of Bal Mandir)

मन्दिर को पूजा का स्थान माना जाता है। इसलिए बाल मन्दिर को 'बच्चे की पूजा का स्थान'।

गिजूभाई ने एक नए नारे का सूत्रपात किया 'बालादेव भव' जिसका अर्थ है बालक की पूजा।

गिजूभाई ने जॉन लॉक, रूसो, पेस्टोलोजी, फ्रोबेल, टालस्टाय, माँटेसरी, नील, स्वामी विवेकानन्द तथा गाँधीजी समेत देश-विदेश के ख्याति प्राप्त शिक्षाविदों के शिक्षा सिद्धान्तों का अध्ययन किया। स्थानीय वातावरण तथा वर्तमान आवश्यकताओं के परिप्रेक्ष्य में न केवल देखा, परखा, अपितु मनोविज्ञान के सूत्रों के आधार पर उनकी मीमांसा की। उनसे प्रेरणा भी ली परन्तु उस प्रकाश को तथा प्रेरणा को उन्होंने अपनी खुद की मौलिकता, खुद की निर्भीकता एवम् खुद के आत्मविश्वास से एक नया रूप दिया।

20.3 गिजूभाई का शिक्षा दर्शन (Educational Philosophy of Giju Bhai)

गिजूभाई के शिक्षा दर्शन को एक पवित्र शब्द 'स्वर्ग' (Heaven) में व्यक्त किया जाता है। स्वर्ग का अर्थ है–आनन्दमय जीवन।

गिजूभाई ने अपने भावों को इस प्रकार व्यक्त किया है:

- स्वर्ग बालक के सुख में है (Heaven is in the happiness of the child)।
- स्वर्ग बालक के स्वास्थ्य में हैं। (Heaven is in the health of the child)।
- स्वर्ग बालक के आनन्द में है। (Heaven is in the pleasure of the child)।
- स्वर्ग बालक के खेलप्रिय भोलेपन में है (Heaven is in the playful innocence of the child)।
- स्वर्ग बालक के गाने तथा गुनगुनाने में है। (Heaven is in the songs and humming of the child)।

20.4 गिजूभाई बालकों के भगवान के अवतार के रूप में अथवा औलिया के रूप में (Giju Bhai as the Messenger of the God for Children)

औलिया वे महापुरुष होते हैं जो भगवान की खोज में सभी कुछ छोड़ देते हैं। बिल्कुल ऐसा ही सहज वैराग् गिजूभाई ने बाल-शिक्षण के लिए धारण कर रखा था। ऐसी धूनी रमाई कि बालशिक्षण के सिवा कोई दूसरा जाप नहीं। बालकों के साहित्य, बालकों की क्रीड़ा, बालकों का आरोग्य, बालकों की भाषा, गणित, कला-कारीगरी, सभी कुछ बालक ही बालक। जैसे भगवान को छोड़कर औलिया किसी और को नहीं देखता बस वही भाव गिजूभाई का था बाल शिक्षण और बाल विकास के लिए।

गिजूभाई का अवलोकन, उनका चिन्तन, उनकी क्रियाएँ, उनकी लेखनी, उनकी वाणी–सभी कुछ बालक के निमित थी तथा बालकेन्द्रित थी।

गिजूभाई बालकों के गाँधी (Giju Bhai as the Gandhi of Children): स्वयं महात्मा गाँधी गिजूभाई की प्रतिभा को मानते थे और आदर करते थे। जिस प्रकार गाँधी जी ने देशवासियों और विशेषकर गाँवों में रहने वालों के लिए कार्य किया, उसी प्रकार गिजूभाई ने गाँवों और गलियों में भटकने वाले बालक जो अभावग्रस्थ व साधनहीन माताओं-पिताओं की विवशतावश शिक्षा से वंचित थे, उनके लिए बाल मन्दिर स्थापित किए। उन्हें जीवन में एक नयी दिशा दी। उनके लिए नए संसार की परिकल्पना की। उनके लिए अनेक विद्यामन्दिरों की स्थापना की तथा उन्हें पूजा का स्थान दिया।

20.5 प्रचलित पाठशालाओं/विद्यालयों का भयानक वातावरण (Fearful Environment of Contemporary Schools)

गिजूभाई ने लिखा था–"हमारी शाला शिक्षण भूमि नहीं थी। वह क्रीड़ांगन नहीं थी, नाट्यशाला नहीं थी। संग्रहालय भी नहीं थी। न कला मन्दिर था न बगीचा। टूटी-फूटी चार दीवारें, मैला-कुचैला उखड़ा हुआ फर्श, दागों से भरी बेंचें, फटी हुई किताबों और टूटी पट्टियों वाले हम, और डण्डा हाथ में लिए घूमते हमारे शिक्षक–यह हमारी शाला थी। और पढ़ाई, यानी सूचनाएँ, सूचनाएँ, सूचनाएँ, ज्ञान, ज्ञान, ज्ञान।"

20.6 गिजूभाई के शैक्षिक सिद्धान्त (Educational Principles of Giju Bhai)

शिक्षा में गिजूभाई ने जिन विचारों का तथा सिद्धान्तों का सूत्रपात किया तथा जिन्हें व्यवहार में ढालकर जाँचा-परखा था, वे सिद्धान्त वर्तमान सन्दर्भों में भी क्रान्तिकारी ठहरते हैं। वे सिद्धान्त इस प्रकार हैं:

1. बालक के व्यक्तित्व को सम्मान देना।
2. 'सिखाने' के स्थान पर 'सीखने' की प्रक्रिया पर बल देना।
3. क्रिया द्वारा बालक को अनुभव प्राप्त कराना तथा उसके द्वारा ही उसके शरीर, मन, बुद्धि एवं भावनाओं का विकास करना।
4. बालक के स्व-स्फुरण को महत्त्व देना।
5. शिक्षण प्रक्रिया में बालक को पूर्ण स्वतन्त्रता देना।
6. भय तथा तनाव से मुक्त वातावरण प्रदान करना।
7. बालकों को जरूरतों, जिज्ञासाओं, मनोवृत्तियों, मनोव्यथाओं और कुतूहल-वृत्तियों पर उचित ध्यान देना।
8. अध्यापक तथा माता-पिता द्वारा छात्रों के साथ मनोविज्ञान पर आधारित बर्ताव करना।

गिजूभाई के शैक्षिक सिद्धान्तों की झलक उनकी पुस्तक '*प्राथमिक स्कूल में शिक्षा*' में इस प्रकार मिलती है:

1. "विद्यालय नामक संस्था केवल अच्छे, भले, बुद्धिमान बालकों के लिए ही नहीं है अपितु हर तरह के बालकों के लिए है।"
2. "आज का समाज एक अँधेरे कुएँ में पड़ा सड़ रहा है। उसे वहाँ से बाहर निकालकर स्वच्छ करना और उसका कल्याण करना शिक्षा-शास्त्रियों का परम धर्म है।"
3. "विद्यालयों का यह उद्देश्य होना चाहिए कि शिक्षा के माध्यम से प्रत्येक मनुष्य को समान अधिकार प्राप्त हों।"
4. "जिसे हम बालक का ऊधम मचाना कहते हैं वह अधिकतर तो हमारी शिक्षा-पद्धति के प्रति बालक का व्यक्तिगत विद्रोह होता है।"

"*माता-पिता के प्रश्न*" नामक पुस्तक में गिजूभाई ने कुल 52 प्रश्नों का उत्तर दिया है। ये 52 प्रश्न माता-पिता द्वारा झेली गई इन विभिन्न प्रकार की समस्याओं से संबंध रखते हैं जो कि स्कूल जाने वाले अथवा न जानेवाले बच्चों के बारे में सामान्य परिवारों में उठा करती हैं। माता-पिता को प्रश्नों का उत्तर देने में गिजूभाई ने मनोविज्ञान एवं अध्यात्म का संतुलन साधा है। पुस्तक में से कुछ विचार यहाँ दिए जा रहे हैं:

1. "झूठ का मूल है भय। सबसे पहला काम है बालक को उस भय से मुक्त कराना।"
2. "बालकों को इस नन्हीं आयु में ललचा-फुसलाकर या डरा-धमकाकर नियन्त्रण में रखने का प्रयास कदापि न करें। लालच भी उतना ही बुरा है, जितना दण्ड।"
3. "मेहमानों के सामने बालकों को गाने के लिए न कहें। ऐसा करने से बालक में अभिमान आ जाता है।"
4. "ट्यूशन लगाने से बालक के दिमाग की शक्ति कमजोर हो जाती है।"
5. "सृजनात्मक कार्यों में साथ-साथ लग जाने से बालक लड़ना-झगड़ना भूल जाते हैं।"

20.7 दक्षिणामूर्ति मन्दिर भावनगर, गुजरात बच्चों के संसार के रूप में अथवा बच्चों का मन्दिर (Dakshinmurti School Bhavnagar in Gujarat as Children's World or Children's Temple)

सन् 1920 में गिजूभाई ने हाईस्कूल का आचार्यपद छोड़कर दक्षिणामूर्ति बाल-मन्दिर की स्थापना की। आज भी यह संस्था उतनी ही प्रखरता व उत्कृष्टता से शिशु शिक्षा का अनुकरणीय उदाहरण बनी कार्यरत है।

भावनगर में महादेव के मन्दिर के पास की एक टेकड़ी पर सन् 1922 में बड़ा ही खूबसूरत बाल-मन्दिर निर्मित हुआ और उसी वर्ष कस्तूरबा गाँधी ने उसका उद्घाटन किया। कदाचित् भारत में बाल-शिक्षण के शुभारम्भ को यहीं से माना जाना चाहिए।

बाल-मन्दिर की निम्न विशेषताएँ हैं:

1. *बालक की पवित्रता*: बाल-मन्दिर में बालक को देवता के समान माना जाता था।

2. *बालकेन्द्रित शिक्षा*: बाल-मन्दिर की प्रत्येक गतिविधि बालक की रुचि तथा क्षमता आदि पर आधारित थी।

3. *स्नेहमय वातावरण*: बालकों को स्नेह से पढ़ाया-लिखाया जाता था।

4. *बालक की भागेदारी*: शिक्षण-अधिगम प्रक्रिया में बालक की भागेदारी सुनिश्चित की जाती थी।

5. *व्यावहारिकता*: बालक को व्यवहारिक शिक्षा दी जाती थी।

6. *स्वतन्त्रता का वातावरण*: दक्षिणामूर्ति बाल-मन्दिर में जहाँ बालक के स्वतन्त्र व्यक्तित्व को सम्मान देने की नीति प्रयुक्त की गई, वहीं स्वावलम्बन, स्वतन्त्रता, अनुशासन और बाल-अभिव्यक्ति पर सर्वाधिक बल दिया गया। कहना चाहिए कि यही बातें गिजूभाई के बाल-दर्शन की बुनियाद निर्मित करती हैं।

7. *सृजनात्मक पाठ्यक्रम*: बाल-मन्दिर में शिक्षण के मुख्य अंग थे: संगीत, इन्द्रियशिक्षण, शांति की क्रीड़ा, जीवन व्यवहार तथा मुक्त व्यवसाय के काम, भाषा-शिक्षण, गणित शिक्षण, प्रकृति परिचय, कहानी कहना, चित्रकारी, बाल-नाट्य, बाल-क्रीड़ा, प्रवास एवं भ्रमण आदि।

8. *क्रिया द्वारा शिक्षण*: बुनियादी रूप से जिस तत्त्व को गिजूभाई ने बाल-मन्दिर में सर्वाधिक महत्त्व दिया, वह थी-विविध क्रियाएँ। उनकी मौजूदगी में संस्था में एक ओर संगीत की विविध प्रवृत्तियाँ चलतीं, तो दूसरी तरफ कला-कारीगरी के बीसियों काम बच्चे रुचिपूर्वक करने में जुटे रहते। गुजरात के सांस्कृतिक लोकगीतों और लोक-नृत्यों से उन्होंने शिक्षण में रोचकता ला दी। वैसे स्वयं भी वे सैंकड़ों तुकबन्दियाँ करके बच्चों को आनन्दित करते थे।

9. *वास्तविक जीवन कला*: जीवन व्यवहार के विविध कामों-नाश्ता करना, परोसना, बर्तन साफ करना, आँगन व कमरा साफ करना, कपड़े धोना, नहाना, कंघी करना आदि से बालकों में स्वावलंबन व आत्मविश्वास की भावना पुष्ट होती।

10. *नयी शिक्षण विधियाँ*: भाषा-शिक्षण व गणित-शिक्षण को उन्होंने इतना रोचक बना दिया था कि व्याकरण व घनमूल, वर्ग-मूल की बातें भी बच्चे बड़ी सहजता से समझ लेते।

11. *कहानी कहना:* गिजूभाई की शिक्षण की विधियों में सर्वाधिक क्रान्तिकारी व प्रभावी विधि थी–कहानी कहना। वे इतने कुशल कथाकार थे कि इस विशेषता के कारण दक्षिणामूर्ति बाल-मन्दिर दूर-दूर तक विख्यात हो गया। इसी से जुड़ी प्रवृत्ति है–बाल-नाट्य। बाल-मन्दिर में उन्होंने बाल रंगमंच अलग से बनवाया था, और नियमित रूप से नाटकों के आयोजन होते थे।

12. *बाल सम्मेलन:* अभिभावकों के सम्मेलन की भाँति गिजूभाई ने बाल-सम्मेलन भी अनिवार्य समझे। बाल-सम्मेलन को उन्होंने इस रूप में लिया कि बाल-मन्दिर में पढ़े हुए बालक फिर से अपनी मातृ-संस्था में आएँ, और सबके बीच वे न सिर्फ आत्मीय सम्बन्ध बढ़ाएँ, अपितु शिक्षण के अवसर भी प्राप्त करें।

13. *अध्यापकों का ताल-मेल:* अध्यापकों के बीच मिल-बैठकर शिक्षाशास्त्र एवं मनोविज्ञान के शाश्वत एवं तात्कालिक महत्त्व के प्रश्नों पर चर्चा-परिचर्चा करना गिजूभाई का एक प्रकार से नियम बन गया था।

20.8 नए बाल-मन्दिरों की स्थापना (Setting up New Bal Mandirs)

गिजूभाई के प्रभाव से गुजरात में दूर-दूर तक नए बाल-मन्दिर खुलने लगे। और उन सभी स्थानों पर वे भाषण देने जाते। राजकोट, पोरबन्दर, जामनगर, सुरेन्द्र नगर, नडियाद, पाटण, दादर, अहमदाबाद, इंदौर आदि अनेक स्थानों पर उनकी प्रेरणा से नए बाल-मन्दिर खुले। गिजूभाई इनसे निरन्तर सम्बन्ध रखने के लिए वर्ष में एक बार जाकर देख आते और मार्गदर्शन कर आते।

20.9 बाल मन्दिर में शिक्षण अधिगम विधियाँ (Teaching Learning Methods in Bal Mandir)

पहले पढ़ना फिर लिखना: '*पाठशाला में भाषा*' पुस्तक में भाषा शिक्षण दिया गया है। इसके चार चरण हैं: (i) बालमन्दिरों में पहले भाषा को पढ़ना सिखाया जाता था तत्पश्चात लिखना। (ii) दूसरे चरण में रेखा चित्रण से लेखन कार्य आरम्भ किया जाता है। (iii) तीसरे चरण में बालक को उँगलियों से कलम पकड़ना सिखाया जाता था। (iv) चौथे चरण में विभिन्न आकार बना कर अक्षर बनाना सिखाया जाता है।

श्रुतलेख (Dictation): श्रुतलेख के माध्यम से लेखन की गति और शुद्धता पर बल दिया जाता था।

कविता शिक्षण: लोक गीतों के द्वारा छात्रों को वाक्य शिक्षण प्रारम्भ कराया जाता था। यह माना जाता था कि लोक गीतों से रसानुभूति के साथ-साथ वाक्य शिक्षण भी दिया जा सकता है। शब्दों के अर्थ बनाने को अनावश्यक माना जाता था।

व्याकरण शिक्षण: व्याकरण शिक्षण खेल-खेल से ही दिया जाता था। उन्होंने अपनी पुस्तक '*दिवास्वपन*' में इस पर विस्तृत प्रकाश डाला है।

इतिहास शिक्षण: बच्चों को इतिहास कहानी के रूप में पढ़ाया जाता था।

भूगोल शिक्षण: भूगोल शिक्षण में ग्लोब तथा नक्शों का प्रयोग किया जाता था।

चित्रकला शिक्षण: बच्चों को विभिन्न प्रकार की वस्तुओं द्वारा चित्रकला का शिक्षण दिया जाता था। बच्चों का चित्र बनाने में उत्साह बढ़ाया जाता था। बाद में पैंसिल से रंग भरना सिखाया जाता था।

गणित शिक्षण: गणित का शिक्षण मॉन्टेसरी विधि के अनुसार था। परन्तु स्थानीय सामग्री का प्रयोग किया जाता था।

खेल–कूद: अनेक प्रकार के खेलों पर बल दिया जाता था।

धार्मिक शिक्षा: महापुरुषों की जीवनियों द्वारा नैतिक शिक्षा दी जाती थी। धार्मिक सिद्धान्तों पर चर्चा नहीं होती थी।

20.10 अध्यापक के कार्य (Role of the Teacher)

1. अध्यापक बच्चों को ईश्वर का रूप मानते थे। 2. अध्यापक बच्चों के व्यक्तित्व का आदर करते थे। 3. अध्यापक बच्चों के लिए स्वतन्त्रता का वातावरण प्रदान करते थे। 4. अध्यापक बच्चों के प्रति अति स्नेह रखते थे। 5. अध्यापक बच्चों की भावनाओं के प्रति संवेदनशील थे।

शिक्षण–अधिगम विधियाँ (Teaching-Learning Methods): 1. करके सीखने की विधि (Learning by Doing), 2. खेल विधि (Playway Method), 3. अवलोकन विधि (Observation Method), 4. कहानी कथन विधि (Story Telling Method), 5. क्षेत्रीय भ्रमण विधि (Field Trip Method), 6. चित्र तथा मॉडल विधि (Picture and Model Method)।

20.11 गिजूभाई के प्रकाशन (Publications of Giju Bhai)

गिजूभाई गुजराती के सशक्त तथा प्रभावी लेखक थे। उन्होंने लगभग 200 पुस्तकें लिखी हैं। पुस्तकों को तीन भागों में बांटा जा सकता है: 1. अध्यापकों के लिए पुस्तकें। 2. माता-पिता के लिए पुस्तकें। 3. बच्चों के लिए पुस्तकें।

अध्यापकों के लिए पुस्तकें: अध्यापकों के लिए दो महत्वपूर्ण पुस्तकें है: 1. *प्राथमिक स्कूल में शिक्षा*। 2. *दिवास्वपन*।

दिवास्वपन (*Day Dreams*): दिवास्वप्न एक काल्पनिक कहानी है जिसमें एक ऐसे अध्यापक की शिक्षण अधिगम विधियों का विवरण दिया गया है। जो परम्परागत विचारधारा के स्थान पर नयी विचारधारा के अनुसार कार्य करना चाहता है। इसमें भविष्य में एक सुन्दर तथा मनोहर विद्यालय की विशेषताओं का उल्लेख किया गया है। अध्यापक रूढ़िवादी विचारों से टक्कर लेता है। अन्त में उसे सफलता प्राप्त होती है।

पुस्तक 1931 में गुजराती में प्रकाशित हुई। इस का अंग्रेजी संस्करण 1989 में छपा। पुस्तक का कई भारतीय भाषाओं में प्रकाशन हो चुका है।

प्रो. कृष्ण कुमार ने *दिवास्वपन* के बारे में लिखा है कि इसे पढ़ने पर अत्यन्त प्रसन्नता तथा कौतुहल का अनुभव होता है। पढ़कर ऐसा अनुभव होता है कि दिवास्वपन एक नए युग के अनुरूप प्राथमिक स्कूल स्थापित हो सकेंगे।

अध्यापक माता–पिता से सम्बन्धित पुस्तक: *'माता–पिता से प्रश्न'* पुस्तक के बारे में पहले उल्लेख किया गया है।

बच्चों के लिए प्रकाशन: गिजूभाई ने लगभग 180 पुस्तकें बच्चों के लिए लिखी हैं। गिजूभाई गुजरात में बच्चों के साहित्य के महानतम लेखकों में माने जाते हैं। उन्होंने बच्चों का साहित्य उनकी भावनाओं, संवेगों, रुचियों तथा प्रवृतियों को ध्यान में रख कर रचा है।

गिजूभाई की निम्नलिखित पुस्तकें हिन्दी में प्रकाशित हुई हैं:

1. *नानी के घर जाने दे*। 2. *तड़ तड़ तड़ाक*। 3. *भूत का भाई*। 4. *नाई और पूँछ कटा बाघ*। 5. *कानी गौरेया*। 6. *बुढ़िया*। 7. *मेंढ़क की शादी*। 8. *बिल्ली के गले में हंडिया*। 9. ऊँट के पैर सड़े। 10. *मूर्ख ब्राह्मण*। 11. *बुढ़िया के तेइस बच्चे*।

'*बालक की दुनिया*' गिजूभाई ने गुजराती में '*शिक्षा पत्रिका*' का प्रकाशन किया। इस पत्रिका में उन्होंने बच्चों के जीवन तथा शिक्षण के बारे में '*बालक की दुनिया*' (*World of Children*)' पर प्रकाश डाला।

20.12 गिजूभाई का शिक्षा में योगदान (Contribution of Giju Bhai to Education)

कुछ लेखक गिजूभाई को 'बच्चों के लिए ईश्वर का अवतार' की संज्ञा देते हैं क्योंकि उन्होंने बच्चों के लिए एक सुन्दर तथा मनोहर संसार की परिकल्पना की है। उन्होंने अपने विद्यालय में अपने नए विचारों को साकार रूप प्रदान किया। भारतवर्ष में तो वे निस्सन्देह पूर्व प्राथमिक शिक्षा के प्रवर्तक रूप में जाने जाते हैं। यहाँ पर उनके कार्य में कुछ विद्वानों के विचार दिए जा रहे हैं।

1. *गाँधी जी के विचार* (*Gandhiji's Views*): गाँधीजी ने जब बच्चों के व्यवहार के मानक निर्धारित करते हुए '*बाल पोथी*' लिखी तो गिजूभाई ने बाल पुस्तक के रूप में उसे स्वीकार नहीं किया। गाँधी जी ने इस आलोचना को स्वीकार किया। गाँधीजी ने गिजूभाई के कार्य के बारे में लिखा, "उनके उत्साह तथा लगन ने मुझे मुग्ध कर दिया है। उनका कार्य निश्चित रूप से बढ़ेगा।"

2. *किशोरी लाल मशरूवाला के विचार* (*Views of Kishori Lal Mashruwala*): मशरूवाला एक विख्यात समाजसेवी थे। उन्होंने गाँधी जी के सम्पर्क में बहुत समय व्यतीत किया। उन्होंने लिखा, "गिजूभाई के कार्य में मैंने शिक्षा में एक प्रकार की अहिंसक क्रान्ति देखी है।"

3. *श्रीमती ताराबाई के विचार* (*Views of Shrimati Tarabai*): ''गिजूभाई जहां भी गए वहां प्रकाश फैलाया।''

4. *काका कलेलकर का कथन* (*Views of Kaka Kalelkar*): काका कलेलकर निष्ठावान गाँधीवादी थे। उन्होंने कहा, गिजूभाई ने "माता-पिता को बाल पूजा की शिक्षा देकर बच्चों के कल्याण तथा स्वतन्त्रता का मार्ग आश्वस्त किया।"

5. *मैडम माँटेसरी* (*Madam Montessori*): "गिजूभाई बालक की स्वतन्त्रता तथा प्रसन्नता के पक्षधर थे।"

21

स्वामी विवेकानन्द (1863-1902): मनुष्य-निर्माण शिक्षा
(Swami Vivekananda: Man Making Education)

21.1 संक्षिप्त जीवन-चरित्र (Brief Life Sketch)

इनका मूल नाम नरेन्द्रनाथ दत्त था तथा जन्म कोलकाता नगर में हुआ। बाल्यकाल से ही अपनी माता की निगरानी में हिन्दू शास्त्रों का पूर्ण ज्ञान प्राप्त करना शुरू किया। उनकी स्मरण शक्ति भी अद्‌भुत सिद्ध हुई। उनके प्रिंसिपल रेवरेण्ड डब्ल्यू-डब्ल्यू हेस्टी ने एक बार यह टिप्पणी की-"नरेन्द्रनाथ वस्तुत: एक प्रतिभाशाली व्यक्ति है। मैंने बहुत दूर के देशों की यात्रा की है, परन्तु अभी तक मुझे ऐसा बुद्धिमान् और होनहार बालक नहीं मिला, जर्मन विश्वविद्यालय के दर्शनशास्त्र पढ़ने वाले विद्यार्थियों में भी नहीं।" हेस्टी से ही उन्होंने पहले-पहल आध्यात्मिक गुरु श्री रामकृष्ण के बारे में सुना। 18 वर्ष की आयु में दिव्य ज्ञान की तीव्र पिपासा से प्रेरित होकर उन्होंने श्री रामकृष्ण से भेंट की। आगामी छ: वर्षों तक अपने गुरु की संगति में रहने से उनका आध्यात्मिक परिवर्तन हो गया और वे स्वामी विवेकानन्द के रूप में प्रकट हुए।

1886 में श्री रामकृष्ण की मृत्यु के पश्चात् स्वामी विवेकानन्द ने अपने गुरु के शिष्यों का एक संगठन-रामकृष्ण मिशन स्थापित किया। अपने कर्मठ जीवन के पिछले 15 वर्षों के अधिकांश समय में उन्होंने एकता तथा सहनशीलता के सार्वभौम सन्देश को पहुँचाने का काम बड़ी लगन से किया। उनका व्यक्तित्व अत्यन्त प्रबल था और भाषण शक्ति अद्‌भूत थी-परन्तु साथ ही वे निश्छल और सादे थे। इसलिये उनका प्रभाव अत्यधिक पड़ता था। वे भारत के सभी कोनों में पहुँचे। उन्होंने स्वयं दुर्दिन देखे थे-इसलिये उन्होंने देश के कंगाल वर्ग के दु:ख-दर्द को पहचाना। राष्ट्र को पुकारते हुए उन्होंने कहा, "हे भारत! यह मत भूल कि निचले वर्ग, गरीब, अशिक्षित, मोची और भंगी, सब तेरे ही मांस में रक्त-आवश्यक अंग हैं।" उन्होंने गरीबों के रूप में दिव्यता के दर्शन किए-इन्हें वे 'दरिद्र नारायण' कहा करते थे। उन्होंने पूर्वी एशिया, यूरोप और संयुक्त राज्य के बहुत से भाग की यात्रा की थी। शिकागो में 1893 में हुई धर्म परिषद् में ही पहले-पहल विश्व के राष्ट्रों का ध्यान उनकी ओर गया।

शिकागो में धर्म-परिषद् की बैठक हो रही थी। वे व्याख्यान देने के लिए खड़े हुए। उनका चेहरा दमक रहा था। ज्यों ही उन्होंने बहुत ही सीधे-साधे आरम्भिक शब्दों–'अमेरिका की बहनों और भाइयो'–से उस महान् जनसमूह को सम्बोधित किया, त्यों ही सैकड़ों व्यक्ति प्रशंसामय, बहरा कर देने वाले नारे लगाते हुए खड़े हो गए और केवल उनके सम्बोधन शब्दों के लिए ही नहीं अपितु इसलिए भी कि उनके शब्दों में मानव जाति की आध्यात्मिक एकता की स्वाभाविक तथा हार्दिक अनुभूति प्रति-ध्वनित हो रही थी–उनका अभिनन्दन किया। उन्होंने अपना सन्देश यह कहते हुए समाप्त किया कि शीघ्र प्रत्येक धर्म की पताका पर, अड़ंगे के बावजूद लिखा होगा–'सहायता करो, लड़ो नहीं', 'मिला लो, नष्ट मत करो', 'मेल और शान्ति, मतभेद नहीं।' धर्मों को उनके सभी विशेष रूपों और नामों से वंचित कर देखें तो हम पाएँगे उनके आधारभूत सिद्धान्त की सार्वभौमिकता। विश्व के धर्म परस्पर विरोधी नहीं हैं, अपितु वे एक सनातन धर्म की विभिन्न अवस्थाएँ या रूप हैं। उन्होंने कहा कि मुझे 'सहनशीलता' शब्द से ही सन्तोष नहीं होता, क्योंकि सहनशीलता का अर्थ तो यह है कि 'मैं समझता हूँ तुम गलती पर हो परन्तु मैं तुम्हें भी जीने देता हूँ।' क्या यह हमारा पाखण्ड नहीं कहलाएगा कि हम-तुम दूसरों को जीने देते हैं? मैं तो उन सभी धर्मों को स्वीकार करता हूँ जो अतीतकाल में थे और उन सभी की पूजा करता हूँ।' 'मैं केवल इन सभी को नहीं मानूँगा अपितु भविष्य में जो आएँगे उनके स्वागत के लिए भी तैयार रहूँगा–अतीत के सभी पैगम्बरों को, वर्तमान के सभी महापुरुषों को तथा भविष्य में आने वाले सभी महात्माओं को मेरा प्रणाम।' उनके इन शब्दों में ही राष्ट्रीय संगठन को बलशाली बनाने और अन्तर्राष्ट्रीय एकता के क्षेत्र को विस्तृत करने का रहस्य छिपा हुआ था।

स्वामी विवेकान्द के महत्त्वपूर्ण प्रकाशन (Important Publications of Swami Vivekananda): 1. *The Complete Work of Swami Vivekananda, 8 Volumes.*, 2. *Bhakti Yoga*, 3. *Advaita Vedanta*, 4. *Jnama Yoga*, 5. *Lectures from Colombo to Almora*, 6. *Memories of European Travels*, 7. *Philosophical and Religious Lectures of Swami Vivekananda*, 8. *Education*, 9. *Swami Vivekananda at the Parliament of Religions*.

21.2 स्वामी विवेकानन्द के जीवन दर्शन के मुख्य तत्त्व (Chief Characteristics of Swami Vivekananda's Philosophy of Life)

1. ईश्वर सर्वव्यापक है। वह सर्वगुण सम्पन्न है। वह सब गुणों का भण्डार है। 2. मानव में ही ईश्वर बसता है। मानव की पूजा ही ईश्वर की पूजा है। मानव की आत्मा ही सबसे बड़ा तथा ऊँचा मन्दिर है। 3. सभी धर्म मानव जाति के लिए कल्याण के लिए हैं। कोई धर्म एक-दूसरे से छोटा या बड़ा नहीं है। 4. संसार के सभी प्राणियों को अपनेपन की तथा विश्वबन्धुत्व की भावना धारण करनी चाहिए। 5. वेदान्त और विज्ञान में समानता है। 6. अध्यात्मवाद का जीवन में बहुत महत्त्व है। 7. शिक्षा मानव का निर्माण करती है।

स्वामी विवेकानन्द के शिक्षा दर्शन की प्रमुख विशेषताएँ (Chief Characteristics of Swami Vivekananda's Educational Philosophy): 1. ज्ञान व्यक्ति के भीतर होता है।

2. मनुष्य में पहले से ही विद्यमान पूर्णता की अभिव्यक्ति (प्रकट करना) ही शिक्षा का कार्य है।

3. छात्र को स्वयं अपने परिश्रम से ज्ञान की खोज करनी है।

4. शिक्षक का कार्य मार्गदर्शन करना है। जिससे ज्ञान अन्दर से बाहर आए।

5. शिक्षक का काम बालक के मार्ग में से विघ्नों को हटा कर विकास में उसकी सहायता करने से अधिक कुछ नहीं।

6. शिक्षा सूचनाओं का वह जमघट नहीं है जिसको छात्र के मस्तिष्क में भर दिया जाए।

7. शिक्षा व्यक्ति को जीवन संघर्ष के लिए तैयार करे।

8. सहनशीलता का गुण अति उत्तम है। शिक्षा में इस पर विशेष बल दिया जाए।

9. शिक्षा पद्धति का आधार पश्चिमी विज्ञान तथा विदान्त दोनों का संयोग होना चाहिए।

10. शिक्षा सभी को दी जानी चाहिए।

11. स्त्री शिक्षा पर विशेष बल दिया जाए।

मनुष्य अथवा मानव निर्माण शिक्षा का अर्थ (Meaning of Man Making Education): मानव निर्माण शिक्षा वह है जो व्यक्ति के चरित्र का निर्माण करे। उसमें संवेदनशीलता हो। वह दूसरे के दुःख-सुख को समझे। दूसरों के दुःख दूर करने का प्रयास करे। अपने में इस प्रकार की क्षमता का विकास करे कि वह सत्यता से तथा ईमानदारी से अपनी जीविका का प्रबन्ध कर सके। किसी पर बोझ न बने। सभी को समान समझे। सभी के विचारों का आदर करे, भले ही उनसे वह सहमत न हो।

शारीरिक दृष्टि से हृष्ट-पुष्ट हो। कहा जाता है कि स्वस्थ शरीर में ही स्वस्थ मन का विकास हो सकता है। मानव निर्माण की शिक्षा भ्रातृभाव की शिक्षा है।

मानव निर्माण की शिक्षा में व्यक्ति की आध्यात्मिक शिक्षा भी आ जाती है।

मानव निर्माण की शिक्षा सभी व्यक्तियों के लिए है न कि कुछ व्यंक्तियों के लिए।

स्वामी विवेकानन्द ने मनुष्य-निर्माण शिक्षा के अन्तर्गत निम्नलिखित गुणों पर बल दिया :

1. चरित्र निर्माण के गुण धारण करना। 2. राष्ट्रभक्त बनना। 3. आत्म विकास करना। 4. स्वावलंबी बनना। 5. सेवा भाव अपनाना। 6. संवेदनशीलता के भाव धारण करना। 7. शारीरिक बल बढ़ाना। 8. धर्म के अर्थ को भली-भान्ति समझना। 9. निर्क्षरों को साक्षर बनाना। 10. निर्धनों की पीड़ा को समझना तथा उन की सेवा करना।

21.3 मनुष्य निर्माण में शिक्षा का योगदान (Contribution of Education to Man-making)

स्वामीजी के शब्दों में–

I. सच्ची शिक्षा (True Education): स्वामी विवेकानन्द प्रचलित शिक्षा प्रणाली के कटु आलोचक थे। पुस्तकीय ज्ञान को वे व्यर्थ मानते थे। उन्होंने लिखा है, "यदि शिक्षा का अर्थ सूचनाओं से होता, तो पुस्तकालय संसार के सर्वश्रेष्ठ संत होते तथा विश्वकोष (Encyclopaedia) ऋषि बन जाते।" इसलिए उन्होंने कहा, "हम ऐसी शिक्षा चाहते हैं, जिसमें चरित्र का निर्माण हो, मानसिक शक्ति का विकास हो, बुद्धि का विकास हो और व्यक्ति अपने पैरों पर खड़ा हो सके।"

स्वामी जी ने कहा, ''तुम तो उस व्यक्ति को शिक्षित समझते हो जो कुछ परीक्षाएँ उत्तीर्ण कर ले और अच्छे भाषण दे सके। जो शिक्षा जनसाधारण को जीवन संघर्ष के लिए साधन न जुटा सके, जो चरित्र बल को प्रकाशित न कर सके, मानव प्रेम की भावना न जगा सके और शेर का-सा साहस न भर सके, क्या वह भी शिक्षा कहलाने योग्य है?''

II. शिक्षा का उद्देश्य (Aims of Education): (i) *बालक के बहुमुखी विकास के लिए शिक्षा* (*All Round Development*): हमें ऐसी शिक्षा की आवश्यकता है जिसके द्वारा चरित्र का निर्माण होता है, मन की शक्ति बढ़ती है, बुद्धि का विस्तार होता है और जिसके द्वारा मनुष्य आत्म-निर्भर बन जाता है।

(ii) *शरीर और मन को सुदृढ़ बनाने के लिए शिक्षा* (*Strengthening Body and Mind*): यदि शरीर और मन बलवान् नहीं होंगे तो 'आत्मा' की प्राप्ति नहीं हो सकती। पहले पौष्टिक भोजनों द्वारा शरीर को सुदृढ़ करना होगा–मन केवल तभी शक्तिशाली बन सकेगा। मन तो शरीर का केवल एक भाग ही है। 'मैं तुच्छ हूँ', 'मैं तुच्छ हूँ।'–इस प्रकार के विचार को मन में बार-बार लाने से मनुष्य अपने आपको हीन बना लेता है।

(iii) *चरित्र गठन ही शिक्षा का लक्ष्य* (*Character Development Aim of Education*): शिक्षा क्या है? क्या पोथी पढ़ लेना ही शिक्षा है? नहीं; क्या विविध प्रकार के ज्ञान का नाम शिक्षा है? नहीं, यह भी नहीं। उस प्रशिक्षण का नाम शिक्षा है जिसके द्वारा संकल्प शक्ति की धारा और उसकी अभिव्यक्ति पर नियन्त्रण किया जाता है तथा जिससे संकल्प शक्ति सिद्ध होती है।

मनुष्य का चरित्र उसकी विभिन्न प्रवृत्तियों की समष्टि है, उसके मन के समस्त झुकावों का योगफल है। सुख तथा दुःख मनुष्य के मन पर होकर ज्यों-ज्यों गुजरते हैं वे उस पर अपनी छाप अथवा संस्कार छोड़ जाते हैं। इन सब भिन्न-भिन्न छापों का फल ही मनुष्य का चरित्र कहलाता है। यदि तुम किसी मनुष्य के चरित्र की जाँच वस्तुतः करना चाहते हो तो उसके बड़े कार्यों द्वारा जाँच मत करो। उसके अत्यन्त साधारण कार्यों की जाँच करो। वास्तव में वे ही ऐसे हैं जिनसे किसी महापुरुष के वास्तविक चरित्र का ठीक-ठीक प्रकार का बड़प्पन दे देते हैं, परन्तु वास्तव में बड़ा तो वही है जिसका चरित्र सदैव और सभी अवस्थाओं में महान् रहता है।

(iv) *उत्पादन के लिए शिक्षा* (*Education for Production*): शिक्षा का तुम्हारा उद्देश्य क्या है? या तो लिपिक बन जाना अथवा धूर्त वकील बन जाना अथवा अधिक से अधिक डिप्टी मजिस्ट्रेट बन जाना जो कि लिपिक का ही दूसरा नाम है–यही कुछ न? इससे तुम्हारा अथवा तुम्हारे देश का क्या कल्याण होगा? आँख खोलकर देखो, भारत की उस भूमि पर भोजन के लिए कैसी करुण पुकार मच रही है जो कभी अपनी सम्पत्ति के लिए प्रसिद्ध था। क्या तुम्हारी शिक्षा इस अभाव की पूर्ति करेगी?

III. शिक्षा का स्वरूप एवं शिक्षा के सिद्धान्त (Nature of Education and its Principles): (i) *शिक्षा–भीतर से विकास* (*Education from Within*): तुम किसी बालक को शिक्षा देने में उसी प्रकार असमर्थ हो, जिस प्रकार किसी पौधे को बढ़ाने में। पौधा अपनी प्रकृति का विकास अपने आप ही करता है। बालक भी अपना विकास आप ही करता है।...तुम जो कुछ कर सकते हो वह निषेधात्मक ही होगा, विध्यातमक नहीं। तुम केवल बाधाओं को दूर कर सकते हो, बस ज्ञान अपने स्वाभाविक रूप से प्रकट हो जाएगा।

धरती को कुछ पोली बना दो, जिससे उसमें से उगना सरल हो जाए। उसके चारों ओर झाड़ी लगा दो और देखते रहो कि कोई उसको नष्ट न कर दे।

(ii) *शिक्षा–अनन्त ज्ञान की खान* (*Education—Inexausible Mine of Knowledge*): मनुष्य जो कुछ सीखता है वह वास्तव में अपनी अनन्त ज्ञान स्वरूप आत्मा के ऊपरी आवरण को हटाकर उसकी खोज कर लेता है। हम कहते हैं कि न्यूटन ने गुरुत्वाकर्षण का आविष्कार किया था तो क्या वह आविष्कार किसी कोने में बैठा हुआ न्यूटन की राह देख रहा था? नहीं। वह उसके मन में ही था। जब समय आया, तो उसने उसको जान लिया अथवा ढूँढ लिया। संसार को जो भी ज्ञान कभी भी मिला है, वह सब मन से ही निकला है। संसार का असीम ज्ञान भण्डार हमारे अपने मन में ही है, बाहरी संसार तो एक सुझाव, एक प्रेरक मात्र है जो तुम्हें अपने ही मन का अध्ययन करने की प्रेरणा देता है। सेब के गिरने से न्यूटन को कुछ सूझा और उसने अपने मन का अध्ययन किया। उसने अपने मन में स्थित विचार की सब पहली कड़ियों को फिर से व्यवस्थित किया और उनमें उसको एक नई कड़ी दिखाई दी। इसी को हम गुरुत्वाकर्षण का नियम कहते हैं। वह नियम न तो सेब में था और न ही पृथ्वी के केन्द्र में स्थित किसी वस्तु में था।

जिस प्रकार चकमक के टुकड़े में अग्नि छिपी रहती है, उसी प्रकार ज्ञान भी मन में निहित है, सुझाव ही उस ज्ञानाग्नि को प्रदीप्त कर देता है।

(iii) *व्यक्तियों की अनन्त क्षमताओं में घनिष्ठ विश्वास* (*Firm Faith in Men's Capacities*): पुस्तकें भीतरी प्रकाश का और उसको बाहर लाने की पद्धति का संकेत देती हैं, परन्तु उनको हम तभी समझ सकते हैं जबकि ज्ञान को स्वयं अर्जित कर लेते हैं। अपने आप में विश्वास को मत छोड़ो। इस विश्वास में तुम कुछ भी कर सकते हो। कभी निर्बल मत बनो, और सारी शक्ति तुम्हारी बन जाएगी।

(iv) *सुझाव देने के लिये अध्यापक तथा स्वयं शिक्षण* (*Teacher to Suggest and Self Education*): वास्तव में कभी किसी व्यक्ति ने किसी दूसरे को नहीं सिखाया है। हम में से प्रत्येक को अपने आपको सिखाना होगा। बाहर के गुरु तो केवल सुझाव अथवा प्रेरणा देने वाले हैं–वे हमारे भीतरी गुरु को सभी विषयों का मर्म समझने के लिए प्रेरित करते हैं। तब फिर सारी बात हमारे अपने ही अनुभव तथा विचारशक्ति द्वारा स्पष्ट होगी तथा हम अपनी आत्मा में उनकी अनुभूति करने लगेंगे।

(v) *बालक अपने आपको सिखाता है* (*Child is His Own Teacher*): तुम किसी बालक को शिक्षा देने में उसी तरह असमर्थ हो, जिस तरह किसी पौधे के बढ़ाने में। पौधा अपनी प्रकृति का विकास अपने आप ही कर लेता है। बालक भी स्वयं को शिक्षित करता है। सारा ज्ञान मनुष्य के हृदय में विद्यमान है। केवल उसको जागृत करने की आवश्यकता है और शिक्षक का केवल इतना ही कार्य है। हमें बालकों के लिए केवल इतना ही करना है कि वे अपने हाथ, पाँव, कान तथा आँखों के उचित प्रयोग के लिए अपनी बुद्धि का प्रयोग करना सीख लें। अन्त में सारी बात सरल हो जायेगी।

(vi) *मूर्त से अमूर्त की ओर* (*From Concrete to Abstract*): मन का पूर्ण विकास विविध अवस्थाओं में गुजर कर होता है। पहले यह मूर्त को पकड़ता है और फिर केवल क्रमशः ही अमूर्त वस्तुओं पर विचार करता है।

(vii) *विद्यार्थी की आवश्यकताओं के अनुसार शिक्षा* (*Education according to the Needs of Students*): विद्यार्थी को उसकी प्रवृत्तियों के अनुसार मार्ग दिखाना चाहिए। बौद्धिक, आध्यात्मिक, भक्ति सम्बन्धी व्यावहारिक प्रवृत्ति–किसी एक को आधार बना लो परन्तु इस आधार के साथ दूसरी बातें भी सिखाओ।

IV. गुरु और शिष्य के वैयक्तिक सम्पर्क द्वारा शिक्षा (Education through the Personal Contact of the Teacher and the Student): सच्चा गुरु वह है जो अपने आपको शिष्य की सतह तक तुरन्त ही नीचे ला सकता है तथा अपनी आत्मा को शिष्य की आत्मा में प्रविष्ट कर सकता है और शिष्य के मन के द्वार देख तथा समझ सकता है। ऐसा ही गुरु वास्तव में शिक्षा दे सकता है, दूसरा कोई नहीं।

मेरे विचार के अनुसार शिक्षा का अर्थ है–गुरु गृह निवास। गुरु के व्यक्तिगत जीवन के बिना कोई शिक्षा नहीं हो सकती। अपने विश्वविद्यालयों की ओर देखो। उन्होंने क्या किया है? उन्होंने एक भी मौलिक मनुष्य नहीं उत्पन्न किया है। वे निरी परीक्षा लेने वाली संस्थाएँ हैं। सबके कल्याण के लिए त्याग करने की भावना अभी तक हमारे राष्ट्र में विकसित नहीं हो सकी है।

V. जन-समुदाय की सेवा (Service of the Masses): जन-समुदाय की अपेक्षा करना हमारा महान राष्ट्रीय पाप है और यही हमारे अध:पतन का कारण है। भारतवर्ष की जनता को जब तक भरपेट भोजन नहीं मिलेगा, वह सुशिक्षित नहीं होगी और उनकी ठीक-ठीक देखभाल नहीं होगी। हमारी शिक्षा का खर्च जन-समुदाय से चलता है, परन्तु बदले में हम उन्हें ठोकर मारते हैं। वस्तुत: वे हमारे गुलाम ही हैं। यदि हम भारत का पुनरुद्धार चाहते हैं, तो हमें उनकी भलाई के काम करने होंगे।

VI. अनौपचारिक शिक्षा–(Non-formal or Adult Education or Mass Education) शिक्षा घर-घर पहुँचानी होगी: यदि दरिद्र बालक शिक्षा लेने नहीं आ सकता तो शिक्षा को ही उसके पास पहुँचाना होगा। हमारे देश में हजारों निष्ठावान (एकनिष्ठ), नि:स्वार्थ सन्यासी हैं जो गाँव-गाँव पहुँच कर धर्मोपदेश करते हैं। यदि उनमें से कुछ को लौकिक बातें भी सिखाने के लिए संगठित किया जा सके तो वे गाँव-गाँव और द्वार-द्वार पर, न केवल धर्मोपदेश करते हुए, अपितु शिक्षा कार्य भी करते हुए पहुँचेंगे। मान लो कि इनमें से दो मनुष्य, संध्या के समय, किसी गाँव में अपने साथ मैजिक लैंटर्न, ग्लोब तथा कुछ नक्शे आदि लेकर गए, तो वे अनजानों को पर्याप्त मात्रा में ज्योतिष और भूगोल आदि पढ़ा सकते हैं। भिन्न-भिन्न देशों की कहानियाँ सुनाकर वे निर्धनों को उतनी जानकारी दे सकते हैं जितनी कि उन्हें पुस्तकों से जीवन भर में मिलती।

VII. शिक्षा जनता की भाषा में (Education in the Language of the People): यदि ज्ञान अपनी भाषा में दिया जाए तो बड़ी आयु का मनुष्य भी उसको प्राप्त करने योग्य हो जाता है। जो अध्यापक दूसरों को अपनी भाषा में न पढ़ा सके वह अपनी अयोग्यता पर आँसू बहाये न कि उनको कोसे और अज्ञानी तथा अन्धविश्वासी बने रहने का शाप दे।

VIII. शिक्षा और शरीरिक बल (Education and Physical Strength): मेरे नवयुवक मित्रो! बलवान् बनो, तुम्हें मेरी यही सलाह है। तुम गीता का स्वाध्याय करके स्वर्ग के इतने समीप पहुँच सकते हो जितने कि फुटबॉल का खेल खेलकर। तुम्हारी मांसपेशियाँ

और पुट्ठे यदि कुछ अधिक मजबूत हो जाएंगे तो तुम गीता को और भी अच्छी तरह समझ सकोगे। यदि तुम्हारी नसों में खून कुछ अधिक शक्तिशाली हो जाएगा तो कृष्ण की महान् प्रतिभा और उनकी अपार शक्ति को और अधिक अच्छी तरह समझ सकोगे। जब तुम दृढ़ता से अपने पाँवों पर खड़े हो जाओगे और तुम अपने भीतर पौरुष अनुभव करने लगोगे तो उपनिषदों तथा आत्मा के गौरव को और अच्छी तरह समझने लगोगे।

IX. स्त्री शिक्षा पर बल (Stress on Women's Education): तुम देखोगे कि वैदिक तथा उपनिषदों के युग में मैत्रेयी, गार्गी आदि प्रात: स्मरणीय स्त्रियाँ ब्रह्म-विचार में ऋषि तुल्य हो गई थीं। एक हजार वेदज्ञ ब्राह्मणों की सभा में गार्गी ने गर्व के साथ ब्रह्मज्ञान के शास्त्रार्थ हेतु याज्ञवल्क्य को आमंत्रित किया था।

मनु महाराज ने कहा है कि जहाँ पर (जिस देश में) स्त्रियों का सम्मान होता है वहाँ देवता विहार करते हैं और जिन परिवारों में स्त्रियों का सम्मान नहीं होता, उन परिवारों की सारी क्रियाएँ और प्रयत्न निष्फल रहते हैं। जहाँ वे दु:खी रहती हैं उस परिवार और देश की उन्नति की आशा कभी नहीं की जा सकती।

X. शिक्षा में प्रयोजनवाद (Pragmatism in Education): हमें विदेशी नियंत्रण से स्वतन्त्र रहकर अपने निजी ज्ञान की विविध शाखाओं और इसके साथ ही अंग्रेजी भाषा तथा पश्चिमी विज्ञान का अध्ययन करने की आवश्यकता है। हमें तकनीकी शिक्षा तथा अपने उद्योग-धन्धों के विकास के लिए सभी कुछ सीखना है जिससे लोग नौकरी ढूँढ कर अपने लिए पर्याप्त धन कमा सकें।

21.4 मानव निर्माण में चरित्र निर्माण शिक्षा (Character Development Education in Man-making Education)

21.5 चरित्र निर्माण में वातावरण का महत्त्व (Importance of Environment in Character Development)

चरित्र अथवा आचरण-बल ही मनुष्य का बल है। स्कूल हो या घर, यही सबसे बड़ा वह खजाना है कि जिसको छात्र प्राप्त कर सकता है। स्वामी विवेकानन्द ने चरित्र निर्माण करने की विधि को विस्तार से बताया है। "किसी व्यक्ति का चरित्र उसकी प्रवृत्तियों या रुखों का योगफल है, उसके मानसिक झुकाव का सर्वयोग है।" यह मनुष्य के विचारों और कार्यों का उत्पादन है। स्वामी विवेकानन्द ने यहाँ एक सुन्दर उपमा दी है। वे कहते हैं कि "मनुष्य एक झील-सरीखा है। हमारा किया हुआ प्रत्येक कार्य तथा सोचा हुआ विचार मन में प्रभाव रूपी लहरें उत्पन्न करता है। और उठी हुई प्रत्येक लहर समाप्त नहीं होती अपितु अपना चिह्न छोड़ जाती है। सम्भव है कि ऐसा चिह्न अथवा प्रभाव उपरितल पर साफ-साफ दिखाई न दे परन्तु तल के नीचे अवचेतन रूप से वे अपना काम करने की पर्याप्त शक्ति रखते हैं और मनुष्य के मन को ढालते हैं और उसके चरित्र को बनाते हैं।" इसलिए बालक क्या बनेगा इस बात की भविष्यवाणी करना बहुत कठिन नहीं होगा, यदि हम यह देख सकें कि वह अपने पर्यावरण से किन प्रभावों को ग्रहण कर सकेगा। सीधी सरल भाषा में स्वामी विवेकानन्द ने इस तथ्य पर बल दिया कि बालक के लिए ठीक प्रकार के पर्यावरण को चुनना कितना महत्त्वपूर्ण है। "यदि अच्छे प्रभाव अधिक प्रबल होंगे तो चरित्र नेक बन जाता है, बुरे प्रभावों की प्रधानता होगी तो चरित्र बुरा हो जाएगा। यदि कोई व्यक्ति लगातार

अपशब्द सुनता रहेगा, बुरे विचारों को मन में स्थान देता रहेगा, दुष्कर्म करता रहेगा तो उसका मन बुरे प्रभावों से भर जाएगा। और वे बुरे प्रभाव, उसको तो ज्ञात भी नहीं होंगे, उसके विचारों और कामों को प्रभावित कर देंगे।'' जब कोई व्यक्ति निरन्तर सत्कर्म और सद्विचारों के प्रभाव में रहता है तो 'उसके स्वयं न चाहने पर भी' उसमें भला बनने की एक अदम्य प्रवृत्ति उत्पन्न हो जाती है। यहाँ 'उसके स्वयं न चाहने पर भी' यह वाक्यांश बड़ा महत्त्वपूर्ण है। सारा पर्यावरण बालक पर इतना प्रभाव डालता है हम उसकी कल्पना भी नहीं कर सकते। यदि वह बुरा है तो अपने चुनाव के कारण बुरा नहीं है, अपितु उसके पर्यावरण के हमारे चुनाव के कारण बुरा है। वह तो बेबस है। उसका मन शीघ्र प्रभाव ग्रहण करता है और उसका स्कूली तथा स्कूल बाह्य अनुभव इस मन पर उसके भविष्य की छाप लगा देगा। इसके विपरीत यदि उसका पर्यावरण स्वस्थ और उपयोगी हुआ तो वह भला ही बनकर रहेगा। अच्छे प्रभाव तिलस्म की तरह पाप कर्मों से उसकी रक्षा करते हैं। यदि वह बुराई करना भी चाहेगा तो उसका मन उसको नहीं करने देगा, यह उसको पीछे खींच लेगा। इसलिए मनुष्य का सच्चरित्र तभी स्थायी कहा जाता है जबकि वह पूरी तरह भली प्रवृत्तियों के अधीन होता है। स्वामी विवेकानन्द की यह व्याख्या इतनी सरल और स्पष्ट है कि एक साधारण आदमी भी इसको समझने में भूल नहीं कर सकता।

चरित्र निर्माण तथा स्कूल का वातावरण (Character Development and Role of the School): चरित्र की शिक्षा एक सामुदायिक और राष्ट्रीय समस्या है। शिक्षा के सम्बन्ध में विचार करने वालों की यह संशय रहित निश्चित धारणा रही है कि बालकों और युवकों के चरित्र के विकास के सम्बन्ध में स्कूलों का भारी उत्तरदायित्व है और स्कूल इसके लिए उचित पर्यावरण प्रदान करने की क्षमता रखते हैं। परन्तु हाल के अनुसन्धान ने इस विषय में कुछ शंकाएँ उत्पन्न कर दी हैं। कभी-कभी ऐसा होता है कि उचित और अनुचित सिखाने पर कोई स्कूल बड़े उत्साह से बल देता है अथवा बालकों को अपने आदर्श बहुत ऊँचे रखने को प्रेरित करता है–इस पर मानसिक स्वास्थ्य और भावनात्मक अनुकूलन की समस्याओं का उत्पन्न होना सम्भव हो जाता है। परन्तु इसका यह अर्थ नहीं है कि चरित्र-शिक्षण में कमी कर दी जाए, बल्कि व्यक्तिशः प्रत्येक बालक की ओर अधिक ध्यान दिया जाना चाहिए ताकि उसके लिए उसकी क्षमताओं के आधार पर मानकों की स्थापना की जा सके। अनुसन्धान से यह भी पता लगा है कि कुछ शिक्षक चरित्र विकास का प्रयत्न करते हुए अत्यधिक निरंकुशता बरतने लगते हैं, जिसका फल बालक में निरुत्साह, शिथिल अनुमोदन की भावना और दबी हुई नाराजगी होता है। यह स्मरण रखना बुद्धिमत्ता का काम है कि चरित्र का विकास प्रकृति और शिक्षण के पेचदार प्रभावों पर निर्भर रहता है, इस बात के प्रभावों पर निर्भर रहता है कि बालक क्या है और वह किस पर्यावरण में रहता है और इस बात की आवश्यकता है कि चरित्र निर्माण में 'भीतरी नियन्त्रणों' का विकास किया जाए और उनको शक्तिशाली बनाया जाए। स्वामी विवेकानन्द ने भीतरी और बाहरी इन्द्रियों पर अंकुश रखने की आवश्यकता पर बार-बार बल दिया है। मन को प्रकृति के आदेश के विरुद्ध दृढ़ता से जमा लेने के लिए कठोर अभ्यास और कठिन साधना की आवश्यकता होती है। 'जब तक मन चंचल रहेगा, वश में नहीं आएगा–तब तक कोई लाभ नहीं हो सकेगा।' मनुष्य का मन उसके विचारों का स्वामी और कार्यों का नेता बने तभी ठीक होगा। 'ज्ञान प्राप्त करने का एक ही साधन है और उसका नाम एकाग्रता

है।' एकाग्रता से ही ज्ञान आता है। 'एकाग्र होने अथवा समाधि की शक्ति ही ज्ञान के खजाने की कुंजी है।' एकाग्रता की शक्ति जितनी अधिक होगी, ज्ञान उतना ही अधिक प्राप्त होगा। एकाग्रता एक बड़े बुद्धिमान के लिए भी उतनी ही आवश्यक है जितनी कि किसी पालिश करने वाले के लिए। 'तुच्छ से तुच्छ पालिश करने वाला भी यदि एकाग्रता से पालिश करेगा तो बेहतर पालिश करेगा।' यही वह एक पुकार और दस्तक है जो 'प्रकृति का दरवाजा खोल देती है और प्रकाश को बाहर आने देती है।' परन्तु बदकिस्मती यह है कि 'साधारण मानव तो अपनी 90 फीसदी विचारशक्ति का अपव्यय ही करता है।' राष्ट्रीय सम्पत्ति के रूप में मापें तो यह समय, क्रिया शक्ति और कार्य राशि का बहुत भारी अपव्यय है।

चरित्र का विकास कैसे किया जा सकता है? एकाग्रता की शक्ति ब्रह्मचर्य के पालन से मिलती है। 'मन, वचन तथा कर्म में सदा तथा सब दिशाओं में पवित्रता बनाए रखना ही ब्रह्मचर्य है।' 'पूर्ण इन्द्रिय निग्रह से बुद्धि और आत्मा की शक्ति बहुत बढ़ जाती है।'

21.6 छात्रों का चरित्र निर्माण तथा अध्यापक का व्यक्तित्व (Character Development of the Students and Personality of the Teacher)

दूसरों पर प्रभाव वस्तुतः मनुष्य के व्यक्तित्व का पड़ता है, उसके शब्दों का नहीं। '1/3 प्रभाव तो शब्दों और विचारों का पड़ता है, 2/3 मनुष्य का। जिसको आप मनुष्य का व्यक्तिगत आकर्षण (चुम्बकत्व) कहते हैं–वही बाहर जाता है तथा दूसरों को प्रभावित करता है।' सारे शिक्षण लक्ष्य इस भीतरी मनुष्य का, वास्तविक मनुष्य का, उस मनुष्य का जो प्रभावित करता है, अपने साथी पर अपना जादू चलाता है और जो, अपनी इच्छानुसार प्रत्येक बात कर सकते हैं–विकास करना है। 'परन्तु इसके स्थान पर हम सदा बाहरी भाग को चमकाने की कोशिश करते रहते हैं। जब कोई भीतरी भाग ही नहीं तब बाहरी भाग को चमकाने की क्या जरूरत है।' यहाँ महात्मा गाँधी को उद्धृत करके इस विषय को और अधिक स्पष्ट किया जा सकता है। 'मैंने देखा है कि लड़के अपनी पढ़ी हुई किताबों से अथवा अध्यापकों के व्याख्यानों से जितना ग्रहण करते हैं उससे कहीं अधिक वे शिक्षक के अपने जीवन से ग्रहण करते हैं। यह शिक्षक शोचनीय है जो अपने मुँह से कुछ सिखाता है और अपने अन्तःकरण में कुछ और लिए रहता है।'

स्वामी विवेकानन्द ने शिक्षकों के व्यक्तित्व पर जो इतना बल दिया है, आज के युग में, उसका विशेष महत्त्व है। हम इस बात को जानते हैं कि शिक्षा जीवन पर जीवन की क्रिया के माध्यम से कार्यवाही करती है। शिक्षण क्रिया वह जो कुछ है–उसके माध्यम से होती है न कि उसके माध्यम से कि जो कुछ वह कहता है। यह व्यक्तित्व सम्बन्ध इतना महत्त्वपूर्ण है कि इसकी बराबरी नहीं है। शिक्षक को जो उपलब्धियाँ सफलता मिलनी सम्भव है, वह शेष सारे कारक मिलकर भी नहीं प्राप्त कर सकते। छात्र को कुछ चाहिए कि जिसका मुँह ताके, उसका सम्मान करे। शिक्षक को अपने शिष्य के सामने अपने व्यक्तिगत जीवन का उदाहरण रखना होता है। मैं समझता हूँ कि शिक्षा 'गुरु-गृहवास' ही है। शिक्षक के व्यक्तिगत जीवन के बिना शिक्षा कुछ भी नहीं है। 'व्यक्ति को अपने बचपन से ही ऐसे व्यक्ति के साथ रहना चाहिए कि जिसका चरित्र चमकती हुई आग हो और

जिसके सामने सर्वोच्च शिक्षण का एक जीता-जागता उदाहरण हो।' आजकल शिक्षकों के साथ रहने का सुअवसर सिवा उनके और किसी को प्राप्त नहीं है जो या तो आवासी स्कूलों में, आश्रमों या ऐसी ही संस्थाओं में पढ़ते हैं। परन्तु यह तो आज भी सम्भव है कि स्कूली घंटों को उन शिक्षकों के प्रेरक उदाहरणों द्वारा पवित्र बना दिया जाए कि जो छात्रों के सम्मुख चरित्र तथा कर्मठता का उच्च मानक रखें और उनके मन में इन मानकों के प्राप्ति की इच्छा उत्पन्न कर दें। शिक्षक का वैयक्तिक आकर्षण ही है जो छात्रों के मन में शिक्षकों के प्रति आस्था और सम्मान की भावना को भर सकता है। 'उन देशों में जहाँ कि लोगों ने इस प्रकार सम्बन्ध बनाए रखने में उपेक्षा बरती है, शिक्षक निरा एक व्याख्याता बन गया है।' गुरु गृहवास पद्धति में छात्र को धन नहीं देना पड़ता था। 'ऐसा विचार था कि ज्ञान इतनी पवित्र वस्तु है कि उसको किसी को भी बेचना नहीं चाहिए। विद्या बिना किसी बन्धन के और निःशुल्क दी जानी चाहिए। शिक्षक छात्रों को निःशुल्क पढ़ाते थे और इतना ही नहीं, अधिकतर शिक्षक तो उन्हें भोजन और वस्त्र भी देते थे।' शिक्षकों द्वारा छात्रों का पालन-पोषण करने की पद्धति अब बदल गई है परन्तु निःशुल्क शिक्षा की जिस धारणा का जन्म पहले-पहल भारत में हुआ था, आज सारे विश्व में उसको स्वीकार कर लिया गया है।

स्वामी विवेकानन्द के अनुसार शिक्षक तथा छात्र दोनों में कुछ मूल्यों का होना आवश्यक है। शिक्षक को वेदों में निहित भावना का ज्ञान होना आवश्यक है, वह सर्वथा विशुद्ध हो तथा उसको अध्यापन कार्य मानव जाति के प्रति शुद्ध प्रेम की भावना से करना आवश्यक है। ज्ञान का संचार केवल मात्र स्नेह और वास्तविक सहानुभूति के माध्यम से ही किया जाना सम्भव है।

सच्चा गुरु वह है जो तत्काल शिष्य के स्तर पर आ सकता है। और अपनी आत्मा को शिष्य की आत्मा में संचारित कर सकता है और उसके मन की वास्तविकता जान लेता है और उसको भली-भाँति समझ लेता है।

'पढ़ने वाले के लिए आवश्यक शर्त है कि उसमें पवित्रता की भावना हो, ज्ञान की वास्तविक प्यास हो और धैर्य हो।' इसके अतिरिक्त यह संयमी हो, सहनशीलता की महत्त्वपूर्ण शक्ति उसमें हो और इन्द्रियों के बन्धन से मुक्त होने की अभिलाषा हो।

21.7 स्वामी विवेकानन्द के विचारों का मूल्यांकन तथा शिक्षा में योगदान (Evaluation of the Views of Swami Vivekanand and Contribution to Education)

स्वामी विवेकानन्द महान् सुधारक थे। उनके विचार बहुत ही प्रगतिशील थे। जनता के कल्याण पर उन्होंने बहुत ही बल दिया। शिक्षा पद्धति भी इसी दृष्टिकोण से बनाई जाए, इस बात पर उन्होंने बल दिया। स्वामी जी चाहते थे कि भारतीय शिक्षा पद्धति नैतिकता को ध्यान में रखते हुए दूसरे देशों से भी प्रेरणा ले। उनके निम्नलिखित विचार आज भी उतने सत्य दिखाई देते हैं जितने कि जब वे लिखे गए:

1. शिक्षा में चरित्र निर्माण पर बल। 2. शरीर तथा मन को सुदृढ़ बनाने के लिए शिक्षा। 3. उत्पादन बढ़ाने के लिए शिक्षा। 4. शिक्षा का विकास बालक के भीतर से। 5. शिक्षा बालक की क्षमताओं के अनुसार। 6. अध्यापक तथा छात्र के वैयक्तिक सम्पर्क द्वारा शिक्षा।

7. व्यसक शिक्षा–शिक्षा का प्रसार घर-घर। 8. शिक्षा जनता की भाषा में। 9. स्त्री शिक्षा पर बल। 10. पश्चिमी तथा भारतीय तत्त्व से तालमेल।

रामकृष्ण मिशन की स्थापना (Setting up Ramakrishna Mission): स्वामी विवेकानन्द ने अपने गुरु की स्मृति में रामकृष्ण मिशन की स्थापना की। यह मिशन देश के विभिन्न भागों में शैक्षिक संस्थाएँ चला रहा है। पुस्तकालय तथा वाचनालय खोलता है, अस्पताल खोलता है। प्राकृतिक आपदाओं के समय राहत कार्य करता है। चरित्र निर्माण, बौद्धिक तथा आत्मज्ञान के विकास के लिए अनेक प्रकार की गतिविधियों का आयोजन करता है। अनेक स्वामी निष्काम भाव से जनकल्याण के अनेक कार्य कर रहे हैं।

22

श्री अरविन्द घोष (1872–1950): एकीकृत/एकात्म/संवाग अथवा समग्र शिक्षा

(Sri Aurobindo Ghosh and Integral Education)

22.1 श्री अरविन्द का संक्षिप्त जीवन चरित्र (Brief Life Sketch of Sri Aurobindo)

उनका जन्म कोलकाता में 15 अगस्त, 1872 को हुआ था। वे सात वर्ष की आयु में इंग्लैण्ड गए और वहाँ 14 वर्ष रहे। वे अंग्रेजी के अतिरिक्त, लैटिन और ग्रीक में पारंगत बने और फ्रांसीसी, जर्मन, इटालियन तथा स्पैनिश भाषाएँ भी सीखीं। वे कुशाग्रबुद्धि के छात्र थे और आई.सी.एस. (ICS) की प्रतियोगिता में भी उत्तीर्ण हुए। परन्तु उन्होंने घुड़सवारी की परीक्षा में उत्तीर्ण होने की कोशिश नहीं की, शायद जानबूझकर ही; क्योंकि उनके मन में भारत में विदेशी शासन के प्रति रोष की भावना थी। वे 1893 में भारत पहुँचे और बड़ौदा कॉलेज में काम करने लगे। यहाँ उन्होंने आत्म-परिष्कार और साहित्यिक गतिविधि में मन लगाया; संस्कृत, गुजराती, मराठी और बंगला भाषाएँ सीखीं। दर्शनशास्त्र और भारतीय संस्कृति का गहरा अध्ययन किया। 1904 में उन्होंने स्वयं योग का अभ्यास आरम्भ किया। इससे पूर्व भी वे कुछ आध्यात्मिक अनुभूतियाँ प्राप्त कर चुके थे।

सन् 1905 में 'बंग भंग' विरोधी आन्दोलन के समय उन्होंने बड़ौदा की नौकरी छोड़ दी और वे प्रकट रूप से राजनीतिक आन्दोलन में सम्मिलित हो गए। उनकी राजनीतिक क्रियाएँ कई पहलुओं में प्रकट हुईं–सबसे पहले उन्होंने गुप्त क्रान्तिकारी प्रचार शुरू किया; फिर सारे राष्ट्र को आदर्श स्वतन्त्रता के पक्ष में लाने के लिए सार्वजनिक प्रचार किया और अन्त में असहयोग तथा निष्क्रिय प्रतिरोध किया। क्रान्तिकारी विचारों के प्रचार के लिए उन्होंने 'वंदेमातरम्' पत्रिका शुरू की। सन् 1908 में उन्हें बन्दी बनाकर जेल में डाल दिया गया–जहाँ वे एक वर्ष रहे। प्रसिद्ध विधिवक्ता श्री चितरंजनदास ने अपनी विस्तृत वकालत छोड़ दी और 'माणिक तल्ला बम मुकदमा' के नाम से प्रसिद्ध मुकदमे में श्री अरविन्द घोष के पक्ष की पुष्टि में अपना सारा समय लगाया। दोषमुक्त होकर वे जेल से एक वर्ष बाद छूटे। इस अवधि में जीवन के प्रति उनका दृष्टिकोण बिल्कुल बदल गया, क्योंकि जेल में उन्होंने सारा समय गीता तथा उपनिषदों के अध्ययन और गहन चिन्तन तथा योगाभ्यास में लगाया।

सन् 1910 में उन्होंने राजनीतिक गतिविधि छोड़ दी और वे अस्तित्व के दो सिरों आत्मा और प्रकृति को परस्पर संगत अथवा समस्वर बना सकने वाले अधिक पूर्ण अनुभव अथवा ज्ञान की खोज में 'पांडिचेरी' चले गए। उनके आध्यात्मिक मार्ग पर चलने के लिए पांडिचेरी में अधिकाधिक लोग पहुँचने लगे और इस प्रकार वहाँ अरविन्द आश्रम बन गया। इस आश्रम का आदर्श इसी लोक में और लौकिक देह में ही दिव्य जीवन प्राप्त करना है।

22.2 शिक्षा सम्बन्धी श्री अरविन्द के प्रकाशन (Aurobindo's Publications Relating to Education)

1. *A System of National Education*, 2. *Sri Aurobindo and Mother on Education*, 3. *The Human Cycle*, 4. *Ideal of Human Unity*, 5. *The Life Divine*, 6. *Riddle of The World*, 7. *The Savitri*, 8. *Essay on Gita*, 9. *On the Vedas*, 10. *Eight Upanishads*.

22.3 श्री अरविन्द का जीवन दर्शनः सम्रग/एकीकृत सम्पूर्ण जीवन (Philosophy of Sri Aurobindo: Integral Life)

श्री अरविन्द के अनुसार समग्र पूर्णता जीवन का वह अन्तिम लक्ष्य है जिसको हम अपने सामने रखते हैं क्योंकि हमारा आदर्श वह 'दिव्य जीवन' (Divine Life) है जिसको हम इस लोक में भी प्राप्त करना चाहते हैं–यहीं पृथ्वी पर ही भौतिक संसार के वातावरण में ही अपने आत्मिक परिवर्तन को सिद्ध करना चाहते हैं परन्तु मानते हैं कि साथ ही अपने सामाजिक और सार्वभौमिक सम्पर्क के बिना व्यक्ति की कोई यथार्थता नहीं है। व्यक्ति को न केवल अपने देशवासियों अथवा राष्ट्रवालों के साथ ही, अपितु अपने उस सार्वभौमिक समाज के साथ भी उचित तथा सही सम्बन्ध स्थापित करना है जिसका वह एक अंग है।

श्री अरविन्द ने इस सन्दर्भ में भारत की भूमिका के बारे में इस प्रकार दर्शाया है। भारत को अपनी सारी शक्ति व्यक्ति में तथा सभी देशवासियों में सच्चे व्यक्तित्व को ढूँढ़ने और उस के पुर्ननिर्माण करने की बड़ी आवश्यकता को पूरा करने में लगानी है, ताकि वह अपनी निजी भीतरी महत्ता और प्रतिष्ठा को खोजकर पुनः धारण कर सके और इस प्रकार मानव प्रजाति (Human Race) के जीवन में अपना उचित स्थान ले सके। इस प्रकार मनुष्य को अपने उस भीतरी 'स्व (Self)' की अनुभूति सिद्ध होगी–साथ ही आत्मबोध प्राप्त करना होगा जोकि विस्तृत 'सार्वभौमिक चेतना' (Universal Consciousness) का एक अंग है।

22.4 एकीकृत जीवन के पक्ष (Dimensions of Integral Life)

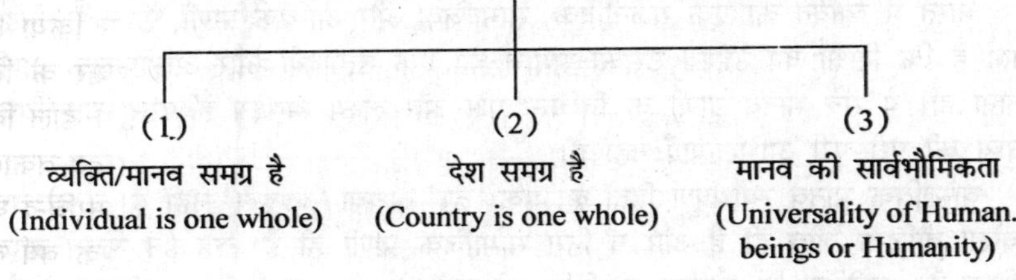

व्यक्ति की समग्रता: श्री अरविन्द के अनुसार व्यक्ति की समग्रता के निम्न पक्ष है:

(1) शारीरिक अथवा भौतिक पक्ष (Physical Dimension), (2) जीवन धारक अथवा जीवन पक्ष (Vital Demension), (3) बौद्धिक पक्ष (Mental Dimension), (4) आत्मिक पक्ष (Psychic Dimension), (5) आध्यात्मिक पक्ष (Spiritual Dimension)।

श्री अरविन्द के विचार में इन सब पक्षों का एकीकृत विकास होना चाहिए तभी सम्पूर्णता का उद्‌देश्य पूर्ण होगा।

समग्र राष्ट्र (Integral Nation): राष्ट्रीय जीवन के अनेक पक्ष हैं–आर्थिक, सामाजिक, राजनैतिक आदि। इन सब पक्षों का भी समग्र विकास होना चाहिए। व्यक्तियों के समग्र विकास में राष्ट्र का समग्र विकास सम्भव है तथा राष्ट्र के समग्र विकास से व्यक्तियों का। एक ही पक्ष का विकास समग्र विकास नहीं कहलाता है।

मानवता की समग्र प्रकृति अथवा समग्रता (Integral Nature of Humanity or Oneness of Humanity): श्री अरविन्द ने पूर्व तथा पश्चिम की समग्रता पर बल दिया।

श्री अरविन्द ने विज्ञान तथा वेदान्त के समन्वय के महत्त्व पर उचित प्रकाश डाला।

22.5 श्री अरविन्द के अनुसार एकीकृत शिक्षा (Integral Education According to Sri Aurobindo)

श्री अरविन्द ने समग्र शिक्षा की इस प्रकार व्याख्या की है। "समग्र शिक्षा वह है जो व्यक्ति के भीतर विद्यमान सब कुछ को इस प्रकार प्रकाशन करने में सहायक हो कि उस का पूरा-पूरा लाभ उठाया जा सके और मानव जीवन के प्रयोजन को पूरा करने के लिए व्यक्ति को तैयार कर दे और साथ ही जो उन लोगों के जीवन, मन और आत्मा के साथ ठीक सम्बन्ध स्थापित करने में सहायता दे जिससे वह एक है और इसके अतिरिक्त उस मानव जाति के जीवन, मन और आत्मा की समष्टि के साथ सही सम्बन्ध स्थापित करने में सहायक हो जिसकी वह स्वयं इकाई है और देशवासी अथवा उसका राष्ट्र एक जीवित, पृथक परन्तु अपरिहार्य सदस्य है।'' श्री अरविन्द के विचार में–''समग्र पूर्णता वह अन्तिम लक्ष्य है जिसको हम अपने सामने रखते हैं।''

भारत में मानव को ऐसा स्थायी प्राणी नहीं समझा जाता है जो अपने भौतिक जीवन को भौतिक प्रकृति की कृपा के सहारे घसीटता आ रहा है और इस प्रकार शिक्षा का कार्य केवल मात्र व्यक्तिगत अभिलाषाओं और राष्ट्रीय अहं की पूर्ति का मार्ग प्रदर्शन करना ही रह जाता है, न ही मनुष्य को तार्किक जन्तु समझा जाता है कि शिक्षा का उद्देश्य उसकी मानसिक क्षमताओं का विकास मात्र ही रह जाए।

भारत में व्यक्ति को एक राजनीतिक, सामाजिक और आर्थिक प्राणी भी नहीं समझा जाता है कि शिक्षा का उद्देश्य उसको समाज का एक उत्पादक और आज्ञापालक प्राणी बनाना हो। ये सब मानव प्राणी के विभिन्न पक्ष और लक्ष्य अवश्य हैं परन्तु वास्तविक मनुष्य की पूरी-पूरी अभिलाषाएँ नहीं हैं।

वास्तविक मानव स्वार्थपूर्ण हितों का एक 'ढेर' अथवा 'बण्डल' नहीं है। न ही वह अकेला बौद्धिक जीव ही है और न निरा सामाजिक प्राणी ही है। वह इन सबसे बहुत अधिक है। शारीरिक या भौतिक मानसिक सीमाओं से परे एक आत्मिक जीवन भी है।

श्री अरविन्द ने कहा है, ''भारत मनुष्य में एक व्यक्ति को, आत्मा को, मन तथा शरीर से लिपटी हुई दिव्यता (Divinity) के अंश को देखता आया है। मनुष्य सार्वभौमिक आत्मा का सबोध प्रकाशन (Manifestation) है।''

समग्र शिक्षा के पाँच पक्ष (Five Dimensions of Integral Education): जिस प्रकार समग्र जीवन के पांच पक्ष हैं उसी प्रकार शिक्षा के पांच पक्ष हैं।

समग्र शिक्षा के पांच पक्ष

(1)	(2)	(3)	(4)	(5)
शिक्षा का शारीरिक/भौतिक पक्ष (Physical Dimension of Education)	शिक्षा का जीवनधारक पक्ष (Vital Dimension of Education)	शिक्षा का बौद्धिक अथवा मानसिक पक्ष (Mental Dimension of Education)	शिक्षा का आत्मिक पक्ष (Psychic Dimension of Education)	शिक्षा का आध्यात्मिक पक्ष (Spiritual Dimension of Education)

1. शिक्षा का भौतिक अथवा शारीरिक पक्ष: इस के अन्तर्गत हैं: (1) शरीर का समायोजित तथा समग्र विकास (Total Harmonious and Integrated Development of the Body), (2) शारीरिक अनुशासन (Physical Discipline) अर्थात् शरीर के विभिन्न अंगों का विकास (3) रोगों से मुक्ति (Freedom from Diseases)।

2. शिक्षा का जीवनधारक पक्ष (Vital Dimension of Education): इसके दो तत्त्व हैं: (1) इन्द्रियों का विकास तथा प्रयोग (Development and Use of Senses), (2) चेतन होना तथा चेतना का क्रमबद्ध नियन्त्रण (Becoming of Sense Conscious and Gradual Control)।

चेतना के चार स्तर हैं: (i) चित्त (Chitta), (ii) मनस् (Manas), (iii) बौद्धिक तथा (iv) अन्तर्ज्ञान (Intution)। शिक्षा द्वारा इन चारों स्तरों का सामंजस्यपूर्ण विकास किया जाता है।

3. शिक्षा का बौद्धिक अथवा मानसिक पक्ष (Intellectual Dimension of Education): इस पक्ष के अन्तर्गत निम्नलिखित तत्त्व आते हैं:

(i) अवधान तथा एकाग्रता का विकास (Development of attention and concentration)।

(ii) मानसिक क्षितिज की विस्तृता को बढ़ाने की शक्ति का विकास (Development of the capacity to expand mental horizon)।

(iii) मानसिक क्षितिज के सम्वर्धन की क्षमता का विकास (Development of the capacity to enrich horizon)।

(iv) किसी केन्द्रीय प्रकरण अथवा विषय के सन्दर्भ में विचार संगठित करने की क्षमता का विकास (Development of the capacity to organise around a central theme)।

(v) वांछित विचारों को गृहण करने तथा अवांछित विचारों को त्यागने की क्षमता का विकास (Development of the power to accept desirable thoughts and reject undesirable ones)।

(vi) अपने मन की उच्च परतों से प्रेरणा लेने की क्षमता का विकास करना (Development of the power to get inspiration from the higher regions of being)।

4. शिक्षा का आत्मिक पक्ष (Psychic Dimension of Education): इसके अन्तर्गत नीचे दिए तत्त्वों का समावेश है:

(i) अभौतिक मूल्यों के प्रति संवेदनशीलता का विकास। (Development of sensitivity to non-material objects)।

(ii) संकल्प का विकास (Development of will)।

5. शिक्षा का आध्यात्मिक पक्ष (Spiritual Dimension of Education): आध्यात्मिक पक्ष सबसे महत्त्वपूर्ण पक्ष है। यह अवस्था सभी अवस्थाओं अथवा पक्षों से उच्च है। इससे शाश्वत आनन्द (Eternal Bliss) की प्राप्ति होती है। मानव जीवन का प्रमुख उद्देश्य यही है।

22.6 समग्र शिक्षा के उद्देश्यों के प्राप्ति के साधन (Means of Realising the Objectives of Integral Education)

I. अध्यापन के सिद्धान्त (Principles of Teaching): श्री अरविन्द ने अध्यापन के तीन सिद्धान्त दर्शाए हैं।

1. *अध्यापन का पहला सिद्धान्त यह है कि कुछ भी पढ़ाया या सिखाया नहीं जा सकता:* अध्यापक का काम सुझाव देना है। छात्रों के मन पर कुछ थोपना नहीं है। वह ज्ञान उपार्जन करने का मार्ग दिखाता है। ज्ञान शिष्य के भीतर है; इसको प्रकाश में लाने के लिए शिष्य को स्वयं प्रयत्न करना है, परन्तु उसको सहायता की आवश्यकता है। उसे कोई तो यह बताएगा कि ज्ञान कहाँ है और यह काम कैसे किया जा सकता है कि वह "तल पर आने का अभ्यस्त हो जाए।" केवल अध्यापक ही यह काम कर सकता है।

2. *दूसरा सिद्धान्त यह है कि मन के विकास में मन से विचार-विमर्श करना पड़ता है:* माता-पिता अथवा अध्यापक द्वारा ठोक-पीटकर अपनी इच्छा के अनुसार बालक को बनाने का विचार असभ्य लोगों और अज्ञानी अन्धविश्वासियों का विचार है। श्री अरविन्द के अनुसार, मनुष्य का मन एक पौधे-जैसा ही है। यह अपनी प्रकृति के अनुसार ही विकसित होगा और बढ़ेगा। मनुष्य के भीतर कोई जन्मजात बल है जो एक निश्चित सिद्धि के लिए वृद्धि की दिशा में ले जाता है। बाहर से बाधित करके किसी संकल्प को करवाना और मान्यता मनवाना और इस प्रकार उसके स्वाभाविक विकास पर दबाव डालना भूल है। इसका अभिप्राय प्रकृति से बलात् अर्थात् उसके नियमों अथवा 'धर्म' को छुड़वाना होगा। यह तो प्रकृति के आदर्श नमूने को विकृत कर देना, इसकी पूर्णता की शक्ल बिगाड़ देना और उसके बल के स्रोत को हानि पहुँचाना हुआ। आश्चर्य है कि यह समझकर भी माता-पिता पहले ही यह निश्चय करके चलते हैं कि उनके पुत्र में अमुक गुणों, क्षमताओं, सद्गुणों और विचारों को पनपाना है जिससे वे अमुक-अमुक पूर्वनिर्धारित जीवनयापन-प्रणाली में ठीक बैठ सकें। ऐसा करना "एक मानव आत्मा पर स्वार्थपूर्ण अत्याचार और राष्ट्र पर

एक चोट कहलाएगा–क्योंकि इससे राष्ट्र उस सर्वोत्तम लाभ से वंचित रह जाता है जो लाभ व्यक्ति उसको दे सकता था और इसके स्थान पर उसको कुछ अधूरा और कृत्रिम, निचले दर्जे का, दिखावटी और साधारण लाभ स्वीकार करने के लिए बाधित कर दिया जाता है।'' यदि शिक्षा का प्रयोजन बालक के भीतर विद्यमान समग्र सर्वोत्कृष्ट को प्रकट कर देना है तो हमें पहले व्यक्ति में विद्यमान की रखवाली का निश्चय दिलाना होगा। इसका कोई भी अंश न खोना है, न उसको क्षति पहुँचानी है, उसको तोड़ना-मरोड़ना अथवा कुचलना भी नहीं है। ''प्रत्येक के भीतर कुछ दिव्य होता है, कुछ उसका अपना, परिपूर्ण और बलवान् होने का एक अवसर, जो कितने ही स्वल्प क्षेत्र में क्यों न हो, परमात्मा उसको प्रदान करता है, चाहे वह इसको ले ले अथवा लेना अस्वीकार कर दे।'' मनुष्य के भीतर की इस दिव्यता का अपमान नहीं करना है, शक्ति की इस चिंगारी को बुझाना नहीं है। अध्यापक के जिम्मे यही काम है कि वह दिव्यता अनुभव करने में, उस 'कुछ' को ढूँढ़ लेने में, उसका विकास करने में और उसका उपयोग करने में बालक की सहायता करे। शिक्षा ऐसी होनी चाहिए कि वह विकासमान आत्मा को अपने भीतर विज्ञान को प्रकाश में लाने में और सत्कार्य के लिए इसको पूर्ण बनाने में सहायक हो।

3. *शिक्षण का तीसरा सिद्धान्त समीप से दूर की ओर, ज्ञात से अज्ञात की ओर बढ़ना है।* मनुष्य की प्रकृति को उसकी आत्मा के अतीत, उसकी वंशक्रमागत विशेषताएँ और उसका पर्यावरण–ये सब बनाते हैं। पर्यावरण में उसकी परिस्थितियाँ, उसका देश, उसकी राष्ट्रीयता, वह मिट्टी जिससे उसको भोजन मिलता है, दृश्य, शब्द और आदतें सम्मिलित हैं, प्रकृति को उसकी उस मूल जमीन से नहीं उखाड़ना होगा कि जहाँ वह उगी है और उसको वहीं बढ़ने देना होगा। और मन को ऐसी कल्पित मूर्त्तियों और विचारों से भी नहीं बढ़ने देना होगा। और मन को ऐसी कल्पित मूर्तियों और विचारों से भी नहीं घेरना चाहिए जो इसके लिए अपरिचित तथा विदेशी हों–इससे कोई भलाई नहीं होगी। इससे विकास में रुकावट पड़ जाएगी, क्योंकि स्वाभाविक और सच्चा विकास होने के लिए स्वतन्त्रता पहले अपेक्षित है। बालके के शिक्षण को उसके अपने वातावरण में स्नेहपूर्वक आगे बढ़ाना चाहिए; ऐसे वातावरण में कि जो हृदय के समीप हो, जो अपने साथ सम्बद्ध होने की भावना उत्पन्न करे। प्रत्येक व्यक्ति का सम्बन्ध किसी देश-विशेष से होता है, वह उस देश के अतीत को उत्तराधिकार में प्राप्त करना है; देश के वर्तमान पर उसका अधिकार होता है और वह उस देश के भविष्य का निर्माण करता है। अतीत नींव अथवा आधार होता है, वर्तमान वह सामग्री है जिसको ढालकर वह बनाता है तथा भविष्य उसका लक्ष्य होता है–चाहे शिक्षा की कोई भी राष्ट्रीय पद्धति क्यों न हों, इनमें से प्रत्येक को उचित महत्त्व देना होगा।

II. अध्यापक-पथदर्शक तथा सहायक (Teacher Guide and Helper): अध्यापक न तो सिखाता है और न वह उससे काम लेने वाला मालिक है। वह एक सहायक और पथदर्शक है। उसका काम सुझाव देना है, थोपना नहीं। वह शिष्य के मन को वस्तुत: सधाता नहीं है, अपितु वह केवल यह दिखा देता है कि ज्ञान के औजारों को कैसे पूरा बनाया जाए और इस प्रक्रिया में वह बालक को प्रोत्साहित ही करता है। वह उसको ज्ञान नहीं देता है: वह उसे ऐसी रीति बना देता है कि स्वयं ज्ञान कैसे अर्जित किया जाता है। वह शिष्य के अन्दर विद्यमान ज्ञान को प्रकट नहीं करता या बाहर नहीं निकालता है, वह

तो यह दिखा देता है कि ज्ञान कहाँ पड़ा है और इसको ऊपर लाने की आदत कैसे डाली जाए।

III. अध्यापक का अपना व्यवहार (Personal Behaviour of the Teacher): यदि आप चाहते हो कि तुम्हारा बालक तुम्हारा आदर करे तो आप आत्म-सम्मान रखें, और प्रत्येक क्षण आदर के योग्य बने रहें। कभी मनमानी मत करें, स्वेच्छाचारी मत बनें, अधीर न हों और क्रोध मत करें।

धार्मिक शिक्षा (Religious Education): श्री अरविन्द ने धार्मिक शिक्षा के बारे में लिखा है–"धर्म के किसी रूप का विशेष शिक्षण दिया जाए या नहीं, परन्तु धर्म का जो सार है–तत्त्व है–अर्थात् परमशेवर के लिए, मानव जाति के लिए, देश के लिए, दूसरों के लिए, अपने लिए जीना–वह तो प्रत्येक स्कूल का आदर्श होना चाहिए।"

IV. नैतिक शिक्षा का आधार–साधना (Sadhna as the Basis of Moral Education): किसी भी धार्मिक शिक्षा का कोई महत्त्व नहीं होता, यदि उस शिक्षा के अनुसार जीवन न बिताया जाए। विभिन्न 'साधनाएँ' अर्थात् आध्यात्मिक आत्मशिक्षण तथा 'अभ्यास' से ही धार्मिक जीवन की सफल तैयारी होती है। बहुत से मनुष्य प्रार्थना के अनुष्ठान, भक्ति, संस्कार के लिए भूखे रहते हैं और इनको तैयारी का आवश्यक साधन समझते हैं–परन्तु यदि इनको अपना लक्ष्य न बना लिया जाए तो ये आध्यात्मिक उन्नति में भारी सहायक सिद्ध होते हैं; यदि प्रार्थना कभी न की जाए तो किसी दूसरे प्रकार के मनन, भक्ति अथवा धार्मिक कर्त्तव्य को अपना लेना चाहिए। अन्यथा धार्मिक शिक्षा का लगभग कुछ भी उपयोग (लाभ) नहीं होगा–इससे तो अच्छा यही होगा कि यह सर्वथा दी न जाएँ।

श्री अरविन्द के विचार में नैतिक शिक्षा देने का सर्वोत्तम तरीका अपना व्यक्तिगत आदर्श पेश करना है। बालक को अपनी ओर आकृष्ट करना है, आदेश देना और थोपना नहीं है।

शिक्षक को केवल इतना ही करना है कि वह बालक को स्वयं को पूर्ण बनाने के सही मार्ग पर डाल दे और उस मार्ग पर चलने के लिए उसको प्रोत्साहित करे।

जिन महान् विचारों को अपने शिष्यों के सामने पेश करता है, उनके अनुसार ही यदि गुरु का जीवन भी ढला हुआ हो तो यह अत्यधिक प्रभावशाली हो जाता है। परन्तु यदि तरुण छात्र को, उसके अपने सीमित क्षेत्र में ही उन नैतिक आवेगों को मूर्त रूप होने अथवा धारण करने का अवसर दिया जाएगा तो प्रभाव पूरा नहीं हो सकेगा।

इसलिए प्रत्येक विद्यार्थी को इस बात का अवसर दिया जाना चाहिए कि उसकी प्रकृति में जो कुछ सर्वोत्तम है उसको व्यवहार में विकसित कर सके और उस पर विचार कर सके।

मनुष्य का बौद्धिक विकास, अवश्य ही, उसकी नैतिक और आवेगमयी प्रकृति पर निर्भर रहेगा। नैतिकता को ध्यान में रखे बिना और अनुभूतियों से रहित बौद्धिक शिक्षा मनुष्य की प्रगति के लिए घातक है। दुर्भाग्य से, नैतिक शिक्षण की व्यवस्था करने की अपेक्षा मन के प्रशिक्षण के लिए विद्यालय के पाठ्यक्रम की रूपरेखा बना लेना अधिक सरल होता है। नैतिकता पुस्तकों से नहीं सिखाई जा सकती–यद्यपि इनका प्रभाव पड़ेगा ही। पुस्तकें विचार के कुछ बीज मन में फेंक सकती हैं–वे अंकुरित होकर चरित्र को प्रभावित कर सकेंगे। परन्तु डर इस बात का रहता है कि ऐसी पुस्तकों से कहीं विचार करने की क्रिया यांत्रिक

और कृत्रिम न हो जाए। मगर विचारों और भव्य अनुभूतियों का महत्त्व तब कम हो जाता है जब कि उन्हें कठपुतली की भाँति सिखाया जाए और पहाड़े की तरह रट लिया जाए।

नैतिकता भीतर से प्रकट होती है और यह आवश्यक है कि वह नैतिक आचरण और व्यवहार में बहती दिखाई दे। अपने आप नैतिक बनने की एकमात्र रीति अपने आपको अत्युत्कृष्ट सम्बन्धों का अभ्यासी सर्वोत्तम मानसिक, संवेगात्मक और शारीरिक आदतों वाला बनाना है। एक नियत प्रकार की पोशाक थोपकर तथा एक नियत प्रकार का व्यवहार करने के लिए मजबूर करके बच्चों को कुछ सीमा तक अनुशासन में रखा जा सकता है। परन्तु यदि हम उनका हृदय नहीं जीत सके तो इस प्रकार के आरोपित नियमों का पालन कृत्रिम और प्राय: कपटपूर्ण और कायरतापूर्ण बन जाता है। इसका फल यह होता है कि ज्यों ही घर पर या स्कूल में अनुशासन ढीला पड़ जाता है अथवा हटा लिया जाता है तो बच्चे बदले की भावना लिए विद्रोह कर उठते हैं। नैतिक शिक्षा की सर्वोत्तम विधि यह है कि अध्यापक चौकस रहे। अध्यापक 'बुद्धिमान तथा चरित्रवान, मित्र पथप्रदर्शक' बने।

V. शारीरिक शिक्षा तथा व्यायाम (Physical Education and Exercise): संस्कृति का सच्चा लक्ष्य पूर्णता की प्राप्ति है। यदि हम जीवन की पूरी पूर्णता चाह रहे हैं तो इसके शारीरिक भाग को नहीं छोड़ा जा सकता, क्योंकि शरीर भौतिक आधार है; शरीर वह औजार (उपकरण) है जिससे हमने काम करना है। 'शरीरं खलु धर्मसाधनम्' यह संस्कृत की एक प्राचीन लोकोक्ति है–अर्थात् शरीर धर्म की उपलब्धि का साधन है और धर्म का अर्थ है वह आदर्श जिसको हम अपना लक्ष्य बना सकते हैं और इसको कार्य में परिणत करने का नियम और इसका प्रभाव।

22.7 राष्ट्रीय शिक्षा प्रणाली तथा सार्वभौमिक शिक्षा (National Education and Universal Education)

किसी विद्यालय के नाम के साथ 'राष्ट्रीय' शब्द को नत्थी कर देने मात्र से अथवा इसका अधिसंख्यक ऐसे व्यक्तियों की देशी संस्था के हाथ सौंप देने से ही वहाँ की शिक्षा राष्ट्रीय नहीं हो जाती है। इससे तो उसी निन्दित पद्धति का, कहीं जोड़कर, कहीं घटाकर परिवर्तित और ठीक किया हुआ संस्करण ही केवल निकल सकेगा। और यदि हम प्राचीन शिक्षा पद्धति की, वह भले ही अत्यधिक महत्त्वपूर्ण क्यों न प्रतीत हो, ठीक-ठीक नकल कर लें तो इससे भी हमारा वर्तमान प्रयोजन सिद्ध नहीं होगा। पीछे की ओर लगायी गयी ऐसी छलाँग वर्तमान समय की प्रबल माँगों की पूर्ति में पूरी तरह असफल होगी और हमारे भविष्य की आशा पूर्ति भी न कर सकेगी। यदि हमने ऐसा किया तो आलोचकों का यह कहना सर्वथा उचित ही होगा कि हम बीसवीं सदी में रह रहे हैं और चन्द्रगुप्त अथवा अकबर के समय के भारत को दुबारा नहीं ला सकते। हमें सत्य तथा विज्ञान ज्ञान की प्रगति के साथ-साथ चलना पड़ेगा, अपने आपको वास्तविक परिस्थितियों में जीने के अनुकूल बनाना पड़ेगा। परन्तु यह राष्ट्रीय भावना की विचार पद्धति नहीं है। यह तो अतीत के प्रति विपरीतगामी अवनति की ओर ले जाने वाली, भावुकता है। राष्ट्रीय शिक्षा की माँग का आधार भास्कर के ज्योतिष विज्ञान अथवा गणित-शास्त्र की ओर अथवा नालन्दा तथा तक्षशिला की शिक्षा पद्धति की ओर लौटने की माँग नहीं है–ठीक ऐसे ही जैसे कि स्वदेशी माँग का अर्थ रेलगाड़ी को छोड़कर बैलगाड़ी को ही अपनाना नहीं है। जो कुछ भी विदेशी

और आधुनिक है उसका निषेध करना केवल पागलपन कहलाएगा और भारत में केवल प्राचीन की ही नकल करना निरी सनक ही कहलाएगी।

मनुष्य जाति तथा उसकी आवश्यकताएँ सभी स्थानों पर एक-जैसी हैं; और सत्य तथा ज्ञान भी एक ही रहते हैं। शिक्षा भी एक सार्वभौम वस्तु होनी चाहिए। यदि आप कहें–''विज्ञान-शिक्षण की राष्ट्रीय शिक्षा-पद्धति, तो भला इसका क्या अर्थ लगाया जा सकता है? क्या इसका अभिप्राय यह होगा कि हमें आधुनिक सच्चाई को और विज्ञान की आधुनिक पद्धति को इसलिए छोड़ना पड़ेगा कि वे यूरोप की देन हैं और उनको छोड़कर क्या प्राचीन भारत के अधूरे वैज्ञानिक ज्ञान को अपनाना होगा; क्या बाद में गैलीलियो तथा न्यूटन आदि को देश निकाला देकर केवल उतना ही पढ़ाना होगा कि जितना भास्कर, आर्यभट्ट और वराहमिहिर को ज्ञात था?

22.8 श्री अरविन्द की शिक्षा को देन
(Contribution of Arvind to Education)

श्री अरविन्द का शिक्षा दर्शन सर्वांग जीवन का विकास है, जिसमें तन, मन और आत्मा का विकास सम्मिलित है। उन्होंने राष्ट्रीय शिक्षा प्रणाली की रूपरेखा पर विस्तृत चर्चा की।

श्री अरविन्द की मुख्य देन पाण्डेचेरि में स्थापित अन्तर्राष्ट्रीय शिक्षा केन्द्र है। इस आश्रम अथवा केन्द्र की स्थापना 1910 में की गई। 1943 में आश्रम के बच्चों के लिए एक विद्यालय खोला गया। इसमें सामान्य विषयों को पढ़ाने के अतिरिक्त आध्यात्मिक और योगाभ्यास की भी शिक्षा का प्रबन्ध है। इस आश्रम में एक अन्तर्राष्ट्रीय विश्वविद्यालय केन्द्र भी खोला गया जिसमें उच्च स्तर पर अध्यात्म, योग, गणित, दर्शन तथा समाजशास्त्र के विषय पढ़ाये जाते हैं। इसमें प्राचीन और नवीन तथा प्राच्य और पाश्चात्य संस्कृतियों में समन्वय स्थापित करने का प्रयास किया जाता है।

स्थिति बहुत खराब थी। फिर वह चार वर्षों तक इधर-उधर घूमते रहे। वे कभी कोई नौकरी करते तो कभी कोई। परन्तु वे हर नौकरी में बुरी तरह असफल हुए और स्थान-स्थान पर घूमते रहे।

फ्रोबेल के जीवन में मोड़ (Turning Point in Froebel's Life): फ्रैंकफोर्ट (Frankfort) में फ्रोबेल 'गृह-निर्माण विद्या' सीखने लगे। वहाँ उन्होंने डॉक्टर ग्रनर (Grunner) से घनिष्ट सम्बन्ध स्थापित किया। डॉक्टर ग्रनर उस समय मॉडल स्कूल का निदेशक था। निदेशक ने यह अनुभव किया कि फ्रोबेल एक आदर्श अध्यापक बन सकता है। अत: उसने फ्रोबेल को अपने स्कूल में अध्यापक बनने का अनुरोध किया। इस परिवर्तन ने फ्रोबेल के जीवन को बदल दिया। फ्रोबेल स्कूल में बहुत संतुष्ट हुआ, उन्हें ऐसा लगा कि उनकी कोई खोई हुई निधि मिल गई है तथा उनकी पहली चिर इच्छा पूर्ण हो गई है। वे प्रसन्न रहने लगे। उन्होंने घोषित किया कि पहली बार मैंने कुछ ऐसी चीज पाई जिसके लिए मैं चिर काल से लालायित था; परन्तु वह मुझे मिलती न थी और अन्त में मुझे मेरे जीवन का तत्व मिल ही गया। मैं उतना ही खुश हुआ जितना कि मछली पानी में और पक्षी हवा में।

वरडन (Vyerdun) में फ्रोबेल: फ्रैंकफोर्ट में तीन वर्ष रहने के पश्चात् फ्रोबेल ने वरडन में पैस्टालाजी (Pestalozzi) के स्कूल का अवलोकन किया। वहाँ रहकर उन्होंने पैस्टालाजी के आदर्शों तथा सिद्धान्तों का सविस्तार अध्ययन किया। फ्रोबेल का पैस्टालाजी के कुछ सिद्धान्तों से मतभेद था। पैस्टालाजी के स्कूल में उसने निम्नलिखित दोष देखे:

1. स्कूल में संगठन का अभाव था। 2. कार्य में ईकाई न थी। 3. अध्ययन वाले विषयों में समायोजन नहीं था। 4. बच्चों की प्रारम्भिक शिक्षा में माताओं का सहयोग नहीं था।

फिर भी यह तो मानना ही होगा कि पैस्टालाजी से उनके सम्बन्धों ने उन्हें शिक्षा में सुधार करने के लिए प्रेरित किया।

सेना में कार्य (Work in the Army): फ्रोबेल प्राकृतिक विज्ञान का अध्ययन करना चाहते थे। अत: 1811 में उन्होंने विश्वविद्यालय में प्रवेश लिया। वहाँ कुछ देर अध्ययन करने के पश्चात् वह गाटलिंगन (Garlington) और तत्पश्चात् बर्लिन (Berlin) गए। दो वर्ष पश्चात् उन्होंने विश्वविद्यालय छोड़ दिया और वह नेपोलियन के विरुद्ध फौज में भर्ती हो गए। फ्रोबेल तीन वर्ष फौज में रहे और वहाँ उन्होंने अनुशासन तथा सामूहिक कार्य की शक्ति को देखा। फौज से लौटने के पश्चात् बर्लिन के अजायबघर में उनकी नियुक्ति अध्यक्ष पद पर हो गई। परन्तु इस कार्य में उनका लगाव नहीं था। वह तो शिक्षा में विशेष रुचि रखते थे।

'मनुष्य की शिक्षा' पुस्तक का प्रकाशन (Publication of the Education of Man): फ्रोबेल ने 1816 में ग्री-शाम (Grieshem) में एक छोटे से स्कूल की स्थापना की। थोड़ी देर पश्चात् वह स्कूल को 'कैल्हान' (Keilne) ले गये। फ्रोबेल ने प्रारम्भिक शिक्षा के अपने सिद्धान्तों को स्कूल रूप दिया। बहुत से प्रयोगों के पश्चात् दस वर्ष में यह एक सफल संस्था बन गई। इस स्थान पर उन्होंने अधिक बल इस बात पर दिया कि बच्चे खेल तथा क्रियात्मक कार्यों द्वारा अपने आपको अभिव्यक्त करें। फ्रोबेल ने बच्चों पर कोई बाह्य प्रभाव नहीं आने दिया। 1826 में फ्रोबेल ने अपनी प्रसिद्ध पुस्तक *The Education of Man* का प्रकाशन किया। इस पुस्तक में फ्रोबेल लिखते हैं कि "शिक्षा का सच्चा

सिद्धान्त इस बात में निहित है कि हम बच्चे के मस्तिष्क को ऐसी सजीव सम्पूर्ण इकाई माने जिसमें सभी अंग मिलकर कार्य करें ताकि समरसता उत्पन्न कर सकें।

अनेक स्कूलों का चलाना (Establishing Several Schools): इसके पश्चात् फ्रोबेल ने जर्मनी में अनेक स्कूलों की स्थापना की। सरकार ने फ्रोबेल के क्रांतिकारी विचारों पर सन्देह किया और जांच की। इन्स्पेक्टर ने बहुत अच्छी रिपोर्ट दी। उसने लिखा कि मैंने यहाँ लगभग साठ सदस्यों का एक संगठित परिवार देखा जो पारस्परिक विश्वास के साथ रहते थे और हर सदस्य सबकी भलाई के लिए कार्य करता था...। इस संस्था का उद्देश्य केवल विज्ञान और ज्ञान ही नहीं है, परन्तु भीतर से ही एक ऐसे मस्तिष्क का निर्माण करना है जो स्वतन्त्र हो और सक्रिय हो।

शिक्षा शैशव काल से (Education from Childhood): आर्थिक कठिनाइयों के कारण वे अपनी संस्था को 1830 में स्विटजरलैंड ले गए। वहाँ की सरकार ने कार्य की भूरि-भूरि प्रशंसा की और अपने अध्यापकों को वहाँ प्रशिक्षण के लिए भेजा। वहाँ से फ्रोबेल वर्गडोर्फ (Burgdorf) गये। वहाँ वे एक अनाथालय के अध्यक्ष बने। उन्होंने अध्यापकों के प्रशिक्षण का कार्य जारी रखा। वहाँ उन्होंने महसूस किया कि क्योंकि शैशव काल में ही बच्चों की शिक्षा नहीं होती इसलिए स्कूलों में अच्छे बच्चों की भर्ती नहीं होती। फ्रोबेल का मत था कि बच्चों की शिक्षा शैशव में ही प्रारम्भ हो जानी चाहिए ताकि जब वे स्कूल जाने योग्य हों तो वे अच्छे विद्यार्थी हों।

प्रथम किन्डरगार्टन की स्थापना (Opening of First Kindergarten): फ्रोबेल 1836 में जर्मनी लौटा और ब्लैंकनबर्ग (Blankenburg) गांव में अपना प्रथम शिशु विहार केन्द्र खोला। उन्होंने अपना समस्त जीवन शिक्षकों के प्रशिक्षण में तथा शिशु-विहार सम्बन्धी उपकरणों को निश्चित करने में लगा दिया।

दुःखद अन्त (Sad End): जर्मन सरकार ने फ्रोबेल के विचारों को नहीं माना और उन्हें शिक्षा केन्द्र खोलने से मना कर दिया। यह फ्रोबेल जैसे एक अच्छे अध्यापक के लिए गहरा धक्का था। वे इसे सहन नहीं कर सके। फ्रोबेल का 1852 में अत्यन्त शोचनीय, निर्धन तथा व्यथित अवस्था में देहान्त हो गया। उनकी समाधि पर निम्नलिखित चिन्ह बने हैं: A Slab (तख्ता या शिला), Sphere (गोल मॉडल), A Cube (त्रिघात या घन), A Cylinder (एक बेलन)।

23.2 फ्रोबेल की प्रकाशित रचनाएँ (Frobel's Publications)

1. *The Education of Man*. 2. *Pedagoges of Kindergarten*. 3. *Education by Development*. 4. *Mother Play and Nursery Songs*.

23.3 फ्रोबेल के जीवन दर्शन के मुख्य तत्व (Main Elements of Froebel's Philosophy of Life)

1. एकता का सिद्धान्त (Principle of Unity): फ्रोबेल के विचारानुसार संसार में केवल एक ही शाश्वत नियम कार्य करता है और वह है-एकता का नियम। इसी से सब पदार्थ, मनुष्य और प्रकृति परिचालित हैं। उन्होंने लिखा है-"सब पदार्थों को जीवन देने वाला एक ही ईश्वर है।" सभी पदार्थों का एक ही धरातल अथवा मूल है और वह है ईश्वर। ईश्वर ही सर्वज्ञ है, वही सबका जीवनदाता है। ईश्वर ही अनिवार्य अथवा स्थायी

प्रकृति है–अर्थात् संसार का वास्तविक स्वरूप।'' सब पदार्थ, जड़ अथवा चेतन उसी से जन्मे हैं। मनुष्य और प्रकृति एक हैं। वे एक ही इकाई–स्वयं भगवान के विभिन्न रूप हैं। संसार में एकता में अनेकता तथा अनेकता में एकता (समता में विषमता तथा विषमता में समता) है। इसके प्रत्येक अंग का अपना अलग व्यक्तित्व भी है और वह स्वयं पूर्ण इकाई भी है। ''सभी पदार्थ उस दैवी इकाई (ईश्वर) की देन हैं और सबका मूल उसी दैवी इकाई में निहित है। सभी पदार्थ उसी एक में निवास करते हैं। उसी एक में उनका अस्तित्व है और उसी के द्वारा वे अपने अस्तित्व को व्यक्त करते हैं।'' इकाई के तीन रूप हैं:

1. *तत्वों में एकता* (*Unity of Substance*): केवल एक ही तत्व से मनुष्य और प्रकृति बने हैं और वह है पूर्णता अर्थात् ईश्वर। केवल ईश्वर ही पूर्ण है।

2. *मूल अथवा उत्पत्ति की एकता* (*Unity of Origin*): सब चीजों का केवल एक ही मूल स्रोत है और वह है ईश्वर।

3. *उद्देश्य की एकता* (*Unity of Purpose*): सब वस्तुएँ केवल एक ओर ही अग्रसर हैं और वह है पूर्णता अर्थात् ईश्वर। केवल ईश्वर ही पूर्ण है।

2. विकास का सिद्धान्त (Principle of Evolution): यह सिद्धान्त पहले सिद्धान्त पर आधारित है। हम उसी एक इकाई की ओर चले जा रहे हैं। हम निरन्तर विकास कर रहे हैं। फ्रोबेल का विश्वास था कि मस्तिष्क का विकास भीतर से होता है। बच्चा जो कुछ भी बनना चाहता है और बनता है, वह केवल भीतरी विकास से ही बनता है। विकास से उनका तात्पर्य शरीर और परिमाण से था, बढ़ने से तात्पर्य ढांचे के बढ़ने से था, सुधार से तात्पर्य शक्ति से था और विभिन्नता तथा निपुणता से तात्पर्य क्रिया और प्राकृतिक कार्यों से था। फ्रोबेल ने लिखा है, "प्रत्येक व्यक्ति अविनाशी नियम के अनुसार अपने भीतर से विकास करता है। वह अपनें आप में सक्रिय तथा स्वतन्त्र रहता है।"

3. स्व-क्रियाशीलता का सिद्धान्त (Principle of Self-Activity): वास्तविक विकास स्वयं-क्रियाशीलता द्वारा ही सम्भव है। बाध्य क्रियाशीलता कृत्रिम तथा अप्राकृतिक होती है। एक अनुभवी निरीक्षक भली-भांति जान लेता है कि बच्चा क्या है और क्या बनेगा। यह सब बच्चे में विद्यमान है और यह विकास क्रियाशीलता द्वारा ही प्राप्त किया जा सकता है।

4. सामाजिक व्यवस्था द्वारा व्यक्तित्व का विकास (Principle of Development of Individuality through Social Setting): फ्रोबेल के अनुसार स्कूल समाज का छोटा रूप है। फ्रोबेल का कहना है कि कोई भी समाज उन्नति नहीं कर सकता यदि व्यक्ति (समाज की इकाई) पिछड़ रहा। उनका विश्वास था कि व्यक्ति का जीवन सामाजिक जीवन से भिन्न नहीं है।

5. प्रतीकात्मकता का सिद्धान्त (Principle of Symbolism): फ्रोबेल का प्रतीकों तथा संकेतों में विश्वास था। ये प्रतीकात्मक संकेत बच्चों के मन और बौद्धिक पदार्थों के सम्बन्धों को समझने में सहायक होते हैं। फ्रोबेल ने शिक्षण के लिए कई उपहारों (Gifts) की रचना की जिन में प्रतीकात्मकता निहित है।

शिक्षा की परिभाषा (Definition of Education): फ्रोबेल के अनुसार, ''शिक्षा वह प्रक्रिया है जिसके द्वारा बालक की जन्मजात शक्तियाँ बाहर की ओर प्रकट होती हैं।''

शिक्षा का उद्देश्य: पवित्र जीवन की प्राप्ति (Objective of Education: Realisation of Pure Life): फ्रोबेल ने अपनी पुस्तक *एजूकेशन आफ मैन* (*Education of Man*) में शिक्षा के इसी उद्देश्य पर प्रकाश डालते हुए लिखा है, ''भूमण्डल पर जितनी वस्तुएँ हैं उन सब में दैवी एकता है। यही दैवी एकता बाह्य (God) है। शिक्षा का कार्य मानव को इस बात के लिए प्रेरित करना है कि उसमें तथा प्रकृति की विभिन्न वस्तुओं में जो दैवी एकता है उसका मानव को स्पष्ट ज्ञान हो जाए।'' अत: शिक्षा का उद्देश्य बालक को पवित्र जीवन व्यतीत करने के लिए तैयार करना है। फ्रोबेल के शब्दों में, ''शिक्षा का उद्देश्य है–सच्चे, शुद्ध, कलंकरहित पवित्र जीवन की अनुभूति। शिक्षा व्यक्ति को अपने मन की पवित्रता की ओर निर्देशित करे। प्रकृति के साथ उसका शान्तिपूर्ण सम्बन्ध स्थापित करे तथा ईश्वर के साथ एका ऐकय (Unity) स्थापित करे।''

बालक की रुचियों का अध्ययन (Study of the Child's Interests): अध्यापक बालक की रूचियों का अध्ययन करें। तदुनासार उसे शिक्षित किया जाए।

स्वतन्त्रता का सिद्धान्त (Principle of Freedom): बालक को पर्याप्त स्वतन्त्रता दी जाए।

स्नेह का बर्ताव (Treatment of Love): छात्र के साथ अधिकतम स्नेह का बर्ताव किया जाए।

परिवार का बालक की शिक्षा में प्रभाव (Role of the Family in the Education of the Child): फ्रोबेल का मत है कि ''माताएँ बालकों की आदर्श गुरु होती हैं, तथा परिवार द्वारा प्राप्त की गई अनौपचारिक शिक्षा सबसे अधिक प्रभावशाली और प्राकृतिक होती है।''

23.4 फ्रोबेल के शिक्षा सम्बन्धी सिद्धान्त (Principles of Education)

1. फ्रोबेल का कथन है कि शिक्षा का उद्देश्य बच्चे के मस्तिष्क को शब्द ज्ञान से भरना नहीं है। वह लिखते हैं कि शिक्षा का उद्देश्य है कि बच्चा विषमता में समता या अनेकरूपता में एकरूपता को समझने के योग्य हो सके।

2. शिक्षण का मुख्य साधन बच्चे की अपनी क्रियाशीलत है। खेल-कूद बच्चे के विकास का अनिवार्य तत्व है। बन्धन-मुक्त तथा स्वच्छन्द प्राकृतिक विकास खेल-कूद द्वारा ही सम्भव है।

3. शिक्षा बच्चे के स्वभाव और उसकी आवश्यकताओं के तालमेल से हो।

4. बच्चे की शिक्षा स्वतन्त्र वातावरण में होनी चाहिए। स्वतन्त्रता का अर्थ स्वयं-निर्धारित नियमों को स्वीकार करना है।

5. फ्रोबेल ने शिक्षा के सामाजिक पहलू पर भी बल दिया। उनका विश्वास था कि घर, स्कूल, धर्म तथा राज्य इत्यादि सामाजिक अभिकरण भी बच्चे का विकास करते हैं और इनमें रहते हुए बच्चा अनेकरूपता में एकरूपता का आभास पा लेता है।

6. बच्चे की कल्पना-शक्ति को प्रेरित करने के लिए उसने गीतों, हावभावों तथा रचनात्मक कार्यक्रमों को निर्धारित किया।

अध्यापक का कार्य (Role of the Teacher): अध्यापक एक माली है जो बच्चों का फूलों के समान पोषण करता है ताकि उनका वांछित रूप से पूर्ण और स्वच्छन्द विकास

हो सके। शिक्षक अपने प्रयत्नों द्वारा बालक की सहायता करता है जो कि अपने स्वभाव के अनुसार उन स्तरों तक पहुंचने के लिए प्रयत्नशील है, जिनसे कि वह अन्यथा वंचित रह सकता है।

उपसंहार: फ्रोबेल के अनुसार शिक्षा का मुख्य कार्य संक्षेप में यह है, "शिक्षा मनुष्यों का पथ-प्रदर्शन करे ताकि वे अपने आपको स्पष्ट रूप से समझ सकें। शिक्षा मनुष्यों को आत्म-ज्ञान से मानव जाति के ज्ञान की ओर, ईश्वर और प्रकृति के ज्ञान की ओर तथा स्वच्छ और पवित्र जीवन की ओर ऊर्ध्वमुखी करे।"

23.5 किंडरगार्टन अथवा शिशु-विहार प्रणाली (Froebel's Kindergarten)

शिशु-विहार का अर्थ (Meaning of Kindergarten): फ्रोबेल ने बचपन के महत्व को महसूस किया और 1839 में ब्लैकनबरन नामक स्थान पर 4 से 6 वर्ष तक के बच्चों के लिए प्रथम 'शिशु-विहार' शिक्षा केन्द्र खोला। जर्मन में इसका नाम किंडरगार्टन है जिसका अर्थ है-'शिशुओं का बाग'। फ्रोबेल ने स्कूल को बाग की, शिक्षक को माली की तथा बच्चों को पौधों की संज्ञा दी। एक माली की भांति अध्यापक का कार्य है नन्हें पौधों की देख-भाल करना और उन्हें सुन्दर तथा पूर्ण बनाने के लिए जल से सींचना। उसका विश्वास था कि विकास और उन्नति के क्रम में बच्चे और पौधे एक समान हैं। पौधे का विकास उसके भीतरी बीज के अनुसार होता है। उसी प्रकार बच्चे का विकास भी उसके भीतर से ही होता है। वह अपनी प्रवृत्तियों और भावनाओं को अपने अन्तरतम से ही प्रस्फुटित करता है।

शिशु-विहार पद्धति का उद्देश्य (Objective of Kindergarten): फ्रोबेल के शब्दों में शिशु-विहार का उद्देश्य है-"बच्चों को उनके स्वभावानुसार कार्य देना, उनके शरीर को शक्ति प्रदान करना, उनकी ज्ञानेन्द्रियों को व्यवहार में लाना, उनके मस्तिष्क को जागृति प्रदान करना तथा प्रकृति और अन्य प्राणियों से उसका तादात्म्य स्थापित करना। यह पद्धति विशेषकर हृदय और उसके स्नेह को उभार करके बच्चों को सम्पूर्ण सृष्टि के मौलिक उद्‌भव-स्थल की ओर ले जाती है जहाँ पर सब मिलकर एकाकर हो जाते हैं।"

23.6 शिशु-विहार की मुख्य विशेषताएँ (Chief Characteristics of Kindergarten)

(i) आत्म क्रिया (Self-Activity): फ्रोबेल का विश्वास था कि बच्चे का विकास उसकी आन्तरिक शक्ति द्वारा होता है। फ्रोबेल का कहना है कि शिक्षा स्वतन्त्र आत्म क्रियाशीलता का आयोजन करे। फ्रोबेल के अनुसार आत्म-क्रियाशीलता एक ऐसा क्रम है जिससे बच्चा अपने स्वभाव की जानकारी करता है और उस पर अपने संसार का निर्माण करके तब दोनों तत्वों अर्थात् अपने स्वभाव और सृष्टि में ताल-मेल स्थापित करता है।

क्रियाशीलता के सम्बन्ध में निम्नलिखित बातें आवश्यक हैं:

1. यह सन्दिग्ध अथवा अनिश्चित न हो। 2. यह नियन्त्रित अथवा शोधित क्रिया हो। 3. सार्थक क्रियाओं के लिए सामाजिक वातावरण आवश्यक है। 4. आत्म-क्रियाशीलता ही कार्य अथवा खेल का रूप ग्रहण करे।

(ii) खेल (Play): फ्रोबेल के अनुसार, "इस अवस्था में खेल पवित्रतम तथा पूर्ण आध्यात्मिक क्रिया है।...अत: यह आनन्द, स्वतन्त्रता, सन्तुष्टि, शारीरिक और हार्दिक विश्राम प्रदान करती है और संसार के साथ शान्ति स्थापित करती है। संसार में जो कुछ भी अच्छा है यह (खेल) उसी का उद्गम स्रोत है।"

फ्रोबेल चाहता था कि खेल को निश्चित साधनों द्वारा संगठित और नियन्त्रित किया जाए ताकि यह खेल केवल उद्देश्य रहित नकारात्मक क्रिया ही बन कर रह जाए अपितु यह उद्देश्य को प्राप्त करे जिसके लिए उसकी उद्भावना की गई है। इसमें बच्चों का तर्क-युक्त तथा चैतन्यपूर्ण मार्गदर्शन किया जाए। इसी के फलस्वरूप फ्रोबेल ने बच्चों को खेलने के लिए सात उपहार दिए हैं।

(iii) गीत (Song), हाव-भाव अथवा संकेत (Gestures) तथा रचना (Construction): फ्रोबेल ने गीतों, हाव-भावों तथा रचनात्मक कार्यों में पूर्ण सम्बन्ध देखा। बच्चा जो कुछ सीखता है पहले गीत द्वारा अभिव्यक्त करता है तब उसे हाव-भावों के प्रदर्शन से अभिव्यक्त करता है और अन्त में कागज और मिट्टी की रचनात्मक चीजों से उसे प्रदर्शित करता है। इस प्रकार मस्तिष्क, वाणी तथा हस्त तीनों का सन्तुलित विकास होता है। तीनों क्रियाएँ ज्ञानेन्द्रियों, अंगों तथा मांसपेशियों को पर्याप्त अभ्यास करवाती हैं।

(iv) गीतों का चयन (Selection of Songs): फ्रोबेल ने गीतों की एक पुस्तक लिखी, '*Mother and Nursery Songs*'। पुस्तक में 50 गीत हैं। गीतों के साथ खेला भी जा सकता है। गीतों के पीछे यह भावना है कि बच्चे अपने अंगों और अपनी विभिन्न इन्द्रियों का उपयोग कर सकें। आस-पास के वातावरण से कोई न कोई क्रीड़ा जुड़ी हुई होती है, जैसे–आंख-मिचौनी (Hide and Seek)। गीतों का चयन अध्यापक बच्चे के विकास के अनुरूप करता है। प्रत्येक गीत के तीन भाग हैं:

1. माता अथवा अध्यापक के लिए मार्गदर्शक आदर्श वाक्य (Motto)। 2. लय-ताल बद्ध कविता (बच्चे को सुनाने के लिए)। 3. गीत को समझाने के लिए एक चित्र।

शारीरिक अभ्यास के लिए गीत निम्नलिखित है:

आज करें हम व्यायाम
आओ मिलकर पंक्ति बनायें
एक दो, एक दो बढ़ते जायें
जो सर्वोत्तम कदम मिलाये
नेता बनकर राह दिखाये
बढ़ते जायें आठों धाम।

(v) उपहार और व्यवसाय (Gifts and Occupations): खेल और क्रियाशीलता की महत्ता पर पहले ही बल दिया जा चुका है। क्रियाशीलता की सुविधा के लिए फ्रोबेल ने जिस उचित सामग्री का आयोजन किया है, उन्हें उपहार कहते हैं। उपहार जिन क्रियाओं की सुविधा प्रदान करते हैं, उन्हें occupations कह दिया गया है। इन उपहारों को सावधानी से श्रेणीबद्ध किया गया है। उनमें खेलने वाली चीजों की सब नवीनताएँ हैं। उपहारों का क्रम ऐसा है कि बच्चा स्वयं ही एक विचार से दूसरे विचार और एक खेल से दूसरे की ओर मुड़ जाता है।

प्रथम उपहार: यह प्रथम उपहार गेंदों का उपहार है। एक डिब्बे में 6 रंग-बिरंगे गेंदें डाल दी जाती हैं। बच्चा उन्हें उछाल-उछाल कर खेलता है। उनका उछालना ही क्रिया अथवा व्यवसाय है। इन गेंदों का उद्देश्य बच्चे को रंगों, पदार्थों, गीत तथा दिशा आदि का ज्ञान करवाना है। गेंदों को उछालते हुए बच्चे यह गीत गाते हैं:

अहा! जी देखो सुन्दर गेंद
नन्हा, मुलायम गोल गोल गेंद!
गोल, गोल गेंद, आह! जाता है हर ओर
खेलें इससे बच्चे खुश हों नीचे जैसे मोर।

दूसरा उपहार: इसमें तीन चीजें हैं। एक–गोलाकार (Sphere), दूसरी–त्रिकोण (Cube), तीसरी–एक बेलन (Cylinder)। इनको भी एक डिब्बे में रखा गया है। बच्चा उनसे खेलता है और उनकी भिन्नता पर गौर करता है। वह देखता है कि गोलाकर चीज घूमती है और त्रिकोण खड़ी रहती है। बेलन में दोनों गुण हैं–वह खड़ा भी रहता है और घूमता भी है। वह यह अनुभव करता है कि बेलन दोनों के गुणों का मिलान करता है।

तीसरा उपहार: यह लकड़ी का एक घनफल है जिसे छोटे-छोटे आठ घनफलों में बांधा गया है। बच्चा इनके द्वारा जोड़ और घटाना सीख सकता है।

ये उपहार शिक्षा के प्रभावशाली आधार हैं।

(vi) अध्यापक का कार्य (Role of the Teacher): अध्यापक निष्क्रिय न रहे। जब बच्चों को उपहार दिए जाते हैं तो अध्यापक उन्हें कार्य बताता है। अध्यापक का यह कार्य भी है कि बच्चों का कभी-कभी निर्देशन भी करे। वह स्वयं भी गाता है जिससे कि बच्चे गीत के विषय में जान सकें।

(vii) अनुशासन (Discipline): अध्यापक ने बच्चों में कई गुण उत्पन्न करने होते हैं जैसे सहानुभूति, नम्रता, सहयोग तथा बड़ों के प्रति आज्ञाकारिता। उसे बाह्य दबावों और शारीरिक दण्ड से परे रहना होता है। बच्चों को यह अनुभव कराना होता है कि अनुशासन का अर्थ है नियमितता को ध्यान में रखना, सद्भावों को रखना तथा पारस्परिक व्यवहारों को उचित रूप में रखना।

(viii) पाठ्यचर्या (Curriculum): पाठ्यचर्या इस प्रकार है: 1. शिल्पकार्य या दस्तकारी (लकड़ी का काम, चमड़े का काम, मिट्टी का काम)। 2. धर्म तथा धार्मिक शिक्षा। 3. प्राकृतिक विज्ञान तथा गणित। 4. भाषाएँ। 5. कलाएँ–संगीत, चित्रकला, ड्राइंग आदि।

23.7 फ्रोबेल के शिशु-विहार के गुण (Merits of the Kindergarten)

1. फ्रोबेल ने शिशु शिक्षा पर बल दिया।
2. उन्होंने शिशु शिक्षा में खेल पर बल दिया।
3. उन्होंने स्कूल का एक अनिवार्य सामाजिक अभिकरण के रूप में महत्व बढ़ा दिया। उनके अनुसार स्कूल को समाज का लघु रूप दिया गया जहां बच्चे जीवन के महत्वपूर्ण पक्षों का प्रशिक्षण प्राप्त करते हैं। वे सहयोग, सहानुभूति, सहकारिता और उत्तरदायित्व जैसे गुणों को सीखते हैं।
4. फ्रोबेल ने बच्चे के स्वभाव, भावनाओं और प्रवृत्तियों के अध्ययन पर बल दिया।

5. शिशु-विहार के कार्यों और उपहारों ने एक नवीन अध्यापन पद्धति को जन्म दिया।

6. शिशु-विहार में क्रियाशीलता के लिए पर्याप्त स्थान है।

7. विभिन्न उपहारों से ज्ञानेन्द्रियों का प्रशिक्षण होता है।

8. पाठ्यचर्या प्रकृति अध्ययन होने के कारण बच्चों के मस्तिष्क में प्रकृति तथा विश्व के लिए प्यार की भावना जाग्रत करता है।

9. फ्रोबेल ने बल देकर कहा कि किंडरगार्टन में अध्यापिकाओं की नियुक्ति होनी चाहिए।

10. फ्रोबेल ने इन्द्रिय-शिक्षण पर बहुत जोर दिया।

23.8 फ्रोबेल के दर्शनशास्त्र तथा किन्डरगार्टन के दोष (Demerits and Limitations of Froebel's Philosophy and Kindergarten)

1. अधिक आशाएँ (High Expectations): फ्रोबेल ने बच्चे से बहुत अधिक आशा की है। बच्चे उपहारों द्वारा खेलते हुए एकता के अमूर्त भाव को नहीं समझ सकते।

2. आन्तरिक विकास पर बहुत बल (Too Much Stress on Internal Development): शिशु-विहार में बच्चों के आन्तरिक विकास पर बहुत अधिक बल दिया जाता है। वातावरण के महत्व पर बहुत कम ध्यान दिया गया है।

3. गीतों की सीमाएँ (Limitations of Songs): उनके द्वारा रचित गीत असामयिक हैं। प्रत्येक स्कूल में इनका प्रयोग नहीं हो सकता।

4. उपहारों की सीमाएँ (Limitations of Gifts): फ्रोबेल के उपहार साधारण हैं। वे ज्ञानेन्द्रियों के प्रशिक्षण में इतने सहायक नहीं हैं।

5. व्यक्तिगत विकास पर कम बल (Less Emphasis on Individual Development): शिशु-विहार व्यक्तिगत अध्यापन की ओर कम ध्यान देता है।

6. समवाय की अवहेलना (Neglect of Corelation): विभिन्न विषयों के अध्यापन में समवाय की ओर बहुत कम ध्यान दिया गया है।

7. खेल ही सब कुछ नहीं (Play is not All Powerful Medium): यह भी सम्भव नहीं कि 'खेल' को शिक्षा में इतना महत्व दिया जाए क्योंकि गम्भीर अध्ययन के लिए यह उपयोगी नहीं।

8. शिक्षा के माध्यमिक स्तर पर अनुपयुक्त प्रणाली (Not a Suitable System for Middle and Higher Stages): फ्रोबेल प्रणाली केवल छोटे बच्चों के लिए ही उपयुक्त हैं। इससे गम्भीर तथा विस्तृत शिक्षण-अधिगम नहीं किया जा सकता।

सारांश: शिशु-विहार पद्धति की आधारभूत दार्शनिक विचारधारा से माताएं तथा अध्यापक भले ही अनभिज्ञ हों परन्तु वे शिक्षा क्षेत्र में 'खेल' के उस महान आविष्कारक की सूझ-बूझ तथा कल्पना-युक्ति की सराहना किए बिना नहीं रह सकते।

23.9 फ्रोबेल का आधुनिक शिक्षा पर प्रभाव (Contribution of Froebel to Modern Education)

फ्रोबेल ने हमें बच्चों से प्यार करने तथा उनके लिए जीवित रहने का संदेश दिया है। छोटे बच्चों के लिए स्कूल जेलों के समान नहीं रहे और न ही बच्चे निष्क्रिय श्रोतागण ही रहे हैं। इसमें कोई सन्देह नहीं कि प्रचलित आधुनिक सभी शिक्षा पद्धतियों के मूल में

फ्रोबेल की विचारधारा काम करती है–उसने समाज को छोटे बच्चों की शिक्षा के लिए जागरूक किया। आधुनिक शिक्षा के निम्नलिखित मुख्य तत्वों को फ्रोबेल ने प्रभावित किया:

1. पूर्व–प्राथमिक अथवा पूर्व–बुनियादी (Pre-primary Education): बच्चे की पूर्व-प्राथमिक शिक्षा के महत्व को अब समझा जा रहा है। आज हमें ऐसे अनेक शिक्षा केन्द्र देखने को मिलते हैं जो कि बच्चों की आवश्यकताओं का पूरा करते हैं। फ्रोबेल विश्वास करते थे कि जब तक शिशु–शिक्षा नहीं होगी कुछ भी ठोस और श्रेष्ठ प्राप्त नहीं हो सकता।

2. स्कूल की धारणा (New Concept of School): फ्रोबेल का शिशु विहार एक छोटा–सा संसार था, जहाँ सभी उत्तरदायित्व को बांट लेते थे, भाई–चारे, सहानुभूति तथा सहकारिता की भावना को सब व्यवहार में लाते थे। उसका स्कूल छोटा–सा समाज था।

आधुनिक शिक्षा में स्कूल को छोटे समाज के रूप में माना जाता है आधुनिक स्कूल को सहकारी संस्थाएँ समझा जाने लगा है।

3. बच्चे के व्यक्तित्व का मान (Due Regard to the Personality of the Child): फ्रोबेल बच्चों के लिए जिया और बच्चों के लिए मरा। उन्होंने जीवन–भर बच्चों के लिए कार्य किया। बच्चों के लिए उनका हृदय लबालब भरा हुआ था। आधुनिक शिक्षा भी बच्चों के व्यक्तित्व को बहुत महत्व देती है।

4. बच्चे के व्यक्तित्व के अध्ययन पर बल (Emphasis on the Study of Individual Child): फ्रोबेल ने बच्चे की प्रवृत्तियों तथा उसकी भावनाओं के अध्ययन पर बहुत बल दिया। आधुनिक शिक्षा भी इसे बहुत आवश्यक समझती है और इस बात का आयोजन करती है कि बच्चे की मूल प्रवृत्तियों तथा भावनाओं को स्वतन्त्र रूप से विकसित होने का पूर्ण अवसर मिले।

5. खेल द्वारा शिक्षा (Education through Play): फ्रोबेल का विश्वास था कि आत्मविकास के लिए खेल का सर्वोच्च स्थान है। उसने स्कूल के कार्यक्रम में खेल–कूद को मुख्य स्थान दिया।

आज भी हम देखते हैं कि खेल की महत्ता को प्रत्येक शिक्षा–शास्त्री मानता है। हम बच्चों को विभिन्न खेलों जैसे नाटकों, गीतों, हाव–भावों हस्तकार्यों आदि द्वारा शिक्षा देते हैं।

6. ज्ञानेन्द्रियों का प्रशिक्षण (Training of Senses): बच्चों की विभिन्न इन्द्रियों के प्रशिक्षण के लिए फ्रोबेल ने उपहारों का आयोजन किया। इन्हीं उपहारों की सहायता से फ्रोबेल बच्चों को आकार, रूप, रंग और संख्या आदि का ज्ञान करवाना चाहता था।

प्रत्येक आधुनिक विद्यालय में भरसक प्रयास किया जाता है कि वही कार्यक्रम चलाए जाएँ जो कि बच्चे की इन्द्रियों को प्रशिक्षित करते हैं। दृश्य–श्रव्य साधन आधुनिक शिक्षा पद्धति का अभिन्न अंग माने जाते हैं।

7. शिक्षा में क्रियाशीलता (Activity in Education): फ्रोबेल प्रथम शिक्षक था जिसने आत्मक्रियाशीलता को शिक्षा का आधार माना।

'क्रिया द्वारा शिक्षा' आधुनिक युग की प्रचलित विधि है। आधुनिक प्रगतिशील स्कूल खेलों और क्रियाओं के प्रिय केन्द्र बनते जा रहे हैं। हम बच्चों के लिए ऐसी क्रियाओं का

आयोजन करने का प्रयास करते हैं ताकि उनकी प्रवृत्तियाँ जैसे जिज्ञासा, रचना तथा हस्तकार्य आदि सन्तुष्ट हो सकें।

8. शिक्षा में प्रकृति अध्ययन (Nature Study in Education): फ्रोबेल के लिए प्रकृति अध्ययन का अर्थ था बच्चे को भगवान के समीप लाना। उन्होंने प्रकृति अध्ययन के एक ऐसे पाठ्यक्रम का समर्थन किया जिससे बच्चा अपने इस संसार को समझ सके तथा गम्भीर निरीक्षण के पश्चात् ही अपनी आदतों को बनाए।

इस विचार ने आज इतना बल पकड़ा है कि हम उस स्कूल को स्कूल ही नहीं मानते जो बच्चों को प्राकृतिक अध्ययन की सुविधा न दे।

9. शिशु-शिक्षा के लिए स्त्री अध्यापिका (Lady Teachers for Kindergarten): यह कहना असत्य नहीं होगा कि फ्रोबेल के प्रभाव के कारण ही यह धारणा लगभग सर्वसम्मत बन चुकी है कि पूर्व-प्राथमिक शिक्षा या शिशु-शिक्षा के लिए स्त्री अध्यापिकाएँ ही अधिक उपयुक्त रहती हैं क्योंकि इस स्तर पर स्त्री अध्यापिका पुरुष शिक्षकों की अपेक्षा अधिक प्यार तथा सहज स्वाभाविक स्नेह प्रदान कर सकती है।

23.10 फ्रोबेल का शास्वत अथवा अमर सन्देश (Froebel's Eternal Message)

आओ, हम बच्चों के लिए जिएँ

(Come, Let us Live for Children)

24

मेरिया माण्टेसरी (1870–1952): प्रबोधक उपकरण

(Maria Montessori 1870-1952: Didactic Apparatus)

24.1 माण्टेसरी का संक्षिप्त जीवन चरित्र (Brief Life Sketch of Montessori)

डॉक्टर से शिक्षाशास्त्री (From a Doctor to an Educator): मेरिया माण्टेसरी का जन्म इटली में 1870 में हुआ। इन्होंने माण्टेसरी पद्धति को जन्म दिया। वे इटली की प्रथम लेडी डॉक्टर थीं। तत्पश्चात् वे संसार की महान शिक्षाशास्त्री के रूप में विख्यात हुईं। पहले इनकी इच्छा अभिनेत्री बनने की थी और इस उद्देश्य के लिए इन्होंने एक नाटकीय स्कूल (Dramatic School) में प्रवेश लिया। परन्तु शीघ्र ही इन्होंने अनुभव किया कि इनके जीवन का उद्देश्य कुछ और ही है। इन्होंने स्कूल छोड़ दिया और लेडी डॉक्टर बनने का निश्चय किया। लेकिन उन दिनों इटली में मेडिकल कॉलेज के दरवाजे स्त्रियों के लिए बन्द थे। इनके सामने यह समस्या थी कि प्रवेश किस प्रकार प्राप्त करें। इन्होंने एक चाल चली और प्रवेश पाने सफल हो गईं। इन्होंने स्वयं प्रवेश–पत्र पर अपना नाम एम. माण्टेसरी लिखा। अधिकारी यह सोच ही नहीं सकते थे कि एक स्त्री इस प्रकार का कार्य कर सकती है। उन्होंने इसे पुरुष समझकर प्रवेश दे दिया। यह पहली इटालियन नारी थी जिन्हें Doctor of Medicine की उपाधि मिली। इससे इनकी अपूर्व योग्यता तथा बुद्धिमता का परिचय मिलता है।

मानव विज्ञान की प्राफेसर (Prof. of Anthropology): 1900 से 1907 तक इन्होंने रोम विश्वविद्यालय में सात वर्ष तक मानव विज्ञान के प्रोफेसर के रूप में कार्य किया। वहाँ उन्हें बच्चों के सम्पर्क में आने का अवसर प्राप्त हुआ। मेडिकल कॉलेज से सम्बन्धित मानसिक व्याधि से पीड़ित बच्चों का एक विभाग था। इनसे कहा गया कि वे उन भाग्यहीन बच्चों का निरीक्षण करें। इन्होंने व्याधिग्रस्त बच्चों और उनकी शिक्षा के अध्ययन में विशेष रुचि ली तथा निम्नलिखित निष्कर्षों पर पहुँची:

1. जड़बुद्धि के कारण बच्चों की इन्द्रियाँ कुण्ठित होती हैं। 2. ज्ञानेन्द्रियों के प्रशिक्षण का शिक्षा में प्रभावपूर्ण साधन है। 3. यदि सामान्य बच्चों की शिक्षा के लिए ज्ञानेन्द्रियों के प्रशिक्षण की पद्धति को अपनाया जाए तो परिणाम भी उत्साहजनक हो सकता है।

बच्चों के स्कूल की निरीक्षिका (Supervisor of Children's School): 1907 में इन्हें रोमन एसोसिएशन गुड-बिल्डिंग के डायरेक्टर (Director of Roman Association of Good Buildings) ने गली-मुहल्लों में कुछ स्कूलों के निरीक्षण कार्य के लिए आमन्त्रित किया। 3 से 7 वर्ष तक की आयु के बच्चे गलियों में घूमते तथा शरारतें करके लोगों के नाक में दम कर देते थे। उनके माता-पिता सुबह ही काम पर बाहर चले जाते थे। माण्टेसरी ने 1907 में सर्वप्रथम एक नया स्कूल खोला और उसका नाम 'बच्चों का घर' (Children's House) रखा। यहाँ इन्होंने बच्चों को शिक्षित बनाने का एक नया ढंग निकाला और वह था बच्चों की ज्ञानेन्द्रियों का प्रशिक्षण। एक सच्चे वैज्ञानिक की तरह इन्होंने शैक्षिक विकास सम्बन्धी वास्तविक यथार्थों का अध्ययन किया।

बच्चों के स्कूल की निरीक्षिका (Supervisor of Children Schools): 1922 में इटली सरकार ने इन्हें बच्चों के स्कूलों की निरीक्षिका नियुक्त किया। अपनी नौकरी करते हुए वे शिक्षकों को अपने नए ढंग से प्रशिक्षण भी देती रहीं। यूरोप के अन्य देशों तथा इंग्लैंड के शिक्षकों ने भी माण्टेसरी पद्धति में प्रशिक्षण लिया।

इटली से इनका भाग जाना (Running Away from Italy): इटली में मुसोलिनी (Mussolini) सत्ता में आया। यह एक फासिस्ट नृशंस (Fascist Dictator) शासक था जो बच्चों को युद्ध के लिए शिक्षित करना चाहता था। परन्तु माण्टेसरी स्वतन्त्रता की दृढ़ समर्थक थीं। इस प्रकार के वातावरण में कार्य नहीं कर सकती थी। अतः वह भागकर हालैंड चली गई। वहाँ जाकर उसने एक स्कूल खोला।

गाँधी जी से माण्टेसरी की भेंट (Montessori's Meeting with Gandhiji): वर्ष 1931 में गाँधी जी गोल मेज कान्फ्रेंस (Round Table Conference) जो कि ब्रिटिश सरकार ने बुलाई थी, में भाग लेने के लिए लन्दन गए। उसी वर्ष मै. माण्टेसरी ने इंग्लैंड में अध्यापकों के लिए अन्तर्राष्ट्रीय प्रशिक्षण प्रोग्राम का आयोजन किया हुआ था। गाँधी जी तथा मै. माण्टेसरी की भेंट हुई। वर्ष 1939 में दूसरें महायुद्ध से पूर्व जब माण्टेसरी ने भारत यात्रा की, तो गाँधी जी ने उन का स्वागत किया। माण्टेसरी भारत में कुछ वर्षों तक रहीं तथा अनेक अध्यापकों को माण्टेसरी विधि के माध्यम से प्रशिक्षण दिया। वह पुनः 1950-51 में भारत आईं। 1952 में उनकी हालैण्ड मे मृत्यु हो गई।

24.2 माण्टेसरी के प्रकाशन (Publications of Montessori)

1. *The Discovery of the Child*. 2. *Education for a New Child*. 3. *The Secret of Childhood*. 4. *The Child Peace and Education*. 6. *Reconstruction in Education*. 7. *The Absorbent Mind*. 8. *What You Should Know About Your Child*? 9. *Child Training*. 10. *The Montessori Method*.

24.3 माण्टेसरी के दर्शन का सार (Essence of Montessori's Philosophy)

माण्टेसरी के शब्दों में, "बच्चा एक शरीर है जिस की वृद्धि होती है। यह एक आत्मा है जिसका विकास होता है। इन दोनों रूपों का एक शास्वत विस्तार क्षेत्र है-जीवन इन दोनों में रहस्यमय शक्तियाँ है जिनका हमें उत्तरोत्तर विकास करना है।"

24.4 माण्टेसरी शिक्षण पद्धति के आधारभूत सिद्धान्त (Basic Principles of Montessori System of Education)

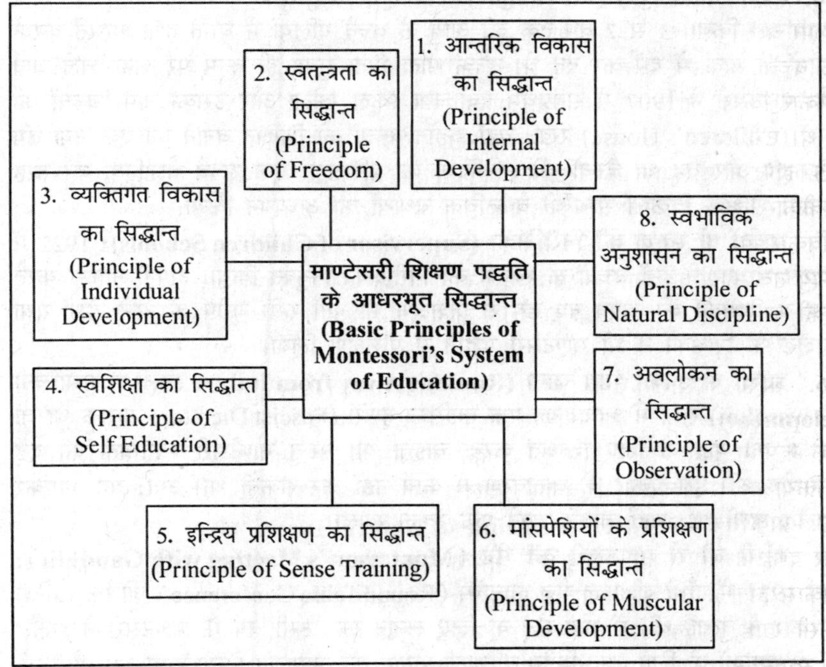

1. आन्तरिक विकास का सिद्धान्त (Principle of Internal Development): मॉण्टेसेरी ने जोर दिया कि शिक्षा बच्चे के सामान्य विस्तार तथा विकास के लिए सक्रिय सहायता करे। अध्यापक का कार्य है कि वह इस प्रकार की स्थितियाँ निर्माण करे कि बच्चे की आन्तरिक शक्तियों का पूरा-पूरा विकास हो सके।

2. स्वतन्त्रता का सिद्धान्त (Principle of Freedom): माण्टेसरी का विश्वास है कि बच्चे की अभिवृद्धि या विकास में किसी प्रकार की बाधा या रुकावट नहीं होनी चाहिए। स्वतन्त्रता सभी व्यक्तियों का जन्मसिद्ध अधिकार है और पूर्ण स्वतन्त्रता से स्वत: विकास होता है। वह इस बात का समर्थन नहीं करती हैं कि बच्चे पर नियन्त्रण रखा जाए; क्योंकि इनका विचार है कि इससे उसकी आन्तरिक शक्तियाँ या तो नष्ट हो जाती हैं या कुण्ठित हो जाती हैं।

3. व्यक्तिगत विकास का सिद्धान्त (Principle of Individual Development): जॉन एडम्स के शब्दों में डॉ. मॉण्टेसरी ने श्रेणी शिक्षण का अन्त किया। मॉण्टेसरी का विश्वास है कि प्रत्येक बच्चा अपनी गति के अनुसार प्रगति करता है तथा सामूहिक पद्धति उसके व्यक्तिगत विकास को अवरुद्ध करती है। मॉण्टेसरी प्रत्येक बच्चे को एक अलग व्यक्ति समझती हैं और परामर्श देती हैं कि उसकी सहायता और देख-भाल इस प्रकार होनी

चाहिए जो उसकी वृद्धि और विकास में सहायक हो सके। शिक्षक का सम्बन्ध उसके मानसिक और मनोवैज्ञानिक विकास से है।

4. स्व-शिक्षा का सिद्धान्त (Principle of Self-education): मॉण्टेसरी ने स्वयं शिक्षा पर बल दिया। वे विश्वास करती हैं कि स्व-शिक्षा ही सच्ची शिक्षा है। उनका कथन है कि बच्चों के कार्य में हम बाधा न पहुँचाएँ। इन्होंने शिक्षा सम्बन्धी प्रबोधक यन्त्रों का आविष्कार किया, जो बच्चों का ध्यान आकर्षित करते थे, उन्हें उनकी इच्छानुकूल व्यस्त रखते थे। उन्हें पढ़ाई, लिखाई और गणित की महत्ता का ज्ञान करवाते थे।

5. इन्द्रियाँ प्रशिक्षण का सिद्धान्त (Principle of Sense Training): मॉण्टेसरी ने यह स्वीकार किया है कि हमारी ज्ञानेन्द्रियाँ ज्ञान के प्रवेश-द्वारा हैं। इसलिए इनके प्रशिक्षण और विकास पर ही जीवन में ज्ञान-प्राप्ति निर्भर है। उन्होंने बताया है कि तीन से सात वर्ष की आयु तक ज्ञानेन्द्रियाँ अधिक क्रियाशील होती हैं और इस काल में बहुत अधिक शिक्षा प्राप्त की जा सकती है। उन्होंने कहा है कि ज्ञानेन्द्रियाँ प्रशिक्षण बौद्धिक विकास की कुंजी है।

6. मांस-पेशियों तथा अंगों का प्रशिक्षण (Principle of Muscular Development): उन्होंने मांस-पेशियों के प्रशिक्षण को भी बच्चों के प्रारम्भिक शिक्षा के अंग के रूप में बहुत महत्व दिया है। उनका विश्वास है कि मांस-पेशियों का प्रशिक्षण अन्य क्रियाओं जैसे लिखना, चित्रकारी, बोलना आदि में सुविधा प्रदान करता है।

7. प्राकृतिक अनुशासन (Principle of Natural Discipline): मॉण्टेसरी के अनुसार दण्ड तथा पुरस्कार अप्राकृतिक अथवा हठात् प्रयत्न का प्रोत्साहन करते हैं। इनसे जो विकास होता है वह अस्वाभाविक होता है। वे लिखती हैं कि घुड़सवार अपने घोड़े को थोड़ी-सी खांड इसलिए दे देते हैं कि वे उनके इशारे पर काम करे। परन्तु फिर भी ये मैदानी स्वतन्त्र घोड़े के समान तेज नहीं दौड़ सकते।

8. अवलोकन का सिद्धान्त (Principle of Observation): मॉण्टेसरी ने मनोवैज्ञानिक अवलोकन पर बल दिया ताकि बच्चे को भलीं-भान्ति समझा जा सके।

9. परियों की कहानी के लिए स्थान न रखना (Principle of not Using Fairy Tales): मॉण्टेसरी परियों की काल्पनिक कहानियों को छोटे बच्चों के कार्यक्रम से हटा देना चाहती हैं क्योंकि ये बच्चों को भ्रम में डालती हैं और वास्तविक संसार के कार्यक्रम में अपने आपको व्यवस्थित करने में बाधा पहुँचाती हैं।

10. बच्चे के लिए श्रद्धा का सिद्धान्त (Principle of Reverence for the Child): मॉण्टेसरी ने 'बच्चे को ईश्वर का रूप माना है (The Child is God)। बच्चे का घर (Child House) अर्थात् स्कूल पूजास्थल है तथा यहां पर बच्चे की पूजा होनी चाहिए।

24.5 मॉण्टेसरी के अनुसार अध्यापिका/निर्देशिका का स्थान तथा कार्य (Role of the Teacher/Directress According to the Montessori)

प्रत्येक बच्चे का ज्ञान: शिक्षक को प्रत्येक बच्चे के मस्तिष्क और चरित्र का ज्ञान होना चाहिए। उसे प्रत्येक बच्चे के विकास, उसके वजन, ऊँचाई और अन्य परिणामों का वैज्ञानिक ज्ञान होना चाहिए।

शिक्षकों के स्थान पर संचालिकाओं अथवा निर्देशिकाओं की नियुक्ति (Directress): डॉ. मॉण्टेसरी ने शिक्षक शब्द को हटाकर उसके स्थान पर संचालिका का प्रयोग किया है क्योंकि उसका विचार है कि उसका पहला कर्त्तव्य शिक्षण न होकर संचालन करना है।

चिकित्सक, वैज्ञानिक और धार्मिकता के गुणों से सम्पन्न (Directress Partly Doctor Partly Scientist and Wholy Religious): मॉण्टेसरी के शब्दों में संचालिकाओं को अंशतः वैज्ञानिक, अंशतः चिकित्सक और पूर्णतः धार्मिक होना चाहिए। चिकित्सक के समान उसे रोगी को डाँटना और झिड़कना नहीं चाहिए। एक वैज्ञानिक की भाँति परीक्षण और उसके सुपरिणाम तक धैर्य धारण करना चाहिए। धार्मिक व्यक्ति की भांति उसे बच्चों की सेवा करनी चाहिए।

बच्चे के व्यक्तित्व के विकास में विश्वास (Faith in the Development of the Child's Individuality): अध्यापक को बच्चों को उनकी अन्तर शक्तियों के अनुसार वृद्धि की स्वीकृति देनी चाहिए। उसका कार्य उन्हें उपयुक्त वातावरण प्रदान करता है। उसे बच्चों को अपने बारे में सोचने के लिए उपयुक्त अवसर प्रदान करने चाहिए।

शिक्षक माली के रूप में: शिक्षक को माली के समान होना चाहिए जो पौधों की देख-रेख करता है, बच्चों का ध्यान रखना चाहिए जिससे बच्चे की प्राकृतिक वृद्धि की देख-भाल हो सके और उसे विस्तृत कार्य में सहयोग प्राप्त हो सके।

नैतिक गुण (Moral Qualities): संचालिका में नैतिक चेतना, धैर्य, प्रेम और मानवता अवश्य होनी चाहिए। उसे क्रोध का, जो एक बड़ा पाप है और बच्चे को समझने में बाधक है, अवश्य अन्त कर देना चाहिए। बच्चे की पवित्र और अत्यनत चैतन्य आत्मा को सरल और स्नेहपूर्ण देख-भाल की आवश्यकता है उसका परम उद्देश्य "तुम्हारी अभिवृद्धि के लिए मेरा व्यक्तित्व गौण हो जाए" होना चाहिए। ("I must diminish to let you grow")। मॉण्टेसरी ने कहा है, "निर्देशिका (अध्यापिका) की मुख्य विशेषताएँ उसके गुण हैं, न कि शब्द (Virtues and not words are her characteristics)।

24.6 बच्चों का घर (The Children's House)

मॉण्टेसरी ने बच्चों के स्कूल को 'बच्चों के घर' (Children's House) की संज्ञा दी है। यह 'बच्चों का घर', एक आत्मनिर्भर (Self-Sufficient) परिवार है जो बच्चों की सभी आवश्यकताओं की पूर्ति करता है। वास्तव में 'बच्चों का घर' उनके लिए एक शिक्षा संस्था, कार्यशाला तथा घर का स्थान ले लेता है और उन्हें व्यावहारिक शिक्षा तथा अनुभव प्रदान करता है।

बच्चों के घर का एक चित्र (Picture of Children's House): इस घर में अनेक कमरें होते हैं। भवन का प्रमुख कमरा अध्ययन-कक्ष है। छोटे कमरे जैसे कॉमन रूम, अल्पाहार गृह (Lunch Room), विश्राम-गृह, हस्तकार्य कक्ष, व्यायामशाला, शौचालय और बच्चों का स्नान-कक्ष इत्यादि मुख्य कमरे से जुड़े होते हैं। कमरों में बच्चों की आवश्यकता और मॉण्टेसरी पद्धति की भावना के अनुसार सामान रखा रहता है। बच्चे सामान को एक स्थान से दूसरे स्थान पर बड़ी आसानी से लेजा सकते हैं।

विभिन्न प्रकार के सोफा और अल्मारियाँ भी होती हैं। बच्चे अपनी पाठ्य-सामग्री

अल्मारियों में रखते हैं और अपना अन्य सामान छोटे ड्राअरों (Drawers) में। दीवारों में छोटे काले तख्ते जुड़े रहते हैं जिन पर बच्चे अपनी इच्छानुसार विभिन्न प्रकार के चित्र बनाते हैं या चिपकाते हैं। बच्चों को खिलौने, फूल, चित्र और अन्तर्लेख की सामग्री प्रदान की जाती है। भोजनगृह में मेज-कुर्सियाँ, चम्मच, जलपात्र आदि सामग्री होती है।

बच्चों के बैठक के कमरे में उनकी अपनी छोटी अलमारी होती है, जहां वे स्नान के लिए अपना साबुन और तौलिया रखते हैं। वहाँ एक छोटी-सी फुलवाड़ी भी होती है जिसकी निगरानी स्वयं बच्चों द्वारा ही की जाती है। वे वहां खुली हवा प्राप्त कर सकते हैं, खेल सकते हैं, काम कर सकते या सो सकते हैं। यदि वे चाहें तो अपना खाना भी वहां खा सकते हैं।

बच्चों की ऊँचाई नापने के लिए पेडोमीटर (Paedometer) और तोलने वाली मशीन भी बच्चों के घर में होती है जिससे कि बच्चों की ऊँचाई और वजन का आलेख रखा जा सके। बच्चों के घर में तीन प्रकार के अभ्यासों की व्यवस्था है:

1. व्यवहारिक जीवन में प्रशिक्षण (Training in Practical Life Activities), 2. एन्द्रिय प्रशिक्षण (Sense Training), 3. भाषाएं और गणित-शिक्षण के लिए अभ्यास (Exercises in the Teaching of Languages and Arithematics)।

व्यवहारिक जीवन में प्रशिक्षण के लिए अभ्यास (Exercises for Training in Practical Life): डॉ. मॉण्टेसरी के अनुसार इन अभ्यासों को व्यवहारिक जीवन के अभ्यास कहते हैं; क्योंकि बाल-सदनों में वास्तविक, दैनिक जीवन व्यतीत किया जाता है, जिसमें सदन के सारे काम बच्चों को सौंपे जाते हैं जो अपने सारे गृह-कार्य को श्रद्धा, सावधानी, शान्ति और गौरव से करते हैं। बच्चों से आशा की जाती है कि वे कमरे आदि को स्वयं साफ करें और उन्हें स्वच्छतापूर्वक सजाएँ। वे स्वयं अपने वस्त्र पहनने, उतारने और नहाना सीखते हैं। उनसे आशा की जाती है कि वे कपड़े को क्रमानुसार लटकाएंगे। वे अपना खाना भी लगाते हैं। बच्चों को विभिन्न गृहकार्यों को करने के अवसर प्रदान किए जाते हैं और वे कठिनाइयों पर विजय प्राप्त करना सीखते हैं। वे अपने हाथ धोना सीखते हैं। वे विभिन्न बर्तनों का प्रयोग सीखते हैं। बच्चे यह भी सीखते हैं कि अपना साबुन और तौलिया किस प्रकार प्रयोग किया जाता है। वे यह भी सीखते हैं कि अपने बाल कैसे बनाए जाते हैं, दाँत और नाखूनों की कैसे सफाई होती है। उत्साही और प्रसन्नचित्त, मित्रता की भावना और पारस्परिक सहयोग इन बच्चों की विशेषताएँ हैं।

24.7 प्रबोधक यन्त्र अथवा शिक्षाप्रद सामग्री द्वारा बच्चों का प्रशिक्षण (Didactic Apparatus)

प्रबोधक उपकरण का अर्थ (Meaning of Didactic Apparatus): प्रबोधक उपकरणों का अर्थ ऐसे उपकरणों से है जिनसे बालक खेल-खेल में स्वत: क्रिया द्वारा अपनी गलतियों का निराकरण करते हुए सीखता है।

मुख्य उद्देश्य बच्चों को आत्मविश्वास, स्वतन्त्रता और आत्मनिर्भरता का प्रशिक्षण देना है।

प्रबोधक यन्त्र के प्रयोग में सिद्धान्त (Principle of Didactic Apparatus): 1. बच्चे के आन्तरिक विकास का सिद्धान्त। 2. बच्चों की विभिन्नताओं का सिद्धान्त।

3. बच्चों की क्रियाशीलता का सिद्धान्त। 4. बच्चों की स्वशिक्षा का सिद्धान्त। 5. बच्चों के नैसर्गिक विकास का सिद्धान्त। 6. बच्चों की इन्द्रियों के प्रशिक्षण का सिद्धान्त। 7. बच्चों की मांसपेशियों के प्रशिक्षण का सिद्धान्त। 8. बच्चों के 'करके के द्वारा सीखनें' का सिद्धान्त। 9. बच्चों में स्व अनुशासन का सिद्धान्त। 10. बच्चों को व्यावहारिक जीवन में प्रशिक्षण का सिद्धान्त। 11. बच्चों को व्यक्तिगत शिक्षण का सिद्धान्त। 12. बच्चों के लिए स्वतन्त्रता का सिद्धान्त। 13. बच्चों के मार्गदर्शन का सिद्धान्त।

ज्ञानेन्द्रियों का प्रशिक्षण (Training of Senses): इसके लिए निम्नलिखित सामग्री का प्रयोग किया।

कार्य	*सामग्री*
1. आकृति के ज्ञान के लिए (Knowledge for Perception of Shape)	1. लकड़ी की नली जो ऊंचाई, व्यास और दोनों परिमापों में भिन्न हों। लकड़ी जो आकृति में नियमित रूप से भिन्न और छड़ियां जो लम्बाई में नियमित रूप से भिन्न हों।
2. रंग के ज्ञान के लिए (Sense of Colour)	2. हल्के लाल रंग के घन (Cubes)
3. आकार के ज्ञान के लिए (Sense of Size)	3. धातु, लकड़ी और बक्से आदि पर रेखा-गणितीय चित्र बनाना।
4. वजन के ज्ञान के लिए (Sense of Weight)	4. लकड़ी की गोलियाँ जिनकी आकृति तो एक जैसी हो किन्तु वजन भिन्न हों।
5. स्पर्श की भिन्नता का अभास (Sense of Touch)	5. खुरदरे और चिकनी सतह वाले, चतुर्भुजाकार गोलियाँ।
6. ध्वनि के अन्तर के लिए (Discrimination in Sense of Sound)	6. विभिन्न पदार्थ के नली वाले बक्से जो कि रूप, आकार तथा रंग में एक होते हैं; किन्तु ध्वनि उत्पन्न करने में भिन्न।

प्रयोग में लाने वाली पद्धति (Method of Using Material): इसके तीन चरण हैं: 1. प्रत्यक्षीकरण (Association), 2. वस्तु की पहचान (Recognition) 'मुझे लाल दो'। 3. वस्तु के नाम की पुनरावृत्ति (Recalling), 'यह क्या है'।

भाषा शिक्षण के लिए प्रबोधक यन्त्र (Didactic Apparatus for Language Teaching): मैडम मॉण्टेसरी का मत है कि भाषा कौशल बच्चों में बहुत आसानी से विकसित किए जा सकते हैं। लेखन-शिक्षण पठन-शिक्षण से पूर्व हो। उनके अनुसार लेखन पूर्णत: यान्त्रिक क्रिया है और पठन-अंशत: बौद्धिक।

लेखन-शिक्षण (Teaching of Writing): लेखन से सम्बन्धित तीन तत्व हैं: 1. अक्षरों की आकृति को पहचानना (Recognition of Forms of Letters)। 2. उच्चारण ध्वनि सीखना (Learning of Phonetic Sounds)। 3. पेन अथवा लेखनी नियन्त्रण (Control of pen)।

वर्णमाला के अक्षरों को बालू वाले कागजों (Sand Papers) पर काटकर कार्डबोर्ड पर

चिपका दिया जाता है। विद्यार्थियों को उनपर अपनी अंगुलियाँ फेरने को कहा जा सकता है। विद्यार्थी अक्षर-पहचान सीखते हैं। उसी समय शब्दोच्चारण भी मेल, पहचान और स्मरण इन तीन अवस्थाओं में सिखाया जाता है। कुछ अभ्यास हैं जिनके द्वारा विद्यार्थी लेखन-कला पर अधिकार पाना सीखते हैं।

मॉण्टेसरी ने कहा, "हमें बच्चे का उसके लिखते समय निरीक्षण करना चाहिए तथा उसकी क्रियाओं का विश्लेषण"।

पढ़ने का शिक्षण (Teaching of Reading): मॉण्टेसरी वाक्यों के जोर से पढ़े जाने के पक्ष में नहीं हैं। बच्चे के हाथ में एक कार्ड दिया जाता है जिसमें मुख्य वस्तु का नाम लिखकर चिपकाया गया होता है। बच्चे को उस परिचित लिखित वस्तु को स्वर में धीरे-धीरे पढ़ने का कहा जाता है। फिर उससे जल्दी से पढ़ने को कहा जाता है। कुछ अभ्यास के बाद बच्चा शब्द का शुद्ध उच्चारण करना सीख जाता है। फिर बच्चे से कहा जाता है कि उन कार्डों को उस पदार्थ के साथ लगा दे जिसका उस पर नाम लिखा होता है।

गणित शिक्षण (Teaching of Arithemetic): गणित के शिक्षण में एक लम्बी दस डण्डों की सीढ़ी का प्रयोग किया जाता है। ये डण्डे भिन्न आकार के होते हैं। यह दो भागों में विभाजित होती है जो लाल और नीले रंग से चिन्हित होते हैं। पहले बच्चा समान साइज के डण्डों को व्यवस्थित करना सीखता है, फिर लाल और नीले विभाग को गिनता है और उनकी एक, दो, तीन संख्या निश्चित करता है। संख्याओं के चिन्ह बालू वाले कागज में से काट लिए जाते हैं और तीनों अवस्थाओं, मेल (Association), पहचान (Recognition), पहचान (Recognition) और पुनर्स्मरण (Recalls) को व्यवहारिक रूप प्रदान किया जाता है।

बाल-सदन में अनुशासन (Discipline in the Children's Home/House): इच्छित कार्यों में रुचि बढ़ाकर अप्रत्यक्ष रूप से अनुशासन उत्पन्न होता है। प्रत्येक बच्चे से स्व-प्रयत्न द्वारा स्वनियन्त्रण के शिक्षण की आशा की जाती है। बच्चे शान्त क्रियाशीलता में रत रहते हैं जो बच्चों को बाह्य लक्ष्य की ओर प्रेरित नहीं करती बल्कि जिसका उद्देश्य उस अन्तर्ज्वाला को जीवित रखना है जिस पर हमारा जीवन आधारित है। मॉण्टेसरी ने लिखा है कि "वास्तव में अच्छे वे हैं जो उस अच्छाई की ओर बढ़ते हैं जो उनके स्वयं के प्रयत्न से निर्मित है।" ऐसा अनुशासन आज्ञा, धर्मोपदेश और अन्य अनुशासनात्मक पद्धति द्वारा कभी प्राप्त नहीं हो सकता।

बाल-सदन की संचालिकाएँ (Directress): वे धीरे-धीरे शान्तिपूर्वक घूमती हैं। वे इस प्रकार निरीक्षण करती हैं कि कोई व्यक्ति जिसे उनकी सहायता की आवश्यकता हो तुरन्त उनकी उपस्थिति से सूचित हो जाए जबकि दूसरे जो उनकी आवश्यकता अनुभव नहीं करते हों, उनकी उपस्थिति की सूचना न पा सकें।

24.8 मॉण्टेसरी के शिक्षण सिद्धान्त तथा विधि के गुण (Merits of Montessori's Philosophy and Practices)

बच्चों के प्रति मैडम माण्टेसरी के अत्यधिक प्यार और स्नेह, कोमल हृदयता, कलाकारों जैसे कल्पना-शक्ति और असाधारण सहानुभूति ने शिक्षा-पद्धति के सिद्धान्तों को एक नवीन दृष्टिकोण दिया है। वास्तविकता तो यह है कि उन्होंने शिक्षा-क्षेत्र में शान्तिपूर्ण

क्रान्ति जगाई है। विशेषकर 3 से 6 वर्ष के बच्चों की शिक्षा के लिए तो मैडम मॉण्टेसरी ने महान् देन दी है। मॉण्टेसरी प्रणाली के मुख्य गुण ये हैं:

1. **छोटे बच्चों के लिए सम्मान की भावना (Sense of Respect for the Child):** मॉण्टेसरी के लिए "बच्चा ही ईश्वर है, उसका शिक्षालय ही मन्दिर है तथा बच्चे की स्वत्व-शक्ति ही मन्दिर की अधिष्ठात्री देवी है।" उन्होंने आगे लिखा है कि "आज एक ही अनिवार्य आवश्यकता हमारे सम्मुख है और वह है–शिक्षा के सिद्धान्तों और निर्देशन में सुधार। और जो कोई भी इस उद्देश्य के लिए संघर्ष करता है वह वास्तव में मनुष्य-मात्र के पुनरुद्धार के लिए संघर्ष करता है।" मॉण्टेसरी ने जिन सिद्धान्तों को जन्म दिया है, उन्होंने बच्चे के महत्व को और भी बढ़ा दिया है।

2. **वैज्ञानिक आधार (Scientific Basis):** मैडम मॉण्टेसरी एक वैज्ञानिक थीं। उन्होंने अनुभव और निरीक्षण के आधार पर वैज्ञानिक सिद्धान्तों का अपनाया। उन्होंने अविचारपूर्ण निर्णय नहीं लिया और न किसी प्रकार का पक्षपात ही किया।

3. **व्यक्तिगत अध्यापन (Individualised Teaching):** मॉण्टेसरी पद्धति व्यक्तिवाद को आश्रय देती है। इनका यह सिद्धान्त सामूहिक शिक्षा के विरोध में एक क्रान्ति है।

4. **बच्चों के लिए स्वतन्त्रता (Freedom for Children):** मैडम मॉण्टेसरी ऐसे शिक्षाशास्त्रियों में अग्र हैं जो बच्चों को स्वतन्त्रता के वातावरण में शिक्षा देना चाहते हैं। अनुशासन का अर्थ है आत्म-नियन्त्रण तथा आत्म-प्रेरित क्रियाशीलता।

5. **ज्ञानेन्द्रियों का प्रशिक्षण (Sensory Training):** मॉण्टेसरी सिद्धान्त का उद्देश्य है बच्चों को ज्ञानेन्द्रियों के प्रशिक्षण द्वारा पढ़ाना। इसके लिए प्रबोधक यन्त्र का निर्माण किया।

6. **लिखने और पढ़ने के अनूठे सिद्धान्त (Unique Principles of Writing and Reading):** इस पद्धति में लिखने व सीखने को विशेष महत्त्व दिया गया है। लिखते हुए बच्चे की स्नायु-सम्बन्धी स्थिति का विशेष ध्यान रखा जाता है। लिखने और पढ़ने के अभ्यासों को उचित रूप से समन्वित तथा श्रृंखलाबद्ध किया जाता है।

7. **जीवन द्वारा शिक्षा-प्राप्ति (Education through Living):** मैडम मॉण्टेसरी ने अपने स्कूल में ऐसी व्यवस्था की कि बच्चों में नियमितता तथा स्वच्छता की अच्छी आदतें पड़ें।

8. **सामाजिक महत्त्व (Social Importance):** यद्यपि मॉण्टेसरी पद्धति मूलतः व्यक्तिवादी है तथापि यह सामाजिक मूल्यों से भरपूर है। मेज पर इकट्ठे खाना लगाना, मिलकर खाना, बर्तनों को धोना, साफ करना, तथा दूसरे सहयोगात्मक कार्य करना आदि अनेक क्रियाओं का सामाजिक महत्त्व है।

9. **प्रजातन्त्र के मूल्यों में प्रशिक्षण (Training in Democratic Value):** मॉण्टेसरी पद्धति में बच्चे एक-दूसरे की स्वतन्त्रता का मान करते हैं। मिल-जुल कर 'बच्चों के घर' की व्यवस्था करते है।

10. **सकारात्मक अनुशासन (Positive Discipline):** मॉण्टेसरी ने अनुशासन की नयी अवधारणा हमें प्रदान की है। उन्होंने हर प्रकार के पुरस्कार तथा दण्ड का विरोध किया। उन्होंने इनको बच्चों के नैसर्गिक विकास को निरर्थक माना। व्यावहारिक क्रियाओं पर बल दिया।

11. निर्देशिका (अध्यापक) की अल्पभूमिका (Important Role of the Teacher): मॉग्टेसरी ने बच्चों की शिक्षा में निर्देशिका के महत्व को स्वीकार करते हुए उसे वैज्ञानिक तथा नैतिक व्यक्ति की संज्ञा दी है।

24.9 मॉण्टेसरी पद्धति की सीमाएँ (Limitations of Montessri Method)

1. यान्त्रिक तथा कृत्रिम प्रबोधक साधन (Mechanical and Artificial Didactic Apparatus): इस विधि में प्रबोधक साधनों (Didactic Apparatus) को अधिक महत्व दिया है। आलचकों का तर्क है कि ये साधन अध्यापक और बच्चों के लिए बन्धन हैं। बच्चे को प्रबोधक यन्त्र की सहायता से विभिन्न अभ्यास करने पड़ते हैं, अध्यापक भी उन्हीं की सहायता से ही बच्चों को कार्य करवाने के लिए अपेक्षित है। इस प्रकार अध्यापक और छात्र की मौलिक और स्वतन्त्र अभिव्यंजना नहीं हो पाती। प्रबोधक साधन अवास्तविक और अप्राकृतिक हैं।

2. शारीरिक पहलू पर मनोवैज्ञानिक पहलू की अपेक्षा अधिक बल (More Stress on Physical Dimension and Neglect of Psychological Aspect): इस पद्धति में अध्यापक प्रत्येक बच्चे की ऊंचाई, वजन, दृष्टि इत्यादि का वृत्त तैयार करता है। यह स्वभावगत तथा भावनागत पक्षों की ओर कम ध्यान देता है।

3. प्रशिक्षण के स्थानान्तरण में विश्वास (Faith in Transfer of Training): ज्ञानेन्द्रियों के प्रशिक्षण का विचार मॉण्टेसरी प्रणाली का प्रथम सिद्धान्त है जो कि पुराना है। ऐसा विश्वास किया जाता है कि विशिष्ट ज्ञानेन्द्रिय के प्रशिक्षण से यह सम्भव हो सकेगा कि वही प्रशिक्षण अन्य प्रशिक्षणों में भी लाभप्रद है परन्तु आधुनिक मनोवैज्ञानिक इस बात पर सहमत नहीं हैं।

4. कल्पना-शक्ति के प्रशिक्षण के प्रति संकुचित दृष्टिकोण (Narrow View of the Training of Imagination): मॉण्टेसरी पद्धति में परियों की कहानियों को कोई स्थान नहीं। परियों की कहानियों का कल्पना-शक्ति के विकास की दृष्टि से गहरा महत्व है। साहित्यिक दृष्टि से भी परियों की कहानियाँ महत्वपूर्ण हैं।

5. उपयुक्त अध्यापकों का अभाव (Shortage of Suitable Teachers): मॉण्टेसरी प्रणाली की सफलता ऐसे अध्यापकों पर निर्भर है जिन्हें बच्चों के मनोविज्ञान का गम्भीर अध्ययन हो तथा जो प्रयोगशाला कार्य में निपुण हों। ऐसे अध्यापकों का पर्याप्त मात्रा में मिलना अत्यन्त कठिन है।

6. प्रयोजन तथा समवाय के लिए कम स्थान (No Place for Correlation and Project Work): आधुनिक शिक्षण प्रयोजन द्वारा कई विषयों के अध्यापन का समर्थन करता है। क्रिया द्वारा शिक्षा-प्राप्ति आधुनिक शिक्षा पद्धति का है, परन्तु मॉण्टेसरी पद्धति में बच्चों को प्रबोधक यन्त्रों तक ही सीमित रखा जाता है।

7. अधिक व्ययी विधि (Expensive Method): डॉ. मॉण्टेसरी ने जिस प्रकार शिक्षा संस्थाओं का समर्थन किया है, उन्हें बनाने के लिए बहुत अधिक धन की आवश्यकता है। हम इतना व्यय कर सकेंगे, इस बात में सन्देह है।

8. सभी स्तरों पर योजना का न होना (Not Suitable for other Stages): यह शिक्षा केवल 6 वर्ष तक के बच्चों के लिए है। आगे की शिक्षा की कोई योजना नहीं है।

9. खेलों की अवहेलना (Disregard of Play Activities): खेल क्रियाओं का क्षेत्र बहुत ही सीमित है। इसी प्रकार मनोरंजन सम्बन्धी क्रियाओं की कोई व्यवस्था नहीं है।

10. साहित्य तथा कविता को स्थान न देना (No Provision for Literature and Poetry): छोटे बच्चे कविता, ड्रामा तथा इस प्रकार की साहित्यक गतिविधियों में बहुत रूचि लेते हैं परन्तु मॉण्टेसरी विधि में उनको कोई स्थान नहीं दिया गया है।

24.10 मॉण्टेसरी का आधुनिक शिक्षा पर प्रभाव (Montessori's Impact on Modern Education)

मॉण्टेसरी के विचारों ने तथा शिक्षण विधि ने वर्तमान शिक्षा पर अत्यन्त महत्वपूर्ण प्रभाव डाला है। आज कोई भी मुहल्ला अथवा कॉलोनी नहीं है जहाँ पर मॉण्टेसरी स्कूल न हों।

संक्षेप में निम्न प्रकार के प्रभाव दृष्टि गोचर होते हैं। उन सबका विस्तारपूर्वक विवरण मॉण्टेसरी के सिद्धान्तों के विवेचन में पहले ही दिया गया है:

1. बच्चों के शिक्षा के प्रति मनोवैज्ञानिक दृष्टिकोण (Psychological Approach to the Education of the Children)
2. बच्चों की शिक्षा के प्रति वैज्ञानिक दृष्टिकोण (Scientific Approach to Children's Education)
3. बच्चों की आन्तरिक शक्तियों के विकास पर बल (Stress on the Inner or Innate Powers of The Students)
4. बच्चों के व्यक्तिगत शिक्षण पर जोर (Personal Attention to Children's Education)
5. बच्चों के प्रति श्रद्धा भाव (Reverence for the Children)
6. बच्चों के लिए स्वतन्त्रता का वातावरण (Environment of Freedom for Children)
7. बच्चों को व्यावहारिक जीवन की शिक्षा (Education for Practical Life Activities)
8. क्रिया द्वारा सीखना (Learning by Doing)
9. अध्यापक को उचित स्थान (Suitable Place for the Teacher)
10. सकारात्मक अनुशासन (Positive Discipline)
11. बच्चों में विभिन्न पक्षों के विकास के रिकोर्ड (Records for Development of Various Dimensions of the Child)
12. सामाजिक प्रशिक्षण (Social Training)

24.11 फ्रोबेल तथा मॉण्टेसरी का तुलनात्मक अध्ययन (Comparative Study of Froebel and Montessori)

1. क्रान्तिकारी कार्य (Revolutionary Work): दोनों शिक्षाविदों ने शिक्षा के सिद्धान्तों तथा विधियों के क्षेत्रों में अत्यन्त महत्वपूर्ण कार्य किया है तथा एक नयी दिशा दी है।

2. बच्चों का भीतर से विकास (Development of Children from Within): फ्रॉबेल तथा मॉण्टेसरी दोनों शिक्षाविदों ने बच्चों की आन्तरिक शक्तियों के विकास पर बल दिया है।

3. स्वस्थ वातावरण (Healthy Environment): दोनों ही शिक्षा-शास्त्री इस बात पर बल देते हैं कि बच्चों को स्वस्थ वातावरण प्रदान किया जाए ताकि उनकी अन्त:प्रवृत्ति का यथोचित विकास हो सके।

4. बच्चे का सम्मान तथा स्नेह (Respect and Love for the Child): दोनों ही विद्वान् चाहते हैं कि बच्चे को भरपूर प्यार दिया जाए। उसके व्यक्तित्व को आंका जाए और उसे सम्मानित किया जाए।

5. ज्ञानेन्द्रियों के प्रशिक्षण पर बल (Stress on the Training of Senses): फ्रोबेल और मॉण्टेसरी ने ऐसे यन्त्रों को निर्धारित किया है जिनसे बच्चे की ज्ञानेन्द्रियों का प्रशिक्षण हो।

6. बाल केन्द्रित शिक्षा (Child Centred Education): दोनों ने शिक्षा के क्षेत्र में बाल केन्द्रित शिक्षा की अवधारणा को बढ़ावा दिया।

7. व्यक्तिगत शिक्षण (Individual Education): कक्षा शिक्षण के स्थान पर छात्र के व्यक्तिगत शिक्षण पर जोर दिया।

8. आत्म अभिव्यक्ति पर बल (Emphasis on Self-Expression): बच्चों के लिए इस प्रकार का वातावरण निर्माण किया जाता है जिसके अन्तर्गत उनको आत्म अभिव्यक्ति के पर्याप्त अवसर मिल सकें।

9. अध्यापक का विशेष स्थान: दोनों विधियों में अध्यापक के कार्य तथा स्थान को बहुत महत्वपूर्ण माना गया है।

10. नर्सरी शिक्षा की व्यवस्था: सम्भवत: वे दोनों पहले शिक्षा शास्त्री थे जिन्होंनें क्रमबद्ध ढंग से नर्सरी शिक्षा व्यवस्था की रचना की।

फ्रोबेल तथा मॉण्टेसरी में भिन्नताएँ (Points of Difference between Froebel and Montessori)

फ्रोबेल की शिशु-विहार प्रणाली (*Froebel's Kindergarten*)	*माण्टेसरी प्रणाली* (*Montessori Method*)
1. **दार्शनिक सिद्धान्तों पर आधारित (Based on Philosophical Principles):** फ्रोबेल की शिक्षा-पद्धति इसके दार्शनिक विचारों पर आधारित है। वे एक दार्शनिक थे जो बाद में शिक्षा की ओर झुक गए। उनके शिक्षा-सिद्धान्तों को समझने के लिए पहले उनकी दार्शनिक विचारधारा समझनी आवश्यक है।	1. **वैज्ञानिक पृष्ठभूमि (Scientific Background):** मॉण्टेसरी प्रणाली एक डॉक्टर तथा वैज्ञानिक के प्रयत्नों के फलस्वरूप उद्भूत हुई। अत: इसका मूल वैज्ञानिक है।

(*क्रमश:*)

फ्रोबेल की शिशु-विहार प्रणाली (*Froebel's Kindergarten*)	*माण्टेसरी प्रणाली* (*Montessori Method*)
2. **सामाजिक विकास पर अधिक बल** (More Stress on Social Development)**:** बच्चों को समूह में कार्य करने के लिए प्रेरित किया जाता है। एक ही प्रकार के विषय सब बच्चों को इकट्ठे पढ़ाए जाते हैं।	2. **सामाजिक विकास पर अपेक्षाकृत कम बल** (Relatively Less Stress on Social Development)**:** इस प्रणाली में व्यक्तिगत विकास पर अधिक बल दिया जाता है, सामाजिक विकास पर कम।
3. **सामूहिक अध्यापन (Collective Teaching):** इस प्रणाली में सामूहिक-अध्यापन आवश्यक है। निश्चित समय-विभाग चक्र के अनुसार सारा कार्य होता है।	3. **व्यक्तिगत शिक्षा (Individual Teaching):** यह पूर्ण-रूपेण व्यक्तिगत प्रणाली है। कोई निश्चित आवर्तन या समय-विभाग-चक्र नहीं होता। बच्चे अपनी रुचि और पसन्द के अनुसार अध्ययन करते हैं।
4. **उपहारों द्वारा ज्ञानेन्द्रियों का प्रशिक्षण (Sense Training through Gifts):** शिशु-विहार प्रणाली में ज्ञानेन्द्रियों का प्रशिक्षण निश्चित 'उपहारों' द्वारा होता है। प्रत्येक उपहार के साथ एक क्रिया जुड़ी रहती है जिसे करता हुआ बच्चा प्रशिक्षित होता है।	4. **प्रबोधक यन्त्रों द्वारा ज्ञानेन्द्रियों का प्रशिक्षण (Sense Training through Didactic Apparatus):** ज्ञानेन्द्रियों के प्रशिक्षण के लिए यह प्रणाली प्रबोधक यन्त्रों का आयोजन करती है। ये प्रबोधक यन्त्र फ्रोबेल के उपहारों से नितान्त भिन्न हैं।
5. **खेल-कूद पर बल (Stress on Play Activities):** फ्रोबेल पद्धति खेल-कूद के कार्यक्रमों पर अधिक बल देती है। सभी पाठों में गीतों, हाव-भावों और गतिविधियों को अधिक बल दिया है।	5. **खेल पर कम बल (Less Scope for Play):** यन्त्र बच्चों के लिए रखे जाते हैं जिनका बच्चे विशेष रूप से प्रयोग करते हैं। खेलने के लिए बच्चों को समय कम मिलता है।
6. **हस्तकला का महत्व (Significance of Handicraft):** इस प्रणाली में बागवानी, प्रकृति अध्ययन तथा मिट्टी के मॉडलों का काफी स्थान है।	6. **दैनिक जीवन की व्यवहारिक क्रियाओं पर बल (Stress on Daily Activities):** हस्तकला के अतिरिक्त इस प्रणाली में सफाई, आदि को विशेष स्थान प्राप्त है। बच्चे अपना ध्यान स्वयं रखना सीखते हैं।
7. **माली के रूप में अध्यापक (Teacher as a Gardener):** अध्यापक एक माली है जो नन्हें मानव-पौधों की देखभाल करता है। वह एक नेता भी है जो उनका गीतों तथा दूसरी कार्य-विधियों से मार्गदर्शन करता है।	7. **निदेशक के रूप में अध्यापक (Teacher as Directress):** निदेशक का कार्य बच्चों के लिए यान्त्रिक साधनों की सुविधा प्रदान करना है और तत्पश्चात् एक दर्शक के रूप में दूर से ही बच्चे की कार्यविधियों का निरीक्षण करना है।

(*क्रमशः*)

फ्रोबेल की शिशु–विहार प्रणाली (*Froebel's Kindergarten*)	*माण्टेसरी प्रणाली* (*Montessori Method*)
8. **कल्पना–शक्ति के विकास को स्थान (Scope for Development of Imagination):** कल्पना-शक्ति के विकास के लिए फ्रोबेल ने कहानी कहने की कला का समर्थन किया है।	8. **परियों की कहानियों को स्थान नहीं (No Scope for Fairy Tales):** इस प्रणाली में परियों की कहानियों को कोई स्थान नहीं। जीवन की वास्तविकताओं को अधिक महत्व दिया जाता है।
9. **प्रयोग करने में सुविधा (Easy to Use):** इस विधि का प्रयोग बिना किसी यन्त्र की सहायता से हो सकता है। शिशु–विहार पद्धति के अनुसार स्कूल के चलाने के लिए किसी विशेष यन्त्र की अथवा प्रयोगशाला की आवश्यकता नहीं है।	9. **यन्त्रों की अनिवार्यता (Indispensability of Apparatus):** मॉण्टेसरी पद्धति पर स्कूल चलाने के लिए बहुत कीमती यन्त्रों की आवश्यकता है। यन्त्रों के बिना स्कूल स्थापित नहीं हो सकता।

25

भारतीय संविधान: राज्य की नीति के निदेशक तत्व
(Indian Constitution: Directive Principles of State Policy)

25.1 संविधान का अर्थ (Meaning of Constitution)

संविधान एक ऐसा दस्तावेज (Document) है जिसके अनुसार किसी देश की सरकार का कार्य चलाया जाता है। इसमें सरकार के विभिन्न अंगों के आपसी संबधों तथा सरकार एवं नागरिकों के संबंधों का वर्णन रहता है। इसमें केन्द्रीय सरकार तथा राज्य सरकारों आदि के उत्तरदायित्वों का ब्यौरा भी होता है।

संविधान में राष्ट्रीय उद्देश्यों अर्थात किस प्रकार का समाज होगा, उनका संकेत भी मिलता है। इसमें राष्ट्रीय मूल्यों का भी उल्लेख किया जाता है।

25.2 भारत के संविधान का निर्माण (Framing of Indian Constitution)

भारत का संविधान 26 जनवरी, 1950 को लागू किया गया। संविधान को बनाने में 2 वर्ष, 11 महीने और 18 दिन लगे। 26 नवम्बर, 1949 को संविधान को पूरी तरह संविधान सभा ने स्वीकार कर लिया तथा 24 जनवरी 1950 को सभी सदस्यों के इस पर हस्ताक्षर हो गए।

दूसरे महायुद्ध के पश्चात् ब्रिटिश सरकार ने विचार व्यक्त किया कि भारत का संविधान बनाने के लिए एक निकाय बनाया जाए। इससे पूर्व भारत में पूर्ण स्वतन्त्रता के लिए संघर्ष किया जा रहा था। 1946 ई. में ब्रिटिश सरकार ने कैबिनेट मिशन (Cabinet Mission) भारत भेजा। मिशन ने कांग्रेस तथा अन्य दलों से संविधान के बारे में विचार-विमर्श किया। परिणामस्वरूप संविधान सभा (Constituent Assembly) के सदस्यों का चुनाव प्रान्तीय विधान सभाओं के द्वारा हुआ। संविधान बनाने वाली सभा के 389 सदस्य थे। इसके सदस्य लगभग राजनैतिक दलों, कमजोर वर्गों तथा अल्पसंख्यकों का प्रतिनिधित्व करते थे। इसमें स्वतन्त्रता संग्राम के सैनानी, प्रसिद्ध विधि विशेषज्ञ तथा अनेक वर्गों के प्रतिनिधि भी थे।

संविधान सभा का पहला सत्र 9 दिसंबर, 1946 को बुलाया गया। डॉ. राजेन्द्र प्रसाद जो बाद में भारत के प्रथम राष्ट्रपति बने, उन्हें विधान सभा का सभापति चुना गया। भारत विभाजन तथा स्वतन्त्रता के बाद संविधान सभा के 308 सदस्य रह गए। डॉ. भीमराव अम्बेडकर के नेतृत्व में आए सदस्यों के दल ने संविधान का प्रारूप तैयार किया। इस प्रारूप की सभी धाराओं पर गम्भीर विचार-विमर्श के पश्चात् भारत का संविधान बनाया गया।

आवश्यकतानुसार संविधान में समय-समय पर संशोधन होता रहता है।

यह उल्लेखनीय है कि भारत में संविधान के अनुसार कार्य किया जा रहा है जबकि कुछ पड़ोसी देश जो भारत के साथ ही स्वतन्त्र हुए तथा उन्होंने अपना-अपना संविधान बनाया, परन्तु इसके अनुसार कार्य न कर सके। पाकिस्तान में कई बार संविधान की अवहेलना हुई तथा सैनिक शासन चला। इसी प्रकार श्री लंका तथा अन्य देशों में भी संविधान के अनुसार शान्ति का वातावरण न बन पाया।

25.3 भारतीय संविधान एक नजर में (Indian Constitution at a Glance)

भाग: विषय, अनुच्छेद तथा इनकी संख्या (Parts: Subjects, Articles and Number of Articles)

भाग क्रम सं.	*विषय*	*अनुच्छेद*	*अनुच्छेदों की संख्या*
	उद्देशिका (प्रस्तावना) Preamble		
I	संघ का नाम और राज्य क्षेत्र (The Union and Its Territories)	1 to 4	4
II	नागरिकता (Citizenship)	5 to 11	7
III	मूल अधिकार (Fundamental Right)	12 to 51	40
IV (क)	मूल कर्तव्य (Fundamental Duties)	51A	51 में सम्मिलित
V	संघ (The Union)	52 to 151	100
VI	राज्य (States)	152 to 237	86
VII	पहली अनुसूचि के भाग 'ख' के साथ (The States in Part B of the First Schedule)	निरसित	Repealed
VIII	संघ राज्य क्षेत्र (The Union Territories)	239 to 242	3(242 निरसित)
IX	पंचायतें (Panchayate)	243	1
IXA	नगरपालिकाएँ (The Municipalities)	243	
X	अनुसूचित जाति और जनजाति क्षेत्र (The Scheduled and Tribal Areas)	244	1
XI	संघ और राज्यों के बीच संबंध (Relation between the Union and States)	245 to 263	19

(क्रमशः)

भाग क्रम सं.	विषय	अनुच्छेद	अनुच्छेदों की संख्या
XII	वित्त, संपत्ति, संविदाए और वाद (Finance, Property, Contracts and Suits)	264 to 300	37
XIII	भारत के राज्य क्षेत्र के भीतर व्यापार, वाणिज्य और समागम (Trade, Commerce and Intercourse within the Territories of India)	301 to 307	7
XIV	संघ और राज्यों के अधीन सेवाएँ (Services Under the Union and States)	308 to 323	16
XIV A	अधिकरण (Tribunals)	323	1
XV	निर्वाचन (Elections)	324 to 329	6
XVI	कुछ वर्गों के सम्बन्ध में विशेष उपबंध (Special Provisions Relating to Certain Classes)	330 to 342	13
XVII	राज भाषा (State Language)	343 to 351	9
XVIII	आपात उपबन्ध (Emergency Provisions)	352 to 360	9
XIX	प्रकीर्ण (Miscellaneous)	361 to 367	7
XX	संविधान का संशोधन (Amendment of the Constitution)	368	1
XXI	अस्थायी, संक्रमणकालीन और विशेष उपबंध (Temporary, Transitional and Special Provisions)	369 to 392	34
XXII	संक्षिप्त नाम, प्रारम्भ, हिन्दी में प्राधिकृत पाठ और निरसन (Short Title, Commencement, Authoritative Text in Hindi)	393 to 395	3

25.4 भारतीय संविधान के स्रोत (Sources of Indian Constitution)

भारत के संविधान के निम्नलिखित स्रोत हैं:

1. भारत की धरोहर (Heritage of India)
2. स्वतन्त्रता सैनानियों के आदर्श तथा मूल्य (Ideals and Values of Freedom Fighters)
3. पूर्ण स्वराज्य प्रस्ताव (Resolution of Complete Independence)

4. विस्तृत संविधान (Detailed Constitution)
5. भारत सम्पूर्ण प्रभुत्व सम्पन्न राज्य (India as a Sovereign States)
6. समाजवादी राज्य (Socialist State)
7. पंथ निरपेक्ष राज्य (धर्म निरपेक्ष राज्य) (Secular State)
8. लोकतंत्रात्मक राज्य (Democratic State)
9. गणतान्त्रिक राज्य (Republic State)
10. कठोर तथा लचीला भी (Rigid as Well Flexible)
11. संसदीय शासन प्रणाली (Parliament Form of Government)
12. संघात्मक सरकार (Federal Government)
13. शक्तिशाली केन्द्र (Strong Centre)
14. समता का अधिकार (Right to Equality)
15. स्वतन्त्रता का अधिकार (Right to Freedom)
16. शोषण के विरूद्ध अधिकार (Right against Exploitation)
17. धार्मिक स्वतन्त्रत। का अधिकार (Right to Religious Freedom)
18. सांस्कृतिक तथा शिक्षा सम्बन्धी अधिकार (Cultural and Educational Right)
19. संविधानिक उपचारों का अधिकार (Right to Constitutional Rights)
20. न्याय पर आधारित राज्य (State Based on Justice)
21. बन्धुता पर आधारित राज्य (State Based on Fratunity)
22. व्यक्ति की गरिमा का संरक्षण (Protection of the Dignity of the Individual)
23. देश की एकता तथा अखण्डता सुनिश्चित करना (Security the Unity a n d Integrity of the Nation)
24. मौखिक कर्त्तव्यों का पालन (Following Fundament Duties)
25. पिछड़े वर्गों के लिए विशेष प्रावधान (Special Provision for Backward Sections)
26. अल्पसंख्यकों का संरक्षण (Safeguard of Minorities)
27. राज्य नीति के निदेशक तत्व (Directive Principles of State Policy)
28. पंचायती राज्य की संस्थाएँ (Panchayati Raj Institutions)
29. अनुसूचित तथा जनजाति क्षेत्रों के लिए विशेष प्रावधान (Special Provisions for the Scheduled and Tribal Areas)
30. राष्ट्रीय भाषा तथा अन्य भाषाओं का विकास (National Language and Promotion of other Languages)
31. आपात कालीन प्रावधान (Provisions for Emergency)
32. निष्पक्ष तथा स्वतन्त्र चुनाव (Fair and Free Elections)

33. वयस्क मताधिकार (Adult Franchise)
34. संकटकालीन (Emergency Provision)

25.6 संविधान की प्रस्तावना (Preamble of the Constitution)

प्रस्तावना का महत्व संक्षेप में निम्नलिखित है:

1. प्रस्तावना प्रेरणा का स्रोत है। 2. प्रस्तावना संविधान की कुंजी है। 3. प्रस्तावना भारतीय राज्य तथा समाज के उद्‌देश्यों को स्पष्ट करती है। 4. प्रस्तावना राज्य का स्वरूप दर्शाती है। 5. प्रस्तावना संविधान की व्याख्या में सहायक है। 6. प्रस्तावना सूचित करती है कि भारत के लोगों ने संविधान कब बनाया।

भारत का संविधान
उद्देशिका

हम, भारत के लोग, भारत को एक *संपूर्ण प्रभुत्व–संपन्न* समाजवादी *पंथनिरपेक्ष लोकतन्त्रात्मक गणराज्य* बनाने के लिए तथा उसके समस्त नागरिकों को:

सामाजिक, आर्थिक और राजनैतिक *न्याय,*
विचार, अभिव्यक्ति, विश्वास, धर्म
और उपासना की *स्वतंत्रता,*
प्रतिष्ठा और अवसर की *समता*
प्राप्त कराने के लिए
तथा उन सब में
व्यक्ति की गरिमा और राष्ट्र की एकता
और अखण्डता सुनिश्चित करने वाली *बंधुता*
बढ़ाने के लिए

दृढ़संकल्प होकर अपनी इस संविधान सभा में आज तारीख 26 नवंबर, 1949 ई. (मिति मार्गशीर्ष शुक्ला सप्तमी, संवत् दो हजार छह विक्रमी) को एतद्द्वारा इस संविधान को अंगीकृत, अधिनियमित और आत्मार्पित करते हैं।

प्रस्तावना की मुख्य विशेषताएँ (Main Features of Preamble)

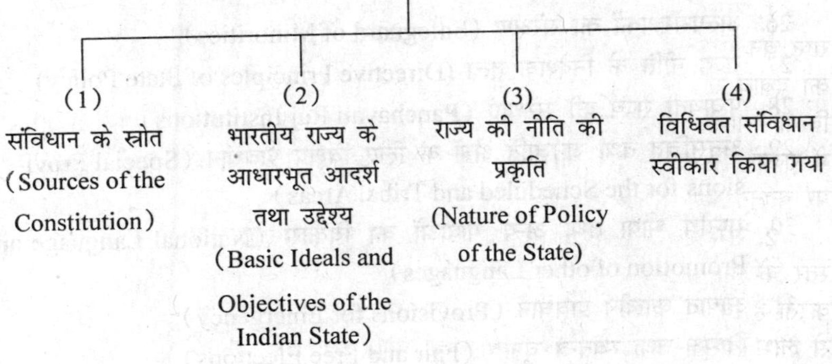

प्रस्तावना एक दृष्टि में (Preamble at a Glance)

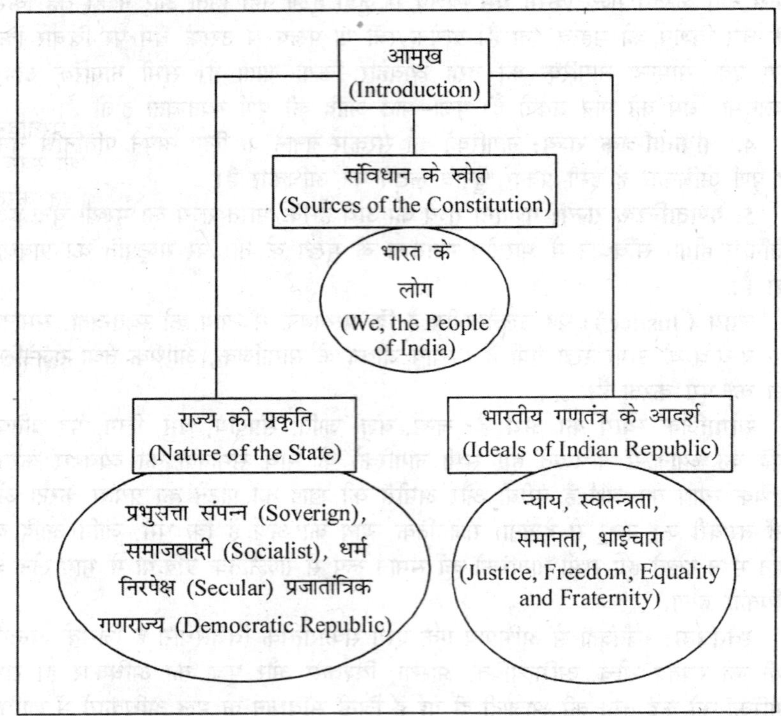

25.7 भारतीय राज्य की प्रकृति तथा मूल आधार (Nature of Indian State and Its Basics)

भारतीय राज्य की प्रकृति को लेकर भारतीय संविधान की प्रस्तावना में निम्नलिखित पाँच विशेषताओं का वर्णन किया गया है: 1. संपूर्ण प्रभुसत्ता संपन्न राज्य, 2. समाजवादी राज्य, 3. धर्मनिरपेक्ष राज्य, 4. लोकतांत्रिक राज्य, 5. गणतंत्रात्मक राज्य।

1. संपूर्ण प्रभुसत्ता संपन्न राज्य: स्वतंत्रता प्राप्ति के बाद भारत पूर्ण प्रभुसत्ता संपन्न राष्ट्र बन गया। संपूर्ण प्रभुसत्ता का अर्थ है कि इस पर किसी आंतरिक और बाह्य शक्ति का दबाब या नियंत्रण नहीं है। हाँलाकि केंद्र और राज्यों की शक्तियों का उचित बँटवारा किया गया है लेकिन प्रभुसत्ता पर कोई विभाजन नहीं है। आपातकाल में संघ राष्ट्रीय हित में राज्यों पर शासन कर सकता है और सामान्य काल में संघ राज्यों को दिए हुए विषयों पर कानून बना सकता है।

2. समाजवादी राज्य: समाजवादी राज्य का उद्देश्य आय, सामाजिक स्तर और जीवन स्तर के आधार पर असमानताओं को दूर करना है। एक समाजवादी राज्य इसका प्रयत्न करता है कि सभी को उन्नति के समान अवसर और सामाजिक धन का सबको समान रूप से लाभ मिले। यह अमीरों और गरीबों के बीच खाई को पाटने का प्रयास करता है और समाज के गरीब और कमजोर वर्गों के लाभों को सुरक्षा प्रदान करता है।

3. धर्मनिरपेक्ष राज्यः धर्मनिरपेक्ष राज्य किसी धर्म की उन्नति में हस्तक्षेप करने का प्रयास नहीं करता। राज्य किसी धर्म विशेष से जुड़ा हुआ नहीं होता और न ही वह किसी एक धर्म विशेष को महत्व देता है। प्रत्येक स्त्री या पुरूष से उसके धर्म पर विचार किए बिना एक सामान्य नागरिक की तरह व्यवहार किया जाता है। सभी नागरिक अपनी इच्छानुसार धर्म को मान सकते हैं। पूजा–पाठ आदि की पूर्ण स्वतन्त्रता होती है।

4. लोकतान्त्रिक राज्यः नागरिकों को सरकार बनाने के लिए अपने प्रतिनिधि चुनने का पूर्ण अधिकार है इसी प्रकार चुनाव लड़ने का अधिकार है।

5. गणतान्त्रिक राज्यः गणतन्त्र राज्य का अर्थ है कि भारत राज्य का मुख्या चुना हुआ प्रतिनिधि होगा। संविधान में भारतीय गणराज्य के मुख्य के तौर पर राष्ट्रपति का प्रावधान रखा है।

न्याय (Justice): यह उल्लेखनीय है कि प्रस्तावना में न्याय को स्वतन्त्रता, समानता तथा बन्धुत्व के ऊपर रखा गया है । न्याय जीवन के सामाजिक, आर्थिक तथा राजनैतिक पक्षों को पूरा करता है।

सामाजिक न्याय का अर्थ हैः जन्म, वंश, जाति, संप्रदाय, धर्म, लिंग, पद प्रतिष्ठा आदि को ध्यान में न रखते हुए सभी नागरिकों के साथ समानता का व्यवहार करना। आर्थिक न्याय का अर्थ है गरीबी और अमीरी की खाई को पाटने का प्रयास करना और उन्हें बराबरी की नजर से देखना। राजनैतिक न्याय का अर्थ है कि धर्म, जाति आदि को ध्यान में न रखते हुए सभी नागरिकों को समान रूप से राजनैतिक प्रक्रिया में भाग लेने का अधिकार होना,

स्वतंत्रताः स्वतंत्रता से अभिप्राय एक ऐसी सकारात्मक विचारधारा है जिसके अन्तर्गत सभी को स्वतंत्र सोच, अभिव्यक्ति, आस्था, विश्वास और पूजा का अधिकार है। सभी नागरिकों को कई तरह की आजादी दी गई है जिन्हें संविधान के मूल अधिकारों में शामिल किया गया है। व्यक्ति और राष्ट्र के विकास के लिए स्वतंत्रता का होना परम आवश्यक है। उदाहरण के तौर पर संविधान की धारा 19 के तहत प्रत्येक व्यक्ति को विचार अभिव्यक्त करने की आजादी दी गई है और इसी संविधान की धारा 25–28 के तहत सभी को धार्मिक स्वतंत्रता का भी अधिकार है। लेकिन स्वतंत्रता का यह अर्थ कदापि नहीं समझना चाहिए कि ऐसे कार्य किए जाएँ जिससे राज्य की सुरक्षा, लोक कल्याण आदि खतरे में पड़े और अन्य लोगों का नुकसान हो।

समानताः इस सिद्धान्त का अर्थ है कि धर्म, जाति, धन के आधार पर नागरिकों में कोई भेदभाव नहीं किया जाएगा। सभी नागरिक कानून के समक्ष समान हैं और उनके न्यायिक अधिकार एक जैसे हैं। सभी नागरिकों को मतदान का राजनैतिक अधिकार दिया गया है। आर्थिक क्षेत्र में स्वतंत्रता का मतलब है कि कोई भी व्यक्ति अथवा वर्ग किसी भी व्यक्ति अथवा वर्ग का शोषण नहीं करेगा। सभी को समान स्तर और अवसर प्रदान किए जाएँगें।

बंधुत्वः न्याय, स्वतंत्रता और समानता के सिद्धान्त सही मायनों में तभी तक सार्थक हैं जब कि वे भारतीयों में भाईचारे की भावनाओं का विकास कर सकें । बंधुत्व के सिद्धान्त को भारतीय संविधान में नागरिकों के मूलभूत कर्त्तव्यों में शामिल किया गया। भारत की एकता और अखण्डता को बरकरार रखने के लिए सभी समुदाय के लोगों में आपसी

भाईचारे का होना परम आवश्यक है। बंधुत्व का एक अंतर्राष्ट्रीय पक्ष भी है। भारतीय दर्शन के अनुसार हम *"वसुधैव कुटुंबकम"* के सिद्धान्त को मानते हैं जिसका अर्थ है कि समूचा विश्व एक परिवार है।

राष्ट्र की एकता और अखण्डता: आपसी भाईचारे और बंधुता की भावना से ही हम राष्ट्रीय एकता के निर्माण की कल्पना कर सकते हैं। राष्ट्र की एकता और अखण्डता की अनुपस्थिति में आर्थिक विकास के साथ-साथ देश की स्वतंत्रता और लोकतंत्र को कायम रखना संभव नहीं है। अनुच्छेद 51A के तहत प्रत्येक नागरिक का पहला कर्त्तव्य है कि वह भारत की एकता, अखण्डता और संप्रभुता की रक्षा करे और आपसी सहयोग एवं भाईचारे को बढ़ावा दे। राष्ट्रीय एकता और अखण्डता के लिए सभी नागरिकों का यह कर्त्तव्य है कि वे आपसी मतभेद भुलाते हुए धर्म, जाति, संप्रदाय एवं क्षेत्र आदि भावनाओं से ऊपर उठकर सोचें और देश की रक्षा करें। अगर ऐसा नहीं होगा तो राष्ट्र का निर्माण होना संभव नहीं। सरकार द्वारा इस संबंध में कुछ उठाए गए कदम इस प्रकार हैं:

(i) देश का एक राष्ट्रीय संविधान, एक ध्वज, एक निशान तथा एक राष्ट्रीय गान निश्चित किया गया है।

(ii) हिंदी को संपूर्ण देश की राष्ट्राभाषा घोषित किया गया है।

(iii) देश में संघ राज्य की स्थापना की गई है जिसमें सभी राज्य उसके अभिन्न अंग हैं।

(iv) देश में इकहरी नागरिकता के सिद्धान्त को अपनाया गया है।

26

राज्य की नीति के निदेशक तत्व (सिद्धान्त)
(Directive Principles of State Policy)

26.1 राज्य की नीति के निदेशक सिद्धान्तों का अर्थ (Meaning of Directive Principles of State Policy)

राज्य की नीति के निदेशक सिद्धान्त वे सिद्धान्त हैं जिनको केन्द्रीय सरकार तथा राज्य सरकारें ध्यान में रखकर अपनी आर्थिक, सामाजिक, शैक्षिक तथा राजनैतिक नीतियाँ बनाएँ। ये एक प्रकार से उनके लिए दिशा निर्देश हैं।

डा. बी.आर. अम्बेडकर (Dr. B.R. Ambedkar) के अनुसार, "अन्य बातों के साथ साथ निदेशक सिद्धान्त विशेषरूप से सामाजिक तथा आर्थिक लोकतन्त्र स्थापित करने के उद्देश्य से बनाए गए हैं।"

डा. एम.सी. चागला (Dr. M.C. Chagla) के विचार में, "इन सिद्धान्तों का क्रियान्वयन करने से भारत पृथ्वी पर स्वर्ग बन जाएगा।"

प्रो. बी.के. गोखले (B.K. Gokhale) के शब्दों में, "वे ऐसे कल्याणकारी राज्य की स्थापना करना चाहते हैं जिसमें न्याय, स्वतन्त्रता और समानता विद्यामान हो तथा लोग सुखी और सम्पन्न हों"

26.2 संविधान का भाग चार–राज्य की नीति के निदेशक सिद्धान्त (Part IV of The Constitution and Directive Principles of State Policy)

धारा 36 से 51 (Articles 36 to 51): संविधान की धाराएँ 36 से लेकर 51 तक राज्य की नीति के निदेशक सिद्धान्तों से सम्बन्धित हैं।

धारा 36 और 37 में सामान्य जानकारी दी गई हैं। धारा 38 से लेकर 51 तक का विवरण नीचे दिया जा रहा है:

I. धारा 38–राज्य लोक कल्याण की अभिवृद्धि के लिए सामाजिक व्यवस्था बनाएगा (State to Secure a Social Order for the Promotion of Welfare of the People): (1) राज्य, ऐसी सामाजिक व्यवस्था की, जिसमें सामाजिक, आर्थिक और राजनैतिक न्याय राष्ट्रीय जीवन की सभी संस्थाओं को अनुप्रमाणित करे, भरसक प्रभावी रूप में स्थापना और संरक्षण करके लोक कल्याण की अभिवृद्धि का प्रयास करेगा।

(2) राज्य, विशिष्टतया, आय की असमानताओं को कम करने का प्रयास करेगा और न केवल व्यष्टियों के बीच बल्कि विभिन्न क्षेत्रों में रहने वाले और विभिन्न व्यवसायों में

लगे हुए लोगों के समूहों के बीच भी प्रतिष्ठा, सुविधाओं और अवसरों की असमानता समाप्त करने का प्रयास करेगा।

II. धारा 39–राज्य द्वारा अनुसरणीय कुछ नीति तत्त्व (Certain Principles of Policy to be Followed by the State): राज्य अपनी नीति का, विशिष्टतया, संचालन करेगा कि सुनिश्चित रूप से:

(क) पुरुष और स्त्री सभी नागरिकों को समान रूप से जीविका के पर्याप्त साधन प्राप्त करने का अधिकार हो;

(ख) समुदाय के भौतिक संसाधनों का स्वामित्व और नियंत्रण इस प्रकार बंटा हो जिससे सामूहिक हित का सर्वोत्तम रूप से साधन हो;

(ग) आर्थिक व्यवस्था इस प्रकार चले जिससे धन और उत्पादन-साधनों का सर्वसाधारण के लिए अहितकारी संकेंद्रण न हो;

(घ) पुरुषों और स्त्रियों दोनों का समान कार्य के लिए समान वेतन हो;

(ङ) पुरुष और स्त्री कर्मकारों के स्वास्थ्य और शक्ति का तथा बालकों की सुकुमार अवस्था का दुरुपयोग न हो और आर्थिक आवश्यकता से विवश होकर नागरिकों को ऐसे रोजगारों में न जाना पड़े जो उनकी आयु या शक्ति के अनुकूल न हों;

(च) बालकों को स्वतंत्र और गरिमामय वातावरण में स्वस्थ विकास के अवसर और सुविधाएँ दी जाएं और बालकों और अल्पवय व्यक्तियों की शोषण से तथा नैतिक और आर्थिक परित्याग से रक्षा की जाए।

III. धारा 39क–समान न्याय और निःशुल्क विधिक सहायता (Equal Justice and Free Legal Aid): राज्य यह सुनिश्चित करेगा कि विधिक तंत्र इस प्रकार काम करे कि समान अवसर के आधार पर न्याय सुलभ हो और वह, विशिष्टतया, यह सुनिश्चित करने के लिए कि आर्थिक या किसी अन्य निर्योग्यता के कारण कोई नागरिक न्याय प्राप्त करने के अवसर से वंचित न रह जाए, उपयुक्त विधान या स्कीम द्वारा या किसी अन्य रीति से निःशुल्क विधिक सहायता की व्यवस्था करेगा।

IV. धारा 40: ग्राम पंचायतों का संगठन (Organisation of Village Panchayats): राज्य ग्राम पंचायतों का संगठन करने के लिए कदम उठाएगा और उनको ऐसी शक्तियाँ और प्राधिकार प्रदान करेगा जो उन्हें स्वायत्त शासन की इकाईयों के रूप में कार्य करने योग्य बनाने के लिए आवश्यक हों।

V. धारा 41–कुछ दशाओं में काम, शिक्षा और लोक सहायता पाने का अधिकार (Right to Work to Education and to Public Assistance in Certain Cases): राज्य अपनी आर्थिक सामर्थ्य और विकास की सीमाओं के भीतर, काम पाने के, शिक्षा पाने के और बेकारी, बुढ़ापा, बीमारी और निःशक्तता तथा अन्य अनर्ह अभाव की दशाओं में लोक सहायता पाने के अधिकार को प्राप्त कराने का प्रभावी उपबंध करेगा।

VI. धारा 42–काम की न्यायसंगत और मानवोचित दशाओं का तथा प्रसूति सहायता का उपबंध (Provision for Justic and Humane Conditions of Work): राज्य काम की न्यायसंगत और मानवोचित दशाओं को सुनिश्चित करने के लिए और प्रसूति सहायता के लिए उपबंध करेगा।

VII. धारा 43–कर्मकारों के लिए निर्वाह मजदूरी आदि (Living Wage etc. for Workers): राज्य, उपयुक्त विधान या आर्थिक संगठन द्वारा या किसी अन्य रीति से कृषि के, उद्योग के या अन्य प्रकार के सभी कर्मकारों को काम, निर्वाह मजदूरी, शिष्ट जीवन-स्तर और अवकाश का संपूर्ण उपभोग सुनिश्चित करने वाली काम की दशाएँ तथा सामाजिक और सांस्कृतिक अवसर प्राप्त कराने का प्रयास करेगा और विशिष्टतया ग्रामों में कुटीर उद्योगों को वैयक्तिक या सहकारी आधार पर बढ़ाने का प्रयास करेगा।

VIII. धारा 43क–उद्योगों के प्रबंध में कर्मकारों का भाग लेना (Participation of Workers in Management of Industries): राज्य किसी उद्योग में लगे हुए उपक्रमों, स्थापनों या अन्य संगठनों के प्रबंध में कर्मकारों का भाग लेना सुनिश्चित करने के लिए उपयुक्त विधान द्वारा या किसी अन्य रीति से कदम उठाएगा।

IX. धारा 44–नागरिकों के लिए एक समान सिविल संहिता (Uniform Civil Code for the Citizens): राज्य, भारत के समस्त राज्य क्षेत्र में नागरिकों के लिए एक समान सिविल संहिता प्राप्त कराने का प्रयास करेगा।

X. धारा 45–बालकों के लिए निःशुल्क और अनिवार्य शिक्षा का उपबंध (Provision for Free and Compulsory Education for Children): राज्य, इस संविधान के प्रारंभ से दस वर्ष की अवधि के भीतर सभी बालकों को चौदह वर्ष की आयु पूरी करने तक निःशुल्क और अनिवार्य शिक्षा देने के लिए उपबंध करने का प्रयास करेगा।

नोट: संविधान में संशोधन करके वर्ष 2002 में इस धारा को निम्नलिखित रूप दिया गया।

धारा 45–छह वर्ष से कम आयु के बच्चों के लिए शिशु देखभाल का उपबन्ध (Provision for Early Childhood Care and Education to Children Below the Age of Six Years.): राज्य सभी बच्चों के लिए छह वर्ष की आयु पूरी करने तक, शिशु देखभाल तथा शिक्षा के लिए उपबन्ध करने का प्रयास करेगा।

XI. धारा 46–अनुसूचित जातियों, अनुसूचित जनजातियों और अन्य दुर्बल वर्गों के शिक्षा और अर्थ संबंधी हितों की अभिवृद्धि (Promotion of Educational and Economic Interests of Scheduled Castes, Scheduled Tribes and other Weaker Sections): राज्य, जनता के दुर्बल वर्गों के, विशिष्टतया, अनुसूचित जातियों और अनुसूचति जनजातियों के शिक्षा और अर्थ संबंधी हितों की विशेष सावधानी से अभिवृद्धि करेगा और सामाजिक अन्याय और सभी प्रकार के शोषण से उनकी संरक्षण करेगा।

XII. धारा 47–पोषाहार स्तर और जीवन स्तर को ऊँचा करने तथा लोक स्वास्थ्य का सुधार करने का राज्य का कर्त्तव्य (Duty of the State to Raise the Level of Nutrition and the Standard of Living and to Improve Public Health): राज्य अपने लोगों के पोषाहार स्तर और जीवन स्तर को ऊँचा करने और लोक स्वास्थ्य के सुधार को अपने प्राथमिक कर्त्तव्यों में मानेगा और राज्य, विशिष्टतया, मादक पेयों और स्वास्थ्य के लिए हानिकर औषधियों के, औषधीय प्रयोजनों से भिन्न, उपभोग का प्रतिषेध करने का प्रयास करेगा।

XIII. धारा 48–कृषि और पशुपालन का संगठन (Organisation of Animal and Husbandry): राज्य, कृषि और पशुपालन को आधुनिक और वैज्ञानिक प्रणालियों से संगठित करने का प्रयास करेगा और विशिष्टतया गायों और बछड़ों तथा अन्य दुधारू और वाहक पशुओं की नस्लों के परीक्षण और सुधार के लिए और उनके वध का प्रतिषेध करने के लिए कदम उठाएगा।

XIV. धारा 48क–पर्यावरण का संरक्षण तथा संवर्धन और वन तथा वन्य जीवों की रक्षा (Protection and Improvement of Environment and Safeguard of Forest and Wild Life): राज्य, देश के पर्यावरण के संरक्षक तथा संवर्धन का और वन तथा वन्य जीवों की रक्षा करने का प्रयास करेगा।

XV. धारा 49–राष्ट्रीय महत्त्व के संस्मारकों, स्थानों और वस्तुओं का संरक्षण (Protection of Monuments and Places and Objects of National Importance): संसद् द्वारा बनाई गई विधि द्वारा या उसके अधीन राष्ट्रीय महत्त्व वाले घोषित किए गए कलात्मक या ऐतिहासिक अभिरुचि वाले प्रत्येक संस्मारक या स्थान या वस्तु का, यथास्थिति, लुंठन, विरूपण, विनाश, अपसारण, व्ययन या निर्यात से संरक्षण करना राज्य की बाध्यता होगी।

XVI. धारा 50–कार्यपालिका से न्यायपालिका का पृथक्करण (Separation of Judiciary and Executive): राज्य की लोक सेवाओं में, न्यायपालिका को कार्यपालिका से पृथक् करने के लिये राज्य कदम उठाएगा।

XVII. धारा 51–अंतर्राष्ट्रीय शांति और सुरक्षा की अभिवृद्धि (Promotion of International Peace and Security): राज्य,–

(क) अंतर्राष्ट्रीय शांति और सुरक्षा की अभिवृद्धि का,

(ख) राष्ट्रों के बीच न्यायसंगत और सम्मानपूर्ण संबंधों को बनाए रखने का,

(ग) संगठित लोगों के एक-दूसरे से व्यवहारों में अंतर्राष्ट्रीय विधि और संधि-बाध्यताओं के प्रति आदर बढ़ाने का, और

(घ) अंतर्राष्ट्रीय विवादों के माध्यस्थम् द्वारा निपटारे के लिए प्रोत्साहन देने का, प्रयास करेगा।

26.3 राज्य की नीति के निदेशक तत्त्वों (सिद्धान्त) का वर्गीकरण (Classification of the Directive Principles of State Policy)

(1)	(2)	(3)	(4)
जनतान्त्रिक तथा सामाजिक निदेशक तत्त्व (Democratic and Social Principles) धाराएँ 38(1) और (2), 39(a to f), 41, 42, 43A, 46 तथा 49	गांधीवादी तत्त्व (Gandhian Principles) धारा 40, 43, 46, 47, 48	उदार तत्त्व (Liberal Principles) धारा 44, 45, 48, 49, 51	अंतर्राष्ट्रीय तत्त्व (International Principles) धारा 51

26.4 राज्य की नीति के निदेशक सिद्धान्तों/तत्वों की प्रकृति (Nature of Directive Principles of State Policy)

राज्य की नीति के निदेशक सिद्धान्तों की निम्नलिखित विशेषताएँ हैं:

1. कानूनी मान्यता का न होना (Non-Justiciable): राज्य की नीति के निर्देशक सिद्धान्त कोई कानूनी अधिकार नागरिकों को नहीं प्रदान करते हैं। इन्हें किसी न्यायालय, द्वारा लागू नहीं किया जा सकता।

2. आधारभूत (Fundamental): न्यायालय द्वारा लागू किए जाने पर भी निदेशक सिद्धान्त देश के सिद्धान्त में मूलभूत स्थान रखते हैं।

3. कानून बनाने में मार्गदर्शन (Guidlines in Framing Laws): कानून तथा नीतियाँ बनाते समय केन्द्रीय सरकार तथा राज्य सरकारें इन्हें ध्यान में रखती हैं।

एम.वाई. पायली (*M.Y. Palee*) के शब्दों में, ''राज्य के निदेशक सिद्धान्त आने वाली पीढ़ियों के मन में स्थिर राजनैतिक व्यवस्था और गतिशील आर्थिक पद्धति के मूल आदर्शों को भरते हैं अथवा बैठाते हैं।

26.5 राज्य की नीति के निदेशक सिद्धान्तों तथा मौलिक अधिकारों में अन्तर (Difference between Directive Principles of State Policy and Fundamental Rights)

राज्य की नीति के सिद्धान्त	*मौलिक अधिकार*
1. न्यायोचित अथवा अन्यायोचित (Justiciable or Non-Justiciable)	
संविधान में इन्हें न्यायालय द्वारा लागू नहीं किया जा सकता।	इन्हें न्यायालय द्वारा लागू किया जा सकता है।
2. लोकमत शक्ति अथवा कानूनी शक्ति (Public Force or Legal Force)	
निदेशक सिद्धान्तों के पीछे लोकमत की शक्ति है।	मौलिक सिद्धान्तों के पीछे कानूनी शक्ति है।
3. सकारात्मक अथवा निषेधात्मक (Positive or Negative)	
निदेशात्मक सिद्धान्त राज्य को निर्देश देते हैं कि वह नागरिकों के प्रति अपने उत्तरदायित्वों का पालन करे।	मौलिक अधिकार बहुधा उन बातों को बताते हैं जो राज्य को नहीं करनी चाहिए।
4. व्यक्तिगत बनाम राज्य (Citizens vs. State)	
निदेशक राज्य को कुछ निदेश देते हैं जो वे नागरिकों के लिए करें।	मौलिक अधिकार नागरिकों के लिए हैं। वे व्यक्तित्व विकास में नागरिकों की सहायता करते हैं।
5. आर्थिक लोकतन्त्र बनाम राजनैतिक लोकतन्त्र (Economic Democracy vs. Political Democracy)	
राज्य की नीति के निदेशक सिद्धान्त नागरिकों को आर्थिक शोषण से मुक्ति दिलाने का प्रयास करते हैं।	मौलिक सिद्धान्त मुख्यत: नागरिकों को ऐसी स्वतन्त्रता प्रदान करते हैं जिससे राजनैतिक लोकतन्त्र को बढ़ावा मिले।

(*क्रमशः*)

राज्य की नीति के सिद्धान्त	*मौलिक अधिकार*
6. सामाजिक लोकतन्त्र बनाम राजनैतिक लोकतन्त्र (Social Democracy vs Political Democracy)	
राज्य की नीति के निदेशक सिद्धान्त नागरिकों की आर्थिक स्थिति सुधारने में सहायक हैं।	मुख्यत: मौलिक सिद्धान्त राजनैतिक पक्ष पर आधारित हैं।
7. प्राप्ति (Achieved vs. Yet to be Achieved)	
अधिकांश निदेशक सिद्धान्तों को अभी प्राप्त किया जाना बाकी है।	मौलिक अधिकारों करे लागू कर दिया गया है।

राज्य के निदेशक सिद्धान्त तथा मूल अधिकार एक-दूसरे के पूरक हैं। मूल्य अधिकारों का मुख्य उद्देश्य भारत को एक उदार लोकतन्त्र बनाना है जबकि निदेशक सिद्धान्त देश की सामाजिक तथा आर्थिक प्रगति का मार्ग निर्धारित करते हैं।

26.6 राज्य की नीति के निदेशक सिद्धान्तों का महत्व विशेषकर शिक्षा में (Significance of the Directive Principles of State Policy Especially for Education)

यदि हम इन सिद्धान्तों पर ध्यानपूर्वक दृष्टिपात करें तो पाएँगे कि ये निदेशक सिद्धान्त भारतीय समाज के आदर्शों को प्रस्तुत करते हैं।

15 अगस्त, 1947 को जब भारत स्वतन्त्र हुआ तो हमारे देश का सामाजिक और आर्थिक जीवन अस्त-व्यस्त था। संविधान निर्माताओं ने यह अच्छी तरह जान लिया था कि यदि भारत को उन्नत करना है तो गरीबों, अशिक्षितों और पिछड़ी जातियों की हालत को सुधारना जरूरी है। लोगों की आर्थिक हालत में सुधार करने के लिए स्पष्ट कदम उठाने तथा सरकार द्वारा निश्चित निर्देश देने की जरूरत है। इस जरूरत को पूरा करने के लिए संविधान में नीति-निर्देशक सिद्धान्तों को शामिल किया गया।

वास्तव में ये सिद्धान्त केन्द्र व राज्य सरकारों के लिए निर्देश हैं। प्रत्येक सरकार कानून बनाते समय इन निर्देशों पर अमल करती है। इन सिद्धान्तों के कारण ही सरकार ने अमीरी और गरीबी के अन्तर को कम करने के लिए अनेक कानून बनाए हैं।

धारा 38(1) में सामाजिक व्यवस्था आधार न्याय बताया गया है। न्याय का सभी क्षेत्रों से गहरा सम्बन्ध है जिसके अन्तर्गत शिक्षा का क्षेत्र भी आ जाता है।

शिक्षा के क्षेत्र में निम्नलिखित धाराओं के सन्दर्भ में केन्द्रीय सरकार तथा राज्य सरकारों ने कई अहम कदम उठाए हैं। इन धाराओं का विवरण ऊपर दिया गया है।

1. धारा 38(1)–कल्याण सम्बन्धी कार्य।
2. धारा 40, 243–पंचायती राज तथा प्राथमिक शिक्षा की व्यवस्था।
3. धारा 41–शिक्षा का विशेष स्थितियों में अधिकार देना।
4. धारा 45–शिशु शिक्षा तथा पालन-पोषण करना।
5. धारा 46–अनुसूचित जातियों तथा जन-जातियों के लिए शैक्षिक सुविधाएँ प्रदान करना।
6. धारा 47–स्कूलों में दोपहर के भोजन की व्यवस्था करना।
7. धारा 48A–पर्यावरण शिक्षा की व्यवस्था करना।

8. धारा 49–स्मारकों का संरक्षण।

इसमें कोई सन्देह नहीं है कि अभी बहुत कार्य करना बाकी है।

संक्षेप में निदेशक तत्त्वों का महत्त्व इस प्रकार है:

1. नागरिकों को आर्थिक व सामाजिक न्याय दिलाने के ये सिद्धान्त प्रकाश स्तम्भ हैं।
2. नागरिकों को आर्थिक व सामाजिक समता दिलाने के आधार हैं।
3. देश की प्रशासनिक अवस्था में सुधार के मार्गदर्शक हैं।
4. नागरिकों का विकास करके कल्याणकारी राज्य की स्थापना करने की नीव हैं।
5. सरकारों की उपलब्धियाँ परखने के मापदण्ड हैं।
6. राष्ट्रीय एकता के लिए उपयोगी सूत्र हैं।
7. शैक्षिक लोकतन्त्र के आधारभूत हैं।
8. अंतर्राष्ट्रीय शांति व सुरक्षा के लिए मार्गदर्शन हैं।

राज्य की नीति के निदेशक सिद्धान्त तथा लोकतंत्रीय समाज (Directive Principles of State Policy and Democratic Society): इस विषय पर अलग से चर्चा की गई है।

27

शिक्षा से संबंधित भारतीय संविधान की धाराएँ (Articles of Indian Constitution Related to Education)

27.1 शिक्षा समवर्ती सूची में (Education in the Current List)

भारतीय संविधान में शासन सम्बन्धी विषयों को तीन सूचियों में विभक्त किया गया है।

सूची I में वे सारे विषय आ जाते हैं जिन पर कार्य करने का अधिकार/उत्तरदायित्व केन्द्रीय सरकार का है। इस सूची के अन्तर्गत 97 विषयों का उल्लेख किया गया है।

सूची II में वे सारे विषय दिए गए हैं जिन पर राज्यों का अधिकार है। इन विषयों की कुल संख्या 66 है।

सूची III समवर्ती (Concurrent) है। इसमें उन सभी विषयों का उल्लेख है जिनके सम्बन्ध में केन्द्र तथा राज्य सरकारें दोनों कार्य कर सकती हैं।

शिक्षा मुख्य रूप में 1976 से पहले राज्यों के अधिकार में थी। 1976 में यह अनुभव किया गया कि शिक्षा के क्षेत्र में जिस मात्रा में शिक्षा का विकास किया जाना था, वह न हो पाया। अत: शिक्षा को समवर्ती सूची में रखा गया ताकि केन्द्र भी इस सन्दर्भ में अपनी भूमिका जोरदार तरीके से निभा सके।

शिक्षा को समवर्ती सूची में लाने का अर्थ है कि केन्द्र तथा राज्य सरकारें दोनों इस क्षेत्र में नीतियाँ निर्धारण कर सकती हैं तदानुसार शिक्षा के परिमाणात्मक तथा गुणवत्तात्मक विकास में वाँछित कार्य कर सकती हैं। इस सन्दर्भ में यह भी उल्लेखनीय है कि यदि किसी नीति के कार्यान्वयन में कोई मतभेद होता है तो केन्द्रीय सरकार का निर्णय सर्वोपरि होगा।

समवर्ती सूची के सन्दर्भ में यह लिखना भी आवश्यक है कि निम्न विषयों पर जो सूची I में है, उनका उत्तरदायित्व केवल केन्द्र सरकार का है। ये विषय सूची I में प्रविष्टि (Entry) 63 से 66 तक में हैं। सूची I में केवल संघीय क्षेत्र के विषय ही दिए गए हैं।

प्रविष्टि 63: इस संविधान के प्रारम्भ पर काशी हिन्दू विश्वविद्यालय, अलीगढ़ मुस्लिम विश्वविद्यालय और दिल्ली विश्वविद्यालय नामों से ज्ञात संस्थाएँ; अनुच्छेद 371ङ के अनुसरण में स्थापित विश्वविद्यालय; संसद द्वारा, विधि द्वारा, राष्ट्रीय महत्त्व की घोषित कोई अन्य संस्था।

प्रविष्टि 64: भारत सरकार द्वारा पूर्णत: या भागत: वित्तपोषित और संसद् द्वारा, विधि द्वारा, राष्ट्रीय महत्त्व की घोषित वैज्ञानिक या तकनीकी शिक्षा संस्थाएँ।

प्रविष्टि 65: संघ के अभिकरण और संस्थाएँ जो–(क) वृत्तिक, व्यवसायिक या तकनीकी प्रशिक्षण के लिए हैं जिसके अन्तर्गत पुलिस अधिकारियों का प्रशिक्षण है; या (ख) विशेष अध्ययन या अनुसंधान की अभिवृद्धि के लिए हैं; या (ग) अपराध के अन्वेषण या पता चलाने में वैज्ञानिक या तकनीकी सहायता के लिए है।

प्रविष्टि 66: उच्चतर शिक्षा या अनुसंधान संस्थाओं में तथा वैज्ञानिक और तकनीकी संस्थाओं में मानकों का समन्वय और अवधारण।

27.2 संविधान में शिक्षा से संबंधित धाराएँ अथवा उपबन्ध (Constitutional Provisions Related to Education)

1. धारा 21A–शिक्षा का अधिकार (Right of Education): ''राज्य, छह वर्ष से चौदह वर्ष की आयु वाले बच्चों के लिए नि:शुल्क और अनिवार्य शिक्षा देने की ऐसी रीति में, जो राज्य विधि द्वारा, अवधारित करे, उपबन्ध करेगा।''

नोट: पहले इस सन्दर्भ में धारा 45 थी जिसमें 2002 वर्ष में संशोधन किया गया। यह मूल धारा नीचे दी गई है।

प्राथमिक शिक्षा में विकास तथा शिक्षा का मूल अधिकार (*Provision for Free and Compulsory Education*): धारा 45 में लिखा गया था, ''बालकों के लिए नि:शुल्क और अनिवार्य शिक्षा का प्रबन्ध–राज्य, इस संविधान के आरम्भ से दस वर्ष की अवधि के भीतर सभी बालकों को चौदह वर्ष की आयु पूरी करने तक नि:शुल्क और अनिवार्य शिक्षा देने के लिए उपबन्ध (Provision) का प्रयास करेगा।'' सन् 2002 में इसमें ऊपर लिखित संशोधन किया गया।

2. धारा 45 छोटे बच्चों की देखभाल तथा शिक्षा (Provision for Early Childhood Care and Education): राज्य प्रारम्भिक अवस्था में बच्चों की देखभाल तथा शिक्षा के लिए उपबन्ध करने का प्रयास करेगा।

3. अभिभावकों का कर्त्तव्य (Duty of Parents): धारा 51A (के)–अभिभावक तथा संरक्षक का कर्त्तव्य होगा कि वह छ: वर्ष तक चौदह वर्ष के बीच आयु वाले बच्चों को शिक्षा के अवसर प्रदान करेगा। (यह धारा मूल संविधान में नहीं थी। 2002 में जोड़ी गई।)

4. धारा 28 धार्मिद शिक्षा (Religious Education): ***कुछ शिक्षा संस्थाओं में धार्मिक शिक्षा या धार्मिक उपासना में उपस्थित होने के बारे में स्वतन्त्रता (Freedom as to Attendance at Religious Instruction or Religious Worship in Certain Educational Institutions)*:** 1. राज्य-निधि से पूर्णत: पोषित किसी शिक्षा संस्था में कोई धार्मिक शिक्षा नहीं दी जाएगी।

2. खण्ड (1) की कोई बात ऐसी शिक्षा संस्था को लागू नहीं होगी जिसका प्रशासन राज्य करता है किन्तु किसी ऐसे विन्यास या न्यास के अधीन स्थापित हुई है जिसके अनुसार उस संस्था में धार्मिक शिक्षा देना आवश्यक है।

3. राज्य से मान्यता प्राप्त या राज्य-निधि से सहायता पाने वाली संस्था में उपस्थित होने वाले किसी व्यक्ति को ऐसी संस्था में दी जानी वाली धार्मिक शिक्षा में भाग लेने के लिए या ऐसी संस्था में या उससे संलग्न स्थान में की जाने वाली धार्मिक उपासना में

उपस्थित होने के लिए तब तक बाध्य नहीं किया जाएगा जब तक कि उस व्यक्ति ने, या यदि वह अवयस्क है तो उसके संरक्षक ने, इसके लिए अपनी सहमति नहीं दे दी है।

संस्कृति और शिक्षा सम्बन्धी अधिकार (Cultural and Educational Rights)

5. धारा 29 अल्पसंख्यक-वर्गों के हितों का संरक्षण (Protection of Interest of Minorities): 1. भारत के राज्यक्षेत्र या उसके किसी भाग के निवासी नागरिकों के किसी अनुभाग को, जिसकी अपनी विशेष भाषा, लिपि या संस्कृति है, उसे बनाए रखने का अधिकार होगा।

2. राज्य द्वारा पोषित या राज्य-निधि से सहायता पाने वाली किसी शिक्षा संस्था में प्रवेश से किसी भी नागरिक को केवल धर्म, मूलवंश, जाति, भाषा या इनमें से किसी के आधार पर वंचित नहीं किया जाएगा।

6. धारा 30–शिक्षा संस्थाओं की स्थापना और प्रशासन करने का अल्पसंख्यक-वर्गों का अधिकार (Right of Minorities to Establish and Administer Educational Institutions): (1) धर्म या भाषा पर आधारित सभी अल्पसंख्यक-वर्गों को अपनी रुचि की शिक्षा संस्थाओं की स्थापना और प्रशासन का अधिकार होगा।

कमजोर वर्गों की शिक्षा (Education of Weaker Sections)

7. धारा 46–अनुसूचित जातियों, अनुसूचित जनजातियों और अन्य दुर्बल वर्गों की शिक्षा और अर्थ सम्बन्धी हितों की अभिवृद्धि (Promotion of Educational and Economic Interests of Scheduled Castes, Scheduled Tribes and other Weaker Sections): राज्य जनता के कमजोर वर्गों और विशेष तौर से अनुसूचित जाति एवं जनजातियों के शैक्षिक एवं आर्थिक दायित्वों की विशेष रक्षा करेगा तथा उनको सभी प्रकार के शोषण से सामाजिक न्याय की सुरक्षा प्रदान करेगा।

8. धारा 239–संघ क्षेत्रों का प्रशासन (Administration of Union Territories): यदि संसद द्वारा अथवा कानून द्वारा कोई और प्रबन्ध न किया गया हो तो प्रत्येक संघ क्षेत्र पर राष्ट्रपति का शासन उस सीमा तक जहाँ तक वह उचित समझे, एक शासक द्वारा जिसे वह नियुक्त करेगा, चलाया जाएगा'' स्पष्ट है कि संघ क्षेत्र में शिक्षा केन्द्र के अधिकार क्षेत्र में है।

9. अनुसूचित क्षेत्रों के प्रशासन और अनुसूचित जन-जातियों के कल्याण के बारे में संघ का नियन्त्रण (Control of the Union and the Administration of Scheduled Areas and the Welfare of the Scheduled Tribes): राष्ट्रपति, राज्यों के अनुसूचित क्षेत्रों के प्रशासन और अनुसूचित जन-जातियों के कल्याण के बारे में आयोग की नियुक्ति करेगा।'' शिक्षा से सम्बन्धित कुछ विषय भी इसके अन्तर्गत आ जाते हैं।

अल्पसंख्यकों के बच्चों की मातृभाषा में शिक्षा (Education of the Children of the Minorites)

10. धारा 350(क)–प्राथमिक स्तर पर मातृभाषा में शिक्षा की सुविधाएँ (Article 350A—Facilities for Instruction in Mother Tongue at the Primary

Stage): ''प्रत्येक राज्य तथा प्रत्येक राज्य में स्थानीय सत्ता का प्रयास होगा कि वह राज्य में भाषाई अल्पसंख्यक वर्गों के बच्चों के लिए प्राथमिक स्तर पर मातृभाषा में शिक्षा देने की व्यवस्था करेगा तथा राष्ट्रपति राज्य को ऐसे आदेश, जो वह आवश्यक समझे, इन सुविधाओं को सुनिश्चित करने के लिए निर्देश दे सकता है।

अन्य देशों से सम्पर्क (Relations with Other Countries)

11. संघी सूची (I) की प्रविष्टि 13 (Entry 13 of Union List): ''अन्तर्राष्ट्रीय सम्मेलनों, संगमों और अन्य निकायों में भाग लेना और उनमें किए गए और उनमें लिए गए निर्णयों का कार्यान्वयन करना।''

आर्थिक तथा सामाजिक योजना (Economic and Social Planning)

12. समवर्ती सूची (सूची III) की प्रविष्टि 20 (Entry 20 of Concurrent List (List III): इसमें लिखा है, ''आर्थिक तथा सामाजिक योजना'' चूंकि शिक्षा का आर्थिक तथा सामाजिक योजना से घनिष्ठ सम्बन्ध है, इस कारण शिक्षा योजना बनाने में केन्द्रीय सरकार तथा राज्य सरकारों दोनों का योगदान आवश्यक है।

13. धारा 243 (ए)–पंचायतों की शक्तियाँ, प्राधिकार और उत्तरदायित्व (Powers, Authory and Responsibily of the Panchayat): आर्थिक विकास और सामाजिक न्याय के लिए योजनाएँ बनाना।

यूनैस्को के साथ सम्पर्क (Liaison with UNESCO)

14. सातवीं अनुसूची की सूची I प्रविष्टि 12 (List I of Seventh Schedule, Entry 12): इसमें यूनैस्को का उल्लेख है। यूनैस्को द्वारा शिक्षा के क्षेत्र में अनेक प्रकार के कार्यक्रमों का आयोजन किया जाता है। भारत में इस कार्य के ताल-मेल के लिए 'Indian National Commission for Cooperation with UNESCO' की स्थापना की गई है।

27.3 राष्ट्रीय शिक्षा नीति 1986 तथा संशोधित नीति 1992, संविधान में शिक्षा सम्बन्धी प्रावधानों पर (National Policy of Education on Constitutional Provisions in the Constitution)

राष्ट्रीय शिक्षा नीति के पैरा 3.13 सार्थक सहभागिता (Meaningful Partnership) में इस प्रकार दर्शाया गया है। ''वर्ष 1976 का संविधान संशोधन, जिसके द्वारा शिक्षा को समवर्ती सूची में शामिल किया गया है, एक दूरगामी कदम था। उसमें यह निहित है कि शैक्षिक वित्तीय तथा प्रशासनिक दृष्टि से राष्ट्रीय जीवन के इस महत्वपूर्ण पहलू के सम्बन्ध में केन्द्र और राज्यों के बीच एक नए प्रकार की सहभागिता हो। शिक्षा के क्षेत्र में राज्यों की भूमिका और उत्तरदायित्व में मूलत: कोई परिवर्तन नहीं होगा, लेकिन शिक्षा के राष्ट्रीय तथा समाकलनात्मक (Integrative) रूप को बल देने, गुणवत्ता एवं स्तर बनाए रखने (जिसमें सभी स्तरों पर शिक्षकों के शिक्षण-प्रशिक्षण की व्यवस्थाएँ शामिल हैं), विकास के निमित जनशक्ति की आवश्यकताओं के लिए शैक्षिक व्यवस्थाओं के अध्ययन और उसकी देख-रेख रखने, शोध एवं उच्च अध्ययन की जरूरतों को पूरा करने, शिक्षा संस्कृति एवं मानव संसाधन विकास (Human Resource Development) के अन्तर्राष्ट्रीय पक्षों

की देखभाल करने और सामान्य तौर पर शिक्षा में प्रत्येक स्तर पर उत्कृष्टता (Excellence) लाने के लिए केन्द्रीय सरकार अधिकांश दायित्व स्वीकार करेगी। समवर्ती एक ऐसी भागेदारी है जो स्वयं में सार्थक व चुनौतीपूर्ण है और राष्ट्रीय शिक्षा नीति इसे हर मामले में पूरा करने की ओर उन्मुख (Oriented) रहेगी।''

27.4 शिक्षा को भारतीय संविधान की समवर्ती सूची में रखने के पक्ष में तर्क (Arguments in Favour of Putting Education in the Concurrent List)

1. विश्वविद्यालय शिक्षा आयोग 1948 (University Education Commission): विश्वविद्यालय आयोग ने कहा कि उच्च शिक्षा में न्यूनतम मानक आश्वस्त करने के लिए राज्यों के साथ-साथ केन्द्र भी अहम भूमिका निभाए। आयोग ने इस सम्बन्ध में जोर देकर कहा कि राज्यों के बहुसंख्यक प्रतिनिधि भी इसी पक्ष में हैं।

2. राष्ट्रीय समाकलन कमेटी 1962 (National Emotional Integration Committee 1962): राष्ट्रीय समाकलन कमेटी ने अनुभव किया कि शिक्षा सशक्त राष्ट्रीय एकता की भावना के विकास में बहुत महत्वपूर्ण भूमिका निर्वाह सकती है। अत: इसमें महत्वपूर्ण परिवर्तन लाए जाएँ ताकि केन्द्र तथा राज्य सरकारें इस दिशा में प्रभावी कदम उठा सकें।

3. संसद के सदस्यों की उच्च शिक्षा समिति (Committee of Members of Parliament on Higher Education): *पी.एन. सपरु (P.N. Sapru)* ने उच्च शिक्षा की समवर्ती सूची में रखने की संतुति की। इस कमेटी का गठन उच्च शिक्षा के बारे में संविधान में दिए गए प्रावधानों की समीक्षा करना था।

4. एम.सी. छागला (M.C. Chagla): श्री छागला, केन्द्रीय शिक्षा मन्त्री ने राज्यों के शिक्षा मन्त्रियों के सम्मेलन में 1964 में बल देकर कहा कि केन्द्र को शिक्षा में गुणवत्ता लाने के लिए विशेष योजनाएँ चलानी चाहिए।

5. शिक्षा आयोग 1964-66 (Education Commission 1964-66): स्वतन्त्र भारत में यह शिक्षा के क्षेत्र में पहला आयोग था, जिसने शिक्षा के सभी पक्षों का सभी स्तरों पर अध्ययन किया। उस समय शिक्षा मुख्य रूप से राज्यों का विषय था। आयोग ने केन्द्रीय सरकार की भागेदारी के सन्दर्भ में कई संतुतियाँ दीं।

6. श्री पी.एन. कृपाल (Shri P.N. Kirpal) तथा डॉ. वी.एस. झा (Dr. V.S. Jha): श्री कृपाल शिक्षा मंत्रालय में शिक्षा सचिव थे। श्री झा भी प्रसिद्ध शिक्षाविद् थे। इन्होंने सम्पूर्ण शिक्षा को समवर्ती सूची में रखने का समर्थन किया।

7. शिक्षा नीति पर भारत सरकार का प्रस्ताव–1968 (Government of India Resolution on National Policy on Education): सम्भवत: स्वतन्त्र भारत में शिक्षा नीति का यह पहला प्रस्ताव था जो शिक्षा आयोग 1964-66 की संतुतियों के आधार पर निर्मित किया गया। शिक्षा के महत्व को स्वीकार करते हुए प्रस्ताव में कहा गया, ''भारत सरकार मानती है कि शिक्षा का पुनर्निमाण सरल कार्य नहीं है। न केवल साधनों की कमी है, वरन् समस्याएँ अधिक जटिल हैं। यह देखते हुए कि शिक्षा विज्ञान एवं अनुसंधान का योगदान भौतिक तथा जन-साधनों के विकास के लिए बहुत महत्वपूर्ण है, भारत सरकार केन्द्रीय क्षेत्र के कार्यक्रमों का बीड़ा उठाने के अतिरिक्त राज्य सरकारों को राष्ट्रीय महत्व

के उन कार्यक्रमों के कार्यान्वयन में सहायता देगी जहां राज्य और केन्द्र के समन्ति प्रयत्नों की आवश्यकता है।''

8. स्वर्ण सिंह समिति–1976 (Swarn Singh Committee): 1976 में गठित इस समिति ने कहा कि शिक्षा का देश के विकास में महत्वपूर्ण योगदान होता है। अतः इसे समवर्ती सूची में रख लिया जाए ताकि राज्य सरकारें तथा केन्द्र दोनों इस दिशा में मिल-जुलकर कार्य करें।

राष्ट्रीय शिक्षा नीति 1986 तथा संशोधित नीति 1992 (National Policy on Education 1986 and Revised NPE 1992): इस विषय पर पहले ही चर्चा की जा चुकी है। इस नीति में शिक्षा को समवर्ती सूची में शामिल करने के लिए सराहना की गई है।

मौटे तौर पर शिक्षा को समवर्ती सूची में रखने के पक्ष में निम्नलिखित तर्क दिए गए हैं:

1. यह अनुभव किया गया कि 1950 तथा 1975 के दौरान शिक्षा के क्षेत्र में विशेषकर प्राथमिक स्तर पर वांछित विकास नहीं हुआ है। इसका मूल कारण बताया गया कि केन्द्रीय सरकार की भागेदारी का अभाव था।

2. देश में स्वतन्त्रता के पश्चात् शिक्षा के विकास सम्बन्धी कई आयोगों तथा समितियों ने अपनी संतुतियों में केन्द्र की शिक्षा में भागेदारी पर बल दिया।

3. केन्द्रीय शिक्षा सलाहकार बोर्ड (Central Advisory Board of Education—CABE) की अनेक संतुतियों पर राज्यों ने ठोस कदम नहीं उठाए।

4. यह तर्क दिया गया कि जब तक शिक्षा योजना बनाने तथा क्रियान्वयन (Implementation) का विशेष उत्तरदायित्व केन्द्रीय सरकार पर नहीं होगा तब तक आर्थिक तथा सामाजिक योजनाओं को प्रभावी ढंग से चलाया नहीं जा सकेगा।

5. देश की शिक्षा नीति का स्वरूप राष्ट्रीय होना चाहिए। यह तभी हो सकता है जब शिक्षा के क्षेत्र में केन्द्रीय सरकार की सक्रिय भागेदारी हो।

6. धारा 45 में नि:शुल्क तथा अनिवार्य शिक्षा का संकल्प तब तक पूरा नहीं हो सकता जब तक शिक्षा समवर्ती सूची में नहीं होगी।

7. शिक्षा एक सामाजिक सेवा भी है। इसलिए केन्द्र को भी अपने ऊपर इसका उत्तरदायित्व लेना चाहिए।

8. केन्द्र, राज्य सरकारों को प्रभावी नेतृत्व प्रदान कर सकता है।

9. राष्ट्रीय एकता तथा समाकलन के मूल्यों को साकार करने के लिए केन्द्र का भी विशेष दायित्व है।

10. केन्द्र के पास वित्त के साधन तथा अधिकार विस्तृत हैं। केन्द्र राज्यों को वित्त आयोग (Finance Commission) की संतुतियों के अनुसार आवंटन करता है। अतः शिक्षा पर होने वाले व्यय पर उसका निर्देशन अवश्य है।

27.5 शिक्षा का उत्तरदायित्व केन्द्रीय सरकार के होने के पक्ष में तर्क (Arguments in Favour of Education as the Responsibility of the Central Government)

इस सन्दर्भ में निम्नलिखित तर्क दिए जाते है:

1. केन्द्र के पास आय के विस्तृत साधन हैं। 2. एक शक्तिशाली केन्द्र ही शिक्षा के

क्षेत्र में प्रभावी कदम उठा सकता है। 3. एक शक्तिशाली केन्द्र देश में भावात्मक संकलन का वातावरण स्थापित कर सकता है। 4. शिक्षा की राष्ट्रीय नीति बनाने तथा कार्यान्वयन के लिए आवश्यक है कि सम्पूर्ण शिक्षा का दयित्व केन्द्रीय स्तर पर हो।

27.6 शिक्षा को राज्य का विषय बनाने के लिए तर्क (Arguments in Making Education State Subject)

शिक्षा को राज्य का विषय होना चाहिए, इस विचार के पक्ष में निम्नलिखित तर्क दिए जा रहे हैं:

1. प्रजातान्त्रिक मूल्यों के आधार पर शिक्षा का विकेन्द्रीयकरण किया जाना चाहिए।
2. राज्यों की पहलशक्ति (Initiative) के लिए जरूरी है कि राज्य शिक्षा का उत्तरदायित्व निभाएँ।
3. भारत एक विशाल देश है। राज्यों की शिक्षा सम्बन्धी अपनी अपनी आवश्यकताएँ होती हैं। अत: उन्हें इसमें पूर्ण स्वतन्त्रता मिलनी चाहिए।
4. केन्द्र का शिक्षा में हस्तक्षेप 'लालफीता शाही' (Red tapism) को बढ़ावा देता है।
5. भारत के विभिन्न राज्यों में कई संस्कृतियों के मानने वाले लोग रहते हैं। उनके संरक्षण के लिए आवश्यक है कि राज्य शिक्षा में सम्पूर्ण उत्तरदायित्व संभालें।

उपसंहार: भारतीय संविधान में शिक्षा के महत्व को स्वीकार करते हुए अनेक धाराओं में शिक्षा के विभिन्न पक्षों के विकास के लिए प्रावधान किए हैं। शिक्षा के प्रसार तथा गुणवत्ता में सुधार के लिए केन्द्रीय सरकार, राज्य सरकारों तथा पंचायती संस्थाओं के उत्तरदायित्वों पर प्रकाश डाला है। शिक्षा के क्षेत्र में इन सभी की सार्थक सहभागिता के महत्व पर बल दिया गया है। संविधान में प्राथमिक स्तर की शिक्षा को तो मौलिक अधिकार का रूप प्रदान किया है।

शिक्षा को समवर्ती सूची में शामिल करना एक बहुत ही महत्वपूर्ण तथा प्रभावी कदम है।

27.7 स्वतन्त्र भारत में राष्ट्रीय स्तर पर केन्द्र की भागेदारी (Role of Central Government in Education)

संविधान में केन्द्र का शिक्षा संबंधी उत्तरदायित्वों को निभाने का कार्य मुख्य तौर पर इस समय मानव संसाधन विकास मंत्रालय (Ministry of Human Resource Development) पर है। इस मन्त्रालय के नामों में निम्नलिखित परिवर्तन आते रहे हैं:

1947 शिक्षा मंत्रालय (Ministry of Education)

1958 1. शिक्षा मंत्रालय (Ministry of Education)
2. शैक्षिक अनुसंधान तथा सांस्कृतिक मामलों का मंत्रालय (Ministry of Scientific Research and Cultural)

1967 शिक्षा तथा युवा सेवाएँ मंत्रालय (Ministry of Education and Youth Services)

1971 शिक्षा तथा कल्याण मंत्रालय (Ministry of Education and Social Welfare)

1985 मानव संसाधन विकास मंत्रालय (Ministry of Human Resource Development)

मानव संसाधन विकास मंत्रालय (शिक्षा विभाग)
(Ministry of Human Resource Development)

(1) प्राथमिक शिक्षा तथा साक्षरता विभाग (Elementary Education and Literacy Department)

(2) माध्यमिक तथा उच्च शिक्षा विभाग (Secondary and Higher Education Department)

मन्त्रालय के अधीन प्रमुख संस्थाएँ तथा संगठन (Main Institutues and Organisations under the Ministry): 1. राष्ट्रीय अध्यापक शिक्षा परिषद (National Council of Teacher Education)

2. प्रौढ़ शिक्षा निदेशालय (Directorate of Adult Education)

3. राष्ट्रीय प्रौढ़ शिक्षा संस्थान (National Institute of Adult Education)

***उच्च शिक्षा* (Higher Education):** 4. विश्वविधालय अनुदान आयोग (Universtiy Grants Commission)

5. केन्द्रीय विश्वविधालय (Central Universities)

6. भारतीय उच्च अध्ययन संस्थान (Indian Institute of Advanced Studies, Shimla)

7. भारतीय सामाजिक विज्ञान अनुसंधान पारिषद (Indian Council of Social Science and Research)

8. भारतीय इतिहास अनुसंधान परिषद (Indian Council of Historical Research)

9. भारतीय दार्शनिक अनुसंधान परिषद (Indian Philosophical Research Institute)

10. भारतीय विश्वविधालय संघ (Association of Indian Universities)

11. अखिल भारतीय तकनीकी परिषद (All India Council of Technical Education)

12. भारतीय प्रोद्योगिकी संस्थान (Indian Institutes of Technology)

13. क्षेत्रीय इंजीनियरी कॉलेज (Regional Engineering Colleges)

14. भारतीय प्रबंध संस्थान (Indian Management Institutes)

15. एजुकेशनल कन्सलटैंटस ऑफ इण्डिया लिमिटेड (Educational Consultants of India Ltd.)

16. भारतीय विज्ञान संस्थान (Indian Science Institute)

17. आयोजन तथा वस्तुकला विद्यालय (School of Planning and Architecture)

18. तकनीकी अध्यापक परिषद (Technical Teachers Council)

19. राष्ट्रीय औद्योगिक इंजीनियरी संस्थान (National Industrial Engineering Institute)

20. राष्ट्रीय शैक्षिक आयोजन तथा प्रबन्धन संस्थान (2006 से विश्वविधालय) (National Institute (Since 2006 University) of Planning and Administration Educational)

***माध्यमिक शिक्षा* (Secondary Education):** 21. राष्ट्रीय शैक्षिक अनुसन्धान तथा प्रशिक्षण परिषद (National Council of Educational Research and Training—NCERT)

22. केन्द्रीय माध्यमिक शिक्षा बोर्ड (Central Board of Secondary Education)

23. राष्ट्रीय मुक्त विधालय संस्थान (National Institute of Open Learning)

24. नवोदय विद्यालय संगठन (Navodaya Vidyalaya Organisation)

केन्द्रीय शिक्षा सलाहकार बोर्ड (Central Advisory Board of Education): सन् 1921 में स्थापित तथा समय पर पुनिर्गठित सलाहकार बोर्ड मानव संसाधन विकास मंत्रालय भारत सरकार की समस्त क्रियाओं की महत्वपूर्ण धुरी है जिसके चारों ओर सम्पूर्ण कार्यक्रम फैला हुआ है।

बोर्ड के प्रमुख कार्य हैं: 1. किसी भी शिक्षा संबंधी समस्या पर जो केन्द्रीय सरकार या राज्य सरकार द्वारा उसके समक्ष प्रस्तुत की जाए, परामर्श देना।

2. शिक्षा के विभिन्न स्तरों पर शैक्षिक विकास तथा प्रसार करने एवं शिक्षा संबंधी परिवर्तनों में नेतृत्व करना।

3. शैक्षिक प्रकरणों, विवादों एवं विषयों पर केन्द्रीय तथा राज्य सरकारों को समय-समय पर परामर्श देना।

केन्द्रीय शिक्षा सलाहकार बोर्ड के अध्यक्ष मानव विकास संसाधन मंत्री, भारत सरकार हैं। सभी राज्यों तथा संघ शासित क्षेत्रों के शिक्षा मंत्री। शिक्षा से संबधित कई सदस्य।

स्कूली शिक्षा का उत्तरदायित्व (Responsibility of School Education): मोटे तौर पर कहा जा सकता है कि स्कूली शिक्षा के विशेष उत्तरदायित्व राज्य सरकारें निभाती हैं। केन्द्रीय सरकार इस क्षेत्र में कुछ परियोजनाएँ चलाती हैं जिनमें केन्द्रीय सरकार तथा राज्य सरकारों की भागेदारी रहती है। केन्द्रीय सरकार शिक्षा आयोगों तथा समितियों का गठन करती है। आंकड़ों का संकलन करती है। ऊपर दी गई संस्थाओं तथा संगठनों के माध्यम से राज्यों का मार्गदर्शन करती हैं।

28

पंथ निरपेक्षता (धर्म निरपेक्षता)
(Secularism)

28.1 भूमिका (Introduction)

धर्मनिरपेक्षता शब्द का प्रयोग (Use of the Term Secularism): भारत के संविधान में 'Secularism' शब्द के लिए हिन्दी में 'पंथनिरपेक्ष' न कि 'धर्मनिर्पेक्ष' शब्द का प्रयोग किया गया है।

दूसरी महत्वपूर्ण बात इस शब्द के बारे में यह है कि संविधान में इसकी कोई परिभाषा नहीं दी गई है।

तीसरी महत्वपूर्ण बात इसी सन्दर्भ में है कि 'Secularism' शब्द का प्रयोग प्राय: 19वीं सदी में आरम्भ हुआ।

चौथी बात यह है कि यूरोप में प्राय: इस शब्द को धर्म से नहीं जोड़ा गया है।

पाँचवी बात यह है कि 'पंथनिरपेक्ष' शब्द भारतीय संविधान में सन् 1976 में जोड़ा गया। जब संविधान 1950 में बना तो उसमें यह शब्द नहीं था।

28.2 पंथनिरपेक्षता का अर्थ तथा परिभाषाएँ (Meaning and Definition of Secularism)

धर्म निरपेक्षता/पंथ निर्पेक्षता शब्द के अर्थ तथा प्रयोग के बारे में कुछ विचार निम्नलिखित हैं:

1. *जॉर्ज जेकब हॉलीडेक* (*George Jacob Holydake*): सबसे पहले 'Secularism' शब्द का प्रयोग 19वीं शताब्दी में हॉलीडेक ने किया। उनके अनुसार इस शब्द की उत्पत्ति '*Seculum*' शब्द से है, जिसका अर्थ है, ''यह वर्तमान युग (This Present Age)' अर्थात् इसी युग के सन्दर्भ में न कि किसी 'Supernatural' युग में। उनके शब्दों में, ''धर्मनिरपेक्षता वह तत्व है जो पूरी तरह मनुष्य के शारीरिक, नैतिक तथा बौद्धिक विकास पर ध्यान देता है तथा इसे मनुष्य के जीवन का तत्काल कर्त्तव्य समझता है''। उन्होंने इस बात पर भी बल दिया कि इसका सम्बन्ध ईश्वर का मानना अथवा न मानना आदि विचारों से नहीं है।

उन्होंने धर्मनिरपेक्षता के चार सिद्धान्त बनाए:

(1) मनुष्य की भौतिक तथा सांस्कृतिक उन्नति पर विशेष बल देने का सिद्धान्त।

(2) सत्य के आदर तथा सत्य की खोज का सिद्धान्त।

(3) इस युग के और इसके सुधार सम्बन्धी चिन्ता का सिद्धान्त।

(4) स्वतन्त्र नैतिकता (Independent National Morality) का सिद्धान्त जो ईश्वरीय विश्वास पर आधारित नहीं है।

2. *डॉनाल्ड स्मिथ* (*Donald Smith*): "धर्मनिरपेक्ष राज्य वह राज्य है जो व्यक्तिगत तथा सामूहिक धर्म की स्वतन्त्रता देता है, व्यक्ति के धर्म पर ध्यान दिए बिना उससे नागरिक के रूप में व्यवहार करता है तथा जो किसी धर्म के विकास का इच्छुक नहीं तथा किसी धर्म में हस्तक्षेप नहीं करता।"

3. *वैबस्टर शब्दकोष* (*Webster Dictionary*): "धर्म निरपेक्षता वह तत्व है जिसके अनुसार राज्य के कार्यों में धर्म तथा धार्मिक कार्यों का हस्तक्षेप नहीं होना चाहिए।"

4. *ऑक्सफोर्ड डिक्शनरी* (*Oxford Dictionary*): "धर्मनिरपेक्षता वह सिद्धान्त है जिसके अनुसार नैतिकता का आधार मानवता का कल्याण है। इसमें ईश्वर सम्बन्धी किसी बात का समावेश नहीं होना चाहिए।"

5. '*चैम्बर्स अंग्रेजी-हिन्दी कोश*' (*Chamber's English-Hindi Kosh*): इस कोष के अनुसार धर्म निरपेक्षता का अर्थ है–धर्मनिरपेक्षता सर्व धर्म समतावाद, सांसारिकता, लोकपरता, धर्मनिरपेक्षता।

28.3 भारतीय विचारकों के मत (Views of Indian Thinkers)

6. *पं. जवाहरलाल नेहरू* (*Pt. Jawaharlal Nehru*): "धर्मनिरपेक्षता का तात्पर्य है कि धर्म पूर्ण स्वतन्त्र है तथा राज्य अपने व्यापक कार्य में धार्मिक संरक्षण एवं ऐसे अवसर प्रदान करेगा कि सभी नागरिक सहिष्णुता व सहयोग की भावना का विकास कर सकें।"

7. *डॉ. भीमराव अम्बेडर* (*Dr. B.R. Ambedkar*): "धर्मनिरपेक्षता से केवल इतना तात्पर्य है कि संसद बलपूर्वक किसी एक धर्म को नहीं लाद पाएगी।"

8. *एच.बी. कामट* (*H.B. Kamat*): वे एक विख्यात संसदज्ञ (Parliamentarian) थे। उन्होंने धर्मनिरपेक्ष राज्य की इस पर व्याख्या की है, "धर्मनिरपेक्ष राज्य धर्म के आधार पर किसी प्रकार का किसी से पक्षपात नहीं करता है। इसका अर्थ है कि राज्य किसी विशेष धर्म को बढ़ावा नहीं देता है।

9. *डॉ. राधाकृष्णन* (*Dr. Radhakrishnan*): "हमारी धारणा है कि किसी विशेष धर्म को प्राथमिकता नहीं मिलनी चाहिए।"

10. *न्यायाधीश एम.एच. वेग* (*M.H. Beg*) ने 1975 में अपने निर्णय में लिखा, "धर्मनिरपेक्ष राज्य सब धर्मों से ऊपर उठकर सभी नागरिकों के कल्याण के लिए बिना किसी धार्मिक विश्वास अथवा विधि भेदभाव के, कार्य करता है। यह इस सम्बन्ध में तटस्थ है।"

28.4 धर्मनिरपेक्ष राज्य की विशेषताएँ (Characteristics of a Secular State)

धर्मनिरपेक्ष राज्य की निम्न विशेषताएँ हैं:

1. धर्मनिरपेक्ष राज्य का कोई धर्म नहीं होता है। 2. धर्मनिरपेक्ष राज्य सभी धर्मों का समान सत्कार करता है। 3. धर्मनिरपेक्ष राज्य सभी नागरिकों को धार्मिक स्वतन्त्रता प्रदान करता है। 4. धर्मनिरपेक्ष राज्य किसी भी व्यक्ति से धर्म के आधार पर भेदभाव नहीं रखता है। 5. धर्मनिरपेक्ष राज्य किसी धर्म का विरोधी नहीं है। 6. धर्मनिरपेक्ष राज्य धर्म के गलत

प्रयोग पर हस्तक्षेप करता है। 7. धर्मनिरपेक्ष राज्य बिना किसी धर्म के भेद-भाव के सभी नागरिकों के कल्याण के लिए कार्य करता है।

भारत एक धर्मनिरपेक्ष राज्य है (India is a Secular State): ऊपर के विवरण से स्पष्ट है कि धर्मनिरपेक्षता एक ऐसा विचार है जिसके अनुसार धर्म को राजनीति से नहीं जोड़ा गया है। धर्म का क्षेत्र व्यक्ति के अन्तःकरण के विस्तार का क्षेत्र है जिसमें उसे पूर्ण स्वतन्त्र छोड़ दिया गया है। व्यक्ति किसी भी पंथ, सम्प्रदाय, पूजा विधि व विश्वास को मानने व अपनाने के लिए स्वतन्त्र है। भारत के धर्मनिरपेक्ष राज्य में सभी धर्मों को तथा इन्हें मानने वालों को समान रूप से विकास करने के अवसर प्रदान किए गए हैं। धर्म की स्वतन्त्रता के अधिकार को नागरिकों का मौलिक अधिकार स्वीकार किया गया है और इस प्रकार उन्हें अपने धार्मिक विश्वास रखने तथा इच्छानुसार पूजा विधि को अपनाने का अधिकार प्राप्त है। राज्य का कर्त्तव्य किसी धर्म विशेष का प्रचार करना न होकर सभी धर्मों के विश्वास की परिस्थितियाँ जुटाना घोषित किया गया है।

धर्मनिरपेक्षता का अर्थ है किसी धर्म का विरोध न करके सब धर्मों के लिए समान अवसर प्रदान करना। इसके लिए आवश्यक होगा कि 'धार्मिक शिक्षा' की अपेक्षा 'धर्मों की शिक्षा' दी जाए।

28.5 भारत में धर्मनिरपेक्षता की आवश्यकता (Need for Secularism in India)

निम्नलिखित कारणों से भारत में धर्मनिरपेक्षता की आवश्यकता है:

1. भारत बहुधर्मी देश (India as a Multireligion Country): भारत में अनेक धर्म हैं। इसे बहुधर्मी देश भी कहा जाता है। अतः आवश्यक है कि राज्य सभी धर्मों को समान समझे।

2. अल्पवर्गों में विश्वास उत्पन्न करना (Developing Confidence in the Minorities): अल्पसंख्यकों के मन में इस प्रकार की भावना निर्माण करना आवश्यक है कि राज्य उनके हितों की रक्षा करता है।

3. अल्पवर्गों का विश्वास प्राप्त करना (Securing Confidence of the Minorities): देश की एकता तथा अखण्डता के लिए आवश्यक है कि सभी धर्मों के लोग राष्ट्र के प्रति वफादारी के भाव रखें। यह तभी हो सकता है जब उनको अपने धर्म के अनुसार जीवन व्यतीत करने की स्वतन्त्रता दी जाए।

4. साम्प्रदायिकता के विष का उपचार करना (Removing the Venom of Communalism): साम्प्रदायिकता ने हजारों वर्षों से चले आ रहे अखण्ड भारत का विभाजन कर दिया। साम्प्रदायिकता का प्रमुख कारण धार्मिक संकीर्णता है। अतः आवश्यक है कि सभी धर्मों के माननेवालों के साथ राज्य एक जैसा व्यवहार करे।

5. समाजवाद राज्य की स्थापना (Establishment of a Socialist State): समाजवाद राज्य की स्थापना करना भारतीय संविधान में राज्य का आदर्श माना गया है। समाजवाद सब व्यक्तियों को समान दृष्टि से देखता है।

6. लोकतन्त्र राज्य की अवधारणा (Concept of a Democratic State): भारत ने लोकतन्त्र पद्धति को अपनाया है। लोकतन्त्रीय राज्य में धर्म आदि का कोई भेद-भाव नहीं होता है।

28.6 भारतीय संविधान में धर्मनिरपेक्षता सम्बन्धी प्रावधान अथवा व्यवस्थाएँ (Provisions in the Indian Constitution for Secularism)

भारत के संविधान में निम्नलिखित प्रावधान किए गए हैं जो धर्मनिरपेक्षता के सूचक हैं:

1. संविधान की प्रस्तावना (Preamble): वर्ष 1976 में संविधान की प्रस्तावना में धर्म निर्पेक्षता शब्द शामिल किया गया जो इस बात को दर्शाता है कि भारत एक धर्मनिरपेक्ष राज्य है।

2. धारा 14 (Article 14)–कानून (विधि) के समक्ष समानता का अधिकार (Right to Equality before Law): इस धारा के अन्तर्गत भारत में कानून की नजर में सभी धर्मों के मानने वाले एक जैसे हैं। अर्थात् भारत के कानून बिना किसी धर्म भेद के हैं। धारा में कहा गया है, ''राज्य, भारत के राज्य क्षेत्र में किसी व्यक्ति को विधि के समक्ष समता से या विधियों के समान संरक्षण से वंचित नहीं रखा जाएगा।

3. धारा 15–धर्म, मूलवंश, जाति, लिंग या जन्म स्थान के आधार पर कोई विभेद नहीं (Prohibition of Discrimination on Grounds of Religion, Race, Caste or Place of Birth): राज्य, किसी नागरिक के विरुद्ध केवल धर्म आदि के आधार पर कोई विभेद नहीं करेगा।

4. धारा 15(2) तथा (3)–सार्वजनिक स्थानों पर आने-जाने की समानता का अधिकार (Access to Public Places): 1. सभी को बिना किसी भेद-भाव के दुकानों, सार्वजनिक भोजनालयों, होटलों और सार्वजनिक मनोरंजन के स्थानों में प्रवेश का अधिकार। 2. पूर्णतया या आंशिक राज्य निधि से पोषित या साधारण जनता के प्रयोग के लिए कुओं, तालाबों, स्नानघरों, सड़कों और सार्वजनिक स्थानों के प्रयोग का सभी को अधिकार।

5. धारा 16–लोक सेवाओं में अवसरों की समानता (Article 16—Equality of Opportunity in Public Appointments): इस धारा के अधीन सभी धर्मों के लोग बिना किसी भेद-भाव के योग्यता के आधार पर सरकारी नौकरी प्राप्त कर सकेंगे।

6. धारा 17 (Article 17)–अस्पृश्यता का अन्त: इस धारा के अनुसार ''अस्पृश्यता का अन्त किया गया है। इसका किसी भी रूप में इस का आचरण निषिद्ध किया गया है। इसका आचरण करने पर दण्ड का प्रावधान किया गया है।

7. धारा 25–धार्मिक स्वतन्त्रता का अधिकार (Article 25—Right to Religious Freedom): इस धारा के अन्तर्गत प्रत्येक व्यक्ति को धर्म की स्वतन्त्रता है। वह किसी भी धर्म में विश्वास रख सकता है। धर्म का कार्य कर सकता है तथा प्रचार कर सकता है। यहाँ यह बात भी ध्यान योग्य है कि कानून द्वारा राज्य सार्वजनिक शान्ति (व्यवस्था) नैतिकता तथा नैतिकता को ध्यान में रखते हुए व्यक्ति की स्वतन्त्रता पर प्रतिबन्ध लगा सकता है। परन्तु ऐसे प्रतिबन्ध को धार्मिक स्वतन्त्रता का उल्लंघन नहीं माना जाएगा।

8. धारा 26–धार्मिक संस्थाएँ स्थापित करने का अधिकार (Right to Establish Religious Institutions): इस धारा के अन्तर्गत निम्नलिखित अधिकार हैं:

(i) धार्मिक संस्थाओं की स्थापना करना तथा उनका प्रबन्ध करना। (ii) अपने धर्म से सम्बन्धित कार्य करना। (iii) धार्मिक कार्यों के लिए चल तथा अचल (Movable and Immovable) सम्पत्ति प्राप्त करने का अधिकार। (iv) सम्पत्ति का कानून के अनुसार प्रशासन करने का अधिकार।

9. धारा 27–धर्म के नाम पर कर लगाने पर प्रतिबन्ध (No Taxation in the Name of Religion): इस धारा के अन्तर्गत राज्य किसी व्यक्ति को कोई ऐसा कर देने के लिए मजबूर नहीं कर सकता जिससे एकत्र किए गए धन का प्रयोग किसी विशेष सम्प्रदाय या धर्म की उन्नति के लिए किया जाना हो। दूसरे शब्दों में धर्म के नाम पर राज्य कोई कर नहीं लगा सकता।

10. धारा 28 (i)–धार्मिक शिक्षा की सरकारी शैक्षिक संस्थाओं में मनाही (Prohibition of Religious Instruction in Government Educational Institutions): इस धारा के अनुसार सरकार द्वारा चलाई जा रही शैक्षिक संस्थाओं में धार्मिक शिक्षा नहीं दी जा सकती।

11. धारा 28(3)–गैर-सरकारी शैक्षिक संस्थाओं में धार्मिक शिक्षा परन्तु इच्छा के विरुद्ध नहीं (Religious Instruction in Non-government Institutions but not without Consent): इस धारा के अधीन गैर-सरकारी शैक्षिक संस्थाओं में धार्मिक शिक्षा देने की स्वतन्त्रता है परन्तु ऐसी शिक्षा व्यक्ति की रजामन्दी के विरुद्ध नहीं दी जा सकती। यदि कोई छात्र अवयस्क (Minor) है तो उसकी धार्मिक शिक्षा के लिए उसके अभिभावक अथवा संरक्षक (Guardian) की स्वीकृति आवश्यक है।

12. धारा 29–धर्म के आधार पर शैक्षिक संस्थाओं में प्रवेश के समय भेदभाव की पाबन्दी (No Discrimination on the Basis of Religion while Granting Admission in Educational Institutions): इस प्रकार का प्रावधान किया गया है कि प्रवेश के समय उन शैक्षिक संस्थाओं में जो सरकार द्वारा चलाई जा रही हैं या सरकार की सहायता से चलाई जा रही हैं, किसी प्रकार का भेदभाव न किया जाए।

13. धारा 30(1)–धार्मिक अल्पसंख्यकों को शैक्षिक संस्थाएँ स्थापित करने तथा प्रशासन करने का अधिकार (Right of Minorities to Establish and Administer Educational Institutions): इस धारा के अन्तर्गत धार्मिक अल्पसंख्यक वर्ग शैक्षिक संस्थाएँ स्थापित कर सकते हैं तथा उनका प्रबन्ध कर सकते हैं।

14. धारा 30(2)–शैक्षिक संस्थाओं को अनुदान देते समय कोई भेदभाव नहीं (No Discrimination in Grant-in aid): राज्य शैक्षिक संस्थाओं को अनुदान देते समय किसी प्रकार का धर्म सम्बन्धी भेदभाव नहीं करेगा।

15. धारा 44–नागरिकों के लिए समान सिविल संहिता (Uniform Civil Code for the Citizens): राज्य, भारत के समस्त नागरिकों के लिए समान सिविल संहिता प्राप्त करने का प्रयास करेगा।

16. धारा 325–चुनाव में समान अधिकार (Equal Rights in Elections): चुनाव प्रणाली के अन्तर्गत धर्म आदि के आधार पर कोई भी व्यक्ति मतदाता सूची में नामांकन से वंचित नहीं किया जा सकता।

17. साम्प्रदायिक चुनाव व्यवस्था की समाप्ति (Abolition of Communal Electorate): स्वतन्त्रता से पूर्व धर्म के आधार पर विधान सभाओं में स्थान सुरक्षित रखे जाते थे परन्तु स्वतन्त्रता के पश्चात् संविधान में इस प्रकार का कोई प्रावधान नहीं किया गया है।

18. राज्य का अपना कोई धर्म नहीं है (No State Religion): भारत राज्य का अपना कोई धर्म नहीं है। राज्य धार्मिक पक्षपात से ऊपर है।

संक्षेप में धर्मनिर्पेक्षता के प्रावधानों का निचोड़ इस प्रकार है:

(i) सभी नागरिकों को अपने-अपने धर्म को मानने की स्वतन्त्रता देना।

(ii) किसी भी विशेष धर्म के मानने वालों से सरकार का भेदभाव न रखना।

(iii) सभी धर्म के मानने वालों को सरकारी नौकरियों में समानता।

(iv) सरकारी स्कूलों में धार्मिक शिक्षा का न होना।

28.7 भारत में धर्मनिरपेक्षता का विकास करने में बाधाएँ (Hindrances in the Way of Promotion of Secularism in India)

1. अंग्रेजी शासन द्वारा विकसित की गई साम्प्रदायिकता। 2. अंग्रेजी शासन द्वारा चलाई गई 'फूट डालो की नीति' (Divide and Rule Policy)। 3. साम्प्रदायिक दल (Communal Parties)। 4. जातिवाद (Casteism)। 5. धर्म का राजनैतिक हथियार के रूप में प्रयोग (Use of Religion as a Political Weapon or Tool)। 6. धार्मिक बढ़ियापन अथवा श्रेष्ठता की भावना (Feeling of Religious Superiority)। 7. धर्म का संकुचित अर्थ (Narrow View of Religion)। 8. कुछ नेताओं की व्यक्तिगत आकांक्षाएँ (Personal Ambitions of Some Leaders)। 9. सहनशक्ति का अभाव (Lack of Toleration)। 10. आर्थिक विषमताएँ (Economic Inequalities and Religious Can Version) तथा धर्म परिवर्तन। 11. सामाजिक असमानताएँ (Social Inequalities)।

28.8 धर्म-निरपेक्षता के विकास के लिए शैक्षिक प्रयास (Educational Efforts for Promoting Secularism)

शिक्षा का समाज में शान्तिपूर्वक क्रान्ति लाने में महत्वपूर्ण स्थान है। शिक्षा द्वारा समाज के विभिन्न वर्गों में समरसता लाने के लिए अनेक तकनीकें हैं। यहाँ पर संक्षेप में उनका विवरण दिया जा रहा है:

1. शिक्षा के उद्देश्य (Objectives of Education): शिक्षा के प्रत्येक स्तर पर व्यापक दृष्टिकोण के विकास पर बल दिया जा रहा है। नैतिक मूल्यों को बढ़ावा देने के प्रयास किए जा रहे हैं। अनेकतावादी (Pluralism) दृष्टिकोण को दृढ़ करने के कार्य किए जा रहे हैं। मानवतावाद को जीवन शैली का आधार बनाने पर जोर दिया जा रहा है।

2. शैक्षिक संस्थाओं की स्थापना तथा संगठन (Establishment and Organisation of Educational Institutions): सभी सरकारी तथा सहायता प्राप्त स्कूलों की स्थापना तथा व्यवस्था धर्मनिरपेक्षता के सिद्धान्त पर की जा रही है। अध्यापकों की नियुक्ति में धर्म को नहीं देखा जाता है।

3. शैक्षिक संस्थाओं में प्रवेश (Admission in Educational Institutions): सरकारी तथा सरकारी सहायता प्राप्त स्कूलों में बिना किसी धार्मिक भेदभाव के प्रवेश दिया जाता है।

4. पाठ्यक्रम (Curriculum): पाठ्यक्रम निर्माण में सभी धार्मिक सिद्धान्तों को ध्यान में रखा जाता है।

5. पाठ्य-पुस्तकें (Text-books): समय-समय पर पाठ्य-पुस्तकों की समीक्षा की जाती है तथा आश्वस्त किया जाता है कि इनमें कोई ऐसी बात न हो जो धार्मिक भावनाओं को ठेस पहुचाएँ।

6. अध्यापकों की आचार संहिता (Code of Conduct for Teachers): अध्यापकों की आचार संहिता में धर्मनिरपेक्षता के मूल्यों पर बल दिया जाता है। उनसे आशा की जाती है कि वे सभी पक्षों को धार्मिक दृष्टि से समान समझेंगे। किसी भी धर्म के प्रति घृणा की भावना का सर्वदा त्याग करेंगे। साथ ही किसी विशेष धर्म का प्रचार नहीं करेंगे।

7. धार्मिक एवं सांस्कृतिक समारोहों का मनाना (Celebration of Religious and Social Festivals): स्कूलों में सभी धर्मों सम्बन्धी समारोह मनाए जाते हैं।

8. शिविरों का आयोजन (Organisation of Camps): शिविरों का आयोजन किया जाता है जाकि सभी धर्मों के बच्चे एक साथ मिलकर रहना सीखें।

9. शैक्षिक संस्थाओं का उदार सम्पूर्ण वातावरण (Overall Liberal Environment of the Educational Institutions): प्रयास किए जा रहे हैं कि शैक्षिक संस्थाओं में धार्मिक दृष्टि से उदार वातावरण निर्माण किया जाए। भाई-चारे की भावना का विकास हो। संकीर्ण भावों का त्याग किया जाए।

28.9 उपसंहार (Conclusion)

संविधान के प्रावधानों के अनुसार भारत में धर्मनिरपेक्ष आदर्शों का विकास करने के लिए शैक्षिक संस्थाओं में उपयुक्त वातावरण बनाने का प्रयास किया जा रहा है। शिक्षा में पाठ्यक्रम, व्यवस्था तथा शैक्षिक क्रियाओं को इस प्रकार नियोजित किया जाता है कि वे संविधान की इस अनुकूलता को बनाये रखें। धर्मनिरपेक्षता जन-जीवन का विचार बन जाये व उनकी जीवन प्रक्रिया के साथ घुल-मिल जाये, इसके लिए शिक्षा ही महत्त्वपूर्ण योगदान कर सकती है। शिक्षा व्यवस्था इस प्रकार की हो कि 'धार्मिक शिक्षा' (धर्म विशेष की शिक्षा) न देकर 'धर्मों की शिक्षा' (सभी धर्मों की सम्मिलित अच्छाइयाँ) दी जाये। बालकों को समाज के महान् व आदर्श पुरुषों के सद्गुणों को अपने जीवन में ढालने के लिए प्रेरित किया जाये चाहे वह किसी भी धर्म अथवा सम्प्रदाय के ही क्यों न हो। ऐसे संस्कार डाले जाएँ कि छात्र अपने धर्म के साथ-साथ दूसरों के धर्म को आदर व सहिष्णुता के भाव से देखें। स्वयं अध्यापकों को बालक के सम्मुख ऐसे आदर्श व आचरण प्रस्तुत करने होंगे कि जिससे धर्मनिरपेक्षता का व्यावहारिक पक्ष वे स्पष्ट कर सकें। धर्मनिरपेक्षता अति उच्चस्तरीय धार्मिक व्यापकता तथा धर्म सहिष्णुता है जो किसी संकीर्ण धार्मिक सिद्धान्तों पर आधारित न होकर सहनशीलता, मानवता, धैर्य, स्वतन्त्र चिन्तन, वैयक्तिक स्वतन्त्रता तथा सार्वभौमिक भ्रातृत्त्व भाव पर आधारित है। शिक्षा के माध्यम से यही गुण बालकों एवं समाज के व्यक्तियों में समायोजित करने होंगे। भारतीय समाज की इस विशिष्टता को शिक्षा द्वारा बनाये रखने के लिए प्रयास करने होंगे। भारत में समय-समय पर साम्प्रदायिक तथा धार्मिक झगड़े होते रहते हैं इसका कारण है कि धर्मनिरपेक्षता के दर्शन को जन-जीवन का अंग अभी नहीं बना पाये हैं। विद्यालयीय आयोजनों एवं अनुष्ठानों के माध्यम से यह कार्य शिक्षा को करना होगा।

29

सामाजिक लक्ष्य तथा जनतन्त्र
(Social Goals and Democracy)

29.1 सामाजिक लक्ष्य (Social Goals)

सामाजिक लक्ष्यों की भूमिका: परस्पर सम्बन्धित लक्ष्य (Introduction: Interrelated Goals): सामाजिक लक्ष्यों पर चर्चा करते समय इस बात पर बल देना बहुत आवश्यक है कि समाज के विभिन्न पक्षों के लक्ष्य एक-दूसरे से जुड़े रहते हैं। समाज के विकास के विभिन्न लक्ष्य एक-दूसरे को प्रभावित करते हैं तथा एक-दूसरे से प्रभावित होते हैं। सामाजिक पक्ष भी अन्य पक्षों को प्रभावित करता है तथा उनसे प्रभावित होता है।

29.2 सामाजिक लक्ष्यों के स्रोत (Sources of Social Goals)

भारतीय समाज के सामाजिक लक्ष्यों के संकेत तथा विवरण निम्नलिखित पर आधारित हैं:

1. भारतीय संविधान की प्रस्तावना (Preamble of the Indian Constitution)।
2. भारतीय समाज के नागरिकों के मूल अधिकार (Rights of the Citizens of India)।
3. भारतीय समाज के नागरिकों के लिए राज्य की नीति के निदेशक सिद्धान्त अथवा तत्व (Directive Principles of State Policy)।
4. भारतीय समाज के नागरिकों के मूल कर्तव्य (Fundamental Duties of Indian Citizens)।

संविधान में दर्शाए गए सामाजिक लक्ष्यों की परिकल्पना (Social Goals Envisaged in the Constitution): स्वतन्त्रता के पश्चात् भारत को अपने भाग्य का निर्माण का अवसर मिला। उसे अपने सामाजिक आदर्श स्थापित करने का उत्तरदायित्व प्राप्त हुआ। अपनी शासन व्यवस्था अपने संकल्पों के अनुरूप चलाने का भार भारतीयों के अपने कन्धों पर आया। भारतीयों ने अपना संविधान बनाया जो भारत के सांस्कृतिक, सामाजिक व आर्थिक परिस्थितियों के परिप्रेक्ष्य में शासन तथा राजनीतिक व्यवस्था का प्रतिबिम्ब है।

29.3 भारतीय समाज के सामाजिक लक्ष्य
(Social Goals of Indian Society)

भारतीय समाज के निम्नलिखित महत्वपूर्ण सामाजिक लक्ष्य हैं:

1. सामाजिक समानता का लक्ष्य (Goal of Social Equality), 2. सामाजिक न्याय का लक्ष्य (Goal of Social Justice), 3. सामाजिक बन्धुत्व का लक्ष्य (Goal of Social Fraternity), 4. शोषण रहित सामाजिक लक्ष्य (Social Goal of Freedom from Exploitation), 5. समाज के पिछड़े वर्गों के विकास का लक्ष्य (Goal of Development of Backward Sections of society), 6. समाज के प्रत्येक नागरिक के विकास का लक्ष्य (Goal of Development of Each Citizen of the Society)

29.4 सामाजिक लक्ष्यों के प्राप्ति के संविधान में प्रावधान (Provisions in the Constitution for the Achievement of Social Goals)

सामाजिक लक्ष्यों की प्राप्ति के लिए संविधान में अनेक धाराएँ दी गई हैं। मूल अधिकारों के अतिरिक्त अनेक प्रावधान राज्य की नीति के निर्देशक सिद्धान्तों में दिए गए हैं। इन सिद्धान्तों का विवरण पहले ही किया गया है। यहाँ पर सम्बन्धित धाराओं का उल्लेख किया जा रहा है:

1. **धारा 17:** अस्पृश्यता का अन्त (Abolition of Untouchability)
2. **धारा 19:** विचार तथा अभिव्यक्ति की स्वतन्त्रता (Freedom of Speech and Expression)
3. **धारा 38 (1):** न्याय पर आधारित समाज (Social Order Based on Justice)
4. **धारा 38 (2):** समाज में असमानताओं को न्यूनतम करना (Minimising of Inequalities)
5. **धारा 39 (A):** समान न्याय तथा नि:शुल्क कानूनी व्यवस्था (Equal Justice and Free Legal Aid)
6. **धारा 41:** कार्य, शिक्षा और सार्वजनिक सहायता का अधिकार (Right to Work, Education and Public Assistance)
7. **धारा 42:** प्रसूति सहायता के लिए कार्य की न्यायोचित तथा मानवीय परिस्थितियों का प्रावधान (Provisions for Justice and Humane Conditions of Work and Maternity Relief)
8. **धारा 43:** श्रमिकों के लिए निर्वाह मजदूरी आदि (Living Wage etc. for Workers)
9. **धारा 43A:** उद्योगों के प्रबन्धन में कार्यकर्ताओं की भागेदारी (Participation of Workers in the Management of Industries)
10. **धारा 45:** शिशु देखभाल तथा शिक्षा (Early Childhood Care and Education)
11. **धारा 46:** अनुसूचित जातियों, अनुसूचित जन-जातियों और अन्य दुर्बल वर्गों की शिक्षा और अर्थ सम्बन्धी हितों की अभिवृद्धि (Promotion of Educational and Economic Interests of Scheduled Castes, Scheduled Tribes and Weaker Sections)
12. **धारा 47:** पोषण तथा जीवन स्तर को ऊँचा उठाना तथा सार्वजनिक स्वास्थ्य सुधार करना (Raising the Level of Nutrition and the Standard of Living and Improving Public Health)

उपसंहार (Conclusion): सामाजिक उद्देश्यों की प्राप्ति के लिए केन्द्रीय सरकार तथा राज्य सरकारों ने अनेक सार्थक कदम उठाए हैं जिनका विवरण अलग से दिया गया है।

29.5 जनतन्त्र अथवा लोकतन्त्र (Democracy)

जनतन्त्र का अर्थ तथा परिभाषा (Meaning and Definition Democracy): जनतन्त्र की अनेक परिभाषाएँ दी गई हैं। अत: इसके अर्थ में भी विचारकों में मतभेद हैं। भारत के संविधान में जनतान्त्रिक अथवा लोकतान्त्रिक राज्य तथा समाज की परिकल्पना की गई है परन्तु इसे परिभाषित नहीं किया गया है।

यहाँ पर संक्षेप में जनतन्त्र की कुछ परिभाषाएँ दी जा रही हैं:

1. *जनतन्त्र शब्द की उत्पत्ति (Origin of the Word Democracy)*: जनतन्त्र का अंग्रेजी पर्याय शब्द Democracy (डेमोक्रेसी) है जो दो यूनानी शब्दों से मिलकर बना है–'*Demo*' (डेमो) का अर्थ है–'People' (जनता)। '*Kratos*' or '*Karatia*' अर्थात् शक्ति अथवा 'शासन'। इस प्रकार लोकतन्त्र का अर्थ हुआ–'जनता की शक्ति अथवा जनता का शासन'।

2. *अरस्तु (Aristotle)*—384-322 BC: "जनतन्त्र बहुजनों की सरकार है।"

3. *लार्ड ब्राइस (Lord Bryce)*: "जनतन्त्र एक ऐसी सरकार है जिसमें शासन करने की शक्ति किसी व्यक्ति अथवा वर्ग के हाथों में न होकर समस्त जनता के हाथों में सामूहिक रूप से होती है।"

4. *सीले (Seeley)*: "जनतन्त्र वह सरकार है जिसमें प्रत्येक व्यक्ति भाग लेता है।"

5. *बोडे (Bode)*: "जनतन्त्र जीवनयापन की एक पद्धति है जिसका अर्थ है जीवन के प्रत्येक पक्ष को प्रभावित करना।"

6. *मैजिनी (Mazzine)*: "सच्चे जनतन्त्र का अर्थ है–सबसे योग्य तथा सबसे अच्छे नेतृत्व में सबका सबके द्वारा विकास।"

7. *अब्रहम लिंकन (Abraham Lincon)*: अमेरिका के सुप्रसिद्ध राष्ट्रपति–"जनता का, जनता द्वारा और जनता के लिए शासन"।

8. *रायबर्न (Ryburn)*: "जनतन्त्र ऐसी व्यवस्था है जिसमें प्रत्येक नागरिक समाज का तथा समाज प्रत्येक व्यक्ति का अधिक से अधिक कल्याण का प्रयास करता है"।

9. *डियूवी (Dewey)*: "लोकतन्त्र केवल सरकार का रूप न होकर, उससे कहीं अधिक है। यह मूलत: सहयोगी जीवन की पद्धति है।"

10. *एलगजेंडर ग्रोथ (Alexander Growth)*: "लोकतन्त्र का अर्थ है–बहुसंख्या का शासन जिसमें अल्पसंख्यकों के अधिकारों की सुरक्षा है।"

11. *डॉ. राधाकृष्णन विश्वविद्यालय आयोग (Dr. Radhakrishnan University Education Commission)*: "जनतन्त्र जीवनयापन का एक ढंग है न कि केवल एक राजनैतिक व्यवस्था। यह उन अधिकारों तथा स्वतन्त्रता के सिद्धान्तों पर आधारित है जो किसी अमुक व्यक्ति, धर्म, लिंग अथवा आर्थिक स्थिति के भेद-भाव से ऊपर उठकर सब पर समान रूप से लागू होते हैं।"

12. *मैकसी (Maxey)*: "लोकतन्त्र किसी एक राजनैतिक नुस्खा या नियम नहीं रह गया है। यह मात्र राजनैतिक अवस्था भी नहीं है। यह तो एक विशेष प्रकार की जीवन पद्धति की खोज है।"

29.6 जनतन्त्र की विशेषताएँ (Characteristics of Democracy)

ऊपर दी गई परिभाषाओं के आधार पर जनतन्त्र की निम्न विशेषताएँ दृष्टिगोचर होती हैं:

1. जनतन्त्र एक जीवनशैली है।
2. जनतन्त्र शासन की वह पद्धति है जिसमें जनता स्वयं अपने प्रतिनिधि चुनती है।
3. जनतन्त्र जनता की इच्छा शक्ति है।
4. जनतन्त्र में जनता का प्रभुत्व है।
5. जनता उन प्रतिनिधियों को चुनने का प्रयास करती है जो उनकी आवश्यकताओं तथा आकांक्षाओं का प्रतिनिधित्व करते हैं।
6. जनतन्त्र में सभी वयस्कों को मत का अधिकार दिया जाता है।
7. जनतन्त्र में जनता के मूल अधिकार होते हैं।
8. जनतन्त्र में चुनाव में खड़े होने का सामान्यत: बिना किसी भेदभाव के सभी को अधिकार होता है।
9. जनतन्त्र में चुनाव के माध्यम से जनता को सरकार बनाने तथा बदलने का अधिकार होता है।
10. जनतन्त्र में प्राय: कई राजनैतिक दल होते हैं।
11. जनतन्त्र में चुनाव प्राय: नियमित रूप से होते हैं।
12. जनतन्त्र में व्यक्ति की गरिमा को आदर दिया जाता है।
13. जनतन्त्र में सत्ता का विकेन्द्रीयकरण रहता है।
14. जनतन्त्र में नागरिकों की तर्क शक्ति में विश्वास किया जाता है।
15. जनतन्त्र में विचार अभिव्यक्ति की स्वतन्त्रता रहती है।
16. जनतन्त्र में तीन अंग अर्थात कार्यपालिका (Executive), विधानपालिका (Legislative) तथा न्यायपालिका (Judiciary) के स्पष्ट कार्य तथा अधिकार रहते हैं।
17. जनतन्त्र में साफ-सुथरे चुनाव कराने के लिए स्वतन्त्र चुनाव आयोग (Election Commission) होता है।

29.7 जनतन्त्र के मूल सिद्धान्त (Basic Principles of Democracy)

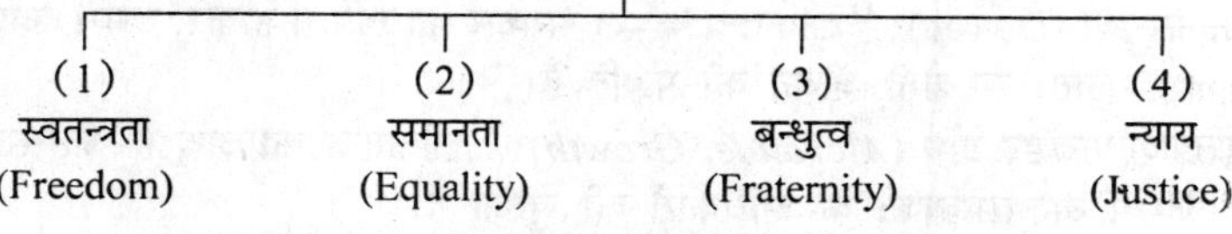

29.8 जनतन्त्र के मूल्य (Values of Democracy)

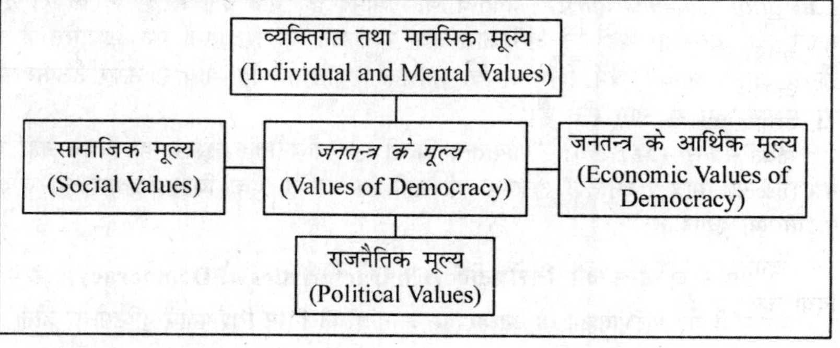

जनतन्त्र के राजनैतिक मूल्य (Political Values of Democracy): लोकन्त्र में सभी प्रौढ़ों (स्त्री-पुरुष) को मत का अधिकार प्राप्त रहता है। समाचार पत्रों को स्वतन्त्रता होती है तथा सरकार का उन पर नियन्त्रण नहीं होता है। शासन का विकेन्द्रीयकरण होता है। अनेक राजनैतिक दल चुनावों में भाग लेते हैं।

जनतन्त्र के सामाजिक मूल्य (Social Values of Democracy): लोकतन्त्र में सामाजिक दृष्टि से कोई ऊँच-नीच नहीं होता है। लोकतन्त्र की मान्यता है कि धर्म, जाति, वंश व लिंग आदि के आधार पर मानव जीवन में भेद-भाव की दीवारें न खड़ी की जाएँ।

जनतन्त्र के व्यक्तिगत तथा मानसिक मूल्य (Individual and Mental Values of Democracy): लोकतन्त्र में हिंसा के स्थान पर तर्क को प्रधानता दी जाती है। सहनशक्ति तथा उदारता के मूल्यों पर बल दिया जाता है।

लोकतन्त्र के आर्थिक मूल्य (Economic Values of Democracy): लोकतन्त्र में आर्थिक शोषण के लिए कोई स्थान नहीं है। श्रमिक संघों पर सरकार का नियन्त्रण नहीं होता है। प्रत्येक नागरिक को आवास, शिक्षा, स्वास्थ्य तथा संस्कृति आदि की आधारभूत सुविधाएँ प्रदान करने के प्रयास किए जाते हैं। उद्योग धन्धों पर सरकारी नियन्त्रण सीमित मात्रा में रहता है। प्रत्येक व्यक्ति को उचित रोजगार उपलब्ध कराने के प्रयास किए जाते हैं।

29.9 जनतन्त्र के विभिन्न पक्ष (Various Dimensions of Democracy)

(1) आर्थिक जनतन्त्र	(2) राजनैतिक जनतन्त्र	(3) सामाजिक जनतन्त्र	(4) नैतिक जनतन्त्र	(5) शैक्षिक जनतन्त्र
1. जहाँ तक सम्भव हो आर्थिक समानता 2. नागरिकों की बुनियादी आवश्यकताओं की पूर्ति। 3. आर्थिक गतिविधियों में बराबरी के अवसर 4. अभाव से मुक्ति (Freedom from want)	1. जनता की सरकार में भागेदारी 2. वयस्क मताधिकार 3. सत्ता का विकेन्द्रीयकरण 4. चुनाव 5. राजनैतिक दल बनाने की स्वतन्त्रता	1. बराबरी बिना किसी भेद-भाव के 2. विकास के बराबर अवसर	1. चारित्रिक मूल्यों पर बल। 2. हिंसा में आस्था	1. शिक्षा के अवसरों में समानता 2. प्राथमिक स्तर पर सभी के लिए नि:शुल्क तथा अनिवार्य शिक्षा 3. व्यक्ति का सर्वांगीण विकास 4. प्रौढ़ शिक्षा 5. शिक्षा का विकेन्द्रीयकरण

जनतन्त्र के प्रमुख मूल्यों को 'Democracy' शब्द के प्रत्येक वर्ण के सन्दर्भ में नीचे दिया जा रहा है:

D stands for — Division of Authority or Power अर्थात् सत्ता बँटवारा सत्ता में भागेदारी।
— Duty कर्त्तव्यपरायणता
— Dignity of Individual — व्यक्ति की गरिमा

E stands for — Equality — समानता

M stands for — Mass Education — जन शिक्षा

O stands for — Objectivity — वस्तुनिष्ठ दृष्टिकोण

R stands for — Relationship between rights and duties — अधिकारों तथा कर्त्तव्यों का उचित सम्बन्ध
— Respect for other's point of view — दूसरों के विचारों को मान देना।
— Rational approach — तर्क संगत दृष्टिकोण

A stands for — Appreciation for others faiths and views — दूसरों के धर्मों, विश्वासों तथा विचारों का आदर करना।
— Adult education प्रौढ़ शिक्षा

Y stands for — Yearning for peace and living together — शान्तिपूर्वक मिलजुलकर रहने की उत्कण्ठा।

29.10 जनतन्त्र के बारे में भ्रान्ति (Misconception Regarding Origin of Democracy)

प्राय: यह माना जाता है कि जनतन्त्र पश्चिमी देशों की देन है। परन्तु यह धारणा सत्य नहीं है। प्राचीन भारत में आर्य युग अथवा वैदिक युग में 'सभा' तथा समिति का विवरण मिलता है।

छटी शताब्दी (ई.पू.) भारत के अनेक जनतन्त्र अथवा गणतन्त्र थे। महात्मा गौतमबुद्ध का जन्म शाक्य गणराज्य में हुआ था। शाक्य संघ का 'प्रधान' राष्ट्रपति की भांति चुना जाता था।

गणतन्त्रों के बारे में जानकारी हमें बौद्ध साहित्य, महान व्याकरण पाणिनि तथा कौटिल्य के अर्थशास्त्र तथा अनेक यूनानी लेखकों की रचना से मिलती है।

प्राचीन भारत में गणतन्त्र के लिए दो शब्दों अर्थात् 'जन' तथा 'संघ' का उल्लेख मिलता है।

अर्थशास्त्र ग्रन्थ में अनेक गणतन्त्रों का उल्लेख मिलता है। प्रत्येक गणतन्त्र की अपनी विशेषताएँ थीं। उदाहरणार्थ *मद* गणतन्त्र ज्ञान के क्षेत्र में, *कठ* वीरता के क्षेत्र में तथा *शाक्य* गणतन्त्र विधि व्यवस्था के क्षेत्र में प्रसिद्ध थे। ग्यारहवीं शताब्दी में दक्षिण भारत में चोल प्रशासन में स्थानीय शासन में चुनावों का विशेष महत्व है। चुनावों में प्रत्याशी (Candidate) बनने के लिए अनेक शर्तें थीं। प्रमुख शर्तें इस प्रकार थीं:

1. प्रत्याशी इस योग्य हो कि वह दूसरों को पढ़ा सके। 2. प्रत्याशी का चरित्र शुद्ध हो। 3. प्रत्याशी मदिरा पान से मुक्त हो। 4. प्रत्याशी ने कोई अपराध न किया हो। 5. प्रत्याशी ने चोरी न की हो।

पश्चिम में यूनान देश को 'जनतन्त्र का पालना' (Cradle of Democracy) कहा गया है।

29.11 संसार में जनतन्त्र प्रणाली का विकास (Development of Democracy in the World)

नीचे चित्र में विश्व में जनतन्त्र का विकास दर्शाया गया है:

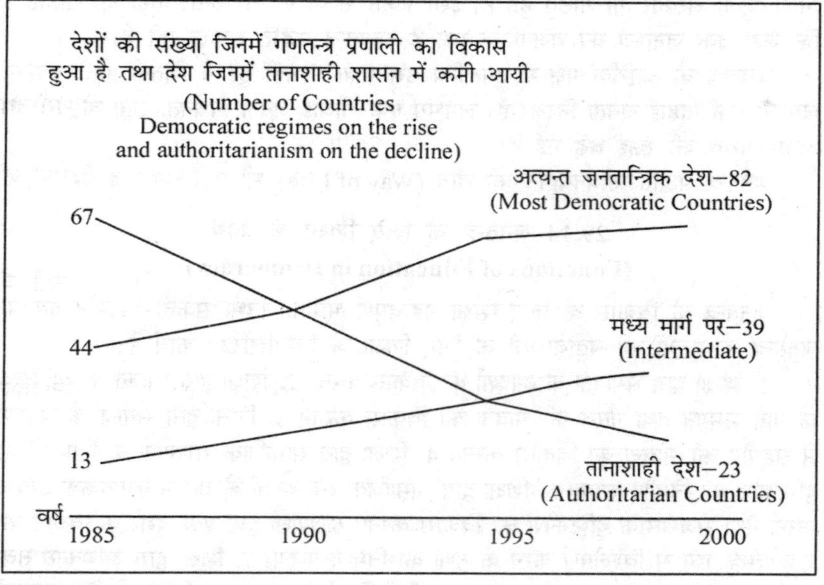

चित्र 29.1: संसार में जनतन्त्र प्रणाली का विकास (Progress of Democracy)

29.12 जनतन्त्र का मूल्यांकन (Evaluation of Democracy)

जनतन्त्र के गुण (Merits of Democracy): 1. जनतन्त्र समानता पर आधारित है। 2. जनतन्त्र समता पर आधारित है। 3. जनतन्त्र 'जनता का, जनता द्वारा और जनता के लिए शासन' की अवधारणा पर आधारित है। 4. जनता अपनी सरकार यदि वह ठीक प्रकार से कार्य न कर सके, शान्तिपूर्वक ढंग से बदल सकती है। 5. जनतन्त्र व्यक्ति के व्यक्तित्व का आदर करता है। 6. जनतन्त्र में प्रत्येक व्यक्ति को अपने विकास के लिए पर्याप्त अवसर प्राप्त होते हैं। 7. जनतन्त्र में किसी को मनमानी करने की स्वतन्त्रता नहीं है। 8. जनतन्त्र राष्ट्रीय तथा व्यक्तिगत चरित्र का निर्माण करता है।

जनतन्त्र की सीमाएँ (Limitations of Democracy): 1. प्रजातन्त्र बहुमत का शासन है। बहुमत पर आधारित योग्यता की उपेक्षा भी कर सकता है। 2. बहुमत अल्पमत की अवहेलना भी कर सकता है। 3. प्रजातन्त्र संख्या पर आधारित है न कि गुणों पर। 4. प्रजातांत्रिक प्रणाली बहुत खर्चीली है। 5. मतदाता की उदासीनता रहती है। 6. जनता में गुटबन्दी बढ़ जाती है। 7. चुनाव जातिवाद तथा साम्प्रदायिकता को बढ़ावा देते हैं। 8. चुनावों में अनैतिक मूल्य जनतन्त्र की गरिमा को कम करते हैं। 9. अनेक अत्यन्त ईमानदार व्यक्ति चुनाव नहीं लड़ते हैं। अतः समाज उनकी योग्यता तथा कौशल का लाभ नहीं उठा सकता।

29.13 भारत में जनतन्त्र का मूल्यांकन (Evaluation of Democracy in India)

स्वतन्त्र भारत में चौदह जनरल चुनाव हुए हैं। कुल मिलाकर कहा जा सकता है कि चुनाव शान्तिपूर्वक रहे हैं। केन्द्र में समय-समय पर विभिन्न दलों का शासन रहा है। मिली-जुली सरकारें भी गठित हुई हैं। इसी प्रकार राज्यों में भी। अत: कहा जा सकता है कि जहाँ तक जनतन्त्र का राजनैतिक पक्ष है, जनतन्त्र पद्धति सफल रही है।

जनतन्त्र के आर्थिक पक्ष में उपलब्धि उस मात्रा में नहीं हुई है जितनी होनी चाहिए। लगभग एक तिहाई जनता निरक्षर है। लगभग एक चौथाई जनता निर्धनता रेखा के नीचे है। अमीर-गरीब की खाई बढ़ गई है।

जनतन्त्र पद्धति जीवनयापन की रीति (Way of Life) भी नहीं बन पाई है।

29.14 जनतन्त्र के लिए शिक्षा के कार्य (Functions of Education in Democracy)

जनतन्त्र के विकास के लिए शिक्षा महत्वपूर्ण भूमिका निभा सकती है। मोटे तौर पर जनतन्त्र के मूल्यों को बढ़ावा देने के लिए शिक्षा के निम्नलिखित कार्य हैं:

1. शिक्षा द्वारा समानता के आदर्शों का विकास करना। 2. शिक्षा द्वारा व्यक्ति के व्यक्तित्व के प्रति सम्मान तथा गौरव की भावना का विकास करना। 3. शिक्षा द्वारा समाज के सदस्यों में सहयोग की भावना का विकास करना। 4. शिक्षा द्वारा सामाजिक संस्थाओं के लिए उचित दृष्टिकोण का निर्माण करना। 5. शिक्षा द्वारा सामाजिक समस्याओं के बारे में जागरुकता उत्पन्न करना तथा सृजनात्मक दृष्टिकोण का विकास करना। 6. शिक्षा द्वारा एक-दूसरे के विचारों का सृजनात्मक ढंग से विश्लेषण करने के गुणों का निर्माण करना। 7. शिक्षा द्वारा अधिकारों तथा कर्त्तव्यों के बीच समन्वय करने का गुण छात्रों में विकसित करना। 8. शिक्षा के क्रियाकलापों में सहभागिता बढ़ाना। 9. शिक्षा के संचालन में छात्रों को इस प्रकार के प्रशिक्षण के अवसर प्रदान करना जिनसे जनतन्त्र के मूल्यों को बढ़ावा मिले। 10. शिक्षा द्वारा आलोचनात्मक एवं वस्तुनिष्ठ चिन्तन का विकास करना। 11. आत्मअभिव्यक्ति का विकास करना। 12. सामूहिक जीवन को प्रोत्साहित करना। 13. चरित्र का निर्माण करना।

जनतान्त्रिक शिक्षा की मुख्य विशेषताएँ (Main Features of Democratic Education): 1. समान अवसर प्रदान करना (Providing Equal Opportunities)

2. व्यक्तिगत भिन्नताओं का आदर (Recognition of Individual Differences)
3. सार्वभौमिक तथा अनिवार्य शिक्षा (Universal and Compulsory Education)
4. नि:शुल्क प्राथमिक शिक्षा (Free Elementary Education)
5. बाल-केन्द्रित शिक्षा (Child Centred Education)
6. सार्वभौमिक प्रौढ़ शिक्षा (Universal Adult Education)
7. प्रगतिशील शिक्षण पद्धतियाँ (Progressive Methods of Teaching)
8. सामाजिक क्रियाएँ (Social Activities)
9. छात्र के व्यक्तित्व का अध्ययन (Study of the Individual Child)
10. छात्र स्वशासन (Student Self-government)
11. अध्यापक के व्यक्तित्व का आदर (Respect for Teacher's Personality)

12. जनतान्त्रिक स्कूल प्रबन्ध (Democratic School Management)
13. शिक्षा प्रशासन का विकेन्द्रीकरण (Democratisation of Educational Administration)
14. बुद्धि परीक्षण (Intelligence Test)
15. शिक्षा में सहभागिता (Partnership in Education)
16. नागरिकता के लिए प्रशिक्षण (Training for Citizenship)
17. समुदाय केन्द्रित शिक्षा (Community Centred Education)

29.15 शिक्षा में जनतान्त्रिक विचारधारा का प्रभाव (Impact of Democratic Thought on Education)

शिक्षा के विभिन्न पक्षों पर जनतन्त्रीय विचारधारा का अपूर्व प्रभाव पड़ा है। यहाँ पर संक्षेप में इसका विवरण दिया गया है:

1. जनतन्त्र में शिक्षा की आवश्यकता (Need for Education in Democracy): *ड्यूवी* ने जनतन्त्र के लिए शिक्षा की आवश्यकता पर बल देते हुए कहा, "जनतन्त्र में इस प्रकार की शिक्षा होनी चाहिए, जिससे व्यक्तियों को प्रभावी सामाजिक सम्बन्धों और उनके नियन्त्रण में व्यक्तिगत रुचि हो तथा उनमें ऐसी आदतों तथा मूल्यों का निर्माण हो जिनसे अव्यवस्था उत्पन्न हुए बिना वांछनीय सामाजिक परिवर्तनों का होना सम्भव हो सके।"

जनतन्त्र में शिक्षा का आदर्श–उच्च लक्ष्यों के लिए व्यक्ति तथा समाज का निर्माण (Ideal of Education in Democracy: Training of the Individual and Society for Higher Values): *हेनरी वन डाईक* ने लिखा है, "लोकतन्त्र में शिक्षा का लक्ष्य रचनात्मक है–नए प्रकार के मूल्यों का निर्माण करना जो जनतन्त्र तथा मानव जाति के लिए अधिक से अधिक उपयोगी सिद्ध हों।"

माध्यमिक शिक्षा आयोग (1952-53) ने जनतन्त्र के शिक्षा में आदर्शों के बारे में इस प्रकार विचार व्यक्त किया है, "छात्रों के इस प्रकार चरित्र निर्माण के प्रशिक्षण की व्यवस्था की जाए कि वे रचनात्मक ढंग से सामाजिक व्यवस्था में भाग ले सकें तथा उनकी व्यावसायिक कुशलता में उन्नति की जा सके जिससे वे देश की आर्थिक प्रगति में योगदान दे सकें।"

2. जनतन्त्र में शिक्षा के उद्देश्य (Objectives of Education in democracy): जनतन्त्र में शिक्षा के निम्न उद्देश्य होने चाहिए:

(i) जनतन्त्र नागरिकता का विकास। (ii) मिलजुलकर रहने की कला में प्रशिक्षण। (iii) व्यावसायिक कुशलता की उन्नति। (iv) नेतृत्व के लिए शिक्षा।

3. समान अवसरों का प्रदान करना (Providing Equality of Opportunity): जनतन्त्र में शिक्षा प्राप्त करने के अधिकार बिना किसी भेदभाव के, लिंग, जाति, धर्म इत्यादि के सभी को समान प्राप्त होने चाहिएँ।

4. व्यक्तिगत भिन्नता का आदर (Respect for Individual Differences): जनतन्त्र प्रत्येक व्यक्ति के हित के लिए है। अत: शिक्षा प्रणाली ऐसी हो कि प्रत्येक बालक को उसकी समस्त शक्तियों के विकास हेतु समान अवसर प्रदान किए जाएँ, विशेषकर मन्दबुद्धि वाले तथा प्रखर बुद्धि वाले छात्रों की रुचियों, योग्यताओं तथा क्षमताओं को ध्यान में रखा जाना चाहिए।

5. सार्वभौमिक तथा अनिवार्य शिक्षा (Universal and Compulsory Education): जनतन्त्र की सफलता के लिए आवश्यक है कि नागरिक अपने अधिकारों तथा कर्त्तव्यों के बारे में सजग रहे। शिक्षा एक ऐसा साधन है जिसके द्वारा यह कार्य किया जा सकता है। अत: जनतन्त्र में एक निश्चित स्तर तक सभी बच्चों के लिए अनिवार्य शिक्षा का प्रबन्ध किया जाना चाहिए।

6. नि:शुल्क शिक्षा (Free Education): जनतन्त्र में शिक्षा प्रत्येक व्यक्ति का जन्मसिद्ध अधिकार है। प्राय: सभी प्रगतिशील देशों में इस बात का प्रयास किया जा रहा है कि शिक्षा को सभी स्कूल स्तरों पर नि:शुल्क बनाया जाए।

7. प्रौढ़ शिक्षा की व्यवस्था (Arrangement for Adult Education): जनतन्त्र की सफलता के लिए आवश्यक है कि प्रत्येक प्रौढ़ शिक्षित हो। अत: प्रौढ़ शिक्षा के विस्तृत कार्यक्रम बनाए जा रहे हैं।

शिक्षा का परम उद्देश्य यह है कि घर-घर और जन-जन में ज्ञान का प्रकाश फैलायें। स्वामी विवेकानन्द ने ठीक ही लिखा है, ''मेरे विचार से जनता की अवहेलना महान् राष्ट्रीय पाप है। कोई भी राजनीति उस समय तक सफल नहीं होगी, जब तक कि भारत की जनता एक बार फिर अच्छी प्रकार से शिक्षित न हो जायेगी।''

8. शैक्षिक प्रशासन का विकेन्द्रीकरण (Decentralisation of Educational Administration): जनतन्त्र में केन्द्रीय सरकार, राज्य सरकारें, स्थानीय प्रबन्ध आदि संस्थाएँ शैक्षिक प्रशासन का कार्य करती हैं। इनमें अधिकारों तथा कर्त्तव्यों का बँटवारा किया जाता है।

9. शिक्षा में समस्त अभिकरणों में सहयोग (Co-operation of All Agencies): जनतन्त्र में शिक्षा के समस्त साधनों अर्थात् परिवार, स्कूल, समुदाय, धर्म एवं राज्य आदि में परस्पर सहयोग होना चाहिए।

10. जनतन्त्र तथा पाठ्यक्रम (Democracy and Curriculum): जनतन्त्र में पाठ्यक्रम 3 A's (Age, Ability and Aptitude) के अनुसार होना चाहिए। इस दृष्टि से जनतन्त्रीय पाठ्यक्रम निम्नलिखित सिद्धान्तों पर आधारित है:

(i) *बहुमुखी (Diversified)*: जनतन्त्रीय पाठ्यक्रम में विद्यार्थी अपनी रुचि, अभिरुचि के अनुसार विषयों का चुनाव कर सकते हैं।

(ii) *सामाजिक क्रियाओं पर बल*: कार्यक्रम में ऐसी क्रियाओं का प्रबन्ध किया जाता है जिनमें भाग लेकर छात्रों में सामाजिक भावना का विकास हो।

(iii) *व्यावसायिक आवश्यकताओं की पूर्ति (Meeting Vocational Needs)*: पाठ्यक्रम में व्यावसायिक आवश्यकताओं की भी पूर्ति की जाती है जिससे व्यक्ति को व्यवसाय चुनने में सुविधा हो।

(iv) *पाठ्यक्रम का लचीलापन (Flexibility in Curriculum)*: पाठ्यक्रम इस प्रकार से निर्मित किया जाए कि इसमें समय, स्थान तथा प्रगति एवं आवश्यकतानुसार परिवर्तन किया जा सके।

(v) *क्रिया पर बल (Stress on Activity)*: जनतन्त्रीय पाठ्यक्रम में इस प्रकार की स्थितियाँ प्रदान की जाती हैं कि छात्र निजी अनुभवों द्वारा सीख सकें।

(vi) *अवकाशकाल पाठ्यक्रम की व्यवस्था (Provision for Part Time Curriculum)*:

अवकाशकाल का सदुपयोग करने के लिए जनतन्त्रीय पाठ्यक्रम में अनेक क्रियाओं का प्रबन्ध किया जाता है।

11. जनतन्त्र तथा शिक्षण पद्धतियाँ (Democracy and Methods of Teaching): जनतन्त्रीय शिक्षण पद्धति में छात्रों को स्वयं क्रिया द्वारा अनुभव प्राप्त करने की अधिकतम स्वतन्त्रता होती है। उन्हें अन्वेषण करने के लिए स्वतन्त्र छोड़ दिया जाता है। प्रॉजेक्ट पद्धति (Project Method), डाल्टन पद्धति (Dalton Method), ह्यूरिस्टिक पद्धति (Heuristic Method), प्रयोगशाला पद्धति (Laboratory Method), एवं प्रयोगात्मक पद्धति (Experimental Method) आदि पर बल दिया जाता है।

12. जनतन्त्र तथा अनुशासन (Democracy and Discipline): जनतन्त्रीय अनुशासन निम्नलिखित बातों पर आधारित रहता है:

(i) छात्रों का स्कूल प्रबन्ध में भाग लेना। (ii) छात्रों को उनके विकास के लिए पयाप्त स्वतन्त्रता देना। (iii) विद्यालय में विद्यार्थी परिषद्, विद्यार्थी लोकसभा आदि को संगठित करना। (iv) विद्यालय में छात्रों को विभिन्न क्रियाओं में भाग लेने के पर्याप्त अवसर प्रदान करना। (v) छात्रों को अपने कर्त्तव्यों तथा अधिकारों के प्रति जागरूक रखना।

13. जनतन्त्र तथा शिक्षक (Democracy and Education): जनतन्त्र में शिक्षक एक मित्र, पथ-प्रदर्शक तथा समाज सुधारक के रूप में कार्य करता है। ऐसे शिक्षक में निम्नलिखित गुणों का होना वांछनीय है:

(i) जनतन्त्रीय व्यवस्था में शिक्षक जनतन्त्र के मूल्यों से ओत-प्रोत होना चाहिए ताकि वह अपने छात्रों में इन मूल्यों का विकास कर सके। (ii) जनतन्त्रीय व्यवस्था में शिक्षक प्रत्येक बालक को पवित्र निधि समझें। (iii) प्रत्येक बालक के व्यक्तित्व का आदर करें। (iv) छात्रों की व्यक्तिगत रुचियों के विकास के लिए अवसर प्रदान करें। (v) ऐसा वातावरण निर्माण करने का प्रयास करें जिसमें रहते हुए बालक का सर्वांगीण विकास होता रहे। (vi) छात्रों के अभिभावकों से सहयोग प्राप्त करें। (vii) छात्रों को अपने अधिकारों के तथा कर्त्तव्यों के बारे में जागरूक रखें।

14. जनतन्त्र तथा स्कूल प्रशासन (Democracy and School Administration): जनतन्त्रीय स्कूल व्यवस्था में निम्नलिखित विशेषताएँ पाई जानी चाहिए:

(i) स्कूल का प्रशासन शिक्षक, प्रधानाचार्य, बालकों तथा उनके अभिभावकों के सहयोग से चलना चाहिए। (ii) शिक्षकों की पहल शक्ति को बढ़ावा दिया जाना चाहिए। (iii) प्रधानाचार्य तानाशाही ढंग से कार्य न करें। (iv) प्रधानाचार्य अध्यापकों का परामर्श समय-समय पर लेता रहे। (v) विद्यालय निरीक्षक जनतन्त्रीय भावना को ध्यान में रखकर कार्य करे। (vi) विद्यालय में स्वशासन की व्यवस्था की जाए तथा छात्रों को उचित प्रशिक्षण दिया जाए।

29.16 छात्रों में प्रजातान्त्रिक मूल्यों का विकास करने में स्कूल तथा अध्यापकों की भूमिका (Role of the School and Teachers in Developing Democratic Values among Students)

स्कूल तथा अध्यापकों का छात्रों में जनतांत्रिक मूल्यों का विकास करने में महत्वपूर्ण

स्थान है। स्कूल एक सामाजिक संस्था है तथा इसने समाज के मूल्यों तथा आदर्शों को बढ़ावा देना है। एक जनतान्त्रिक समाज आशा करता है कि स्कूल यह उत्तरदायित्व सुचारू रूप से निभाए। इस सन्दर्भ में निम्नलिखित उपाय अत्यन्त प्रभावी हो सकते हैं:

1. स्कूल का सम्पूर्ण वातावरण जनतान्त्रिक मूल्यों से ओत-प्रोत हो।
2. स्कूल प्रशासन तथा व्यवस्था जनतान्त्रिक पद्धति पर आधारित हो। अध्यापकों को इसमें भागीदार बनाया जाए।
3. स्कूल का मुख्याध्यापक जनतान्त्रिक मूल्यों में विश्वास रखे तथा उन पर आचरण करे।
4. प्रवेश के समान अवसर हों।
5. अध्यापकों की नियुक्ति योग्यता के आधार पर हो।
6. प्रत्येक अध्यापक को अपने विचार प्रकट करने की स्वतन्त्रता हो।
7. विद्यालय-प्रबन्ध में छात्रों की भागेदारी को उचित स्थान दिया जाए।
8. विद्यालय में छात्र स्वशासन को उचित स्थान दिया जाए।
9. समूह कार्य को बढ़ावा दिया जाए।
10. 'करके सीखने' पर बल दिया जाए।
11. प्रोजेक्ट पद्धति को आवश्यकतानुसार प्रयोग में लाया जाए।
12. श्रम के प्रति आदर की भावना का निर्माण किया जाए।
13. विद्यालय में छात्रों को विषयों के चुनाव के अवसर दिए जाएँ।
14. अनुशासन आत्म-अनुशासन तथा सामाजिक अनुशासन का रूप ले।
15. प्रत्येक छात्र के साथ पक्षपातरहित बर्ताव किया जाए।
16. छात्रों को विचार अभिव्यक्ति के उचित अवसर दिए जाएँ।
17. अध्यापक का बर्ताव गरीब-अमीर छात्रों के साथ एक जैसा हो।
18. आवासीय स्कूलों की स्थापना की जाए ताकि छात्रों को 'मिल-जुलकर रहने की कला' में प्रशिक्षण प्राप्त हो सके।
19. समय-समय पर शिविरों का आयोजन किया जाए।
20. छात्रों को संसद, राज्य विधान सभाओं तथा पंचायती राज संस्थाओं के सैशन देखने के अवसर प्रदान किए जाएँ।
21. सामुदायिक सेवा के कार्यक्रमों में भाग लेने के लिए छात्रों को पर्याप्त अवसर दिए जाएँ।

30

समाज का समाजवादी ढांचा
(Socialist Pattern of Society)

30.1 समाज के समाजवादी ढांचे का अर्थ (Meaning of Socialist Pattern of Society)

समाज के समाजवादी ढाँचे का अर्थ उस ढाँचे से है जो समाजवाद के सिद्धान्तों तथा मूल्यों पर आधारित रहता है। अत: पहले समाजवाद के अर्थ पर प्रकाश डालना आवश्यक है।

समाजवाद के अर्थ के बारे में विचारकों के अनेक मत हैं। यहाँ पर उनमें से कुछ चुने हुए मतों का उल्लेख किया गया है।

1. ह्यूबर्ट ब्लैण्ड (*Hurbert Bland*) के अनुसार ''समाजवाद का अर्थ उत्पादन तथा वितरण के साधनों पर समाज का स्वामित्व स्थापित करना है ताकि समाज के सभी सदस्य उसका लाभ उठा सकें।''

2. *जी.डी.एच. कोल* (*G.D.H. Cole*) ने समाजवाद के चार तत्त्वों पर प्रकाश डाला है। प्रथम, एक ऐसी सामाजिक व्यवस्था जिसमें बन्धुता या भाईचारे की भावना विद्यमान हो। द्वितीय, एक ऐसी अर्थव्यवस्था जिसमें एक ओर बहुत ज्यादा अमीरी और दूसरी ओर बहुत अधिक निर्धनता न पाई जाए। तृतीय, उत्पादन के साधनों पर सम्पूर्ण समाज का स्वामित्व हो ताकि सभी के हित में उनका उपयोग हो सके। चतुर्थ, नागरिकों का यह दायित्व है कि वे अपने पूरे सामर्थ्य से एक-दूसरे की सेवा करें।

3. *रॉबर्ट* (*Robert*) ने समाजवाद के बारे में इस प्रकार विचार प्रकट किए हैं, "समाजवादी कार्यक्रम का केवल यह लक्ष्य है कि भूमि तथा उत्पादन के अन्य साधनों पर समाज का अधिकार स्थापित किया जाए। दूसरे शब्दों में उनका उपयोग जनता द्वारा, जनता के लाभ के लिए किया जाए"।

भारतीय समाजवादियों में जिन लोगों ने विशेष ख्याति अर्जित की, उनमें आचार्य नरेन्द्र देव, लोकनायक जय प्रकाश नारायण और डॉ. राममनोहर लोहिया के नाम उल्लेखनीय हैं। जय प्रकाश नारायण ने अपने ग्रन्थ '*समाजवाद क्यों*' (*Why Socialism?*) में समाजवाद को 'आर्थिक और सामाजिक पुर्नविर्नाण का सिद्धान्त' कहा है। उनके विचार में उत्पादन के साधन यदि समाज को उपलब्ध करा दिए जाएँ तो आर्थिक विषमताएँ बड़ी सीमा तक दूर की जा सकती है।

4. *इंग्लैण्ड की लेबर पार्टी (Labour Party)* के संविधान में समाजवादी कार्यक्रम को इस प्रकार दर्शाया है, "समाजवाद का उद्‌देश्य ऐसे समाज का निर्माण करना है जिसमें हाथ तथा मस्तिष्क से काम करने वाले लोगों को अपनी मेहनत का उचित पुरस्कार मिलें। धन का न्यायसंगत वितरण हो। उत्पादन के साधनों पर समाज का नियन्त्रण कायम किया जाए। प्रशासन को सच्चे अर्थों में लोकप्रिय बनाया जाए तथा हर धन्धे व हर सामाजिक सेवा का अच्छे से अच्छा प्रबन्ध किया जाए।"

पं. जवाहर लाल नेहरू ने कांग्रेस के लखनऊ अधिवेशन (1936) में अपने अध्यक्षीय भाषण में समाजवाद के बारे में अपने विचार इस प्रकार व्यक्त किए, "मेरा विश्वास है कि भारत तथा संसार की समस्याओं के समाधान की कुंजी समाजवाद में है" मैं समाजवाद को वैज्ञानिक तथा आर्थिक दृष्टिकोण से देखता हूँ। इसके लिए हमें अपने राजनैतिक तथा आर्थिक ढाँचे में क्रान्तिकारी परिवर्तन लाने हैं। उद्योग तथा भूमि पर से व्यक्तिगत सत्ता तथा स्वामित्व को कुछ अपवादों के अन्तर्गत समाप्त करना है। एक आदर्श सहकारिता सेवा अपनाकर मुनाफे पर आधारित व्यवस्था को तिलांजली देना है।"

गांधीजी समाजवाद को जीवन की एक शैली मानते थे। वे इसे 'सर्वोदय समाज' कहते थे जिसका लक्ष्य 'सबका अधिकतम भला' है। उन्होंने 1947 ई. में '*समाजवादी कौन है?*' शीर्षक से प्रकाशित एक लेख में समाजवाद की व्याख्या की। गांधीजी ने लिखा, ''समाजवाद में समाज के सभी सदस्य बराबर हैं। कोई नीचा नहीं है, कोई ऊँचा नहीं है। इसमें राजा और किसान, धनी और निर्धन, मालिक और नौकर सब एक ही स्तर पर हैं।'' उन्होंने यह भी कहा, ''समाजवाद को प्राप्त करने के लिए केवल सच्चे, अहिंसक और शुद्ध साधन चाहिए। केवल सच्चे, अहिंसक और शुद्ध हृदय वाले समाजवादी ही भारत में और संसार में समाजवादी समाज स्थापित कर सकेंगे।''

30.2 भारतीय समाजवाद की विशेषताएँ (Characteristics of Indian Socialism)

भारतीय समाजवाद की निम्नलिखित विशेषताएँ हैं:

1. यह आदमी और आदमी के बीच समानता पर आधारित है।
2. आर्थिक व्यवस्था मानव दृष्टिकोण पर आधारित है।
3. समाजवाद धन के लिए आदमी को बलि पर नहीं चढ़ाता।
4. यह वर्गरहित और जातिरहित समाज के निर्माण में विश्वास रखता है।
5. यह समानता, स्वतंत्रता और सामाजिक न्याय पर जोर देता है।
6. यह मिश्रित अर्थव्यवस्था में विश्वास रखता है अर्थात् सरकारी स्वामित्व भी और निजी स्वामित्व भी।
7. यह समाज के कमजोर वर्गों को विशेष सुविधाएँ उपलब्ध कराने पर ध्यान देता है।
8. यह सभी प्रकार के उद्योगों के विकास में विश्वास रखता है–बड़े, छोटे और कुटीर।
9. यह विचारों की मुक्त अभिव्यक्ति में विश्वास रखता है।
10. यह लोकतांत्रिक आदर्शों पर आधारित है।
11. यह लक्ष्यों की प्राप्ति के लिए 'अहिंसक' साधनों में विश्वास रखता है।

12. यह प्रशासन तथा आयोजना में विकेंद्रीकरण पर जोर देता है।
13. इसका लक्ष्य '*सर्वोदय समाज*' है।

30.3 समाजवाद की सीमाएँ (Limitations of Socialism)

1. कार्य करने की प्रेरणा का अभाव रहता है।
2. सरकार सभी उद्योगों का भली प्रकार से प्रबन्ध नहीं कर सकती।
3. नौकरशाही का बोलबाला रहता है (Bureaucracy Becomes Very Powerful)
4. व्यक्तिगत पहल शक्ति (Initiative) कम हो जाती है।
5. व्यक्तिगत स्वतन्त्रता सीमित हो जाती है।
6. कभी-कभी समाजवाद उग्र रूप धारण कर लेता है।
7. समाजवाद में सरकारी कामकाज की कुशलता में कमी आने की आशंका रहती है।

30.4 भारतीय समाज का समाजवादी ढाँचा (Socialist Pattern of Indian Society)

स्वतन्त्रता संग्राम के नेताओं ने स्वतन्त्र भारतीय समाज की परिकल्पना भी की थी। गांधी जी के कई आन्दोलनों से स्पष्ट होता है कि वे राजनैतिक स्वतन्त्रता के साथ-साथ सामाजिक पक्षों पर भी आधारित थी। उदाहरणार्थ खादी का विकास, घरेलू तथा कुटीर धन्धों का विकास, हरिजन सुधार आन्दोलन, नशाबंदी, बेसिक शिक्षा आन्दोलन आदि समाज में नए ढाँचे से सम्बन्धित थे। वर्ष 1937 में भारत के नौ राज्यों में (उस समय कुल 11 राज्य थे) भारतीय राष्ट्रीय कांग्रेस ने सरकारें गठित कीं। इन सरकारों ने कई ऐसे कार्य किए जो समाजवादी ढाँचे की तस्वीर प्रस्तुत करते हैं। उदाहरणार्थ: 1. श्रमिक संघों को अपनी गतिविधियाँ चलाने की अनुमति दी। 2. कृषि कानून पारित करके काश्तकारों को कई प्रकार के अधिकार दिए। ऋणग्रही किसानों की सुरक्षा की व्यवस्था की। 3. चुने हुए क्षेत्रों में नशाबन्दी लागू की। 4. खादी तथा कई कुटीर धन्धों को संरक्षण दिया। 5. बुनियादी शिक्षा को सामाजिक क्रान्ति का अग्रदूत माना।

30.5 समाज के सामाजिक ढ़ाँचे के निर्माण हेतु मूलभूत सिद्धान्त (Basic Principles for the Establishment of a Socialist Pattern of Society)

ऊपर दिए गए विवरण से यह स्पष्ट हो जाता है कि समाज के सामाजिक ढाँचे के निर्माण हेतु निम्नलिखित आधारभूत सिद्धान्त हैं:

1. समता का सिद्धान्त (Principle of Equality)
2. समान अधिकारों का सिद्धान्त (Principle of Equal Rights)
3. सभी को रोजगार उपलब्धि का सिद्धान्त (Principle of Providing Employment to Every Citizen)
4. सभी के लिए रोजगार के समान अवसरों का सिद्धान्त (Principle of Equality of Opportunity in Employment)
5. पर्याप्त भोजन व्यवस्था का सिद्धान्त (Principel of Adequate Food for All).
6. सभी के लिए स्वास्थ्य का सिद्धान्त (Principle of Health for All)

7. सामाजिक बराबरी का सिद्धान्त (Principle of Social Equality)

8. समान न्याय का अधिकार (Principle of Equal Justice)

9. काम का अधिकार (Principle of Right to Work)

10. शिक्षा का अधिकार (Principle of Education)

11. राष्ट्रीय सम्पदा के अधिकतम उत्पादन का सिद्धान्त (Principle of Maximum Production National Wealth)

12. अधिकतम राष्ट्रीय आत्मनिर्भरता का सिद्धान्त (Principle of Optimum National Self-Sufficiency)

13. सभी नागरिकों के व्यक्तित्व की गरिमा का सिद्धान्त (Principle of Self-Respect for All Citizens).

14. सामाजिक तथा आर्थिक न्याय का सिद्धान्त (Principle of Social and Economic Justice).

15. शान्तिपूर्ण, अहिंसात्मक तथा प्रजातान्त्रिक विधियों के प्रयोग का सिद्धान्त (Principle of the Use of Peaceful, Non-Violent and Democratic Methods)

16. शक्ति के विकेन्द्रीकरण का सिद्धान्त (Principle of Decentralisation of Power)

17. आधारभूत जीवन सुविधाओं के प्रावधान का सिद्धान्त (Principle of Providing Basic Necessities of Life)

30.6 भारतीय संविधान में समाज के समाजवादी ढाँचे की स्थापना संबंधी मुख्य प्रावधान

(Major Policy Provisions in the Constitution of India for the Establishment of a Socialist Pattern of Society)

1. भारतीय संविधान की प्रस्तावना (Preamble of Indian Constitution)
2. मौलिक अधिकारों का प्रावधान (Provision of Fundament Rights)
3. राज्य की नीति के निदेशक तत्व (Directive Principles of State Policy)
4. मूल कर्त्तव्य (Fundamental Duties)

I. भारतीय संविधान की प्रस्तावना (Preamble of the Constitution) : स्वतन्त्रता के पश्चात् भारत सरकार ने अपना लक्ष्य निर्धारित किया कि देश में एक ऐसी आर्थिक व्यवस्था कायम की जाए जो समता, न्याय तथा भाईचारे के सिद्धान्त पर आधारित हो। उस समय भारतीय शासन की बागडोर कांग्रेस के हाथों में थी। संविधान में अनेक ऐसे प्रावधान रखे गए जो भारतीय समाज के ढाँचे का स्वरूप प्रस्तुत करते थे। परन्तु भारत के संविधान में 'समाजवाद' शब्द का प्रयोग नहीं किया गया। वर्ष 1955 में कांग्रेस के आवड़ी अधिवेशन (Avadi Session) में यह प्रस्ताव पास किया गया कि, "नीति निदेशक सिद्धान्तों को लागू करने के लिए यह आवश्यक है कि हम नियोजित अर्थव्यवस्था का सहारा लें और विकास योजनाओं के माध्यम से देश में समाजवादी समाज की स्थापना करें।" सन् 1976 में भारतीय संविधान की प्रस्तावना में तीन शब्द 'पंथ निर्पेक्ष',

'समाजवाद' तथा 'अखण्डता' जोड़े गए। प्रस्तावना के निम्नलिखित शब्द समाजवादी ढाँचे के सूचक है:

(i) संपूर्ण प्रभुत्व (Sovereign)

(ii) समाजवादी (Socialist)

(iii) लोकतंत्रात्मक (Democratic)

(iv) सामाजिक, आर्थिक, राजनैतिक न्याय (Social, Economic, Political Justice)

(v) विचार, अभिव्यक्ति की स्वतन्त्रता (Freedom of Thought, Expression)

(vii) प्रतिष्ठा और अवसर की समानता (Equaltiy of Status and Opportunity)

(viii) व्यक्ति की गरिमा (Dignity of The Individual)

(ix) बन्धुता (Fraternity)

II मौलिक अधिकार (Fundamental Rights): इन का विवरण पहले दिया गया है।

III राज्य की नीति के निदेशक तत्व (राज्य की नीति के निदेशक सिद्धान्त): धारा 38 से लेकर 47 तक (Articles 38 to 47)। इन पर इसी अध्याय में पहले ही चर्चा की जा चुकी है।

IV मूलकर्त्तव्य (Fundamental Duties): *धारा 51*A(e)– भारत के प्रत्येक नागरिक का यह कर्त्तव्य होगा कि वह भारत के सभी लोगों में समरसता (Harmony) और समान भ्रातृभाव (Common Brotherhood) की भावना का निर्माण करे जो धर्म, भाषा और प्रदेश या वर्ग पर आधारित सभी भेदभाव से परे हो, ऐसी प्रथाओं (Practices) का त्याग करें जो स्त्रियों के सम्मान के विरूद्ध हो।

30.7 समाजवादी ढाँचा तथा शिक्षा (Education and Socialist Pattern of Society)

इस सन्दर्भ में दो बातों पर ध्यान देना होगा:

1. समाजवादी समाज के ढ़ाँचे के निर्माण में शिक्षा (Role of Education in Establishing a Socialist Pattern of Society): शिक्षा किस प्रकार से समाजवादी ढाँचे की संरचना में योगदान दे सकती है।

2. शिक्षा में समाजवादी ढ़ाँचे के अनुरूप प्रावधान (Provisions in Education in accordance with the Concept of a Socialist Pattern of Society): शिक्षा में किस प्रकार के सुधार किए जाएँ जो समाजवादी ढाँचे की आवश्यकताओं की पूर्ति में सहायक हों।

30.8 समाजवादी समाज के ढाँचे के निमार्ण में शिक्षा का योगदान (Role of Education is Establishing Socialist Pattern of Society)

समाजवादी समाज के ढाँचे के निर्माण में शिक्षा का महत्वपूर्ण योगदान हो सकता है। शिक्षा आयोग 1964–66 ने इस सन्दर्भ में शिक्षा को एक सशक्त साधन माना है। राष्ट्रीय शिक्षा नीति 1986 की 'भूमिका' पैरा 2 में कहा गया है, "भारत आर्थिक तथा तकनीकी दृष्टिकोण से इस मुकाम पर पहुँच गया है, अब एक ऐसे प्रबल प्रयास की आवश्यकता है

जो अपने साधनों का भरपूर इस्तेमाल करके जनता के हर वर्ग को लाभ पहुँचाए। शिक्षा इस लक्ष्य तक पहुँचने का प्रमुख माध्यम है।

पैरा 1.13 में कहा गया है कि शिक्षा का राष्ट्रीय संसाधनों के विकास में बहुत महत्वपूर्ण स्थान है।

पैरा 1.14 में इस बात पर बल दिया गया है कि नई पीढ़ियों में मानवीय मूल्यों तथा सामाजिक न्याय के आदर्शों को प्रतिष्ठित करने में शिक्षा का अनुपम योगदान है।

साधनों का उल्लेख नीचे किया जा रहा है:

1. शिक्षा के उद्देश्यों द्वारा समाजवादी समाज की विचारधारा को बढ़ावा देना।
2. छात्रों की उत्पादक कुशलता को बढ़ावा देना।
3. नैतिक मूल्यों का विकास करना।
4. छात्रों के सम्पूर्ण व्यक्तित्व का विकास करना।
5. पाठ्यक्रम का समाजवादी विचारों के अनुकूल होना।
6. पाठ्यक्रम में समाजवादी समाज के आदर्शों को उपयुक्त स्थान देना।
7. शिक्षण अधिगम विधियों में सुधार लाना।
8. अध्यापकों द्वारा समाजवादी समाज के आदर्शों में आस्था रखकर उन पर आचरण करना।
9. अध्यापकों द्वारा छात्रों से एक जैसा व्यवहार किया जाना।
10. विद्यालय को सामुदाय सेवा का केन्द्र बनाना।

30.9 समाजवादी ढाँचे के अनुरूप शिक्षा में प्रावधान करना (Provisions in Education in the Context of Socialistic Pattern of Society)

शिक्षा आयोग 1964-66 ने '*शिक्षा के अवसरों में समकरण की ओर*' (*Equalisation of Educational Opportunity*) छठे अध्याय का प्रारम्भ इन शब्दों में किया है, "शिक्षा का एक महत्वपूर्ण सामाजिक उद्देश्य है अवसर की समता प्रदान करना जिससे पिछड़े तथा दलित वर्ग शिक्षा के द्वारा अपनी स्थिति सुधार सकें। जो भी समाज सामाजिक न्याय को अपना आदर्श मानता है तथा आम आदमी की दशा सुधारना चाहता है, उसे वह व्यवस्था करनी होगी कि जनता के सब वर्गों को शिक्षा में अवसर की अधिक से अधिक समता प्राप्त हो।"

इस उद्देश्य की प्राप्ति के लिए शिक्षा व्यवस्था में निम्न उपायों की आवश्यकता पर शिक्षा आयोग ने बल दिया:

1. शिक्षा-व्यवस्था में सरकार की अधिक से अधिक भागीदारी का होना।
2. सभी वर्गों के लिए शिक्षा संस्थाओं में प्रवेश के लिए समान अवसर प्रदान करना।
3. निर्धन तथा पिछड़े वर्गों के बच्चों के लिए अच्छे स्कूलों में प्रवेश के लिए सुविधाएँ जुटाना।
4. ग्रामीण क्षेत्र के स्कूलों तथा शहरी क्षेत्र के स्कूलों में असमानता को कम करना। अर्थात् ग्रामीण स्कूलों में शिक्षा सम्बन्धी पर्याप्त सुविधाएँ उपलब्ध कराना।
5. स्कूलों में निर्धन छात्रों के लिए छात्रवृत्तियों का उचित प्रावधान करना।

6. निर्धन छात्रों के लिए नि:शुल्क पुस्तकें तथा स्कूल वर्दी का प्रावधान करना।
7. समान स्कूल (Common School) प्रणाली का अपनाना।
8. 'पड़ोस के स्कूल' (Neighbourhood School) पद्धति को अपनाना।
9. उच्च शिक्षा के लिए योग्यता के आधार पर प्रवेश देना।
10. शैक्षिक संस्थाओं में बड़े पैमाने पर पुस्तक बैंक स्थापित करना।
11. अधिक से अधिक सरकारी स्कूल खोलना तथा उनमें शिक्षा की गुणवत्ता पर विशेष ध्यान देना।
12. पिछड़े क्षेत्रों में शैक्षिक सुविधाओं का विकास करना।
13. अध्ययन के लिए 'दिवा-केन्द्र' (Day Study Centres) खोलना।

राष्ट्रीय शिक्षा नीति 1986 तथा 1992 के कार्यान्वयन के सन्दर्भ में कार्य योजना (Programme of Action) में अवसरों की समानता के लिए कई योजनाएँ बनायी गई हैं।

केन्द्रीय सरकारें तथा राज्य सरकारों ने इस दिशा में कई प्रभावी कदम उठाए हैं परन्तु अभी भी बहुत कार्य करने की आवश्यकता है।

31

शिक्षा के समाजशास्त्रीय आधार
(Sociological Basis of Education)

31.1 समाजशास्त्र का आरम्भ, अर्थ तथा परिभाषा (Origin, Meaning and Definition of Sociology)

समाजशास्त्र का आरम्भ (Origin of Sociology): फ्रांस देश के *मॉगस्ट कॉमते* (1798-1857) को समाजशास्त्र का जन्मदाता माना जाता है। सन् 1838 में कॉमते ने पहली बार इस शब्द का प्रयोग किया। समाजशास्त्र के विकास में स्पेन्सर (Spencer), *मैकाइवर* (*MacIver*) तथा उन्कन अथवा डंकन (Duncan) ने बहुत योगदान दिया है।

Sociology (समाजशास्त्र) शब्द दो शब्दों से मिलकर बना है '*Sochous*', जिसका अर्थ है, 'Society' (समाज) तथा '*Logos*' जिस का अर्थ है 'Science of Study' इस प्रकार समाजशास्त्र का अर्थ हुआ 'समाज का विज्ञान'।

वर्ष 1876 में इंग्लैण्ड के प्रसिद्ध दार्शनिक स्पेन्सर (Spencer) ने अपनी पुस्तक '*Principles of Society*' में समाजशास्त्र के सिद्धान्तों का प्रतिपादन किया।

समाजशास्त्र की प्रमुख परिभाषाएँ (Main Definitions of Sociology):

1. *ई.टी. हिलर* (*E.T.Hiller*): "समाजशास्त्र व्यक्तियों के परस्पर संबंधों, व्यवहारों तथा उनके सम्बन्धों के निर्माण के मापदण्डों का अध्ययन है।"

2. *गिन्बर्ग* (*Ginberg*): "समाजशास्त्र मानवीय अन्तर्क्रियाओं तथा अन्तर्सम्बन्धों, स्थितियों तथा परिणामों का अध्ययन करता है।"

3. *मूर तथा कोल* (*Moor and Cole*): "समाजविज्ञान समाज के बहुमुखी व्यवहार का अध्ययन करता है।"

4. *गिलिन तथा गिलिन* (*Gillin and Gillin*): "व्यापक दृष्टिकोण से समाजशास्त्र सजीव व्यक्तियों (L:ving Beings) के संसर्ग से उत्पन्न अन्तर्कार्यों का अध्ययन है।"

5. *मैक्स वैबर* (*Max Weber*): "समाजशास्त्र एक ऐसा विज्ञान है जो सामाजिक कार्यों को व्याख्यात्मक ढंग से समझने का प्रयास करता है।"

6. *मैक्लेवर* (*MacIver*): "समाजशास्त्र सामाजिक संबंधों की प्रकृति का अध्ययन है।"

7. *रॉबिन्स* (*Robbins*): "समाजशास्त्र सम्पूर्ण मानव की समस्त सामाजिक, सांस्कृतिक एवं जैविक-भौतिक (Biophysical) पृष्ठभूमि से संबंधित है।"

8. *दुर्खीम* (*Durkheim*): समाजशास्त्र संयुक्त प्रतिनिधित्व का अध्ययन है।

समाजशास्त्र का अर्थ (Meaning of Sociology): ऊपर दिए गए विचारों का अध्ययन करने के पश्चात् समाजशास्त्र का अर्थ निकलता है व्यक्ति तथा समाज के सम्पूर्ण संबन्धों की विवेचना करना–वैयक्तिक, पारस्परिक, सामाजिक, राष्ट्रीय एवं सांस्कृतिक। समाजशास्त्र सामाजिक संस्थाओं (जैसे–परिवार, राष्ट्र, धर्म, राज्य इत्यादि) की प्रकृति की व्याख्या करता है। इन सामाजिक परिवर्तनों का जो सामूहिक जीवन में होते रहते हैं, उनका अध्ययन भी करता है। यह सामाजिक जीवन में प्रतियोगिता द्वन्द्व, सहयोग, सामाजिक स्थिति, सामाजिक नियन्त्रण, सामाजिक परिवर्तन का भी विश्लेषण करता है। समाजशास्त्र सम्पूर्ण सांस्कृतिक दाय (Cultural Heritage), रीति-रिवाज परम्पराओं, लोक-कथाओं, लोक-ज्ञान, लोक-व्यवहार, लोक-हित, धार्मिक तथा सामाजिक संस्थाओं, जातियों का वर्गीकरण, आर्थिक समस्याओं, भौगोलिक परिस्थितियों का मानव का उद्विकास और इसी प्रकार की अनेक समस्याओं का अध्ययन करता है। संक्षेप में, हम कह सकते हैं कि समाजशास्त्र सम्पूर्ण मानव-संस्कृति का अध्ययन करता है।

31.2 समाजशास्त्र का क्षेत्र (Scope of Sociology)

(1)	(2)	(3)	(4)	(5)	(6)
सामाजिक अन्तर्क्रिया का अध्ययन करना तथा उसकी व्याख्या करना।	सामाजिक समूहों जैसे राज्य, समुदाय तथा परिवार आदि की व्याख्या करना।	सामाजिक जीवन में होने वाले परिवर्तनों का अध्ययन करना।	सामाजिक संरचना तथा सामाजिक नियन्त्रण का अध्ययन करना।	संस्कृति (Culture) तथा सभ्यता (Civilisation) की मान्यताओं का विश्लेषण करना।	अनुसन्धानों के आधार पर विकसित होना।

31.3 शैक्षिक समाजशास्त्र अथवा शिक्षा समाजशास्त्र की उत्पत्ति, विकास तथा अर्थ (Origin, Development and Meaning of Educational Sociology)

शैक्षिक समाजशास्त्र की उत्पत्ति (Origin of Educational Sociology): समाजशास्त्र ने शिक्षा में सामाजिकतावादी प्रवृत्ति को जन्म दिया है, जिसके परिणामस्वरूप समाजशास्त्र की एक नई शाखा विकसित हुई जिसे शैक्षिक समाजशास्त्र कहा जाता है। *जॉर्ज पेनी* (*George Payne*) को शैक्षिक समाजशास्त्र का जन्मदाता कहा जाता है। पेनी ने अपनी पुस्तक '*Principles of Educational Sociology*' में इस बात को स्पष्ट किया कि सामूहिक जीवन पर शिक्षा का तथा शिक्षा पर सामूहिक जीवन का गहरा प्रभाव पड़ता है।

समाजशास्त्र का विकास (Development of Educational Sociology): इसके अतिरिक्त शैक्षिक समाजशास्त्र के विकास में अमरीका के जॉन ड्यूवी (John Dewey) तथा डोलार्ड (Dollard), फ्रांस के दुर्खीम (Durkhiem), जर्मनी के मैक्सवेबर (Max Weber) तथा इंग्लैंड के क्लार्क (Clark), ओटावे (Ottaway) तथा कार्ल मानहेम (Karl Mannheim) आदि विद्वानों ने सहयोग प्रदान किया है।

जॉन ड्यूवी ने अपनी पुस्तकों *'School and Society'* तथा *'Democracy and Education'* में सामाजिकतावादी प्रवृत्ति को महत्त्वपूर्ण स्थान दिया है तथा शिक्षा को एक सामाजिक प्रक्रिया माना है और बताया है कि शिक्षा की प्रक्रिया व्यक्ति द्वारा समाज की सामाजिक चेतना (Social Consciousness) में भाग लेने से ही विकसित होती है।

शैक्षिक समाजवाद का अर्थ तथा परिभाषा (Meaning and Definition of Educational Sociology): शैक्षिक समाजशास्त्र के अर्थ को और अधिक स्पष्ट करने के लिए निम्नलिखित परिभाषाएँ दी जा रही हैं:

1. *ब्राउन (Brown)* के अनुसार, ''शैक्षिक समाजशास्त्र व्यक्ति तथा उसके सांस्कृतिक वातावरण के बीच होने वाली अन्त:क्रिया कहा जा सकता है।''

2. *गुड* (*Good*) के विचार में, ''शैक्षिक समाजशास्त्र इस बात का वैज्ञानिक अध्ययन करता है कि व्यक्ति सामाजिक समूहों में किस प्रकार रहते हैं, वे कैसी शिक्षा प्राप्त करते हैं, तथा इन सामाजिक समूहों में कुशलतापूर्वक रहने के लिये उनको किस प्रकार की शिक्षा की आवश्यकता है।''

3. *कार्टर* (*Carter*) का कहना है, ''शैक्षिक समाजशास्त्र, समाजशास्त्र के उन तत्त्वों का अध्ययन करता है जो अधिगम की महत्त्वपूर्ण योजना और इसकी क्रिया को नियन्त्रण की ओर संकेत करते हैं।''

4. *ओटावे* (*Ottaway*) के शब्दों में, ''शैक्षिक समाजशास्त्र का आरम्भ इस दृष्टिकोण को अपनाते हुए होता है कि शिक्षा एक प्रक्रिया है जो समाज में होती है और वह समाज जिसमें यह शैक्षिक प्रक्रिया होती है, वह अपनी प्रकृति के अनुसार शिक्षा के उद्देश्यों तथा शिक्षण-पद्धतियों को निर्धारित करता है।''

5. *रौसक* (*Roucek*) के कथनानुसार, "शैक्षिक समाजशास्त्र ऐसा समाजशास्त्र है जिसका प्रयोग शिक्षा की आधारभूत समस्याओं के समाधान में किया जाता है।"

6. *कुक तथा कुक* (*Cook and Cook*) का कहना है, "शैक्षिक समाजशास्त्र शैक्षिक प्रक्रिया में मानवीय कारकों का अध्ययन है जिसका उद्देश्य सभी प्रकार के शिक्षण तथा अधिगम को विकसित करना है।"

7. *जॉर्ज पैनी* (*George Payne*) का विचार–"शैक्षिक समाजशास्त्र से हमारा तात्पर्य उस विज्ञान से है जो उन संस्थाओं, सामाजिक समूहों तथा सामाजिक प्रक्रियाओं अर्थात् समाजिक संबंधों, का विवरण करता है तथा व्याख्या करता है जिनमें तथा जिनके द्वारा व्यक्ति अनुभव प्राप्त करता है तथा अनुभवों का गठन करता है"

31.4 शैक्षिक समाजशास्त्र का क्षेत्र (Scope of Educational Sociology)

शैक्षिक समाजशास्त्र का क्षेत्र बहुत विस्तृत है। इसे निम्न चार्ट (चित्र 30.1) में दर्शाया गया है:

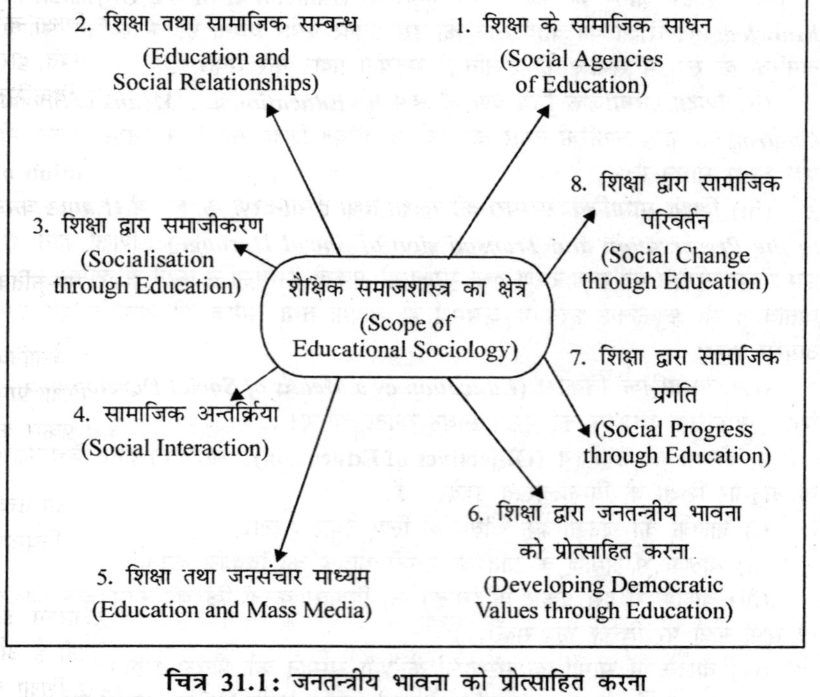

चित्र 31.1: जनतन्त्रीय भावना को प्रोत्साहित करना
(Developing Democratic Values through Education)

31.5 शिक्षा के विभिन्न पक्षों पर शैक्षिक समाजशास्त्र का प्रभाव (Impact of Educational Sociology on Various Dimensions of Education)

1. शिक्षा का अर्थ (Meaning of Education): *मुनरो* ने समाजशास्त्रीय प्रवृत्ति के अनुसार, शिक्षा के अर्थ पर प्रकाश डालते हुए लिखा है, ''शिक्षा विद्यालय में दिये जाने वाले ज्ञान से कहीं अधिक व्यापक है। यह सामाजिक और वैयक्तिक प्रक्रिया है। यह समाज की उन्नति करने का साधन है। यह व्यक्ति को स्वयं कुछ बनने और दूसरों के लिये कुछ करने में सहायता देती है।''

मुनरो ने समाजशास्त्रीय प्रवृत्ति के अर्थ को इन शब्दों में व्यक्त किया है, ''समाजशास्त्री शिक्षा को, समाज को स्थिर रखने और विकसित करने का साधन समझते हैं। वे शिक्षा की व्यवस्था, सामाजिक संगठन, सामाजिक कार्यों और सामाजिक आवश्यकताओं के आधार पर करते हैं। वे शिक्षा का प्रयोजन व्यक्ति को अन्य मनुष्यों के आर्थिक, राजनैतिक और सामाजिक कार्यों में सफलतापूर्वक भाग लेने के लिए तैयार करना मानते हैं।''

2. शिक्षा के कार्य (Functions of Education): *मुनरो* (Munroe) ने शिक्षा के चार प्रमुख कार्यों पर प्रकाश डाला है:

(i) ***शिक्षा ज्ञान के प्रसार के रूप में (Education in the Diffusion of Knowledge)*****:** शिक्षा का कार्य ज्ञान का इस प्रकार प्रसार करना है कि व्यक्ति सुयोग्य नागरिक के रूप में समाज की उन्नति में सहयोग प्रदान कर सके।

(ii) ***शिक्षा सामाजिक नियन्त्रण के रूप में (Education as a Means of Social Control)*****:** सुयोग्य नागरिक तैयार करने के अतिरिक्त शिक्षा सामाजिक नियन्त्रण का भी एक मुख्य साधन है।

(iii) ***शिक्षा सामाजिक परम्परा की सुरक्षा तथा हस्तान्तरण के रूप में (Education in the Preservation and Transmission of Social Heritage)*****:** शिक्षा द्वारा ही सामाजिक परम्परा का हस्तान्तरण तथा सुरक्षा हो सकती है। ऐसा न करने से व्यक्ति अपने वातावरण से अनुकूलन करने में असमर्थ हो जाएगा तथा समाज भी अवनति की ओर अग्रसर होगा।

(iv) ***सामाजिक विकास (Education as a Means of Social Development)*****:** शिक्षा सामाजिक विकास का मुख्य साधन बनना चाहिए।

3. शिक्षा के उद्देश्य (Objectives of Education): समाजशास्त्रीय विचारधारा के अनुसार शिक्षा के निम्नलिखित उद्देश्य हैं:

(i) बालक को जनतान्त्रिक जीवन के लिए तैयार करना।

(ii) बालक में समाज के प्रति आदर की भावना का विकास करना।

(iii) बालक में इस प्रकार के चिन्तन का विकास करना कि वह सामाजिक जीवन के सभी पक्षों पर विचार कर सके।

(iv) बालक में सामाजिक संस्थाओं के प्रति सम्मान की भावना भरना।

(v) बालक में इस प्रकार के दृष्टिकोण का निर्माण करना कि वह समाज का सदस्य है और उसे समाज की मान्यताओं तथा आदर्शों के अनुसार व्यवहार करना होगा।

(vi) बालक में मिलजुल कर रहने की अर्थात् सहयोग की भावना भरना।

(vii) बालक को समाज के उत्थान के लिए प्रेरित करना।

(viii) बालक में व्यावसायिक कुशलता का विकास करना।

(ix) बालक में समाज में रहने की कला का विकास करना।

संक्षेप में शैक्षिक समाजशास्त्र के अनुसार शिक्षा का उद्देश्य बालक में सामाजिक गुणों तथा प्रजातन्त्रीय भावना का इस प्रकार विकास करना है कि वह एक कुशल नागरिक के नाते अपने समाज, राष्ट्र तथा विश्व की उन्नति में यथाशक्ति सहयोग प्रदान करता रहे।

4. पाठ्यक्रम में सामाजिक विषयों पर बल (Stress on Social Subjects in the Curriculum): शैक्षिक समाजशास्त्र के अनुसार पाठ्यक्रम में सामाजिक विषयों पर अधिक बल दिया जाता है ताकि सामाजिक आवश्यकताएँ पूरी हो सकें। यह इस सामाजिकतावादी प्रकृति की ही देन हैं कि शिक्षा में किण्डरगार्टन से लेकर विश्वविद्यालय तक सामाजिक क्रियाओं तथा सामाजिक विषयों के अध्ययन को महत्त्वपूर्ण समझा जाता है। पाठ्यक्रम निर्माण करते समय निम्न सिद्धान्तों पर ध्यान दिया जाना चाहिए:

1. समाज के मूल्यों का सिद्धान्त।
2. समाज की आवश्यकताओं का सिद्धान्त।
3. समाज के सांस्कृतिक प्रतिबिम्बों का सिद्धान्त।

4. समाज के संरक्षण का सिद्धान्त।
5. समाज के विकास का सिद्धान्त।
6. समाज में भाग लेने वाली क्रियाओं का सिद्धान्त।
7. सामाजिक अनुशासन का सिद्धान्त।
8. लचीलेपन का सिद्धान्त।
9. छात्रों में रचनात्मक दृष्टिकोण के विकास का सिद्धान्त।
10. छात्रों में श्रम की गरिमा (Dignity of Labour) विकास करने का सिद्धान्त।
11. व्यावसायिक विषयों के सीखने का सिद्धान्त।
12. छात्रों में स्वयं चिन्तन के विकास का सिद्धान्त।
13. छात्रों में सामाजिक समस्याओं में संवेदनशीलता के विकास का सिद्धान्त।
14. छात्रों को व्यावसायिक विषयों में रूचि उत्पन्न करने तथा प्रशिक्षण देने का सिद्धान्त।
15. छात्रों को रोजगार के लिए तैयार करने का सिद्धान्त।
16. छात्रों में सामाजिक न्याय के प्रति स्वस्थ दृष्टिकोण निर्माण करने का सिद्धान्त।
17 छात्रों का विश्वबन्धुता के प्रति सम्मान की भावना निर्माण करने का सिद्धान्त।
18. छात्रों में अवकाश सम्बन्धी रूचियों का विकास करने का सिद्धान्त।

5. नि:शुल्क तथा अनिवार्य शिक्षा (Free and Compulsory Education): सामाजिक विकास में प्रत्येक व्यक्ति तभी सहयोग दे सकता है जबकि शिक्षा की सुविधाएँ सभी बालकों को प्राथमिक स्तर तक नि:शुल्क उपलब्ध हों।

6. शिक्षण विधियाँ (Teaching Methods): समाजशास्त्रीय प्रवृत्ति के समर्थक पेन (*E. George Payne*) ने शिक्षण-विधियों के सम्बन्ध में अपने विचारों को व्यक्त करते हुए लिखा है, "शिक्षण-विधि केवल उसी दशा में प्रभावशाली होती है, जबकि कक्षा में प्राप्त की जाने वाली कुशलताओं और ज्ञानों का व्यक्ति के द्वारा सामाजिक परिस्थितियों से सामंजस्य करने में वास्तविक प्रयोग किया जाता है। अत: शिक्षण-विधि को विद्यालय से बाहर के सामाजिक व्यवहार पर विशेष बल देना चाहिए। उसे सामाजिक सामंजस्य की क्षमता का विकास करने के लिए सामाजिक जीवन में कार्य करने वाली सामाजिक शक्तियों को प्रयोग करने का प्रयास करना चाहिए।"

महत्वपूर्ण शिक्षण विधियाँ सामाजिक दृष्टिकोण से इस प्रकार हैं: (i) सहयोगात्मक नियोजन विधि (Co-operative Planning), (ii) प्रोजेक्ट विधि, (iii) सामूहिक विवेचन (Group Discussion), (iv) समस्या समाधान (Problem Solving), (v) समाजीकृत प्रविधियाँ (Socialised Techniques)

7. अनुशासन (Discipline): *ड्यूवी* ने समाजशास्त्रीय दृष्टिकोण के अनुसार अनुशासन के बारे में इस प्रकार लिखा, "विद्यालय का अनुशासन समग्र रूप से विद्यालय के जीवन से, न कि प्रत्यक्ष रूप से शिक्षक से निर्देशित होना चाहिए।"

8. प्रौढ़ शिक्षा (Adult Education): सामाजिकतावादी प्रवृत्ति के परिणामस्वरूप लोगों में सामाजिक चेतना के विकास के महत्त्व को समझा जाने लगा तथा अनुभव किया जाने लगा कि समाज का कल्याण उसी समय हो सकता है, जबकि प्रत्येक व्यक्ति शिक्षित हो जाए। अत: प्रौढ़ शिक्षा आन्दोलन प्रारम्भ हुआ।

9. व्यावसायिक शिक्षा की व्यवस्था (Arrangement for Vocational Education): यह प्रवृत्ति व्यावसायिक शिक्षा पर बल देती है जिससे व्यक्ति अपने पैरों पर खड़ा हो सके, आर्थिक दृष्टि से दूसरे पर भार न बने तथा समाज की आर्थिक दशा सुधारने में योगदान दे सके।

10. व्यावहारिक जीवन से सम्बन्धित समस्याओं का अध्ययन में प्रशिक्षण (Training in Studying Practical Problems): इस प्रवृत्ति के अनुसार विद्यालय कार्यक्रमों में उन समस्याओं के अध्ययन पर बल दिया जाता है जिनका व्यावहारिक जीवन से घनिष्ठ सम्बन्ध हो। बालकों को आधुनिक जीवन की जटिलताओं से परिचित कराने पर बल दिया जाता है।

11. अध्यापक के कार्य (Functions of the Teacher): अध्यापक छात्रों के व्यक्तित्व का आदर करे। उनमें मिल-जुलकर कार्य करने की भावना का निर्माण करे। छात्रों में समाज के विकास के लिए प्रेरणा जागृत करे। स्वयं समाज के प्रति संवेदनशील रहे। स्वयं समानता के भावों से ओत-प्रोत हो। छात्रों में नागरिकता के गुणों का विकास करे।

12. सामाजिक सेवा (Social Service): विद्यालय द्वारा समय-समय पर सामाजिक सेवा के कार्यों के लिए छात्रों को अवसर प्रदान किए जाएँ।

13. शिक्षा तथा राज्य: इसी प्रवृत्ति के कारण यह अनुभव किया जाने लगा कि सार्वजनिक शिक्षा की व्यवस्था करना राज्य का प्रथम कर्त्तव्य है। राज्य के बजट में शिक्षा के लिए अधिक व्यय का प्रबन्ध किया जाने लगा है।

31.6 शिक्षा का समाजशास्त्र (Sociology of Education)

कुछ विचारक शैक्षिक समाजशास्त्र तथा शिक्षा का समाजशास्त्र को अलग-अलग मानतें हैं। अत: दोनों में अन्तर जानने से पूर्व हमें शिक्षा का समाजशास्त्र के अर्थ को जान लेना चाहिए। इस सन्दर्भ में निम्नलिखित विचार प्रस्तुत हैं:

1. *फलॉरियन जेननीसकी* (*Florian Znaniski*): "शिक्षा का समाजशास्त्र समाजशास्त्रीय सिद्धान्त प्रस्तुत करता है। यह सिद्धान्त औपचारिक परिस्थितियों में व्यक्तियों अथवा अनेक अनौपचारिक परिस्थितियों में व्यक्तियों की अन्तर्क्रियाओं के विभिन्न विश्लेषणात्मक अध्ययनों पर आधारित होता है।"

2. *सी.टी. स्टालकप* (*C.T.Stalcup*): "शिक्षा का समाज शास्त्र शैक्षिक संस्थाओं से सम्बन्ध समाजशास्त्रीय प्रक्रियाओं का विश्लेषण करता है।"

3. *ऐनेजेल* (*Angell*): "शिक्षा का समाजशास्त्र स्कूल स्थिति में किए जा रहे अनुसन्धानों के आधार पर विकसित होता है यह शिक्षा पद्धति से सम्बन्धित सामाजिक प्रक्रिया एवं सामाजिक प्रतिमानों का वैज्ञानिक विश्लेषण है।"

शिक्षा का समाजशास्त्र: महत्वपूर्ण विशेषताएँ (Sociology of Education: Chief Characteristics): 1. शिक्षा का समाजशास्त्र शिक्षा में सामाजिक पक्ष का अध्ययन करता है।

2. शिक्षा का समाजशास्त्र शैक्षिक संस्थाओं में सम्मिलित समाजशास्त्री प्रक्रियाओं का विश्लेषण है।

3. शिक्षा का समाजशास्त्र शिक्षा के समाजशास्त्र के क्षेत्र से विकसित हुआ है।

4. शिक्षा का समाजशास्त्र शैक्षिक परिस्थितियों में अनुसन्धानों के आधार पर विकसित है।

5. शिक्षा का समाजशास्त्र शैक्षिक पद्धति में सम्मिलित सामाजिक प्रक्रियाओं का वैज्ञानिक विश्लेषण है।

6. शिक्षा का समाजशास्त्र शैक्षिक परिस्थितियों में औपचारिक तथा अनौपचारिक सामाजिक प्रतिमानों तथा समाजशास्त्रीय समस्याओं का वैज्ञानिक अध्ययन तथा विश्लेषण है।

7. शिक्षा का समाजशास्त्र समाजशास्त्रीय नियमों पर बल देता है।

8. शिक्षा का समाजशास्त्र औपचारिक स्कूल में छात्रों, अध्यापकों तथा अन्य वर्गों में पारस्परिक क्रिया के विभिन्न विश्लेषणात्मक अध्ययनों द्वारा शिक्षा के समाजशास्त्री सिद्धान्त प्रस्तुत करता है जैसे कि शैक्षिक स्थितियाँ।

31.7 शैक्षिक समाजशास्त्र तथा शिक्षा का समाजशास्त्र में अन्तर (Difference between Educational Sociology and Sociology of Education)

बहुत से लेखकों ने शैक्षिक समाजशास्त्र तथा शिक्षा के समाजशास्त्र को समानार्थी माना है। परन्तु वास्तव में दोनों के दृष्टिकोण भिन्न-भिन्न हैं। पहले में शिक्षा को महत्त्व दिया गया है, और समाजशास्त्र उसके एक घटक के रूप में अध्ययन में सहायक माना गया है, जबकि शिक्षा का समाजशास्त्र कहने से समाजशास्त्र की प्रधानता व्यक्त होती है। और शिक्षा में उसके अध्ययन की सामग्री प्राप्त करने का प्रयास किया जाता है। अत: शिक्षा शास्त्री के लिए शैक्षिक समाजशास्त्र का अध्ययन ही अधिक लाभदायक है। विद्यालय को एक सामाजिक संस्था और शिक्षा को सामाजिक प्रक्रिया मानकर ही समाजशास्त्र के उन सिद्धान्तों का विवेचन करना शिक्षक के लिए आवश्यक एवं लाभप्रद है, जिनका प्रभाव शिक्षा पर पड़ता है।

शिक्षा का समाजशास्त्री सम्पूर्ण समाज के दृष्टिकोण से अपना विश्लेषण आरम्भ करता है। उसके लिए समाज का अध्ययन प्रमुख एवं शिक्षा का गौण है। शिक्षा तो साधन के रूप में सहायक होती है। उधर शैक्षिक समाजशास्त्री विद्यालय को केन्द्र मानकर चलता है और अपना विश्लेषण व्यापक क्षेत्र में समाज की ओर ले जाता है।

कुछ विद्वानों के मत (Views of Some Scholars): 1. *फलोरियन जनैनिकी (Florian Znnaiecki)*: शिक्षा समाजशास्त्र का विकास शिक्षा मनोवैज्ञान के समान एक विषय के रूप में हुआ है जो शिक्षकों को उनके भावी कार्यों के लिए तैयार करना है। यह शैक्षिक क्रियाओं के नियोजन तथा उन योजनाओं को कार्यान्वित करने के लिए प्रभावी विधियों के विकास में समाजशास्त्रीय अनुसंधानों के परिणामों का प्रयोग करता है। दूसरी ओर शिक्षा का समाजशास्त्र शिक्षा का समाजशास्त्रीय सिद्धान्त प्रस्तुत करता है जो औपचारिक स्कूल जैसी शैक्षिक स्थितियों अथवा बहुविध (Multiple) अनौपचारिक स्थितियों में व्यक्तियों की अन्तर्क्रियाओं के विभिन्न विश्लेषणात्मक अध्ययनों पर आधारित रहता है।"

2. *एनजेल (Angell)*: शिक्षा समाजशास्त्र समाजशास्त्र के शुद्ध विज्ञान की केवल एक शाखा है। शिक्षा का समाजशास्त्र ऐसा विषय है जो विद्यालय-स्थिति में किए जा रहे

अनुसन्धानों के आधार पर विकसित होता है। यह शिक्षण पद्धति से सम्बन्धित सामाजिक प्रक्रिया एंव सामाजिक प्रतिमानों का वैज्ञानिक विश्लेषण है।

3. *सी.टी. स्टलकप* (*C.T. Stalcup*): शिक्षा समाजशास्त्र समाजशास्त्र के सामान्य सिद्धान्तों तथा उनकी उपलब्धियों का शिक्षा के प्रशासन तथा उसकी प्रक्रिया में प्रयोग है। यह उपागम (Approach) शैक्षिक संस्थाओं को पृथक सामाजिक इकाई मानकर उन पर समाजशास्त्र के सिद्धान्तों का प्रयोग करता है। परन्तु शिक्षा का समाजशास्त्र शैक्षिक संस्थाओं में सम्बद्ध समाजशास्त्रीय प्रक्रियाओं का विश्लेषण करता है।

4. *आईवर मॉरिश* (*Ivor Morrish*): शिक्षा समाजशास्त्र शैक्षिक तथा सामाजिक प्रश्नों पर बल देता है परन्तु शिक्षा का समाजशास्त्र सिद्धान्तों पर बल देता है।

शैक्षिक समाजशास्त्र तथा शिक्षा के समाजशास्त्र की तुलना

शैक्षिक समाजशास्त्र (Educational Sociology)	*शिक्षा का समाजशास्त्र (Sociology of Education)*
1. मूलत: यह शिक्षाशास्त्र का अंग है।	1. मूलत: यह समाजशास्त्र की ही शाखा है।
2. यह हर प्रकार से शैक्षिक तकनीकी है।	2. यह शैक्षिक तकनीकी नहीं है।
3. शैक्षिक समाजशास्त्र अपना विश्लेषण स्कूल से शुरू करता है।	3. शिक्षा का समाजशास्त्र अपना विश्लेषण समाज से शुरू करता है।
4. इसमें शिक्षा के आन्तरिक विषयों को देखा जाता है।	4. इसमें शिक्षा के बाह्य विषयों को देखा जाता है।
5. शैक्षिक समाजशास्त्री शिक्षा प्रशासकों की शैक्षिक समस्याओं के समाधान करने में उत्सुक रहते हैं।	5. ये शिक्षा प्रशासकों की समस्याओं के निदान में रुचि नहीं रखते हैं।
6. यह व्यवहारिक है।	6. यह व्यवहारिक नहीं है।
7. यह ठोस वस्तुनिष्ठता पर आधारित नहीं है।	7. यह वस्तुनिष्ठता पर आधारित है।

31.8 शिक्षा के सामाजिक उद्देश्य (Social Aims of Education)

समाजशास्त्रीय विचारधारा ने शिक्षा के उद्देश्यों को बहुत प्रभावित किया है। बालकों की शिक्षा 'शून्य में' तथा 'शून्य के लिए' नहीं होती है। बालक सामाजिक प्राणी हैं। उन्हें समाज में रहना है। अत: शिक्षा द्वारा उन्हें समाज के जीवन के विभिन्न पक्षों से परिचित कराया जाता है तथा साथ ही उनमें उन गुणों, कौशलों तथा मूल्यों का निर्माण किया जाता है जिनसे वे समाज के उत्तरदायी सदस्य के रूप में सामाजिक उन्नति में अपना योगदान दे सकें। अमरीका के प्रसिद्ध शिक्षाविद् *ड्यूवी* ने कहा है, ''जो कार्य भोजन ग्रहण तथा सन्तानोत्पादन की क्रिया शारीरिक जीवन के लिए करती है, वही कार्य सामाजिक जीवन के लिए शिक्षा करती है।'' शिक्षा का उद्देश्य है सामाजिक कुशलता।

जे.एम. बाल्डविन (*J.M. Baldwin*) के अनुसार, ''यदि व्यक्ति को समाज का रचनात्मक सदस्य बनना है, तो उसे केवल अपना ही विकास नहीं करना चाहिए, वरन् समाज के विकास में भी योगदान देना चाहिए।''

शिक्षा के सामाजिक उद्देश्य के पक्ष में तर्क (Arguments in Favour of Social Objectives of Education): 1. मनुष्य का जन्म, विकास और पोषण समाज में ही होता है। अत: उसे समाज में रहने योग्य बनने के लिए शिक्षा की आवश्यकता है।

2. मनुष्य पाशविक प्रवृत्तियों को ही लेकर जन्म लेता है, परन्तु समाज में रहकर वह दानव से मानव बन जाता है।

3. कुछ विद्वानों का विचार है कि समाज-सेवा कार्य से मुक्ति मिलती है इसलिए शिक्षा को समाज-सेवा के लिए व्यक्ति तैयार करने चाहिए।

4. बिना समाज के व्यक्ति कोरी कल्पना है। अत: शिक्षा व्यक्तियों को समाज में रहने के लिए तैयार करे।

5. समाज में रहकर व्यक्ति दूसरे व्यक्तियों के सम्पर्क में आता है। फलस्वरूप उसकी विभिन्न शक्तियों का विकास होता है। अत: समाज की रक्षा करना व्यक्ति का परम कर्त्तव्य है।

6. सामूहिक जीवन में ही व्यक्ति नई खोजों तथा आविष्कारों के अवसर प्राप्त करता है।

7. समाज सभ्यता तथा संस्कृति को जन्म देता है; इस कारण व्यक्ति को सामाजिक हित पर बल देना चाहिए।

शिक्षा के सामाजिक उद्देश्य के विपक्ष में तर्क (Arguments against the Social Objectives of Education): 1. *अमनोवैज्ञानिक आधार*: सामाजिक उद्देश्य व्यक्ति की रुचियों, प्रवृत्तियों और योग्यताओं की अवहेलना करता है।

2. *मनुष्य समाज का एक साधानमात्र: ऐतिहासिक दुष्परिणाम*: 'मेरा देश ठीक तथा गलत' इस प्रकार की भावना के विकास से संसार में दो महायुद्ध हुए। नाजी जर्मनी में मनुष्य का व्यक्तित्व बिल्कुल समाप्त कर दिया गया था।

3. *कला तथा साहित्य के विकास में बाधा*: व्यक्ति की स्वतन्त्रता पर प्रतिबन्ध लगने से वह कला तथा साहित्य के बारे में सृजनात्मक ढंग से सोच ही नहीं सकता।

4. *व्यक्तिगत स्वतन्त्रता का दमन*: सामाजिक उद्देश्य व्यक्तिगत स्वतन्त्रता का दमन करता है। व्यक्ति सदा नेता के आदेशों के अनुसार ही चलता है।

5. *समाज मनुष्य से श्रेष्ठ नहीं*: समाज का अस्तित्व व्यक्तियों की आवश्यकताओं को पूर्ण करने के लिए है। व्यक्ति का विकास होने से ही समाज का विकास हो सकता है।

6. *एकांगी शिक्षा*: सामाजिक उद्देश्य शिक्षा द्वारा व्यक्ति का एक ही दिशा में विकास करता है। अत: इस प्रकार की शिक्षा अधूरी है।

7. *आध्यात्मिक मूल्यों की अवहेलना*: सामाजिक उद्देश्य द्वारा व्यक्ति के नैतिक तथा आध्यात्मिक मूल्यों की अवहेलना होती है।

यह स्मरण रहे कि शिक्षा के सामाजिक उद्देश्यों का यह कतई अर्थ नहीं होता कि व्यक्ति की स्वतन्त्रता समाप्त हो जाए। जनतन्त्र में तो प्रत्येक व्यक्ति का महत्त्व है तथा उसके विकास के लिए सुविधाएँ अधिक से अधिक मात्रा में उपलब्ध कराई जाती हैं।

भारतीय समाज के सामाजिक उद्देश्य (Social Objectives of Indian Society): संविधान में बताई गई गणतांत्रिक आदर्शों तथा आवश्यकताओं के अनुरूप शिक्षा के निम्नलिखित सामाजिक उद्देश्य उचित प्रतीत होते हैं।

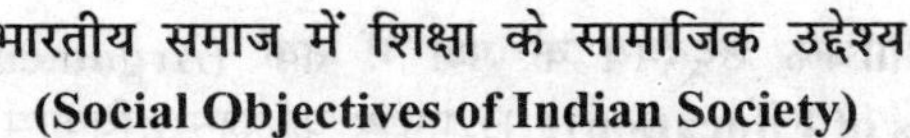

भारतीय समाज में शिक्षा के सामाजिक उद्देश्य (Social Objectives of Indian Society)

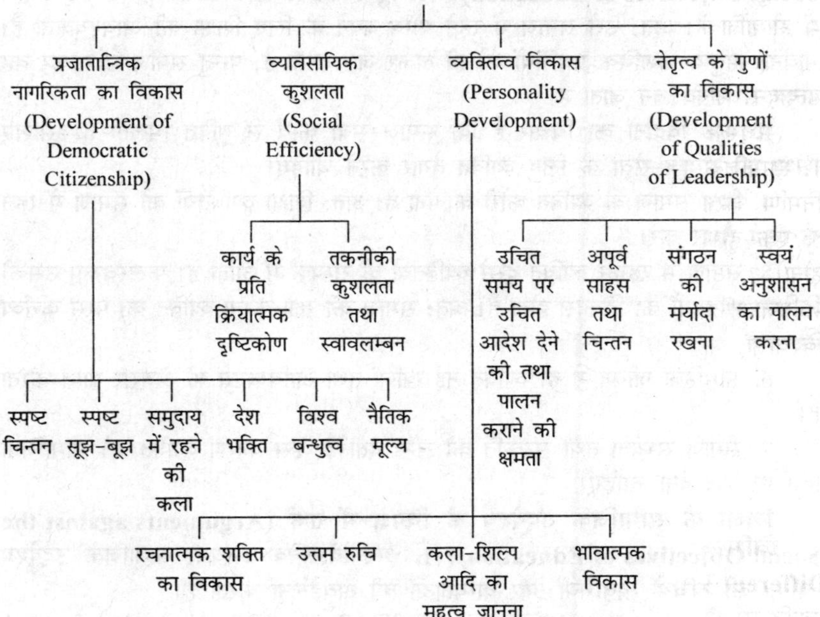

31.9 व्यक्ति तथा व्यक्ति के बीच सम्बन्ध (Relationship between Individual to Individual)

व्यक्ति तथा व्यक्ति के बीच सम्बन्धों का आधार (Basis of Relationship between Individual to Individual): व्यक्ति तथा व्यक्ति के बीच संबंध समाज की प्रकृति पर निर्भर करते हैं। जनतांत्रिक समाज में इन संबंधों का आधार जनतांत्रिक मूल्य तथा आदर्श होते हैं। इसके विपरीत साम्यवाद समाज में ये संबंध साम्यवादी विचारधारा के संदर्भ में होते हैं। इसी प्रकार तानाशाही राज्य में सम्बन्ध तानाशाही विचारधारा पर निर्भर रहते हैं। सामन्तवाद में व्यक्ति तथा व्यक्ति के सम्बन्ध सामन्तवाद विचारों के अनुसार स्थापित होते हैं।

जनतांत्रिक समाज में व्यक्तियों के संबंध में खुलापन तथा उदारता दिखाई देती है। परन्तु साम्यवादी समाज में इन मूल्यों का अभाव रहता है। व्यक्ति खुलेपन से एक-दूसरे से वार्तालाप नहीं कर सकते। यहाँ कठोरता से साम्यवाद के मूल्यों का पालन होता है वहाँ रिश्ते-नातें भी खुलेपन से नहीं जोड़े जाते।

सम्बन्धों के प्रकार (Types of Relationships): व्यक्ति तथा व्यक्ति के मध्य नीचे लिखे प्रकारों के संबंध होते हैं: 1. व्यक्ति तथा व्यक्ति के मध्य सांस्कृतिक संबंध। 2. आर्थिक संबंध। 3. राजनीतिक संबंध। 4. धार्मिक संबंध। 5. सामाजिक संबंध। 6. आध्यात्मिक संबंध।

व्यक्ति तथा व्यक्ति के बीच मधुर संबंधों के लाभ (Merits of Good Relationships between Individual to Individual): 1. एक-दूसरे के बीच मधुर

संबंधों का आर्थिक विकास पर अच्छा प्रभाव पड़ता है। 2. कार्य में क्रमबद्धता तथा कार्यकुशलता बढ़ती है। 3. अपनेपन तथा भाईचारे की भावना को बढ़ावा मिलता है। 4. सामाजिक समरसता बढ़ती है। 5. भावात्मक एकता का विकास होता है। 6. संकुचित भावना नहीं पनप पाती। 7. विभिन्न वर्गों के संबंधों में मिठास आती है। 8. समूह प्रयास उत्पादन बढ़ाते हैं। 9. राष्ट्रीय एकता पनपती है।

मधुरता बढ़ाने वाले कारक (Factors Leading to Good Relationships): 1. सामाजिक प्रणाली को भली-भाँति समझना। 2. शिक्षा के माध्यम से उपयुक्त मूल्यों का निर्माण करना। 3. समानता के मूल्यों पर विश्वास रखना। 4. विशाल हृदय रखना। 5. एक-दूसरे की भावनाओं को समझना तथा आदर करना। 6. सामाजिक अन्तरों का न होना। 7. आर्थिक अन्तरों का कम होना। 8. समानता के सिद्धान्तों में आस्था रखना। 9. प्रजातान्त्रिक मूल्यों में विश्वास रखना तथा उन पर आचरण करना। 10. एक-दूसरे के विश्वासों, भावनाओं तथा विचारों का आदर करना।

31.10 समाज के मानक अथवा प्रतिमान तथा व्यक्ति के समाज के साथ सम्बन्ध (Norms of the Society and Relationship between Individual and Society)

विभिन्न मानक तथा विभिन्न प्रकार के सम्बन्ध (Different Norms and Different Types of Relationships): व्यक्ति तथा समाज के मध्य संबंध समाज की प्रकृति पर निर्भर हैं। विभिन्न समाजों में व्यक्ति के संबंध भी भिन्न होते हैं।

एक परम्परागत समाज के मानक आधुनिक समाज से मेल नहीं खाते। जनजाति समाज के रहन-सहन के ढंग, रीति-रिवाज, परम्पराएँ, विश्वास, खान-पान संबंधी मानक अपने ही होते हैं। उनकी सामाजिक, राजनीतिक, धार्मिक तथा पारिवारिक मान्यताएँ अन्य समाजों से बहुत भिन्न होती हैं। जनजाति समाज में कबीले का मुखिया प्राय: प्रधान स्थान रखता है। तद्नुसार एक जनजाति समाज का घटक अपने आप का समायोजन समाज से करता है।

ग्रामीण समाज के अनेक मानक शहरी समाज से मेल नहीं खाते।

एक स्वतन्त्र समाज के मानक एक परतन्त्र समाज से भिन्न होते हैं।

मरुस्थल में रहने वालों के मानक पहाड़ी प्रदेशों से भिन्न होते हैं।

शीघ्र होने वाले परिवर्तन तथा भिन्नताओं में कमी (Rapid Changes and Diminishing Differences): आने-जाने के साधन तथा प्रौद्योगिकी के कारण समाजों में गतिशीलता आ रही है। परिणामस्वरूप व्यक्ति तथा समाज के बीच संबंधों में भी शीघ्रता से बदलाव हो रहे हैं।

एक जनतांत्रिक समाज में व्यक्ति के व्यक्तित्व को मान्यता मिलती है। उसको विचार-स्वतन्त्रय है। व्यक्ति का संबंध परस्पर विश्वास पर आधारित रहता है। तानाशाही समाज में व्यक्ति पर अनेक कठोर कानून तथा नियम लादे जाते हैं। व्यक्ति की स्वतन्त्रता पर अंकुश की प्रधानता रहती है। वह सदा समाज के आधीन है। उसकी भावनाओं की अवहेलना की जाती है। परन्तु इस प्रकार के राज्य कम होते जा रहे हैं। सामाजिक सुधारकों के प्रभाव से भी अन्तर कम हो रहे हैं।

व्यक्ति तथा समाज के संबंधों में संश्लेषण अथवा समन्वय तथा शिक्षा का योगदान (Synthesis between the Relations of the Individual and the Society): समय के साथ समाज के मानदण्ड भी बदलते रहते हैं, तद्नुसार व्यक्ति तथा समाज के संबंध भी।

व्यक्ति तथा समाज एक-दूसरे के पूरक हैं। निम्नलिखित विद्वानों ने समाज तथा व्यक्ति दोनों की आवश्यकताओं को ध्यान में रख कर शिक्षा के योगदान पर बल दिया है।

1. *जॉन ड्यूवी* (*John Dewey*) ने एक ओर तो शिक्षा के मनोवैज्ञानिक आधार को स्वीकार किया है, दूसरी ओर शिक्षा के सामाजिक आधार पर अधिक बल देते हुए लिखा है–"शिक्षा मनोवैज्ञानिक आधार को दृष्टि में रखते हुए अवश्य प्रारम्भ होनी चाहिए, परन्तु बालक की व्यक्तिगत क्षमताओं, रुचियों तथा आदतों का महत्त्व उसी समय है, जब वे समाज के हित में विकसित हों।"

2. *रॉस* (*Ross*) ने लिखा है–"व्यक्ति और व्यक्तित्व का मूल्य उसी सामाजिक वातावरण में है जिसमें रहकर व्यक्ति अपने व्यक्तित्व का विकास करता है। उसके अलग होने पर उसकी वैयक्तिकता का कोई मूल्य ही नहीं रह जाता तथा उसका व्यक्तित्व निरर्थक हो जाता है। आत्मबोध केवल सामाजिक सेवा द्वारा ही प्राप्त किया जा सकता है तथा ऐसे व्यक्तियों के द्वारा ही समाज के लिए सामाजिक आदर्शों को स्थापित किया जा सकता है जिनके व्यक्तित्व का समुचित विकास हो गया हो। यह चक्र तोड़ा नहीं जा सकता।"

3. *रायबर्न* (*Ryburn*) ने ठीक ही लिखा है–"समुदाय की उन्नति प्रत्येक व्यक्ति की उन्नति से होती है। समुदाय को चाहिए कि वह व्यक्ति के विकास के लिए ऐसे अवसर प्रदान करे जिससे वह समाज को अपना विशेष योगदान दे सके।"

4. *मैकाइवर* (*Macgver*) के अनुसार, "समाजीकरण और वैयक्तिकरण एक ही प्रक्रिया के दो पहलू हैं।"

5. *रस्क* (*Rusk*) के विचार में, "आत्म-विकास केवल समाज सेवा द्वारा ही प्राप्त किया जा सकता है और वास्तविक महत्त्व का सामाजिक आदर्श केवल उन स्वतन्त्र व्यक्तियों द्वारा स्थापित किया जा सकता है, जिन्होंने महत्त्वपूर्ण वैयक्तिकता का विकास किया है।"

6. *रेमाँट* (*Raymont*) कहा कहना है, "समाज से अलग व्यक्ति कोरी कल्पना है।"

7. *जे.बी. बल्डविन* (*J.B. Baldwin*) ने टिप्पणी की है, "व्यक्तित्व को सामाजिक अर्थ के अतिरिक्त किसी और अर्थ में अभिव्यक्त नहीं किया जा सकता है।"

8. *एडम्स* (*Adams*) के अनुसार, "समाज में परस्पर प्रभाव द्वारा स्वत्व की प्राप्ति होती है।"

9. *नन* (*Nunn*) के विचार में, "वैयक्तिकता केवल ऐसे वातावरण में विकसित होती है जहाँ यह साँझी रुचियों तथा साँझी क्रियाओं से अपना पोषण कर सकती है।"

10. हुमायूँ कबीर (*Humayun Kabir*): "यदि व्यक्ति को समाज का सृजनशील सदस्य बनना है तो उसे न केवल स्वयं का विकास करना चाहिए अपितु समाज के विकास में योगदान देना चाहिए।

शिक्षा द्वारा व्यक्ति तथा समाज के विकास में समन्वय स्थापित किया जाता है। यह तभी हो सकता है जब व्यक्ति के विकास के लिए उसमें निहित शक्तियों के विकास के लिए समाज उपयुक्त वातावरण का प्रावधान करे। विद्यालय इस दिशा में महत्वपूर्ण भूमिका निभा सकता है।

32

शिक्षा आर्थिक विकास का साधन
(Education as a Tool of Economic Development)

32.1 शिक्षा का आर्थिक विकास से सम्बन्ध
(Relationship of Education with Economic Development)

इस तथ्य को स्वीकार करने में अर्थशास्त्रियों तथा शिक्षाशास्त्रियों ने बहुत समय लगाया कि शिक्षा का आर्थिक विकास से गहरा सम्बन्ध है। आज जब हम विकासशील देश तथा विकसित देशों से तुलना करते हैं तो स्पष्ट दिखाई देता है कि सामान्यत: जिन देशों में शिक्षा सुलभ है, शिक्षा का स्तर ऊँचा है, वे देश आर्थिक स्थिति में भी सम्पन्न हैं। वहाँ पर विकासशील देशों की अपेक्षा लोगों को जीवन की अधिक सुविधाएँ उपलब्ध हैं। प्रति व्यक्ति राष्ट्रीय आय भी अधिक है। इस सन्दर्भ में कुछ आंकड़े नीचे दिए जा रहे हैं:

कुछ देशों के शैक्षिक तथा आर्थिक संकेतकों का तुलनात्मक अध्ययन
(Comparative Study of Educational and Economic Indicators of Some Countries)

क्रम संख्या	*देश*	*शैक्षिक संकेतक*		*आर्थिक संकेतक*	
		वयस्क साक्षरता दर		*प्रति व्यक्ति जी.एन.आई. (डॉलर)*	*एक डॉलर प्रति दिन से नीचे आबादी (%)*
		पुरुष	*महिला*		
(1)	(2)	(3)	(4)	(5)	(6)
1.	बंगलादेश	50	31	470	36
2.	बर्किना फोसो	19	08	400	27

(क्रमश:)

(क्रमशः)

(1)	(2)	(3)	(4)	(5)	(6)
3.	कनाडा	99	99	32500	NA
4.	चाड	41	13	400	NA
5.	चीन	95	87	1740	17
6.	क्यूबा	99	99	1170	NA
7.	इथियोपिया	49	34	160	23
8.	जर्मनी	99	99	1170	NA
9.	**भारत**	**73**	**48**	**720**	**35**
10.	ईरान	84	71	2770	02
11.	इस्राइल	98	95	18620	NA
12.	पाकिस्तान	62	36	670	17
13.	नेपाल	63	35	270	24
14.	रूसी परिसंघ	99	95	4460	02
15.	स्विटजरलैण्ड	99	99	54930	NA
16.	अमरीका	99	99	4370	NA
17.	यूनाइटेड किंगडम	99	99	37600	NA
18.	जापान	99	99	38980	NA

स्रोत: 1. *दुनिया के बच्चों की स्थिति 2006, 2007*
2. संयुक्त राष्ट्र संघ के अन्य प्रकाशन

32.2 कुछ विकासशील देशों तथा विकसित देशों का उच्च शिक्षा में विकास का तुलनात्मक अध्ययन (Comparison of Some Developing Countries and Developed Countries in the Development of Higher Education)

क्रम संख्या	*देश*	*उच्च शिक्षा में नामांकन प्रतिशत (Percentage of Enrolment)*
A.	**विकसित देश**	
	1. कनाडा	99
	2. आस्ट्रेलिया	80
	3. अमरीका	80
	4. यूनाइटेड किंगडम	50

(क्रमशः)

(क्रमश:)

क्रम संख्या	देश	उच्च शिक्षा में नामांकन प्रतिशत (Percentage of Enrolment)
	5. फ्रांस	50
	6. जापान	60
	7. चीन	31
B.	**विकासशील देश**	
	1. भारत	10
	2. ब्राजील	12
	3. थाइलैंड	19
	4. इण्डोनेशिया	10
	5. अर्जेन्टीना	41
	6. मैक्सिको	14

भारत की स्थिति अत्यन्त विचित्र है। उच्च शिक्षा में नामांकन केवल 10 प्रतिशत के आस-पास है। फिर भी पढ़े-लिखे लोग बेकार हैं। दूसरे शब्दों में वे आर्थिक क्षेत्र के विकास में बाधक हैं।

सामान्यत: जिन देशों में उच्च शिक्षा का प्रसार अधिक है, वे देश आर्थिक स्थिति में भी अच्छे हैं।

32.3 शिक्षा का आर्थिक विकास के सम्बन्ध में कुछ विद्वानों के विचार (Views of Some Thinkers on the Interrelationship between Education and Economic Development)

1. *जॉन वेज़ी (John Vaizey)*: शिक्षा तथा आर्थिक विकास के सम्बन्ध में जॉन वेज़ी ने बहुत ही मजेदार तथा विनोदी ढंग से कहा है, ''दोनों में 'चूजे' तथा 'अण्डे' का सम्बन्ध है। पहले मुर्गी हुई या अण्डा।''

2. *बी.सी. तिलक (B.C. Tilak)*: ''शिक्षा तथा आर्थिक विकास दो ध्रुवीय क्रिया (Two-way Activity) है—आदान-प्रदान एवं परस्पर सहयोग का सम्बन्ध। उनका कथन है कि शिक्षा कार्यकुशलता का प्रमुख स्रोत और प्रशिक्षण का मौलिक आधार हो गई है। वास्तव में शिक्षा का सबसे महत्त्वपूर्ण कार्य है कि वह व्यक्ति में आर्थिक उपयोगिता उत्पन्न करे।

3. *एडम स्मिथ तथा अलफ्रेड मार्शल (Adam Smith and Alfred Marshall)*: *एडम स्मिथ* तथा *मार्शल* ने शिक्षा तथा अर्थशास्त्र का बहुत घनिष्ठ सम्बन्ध स्वीकार किया है और उनके मतानुसार मानव पर विनियोजित होने वाली पूँजी ही सबसे बहुमूल्य पूँजी है, परन्तु अनेक अर्थशास्त्रियों ने बहुत समय तक आर्थिक विकास में मानवीय साधनों के महत्त्व को स्वीकार नहीं किया। इसी से आर्थिक विकास के लिए शिक्षा पर किए जाने वाले व्यय को उत्पादक विनियोजन नहीं माना गया।

4. *थियोडोर, डब्ल्यू.एस. शूल्ज* (*Theodore W.S. Schulze*) जो अमेरिकी आर्थिक संघटन के अध्यक्ष थे, ने 1960 में अपने भाषण में कहा था, "मानव पूँजी को स्पष्ट रूप से पूँजी का एक भेद अथवा विनियोजन का परिणाम न मानने के कारण श्रम की कल्पना केवल शारीरिक कार्य कर सकने वाले मजदूर के रूप में की गई, जिसे केवल सीमित ज्ञान और कौशल की आवश्यकता होती है और जो ज्ञान तथा कौशल प्रायः सभी मजदूरों में समान रूप से पाया जाता है। प्राचीन अर्थ-शास्त्रियों की यह धारणा उस समय भ्रामक थी और आज भी भ्रामक है।"

शिक्षा पर किया जाने वाला व्यय वास्तव में एक प्रकार का लाभकर विनियोजन है जिससे शिक्षित व्यक्ति की उत्पादन-क्षमता बढ़ती है। अकुशल श्रेणी का मजदूर भी यदि पढ़ा-लिखा होता है तो वह अनपढ़ मजदूर की तुलना में अधिक अच्छा काम करता है। इसलिए आर्थिक विश्लेषण में शिक्षा को एक लाभकर विनियोजन मानना और उत्पादन के क्षेत्र में उसका महत्त्व स्वीकार करना आवश्यक है।

5. *श्रीमती अलवा मर्डल* (*Alva Myrdal*) जो शिक्षा-शास्त्री एवं समाज-शास्त्री थीं तथा भारत में एक समय राजदूत थीं, ने अपने एक भाषण में कहा था, "जिन जातियों ने तीव्र गति से आर्थिक प्रगति की है उनमें शिक्षा की प्रमुख भूमिका रही है और शिक्षा उनकी प्रगति का कारण थी न कि परिणाम।

6. *फिलिप एच. कुम्बस* (*Coombs*) ने '*एजूकेशन एंड फौरेन एड*' (*Education and Foreign Aid*) नामक ग्रन्थ में लिखा है कि उद्योगीकरण की सम्पूर्ण प्रक्रिया मानवीय साधनों के बिना प्रगति नहीं कर सकती, यह बिल्कुल स्पष्ट है और मानवीय साधनों की कुशलता के लिए शिक्षा में विनियोजन की आवश्यकता है।

7. *डॉ. वी.के.आर.वी. राव* (*Dr. V.K.R.V. Rao*) ने जो शोध किया था उससे यह सिद्ध हुआ कि बृहत्तर दिल्ली में मिडिल पास वालों से हाई स्कूल पास वालों की और उनसे स्नातकों की एवं उनसे भी अधिक स्नातकोत्तर उपाधिधारियों की आय अधिक होती है।

8. *राष्ट्रीय शिक्षा नीति, 1986* (*National Policy of Education*): "शिक्षा अर्थ-व्यवस्था के विभिन्न स्तरों के लिए मानव-शक्ति (मानव-पूँजी) का विकास करती है। यह एक ऐसा आधार भी है जिस पर अनुसन्धान एवं विकास निर्भर करता है जो राष्ट्रीय आत्मनिर्भरता की अन्तिम गारण्टी है।"

9. *हेरी जॉनसन* (*Harry Johnson*): "शिक्षित श्रम उत्पादन ऐसा साधन है जिसे स्वयं उत्पादित किया गया है। यह पूंजी उपकरण की वस्तु है।"

10. *एडवर्ड डॉसन* (Edward Dawson): "शिक्षा उपयोग नहीं है, बल्कि पूंजी है। वह उत्पादन का अनिवार्य तत्व है जिस पर भावी उत्पादकता निर्भर करती है।"

11. *शिक्षा आयोग 1964-66* (*Education Commission 1964-66*): शिक्षा तथा उत्पादिता के बारे में आयोग ने लिखा है, "शिक्षा को उत्पादिता से सम्बन्धित कर दिया जाए ताकि शिक्षा के विस्तार का परिणाम राष्ट्रीय आय में वृद्धि हो और फिर उसके फलस्वरूप शिक्षा में और भी अधिक धनराशि लगाई जाने के साधन प्राप्त हो सकें। इस प्रकार शिक्षा तथा उत्पादिता एक-दूसरे को गिरने नहीं देते तथा सहारा देते हैं।"

विपरीत मत (Opposite Views): परन्तु कुछ लोगों का मत इसके विपरीत है। उनका कहना है कि दिल्ली जैसे महानगरों के विषय में उपर्युक्त निष्कर्ष कुछ सीमा तक

सही माने जा सकते हैं परन्तु भारत जैसे विकासशील देश में ऐसे लोग पाए जाते हैं जिनकी शिक्षा बहुत कम या नाममात्र की है फिर भी वे उच्च शिक्षा प्राप्त व्यक्तियों से अधिक धनोपार्जन कर लेते हैं। मारवाड़ी, चेट्टो, अरोड़ा, बनिया आदि व्यवसायी जातियों के लोग केवल साक्षर होकर भी लखपती हो जाते हैं। अत: यह कहना अनिश्चित-सा है कि शिक्षा एवं आय में धनात्मक सम्बन्ध (पोजिटिव कोरिलेशन) होता है। इसके विपरीत यह कहना अधिक तर्कसंगत है कि शिक्षा और अर्जन-शक्ति में ऋणात्मक (नेगेटिव) सह-सम्बन्ध नहीं होता, अर्थात् एक ही परिवार के दो व्यक्तियों में शिक्षित व्यक्ति अशिक्षित व्यक्ति की अपेक्षा (उसी व्यवसाय में) कम अर्जन नहीं करता। परन्तु इसके अपवाद भी कभी-कभी मिल जाते हैं। अर्थात् एक भाई अपनी व्यापार बुद्धि के कारण अपने अधिक शिक्षित भाई की अपेक्षा उसी व्यवसाय में अधिक अर्जित कर लेता है। सामान्यत: यह बात सर्वत्र देखी जाती है कि शिक्षा से आय में वृद्धि होती है।

आर्थिक-विश्लेषण में शिक्षा का महत्त्व (Significance of Education in Economic Analysis): इस सन्दर्भ में यह न भूलना चाहिए कि जब यह कहा जाता है कि शिक्षा द्वारा धनोपार्जन की क्षमता बढ़ती है तब शिक्षा का अर्थ ऐसी शिक्षा से नहीं होता जो स्वान्त: सुखाय अथवा पद-मर्यादा के लिए प्राप्त की जाती है। इसके अतिरिक्त केवल सैद्धान्तिक शिक्षा भी मनुष्य को धनोपार्जन में सक्षम नहीं बनाती, वरन् व्यवसायिक एवं प्राविधिक (तकनीकी) शिक्षा, जो प्राय: अर्थकारी होती है, मनुष्य की अर्जन-शक्ति बढ़ाने में सहायक होती है। इसलिए विकासोन्मुख (डेवलपिंग) देशों में शिक्षा का व्यवसायीकरण करना और हस्तशिल्प तथा मशीनों के उपयोग द्वारा लघु-उद्योगों की शिक्षा की व्यवस्था करना बहुत आवश्यक है।

32.4 शिक्षा का आर्थिक विकास में योगदान (Education's Contribution to Economic Development)

शिक्षा का धनोपार्जन पर अन्य प्राकर से भी प्रभाव पड़ता है। जैसे–

1. शिक्षित व्यक्तियों में अधिक सूझ-बूझ: शिक्षित व्यक्ति में पूँजी को एकत्र करने, श्रम को उपयुक्त कार्यों में लगाने, जोखिम उठाने, उत्पादन की दिशा निर्धारित करने, बाजार की माँग का अध्ययन करके उपभोग्य वस्तुओं का उत्पादन करने आदि की क्षमता अशिक्षित की अपेक्षा अधिक होती है। शिक्षित व्यक्ति राष्ट्रीय ही नहीं अन्तर्राष्ट्रीय बाजारों तथा बैंक एवं साख-प्रणाली का ज्ञान रखता है जिससे व्यवसाय को बढ़ाने में वह सफल होता है।

2. मशीनों का आविष्कार तथा प्रयोग: शिक्षित व्यक्ति मशीनों के आविष्कार, उनकी मरम्मत और रख-रखाव आदि में भी अधिक सफल होता है। नए-नए आविष्कार शिक्षितों द्वारा हुए हैं।

3. नेता के गुण: शिक्षित व्यक्ति ही उद्योगों एवं वाणिज्य में अगुवा या नेता बनकर दूसरों को मार्ग दर्शन करते हैं।

4. शिक्षा तथा जीवन निर्वाह तथा आदर्श: प्रोफेसर शूल्ज के अनुसार राष्ट्रीय आय का एक बहुत बड़ा अंश शिक्षा के कारण प्राप्त होता है। शिक्षा केवल जीवन-निर्वाह के लिए सक्षम नहीं बनाती वरन् वह व्यक्ति एवं समाज को आदर्शों की रक्षा और वृद्धि में भी सहायता करती है।

5. उत्पादन क्षमता में सामान्य शिक्षा तथा तकनीकी शिक्षा का योगदान: कुछ अर्थशास्त्री केवल प्राविधिक (तकनीकी) शिक्षा को ही उत्पादक मानते हैं। सामान्य शिक्षा को वे उपभोग की श्रेणी में रखते हैं। परन्तु उन्हें यह न भूलना चाहिए कि सामान्य शिक्षा प्राविधिक शिक्षा का मूलाधार है। अतः वह भी उत्पादन में सहायक होती है। बड़े-बड़े उद्योग-धंधों और व्यावसामिक प्रतिष्ठानों में केवल प्राविधिक (तकनीकी) ज्ञान वाले ही नहीं आवश्यक होते हैं वरन् लिपिक (क्लर्क), टंकक (टाइपिस्ट), लेखाकार (एकाउंटेट) इत्यादि का स्थान भी कम महत्त्वपूर्ण नहीं होता।

6. अनुभव तथा कुशलता में विकास: शिक्षा एक प्रकार का दीर्घकालीन विनियोजन है। इसका प्रतिफल दस से बीस वर्षों के बाद प्राप्त होने लगता है परन्तु अन्य प्रकार की पूँजी के अनुसार इसमें घिसावट नहीं होती और न तो शिक्षित व्यक्ति पुराना होने पर अकुशल एवं अनद्यतन (पुराना) हो जाता है। इसके विपरीत अनुभव से उसकी कुशलता और भी बढ़ती है।

7. अर्जन क्षमता में वृद्धि: शिक्षा में विनियोजन से अल्पकालीन लाभ भी प्राप्त किया जा सकता है। जो व्यक्ति किसी कार्य या व्यवसाय में है उसे प्रशिक्षित करके, अथवा नवीनीकरण की अल्पकालीन शिक्षा देकर उसकी उत्पादन क्षमता बढ़ाई जा सकती है। साधारण नौकरी में प्रवेश करके शिक्षा द्वारा उन्नति करते हुए उच्च पदों पर (यहाँ तक कि आई.ए.एस. के पद पर) पहुँचने के अनेक उदाहरण देखे जाते हैं। बैंक ऑफ इंग्लैण्ड का एक क्लर्क उसका गवर्नर होकर रिटायर हुआ। भारतीय वायु-सेवा का एक मैट्रिक पास ऑपरेटर अपनी शैक्षिक योग्यता बढ़ाकर आई.ए.एस. में पहुँच गया। इस प्रकार शिक्षा के द्वारा मनुष्य की अर्जन-क्षमता बढ़ती हुई पाई जाती है।

8. शिक्षा का सामाजिक वातावरण पर प्रभाव: शिक्षा का सामाजिक-आर्थिक वातावरण पर भी पड़ता है। शिक्षित व्यक्तियों का प्रभाव उनके वातावरण पर पड़ता है। उनके ऊँचे रहन-सहन के कारण दूसरे लोग भी अपना रहन-सहन ऊँचा करने के लिए शिक्षा की ओर अग्रसर होते हैं। फलतः समाज में शिक्षा द्वारा अपना रहन-सहन ऊँचा करने की होड़ लग जाती है। अंग्रेजी राज में अंग्रेजी पढ़े-लिखे लोगों को ऊँचे पदों पर नियुक्त होते और उनके आय तथा रहन-सहन में वृद्धि देखकर अनेक माता-पिता अपने बच्चों को अंग्रेजी पढ़ाने को प्रवृत्त हुए। इस प्रकार शिक्षा द्वारा अपनी आय बढ़ाने की बढ़ती हुई प्रवृत्ति के कारण ही समाज में शिक्षा का प्रचार हुआ और उससे लोगों की सामाजिक आर्थिक उन्नति हुई।

9. शैक्षिक नियोजन तथा आर्थिक नियोजन: स्वतन्त्र भारत के राजनीतिक, नेताओं तथा प्रशासकों ने यह अनुभव किया कि शिक्षा के क्षेत्र में नियोजन (प्लैनिंग) करने से आर्थिक नियोजन में सहायता मिलती है। शैक्षिक नियोजन एवं आर्थिक नियोजन का घनिष्ठ सम्बन्ध है। अनियोजित शिक्षा के कारण अंग्रेजी राज के अन्तिम दिनों में शिक्षितों में बेकारी की समस्या बहुत बढ़ गई थी। स्वतन्त्र भारत में भी जब तक शैक्षिक-नियोजन आर्थिक नियोजन से असम्बद्ध था तब तक बेकारी बढ़ती जा रही थी। परन्तु जब से शिक्षा में नियोजन के फलस्वरूप शिक्षा का व्यवसायीकरण तथा विभिन्न क्षेत्रों में शिक्षा का प्रचार-प्रसार होने लगा है तबसे शिक्षितों की बेकारी घटने लगी है। यदि समाज में प्रत्येक व्यक्ति की रुचि, क्षमता एवं योग्यता के अनुरूप शिक्षा प्रदान की जाए और उसके

मानसिक, शारीरिक एवं नैतिक विकास का पूरा अवसर प्रदान किया जाए तो समाज की सभी प्रकार की आवश्यकताओं के लिए शिक्षित एवं प्रशिक्षित व्यक्ति उपलब्ध होंगे और सभी के लिए काम मिल जाएगा। इस प्रकार शिक्षा नियोजित होने पर देश की राष्ट्रीय आय बढ़ाने में सहायक होगी और बेकारी की समस्या दूर होगी।

10. शिक्षा का प्रसार तथा रोजगार: शिक्षा विभाग स्वयं भी बहुत बड़ी संख्या में शिक्षित व्यक्तियों की मांग करता है। पूर्व-प्रारम्भिक शिक्षा से लेकर विश्वविद्यालयी शिक्षा तक प्रशासकों, अध्यापकों, लिपिकों, टंकणों, पुस्तकालयाध्यक्षों तथा चतुर्थश्रेणी के कर्मचारियों की बहुत बड़ी संख्या शिक्षा-विभाग में नियुक्त होती है। इस प्रकार शिक्षा विभाग बहुत बड़ी संख्या में अपने ही शिक्षित व्यक्तियों को नियुक्त करके उनकी आय बढ़ाने में सहायक होता है। आंकड़ों से यह सिद्ध होता है कि शिक्षा विभाग में जितने शिक्षित व्यक्तियों को काम मिला है उतने किसी अन्य एक धन्धे में नहीं मिला। इस प्रकार शिक्षा भी शिक्षितों की बेकारी दूर करने तथा उनका आर्थिक स्तर ऊँचा उठाने में सहायक होती है। भारतवर्ष में शिक्षितों की बेकारी का एक प्रमुख कारण है शिक्षा प्रसार में कमी। यहां पर अभी अनेक विद्यालयों की स्थापना होनी चाहिए। पूर्व प्रारम्भिक कक्षा से लेकर विश्वविद्यालयी शिक्षा तक शिक्षा संस्थाओं में छात्रों के प्रवेश की समस्या बहुत जटिल होती है। अध्यापकों की कमी नहीं है, छात्रों की कमी नहीं है। भवनों का अभाव भी उतना बाधक नहीं है जितना समझा जा रहा है। कमी है केवल नियोजन की। यदि वर्तमान शिक्षा संस्थाओं में दो या तीन पालियों में शिक्षा देने की व्यवस्था कर दी जाए तो अनेक अध्यापकों, निरीक्षकों, लिपिकों इत्यादि की आवश्यकता पड़ेगी और बहुत से शिक्षित बेकारों को काम मिल जाएगा। दूसरी ओर देश के शिक्षितों का प्रतिशत बढ़ते-बढ़ते शत-प्रतिशत का लक्ष्य पूर्ण किया जा सकेगा। अभी हमारे गांवों में शिक्षा का बहुत अभाव है। ग्रामीण विद्यालयों की संख्या बढ़ने पर गांवों में न केवल बच्चों में साक्षरता बढ़ेगी वरन् प्रौढ़-शिक्षा के विकास में प्रौढ़ों में भी साक्षरता बढ़ेगी। शिक्षा के प्रसार के फलस्वरूप खेती करने के ढंगों में उन्नति होगी, छोटे-छोटे घरेलू धन्धों का विकास होगा और प्रत्येक व्यक्ति की आय बढ़ेगी, जिससे उनका जीवन स्तर ऊँचा होगा। गाँवों में शिक्षा के प्रचार के साथ-साथ सामाजिक-आर्थिक वातावरण भी बदलेगा, सामाजिक कुरीतियाँ दूर होंगी और लोग अनुत्पादक कार्यों, रीति-रिवाजों पर अनावश्यक व्यय न करके उत्पादक कार्यों पर अपनी आय खर्च करेंगे जिससे उनकी गरीबी मिटेगी और उनका जीवन सुखमय होगा।

11. सभ्यता का विकास—नए प्रकार के उद्योग-धन्धे: किसी देश के सर्वतोन्मुख विकास के लिए शिक्षा ही मूल आधार है। शिक्षा की ही नींव पर समाज का भव्य भवन निर्मित होता है। संसार का इतिहास बतलाता है कि मनुष्य जब तक अनपढ़ था तब तक सभ्यता का विकास बहुत मंद गति से हुआ और दैनिक जीवन की आवश्यक वस्तुओं के लिए उसे बहुत दिनों तक प्रकृति के सहारे ही पर रहना पड़ा। लेकिन जबसे उसने पढ़ना-खिना सीखा तब से उसकी सोचने की गति और दिशा ही नहीं बदली, वरन् वह अपनी दैनिक आवश्यकता की वस्तुओं का उत्पादन अथवा निर्माण भी करने लगा। फलत: सभ्यता-विकास की गति बहुत तीव्र हो गई। हस्तशिल्प के अतिरिक्त चित्रकला, मूर्तिकला, वास्तुकला आदि का भी उसका ज्ञान बढ़ा और वह कला के नए-नए नमूने उत्पन्न करने लगा। कृषि एवं पशु-पालन के व्यवसायों में उन्नति हुई, वाणिज्य व्यवसाय भी चलने लगा।

कृषि एवं पशु-पालन के व्यवसायों में उन्नति हुई, वाणिज्य व्यवसाय भी चलने लगा। वाणिज्य के लिए वह दूर-दूर की यात्राएँ करने लगा। इसके लिए पहले तो वह पशुओं की पीठ पर ही माल ले जाता था, परन्तु धीरे-धीरे पहिए वाली गाड़ियों का आविष्कार हुआ। फिर जल यातायात के लिए नावों और जहाजों का निर्माण हुआ। इस प्रकार शिक्षा-प्रसार के फलस्वरूप मानव सभ्यता बड़ी तीव्र गति से आगे बढ़ने लगी।

आज प्राय: सभी देशों में शिक्षा को महत्त्वपूर्ण स्थान इसीलिए दिया जाता है कि सामाजिक, आर्थिक, राजनैतिक, सांस्कृतिक सभी प्रकार की उन्नति के लिए देशवासियों को शिक्षित करना आवश्यक है। देश का शासन शिक्षित व्यक्तियों द्वारा चलाया जाता है। कृषि, पशु पालन, उद्योग-धंधे, वाणिज्य व्यवसाय, मुद्रा, महाजनी (बैंकिंग), यातायात (जल, थल, नभ), संचार व्यवस्था (तार, टेलीफोन, रेडियो, दूरदर्शन इत्यादि), प्रतिरक्षा, राजनयिक संबंध इतयादि सभी क्षेत्रों में शिक्षित व्यक्तियों की ही अधिक आवश्यकता पड़ती है। संसार में जितने आविष्कार हुए हैं वे सब शिक्षा के ही परिणाम हैं। अत: शिक्षा के बिना वर्तमान समाज की प्रगति बिल्कुल ही नहीं हो सकती।

उपसंहार: उपर्युक्त विवेचना से यह स्पष्ट है कि शिक्षा के द्वारा ही किसी देश का औद्योगिक एवं आर्थिक विकास होता है। शिक्षा की प्रगति के साथ-साथ आर्थिक प्रगति होती चलती है। कृषि-प्रधान देश में कृषि-विकास के लिए अच्छे औजार, उन्नत बीज, रासायनिक उर्वरक, सिंचाई के साधन तथा इन सबके लिए मशीनों का उपयोग आवश्यक होता है। ये भी कार्य शिक्षित व्यक्ति कुशलतापूर्वक सम्पन्न कर सकते हैं। इसलिए कृषि को उन्नतशील बनाने के लिए भी शिक्षा आवश्यक है।

इसी प्रकार औद्योगिक देश में भी मशीनों के आविष्कार उनके प्रयोग एवं सुधार के लिए शिक्षा की अनिवार्य आवश्यकता है। शिक्षित व्यक्ति का मस्तिष्क उत्पादन के नए-नए ढंग सोचा करता है। वह जीवन के प्रत्येक क्षेत्र में उन्नति करने का इच्छुक रहता है। यही कारण है कि देश की आर्थिक समृद्धि के लिए शिक्षा आवश्यक मानी जाती है।

प्रगतिशील देशों की उन्नति का प्रमुख कारण उनकी शिक्षा व्यवस्था है। प्राय: सभी विकसित देशों में शत-प्रतिशत जनता शिक्षित है। इसके विपरीत पिछड़े हुए देशों की गरीबी का मूल कारण उनकी अशिक्षा है। भारत में आज भी लगभग एक-तिहाई जनसंख्या अनपढ़ है।

32.5 आर्थिक विकास के लिए शैक्षिक सुधार (Reforms in Education for Economic Development)

उपर्युक्त आर्थिक विश्लेषण से यह निष्कर्ष निकलता है कि शिक्षा का अर्थ से घनिश्ठ सम्बन्ध है और शैक्षिक विकास के साथ-साथ आर्थिक विकास की गति बढ़ती है। अत: यह कहना सर्वथा युक्तिसंगत है कि राष्ट्र के विकास के लिए शिक्षा में विनियोजन करना सर्वोत्तम विनियोजन है। यह दीर्घकालीन ही नहीं वरन् अल्पकालीन एवं मध्यकालीन भी हो सकता है। अत: शिक्षा एक प्रकार की उत्पादक पूंजी है जिसके महत्त्व की ओर अर्थशास्त्रियों के साथ-साथ शिक्षा-शास्त्रियों का भी ध्यान जाना चाहिए और देश की पंचवर्षीय योजनाओं में दोनों का समन्वय होना आवश्यक है।

आर्थिक विकास के लिए शिक्षा में निम्नलिखित सुधारों की अत्यन्त आवश्यकता है:

1. विज्ञान को शिक्षा तथा संस्कृति का मूल अंग बनाना।

2. सामान्य शिक्षा के एक अभिन्न अंग के रूप में कार्य अनुभव (Work Experience) मानना।

3. उद्योग, कृषि तथा व्यापार की आवश्यकताओं की पूर्ति के लिए शिक्षा का व्यवसायीकरण (Vocationalisation of Education) करना, विशेषकर माध्यमिक स्तर पर।

4. तकनीकी तथा वैज्ञानिक शिक्षा में सुधार।

5. विश्वविद्यालय स्तर पर अनुसन्धान को बढ़ावा देना, इस सन्दर्भ में विशेषकर कृषि शिक्षा तथा सम्बद्ध विज्ञानों पर।

33

सामाजिक परिवर्तन के अभिकर्त्ता के रूप में शिक्षा (Education as an Agent of Social Change)

33.1 सामाजिक परिवर्तन का अर्थ (Meaning of Social Change)

परिवर्तनशीलता समाज का साधारण और सार्वभौमिक नियम है। मानव समाज में होने वाले अनवरत परिवर्तनों से यह धारणा परिपक्व हो चुकी है कि भौतिक जगत् की भाँति मानव जगत की प्रकृति भी परिवर्तनशील है। यदि देखा जाये तो हमारा वर्तमान सम्पूर्ण जीवन प्रत्येक स्तर पर उससे भिन्न है जो कभी अतीत में था। समाज परिवर्तित हो चुका है और तीव्र गति से परिवर्तित हो रहा है। आज से एक हजार वर्ष के पूर्व के मानव समाज की जो दशाएँ और परिस्थितियाँ थीं उनमें कल्पनातीत परिवर्तन हो गया है। अपेक्षाकृत छोटे, स्थिर एवं आत्मनिर्भर सम्पूर्ण समाज का स्थान औसतन बड़े (जटिल) नगरों एवं महानगरीय जीवन ने ले लिया है। संयुक्त परिवार के स्थान पर व्यक्तिगत परिवार का महत्त्व बढ़ने लगा है। आज मानव जीवन प्राचीन की अपेक्षा अधिक व्यस्त एवं कठिन है। औद्योगिक राष्ट्रों के लिये ग्रामों का महत्त्व शहरों की अपेक्षा बहुत कम है और शहरी छाप धीरे-धीरे ग्रामों तक पहुँचती जा रही है। कुछ समाज शास्त्रियों का कहना है कि सामाजिक परिवर्तन की प्रवृत्ति प्राथमिक जीवन पद्धति से द्वितीयक जीवन पद्धति की ओर है (The change from primary to secondary modes of life)।

हम लोग इतिहास के एक ऐसे निर्णायक युग में रह रहे हैं जब हमारा समाज कुछ तीव्र परिवर्तनों में होकर गुजरा है–विज्ञान एवं तकनीक का तेजी से विकास, विश्व भर में मानव की ऊँची अभिलाषाएँ हैं। अब श्रमिक को अधिक अवकाश, नागरीकरण एवं अन्तर्राष्ट्रीय निर्भरता समाज की कुछ विशिष्टताएँ हैं। इन परिवर्तनों ने कुछ समस्याओं को तो हल किया है लेकिन कुछ समस्याओं को जन्म भी दिया है जिनको हमारे विद्यालयों में सुलझाने का प्रयत्न भी किया जा रहा है। नवीन समस्याओं को सुलझाने के लिये नवीन हल ढूँढना आवश्यक है।

परिवर्तन प्रकृति का नियम है। समाज का कोई भी पक्ष इस से अछूता नहीं रह सकता है। सामान्य रूप से सामाजिक ढाँचे में अथवा सामाजिक व्यवस्था में किसी भी प्रकार के परिवर्तन को सामाजिक परिवर्तन कहते हैं। यह मानव सम्बन्धों तथा अन्य किसी भी

सामाजिक घटनाओं में परिवर्तन के रूप में भी हो सकता है। मानव व्यवहार में संशोधन का ही दूसरा नाम सामाजिक परिवर्तन है। इस अवधारणा को अधिक स्पष्ट करने के लिये हम कुछ समाज शास्त्रियों की परिभाषा का अध्ययन करेंगे।

1. ''सामाजिक परिवर्तन जीवन की स्वीकृति रीतियों में परिवर्तन के अन्तर को कहते हैं। चाहे यह परिवर्तन भौगोलिक दशाओं के परिवर्तन से हुआ हो या सांस्कृतिक साधनों, जनसंख्या की रचना या सिद्धान्तों के परिवर्तन से, चाहे संचार द्वारा सम्भव हो सका या समूह के अन्दर हुए आविष्कारों के परिणामस्वरूप हुआ हो।''

–गिलिन एवं गिलिन (Gillin and Gillin)

2. ''सामाजिक परिवर्तन में केवल वे ही परिवर्तन माने जाते हैं जो सामाजिक संगठन अर्थात् समाज के ढाँचे और कार्य में घटित होते हैं।''

–किंगसले डेविस (Kingsley Davis)

3. ''सामाजिक परिवर्तन वह शब्द है जो सामाजिक प्रक्रियाओं, सामाजिक प्रतिमानों सामाजिक परस्पर सम्बन्धी क्रिया या सामाजिक संगठन के किसी अंग में अन्तर या रूपान्तर को वर्णित करने के लिये प्रयोग किया जाता है।'' *–जॉन्स (Jones)*

4. "सामाजिक परिवर्तन का अर्थ है लोगों के कार्य करने तथा विचार करने की पद्धतियों में संशोधन।" *–एम.डी. जेनसन (M.D. Jensen)*

5. "सामाजिक परिवर्तन का अर्थ है सामाजिक संरचना अर्थात् समाज का आकार, समाज के भागों का गठन अथवा संतुलन या उसके संगठन के प्रकार का परिवर्तन।"

–गिन्सबर्ग (Ginsberg)

6. "सामाजिक ढांचे अथवा सामाजिक संरचना में होने वाले परिवर्तन को ही सामाजिक परिवर्तन कहते है।" *मैकाइवर एवं पेज (MacIver and Page)*

7. "सामाजिक परिवर्तन का अर्थ यह है कि लोग बड़ी संख्या में ऐसे कार्य कर रहे हैं जो कुछ समय पहले नहीं थे अथवा उनके पूर्वज नहीं करते थे।"

मेरिल और एल्ड्रेज (Merril and Eldredge)

8. "सांस्कृतिक परिवर्तन सामाजिक परिवर्तन है क्योंकि समस्त संस्कृति अपनी उत्पत्ति, अर्थ तथा प्रयोग में सामाजिक है।"

डासन और गेटिस (Dawson and Gettys)

9. "सामाजिक परिवर्तन का अर्थ है वह सब कुछ जो समय के व्यतीत होने के साथ सामाजिक संरचना वाली भूमिकाओं, संस्थाओं अथवा व्यवस्थाओं में होता है, उनका उभरना विकसित होना और क्षीण होना।" *जेरथ एवं मिल्स (Gerth and Mills)*

10. "जब हम सामाजिक परिवर्तन की बात करते हैं तो हम सम्भवतः मानते हैं कि सामाजिक परिवर्तन तथा सामाजिक ढाँचे में परिवर्तन है।"

बी. कुप्पास्वामी (B.Kuppaswami)

निष्कर्ष: उपर्युक्त परिभाषाओं से हम इस निष्कर्ष पर पहुँचते हैं कि समाज के स्वरूप को अतीत से कुछ भिन्न बना देने वाले कारक ही सामाजिक परिवर्तन लाते हैं और यह कारक कुछ भी हों लेकिन परिवर्तन आना नितान्त आवश्यक है। यह परिवर्तन कुछ उदाहरणों से स्पष्ट किये जा सकते हैं। नगरीकरण के बढ़ने से परिवार का आधार छोटा हो रहा है। स्त्रियों की स्थिति ऊँची हो रही है। परिवार में कमाने वाले सदस्यों के स्थानान्तरण होने से परिवार की

स्थिरता कम हो रही है। संगठित श्रमिक संघों के विकास से मिल मालिकों और मजदूरों के सम्बन्धों में परिवर्तन आया है। शिक्षा के प्रसार, नगरीकरण एवं जनतान्त्रिक व्यवहार की प्रौढ़ता के कारण भारत की कठोर-जाति-प्रथा बहुत कुछ शिथिल हो गयी है।

संक्षेप में सामाजिक जीवन के किसी भी पक्ष में किसी भी प्रकार के परिवर्तन को सामाजिक परिवर्तन कहा जा सकता है। सामाजिक परिवर्तन का सम्बन्ध मानव के सामाजिक सम्बन्धों से होता है। सामाजिक परिवर्तन का सम्बन्ध कुछ व्यक्तियों के व्यवहारों, विश्वासों तथा मूल्यों तक सीमित नहीं है। इसका सम्बन्ध समाज के सभी अथवा अधिकांश लोगों की जीवन-विधि के परिवर्तन से है।

33.2 परिवर्तन की प्रकृति तथा प्रक्रिया (Nature and Process of Change)

सामाजिक परिवर्तन की प्रकृति तथा प्रक्रिया की गति सदा एक जैसी नहीं होती। कभी-कभी समाज में क्रान्तिकारी महापुरुष पैदा होते हैं जो समाज में क्रन्ति उत्पन्न कर देते हैं। संसार में धार्मिक क्षेत्र में अनेक महापुरुष हुए हैं जिन्होंने समाज के विभिन्न पक्षों पर अपना प्रभाव डाला। यूरोप में मध्य युग में पुनर्जागरण मार्टिन लूथर के कारण हुआ था। भारत में उन्नीसवीं शताब्दी में अंग्रेजी शासन के कारण और राजा राममोहन राय के ब्रह्म समाज तथा स्वामी दयानन्द के आर्य समाज के कारण सामाजिक क्रान्ति हुई थी। अठारहवीं शताब्दी में पहले इंग्लैंड में और बाद में यूरोप में औद्योगिक क्रांति के फलस्वरूप सामाजिक परिवर्तन हुए। वर्तमान शताब्दी में वैज्ञानिक आविष्कारों के कारण सामाजिक परिवर्तन बड़ी तीव्र गति से हो रहे हैं। भारतवर्ष में स्वतन्त्रता प्राप्ति के उपरांत समाज बड़ी गति से आगे बढ़ रहा है। इसी प्रकार शिक्षा के क्षेत्र में भी अनेक परिवर्तन हो रहे हैं। शिक्षा में परिवर्तन भी सामाजिक रूप का परिवर्तन है।

सामाजिक परिवर्तन को प्रकृति के अनुसार प्रो. डब्ल्यू.जे.एच. सॉपट (Prof. J.H. Sorptt) ने मुख्यत: दो भागों में बाँटा है:

(i) बाह्य परिवर्तन या भौतिक परिवर्तन (External or Physical Change): यह परिवर्तन समाज से बाहर के अभिकरणों द्वारा लाये जाते हैं जैसे बाह्य आक्रमण, उपनिवेशवाद, सांस्कृतिक सम्पर्क आदि।

(ii) आन्तरिक परिवर्तन (Internal Change): इनको स्प्रौट महोदय ने फिर दो उपभागों में बाँट दिया है और यह हैं तकनीकी तथा सांस्कृतिक। एक तो आकस्मिक परिवर्तन होते हैं जो किसी ऐसी घटना के द्वारा हो जाते हैं जिनके बारे में व्यक्तिगत स्तर पर समाज या राज्य सोच भी नहीं पाते हैं। यह अधिकतर नवीन आविष्कारों से विशिष्ट रूप से सम्बन्धित हैं जो कि समाज के सम्पूर्ण जीवन को ही प्रभावित कर देती हैं और नवीन परिवर्तन हो जाते हैं जैसे आणुविक शक्ति, लेजर किरणें, राडार आदि। परिवर्तन अच्छा है या बुरा, यह निर्भर इस पर करेगा कि समाज इन आविष्कारों का प्रयोग किस प्रकार करेगा जिससे यह निश्चित हो कि समाज की कुल प्रगति होगी अथवा पतन लेकिन परिवर्तन अवश्य आयेगा।

रचनात्मक परिवर्तन (Creative Change): इसके अतिरिक्त रचनात्मक परिवर्तन भी होते हैं जो समाज सोच-विचारकर लाने का प्रयत्न करता है। यह समाज की योजनाओं

पर आधारित है जो तर्कपूर्ण, संगठनात्मक एवं योजनाबद्ध तरीके से सामाजिक कल्याण के लिए राजनीतिक एवं आर्थिक जागृति के साथ लागू की जाती है और इनसे अन्त में सांस्कृतिक परिवर्तन के माध्यम से सामाजिक परिवर्तन आ जाता है।

33.3 सामाजिक परिवर्तन की मुख्य विशेषताएँ (Main Characteristics of Social Change)

सामाजिक परिवर्तन की मुख्य विशेषताएँ इस प्रकार हैं:

1. सामाजिक परिवर्तन का अर्थ कुछ पुराने तत्त्वों, विचारों तथा वस्तुओं आदि का त्याग करना हो सकता है।
2. सामाजिक परिवर्तन का अर्थ कुछ नए तत्त्वों, विचारों तथा वस्तुओं आदि को अपनाना होता है।
3. परिवर्तन अचानक हो सकता है तथा धीरे-धीरे।
4. सामाजिक परिवर्तन के सभी तत्व एक ही समय में न बदल सकें।
5. सामाजिक परिवर्तन हिंसा तथा अंहिसा दोनों प्रकार से हो सकता है।
6. सामाजिक परिवर्तन नियोजित तथा अनियोजित हो सकता है।
7. सामाजिक परिवर्तन की अवधि प्रायः लम्बी होती है।
8. सामाजिक परिवर्तन नई प्रवृत्ति अथवा प्रवृत्तियों को जन्म देता है।
9. सामाजिक परिवर्तन सामाजिक सम्बन्धों से प्रदर्शित होता है।
10. सामाजिक परिवर्तन सामाजिक मूल्यों में निहित रहता है।
11. सामाजिक परिवर्तन का सम्बन्ध, समाज की अधिकांश जनसंख्या से होता है।
12. सामाजिक परिवर्तन आन्तरिक अथवा बाह्य हो सकता है।
13. सामाजिक परिवर्तन पेचीदा हो सकता है।

33.4 सामाजिक परिवर्तन के मुख्य तत्व (Chief Elements of Social Change)

(1)

सामाजिक संरचना में परिवर्तन (Changes in Social Structure)

1. वर्ग संरचना (Class Structure)
2. जाति संरचना (Caste Structure)
3. भूमि पट्टा तथा जमींदारी प्रथा में परिर्वतन (Changes in Land Tenure or Zamindari System)
4. श्रम की स्थितियाँ (Labour Conditions)
5. संस्थात्मक परिवर्तन (Institutional Changes)

(2)

सामाजिक व्यवहारों में परिवर्तन (Changes in Social Behaviour)

1. रीति रिवाज (Customs)
2. खान-पान की आदतें (Food Habits)
3. वार्तालाप की आदतें (Speech Habits)
4. खुलापन तथा विशाल हृदयता (Open-mindedness and Broad-mindedness)
5. परस्पर मिलना-जुलना (Intermingling)

नोट: यह सूची केवल संकेतात्मक है। सामाजिक जीवन के कतिपय उदाहरण यहाँ दिए गए हैं। सामाजिक परिवर्तन का कार्यक्षेत्र बहुत विस्तृत है।

सामाजिक प्रक्रिया का वर्गीकरण (Classification of Social Change): सामाजिक प्रक्रिया का वर्गीकरण निम्न प्रकार से किया जा सकता है:

सामाजिक परिवर्तन की प्रक्रिया का पहला वर्गीकरण
(Classification I of Social Change)

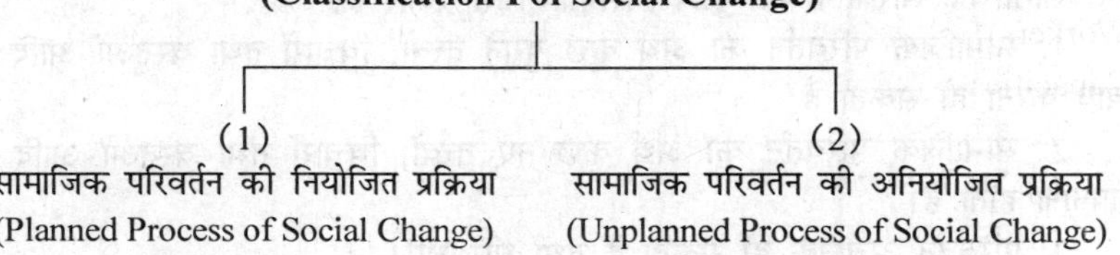

(1) सामाजिक परिवर्तन की नियोजित प्रक्रिया (Planned Process of Social Change)

(2) सामाजिक परिवर्तन की अनियोजित प्रक्रिया (Unplanned Process of Social Change)

सामाजिक परिवर्तन की प्रक्रिया का दूसरा वर्गीकरण
(Classification II of Social Change)

(1) सामाजिक परिवर्तन की अहिंसात्मक प्रक्रिया (Non-violent Process of Social Change)

(2) सामाजिक परिवर्तन की हिंसात्मक प्रक्रिया (Violent Process of Social Change)

सामाजिक परिवर्तन की प्रक्रिया का तीसरा वर्गीकरण
(Classification III of Social Change)

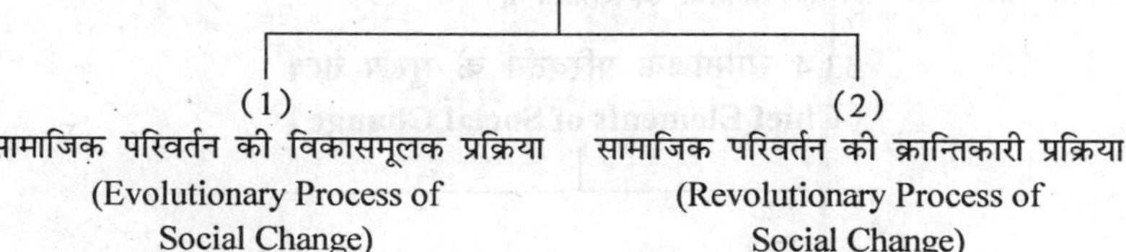

(1) सामाजिक परिवर्तन की विकासमूलक प्रक्रिया (Evolutionary Process of Social Change)

(2) सामाजिक परिवर्तन की क्रान्तिकारी प्रक्रिया (Revolutionary Process of Social Change)

सामाजिक परिवर्तन की प्रक्रिया का चौथा वर्गीकरण
(Classification IV of Social Change)

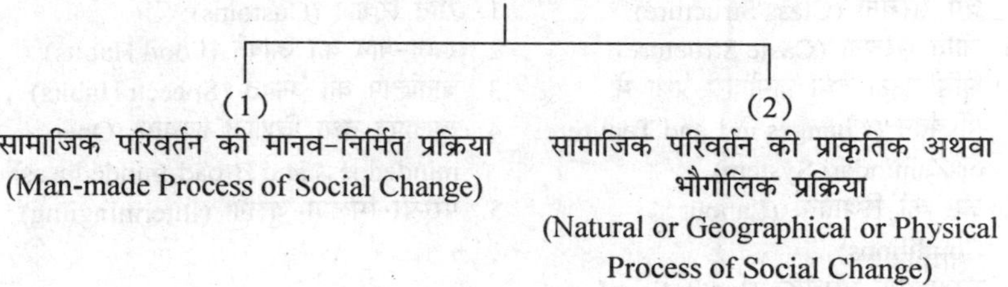

(1) सामाजिक परिवर्तन की मानव-निर्मित प्रक्रिया (Man-made Process of Social Change)

(2) सामाजिक परिवर्तन की प्राकृतिक अथवा भौगोलिक प्रक्रिया (Natural or Geographical or Physical Process of Social Change)

33.5 सामाजिक परिवर्तनों के पक्ष (Aspects of Social Change)

1. *प्रो. हैरी जॉनसन* (*Harry Johnson*) के अनुसार सामाजिक परिवर्तनों के अन्तर्गत निम्न प्रकार के परिवर्तन आते हैं:

1. सामाजिक मूल्यों में परिवर्तन (Change in Social Values)। 2. संस्थात्मक परिवर्तन (Institutional Change)। 3. संपत्ति और पुरस्कारों में परिवर्तन (Change in Property)। 4. व्यक्तियों या कार्यकर्ताओं में परिवर्तन (Changes in Individuals or Workers)। 5. व्यक्तियों की क्षमताओं और दृष्टिकोणों में परिवर्तन (Changes in Capacities and Points of Views of Individuals)।

2. *कुपुस्वामी* (*Kupuswami*) के विचार में सामाजिक परिवर्तन के दो रूप हैं:

(i) सामाजिक व्यवहार में परिवर्तन (Changes in Social Behaviour)

(ii) सामाजिक संरचना में परिवर्तन अर्थात् सामाजिक नियमों तथा सामाजिक भूमिकाओं में परिवर्तन (Changes in Social Structure, Principles and Roles etc.)

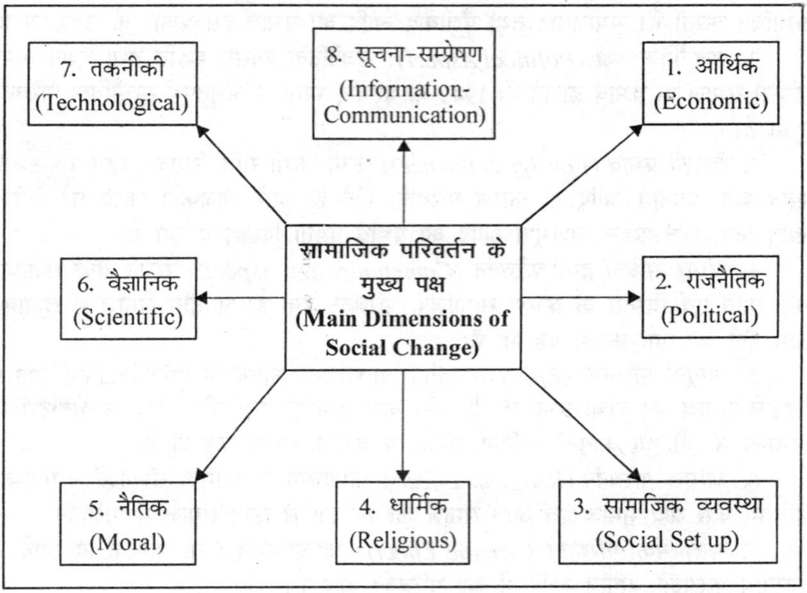

चित्र 33.1: सामाजिक परिवर्तन के मुख्य पक्ष

33.6 सामाजिक परिवर्तन के कारण तथा प्रभाव (Causes and Effects of Social Change)

सामाजिक परिवर्तन के अनेक कारण हैं। इस सन्दर्भ में हमें यह ध्यान देना होगा कि सामान्यत: जिस प्रकार का कारण होता है, उसी प्रकार का प्रभाव पड़ता है। परन्तु कई बार एक कारण इतना प्रभावी होता है कि समूचा समाज ही बदल जाता है। भारत में स्वतन्त्रता प्राप्ति के पश्चात् समाज में व्यापक तथा गहन प्रभाव पड़े। रूस में 1917 तथा 1990 की

क्रान्तियों ने कई सामाजिक परिवर्तनों का सूत्रपात किया। 1990 की क्रान्ति के कई पक्ष 1917 की क्रान्ति के विपरीत थे। 1917 में बादशाहत (Kingship) को समाप्त किया गया तथा साम्यवाद ने इस का स्थान लिया। 1990 में 1917 के साम्यवाद को एक प्रकार से तिलांजलि दी गई।

सामाजिक परिवर्तन के मुख्य कारण निम्नलिखित हैं:

1. आर्थिक कारण (Economic Cause), 2. राजनैतिक कारण (Political Cause), 3. विदेशी प्रभाव कारण (Foreign Influence Cause), 4. संचार साधन कारण (Communication Cause), 5. कानूनी कारण (Law Cause), 6. धार्मिक कारण (Religious Cause), 7. कलात्मक कारण (Art Cause), 8. प्रौद्योगिकी कारण (Techonological Cause), 9. सूचना सम्प्रेषण कारण (Information-Communication Cause)

सामाजिक परिवर्तन के प्रभाव (Effects of Social Change): 1. *आर्थिक पक्ष* (*Economic Aspect*): आर्थिक नीतियाँ समाज के विभिन्न वर्गों को विभिन्न रूपों से प्रभावित करती हैं। समाजवाद तथा पूँजीवाद आदि का प्रभाव इस प्रकार के उदाहरण हैं।

2. *राजनैतिक पक्ष* (*Political Aspect*): राजनैतिक शासन पद्धति तथा दर्शन अपने ढंग से समाज पर प्रभाव डालते हैं। 1947 के पश्चात् भारत में अभूतपूर्व राजनैतिक परिवर्तन हुआ है।

3. *विदेशी प्रभाव* (*Foreign Influence*): कभी-कभी रीति-रिवाजों, रहन-सहन और खान-पान, पहनावे आदि के कारण परिवर्तन होते हैं, जैसे आजकल भारत पर विदेशी खान-पान, रहन-सहन, वेशभूषा आदि का प्रभाव पड़ता दिखाई दे रहा है।

4. *संचार साधनों द्वारा परिवर्तन* (*Communication Aspect*): संचार तथा यातायात की प्रगति एवं विस्तार के कारण सामाजिक परिवर्तन होते हैं। भारतीय समाज में छुआछूत कम होने का एक कारण यह भी है।

5. *कानूनी परिवर्तन* (*Effect of Law*): सामाजिक कानूनों में परिवर्तन किए जाते हैं जिससे समाज का ढाँचा प्रभावित होता है। जैसे छूआछूत एवं ऊँच-नीच के भेदभाव के सम्बन्ध में बने हुए कानूनों ने हिन्दू समाज में क्रान्ति उत्पन्न कर दी है।

6. *धार्मिक परिवर्तन* (*Religious Effect*): सामाजिक या धार्मिक संस्थाओं में परिवर्तन होते हैं, जैसे ब्रह्म समाज एवं आर्य समाज की स्थापना से हिन्दू समाज में परिवर्तन।

7. *कलात्मक परिवर्तन* (*Artistic Effect*): पाश्चात्य देश के सम्पर्क में आने से भारतीय कलाओं, संगीत आदि में कई परिवर्तन आए हैं।

8. *प्रौद्योगिक परिवर्तन*: प्रौद्योगिक आविष्कारों ने तो समाज में अपूर्व परिवर्तन लाया है। समाज का कोई भी पक्ष अछूता नहीं रहा है।

9. *सूचना सम्प्रेषण* (*Information Communication*): सूचना सम्प्रेषण साधनों द्वारा समाज में अनेक प्रकार के परिवर्तन आते हैं।

33.7 सामाजिक परिवर्तन में बाधाएँ (Constraints in Social Change)

मुख्य बाधाएँ इस प्रकार हैं: 1. अनपढ़ता (Illiteracy), 2. रुढ़िवादिता (Orthodoxy), 3. जाति प्रथा (Casteism), 4. प्रान्तीयता (Provincialism), 5. क्षेत्रीयता (Regionalism), 6. बढ़ती हुई जनसंख्या (Increasing Population), 7. धार्मिक कट्टरता (Religious

Bigotry), 8. गरीबी (Poverty), 9. अमीरी और गरीबी में खाई (Wide Gulf between Richness and Poverty), 10. संकीर्ण दृष्टिकोण (Narrow-mindedness), 11. भाषाई संकीर्णता (Linguistic Narrow-mindedness)।

उपसंहार: जैसे कि पहले कहा जा चुका है कि समाज की कुछ बाधाएँ ही परिवर्तन का कारण बन जाती हैं। उदाहरणार्थ 1917 में रूस में सामाजिक क्रान्ति आयी और यही सामाजिक क्रान्ति 1990 में अन्य क्रान्ति का कारण बनी। 1917 की क्रान्ति के कारण रूस की सामाजिक व्यवस्था में परिवर्तन आया। यह परिवर्तन लगभग 70 वर्ष तक होता रहा परन्तु परिवर्तन के कई पक्ष बदलती हुई परिस्थितियों में लाभदायक सिद्ध न हो सकी तथा रूस की समाजवादी व्यवस्था बिखर गई।

33.8 आधुनिक भारत में सामाजिक परिवर्तन के मुख्य कारण अथवा कारक (Main Causes/Factors of Social Change in Modern India)

1. भारतीय संविधान में दिए गए आदर्श तथा मूल्य (Ideals and Values as Given in the Constitution of India), 2. गांधीवाद/गांधीगिरी (Gandhism), 3. लोकतन्त्र (Democracy), 4. पंथ/धर्म निर्पेक्षता (Secularism), 5. समाजवाद (Socialism), 6. मिश्रित अर्थव्यवस्था (Mixed Economy), 7. पश्चिमीकरण (Westernisation), 8. उद्योगीकरण (Industrialisation), 9. शहरीकरण (Urbanisation), 10. आरक्षण (Reservation), 11. एकाधिकार (Monopolisation), 12. उदारवादिता (Liberalism), 13. भूमण्डलीकरण (Globalisation), 14. सूचना सप्रेषण (Information-Communication), 15. बढ़ती हुई आकांक्षाएँ (Growing Expectations), 16. राजनीतिकरण (Politicalisation), 17. पूँजीवाद (Capitalism), 18. योग में रुचि (Interest in Yoga), 19. संस्कृतिकरण (Culturalisation), 20. कट्टरवादिता (Fundamentalism), 21. भौतिकवादिता (Materialism), 22. भारतीयकरण (Indianisation), 23. यन्त्रीकरण (Mechanisation), 24. आधुनिकीकरण (Modernisation), 25. बहुराष्ट्रीय अभिकरण (Multinational Agencies), 26. समाजसुधारक (Social Reformers), 27. शिक्षा का प्रसार (Spread of Education), 28. विधिकरण (Legislation), 29. जनमाध्यम (Mass Media)।

निष्कर्ष (Conclusion): सामाजिक परिर्वतनों के पीछे कई कारण होते हैं जैसाकि पार्सन (Parson) ने विचार प्रकट किया है, "परिवर्तन के सूत्रपात में बहुविध सम्भावनाएँ रहती हैं।"

33.9 भारत में सामाजिक परिवर्तन में बाधाएँ (Barriers/ Factors in Social Change in India)

1. अशिक्षा (Illiteracy), 2. पुराने विश्वास (Old Beliefs), 3. पुरानी आदतें (Old habits), 4. पुराने रीति रिवाज (Old customs), 5. अन्ध विश्वास (Superstitions), 6. भाग्यवादिता (Fatalism), 7. नवीनता का भय (Fear of new things), 8. स्वभाविक सुस्ती (Natural inertia), 9. ज्ञान का अभाव (Ignorance), 10. निहित स्वार्थ (Vested Interest), 11. सांस्कृतिक पृथकता (Cultural isolation), 12. सम्प्रदायिकता (Communalism), 13. जातिवाद (Casteism), 14. धार्मिक कट्टरता

(Religious fundamentalism), 15. रूढ़िवादिता (Orthodoxy), 16. भाषाई संकीर्णता (Linguistic narrow Mindedness), 17. क्षेत्रीयता (Regionlism), 18. प्रान्तीयता (Provincialism), 19. प्रेरणादायक नेतृत्व का अभाव (Lack of inspiring leadership)

33.10 सामाजिक व्यवस्था तथा शिक्षा में सम्बन्ध (Relationship Between Social Order and Education)

सामाजिक व्यवस्था तथा शिक्षा में घनिष्ठ सम्बन्ध (Close Relationship between Social Order and Education): शिक्षा समाज के लिए होती है। अत: शिक्षा का समाज से घनिष्ट सम्बन्ध होता है। कभी तो सामाजिक परिवर्तन के कारण शिक्षा प्रभावित होती है और कभी शिक्षा ही समाज में परिवर्तन लाने का कारण बनती है। वास्तव में शिक्षा को समाज के अनुकूल होना चाहिए। यदि शिक्षा समाज की आवश्यकताओं, उसकी आकांक्षाओं एवं आशाओं की पूर्ति करने में स्फल नहीं होती तो वह समाज के लिए अनावश्यक एवं हानिकर होती है। ऐसी शिक्षा को तुरन्त बदल देना चाहिए और उसे समाज की आवश्यकता के अनुकूल बनाना चाहिए। भारत में अंग्रेज राज में जो शिक्षा-प्रणाली चलाई गई थी वह विदेशी शासन के अनुकूल थी। विदेशी शासन में भी जब देश में जागृति हुई तो शिक्षा में परिवर्तन के लिए जनता की माँग हुई और कुछ परिवर्तन किए भी गए। विदेशी शासन समाप्त होने पर जब देश में अपना राज स्थापित हुआ तब शिक्षा में परिवर्तन की आवश्यकता पड़ी।

शिक्षा प्रक्रिया पर सामाजिक व्यवस्था का बहुत प्रभाव पड़ता है। आधुनिकता अर्थात् विज्ञान तथा तकनीकी पर आधारित मान्यताओं ने शिक्षा के उद्देश्य, दृष्टिकोण, पाठ्यक्रम एवं शिक्षण विधियों को प्रभावित किया है। वैसे सामाजिक परिवर्तन ने सम्पूर्ण शिक्षा प्रक्रिया को प्रभावित किया है। आधुनिकता के परिणामस्वरूप शिक्षा को एक वस्तु माना जाने लगा है जो विभिन्न प्रकार से उपलब्ध कराई जाती है। अन्य वस्तुओं की भाँति यह भी बाजार में विभिन्न अभिकरणों के माध्यम से उपभोक्ता को क्रय के लिए उपलब्ध कराई जाती है, जो गुणात्मकता में विभिन्नता रखती है। शिक्षा को जहाँ एक ओर नागरिकों का अधिकार मानकर प्राथमिक स्तर पर अनिवार्य तथा नि:शुल्क बनाने का प्रावधान किया गया है वहाँ पूँजीवाद पर आधारित अन्य शिक्षा संस्थाओं ने उसे महँगा भी कर दिया है। विभिन्न प्रकार की शिक्षा संस्थाएँ जिन्हें सरकार से सहायता मिलती है, उनमें नए-नए प्रकार के शिक्षा संगठन विकसित हो गए हैं। शिक्षा के अनेक रूप सामने आए हैं। सामाजिक परिवर्तनों का अनौपचारिक शिक्षा अभिकरणों पर भी प्रभाव पड़ा है।

औद्योगीकरण, शहरीकरण, संयुक्त परिवार का बदलता रूप, बेरोजगारी, तकनीकी प्रगति, मशीनीकरण आदि से आने वाले परिवर्तनों तथा समस्याओं को ध्यान में रखकर औपचारिक शिक्षा लचीली रखने का प्रयत्न किया जा रहा है जिससे समाज के भावी सदस्यों को समाज के परिवर्तनशील स्वरूप के अनुसार ढाला जा सके।

शिक्षा आयोग ने सामाजिक परिवर्तन के सन्दर्भ में शिक्षा में परिवर्तन के बारे में इस प्रकार जोर दिया, ''कोई भी सुधार इतना आवश्यक नहीं जितना कि शिक्षा में परिवर्तन। इसे लोगो के जीवन, उनकी आवश्यकताओं तथा आकांक्षाओं के साथ सम्बन्धित करने का प्रयास करना चाहिए। इसे हमारे लक्ष्यों की पूर्ति के लिए आवश्यक सामाजिक, आर्थिक तथा सांस्कृतिक परिवर्तन का सशक्त साधन बनाना चाहिए।''

निम्नलिखित तत्त्व इस संदर्भ में महत्त्वपूर्ण हैं:

1. सामाजिक आवश्यकताओं के कारण शिक्षा में परिवर्तन: वर्तमान भारत में प्रजातांत्रिक एवं समाजवादी समाज की स्थापना, औद्योगिकरण तथा रुढ़िवादी परम्पराओं के उन्मूलन के लिए शिक्षा के स्वरूप में परिवर्तन हो रहा है। नि:शुल्क शिक्षा, प्रौढ़ शिक्षा व सामाजिक शिक्षा, माध्यमिक एवं उच्च शिक्षा का व्यवसायीकरण, पिछड़े वर्ग को शैक्षिक सुविधाएँ आदि इसका प्रत्यक्ष उदाहरण हैं। इस प्रकार हम कह सकते हैं कि शिक्षा सामाजिक परिवर्तनों के अनुसार चलती है।

2. तकनीकी के कारण शैक्षिक परिवर्तन: तकनीकी परिवर्तन के अनुसार भी शिक्षा में परिवर्तन आता है। विभिन्न आविष्कारों ने शिक्षा को प्रभावित किया और उनके अनुसार शिक्षा में परिवर्तन हुआ। उद्योगों, व्यवसायों, वैज्ञानिक आविष्कारों के अनुसार समय-समय पर शिक्षा में परिवर्तन होते रहे हैं और भविष्य में भी होते रहेंगे। सूचना प्रौद्योगिकी (Information Technology) के कारण सीखने-सिखाने की विधियों में अभूतपूर्व परिवर्तन हुए हैं।

3. सामाजिक शक्तियों द्वारा शैक्षिक परिवर्तन–समाज की शक्तियाँ भी शिक्षा में परिवर्तन लाती हैं। समूह व समुदाय, उसकी रचना, मूल्य एवं आवश्यकताएँ शिक्षा में परिवर्तन करती हैं। इन्हीं शक्तियों के द्वारा शिक्षा की व्यवस्था व रूप निर्धारित होता है तथा उसमें परिवर्तन होते हैं।

33.11 शिक्षा सामाजिक परिवर्तन का अभिकरण (Education as an Agent of Social Change)

शिक्षा की सामाजिक परिवर्तन में विशेष भूमिका है। इस सन्दर्भ में कुछ विचार नीचे दिए गए हैं:

1. *गाँधी जी* समाज में शान्तिपूर्ण क्रान्ति शिक्षा के माध्यम से लाना चाहते थे। उनके अपने शब्दों में, "बेसिक स्कूल समाज में सामाजिक क्रान्ति का सूत्रधार बने।"

2. *जॉन ड्यूवी (John Dewey)* के कथनानुसार–"शिक्षा सामाजिक प्रगति एवं सुधार की बुनियादी विधि है।"

3. *डा. राधाकृष्णन* के शब्दों में–"शिक्षा परिवर्तन का एक साधन है जो कार्य समाज में परिवार, धार्मिक, सामाजिक एवं राजनैतिक संस्थाओं द्वारा होता था वह आज शिक्षा संस्थाओं द्वारा किया जाता है।"

4. *इलवुड (Ellwood)* का कहना है–"शिक्षा ही मुख्य साधन है जिसकी ओर समाज सब प्रकार की प्रगति के लिए अभिमुख हो।"

5. *शिक्षा आयोग* (1964-66) के कथनानुसार, "यदि हिंसक क्रान्ति के बिना इस परिवर्तन (लोगों के ज्ञान, कौशल, रुचियों तथा मूल्य) को व्यापक स्तर पर प्राप्त करना है तो इसका केवल एक ही साधन है और वह है–'शिक्षा'।

6. *रस्किन (Ruskin)* के विचार में–"शिक्षा लोगों को शिष्ट बनाने की प्रक्रिया है।"

7. *शिक्षा नीति* 1986 में शिक्षा के कार्य पर इस प्रकार प्रकाश डाला गया है। "शिक्षा वर्तमान तथा भविष्य के निर्माण का अनुपम साधन है।" शिक्षा को ही लोगों को सुसंस्कृत बनाने का माध्यम माना गया है।

33.12 सामाजिक परिवर्तन में शिक्षा के कार्य (Functions of Education in Social Change)

सामाजिक परिवर्तन के क्षेत्र में शिक्षा के कार्य निम्नलिखित हैं:

1. सामाजिक परिवर्तनों को अपनाने में लोगों को तैयार करना: शिक्षा का यह एक महान् कार्य है कि वह सामाजिक परिवर्तनों को अपनाने के लिए जनता को तैयार करे। जब शिक्षित लोग परिवर्तनों को अपनायेंगे तो समाज के अन्य लोग भी उन्हें आसानी से स्वीकार कर लेंगे।

2. परिवर्तन के विरोध को दूर करना: समाज में कुछ लोग, वर्ग या तत्त्व ऐसे भी होते हैं, जो सामाजिक परिवर्तनों का विरोध करते हैं। कुछ ऐसे परम्परावादी होते हैं, जिनका काम ही विरोध करना होता है। शिक्षा ऐसे विरोधी लोगों में परिवर्तन के महत्त्व को समझाती है। वह अन्धविश्वास समाप्त करके विरोधियों को भी सहयोगी व साथी बनाती है।

3. सामाजिक परिवर्तन की समीक्षा (विश्लेषण) करना: परिवर्तनों के गुण-दोषों को देखने के बाद ही पता चलता है कि परिवर्तन उचित है या नहीं। यह विश्लेषण एवं समीक्षा शिक्षा ही कर सकती है।

4. नये परिवर्तनों का मूल: शिक्षा के कारण खोज एवं आविष्कारों को बल मिलता है। आविष्कार समाज में परिवर्तन लाते हैं। इन दोनों के बीच का सम्बन्ध क्रिया-प्रतिक्रिया जैसा है। शिक्षा ही परिवर्तनों का मूल है। वही समाज में नये सुधारों के लिए रास्ता खोजती है।

5. सामाजिक परिवर्तनों में नेतृत्व करना: शिक्षित व्यक्तियों ने सदा से सामाजिक परिवर्तनों का नेतृत्व किया है, जैसे-राजा राममोहन राय, महात्मा गांधी, स्वामी दयानन्द आदि। शिक्षा ही जनतांत्रिक व्यवस्था के लिए नेतृत्व पैदा करती है।

6. सामाजिक कुरीतियों को दूर करने में शिक्षा: शिक्षा एक सामजिक प्रक्रिया है। इसलिए शिक्षा का कार्य समाज में कुरीतियाँ दूर करना भी है। भारत जैसे देश में जहाँ अनेकों गन्दी परम्परायें एवं कुरीतियाँ हैं, वहाँ शिक्षा को उनमें परिवर्तन करना चाहिए, जैसे दहेज प्रथा, बाल विवाह, विधवा विवाह आदि क्षेत्रों में।

7. ज्ञान के क्षेत्र में विकास: शिक्षा का कार्य है, ज्ञान प्रदान करना। ज्ञान से ही खोज एवं आविष्कार होते हैं। खोज एवं आविष्कार से ही समाज आगे बढ़ता है।

8. राष्ट्रीय एकता एवं आर्थिक वृद्धि: शिक्षा ही आर्थिक विकास का मार्ग बनाती है। वह सामाजिक कुशलता एवं आर्थिक कुशलता की भावना का विकास करती है। इससे समाज के परिवर्तन में योगदान मिलता है।

9. सामाजिक अनुकूलन में सहयोग: दुर्खीम के मतानुसार, "शिक्षा बच्चों को भाषा, धर्म, नैतिकता तथा सामाजिक प्रथाओं के माध्यम से सामान्य सामाजिक परम्परा का प्रसारण कर, सम्पूर्ण समाज में जीवन व्यतीत करने योग्य बनाती है।"

33.13 स्कूल का अर्थ (Meaning of School)

स्कूल शब्द की उत्पत्ति एक ग्रीक शब्द '*Skhole*' से हुई है। इस शब्द का अर्थ है-'अवकाश' (Leisure)। प्राचीन यूनान (Greece) में अवकाश के स्थानों को ही

स्कूल के नाम से पुकारा जाता था। अवकाश शब्द का स्पष्टीकरण करते हुए, *ए.एफ. लाँच* (*A.F. Leach*) ने लिखा है, "वाद-विवाद या वार्ता के स्थान जहाँ एथेन्स (Athens) के नौजवान अपने अवकाश के समय खेल-कूद, व्यायाम और युद्ध के प्रशिक्षण में व्यतीत करते थे। धीरे-धीरे ये स्थान दर्शन तथा उच्च कक्षा के स्कूलों में बदल गए। एकेडमी (Academy) के सुन्दर बागों में व्यतीत किए जाने वाले अवकाश के माध्यम से वर्तमान स्कूल का विकास हुआ।

स्कूल एक सामाजिक संस्था के रूप में: विद्यालय समाज का निर्माता (School as an Organisation of Society: School Builder of the Society): भारतीय शिक्षा आयोग (1964-64) ने अनुभव किया, "भारत के भाग्य का निर्माण इस समय उसकी कक्षाओं में हो रहा है। हमारा विश्वास है कि यह कोई चमत्कारी शक्ति अथवा आलंकारिक (Rhetoric) नहीं है। विज्ञान और आत्मज्ञान पर आधारित इस दुनिया में शिक्षा ही लोगों की खुशहाली, कल्याण तथा सुरक्षा के स्तर का निर्धारण करती है। हमारे स्कूलों और कॉलेजों से निकलने वाले विद्यार्थियों की योग्यता तथा संख्या पर ही राष्ट्रीय पुनर्निर्माण के उस महत्त्वपूर्ण कार्य की सफलता निर्भर रहेगी जिसका प्रमुख लक्ष्य हमारे रहन-सहन का स्तर ऊँचा उठाना है।

विद्यालय समाज की एक महत्त्वपूर्ण संस्था है। इस संस्था द्वारा ही समाज उन्नति के पथ पर अग्रसर होता है। विद्यालय एक ऐसा स्थान है जहाँ पर कल के नागरिक, जिन पर राष्ट्र तथा समाज का भावी भार है, शिक्षा प्राप्त करते हैं।

विद्यालय बच्चों के लिए इस प्रकार के वातावरण की सृष्टि करता है जिसमें पलकर वे अच्छे नागरिक बन सकें, अपने तथा समाज के जीवन को सुखमय बना सकें। विद्यालय बच्चों के आचार, विचार तथा चरित्र पर बहुत ही महत्त्वपूर्ण प्रभाव डालता है।

33.14 स्कूल के महत्त्व, कार्य तथा स्वरूप के बारे में विद्वानों के मत (Views of Scholars on the Importance, Functions and Nature of School)

जॉन ड्यूवी (*John Dewey*) ने कहा है, ''जो कुछ सबसे श्रेष्ठ और बुद्धिमान माता-पिता अपने बालक के लिए चाहता है वही समाज अपने बालकों के लिए चाहता है। हमारे विद्यालयों के लिए कोई अन्य आदर्श संकुचित और अप्रिय है और यदि इस पर व्यवहार किया जाए तो यह हमारे जनतन्त्र को नष्ट करेगा।''

एच.जी. वेल्स (*H.G. Wells*) का कहना है, ''ऐसा समाज बिगड़ा हुआ समाज ही माना जाएगा जिसके विद्यालय सुचारु रूप से नहीं चलाये जाते। दूसरे शब्दों में विद्यालय ही समाज की उन्नति तथा अवनति का सूचक है।''

एस. बालाकृष्णन जोशी (*S. Balakrishnan Johsi*): ''विद्यालय का सारे सामाजिक जीवन का 'सुन्दर सार' कहा जाता है, क्योंकि इसमें समाज का प्रत्येक अंग, जिससे समाज बनता है, सम्मिलित है। वास्तव में विद्यालय समाज का एक ऐसा छोटा किन्तु आदर्श अंग है, जिसमें समाज के क्रियाकलाप बच्चों की योग्यतानुसार उनके सामने रखे जाते हैं। विद्यालय का वातावरण शुद्ध, पवित्र तथा कपटरहित होना चाहिए ताकि बच्चों में सद्‌गुणों की सृष्टि तथा विकास हो सके। सदा इस बात पर जोर दिया जाना चाहिए कि बच्चे आपस में प्रेमपूर्वक रहें। सारांश में, एक सुसंचालित विद्यालय–एक सुखी परिवार, एक पवित्र मन्दिर, एक सामाजिक केन्द्र, लघु रूप में एक राज्य और मनमोहक वृन्दावन है, जिसमें छात्रों का सुन्दर प्रशिक्षण होता है।''

टी.पी. नन (T.P. Nunn): "स्कूल को मुख्य रूप से इस प्रकार का स्थान नहीं समझना चाहिए जहाँ निश्चित ज्ञान को सिखाया जाता है वरन् ऐसा स्थान जहाँ बालकों को कुछ विशेष प्रकार के क्रियाशीलनों में अनुशासित किया जाता है। ये क्रियाशीलन इस सुविस्तृत विश्व में अत्यन्त स्थायी महत्त्व के हैं।"

जे.बी. रॉस (J.B. Ross): "स्कूल वे संस्थाएँ हैं, जिनको समाज ने इस दृष्टि से स्थापित किया है कि समाज को सुव्यवस्थित तथा योग्य सदस्यता के लिए बालकों की तैयारी में सहायता मिले।"

रेमॉण्ट (Raymont): "स्कूल बाल जीवन के बीच अर्द्ध-पारिवारिक कड़ी है जो बालक की उस समय प्रतीक्षा करता है जब वह अपने माता-पिता की छत्रछाया को छोड़ता है।"

के.जी. सैयदेन (K.G. Saiyidain): "इस प्रकार आधुनिक प्रगतिशील स्कूल सूचना के स्थान पर अनुभव को देने का प्रयत्न करता है तथा अपनी पाठ्यवस्तु के लिए अनुभव के महत्त्वपूर्ण और स्थायी तत्त्वों को चुनता है। इस प्रकार स्कूल जीवन को सक्रिय तथा अर्थपूर्ण बनाता है।"

जॉन ड्यूवी (John Dewey): "विद्यालय एक ऐसा विशिष्ट वातावरण है, जहाँ जीवन के कुछ गुणों और कुछ विशेष प्रकार की क्रियाओं तथा व्यवसायों की शिक्षा इस उद्देश्य से दी जाती है कि बालक का विकास वांछित दिशा में हो।"

लिस्टर स्मिथ (Lister Smith): "स्कूल को व्यापक कार्य करने चाहिए। उसे निश्चित रूप से सामाजिक दायित्व और समाज के प्रति भक्ति का निर्माण और विकास का कार्य करना चाहिए।"

सारांश: विद्यालय बाह्य जीवन का एक संक्षिप्त रूप है। प्रोफेसर ड्यूवी के अनुसार विद्यालय का कार्य समाज के कार्यकलापों को सरल, शुद्ध और सन्तुलित ढंग से प्रस्तुत करना है ताकि बच्चा उन्हें सरलता से सीख सके। अतः समाज के जटिल कार्यों को उसके सामने सरल एवं क्रमिक रूप में प्रस्तुत किया जाना चाहिए।

के.जी. सैयदेन के अनुसार विद्यालय प्रबल जीवन का केन्द्र है। यह चारों ओर के जीवन की वास्तविकताओं से निकट से सम्बन्धित है और वह उसकी अत्युत्तम और महत्त्वपूर्ण विशेषताओं को प्रदर्शित करता है जो बालक को सरलतापूर्वक आकर्षित करती हैं।

परम्परागत स्कूल तथा वर्तमान स्कूल (Traditional School and Modern School): *परम्परागत स्कूल*: एच.जी. वेल्स ने कहा है, "यदि तुम यह अनुभव करते हो कि राष्ट्र शीघ्रता से विनाश की ओर जा रहा है तो तुम्हें अपने मन और मस्तिष्क को प्राइवेट स्कूलों पर लगाना होगा।" यह बात इंग्लैण्ड के तात्कालिक व्यक्तिगत विद्यालयों को देखकर कही गयी थी, वहाँ के वर्तमान काल के स्कूलों पर यह बात चरितार्थ नहीं होती। परन्तु यह बात हमारे अधिकांश व्यक्तिगत तथा सार्वजनिक विद्यालयों के लिए पूर्णरूपेण सत्य है।

भूतकाल में स्कूल को ज्ञान का उत्पादन स्थान समझा जाता था और यह ज्ञान पुस्तकीय, यान्त्रिक और रूढ़िगत होता था, शिक्षा की एकरूपता के कारण बच्चे की व्यक्तिगत आवश्यकताओं को ध्यान में नहीं रखा जाता था। कण्ठस्थ करने को ही प्राथमिकता दी जाती थी। बच्चों को बेजान जानवरों की तरह समझा जाता था। स्कूलों में शिक्षा देने का प्रमुख साधन 'डण्डा' ही था। स्कूलों में 'भय' का वातावरण रहता था।

अध्यापक को 'पुलिसमैन' और कवायद कराने वाला समझा जाता था। पाठ्यक्रम सहभागिमी क्रियाओं की ओर कोई महत्त्व नहीं दिया जाता था। माता-पिता का सहयोग प्राप्त करने के लिए कोई प्रयत्न नहीं किये जाते थे।

पेस्टालॉजी ने ठीक ही लिखा है कि "हमारे अपने अवैज्ञानिक स्कूल बालकों को उनके प्राकृतिक जीवन से दूर कर देते हैं, स्वतन्त्रता को निरंकुशता से रोक देते हैं और उन्हें अनाकर्षक बातों को याद करने के लिए भेड़ों के समान हाँकते हैं और घण्टों, दिनों, सप्ताहों, महीनों और वर्षों तक दर्दनाक जंजीरों से बाँध देते हैं।"

वर्तमान विद्यालय के कार्य: स्वतन्त्रता के पश्चात् भारत के वर्तमान विद्यालयों के कार्यों में अत्यधिक परिवर्तन आ गया है। हमारा देश जनतान्त्रिक आदर्शों पर विश्वास करने वाला है। देश के नागरिकों पर जनतांत्रिक दृष्टिकोण उनके उत्तरदायित्व डालता है। यह प्रेम, सहयोग, सहनशीलता, पक्षपातरहित, सत्यवादिता और समान भावनाओं पर आधारित रहता है। हमारा देश अनेक विश्वासों, जातियों और सामुदायों का देश है। यदि जनतन्त्र को जीवित रखना है तो शिक्षा में उन निश्चित गुणों को जीवित रखना होगा जो इसके जीवित रहने के लिए अनिवार्य हैं। किसी व्यक्ति को जिस समुदाय का वह सदस्य हो, वहाँ स्वतन्त्रता एवं प्रभावपूर्ण ढंग से कार्य करने का अवसर दिया जाना चाहिए। शिक्षा एक सामाजिक क्रिया है। डॉ. *राधाकृष्णन्* के मतानुसार सम्पूर्ण शिक्षा सामाजिक है, शिक्षा तकनीकी दक्षता एवं सांस्कृतिक परम्पराओं को एक पीढ़ी से दूसरी पीढ़ी को देने का साधन है। उस शिक्षा का कोई महत्त्व नहीं, जो किसी व्यक्ति को समाज में मेल और सहयोग को साथ रहने के लिए सहायक नहीं होती। *रवीन्द्रनाथ टैगोर* इस प्रकार कहते हैं, "सच्ची शिक्षा वह है जो हमें न केवल ज्ञान प्रदान करती है वरन् हमारा अपने चारों ओर के अस्तित्व के साथ समन्वय करती है।"

शिक्षा के परम्परागत 'तीन आर' का स्थान 'सात आर' ने ले लिया है, जैसे–पढ़ना, लिखना, गणित, मनोरंजन, कर्त्तव्य, उत्तरदायित्व और सम्बन्ध (Reading, Writing, Arithmetic, Recreation, Responsibilities, Rights and Relationships)।

वर्तमान स्कूल बच्चों की मानसिक, शारीरिक, सौन्दर्यात्मक, आध्यात्मिक और मनोवैज्ञानिक आवश्यकताओं की पूर्ति का प्रयास करता है। प्यूडर *रूजवेल्ट* ने लिखा है, "हमारे राष्ट्र के लिए जो भी कार्य किया गया या किया जा सकता है उसमें सर्वश्रेष्ठ कार्य उन बच्चों के शरीर, मस्तिष्क और सबसे अधिक चरित्र को शिक्षित करना है तथा उन्हें आध्यात्मिक और चारित्रिक प्रशिक्षण देना है जिन्हें आने वाले कुछ वर्षों में राष्ट्र के भाग्य का निर्णायक होना है।"

स्कूल को परिवार की 'लम्बी बाँह' कहा गया है। अध्यापक 'मित्र, दार्शनिक और मार्गदर्शक' का कार्य करता है, बच्चे के लिए पर्याप्त अवसर प्रस्तुत किये जाते हैं, जिससे वह अपनी आयु के बच्चों के साथ सहयोग के आधार पर खेल और व्यवहार कर सके।

बच्चों के वैयक्तिक भेदों को देखा जाता है और उनके लिए विभिन्न प्रकार के पाठ्यक्रम प्रस्तुत किये जाते हैं। विद्यालय पाठ्यक्रम को क्रियाकलापों की दृष्टि से देखा जाता है न कि विषयों की दृष्टि से। अंग्रेजी, गणित और हिन्दी जैसे विषयों के अतिरिक्त विद्यालय के पाठ्यक्रम में सहभागिनी क्रियाओं को भी स्थान मिलता है। इस पाठ्यक्रम सहगामिनी क्रियाओं को अन्य विषयों की तरह ही महत्त्वपूर्ण समझा जाता है।

नवीन शिक्षा प्रणाली जैसे डाल्टन विधि, योजना विधि, ह्यूरिस्टिक विधि, मॉण्टेसरी विधि आदि ने हमारी शिक्षण पद्धति में अत्यधिक परिवर्तन कर दिए हैं।

33.15 वर्तमान स्कूलों के सामाजिक परिवर्तन के प्रमुख कार्य (Main Functions of the Present Day School in Social Change)

वर्तमान स्कूलों के कार्यों का संक्षेप में विवरण इस प्रकार दिया जा सकता है:

1. *सामाजिक आवश्यकताओं के अनुसार* (*According to the Needs of Society*): इसे समाज की आवश्यकताओं और समस्याओं पर आधारित होना चाहिए। समाज के सभी महत्त्वपूर्ण क्रियाकलाप स्कूल के कार्यक्रमों में प्रदर्शित होने चाहिए। स्कूल को बाह्य जीवन के विभिन्न पक्षों से सम्बन्धित होना चाहिए।

2. *चयनात्मक वातावरण* (*Selective Environment*): स्कूल को चयनात्मक वातावरण प्रस्तुत करना चाहिए। बाहरी जीवन के वास्तविक महत्त्वपूर्ण एवं जटिल कार्यों को सन्तुलित, शुद्ध एवं सरल रूप में स्कूल जीवन में प्रस्तुत करना चाहिए, भूतकाल के विसंगत एवं अप्रचलित अनुभवों को त्याग देना चाहिए।

3. *लोकतन्त्रीय मूल्यों का विकास* (*Development of Democratic Values*): स्कूल को अपने विभिन्न कार्यों द्वारा छात्रों को लोकतान्त्रिक समाज के लिए तैयार करना चाहिए। उन्हें 'सहयोग के साथ रहने की कला' से अवगत कराना चाहिए और जाति, रंग व वर्ग-भेद से होने वाली बुराइयों से भी अवगत करना चाहिए। प्रजातान्त्रिक एवं धर्मनिरपेक्ष समाज के उत्तरदायी सदस्यों के कर्त्तव्यों एवं अधिकारों का भी विद्यार्थी को ज्ञान कराना चाहिए।

4. *उपयुक्त राष्ट्रीयता* (*Appropriate Nationality*): इसे उचित प्रकार की राष्ट्रीयता की भावना छात्रों में उत्पन्न करनी चाहिए।

5. *छात्रों की विभिन्न रुचियों का विकास* (*Development of Children's Interests*): इसे छात्रों की विभिन्न प्रकार की रुचियों और रुझानों की आवश्यकताओं की पूर्ति करनी चाहिए।

6. *व्यावसायिक क्षमता का विकास* (*Development of Vocational Capacity*): इसे छात्रों की व्यावसायिक आवश्यकताओं की भी पूर्ति करनी चाहिए।

7. *चरित्र निर्माण*: इसे छात्रों को चारित्रिक एवं आध्यात्मिक शिक्षा भी देनी चाहिए।

8. *स्व-अनुशासन*: स्कूल स्व-अनुशासन पर बल दे।

9. *क्रियाओं का केन्द्र* (*Hub of Activities*): स्कूल प्रयोगशाला, फार्म तथा पुस्तकालय आदि क्रियाकलापों का केन्द्र बनें।

10. *मानवीय मूल्यों का विकास* (*Development of Human Relations*): स्कूल स्वस्थ मानवीय सम्बन्ध पर बल दें।

11. *सेवा केन्द्र* (*Community Center*): स्कूल समुदाय सेवा का केन्द्र बनें।

12. *प्रौढ़ शिक्षा का प्रसार* (*Spread of Adult Education*): भारत में अधिकांश लोग गाँवों में रहते हैं। वे अशिक्षित भी हैं। अत: गाँव के स्कूलों पर विशेष उत्तरदायित्व है कि वे यहाँ शिक्षा का प्रसार करें और गाँव के अन्धकार को दूर करें। ऐसा तभी हो सकता है जबकि इन स्कूलों के पाठ्यक्रम में विशेष परिवर्तन हो।

13. *ग्रामीणों में जागरूकता (Awakening Awareness)*: समय-समय पर स्कूलों के छात्रों तथा अध्यापकों को ग्रामीणों के पास जाकर उन्हें स्वास्थ्य के सामान्य सिद्धान्तों का भी परिचय कराना चाहिए।

14. *अध्यापक की भूमिका (Role of Teachers)*: प्रौढ़ शिक्षा के प्रसार के लिए विद्यालय के अध्यापकों को पूरा प्रयत्न करना चाहिए। यह कार्य प्रदर्शनी, समाचार-पत्रों, नाटक और ग्राम्य पुस्तकालयों द्वारा किया जा सकता है।

सामाजिक परिवर्तन में स्कूलों के प्रमुख कार्य

(1)	(2)	(3)	(4)	(5)	(6)	(7)	(8)	(9)	(10)
छात्रों में वैज्ञानिक मूल्यों का विकास करना	छात्रों का शारीरिक विकास करना, सोच तथा निरीक्षण आदि तत्त्वों का विकास करना।	छात्रों का सामाजिक विकास करना	छात्रों का जनतान्त्रिक विकास करना	छात्रों का शारीरिक विकास करना	छात्रों का व्यावसायिक विकास करना	छात्रों का नैतिक विकास करना	छात्रों का आध्यात्मिक विकास करना	छात्रों का सौन्दर्यात्मक विकास करना	छात्रों में विश्व-बन्धुत्व के गुणों का विकास करना

साधारण भारतीय स्कूलों के मुख्य दोष अथवा सीमाएँ (Main Limitations of Common Schools in India): 1. भारतीय स्कूलों का स्वरूप प्राय: पाश्चात्य दृष्टिकोण पर आधारित है।

2. भारतीय स्कूलों के स्वरूप में जनतान्तित्रक पद्धति का अभाव है।
3. भारतीय स्कूलों में पाठ्यवस्तु पर बल दिया जाता है।
4. भारतीय स्कूलों में बालकों का सर्वांगीण विकास न होकर केवल एकांगी अर्थात् मानसिक विकास ही हो पाता है।
5. भारतीय स्कूलों का वातावरण नीरस, निर्जीव तथा भयंकर होता है।
6. भारतीय स्कूलों का पाठ्यक्रम स्थायी तथा कठोर होता है।
7. भारतीय स्कूलों की शिक्षण पद्धतियाँ दोषपूर्ण हैं।
8. भारतीय स्कूल छात्रों की व्यक्तिगत विभिन्नता की उपेक्षा करते हैं।
9. भारतीय स्कूलों में चरित्र-निर्माण तथा नैतिकता के विकास पर पर्याप्त बल नहीं दिया जाता है।
10. भारतीय स्कूलों में व्यावसायिक शिक्षा का अभाव है।
11. भारतीय स्कूल पुस्तकीय ज्ञान पर बल देते हैं।
12. भारतीय स्कूलों में रचनात्मक तथा सृजनात्मक क्रियाओं का अभाव है।
13. भारतीय स्कूलों में सुप्रशिक्षित शिक्षकों का अभाव है।

14. भारतीय स्कूल वास्तविक जीवन से अलग हैं।

15. भारतीय स्कूल सामाजिक उन्नति के विकास में असमर्थ हैं।

सारांश: *एस. बालाकृष्णन जोशी* के विचार एक आदर्श स्कूल का इस प्रकार चित्र प्रस्तुत करते हैं: स्कूल ईंट और गारे की बनी हुई इमारत नहीं है। स्कूल–बाजार नहीं है, जहाँ विभिन्न योग्यताओं वाले अनिच्छुक व्यक्तियों को ज्ञान-प्रदान किया जाता है। स्कूल रेल का प्लेटफार्म नहीं है जहाँ विभिन्न उद्देश्यों से विभिन्न व्यक्तियों की भीड़ जमा होती है। स्कूल कठोर सुधारगृह नहीं है, जहाँ किशोर अपराधियों पर कड़ी निगरानी रखी जाती है। स्कूल आध्यात्मिक संगठन है, जिसका अपना स्वयं का विशिष्ट व्यक्तित्व है। स्कूल गतिशील सामुदायिक केन्द्र है, जो चारों ओर जीवन और शक्ति का संचार करता है। स्कूल एक आश्चर्यजनक भवन है, जिसका आधार सद्‌भावना है–जनता की सद्‌भावना, माता-पिता की सद्‌भावना, छात्रों की सद्‌भावना। सारांश में, एक सुसंचालित विद्यालय–एक सुखी परिवार, एक पवित्र मन्दिर, एक सामाजिक केन्द्र, लघु रूप में एक राज्य और मनमोहक वृन्दावन है, जिसमें इन सब गुणों का सुन्दर मिश्रण होता है।

33.16 अध्यापक सामाजिक परिवर्तन के अभिकर्त्ता के रूप में (Teacher as an Agent of Social Change)

भले ही हमारे शैक्षिक उद्‌देश्य बहुत उच्च हों, भले ही हमारा पाठ्यक्रम बहुत सोच-विचार के पश्चात् प्रगतिशील बनाया गया हो। भले ही पाठ्य-पुस्तकों की विषय-सामग्री राष्ट्रीय समाकलन तथा भावात्मक एकता के विकास की दृष्टि से अत्यन्त महत्त्वपूर्ण हो, परन्तु यदि अध्यापक राष्ट्रीय समाकलन के प्रति स्वस्थ दृष्टिकोण तथा उत्साह नहीं दिखाता तो बाकी सब व्यर्थ प्रतीत होता है।

राष्ट्रीय समाकलन संबंधी जानकारी तथा इस संदर्भ में उचित मूल्य निर्माण करने का उत्तरदायित्व केवल सामाजिक विषय पढ़ाने वाले अध्यापक का ही नहीं है, अपितु, सभी अध्यापक इसमें अपने उदाहरण से महत्त्वपूर्ण योगदान दे सकते हैं। अनेक प्रकार की शैक्षिक क्रियाएँ हैं जिनमें वे भाग ले सकते हैं।

ई.डब्ल्यू. गॉर्डन (*E.W. Gorden*) के कथनानुसार, "अध्यापक का कार्य है–परिवर्तन के लिए शिक्षित करना–परिवर्तन के द्वारा शिक्षित करना–नियन्त्रित क्रान्ति के लिए शिक्षित करना तथा आवश्यकता पड़ने पर क्रान्तिकारी क्रिया द्वारा शिक्षित करना।"

सभी अध्यापक दो प्रकार से राष्ट्रीय समाकलन के मूल्यों के विकास में योगदान दे सकते हैं–1. विद्यालय से बाहर। 2. विद्यालय के अन्दर।

अध्यापक तथा विभिन्न शैक्षिक गतिविधियों से सामाजिक परिवर्तन (Role of the Teacher in Social Change through School Programmes): 1. *राष्ट्रीय मूल्यों में विश्वास और उत्साह* (*Faith in National Values and Enthusiasm*): अध्यापकों में राष्ट्रीय भावना और सहयोग के प्रति विश्वास और उत्साह होना चाहिए, ताकि वे छात्रों तथा अभिभावकों के मन में यह भावना उत्पन्न कर सकें।

2. *नवीनता के प्रति उचित दृष्टिकोण* (*Appropriate Attitude to Change*): सामाजिक परिवर्तन के लिए नवीनता के मूल्यों के प्रति अध्यापक का दृष्टिकोण सकारात्मक होना चाहिए। उसमें ये गुण अवश्य होने चाहिएँ: (i) वैज्ञानिक दृष्टिकोण, (ii) गतिशीलता, (iii)

परिवर्तन को समझने की क्षमता, (iv) उदार दृष्टिकोण, (v) नवीन विचारों के लिए परख शक्ति।

3. *बाधाओं को दूर करने में विश्वास*: अध्यापक को विश्वास से काम करना होगा।

4. *राष्ट्रीय मूल्यों के सन्दर्भ में पाठ्यक्रम का अर्थ और अभिप्राय समझना* (*Clear Concept of National Curriculum*): विभिन्न विषय पढ़ाते समय अध्यापकों को यह स्पष्ट करना चाहिए कि जाति, धर्म, रंग और दूरी लोगों के आपसी सम्बन्धों में बाधक होते हैं।

5. *पक्षपातरहित व्यवहार* (*Fair Treatment*): छात्रों के दिमाग को पक्षपात से दूषित नहीं करना चाहिए। अध्यापकों को तथ्यों की व्याख्या पक्षपातरहित रूप से करनी चाहिए।

6. *सामाजिक ज्ञान पढ़ाते समय अध्यापकों का कर्त्तव्य*: अध्यापकों को इस क्षेत्र में प्रभावपूर्ण कार्य करना चाहिए। उन्हें चाहिए कि वे छात्रों को मिथ्या प्रचार से सचेत करें जिससे उनमें पक्षपात जैसी भावना जन्म न ले सके। उन्हें तर्क द्वारा निर्णय करने का भी प्रशिक्षण देना चाहिए।

7. *बच्चों के मानसिक स्तर को उठाना* (*Raising the Mental Level of Students*): वास्तव में युद्ध दिमाग में उपजता है। लड़ाई एक मानसिक दोष है, जिसे मनोविज्ञान में एक रोग कहा गया है। इसलिए सामाजिक और राष्ट्रीय जीवन के लिए आवश्यक है कि अध्यापक छात्रों की ओर अधिक ध्यान दें और स्कूल के पाठ्यक्रम द्वारा उनके मानसिक विकास को स्वस्थ बनाएँ।

8. *भावात्मक तथा राष्ट्रीय एकता* (*Emotional and National Integration*): दूसरे राज्यों का भ्रमण और अध्ययन के लिए अध्यापकों को अवकाश, आर्थिक और अन्य सुविधाएँ उपलब्ध कराई जाएँ और अध्यापकों के आदान-प्रदान की भी व्यवस्था की जाए।

9. *सांस्कृतिक विकास* (*Cultural Development*): सभी स्तरों पर सामाजिक ज्ञान पर विशेष बल दिया जाना चाहिए जिससे देश की भौगोलिक, ऐतिहासिक एवं सांस्कृतिक पृष्ठभूमि का पर्याप्त ज्ञान हो, सामाजिक ज्ञान में विश्व तथा देश की महान् विभूतियों एवं महान् ग्रन्थों का वर्णन होना चाहिए।

10. *सामूहिक तथा गतिशील पाठान्तर क्रियाएँ* (*Collective and Dynamic Co-curriculum Activities*): राष्ट्रीय दिवसों एवं पर्वों को सामूहिक मनाना, खेलकूद, शिक्षा यात्रा, राष्ट्रीय कैडेट कोर जैसी सैनिक शिक्षा, स्काउटिंग, विभिन्न भागों के विद्यार्थियों के सम्मिलित कैम्प आदि पाठांतर क्रियाओं का आयोजन किया जाना चाहिए। (पूर्व प्रश्न के उत्तर में दिए गए कार्यक्रमों का आयोजन करना)।

11. *राष्ट्रीय एकता* (*National Integration*): प्रात: सभा में बच्चों को देश की एकता पर भाषण दिए जाएँ। बच्चे वर्ष में कम-से-कम दो बार यह शपथ लें, ''भारत मेरा देश है तथा सभी भारतीय मेरे भाई-बहन हैं, मैं अपने देश से प्रेम करता हूँ तथा इसकी सम्पन्न एवं विविध विरासत पर मुझे गर्व है। मैं अपने माता-पिता, अध्यापकों तथा गुरुजनों का सम्मान करूँगा तथा सभी के प्रति सौजन्य दिखाऊँगा। मैं जीवों के प्रति दया करूँगा। मैं अपने देशवासियों के प्रति निष्ठा रखूँगा। उन्हीं की भलाई एवं सम्पन्नता में मेरी भलाई है।''

12. *अध्यापक की आधुनिक मान्यताएँ तथा आदर्श* (*Modern Attitude and Ideals of the Teacher*): सबसे महत्त्वपूर्ण बात है अध्यापक की सामाजिक परिवर्तन में अपनी

आस्था तथा उचित दृष्टिकोण। अध्यापक छात्रों के सम्मुख अपने आदर्श रखें ताकि वे स्वतः उनको अपने जीवन में धारण करें।

13. *स्कूल के बाहर अध्यापकों के सामाजिक परिवर्तन सम्बन्धी कार्य* (*Role of the Teacher in Social Change Outside the School*): समाज के अन्य बुद्धिमान और शिक्षित व्यक्ति की भांति अध्यापक स्कूल से बाहर भी कार्य कर सकते हैं। अध्यापक अन्य लोगों की अपेक्षा बालकों और व्यस्कों को मानसिक रूप से तैयार कर सकते हैं, जिससे वे सामाजिक जीवन के उपयुक्त बन सकें।

सारांश: संक्षेप में राष्ट्रीय परिवर्तन में अध्यापक के प्रमुख कार्य इस प्रकार हैं:

1. स्वास्थ्यवर्धक सामाजिक परिवर्तन में विश्वास रखना।
2. 'एकता में शक्ति है', इस प्रकार का उदाहरण प्रस्तुत करने के लिए दृष्टान्त देना।
3. देशभक्ति के गीतों पर बल देना।
4. सभी धर्मों अथवा वर्गों के त्यौहार मनाना तथा इनमें भाग लेने के लिए छात्रों को प्रेरित करना।
5. छात्रों को राष्ट्रीय ध्वज, राष्ट्रीय गान तथा राष्ट्रीय चिह्नों के प्रति आदर करना सिखाना।
6. सभी बच्चों के साथ एक जैसा बर्ताव करना अर्थात् ऊँच-नीच, अमीर-गरीब की दृष्टि से न देखना।
7. समुदाय की सेवा के लिए कार्यक्रमों का आयोजन करना।
8. आरंभ से ही छात्रों के मन में इस प्रकार की भावनाएँ भरना कि हम भारतीय पहले हैं, बाद में पंजाबी, गुजराती, बंगाली अथवा हिन्दू, मुस्लिम आदि।

'मेरा देश–सही या गलत' की भावना अत्यन्त हानिकारक है। यह धारणा बच्चे के दृष्टिकोण को बहुत ही संकीर्ण बना देती है। जब-जब किसी भी देश में इस प्रकार की भावना का विकास किया गया, संसार के अन्य देशों को और इस प्रकार की भावना का निर्माण करने वाले देश को भयानक परिणाम भुगतने पड़े हैं। संसार में दो विश्वयुद्ध इस संकीर्ण भावना की ही देन हैं। एक महान विद्वान् *लॉवीसे* (*Lovise*) का कहना है, ''मातृभूमि के प्रति प्रेम की भावना को दृढ़ करना आवश्यक है, परन्तु अपने देश के लाभ के लिए पूरी मानव जाति के लाभ की अवहेलना करना ठीक नहीं है।'' मानव जाति के विकास में विभिन्न देशों ने विभिन्न प्रकार से योगदान दिया है उसे कभी नहीं भूलना चाहिए।

अध्यापक का समाज में कम होता स्तर तथा उसका सामाजिक परिवर्तन में सीमित योगदान (Decreasing Status of the Teacher in the Society and His Marginal Role and Responsibilities in Social Change): अनेक समाजशास्त्रियों के विचार में आज की परिस्थिति में अध्यापकों की भूमिका सामाजिक परिवर्तन में सीमित है। एक समय था जबकि अध्यापक का स्थान समाज में ऊँचा था। उसे इतिहास का निर्माता कहा जाता था। परन्तु अब स्थिति इसके विपरीत है। आज समाज में उसे कहने को तो गुरु का दर्जा दिया जाता है परन्तु वास्तविक स्थिति कुछ और ही है। इसमें सन्देह नहीं कि आज समाज के मध्यम वर्ग से सम्बन्धित पुरुष सामान्यतः अध्यापक बनना नहीं चाहते। इस पेशे में न तो उचित मान रह गया है और न ही आय।

कक्षाओं में इतने छात्र होते हैं कि अध्यापक-छात्र के व्यक्तिगत सम्पर्क के लिए बहुत ही कम समय मिलता है।

प्राचीन काल में ज्ञान का साधन अकेला शिक्षा ही हुआ करता था। सूचना के साधनों के विस्फोट के कारण अब ज्ञान प्राप्त करने के अनेक साधन हैं। कम्प्यूटर द्वारा अनेक प्रकार का ज्ञान मिल जाता है।

प्राथमिक कक्षाओं में अवश्य छात्र अध्यापक का उचित आदर करते हैं।

प्राचीन काल में प्राय: छात्र एक ही अध्यापक (गुरु) से सम्पूर्ण शिक्षा प्राप्त करते थे। वह ही छात्र का धर्मगुरु था अर्थात् आध्यात्मिक विकास का मार्ग दर्शाता था। परन्तु आज कक्षा एक से लेकर कक्षा बारह तक एक छात्र बारह से भी अधिक अध्यापकों से शिक्षा ग्रहण करता है। उसी मात्रा में एक छात्र का अपने अध्यापक के प्रति मान-सम्मान कम हो जाता है।

आज दूरदर्शन, रेडियो तथा सम्पूर्ण मीडिया (Media) का बहुत प्रभाव पड़ रहा है।

ऊपर के विवरण से स्पष्ट है कि अध्यापक की भूमिका समाज परिवर्तन में सीमित है।

34

सामाजिक तथा राष्ट्रीय कल्याण: शिक्षा तथा मानव संसाधन विकास

(Social and National Welfare: Education and Human Resource Development)

34.1 समाज का तत्कालीन कल्याण तथा राष्ट्रीय कल्याण अथवा विकास का अर्थ

(Meaning of Immediate Social Welfare and National Welfare)

राष्ट्रीय कल्याण अथवा राष्ट्रीय विकास का क्षेत्र बहुत विस्तृत है। यह अपने भीतर अनेक पक्षों को समेटे हुए है। इसे केवल राष्ट्रीय आय में वृद्धि नहीं माना जाना चाहिए। न ही केवल आर्थिक विकास के रूप में लिया जा सकता है।

राष्ट्रीय विकास का सम्बन्ध राष्ट्र के सभी पक्षों के विकास से है। राष्ट्रीय विकास 'शून्य' में नहीं होता। उसका वास्तविक अर्थ वहाँ के रहने वाले नागरिकों का सर्वांगीण विकास है। पूर्ण विकास के अन्तर्गत निम्नलिखित पक्ष आते हैं जिनका सम्बन्ध व्यक्ति तथा समाज दोनों से है:

1. मानव संसाधन विकास, 2. आर्थिक विकास, 3. सांस्कृतिक विकास, 4. आध्यात्मिक विकास, 5. बौद्धिक विकास, 6. राजनैतिक विकास, 7. सामाजिक विकास, 8. नैतिक विकास, 9. धर्मनिरपेक्षता का विकास, 10. वैज्ञानिक दृष्टिकोण का विकास, 11. राष्ट्रीय एकता का विकास, 12. भावात्मक विकास, 13. समाजवादी ढाँचे का विकास 14. प्रजातान्त्रिक सिद्धान्तों का विकास

राष्ट्रीय विकास में सभी वर्गों का विकास तथा कल्याण भी आ जाता है।

राष्ट्रीय विकास तथा राष्ट्रीय कल्याण में कभी-कभी अन्तर भी किया जाता है। राष्ट्रीय विकास में प्राय: उत्पादन के साधनों पर जोर दिया जाता है। परन्तु कल्याण में सामाजिक सुविधाएँ। ये सुविधाएँ विकास का साधन बन जाती हैं। दूसरी ओर यह दलील भी दी जा रही है कि जब तक समाज को कल्याण की सुविधाएँ प्राप्त नहीं होंगी तब तक राष्ट्रीय विकास भी नहीं हो सकता। वास्तव में राष्ट्रीय कल्याण तथा सामाजिक कल्याण एक-दूसरे से जुड़े हुए हैं। राष्ट्र को समाज से अलग नहीं देखा जा सकता, न ही समाज को राष्ट्र से अलग।

राष्ट्रीय विकास का सम्बन्ध राष्ट्र के विकास से है। यह भी हो सकता है कि राष्ट्रीय विकास तो हो, परन्तु यह कुछ वर्गों तक ही सीमित रहे। विकास समाज के सभी वर्गों का होना चाहिए। सभी वर्गों के कल्याण से ही राष्ट्रीय विकास वास्तव रूप में हो सकता है।

34.2 भारत का संविधान तथा सामाजिक कल्याण (Indian Constitution and Social Welfare)

भारतीय संविधान के भाग IV '*राज्य की नीति के निदेशक तत्त्व*' (*Directive Principles of State Policy*) में अनेक धाराएँ दी गई हैं जिनका सम्बन्ध समाज के कल्याण से है।

निम्नलिखित धाराएँ इस सन्दर्भ में विशेष महत्त्व रखती हैं। इन सिद्धान्तों के महत्व के बारे में एम.सी. छागला (M.C. Chagla) जो कानूनी विशेषज्ञ थे तथा बाद में भारत के शिक्षा मंत्री भी बने, ने कहा कि "इन सिद्धान्तों को लागू करने से भारत पृथ्वी पर स्वर्ग बन जाएगा।" दुर्भाग्यवश इन सिद्धान्तों के अनुसार कार्य न हो सका। अत: भारत स्वर्ग बनने से रह गया। परन्तु इन सिद्धान्तों का महत्त्व समाप्त नहीं हुआ। कार्य इस दिशा में हुआ है परन्तु उतना नहीं, जितना होना चाहिए था।

1. धारा 38 (1): न्याय पर आधारित सामाजिक व्यवस्था (Social order based on justice)

2. धारा 38 (2): असमानाताओं को न्यूनतम करना (Minimising inequalities of income.)

3. धारा (39): आर्थिक न्याय सुरक्षित करने के लिए नीति के सिद्धान्तों का पालन किया जाना (Principles of policy to be followed for securing economic justice)

4. धाराएँ 42, 43, 44, 45, 47, 48, 46: इन सबका विवरण पहले ही दिया गया है।

धारा 38 में इस प्रकार सामाजिक कल्याण के बारे में कहा गया है '*राज्य जनकल्याण की अभिवृद्धि के लिए सामाजिक व्यवस्था बनाएगा*' (*State to Secure a Social Order for the Promotion of Welfare of the People*)

(1) राज्य ऐसी सामाजिक व्यवस्था बनाएगा जिसमें सामाजिक, आर्थिक और राजनैतिक न्याय राष्ट्रीय जीवन की सभी संस्थाओं का आधार होगा तथा लोक कल्याण की अभिवृद्धि का प्रयास करेगा।

(2) राज्य, विशेष रूप से आय की असमानताओं को कम करने का प्रयास करेगा। सभी प्रकार की असमानताओं–अवसर, तथा सुविधा आदि की।

धारा 39 राज्य द्वारा अनुसरणीय कुछ नीति तत्व (*Certain Principles of Policy to be followed by the State*): इनका विवरण पहले दिया गया है।

शिक्षा का राष्ट्रीय कल्याण तथा विकास में महत्त्व (Role of Education in National Welfare and Development): शिक्षा का राष्ट्रीय विकास का इतना महत्त्व है कि शिक्षा आयोग (1964–66) जिसे कोठारी शिक्षा आयोग भी कहा जाता है, अपनी रिपोर्ट का शीर्षक '*शिक्षा और राष्ट्रीय विकास*' (*Education and National Development*) रखा। आयोग ने अपनी रिपोर्ट इन शब्दों से आरम्भ की, ''भारत का निर्माण इसकी कक्षाओं में हो रहा है।''

राष्ट्रीय शिक्षा नीति (1986 तथा संशोधित नीति 1992) में शिक्षा की राष्ट्रीय विकास में भूमिका इस प्रकार दर्शायी गई है। ''भारत आर्थिक और तकनीकी लिहाज से उस मुकाम पर पहुँच गया है, जब ऐसे प्रबल प्रयास की जरूरत है जो अपने साधनों का भरपूर इस्तेमाल करके जनता के हर वर्ग को लाभ पहुँचाए। शिक्षा उस लक्ष्य तक पहुँचने का प्रमुख माध्यम है।''

राष्ट्रीय शिक्षा नीति में इस बात पर बल दिया गया है, ''प्रगति की इस दौड़ में आज एकमात्र शिक्षा राष्ट्रीय आत्मनिर्भरता की आधारशिला है।''

34.3 शिक्षा द्वारा समाज के सभी वर्गों का कल्याण, विशेषकर कमजोर तथा पिछड़े वर्ग (Role of Education in Social Welfare, Especially of the Weaker and Backward Sections)

शिक्षा का सम्पूर्ण राष्ट्रीय विकास में विशेष महत्त्व है। इस दिशा में कई अन्तिम कदम उठाए गए हैं। परन्तु शिक्षा का कमजोर तथा पिछड़े वर्गों के लिए बहुत महत्त्व है। ऐसे वर्गों की शिक्षा के लिए अनेक योजनाएँ बनाई गई हैं तथा कार्यान्वित की जा रही हैं। इन योजनाओं द्वारा समाज के पिछड़े वर्गों का विकास किया जा रहा है। यह माना जा रहा है कि इनके विकास से देश का कल्याण स्वत: हो जाता है क्योंकि ये वर्ग देश के अभिन्न अंग हैं। विभिन्न योजनाओं का विवरण अलग से दिया गया है।

34.4 विकासोन्मुख समाज अथवा राष्ट्र में शिक्षा की भूमिका (Role of Education in Developing Society)

राष्ट्र तथा समाज में अन्तर (Difference Between Nation and Society): यहाँ पर राष्ट्रीय तथा समाज के विकास तथा कल्याण का एक ही अर्थ लिया जा रहा है। राष्ट्र तथा समाज को अलग-अलग नहीं देखा जा सकता है। तकनीकी आधार पर राष्ट्र (राज्य) तथा समाज में बहुत अन्तर है। राज्य में निम्नलिखित तत्त्वों का समावेश होता है: (1) निश्चित खण्ड अथवा प्रदेश (Territory), (2) जनसंख्या, (Population), (3) सरकार (Government), तथा (4) राजनैतिक सत्ता (Soverignity)। समाज में ये सारे तत्त्व नहीं होते हैं। राष्ट्र में अनेक समाज हो सकते हैं परन्तु समाज में कई राष्ट्र नहीं।

यहाँ यह लिखना भी उचित प्रतीत होता है कि समाज कल्याण का अर्थ केवल समाज में छूआ-छूत दूर करना तथा बाल-विवाह रोकना ही नहीं है। समाज कल्याण का व्यापक अर्थ है। अत: इसी के अनुसार यह विवरण प्रस्तुत किया जा रहा है।

इसमें कोई सन्देह नहीं है कि शिक्षा प्रक्रिया का किसी भी समाज के आर्थिक, मानव संसाधन तथा राजनीतिक विकास में महत्त्वपूर्ण स्थान है।

जो समाज अविकसित अथवा विकासोन्मुख हैं, उनको प्रगति करने और विकसित होने के लिए शिक्षा सबसे महत्त्वपूर्ण साधन है। शिक्षा के द्वारा ही आर्थिक उन्नति संभव है। आर्थिक उन्नति के द्वारा सामाजिक, राजनैतिक, सांस्कृतिक, धार्मिक, साहित्यिक एवं आध्यात्मिक उन्नति हो सकती है। आज हमारा देश विकसित देशों की श्रेणी में जाने के लिए उत्सुक है। इसके सम्मुख अनेक समस्याएँ हैं जो इस लक्ष्य की प्राप्ति में बाधक हो रही हैं। उन समस्याओं का समाधान शिक्षा के द्वारा ही हो सकता है। हमारे देश का लक्ष्य

धर्म-निरपेक्ष समाजवादी समाज की स्थापना करना तथा देश में भावात्मक एकता, आर्थिक विकास एवं सामाजिक समानता स्थापित करना है। इन सब लक्ष्यों की पूर्ति शिक्षा द्वारा ही हो सकती है। शिक्षा ही लोगों की भावनाओं, प्रवृत्तियों एवं आकांक्षाओं को परिवर्तित करके उनमें प्रगति की ओर जाने की प्रेरणा उत्पन्न कर सकती है।

प्राय: यह माना गया है कि शिक्षा ही हमारे देश में फैली हुई गरीबी को दूर करने में समर्थ हो सकती है। शिक्षा के द्वारा ही कृषि का उन्नयन, उद्योग धन्धों की वृद्धि, प्रौद्योगिक विकास एवं मनोवैज्ञानिक प्रगति सम्भव है। शिक्षा के द्वारा ही सामाजिक चेतना को जागृत करके प्रगतिशील समाज की स्थापना की जा सकती है। शिक्षा के द्वारा ही हम अपनी त्रुटियों को पहचान कर उन्हें दूर कर सकते हैं। शिक्षा ही समाज को रुढ़ियाँ, अन्धविश्वास, ऊँच-नीच का भेदभाव इत्यादि को दूर करके समानता, एकता और भ्रातृत्व के भाव जागृत कर सकती है। संक्षेप में हम यह विश्वासपूर्वक कह सकते हैं, कि देश को प्रगतिशील बनाने और समाज को उन्नत करने के लिए शिक्षा के समान दूसरा कोई साधन नहीं है।

देश की प्रगति एवं विकास के लिए हमारे ज्ञान, कौशल एवं अभिरुचि में वृद्धि एवं नए आदर्शों तथा मूल्यों की स्थापना आवश्यक है। इस कार्य में शिक्षा का योगदान सबसे अधिक महत्त्वपूर्ण है। इस सम्बन्ध में कोठारी शिक्षा आयोग (1964-66) ने विस्तृत प्रकाश डाला है।

यदि हमें क्रान्ति लाए बिना, शान्तिपूर्ण ढंग से, सामाजिक परिवर्तन, वैज्ञानिक प्रगति, प्रौद्योगिक उन्नति एवं आर्थिक विकास करना है, तो उसका एकमात्र उपाय है शिक्षा की वृद्धि। देश की प्रगति के लिए अन्य साधन भी हो सकते हैं परन्तु शिक्षा से बढ़कर दूसरा कोई साधन नहीं है। राष्ट्रीय शिक्षा प्रणाली ही एकमात्र साधन है, जिसके माध्यम से प्रत्येक व्यक्ति तक पहुँचा जा सकता है। और उसे देश की प्रगति में भागीदार बनाया जा सकता है। परन्तु यह कोई जादू की छड़ी नहीं है, जिसे घुमाते ही मनुष्य की सारी कल्पनाएँ मूर्त हो जाएं। यह राष्ट्रीय शिक्षा-प्रणाली, मनीषियों के चिन्तन के अतिरिक्त दृढ़ प्रतिज्ञ समर्पित जीवन एवं त्याग की अपेक्षा करती है। परन्तु इसमें सन्देह नहीं कि यह रामबाण औषधि है, और विकसित देशों का इतिहास सिद्ध करता है कि इसी के द्वारा उन्होंने इतनी प्रगति की है कि उनके निवासी आज संसार का नेतृत्व कर रहे हैं। और अविकसित तथा विकासोन्मुख देश उनके मुखापेक्षी बने हुए हैं। यदि भारतवर्ष में भी लोगों में निष्ठा हो और वे शिक्षा को उन्नति का साधन बनाने के लिए दृढ़ प्रतिज्ञ हो जाएं तो भारत भी विकसित देशों की श्रेणी में शीघ्र आ सकता है।

उपर्युक्त उद्देश्यों की पूर्ति के लिए दो प्रकार की योजनाएँ अधिक उपयोगी हो सकती हैं:

1. भौतिक साधनों का विकास (Development or Exploitation of Physical and Natural Resources): कहा जाता है कि भारतवर्ष एक ऐसा देश है, जो समृद्ध होते हुए भी दरिद्र है। यह विरोधाभास नहीं वरन् वास्तविकता है। भारत में प्राकृतिक साधनों की कमी नहीं है। अंग्रेजी राज में इन साधनों के उपयोग करने का वांछित प्रयास नहीं किया गया था। परन्तु स्वतंत्रता प्राप्त होने पर देश का भूगर्भिक सर्वेक्षण किया जाने लगा और नई-नई खानें, नए-नए खनिज पदार्थ प्रगट होने लगे। प्राकृतिक साधनों जैसे-देश की जलशक्ति, वन सम्पत्ति, खनिज सम्पत्ति, आदि का-उपयोग करके देश में बड़े-बड़े बाँधों, जल-विद्युत केन्द्रों, औद्योगिक संस्थानों की स्थापना होने लगी है। कृषि में हरित क्रान्ति के फलस्वरूप देश खाद्य-सामग्री के विषय में स्वावलम्बी हो गया है। हमारे उद्योग-धन्धे विदेशों को अपना

उत्पादन निर्यात करके विदेशी मुद्रा अर्जित कर रहे हैं। हमारे कुशल अभियन्ता एवं वैज्ञानिक विदेशों में जाकर अपनी योग्यता का प्रदर्शन करके उनका औद्योगिक विकास कर रहे हैं। फिर भी देश में अभी बहुत पिछड़ापन है। उसका प्रमुख कारण है, सामान्य एवं तकनीकी शिक्षा का अभाव। शिक्षा द्वारा देश में जागृति के साथ-साथ श्रम के महत्त्व का प्रचार करना और जनता में स्वावलम्बी बनने और हस्तकौशल के द्वारा अपनी आर्थिक दशा सुधारने के लिए प्रयास करने की प्रेरणा उत्पन्न करना आवश्यक है।

2. जनशक्ति का विकास (Development of Human Resources): भारत में जनशक्ति की कमी नहीं है। परन्तु जनशक्ति का संगठन एवं उसका सदुपयोग आवश्यक है, यह कार्य शिक्षा के द्वारा ही सम्पन्न हो सकता है। जनता को शिक्षित करके उसे उत्पादक कार्यों में लगाना आवश्यक है। हमारा देश कृषि-प्रधान है। इसके अधिकांश निवासी गाँवों में रहने वाले तथा कृषि पर जीवन बिताने वाले हैं। कृषि का धंधा बहुत पिछड़ा हुआ है। इसमें घरेलू या सहायक धन्धों की आवश्यकता है। इस कार्य के लिए छोटे-छोटे घरेलू धन्धों का विकास करना आवश्यक है। अभी तक सरकार का विशेष ध्यान शहरों की ओर बड़े-बड़े उद्योग-धन्धों के विकास की ओर रहा है। परन्तु जब तक गाँवों में शिक्षा के द्वारा जागृति नहीं उत्पन्न की जाएगी, जब तक गाँवों में यातायात के साधनों की सुविधा नहीं होगी। जब तक नगरों से उनका घनिष्ठ संबंध नहीं होगा, तब तक देश की गरीबी नहीं दूर हो सकेगी। अतः शिक्षा का प्रचार-प्रसार गाँवों में अधिक करने की आवश्यकता है। इस समय सबसे प्रमुख नारा होना चाहिए 'गाँवों की ओर चलो।' हमारी जनशक्ति का अधिकांश भाग गाँवों में है। अतः शिक्षित व्यक्तियों-अध्यापकों, डॉक्टरों, समाज-सेवी कार्यकताओं, वैज्ञानिकों, कृषि-वैज्ञानिकों आदि को गाँवों में जाकर अपने-अपने क्षेत्रों में विकास की गति को बढ़ाना चाहिए। जो बहुत पिछड़ी हुई है। इसमें घरेलू तथा सहायक धन्धों की आवश्यकता का विकास करना आवश्यक है। अभी तक सरकार का विशेष ध्यान नगरों तथा बड़े-बड़े उद्योग धन्धों के विकास की ओर रहा है। परन्तु जब तक गाँवों में शिक्षा द्वारा जागृति नहीं उत्पन्न की जाती, जब तक गाँवों में यातायात के साधनों की सुविधा नहीं होगी, तब तक उनकी तथा देश और समाज की गरीबी दूर नहीं होगी। अतः शिक्षा का प्रसार तथा विस्तार गाँवों में करने की आवश्यकता है। इस समय सबसे प्रमुख नारा होना चाहिए 'गांवों तथा झुग्गी झोपड़ों आदि क्षेत्रों में शिक्षा का विकास' इस प्रकार उनके कल्याण से राष्ट्रीय कल्याण हो सकेगा।

34.5 शिक्षा तथा मानव संसाधन विकास
(Education and Human Resource Development)

शिक्षा का मानव संसाधन विकास में महत्त्वपूर्ण स्थान है। इसकी व्याख्या यहाँ की जा रही है।

34.6 मानव संसाधन विकास का अर्थ तथा महत्त्व
(Meaning and Importance of Human Resource Development)

मानव संसाधन विकास का अर्थ यहाँ पर मानव विकास के उस पक्ष से है जिसके विकास से देश का आर्थिक विकास होता है। मानव को आर्थिक विकास की 'कुंजी' की संज्ञा दी गई है। मानव को आर्थिक विकास में बहुत ही महत्वपूर्ण माना गया है।

आर्थिक विकास में 5 M's की आवश्यकता पड़ती है–Men (मानव), Money (पूँजी),

Material (सामग्री), Machinery (उपकरण), तथा Methods (विधियाँ)। इन सब में महत्त्वपूर्ण मानव है। यदि मानव शक्ति का संतुलित विकास किया जाए तो अन्य तत्त्वों का स्वत: विकास हो जाता है। इस सन्दर्भ में एक चीनी कहावत है–"यदि आप एक वर्ष के लिए योजना बना रहे हैं तो अनाज बोओ, यदि आप दस वर्षों की योजना बना रहे हैं, तो मानव तैयार करो।" इसमें मानव शक्ति के महत्त्व पर प्रकाश डाला गया है। भावार्थ यह है कि जनशक्ति अर्थात् मानव संसाधनों का नियोजन देश की आर्थिक प्रगति में अत्यन्त महत्त्व रखता है। जनशक्ति के नियोजन से देश के उद्योगों के विकास के लिए, कृषि के विकास के लिए तथा अन्य क्षेत्रों के विकास के लिए उपयुक्त मात्रा में कुशल व्यक्ति मिल जाते हैं। बेकारी की समस्या उत्पन्न नहीं होती है। देश के आर्थिक विकास के साथ-साथ अन्य क्षेत्रों में भी विकास होता है।

भारत के प्रसिद्ध आर्थिक विशेषज्ञ जो कुछ समय तक केन्द्र में शिक्षा मंत्री भी रहे, *डॉ. वी.के.आर.वी. राव* (*Dr. V.K.R.V. Rao*) ने अपनी पुस्तक '*Education and Human Resource Development*' में मानवीय पूँजी के महत्त्व पर इस प्रकार प्रकाश डाला है "यह मानव (मनुष्य) ही है जिसे उत्पादन के उपकरणों को चलाना है। जब तक उसमें आवश्यक कौशलों का निर्माण नहीं होगा तथा उत्पादन में उचित भूमिका निभाने के लिए उसे प्रेरणा नहीं मिलती तब तक उत्पादन में वृद्धि नहीं हो सकती।"

हरबिन्सन तथा मायर्स (*Harbinson and Mayers*) को संसार के प्रसिद्ध अर्थशास्त्री माना गया है तथा जिन्होंने मानव संसाधन प्रकरण पर विशेष खोज की, उन्होंने मानव संसाधन के महत्त्व को इस प्रकार दर्शाया है, "आधुनिक देशों का निर्माण लोगों के विकास तथा मानवीय क्रियाओं के गठन पर निर्भर करता है। पूँजी, प्राकृतिक साधन, विदेशी सहायता तथा अन्तर्राष्ट्रीय व्यापार आर्थिक वृद्धि में महत्त्वपूर्ण भूमिका निभाते हैं परन्तु मानव शक्ति से अधिक महत्वपूर्ण कुछ भी नहीं।"

पॉल हॉफीमन (*Paul Hoffiman*) ने स्थायी विकास प्रक्रिया के लिए मानव-संसाधन के विकास का महत्त्व इस प्रकार बताया है–"विकासशील देशों के लिए उच्च स्तरीय मानव-शक्ति इतनी आवश्यक है जितनी कि पूँजी।"

जॉन डब्ल्यू. गार्डनर (*John W. Gardner*) ने उच्च स्तरीय मानव शक्ति का महत्त्व इस प्रकार लिखा है–"आधुनिक जीवन में निहित तकनीकी जटिलता तथा आधुनिक सामाजिक संगठन की जटिलता उच्च स्तरीय मानव शक्ति की मांग करते हैं।"

मार्शल (*Marshall*) ने कहा है, "पूँजियों में सबसे अधिक महत्त्वपूर्ण पूँजी वह है जो मनुष्यों पर लगाई जाती है।"

34.7 मानव संसाधन विकास के विशेष तत्त्व (Main Characteristics of Human Resource Development)

मानव संसाधन विकास के विशेष तत्त्व इस प्रकार हैं : 1. शिक्षा (Education)–सामान्य तथा तकनीकी (General as Well as Technical), 2. ज्ञान (Knowledge), 3. कौशल (Skills), 4. दूरदर्शिता (Foresight), 5. धैर्य (Patience), 6. उत्साह (Enthusiasm), 7. उत्तरदायित्व (Responsibility), 8. वैज्ञानिक दृष्टिकोण (Scientific Outlook), 9. प्रेरणा (Inspiration), 10. संलग्नशीलता (Tenacity), 11. कार्य संस्कृति (Work Culture), 12. मिलकर काम करने की भावना (Team Spirit)।

संक्षेप में मानव संसाधन विकास की आवश्यकता निम्न कारणों से है:

1. मानव शक्ति का अधिक से अधिक उपयोग करने के लिए। 2. भौतिक साधनों का अधिक से अधिक उपयोग करने के लिए। 3. देश के आर्थिक विकास के लिए। 4. आत्मनिर्भरता की प्राप्ति के लिए। 5. नए परिवर्तनों से ताल-मेल स्थापित करने के लिए। 6. कृषि एवं उद्योग के अधिकतम विकास के लिए। 7. बेकारी की समस्या को रोकने के लिए। 8. राष्ट्रीय उत्पादन बढ़ाने के लिए। 9. श्रम के महत्व को समझने के लिए तथा बढ़ावा देने के लिए। 10. व्यक्ति को आर्थिक दृष्टि से आत्मनिर्भर बनाने के लिए। 11. प्रत्येक कर्मचारी तथा मालिकों के बीच अच्छे सम्बन्ध स्थापित करने के लिए। 12. आर्थिक क्षेत्र में विभिन्न प्रकार के कार्य करने वाले व्यक्तियों की माँग तथा पूर्ति में संतुलन स्थापित करने के लिए।

34.8 शिक्षा की मानव संसाधन विकास मे भूमिका (Role of Education in Human Resource Development)

1. *नई शिक्षा नीति 1986 तथा संशोधित नीति 1992*: शिक्षा नीति में शिक्षा की मानव संसाधन विकास में भूमिका इस प्रकार दर्शायी गई है, "शिक्षा अर्थ-व्यवस्था के विभिन्न स्तरों के लिए मानव शक्ति अथवा जनशक्ति का विकास करती है। यह एक ऐसा आध ार है जिस पर अनुसन्धान एवं विकास निर्भर करता है जो राष्ट्रीय निर्भरता की अन्तिम गारन्टी है।"

2. *एल्फर्ड मार्शल (Alfred Marshall)*: शिक्षा मानव को उसके साधारण कार्य में अधिक बुद्धिमान, अधिक तत्पर तथा अधिक विश्वसनीय बनाती है। यह मनुष्य के जीवन स्तर को बढ़ाती है अत: यह भौतिक सम्पदा के उत्पादन का महत्त्वपूर्ण साधन है।

3. *हरबिनसन तथा मायर्स (Harbinson and Mayers)*: "शिक्षा को आर्थिक विकास की आत्मा माना जाता है।"

4. *जॉन वैजी (John Vaizey)*: "शिक्षा को उत्पादन का कारक अवश्य माना गया है।"

संसार में अनेक ऐसे देश हैं जिन्होंने प्राकृतिक साधनों की कमी होते हुए भी अपने देशों को आर्थिक क्षेत्र में बुलन्दी की ऊँचाइयों तक पहुँचाया। जापान की दूसरे महायुद्ध के पश्चात् आर्थिक स्थिति बहुत खराब हो चुकी थी। प्राकृतिक साधनों का भी अभाव था। परन्तु उसने मानव पूँजी का भरपूर प्रयोग किया तथा संसार में आर्थिक क्षेत्र में महत्त्वपूर्ण स्थान प्राप्त किया। इसी प्रकार यूरोप के अनेक देशों के उदाहरण हैं जैसे कि डेनमार्क, नीदरलैण्ड तथा स्विजरलैण्ड।

34.9 मानव संसाधन विकास की आधारभूत मान्यताएँ (Assumptions of Human Resource Development)

1. मानव (मनुष्य) सबसे अधिक मूल्यवान पूँजी है। 2. मानव को संसार की सर्वश्रेष्ठ रचना माना गया है। 3. प्रत्येक मानव में विकास के लिए उपयुक्त क्षमता विद्यमान है। 4. मानव की क्षमता में वृद्धि सम्भव है। 5. प्रत्येक मानव में कुछ न कुछ रचनात्मक क्षमता होती है। 6. मानव में अनुकूलनशीलता (Adaptability) है।

34.10 मानव संसाधन विकास के संकेतक
(Indicators of Human Resource Development)

1. प्राथमिक शिक्षा का प्रसार। 2. उच्च शिक्षा का प्रसार। 3. प्रौढ़ शिक्षा का प्रसार। 4. कुशल कर्मियों में जनसंख्या का अनुपात। 5. सामाजिक तथा आर्थिक जागरूकता। 6. प्रतिव्यक्ति अधिक आय।

34.11 भारत में मानव संसाधन विकास की आवश्यकता
(Need for Human Resource Development in India)

भारतवर्ष में जन-शक्ति का बाहुल्य है। यहाँ की जनसंख्या बड़ी तीव्र गति से बढ़ी है और प्राकृतिक साधनों की तुलना में उसकी वृद्धि आवश्यकता से अधिक है। इस कारण हमारी आर्थिक योजनाएँ आशा के अनुसार सफल नहीं हो पातीं। अत: हमें अपनी आर्थिक योजनाओं के लिए नहीं वरन् शिक्षा की योजनाओं के लिए भी जन-शक्ति पर विचार करना होगा। शिक्षा की कोई भी योजना तब तक सफल नहीं हो सकती वह जब तक देश की जन-शक्ति को ध्यान में रखकर न बनाई जाए। आज हमारे देश में शिक्षितों की जो बेकारी बढ़ती जा रही है उसका प्रमुख कारण यह है कि देश की शिक्षा योजनाओं में जन-शक्ति के विभिन्न पक्षों पर उचित ध्यान नहीं रखा जाता। इस विषय में शिक्षा-आयोग (कोठारी आयोग 1964-66) का कहना है कि-''यदि भारत को अपने आर्थिक विकास का लक्ष्य प्राप्त करना है तो प्रत्येक कोटि के कार्य के लिए उपयुक्त प्रशिक्षित व्यक्तियों की आपूर्ति करना आवश्यक है। इसके विपरीत यदि किसी कार्य के लिए प्रशिक्षित विशेषज्ञों की अधिकता है तो कुछ लोगों का बेकार रहना अवश्यंभावी है। यह स्थिति शिक्षा में त्रुटिपूर्ण नियोजन की द्योतक है। इसी प्रकार व्यक्ति के सम्बन्ध में भी यह बात ध्यान में रखने की है कि जिस क्षेत्र में वह प्रशिक्षण प्राप्त करता है उसमें विनियोजन का पर्याप्त अवसर हो और उस व्यवसाय की जन-शक्ति की माँग के अनुसार ही वह अपनी योग्यता बढ़ाए। यदि वह किसी व्यवसाय के लिए अपेक्षित योग्यता से अधिक अपनी योग्यता बढ़ाता है अथवा उसकी योग्यता अपेक्षित स्तर से नीचे है तो उसे बेकारी का सामना करना पड़ेगा। इसके फलस्वरूप उसे जीवन में निराशा तथा हीन-भावना से ग्रस्त होना पड़ेगा। अत: हमारा मत है कि जन-शक्ति की भावी आवश्यकताओं का अनुमान करके ही शिक्षा में प्रारंभिक शिक्षा से ऊपर की कक्षाओं में छात्रों की संख्या निर्धारित करनी चाहिए।'' दुर्भाग्यवश इन विचारों पर उचित ध्यान नहीं दिया गया है।

34.12 जनशक्ति का आंकलन तथा शिक्षा में सुधार
(Estimate of Human Resources and Reform in Education)

शिक्षा तथा आर्थिक विकास का गहरा सम्बन्ध है। वे एक-दूसरे को प्रभावित करते हैं तथा प्रभावित होते हैं। अत: मानवशक्ति का आंकलन करना आवश्यक है। भारत एक अजीब परिस्थिति में से गुजर रहा है। एक ओर शैक्षिक संस्थाओं में प्रवेश के लिए होड़-सी लगी हुई है तो दूसरी ओर शिक्षित व्यक्तियों की बेरोजगारी। यही नहीं, एक भारी संख्या में उच्च शिक्षा प्राप्त व्यक्तियों को उचित अवसरों के आभाव के कारण देश से उनका पलायण हो रहा है, शिक्षा आयोग 1964-66 के निम्नलिखित विचार आज भी उतना महत्त्व रखते हैं जितना कि उस समय।

कोठारी शिक्षा-आयोग ने शिक्षा विकास के लिए निम्नलिखित महत्त्वपूर्ण सुझाव दिए हैं:

1. यदि देश में शिक्षितों की बेकारी कम करनी है तो सामान्य माध्यमिक शिक्षा तथा उच्च शिक्षा के अनियोजित एवं अनियंत्रित विस्तार को रोकना होगा।

2. माध्यमिक शिक्षा का व्यवसायीकरण एवं विश्वविद्यालयी शिक्षा को व्यवसायपरक तथा अर्थकारी बनाने के लिए विशेष प्रयास करना होगा।

3. राष्ट्रीय एवं राज्य-स्तर पर ऐसी संस्थाएं बनानी होंगी जो जन-शक्ति की आवश्यकताओं का आकलन करके शिक्षा के साथ उनका यथोचित संबंध जोड़ सकें, जिससे यह निश्चित रहे कि किसी विशेष रोजगार में आवश्यक प्रशिक्षित व्यक्तियों की कमी न होने पाए और कोई व्यक्ति किसी कार्य विशेष का प्रशिक्षण प्राप्त करके बेकार न रहे; वरन् शिक्षा समाप्त करते ही उसे अपनी योग्यता के अनुरूप काम मिल जाए।

शिक्षा का व्यवसायीकरण तथा रोजगार से जोड़ना (Vocationalisation of Education and Linking with Employment): हमारी शिक्षा-संस्थाएं दिन-पर-दिन बढ़ती जा रही हैं और वे कारखानों की भांति बहुत बड़ी मात्रा में उत्पादन करती जा रही हैं। प्रतिवर्ष लाखों की संख्या में छात्र-छात्राएं प्रमाणपत्र एवं डिग्रियां लेकर निकलते हैं और रोजगार की तलाश में इधर से उधर भटकते फिरते हैं। देश के नेता और प्रशासक भी इस समस्या से परेशान हैं और बेकारी दूर करने का उपाय ढूँढने में सिर खपा रहे हैं। परन्तु समस्या दिन-पर-दिन सुलझने के बदले उलझती जा रही है। वास्तव में इस समस्या के समाधान के लिए केन्द्रीय सरकार एवं राज्य सरकारों का पारस्परिक सहयोग अपेक्षित है। दोनों स्तरों पर शिक्षा को इस प्रकार नियंत्रित करना चाहिए कि शिक्षा संस्थाओं के उत्पादन का जन-शक्ति की आवश्यकताओं के साथ संबंध स्थापित हो सके और उनका उत्पादन मात्रात्मक एवं गुणात्मक दृष्टि से उतना ही हो जितने की देश की आवश्यकता है, अर्थात् मांग और पूर्ति में संतुलन हो।

शिक्षा के व्यवसायीकरण की योजना तभी सफल हो सकती है जब यह पता रहे कि युवकों के सम्मुख किन-किन क्षेत्रों में रोजगार की संभावनाएं हैं। उन व्यवसायों के लिए उनकी शिक्षा के साथ-साथ प्रशिक्षण की व्यवस्था होनी चाहिए।

34.13 जनशक्ति (मानव संसाधन) नियोजन की मशीनरी (Machinery for Man Power Planning (Human Resource Planning))

राष्ट्रीय स्तर पर जनशक्ति का नियोजन (Man Power Planning at the National Level): राष्ट्रीय विकास के सभी क्षेत्रों में अपेक्षित जनशक्ति के आंकलन को राष्ट्रीय स्तर पर तैयार करने का कार्य अथवा दायित्व योजना आयोग का है। योजना आयोग इस उद्देश्य के लिए मानव संसाधन सम्बन्धी एक स्थायी समिति का गठन करे। इस समिति का उत्तरदायित्व होगा कि वह शिक्षा प्रणाली द्वारा तैयार व्यक्तियों कि कुल संख्या तथा विशेषज्ञों की विभिन्न श्रेणियों के लिए मानव शक्ति का पूर्वानुमान (Estimate) तैयार करे । समय-समय पर आवश्यकतानुसार इसमें संशोधन करे।

राज्य स्तर पर जनशक्ति की आवश्यकता का आकलन (Estimate of Needed Man Power at the State Level): राज्य स्तर पर भी जनशक्ति सम्बन्धी राज्य समितियाँ स्थापित की जानी चाहिए। ये समितियाँ केन्द्र में स्थित जनशक्ति की स्थायी समिति के ढांचे के समान ही स्थापित की जानी चाहिए।

जनशक्ति के आंकलनों तथा शैक्षिक संस्थाओं द्वारा तैयार व्यक्तियों की संख्या के बीच सम्बन्ध स्थापित करना (Relating Man Power Estimates to Output of Educational Institutions): इस कार्य के लिए निम्नलिखित उपाय किए जाने चाहिए:

(1) *राष्ट्रीय स्तर (National Level)*: (i) राष्ट्रीय स्तर पर यह योजना केन्द्रीय सरकार द्वारा राज्यों के परामर्श से तैयार की जानी चाहिए। यह योजना राष्ट्रीय विकास के ऐसे सभी महत्त्वपूर्ण क्षेत्रों के लिए होनी चाहिए जहाँ प्रशिक्षित कर्मचारियों की गतिशीलता (Mobility) बहुत अधिक हो या अधिक वाँछनीय हो।

(ii) साथ ही यह योजना ऐसे स्थानों के लिए भी होनी चाहिए जहाँ कर्मचारियों के प्रशिक्षण के लिए संस्थाएँ स्थापित करना बहुत महंगा पड़ता हो या जहाँ कहीं ऐसी संस्थाओं के लिए आवश्यक अच्छी श्रेणी के अध्यापकों की कमी हो।

(iii) इसी योजना में इंजीनियरी, कृषि, चिकित्सा तथा प्रबन्ध शिक्षा और उच्च शिक्षा के लिए अध्यापक तैयार करने की व्यवस्था भी सम्मिलित होनी चाहिए।

(2) *राज्य स्तर (State Level)*: अन्य क्षेत्रों में योजना राज्य स्तर पर राज्य सरकारों द्वारा तैयार की जानी चाहिए। माध्यमिक तथा उच्चतर शिक्षा (उन क्षेत्रों को छोड़कर जिनकी योजना केन्द्रीय स्तर पर तैयार की जाए) की सुविधाओं की योजना भी राज्य स्तर पर तैयार की जानी चाहिए।

(3) *व्यावसायिक शिक्षा (Vocational Education)*: सभी क्षेत्रों में स्कूल तथा कॉलेज दोनों स्तरों पर व्यावसायिक शिक्षा का प्रसार करने के लिए प्राथमिकता देनी होगी। ऐसा करते समय अपेक्षित जनशक्ति को ध्यान में रखना होगा।

(4) *सामान्य शिक्षा (General Education)*: (i) पिछड़े क्षेत्रों में शिक्षा का विस्तार किया जाए। (ii) राज्य सरकारें जिला स्तर पर उपयुक्त लक्ष्यों को निर्धारित करें। (iii) उच्चतर शिक्षा की योजना प्रत्येक राज्य, राज्य में सभी विश्वविद्यालयों से परामर्श करके बनाएँ।

(5) *शिक्षा तथा रोजगार (Education and Employment)*: शिक्षा आयोग 1964-66 ने सुझाव दिया है कि हमारा उद्देश्य यह होना चाहिए कि प्रत्येक स्नातक को डिग्री या डिप्लोमा के साथ ही नियुक्ति प्रस्ताव भी दे दिया जाए। परन्तु यह दृष्टिकोण केवल 'मृगतृष्णा' के समान है।

(6) *विस्तृत परिप्रेक्ष्य (Wide Perspective)*: मानव संसाधनों के विकास की समस्या को विस्तृत परिप्रेक्ष्य के सन्दर्भ में देखा जाना चाहिए। इस दृष्टि से समेकित (Integrated) योजनाएँ तैयार करना तथा उन्हें कार्यान्वित करना आवश्यक है। इस समिकित योजनाओं के निम्न उद्देश्य होंगे:

(i) जन्मदर को घटाना। (ii) रोजगार की सुविधाओं का विस्तार करना। (iii) इस प्रकार की शिक्षा व्यवस्था की रचना करना जिसके आधार पर नवयुवक विशिष्ट (Specific) काम-धन्धों के योग्य बन जाए। (iv) सामान्यत: डिग्रियों को रोजगार से अलग किया जाए। (v) जनसंख्या शिक्षा को लोकप्रिय बनाना।

सारांश (Summary)

1. मानव संसाधन विकास का विस्तृत अर्थ (Meaning of Human Resource Development): यद्यपि मानव संसाधन विकास का विस्तृत अर्थ मानव पूँजी का इस

प्रकार विकास करना है कि मानव जीवन सभी पक्षों में सुखमय तथा आनन्दमय जीवन व्यतीत करे। परन्तु संकुचित रूप में इसका अर्थ है–मानवीय पूँजी को प्रभावी ढंग से अर्थ-व्यवस्था के विकास में प्रयोग करना।

2. मानव संसाधन विकास का महत्त्व (Significance of Human Resource Development): (i) मानव संसाधन विकास आर्थिक विकास को सुनिश्चित करता है। (ii) मानव संसाधन विकास आर्थिक विकास का प्रमुख कारक है। (iii) मानव संसाधन विकास से आधुनिक राष्ट्र का विकास होता है। (iv) मानव संसाधन विकास देश की आत्मनिर्भरता में अनुपम योगदान देता है। (v) मानव संसाधन विकास से सभी व्यक्तियों में निहित क्षमताओं का अधिकतम विकास हो सकता है।

3. शिक्षा तथा मानव संसाधन विकास (Education and Human Resource Development): शिक्षा की मानव संसाधन विकास में अहम भूमिका है।

4. शिक्षा द्वारा मानव संसाधन विकास कार्यक्रम (Human Resource Development and Education Programme): 1. *शिक्षा के उद्देश्य (Objectives of Education)*: शिक्षा के उद्देश्यों में स्वरोजगार तथा व्यावसायिक क्षमता पर पर्याप्त बल देना।

2. *पाठ्यक्रम (Curriculum)*: (i) विज्ञान विषयों पर बल देना। (ii) कार्य अनुभव (Work-experience) का प्रावधान करना। (iii) व्यावसायिक पाठ्यक्रमों (Vocational Courses) की उचित मात्रा में व्यवस्था करना। (iv) विभिन्न पाठ्यक्रमों का प्रबन्ध करना। (v) उत्पादक प्रक्रियाओं में विज्ञान के प्रयोग को प्रोत्साहित करना। (vi) तकनीकी का प्रयोग करना। (vii) कम्पयूटर शिक्षा की व्यवस्था करना।

3. *शिक्षण विधियाँ (Teaching Methods)*: प्रगतिशील शिक्षण विधियों का प्रयोग करना जिससे छात्रों के मन, ज्ञान तथा कौशलों का विकास हो सके।

4. व्यवसाय तथा उत्पादकता पर बल (Stress on Vocation and Productivity): सभी प्रकार से व्यवसाय एवं उत्पादकता पर बल दिया जाए।

5. *निर्देशन तथा परामर्श (Guidance and Counseling)*: सभी स्तरों पर व्यापक निर्देशन तथा परामर्श सेवाओं की व्यवस्था करना।

6. *जनसंख्या शिक्षा (Population Education)*: शैक्षिक कार्यक्रमों में जनसंख्या शिक्षा को अभिन्न अंग बनाना।

35

राष्ट्रीय समाकलन तथा भावात्मक समाकलन (National Integration and Emotional Integration)

35.1 राष्ट्रीय समाकलन तथा भावात्मक समाकलन का अर्थ (Meaning of National Integration and Emotional Integration)

प्राय: राष्ट्रीय समाकलन, राष्ट्रीय एकता तथा भावात्मक एकता या भावात्मक समाकलन शब्दावली का प्रयोग एक जैसे अर्थ के रूप में लिया जाता है।

राष्ट्रीय समाकलन का सम्बन्ध राष्ट्र की एकता से है तथा भावात्मक एकता का सम्बन्ध भारतीयों की मानसिक भावना से है। राष्ट्रीय समाकलन अथवा राष्ट्रीय भावना का मुख्य साधन है, भावात्मक समाकलन।

राष्ट्रीय समाकलन को प्राय: राष्ट्रीय एकता से जोड़ा जाता है। राष्ट्रीय एकता को राज्यों की एकता के सन्दर्भ में देखा जाता है। अर्थात् भारत के सभी राज्य (States) भारत को एक राष्ट्र के रूप में देखें। यद्यपि भारत में अनेक राज्य हैं परन्तु भौगोलिक दृष्टि से वे भारत राष्ट्र के अभिन्न अंग हैं। जब देश स्वतन्त्र हुआ तो उस समय लगभग 600 छोटी-छोटी रियासतें थी। रियासतों के अपने संविधान थे। वे अपने अलग अलग नियम बनाते थे। देश में एक समान कानून नहीं थे। सरदार पटेल उस समय जो भारत के गृह मंत्री तथा उपप्रधान मंत्री थें, उन्होंने इन रियासतों के अलग अस्तित्व को समाप्त करके इन्हें राष्ट्र का अभिन्न अंग बनाया।

राष्ट्रीय समाकलन, भावात्मक समाकलन तथा राष्ट्रीय एकता के बारे में मुख्य विचार निम्नलिखित हैं:

1. *पं. जवाहरलाल नेहरू के विचार:* भारत के सर्वप्रथम प्रधानमन्त्री तथा राष्ट्रीय स्वतन्त्रता के महत्वपूर्ण मार्गदर्शक पं. *जवाहरलाल* नेहरू ने कहा, ''राजनैतिक एकता तो हमने प्राप्त कर ली है परन्तु मैं और अधिक गहराई से जाकर कुछ और प्राप्त करना चाहता हूँ और वह है भारतीय जनता में भावात्मक एकता ताकि वह दृढ़ राष्ट्रीय इकाई में बँध जाए और साथ-साथ अपनी विचित्र विभिन्नता को भी कायम रखे।''

जवाहरलाल नेहरू जी ने भावात्मक एकता का अर्थ इस प्रकार बताया है-''भावात्मक एकता अथवा भावात्मक संकलन से मेरा तात्पर्य है-हमारे मनों और दिलों की एकता, प्रथक्कता की भावना का त्याग।''

2. *डॉरॉथी थॉम्पसन* (*Dorothy Thompson*) के विचार में ''राष्ट्रीय समाकलन ऐसी भावना है जो देश के नागरिकों को एक सूत्र में बाँधती है।''

3. राष्ट्रीय समाकलन (एकता) सम्मेलन रिपोर्ट (National Integration Conference Report–1946) ने राष्ट्रीय समाकलन के अर्थ की इस प्रकार व्याख्या की है, ''राष्ट्रीय समाकलन ऐसी मनोवैज्ञानिक तथा शैक्षिक प्रक्रिया है जिसके माध्यम से लोगों के हृदयों में एकता, घनिष्ठता तथा सन्निकटता की भावनाओं का विकास किया जाता है। इसके द्वारा लोगों में नागरिकता तथा राष्ट्र के प्रति वफादारी की भावना भरी जाती है।''

4. *प्रो. हुमायू कबीर* (*Prof. Humayun Kabir*) ने राष्ट्रीय समाकलन तथा भावात्मक समाकलन पर प्रकाश डाला है, ''राष्ट्रीय समाकलन अथवा एकता किसी एक जाति, भाषा, धर्म या भूगोल पर आधारित नहीं होती है और न ही इनके समूह पर आधारित है बल्कि यह राष्ट्र के प्रति अपनत्व की भावना है।''

5. *डॉ. सम्पूर्णानन्द* (*Dr. Sampurnanand*) के अनुसार–''राष्ट्रीय एकता एक मनोवैज्ञानिक और शैक्षिक प्रक्रिया है। इसमें जन-साधारण के प्रति एकता, पारस्परिक निर्भरता, सामान्य नागरिकता की भावना और राष्ट्र के प्रति भक्ति-भावना सन्निहित है।''

6. *विनोबा भावे* (*Vinoba Bhave*) के शब्दों में–भावात्मक एकता, भाई-चारे और राष्ट्र प्रेम की वह दृढ़ भावना है जो एक देश के सभी निवासियों को अपनी व्यक्ति, राष्ट्रीय क्षेत्रीय, धार्मिक और भाषायी भिन्नताओं को भुलाने में सहायता देती है।''

7. *राष्ट्रीय भावात्मक समिति* (1961) (*Emotional Integration Committee*) के अनुसार, ''राष्ट्रीय समाकलन का तात्पर्य एक ऐसे मानसिक दृष्टिकोण का निर्माण करना है जो सभी व्यक्तियों को इस बात के लिए प्रेरित करे कि वे समुदाय की अपेक्षा अपने देश के प्रति अधिक निष्ठा रखें तथा दलीय स्वार्थों की अपेक्षा देश के कल्याण को सर्वोच्च महत्व दें।''

सारांश: संक्षेप में राष्ट्रीय समाकलन तथा भावात्मक समाकलन का अर्थ है नागरिकों के राष्ट्र के प्रति देश प्रेम तथा आत्मीयता की भावना का विकास करना है। इसका अर्थ है कि देश का नागरिक भले ही किसी धर्म को माननेवाला है, देश के किसी भी भाग में रहता हो, कोई भी भाषा बोलता हो, किसी भी प्रकार के वस्त्र पहनता हो आदि–वह देश के प्रति आत्मीयता तथा वफादारी की भावना रखता है। दूसरे शब्दों में वह मैं (I) के स्थान पर 'हम' (We) को महत्व देना है।

35.2 राष्ट्रीय समाकलन तथा भावात्मक समाकलन की आवश्यकता तथा महत्व (Need and Importance of National Integration and Emotional Integration)

भारत अनेक राज्यों में बँटा हुआ है। यहाँ पर विभिन्न भाषाएँ बोली जाती हैं। अनुमान के अनुसार लगभग 3000 बोलियाँ हैं। यहाँ पर विभिन्न जातियाँ तथा उपवर्ग हैं। सात मुख्य धर्म हैं। प्रत्येक धर्म में अनेक सम्प्रदाय हैं। अनेक राजनैतिक दल हैं जिनके विभिन्न दृष्टिकोण हैं। आर्थिक विभिन्नताएँ हैं। अमीरी तथा गरीबी में अन्तर है। क्षेत्रीय आकांक्षाएँ हैं। इन सबको एक सूत्र में पिरोना आवश्यक है। इनका ताल-मेल आवश्यक है। एक साथ विचार करने की तथा कार्य करने की अत्यन्त आवश्यकता है। राष्ट्रीय समाकलन तथा भावात्मक समाकलन के माध्यम से ही देश की प्रगति, एकता तथा अखण्डता रह सकती है। भारत को स्वतन्त्र, संगठित तथा प्रजातान्त्रिक देश बने रहने के लिए समस्त नागरिकों में राष्ट्रीय समाकलन तथा भावात्मक समाकलन का विकास बहुत जरूरी है। इस सन्दर्भ में भारत के प्रथम प्रधानमन्त्री के शब्द आज भी उतने सार्थक हैं जितने कि स्वतन्त्रता प्राप्ति

के समय। उन्होंने कहा, "हमें संकुचित, संकीर्ण, प्रान्तीय साम्प्रदायिक तथा जातिवादी भावों को नहीं अपनाना चाहिए क्योंकि हमारे सामने बहुत बड़ा लक्ष्य है। हम, भारत गणतन्त्र के नागरिकों को समाकलन निर्माण का कार्य करना है। हमें इस महान देश को शक्तिशाली राष्ट्र बनाना है। साधारण शब्दों में शक्तिशाली नहीं, परन्तु विचार कार्य, संस्कृति तथा मानवता की शान्तिपूर्वक दृष्टि से इसे शक्तिशाली बनाना है।"

संक्षेप में कहा जा सकता है कि राष्ट्रीय समाकलन की निम्न कारणों से आवश्यकता है:

1. देश की अखण्डता को कायम रखने के लिए (For Maintaining National Integrity)
2. शक्तिशाली राष्ट्र के निर्माण के लिए (For Building a Mighty Nation)
3. देश में शान्ति कायम रखने के लिए (For Maintaining Peace in the Country)
4. नागरिकों का राष्ट्र निर्माण में सहयोग के लिए (For Enlistening the Cooperation of the People in Building a Strong Nation)
5. बाहरी खतरों से देश की सुरक्षा के लिए (For Defending the Nation from Foreign Dangers)
6. जातिवाद आदि दीवारों को तोड़ने के लिए (For Breaking the Walls of Casteism etc.)
7. लोकतन्त्र के संरक्षण के लिए (For Defending Democracy)
8. भारतीय धरोहर के संरक्षण के लिए (For Protecting the National Heritage)
9. राष्ट्रीय आर्थिक विकास के लिए (For Economic Development of the Nation)
10. नागरिकों में सेवा-भाव का विकास करने के लिए (For Inculcating Spirit of Service in the People)
11. देश में समरसता कायम रखने के लिए (For Maintaining Harmony in the Country)
12. सामाजिक प्रगति के लिए (For Social Progress)

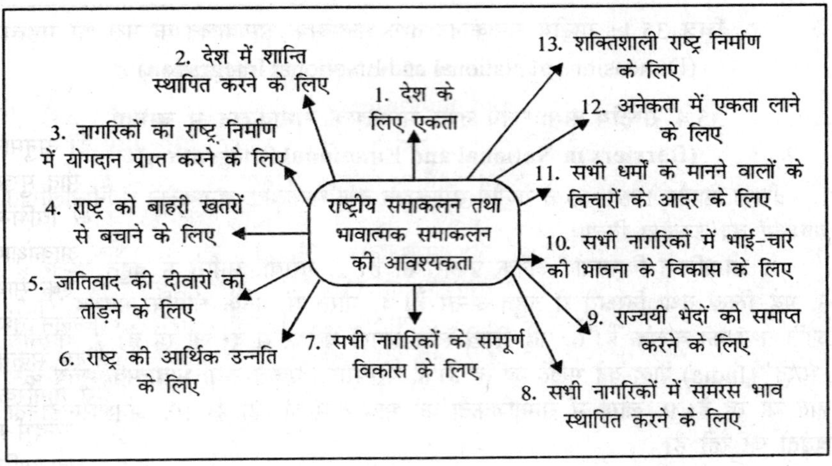

राष्ट्रीय समाकलन तथा भावात्मक समाकलन की आवश्यकता

1. देश के लिए एकता
2. देश में शान्ति स्थापित करने के लिए
3. नागरिकों का राष्ट्र निर्माण में योगदान प्राप्त करने के लिए
4. राष्ट्र को बाहरी खतरों से बचाने के लिए
5. जातिवाद की दीवारों को तोड़ने के लिए
6. राष्ट्र की आर्थिक उन्नति के लिए
7. सभी नागरिकों के सम्पूर्ण विकास के लिए
8. सभी नागरिकों में समरस भाव स्थापित करने के लिए
9. राज्ययी भेदों को समाप्त करने के लिए
10. सभी नागरिकों में भाई-चारे की भावना के विकास के लिए
11. सभी धर्मों के मानने वालों के विचारों के आदर के लिए
12. अनेकता में एकता लाने के लिए
13. शक्तिशाली राष्ट्र निर्माण के लिए

35.3 राष्ट्रीय समाकलन तथा भावात्मक समाकलन में निहित मूल्य (Values Inherent in National Integration and Emotional Integration)

मुख्य तौर पर राष्ट्रीय समाकलन तथा भावात्मक समाकलन में निम्न मूल्य निहित हैं जिनमें नागरिकों को प्रशिक्षण दिया जाना चाहिए:

1. आत्मीयता की भावना (Feeling of Oneness), 2. सह-अस्तित्व की भावना (Feeling of Co-existence), 3. सहिष्णुता की भावना (Feeling of Toleration), 4. विशाल हृदयता (Broad-mindness), 5. सबके सुख में अपना सुख तथा अपने सुख में सबका सुख (One's Happiness in the Happiness of all and Happiness of all in one's Happines), 7. अनेकता में एकता (Unity in Diversity), 8. दूसरों के प्रति संवेदनशीलता (Sensitiveness to Others), 9. दूसरों के विचारों का आदर करना (Giving due Respect to the Views of Others), 10. राष्ट्रीय हितों को सर्वोपरि समझना (Considering National Interests Above all Interests), 10. भ्रातृत्व (Brotherhood), 11. मिल-जुलकर रहने की कला (Art of Living Together)

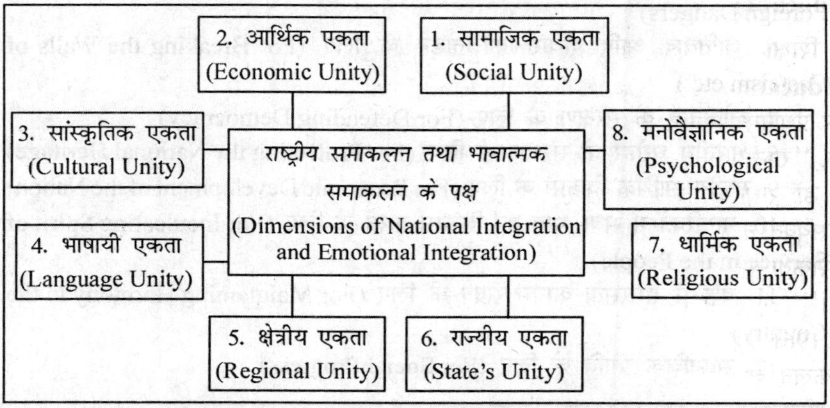

3. सांस्कृतिक एकता (Cultural Unity)	2. आर्थिक एकता (Economic Unity) / 1. सामाजिक एकता (Social Unity)	8. मनोवैज्ञानिक एकता (Psychological Unity)
4. भाषायी एकता (Language Unity)	*राष्ट्रीय समाकलन तथा भावात्मक समाकलन के पक्ष* (Dimensions of National Integration and Emotional Integration)	7. धार्मिक एकता (Religious Unity)
	5. क्षेत्रीय एकता (Regional Unity) / 6. राज्यीय एकता (State's Unity)	

चित्र 35.1: राष्ट्रीय समाकलन तथा भावात्मक समाकलन के पक्ष (Dimensions of National and Emotional Integration)

35.4 राष्ट्रीय समाकलन तथा भावात्मक समाकलन में बाधाएँ (Barriers in National and Emotional Integration)

शिक्षा आयोग 1964-66 ने राष्ट्रीय समाकलन तथा भावात्मक समाकलन में निम्नलिखित बाधाओं का उल्लेख किया।

1. सामाजिक विषमताएँ अनेक प्रकार की हैं। 2. गरीबी-अमीरी में बहुत अन्तर है। 3. पढ़े-लिखे तथा निरक्षरों में बहुत अन्तर है। 4. भारत में अनेक धार्मिक मतभेद हैं। 5. जाति प्रथा का कलंक है। 6. पढ़े-लिखे लोग अपनी धरोहर से दूर जा रहे हैं। 7. भारतीय 'भारत' (India) शब्द को भूलते जा रहे हैं। 8. परम्परागत एकता तथा भावात्मक मूल्य कम होते जा रहे हैं। 9. लोगों में सामाजिकता का भाव कम हो रहा है। 10. अनुशासनहीनता बढ़ती जा रही है।

राष्ट्रीय समाकलन तथा भावात्मक समाकलन में मुख्य बाधाएँ निम्न प्रकार की हैं:

1. ऐतिहासिक पृष्ठभूमि: अंग्रेजों की 'फूट डालने की नीति (Historical Background: 'Divide and Rule Policy of the British'), 2. जातिवाद (Casteism), 3. भाषायी मतभेद (Linguism), 4. क्षेत्रीयता (Regionalism), 5. प्रान्तीयता (Provincialism), 6. धार्मिक कट्टरता (Religious Fundamentalism), 7. संकीर्ण राजनैतिकता (Narrow Polity), 8. सामाजिक असमानता (Social Inequality), 9. आर्थिक असमानता (Economic Inequality), 10. प्रभावी नेतृत्व का अभाव (Lack of Effectiveness Leadership), 11. सांस्कृतिक भिन्नताएँ (Cultural Differences), 12. सेवाभाव का अभाव (Lack of Spirit of Service), 13. स्वार्थ को प्राथमिकता (Priority to Self Interest), 14. राष्ट्रीय चरित्र का अभाव (Lack of National Character), 15. दोषमुक्त शिक्षा प्रणाली (Defective Educational System), 16. अनपढ़ता (Illiteracy), 17. भाग्यवादिता (Fatalism)

35.5 शिक्षा का राष्ट्रीय समाकलन तथा भावात्मक संकलन में योगदान (Education's Role in National Integration and Emotional Integration)

शिक्षा का राष्ट्रीय समाकलन तथा भावात्मक संकलन में महत्व (Significance of Education in National Integration and Emotional Integration): भारत के प्रथम प्रधानमंत्री *जवाहरलाल नेहरू* ने शिक्षा के राष्ट्रीय समाकलन के योगदान के बारे में कहा, ''राष्ट्रीय भावात्मक एकता में शिक्षा का स्थान सबसे ऊपर है।''

डॉ. *राधाकृष्णन* ने इस विषय पर अपने विचार इस प्रकार प्रकट किए, ''यदि भारत को संयुक्त तथा लोकतन्त्रीय राज्य रहना है तो शिक्षा का कार्य एकता के लिए, न कि प्रादेशिकता के लिए, प्रजातन्त्र के लिए न कि तानाशाही के लिए लोगों को प्रशिक्षित करना होगा।''

1961 में बनी डॉ. *सम्पूर्णानन्द भावात्मक समिति* ने कहा, ''राष्ट्रीय भावात्मक समाकलन को पोषित तथा सुदृढ़ करने के लिए शिक्षा का प्रमुख स्थान है। शिक्षा द्वारा सहनशीलता तथा त्याग की भावना का विकास होना चाहिए, जिसमें संकीर्ण दृष्टिकोण के स्थान पर राष्ट्रीय हितों के लिए प्रबल तथा प्रखर राष्ट्रीय दृष्टिकोण पनपे।''

35.6 राष्ट्रीय समाकलन तथा भावात्मक समाकलन के लिए शिक्षा के योगदान पर महत्वपूर्ण दस्तावेजों में दी गई महत्वपूर्ण सन्तुतियाँ (Major Recommendations Contained in Documents on the Role of Education in National Integration and Emotional Integration)

भावात्मक संकलन समिति की सिफारिशें (1961) [Recommendations of the Emotional Integration Committee (1961)]: भारत में भावात्मक एकता को बढ़ावा देने के लिए सन् 1961 में स्वर्गीय डॉ. सम्पूर्णानन्द की अध्यक्षता में एक भावात्मक एकता समिति का गठन भारत सरकार ने किया था। डॉ. सम्पूर्णानन्द भावात्मक समिति के अध्यक्ष थे। उस समिति ने विचार-विमर्श के उपरान्त कुछ महत्त्वपूर्ण सुझाव दिए। उनमें कुछ यहाँ उद्धृत किए जा रहे हैं:

1. *पाठ्यक्रम का नवीकरण* (*Reorientation of the Curriculum*): इसके अन्तर्गत विभिन्न सोपानों में पाठ्यक्रम में परिवर्तन करने का सुझाव दिया गया है। (1) *प्रारंभिक कक्षाओं* में धार्मिक, ऐतिहासिक, उपदेशप्रद एवं प्रेरणात्मक कहानियों के माध्यम से छात्रों में चरित्र निर्माण एवं देश-प्रेम की नींव डालना। कविताओं, लोकगीतों, राष्ट्रगीतों तथा सामाजिक अध्ययन द्वारा छात्रों में भावात्मक एकता के भाव जागृत करना। (2) *माध्यमिक स्तर* पर अन्य विषयों के अतिरिक्त एक से अधिक भाषाएँ, भारतीय साहित्य सामाजिक अध्ययन के विषय, नैतिक एवं आचारात्मक शिक्षा तथा पाठ्येतर कार्यकलापों को पाठ्यक्रम में सम्मिलित करके शिक्षा को अधिक व्यापक एवं उपयोगी बनाया जाना। (3) विश्वविद्यालय के स्तर पर विभिन्न सामाजिक विज्ञानों का अध्ययन, भाषाओं वं साहित्यों का अध्ययन, कलात्मक एवं सांस्कृतिक विषयों का अध्ययन कराने के अतिरिक्त छात्रों का अंतः प्रादेशिक आदान-प्रदान, राष्ट्रीय तीर्थों की यात्राएँ एवं अध्यापकों का आदान-प्रदान करना।

2. *पाठ्येतर कार्य-कलाप* (*Curricular Activities*): पाठ्यक्रम में पाठ्येतर कार्य-कलापों को महत्त्व इसलिए दिया जाता है क्योंकि अनौपचारिक व निरौपचारिक शिक्षा के द्वारा छात्र अधिक सीख सकते हैं। विद्यालयों में प्रायः राष्ट्रीय एवं धार्मिक पक्षों पर उत्सव मनाए जाते हैं। इन उत्सवों की व्यवस्था छात्रों के हाथ में दे देनी चाहिए। इससे वे अपना उत्तरदायित्व समझेंगे और उत्सव को सफल बनाने में अपनी संपूर्ण शक्ति लगा देंगे। इसके अतिरिक्त खेल-कूद, शैक्षिक यात्राएँ, वन विहार, सैनिक शिक्षा, बालचर क्रिया-कलाप, वाद-विवाद, विचारगोष्ठी, नाटक अभिनय, युवक-समारोह इत्यादि के द्वारा छात्रों को परस्पर सहयोग से कार्य करने और एक-दूसरे के निकट संपर्क में आने का अवसर मिलता है। इस कार्य में सिनेमा, रेडियो, टेपरिकॉर्डर, दूरदर्शन आदि का सहारा लेना अधिक लाभकर होगा। इस प्रकार इन क्रियाओं पर जोर दिया जाए।

3. *सामाजिक अध्ययन के विषयों पर बल* (*Emphasis on the Teaching of Social Studies*): समिति ने प्रारम्भिक स्तर से लेकर माध्यमिक एवं उच्च शिक्षा तक सामाजिक एवं सांस्कृति अध्ययन पर बल दिया है। इससे देश की भौगोलिक, ऐतिहासिक एवं सांस्कृतिक पृष्ठभूमि का परिचय प्राप्त करने में सहायता मिलेगी। सामाजिक अध्ययन की पाठ्यपुस्तकों में देश-विदेश के महापुरुषों की जीवनियाँ, प्राचीन धर्म ग्रन्थों, इतिहास-पुराणों आदि से कहानियाँ आदि संग्रहीत होनी चाहिए।

4. *भाषा एवं लिपि* (*Language and Script*): यद्यपि समिति ने संक्रमणकाल (Transitional Period) के लिए रोमन लिपि का विकल्प दिया है फिर भी अन्ततः देवनागरी लिपि का एवं हिन्दी राष्ट्रभाषा को ग्रहण करने का सुझाव दिया है। अहिन्दी भाषा प्रदेशों में हिन्दी को अपनी प्रादेशिक लिपि में सीखने की छूट की संतुति की।

5. *राष्ट्रीय झण्डे* (*National Flag*) एवं राष्ट्रीय गान (*National Song*) का आदर।

6. *राष्ट्रीय पर्व* (*National Days*): स्वतंत्रता दिवस (15 अगस्त) तथा महात्मा गांधी का जन्मदिन (2 अक्तूबर) एवं गणतंत्र दिवस (26 जनवरी) को उत्सव मनाना।

7. *नैतिक एवं मानवीय मूल्यों को बढ़ावा देना* (*Promotion of Moral and Human Values*): शिक्षा के प्रत्येक स्तर तथा कार्यक्रम में नैतिक एवं मानवीय मूल्यों के विकास पर बल देना।

8. *पाठ्य पुस्तकों का निर्माण* (*Preparing Text Books*): यह अशास्वत करना कि

पाठ्यपुस्तकों में किसी धर्म, विश्वास, जाति, लिंग, व्यक्ति आदि के बारे में कोई भी बात ऐसी न हो, जिससे घृणा के भाव जागृत हों, बल्कि समरसता का आभास हो।

9. *दैनिक प्रात: सभा* (*Daily Morning Assembly*): दैनिक सभा में नैतिक विकास को बढ़ाना देने के लिए महान पुरूषों के बारे में अच्छी अच्छी बातें बताई जाएँ।

10. छात्र आदान-प्रदान कार्यक्रम चलाना (Student Exchange Programme)।

11. असाम्प्रदायिक विचारों वाली संस्थाओं को प्रोत्साहन देना (Encouragement to Secular Institutions)।

12. अध्यापक आदान-प्रदान (Teacher Exchange Programme)।

13. *शिक्षा में प्रभावशाली राष्ट्रीय नीति* (*Formulation of Effective National Policy*): केन्द्र को एक ऐसी राष्ट्रीय शिक्षा नीति का विकास करना चाहिए जो सम्पूर्ण देश के लिए हितकर हो और समानरूप से सभी राज्यों तथा केन्द्रशासित प्रदेशों में लागू की जा सके। केन्द्रीय शिक्षा मंत्रालय को एक ऐसी समिति स्थापित करनी चाहिए जो प्रादेशिक सरकारों के सहयोग से राष्ट्रीय शिक्षा नीति की प्रगति का निरीक्षण करती रहे तथा उसमें सुधार के लिए उचित परामर्श दें।

14. *राष्ट्र-भक्ति की शपथ लेना* (*National Fledge*): वर्ष में दो बार (15 अगस्त तथा 26 जनवरी को) छात्रों को इस प्रकार की शपथ लेनी चाहिए:

भारतवर्ष हमारा देश है और इसके सभी निवासी हमारे भाई-बहिन हैं।

मैं अपने देश से प्रेम करता हूँ और मुझे इसकी गौरवपूर्ण परम्परा का गर्व है। मैं अपने को उन आदर्शों पर ढालने का प्रयास करूँगा।

मैं अपने गुरुओं (अध्यापकों, माता-पिता) तथा बड़ों का आदर करूँगा और सभी प्राणियों के साथ सहानुभूति रखूँगा।

मैं अपने देश एवं देशवासियों के प्रति अपनी निष्ठा व्यक्त करता हूँ।

35.7 शिक्षा आयोग (1964-66), राष्ट्रीय शिक्षा नीति (1986) राष्ट्रीय शिक्षा नीति कार्य योजना (1992) की राष्ट्रीय एवं भावात्मक समाकलन सम्बन्धी सिफारिशें

Recommendations of the Education Commission (1964-66), National Policy of Education (1986) and Programme of Action (1992) on National Emotional Integration

शिक्षा आयोग (1964-66) तथा राष्ट्रीय समाकलन अथवा भावात्मक एकता का निर्माण-चुनौतीपूर्ण कार्य: शिक्षा आयोग 1964-66 ने इस संदर्भ में अपने विचार इस प्रकार प्रकट किए, "भारतीय समाज में अनेक सोपान हैं। उसके अनेक स्तर बन गए हैं। विभिन्न वर्गों के बीच का अन्तर, विशेषकर गरीब और अमीर वर्ग में तथा शिक्षितों और अशिक्षितों में काफी गहरा होता जा रहा है। चूँकि शिक्षा की जड़ें लोगों की सांस्कृतिक परम्पराओं में नहीं है इसलिए लोग भारत को भूलते जा रहे जान पड़ते हैं।" इस प्रकार विवेचन के पश्चात् शिक्षा आयोग ने राष्ट्रीय भावात्मक एकता के लिए निम्नलिखित कार्यक्रमों का सुझाव दिया:

1. लोक शिक्षा की एक समान शिक्षा प्रणाली को देश में चालू करना।
2. सभी स्तरों पर, सामाजिक तथा राष्ट्रीय सेवा को शिक्षा का एक अभिन्न अंग बनाना।

3. सभी भारतीय भाषाओं का विकास करना।
4. राष्ट्रीय भाषा का काम प्रभावशाली ढंग से करना।
5. राष्ट्रीय चेतना को प्रोत्साहन देना।
6. पाठ्यक्रम में प्रत्येक स्तर पर नागरिकता के मूल सिद्धान्तों पर बल देना।

राष्ट्रीय शिक्षा नीति 1986 तथा राष्ट्रीय भावात्मक एकता (National Policy of Education and National Emotional Integration): शिक्षा नीति ने शिक्षा द्वारा राष्ट्रीय एकता की भावना के विकास के लिए देश में राष्ट्रीय शिक्षा व्यवस्था पर बल दिया है। इसके अन्तर्गत पूरे देश में एक समान राष्ट्रीय ढाँचा, समान राष्ट्रीय पाठ्यक्रम, जिसमें समान कोर पाठ्यक्रम हो, की व्यवस्था है–कोर पाठ्यक्रम में भारतीय स्वतन्त्रता आन्दोलन, संवैधानिक जिम्मेदारियाँ तथा राष्ट्रीय पहचान से सम्बन्धित अनिवार्य तत्त्वों का प्रावधान है। ये तत्त्व किसी भी विषय का हिस्सा हो सकते हैं जो हमारे विविध सांस्कृतिक पहलुओं, लोकतन्त्र, धर्मनिरपेक्षता, स्त्री-पुरुषों के बीच समानता, पर्यावरण के महत्त्व, सामाजिक एकता की बाधाओं को दूर करने, सीमित परिवार के महत्त्व को समझने और वैज्ञानिक अभिरुचि का विकास करने की जरूरत को सिखा सकें। सभी शैक्षिक कार्यक्रमों को धर्मनिरपेक्षता के मूल्यों के अनुरूप ही आयोजित किया जाए।

राष्ट्रीय शिक्षा नीति संबंधी कार्य योजना (1992) तथा राष्ट्रीय एवं भावात्मक समाकलन (Programme of Action 1992 on National and Emotional Integration): राष्ट्रीय नीति के संशोधन के परिणामस्वरूप, सरकार ने 1992 में एक संशोधित कार्यवाही योजना भी तैयार की। कार्यवाही योजना में अन्य बातों के साथ-साथ इस बात पर भी बल दिया गया कि राष्ट्रीय तथा भावात्मक समाकलन के लिए आवश्यक है कि पिछड़े राज्यों, क्षेत्रों तथा वर्गों की शिक्षा के लिए विशेष कार्यक्रम चलाए जाएँ। महिलाओं की शिक्षा के लिए तथा उन्हें सशक्त करने के लिए अनेक योजनाओं के सुझाव दिए। इसी प्रकार अल्पसंख्यों के लिए राष्ट्रीय स्तर की संस्थाओं को प्रभावी बनाने के उपायों का उल्लेख किया गया।

संशोधित कार्य योजना में कहा गया कि राष्ट्रीय साक्षरता मिशन को निर्धनता उन्मूलन, राष्ट्रीय एकता, जैसे लक्ष्यों के अनुरूप डाला जाएगा। यह स्वीकार किया गया कि राष्ट्रीय तथा भावात्मक एकता के संदर्भ में पाठ्यपुस्तकों में उचित संशोधन किया जाएगा। पाठ्यपुस्तकें साम्प्रदायिक प्रभावों से मुक्त हों। मूल्य शिक्षा को बढ़ावा दिया जाएगा तथा इस दिशा में कई महत्त्वपूर्ण कदम उठाए गए।

उपसंहार: राष्ट्रीय एवं भावात्मक समाकलन को बढ़ावा देने में शिक्षा के योगदान के बारे में हमें डा. राधाकृष्णन के विचारों को सदा ध्यान में रखना चाहिए, "राष्ट्रीय एकता ईटों और पलस्तर से नहीं स्थापित की जा सकती है, न ही छैनी और हिथौड़े से इसका निर्माण किया जा सकता है। इसे चुप-चाप लोगों के मतों तथा दिलों में विकसित होना होगा। इसकी एकमात्र प्रक्रिया है–शिक्षा प्रक्रिया।"

इसी सन्दर्भ में यह लिखना भी न्याय संगत प्रतीत होता है कि शिक्षा की भी सीमाएँ हैं। राष्ट्रीय समाकलन तथा भावात्मक समाकलन का सम्बन्ध केवल शिक्षा प्रणाली से ही नहीं है। इसका सम्बन्ध आर्थिक तथा सामाजिक क्षेत्रों से भी हैं। जब तक अमीरी–गरीबी के अन्तर की खाई को कम नहीं किया जाएगा, हम इस लक्ष्य को प्राप्त नहीं कर सकते।

जीवन के प्रत्येक क्षेत्र में समानता के मूल्य को बढ़ावा देना होगा। क्षेत्रीय विषमताओं को कम करना होगा। निजी स्वार्थ की बढ़ती हुई भावना को लगाम देना होगा। राष्ट्रीय हित को सर्वोपरि मानना होगा।

35.8 राष्ट्रीय समाकलन तथा भावात्मक समाकलन संबंधी संतुतियों का सार (Summary of Recommendations on National Integration and Emotional Integration)

राष्ट्रीय समाकलन तथा भावात्मक समाकलन संबंधी संतुतियों का सार नीचे दिया जा रहा है:

1. पाठ्यक्रम में राष्ट्रीय समाकलन तथा भावात्मक समाकलन के सन्दर्भ में पर्याप्त पाठ्य सामग्री को सम्मिलित करना।
2. पाठ्य पुस्तकों को इस प्रकार तैयार करना कि सभी धर्मों, मतों तथा विश्वासों आदि के प्रति उचित भावनाओं का विकास हो।
3. अध्यापक अपने आचार-व्यवहार में राष्ट्रीय तथा भावात्मक समाकलन के मूल्यों को दर्शाए।
4. शैक्षिक संस्थाओं को मान्यता देते समय यह शर्त लगाई जाए कि पंथ निरपेक्ष सिद्धान्तों का पालन किया जाएगा।
5. प्रवेश का आधार योग्यता हो न कि धर्म, भाषा, आदि तत्व।
6. विद्यालय में राष्ट्रीय एकता पर विद्वानों के भाषणों का आयोजन करना।
7. राष्ट्रीय एकता पर प्रदर्शनियाँ लगाना।
8. राष्ट्रीय एकता के लिए अन्तर्राज्य खेलों का आयोजन करना।
9. राष्ट्रीय एकता पर कार्यशाला, सेमिनार, कविता पाठ, नाटक, संगीत आदि कार्यक्रमों का आयोजन करना।
10. राष्ट्रीय एकता के लिए विभिन्न गतिविधियों पर शिविर लगाना जैसे एन.सी.सी, स्काउटिंग, गर्ल गाइडिंग।
11. राष्ट्रीय दिवस मनाना, जैसे 26 जनवरी, 15 अगस्त, शहीद दिवस, साक्षरता दिवस, बाल दिवस आदि।
12. महापुरुषों के जन्म-दिनों का आयोजन करना।
13. भारत के सभी वर्गों के महत्त्वपूर्ण त्यौहार मनाना जैसे दीपावली, होली, ईद, गुरुपर्व, क्रिसमस दिवस।
14. युवा समारोहों का आयोजन करना।
15. प्रौढ़ शिक्षा कार्यक्रम आयोजित करना।
16. गाँवों को स्कूलों द्वारा अपना कर विभिन्न प्रकार के कार्यक्रम जैसे वृक्षारोपण, सफाई, प्रौढ़ शिक्षा आदि आयोजित करना।
17. रक्तदान का आयोजन बिना किसी भेद-भाव के करना।
18. सामूहिक राष्ट्रीयगान तथा अन्य राष्ट्र सम्बन्धी गीत गाना।
19. प्रार्थना सभा का आयोजन करना तथा समाकलन पर समय-समय पर प्रकाश डालना।

20. राष्ट्रीय झण्डे को सम्मानपूर्वक फहराना।
21. सर्वमान्य अभिवादन की विधि अपनाना।
22. सामुदायिक जीवन का आयोजन करना।
23. राष्ट्रीय एकता सम्बन्धी परियोजना अपनाना।
24. बुलेटिन बोर्ड पर सभी धर्मों की अच्छी बातें लिखना।
25. समाकलन तथा एकता क्लब स्थापित करना।
26. अन्तर्राज्य शैक्षिक भ्रमणों का आयोजन करना।
27. विभिन्न राज्यों के स्कूलों से आदान-प्रदान करना।
28. अध्यापकों का आदान-प्रदान।
29. राष्ट्रीय प्रतीकों का सम्मान करना।
30. राष्ट्रीय एकता सम्बन्धी फिल्मों को प्रदर्शित करना।
31. युवा सांसदों का आयोजन करना (Youth Parliament)

35.9 राष्ट्रीय समाकलन एकता तथा भावात्मक समाकलन के विकास हेतु किए जा रहे कार्यक्रम
(Programmes Being Undertaken for the Promotion of Values of National Integration and Emotional Integration)

1. देश में समान शैक्षिक संरचना–10 + 2 + 3 (Uniform Structure of Education) लागू करना
2. समान कोर पाठ्यक्रम (Common Core Curriculum) लागू करना।
3. शैक्षिक अवसरों की समानता प्रदान करने के लिए प्रयास करना।
4. पिछड़े वर्गों के लिए शैक्षिक सुविधाएँ उपलब्ध कराने पर विशेष बल देना।
5. पाठ्य पुस्तकों का मूल्यांकन करना ताकि विभिन्न समुदायों को जोड़ने वाली सामग्री को सम्मिलित किया जाए तथा इस सन्दर्भ में अनुचित सामग्री को हटाया जाए।
6. नवोदय विद्यालयों की देश के विभिन्न भागों में स्थापना करना।
7. केन्द्रीय विद्यालयों की स्थापना करना।
8. राष्ट्रीय भाषा तथा प्रादेशिक भाषाओं का विकास करना।
9. विभिन्न राज्यों में एक-एक केन्द्रीय विश्वविद्यालय स्थापित करने का प्रयास करना।
10. शिविरों का आयोजन करना।
11. समुदाय की सेवा के लिए परियोजनाएँ चलाना।
12. प्रत्येक जिले में एक केन्द्रीय कॉलेज स्थापित करने की योजना बनाना।
13. भावात्मक संकलन समितियों की स्थापना करना।
14. सामूहिक राष्ट्र-प्रेम के गानों को प्रोत्साहन देना।
15. राष्ट्रीय समाकलन अन्तर्राज्य छात्र-अध्यापक आदान-प्रदान शिविर लगाना।

35.10 राष्ट्रीय समाकलन तथा भावात्मक समाकलन में अध्यापक की भूमिका
(Role of the Teacher in National Integration and Emotional Integration)

भले ही हमारे शैक्षिक उद्देश्य बहुत उच्च हों, भले ही हमारा पाठ्यक्रम बहुत

सोच-विचार के पश्चात् प्रगतिशील बनाया गया हो। भले ही पाठ्य-पुस्तकों की विषय-सामग्री राष्ट्रीय समाकलन तथा भावात्मक एकता के विकास की दृष्टि से अत्यन्त महत्त्वपूर्ण हो, परन्तु यदि अध्यापक राष्ट्रीय समाकलन के प्रति स्वस्थ दृष्टिकोण तथा उत्साह नहीं दिखाता तो बाकी सब व्यर्थ प्रतीत होता है।

राष्ट्रीय समाकलन संबंधी जानकारी तथा इस संदर्भ में उचित मूल्य निर्माण करने का उत्तरदायित्व केवल सामाजिक विषय पढ़ाने वाले अध्यापक का ही नहीं है। अपितु, सभी अध्यापक इसमें महत्त्वपूर्ण योगदान दे सकते हैं। अनेक प्रकार की शैक्षिक क्रियाएँ हैं जिनमें वे भाग ले सकते हैं।

सभी अध्यापक दो प्रकार से राष्ट्रीय समाकलन के मूल्यों के विकास में योगदान दे सकते हैं: 1. विद्यालय से बाहर। 2. विद्यालय के अन्दर।

नोट: अध्यापक की सामाजिक परिवर्तन में भूमिका पर पहले प्रकाश डाला गया है। वे सभी तथ्य इस सन्दर्भ में महत्वपूर्ण हैं।

राष्ट्रीय समाकलन तथा भावात्मक समाकलन में अध्यापक निम्नलिखित प्रकार से योगदान दे सकते हैं।

1. *राष्ट्रीय भावना के प्रति विश्वास और उत्साह (Faith and Enthusiam in National Integration)*: अध्यापकों में राष्ट्रीय भावना और सहयोग के प्रति विश्वास और उत्साह होना चाहिए, ताकि वे छात्रों तथा अभिभावकों के मन में यह भावना उत्पन्न कर सकें।

2. *राष्ट्रीय भावना के सन्दर्भ में पाठ्यक्रम का अर्थ और अभिप्राय समझना (Explanation of Curriculum in the Context of National Integration)*: विभिन्न विषय पढ़ाते समय अध्यापकों को यह स्पष्ट करना चाहिए कि जाति, धर्म, रंग और दूरी लोगों के आपसी सम्बन्धों में बाधक न बनें। अत: हमें एक-दूसरे के भावों का आदर करना चाहिए।

3. *अध्यापक एक सजीव आदर्श के रूप में (Teacher as a Living Model)*: अध्यापकों को अपने विचारों तथा व्यवहार से छात्रों के सम्मुख राष्ट्रीय समाकलन तथा भावात्मक समाकलन के सजीव आदर्श प्रस्तुत करने चाहिए।

4: *पक्षपातरहित व्यवहार (Fair Treatment)*: छात्रों के हृदयों को पक्षपात से दूषित नहीं करना चाहिए। अध्यापकों को तथ्यों की व्याख्या पक्षपातरहित रूप से करनी चाहिए।

5. *सामाजिक ज्ञान पढ़ाते समय अध्यापकों का कर्त्तव्य (Role of Social Studies Teacher)*: अध्यापकों को चाहिए कि वे छात्रों को मिथ्या प्रचार से सचेत करें जिससे उनमें पक्षपात जैसी भावना जन्म न ले सके। उन्हें तर्क द्वारा निर्णय करने का भी प्रशिक्षण देना चाहिए।

6. *बच्चों के मानसिक स्तर को उठाना (Raising the Mental Standard of Children)*: वास्तव में द्वेष की भावना दिमाग में उपजती है। द्वेष एक मानसिक दोष है, जिसे मनोविज्ञान में एक रोग कहा गया है। इसलिए सामाजिक और राष्ट्रीय जीवन के लिए आवश्यक है कि अध्यापक छात्रों की ओर अधिक ध्यान दें और स्कूल के पाठ्यक्रम द्वारा उनके मानसिक विकास को स्वस्थ बनाएँ।

7. *दूसरे राज्यों का भ्रमण (InterState Visits)*: दूसरे राज्यों का भ्रमण और अध्ययन के लिए अध्यापकों को अवकाश, आर्थिक और अन्य सुविधाएँ उपलब्ध कराई जाएँ और अध्यापकों के आदान-प्रदान की भी व्यवस्था की जाए।

8. *पाठ्यक्रम* (*Curriculum*): सभी स्तरों पर राष्ट्रीय पक्षों पर विशेष बल दिया जाना चाहिए जिससे छात्रों को देश की भौगोलिक,ऐतिहासिक एवं सांस्कृतिक पृष्ठभूमि का पर्याप्त ज्ञान हो, सामाजिक ज्ञान में विश्व तथा देश की महान् विभूतियों एवं महान् ग्रन्थों का वर्णन होना चाहिए।

9. *पाठान्तर क्रियाएँ* (*Co-curriculum Activities*): राष्ट्रीय दिवसों एवं पर्वों को सामूहिक मनाना, खेलकूद, शिक्षा यात्रा, राष्ट्रीय कैडेट कोर जैसी सैनिक शिक्षा, स्काउटिंग, विभिन्न भागों के विद्यार्थियों के सम्मिलित कैम्प आदि पाठांतर क्रियाओं का आयोजन किया जाना चाहिए। (पूर्व में दिए गए कार्यक्रमों का आयोजन करना)।

10. *राष्ट्रीयगीत एवं राष्ट्रीयध्वज का आदर* (*Respect for National Anthem and Flag*): विद्यार्थियों में राष्ट्रगीत ठीक से गाने तथा इसके गायन के समय उचित सम्मान की आदत डालनी चाहिए। इसी प्रकार राष्ट्रध्वज का सम्मान करना सिखाना चाहिए तथा उसके विकास का इतिहास बताना चाहिए।

11. *प्रात:सभा* (*Morning Assembly*): प्रात: सभा में बच्चों को देश की एकता पर भाषण दिए जाएँ। बच्चे वर्ष में कम-से-कम दो बार यह शपथ लें।

12. *शिविरों का आयोजन करना* (*Organisation of Camps*): समय-समय पर विद्यालय में कक्षा अध्यापक तथा अन्य अध्यापक मिलकर वर्ष में दो-तीन बार इस प्रकार से शिविरों का आयोजन करें कि विभिन्न वर्गों के छात्र इन शिविरों में भाग लें। ऐसा करने से उनमें आपसी मेल-मिलाप की भावनओं का विकास होगा। वे एक साथ रहने की कला (Art of Living Together) में प्रशिक्षिण प्राप्त करेगें।

स्कूल से बाहर अध्यापकों का कार्य (*Role of Teachers Outside the School*): समाज के अन्य बुद्धिमान और शिक्षित व्यक्ति की भाँति अध्यापक स्कूल से बाहर भी कार्य कर सकते हैं। अध्यापक अन्य लोगों की अपेक्षा बालकों और व्यस्कों को मानसिक रूप से तैयार कर सकते हैं, जिससे वे सामाजिक जीवन के उपयुक्त बन सकें। समुदाय के उत्सवों में सक्रिय भाग लें। प्रौढ़ शिक्षा के कार्यक्रम में रुचि तथा उत्साह दिखाएँ।

संक्षेप में राष्ट्रीय समाकलन के विकास तथा पोषण में अध्यापक के प्रमुख कार्य इस प्रकार हैं:

1. 'एकता में शक्ति है', इस प्रकार का उदाहरण प्रस्तुत करने के लिए दृष्टान्त देना।
2. देशभक्ति के गीतों पर बल देना।
3. सभी धर्मों अथवा वर्गों के त्यौहार मनाना तथा इनमें भाग लेने के लिए छात्रों को प्रेरित करना।
4. छात्रों को राष्ट्रीय ध्वज, राष्ट्रीयगान तथा राष्ट्रीय चिह्नों के प्रति आदर करना सिखाना।
5. सभी बच्चों के साथ एक जैसा बर्ताव करना अर्थात् ऊँच-नीच, अमीर-गरीब की दृष्टि से न देखना।
6. समुदाय की सेवा के लिए कार्यक्रमों का आयोजन करना।
7. आरंभ से ही छात्रों के मन में इस प्रकार की भावनाएँ भरना कि हम भारतीय पहले हैं, बाद में पंजाबी, गुजराती, बंगाली अथवा हिन्दू, मुस्लिम आदि।
8. स्वयं के आचरण द्वारा आदर्श प्रस्तुत करना।

उपसंहार: इसमें कोई सन्देह नहीं है कि स्कूल तथा अध्यापकों का छात्रों में राष्ट्रीय तथा भावात्मक समाकलन के विकास में महत्वपूर्ण स्थान है। इसी सन्दर्भ में यह भी सच है कि राष्ट्रीय एकता तथा भावात्मक समाकलन का कार्य चुनौतीपूर्ण है। इस कार्य में देश के नेताओं तथा विशेषकर राजनैतिक नेताओं की भूमिका बहुत अहम है। दुर्भाग्यवश आम जनता में इस प्रकार की धारणा पनपने के संकेत दृष्टिगोचर हो रहे हैं कि प्राय: नेताओं की कथनी तथा करनी में अन्तर है। नौजवानों के समक्ष आदर्शों का आभाव है। अत: राष्ट्रीय समाकलन के विकास में देश के सभी वर्गों का सहयोग तथा योगदान अपेक्षित है।

35.11 भावात्मक एकता तथा समाकलन प्रजातान्त्रिक अन्तर्क्रिया के माध्यम से (Emotional Integration through Democratic Interaction)

प्रजातान्त्रिक अन्त:क्रिया प्रत्यय दो शब्दों से बना है अर्थात् प्रजातान्त्रिक तथा अन्त:क्रिया। अत: संक्षेप में हमें इनका अर्थ जान लेना चाहिए, जिससे प्रजातान्त्रिक अन्त:क्रिया के अर्थ तथा महत्त्व का ज्ञान हो सके।

प्रजातान्त्रिक का अर्थ उस पद्धति से है जिसमें सभी सदस्य समान माने जाते हैं। सहयोग के आधार पर कार्य होता है। एक-दूसरे के कल्याण में रुचि होती है। एक-दूसरे की भावनाओं का आदर होता है। जाति-पाति तथा ऊँच-नीच की भावना सदस्यों में नहीं होती है। प्रत्येक सदस्य की गरिमा की पहचान होती है। विचारों की भिन्नता को सामूहिक लाभ पर प्राथमिकता नहीं दी जाती है, यद्यपि सभी को अपने विचार प्रकट करने की स्वतन्त्रता रहती है। प्रजातान्त्रिक एक दृष्टिकोण है। प्रजातान्त्रिक को केवल राजनीति से ही नहीं जोड़ा जाना चाहिए। यह तो एक प्रकार से 'इकट्ठे मिल-जुलकर रहने की कला है'।

अन्त:क्रिया का अर्थ उस प्रभाव से है जो दो या दो से अधिक व्यक्ति अर्थपूर्ण संबंध से बँध जाते हैं जिसके परिणाम स्वरूप उनका स्वभाव संशोधित हो जाता है।

अत: प्रजातान्त्रिक अन्त:क्रिया में विद्यालय से कई वर्गों का परस्पर सम्बन्ध रहता है। मुख्यत: अध्यापक का दूसरे अध्यापक अथवा अध्यापकों से अन्त:किया-अध्यापक तथा अध्यापकों की प्रधानाचार्य से, अध्यापक की छात्रों से, कर्मचारियों आदि की अन्त:क्रियाएँ। इन सब अन्त:क्रियाओं का आधार प्रजातान्त्रिक होना चाहिए ताकि भावात्मक एकता को बढ़ावा मिला। समाज में सभी वर्गों का परस्पर मेल-मिलाप भावात्मक एकता को बढ़ावा देता है।

प्रजातान्त्रिक अन्त:क्रिया द्वारा राष्ट्रीय समाकलन को सुसाध्यीकरण हेतु संवैधानिक प्रावधान (Constitutional Provisions Facilitating National Integration Through Democratic Interaction): ऊपर के सन्दर्भ में संविधान में नीचे दिए प्रावधान दिशा-निर्देश प्रदान करते हैं:

धारा 14: विधि के समक्ष समानता (Equality Before Law)

धारा 15: धर्म, मूलवंश, जाति लिंग या जन्मस्थान के आधार पर विभेद का प्रतिबन्ध (Prohibition of Discrimination on The Ground of Religion, race, caste, sex or place of birth)

धारा 16: लोक नियुक्तियों में अवसर की समानता (Equality of Opportunity in Matters of Public Appointments)

धारा 17: अस्पृश्यता का अन्त (Abolition of Untouchability)

धारा 19: वाक स्वतन्त्रता आदि के बारे में कुछ अधिकारों का संरक्षण (Protection of Certain Rights Relating to Speech etc.)

धारा 21: प्राण तथा दैहिक स्वतंत्रता का संरक्षण (Protection of Life and Personal Liberty)

धारा 21: प्राथमिक शिक्षा का अधिकार (Right to Elementary Education)

धारा 26 से 28: धर्म संबंधी स्वतन्त्र अधिकार (Right Relation to Freedom of Religion)

धारा 29 तथा 30: अल्पसंख्यकों को संरक्षण (Protection to Minorities)

इसी प्रकार राज्य की नीति के निदेशक तत्व (Directive Principles of State Policy) में बहुत प्रावधान है। जो राष्ट्रीय समकलन के लक्ष्य में प्रजातान्त्रिक अन्त:क्रिया द्वारा सहायता देते हैं।

36

सांस्कृतिक धरोहर
(Cultural Heritage)

36.1 संस्कृति का अर्थ तथा परिभाषा
(Meaning and Definition of Culture)

संस्कृति शब्द व्यापक अर्थ में प्रयुक्त होता है। इसकी व्युत्पत्ति तो 'संस्कार' से है। 'संस्कृति' में अनेक नए-नए तत्त्व आकर मिलते रहते हैं। यह सत्य है कि जिसमें अच्छे संस्कार हों उसके व्यवहार और आचरण में ऐसी उत्कृष्ट बातें आ जाती हैं कि उन्हें सभी लोग पसन्द करते हैं और ऐसा व्यक्ति 'सुसंस्कृत' माना जाता है। अतः संस्कृति व्यक्ति के ऊपर अच्छे संस्कार डालती है। उसके आचरण और व्यवहार में एक प्रकार का वांछनीय एवं आकर्षक परिवर्तन लाती है जिससे वह समाज के लिए आदरणीय एवं अनुकरणीय बन जाता है। उसकी गणना समाज के सभ्य व्यक्तियों में होने लगती है। संस्कृति मनुष्य के व्यवहार और रुचि का परिष्कार करती है। जब हम किसी समाज, राष्ट्र या देश की संस्कृति का उल्लेख करते हैं तब हमारा तात्पर्य उसके लोगों के जीवन (रहन-सहन, खान-पान, वेशभूषा, भाषा, धार्मिक विश्वास, सामाजिक आदर्श, कला-संगीत-नृत्य इत्यादि) से होता है। इसके साथ ही हम उसकी प्राचीन परम्पराओं तथा धरोहर को भी जानना चाहते हैं कि किस प्रकार वे वर्तमान अवस्था में पहुँचे हैं। हम उनके सामाजिक एवं राजनैतिक संगठनों का भी परिचय प्राप्त करना चाहते हैं। इसके साथ ही हम उनकी भौतिक उन्नति (उद्योग-धंधों, कृषि व्यापार-वाणिज्य, सैनिक व्यवस्था, अस्त्र-शस्त्र, आवास-व्यवस्था, संचार एवं यातायात के साधनों) का भी परिचय प्राप्त करना चाहते हैं। इस प्रकार संस्कृति की परिभाषा करना बहुत कठिन है। परन्तु संस्कृति में सम्मिलित किए जाने वाले तत्त्वों का वर्णन किया जा सकता है। फिर भी वह सूची समाप्त नहीं हो सकती, क्योंकि प्रतिदिन उसमें नए-नए परिवर्द्धन होते रहते हैं। अतः संस्कृति किसी समाज, राष्ट्र या देश का पूर्ण परिचय देने वाला साधन है।

संस्कृति की परिभाषा (Definition of Culture): संस्कृति की कुछ परिभाषाएँ निम्नलिखित हैं:

1. *टायलर* (*Taylor*) के अनुसार, "संस्कृति एक जटिल सम्पूर्ण अवधारणा है। जिसमें ज्ञान, विश्वास, कलायें, नीति, विधि, रीति-रिवाज आदतें, गुण आदि जो समाज के सदस्य के रूप में व्यक्ति ने अर्जित की हैं, सम्मिलित हैं।"

2. रेडफील्ड (*Redfield*) के विचार में, ''संस्कृति कला और उपकरणों से अभिव्यक्त परम्परागत ज्ञान का वह संगठित रूप है, जो परम्परा के द्वारा संगठित होकर मानव समूह की विशेषता बन जाता है।''

3. व्हाइट हैड (*Whitehead*) का कहना है, ''संस्कृति एक प्रतीकात्मक-निरन्तर, संचयी और प्रगतिशील प्रक्रिया है।''

4. *जोसेफ पीपर* (*Joseph Peeper*) के शब्दों में, ''संस्कृति प्राणी की सभी प्राकृतिक वस्तुओं और उन उपहारों तथा गुणों का सार है जो मनुष्य से संबंध रखते हुए भी उनकी आवश्यकताओं के तात्कालिक क्षेत्र से परे है।''

5. *मैलिनोवस्की* (*Malensvasky*) का मत है, ''संस्कृति को प्राप्त आवश्यकताओं की एक व्यवस्था एवं उद्देश्यमूलक क्रियाओं की संगठित व्यवस्था के रूप में परिभाषित किया जा सकता है।''

6. *हॉवेल* (*Hoval*) का लिखना है, ''संस्कृति सीखे हुए व्यवहार-प्रतिमानों की वह सम्मिलित पूर्णता है जो किसी समाज के सदस्यों की विशेषताओं को व्यक्त करती है और जो इसलिए प्राणीशास्त्रीय विरासत का परिणाम नहीं होती है।''

7. *मैकाइवर तथा पेज* (*Macgver and Page*) के शब्दों में, ''संस्कृति हमारे दैनिक व्यवहार, कला, साहित्य, धर्म, मनोरंजन और आनन्द में पाए जाने वाले रहन-सहन और विचार के तरीकों में हमारी प्रकृति की अभिव्यक्ति है।''

8. *मैथ्यू आर्नल्ड* (*Mathew Arnold*) का कहना है, "सर्वोत्तम विचार एवं ज्ञान संस्कृति है। संस्कृति में जीवन विधियाँ, आदतें, व्यवहार, वाणी का स्वर, साहित्य तथा समुदाय को आनन्द देने वाली वस्तुएँ, शब्द, विचार आदि सम्मिलित रहते हैं।"

9. *ओटावे* (*Ottaway*) के कथनानुसार, "संस्कृति का अर्थ है समाज की सम्पूर्ण जीवन पद्धति"।

10. *एफ.जे. ब्राउन* (*F.J.Brown*) ने लिखा है, "संस्कृति किसी समुदाय के सम्पूर्ण व्यवहार का वह ढाँचा है जो प्रमुख रूप से सुनिश्चित विचारधाराओं, प्रवृतियों, मूल्यों तथा आदतों द्वारा अनुकूलित होता है जिनका विकास समुदाय द्वारा अपनी आवश्यकताओं की पूर्ति के लिए किया जाता है।"

11. एलवुड (*Ellwood*) ने संस्कृति को इस प्रकार परिभाषित किया है, "संस्कृति में एक ओर मनुष्य की सम्पूर्ण भौतिक सभ्यता, औजार, शस्त्र, औद्योगिक विधि सम्मिलित होतां है तथा दूसरी ओर अभौतिक अथवा आध्यात्मिक सभ्यता जैसे भाषा, साहित्य, कला, धर्म, नैतिकता, कानून एवं सरकार सम्मिलित हैं।

12. *रेल्फ लिन्टन* (*Ralph Linton*) के विचार में, "संस्कृति सीखे हुए व्यवहारों के परिणामों का वह समग्र रूप है जिसके तत्व किसी विशिष्ट समाज के सदस्यों द्वारा प्रयुक्त तथा संचारित होते हैं।

13. *जोसेफ रौसेक* (*Joseph Roucek*) के विचार में. "संस्कृति किसी विशेष समय और स्थान में निवास करने वाले विशेष व्यक्तियों के जीवन व्यतीत करने की सामूहिक विधि है।"

14. सुदरलैण्ड (*Souther Land*) ने लिखा है, "संस्कृति में कोई भी बात आ सकती है जिसे एक पीढ़ी से दूसरी पीढ़ी को हस्तान्तरित किया जा सकता है। किसी भी देश की

संस्कृति उसकी सामान्य विरासत हैं यह एक जटिल सम्पूर्णता है जिसमें ज्ञान, विश्वास, कला, नैतिकता, कानून, भोजन विधियाँ, निर्माण एवं प्रयोग विधियाँ तथा संचार विधियाँ शामिल है।"

15. *एच.डब्लू. ओडम* (*H.W.Odhm*) के मतानुसार, "संस्कृति समूह का व्यवहार है और साथ ही व्यक्ति के व्यवहार का भी।"

16. *जे.एफ. क्यूबर* (*J.F.Cuber*) के विचार में "संस्कृति निरन्तर परिवर्तनशील प्रतिमानों (Patterns) का सीखा हुआ व्यवहार है।"

17. *स्वामी दयानन्द* (*Swami Dayananda*) ने संस्कृति का अर्थ इस प्रकार बताया है, "सत्य को अपनाना तथा असत्य का त्याग।"

18. *जवाहरलाल नेहरू* (*Jawaharlal Nehru*) ने संस्कृति का अर्थ इस प्रकार दर्शाया है, "मस्तिष्क तथा आत्मा का विस्तार"।

19. *गाँधीजी* (*Gandhiji*) ने संस्कृति की इस प्रकार व्याख्या की है, "संस्कृति हमारी जीवन शैली की बुनियाद है, यह हमारे व्यवहार तथा चरित्र की छोटी से छोटी बात से प्रदर्शित होती है जैसे कि हम कैसे उठते बैठते हैं। कैसी हमारी वाणी है। अतिथियों के साथ किस प्रकार का हमारा व्यवहार है। हम अन्यों के साथ किस प्रकार का बर्ताव करते हैं। हमारा अध्यापकों के साथ कैसा बर्ताव है, आदि बातें"

20. *विश्वविधालय शिक्षा आयोग 1948-49* (*University Education Commission*) ने संस्कृति की परिभाषा इस प्रकार दी है, "संस्कृति हमारे मन की प्रवृति है। यह आत्मा की अभिव्यक्ति है।"

उपसंहार: ऊपर के विवेचन से हम संस्कृति को इस प्रकार प्रभावित कर सकते हैं–संस्कृति सामाजिक विरासत है। यह मानवीय समाज की आन्तरिक अभिव्यक्ति है। हम जो कुछ हैं, वह हमारी संस्कृति है। वैसे गांधी जी द्वारा दी गई संस्कृति की

36.2 संस्कृति की प्रकृति तथा विशेषताएँ (Nature and Characteristics of Culture)

1. संस्कृति में भौतिक व अभौतिक दोनों प्रकार के तत्त्व सम्मिलित होते हैं यद्यपि अभौतिक तत्त्वों का प्रमुख स्थान है। 2. संस्कृति मानवीय आवश्यकताओं की पूर्ति करती है। 3. संस्कृति समाज के लिए एक आदर्श होती है। 4. संस्कृति एक जटिल पूर्णता है। 5. संस्कृति तीव्रता से विकसित होती है। 6. संस्कृति हस्तान्तरित होती है। 7. संस्कृति व्यक्ति का सीखा हुआ व्यवहार है। 8. संस्कृति सामाजिक होती है। 9. संस्कृति का स्वरूप स्थायी नहीं होता है। 10. संस्कृति का विभिन्न समाजों में रूप समान नहीं होता है।

36.3 संस्कृति का क्षेत्र (Scope of Culture)

संस्कृति के अन्तर्गत प्राय: निम्नलिखित तत्व शामिल हैं:

1. संस्कृति में किसी समाज की रहने की विधि निहित है। 2. संस्कृति में वे तत्व हैं जिन्हें हम मूल्यवान समझतें है। 3. संस्कृति में लोगो के विश्वास शामिल हैं। 4. संस्कृति में लोगों की आदतें आ जाती हैं। 5. संस्कृति में भौतिक तथा अभौतिक तत्व आ जाते हैं।

36.4 संस्कृति के मुख्य तत्व (Main Components of Culture)

(1) सामूहिक व्यवहार प्रतिमान (Group Behaviour Patterns)
1. पौराणिक कथाएँ (Legends)
2. कल्पनाएँ (Myths)
3. प्रथाएँ (Customs)
4. परम्पराएँ (Traditions)
5. मान्यताएँ (Mores)
6. नियम (Laws)
7. बातचीत का ढ़ंग (Manner of Conversation)
8. एक-दूसरे से बर्ताव (Behaviour to Each Other)
9. फैशन (Fashions)

(2) साहित्य (Literature)
1. नाटक (Novel)
2. काव्य (Poetry)
3. गद्य (Prose)
4. कहानी (Story) आदि।

(3) धर्म के तत्व (Elements of Religion)
1. पूजा पद्धति (Mode of Worship)
2. धार्मिक अनुष्ठान (Religious Rituals etc.)

(4) कला तथा इसके विभिन्न क्षेत्र (Various Forms of Arts)
1. संगीत (Music)
2. नृत्य (Dance)
3. मूर्तिकला (Sculpture)
4. चित्रकला (Painting) आदि

(5) आचार शास्त्र (Ethics)
1. सदाचार
2. सत्य बोलना
3. धोखा न देना आदि

(6) शिक्षा (Education) (विस्तृत अर्थ में)

(7) सामाजिक राजनैतिक तथा आर्थिक संस्थाएँ (संस्कृति के विस्तृत अर्थ में)

(8) भाषा (Language)

36.5 संस्कृति तथा सभ्यता (Culture and Civilization)

कुछ विचारक संस्कृति का अर्थ भौतिक तत्वों के रूप में देखते हैं अर्थात जो कुछ हम हैं वह संस्कृति है हमारे विचार, आदर्श, मूल्य आदि। भौतिक सभ्यता का अर्थ है जो कुछ हमारे पास है अर्थात् कला, वस्तूएँ, भवन आदि–(अभौतिक तत्व)

36.6 संस्कृति के बारे में भ्रान्ति (Misconception Regarding Culture)

भारत सरकार के एक मंत्रालय का नाम पर्यटन तथा संस्कृति मंत्रालय है (Ministry of Tourism and Culture) जिसके अन्तर्गत एक संस्कृति विभाग है (Department of Culture) इस विभाग का कार्य है भारत में संगीत, रंगमंच, नृत्य तथा साहित्य का विकास करना। इससे ऐसा भ्रम हो जाता है कि संस्कृति का कार्यक्षेत्र इन्हीं विषयों अथवा गतिविधियों तक सीमित है।

36.7 शिक्षा तथा संस्कृति का घनिष्ठ संबंध (Close Relationship Between Education and Culture)

शिक्षा और संस्कृति का घनिष्ठ संबंध है। संस्कृति के बिना शिक्षा का तथा शिक्षा के बिना संस्कृति का कोई अस्तित्व नहीं हो सकता। शिक्षा द्वारा ही संस्कृति आदिकाल से पनपती है और उसी ने संस्कृति को सुरक्षित रखा है। अत: इस संदर्भ में शिक्षा के दो प्रमुख कार्य हैं–पहला संस्कृति की रक्षा करना और दूसरा संस्कृति को पल्लवित पुष्पित करते हुए उसमें प्रगति ले आना। शिक्षा अपनी औपचारिक संस्थाओं (विद्यालय, महाविद्यालय, विश्वविद्यालय तथा अन्य शैक्षिक संस्थाओं) द्वारा तथा अनेक अनौपचारिक संस्थाओं (पुस्तकालय, वाचनालय, संग्रहालय, कौतुकालय, चिड़ियाघर, बालचर संस्था, युवक-मंगल दल इत्यादि) द्वारा संस्कृति को एक पीढ़ी से दूसरी पीढ़ी को हस्तान्तरित करती रहती है। संस्कृति के संरक्षण के अतिरिक्त उसमें जो परिवर्तन-परिवर्द्धन आवश्यक होते हैं उनके लिए शिक्षा प्रमुख साधन है। शिक्षा के ही द्वारा वे परिवर्तन लाए जा सकते हैं।

उदाहरण के लिए भारतीय संस्कृति का जो पाश्चत्य संस्कृति से संपर्क हुआ वह मुख्यत: शिक्षा के द्वारा ही हुआ। संस्कृत की शिक्षा द्वारा यूरोपीय विद्वानों को भारतीय साहित्य, व्याकरण, दर्शन, ज्योतिष, गणित, चिकित्सा प्रणाली, धर्म इत्यादि का परिचय हुआ और अंग्रेजी शिक्षा के द्वारा भारतीयों को पाश्चात्य साहित्य, विज्ञान, चित्रकला, दार्शनिक एवं राजनैतिक विचारधाराएँ, समाजशास्त्र, मनोविज्ञान आदि का परिचय प्राप्त हुआ। अत: शिक्षा ही संस्कृति का संदेश एक देश से दूसरे देश को देती है।

संस्कृति का शिक्षा पर प्रभाव (Influence of Culture on Education): संस्कृति का शिक्षा के विभिन्न पक्षों पर प्रभाव पड़ता है: 1. शिक्षा के उद्देश्य। 2. पाठ्यक्रम। 3. शिक्षण विधियाँ। 4. अनुशासन। 5. शिक्षकों के कार्य तथा समाज में स्थान। 6. पाठ्यक्रम पुस्तकें। 7. शैक्षिक व्यवस्था। 8. स्कूलों के प्रतिमान। 9. मूल्यों की शिक्षा

शिक्षा का संस्कृति पर प्रभाव (Influence of Education on Culture and Cultured Heritage): इस पर अलग से विस्तार पूर्वक चर्चा की गई है।

36.8 सांस्कृतिक धरोहर (Cultural Heritage)

सांस्कृतिक धरोहर का अर्थ (Meaning of Cultural Heritage): सांस्कृतिक धरोहर का अर्थ उन सब तत्वों से है जो हमें प्राचीन काल से अपने पूर्वजों के प्रयासों द्वारा प्राप्त हैं।

भारतीय सांस्कृतिक धरोहर की विशेषताएँ (Characteristics of Indian Cultural Heritage): I *गौरवपूर्ण समृद्ध सांस्कृतिक धरोहर (Rich Culture Heritage of A Matter of Pride)*: भारत के निवासियों ने अपने सुदीर्घकालीन इतिहास में अपने जीवन को जिस प्रकार विकसित किया–ज्ञान-विज्ञान, दर्शन साहित्य, संगीत, कला आदि के क्षेत्रों में जिस प्रकार उन्नति की, वही हमारी धरोहर है।

भारतीय धरोहर बहुत ही समृद्ध है। इसका न केवल भारत के इतिहास के अध्ययन में बल्कि विश्व इतिहास के अध्ययन में व्यापक महत्व है।

भारत को विश्व में सर्वाधिक समृद्ध, अत्यधिक वैभवशाली और सुसंस्कृत राष्ट्र का दर्जा प्राप्त था। यहाँ की धरती की संपदा तथा परिश्रमी और बुद्धिमान लोगों के श्रम ने मिलकर राष्ट्र के लिए बहुमूल्य विचार, अत्यन्त उपयोगी कौशल और अत्यधिक महत्त्वपूर्ण मानव मूल्यों को अर्जित किया। हमारे प्राचीन भारत का साहित्य अत्यधिक व्यापक और समृद्ध साहित्य था। ऋग्वेद को विश्व की प्राचीनतम पुस्तक माना जाता है। हमारे देश में उच्च शिक्षा प्रदान करने के लिए अनेक संस्थाएँ थीं जिनमें अध्ययन करने के लिए विदेशों से भी छात्र आते थे।

प्राचीन भारत का इतिहास हमें बताता है कि हमारे वैज्ञानिकों को खगोल विज्ञान, गणित, औषधि विज्ञान और शल्य-विज्ञान का अत्यन्त उन्नत ज्ञान प्राप्त था। यह एक रोचक तथ्य है कि शेष विश्व को इन सभी विज्ञानों के बारे में काफी बाद में चलकर जानकारी मिली। प्राचीन भारत के इतिहास के अध्ययन से हमें देश में उच्च स्तर की शासन व्यवस्था और सहकारी जीवन शैली की जानकारी प्राप्त होती है। प्राचीनकाल में भारत के भ्रमण पर आए विदेशी यात्रियों द्वारा प्रस्तुत विवरण और उनके संस्मरणों से यह जानकर हमें अत्यन्त आश्चर्य होता है कि प्राचीन भारत में ऐसा समय भी था जबकि लोग अपने घरों में ताला तक नहीं लगाते थे। हमारे देश में सुन्दर और बारीक वस्त्रों की सुदृढ़ परम्परा रही है। प्राचीनकाल में भारतीय मखमल, सूती, रेशमी और जरी के कपड़ों की विदेशी बाज़ारों में धूम मची थी। इन सब बातों की चर्चा का यह अर्थ है कि हमें अपने गौरवपूर्ण अतीत से प्रेरणा लेनी चाहिए। महान भारतीय कवि इकबाल ने ठीक ही कहा है कि, ''यूनान, रोम और मिस्र की सभ्यताएँ लुप्त हो गईं जबकि भारत की महान सभ्यता आज भी मौजूद है।''

इस सन्दर्भ में कुछ विद्वानों के विचार नीचे दिए गए हैं:

(1) *जेमस (James)*: वे एक अंग्रेज विचारक थे उन्होंने भारतीय संस्कृति के बारे में लिखा है, "जब हमारे इंग्लैण्ड के पूर्वज पशुओं तथा एक-दूसरे की हत्या करने के लिए सोचते थे, उस समय सम्भवत: भारत का दर्शन बहुत परिपक्व था–कला, कविता तथा साहित्य में भी–सम्भवत हर क्षेत्र में"।

(2) *मार्कटवन (Markt Wain)* जो कि अमेरीका के एक प्रसिद्ध लेखक थे, उनके विचार में, "भारत मानव जाति का जन्म स्थल है, मानव के इतिहास में जो सबसे महत्वपूर्ण है, उसका खजाना भारत में ही है।"

(3) *डा. एफ.डब्ल्यू. थामस* (*Dr. F.A.W. Thomas*) ने इस प्रकार विवरण दिया है, "संसार मे कोई भी देश ऐसा नहीं है जहाँ ज्ञान के प्रति प्रेम अपने प्राचीन काल से आरम्भ हुआ हो अथवा जिसने इतना स्थायी और शक्तिशाली प्रभाव डाला हो"।

(4) *मैक्समूलर* (*Max Muller*) जोकि जर्मनी के विश्वविख्यात संस्कृत के विद्वान थे, उन्होंने अपनी पुस्तक 'What Can It Teach us' में एक स्थान पर लिखा है अगर मैं विश्वभर में से उस देश को ढूँढ़ने के लिए चारो दिशाओं में आँखें उठाकर देखूँ जिस पर प्रकृति देवी ने अपना सम्पूर्ण वैभव, पराक्रम तथा सौन्दर्य खुले हाथों लुटाकर उसे पृथ्वी का स्वर्ग बना दिया है, तो मेरी अंगुली भारत की तरफ उठेगी। अगर मुझसे पूछा जाए कि अन्तरिक्ष के नीचे कौनसा वह स्थल है जहाँ मानव के मन ने अपने अन्तराल में निहित ईश्वर-प्रदत्त अन्यतम सद्भावों को पूर्ण रूप से विकसित किया है, गहराई में उतरकर जीवन की कठिनतम समस्याओं पर विचार किया है, उनमें से अनेकों को इस प्रकार सुलझाया है जिसको जान कर प्लेटो (Plato) तथा कौर का अध्ययन करने वाले मनीषी भी आश्चर्य चकित रह जाएँ, तो मेरी अंगुली भारत की तरफ उठेगी और, अगर मैं अपने से पूँछू कि हम–यूरोप के निवासी जो अब तक केवल ग्रीक, रोमन तथा यहूदी विचारों में पलते रहे हैं, किस साहित्य से प्रेरणा ले सकते हैं जो हमारे भीतरी जीवन का परिशोध करे, उसे उन्नति के पथ पर अग्रसर करे, व्यापक बनायें, विश्वजनीत बनाएं, सही अर्थों में मानवीय बनाएं, जिससे हमारे इस पार्थिव जीवन को ही नहीं, हमारी सनातन आत्मा को प्रेरणा मिले, तो फिर मेरी अंगुली भारत की ओर उठेगी।"

5. *ए.एल. बाशम* (1984) (*A.L. Basham*) के अनुसार, ''भारत भूमि अत्यधिक उर्वरा थी जहाँ के लोगों ने एक जटिल और क्रमश: विकसित हो रहे सामाजिक तंत्र में एक उपयुक्त स्थान प्राप्त करने के लिए अपने पारस्परिक संबंधों में एक उच्च कोटि की एक ऐसी क्रमबद्धता और सौम्यता स्थापित की जिसका उदाहरण प्राचीनकाल के किसी भी अन्य राष्ट्र में नहीं मिलता। बाशम ने आगे कहा, हमारी समग्र छाप यह है कि प्राचीन विश्व में किसी भी अन्य भाग में व्यक्तियों के बीच तथा व्यक्ति और राज्य के बीच संबंध इतना सुस्पष्ट और सुसंस्कृत नहीं था। किसी भी प्राचीन ग्रन्थ में व्यक्ति के अधिकारों को इतना सुस्पष्ट संरक्षण प्रदान नहीं किया गया है जितना कि कौटिल्य के अर्थशास्त्र में।''

6. *प्रसिद्ध वैज्ञानिक अल्बर्ट आइन्स्टीन* (*Albert Einstein*) ने लिखा है, ''हम भारतीयों के ऋणी हैं क्योंकि उन्होंने हमें गिनना सिखाया जिसके बिना किसी भी महत्त्वपूर्ण वैज्ञानिक आविष्कार का होना सम्भव नहीं।''

7. *अरनोल्ड टोयनबी* (*Arnold Toynbee*): संसार में ख्याति प्राप्त इतिहासकार हैं, का कहना है कि, ''यह स्पष्ट हो चुका है कि यहाँ पश्चिमी अध्याय आरम्भ होता है, वहाँ भारतीय अध्याय समाप्त होता है। इतिहास के अति भयानक मोड़ पर (परमाणु युग) केवल भारतीय दृष्टिकोण में अद्भुत खजाना है जो दिशा प्रदान कर सकता है।''

8. *पी. जॉनस्टोन* (*P. Johnstone*), जिनकी गिनती अमरीका के प्रसिद्ध वैज्ञानिकों में है, उन्होंने लिखा है–''न्यूटन के जन्म से पूर्व भारतीयों को गुरुत्वाकर्षण के सिद्धान्त की जानकारी थी। शताब्दियों पूर्व उन्होंने रक्त संचार प्रक्रिया के बारे में अन्वेषण किया था।''

9. *विल डयूरैन्ट* (*Will Durant*) ख्याति प्राप्त विचारक तथा लेखक ने लिखा है, ''भारत हमें सहनशीलता, मानव मन की कोमलता, समझ-बूझ प्रवृत्ति, मानव के प्रति

संवेदनशीलता का पाठ पढ़ाया है। भारत हमारी जाति की मातृभूमि है। संस्कृत योरोपियन भाषाओं की जननी है। वह हमारे दर्शन तथा गणित की जननी है। भारत ईसाई धर्म के आदर्शों की जननी है। भारत गणतन्त्र की जननी है। भारतमाता कई सन्दर्भों में हम सब की माता है।''

अपनी पुस्तक 'Calendars and Constellation' में इमिलिन पलूनर्ट (Emmelin Plunert) ने उल्लेख किया है कि ''भारत में 600 ई. पूर्व उच्च कोटि के खगोलज्ञ थे।''

10. *लेनसीलॉट हॉगिन* (*Lancelot Hogen*) ने अपनी पुस्तक 'Mathematics for the Millions' में लिखा है–''भारत के शून्य की खोज से बढ़कर किसी का कोई योगदान नहीं है।''

11. जर्मनी के प्रसिद्ध दार्शनिक *शोपनहॉर* (*Schopenhauer*) का कथन था कि ''विश्व के सम्पूर्ण साहित्यिक भंडार में किसी ग्रन्थ का अध्ययन मानव के विकास के लिए इतना हितकर तथा ऊँचा उठानेवाला नहीं है जितना उपनिषदों का अध्ययन। इनके अध्ययन से मुझे जीवन में शान्ति मिली है, इनके ही अध्ययन से मुझे मृत्यु के समय भी शान्ति प्राप्त होगी।'' शोपनहॉर के इन शब्दों का उल्लेख करते हुए मैक्समूलर ने लिखा है कि ''अगर शॉपनहार की इस भावना का समर्थन करने की आवश्यकता हो, तो दर्शन तथा धर्म के अध्ययन में व्यस्त अपने दीर्घ-जीवन के अनुभव के आधार पर मैं इन शब्दों का सहर्ष अनुमोदन करता हूँ।''

12. *मैक क्रिंडल* (*Mac-kinder*) ने सिकन्दर के आक्रमणों पर लिखी अपनी पुस्तक में मैगस्थनीज़ के '*इंडिका*' ग्रन्थ का उद्धरण देते हुए लिखा है कि जब सिकन्दर भारत पर आक्रमण करने के लिए निकला तब उसके गुरु अरस्तु ने उसे आदेश दिया कि वहाँ से लौटते हुए दो तोहफे लेते आना–एक था गीता तथा दूसरा, वहाँ का कोई एक दार्शनिक सन्त। सिकन्दर जब लौटने लगा तब उसने ओनियोक्रोटस नाम के अपने प्रतिनिधि को किसी सन्त को ढूँढ़कर साथ ले चलने के लिए भेजा। एक सन्त तो साथ चल पड़ा, दूसरे ने जिसका नाम 'डैंडीमीज़' लिखा है साथ चलने से इन्कार कर दिया। 'डैंडीमीज़' शब्द दंडी स्वामी का ग्रीक-रूप जान पड़ता है क्योंकि नाम के साथ–ईज़' लगाना ग्रीक-पद्धति थी। दंडी स्वामी को सिकन्दर के दूत ने कहा कि ''आप चलेंगे तो जुपिटर का पुत्र सिकन्दर आपको मालामाल कर देगा। दंडी स्वामी ने हँसकर उत्तर दिया–हमारे रहने के लिए यह शस्यश्यामला भारत की धरती, पहनने के लिए ये वल्कल-वस्त्र, पीने के लिए कलरव करती गंगा की शीतल धार, खाने के लिए एक पाव आटा बहुत है–हम आत्म-धन के धनी हैं, आत्म-धन जो धनों का धन है, उस धन की दृष्टि से दरिद्र तुम्हारा सिकन्दर हमें क्या दे सकता है?''

II. हमारी सांझी विरासत (Our Common Heritage): सांझी सांस्कृतिक एकता भारत की एक प्रमुख विशेषता है। भारत में न केवल हिन्दू, अपितु मुसलमान, पारसी और ईसाई भी एक ही संस्कृति के रंग में रंगे हुए हैं। यह संस्कृति जिसका मुख्य स्रोत वैदिक है तथा बौद्ध, जैन, हिन्दू, मुस्लिम और आधुनिक संस्कृतियों के अनेक तथ्यों को समाए हुए है और उनके सम्मिश्रण से बनी है। भारत के मुसलमान अपने विचारों, रीति-रिवाज़ों व अभ्यासों के कई दृष्टिकोणों से अरब व तुर्की के मुसलमानों से बहुत भिन्न है। लखनऊ या दिल्ली का मुसलमान कैरो या कोन्स्टेण्टिनोपल में जा कर सम्भवतः अपने को विदेशी

अनुभव करेगा। अरबों और तुर्कों के साथ धार्मिक एकता होते हुए भी वह लखनऊ और दिल्ली के हिन्दू के अधिक समीप हैं। इसी प्रकार आन्ध्र, तमिलनाडु, बंगाल, गुजरात आदि में विभिन भाषा-भाषी जो समुदाय निवास करते हैं, वे सभी एक ही संस्कृति के अनुयायी हैं। संस्कृति की यह एकता ऐसी है, जो नसल, भाषा आदि के भेद की अपेक्षा अधिक महत्त्व की है।

भारत एक विशाल देश है। इसके ऐसे अनेक तत्त्व हैं जो अनेक प्रकार की विभिन्नताओं को उत्पन्न करते हैं। इस देश में अनेक जातियों और नसलों के लोग रहते हैं। आर्य, द्रविड़, मुंड, किरात आदि जातियों के लोग यहाँ बसते हैं। हिन्दी, गुजराती, मराठी, पंजाबी, तमिल, तेलुगु, बंगला, उर्दू आदि कितनी ही भाषाएँ इस देश में बोली जाती हैं। यहाँ 22 भाषाएँ और सैंकड़ों की संख्या में बोलियाँ बोली जाती हैं। धर्म की दृष्टि से यहाँ हिन्दू, मुस्लिम, ईसाई, बौद्ध, जैन, पारसी आदि कितने धर्म विद्यमान हैं।

संविधान में दी गई भाषाएँ निम्नलिखित हैं–

(1) असमिया, (2) बंगला, (3) गुज़राती, (4) हिन्दी, (5) कन्नड़, (6) कश्मीरी, (7) कोंकणी, (8) मलयालम, (9) मणिपुरी, (10) मराठी, (11) नेपाली, (12) उड़िया, (13) पंजाबी, (14) संस्कृत, (15) सिंधी, (16) तमिल, (17) तेलुगु, (18) उर्दू। (19) बोरजे। (20) डोंगरी। (21) मैथली। (22) सन्थाली।

अंग्रेजी शासन से पूर्व हम प्राय: देखते हैं कि यह देश अनेक छोटे-बड़े राज्यों में विभक्त रहा है। मौर्य, गुप्त आदि प्राचीन राजवंशी तथा मुगलों के काल में भारत का बड़ा भाग कुछ समय के लिए एक ही शासन के अधीन रहा।

अधिक गम्भीरता से विचार करने पर हम यह अनुभव करेंगे कि अनेक विशेषताओं के कारण इन विविधताओं के होते हुए भी भारत की आधारभूत एकता को समझने में कठिनाई नहीं होती है। भारत की एकता को स्थापित करने वाले आधारभूत तत्त्वों का संक्षेप में उल्लेख करना उपयोगी होगा।

III. भावात्मक एकता (Emotional Unity): भारत को प्रकृति ने एक अत्यन्त स्वाभाविक तथा सुन्दर सीमा प्रदान की है। भारत की भौगोलिक एकता भारतवासियों में एक प्रकार की एकानुभूति उत्पन्न करती रही है। वे सदा से अपने देश के प्रति एक विशेष प्रकार की ममता का अनुभव करते रहे हैं। उन्होंने सदा इसे मातृ भूमि, देव भूमि और पुण्य भूमि माना है। भारत के कोने-कोने में, एक सिरे से दूसरे तक देवस्थानों और तीर्थस्थानों की स्थापना की गई है। (i) *सात पवित्र नदियाँ*: भारत की सात नदियाँ, जो भारत के विभिन्न भागों में बहती हैं, उन्हें पवित्र माना गया है। ये नदियाँ हैं–गंगा, यमुना, गोदावरी, सरस्वती, नर्मदा, सिन्ध और कावेरी। प्रत्येक हिन्दू की यह आकांक्षा रहती है कि वह इन सातों नदियों में स्नान करके अपने जीवन को सफल बनाए। उत्तर भारत के लोगों के लिए कावेरी इतनी ही पवित्र है, जितनी कि गंगा। दक्षिण भारत के लिए गंगा भी उतनी ही पवित्र है जितनी कि कावेरी।

(ii) *सात पवित्र पुरियाँ* (नगर): ये सात पुरियाँ–अयोध्या, मथुरा, मायापुरी, काशी, काँची, अवन्तिका और द्वारिका हिन्दुओं की दृष्टि में पवित्र हैं। उत्तर में मायापुरी और दक्षिण में काँची तक यात्रा करने वाला हिन्दू इस सारे देश के प्रति एक आदर और पवित्रता की भावना रखता है। हिन्दुओं के विविध तीर्थ उत्तर में अमरनाथ और केदारनाथ से शुरू होकर दक्षिण में रामेश्वरम् तक फैले हुए हैं। केरल राज्य में उत्पन्न हुए आचार्य शंकराचार्य ने

अपने विविध मठों की स्थापना उत्तर, दक्षिण, पूर्व तथा पश्चिम में की थी। इसी प्रकार मुसलमानों के भी अनेक औलियों और पीरों की स्मृति भारत के विभिन्न स्थानों से जुड़ी हुई है। अत: यह स्वाभाविक ही है कि भारत के विभिन्न भागों में रहने वाले भारत के प्रति एकता और ममता की भावना रखें।

IV. मिश्रित संस्कृति एवं संस्कृति की एकता (Composite Culture of India): भारत की सांस्कृतिक एकता भी इसकी महत्त्वपूर्ण विशेषता है। भारतीय संस्कृति अनेक संस्कृतियों के मूल तत्त्वों को समाए हुए हैं। यह संस्कृति वैदिक, बौद्ध, जैन, हिन्दू, मुसलमान, पारसी आदि संस्कृतियों के सम्मिश्रण से बनी है।

V. जातीय एकता (Racial Unity): इसमें कोई सन्देह नहीं कि भारत में अनेक नसलों के लोग रहते हैं पर इन विविध नसलों में सम्मिश्रण भी खूब हुआ है। सारे भारत में एक प्रकार की जातीय एकता उत्पन्न हो गई है।

VI. भाषाओं का एक ही साँचे में ढलना (Same Source of Language): भारत में भाषाओं की भिन्नता अवश्य है पर यहाँ की सभी भाषाएँ एक ही साँचे में ढली हुई हैं। संस्कृत अनेक भाषाओं की जननी है। दक्षिण की अनेक भाषाओं ने संस्कृत वर्णमाला को अपना आधार बना लिया है। संस्कृत साहित्य के ग्रन्थ दक्षिण भारत के लोगों में भी उसी प्रकार आदर के साथ पढ़े जाते हैं, जैसे कि उत्तर भारत में।

VII. राजनीतिक एकता (Political Unity): निस्सन्देह प्राचीन भारत में अनेक छोटे-बड़े राज्य विद्यमान थे। पर साथ ही यह भी सत्य है कि प्राचीन काल में यह विचार प्रचलित था कि यह विशाल देश एक चक्रवर्ती साम्राज्य का उपयुक्त क्षेत्र है और इसमें एक ही केन्द्रीय राजनीतिक शक्ति का शासन होना चाहिए। भारत के प्रसिद्ध राजनीतिज्ञ आचार्य चाणक्य ने बहुत ही सुन्दर ढंग से यह प्रतिपादित किया था कि हिमालय से समुद्र-पर्यन्त जो हजारों योजनों के क्षेत्र में फैला हुआ है, वह एक चक्रवर्ती शासन का क्षेत्र है। चाणक्य के इस स्वप्न को उसके शिष्य चन्द्रगुप्त मौर्य ने साकार रूप में परिणत किया और याद रहे कि चाणक्य सम्राट चन्द्रगुप्त का महामन्त्री था। हिमालय से समुद्र तक मगध साम्राज्य की स्थापना की। इससे पूर्व भी भारत के अनेक सम्राटों ने दिग्विजय द्वारा राजनीतिक एकता का सूत्रपात किया था।

VIII. भारतीय संस्कृति के नैतिक मूल्य (Ethical Values of Indian Cultural Heritage): भारत के विचारक सत्य, अहिंसा, ब्रह्मचर्य और अपरिग्रह (सम्पत्ति को जमा करने की प्रवृत्ति का न होना) पर बड़ा जोर देते रहे हैं। इन आदर्शों पर वैदिक, बौद्ध, जैन व पौराणिक विचारकों ने समान रूप से जोर दिया है। हमारे देश की वैयक्तिक व सामाजिक साधना के लिए ये मूल सूत्र रहे हैं।

IX. भारत में एकता में भिन्नता तथा भावात्मक एकता (Unity is Diversity and Imotional Integration): 'विभिन्नता में एकता', भारतीय संस्कृति की अपनी विशेषता है। इसमें यहाँ की भौगोलिक दशा बहुत सहायक हुई है। भारत की भौगोलिक परिस्थितियों में बहुत भिन्नता पाई जाती है। भारत के कुछ भाग प्राय: मरुस्थल के रूप में हैं तो कुछ भाग सदा हिम से ढके रहते हैं। हरे-भरे मैदान, पहाड़ियों से परिपूर्ण पठार, रेगिस्तान आदि सब प्रकार के प्रदेश इस विशाल देश में विद्यमान हैं। भौगोलिक दृष्टि से इस प्रकार की भिन्नताएँ होते हुए भी भारत प्राकृतिक दृष्टि से अपनी अलग व स्वतन्त्र सत्ता

रखता है। इस विशिष्ट भौगोलिक परिस्थिति ने भारत की संस्कृति तथा इतिहास पर अपूर्व प्रभाव डाला है। राजपूताना के मरुस्थल में रहने वाले लोग, पहाड़ों पर निवास करने वाले लोगों से भिन्न प्रकृति रखते हैं और ये लोग हरे-भरे उपजाऊ मैदान के निवासियों से बहुत भिन्न हैं। पर ये भिन्नताएँ भारत की आधारभूत एकता के मार्ग पर बाधा नहीं डाल सकी हैं। जिस प्रकार भौगोलिक परिस्थितियों की विभिन्नताओं के होते हुए भी यह देश एक है, वैसे ही अनेक प्रकार के लोगों का निवास होने पर भी उन सबमें एक प्रकार की एकानुभूति विद्यमान है, जिसका कारण उनके इतिहास और संस्कृति में एकता है।

X. राष्ट्रीय एकता की भावना (Spirit of Natural Unity): प्राचीनकाल से ही भारत को एक राष्ट्र का सम्मान दिया गया है। विष्णु पुराण में भारत भूमि की गौरवगाथा का गान करते हुए कहा गया है कि–

उत्तरं यत् समुद्रस्य हिमाद्रेश्चैव दक्षिणम्।
वर्षं तदभारतं नाम भारती यत्र संतति ।।

अर्थात् ''हिंद महासागर के उत्तर में और हिमालय के दक्षिण में स्थित यह देश भारतवर्ष है, यहाँ भरत की संतति निवास करती है।''

प्राचीनकाल से ही कवियों, राजनीतिक चिंतकों, राजनेताओं और संतों ने इस राष्ट्रीय एकता की भावना का संदेश दिया है। धर्म-निरपेक्षता की सहज भावना ने लोगों के हृदय में राज किया है, हिंदुत्व ने उन्हें प्रच्छन्न या अप्रच्छन्न रूप में बताया है कि ईश्वर केवल एक है और इसी एक ईश्वर की अनेक नामों, रूपों और विधियों से पूजा-अर्चना की जाती है। बाद में चलकर बौद्ध और जैन धर्मों का प्रवर्तन हुआ। प्राचीन भारत में अशोक, कनिष्क और हर्षवर्धन जैसे महान शासक हुए जो बौद्ध धर्म के अनुयायी थे और जिनका दृष्टिकोण अत्यधिक धर्मनिरपेक्ष और उदार था तथा जिन्होंने विभिन्न धर्मों के अनुयायियों को एक समान दृष्टि से देखा।

XI. सह-अस्तित्व और विविधता में एकता की भावना (Spirit of Co-existence): इस विशाल देश की भौगोलिक विशेषताएँ अलग-अलग हो सकती हैं किन्तु इसकी आभासी विभिन्नताएँ एकता के एक सूत्र से बँधी हुई हैं। भारत के लोग एक विशिष्ट कलाकृति के समान हैं और उनके पहनावे, भोजन संबंधी आदतों, नृत्य-संगीत, रीति-रिवाजों और जीवन शैलियों में विभिन्नता के बावजूद वे सभी राष्ट्रीय एकता के एक सूत्र में बँधे हुए हैं। प्राचीन भारत में विदेशों से आए विभिन्न लोगों और उनके साथ आई उनकी अलग-अलग संस्कृतियों और परंपराओं को भारतीय संस्कृति ने आत्मसात किया और इसी कारण हम भारत की संस्कृति को एक मिली-जुली संस्कृति कहते हैं। भारत की मिली-जुली संस्कृति विभिन्न वर्गों के लोगों अर्थात् आर्य, द्रविड़, यूनानी, शक, कुषाण, हूण और अन्य के साथ पारस्परिक संबंध का परिणाम था।

दशहरा पूजा के दौरान कुल्लू में वैसी ही भीड़ जमा होती है जैसी कि मैसूर में। उत्तर भारत के हिंदी भाषा-भाषी तीर्थयात्री कन्याकुमारी में अपने-आपको उतना ही सहज पाते हैं जितना कि तमिल भाषाभाषी स्वयं को वाराणसी या हरिद्वार में। साड़ी संपूर्ण भारत की महिलाओं का एक सामान्य पहनावा है।

ईसा पूर्व तीसरी शताब्दी में सम्राट अशोक ने सुदूर दक्षिण को छोड़कर संपूर्ण भारत पर अपना शासन स्थापित किया। इसके बाद ईस्वी सन् की चौथी शताब्दी में समुद्रगुप्त ने

गंगा के मैदानी भू-भाग से लेकर तमिल क्षेत्र की सीमाओं तक अपनी विजय पताका फहराई। इन दोनों ही स्थितियों में उद्देश्य एक ही था अर्थात् एक ही शासक के शासन सूत्र में इस विशाल देश को लाना किंतु ऐसा करने का साधन दोनों स्थितियों में भिन्न-भिन्न था। एक शासक ने प्रेम और दया द्वारा लोगों को एक सूत्र में बाँधने का प्रयास किया तो दूसरे ने तलवार की शक्ति से लोगों पर विजय प्राप्त की।

XII. भारतीय समाज को समझने और उसे पुनर्गठित करने का आधार (Source of Understanding Indian Society and Basis of Its Reconstruction): आज का भारतीय समाज हजारों-वर्षों के सतत विकास का परिणाम है। अतीत के अध्ययन से हमें उन शक्तियों का पता चलता है जिन्होंने भारतीय समाज को एक साँचे में ढालकर आज की स्थिति में पहुँचाया और इससे हमें अपने वर्तमान को समझने और भविष्य को सँवारने के लिए मार्गदर्शन भी प्राप्त होता है। उदाहरण के लिए हमने सारनाथ स्थित अशोक स्तंभ जिस पर सम्राट अशोक की राजाज्ञाएँ खुदी हैं, के सिंह-शीर्ष को भारत के राष्ट्रीय प्रतीक के रूप में अपनाया है। गाँधी जी का लक्ष्य भारत में राम राज्य की स्थापना करना था।

XIII. ज्ञान का स्रोत (Source of Wisdom): भारत के अतीत में हमारी रुचि केवल इसीलिए नहीं है कि हम उसे जानना मात्र चाहते हैं बल्कि इसलिए भी है क्योंकि वह हमारी उन अनगिनत शक्तियों और जीवन की परिस्थितियों के बारे में जानने में भी सहायता करता है जो हमारे वर्तमान अस्तित्व के लिए चुनौती है और जिनसे हमें सुरक्षित भविष्य निर्माण में मार्गदर्शन प्राप्त होता है। वह हमें अपनी सीमाओं की रक्षा की अनदेखी करने के खतरों से आगाह करता है। वह हमें बताता है कि आंतरिक कलह का क्या दुष्परिणाम होता है। वह हमें बताता है कि जाति प्रथा किस प्रकार भारतीय समाज को विनाश के गर्त में ढकेल सकती है। वह हमें यह भी बताता है कि जटिल धार्मिक और सामाजिक प्रथाओं और रीति-रिवाज़ों से समाज का विघटन हो सकता है। इतिहास हमें बताता है कि हमें वे मूर्खताएँ नहीं करनी चाहिए जिनके दुष्परिणामों को हम अतीत में भुगत चुके हैं। हमारा प्राचीन इतिहास जीवन के अनुभवों का एक सच्चा खजाना है और आज का समाज अतीत के अनुभवों से व्यापक लाभ उठा सकता है।

XIV. प्रबुद्ध जागरूकता (Enlightened Awareness): हमारा प्राचीन इतिहास हमें अतीत के प्रकाश में वर्तमान की उपलब्धियों और मूल्यों के आकलन में सक्षम बनाता है। यह हमें प्रेरित करता है कि यदि अतीत में भारत विश्व का पथ प्रदर्शक बन पाया था तो आज के विश्व में भारत एक सकारात्मक भूमिका नहीं निभा पाएगा, इसका कोई कारण नहीं है।

XV. नैतिक मूल्यों का स्रोत (A Source of Moral Values): प्राचीन भारत के इतिहास के अध्ययन से हमें नैतिक शिक्षा प्राप्त करने में सहायता मिलती है। महाकाव्यों में वर्णित युद्धों से हमें जानकारी मिलती है कि शासक जब अधर्म के पथ पर चलते हैं तो उनका विनाश होता है और अंतत: धर्म की विजय होती है।

हमारा राष्ट्रीय प्रतीक हमें हमेशा अपने देश में अनुभूत सत्यमेव जयते के राष्ट्रीय दर्शन का बोध कराता रहता है। मुडकोपनिषद से लिए गए संस्कृत भाषा के ये दो शब्द 'सत्यमेव जयते' सिंह-शीर्ष पर अंकित राजाज्ञा के नीचे खुदे हैं। यह दर्शन हमें विपत्ति के समय प्रेरणा और प्रोत्साहन तथा मार्गदर्शन प्रदान करता है ताकि हम सदैव सत्य और न्याय के पथ पर चलते रहें।

36.9 सांस्कृतिक धरोहर के प्रति शिक्षा के कार्य (Role or Functions of Education Towards Cultural Heritage)

शिक्षा के सांस्कृतिक धरोहर के बारे में तीन कार्य हैं:

1. सांस्कृतिक धरोहर का संरक्षण (Cultural Heritage Conservation or Preservation)
2. सांस्कृतिक धरोहर का हस्तान्तरण (Transmission of Cultural Heritage)
3. सांस्कृतिक धरोहर की समृद्धि (Enrichment of Cultural Heritage)

विद्वानों के विचार (Views of Scholars): 1. *परसी नन (Percy Nun)*: परसी नन ने शिक्षा के सांस्कृतिक धरोहर के सरंक्षात्मक पक्ष पर इस प्रकार लिखा है, "किसी भी राष्ट्र के स्कूल का विशिष्ट कार्य उसकी भूतपूर्व उपलब्धियों को सुरक्षित रखना है।"

2. *पं. जवाहर लाल नेहरू (Pt. Jawarharlal Nehru)* के कथनानुसार, "शिक्षा को हमारी विरासत का शक्तिशाली तत्वों के संरक्षण में अवश्य सहायता प्रदान करनी चाहिए"

3. *ओटावे (Ottaway)* के विचार में, "शिक्षा के कार्यों में एक कार्य है समाज के सांस्कृतिक मूल्यों तथा व्यवहार प्रतिमानों को उसकी युवा एवं सशक्त भावी पीढ़ी को सौपना।"

4. *हुमायूँ कबीर (Humayun Kabir)* के विचार में, "सांस्कृतिक परम्परा की निरन्तरता राष्ट्र के जीवन की अनिवार्य शर्त है और यह कार्य शिक्षा द्वारा किया जा सकता है।"

5. *डी.जे.ओ. कॉनन (D.J.O. Connon)* के मतानुसार, "यदि प्रत्येक पीढ़ी को वही सीखना है जो इसके पूर्वजों ने सीखा है तो किसी प्रकार का बौद्धिक तथा सामाजिक विकास सम्भव नहीं हो सकेगा और वर्तमान समाज की स्थिति तथा पाषाणयुग के समाज की स्थिति में विशेष अन्तर नहीं होगा।"

36.10 विद्यालय की सांस्कृतिक धरोहर सम्बन्धी भूमिका (Role of the School Relating to Cultural Heritage)

विद्यालय समाज की संस्कृति को निरंतरता प्रदान करता है। वह संस्कृति को एक पीढ़ी से दूसरी पीढ़ी तक पहुँचाकर समाज की निरंतरता को बनाये रखता है। वह समाज की परिस्थिति का ज्ञान बालकों को कराकर उनके अनुरूप उन्हें तैयार करता है और समाज को निरंतर आगे करने में योगदान देता है।

समाज के अनेक सांस्कृतिक प्रतिरूप हैं और उनमें जटिलताएँ भी हैं। इन सांस्कृतिक प्रतिरूपों एवं जटिलताओं को विद्यालय सरल बनाते हैं। सांस्कृति प्रतिरूपों का संरक्षण या रक्षा विद्यालयों के द्वारा ही होती है।

विद्यालय निम्न प्रकार से सांस्कृतिक विरासत सम्बन्धी अपने उत्तरदायित्व निभाने का प्रयास करता है:

1. पाठ्यक्रम तथा सांस्कृतिक धरोहर (Curriculum and Cultural Heritage)।
2. पाठ्यपुस्तकें तथा सांस्कृतिक धरोहर (Textbooks and Cultural Heritage)।
3. पाठान्तर क्रियाओं तथा सांस्कृतिक धरोहर (Co-curricular Activities and Cultural Heritage)।

4. समाज के सांस्कृतिक तथा कलात्मक आदि स्थानों पर शैक्षिक भ्रमण।

5. अध्यापक का निजी उदाहरण तथा सांस्कृतिक धरोहर (Teacher's Own Example and Cultural Heritage)।

पाठ्यक्रम तथा सांस्कृतिक धरोहर: पाठ्यक्रम के विभिन्न विषयों में समाज के अतीत के बारे में पर्याप्त सामग्री होने चाहिए। अतीत वर्तमान के लिए महान पथ-प्रदर्शक है क्योंकि इसके अध्ययन से पता चलता है कि पूर्वजों के लिए क्या उपयोगी था और उसका आज क्या महत्त्व है। यह याद रहे कि प्राचीन की सभी बातें न तो अच्छी हैं और न ही बुरी। उनमें चुनाव करना होगा। ताकि वर्तमान तथा भूतकाल में तालमेल स्थापित हो सके।

पाठ्यपुस्तकें तथा सांस्कृतिक धरोहर: प्रत्येक विषय की पाठ्यपुस्तकों का निर्माण करते समय इस बात पर विशेष ध्यान दिया जाए कि पाठ्यपुस्तकों में अतीत की विभिन्न क्षेत्रों में उपलब्धि का पर्याप्त विवरण हो ताकि छात्र उनसे प्रेरणा ले सकें। प्राचीन काल के महान दार्शनिकों, वैज्ञानिकों, राजनायिकों, संतों, विद्वानों आदि के महान कार्यों की पाठ्यपुस्तकों में उपयुक्त स्थान पर चर्चा होनी चाहिए।

पाठान्तर क्रियाएँ तथा सांस्कृतिक विरासत: अतीत संबंधी उपलबिधयों के बारे में गोष्ठियों आदि का आयोजन किया जाना चाहिए। महान पुरुषों के दिवस मनाए जाने चाहिए।

शैक्षिक भ्रमण यात्राएँ: भारत वर्ष की संस्कृति तथा सभ्यता संसार की प्राचीनतम संस्कृतियों तथा सभ्यताओं में प्रमुख स्थान रखती है। यहाँ पर अनेक दर्शनीय स्थान हैं जिनका सांस्कृतिक, धार्मिक, ऐतिहासिक आदि दृष्टिकोण से विशेष महत्त्व है। उदाहरणार्थ बौद्धगया तथा मथुरा जो क्रमशः महात्मा बुद्ध तथा भगवान कृष्ण से संबंधित है; इन स्थानों पर बच्चों को ले जाया जाना चाहिए। वाराणसी, काशी, हरिद्वार, अजमेर आदि स्थानों पर यात्रा का आयोजन किया जा सकता है। अनेक महल तथा दुर्ग आदि हैं जो अतीत की याद दिलाते हैं।

अध्यापक तथा सांस्कृतिक धरोहर: अध्यापक के लिए आवश्यक है कि वह अपनी समृद्ध सांस्कृतिक धरोहर पर गौरव करे। अभिमान और गौरव में बहुत अन्तर है। इस अन्तर को भली-भाँति स्पष्ट करके छात्रों में उसे अतीत के गौरव की गरिमा का विकास करना चाहिए।

उपसंहार: हमें अपने पूर्वजों से कुछ संस्कार, कुछ ज्ञान, दर्शन, साहित्य, कला, संगीत इत्यादि प्राप्त हुए हैं जिससे हमारा वर्तमान समाज उन्नति की एक विशिष्ट अवस्था में पहुँचा है। हमारा कर्त्तव्य है कि शिक्षा द्वारा हम इस प्राप्त संपदा को अपनी आने वाली पीढ़ी को सौंपे। यह हस्तांतरण का कार्य केवल उपदेश द्वारा अथवा पाठ्य पुस्तकों द्वारा नहीं पूरा किया जा सकता। इसके लिए आचरण द्वारा छात्रों को प्रभावित करना होगा। छात्रों की रुचि क्षमता, योग्यता आदि का आकलन करके उसके अनुसार धीरे-धीरे उचित मात्रा में उन्हें पैतृक संपदा दी जानी चाहिए, जिससे वे उसे स्वेच्छा से ग्रहण कर सकें। वह उनके ऊपर लादा हुआ भार न जान पड़े। इसीलिये विद्यालय का वातावरण सांस्कृतिक होना चाहिए। बालक जितना अपने परिवेश से सीखता है उतना पुस्तकों या पत्र-पत्रिकाओं, प्रवचनों से नहीं सिखता।

36.11 राष्ट्रीय शिक्षा नीति (1986, 1992) में शिक्षा के सांस्कृतिक सम्बन्ध कार्य

(Role of Education Regarding Cultrual Heritage)

शिक्षा नीति 1992 में शिक्षा के सांस्कृतिक धरोहर के सम्बन्ध में निम्न कार्य दर्शाए हैं:

1. औपचारिक शिक्षा पद्धति और देश की समृद्ध तथा विविधातापूर्ण सांस्कृतिक परम्पराओं के बीच विद्यमान खाई को पाटना होगा।

2. आधुनिक टेकनोलोजी के नशे में नई पीढ़ी की जड़े भारत के इतिहास और संस्कृति से कट नहीं जानी चाहिए। हर कीमत पर संस्कृति-विहीनता (Deculturalisation), मानवगुण विहीनता (Dehumanisation), और अलगाव (Alienation), से बचना होगा।

3. शिक्षा को परिवर्तन-उन्मुख और प्रौद्योगिकियों तथा देश की सांस्कृतिक परम्पराओं के बीच संश्लेषण का कार्य करना होगा और शिक्षा इसे बखूबी कर सकती है।

सांस्कृतिक धरोहर के संरक्षण, हस्तान्तरण तथा समृद्धि के शैक्षिक साधन (Educational Instruments for the Protection, Transmission and Enrichments of Cultural Heritage): शिक्षा नीति ने निम्नलिखित साधन बताए हैं:

1. शिक्षा की पाठ्यचर्चा (Curriculum) तथा क्रियाओं को विविध प्रकार से सांस्कृति विषय वस्तु के जरिए समृद्ध बनाया जायेगा।

2. बच्चों में सौन्दर्य समन्वय (Harmony) और परिमार्जन (Refinement) की भावना विकसित की जाएगी।

3. समाज के संसाधन सम्पन्न (Resourceful) व्यक्तियों को उनकी औपचारिक शैक्षिक योग्यता पर ध्यान दिए बिना शिक्षा की सांस्कृतिक समृद्धि में योगदान देने के लिए आमंत्रित किया जाएगा।

37

विभिन्न धर्मों का मानव उत्थान में योगदान
(Contribution of Different Religions to Human Upliftment)

37.1 धर्म के मुख्य तत्व (Chief Elements of Religion)

धर्म शब्द बहुत व्यापक है। सैद्धान्तिक तौर पर धर्म का कार्य 'जोड़ना' है। परन्तु धर्म-जड़ता अथवा कट्टरता के कारण मानव जाति को 'तोड़ने' का साधन भी बन जाता है। यहाँ पर धर्म पर विस्तृत चर्चा न करते हुए इसके प्रमुख तत्वों का संक्षेप में उल्लेख करेंगे तथा धर्म के उन सारभौमिक तत्वों पर बल देगें जो मानव को मानव से जोड़ते हैं तथा मानव उत्थान में योगदान देते हैं। मानव को मानव के जन्मदाता अर्थात भगवान से जोड़ते हैं। मोटे तौर पर धर्म के निम्नलिखित मुख्य तत्व अथवा पक्ष हैं:–

i. धर्म के संस्थापक तथा, उनका का व्यक्तित्व (Founder/Founders of the Religion and His/Their Personalities), 2. ब्रह्माण्ड, सृष्टि तथा मानव आदि की उत्पत्ति तथा सम्बन्ध (Genesis), 3. कर्मकाण्ड (Rituals), 4. नैतिक संहिता (Moral Code), 5. धार्मिक साहित्य (Religious Literature), 6. मानव जीवन का उद्‌देश्य (Objective of Human Life), 7. धार्मिक स्थल (Religious Places), 8. धार्मिक गुरू (Religious Leaders), 9. धार्मिक चिन्ह (Religious Symbols), 10. पुराण विधा (Mythology)

37.2 हिन्दू धर्म: भावात्मक समाकलन तथा मानव उत्थान में योगदान (Hindu Religion: Contribution to Emotional Integration and Human Upliftment)

हिन्दू धर्म के सिद्धान्तों तथा मान्यताओं का उल्लेख करने से पूर्व यह जान लेना आवश्यक है कि अन्य धर्मों की भांति न तो इसका कोई संस्थापक है, न ही कोई एक धार्मिक ग्रन्थ तथा न ही इस बात का ज्ञान कि यह धर्म कब से यह चला आ रहा है।

हिन्दू धर्म के मुख्य तत्व नीचे दिए गए हैं:

1. *अमर आत्मा* (*Immortal Soul*): आत्मा अमर है। जब किसी व्यक्ति की मृत्यु हो जाती है तो केवल शरीर ही मरता है। आत्मा किसी नए शरीर में प्रवेश कर जाती है।

2. *ईश्वर* (*God*): परमात्मा सृजनकर्ता है। आश्रय देने वाला है तथा मुक्ति देने वाला है। ईश्वर की रचना चिर स्थायी है। ईश्वर एक है परन्तु इसके अलग-अलग रूप हैं।

From Left to Right:

- Ist Row: Christian Cross, Jewish Star of David, Hindu Aum
- 2nd Row: Islamic Star and Crescent, Budhist Wheel of Dharma, Shinto Torii
- 3rd Row: Sikh Khanda, Baháí star, Jain Ahimsa Symbol

चित्र 37.1: विभिन्न धर्मों के प्रतीक (Symbols of Different Religions)

नोट: यद्यपि विभिन्न धर्मों के प्रतीकों के बारे में कुछ मतभेद है परन्तु यहाँ पर दिए गए प्रतीक सामान्यत: माने जाते हैं।

3. *जीवन का उद्देश्य* (*Object of Life*): जीवन का उद्देश्य परम मुक्ति या मोक्ष प्राप्ति है। मुक्ति का अर्थ है, भगवान (ईश्वर या परमात्मा) में लीन हो जाना तथा जन्ममरण कें बन्धन से छूट जाना।

मुक्ति पाने के चार मार्ग हैं: (i) ज्ञानमार्ग, (ii) भक्तिमार्ग, (iii) योगमार्ग, (iv) कर्ममार्ग।

4. *पुनर्जन्म में विश्वास* (*Faith in Rebirth*): जन्म तथा मृत्यु के चक्र को पुनर्जन्म का चक्र कहते हैं। इससे छुटकारा पाने के लिए ऊपर लिखित चार मार्ग हैं।

5. *धार्मिक रीतियों में विविधता* (*Diversity of Religious Practices*): (i) देवी-देवताओं को मानना या न मानना। (ii) विवाह की विभिन्न रीतियाँ। (iii) विभिन्न तीर्थ स्थल।

6. *विविधता में एकता* (*Unity in Diversity*): हिन्दू धर्म की एक प्रमुख विशेषता है–अनेकता में एकता का भाव।

7. *आध्यात्मिकता* (*Spirituality*): भौतिक जगत से परे है आध्यत्मिकता। श्री अरबिन्दू के शब्दों में, "आध्यात्मिकता का अर्थ है उच्चतम सत्ता अर्थात् भगवान में तल्लीन हो जाना"।

8. *कर्म में विश्वास* (*Faith in Karma*): हिन्दुओं का विश्वास है कि जिस प्रकार के कार्य वे करते हैं, उसी के अनुसार उनका फल मिलता है। जो अच्छे कार्य करते हैं, उन्हें अच्छा फल मिलता है तथा बुरे कर्म करने वालों को बुरा फल।

9. *नैतिक मूल्य* (*Moral Values*): जीवन में नैतिक मूल्यों को धारण करना चाहिए। इसी से मानव, मानव बनता है तथा परम मौक्ष की प्राप्ति होती है।

10. *धार्मिक साहित्य* (*Riligious Literature*): हिन्दू धर्म का धार्मिक साहित्य बहुत विस्तृत है। वह केवल एक धार्मिक पुस्तक तक सीमित नहीं है। मुख्य तौर पर हिन्दू साहित्य में निम्नलिखित ग्रन्थ हैं:

1. चार वेद। (Four Vedas), 2. चार ब्रह्माण्ड। (Four Brahamnas), 3. चार उपवेद। (Four Upvedas), 4. 108 उपनिष्द (108 Upnishad), 5. छः दर्शन (Six Systems of Philosophy), 6. भागवद् गीता (Bhagvad Gita), 7. तीन स्मृतियाँ (Three Smiritis), 8. महाभारत (The Mahabharat), 9. रामायण (The Ramayana)

हिन्दू धर्म का भावात्मक समाकलन में योगदान : भारत में हिन्दुओं के निम्नलिखित पवित्र स्थान हैं जोकि देश के विभिन्न भागों में हैं। भावात्मक समाकलन तथा राष्टीय एकता को बढ़ावा देते हैं:

(i) *सात पवित्र नदियाँ* (*Seven Holy Rivers*)

गंङ्गे च यमुने चैव गोदावरि सरस्वती।
नर्मदे सिन्धु कावेरी जलेऽस्मिन् सन्निधिं कुरु।।

Ganga, Yamuna, Saraswati, Godawari, Narmada, Kaveri and Sindhu.

(ii) *सात पवित्र पर्वत* (*Seven Holy Mountains*)

महेन्द्रो मलयः सह्यो देवतात्मा हिमालयः।
ध्येयो रैवतको विन्ध्यो गिरिश्चारावलिस्तथा।।

Himalaya, Vindhyachal, Sahyadri (Maharashtra), Mahendra Parvat (Orissa), Malayagiri (Karnataka), Raivataka (Gujarat), Arawali.

(iii) *सात मोक्ष पुरियां* (*Seven Mokshapuries*)

अयोध्या मथुरा माया काशी काञ्ची अवन्तिका।
पुरी द्वारावती चैव सप्तैता मोक्षदायिकाः।।

Ayodhya, Mathura, Haridwar, Kashi, Kanchi, Awantika, Dwarika.

(iv) *चार धाम* (*Spiritual and Religious Centres*)

Badrinath, Jagannathpuri, Setubandha Rameshwaram, Dwarika.

(v) *कुम्भव के चार स्थान* (Four Places of Kumba)

Haridwar, Prayag, Awantika (Ujjain), Nasik.

(vi) *शंकराचार्य द्वारा स्थापित चार मठ* (*Four Shankar Mutts*)

Jyotirmath (Garhwal-Himalaya), Govardhan Mutt (Jagannathpuri), Shringeri Matt (Karnataka), Sharda Mutt (Dwarikapuri).

हिन्दू धर्म/वैदिक धर्म/सनातन धर्म का भावात्मक तथा मानव उत्थान में योगदानः

ऋग्वेद

1. *एकं सद्विप्रा बहुधा वदन्ति* (1/164/46)
   उस एक भगवान को विद्वान लोग अनेक नामों से पुकारते हैं।
2. *शुद्धाः पूता भवत यज्ञियासः* (10/18/2)
   शुद्ध और पवित्र बनो तथा परोपकारमय जीवन वाले हो।

यजुर्वेद

3. *भद्रं कर्णेभिः श्रृणयाम* (25/21)
   हम कानों से सदा भद्र-मंगलकारी वचन ही सुनें!
4. *मा गृधः कस्य स्विद् धानम्।* (40/1)
   किसी के धन पर न ललचाओ।

अथर्ववेद

5. *स एष एक एकवृदेक एव* (136/5/7)
   वह ईश्वर एक और सचमुच एक ही है।
6. *रमन्ता पुण्या लक्ष्मीर्याः पापीस्ता अनीनशम्* (7/115/4)

पुण्य की कमाई मेरे घर की शोभा बढ़ाए। पाप की कमाई को मैंने नष्ट कर दिया है।

कंठ उपनिषद्

7. *यदा सर्वे प्रमुच्यन्ते कामा मे अस्य हृदि मिश्रताः।*
   अथ मर्त्योअमृतों भवत्यत्र ब्रहं समश्नुते (2/3/14)

जब इसके हृदय में स्थित सारी कामनाएँ नष्ट हो जाती हैं, तब यह मरणाधर्मा मानव अमर हो जाता है और यहीं ब्रह्म का अनुभव करता है।

ईशोपनिषद्

8. *यस्तु सर्वाणि भूतान्यारमन्येदानु पश्यति।*
   सर्वभूतेषु चात्मानं ततो न विजुगुप्सते।।

वह प्रज्ञावान जो सब प्राणियों को अपने में देखता है तथा सब प्राणियों में अपनी ही आत्मा देखता है, इस दर्शन के कारण किसी से घृणा नहीं करता।

विष्णु पुराण

प्राचीन काल से भारत को एक इकाई के रूप में माना गया है। *विष्णु पुराण* में इस रूप में भारत का चित्रण किया गया है:

उत्तरं यत् समुद्रय हिमाद्रेश्चैव दक्षिणम्
वर्ष तद्भारतं ताम भारती यत्र संतति।।

(The country that lies north of the ocean and south of the Himalayas is called Bharat where dwell the descendents of Bharata)

37.3 बौद्ध धर्म का मानव उत्थान में योगदान (Contribution of Buddhism to Human Upliftment)

बौद धर्म के संस्थापक (Founder of Buddhism): बौद्ध धर्म के संस्थापक महात्मा बुद्ध थे जिनके बचपन का नाम सिद्धार्थ था। उनका जन्म लगभग 563 ई. पू. एक राजपरिवार में हुआ था। परन्तु उन्होंने सत्य की खोज में राजपद का त्याग कर एक तपस्वी का जीवन व्यतीत किया। उन्होंने कठोर साधना की। अन्त में बोधगया (वर्तमान बिहार) में उन्हें पीपल के वृक्ष के नीचे बैठे ध्यानावस्था में 'ज्ञान' (Enlightenment) की प्राप्ति हुई। महात्मा बुद्ध का व्यक्तित्व बड़ा ही प्रभावी तथा प्रतापी था।

बौद्ध धर्म का सार तथा मानव उत्थान में योगदान (Essence of Buddhism and Its Contribution of Human Uplift): I. *चार वास्तविक सच* (*Four Real Truths*): बुद्ध की शिक्षाओं का सार 'चार वास्तविक सच्चाइयों' में निहित है:

(i) मानव जीवन दु:खों तथा कष्टों से भरा हुआ है। (ii) कामना ही सभी कष्टों का कारण है। (iii) कष्टों से मुक्ति पाना सम्भव है। (iv) कामनाओं का त्याग करके और 'अष्ट मार्ग' को अपनाकर लोग अपने कष्टों का अन्त कर सकते हैं।

II. *अष्ट मार्ग* (*Eight-Fold Path*): इसमें निम्नलिखित शामिल हैं:

(i) सही ज्ञान (Right Knowledge), (ii) सही संकल्प (Right Resolve), (iii) सही वाणी (Right Speech), (iv) सही कर्म (Right Action), (v) आजीविका के सही साधन (Right Livelihood), (vi) सही प्रयास (Right Effort), (vii) सही सतर्कता (Right Mindfulness), और (viii) सही मनन (Right Concentration)।

III. *मध्य मार्ग* (*Middle Path*): मन की शांति, ज्ञान और सुख प्राप्त करने के लिए मानव को जीवन में संयम से काम लेना चाहिए। उसे न तो तपस्वी का जीवन और न ही अनेक सुखों का आनन्द भोगना चाहिए। इसे 'मध्य मार्ग' कहते हैं।

IV. *मनुष्यमात्र की समानता* (*Equality of Human Beings*): महात्मा बुद्ध समाज में ऊँच-नीच के कट्टर विरोधी थे। उनकी दृष्टि में कोई मनुष्य नीच व अछूत नहीं था। उनके शिष्यों में ब्राह्मण, क्षत्रिय, वैश्य, शूद्र, नीच समझी जाने वाली जातियों के मनुष्य–सब एक समान है। जो अच्छा काम करता है, सत्याभिलाषी है, जिसने अपनी इच्छाओं का दमन कर लिया है, मैं तो उसी को ब्राह्मण कहूँगा। वास्तव में न कोई ब्राह्मण के घर में जन्म लेने से ब्राह्मण हो जाता है, और न कोई ब्राह्मण के घर जन्म न लेने से अब्राह्मण होता है, अपने कर्मों से ही एक आदमी ब्राह्मण बन जाता है और दूसरा अब्राह्मण। अपने काम से ही कोई किसान है, कोई शिल्पी है, कोई व्यापारी है, और कोई सेवक है।

V. *अहिंसा* (*Non-Violence*): महात्मा बुद्ध पशु हिंसा के घोर विरोधी थे। अहिंसा उनके सिद्धान्तों में प्रमुख थी। वे न केवल यज्ञों में पशुबलि के विरोधी थे, पर जीवों को मारना व किसी प्रकार से कष्ट देना भी वे अनुचित समझते थे।

VI. *यज्ञों कर्मकाण्ड में अविश्वास* (*No Faith in Sacrifices and Rituals*): उस समय भारत में यज्ञों का कर्मकाण्ड बड़ा जटिल रूप धारण कर चुका था। लोगों का विश्वास था, कि यज्ञ द्वारा स्वर्ग की प्राप्ति होती है। ईश्वर के ज्ञान के लिए, मोक्ष की साधना के लिए और अभीष्ट फल की प्राप्ति के लिए ब्राह्मण लोग यज्ञ का अनुष्ठान किया करते थे। पर महात्मा बुद्ध का यज्ञों में विश्वास नहीं था।

महात्मा बुद्ध केवल वेदपाठ और यज्ञों के अनुष्ठानों को सर्वथा निरर्थक समझते थे। उनका विचार था, कि जब तक चरित्र शुद्ध नहीं होगा, धन की इच्छा दूर नहीं होगी, काम, क्रोध, मोह आदि पर विजय नहीं की जाएगी, तब तक यज्ञों के अनुष्ठानमात्र से कोई लाभ नहीं होगा। इस प्रकार बौद्ध धर्म मानव उत्थान तथा भावात्मक भावना में योगदान देता है।

जीवन का लक्ष्य (Object of Life): महात्मा बुद्ध के अनुसार जीवन का लक्ष्य निर्वाण पद को प्राप्त करना है। निर्वाण किसी पृथक् लोक का नाम नहीं है, न ही निर्वाण कोई ऐसा पद है जिसे मनुष्य मृत्यु के बाद प्राप्त करता है। बुद्ध के अनुसार निर्वाण उस अवस्था का नाम है जिसमें ज्ञान द्वारा अविद्या-रूपी अन्धकार दूर हो जाता है। यह अवस्था इसी जन्म में, इसी लोक में प्राप्त की जा सकती है। सत्यबोध के अनन्तर महात्मा बुद्ध ने निर्वाण की यह दशा इसी जन्म में प्राप्त कर ली थी। एक स्थान पर बुद्ध ने कहा है–जो धर्मात्मा लोग किसी की हिंसा नहीं करते, शरीर की प्रवृत्तियों का संयम कर पापों से बचे रहते हैं, वे उस निर्वाण पद को प्राप्त करते हैं, जहाँ शोक और सन्ताप का नाम भी नहीं होता।

जब महात्मा बुद्ध के अनुयायियों ने उनसे सही आजीविका की अवधारणा को अधिक स्पष्टता से परिभाषित करने के लिए कहा तो उन्होंने उनके मार्गदर्शन हेतु निम्नलिखित सिद्धान्तों का प्रतिपादन किया:

1. किसी भी जीवित प्राणी की हत्या मत करो। 2. असत्य बात मत कहो। 3. मादक पदार्थों का सेवन न करो। 4. बुराई पर अच्छाई द्वारा विजय प्राप्त करो। 5. अपनी कमाई के अतिरिक्त कोई भी वस्तु न लो।

37.4 जैनधर्म का मानव उत्थान में योगदान (Contribution of Jainism to Human Upliftment)

जैनधर्म के संस्थापक (Founders of Jainism): जैनधर्म के चौबीस तीर्थंकर (Tirthankar) अर्थात् मार्गदर्शक अथवा पैगम्बर या भविष्य द्रष्टा थे। वर्धमान जी जो महावीर स्वामी के नाम से जाने जाते हैं, वे जैनियों के चौबीसवें तीर्थंकर थे। मानवीय राग-द्वेषादि पर विजय प्राप्त करने के कारण उन्हें 'जिन' अथवा महान विजेता (महानवीर पुरूष) कहा जाता है। महावीर जी का जन्म वैशाली (बिहार) में एक राजपरिवार में 540 ई. पू. में हुआ। तीस वर्ष की आयु में ही उन्होंने सांसारिक जीवन त्याग दिया। 42 वर्ष की आयु में उन्होंने 'कैवल्य' (आत्मनुभूति) प्राप्त किया तथा जीवन पर्यन्त अर्थात् 468 ई. पू. तक धर्म प्रचार का कार्य किया।

जैनधर्म के मानव उत्थान सम्बन्धी सिद्धान्त तथा व्यवहार (Jainism's Principle and Practices for Human Upliftment): I. *जैन दर्शन के अनुसार जीवन का उद्देश्य (Object of Life Accordance to Jainism)*: कैवल्य (मोक्ष) की प्राप्ति ही मनुष्य का सबसे बड़ा उद्देश्य समझा गया। महावीर स्वामी का कहना है कि सहज ज्ञान के अभाव में मनुष्य पाप करता है। ये पाप ही मनुष्य को पुनः जन्म के चक्कर में फँसा देते हैं। सिद्धशील को प्राप्त करने से मनुष्य जन्म-मरण के चक्र से छूट सकता है। कैवल्य प्राप्ति के लिए पाँच अणुव्रत, तीन गुणव्रत तथा चार शिक्षा व्रत हैं।

II. *पाँच अणुव्रत (Five Anuvratas or Doctrines)*: (1) *अहिंसाणुव्रत (Ahimsa)*: जैन-धर्म के अनुसार प्रत्येक व्यक्ति के लिए यह आवश्यक है, कि वह अहिंसाव्रत का पालन करें। मन, वचन और शरीर से किसी भी प्रकार की हिंसा करना अत्यन्त अनुचित है।

(2) *सत्याणुव्रत* (*Truth*): मनुष्यों में असत्य भाषण करने की प्रवृत्ति अनेक कारणों से होती है। द्वेष, स्नेह तथा मोह का उद्वेग इसमें प्रधान कारण है। इन सब प्रवृत्तियों को दबाकर सर्वदा सत्य बोलना सत्याणुव्रत कहलाता है।

(3) *अचौर्याणुव्रत या अस्तेय* (*Not to Reserve Anything Which is Not Freely Given*): किसी भी प्रकार से दूसरों की सम्पत्ति की चोरी न करना, और गिरी हुई, पड़ी हुई, व रक्खी हुई वस्तु को स्वयं ग्रहण न कर उसके स्वामी को दे देना अचौर्याणुव्रत कहलाता है।

(4) *ब्रह्मचर्याणुव्रत* (*Brahamcharya*): मन, वचन तथा कर्म द्वारा पर-स्त्री का समागम न कर अपनी पत्नी से ही सन्तोष तथा स्त्री के लिए मन, वचन व कर्म द्वारा पर-पुरुष का समागम न कर अपने पति से ही सन्तोष रखना ब्रह्मचर्याणुव्रत कहलाता है।

(5) *परिग्रह-परिमाण-अणुव्रत* (*Non-Possession of Property*): आवश्यकता के बिना बहुत-से धन-धान्य को संग्रह न करना 'परिग्रह-परिमाण-अणुव्रत' कहाता है। गृहस्थों के लिए यह तो आवश्यक है, कि वे धन-उपार्जन करें, पर उसी में लिप्त हो जाना और अर्थ-संग्रह के पीछे भागना पाप है।

III. ***तीन गुणव्रत*** **(*Three Anuvratas*)**: इन अणुव्रतों का पालन तो गृहस्थों को सदा करना ही चाहिए। पर इनके अतिरिक्त समय-समय पर अधिक कठोर व्रतों का ग्रहण करना भी उपयोगी है। सामान्य सांसारिक जीवन व्यतीत करते हुए गृहस्थों को चाहिए कि वे कभी-कभी अधिक कठोर व्रतों की भी दीक्षा लें। ये कठोर व्रत जैन-धर्म-ग्रन्थों में 'गुणव्रत' के नाम से कहे गये हैं। (1) *दिग्विरति*: गृहस्थ को चाहिए कि कभी-कभी यह व्रत ले ले, कि मैं इस दिशा में इससे अधिक दूर नहीं जाऊँगा। (2) *अनर्थ दण्ड विरति*: मनुष्य बहुत-से ऐसे कार्य करता है, जिनसे उसका कोई सम्बन्ध नहीं होता। ऐसे कार्यों से सर्वथा बचना चाहिए। (3) *उपभोग-परिभाग परिमाण*: गृहस्थी को यह व्रत ले लेना चाहिए कि मैं परिमाण में इतना भोजन करूँगा, भोजन में इतने से अधिक वस्तुएँ नहीं खाँऊगा, और इससे अधिक भोग नहीं करूँगा इत्यादि।

IV. ***चार शिक्षा व्रत*** **(*Four Shikshavratas*)**: इन तीन गुणव्रतों के अतिरिक्त चार शिक्षाव्रत हैं, जिनका पालन भी गृहस्थों को करना चाहिए:

1. *देशविरति*: एक देश व क्षेत्र निश्चित कर लेना, जिससे आगे गृहस्थ न जाए, और न अपना कोई व्यवहार करे।

2. *सामयिक व्रत*: निश्चित समय पर (यह निश्चित समय जैन-धर्म के अनुसार प्रात:, सायं और मध्याह्न, ये तीन संध्याकाल हैं) सब सांसारिक कृत्यों से विरत होकर, सब राग-द्वेष छोड़ साम्य भाव धारणकर शुद्ध आत्म-स्वरूप में लीन होने की क्रिया को सामयिक व्रत कहते हैं।

3. *पौषधोपवास-व्रत*: प्रत्येक अष्टमी व चतुर्दशी के दिन सांसारिक कार्यों का परित्याग कर 'मुनियों' के समान जीवन व्यतीत करने के प्रयत्न को 'पौषधोपवासव्रत' कहते हैं। इस दिन गृहस्थ को सब प्रकार का भोजन त्यागकर धर्मकथा श्रवण में ही अपना समय व्यतीत करना चाहिए।

4. *अतिथि-संविभाग-व्रत*: विद्वान् अतिथियों का और विशेषतया मुनि लोगों का सम्मानपूर्वक स्वागत करना अतिथि-संविभाग-व्रत कहलाता है।

V. *रत्नत्रेय* (Three Jewels): ये हैं–(i) विश्वास (ii) सही ज्ञान (iii) सही आचरण।

VI. Ahimsa (Non-Violence): जैन धर्म के अनुसार अहिंसा का अर्थ है–किसी भी जीव को चोट न पहुँचाना। इस सिद्धान्त के अन्तर्गत केवल मनुष्य तथा पशु ही नहीं बल्कि पेड़-पौधे भी आते हैं।

VII. *समानता* (Equality): जैनधर्म ऊँच-नीच जाति प्रथा को नहीं मानता।

VIII. *दान में आस्था* (Faith in Charity): जैनधर्म जनहित कार्यों पर बहुत बल देता है तथा इन कार्यों के लिए जैनी दान देते हैं।

ऊपर के विवरण से स्पष्ट है कि जैन धर्म मानव उत्थान के लिए शुद्ध आचरण पर बहुत बल देता है।

37.5 ईसाई धर्म का मानव उत्थान में योगदान (Contribution of Christianity to Human Upliftment)

ईसाई धर्म के संस्थापक (Founder of Christianity): ईसाई धर्म के संस्थापक अथवा प्रर्वतक ईसा मसीह हैं जिनका बचपन का नाम जीसस था। उनका जन्म योरूसलम के निकट बेतल्हम नाम के एक छोटे से गांव में हुआ था। 30 वर्ष की आयु तक जीसस अपने पिता के साथ बढ़ई का काम करते रहे। उसके पश्चात् वे तपस्या करने एकान्तवास में चले गए। कहा जाता है कि उन्हें ईश्वरीय प्रेरणा मिली। उन्होंने उपदेश देना शुरू कर दिया।

ईसाई धर्म के सिद्धान्त जो मानव उत्थान में योगदान देते हैं:

1. ईश्वर एक है। 2. ईश्वर का प्रेम कभी समाप्त नहीं होता। 3. ईश्वर का प्रेम आत्मप्राप्ति में सहायता करता है। 4. सभी मनुष्य बराबर हैं। कोई ऊँच नीच नहीं है। 5. हृदय की पवित्रता होनी चाहिए। 6. मनुष्य को सदाचारी बनना चाहिए। 7. क्षमा करना देव-तुल्य है। 8. दया का गुण बहुत उत्तम है। 9. दान देना बहुत पुण्य का काम है। 10. जाति का कोई अन्तर नहीं है। 11. पाप से घृणा करें, पापी से नहीं। 12. मानवता की सेवा करें। 13. अपने शत्रुओं से भी प्रेम करें।

37.6 मानव उत्थान में इस्लाम धर्म का योगदान (Contribution of Islam to Human Upliftment)

इस्लाम धर्म के संस्थापक (Founder of Islam): इस्लाम धर्म की स्थापना पैगम्बर मुहम्मद (570-632 A.D.) ने की। उनका जन्म मक्का नगर में हुआ। उस समय अरब के निवासी अन्धविश्वास तथा खोखली परम्पराओं से जकड़े हुए थे। मुहम्मद साहब का हृदय इन बातों से दु:खी हुआ। उन्होंने अरबों को धार्मिक आडम्बरों तथा अन्ध-विश्वासों से मुक्त कराने का संकल्प लिया। लगभग चालीस वर्ष की आयु में वे चिन्तनशील हो गए। कुछ समय तक उन्होंने एक गुफा में मनन किया। ऐसे ही एकान्तवास के दौरान उन्हें अनुभूति हुई कि एक देवदूत उनके सपने में आया जिसने उन्हें ईश्वरीय सन्देश दिया। उन्होंने इस रहस्य की घोषणा की। इस्लाम धर्म की यह मान्यता है कि अल्लाह (ईश्वर) एक है और मुहम्मद साहब अल्लाह के देवदूत या प्रतिनिधि हैं। अरबी भाषा में ईश्वर को अल्लाह कहते हैं।

इस्लाम धर्म की मान्यताएँ तथा मानव उत्थान में योगदान: 1. ईश्वर एक है। अरबी भाषा में इसे अल्लाह कहते हैं।

2. ईश्वर के प्रति समर्पण से शक्ति प्राप्त होती है।

3. हजरत मुहम्मद को अल्लाह का सन्देशवाहक माना जाता है।

4. *कुरान* (शरीफ) सबसे महत्त्वपूर्ण पुस्तक है। इसमें ईश्वर का शाब्दिक रहस्योद्‌घाटन है।

5. मुसलमानों को *कुरान* के तथ्यों में पूर्ण विश्वास है। वे इसे अल्लाह द्वारा कहे गये शब्दों का संग्रह मानते हैं।

6. मुसलमान मृत्यु के उपरान्त के सिद्धान्त में विश्वास करते हैं।

7. मुसलमानों के प्रमुख अनुष्ठान इस प्रकार हैं–(1) दैनिक नमाज, (2) रोजा (व्रत), (3) नमाज पाँच बार दिन में, (4) मक्का में स्थित पवित्र काबा के दर्शन करना सभी पापों से मुक्ति पाना है।

धर्म ग्रन्थ: (i) *कुरान शरीफ,* (ii) *पैगम्बर*–जो ईश्वर के संवादों की व्याख्या करते हैं, (iii) *हदीस*–ये पैगम्बर के परामर्शों व निर्देशों का उनके सहयोगियों एवं धर्मावलंबियों द्वारा किया गया संकलन है। इसमें विधि-विधान, नैतिक व आध्यात्मिक शिक्षा का विवरण है। *शरीयत,* शरीरयत में मुसलमानों के जीवन में जन्म से लेकर मृत्यु तक की सभी प्रक्रियाओं का समावेश है। सभी स्त्रियों तथा पुरुषों का इन पर चलना आवश्यक है।

इस्लाम धर्म के सिद्धान्तों तथा व्यवहारों का मानव उत्थान में योगदान: 1. नमाज अथवा प्रार्थना (Prayer)। 2. जकात अथवा दान (Charity)। 3. रोजे-व्रत (Fasts) रमजान के महीने में रोजा रखना प्रत्येक पुरूष तथा स्त्री के लिए आवश्यक है। रोजे से आत्म संयम बढ़ता है। 4. नैतिकता पर बल (Emphasis on Morality)। 5. भाईचारे की भावना (Spirit of Brotherhood)। 6. कर्म का सिद्धान्त (Belief in the Theory of Karma)। 7. बराबरी का सिद्धान्त (Equality i.e. No Caste System)। 8. मद्यपान वर्जित (Prohibition of Wine)

37.7 सिक्ख धर्म का मानव उत्थान में योगदान
(Role of Sikhism in Human Upliftment)

सिक्ख धर्म (Sikkhism) का भावात्मक एकता तथा मानव उत्थान में योगदान: *सिक्ख शब्द का मूल:* संस्कृत शब्द 'शिष्य' है जिसका अर्थ गुरु के मार्ग पर चलने वाला होता है।

सिक्ख धर्म के संस्थापक: गुरु नानक देव (1469–1538) सिक्ख धर्म के प्रवर्तक हैं।

गुरु नानक देव जी ने हिन्दी, फारसी, अरबी, संस्कृत तथा खड़ी बोली का ज्ञान प्राप्त किया परन्तु स्वयं स्थानीय बोली में ही अधिकतर प्रवचन दिए।

गुरु नानक की रचनाएँ मुख्यत: तीन प्रकार की हैं: (i) दार्शनिक और चिन्तनात्मक, (ii) भक्तिमय एवं संगीतमय, (iii) भौतिक।

सिक्ख दर्शन तथा सिक्ख धर्म के मूल सिद्धान्त गुरू नानक देव जी के प्रवचनों से लिए गए हैं।

धर्म ग्रन्थ: 'गुरु ग्रन्थ साहिब' की पूजा एवं उसमें अटूट श्रद्धा। *'गुरु ग्रन्थ साहिब'* में

अनेक भक्ति-सन्तों के पद व सिक्ख गुरुओं के उपदेश संकलित हैं। सभी सिक्ख गुरु ग्रन्थ साहिब में अटूट विश्वास रखते हैं।

दस *सिक्ख गुरुः* 1. गुरु नानक (1469-1538), 2. गुरु अंगद (1538-1552), 3. गुरु अमरदास (1553-1574), 4. गुरु रामदास (1574-1581), 5. गुरु अर्जुनदेव (1581-1606), 6. गुरु हरगोविन्द (1606-1644), 7. गुरु हर राय (1644-1661), 8. गुरु हरकिशन (1661-1664), 9. गुरु तेगबहादुर (1664-1675), 10. गुरु गोविन्द सिंह (1675-1706)

सिक्ख धर्म के मुख्य सिद्धान्त जो कि मानव उत्थान में योगदान देते हैं: 1. एक ईश्वर की सत्ता पर विश्वास रखना। 2. मनुष्य की रचना को ईश्वर की सर्वोत्तम रचना मानना। 3. आत्मा के अस्तित्व को आध्यात्मिक स्व के रूप में मानना। 4. ईश्वर के प्रकाश का आत्मा में छिपा होना। 5. गुरु को पूर्ण देवदूत मानना और उसी में ईश्वर के प्रकाश को देखना। 6. कर्म में आस्था रखना। 7. जप-कीर्तन में विश्वास रखना। 8. नैतिक जीवन बिताने पर बल देना। 9. गुरुबानी का पाठ करना। 10. लंगर लगाना अर्थात् सहभोज को भाईचारे का प्रतीक मानना। 11. समान भाव मानना तथा ऊँच-नीच को न मानना। 12. गुरुद्वारा को समुदाय का मुख्य केन्द्र मानना। 13. समाज सेवा की भावना धारण करना। 14. सच्चे श्रम द्वारा जीविका उपार्जन करना। 15. अपनी नेक कमाई को गरीबों के साथ बांटना। 16. धूम्रपान तथा मादक पदार्थों से दूर रहना। 17. सत्य पर चलना। 18. शरीर तथा मन को पवित्र रखना।

37.8 सभी धर्मों का समान सम्प्रेषण अथवा उपदेश (Equal Communication of All Religions)

संसार के सभी धर्मों का एक ही प्रयोजन है। वे सभी मानव का उत्थान तथा कल्याण चाहते हैं। सभी मानवीय हृदयों को ईश्वर से तथा परस्पर एकता के सूत्र में बांधना चाहते हैं। वैदिक युग के ऋषियों, महात्मा बुद्ध, स्वामी महावीर, ईसा मसीह, पैगम्बर मुहम्मद, गुरू नानक देव, भगत कबीर जैसे महान धार्मिक नेताओं से लेकर, रामकृष्ण परमहंस, स्वामी दयानन्द, स्वामी विवेकानन्द, श्री अरविन्द, गुरूदेव रविन्द्र नाथ टैगोर तथा महात्मा गाँधी जैसे आधुनिक धार्मिक, सामाजिक तथा दार्शनिकों ने धर्म के प्रति संश्लेणात्मक दृष्टिकोण पर बल दिया है, यही दृष्टिकोण प्रत्येक धर्म की नींव में विद्यमान है।

सन् 1893 में शिकागो (यू.एस.ए.) में विश्व की धर्म परिषद में स्वामी विवेकानन्द जी ने अपने विचार रखते हुए कहा, "शीघ्र ही प्रत्येक धर्म की पताका पर अड़ंगे के बावजूद लिखा होगा–'सहायता करो, लड़ों नहीं', 'मिला लो, नष्ट मत करो', 'मेल और शान्ति, मतभेद नहीं' विश्व के धर्म परस्पर विरोधी नहीं, अपितु वे एक सनातन धर्म की विभिन्न अवस्थाएँ अथवा रूप हैं," सम्बोधित करते हुए फिर कहा "मैं तो उन सभी धर्मों को स्वीकार करता हूँ जो अतीत काल में थे और उन सभी की पूजा करता हूँ। मैं केवल उन सभी को ही नहीं मानूगा अपितु भविष्य में जो आएंगें उनके स्वागत के लिए भी तैयार रहूँगा। अतीत के सभी पैगम्बरों को, वर्तमान के सभी महापुरूषों को तथा भविष्य में आने वाले सभी महात्माओं को मेरा प्रणाम।"

स्वामी विवेकानन्द ने कहा कि धर्म धार्मिक अनुष्ठानों में नहीं है। वह पुस्तकों में नहीं है। वह तो हमारे भीतर है। वह तो आत्मबोध में है। स्वामी विवेकानन्द लिखते हैं, "मानव

शरीर में मानव आत्मा की उपासना ही ईश्वर की उपासना है। मानव शरीर सबसे ऊंचा है–मन्दिरों का ताजमहल है। यदि आप मनुष्य की पूजा नहीं कर सकते जो ईश्वर का रूप है तो आप उस ईश्वर की पूजा कैसे कर सकतें है जिस का रूप नहीं हैं" उन्होंने बार-बार कहा, कि मैं उस व्यक्ति को महात्मा मानता हूँ जो गरीबों के दुख दर्द को जानता है तथा उसे दूर करने का प्रयास करता है।"

गाँधी जी के कथानुसार, 'सत्य तथा न्यायपरायणता ही सबसे बड़ा धर्म है।' धर्म का आधार नैतिकता होनी चाहिए। सच्चे धर्म तथा सच्ची नैतिकता को अलग नहीं किया जा सकता। धर्मों की एकता के बारें में उन्होंने लिखा, "जिस प्रकार वृक्ष का एक अकेला तना होता है, फिर भी उसकी बहुत सी शाखाएँ तथा पत्ते होते हैं। इसी प्रकार सच्चा तथा पूर्ण धर्म तो एक ही है परन्तु यह मानव माध्यम में से गुजर कर बहुत से रूप धारण कर लेता है। सभी धर्मों के प्रति आदर की भावना रखनी चाहिए"

गुरू नानक देव जी ने कहा है, "मैं न हिन्दू को देखता हूँ न मुसलमान को, मैं केवल मनुष्य को देखता हूँ।

डा. राधाकृष्णन ने कहा है, "सभी धर्म आध्यात्मिक जीवन की परिकल्पना में मित्र है तथा सहयोगी हैं, वे शान्ति, न्याय तथा स्वतन्त्रता के लक्ष्यों में बंधे हुए हैं"

मोटे तौर पर सभी धर्मों में जो समान तत्व हैं तथा जो मानव उत्थान को बढ़वा देते हैं, वे निम्नलिखित हैं:

1. सभी धर्म एक ही सर्वोच्च सत्ता में विश्वास रखते हैं। 2. सभी धर्मों का सन्देश एक है परन्तु भाषाएँ अनेक। 3. जीवन का लक्ष्य एक है यद्यपि इसके विभिन्न नाम हैं–मुक्ति, मोक्ष, निर्वाण, नजात तथा सालवेशन आदि। 4. सब धर्म यही कहते हैं कि अपने अन्दर देखो। 5. सभी धर्म भक्ति भाव में विश्वास रखते हैं। 6. सभी धर्मों की समान नैतिकता है–ईश्वर से भय खाओ, उसके आदेशों का पालन करो। 7. अपने में सब को देखो। 8. मानव में ईश्वरत्व है। 9. सभी धर्म दान में विश्वास रखते हैं। 10. सभी धर्म भाईचारे में विश्वास रखते हैं। 11. सभी धर्म सेवाभाव को बहुत अच्छा मानते हैं। 12. प्रत्येक धर्म चाहता है कि सभी प्राणियों का जीवन आनन्दमय, मंगलकारी तथा सुखदायी हो।

उपसंहार: संसार की जनसंख्या लगभग 650 करोड़ हैं। विभिन्न धर्मों को मानने वाले लोग हैं। कभी-कभी कुछ स्थानों पर कुछ कट्टरपंथी धर्म के नाम पर दंगें करवाते हैं जिसके कारण धर्म को हम कोसते हैं। धर्म के नाम पर भारत का विभाजन भी हुआ। परन्तु कुल मिलाकर देखें तो सभी धर्मों के लोग शान्तिपूवक रह रहे हैं। जैसा कि ऊपर कहा गया है कभी कभी धार्मिक झगड़े भी होते है परन्तु इनमें भाग लेने वाले बहुत ही थोड़े व्यक्ति रहते हैं। सम्भवत: यह धर्म की ही देन है कि सामन्यत: संसार में शान्ति है। बुरा कार्य करने पर धार्मिक प्रभाव चुनौती देता है तथा इसके प्रभाव से हम मिल-जुलकर रहते हैं। धर्म के अतिरिक्त और भी कई कारण हैं जो संसार में शान्ति के मार्ग में बाधक हैं। धर्म को ही सब बुराईयों का जन्मदाता मान लेना न्याय संगत नहीं होगा। धार्मिक भावनाएँ स्वत: हमें अच्छे कार्य करने की प्रेरणा देती हैं। यदि धार्मिक प्रभाव न होता तो 650 करोड़ धर्म के नाम पर लड़ाई झगड़े में लगे रहते। निसन्देह धर्म जोड़ने का कार्य भी करता है तथा व्यक्तियों को मानव उत्थान के लिए मार्गदर्शन करता है।

37.9 भारतीय त्यौहारों को मनाने का दर्शन (Philosophy of Celebration of Indian Festivals)

भारत त्यौहारों के लिए प्रसिद्ध है। कहा जाता है कि शायद ही कोई दिन ऐसा होगा जब भारत के किसी न किसी कोने में कोई त्यौहार न मनाया जाता हो। प्रत्येक त्यौहार के पीछे कोई न कोई दार्शनिक तत्व छिपा हुआ होता है। यह बात दूसरी है कि समय गुजरने पर उसके साथ कोई अन्य घटना अथवा कथा भी जुड़ गई हो।

इतनी बड़ी मात्रा में त्यौहारों का होना स्वाभाविक है क्योंकि भारत संसार के प्राचीनतम देशों में से है। कई प्राचीन संस्कृतियाँ अपना अस्तित्व बनाए न रख सकीं परन्तु भारतीय संस्कृति ने अपनी प्रचण्ड पाचन शक्ति के आधार पर समय-समय पर आने वाली विदेशी जातियों तथा उनकी संस्कृतियों को अपने में आत्मसात् कर लिया। यह भी स्वाभाविक था कि वे जातियाँ अपने त्यौहारों में भी आस्था रखती। विदेशी तत्वों का भरतीय संस्कृति पर प्रभाव अवश्य पड़ा परन्तु इसके मूलभूत सिद्धान्तों में कोई अन्तर नहीं आया।

भारतीय संस्कृति की एक अन्य विशेषता इसकी उदारता तथा सहिष्णुता है। अनेक ध र्मों तथा विश्वासों के लोग यहाँ पर रहते हैं। उनकी अपनी मान्यताएँ है तथा अपने त्यौहार भी।

ऊपर लिखित कारणों से भारत में त्यौहारों की धारा निरन्तर अविरल गति से बह रही है।

भारतीय त्यौहारों के मुख्य प्रकार (Main Types of Indian Festivals): 1. धर्मों के प्रवत्तकों महापुरूषों/सन्तों महात्माओं तथा राजनैतिक नेताओं आदि के जन्म दिवस, पुण्य तिथि, बलिदान दिवस, आत्मबोद्ध आदि दिवस (Anniversary, Birth, Death, Nirvan Etc.), 2. पशु त्यौहार (Cattle Festivlas), 3. नृत्य त्यौहार (Dance Festivals), 4. नाट्यकला प्रदर्शन त्यौहार (Dramatic Performance Festivals), 5. पारिवारिक त्यौहार (Family Festivals), 6. लोककला त्यौहार (Folk Art Festivals), 7. संगीत त्यौहार (Music Festivals), 8. पौराणिक त्यौहार (Mythological Festivals), 9. राष्ट्रीय त्यौहार (National Festivals), 10. क्षेत्रीय त्यौहार (Regional Festivals), 11. धार्मिक त्यौहार (Religious Festivals), 12. मौसमी त्यौहार (Seasonal Festivals), 13. सामाजिक त्यौहार (Social Festivals), 14. आध्यात्मिक त्यौहार (Spiritual Festivals)

त्यौहार मनाने के मुख्य दार्शनिक तत्व (Chief Characteristics of Celebration of Festivals): 1. *परमानन्द अथवा ब्रह्मानन्द की प्राप्ति* (*Realisation of Bliss*): आध्यात्मिक तथा पवित्र स्थानों पर जाकर दैवत्व गुण (Divinity) की अनुभूति होती है। पवित्र तथा धार्मिक विचार मन में आते हैं तथा परम आनन्द की प्राप्ति होती है।

2. *सेवाभाव* (*Spirit of Service*): अनेक त्यौहार ऐसे हैं जिनका मनाते समय सेवा भाव का विकास होता है। अनेक दानी लंगर (नि:शुल्क भोजन) आदि की व्यवस्था करते हैं। मेलों में अनेक सेवा दल काम करते हैं।

3. *भावात्मक एकता* (*Emotional Integration*): समुदाय में अनेक वर्गों तथा मतों के लोग मिलजुल कर कई स्थानीय त्यौहार मनाते हैं तथा उनमें भावात्मक समरसता का विकास होता है।

4. *धर्म पर अधर्म की विजय की अनुभूति (Realisation of the Victory of Dharma over Adharma)*: अनेक त्यौहार हमें यह सन्देश देते हैं कि धर्म तथा सत्य की अधर्म तथा झूठ पर अन्त में विजय होती है।

5. *त्याग की भावना (Spirit of Sacrifice)*: शहीदों की चिताओं पर मेले हमें देश भक्तों की त्याग की भावना का स्मरण दिलाते हैं।

6. *जातपात के बन्धनों का ढीला होना (Loosening Caste Barriers)*: त्यौहारों को मनाते समय अनेक वर्गों के लोग परस्पर मिलते हैं। यात्रा इकट्ठे करते हैं। शिविरों में इकट्ठे रहते हैं। किसी को यह आभास नहीं होता है कि कौन किस जाति का है।

7. *उपासना का अवसर (Opportunity for Worship)*: त्यौहार हमें अनेक अवसर प्रदान करते हैं जबकि हम परम पिता ईश्वर की उपासना करते हैं।

8. *मन की शुद्धि (Purity of Mind)*: त्यौहारों से मन की शुद्धि भी होती है। कई बार त्यौहारों पर हम प्रतिज्ञा करते हैं कि भविष्य में अमुक बुरा काम नहीं करेंगे।

9. *प्रेरणा स्रोत (Source of Inspiration)*: महापुरूषों, सन्तों तथा महात्माओं के दिन मानते समय उनसे प्रेरणा लेते हैं। अच्छे कार्य करने का संकल्प लेते हैं।

10. *विविधता में एकता (Unity in Diversity)*: भारतीय त्यौहारों को मनाने से विविधता में एकता का अनुभव होता है। दक्षिण भारत के लोग उत्तरीभारत में आते हैं। कहने का अभिप्राय: यह है कि भारत के एक कोने से दूसरे कोने में यात्री आते-जाते हैं। आध्यात्मिक, धार्मिक तथा अन्य स्थलों पर भ्रमण करते हैं। मैसूर तथा कुल्लू का दशहरा देखने के लिए भारत के अनेक भागों से लोग जाते हैं।

11. *प्रसन्नता की अभिव्यक्ति (Expression of Happiness)*: त्यौहारों के अवसर पर लोग घरों को सजाते हैं। नए वस्त्र पहनते हैं। मिष्ठान आदि बांटते हैं। खुशियाँ मनाते हैं।

पारिवारिक एकता (Unity of Family): दूर-दूर से परिवार के लोग इकट्ठे होते हैं। पारिवारिक एकता को बढ़ावा मिलता है।

भारतीय त्यौहारों को मनाने से निम्नलिखित लाभ प्राप्त होते हैं:

1. राष्ट्रीय त्यौहार अथवा पर्व मनाते समय राष्ट्रीय गौरव का आभास होता है तथा राष्ट्र के प्रति राष्ट्रीय भावना दृढ़ होती है।
2. त्यौहारों से समाज को एक सूत्र में बंधने में सहायता मिलती है।
3. समाज में भावात्मक एकता को बढ़ावा मिलता है।
4. अनेकता में एकता का बोध होता है।
5. समाज में भाईचारे की भावना का विकास होता है।
6. प्राचीन परम्पराओं का ज्ञान बढ़ता है।
7. संस्कृति का संरक्षण होता है।
8. तीर्थ स्थानों पर जाने से आध्यात्मिक अनुभूति होती है।
9. महान संतों के प्रति आदर तथा श्रद्धा के भावों का विकास होता है।
10. आत्म उन्नति के लिए जागृति पैदा होती है।
11. ज्ञान में वृद्धि होती है।
12. जात-पात के बंधन कम होते हैं।
13. ऊँच-नीच की भावना कुछ समय के लिए तो अवश्य कम होती है।

14. त्याग की भावना को बढ़ावा मिलता है।

15. साहित्य तथा कला का विकास होता है।

16. त्यौहार व्यक्ति को आशावादी बनाते हैं।

17. आनन्द तथा उल्लास जीवन के अभिन्न अंग हैं तथा उत्सवों द्वारा उनकी प्राप्ति होती है।

18. परिवारों में एकता आती है। अनेक परिवारों में प्रथा है कि परिवार के लोग विशेष पर्व पर अवश्य इकट्ठे होंगे चाहें वे कहीं भी रहते हों।

19. जीवन में स्वच्छता का आभास होता है।

21. दान की प्रवृत्ति बढ़ती है।

22. दूसरों के प्रति संवेदनशीलता का विकास होता है।

शैक्षिक संस्थाओं का विशेष उत्तरदायित्व (Special Responsibility of Educational Institutions): शैक्षिक संस्थाओं में इस बात पर बल दिया जाए कि हर्षोल्लास के साथ-साथ शालीनता का भी महत्त्वपूर्ण स्थान है। मनोरंजन के साथ-साथ त्यौहार के पीछे छिपे मूल-दर्शन पर ध्यान देना बहुत आवश्यक है। अध्यापक त्यौहारों के बारे में उपयुक्त जानकारी प्राप्त करें तथा छात्रों को प्रत्येक त्यौहार का सही महत्त्व समझाएँ।

भारत के प्रसिद्ध त्यौहार (Important Festivals of India)

1. सम्वत्सरारम्भ
2. अरूंधती व्रत
3. गनगौर व्रत
4. राम नवमी
5. रामदास जयन्ती
6. कामदा एकादशी
7. हनुमान जयन्ती
8. शीतला अष्टमी
9. बरूथिनी एकादशी
10. अक्षय तृतीया
11. सूरदास जयन्ती
12. श्री शंकर जयन्ती
13. रामानुज जयन्ती
14. गंगा सप्तमी
15. शिवा जयन्ती
16. मोहनी एकादशी
17. नृसिंह चतुर्दशी
18. वट सावित्री व्रत
19. गंगा दशहरा
20. निर्जला एकादशी
21. कबीर जयन्ती
22. रथ यात्रा
23. हरिशयनी एकादशी
24. व्यास पूर्णिमा
25. हरियाली तीज
26. नाग पंचमी
27. तुलसी जयन्ती
28. रक्षा बंधन
29. हल षष्ठी
30. जन्माष्टमी
31. गंगा नवमी
32. अजा एकादशी
33. हरतालिका व्रत
34. गणेश चतुर्थी
35. ऋषि पंचमी
36. संतान सप्तमी व्रत
37. राधा अष्टमी
38. महालक्ष्मी व्रत
39. पद्मा एकादशी
40. चरर्वा द्वादशी
41. वामन जयन्ती
42. अनंत एकादशी

43. उमा महेश्वर व्रत
44. महालयारम्भ
45. जीवितपुत्रिका व्रत
46. इन्दिरा एकादशी
47. पितृ अमावस्या
48. नवरात्रें
49. विजय दशमी
50. पापांकुशी एकादशी
51. शरद पूर्णिमा
52. करवा चतुर्थी
53. अहोई अष्टमी
54. तुलसी एकादशी
55. वत्स द्वादशी
56. धनतेरस
57. नर चौदस
58. दीपावली
59. अन्नकूट
60. भाई दूज
61. सूर्यषष्ठी
62. भीष्म पंचक
63. देवोत्थानी एकादशी
64. कार्तिकी पूर्णिमा
65. गुरू नानक जयन्ती
66. काल भैरवाष्टमी
67. दत्तात्रेय जन्मोत्सव
68. अवसान पूजा विधि
69. उत्पन्न एकादशी
70. नाग दीपावली
71. चम्पा षष्ठी
72. गीता जयन्ती
73. संकट चतुर्थी
74. सफला एकादशी
75. सुभाष जयन्ती
76. मकरसंक्रान्ति
77. वक्रतुण्ड यात्रा
78. षटतिला एकादशी
79. मौनी अमावस्या
80. वैनायकी चतुर्थी
81. वसन्त पंचमी
82. भीष्माष्टमी
83. जया एकादशी
84. माघ स्नान समाप्ति
85. विजया एकादशी
86. महाशिवरात्रि
87. अविघ्नकर व्रत
88. सीता अष्टमी
89. आम्लकी एकादशी
90. होलिका दहन
91. होला महोत्सव
92. शीतलाष्टमी
93. पापमोचनी एकादशी
94. चैत्री अमावस्या
95. बुद्ध जयन्ती
96. क्रिसमसः
97. नया वर्ष
98. ईस्टर
99. गुड फ्राईडे मार्च/अप्रैल
100. रमजान
101. ईद
102. वकरईद
103. मुहर्रम
104. गणतंत्र दिवस
105. गांधी जयंती
106. स्वतंत्रता दिवस
107. बाल दिवस
108. शिक्षक दिवस
109. ओणम
110. शहीदी दिवस
111. पोंगल
112. वाल्मीकी जयन्ती
113. महावीर जयन्ती
114. लोहड़ी
115. झरडू
116. युगादी
117. दुर्गापूजा

38

नवीन सामाजिक व्यवस्था: निरक्षरता तथा रा.प्रौ.शि.का.

(New Social Order: Illiteracy and NAEP)

38.1 नवीन सामाजिक व्यवस्था क्यों? (Why New Social Order)

भारत 1947 में स्वतन्त्र हुआ। इससे पूर्व परोक्ष तथा अपरोक्ष रूप से भारतीय सामाजिक व्यवस्था अंग्रेजी शासन से प्रभावित थी। समाज के प्रत्येक पक्ष अर्थात् सांस्कृतिक, शैक्षिक तथा आर्थिक पर विदेशी छाप किसी न किसी सीमा तक पड़ी थी। लॉर्ड मैकालय ने भारतीय समाज को विदेशी आधार पर व्यवस्थित करने के लिए शिक्षा को महत्वपूर्ण साधन बनाया। उसने स्पष्टत: कहा, कि शिक्षा द्वारा भारत में ऐसे लोग निर्माण करना है जो "रंग-रूप में तो भारतीय हों किन्तु वेशभूषा, बातचीत, चिन्तन तथा विचारों में अग्रेंज हों।"

1947 में भारत को अपने भाग्य के निर्माण का अवसर प्राप्त हुआ। वैसे इससे पूर्व यद्यपि स्वतन्त्रता सेनानियों तथा देश भक्तों की सारी शक्ति राजनैतिक स्वतन्त्रता पर केन्द्रित थी परन्तु समय-समय पर कुछ राजनैतिक नेताओं का ध्यान, विशेषकर गांधी जी का सामाजिक व्यवस्था पर भी गया। उन्होंने इस दिशा में अनेक कार्यक्रम चलाए। उन्होंने अपने सामने 'राम राज्य' का आदर्श रखा। वे ऐसे समाज का निर्माण करना चाहते थे जिसमें सभी सुख से रहें। सभी का आर्थिक तथा आध्यत्मिक उत्थान हो।

गांधी जी ने 'सर्वोदय' पर बल दिया अर्थात् हर व्यक्ति की भलाई सभी लोगों की भलाई में निहित है। उन्होंने कहा, "मैं धन-दौलत का ज्यादा से ज्यादा विकेन्द्रीकरण चाहता हूँ।"

गांधी जी से पूर्व अनेक समाज सुधारकों ने भी नवीन समाज की परिकल्पना की थी। इस सन्दर्भ में स्वामी विवेकानन्द ने दृढ़ता से कहा, ''हे भारत! यह मत भूलो कि निचले वर्ग, गरीब, अशिक्षित, मोची और भंगी-सब तेरे ही मास के रक्त हैं-आवश्यक अंग हैं''। उन्होंने कहा, ''अपने देश के निर्धन लोगों को भूखे मरते देखकर जी चाहता है कि परम्परागत पूजा और शिक्षा को परे फेंक दूं और गांव-गांव में घूमकर अपना सारा जीवन गरीबों की सेवा में लगा दूं।'' एक प्रकार से यह नवीन सामाजिक व्यवस्था की संकल्पना थी।

समाज के नव-निर्माण का अवसर 1947 में स्वतन्त्रता मिलने के पश्चात भारत को प्राप्त हुआ।

38.2 नवीन भारतीय सामाजिक व्यवस्था का अर्थ (Meaning of New Social Order)

नवीन भारतीय समाज व्यवस्था का अर्थ उस व्यवस्था से है जो भारतीय समाज की आशाओं, आकांक्षाओं, मान्यताओं, तथा आदर्शों के अनुकूल हो। इन सबकी परिकल्पना भारतीय संविधान में की गई है तथा दिशा निर्देश भी निहित हैं जिनके आधार पर नवीन भारतीय समाज की स्थापना की जानी है तथा की जा रही है।

भारतीय सामाजिक व्यवस्था का स्रोत (Source of New Indian Society): संविधान का अत्यन्त महत्त्वपूर्ण स्थान है क्योंकि उससे ही राष्ट्र को मार्गदर्शन प्राप्त होता है और इसी में दर्शाए गए सिद्धान्तों तथा निर्देशनों के अनुसार देश-निर्माण का कार्य होता है। संविधान में राष्ट्रीय जीवन के लगभग सभी पक्षों पर थोड़ा-बहुत उल्लेख या आदेश होता है और उस आदेश को व्यवहार रूप देना सरकार, समाज तथा नागरिकों का कर्त्तव्य बन जाता है। अत: इन्हें जानना अत्यन्त आवश्यक है।

संविधान के निम्न तीन तत्त्व इस प्रसंग में महत्त्वपूर्ण हैं: 1. प्रस्तावना अथवा उद्देशिका (Preamble), 2. मूल अधिकार (Fundamental Rights), 3. राज्य की नीति के निर्देशक तत्त्व (Directive Principles of State Policy)।

38.3 संविधान की प्रस्तावना में दर्शायी गई भारतीय समाज की व्यवस्था (Indian Social Order Envisaged in the Preamble of the Constitution)

'हम, भारत के लोग', भारत को एक संपूर्ण प्रभुत्व-सम्पन्न समाजवादी पंथनिरपेक्ष लोकतंत्रात्मक गणराज्य बनाने के लिए, तथा उसके समस्त नागरिकों को:

सामाजिक, आर्थिक और राजनैतिक न्याय,
विचार, अभिव्यक्ति, विश्वास, धर्म
और उपासना की स्वतन्त्रता,
प्रतिष्ठा और अवसर की समता
प्राप्त कराने के लिए,
तथा उन सब में
व्यक्ति की गरिमा और राष्ट्र की एकता
और अखण्डता सुनिश्चित करने वाली बंधुता
बढ़ाने के लिए

दृढ़संकल्प होकर अपनी इस संविधान सभा में आज तारीख 26 नवम्बर, 1949 ई. (मिति मार्गशीर्ष शुक्ला सप्तमी, संवत् दो हजार छ: विक्रमी) को एतद्द्वारा इस संविधान को अंगीकृत अधिनियमित और आत्मार्पित करते हैं।

नोट: 'समाजवादी', 'पंथनिरपेक्ष' तथा 'अखण्डता' शब्द 1976 संविधान संशोधन के अन्तर्गत जोड़े गए।

तद्नुसार भारतीय नीति के निम्नलिखित मूल्य दृष्टिगोचर होते हैं:

1. समाजवाद पर आधारित समाज (Society Based on Socialism)। 2. पंथनिरपेक्षता अथवा धर्मनिरपेक्षता पर आधारित समाज (Society Based on Secularism)। 3. लोकतन्त्र पर आधारित समाज (Society Based on Democracy)। 4. समानता अथवा समता पर

आधारित समाज (Society Based on Equality)। 5. बन्धुत्व पर आधारित समाज (Society Based on Brotherhood)। 6. व्यक्ति स्वतन्त्रता पर आधारित समाज (Society Based on Individual Freedom)। 7. न्याय पर आधारित समाज (Society Based on Justice)।

समाज के इन सब आदर्शों की पूर्ति हेतु संविधान में मूल अधिकार (Fundamental Rights) तथा राज्य की नीति के निदेशक तत्व (Directive Principles of State Policy) में अनेक प्रावधान किए हैं:

1. भारतीय समाज के मूल अधिकार (Fundamental Rights of Indian Society): भारतीय संविधान में नीचे लिखे मूल अधिकार सभी नागरिकों को दिए गए हैं:

1. समानता अथवा समता का अधिकार (Right to Equality), 2. स्वतन्त्रता का अधिकार (Right to Freedom), 3. शोषण के विरुद्ध अधिकार (Right against Exploitation), 4. धर्म की स्वतन्त्रता का अधिकार (Right to Freedom of Religion), 5. संस्कृति तथा शिक्षा का अधिकार (Cultural and Educational Right), 6. संवैधानिक उपचारों का अधिकार (Right to Constitutional Remedies)।

I ***समानता अथवा समता का अधिकार (Right to Equality):*** इसके अन्तर्गत नीचे लिखे तत्व शमिल हैं:

(1) विधि के समक्ष समानता (Equlality Before Law)–धारा 14

(2) धर्म, मूलवंश, जाति, लिंग या जन्म स्थान के आधार पर विभेद का प्रतिषेध (Prohibition of Discrimination on Grounds of Religion, Race, Caste, Sex or Place of Birth)– धारा 15

(3) लोक नियोजन के विषय में अवसर की समता (Equality of Opportunity in Matters of Public Employment)–धारा 16

(4) अस्पृश्यता (छूतछात) का अन्त (Abolition of Untouchability)–धारा 17

II ***स्वतंत्रता का अधिकार* (Right to Freedom):** इसके अन्तर्गत नीचे दिए तत्व शामिल हैं:

(i) वाक्स्वतन्त्रता तथा अभिव्यक्ति की स्वतन्त्रता (Freedom of Speech and Expression)–धारा 19(a)

(ii) शान्तिपूर्वक तथा हथियारों के बिना इकट्ठे होना (To Assemble Peacefully and Without Arms)– धारा 19(a)

(iii) संघ बनाने का अधिकार (Freedom to Form Association)–धारा 19(c)

(iv) भारत में अबाध आने जाने का अधिकार (Freedom to Move Freely Throughout India)–धारा 19(d)

(v) भारत के किसी भी भाग में निवास करने तथा बसने का अधिकार (Freedom to Reside and Settle in Any Part of India)–धारा 19(e)

(vi) कोई वृत्ति, उपजीविका, व्यापार या कारोबार करने का अधिकार (Freedom to Practise Any Profession, to Carry on Any Occupation, Trade or Business)

(vii) शिक्षा का अधिकार (Right to Education)–धारा 21: इस धारा को वर्ष 2002 में जोड़ा गया।

III *शोषण के विरूद्ध अधिकार (Right Against Exploitation)*: (i) मानव के दुर्व्यापार तथा जबरन श्रम का प्रतिवेध (Prohibition of Traffic in Human Beings and Forced Labour)–धारा 23

(ii) कारखानों आदि में बच्चों के कार्य करने का प्रतिवेध (Prohibition of Employment of Children in Factories, etc)–धारा 24

IV *धर्म की स्वतन्त्रता का अधिकार (Right to Freedom of Religion)*: (i) अंत:करण की और धर्म को मानने की, आचरण तथा प्रचार की स्वतन्त्रता का अधिकार (Freedom of Conscience and Free Profession, Practice and Propagation of Religion)–धारा 25

(ii) धार्मिक कार्यों के प्रबन्ध की स्वतन्त्रता (Freedom to Manage Religious Affairs)–धारा 26

(iii) किसी विशिष्ट धर्म की अभिवृद्धि के लिए करों के भुगतान के बारे में स्वतन्त्रता (Freedom as to Payment of Taxes for Promotion of Any Particular Religion)–धारा 26

(iv) कुछ शिक्षा संस्थाओं में धार्मिक उपासना में उपस्थित होने के बारे में स्वतन्त्रता (Freedom to Attendance at Religious Instruction or Religious Worship in Certain Educational Institutions)–धारा 28

V *संस्कृति तथा शिक्षा संबंधी अधिकार (Cultural and Educational Rights)*:
1. अल्पसंख्यक वर्गों के हितों का संरक्षण (Protection of Interests of Minorities)–धारा 29

2. शिक्षा संस्थाओं की स्थापना और प्रशासन करने का अल्पसंख्यक वर्गों का अधिकार (Right of Minorities to Establish and Administer Educational Institutes)–धारा 30

VI *संविधानिक उपचारों का अधिकार (Right to Constitutional Remedies)*: धारा 32, 33, तथा 34

राज्य की नीति के निदेशक तत्व (Directive Principles of State Policy): भारतीय संविधान के भाग IV में 16 धाराओं (अनुच्छेदों) में सिद्धान्त दिए गए हैं। कुछ विचारकों का कहना है कि इन सिद्धान्तों के अनुसार यदि केन्द्रीय सरकार तथा राज्य सरकारें कार्य करें तो भारत पृथ्वी पर स्वर्ग बन जाएगा। इन सिद्धान्तों की भारतीय समाज के नवनिर्माण में विशेष भूमिका है। इसके अनुसार समाज के विकास के लिए कई कार्य किए गए हैं परन्तु बहुत कार्य करने की आवश्यकता है। इन सिद्धान्तों पर विस्तृत रूप से पहले चर्चा की गई है। यहाँ पर संक्षेप में इनका उल्लेख किया जा रहा है:

1. न्याय पर आधारित सामाजिक व्यवस्था (Social Order Based on Justice)–धारा 38(1)

2. असमानताओं को कम से कम करना (Minimisation of Inequalities)–धारा 38(2)

3. आर्थिक न्याय सुरक्षित करने के सिद्धान्त (Principles of Securing Economic Justice)—धारा 39

4. समान न्याय तथा नि:शुल्क कानूनी व्यवस्था (Equal Justice and Free Legal aid)—39A

5. ग्राम पंचायतों का संगठन (Organisation of Village Panchayats)—धारा 40

6. कार्य, शिक्षा और सावर्जनिक सहायता का अधिकार (Right to Work, to Education and to Public Assistance)—धारा 41

7. प्रसूति सहायता के लिए न्यायोचित और सहानुभूतिपूर्ण परिस्थितियों का प्रबन्ध (Provision for Just and Humane Conditions of Work for Maternity Relief)—धारा 42

8. श्रमिकों के लिए निर्वाह मजदूरी आदि (Living-wage, etc. for Workers)—धारा 43

9. उद्योगों के प्रबन्धन में कार्यकर्त्ताओं की भागेदारी (Participation of Workers in Management of Industries)—धारा 43A

10. समरूप व्यवहार सिद्धान्त (Uniform Civil Code)—धारा 44

11. छ: वर्ष से कम बच्चों के लिए शिशु देखभाल तथा शिक्षा का प्रावधान (Provision for Early Childhood Care and Education Below the Age of Six Years)—धारा 45 (यह संशोधन 2002 में किया गया।)

12. अनुसूचित जातियों, अनुसूचित जन जातियों और अन्य दुर्बल वर्गों के शैक्षिक तथा आर्थिक हितों की अभिवृद्धि (Promotion of Educational and Economic Interests of Scheduled Castes, Scheduled Tribes and Other Weaker Sections)—धारा 46

13. पोषाहार स्तर और जीवन स्तर को ऊँचा करना तथा जन स्वास्थ सुधार (Raising the Level of Nutrition, Standard of Living and Public Health)—धारा 47

14. कृषि और पशुपालन का संगठन (Organisation of Agriculture and Animal Husbandry)—धारा 48

15. पर्यावरण का संरक्षण तथा संवर्धन और वन तथा वन्य जीवों की रक्षा (Protection and Improvement of Environment and Safeguarding of Forest and Wild life)—धारा 48A

नवीन सामाजिक व्यवस्था निर्माण करने में नागरिकों के कर्त्तव्य (Duty of the Citizens for the Establishment of the New Social Order): भारतीय संविधान में जहाँ एक ओर भारतीय नवीन सामाजिक व्यवस्था निर्माण में केन्द्रीय सरकार तथा राज्य सरकारों के उत्तरदायित्वों पर प्रकाश डाला गया है, वहाँ पर इस नव निर्माण कार्य के लिए देश के नागरिकों की जिम्मेदारी भी दर्शायी गई है। भाग IVA, धारा 51A में नागरिकों के 10 मूल कर्त्तव्यों का उल्लेख किया गया है।

भारत के प्रत्येक नागरिक का यह कर्त्तव्य होगा कि वह:

1. संविधान का पालन करे और उसके आदर्शों, संस्थाओं, राष्ट्र ध्वज और राष्ट्रगान का आदर करें।

2. स्वतन्त्रता के लिए हमारे राष्ट्रीय आन्दोलन को प्रेरित करने वाले उच्च आदर्शों को हृदय में संजोए और उनका पालन करें।

3. भारत की प्रभुता, एकता और अखण्डता की रक्षा करें और उसे अक्षुण रखें।

4. देश की रक्षा करें और आह्यन किए जाने पर राष्ट्र की सेवा करें।

5. भारत के सभी लोगों में समरसता और समान भ्रातृत्व की भावना का निर्माण करे जो धर्म, भाषा और क्षेत्र या वर्ग पर आधारित सभी भेदभाव से परे हो, ऐसी प्रथाओं का त्याग करे जो स्त्रियों के सम्मान के विरूद्ध हैं।

6. हमारी सामाजिक (Composite) संस्कृति की गौरवशाली परम्परा का महत्व समझे और उसका परिरक्षण करे।

7. प्राकृतिक पर्यावरण की, जिसके अंतर्गत वन, झील, नदी और वन्य जीव हैं, रक्षा करे और उसका संवर्धन करें तथा प्राणी मात्र के प्रति दयाभाव रखें।

8. वैज्ञानिक दृष्टिकोण, मानवाद और ज्ञानार्जन तथा सुधार की भावना का विकास करें।

9. सार्वजनिक संपत्ति को सुरक्षित रखें और हिंसा से दूर रहें।

10. व्यक्तिगत और सामूहिक गतिविधियों के सभी क्षेत्रों में उत्कर्ष की और बढ़ने का सतत् प्रयास करे जिससे राष्ट्र निरन्तर बढ़ते हुए प्रयत्न और उपलब्धि की नई ऊँचाईयों को छू ले।

11. यदि माता-पिता या संराक्षक है, छः वर्ष से चौदह वर्ष तक की आयु वाले अपने यथास्थिति, बालक या प्रतिपाल्य (Ward) के लिए शिक्षा के अवसर प्रदान करे।

38.4 भारतीय नवीन सामाजिक व्यवस्था निर्माण में समस्याएँ (Problems in the Building of New Social Order)

नवनिर्माण समाज में समस्याओं का वर्गीकरण (Classification of Problems in the Building of New Social Order in India)

I	II
सामाजिक समस्याएँ	*आर्थिक समस्याएँ*
1. सामाजिक विषमताएँ	1. गरीबी
(i) ऊँच-नीच की भावना	2. बेरोजगारी
(ii) रहन-सहन का स्तर	3. उत्पादन की कमी
2. लिंग असमानता	4. अमीरी-गरीबी की विषमता
3. निरक्षरता	
4. जनसंख्या विस्फोट	5. क्षेत्रीय विषमताएँ

38.5 निरक्षरता (Illiteracy)

38.6 जगत्गुरू से अर्ध-साक्षर देश (From World Teacher to Semi-Literate Country)

विश्व का सामान्यतः, विशेषकर भारत का प्राचीन इतिहास पढ़ने से ज्ञान होता है कि

भारत ने एक ओर शिक्षा, दर्शन तथा आध्यात्मिक क्षेत्र में इतनी प्रगति की थी कि उसे 'जगतगुरू' की संज्ञा दी गई है तो दूसरी और भौतिक क्षेत्र में इतनी कि उसे 'सोने की चिड़िया' कहा गया है। विदेशों से छात्र अध्ययन के लिए तथा विद्वान गहन अध्ययन के लिए भारत में आते थे। भौतिक उन्नति के कारण विदेशी यहां पर लूटमार के कारण आते रहे हैं। यह जीवन की विडम्बना है।

प्रसिद्ध वैज्ञानिक *आल्बर्ट आइन्सटीन* (*Albert Einstein*) ने लिखा है, "हम भारतीयों के ऋणी हैं क्योंकि उन्होंने हमें गिनना सिखाया जिसके बिना किसी भी महत्वपूर्ण वैज्ञानिक अविष्कार का होना संभव नहीं"

अरण्ल्ड टॉनबै (*Arnold Tonybee*) जो कि संसार के प्रख्यात इतिहासकार हैं ने कहा है, "इतिहास के अति भयानक मोड़ (परमाणु युग) पर केवल भारतीय दृष्टिकोण में अद्‌भुत खजाना है जो दिशा प्रदान कर सकता है।"

डा. ए.एस. अल्तेकर के अनुसार "वैदिक युग से लेकर आज तक शिक्षा को प्रकाश का स्रोत माना गया है और वह जीवन के विभिन्न क्षेत्रों में हमारा मार्गदर्शन करता रहा है"

वर्ष 2004 में संयुक्त राष्ट्र शिक्षा विज्ञान और संस्कृति संगठन (United Nations Educational, Scientific and Cultural Organisation–UNESCO) ने शिक्षा की गुणवत्ता के बारे में एक सर्वेक्षण किया था, इस सर्वेक्षण में संसार के 127 देश लिए गये थे। भारत का स्थान शिक्षा के क्षेत्र में 105 था; दूसरे शब्दों में 121 देश भारत से आगे थे। सर्वेक्षण के चार संकेतक थे: 1. सार्वभौतिक प्राथमिक शिक्षा (Universal Primary Education), 2. प्रौढ़ साक्षरता (Adult Literacy), 3. शैक्षिक गुणवत्ता–कक्षा पांच तक स्कूली शिक्षा पूरी करने वाले (Survival Rate of Pupils to Grade 5), 4. लिंगसमता (Gender Parity)

38.7 संसार में प्रौढ़ निरक्षरता के क्षेत्र में भारत की स्थिति (Position of India in Adult Illiteracy in the World Context)

क्रम संख्या (Sl. No.)	*क्षेत्र/देश (Area/Country)*	*निरक्षरता प्रतिशत*
1.	उपसहरीय अफ्रीका (Sub-Saharan Africa)	38
2.	दक्षिण एशिया (South Asia)	41
3.	पूर्व एशिया व प्रशान्त (East Asia and Pacific)	09
4.	लैटिन अमरीका व कैरेबियन (Latin America and Caribbean)	10
5.	सीइइ/सीआइस (CEE/CIS) (रूसी संघ सहित) (Russian Federation Including)	03
6.	औद्योगिक देश (Industrialized Country)	लगभग शून्य
7.	विकासशील देश (Developing Countries)	19
8.	सबसे कम विकसित देश (Least Developed Countries)	40
9.	विश्व (World)	20
10.	भारत (India)	39

स्रोत: 1. दुनिया में बच्चों की स्थिति, 2006
2. 'The State of The World's Children 2007'

तालिका 38.1 : भारत का प्रौढ़ शिक्षा दर तथा प्रति व्यक्ति आय की कुछ देशों से तुलना
(India's Adult Literacy Rate and Per Capita Income Vis-Vis Some Countries)

क्र. सं.	देश	*प्रौढ़ शिक्षा दर*	*प्रति व्यक्ति आय (अमरीकी डॉलर)*
1.	अफगानिस्तान	28	250
2.	ऑस्ट्रेलिया	लगभग 99	32,000
3.	बंग्लादेश	–	470
4.	भूटान	–	870
5.	ब्राजील	89	3500
6.	कम्बोडिया	68	1,000
7.	कनाडा	लगभग 99	32,600
8.	चीन	91	1740
9.	मिस्र	71	1250
10.	इथियोपिया	–	160
11.	फ्रांस	लगभग 99	34800
12.	जर्मनी	लगभग 99	34600
13.	भारत	61	720
14.	इंडोनेशिया	90	1280
15.	ईरान	78	2800
16.	इराक	74	2200
17.	जापान	लगभग 99	39,000
18.	नेपाल	49	270
19.	पाकिस्तान	50	690
20.	रूसी परिसंघ	लगभग 99	4,500
21.	सिंगापुर	93	27,500
22.	श्रीलंका	91	1160
23.	म्यामार	91	220
24.	स्विट्जरलैण्ड	लगभग 99	55,000
25.	यूनाइटिड किंगडम	लगभग 99	37,600
26.	अमरीका	लगभग 99	43,700
27.	विश्व	80	7002

स्रोत: '*The State of World's Children 2007*, UNICEF.

नोट: (i) वयस्क साक्षरता दर 15 वर्ष और उससे ऊपर के उन लोगो का प्रतिशत जो पढ़ लिख सकते हैं।

समीक्षा: ऊपर के आंकडों से स्पष्ट है कि भारत विकसित तथा औद्योगिक देशों से तो पीछे है ही, कुछ विकासशील देशों से भी साक्षरता में पीछे हैं। प्रायः यह माना जाता है कि साक्षरता का प्रतिव्यक्ति आय से गहरा सम्बन्ध है यद्यपि इसके अपवाद भी हैं। साक्षरता के क्षेत्र में भारत में अभी बहुत कार्य करने की आवश्यकता है।

अक्षरता तथा निरक्षरता का अर्थ (Meaning of Literacy and Illiteracy): वर्ष 2001 की भारत जनगणना में उस व्यक्ति को साक्षर माना गया है जो किसी भाषा को

पढ़-लिख सकता हो। दूसरे शब्दों में निरक्षर व्यक्ति वह है जो किसी भाषा को न पढ़-लिख सकता हो इसी प्रकार का अर्थ विश्व संस्था युनिसेफ (UNICEF) ने लिया है।

साक्षरता का महत्व (Significance of Literacy): सामान्यत: यह माना जाता है कि साक्षरता व्यक्ति तथा देश की समृद्धि तथा विकास में विशेष भूमिका निभाती है। इस कारण सभी देश प्रयत्नशील हैं कि देश में साक्षरता का अधिक से अधिक विकास हो।

38.8 निरक्षरता उन्मूलन का महत्व (Significance of Removal of Illiteracy)

निरक्षरता किसी भी देश के विकास में एक बहुत बड़ी बाधा है। शिक्षा का देश की सर्वांगीण समृद्धि में विशेष महत्त्व है। निरक्षरता अन्धविश्वास, रुढ़िवादिता, अज्ञानता, संकीर्णता आदि बुराईयों को जन्म देती है। इन कारणों से सभी देश निरक्षरता का उन्मूलन करने का भरसक प्रयास करते हैं। प्राय: यह माना जाता है कि निरक्षरता का प्रति व्यक्ति औसत आय तथा आयु से गहरा सम्बन्ध है।

गाँधी जी ने निरक्षरता को 'पाप' तथा कलंक' की संज्ञा देते हुए कहा है कि इसे समाप्त करना चाहिए।

मुख्यत: निरक्षरता का निम्न कारणों से उन्मूलन करना आवश्यक है।

1. निरक्षर व्यक्ति प्राय: रूढ़िवादी होते हैं। वे प्रगतिशील तत्वों की अवहेलना करते हैं।
2. निरक्षर व्यक्ति प्राय: वांछित आय अर्जित करने में असमर्थ हैं।
3. निरक्षर व्यक्ति सामान्यत: अन्धविश्वासी होते हैं।
4. निरक्षर व्यक्ति आत्महीनता का भाव रखते हैं।
5. निरक्षर व्यक्ति राजनैतिक तथा अन्य समस्याओं की समीक्षा करने की योग्यता नहीं रखते हैं।
6. निरक्षर व्यक्ति संकुचित विचारधारा से शीघ्र प्रभावित हो जाते हैं।
7. निरक्षर व्यक्ति अपने मौलिक अधिकारों के बारे में पर्याप्त जानकारी नहीं रखते हैं।
8. निरक्षर व्यक्ति वैज्ञानिक तथा तकनीकी अन्वेषणों का पूरा लाभ नहीं उठा पाते हैं।
9. निरक्षर व्यक्ति जनतान्त्रिक मूल्यों के विकास में बाधक है।

भारतीय लोकतन्त्र पर निरक्षरता के प्रभाव: भारतीय लोकतन्त्र पर निरक्षरता के निम्नलिखित प्रभाव पड़े हैं:

1. राजनीतिक जागृति का अभाव। 2. संकुचित दृष्टिकोण। 3. उत्पादन क्षमता में कमी। 4. जनसंख्या में बढ़ौतरी। 5. अंध विश्वास आदि का पनपना। 6. वैज्ञानिक सोच की कमी। 7. उचित कौशलों का अभाव।

तालिका 38.2: भारत में निरक्षरता दर (1950 से 2001)

वर्ष	कुल व्यक्ति	पुरुष	महिलाएँ
1951	81.67	72.84	91.14
1961	71.70	59.60	84.65
1971	65.55	54.04	79.24
1981	56.43	43.62	71.24
1991	47.79	35.87	60.61
2001	34.62	24.15	45.84

तालिका 38.3: भारत में साक्षरता दर (1951 से 2001 तक)

वर्ष	व्यक्ति	पुरुष	महिलाएँ
1951	18.33	27.16	8.86
1961	28.30	40.40	15.35
1971	34.45	45.96	21.97
1981	43.57	56.38	29.76
1991	52.21	64.13	39.29
2001	65.38	75.85	54.16

नोट: (1) 1951, 1961 तथा 1971 की जनगणना में साक्षरता दर की गणना करते समय पाँच वर्ष या उससे ऊपर की आयु के व्यक्तियों को सम्मिलित किया गया है। जबकि 1981, 1991 तथा 2001 की जनगणना में साक्षरता दर की गणना में 7 वर्ष या उससे अधिक आयु के व्यक्तियों को सम्मिलित किया गया है अर्थात् 7 वर्ष से कम आयु के सभी बच्चों को निरक्षर माना गया है चाहे वे किसी भी स्तर की शिक्षा ग्रहण किए हैं।

(2) 2001 की जनगणना में उस व्यक्ति को साक्षर माना गया है जो किसी भाषा को पढ़-लिख अथवा समझ सकता है। साक्षर होने के लिए यह जरूरी नहीं है कि व्यक्ति ने कोई औपचारिक शिक्षा प्राप्त की है या कोई परीक्षा पास की हो।

समीक्षा: किसी भी देश में वहाँ की कुशल एवं शिक्षित मानव शक्ति अर्थव्यवस्था को महत्त्वपूर्ण ढंग से प्रभावित करती है। साक्षरता एवं देश के सामाजिक तथा आर्थिक विकास में धनात्मक सहसम्बन्ध पाया जाता है। साक्षरता की दृष्टि से भारत अभी भी बहुत पिछड़ा है। यद्यपि स्वतन्त्रता के पश्चात् इस दिशा में व्यापक कार्यक्रम चलाए गए हैं फिर भी अभी यहाँ विकसित देशों की तुलना में साक्षरता अनुपात कम है। यहाँ सन् 1951 से साक्षरता अनुपात में क्रमशः वृद्धि होती जा रही है। 1951 में देश में कुल जनसंख्या का मात्र 8.33 प्रतिशत भाग ही साक्षर था जो क्रमशः बढ़कर 2001 में 65.38 प्रतिशत तक पहुँच गया। परन्तु जैसा कि पहले कहा गया है, अभी भारत संसार में साक्षरता के क्षेत्र में बहुत पीछे है।

तालिका 38.4: निरक्षरता तथा साक्षरता-दर (2001) के अनुसार राज्यों एवं केन्द्र शासित प्रदेशों का क्रम
(State-wise Illiteracy and Literacy Rate)

क्र. सं.	*राज्य/केन्द्रशासित प्रदेश*	*निरक्षरता दर*	*साक्षरता-दर*
1.	केरल	9.08	90.92
2.	मिजोरम	11.51	88.49
3.	लक्षद्वीप*	12.48	87.52
4.	गोवा*	17.68	82.32
5.	दिल्ली*	19.18	81.82

(क्रमशः)

(क्रमश:)

क्र. सं.	*राज्य/केन्द्रशासित प्रदेश*	*निरक्षरता दर*	*साक्षरता-दर*
6.	चण्डीगढ़*	18.24	81.76
7.	पाण्डिचेरी*	18.51	81.49
8.	अण्डमान निकोबार द्वीप समूह*	18.82	81.18
9.	दमन एवं द्वीप*	19.91	81.09
10.	महाराष्ट्र	22.73	77.27
11.	हिमाचल प्रदेश	22.87	77.13
12.	त्रिपुरा	26.34	73.66
13.	तमिलनाडु	26.53	73.47
14.	उत्तरांचल	27.72	72.28
15.	गुजरात	30.03	69.97
16.	पंजाब	30.05	69.95
17.	सिक्किम	30.32	69.68
18.	पश्चिम बंगाल	30.78	69.22
19.	मणिपुर	31.13	68.87
20.	हरियाणा	31.41	68.59
21.	नागालैण्ड	32.89	67.11
22.	कर्नाटक	32.96	67.04
23.	छत्तीसगढ़	34.82	65.18
24.	असम	35.72	64.28
25.	मध्य प्रदेश	35.79	64.11
26.	उड़ीसा	36.39	63.61
27.	मेघालय	36.69	63.31
28.	आन्ध्र प्रदेश	39.89	61.11
29.	राजस्थान	39.97	61.03
30.	दादरा और नागर हवेली*	40.97	60.03
31.	उत्तर प्रदेश	42.64	57.36
32.	अरुणाचल प्रदेश	45.26	57.74
33.	जम्मू और कश्मीर	45.54	54.46
34.	झारखण्ड	45.87	54.13
35.	बिहार	52.47	47.53

*(संघशासित क्षेत्र)

समीक्षा: भारत में अधिक जनसंख्या वाले राज्यों में निरक्षरता की स्थिति बहुत चिन्ताजनक हैं। प्राय: यह अनुभव किया जा रहा है कि उत्तर प्रदेश तथा बिहार में गरीबों की संख्या भी बहुत है। सम्भवत: इन्हीं कारणों से यहां पर शान्ति व्यवस्था पर भी बुरा प्रभाव पड़ा है। इन राज्यों में साक्षरता की वृद्धि के लिए प्रभावी प्रयासों की आवश्यकता है।

तालिका 38.5: पुरुष तथा महिला साक्षरता दर का क्रम (2001 जनगणना के अनुसार)

पुरुष साक्षरता दर (2001) के अनुसार राज्यों एवं केन्द्रशासित प्रदेशों का क्रम*		*महिला साक्षरता-दर (2001) के अनुसार राज्यों एवं केन्द्रशासित प्रदेशों* का क्रम*	
क्रम राज्य/केन्द्र शासित प्रदेश*	साक्षरता दर	क्रम राज्य/केन्द्र शासित प्रदेश	साक्षरता दर
1. केरल	94.20	1. केरल	87.86
2. लक्षद्वीप*	93.15	2. मिजोरम	86.13
3. मिजोरम	90.69	3. लक्षद्वीप*	81.56
4. पाण्डिचेरी*	88.89	4. चण्डीगढ़*	76.65
5. गोवा	88.88	5. गोवा	75.51
6. दमन एवं द्वीप*	88.40	6. अण्डमान-निकोबार द्वीप समूह*	75.29
7. दिल्ली	87.37	7. दिल्ली*	75.00
8. महाराष्ट्र	86.27	8. पाण्डिचेरी*	74.13
9. अण्डमान-निकोबार द्वीप समूह*	86.07	9. दमन एवं द्वीप*	70.37
10. हिमाचल प्रदेश	86.02	10. हिमाचल प्रदश	68.08
11. चण्डीगढ़*	85.65	11. महाराष्ट्र	67.51
12. उत्तरांचल	84.01	12. त्रिपुरा	65.41
13. तमिलनाडु	82.33	13. तमिलनाडु	64.55
14. त्रिपुरा	81.47	14. पंजाब	63.55
15. गुजरात	80.50	15. नागालैण्ड	61.92
16. हरियाणा	79.25	16. सिक्किम	61.46
17. मणिपुर	77.87	17. मेघालय	60.41
18. छत्तीसगढ़	77.86	18. उत्तरांचल	60.26
19. पश्चिम बंगाल	77.58	19. पश्चिम बंगाल	60.22
20. मध्य प्रदेश	76.80	20. मणिपुर	59.70
21. सिक्किम	76.73	21. गुजरात	58.60
22. राजस्थान	76.46	22. हरियाणा	56.31
23. कर्नाटक	76.29	23. कर्नाटक	56.31
24. उड़ीसा	75.95	24. उड़ीसा	56.03
25. पंजाब	75.63	25. छत्तीसगढ़	52.40
26. दादरा एवं नागर हवेली*	73.32	26. आन्ध्र प्रदेश	51.17
27. असम	71.93	27. असम	50.97
28. नागालैण्ड	71.77	28. मध्य प्रदेश	50.28
29. आन्ध्र प्रदेश	70.85	29. राजस्थान	44.34
30. उत्तर प्रदेश	70.23	30. अरुणाचल प्रदेश	44.24
31. झारखण्ड	67.94	31. दादरा एवं नागर हवेली*	42.99
32. मेघालय	66.14	32. उत्तर प्रदेश	42.98
33. जम्मू और कश्मीर	65.75	33. जम्मू और कश्मीर	41.82
34. अरुणाचल प्रदेश	64.07	34. झारखण्ड	39.38
35. बिहार	60.32	35. बिहार	33.57

38.9 सरकार द्वारा निरक्षरता दूर किए जाने वाले प्रयास (Measures Being Undertaken by the Government for the Eradication of Illiteracy)

38.10 निरक्षरता समाप्त करने वाले उपायों का मोटे तौर पर वर्गीकरण (Broad Classification of Measures for the Eradication of Illiteracy)

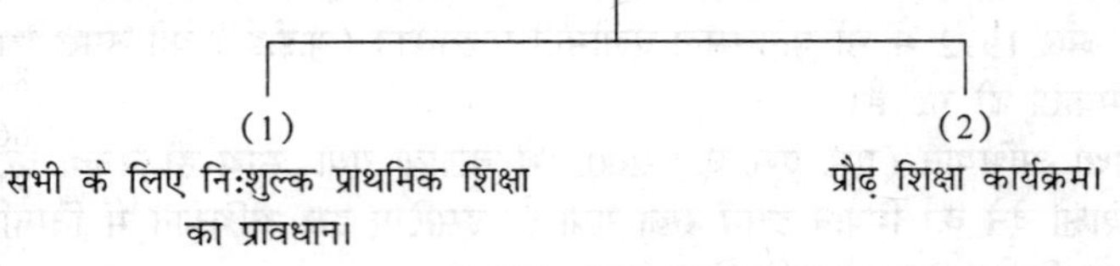

1. संविधान में संशोधन (2002): भारतीय संविधान में 'राज्य के नीति निदेशक तत्त्वों' के अन्तर्गत धारा 45 में यह व्यवस्था की गई थी कि राज्य (केन्द्र तथा राज्य सरकारें) इस संविधान के प्रारम्भ से दस वर्ष की अवधि के भीतर सभी बालकों को चौदह वर्ष की आयु पूरी करने तक नि:शुल्क और अनिवार्य शिक्षा देने के लिए उपबन्ध करने का प्रयास करेगा। भारत सरकार तथा राज्य सरकारों ने इस दिशा में अनेक कदम उठाए। साथ-साथ प्रौढ़ों में निरक्षरता कम करने के भी प्रयास किए। परन्तु निरक्षरों की संख्या में बढ़ोत्तरी होती गई।' राष्ट्रीय शिक्षा नीति 1986 तथा 1992 में इस क्षेत्र में प्रगति पर चिन्ता व्यक्त की गई तथा इसके पश्चात् अनेक नीतियों के अन्तर्गत कार्य किया गया। परन्तु जो लक्ष्य 1960 तक पूरा होना था वह अधूरा ही रहा। सन् 2002 तक इस आयु-वर्ग के 20 प्रतिशत बच्चे स्कूल के बाहर थे। अत: संविधान में संशोधन किया गया। 2002 में संविधान में एक नयी धारा 21A जोड़ी गई जिसके अनुसार 6 से 14 वर्ष तक के बच्चों के लिए 'शिक्षा का अधिकार' माना गया।

2. अनौपचारिक शिक्षा: भारत सरकार के शिक्षा विभाग के द्वारा 1979-80 में अनौपचारिक शिक्षा कार्यक्रम शुरू किया गया था। इस कार्यक्रम के अनुसार अनौपचारिक शिक्षा केन्द्र स्वयं-सेवी संस्थाओं द्वारा चलाए जाते हैं। इन संस्थाओं में पढ़ाई सायंकाल में होती है। अनौपचारिक शिक्षा की व्यवस्था इस कारण से करनी पड़ी कि बहुत से बच्चे जो शिक्षा तो प्राप्त करना चाहते हैं परन्तु विभिन्न कारणों से, जैसे-स्कूल का दूर होना, बच्चों का घरेलू काम में लगना आदि की वजह से दिन में शिक्षा प्राप्त नहीं कर सकते, वे शिक्षा प्राप्त कर लें।

3. प्रौढ़ शिक्षा: शिक्षा की राष्ट्रीय नीति द्वारा यह निश्चित किया गया कि प्राय: बच्चों का स्कूल न जाने के कारण अत्यधिक माता-पिता का अनपढ़ होना है, इसलिए पहले उनके लिए पढ़ाई की व्यवस्था की जाए। उसमें प्रौढ़ शिक्षा के अन्तर्गत 15 वर्ष से 35 वर्ष तक की आयु के लोगों को शामिल किया। परन्तु इस वर्ग में अत्यधिक सफलता प्राप्त नहीं हुई।

4. राष्ट्रीय साक्षरता मिशन की स्थापना-5 मई, 1988: भारत सरकार ने देश में निरक्षरता उन्मूलन के लिए 5 मई, 1988 को प्रौढ़ शिक्षा प्रदान करने के लिए राष्ट्रीय साक्षरता मिशन की स्थापना की थी। इसका प्रारम्भ 1990 में केरल के कुछ क्षेत्रों में किया गया। वर्तमान समय में यह अभियान देश भर में चलाया जा रहा है। ऐसे राज्यों में विशेष

कार्य किए जा रहे हैं। जहाँ साक्षरता का प्रतिशत कम है। इसके साथ ही महिलाओं को शिक्षित करने के लिए भी यह कार्यक्रम चलाया जा रहा है।

38.11 सर्वशिक्षा अभियान (Education for All)

प्राथमिक शिक्षा के सार्वभौमिक और भारतीय संविधान दर्शाए गए लक्ष्य को पूरा करने के लिए पिछले कई दशकों में उत्साहजनक प्रयास किए गए हैं। शिक्षा पर बनी राष्ट्रीय नीति 1986 और 1992 में भी यूनिवर्सल एलीमेंट्री एजुकेशन (यू.ई.ई.) की उपलब्धियों को उच्च प्राथमिकता दी गई है।

सर्वशिक्षा अभियान (एम. एस. ए.) 2002 में चलाया गया, साथ ही बच्चों को उत्तम प्रबन्ध से शिक्षा देने का मिशन इसमें रखा गया है। इसलिए इस अभियान में निम्नलिखित कार्यक्रमों को विशेष रूप से सम्मिलित किया गया है:

1. यूनिवर्सल एलीमेंट्री एजूकेशन (कक्षा VIII) के लिए एक समयबद्ध कार्यक्रम।

2. पूरे देश में गुणवत्ता आधारित शिक्षा की माँग के प्रति उत्तरदायित्व की भावना का विकास करना।

3. बुनियादी (आधारभूत) शिक्षा के मार्फत सामाजिक न्याय के विस्तार के लिए अवसर जुटाना।

4. पंचायतीराज संस्थाओं, स्कूल प्रबन्ध समितियों अभिभावक-अध्यापक संघों, ग्रामीण एवं नगरीय स्लम स्तर की शिक्षा समितियों, जनजातीय अर्धसरकारी परिषदों और अन्य प्रामाणिक स्कूलों की प्रबन्ध संरचना के निचले स्तर से भागीदारी को प्रभावपूर्ण बनाने का प्रयास।

सर्वशिक्षा अभियान का उद्देश्य सन् 2010 तक 6 से 14 वर्ष की आयु समूह के सभी बच्चों को उपयोगी और सार्थक प्राथमिक शिक्षा मुहैया कराना है। एक दूसरा उद्देश्य स्कूलों को इस प्रकार बनाना है जिससे क्षेत्रीयता और लिंग भेद समाप्त हो जाए। इसके लिए स्कूलों के प्रबन्ध में समुदाय की भागीदारी को क्रियाशील बनाने पर जोर दिया जा रहा है। सर्वशिक्षा अभियान के अन्तर्गत निम्नलिखित प्रमुख उद्देश्यों को हासिल करना है।

सर्वशिक्षा अभियान के लक्ष्य: ● 2003 तक 6-14 वर्ष आयु के सभी बच्चे स्कूल में हों।

● 6-14 वर्ष आयु के सभी बच्चे 2007 तक पाँच वर्षों की प्रारम्भिक शिक्षा पूरी कर लें।

● 6-14 आयु के बच्चों के 2010 तक आठ वर्षों की प्रारम्भिक शिक्षा की ओर ध्यान केन्द्रित करना।

● जीवन के लिए शिक्षा पर बल देते हुए संतोषजनक स्तर की प्रारम्भिक शिक्षा की ओर ध्यान केन्द्रित करना।

● प्राथमिक स्तर पर 2007 तक तथा प्राथमिक स्तर पर 2010 तक लड़के और लड़कियों के बीच अंतराल और सामाजिक श्रेणीगत विषमताएँ समाप्त करना।

● 2010 तक यह सुनिश्चित करना कि सभी बच्चे जारी रखें।

संक्षेप में भारत में निरक्षरता उन्मूलन के लिए निम्नलिखित उपाए किए जा रहे हैं:

1. सरकार ने प्राथमिक शिक्षा के लिए अनिवार्य शिक्षा का अधिकार माना तथा संविधान में संशोधन 2002 में किया।

2. सरकार ने सरकारी स्कूलों, सहायता प्राप्त स्कूलों तथा नगरपालिका द्वारा चलाए जाने वाले स्कूलों में प्राथमिक स्तर पर निःशुल्क शिक्षा का प्रावधान किया है।

3. सरकार ने ग्रामीण, पहाड़ी, दूर-दराज तथा शहरी क्षेत्रों में अनेक स्कूल खोले हैं।

4. सरकार छात्रों को विभिन्न प्रकार की छात्रवृत्तियाँ दे रही है।

5. सरकार गरीब छात्रों को पुस्तकें, स्टेशनरी आदि मुफ्त दे रही है।

6. प्रौढ़ों के लिए रात्रि पाठशालाएँ खोली गई हैं।

7. संविधान में संशोधन करके 2002 में अभिभावकों पर यह उत्तरदायित्व डाला है कि वे अपने बच्चों को स्कूल अवश्य भेजें।

8. जिला प्राथमिक शिक्षा कार्यक्रम (District Primary Education Programme) नाम की योजना केन्द्रीय सरकार ने शुरू की है।

9. सर्व शिक्षा अभियान चलाया जा रहा है।

10. अनेक प्रकार की सुविधाएँ और निःशुल्क पुस्तकें, स्टेशनरी आदि की व्यवस्था की गई है।

11. राष्ट्रीय सारक्षरता मिशन के अन्तर्गत प्रौढ़ों की शिक्षा सम्बन्धी अनेक कार्यक्रम चलाए जा रहे हैं।

12. राष्ट्रीय मुक्त संस्थान (National Institute of Open Schooling) तथा मुक्त विश्वविधालय (Open University) आदि भी साक्षरता बढ़ाने में योगदान दे रहे हैं।

13. प्राथमिक स्तर पर निःशुल्क दोपहर-भोजन का प्रबन्ध किया जा रहा है।

38.12 राष्ट्रीय प्रौढ़ शिक्षा कार्यक्रम–रा.प्रौ.शि.का. (National Adult Educational Programme–NAEP)

राष्ट्रीय प्रौढ़ शिक्षा कार्यक्रम के उद्देश्य (Objectives of NAEP): 1. प्रौढ़ शिक्षा का देश के आर्थिक विकास में योगदान।

2. प्रौढ़ शिक्षा द्वारा राजनैतिक जागरूकता का विकास करना।

3. अनिवार्य प्राथमिक शिक्षा के लक्ष्य की प्राप्ति के लिए प्रौढ़ शिक्षा का योगदान प्राप्त करना।

4. राष्टीय विकास के कार्यों में साक्षर प्रौढ़ों का योगदान प्राप्त करना।

5. प्रौढ़ों की क्षमताओं के पूर्ण विकास के अवसर प्रदान करना।

6. व्यक्तिगत आर्थिक उन्नति के लिए प्रौढ़ शिक्षा को बढ़ावा देना।

7. सामाजिक चेतना जागरूक करना तथा अन्धविश्वास आदि बुराईयों को समाप्त करना।

8. राष्ट्रीय भावात्मक तथा एकता को बढ़ावा देना।

राष्ट्रीय प्रौढ़ शिक्षा कार्यक्रम के लक्ष्य (Targets of NAEP): यह कार्यक्रम 2 अक्तूबर, 1978 को इस उद्देश्य से लागू किया गया कि 1983-84 तक 15-35 वर्ष की आयु के दस करोड़ (कुल निरक्षरों की आधी संख्या) निरक्षर प्रौढ़ों को शिक्षित किया जाएगा। इसके निम्नलिखित लक्ष्य निर्धारित किए गए:

वर्ष	*वार्षिक विस्तार का लक्ष्य (लाख में)*	*संचित लक्ष्य (लाख में)*
1978–79 (तैयारी का वर्ष)	15	15
1979–80	45	60
1980–81	90	150
1981–82	180	330
1982–83	320	650
1983–84	350	1000

कार्यक्रम की मुख्य विशेषताएँ (Chief Characteristics of NAEP): राष्ट्रीय प्रौढ़ शिक्षा कार्यक्रम में निम्नलिखित साक्षरता प्रतिमान (Standards) निर्धारित किए गए हैं:

1. *वांछित योग्यताएँ (Desirable Abilities)*: (i) *साक्षरता:* इसके अंतर्गत पढ़ने-लिखने तथा अंक ज्ञान को शामिल किया गया। (ii) *चेतना:* इसका आशय था, सामाजिक दायित्वों की भावना का निर्माण करना तथा जागरूकता उत्पन्न करना। (iii) *कार्यकुशलता:* इसका अर्थ व्यक्ति के कौशल व क्षमताओं में सुधार करना।

2. *विभिन्न एजेंसियाँ (Different Agencies)*: प्रस्तावित कार्यक्रम के लिए निम्नलिखित अभिकरणों तथा एजेंसियों का सहयोग लेने के लिए कार्ययोजना बनाई गई:

(i) राज्य सरकारों के शिक्षा विभागों की सहायता। (ii) विश्वविद्यालयों तथा महाविद्यालयों का योगदान। (iii) नेहरू युवक केन्द्रों का सहयोग। (iv) स्वैच्छिक संस्थाओं को प्रोत्साहन तथा उनका योगदान।

3. *अवधि (Duration)*: (i) 300–350 घण्टे तक की प्रौढ़ों को शिक्षा। (ii) प्रतिदिन दो घण्टे शिक्षा। (iii) दस महीने का समय।

38.13 प्रौढ़ शिक्षा तथा शिक्षा नीति 1986 तथा 1992 (Adult Education and NPE 1986 and 1992)

पैरा 4.10: हमारे प्राचीन ग्रन्थों में शिक्षा की परिभाषा इस प्रकार दी गई है कि यह अज्ञानता और दमन से मुक्ति का साधन है। आधुनिक विश्व में शिक्षा द्वारा पढ़ने और लिखने की योग्यता स्वाभाविक रूप से आ जानी चाहिए, क्योंकि यही ज्ञान का मुख्य साधन है। इसलिए प्रौढ़ साक्षरता सहित शिक्षा का इतना महत्त्व है।

पैरा 4.11: संपूर्ण राष्ट्र राष्ट्रीय साक्षरता मिशन के माध्यम से निरक्षरता उन्मूलन, विशेष रूप से संपूर्ण साक्षरता अभियानों पर विशेष बल देते हुए विभिन्न उपायों द्वारा 15–35 आयु वर्ग में निरक्षरता उन्मूलन, के लिए वचनबद्ध है। केन्द्र और राज्य सरकारों, राजनीतिक दलों और जन-संघटनों, जनसंचार माध्यमों और शिक्षा संस्थाओं, शिक्षकों, छात्रों, युवाओं, स्वैच्छिक एजेंसियों, सामाजिक कार्यकर्ता समूहों और नियोक्ताओं को जन-शिक्षा अभियानों के प्रति अपनी प्रतिबद्धता दोहरानी चाहिए जिसमें साक्षरता, कार्यसाधक ज्ञान और कौशल और सामाजिक-आर्थिक वास्तविकता के प्रति शिक्षार्थियों की जागरूकता और इसमें परिवर्तन कर सकने की सम्भावना शामिल है।

पैरा 4.12: चूँकि विकास कार्यक्रमों में साक्षरता अभियानों के सहभागियों को शामिल करना अत्यधिक महत्त्वपूर्ण है, राष्ट्रीय साक्षरता मिशन को निर्धनता उन्मूलन, राष्ट्रीय एकता,

पर्यावरण संरक्षण, छोटे परिवार के आदर्श, महिला समानता को बढ़ावा, प्राथमिक शिक्षा का सर्वसुल्भीकरण, प्राथमिक स्वास्थ्य देखभाल आदि जैसे राष्ट्रीय लक्ष्यों के अनुरूप ढालना होगा। यह लोगों की सांस्कृतिक सृजनात्मकता में गतिशीलता लाने और विकास प्रक्रिया में उनकी भागीदारी को सुकर भी बनाएगा।

पैरा 4.13: विभिन्न पद्धतियों और माध्यमों का उपयोग करते हुए प्रौढ़ तथा सतत् शिक्षा का एक व्यापक कार्यक्रम कार्यान्वित किया जाएगा। इसके अन्तर्गत निम्न प्रकार के कार्यक्रम आएँगे:

(i) विविध प्रकार के सत्त शिक्षा केन्द्रों की स्थापना करना ताकि प्रौढ़ अपनी रूचि की शिक्षा जारी रख सकें।

(ii) नियोजकों, मजदूर संघों और सरकार के माध्यम से श्रमिकों की शिक्षा।

(iii) पुस्तकों, पुस्तकाल्यों और वाचनालयों को व्यापक प्रोत्साहन।

(iv) जन-शिक्षण और समूह शिक्षण के साधन के रूप में रेडियो, दूरदर्शन और फिल्मों का उपयोग।

(v) शिक्षार्थियों के समूहों और संगठनों का सृजन।

(vi) दुरस्थ शिक्षा के कार्यक्रम।

पैरा 4.14: आज का एक महत्वपूर्ण विकास-मुद्दा कौशलों के सतत स्तरोनयन से संवंधित है ताकि समाज की आवश्यकता के अनुकूल अपेक्षित जनशक्ति संसाधनों का सृजन किया जा सके। इसलिए रोजगार/स्वरोजगारोन्मुख तथा आवश्यकता और रूचि पर आधारित व्यावसायिक और कौशल कार्यक्रमों के आयोजन पर विशेष बल दिया जाएगा।

38.14 राष्ट्रीय साक्षरता मिशन (National Literacy Mission)

राष्ट्रीय साक्षरता मिशन के उद्देश्य: मिशन की स्थापना मई 1988 में की गई। इसका उद्देश्य 2007 तक 15 से 35 वर्ष तक के आयु वर्ग के उत्पादक और पुनर्उत्पादक समूह के निरक्षर लोगों को व्यावहारिक साक्षरता प्रदान करते हुए 75 प्रतिशत साक्षरता का लक्ष्य हासिल करना है। व्यावहारिक साक्षरता के अन्तर्गत पठन, लेखन गणना-बोध के साथ-साथ राष्ट्रीय एकता पर्यावरण संरक्षण, नारी समानता और सीमित परिवार के सिद्धान्त और मूल्य निहित हैं। राष्ट्रीय साक्षरता मिशन में निहित साक्षरता की अवधारणा मात्र साक्षरता तक सीमित नहीं है बल्कि उपरिलिखित उद्देश्यों की प्राप्ति के लिए अधिगमोन्मुख समाज के निर्माण का एक कारगर शस्त्र है। जीवन की गुणवत्ता में एक निश्चित सुधार और सशक्तिकरण ही व्यावहारिक साक्षरता की प्रमुख उपलब्धि है।

निरक्षरता उन्मूलन के लिए सम्पूर्ण साक्षरता अभियान ही राष्ट्रीय साक्षरता मिशन की मुख्य अवधारणा है। ये अभियान समयबद्ध, विशिष्ट क्षेत्र, सहभागिता, किफायती, उपलब्धि पूरक हैं, इन्हें जिला साक्षरता (जिला स्तर की साक्षरता समिति) स्वतन्त्र और स्वायत्तशासी संस्था के रूप में क्रियान्वित करती हैं, इनमें समाज के सभी वर्गों का प्रतिनिधित्व होता है। व्यावहारिक साक्षरता देने के अतिरिक्त संपूर्ण साक्षरता अभियान (टीएलसी) सामाजिक जरूरत के महत्वपूर्ण संदेशों का प्रचार-प्रसार भी करता है जिनमें बच्चों का स्कूलों में दाखिला और उनकी शिक्षा, टीकाकरण, परिवार सीमित रखने के उपायों का प्रचार, महिला समानता और सशक्तिकरण, शांति और सद्भाव आदि शामिल है। इन साक्षरता अभियानों

ने प्राथमिक शिक्षा की मांग भी पैदा की है। जिन लाखों निरक्षर लोगों ने व्यावहारिक शिक्षा की दक्षता हासिल की है वे बेहद नाजुक स्थिति में होते हैं यदि ऐसे नवसाक्षर लोगों को साक्षरता की प्रक्रिया से जोड़े रखने और उनकी शिक्षा का स्तर बनाए रखने के प्रयास नहीं किए गए तो इनके फिर से निरक्षर हो जाने की संभावना बनी रहती है। मूल साक्षरता का पहला चरण निर्देशों पर आधारित है जबकि दूसरे चरण में सुदृढ़ीकरण और निदान शामिल हैं। अब कौशल उन्नतिकरण को एक स्थिति से दूसरी स्थिति में पहुँचने के लिए निरन्तरता, दक्षता और अभिमुखता सुनिश्चित करने में एक समन्वित परियोजना के रूप में देखा जाता है। राष्ट्रीय साक्षरता मिशन का उद्देश्य यह है कि संपूर्ण साक्षरता अभियान और साक्षरता के बाद के कार्यक्रम सफलतापूर्वक अनवरत शिक्षा–प्रक्रिया के रूप में जारी रहें और जीवनपर्यन्त साक्षरता के अवसर उपलब्ध कराते रहें।

सतत (Continuing Education) शिक्षा योजना देश में सम्पूर्ण साक्षरता (Total Literacy) और साक्षरता पश्चात् (Post-Literacy) कार्यक्रमों के लक्ष्य हासिल करने के प्रयासों को सतत अधिगम प्रदान करता है। नव साक्षर लोगों को आगे अधिगम के अवसर उपलब्ध कराने के लिए अनवरत शिक्षा केन्द्रों की स्थापना पर मुख्य जोर दिया जाता है। ये केन्द्र मूल साक्षरता, साक्षरता कौशल में सुधार, वैकल्पिक शिक्षा कार्यक्रमों और व्यावसायिक कौशल की खोज तथा सामाजिक और पेशागत विकास के प्रोत्साहन के लिए क्षेत्रीय मांग और जरूरत के मुताबिक अवसर उपलब्ध कराते हैं। इस योजना के अन्तर्गत अनेक महत्वपूर्ण कार्यक्रम चलाए जाते हैं। जैसे–प्रतिभागियों में व्यावसायिक कौशल बढ़ाने, आय उत्पादक गतिविधियाँ शुरू करने में सहयोग प्रदान करने वाला समतुल्यता कार्यक्रम, जीवन गुणवत्ता कार्यक्रम जिसके माध्यम से नौसिखिए और समुदाय अपना जीवन स्तर ऊँचा उठाने के लिए जरूरी ज्ञान, दृष्टिकोण, मूल्य और कौशल हासिल कर सकें और व्यक्तिगत अभिरुचि प्रोत्साहन कार्यक्रम जिसके तहत कोई भी नौसिखिया व्यक्तिगत रूप से सामाजिक स्वास्थ्य, सांस्कृतिक और कलात्मक अभिरुचियों के अनुसार अवसर हासिल कर सकता है।

भौगोलिक दृष्टि से दूरदराज के इलाकों में रहने वाले अनुसूचित जाति/अनुसूचित जनजाति/महिलाओं तथा वहाँ के लोगों की जरूरत को पूरा करने के लिए विशेष साक्षरता कार्यक्रम चलाएं जा रहे हैं। सतत शिक्षा कार्यक्रम के अन्तर्गत अब तक 310 जिले शामिल किए जा चुके हैं।

गैर सरकारी संगठनः राष्ट्रीय साक्षरता मिशन (एनएलएम) अपने उद्देश्यों की पूर्ति के लिए स्वयंसेवी संगठनों की अपार क्षमताओं को मान्यता देता है। इसने स्वयंसेवी संगठनों के साथ साझेदारी मजबूत बनाने के लिए कई उपाय किए हैं। इसके साथ ही साक्षरता आन्दोलन में स्वयंसेवी संगठनों को सक्रिय उत्साहवर्धक भूमिका सौंपी गई है। साक्षरता उपलब्ध कराने के अलावा स्वयंसेवी संगठन प्रयोगात्मक और नवोन्मुख कार्यक्रमों के माध्यम से शैक्षिक और तकनीकी विशेषज्ञों की सेवाएँ भी उपलब्ध कराता है। स्वयंसेवी संगठनों की ओर से संचालित राज्य संसाधन केन्द्रों से प्रशिक्षण सामग्री, विस्तारगत विधियाँ नवोन्मुख परियोजनाएँ, अनुसंधान अध्ययन और मूल्यांकन सामग्री के रूप में अकादमिक और तकनीकी संसाधन सहयोग उपलब्ध कराया जाता है। इस समय कुल 26 राज्य संसाधन केन्द्र कार्यरत हैं।

राष्ट्रीय साक्षरता मिशन के मुख्य तत्त्वः 1. प्रौढ़ों को साक्षरता कार्यक्रम के लिए अभिप्रेरित करना। 2. जन सहयोग प्राप्त करने के प्रयत्न करना। 3. स्वैच्छिक संस्थाओं को

बड़े पैमाने पर प्रौढ़ कार्य से जोड़ना। 4. चल रहे कार्यक्रमों में आवश्यक सुधार लाना। 5. लोक अभियान या जन आंदोलन चलाना।

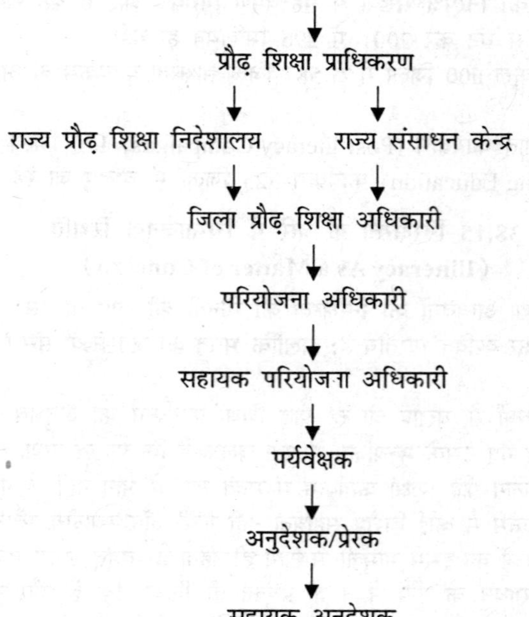

राष्ट्रीय साक्षरता मिशन की उपलब्धियाँ: 1. वर्ष 2001 में साक्षरता दर 1991 में 52.21 प्रतिशत के मुकाबले 65.38 प्रतिशत थी। इस अवधि में 13.17 प्रतिशत की वृद्धि किसी भी दशक की सर्वोच्च वृद्धि है।

2. 31 मार्च 2006 तक 120.39 मिलियन लोगों को साक्षर बनाया गया।

3. ग्रामीण क्षेत्रों की वृद्धि दर शहरी क्षेत्रों से अधिक है।

4. पुरुष-महिला साक्षरता दर में अन्तर 1991 के 24.84 प्रतिशत से घटकर 2001 में 21.70 हो गया।

5. पिछले दशक के दौरान महिला साक्षरता दर 14.8 प्रतिशत बढ़ी अर्थात् 39.3 प्रतिशत से बढ़कर 54.16 हो गई, जबकि पुरुष साक्षरता दर केवल 11.72 प्रतिशत बढ़ी अर्थात् 64.1 से बढ़ कर 75 प्रतिशत हुई।

6. लैंगिक समानता और महिला सशक्तीकरण भी दृष्टिगोचर हैं, क्योंकि 60 प्रतिशत सहभागी और लाभार्थी महिलाएँ हैं।

7. वर्ष 1991-2001 के दौरान सात वर्ष के बाद की आबादी 17.16 मिलियन बढ़ी है, जबकि इस दौरान 203.6 मिलियन अतिरिक्त लोग साक्षर बने।

8. 1991-2001 के दौरान समस्त राज्यों/संघ शासित प्रदेशों में निरपवाद रूप से, साक्षरता वृद्धि देखने को मिली है।

9. समस्त राज्यों/संघ शासित प्रदेशों में पुरुष साक्षरता दर अब 60 प्रतिशत से अधिक है। केरल की साक्षरता दर उच्चतम (90.92 प्रतिशत) और बिहार की निम्नतम (47.53 प्रतिशत) बनी हुई है।

10. निरक्षरों की निरपेक्ष संख्या में महत्त्वपूर्ण गिरावट आई है यह संख्या 1991 में 328.88 मिलियन से घट कर 2001 में 296 मिलियन हो गई।

11. देश के कुल 600 जिलों में से 587 जिले साक्षरता कार्यक्रम के अधीन लाए गए हैं।

साक्षरता पश्चात् कार्यक्रम (Post-literacy Compaigns) 170 जिलों में तथा सतत् शिक्षा (Continuing Education) कार्यक्रम 325 जिलों में चलाए जा रहे हैं।

38.15 निरक्षरता के बारे में चिन्ताजनक स्थिति (Illiteracy As a Matter of Concern)

सभी वर्गों तथा आयुवर्गों की निरक्षरता की गिनती की जाए तो इस समय संसार में प्रत्येक तीसरा निरक्षर व्यक्ति भारतीय है; हालाँकि भारत की जनसंख्या संसार की जनसंख्या का छठा भाग है।

पिछले कई वर्षों से चलाए जा रहे प्रौढ़ शिक्षा कार्यक्रम का अनुभव और स्वयंसेवी संस्थाओं द्वारा किए गए उसके मूल्यांकन से पता चलता है कि पर्याप्त प्रेरणा का अभाव होने के कारण निरक्षर लोग प्रौढ़ शिक्षा कार्यक्रम में सतत रूप से भाग नहीं ले पाते हैं। विकास एजेंसियाँ इस कार्यक्रम में कोई विशेष सहायता नहीं पायी और स्थानीय स्वैच्छिक एजेंसियों और शैक्षिक संस्थाओं का इसमें मामूली सहयोग ही रहता है। बहुत समय तक साक्षरता को विकास के एक साधन के रूप में न तो प्रयुक्त ही किया गया है और न इस रूप में प्रचार-प्रसार किया गया है। इसका कारण यह है कि गरीबी और निरक्षरता के बीच के सकारात्मक संबंध को अभी तक समझा नहीं गया है। ऐसा नहीं लगता कि नीति निर्माता लोग यह मानते हों कि समुचित रूप से तैयार किया गया प्रौढ़ शिक्षा का कार्यक्रम देश की जनता को विकास कार्य में बाधा बनने के स्थान पर विकास कार्य को बढ़ाने के लिए प्रभावी बन सकता है या प्रौढ़ शिक्षा कार्यक्रम उत्पादकता को बढ़ाने में महत्त्वपूर्ण योगदान दे सकता है। यह बहुत आश्चर्य की बात है कि कामकाजी लोगों में से 60 प्रतिशत लोग निरक्षर हैं; फिर भी इनके मालिकों से यह उत्तरदायित्व निभाने के लिए नहीं कहा गया है कि वे निरक्षर श्रमिकों अथवा कर्मियों को प्रयोजनमूलक शिक्षा प्रदान कराकर उत्पादकता बढ़ाने में उनकी उपयोगिता में वृद्धि करें।

निरक्षरता उनमूलन की धीमी गति के कारण (Reasons for the Slow Progress in the Eradication of Illiteracy): संक्षेप में, प्रौढ़ शिक्षा की धीमी गति के निम्नलिखित कारण हैं:

1. ऐसा अनुभव किया गया है कि प्रौढ़ शिक्षा को संविधान में बहुत ही कम महत्त्व दिया गया है।

2. शिक्षा के नीति निर्धारण में तथा शिक्षा के विभिन्न स्तरों पर प्रौढ़ शिक्षा पर सैद्धांतिक रूप में तो बल दिया गया है, परंतु व्यावहारिक रूप में उच्च शिक्षा की तुलना में इस पर बहुत ही कम खर्च किया गया है।

3. प्रौढ़ शिक्षा के क्षेत्र में स्पष्ट नीति नहीं रही है। कभी तो इसमें साक्षरता पर बल दिया जाता रहा है और कभी इसका क्षेत्र विस्तृत करके इसमें सामाजिक बिंदु पर जोर दिया गया है।

4. प्रौढ़ शिक्षा के विकास के लिए क्षेत्र ठीक प्रकार से नहीं चुने जाते।

5. राजनीतिक मेनिफेस्टोस में प्रौढ़ शिक्षा की महत्ता पर पर्याप्त जोर नहीं दिया गया।

6. राजनीतिक दलों ने प्रौढ़ शिक्षा की गतिविधियों में बहुत ही कम रुचि ली है।

7. प्रौढ़ शिक्षा के क्षेत्र में काम करने वाली गैर-सरकारी संस्थाओं ने विशेष सहयोग नहीं दिया है। अनेक संस्थाएँ तो केवल कागज पर ही थीं।

8. प्रौढ़ शिक्षा के क्षेत्र में खर्च किए जाने वाले धन का ठीक ढंग से उपयोग नहीं किया गया।

9. प्रौढ़ शिक्षा के क्षेत्र में काम करने वाले कार्यकर्त्ताओं में उचित उत्साह की कमी थी।

10. प्राय: बेरोजगार लोगों को इस कार्य में लगाया गया और जब उन्हें अच्छा काम मिल गया, तो प्रौढ़ शिक्षा के क्षेत्र को छोड़ गए। इस कार्य में निरन्तरता न आ सकी।

11. प्रौढ़ शिक्षा पर किए जानेवाले खर्च का एक बड़ा भाग सरकारी वाहनों तथा वेतनों में चला जाता है।

12. प्रौढ़ साक्षरता के आँकड़े रखने की एक जैसी विधि का अभाव है।

13. शिक्षण सामग्री प्रौढ़ों के सामाजिक और व्यावसायिक जीवन से प्राय: जुड़ी हुई नहीं रही।

14. प्रौढ़ शिक्षा केन्द्र साधारणतया साधनहीन रहे हैं।

15. प्रौढ़ शिक्षा के कार्यक्रम में नियोजन का अभाव रहा है।

16. आधुनिक विज्ञान तथा प्रौद्योगिकी का प्रयोग साक्षरता कार्यक्रमों में नहीं किया गया है।

17. लोगों की निर्धनता भी प्रौढ़ साक्षरता के कार्यक्रम में बहुत बड़ी बाधा है।

18. प्रौढ़ शिक्षा तथा प्राथमिक शिक्षा एक-दूसरे के पूरक हैं। इन दोनों ही क्षेत्रों में वांछित सफलता नहीं मिली है।

19. व्यावसायिक उद्योगों के मालिकों ने, चाहे उद्योग सरकारी हों, गैर-सरकारी हों अथवा अर्ध सरकारी, अपने ऊपर निरक्षर श्रमिकों को साक्षर बनाने का उत्तरदायित्व नहीं लिया है।

38.16 प्रौढ़ निरक्षरता उन्मूलन अथवा प्रौढ़ शिक्षा के प्रसार से संबंधित समस्याएँ (Problems in the Eradication of Adult Illiteracy or Spread of Adult Literacy Education)

1. शिक्षा के क्षेत्र में विभिन्न बिंदुओं पर प्राथमिकता। 2. प्रौढ़ शिक्षा के प्रति राजनीतिक इच्छाशक्ति। 3. प्रौढ़ शिक्षा के प्रतिकूल स्थितियाँ। 4. प्रौढ़ शिक्षा की अवधारणा। 5. उपयुक्त दृश्य-श्रव्य जुटाना। 6. उपयुक्त पाठ्य सामग्री का उपलब्ध कराना। 7. प्रशिक्षित प्रौढ़ शिक्षा कार्यकर्ता जुटाना। 8. पर्याप्त प्रौढ़ कर्मचारी नियुक्त करना। 9. सीखने-सिखाने के उपयुक्त तरीके प्रयोग में लाना। 10. गैर-सरकारी अथवा

ऐच्छिक संस्थाओं का सक्रिय योगदान। 11. विभिन्न कार्यरत संस्थाओं का संयोजन। 12. समयानुसार उचित मूल्यांकन।

38.17 मुख्य सुझाव (Main Suggestions)

I. कार्यक्रम वयस्क मनोविज्ञान के अनुरूप होना चाहिए: साक्षरता कार्यक्रम को प्रभावपूर्ण और सफल बनाने के लिए यह आवश्यक है कि इसमें विविधता हो। इस विविधता कार्यक्रम की धारणा यह है कि मनोवैज्ञानिक और सामाजिक आवश्यकताओं का पूर्ण ध्यान रखा जाए। इसके अतिरिक्त विभिन्न भाषाओं का भी ध्यान रखना होगा, क्योंकि क्षेत्रीय भाषाओं द्वारा साक्षरता कार्य करना होगा।

आधुनिक शिक्षा सिद्धान्तों को ध्यान में रखते हुए शिक्षा साधनों को भी प्रौढ़ों के बौद्धिक विकास, जीवन और व्यवसाय के अनुरूप बनाना होगा। यह भी एक कठिन कार्य है। साक्षरता और प्रौढ़ शिक्षा साधन, पठन सामग्री और पाठ्य पुस्तकों में विविधता होनी चाहिए, जिससे वे समाज की बदलती हुई आवश्यकताओं को पूरा कर सकें।

II. उपयुक्त संस्थाओं का योगदान: इन संस्थाओं का आपसी योगदान होना चाहिए: 1. फॉर्मल शैक्षणिक संस्थाएँ; जैसे–स्कूल, कॉलेज, विश्वविद्यालय, पुस्तकालय, संग्रहालय, सामुदायिक केंद्र आदि। 2. अनौपचारिक आयोजन; जैसे–अध्ययन केन्द्र, शिविर आदि। 3. मनोरंजन संस्थाएँ; जैसे–थियेटर, क्लब, मेला तथा उत्सव। 4. अध्यापक तथा अन्य कर्मचारी संघ। 5. गैर-सरकारी संस्थाएँ।

III. औद्योगिक संस्थाओं का योगदान: बड़े-बड़े फर्मों, व्यापारिक, औद्योगिक और अन्य व्यक्तियों के बड़े-बड़े केन्द्रों के मालिकों की जिम्मेदारी हो कि वे अपने यहाँ काम करने वाले सभी लोगों को तीन वर्ष के अन्दर पढ़-लिख सकने योग्य बनाएँ। यदि आवश्यकता हो तो इस उद्देश्य की पूर्ति के लिए कानून बनाया जाए।

IV. सर्वसाधारण को भागीदार बनाने के लिए योजना: इस योजना के अन्तर्गत सभी शिक्षित पुरुषों और स्त्रियों को, जिनके पास समय हो, इस बात के लिए प्रेरित किया जाए कि वे निरक्षरता को हटाने में हाथ बटाएँ और साक्षरता का एक सुनियोजित प्रोग्राम चलाया जाए। इस काम में शिक्षक और विद्यार्थी और सभी शिक्षा संस्थाएँ शामिल हों। उच्च प्राथमिक, माध्यमिक और उच्चतर माध्यमिक कक्षा के विद्यार्थियों का एक अनिवार्य राष्ट्रीय सेवा का प्रोगाम बनाया जाए और इसमें व्यावसायिक और पूर्वस्नातक संस्थाओं, विश्वविद्यालयों और कॉलेजों के विद्यार्थियों को भी लगाया जाए।

प्रौढ़ शिक्षा कार्यक्रम की सफलता के लिए आवश्यक बातें (Important Elements for the Success of Adult Education Programme): 1. स्थानीय दशाओं और आवश्यकताओं को ध्यान में रखते हुए साक्षरता कार्यक्रम बनाया जाए।

2. प्रौढ़ शिक्षा के कार्यक्रमों में पढ़ने-लिखने में कुशल बनाने के साथ-साथ प्रौढ़ों के व्यवसाय से सम्बन्धित ज्ञान और कौशल, अपने समुदाय, देश और संसार की महत्त्वपूर्ण समस्याओं के प्रति जागरूकता वाले कार्यक्रम भी शामिल होने चाहिए।

3. कार्यक्रम के लिए आवश्यक सामग्री को पर्याप्त मात्रा में पहले से ही तैयार रखना चाहिए। इसमें पाठ्य पुस्तकें और अन्य पाठ्य सामग्री; जैसे–चार्ट, नक्शे, पथ-प्रदर्शिकाएँ आदि शामिल होनी चाहिए।

4. साक्षरता कार्यक्रम को रोचक तथा प्रभावी बनाने के लिए दृश्य-श्रव्य, विशेषकर रेडियो, दूरदर्शन, प्रेस, फिल्म, नाटक आदि साधनों का उपयोग करना चाहिए।

5. साक्षरता कार्यक्रम चलाने से पूर्व प्रौढ़ निरक्षरों को मनोवैज्ञानिक ढंग से तैयार करना चाहिए और उनमें प्रेरणा जगानी चाहिए।

6. जो व्यक्ति प्रौढ़ों को पढ़ाएँ, उन्हें प्रौढ़ों को पढ़ाने और उनसे व्यवहार करने के ढंगों के बारे में उचित प्रशिक्षण दिया जाना चाहिए।

7. पढ़ाने वालों के लिए मार्गदर्शक पुस्तकों तथा अन्य सहायक सामग्री की भी व्यवस्था की जानी चाहिए।

8. इस अभियान को प्रभावी बनाने के लिए प्रत्येक स्थान पर पुस्तकालय और वाचनालय स्थापित किए जाने चाहिए।

9. आकाशवाणी तथा दूरदर्शन का प्रयोग साक्षर प्रौढ़ों के सामाजिक जीवन के उत्तरदायित्वों के प्रति जागरूकता जगाने के लिए किया जाना चाहिए।

10. उद्योग, कृषि, जन स्वास्थ्य, सहकारिता, सामुदायिक विकास आदि विभागों की प्रौढ़ शिक्षा कार्यक्रम में सहायता मिलनी चाहिए।

11. राजनीतिक, सामाजिक तथा अन्य नेताओं को इस कार्यक्रम में विशेष रुचि लेनी चाहिए।

12. स्वैच्छिक संगठनों को अपना उत्तरदायित्व ठीक प्रकार से निभाना होगा।

13. यदि सम्भव हो, प्रौढ़ शिक्षा का कार्यक्रम 'सीखना' और 'कमाना' होना चाहिए।

14. साक्षरता के लिए एक कार्यकुशल संगठन होना चाहिए।

उपसंहार: निरक्षरता को दूर करना सम्भव है। एक सौ से ऊपर देशों ने निरक्षरता को दूर करके दिखा दिया है। इनमें अनेक विकासशील तथा अविकसित देश भी शामिल हैं। ये देश ऐसा इस कारण कर सके क्योंकि वे इसे राजनीतिक निर्णय लेने तथा राष्ट्रीय पुनर्निमाण करने की प्रक्रिया में आम जनता के सार्थक रूप से भाग लेने में एक आवश्यक घटक मानते थे। यह बात भारत के लिए भी सही है। राजनीतिज्ञों को सावधानीपूर्वक विचार करके तय करना है, जिससे कि प्रौढ़ शिक्षा कार्यक्रमों के प्रति अभी तक जो रुख अपनाया गया है, वह समाप्त किया जा सके और इस बारे में कोई निर्णायक कार्रवाई की जा सके।

यदि प्रौढ़ शिक्षा के कार्यक्रम को चालू रखना है तो इस कार्यक्रम की विषय-वस्तु, कार्य-प्रणाली तथा पाठ्य सामग्री की उपयुक्तता और साक्षर हो जाने के पश्चात् कार्यक्रम की प्रभाविकता की दृष्टि से पुनः मूल्यांकन करना होगा। इस बात को भली-भाँति जानने की आवश्यकता है कि प्रौढ़ शिक्षा का प्राथमिक शिक्षा के विस्तार और विकास में बहुत योगदान हो सकता है। यूनेस्को द्वारा कराए गए अध्ययनों से पता चलता है कि यदि 80 प्रतिशत तक साक्षरता हो जाए तो हम प्राथमिक शिक्षा के सार्वजनीकरण के लक्ष्य तक पहुँच सकते हैं। अतः प्रौढ़ साक्षरता के महत्त्व को भली-भाँति समझने की आवश्यकता है। प्रौढ़ साक्षरता से देश की समस्याओं का सुलझाया जा सकता है।

39

सामाजिक, सांस्कृतिक तथा आर्थिक दृष्टिकोण से समाज के वंचित वर्गों की शिक्षा: प्रावधान एवं माध्यम

(Education of Socially, Culturally and Economically Deprived Groups: Provisions Made and Channels Started)

39.1 सामाजिक, सांस्कृतिक तथा आर्थिक दृष्टि से समाज के वंचित वर्गों से अभिप्राय

(Meaning of Socially, Culturally and Economically Deprived Groups)

भारतीय संविधान में सामाजिक, सांस्कृतिक तथा आर्थिक दृष्टि से संचित वर्गों को परिभाषित नहीं किया गया है। इस प्रकार इस शब्दावली का प्रयोग भारतीय शिक्षा आयोग (1964–66) तथा राष्ट्रीय शिक्षा नीति 1968, 1986 तथा 1992 में भी नहीं किया गया है।

सामान्यत: कहा जा सकता है कि सामाजिक, सांस्कृतिक एवं आर्थिक दृष्टि से वंचित वे लोग हैं जिनका शताब्दियों से शोषण होता आया है। उन्हें समाज के अन्य वर्ग हीन दृष्टि से देखते हैं। इन समूहों की भी अलग अलग पहचान होती है।

सामाजिक वंचित वर्ग (Socially Deprived Sections): इस वर्ग के लोगों को ऊंचे वर्गों के लोगो के सम्पर्क से प्राय: वंचित रहना पड़ा है। ये अलग समुदायों में रहते हैं। समाज में इनका स्तर बहुत निम्न माना जाता है। इन्हें सार्वजनिक स्थान जैसे नहाने के घाट, तालाब, कुएँ, होटल तथा शैक्षिक संस्थान-जिन का उपयोग उच्च जाति के लोग करते हैं, उनसे वंचित रखा गया है। इस वर्ग के लोग जब उच्च वर्ग के पास जाते थे, ये झुक कर अभिवादन करते थे। उनसे हाथ मिलाकर अभिवादन नहीं कर सकते थे।

स्वतन्त्रता से पूर्व अनेक ऐसे स्थान थे जहाँ पर केवल अंग्रेज ही जा सकते थे। भारतीय अपने ही देश में अनेक बराबरी की सुविधाओं से वंचित थे। गांधी जी को दक्षिण अफ्रीका में रेल की प्रथम श्रेणी के डिब्बे से नीचे उतार दिया गया था क्योंकि वहाँ पर एक अंग्रेज ने बैठना था।

अनेक भारतीय गांवों में अब भी सामाजिक दृष्टि से पिछडें वर्ग उसी चारपाई पर नहीं बैठ सकते जिस पर उच्च वर्ग के लोग।

सांस्कृतिक दृष्टि से वंचित लोग (Culturally Deprived Sections): समाज में अनेक ऐसे वर्ग हैं जिन्हें सदियों तक मन्दिरों में प्रार्थना करने की मनाही थी। वे उच्च लोगो के साथ अभिनय आदि में भाग नहीं ले सकते थे। उनके उठने-बैठने के ढंग परम्परागत हैं। विवाह ऊंची जातियों में नहीं कर सकते हैं।

आर्थिक दृष्टि से वंचित लोग (Economically Deprived Sections): वे जीवन निर्वाह बड़ी कठिनाई से करते हैं। उन्हें पेट भरने के लिए भोजन प्राप्त नहीं होता है। सड़कों पर रात को सोते हैं। उन्हें कोई ऊंचा व्यवसाय नहीं मिल सकता है। कड़ी मेहनत के बाद में उनकी आय बहुत कम है।

ये वर्ग प्राय: इस प्रकार हैं: 1. अनुसूचित जातियाँ। 2. अनुसूचित जन जातियाँ। 3. मैला उठाने वाले वर्ग। 4. झुग्गी झोंपड़ी में रहने वाले वर्ग। 5. दूरदराज स्थानों पर रहने वाले वर्ग। 6. पहाड़ियों पर रहने वाले वर्ग। 7. जंगलों में रहने वाले वर्ग। 8. गन्दी बस्तियों में रहने वाले वर्ग। 9. फेरी लगाने वाले वर्ग। 10. अल्प संख्यक वर्ग। 11. लोहार, बढ़ई आदि वर्ग। 12. घरों में छोटे-मोटे काम करने वाले। 13. निर्धनता रेखा से नीचे वर्ग। 14. खेती पर काम करने वाले श्रमिक। 15. कारखानों में काम करने वाले श्रमिक आदि। 16. महिलाएँ।

39.2 सामाजिक, सांस्कृतिक तथा आर्थिक दृष्टि से वर्गों की विशेषताएँ (Chief Characteristics of Socially Culturally and Economically Sections of the Society)

1. निम्न जीवन स्तर। 2. दैनिक जीवन की आवश्यक वस्तुओं का अभाव। 3. निरक्षर। 4. निर्धनता का शिकार। 5. भाग्यवादी। 6. हीन भावना। 7. नकारात्मक दृष्टिकोण। 8. निराशावादी। 9. परम्परागत व्यवसाय। 10. वांछित अभिप्रेरणा का अभाव। 11. अलग-थलग। 12. सीमित जीवन अनुभव। 13. बड़ा परिवार।

39.3 संवैधानिक प्रावधान (Constitutional Provisions)

भारतीय संविधान में निम्नलिखित मूल अधिकार दिए गए हैं: 1. समता का अधिकार। 2. स्वतन्त्रता का अधिकार। 3. शोषण के विरुद्ध अधिकार। 4. धर्म की स्वतन्त्रता का अधिकार। 5. संस्कृति और शिक्षा सम्बन्धी अधिकार। 6. संवैधानिक उपचारों का अधिकार।

समता का अधिकार: *अनुच्छेद 14. विधि के समक्ष समता:* राज्य, भारत के राज्य क्षेत्र में किसी व्यक्ति को विधि के समक्ष समता से या विधियों के समान-संरक्षक से वंचित नहीं रखेगा।

अनुच्छेद 15. धर्म, मूलदेश, जाति, लिंग या जन्म स्थान के आधार पर विभेद का प्रतिषेध: (1) राज्य, किसी नागरिक के विरुद्ध केवल धर्म, मूलवंश, जाति, लिंग, जन्म स्थान या इनमें से किसी के आधार पर कोई विभेद नहीं करेगा।

(2) कोई नागरिक केवल धर्म, मूलवंश, जाति, लिंग, जन्म स्थान या इनमें से किसी के आधार पर: (क) दुकानों, सार्वजनिक भोजनालयों, होटलों और सार्वजनिक मनोरंजन के

स्थानों में प्रवेश, या (ख) पूर्णतः या भागतः राज्य निधि से पोषित या साधारण जनता के प्रयोग के लिए समर्पित कुओं, तालाबों, स्नानथायें, सड़कों और सार्वजनिक समागम के स्थानों के उपयोग के सम्बन्ध में किसी भी निर्योग्यता (Disability) दायित्व, निर्बंधन (Restriction) या शर्त के अधीन नहीं होगा।

अनुच्छेद 16. लोक नियोजन के विषय में अवसर की समानता: (1) राज्य के अधीन किसी पद पर नियोजन या नियुक्ति से सम्बन्धित विषयों में सभी नागरिकों के लिए अवसर की समता होगी।

(2) राज्य के अधीन किसी नियोजन या पद के सम्बन्ध में केवल धर्म, मूलवंश, जाति, लिंग, उद्भव (Descent), जन्मस्थान, निवास या इनमें से किसी के आधार पर न तो कोई नागरिक अपात्र होगा और न उससे विभेद किया जाएगा।

अनुच्छेद 17. अस्पृश्यता का अंत: अस्पृश्यता का अंत किया जाता है और इसका किसी भी रूप में आचरण निषिद्ध किया जाता है।

स्वातंत्र्य-अधिकार: *अनुच्छेद 19. वाक्-स्वातन्त्र्य आदि विषयक कुछ अधिकारों का संरक्षण:* सभी नागरिकों को अधिकार होगा:

(क) वाक्-स्वातंत्र्य और अभिव्यक्ति स्वातंत्र्य का, (ख) शान्तिपूर्वक और निरामुध (without arms) सम्मेलन का, (ग) संगम (Association) या संघ (Union) बनाने का, (घ) भारत के राज्य क्षेत्र में सर्वत्र अबाध संचरण का, (ङ) भारत के राज्य क्षेत्र के किसी भाग में निवास करने और बस जाने का, (च) कोई वृत्ति, उपजीविका, व्यापार या कारोबार करने का।

शोषण के विरुद्ध अधिकार: *अनुच्छेद 23. मानव के दुर्व्यापार और बलात् श्रम का प्रतिवेध:* मानव दुर्व्यापार और बेगार तथा इसी प्रकार का अन्य बलात् श्रम प्रतिबद्ध किया जाता है और इस उपबंध का कोई भी उल्लंघन अपराध होगा जो विधि के अनुसार दण्डनीय होगा।

अनुच्छेद 24. कारखानों आदि में बालकों के नियोजन का प्रतिवेध: चौदह वर्ष से कम आयु के किसी बालक को किसी कारखाने या खान में काम करने के लिए नियोजित नहीं किया जाएगा या किसी अन्य परिसंकटमय नियोजन (Hazardous employment) में नहीं लगाया जाएगा।

धर्म की स्वतन्त्रता का अधिकार: अनुच्छेद 25. अंतःकरण की और धर्म के अबाध रूप से मानने, आचरण और प्रचार करने की स्वतन्त्रता: लोक व्यवस्था, सदाचार और स्वास्थ्य तथा इस भाग के अन्य उपबन्धों के अधीन रहते हुए सभी व्यक्तियों को अन्तःकरण की स्वतन्त्रता और धर्म के अबाध रूप से मानने, आचरण करने और प्रचार करने का समान हक होगा।

अनुच्छेद 26. धार्मिक कार्यों के प्रबन्ध की स्वतन्त्रता: लोक व्यवस्था, सदाचार और स्वास्थ्य के अधीन रहते हुए, प्रत्येक धार्मिक सम्प्रदाय या उसके किसी अनुभाग को अधिकार होगा: (क) धार्मिक और पूर्व प्रयोजनों के लिए संस्थाओं की स्थापना और पोषण का, (ख) अपने धर्म विषयक कार्यों का प्रबन्ध करने का, (ग) चल संपत्ति और अचल संपत्ति के अर्जन और स्वामित्व का, और (घ) ऐसी संपत्ति का विधि के अनुसार प्रशासन करने का।

39.4 शिक्षा आयोग (1964–66) की संतुतियां
[Recommendations of the Education Commission (1964–66)]

शिक्षा आयोग ने पिछड़े वर्गों अथवा वंचित वर्गों तथा व्यक्तियों की शिक्षा के महत्व पर बल देते हुए कहा "शिक्षा महत्वपूर्ण सामाजिक उद्देश्यों में से एक है," अवसरों की समानता का प्रावधान करना तथा पिछड़े वर्गों अथवा वंचित वर्गों एवं व्यक्तियों को शिक्षा के माध्यम से अपनी स्थिति में सुधार लाना। समतावादी तथा मानवतावादी समाज जिसमें कमजोर वर्गों का शोषण न हो, स्थापित करने की यही गारंटी है।" इसी विषय पर आयोग ने जोर देते हुए कहा "सामान्य रूप से पिछड़े वर्गों तथा विशेष रूप से जनजातियों के लोगों की शिक्षा एक मुख्य कार्यक्रम है जिसे समाज में समानता तथा राष्ट्रीय एकता आ सकती है। इस प्रयोजन के लिए कोई भी व्यय अधिक नहीं है।"

शिक्षा आयोग ने इस सन्दर्भ में निम्नलिखित सुझाव दिए:

1. सभी स्तरों पर शिक्षा को निःशुल्क बनाना। 2. निःप्राथमिक स्तर पर निःशुल्क पाठ्य पुस्तकों का प्रावधान करना। 3. स्कूलों में पुस्तक-बैंक स्थापित करना। 4. विभिन्न स्तर पर छात्रवृत्तियों की उचित मात्रा में व्यवस्था करना। 5. राष्ट्रीय स्तर पर छात्रवृत्तियों का उचित मात्रा में प्रावधान करना। 6. ऋण-छात्रवृत्तियों की व्यवस्था 7. लड़कियों के लिए विशेष सुविधाएँ जुटाना। 8. ट्रांसपोर्ट सुविधाओं की व्यवस्था करना।

39.5 राष्ट्रीय शिक्षा नीति 1968 तथा शैक्षिक प्रावधान
(National Policy on Education (1968) on Educational Provisions for These Classes)

पैरा चार(घ) में कहा गया है, "पिछड़े वर्गों और विशेष रूप से आदिम जातियों में शिक्षा का विकास करने के लिए अधिक तीव्र प्रयत्नों की आवश्यकता है।"

39.6 राष्ट्रीय शिक्षा नीति 1986 (NPE 1986) भाग 4 शिक्षा में समानताएँ

पेरा 4.1 "नई नीति में विषमताएँ दूर करने पर विशेष बल दिया जाएगा। उन व्यक्तियों की विशेष आवश्यकताओं पर ध्यान दिया जाएगा जिन्हें अब तक समानता के स्तर से वंचित रखा गया है। इस काम के लिए शिक्षा के अवसरों को बराबर बनाया जाएगा।

39.7 राष्ट्रीय शिक्षा नीति, 1986 की समीक्षा समिति अथवा रामर्मूर्ति समीक्षा समिति 1990
(Review Committee or Ramamurti Reviewed Committee 1990 on NPE 1986)

समीक्षा समिति ने जोर दिया कि समय की मांग यह है कि शैक्षिक विकास के कार्यक्रमों को इस प्रकार से बनाया जाए और लागू किया जाए कि उसमें क्षेत्र, समुदाय तथा लिंग विशेष गतिविधियों के आधार पर अलग-अलग लक्ष्य रखें जाएँ। इसका अर्थ यह है कि वंचित वर्गों, जैसे अनुसूचित जाति/जनजाति, स्त्रियों, शैक्षिक दृष्टि से पिछड़े अल्पसंख्यकों तथा विक्लांगों को ध्यान में रख कर ठोस कार्यक्रम चालू किए जाएँ और उनके लिए समुचित धन की व्यवस्था की जाए"।

39.8 केन्द्रीय शिक्षा सलाहकार बोर्ड की नीति सम्बन्धी समिति, 1992 (Central Advisory Board of Education Committee– CABE Committee on Policy)

समिति ने अध्याय चार 'अनुसूचित जातियों/अनुसूचित जनजातियों और शैक्षिक रूप से पिछड़े अन्य वर्गों की शिक्षा (Education of the SC's/ST's and Other Educationally Backward Sections)' में निम्नलिखित विचार प्रकट किए, "शैक्षिक प्रक्रिया में कमजोर वर्गों की सहभागिता तब तक निरर्थक होगी जब तक कि उनके पास भूमि सुधारों जैसे उपायों के माध्यम से उत्पादन तथा जीविका के साधन न हों उन्हें ईधन, भोजन तथा जल जैसी जीवन की अनिवार्य वस्तुएँ सार्थक रूप से उपलब्ध न हों, और उनके कार्य के लिए उचित वेतन का आश्वासन प्राप्त न हों"

समिति ने निम्नलिखित सुझाव दिए हैं:

1. केन्द्रीय अभिकरण की स्थापना (Establishment of a Focal Agency): केन्द्रीय सरकार को कार्यक्रम कार्यान्वयन के सम्बन्ध में रिपोर्ट करने के उद्देश्य से प्रत्येक राज्य में एक केन्द्रीय एजेंसी निर्धारित की जाए।

2. स्थायी केन्द्रीय शिक्षा बोर्ड समिति का गठन (Constitution of a Standing CABE Committee): केन्द्रीय शिक्षा बोर्ड समिति एक स्थायी समिति का गठन करे जिसमें वंचित वर्गों (अनु.जा. तथा अनु. जन.जा.) के लिए आयोजित किए जा रहे शैक्षिक कार्यक्रम (Educational Programmes for the Deprived Sections)के प्रतिनिधि हों।

3. समान पाठ्यक्रम (Same Curriculum): पिछड़े वर्गों के बच्चों तथा अन्य वर्गों के बच्चों में पाठ्यक्रम सम्बन्धी कोई भेदभाव न किया जाए।

4. राज्य सरकारें तथा अल्पसंख्यक शैक्षिक संस्थाएँ (State Governments and Minority Educational Institutions): केन्द्रीय सरकार ने वर्ष 1989 में अल्पसंख्यक प्रबन्धित शैक्षिक संस्थाओं को मान्यता प्रदान करने के लिए जो मानदण्ड निर्धारित किए हैं। राज्य सरकारें उनके सन्दर्भ में कार्य करें।

39.9 शैक्षिक कार्यक्रम (Educational Programmes)

1. सार्वभौमिक निःशुल्क प्राथमिक शिक्षा (Universal Free Primary Education): केन्द्रीय सरकार, राज्य सरकारें तथा स्थानीय संस्थाओं (पंचायतीराज संस्थाओं) ने सभी के लिए निःशुल्क प्राथमिक शिक्षा का प्रावधान किया है। वंचित वर्गों के निवास स्थान के समीप शैक्षिक संस्थाएँ खोली गई हैं।

2. निःशुल्क पुस्तकें आदि (Free Books etc): प्राथमिक स्तर पर बच्चों को स्कूल में अभिप्रेरित करने के लिए निःशुल्क पुस्तकें, कागज-पैन्सिल तथा स्कूल वर्दी की व्यवस्था की गई है।

3. निःशुल्क ट्रांसपोर्ट: अनेक राज्यों में स्कूल के बच्चों के आने जाने के लिए सुविधाएँ प्रदान की गई हैं।

4. छात्रवृत्तियाँ: अधिक से अधिक निर्धन बच्चों के लिए छात्रवृत्तियों की व्यवस्था की गई है।

5. छात्रावास: ग्रामीण क्षेत्रों में आवश्यकतानुसार छात्रावासों की व्यवस्था की गई है।

6. दोपहर का भोजन प्राथमिक शिक्षा को बढ़ावा देने के लिए पोषाहार सहायता राष्ट्रीय कार्यक्रम (National Programme of Nutritional Support to Primary Education–NPSE or Mid–Day Meals): 15 अगस्त 1995 से शुरू किया गया है। इस प्रोग्राम से लगभग 12 करोड़ बच्चे लाभ उठा रहे हैं। इस प्रोग्राम की मुख्य विशेषताएँ निम्नलिखित हैं:

- इस कार्यक्रम के तहत सभी सरकारी तथा सरकारी मदद से चल रहे स्कूलों में पहली से पाँचवीं क्लास में पढ़ने वाले बच्चों को हर रोज़ मुफ्त दोपहर का खाना दिया जाता है।
- कार्यक्रम के लिए भारत सरकार स्कूलों को रोज 100 ग्राम हर बच्चे के हिसाब से गेहूँ या चावल देती है।
- दाल, सब्ज़ी, तेल, मसाले, और खाना पकाने के लिए हर एक बच्चे के लिए रोज़ एक रुपए के हिसाब से पैसा दिया जाता है।
- इसके अलावा अनाज को लाने-ले जाने का खर्च अलग से दिया जाता है।
- कई राज्य अपनी तरफ से और पैसा जोड़कर खाने को बेहतर बना रहे हैं।
- सूखा पड़े इलाकों में गर्मियों की छुट्टियों में भी खाना दिया जाता है।
- हर रोज़ अलग-अलग खाना, जैसे दाल-भात, रोटी-सब्जी, खिचड़ी, दलिया, चावल-सांभर, खीर वगैरह परोसा जा सकता है ताकि सब बच्चे मिलजुलकर शौक से खा सकें।

यहां यह लिख देना भी आवश्यक प्रतीत होता है कि सरकारी तथा सरकारी सहायता से चल रहे प्राथमिक स्कूलों में अधिक संख्या में छात्र वांछित वर्गों से ही सम्बन्धित रहते हैं। बड़े-बड़े कस्बों तथा नगरों में इन्हीं वर्गों के बच्चे ऐसे स्कूलों में जाते हैं।

7. उपचारात्मक शिक्षा (Remedial Teaching): अनेक स्थानों पर पिछड़े वर्गों से सम्बन्धित बच्चों के लिए उपचारात्मक कक्षाएँ चलाई जा रहीं हैं।

8. व्यावसायिक शिक्षा (Vocational Education): स्थानीय आवश्यकता के अनुसार माध्यमिक स्कूलों में विभिन्न प्रकार के व्यावसायिक पाठ्यक्रम भी चलाए जा रहे हैं।

9. स्कूल स्थापित करने के मापदण्ड (Norms for Opening Schools): पिछड़े क्षेत्रों तथा पिछड़े वर्गों के लिए स्कूल खोलने के मापदण्ड में छूट दी जाती है।

10. प्रौढ़ शिक्षा कार्यक्रम (Adult Education Programmes): वंचित वर्गों के लिए प्रौढ शिक्षा के कई कार्यक्रम चलाए जा रहे हैं। उनमें इस प्रकार के भाव जागृत करने के लिए प्रयास किए जा रहे हैं जिनसे वे अपने बच्चों की शिक्षा में रूचि लें।

11. सर्वशिक्षा अभियान तथा अन्य योजनाएँ (Sarva Shiksha Abhiyan and Other Plans): इस बात पर बल दिया गया है कि वंचित वर्गों को विभिन्न कार्यक्रमों में प्राथमिकता दी जाए।

नोट: इस विषय पर विस्तारपूर्वक चर्चा अगले पृष्ठों पर की गई है। प्रत्येक वंचित वर्ग की शिक्षा के बारे में अलग से विवेचन किया गया है।

उपसंहार: केन्द्रीय तथा राज्य सरकारों द्वारा भरसक प्रयत्न किए जा रहे हैं ताकि वंचित लोगों की शिक्षा में सुधार हो तथा उनको जीवन के प्रत्येक क्षेत्र में विकास के अधिक से अधिक अवसर प्राप्त हों।

40

विभिन्न वर्गों की समानता के लिए शिक्षा, साधन एवं उपाय

(Means and Measures for Equality of Educational Opportunity with Respect to Different Sections)

40.1 शिक्षा में समानता का अर्थ (Meaning of Equality in Education)

समानता का अर्थ है कि समाज में प्रत्येक व्यक्ति को आत्मविकास के समान अवसर मिलने चाहिए। अवसरों के अभाव में किसी भी व्यक्ति की प्रतिभा अथवा योग्यता अविकसित न रह जाए।

समानता का अर्थ यह नहीं है कि सभी लोगों के साथ बिल्कुल एक जैसा बर्ताव किए जाय। इस सन्दर्भ में यह लिखना न्याय संगत है कि व्यक्तियों में विभिन्न योग्यताएं होती हैं। एक जैसी सुविधाओं से प्रत्येक व्यक्ति की आवश्यकताएं पूरी नहीं की जा सकती हैं। इस बात को स्पष्ट करने के लिए हम कुछ उदाहरणों को लेते हैं। शिक्षा में 'समान अवसरों' का अर्थ यह है कि सभी बच्चों को स्कूल जाने तथा शिक्षा प्राप्त करने का अवसर मिले, यह नहीं है कि किसी की उपलब्धि देखे बिना सभी को सभी कक्षाओं में पास किया जाए या सभी को एक जैसे ग्रेड या अंक दिए जाएँ। इसका यह भी अर्थ नहीं कि प्रत्येक छात्र को वाणिज्य अथवा विज्ञान विषय कक्षा 11 में दिए जाएं। 'समान अवसरों' का वास्तविक अर्थ यह है कि सभी को पर्याप्त अवसर मिलें जिससे उनका अधिकतम विकास हो। यदि कुछ क्षेत्रों में शिक्षा की सुविधाएं न हों तो सुविधाएं उपलब्ध करायी जाएं। यदि कुछ छात्र पढ़ाई आदि में कमजोर हैं तो उसके लिए उचित व्यवस्था की जाए।

40.2 समान अवसर का अर्थ समान शिक्षा नहीं है (Equality of Opportunity does not Mean Same Education)

वैयक्तिक भिन्नता सृष्टि का व्यापक नियम है। दो व्यक्ति, चाहे वे जुड़वाँ भाई या बहिन ही क्यों न हों, बिल्कुल समान नहीं होते, उनमें भी कुछ–न–कुछ अन्तर रहता ही है। भौतिक शरीर की बनावट के अतिरिक्त उनकी मानसिक शक्ति, उनके विचार, उनकी रुचि, ढंग, अभिवृत्ति, विश्वास आदि के कारण उनमें अंतर होना स्वाभाविक है। अत: सभी

को एक ही प्रकार की शिक्षा देने और समान अवसर प्रदान करने से यह आवश्यक नहीं है कि सबका विकास एक समान हो। अवश्य ही कोई तो उस अवसर का लाभ उठाकर उस शिक्षा से लाभान्वित होगा और कोई सर्वथा विफल होगा। समान अवसर का केवल यही तात्पर्य है कि धनी-गरीब दोनों को एक प्रकार की शिक्षा प्राप्त करने का समान अवसर मिलेगा और आर्थिक कठिनाई उसमें बाधक न होगी। इसके लिए अन्य प्रकार की भौतिक बाधाएँ भी दूर कर देनी चाहिए। जाति-भेद, रंग भेद, धार्मिक विश्वास, लिंग भेद इत्यादि किसी प्रकार का अवरोध नहीं होना चाहिए, जिससे प्रत्येक युवक-युवती को अपनी रुचि की संस्था एवं पाठ्य विषय चुनने को पूरी स्वतंत्रता होनी चाहिए।

40.3 शिक्षा में समान अवसरों का महत्त्व (Significance of Equality of Opportunity in Education)

पं. जवाहरलाल नेहरू ने समानता के बारे में कहा, ''हमें ऐसे समाज का निर्माण करना है, जिसमें प्रत्येक व्यक्ति को अपने गुण और योग्यता के अनुसार उन्नति करने के अवसर मिलें। मैं चाहता हूँ कि शिक्षा का इस उद्देश्य की प्राप्ति के लिए विकास किया जाए।''

कोठारी शिक्षा आयोग (1964-66) ने इस विषय में अपना मत इस प्रकार व्यक्त किया है:

''शिक्षा का एक महत्त्वपूर्ण उद्देश्य है सबको समान अवसर प्रदान करना, जिससे पिछड़े हुए तथा सामाजिक सुविधाओं से वंचित वर्गों के बच्चे भी अपनी आर्थिक एवं सामाजिक दशा सुधारने के लिए शिक्षा को साधन के रूप में प्रयुक्त कर सकें। जिस समाज में सामाजिक न्याय को महत्त्व दिया जाता है और जो सामान्य व्यक्ति की दशा सुधारने के लिए इच्छुक है एवं सभी उपलब्ध प्रतिभाओं का उपयोग करना चाहता है उसे देश के प्रत्येक वर्ग के लोगों को क्रमशः अवसर की समानता प्रदान करनी चाहिए। कल्याणकारी साम्यवादी समाज की स्थापना के लिए एकमात्र यही उपाय है जिससे सबल द्वारा दुर्बल का शोषण कम-से-कम हो सके।

हमारा देश अब प्रजातांत्रिक गणराज्य है। इसके संविधान में प्रत्येक नागरिक को कुछ मौलिक अधिकार दिए गए हैं, जिनमें स्वतंत्रता ''विचार भाषण एवं लेखन की, समानता'' एवं भ्रातृत्व प्रमुख मौलिक अधिकार हैं। अतः शिक्षा में भी समान अवसर की माँग करने का प्रत्येक नागरिक का अधिकार है। अब जाति-पाँति, धर्म-संप्रदाय, राजनैतिक विचार या लिंग भेद के कारण शिक्षा प्राप्त करने से वंचित नहीं किया जा सकता। प्रजातांत्रिक देश में प्रत्येक नागरिक को, जो मतदाता है, शिक्षित होना आवश्यक है। अतः राज्य का यह कर्त्तव्य है कि वह सबकी शिक्षा के लिए निःशुल्क व्यवस्था करे, जिससे आर्थिक बाधा के कारण कोई व्यक्ति शिक्षा से वंचित न रह जाए। प्रजातंत्र की सफलता मतदाताओं पर है और मतदाता जब तक शिक्षित नहीं है वे अपना उत्तरदायित्व और अपने मत का महत्त्व नहीं समझ सकते। अतः कम-से-कम प्रारंभिक शिक्षा (वरन् अब तो माध्यमिक स्तर तक) सबके लिए अनिवार्य होनी चाहिए। अनिवार्य शिक्षा तभी सफल हो सकती है जब वह निःशुल्क भी हो, क्योंकि शिक्षा यदि खर्चीली होगी तो बहुत से वर्गों के बच्चे क्षमता, रुचि एवं आकांक्षा होते हुए शिक्षा प्राप्त करने से वंचित रह जाएंगे। अतः शिक्षा के अवसर की समानता प्रजातांत्रिक देश की अनिवार्य आवश्यकता है।

निम्नलिखित बातों से शिक्षा में समानता की आवश्यकता है:

1. शिक्षा में मानवतावाद: सभी धर्म मानवता की बराबरी में विश्वास रखते हैं। अत: शिक्षा में बराबरी का अवसर मिलना चाहिए।

2. लोकतन्त्र के लिए अनिवार्य: शिक्षा का एक महत्त्वपूर्ण उद्देश्य है, लोकतन्त्र समाज की रचना। अत: शिक्षा में समानता का अधिकार देना आवश्यक है।

3. कल्याणकारी समाज: संविधान में एक कल्याणकारी समाज की परिकल्पना की गई है। कल्याणकारी समाज का लक्ष्य तभी प्राप्त किया जा सकता है जब कि शिक्षा में समानता हो।

4. शिक्षा का उद्देश्य सर्वांगीण विकास: सर्वांगीण उद्देश्य की प्राप्ति की मांग है कि शिक्षा में समान अवसर उपलब्ध हों।

5. देश का आर्थिक विकास: देश के आर्थिक विकास में सभी नागरिकों की भागीदारी चाहिए। इसमें सन्देह नहीं है कि यदि सभी को शिक्षा में समान अवसर प्राप्त नहीं होंगे तो सभी लोग अपनी क्षमता तथा प्रतिभा के अनुरूप देश के विकस में अपना योगदान नहीं दे सकते।

6. मानव अधिकार: संयुक्त राष्ट्र संघ के मानव अधिकार के सार्वभौमिक घोषणा-पत्र (1948) में 'शिक्षा के अधिकार' का समर्थन किया है।

7. प्रतिभा की खोज: समाज में विभिन्न प्रकार की प्रतिभा वाले व्यक्ति होते हैं। परन्तु प्रतिभा की खोज बिना शिक्षा के हो नहीं सकते। शिक्षा में जब समान अवसरों की व्यवस्था होगी तो छिपी हुई प्रतिभा को विकसित होने का अवसर मिलेगा।

40.4 शिक्षा में अवसरों की असमानता के कारण (Reasons for Inequalities in Education)

कोठारी शिक्षा आयोग के अनुसार 'शिक्षा में अवसर की समानता' न मिलने के निम्नलिखित प्रमुख कारण हैं:

1. शैक्षिक सुविधाओं का अभाव: देश के अनेक भागों में माध्यमिक और उच्च शिक्षा की संस्थाओं की तो बात ही दूर है प्रारम्भिक शिक्षा की संस्थाओं का भी अभाव रहा है। ऐसे क्षेत्रों के बच्चों को वे शैक्षिक सुविधाएँ कैसे प्राप्त हो सकती हैं जो बड़े-बड़े नगरों में (अथवा छोटे नगरों में भी) सरलता से प्राप्त हो जाती हैं। यही कारण है कि भारत के विभिन्न राज्यों में शिक्षा का प्रसार असमान गति से हुआ है और अब भी हो रहा है। बहुत से वन्य एवं पहाड़ी क्षेत्रों में मीलों तक कोई विद्यालय नहीं पाया जाता रहा है। इस प्रकार देश के भिन्न-भिन्न भागों में शिक्षा प्राप्त करने के अवसर भिन्न-भिन्न हैं।

2. जनसंख्या के बड़े अंश की गरीबी: देश में गरीबी बहुत बड़े पैमाने पर है और भरसक प्रयत्नों के साथ स्वतन्त्र शासन इस गरीबी को मिटाने में सफल नहीं हुआ। अत: गरीब परिवारों के बच्चे भला धनी परिवारों के बच्चों के समान शिक्षा का अवसर कैसे प्राप्त कर सकते हैं? बहुत से अभागे बच्चों को होश सँभालते ही अपनी जीविका अर्जन करने में लग जाना पड़ता है।

3. शिक्षा-संस्थाओं के स्तर में अन्तर: कुछ शिक्षा संस्थाएँ आर्थिक दृष्टि से सम्पन्न होती हैं। उनके अध्यापक-अध्यापिकाएँ अधिक शिक्षित, योग्य एवं प्रतिभा सम्पन्न परिवारों

से सम्बद्ध होती हैं। उनकी आर्थिक स्थिति अच्छी होने के कारण वे शिक्षा में अधिक रुचि एवं परिश्रम से कार्य कर सकते हैं। ऐसी संस्थाओं में शिक्षा पाने वाले छात्र अवश्य ही भाग्यशाली कहे जाएँगे। उनको उत्तम कोटि का वातावरण, दृश्य-श्रव्य साधन तथा अनौपचारिक शिक्षा एवं पाठ्येत्तर कार्यकलापों के लिए अच्छे अवसर प्राप्त होते हैं। गाँव के या शहर के ही सामान्य विद्यालयों के छात्र उनकी बराबरी कैसे कर सकते हैं?

4. घरेलू परिवेश में अन्तर: सभी बच्चों का घरेलू परिवेश एक समान नहीं होता। गरीब घरों के बच्चों को घर पर पढ़ाई की सुविधा प्राय: नहीं के बराबर होती है। जिस परिवार में अनेक पीढ़ियों से शिक्षा की प्रथा चली आ रही है, उसके बच्चों से उस परिवार का बच्चा क्या तुलना कर सकता है जिसके पूर्व पुरुष तो क्या, माता-पिता भी निरक्षर हैं और जिसका सामाजिक स्तर भी अत्यन्त निम्न है?

5. भारतीय समाज में बालक-बालिकाओं की असमानता: प्राय: देखा जाता है कि सामाजिक कारणों से बालक को परिवार में जो महत्त्व प्राप्त होता है वह बालिका को नहीं प्राप्त होता। बालक से परिवार भविष्य में आर्थिक लाभ की आशा रखता है जबकि बालिका को परिवार बोझ मानता है। अत: बालक की शिक्षा पर स्वभावत: अधिक व्यय किया जाता है और बालिकाओं की शिक्षा उपेक्षित-सी रहती है। अत: दोनों को समान अवसर नहीं मिलते। बालकों को इधर-उधर जाने और जीवन में अनेक प्रकार के अनुभव प्राप्त करने की जो स्वतन्त्रता होती है वह बालिकाओं को नहीं प्राप्त होती। अत: दोनों की शैक्षिक उपलब्धियों में अन्तर होता है।

6. वर्गीय असमानता: सम्पन्न वर्ग एवं निर्धन वर्ग में पर्याप्त अन्तर होता है। संपन्न घरों के बच्चों को घर पर भी अनेक सुविधाएँ (पढ़ने के लिए स्थान, उपकरण, अध्यापक, पुस्तकें, सन्दर्भ ग्रन्थ, पढ़े-लिखे सदस्यों का सम्पर्क इत्यादि) होती हैं। वे पब्लिक या सैनिक स्कूलों में प्रवेश पा जाते हैं अथवा अपेक्षाकृत अच्छे स्तर के विद्यालयों में उन्हें स्थान मिल जाता है। इसके विपरीत गरीब घरानों के बच्चों को अपेक्षाकृत पिछड़े स्कूलों में स्थान मिलता है। घर पर कोई सुविधा तो होती ही नहीं, कभी-कभी खाने-पहनने और पठन सामग्री में भी कटौती करनी पड़ती है।

40.5 असमानता के दुष्प्रभाव (Harmful Effects of Inequality)

अवसरों की असमानता के कारण निम्नलिखित सामाजिक प्रभाव दिखाई दे रहे हैं:

1. समाज में सामाजिक असमानता बढ़ रही है।
2. विभिन्न क्षेत्रों में असमानता बढ़ रही है।
3. राजकीय तथा राजकीय सहायता प्राप्त स्कूलों में बच्चों के शिक्षा के अवसर तो मिल रहे हैं परन्तु शैक्षिक सुविधाओं की कमी के कारण शिक्षा के स्तर गिर रहे हैं। इस कारण सामाजिक खाई पाटने के स्थान पर बढ़ रही है।
4. असमानता के कारण प्रजातान्त्रिक व्यवस्था में भी कई प्रकार की विषमताएँ आ गई हैं।
5. असमानता के कारण समाज में असामाजिक तत्त्व पनप रहे हैं।
6. असमानता के कारण अलगाववाद बढ़ रहा है।
7. असमानता के कारण राष्ट्रीय समाकलन में बाधाएँ आ रही हैं।

40.6 शैक्षिक असमानता से ग्रस्त वर्ग
(Sections of the Society Effected by Inequality in Education)

ये वर्ग विशेषकर इस प्रकार हैं: 1. स्त्रियाँ। 2. जन-जातियाँ। 3. अनुसूचित जातियाँ। 4. पहली पीढ़ी के छात्र। 5. झुग्गी-झोपड़ी आदि में रहने वाले। 6. दूर दराज स्थानों पर रहने वाले। 7. गन्दी बस्तियों में रहने वाले। 8. आर्थिक दृष्टि से पिछड़े वर्ग। 9. कुछ अल्पसंख्यक वर्ग।

40.7 शिक्षा आयोग की शिक्षा में समानता सम्बन्धी संतुतियां
(Recommendations of the Education Commission on Providing Equality in Education)

1. समान शिक्षा प्रणाली (Common School System): पब्लिक स्कूल तथा साधारण स्कूल प्रणाली के बारे में शिक्षा आयोग ने कहा, "दोहरी शिक्षा" शिक्षा प्रणाली बहुत बड़ी कमजोरियों में से है। सभी बच्चों या समाज के हर स्तर के सभी योग्य बच्चों को अच्छी शिक्षा सुलभ कराने के स्थान पर अच्छी शिक्षा केवल उन मुट्ठी-भर लोगों को उपलब्ध है, जिनका चुनाव प्रतिभा के आधार पर नहीं, अपितु फीस चुकाने की क्षमता के आधार पर किया जाता है। इससे योग्यता का समग्र राष्ट्रीय पूल (National Pool of Talent) बनाने और उसकी वृद्धि करने में रुकावट आती है। इस प्रकार यह स्थिति अलोकतान्त्रिक है तथा एक समतापूर्ण समाज के आदर्श से मेल नहीं खाती। साधारण जनता के बच्चों को घटिया प्रकार की शिक्षा लेने के लिए विवश होना पड़ता है। चूँकि छात्रवृतियों की योजना भी बहुत लम्बी-चौड़ी नहीं है, अतः कभी-कभी इन बच्चों से योग्य बच्चे भी अच्छे स्कूलों में प्रवेश पाने में असमर्थ रहते हैं, जबकि आर्थिक सुविधा प्राप्त माता-पिता अपने बच्चों के लिए अच्छी शिक्षा खरीदने में समर्थ होते हैं। यह बात न केवल गरीबों के बच्चों के लिए बुरी है अपितु अमीर और सुविधा प्राप्त वर्गो के बच्चों के लिए भी बुरी है। थोड़े समय के लिए इन्हें इससे यह सुविधा अवश्य मिल जाती है कि वे अपनी स्थिति बनाए रखें और उसे सुदृढ़ कर सकें। किन्तु यह अनुभव किया जाना चाहिए कि अन्ततोगत्वा उनका स्वयं का हित इसी में है कि वे साधारण जनता के साथ अपने को एक करें। अपने बच्चों को अलग-अलग रखकर वे गरीबों के बच्चों के जीवन और अनुभवों में शामिल होने से तथा जीवन की वास्तविकताओं के सम्पर्क में आने से रोकते हैं। सामाजिक संश्लेषण को कमजोर बनाने के अतिरिक्त वे अपने बच्चों की शिक्षा को भी बलहीन तथा अपूर्ण बनाते हैं।''

शिक्षा आयोग 1964-66 ने स्पष्ट कहा कि यदि इन बुराइयों को दूर करना है और शिक्षा प्रणाली को सामान्य राष्ट्रीय विकास तथा सामाजिक और राष्ट्रीय एकीकरण का विशेष रूप से एक शक्तिशाली साधन बनाना हैं, तो हमें लोक शिक्षा की ऐसी स्कूल पद्धति की ओर कदम बढ़ाना चाहिए, जिसकी निम्नलिखित विशेषताएँ हों:

1. जो जाति, सम्प्रदाय, समाज, धर्म, आर्थिक परिस्थितियों और सामाजिक प्रतिष्ठा का विचार किए बिना सभी बच्चों को सुलभ हो।

2. जिसमें अच्छी शिक्षा का अवसर प्राप्त करना, धन या वर्ग पर निर्भर न होकर प्रतिभा पर निर्भर हो।

3. जो सभी स्कूलों में एक समुचित स्तर बनाए रखे तथा कम-से-कम एक युक्तिसंगत संख्या में अच्छे स्तर की संस्थाएँ सुलभ कराए।

4. जिसमें पढ़ाई की कोई फीस नहीं ली जाए।

5. जो औसत पिता की आवश्यकताओं की पूर्ति करे ताकि उसे इस प्रणाली से बाहर के खर्चीले स्कूलों में अपने बच्चों को भेजने की आवश्यकता साधारणत: अनुभव न हो।

2. योग्यता के आधार पर शिक्षा: आयोग ने इस बात पर बल दिया है कि अच्छी शिक्षा व्यवस्था आर्थिक अथवा वर्गभेद के स्थान पर नहीं, अपितु योग्यता पर निर्भर करे तथा जहाँ कोई शुल्क न लिया जाए।

3. पड़ोसी स्कूल: सामान्य स्कूल-प्रणाली अपनाने की दिशा में आयोग ने 'पड़ोस के स्कूल' (Neighburhood School) का सुझाव दिया है, जिसमें प्रत्येक बच्चे को अपने निकटतम स्थित स्कूल में जाना चाहिए।

4. छात्रवृत्तियाँ: छात्रों की असमानता दूर करने के लिए छात्रवृत्तियों की व्यवस्था होनी चाहिए। यदि प्रतिभाशाली छात्रों को प्रतियोगिता द्वारा चुन कर पब्लिक या सैनिक स्कूलों में प्रविष्ट किया जाए और उन्हें इतनी पर्याप्त छात्रवृत्ति दी जाए कि वे संपन्न घरों के बच्चों के समान ही रहन-सहन का स्तर बनाए रख कर पढ़े।

5. अध्ययन केन्द्र: कहीं-कहीं बच्चों को घर पर पढ़ने की सुविधाएँ नहीं होतीं। यदि दिन भर को आने जाने वालों का तांता घर में अथवा घर के कामों में फसांव और रात को एकान्त एवं रोशनी की व्यवस्था न हो तो ऐसे छात्रों के लिए घर के पास ही अध्ययन केन्द्र खोले जाएँ। इससे छात्रों की अनेक कठिनाइयाँ दूर हो सकती हैं।

6. 'पढ़ो और कमाओ' की सुविधा: जो गरीब परन्तु परिश्रमी छात्र स्वावलम्बी होकर पढ़ना चाहते हों उन्हें ऐसे कार्य उपलब्ध कराने चाहिए जिनके द्वारा वे अपनी पढ़ाई का खर्च अंशत: या पूर्णत: चला सकें।

7. पिछड़े वर्गों की शिक्षा: अनुसूचित जातियों एवं जनजातियों के अतिरिक्त कुछ और भी पिछड़ी जातियाँ हैं जिनके बच्चों की शिक्षा पर विशेष ध्यान देने की आवश्यकता है। उनमें से कुछ तो अपनी गरीबी के कारण, कुछ अज्ञान के कारण तथा कुछ सुविधाओं के अभाव में विद्यालय नहीं जा पाते। सर्वेक्षण द्वारा उनकी कठिनाईयों का पता लगाना चाहिए और उन्हें विद्यालयों में भेजने का उपाय करना चाहिए। कुछ परिवारों में शिक्षा के प्रति उपेक्षा का भाव होता है। वे कई सुविधाएँ देने पर भी अपने बच्चों को स्कूल भेजना पसन्द नहीं करते। ऐसे माता-पिता को शिक्षा के लाभों से परिचित कराना और कुछ आकर्षण देना आवश्यक है–जैसे दिन का नि:शुल्क भोजन और जलपान, नए कपड़े, पढ़ने की सामग्री इत्यादि।

8. नि:शुल्क शिक्षा: गरीब छात्रों के लिए सभी प्रकार की नि:शुल्क शिक्षा का प्रावधान लिया जाना चाहिए।

अन्तर्राष्ट्रीय शिक्षा आयोग 1992 की शिक्षा में समानता सम्बन्धी संतुतियाँ (Recommendations of the International Commission on Education (1992) in Equality in Education): 1. शिक्षा की संरचना में परिवर्तन करके उसमें विकल्पों की संख्या बढ़ाना आवश्यक है, जिससे लोग जीवन-व्यापी शिक्षा छात्र ग्रहण कर सकें।

2. शिक्षा की पाठ्यवस्तु छात्रों के अनुकूल बनाना।

3. छात्रों को अपनी सामाजिक प्रतिष्ठा एवं पद, अपने अधिकार तथा आकांक्षाओं का ज्ञान कराना।

4. शिक्षा का परम्परागत अधिकार पूर्ण ढंग बदलकर उसमें स्वतन्त्रता, पारस्परिक उत्तरदायित्व और पारस्परिक आदान-प्रदान को स्थान देना।

5. शैक्षिक प्रशिक्षण में आधुनिकता लाने के लिए मानव-व्यक्तित्व के बहुमुखी पहलुओं को समझने तथा आदर करने का प्रयास करना।

6. चुनाव के बदले मार्गदर्शन को स्थान देना।

7. शैक्षिक संस्थाओं का प्रयोग करने वालों को उसके प्रबन्ध एवं नीति-निर्धारण में भाग लेने का अधिकार होना।

8. शिक्षा में केन्द्रीकण पक्ष को समाप्त करके उसकी व्यवस्था को विकेन्द्रित करना।

40.8 राष्ट्रीय शिक्षा नीति 1986 तथा संशोधित नीति 1992 में शिक्षा में समानता संबंधी प्रावधान (Provisions for Equality in Education in the NPE 1986 and 1992)

भाग 4 के शीर्षक '*शिक्षा द्वारा समानताएं* (*Education for Equality*)' के अन्तर्गत विभिन्न वर्गों सम्बन्धी निम्नलिखित बातों का उल्लेख है:

विषमताएँ (Disparity): 4.1 नई नीति में विषमताएँ दूर करने पर विशेष बल दिया जाएगा। उन व्यक्तियों की विशेष आवश्यकताओं पर ध्यान दिया जाएगा जिन्हें अब तक समानता के स्तर से वंचित रखा गया है और इस काम के लिए शिक्षा के अवसरों को बराबर बनाया जाएगा।

महिलाओं की समानता हेतु शिक्षा (Education for Women's Equality): 4.2 शिक्षा को, महिलाओं के स्तर में बुनियादी परिवर्तन लाने के लिए एक साधन के रूप में इस्तेमाल किया जाएगा। अतीत से चली आ रही विकृतियों और विषमताओं को खत्म करने के लिए महिलाओं को सुविचारित समर्थन दिया जाएगा। महिलाओं को शक्ति-सम्पन्न बनाने के लिए शिक्षा पद्धति द्वारा एक ठोस भूमिका निभाई जाएगी और यह हस्तक्षेप का रूप होगी। नए पाठ्यक्रम पाठ्यपुस्तकों तथा शिक्षकों, निर्णयकर्ताओं और प्रशासकों के प्रशिक्षण और अनुस्थापन एवं शिक्षा संस्थाओं के सक्रिय सहयोग द्वारा नए मूल्यों के विकास को बढ़ावा दिया जाएगा। यह काम विश्वास और सामाजिक निर्माण के माध्यम से संभव हो सकेगा। महिलाओं से संबंधित अध्ययनों को विभिन्न पाठ्यक्रमों के अंतर्गत प्रोत्साहन दिया जाएगा और शिक्षा संस्थाओं को महिला विकास से संबंधित सक्रिय कार्यक्रम शुरू करने के लिए प्रेरित किया जाएगा।

4.3 महिला निरक्षरता को दूर करने के काम को सर्वोच्च प्राथमिकता दी जाएगी। इसी प्रकार उन रुकावटों को दूर करने की भी हर संभव कोशिश की जाएगी जिनके कारण महिलाएँ प्रारंभिक शिक्षा भी पूरी नहीं कर पातीं। इस काम के लिए विशेष सहायक सेवाओं की व्यवस्था की जाएगी। लक्ष्य निर्धारित किए जाएँगे और निरीक्षण कारगर बनाया जाएगा। विभिन्न स्तरों पर जीविका संबंधी तकनीकी और व्यावसायिक शिक्षा में महिलाओं की भागीदारी पर प्रमुख जोर दिया जाएगा। भेदभाव न बरतने की नीति पर जोरदार तरीके से अमल किया जाएगा, ताकि जीविका संबंधी तथा व्यावसायिक पाठ्यक्रमों में लिंग के आधार पर भेदभाव को खत्म किया जा सके तथा गैर-परंपरागत काम-धंधों में महिलाओं

की हिस्सेदारी को बढ़ाया जा सके। इसी प्रकार पहले से मौजूद और नई टेक्नोलॉजी में भी महिलाओं की हिस्सेदारी बढ़ाई जाएगी।

अनुसूचित जातियों की शिक्षा: 4.4 अनुसूचित जातियों के शैक्षिक विकास में मुख्य जोर इस बात पर दिया जाएगा कि सभी स्तरों पर उन्हें उन लोगों के बराबर लाया जा सके जो अनुसूचित जातियों से संबंधित नहीं हैं।

इस मकसद के तहत नई नीति में निम्न प्रस्ताव रखे गए हैं:

(i) गरीब परिवारों को इतना प्रोत्साहन दिया जाए कि वे अपने बच्चों को 14 साल की उम्र तक नियमित रूप से स्कूल भेज सकें।

(ii) सफाई कार्य, चर्म उतारने तथा चर्म कमाने जैसे व्यवसायों में लगे परिवारों के बच्चों के लिए मैट्रिक-पूर्व छात्रवृत्ति योजना पहली कक्षा और उसके आगे शुरू की जाए। ऐसे परिवारों की आय पर ध्यान दिए बिना, सभी बच्चों को इस योजना में शामिल किया जाएगा तथा उनके लिए समयबद्ध लक्ष्य-कार्यक्रम शुरू किए जाएँगे।

(iii) अनुसूचित जातियों के बच्चों के प्रवेश, पढ़ाई जारी रखने और सफलतापूर्वक पढ़ाई पूरी करने की प्रक्रिया में गिरावट रोकने को सुनिश्चित करने के लिए सूक्ष्म आयोजना और निरंतर पड़ताल होनी चाहिए।

(iv) अनुसूचित जातियों से शिक्षकों की नियुक्ति पर विशेष ध्यान दिया जाए।

(v) जिला मुख्यालयों में अनुसूचित जनजातियों के छात्रों के लिए छात्रावास सुविधाएँ क्रमिक रूप से बढ़ाई जाएँ।

(vi) स्कूल भवनों, बालवाड़ी और प्रौढ़ शिक्षा केन्द्र का स्थान चुनते समय अनुसूचित जाति की पूर्ण भागीदारी की संभावना पर पूरा ध्यान रखा जाए।

(vii) अनुसूचित जाति को भरपूर शैक्षणिक सुविधाएँ दिए जाने में एन.आर.ई.पी. और आर.एल.ई.जी.पी. संसाधनों का उपयोग किया जाए।

(viii) शिक्षा के प्रति अनुसूचित जाति में पूरा उत्साह पैदा करने के लिए लगातार नए तरीके खोजने की कोशिशें जारी रखी जाएँ।

अनुसूचित जनजातियों की शिक्षा (The Education of the Scheduled Tribes): 4.6 आदिवासियों को अन्य लोगों की बराबरी पर लाने के लिए अग्रलिखित कदम उठाए जायेंगे:

(i) आदिवासी इलाकों में प्राथमिक शालाएँ खोलने के काम को पहला महत्त्व दिया जाएगा। शिक्षा के लिए सामान्य निधि तथा एन.आर.ई.पी. और आर.एल.ई.जी.पी. जनजातीय कल्याण योजनाओं आदि के अंतर्गत प्राथमिकता के आधार पर इन क्षेत्रों में स्कूल भवनों का निर्माण-कार्य शुरू किया जाएगा।

(ii) आदिवासियों के माहौल का अपना अलग रंग होता है। उनकी विशिष्टता प्राय: अन्य बातों के साथ अपनी बोलियों में निहित है। पाठ्यक्रम में इनकी अहमियत को नहीं भुलाया जाना चाहिए। पढ़ाई की शुरुआत ही उनकी अपनी भाषा से होनी चाहिए। आगे चलकर प्रादेशिक भाषा की खाई को पाटा जा सकता है।

(iii) पढ़े-लिखे और प्रतिभाशाली आदिवासी युवकों को प्रशिक्षण देकर अपने क्षेत्र में ही शिक्षक बनने के लिए प्रोत्साहित किया जाए।

(iv) बड़ी तादाद में आवासीय विद्यालय और आश्रम विद्यालय खोले जाएँ।

(v) आदिवासियों के लिए उनकी जीवन शैली और खास जरूरतों को ध्यान में रखते हुए प्रेरणादायी योजनाएँ तैयार की जाएँगी। उच्च शिक्षा के लिए दी जाने वाली छात्रवृत्तियों में तकनीकी और अच्छी व्यावसायिक किस्म की पढ़ाई को ज्यादा महत्त्व दिया जाए। मनोवैज्ञानिक-सामाजिक प्रतिबंधों को दूर करने के लिए तथा विभिन्न पाठ्यक्रमों में उनके कार्य निष्पादन का सुधार करने के लिए विशेष उपचारात्मक पाठ्यक्रमों की व्यवस्था की जाएगी।

(vi) आँगनवाड़ियाँ, अनौपचारिक शिक्षा केन्द्र और प्रौढ़ शिक्षा केन्द्र आदिवासी बहुल इलाकों में प्राथमिकता के आधार पर खोले जाएंगे।

(vii) हर कक्षा के लिए पाठ्यक्रम तय करते हुए इस बात का ख्याल रखा जाएगा कि आदिवासी छात्र अपनी बेशकीमती तहजीबी पहचान के प्रति सचेत हों और उनकी सृजनात्मक प्रतिभा का उपयोग हो सके।

शैक्षिक दृष्टि से अन्य पिछड़े वर्ग तथा इलाके (Other Educationally Backward Sections and Areas): 4.7 शैक्षिक दृष्टि से पिछड़े हुए समाज के सभी वर्गों के लिए, विशेषकर ग्रामीण क्षेत्रों के लिए उपयुक्त उत्तेजकों का प्रावधान किया जाएगा।

अल्पसंख्यक (Minorities): अल्पसंख्यकों के कई वर्ग तालीमी दौड़ में काफी पिछड़े अथवा वंचित हैं। समाजी इन्साफ और समता का तकाजा है कि ऐसे वर्गों की तालीम पर पूरा ध्यान दिया जाएगा, क्योंकि संविधान ने भी उन्हें अपनी जबान और तहजीब की हिफाजत करने तथा अपनी शैक्षणिक संस्थाएँ कायम करने की इजाजत दी है। इसके साथ-साथ पाठ्यपुस्तकें तैयार करने और सभी स्कूल क्रियाकलापों में उद्देश्यपरकता दर्शायी जाएगी तथा कोर पाठ्यचर्या के अनुरूप सामान्य राष्ट्रीय लक्ष्यों और विचारधाराओं के आधार पर एकता को बढ़ावा देने के लिए सभी संभव प्रयास किए जाएँगे।

विकलांग (Handicapped): 4.9 विकलांगों को शिक्षा देने का उद्देश्य यह होना चाहिए कि वे पूरे समाज के साथ कंधे से कंधा मिलाकर चल सकें। उनकी उन्नति भी आम लोगों की तरह हो। वे भी पूरे भरोसे और हिम्मत के साथ जिन्दगी जिएँ। इस संबंध में निम्नलिखित उपाय किए जाएँगे:

(i) विकलांगता अगर चलने-फिरने की या मामूली-सी है, तो ऐसे बच्चों की पढ़ाई आम बच्चों के साथ हो।

(ii) गंभीर रूप से विकलांग बच्चों के लिए छात्रावास वाले खास स्कूलों की जरूरत होगी। इस तरह के स्कूल जहाँ तक संभव होगा, जिला मुख्यालयों में बनाए जाएँगे।

(iii) सभी स्कूलों में विकलांगों के लिए व्यावसायिक प्रशिक्षण की पर्याप्त व्यवस्था की जाएगी।

(iv) शिक्षकों, खास तौर से प्राथमिक कक्षाओं के शिक्षकों के प्रशिक्षण संबंधी कार्यक्रमों को भी नया रूप देना जरूरी है, ताकि वे कम उम्र के विकलांग बच्चों की कठिनाइयों को ठीक तरह से समझ सकें।

(v) विकलांगों की शिक्षा के लिए स्वैच्छिक प्रयासों को हर संभव तरीके से प्रोत्साहित किया जाएगा।

प्रौढ़ शिक्षा (Adult Education): अलग से चर्चा की गई है।

40.9 अनुसूचित जातियों तथा अनुसूचित जनजातियों का अर्थ (Meaning of SCs and STs)

संविधान में इन जातियों की परिभाषा नहीं दी गई है। संविधान के अनुच्छेद 341 और 342 के अनुसार राष्ट्रपति द्वारा घोषित जातियाँ-अनुसूचित जातियाँ और अनुसूचित जनजातियां मानी जाति हैं। सामान्य रूप में इन जातियों का अर्थ निम्नलिखित है:

अनुसूचित जातियों तथा जनजातियों की शिक्षा (Education of the Scheduled Castes—Scs and Scheduled Tribes—STs): अनुसूचित जातियों में वे जातियाँ शामिल की गई हैं जो सामाजिक, आर्थिक व शैक्षिक रूप से कमजोर व पिछड़ी समझी जाती है तथा जिन्हें समाज के अन्य उच्च कहें जाने वाले वर्ग ने तिरस्कृत किया हुआ है। धर्म और जन्म पर आधारित सामाजिक व्यवस्था के कारण इन लोगों को अछूत कहा जाने लगा।

अनुसूचित जनजातियों से तात्पर्य एक ऐसे विशेष सामाजिक समूह से है जिसका निश्चित क्षेत्र, अपनी बोली, धर्म संस्कृति और अलग से एक सामाजिक संगठन होता है।

यहाँ तीन प्रकार के वर्गों के बारे में विवरण दिया जा रहा है:

1. अनुसूचित जातियाँ (Scheduled Castes–SCs), 2. जनजातियाँ (Scheduled Tribes–STs), 3. अन्य पिछड़े वर्ग (Other Backward Classes–OBCs)

अनुसूचित जातियाँ तथा जनजातियाँ की जनसंख्या (Population of Scheduled Castes and Scheduled Tribes)

तालिका 40.1: भारत में अनुसूचित जातियों तथा जनजातियों की संख्या (2001)

रहने का स्थान	*भारत की कुल जनसंख्या*	*अनुसूचित जातियाँ*	*जनजतियाँ*
ग्रामीण तथा शहरी दोनों	1028,610,328	166,635,700	84,326,240
ग्रामीण	742,490,639	133,010,878	77,338,597
शहरी	286,119,689	33,624,822	6,987,673

तालिका 40.2: भारत में अनुसूचित जातियाँ तथा जनजातियों की संख्या प्रतिशत में

वर्ग	*कुल प्रतिशत*	*ग्रामीण प्रतिशत*	*शहरी प्रतिशत*
अनुसूचित जातियाँ	16.2%	17.9%	11.75%
जनजातियाँ	8.19%	10.4%	2.44%

राज्य जहाँ जनजातियों की संख्या शून्य है: पंजाब, हरियाणा, दिल्ली, पाण्डिचेरी।

संघशासित क्षेत्र जहाँ अनुसूचित जातियों की संख्या शून्य है: लक्षद्वीप, अण्डमान/निकोबार द्वीप समूह।

राज्य, जहाँ जनजातियों की संख्या अधिक है: सिक्किम, अरूणाचल प्रदेश, नागालैण्ड, मिजोरम, त्रिपुरा, मेघालय, झारखण्ड, उड़ीसा, छत्तीसगढ़ दादर तथा नगर हवेली।

वंचित वर्गों की समस्याएं (Problems of Disadvantaged Sections): 1. निरक्षरता। 2. दूरदराज स्थानों पर रहना। 3. सदियों से शोषित। 4. रूढ़िवादिता। 5. अन्ध

विश्वास। 6. निर्धनता। 7. परम्पराओं में विश्वास। 8. स्कूलों की कमी। 9. आने जाने के कठिन साधन। 10. प्रशिक्षित अध्यापकों का अभाव। 11. भिन्न भाषाएँ तथा बोलियाँ।

40.10 अनुसूचित जातियों तथा जनजातियों के विकास के लिए संविधान में प्रावधान (Constitutional Provisions for the Development of SCs and STs)

मौलिक अधिकारों द्वारा सामाजिक समानता की व्यवस्था (Provisions of Social Equality through Fundamental Rights): संविधान के मौलिक अधिकारों द्वारा अनुसूचित जातियों और अनुसूचित जनजातियों समेत सभी नागरिकों के लिए सामाजिक समानता की व्यवस्था की गई है। इसके निम्नलिखित प्रावधान हैं :

(i) *अनुच्छेद 15(1)* के अनुसार राज्य, धर्म, वंश, जाति, लिंग या जन्म-स्थान के आधार पर किसी भी नागरिक के विषय में कोई भेदभाव नहीं करेगा।

(ii) *अनुच्छेद 15(2)* के अनुसार सभी नागरिकों को बिना किसी भेदभाव के, जैसे–होटल, दुकान, कुएँ, तालाब आदि का प्रयोग करने का समान रूप से अधिकार दिया गया है।

(iii) *अनुच्छेद 15(4)* के अधीन अनुसूचित जातियों की शैक्षिक प्रगति के लिए विशेष प्रावधान बनाए जाएँगें।

(iv) *अनुच्छेद 17* के द्वारा अस्पृश्यता (छुआछूत) प्रथा को जो हिन्दू समाज में लम्बे समय से प्रचलित थी, समाप्त किया गया है। इसका किसी भी रूप, भाषा या व्यवहार में प्रयोग कानूनी अपराध है। इस अनुच्छेद को लागू करने के लिए संसद ने कई कानून बनाए हैं।

(v) *संविधान के अनुच्छेद 25(2)* के अनुसार राज्य द्वारा घोषित या राज्य निधि से सहायता पाने वाली किसी शिक्षा संस्थान में किसी भी नागरिक को धर्म, वंश, जाति आदि में से किसी आधार पर वंचित नहीं किया जाएगा।

(vi) *संविधान के अनुच्छेद 25(2)ख* में यह व्यवस्था की गई है कि हिन्दुओं के सभी वर्गों को, जिनमें अनुसूचित जातियाँ और जनजातियाँ भी हैं, मंदिरों में अन्य हिन्दुओं के समान ही जाने का अधिकार होगा।

7. *अनुच्छेद 243D* के अनुसार स्थानों का आरक्षण 1(1) प्रत्येक पंचायत में–(क) अनुसूचित जातियों, और (ख) अनुसूचित जनजातियों, के लिए स्थान आरक्षित रहेंगे और इस प्रकार आरक्षित स्थानों की संख्या का अनुपात, उस पंचायत में प्रत्यक्ष निर्वाचन द्वारा भरे जाने वाले स्थानों की कुल संख्या से यथाशक्य वही होगा जो उसे पंचायत क्षेत्र में अनुसूचित जातियों की अथवा उस पंचायत क्षेत्र में अनुसूचित जनजातियों का अनुपात उस क्षेत्र की कुल जनसंख्या से है और ऐसे स्थान किसी पंचायत में भिन्न-भिन्न निर्वाचन क्षेत्रों को चक्रानुक्रम से आबंटित किए जा सकेंगे।

(2) खण्ड (1) के अधीन आरक्षित स्थानों की कुल संख्या के कम-से-कम एक तिहाई स्थान, यथास्थिति, अनुसूचित जातियों या अनुसूचित जनजातियों की स्त्रियों के लिए आरक्षित रहेंगे।

(3) प्रत्येक पंचायत में प्रत्यक्ष निर्वाचन द्वारा भरे जाने वाले स्थानों की कुल संख्या

के कम से कम एक-तिहाई स्थान (जिनके अन्तर्गत अनुसूचित जातियों और अनुसूचित जनजातियों की स्त्रियों के लिए आरक्षित स्थानों की संख्या भी है) स्त्रियों के लिए आरक्षित रहेंगे और ऐसे स्थान किसी पंचायत में भिन्न-भिन्न निर्वाचन-क्षेत्रों को चक्रानुक्रम से आबंटित किए जा सकेंगे।

8. *अनुच्छेद 244 अनुसूचित क्षेत्रों और जनजाति क्षेत्रों का प्रशासन:* (1) पांचवी अनुसूची के उपबंध असम, मेघालय, त्रिपुरा और मिजोरम राज्यों से भिन्न किसी राज्य के अनुसूचित क्षेत्रों और अनुसूचित जनजातियों के प्रशासन और नियंत्रण के लिए लागू होंगे।

(2) छठी अनुसूची के उपबंध असम, मेघालय, त्रिपुरा और मिजोरम राज्यों के जनजाति क्षेत्रों के प्रशासन के लिए लागू होंगे।

9. *अनुच्छेद 330 लोकसभा में अनुसूचित जातियों और अनुसूचित जनजातियों के लिए स्थानों का आरक्षण:* (1) लोक सभा में-(क) अनुसूचित जातियों के लिए, (ख) असम के स्वशासी जिलों की अनुसूचित जनजातियों को छोड़कर अन्य अनुसूचित जनजातियों के लिए, और (ग) असम के स्वशासी जिलों की अनुसूचित जनजातियों के लिए, स्थान आरक्षित रहेंगे।

10. *अनुच्छेद 338 राष्ट्रीय अनुसूचित जाति और अनुसूचित जनजाति आयोग (National Commission for Scheduled Castes and Scheduled Tribes)*: (1) अनुसूचित जातियों और अनुसूचित जनजातियों के लिए एक आयोग होगा जो राष्ट्रीय अनुसूचित जाति और अनुसूचित जनजाति आयोग के नाम से ज्ञात होगा।

(2) संसद् द्वारा इस निमित्त बनाई गई किसी विधि के उपबंधों के अधीन रहते हुए, आयोग एक अध्यक्ष, एक उपाध्यक्ष और पाँच अन्य सदस्यों से मिलकर बनेगा और इस प्रकार नियुक्त किए गए अध्यक्ष, उपाध्यक्ष और अन्य सदस्यों की सेवा की शर्तें और पदावधि ऐसी होंगी जो राष्ट्रपति नियम द्वारा अवधारित करे।

(3) राष्ट्रपति अपने हस्ताक्षर और मुद्रा सहित-अधिपत्र द्वारा आयोग के अध्यक्ष, उपाध्यक्ष और अन्य सदस्यों को नियुक्त करेगा।

(4) आयोग को अपनी प्रक्रिया सव्यं विनियमित करने की शक्ति होगी।

11. *अनुच्छेद 339 अनुसूचित जातियों के प्रशासन और अनुसूचित जनजातियों के कल्याण के बारे में संघ का नियन्त्रण:* (1) राष्ट्रपति, राज्यों के अनुसूचित क्षेत्रों के प्रशासन और अनुसूचित जनजातियों के कल्याण के बारे में प्रतिवेदन देने के लिए आयोग की नियुक्ति, आदेश द्वारा, किसी भी समय कर सकेगा और इस संविधान के प्रारंभ से दस वर्ष की समाप्ति पर करेगा।

आदेश में आयोग की संरचना, शक्तियाँ और प्रक्रिया परिनिश्चित की जा सकेंगी और उसमें ऐसे आनुषंगिक या सहायक उपबंध समाविष्ट हो सकेंगे जिन्हें राष्ट्रपति आवश्यक या वांछनीय समझे।

(2) संघ की कार्यपालिका शक्ति का विस्तार किसी राज्य को ऐसे निर्देश देने तक होगा जो उस राज्य की अनुसूचित जनजातियों के कल्याण के लिए निर्देश में आवयश्यक बताई गई स्कीमों के बनाने और निष्पादन के बारे में है।

12. *अनुच्छेद 340 पिछड़े वर्गों की दशाओं के अन्वेषण के लिए आयोग की नियुक्ति (Appointment of the Commission to Investigate the Condition of Backward Classes)*: (1) राष्ट्रपति भारत के राज्यक्षेत्र के भीतर सामाजिक और शैक्षिक दृष्टि से पिछड़े

वर्गों की दशाओं के और जिन कठिनाईयों को वे झेल रहे हैं उनके अन्वेषण के लिए और उन कठिनाइयों को दूर करने और उनकी दशा को सुधारने के लिए संघ या किसी राज्य द्वारा जो उपाय किए जाने चाहिएं उनके बारे में और उस प्रयोजन के लिए संघ या किसी राज्य द्वारा जो अनुदान किए जाने चाहिएं और जिन शर्तों के अधीन वे अनुदान किए जाने चाहिएं उनके बारे में सिफारिश करनें के लिए, आदेश द्वारा, एक आयोग नियुक्त कर सकेगा जो ऐसे व्यक्तियों से मिलकर बनेगा जो वह ठीक समझे और ऐसे आयोग को नियुक्त करने वाले आदेश में आयोग द्वारा अनुसरण की जाने वाली प्रक्रिया परिनिश्चित की जाएगी।

(2) राष्ट्रपति, इस प्रकार दिए गए प्रतिवेदन की एक प्रति, उस पर की गई करवाई को स्पष्ट करने वाले ज्ञापन सहित, संसद् के समक्ष रखवाएगा।

13. *अनुच्छेद 341: अनुसूचित जातियाँ*: (1) राष्ट्रपति किसी राज्य या संघ राज्यक्षेत्र के सम्बन्ध में और जहाँ वह राज्य है वहाँ उसके राज्यपाल से परामर्श करने के पश्चात् लोक अधिसूचना द्वारा, उन जातियों, मूलवंशों या जनजातियों, अथवा जातियाँ, मूलवंशों या जनजातियों के भागों या उनमें के यूथों को विनिर्दिष्ट कर सकेगा, जिन्हें इस संविधान के प्रयोजनों के लिए, यथास्थिति, उस राज्य या संघ राज्यक्षेत्र के सम्बन्ध में अनुसूचित जातियाँ समझा जाएगा।

(2) संसद्, विधि द्वारा, किसी जाति, मूलवंश या जनजाति को अथवा जाति, मूलवंश या जनजाति के भाग या उसमें के यूथ को खण्ड (1) के अधीन निकाली गई अधिसूचना में विनिर्दिष्ट अनुसूचित जातियों की सूची में सम्मिलित कर सकेगी या उसमें से अपवर्जित कर सकेगी, किन्तु जैसा ऊपर कहा गया है उसके सिवाय उक्त खण्ड के अधीन निकाली गई अधिसूचना में किसी पश्चात्वर्ती अधिसूचना द्वारा परिवर्तन नहीं किया जाएगा।

14. *अनुच्छेद 342 अनुसूचित जनजातियाँ*: (1) राष्ट्रपति, किसी राज्य या संघ राज्यक्षेत्र के सम्बन्ध में और जहाँ वह राज्य है वहाँ उसके राज्यपाल से परामर्श करने के पश्चात् लोक अधिसूचना द्वारा, उप जनजातियों या जनजाति समुदायों अथवा जनजातियों या जनजाति समुदायों के भागों या उनमें के यूथों को विनिर्दिष्ट कर सकेगा, जिन्हें इस संविधान के प्रयोजनों के लिए, यथास्थिति, उस राज्य या संघ राज्यक्षेत्र के सम्बन्ध में अनुसूचित जनजातियाँ समझा जाएगा।

(2) संसद्, विधि द्वारा, किसी जनजाति या जनजाति समुदाय को अथवा किसी जनजाति या जनजाति समुदाय के भाग या उसमें के यूथ को खण्ड (1) के अधीन निकाली गई अधिसूचना में विनिर्दिष्ट अनुसूचित जनजातियों की सूची में सम्मिलित कर सकेगी या उसमें से अपवर्जित कर सकेगी, किन्तु जैसा ऊपर कहा गया है उसके सिवाय उक्त खण्ड के अधीन निकाली गई अधिसूचना में किसी पश्चात्वर्ती अधिसूचना द्वारा परिवर्तन नहीं किया जाएगा।

40.11 भारत सरकार द्वारा अनुसूचित तथा जनजातियों के विकास के लिए सुविधाओं के प्रावधान का संक्षिप्त विवरण
(Brief Account of the Provisions Made by the Government of India for the Facilities of SCs and STs)

1. *नागरिक अधिकार सुरक्षा अधिनियम, 1976 (Protection of Civil Rights Act 1976)*: अस्पृश्यता को दण्डनीय घोषित करने के लिए अस्पृश्यता (अपराध) अधिनियम

1955 (Untouchability Offence Act, 1955) संसद् द्वारा पारित किया गया था। 1976 में इस कानून में व्यापक संशोधन करके अधिक कठोर बनाया गया और इसका नाम बदलकर नागरिक अधिकार सुरक्षा अधिनियम कर दिया गया। इस अधिनियम के प्रमुख प्रावधान निम्न है:

(i) अस्पृश्यता के आधार पर सार्वजनिक पूजा-स्थलों पर प्रवेश व उपासना को रोकने तथा सार्वजनिक तालाबों, कुओं या जल स्त्रोतों से पानी लेने से रोकने आदि को दण्डनीय अपराध घोषित किया गया है।

(ii) अस्पृश्यता के आधार पर दुकान, जलपान गृह, होटल, सार्वजनिक अस्पताल आदि में जाने पर रोकने आदि को दण्डनीय अपराध घोषित किया गया है।

2. *दण्ड की व्यवस्था* (*Provision for Punishment*): नागरिक सुरक्षा अधिकार अधिनियम का उल्लंघन करने वाले अपराधी के लिए जहाँ जेल और जुर्माने की व्यवस्था है वहाँ उसे 6 वर्ष के लिये संसद या विधानपालिका के चुनाव से वंचित करने का भी प्रावधान है।

3. *अनुसूचित जातियों और अनुसूचित जनजातियों के अलग-अलग राष्ट्रीय आयोग* (*Separate National Commission of Scheduled Castes and Scheduled Tribes*): पहले संविधान के अनुच्छेद 339 के द्वारा अनुसूचित जातियों और अनुसूचित जनजातियों के लिए राष्ट्रपति द्वारा 1978 में यह आयोग नियुक्त किया गया था जिसमें अब संशोधन किया गया है। यह आयोग इन जातियों से सम्बन्धित सामाजिक और आर्थिक विकास के सम्बन्ध में विचार करते हैं जो केन्द्र सरकार को भेजे जाते हैं। इसी के साथ राष्ट्रपति राज्य सरकारों को भी इन जातियों के कल्याणकारी उचित आदेश देता है।

4. *विशेष अधिकारी की व्यवस्था* (*Provision of Special Officer*): संविधान के अनुच्छेद 338 के अनुसार राष्ट्रपति द्वारा अनुसूचित जातियों और अनुसूचित जनजातियों के लिए एक विशेष अधिकारी की नियुक्ति की गई है जो इन वर्गों से सम्बन्धित रक्षा उपायों के सभी विषयों का अन्वेषण करके रिपोर्ट राष्ट्रपति को भेजता है। राष्ट्रपति यह रिपोर्ट संसद के दोनों सदनों को कार्यवाही के लिए भेजता है।

5. *लोकसभा और विधानसभाओं में आरक्षण* (*Reservation of Seats in the Lok Sabha and State Legislature*): संविधान के अनुच्छेदों 330 और 332 के अधीन लोकसभा तथा राज्य की विधानसभाओं में अनुसूचित जातियों और अनुसूचित जनजातियों के लिए स्थान प्रथम आम चुनाव 1952 से ही आरक्षित किये गये हैं। शुरू में यह व्यवस्था केवल 10 वर्ष के लिए की गई थी जो बाद में दस-दस वर्ष बढ़ाकर अब 25 जनवरी 2010 ई. तक के लिए कर दी गई है। वर्तमान में, लोकसभा में अनुसूचित जातियों के लिए 82 और जनजातियों के लिए 49 स्थान आरक्षित हैं।

पंचायती राज संस्थाओं तथा नगरीय संस्थाओं में आरक्षण (Reservation of Seats in Panchayati Raj and Urban Institutions): संविधान के 73वें व 74वें संशोधनों (1992) में यह व्यवस्था की गई है कि पंचायती राज की सभी स्तर की संस्थाओं और सभी नगरीय संस्थाओं में इन जातियों के स्थान आरक्षित होंगे। इस प्रकार देश में मूल स्तर पर इन वर्गों की भागीदारी निश्चित कर दी गई है।

सरकारी तथा अन्य नौकरियों में आरक्षण (Reservation in Government and other Services): अनुसूचित जातियों और अनुसूचित जनजातियों के सदस्यों को रोजगार दिलाने, सेवाओं में उनका प्रतिनिधित्व बढ़ाने तथा सामाजिक और शैक्षिक उत्थान के लिए सरकार ने लोक सेवाओं में जहाँ आरक्षण दिया है वहाँ राष्ट्रीयकृत बैंकों व सार्वजनिक क्षेत्र के उपक्रमों में भी आरक्षण की व्यवस्था की गई है। उनका पर्याप्त प्रतिनिधित्व निश्चित करनें के लिए उनकी शैक्षिक योग्यता के अंकों, आयु सीमा व अनुभव आवेदन-शुल्क आदि में विशेष छूट दी गई है।

40.12 अनुसूचित जातियों तथा जनजातियों के लिए चलाई जा रही शैक्षिक योजनाएं

(Educational Schemes Being Undertaken for SCs and STs)

अनुसूचित जातियों तथा जनजातियों के शैक्षिक और आर्थिक विकास के लिए केन्द्र तथा राज्य सरकारों द्वारा निम्न योजनाएँ चलाई जा रही हैं–

1. *छात्रवृत्तियाँ*: मैट्रिक से पहले शिक्षा के लिए उन विद्यार्थियों को छात्रवृति दी जाती है जिनके माता-पिता शौचालय साफ करने, चमड़ा सफाई आदि करने का कार्य करते हैं। मैट्रिक के बाद उच्च शिक्षा प्राप्त करने के लिए भी छात्रवृत्तियाँ दी जाती हैं।

2. *छात्रावास की सुविधा*: मिडिल, हाई स्कूल, कॉलेज तथा विश्वविद्यालय में पढ़ने वाले अनुसूचित जाति तथा जनजाति की लड़कियों के रहने के लिए छात्रावास स्थापित करने के लिए 50 प्रतिशत धन केन्द्र सरकार और 50 प्रतिशत राज्य सरकार देती है।

3. *पुस्तक भण्डार योजना*: अनुसूचित जाति और अनुसूचित जनजाति के जो विद्यार्थी चिकित्सा या इंजीनियरिंग कॉलेज में पढ़ते है, वहाँ तीन विद्यार्थियों के लिए 5,000 रूपये तक की पुस्तकों का एक सेट दिया जाता है।

4. *पूर्व परीक्षा प्रशिक्षण केन्द्र*: इन जातियों के विद्यार्थियों को विभिन्न सेवाओं की भर्ती प्रतियोगिता परीक्षाओं के प्रशिक्षण देने के लिए नि:शुल्क केन्द्र स्थापित किए गए हैं।

5. *अनुसंधान और प्रशिक्षण*: ऐसी संस्थाएँ जो अनुसूचित जातियों तथा जनजातियों के विकास व कल्याण के लिए अनुसंधान या प्रशिक्षण कार्य में लगी हुई हैं उन्हें शत-प्रतिशत धन दिया जाता है।

6. *विकास की योजनाएँ*: केन्द्र सरकार के सभी विभाग ऐसी योजनाएँ बनाते हैं जिससे इन जातियों का कल्याण हो तथा वे समाज के अन्य वर्गों के समान स्तर प्राप्त कर सकें।

7. *अनुसूचित जाति विकास निगम*: सभी राज्यों में इस प्रकार के निगम बनाए गए हैं। ये निगम अनुसूचित जाति के परिवारों को वित्तीय सहायता प्रदान करते हैं जिससे परिवार का विकास हो और इसके साथ ही उन्हें सामाजिक न्याय भी प्राप्त हो सके।

8. *कस्तूरबा गांधी बालिका विद्यालय*: कस्तूरबा गांधी बालिका विद्यालय के अन्तर्गत मुख्य रूप से प्राथमिक स्तर पर अनुसूचित जाति/जनजाति तथा पिछड़े वर्गों की बालिकाओं के लिए दुर्गम क्षेत्रों में आवासीय सुविधाओं के साथ लगभग 2000 विद्यालय खोलने का प्रावधान किया गया है। इनमें से लगभग 1000 विद्यालय खेले जा चुके हैं।

9. *नवविद्यालय योजना*: नवविद्यालय में अनुसूचित तथा जनजाति छात्रों के लिए सम्बन्धित जिलों में उनकी जनसंख्या के हिसाब से आरक्षण किया गया है।

10. *आश्रम स्कूल* (*Ashram Schools*): आश्रम स्कूलों की योजना 1990-91 में आरम्भ की गई। इसके अन्तर्गत लगभग 400 स्कूल खोलने का प्रावधान किया गया।

तालिका 40.3: भारत में बीच में स्कूल छोड़ने वाले कुल बच्चों की दरें, अनुसूचित जातियों तथा जनजातियों की दरें

(Drop-out Rates of Scheduled Castes, Scheduled Tribes Children)

	कक्षा–V			*कक्षा–VI-VII*			*कक्षा–IX-X*		
	लड़के	*लड़कियाँ*	*कुल*	*लड़के*	*लड़कियाँ*	*कुल*	*लड़के*	*लड़कियाँ*	*कुल*
कुल जातियाँ	33.7	28.7	31.5	51.8	52.9	52.3	61.0	64.9	62.7
अनुसूचित जातियाँ	36.8	36.2	36.6	57.3	62.2	59.4	71.4	75.5	75.1
अनुसूचित जनजातियाँ	49.1	48.7	48.9	69.8	71.4	70.0	77.9	81.2	80.2

अन्य पिछड़े वर्गों का विकास (Development of Other Backward Classes–OBCs): संविधान की धारा (अनुच्छेद) 340 के अनुसार राष्ट्रपति द्वारा सामजिक तथा शैक्षणिक रूप से पिछड़े वर्गों के लिए आयोगों का गठन किया जाता है जो पिछड़े वर्गों की दशा की जाँच-पड़ताल के पश्चात् उनकी कठिनाइयों को दूर करने के लिए सिफारिशें करता है। इस प्रकार के दो आयोगों का गठन किया गया है।

1. *केलकर आयोग* (*1953–1955*): इस आयोग की रिपोर्ट पर कोई निर्णय न लिया जा सका।

2. *मण्डल आयोग* (*1979–1980*): इसका विवरण नीचे दिया जा रहा है।

मण्डल आयोग की सिफरिशें तथा सरकार का निर्णय (*Recommendations of the Mandal Commission and Government Decision*): मण्डल कमीशन के अध्यक्ष बी.पी. मण्डल थे। इस कारण यह मण्डल कमीशन के नाम से जाना जाता है। इस कमीशन का गठन 1979 में हुआ तथा इसने अपनी संस्तुतियाँ 1980 में दीं। इस कमीशन की महत्त्वपूर्ण सिफारिशें निम्नलिखित हैं:

प्रथम: पिछड़े वर्गों (जातियों) को सरकारी नौकरियों में 27 प्रतिशत आरक्षण दिया जाए।

दूसरे: केन्द्र तथा राज्य सरकारों द्वारा संचालित सभी वैज्ञानिक तकनीकी और व्यावसायिक संस्थानों में पिछड़ी जातियों के लिए 24 प्रतिशत सीटें आरक्षित की जाएँ।

तीसरे: पिछड़े वर्गों को वित्तीय सहायता प्राप्त करने के लिए सरकार द्वारा अलग से वित्तीय संस्थानों की स्थापना की जाए।

मण्डल आयोग की सिफारिशों पर सरकार का निर्णय: मण्डल कमीशन की रिपोर्ट पर देश में कुछ समूहों ने जो आरक्षण के विरूद्ध थे, उन्होंने देशव्यापी हड़तालें कीं तथा जुलूस आदि निकाले।

भारत सरकार ने 7 अगस्त 1990 को सामाजिक तथा आर्थिक रूप से पिछड़े वर्गों के लिए नौकरियों में 27 प्रतिशत आरक्षण करने की घोषणा की। बाद में कुछ संशोधन किया गया, जिसके अनुसार 10 प्रतिशत पदों को ऐसे निर्धन लोगों के लिए रखा जाएगा जो आरक्षण की वर्तमान किसी भी योजना के अन्तर्गत नहीं आते।

उच्चतम न्यायालय का निर्देश (Judgement of the Supreme Court): उच्चतम न्यायलय ने 16 नवम्बर 1992 को निर्णय दिया। मौट तौर पर इसमें निम्न बातें कही गई हैं:

1. जो अधिसूचना नौकरियों में 27 प्रतिशत् आरक्षण देने के बारे में जारी की गई थी, वह सही हैं।

2. जो 10 प्रतिशत आरक्षण आर्थिक रूप से पिछड़े वर्गों के लिए किया गया था, वह ठीक नहीं है।

3. पिछड़े वर्गों में जो आर्थिक रूप से सम्पन्न (Creamy Layer) हैं, उन्हें आरक्षण की सूची से निकाल दिया जाए।

सम्पन्न वर्ग की पहचान: सम्पन्न वर्ग के अन्तर्गत नीचे दिए वर्ग आते हैं। इनके बच्चों को आरक्षण नहीं मिल सकता:

(1) जो व्यक्ति संविधानिक पदों पर हैं अथवा रह चुके हैं जैसे राष्ट्रपति, उपराष्ट्रपति, उच्चतम न्यायलय या उच्च न्यायालय के न्यायधीश आदि, मंत्री, संसद सदस्य आदि।

(2) केन्द्रीय सरकार, सशस्त्र सेनाओं तथा पब्लिक सेक्टर संस्थानों के प्रथम श्रेणी के अधिकारी (Class One Officer)

(3) इसी प्रकार कुछ अन्य वर्गों के बच्चों को आय के आधार पर आरक्षण से बाहर रखा गया है।

सन् 2006 में उच्चतम न्यायालय ने अनुसूचितजाति तथा अनुसूचित जनजाति में सम्पन्न वर्ग को आरक्षण से बाहर रखा।

अनुसूचित जातियों तथा अनुसूचित जनजातियों के कल्याण में कार्यरत गैरसरकारी अथवा स्वयंसेवी संगठन (Non-Government or Voluntary Organisations for the Welfare of the SCs and STs): अनुसूचित जातियों तथा अनुसूचित जनजातियों के छात्रों तथा व्यक्तियों को सुविधाएँ प्रदान करने के लिए अनेक गैर सरकारी संगठन कार्य कर रहे हैं। इन संगठनों को सरकार की ओर से कई प्रकार की सहायता दी जा रही है। मुख्य तौर पर ये संगठन निम्न प्रकार की सुविधाएँ प्रदान करते हैं:

1. आवासीय विद्यालयों की स्थापना करना तथा चलाना (Running Residential Schools)
2. छात्रवासों का प्रावधान करना (Provision of Hostels)
3. चिकित्सा इकाइयों को स्थायी करना (Establishment of Medical Units)
4. कम्प्यूटर प्रशिक्षण इकाइयों को स्थापित करना (Establishing Computer Training Units)
5. आशुलिपि तथा टंकण प्रशिक्षण इकाइयों की स्थापना करना (Setting-up Short Hand and Typing Units)
6. बालवाडियों/शिशु सदनों की स्थापना करना (Running Balwadis and Creches)
7. पुस्तकालय खोलना (Opening Libraries)
8. श्रव्य-दृश्य इकाइयों की स्थापना करना (Establishing Audio-Visual Units)

वर्ष 2005 में अनुसूचित जनजाति विकास के क्षेत्र में लगभग 400 तथा जनजाति क्षेत्र में लगभग 200 गैर सरकारी संगठनों को अनुदान सहायता उपलब्ध कराई गई।

40.13 अनुसूचित जाति/अनुसूचित जनजातियों की शिक्षा संबंधी संतुतियां (Recommendations for the Education of SCs and STs)

1. विद्यालयी सुविधाओं की पहुँच में समुचित सुधार लाकर, शिक्षा व्यवस्था को ऐसे लोगों के निवास स्थानों तक पहुँचाना जहाँ पर कभी यह सुविधा उपलब्ध नहीं करायी गई जैसे मुख्यत: मुश्किल पहुँच वाले क्षेत्र एवं जंगलों में रह रहे अनु.जन.जा. के लोग।

2. शिक्षा की पहुँच सुनिश्चित करने एवं संख्यात्मक आधार में सुधार लाने के लिए जिस प्रकार पहले प्रयास किए गए हैं इन प्रयासों के अतिरिक्त अनु.जा./अनु.जन.जा. और समानता सुनिश्चित करते हुए शैक्षिक गुणवत्ता में सुधार लाने पर विशेष बल होना चाहिए।

3. अनु.जा./अनु.जन.जा. के सामुदायिक व्यवस्थाओं के श्रम से जुड़ाव के अतिरिक्त उनका ध्यान अपने समुदायों में शिक्षा के प्रति जागरूकता उत्पन्न करने हेतु शैक्षिक व्यवस्था से जोड़ना।

4. अनु.जा./अनु.जन.जा. के सदस्यों, ग्राम शिक्षा समिति/शिक्षक माध्यमिक संघ की अत्यधिक भागीदारी, अनु.जा. एवं अनु.जन.जा. समुदायों द्वारा विद्यालय प्रबंध को अपनी मिल्कियत/अपना समझने की व्यवस्था सुनिश्चित करना।

5. अनु.जा./अनु.जन.जा. के लोगों के मध्य संचारित समुदाय आधारित संस्थाओं जैसे ग्राम शिक्षा समिति/शिक्षक अभिभावक संघ इत्यादि के लिए प्रशिक्षण कार्यक्रमों का आयोजन करना।

6. समुदाय में उपलब्ध स्थानीय शिक्षकों का उपयोग करना और उनकी क्षमता अभिवृद्धि हेतु प्रयास करना।

7. कमजोर वर्ग के बच्चों की विद्यालयों में उपस्थिति ठहराव, एवं सम्प्राप्ति स्तर का नियमित मूल्यांकन करना।

8. विभिन्न सुदूर क्षेत्रों में निवास करने वाले अनु.जा./अनु.जन.जा. की आवश्यकताओं की प्रतिपूर्ति हेतु विशेष-प्रयास कर उनके लिए छात्रावास, विशेष सुविधाओं एवं प्रोत्साहन योजनाओं के अन्तर्गत संसाधनों की व्यवस्था करना।

9. जनजाति बाहुल्य क्षेत्र में स्थानीय आवश्यकतानुसार विद्यालय सारणी तैयार करना।

10. जनजाति के विद्यार्थियों के लिए स्थानीय आवशयकतानुसार पाठ्यक्रम का चुनाव एवं प्रोत्साहन योजनाओं के अन्तर्गत संसाधनों की व्यवस्था करना।

11. सामग्री की व्यवस्था करना/आवश्यकतानुसरर, शिक्षण कार्य में स्थानीय भाषा एवं संवादों का प्रयोग, विशेषकर छोटी कक्षाओं के लिए सुक्ष्म-स्तर के नमूनों का निर्माण करना।

12. अनु.जा./अनु.जन.जा. के मध्य शैक्षिक विकास के संदर्भ में वातावरण सृजन की एक महत्वपूर्ण भूमिका निभाना।

13. आदिवासी क्षेत्रों की भौगोलिक एवं सम्प्रेषण समस्याओं को ध्यान में रखते हुए, अनुश्रवण प्रक्रिया को विकेन्द्रित कर पुनर्निर्माण का कार्य अति महत्वपूर्ण है। ग्राम शिक्षा समितियों को शैक्षिक व्यवस्था की देखभाल एवं अनुश्रवण के क्षेत्र में प्रशिक्षित किया जाना।

14. आदिवासी कल्याण विभाग, आदिवासी विकास संस्थाएँ और शिक्षा विभाग को आपस में एक साथ मिलकर सुदृढ़ता के साथ कार्य करना।

15. अनु.जा./अनु.जन.जा. के स्थानीय समूह छोटे-छोटे एवं बिखरे हुए हैं, वहाँ आश्रम विद्यालयों या आवासीय विद्यालयों की स्थापना करना।

क्षतिग्रस्त तथा निर्योग्य बच्चों की शिक्षा (Education of the Disabled)

40.14 क्षतिग्रस्त बच्चों का अर्थ (Meaning of the Disabled Children)

संविधान में क्षतिग्रस्त व्यक्तियों तथा बच्चों को न तो परिभाषित किया गया है तथा न उनके बारे में विशेष प्रावधान किया है। इसी प्रकार राष्ट्रीय शिक्षा नीति 1986 तथा 1992 में क्षतिग्रस्त शब्दावली का प्रयोग किया गया है। भाग चार 'शिक्षा द्वारा समानताएँ' के अन्तर्गत विकलांगों की शिक्षा के बारे में निर्देश दिए गए हैं। इसमें कहा गया है, ''विकलांगों को शिक्षा देने का उद्देश्य यह होना चाहिए कि वे पूरे समाज के साथ कन्धे से कन्धा मिलाकर चल सकें। उनकी प्रगति भी आम (सामान्य) लोगों की तरह हो। ये भी पूरे भरोसे और हिम्मत के साथ जिन्दगी जिएँ।'' इस सम्बन्ध में विस्तृत ब्यौरा पहले ही दिया जा चुका है।

क्षतिग्रस्त बच्चे वे हैं जिनकी आवश्यकताएँ सामान्य बच्चों से भिन्न होती हैं। यह भिन्नता बहुत भी हो सकती है तथा कम भी। जब विभिन्नता की मात्रा बहुत होती है, तब विशेष स्कूलों की आवश्यकता पड़ती है तथा विशेष स्कूल स्थापित किए जाते हैं। फिर भी जहाँ तक सम्भव होता है, विशेष आवश्यकताओं वाले बच्चों की शिक्षा सामान्य स्कूल व्यवस्था के अन्तर्गत करने का प्रयास किया जाता है तथा यह भी देखा जाता है कि उनकी विशिष्ट आवश्यकताओं के लिए विशेष प्रावधान किया जाए। विशेष शिक्षा सम्बन्धी प्रावधानों के साथ ऐसे बच्चों को सामान्य शिक्षा धारा (Main Stream of Education) से जोड़ने की सम्भावनाओं की खोज जारी है तथा प्रयोग भी किए जा रहे हैं।

क्षतिग्रस्त अथवा विशेष बच्चों की परम्परागत परिभाषाएँ (Traditional Definitions of Special Children or Children with Disabilities)

1. *हेक* (*Heck*) ने असाधारण बालकों की (Exceptional Child) संज्ञा उन सभी बच्चों से दी है जो शारीरिक, सामाजिक एवं मानसिक दृष्टि से बाधित (Handicapped) हैं, साथ-ही-साथ यह संज्ञा उन बच्चों के लिए भी प्रयुक्त मापदण्ड है जो मानसिक मापन के किसी भी क्षेत्र में प्रतिभाशाली होते हैं।

हेक के अनुसार विशिष्ट शिक्षा का वह शैक्षिक प्रोग्राम है जिसको व्यक्तिगत या सार्वजनिक एजेंसियाँ विभिन्न प्रकार के असाधारण बालकों की शिक्षा के लिए नियोजित करती हैं।

2. *अमेरिकन शिक्षा अध्ययन राष्ट्रीय परिषद* ने असाधारण बालकों को इस प्रकार परिभाषित किया है–''असाधारण बालक वे हैं जो कि सामान्य बच्चों से शारीरिक मानसिक, संवेगात्मक या सामाजिक विशेषताओं में इतना अधिक अलग (deviate) होते हैं कि अपनी उच्चतम योग्यता तक विकसित होने के लिये उन्हें विशेष शैक्षिक सेवाओं की आवश्यकता पड़ती है।''

3. *क्रो व क्रो* (*Crow and Crow*) का कथन है, ''अनोखा या असाधारण शब्द ऐसे व्यक्ति (विशिष्ट बालक) के लिए प्रयोग किया जाता है।''

4. *जे.टी. हण्ट* (*J.T. Hunt*) ने विशिष्ट बालकों की इस प्रकार परिभाषा दी

है–"विशिष्ट बालक वे हैं जो शारीरिक, संवेगात्मक या सामाजिक विशेषताओं में सामान्य बालकों से इतने पृथक् हैं कि उनकी क्षमताओं के अधिकतम विकास के लिए विशिष्ट शिक्षा सेवाओं की आवश्यकता होती है।"

5. *क्रुकशॉक* (*Cruickshank*) ने अपने विचार इस प्रकार व्यक्त किए–"विशिष्ट बालक वे हैं जो सामान्य बौद्धिक, शारीरिक, सामाजिक तथा संवेगात्मक बुद्धि तथा विकास में इतने भिन्न हैं कि वे नियमित तथा सामान्य विद्यालय-शैक्षणिक कार्यों से अधिकतम लाभ नहीं उठा सकते हैं तथा जिनके लिए विशिष्ट कक्षाओं एवं अतिरिक्त शिक्षण व सेवाओं की आवश्यकता होती है।"

क्षतिग्रस्त अथवा विशिष्ट बच्चों का वर्गीकरण (Classification of Disabled or Exceptional Children): I. *शारीरिक रूप से विकलांग बालक* (*Physically Handicapped Children*):

(i) दृष्टि-दोष से ग्रस्त बालक (Children with Visual Impairments)

(ii) श्रवण-दोष से ग्रस्त बालक (Children with Hearing Impairments)

(iii) वाणी-दोष से ग्रस्त बालक (Children with Speach Impairments)

(iv) गामक तथा तंत्रिकीय दोषों से ग्रस्त बालक (Children with Loco-motor and Neurological Impairments)

(v) अन्य शारीरिक दोषों से ग्रस्त बालक (Children with other Physical Impairments)

II. *मानसिक क्षेत्र में क्षतिग्रस्त बच्चे* (*Children with Intellecutual Impairments*):

III. *व्यक्तिगत संतुलन के क्षेत्र में भिन्नता*: (i) संवेगात्मक असंतुलित बालक (Emotionally Unbalanced Children), (ii) सामाजिक असंतुलित बालक (Socially Unbalanced Children), (iii) अधिगम मन्द बुद्धि बालक (Learning Retarted Children)

हेक (Heck) द्वारा किया गया क्षतिग्रस्त अथवा असाधारण बच्चों का वर्गीकरण: 1. *सामाजिक दृष्टि से बाधित या असाधारण बालक*: इस वर्ग में मुख्यतया बाल-अपराधी (Delinquents) आते हैं।

2. *शारीरिक दृष्टि से बाधित या असाधारण*: इनमें निम्न प्रकार के असाधारण बालक आते हैं:

(i) अपंग (Gripple), (ii) अन्धे (Blind), (iii) बहरे (Deaf), (iv) वाक्-दोषी (Speech defective) (v) ऊँचा सुनने वाले (Hard of hearing), (vi) दृष्टि दोषी (Defective vision), (vii) नाजुक बच्चे (Delicate children)।

3. *मानसिक दृष्टि से असाधारण*: इस श्रेणी में निम्नलिखित प्रकार के बालक आते हैं: (i) मन्द बुद्धि (Feeble minded), (ii) विशिष्ट प्रतिभा सम्पन्न (Specially gifted), (iii) प्रतिभाशाली (Gifted)

बेकर (Baker) द्वारा किया गया वर्गीकरण: बेकर (*Baker*) ने असाधारण बालकों का वर्गीकरण निम्नलिखित प्रकार से किया है:

(1) वे बालक जो मानसिक स्वास्थ्य और व्यावहारिक गड़बड़ियों से पीड़ित हैं

(2) स्नायुविक और मानसिक विकार और रोग से ग्रसित बालक

(3) योग्यता एवं अभिक्षमता में सामान्य से दूर बालक जैसे मन्द बुद्धि, प्रतिभाशाली, तथा धीमी अधिगम वाले बालक

(4) शैक्षिक उपलब्धि में साधारण से अधिक विचलित बालक

(5) संवेदन के विकार एवं दोष से ग्रसित बालक

(6) शारीरिक विकास एवं दोष से युक्त बालक

क्षतिग्रस्त तथा वंचित वर्गों की सामाजिक तथा भावात्मक समस्याएँ (Socio-Emotional Problems of Disabled and Deprived Groups)

क्षतिग्रस्त तथा वंचित वर्गों की सामाजिक तथा भावात्मक समस्याएँ कई प्रकार से भिन्न होती हैं क्योंकि इनका सम्पूर्ण वातावरण भी अलग होता है। परन्तु फिर भी कुछ समान समस्याएँ हैं जिनका उल्लेख नीचे किया गया है:

1. सामान्यतः समाज का इन वर्गों के प्रति उदासीनता का दृष्टिकोण होना।
2. इन वर्गों का स्वयं का अपने प्रति हीन भावना रखना।
3. समाज में इन वर्गों के प्रति तिरस्कार की भावना का होना।
4. समाज का इन वर्गों के प्रति 'तरस खाने' की भावना रखना तथा दया के तौर पर इनकी सहायता करना।
5. मानव अधिकारों के प्रति विभिन्न आन्दोलनों ने इन वर्गों में अपने अधिकारों के प्रति सजगता की भावना को बढ़ावा देना तथा 'आशाओं का विस्फोर्ट (Explosion of Expectations)'
6. क्षतिग्रस्त तथा वंचित वर्गों को समाज की मुख्य धारा से जोड़ना।

40.15 असाधारण बालकों की शिक्षा के निर्देशक सिद्धांत (Guiding Principles for the Guidance of Exceptional Children):

1. *आत्मविश्वास की भावना*: असाधारण बालकों की शिक्षा का सर्वप्रथम निर्धारिक सिद्धांत तो यही होगा कि ऐसे बालकों को इस प्रकार की शिक्षा दी जाए कि उनके जीवन में एक नया अर्थ, एक नया अनुभव और एक नया विश्वास विकसित हो। उन्हें यह अनुभव होने लगे कि वे समाज के लिये आवश्यक हैं। और समाज में उन्हें भी सम्मान की दृष्टि से देखा जाता है। ऐसी शिक्षा में कुछ इस प्रकार की व्यवस्था करनी होगी कि प्रत्येक बालक कोई-न-कोई व्यवसाय करने के लिए सक्षम हो जाए और इसके साथ-ही-साथ उन बालकों का सांस्कृतिक और सामाजिक विकास भी हो सके।

2. *व्यक्तिगत अध्ययन*: असाधारण बालकों की शिक्षा प्रत्येक बालक के व्यक्तिगत अध्ययन (child study) के आधार पर होनी चाहिए। दूसरे शब्दों में हम यह कहेंगे कि प्रत्येक बालक की अपंगता या असाधारणता को भली-भाँति समझने के पश्चात् ही उसकी शिक्षा की व्यवस्था की जाए।

3. *शिक्षा में समान अवसर*: 'शिक्षा में समान अवसर' असाधारण बालकों की शिक्षा का महत्त्वपूर्ण सिद्धांत है। समानता का सिद्धांत इस बात की ओर संकेत करता है कि इन बालकों को केवल कुछ कौशल सिखा देना मात्र पर्याप्त नहीं होगा। व्यावसायिक शिक्षा के साथ-साथ इनके व्यक्तित्व के सर्वांगीण विकास की ओर भी ध्यान देना होगा।

4. *नागरिकता का विकास*: क्षतिग्रस्त बालकों में अच्छी नागरिकता का विकास करना, इनकी शिक्षा का मुख्य उद्‌देश्य होगा।

5. *संतुलित दृष्टिकोण*: उन्हें ऐसी शिक्षा देनी होगी कि उनका जीवन सरल बन सके। जीवन को सरल बनाने के लिये यह आवश्यक है कि उनमें ऐसी योग्यता विकसित की जाए कि वे अपने दृष्टिकोण के साथ-साथ दूसरे के दृष्टिकोणों को भी समझ सकें।

6. *जीवनयापन में सहायक शिक्षा*: विकलांग तथा अपंग बालकों की शिक्षा के लिए ऐसा प्रशिक्षण आवश्यक होगा जो उनकी अपंगता को दूर कर सके तथा जीवनयापन में उनकी सहायता कर सके।

7. *शैक्षिक तथा प्रशिक्षण सुविधाओं की जानकारी*: भारत सरकार, राज्य सरकारें तथा स्वयं सेवी संस्थाओं ने क्षतिग्रस्त वर्गों के लिए अनेक प्रकार की विशेष सुविधाओं का प्रावधान किया हुआ है। अत: इन वर्गों के बच्चों को इन सुविधाओं से अवगत कराया जाए।

8. *उपराचारात्मक शिक्षा* (*Remedial Education*): जो बालक शारीरिक अपंगता अथवा सामाजिक असामान्यता एवं मानसिक असामान्यता से पीड़ित हैं उनके लिए उपचारात्मक (remedial) शिक्षा की व्यवस्था करनी होगी। इसका उद्‌देश्य यही होगा कि ये बालक अपनी कमियों को दूर कर सकें तथा अपने पैरों पर खड़े हो सकें और समाज में सम्मानयुक्त जीवन व्यतीत कर सकें।

9. *निवारक शिक्षा* (*Preventive Measures*): उपचारात्मक शिक्षा से भी महत्त्वपूर्ण कार्य निवारक शिक्षा का प्रबन्ध करना होगा। इसका उद्‌देश्य यह होगा कि समाज में ऐसी शिक्षा व्यवस्था की जाए कि बालकों में मनोविकार, अपंगता एवं सामाजिक असमायोजन को रोका जा सके।

अध्यापकों का उत्तरदायित्व (Role of the Teacher)

(i) अध्यापक अपने व्यवहार को संतुलित बनाए रखे।

(ii) प्रत्येक विशिष्ट छात्र में रूचि लेना।

(iii) अध्यापक प्रत्येक छात्र को सामाजिक स्तर पर एक समान समझें।

(iv) अध्यापक अपने व्यवहार से यह किसी प्रकार से प्रदर्शित न होने दे कि वह कोई कार्य 'तरस खाकर करता है।' अर्थात् क्षतिग्रस्त वर्गों से समानता का व्यवहार करें।

(v) छात्रों के आत्मसम्मान का आदर करें।

(vi) इस प्रकार की शब्दावली का प्रयोग न करें "तुम पढ़ने योग्य नहीं हो", "तुम पिछड़ी जातियों के हो" आदि।

(vii) छात्रों के परस्पर व्यवहार सौहार्दपूर्ण बनाने के प्रयास करें।

(viii) कक्षा के प्रत्येक छात्र की विशिष्ट आवश्यकताओं पर ध्यान दें।

(ix) कक्षा के सामान्य छात्रों को प्रेरित किया जाए कि वे पिछड़े तथा विशिष्ट आवश्यकता वाले छात्रों की यथा सम्भव सहायता करें।

(x) पाठान्तर क्रियाओं में भाग लेने के समान अवसर देन की व्यवस्था करें।

(xi) छात्रों के अभिभावकों से समय-समय पर छात्रों के विकास के संबंध में विचार विमर्श करें।

विकलांग बच्चों के लिए समेकित शिक्षा (Integrated Education for Disabled Children–IEDC): समेकित शिक्षा योजना वर्ष 1975 में शुरू की गई। इसके अन्तर्गत सामान्य स्कूलों में पढ रहें विकलांग छात्रों को निम्नलिखित सुविधाएँ निःशुल्क दी जा रहीं हैं:

(i) पुस्तकें तथा लेखन सामग्री।, (ii) वर्दी। (iii) परिवहन भत्ता। (iv) साथ चलने वाले (Escort) को आने-जाने का किराया। (v) नेत्रहीन छात्रों के लिए पढ़ाने वाले को पठन भत्ता (Reader's Allowance for Blind Children)। (vi) विकलांग छात्रों को पढ़ाने के लिए नियुक्त शिक्षकों को वेतन आदि।

इस योजना के अन्तर्गत राज्य सरकारों/केन्द्रशासित प्रदेशों तथा गैर-सरकारी संगठनों को शत-प्रतिशत सहायता देने का प्रावधान है।

40.16 विकलांगों की संख्या
(Number of Persons with Disabilities/Handicapped)

राष्ट्रीय सैम्पल सर्वेक्षण संगठन (National Sample Survey Organisation) के सर्वेक्षण (2002) के अनुसार विकलांग व्यक्तियों की संख्या 1.85 करोड़ थी। जो देश की कुल संख्या का 1.8 प्रतिशत था। विभिन्न वर्गों के विकलांगों की संख्या नीचे दी गई है:

1. लोकोमोटर (Locomotor) = 106.34 लाख
2. श्रवण विकलांगता (Hearing Handicapped) = 30.62 लाख
3. मूक (Speech) = 21.55 लाख
4. दृष्टिहीन (Blindness) = 20.33 लाख
5. आंशिक दृष्टिदोष (Low Vision) = 8.13 लाख
6. मानसिक अल्पविकास (Mental Retardation) = 9.95 लाख

2001 की जनगणना के अनुसार विकलांग व्यक्तियों की संख्या 2.19 करोड़ थी जो कुल संख्या का 2.13 प्रतिशत् था।

विकलांगो की सुविधाओं के लिए सरकारी प्रावधान (Provision of Governmental Facilities for the Handicapped): यहाँ पर सरकारी सुविधाओं के प्रावधान संक्षेप में दिए जा रहे हैं।

1. विकलांग व्यक्ति अधिनियम, 1995 (Persons with Disablilities Act, 1995): विकलांग व्यक्ति (समान अवसर, अधिकारों की रक्षा और पूर्ण सहभागिता) अधिनियम, 1995 नामक व्यापक कानून फरवरी 1996 में लागू किया गया। इस कानून के अन्तर्गत केन्द्र और राज्य-स्तर पर विकलांगों के पुनर्वास को बढ़वा देने वाले कार्यक्रमों–जैसे शिक्षा, रोजगार और व्यावसायिक प्रशिक्षण, अनुकूल परिवेश का निर्माण, विकलांगों के लिए पुनर्वास सेवाओं का प्रावधान, संस्थागत सेवाएँ और सहायक सामाजिक सुरक्षा उपाए, बेरोजगारी भत्ता तथा शिकायत निवारण तंत्र आदि बातों पर ध्यान दिया गया है।

2. आत्मविमोह, मस्तिष्क पक्षाघात, मंदबुद्धि और बहु-विकलांगता के शिकार व्यक्तियों के लिए राष्ट्रीय न्यास 1999 (National Trust for the Welfare of Person with Autism Cerebral Palsy, Mental Retardation and Multiple Disabilities): इस न्यास की स्थापना 1999 में की गई। इस न्यास का विकलांगों को आत्मनिर्भर बनाना है।

3. विकलांगों के लिए मुख्य आयुक्त का कार्यालय (Office of the Chief Commissioner for Persons with Disabilities): यह कार्यालय विकलांगों के लिए राज्य आयुक्तों के काम में समन्वय स्थापित करता है।

4. भारतीय पुनर्वास परिषद् (Rehabilitation Council of India): इस परिषद् के निम्नलिखित कार्य हैं:

1. देशभर के सभी प्रशिक्षण संस्थानों में विभिन्न स्तरों पर पाठ्यक्रमों का मानकीकरण और नियमन करना (Standardization and Regulation)।

2. इस प्रकार के पाठ्यक्रम चलाने वाले प्रशिक्षण संस्थानों तथा विश्वविधालयों को मान्यता प्रदान करना। लगभग 40 पाठ्यक्रमों का संचालन किया जा रहा है।

5. राष्ट्रीय संस्थान (National Institutes): विकलांगों की विभिन्न समस्याओं से प्रभावी ढंग से निबटने के लिए निम्नलिखित संस्थाओं की स्थापना की गई है:

1. राष्ट्रीय दृष्टिहीन, संस्थान, देहरादून (National Institute of the Visually Handicapped Dehradun)

2. राष्ट्रीय अस्थिरोग विकलांग संस्थान, कोलकता (National Institute for Orthopaidically Handicapped, Kolkata)

3. अलीयावरजंग राष्ट्रीय बधिर संस्थान, मुम्बई (Ali Yavar Jung National Institute for the Hearing Handicapped, Mumbai)

4. राष्ट्रीय मानसिक विकलांग संस्थान, सिकंदराबाद (National Institutes for the Mentally Handicapped, Secundrabad)

5. राष्ट्रीय पुनर्वास प्रशिक्षण एवं अनुसंधान संस्थान, कटक (National Institute of Rehabilitation Training and Research, Cuttack)

6. शारीरिक विकलांग संस्थान, नई दिल्ली (Institute for the Physically Handicapped, New Delhi)

7. बहु-विकलांगता सशक्तिकरण संस्थान, चेन्नई (Institute for Empowerment of Persons with Multiple Disabilities, Chennai)

8. विकलांग बच्चों को पढ़ाने के लिए विशेष शिक्षकों के लिए प्रशिक्षण संस्थाएँ (Special Teacher Training Institutions for Providing B.Ed./M.Ed. (Special Education)–भारत में इस समय इस प्रकार की लगभग 20 प्रशिक्षण संस्थाएं हैं।

6. दीनदयाल विकलांग पुनर्वास योजना (Deendayal Disabled Rehabilitation Scheme): विकलांगों को अनेक प्रकार की सुविधाएँ प्रदान करने के लिए देश में अनेक स्वयंसेवी संगठन कार्य कर रहे हैं। इन संगठनों ने विकलांगों की शिक्षा के लिए शैक्षिक संस्थाएं स्थापित की हैं। कुछ संगठनों ने विशेष शिक्षा के क्षेत्र में अध्यापकों के प्रशिक्षण हेतु प्रशिक्षण संस्थान भी खोले हुए हैं। विकलांग बच्चों के लिए समेकित शिक्षा योजना (Integrated Education for Disabled Children Scheme) के अन्तर्गत इन संस्थाओं को सहायता दी जा रही है।

'दीनदयाल विकलांग पुनर्वास योजना' के अन्तर्गत भी गैर सरकारी संगठनों को विकलांग व्यक्तियों के कल्याण के लिए विशेष स्कूल, व्यावसायिक प्रशिक्षण केन्द्र तथा

समुदाय आधारित पुनर्वास कार्यक्रम (Community Board Rehabilitation Programme) जैसी योजनाएँ चलाने के लिए सहायता दी जाती है।

इस योजना के अन्तर्गत लगभग 480 विशेष स्कूल तथा 190 व्यावसायिक प्रशिक्षण केन्द्र चलाए जा रहे हैं।

7. भारत सरकार के मन्त्रालय जो विकलांग तथा पिछड़े वर्गों व्यक्तियों की शिक्षा तथा कल्याण के लिए कार्य करते हैं (Ministries of the Government of India Looking After the Education and Welfare of the Handicapped and The Disadvantaged Sections)

1. मानव संसाधन विकास मंत्रालय, भारत सरकार (Ministry of Human Resource Development)

2. जनजाति कार्य मंत्रालय (Ministry of Tribal Affairs)

3. सामाजिक न्याय और अधिकारिता मंत्रालय (Ministry of Social Justice and Empowerment)

इसी प्रकार से राज्यों में मंत्रालय हैं जो विकलांगों तथा पिछड़े वर्गों की शिक्षा तथा कल्याण सम्बन्धी कार्य करते हैं।

41

लैंगिक असमानता
(Gender Inequality)

41.1 लैंगिक असमानता अथवा भेदभाव का अर्थ तथा लैंगिक असमानता का भयानक रूप (Meaning of Gender Bias and Dreadful Nature of Gender Inequality))

लैंगिक असमानता का अर्थ है, नारियों के साथ पुरुषों के समान विभिन्न क्षेत्रों में एक जैसा बर्ताव न करना। उन्हें विभिन्न पदों पर नियुक्ति के लिए योग्य न समझना। उनको समान अवसर न देना। उन्हें समान कार्य के लिए वेतन आदि न देना। उन्हें एक प्रकार से 'भार' समझना। पुत्र की उत्पत्ति में प्रसन्नता दिखाना आदि।

इसमें कोई सन्देह नहीं है कि संसार में हर क्षेत्र में महिलाएँ तथा लड़कियां संसाधनों, अवसरों, प्रशासनिक तथा राजनैतिक सत्ता पाने के समान अवसरों से वंचित हैं। महिलाओं और लड़कियों में भेदभाव के प्रमुख तरीके इस प्रकार हैं: (i) लड़कियों के स्थान पर लड़कों को प्राथमिकता देना। (ii) महिलाओं और लड़कियों के लिए सीमित व्यक्तिगत तथा व्यावसायिक विकल्प। (iii) आधारभूत मानव अधिकारों से वंचित रखना। (iv) महिलाओं तथा लड़कियों से मार पीट। (v) दहेज सम्बन्धी मांगें। (vi) भ्रूण गर्भपात आदि।

यहां पर संक्षेप में लिंग असमानता के कुछ उदाहरण दिए जा रहे हैं:

1. संसार में विकसित, प्रगतिशील तथा जनतान्त्रिक देश अमरीका में राष्ट्रपति पद कभी किसी नारी को प्राप्त नहीं हुआ। समानता का दावा करने वाले रूस में भी यही स्थिति रही है। यूरोप के लगभग सभी देशों में भी इसी प्रकार की स्थिति है।

2. अमरीका में महिलाओं को मताधिकार 1920 में, फ्रांस में 1945, इटली में 1948 तथा स्विट्ज़रलैंड में 1973 में दिया गया।

41.2 संसार में प्रशासन, संसद तथा अन्य क्षेत्रों में महिलाएँ (Women in Parliament, Administration and Other Fields in the World)

(i)	संसद में महिलाएं (Women in Parliament)	17%
(ii)	महिला मंत्री (Women Ministers)	14%
(iii)	महिला शासनाध्यक्ष (Women Heads of Government)	6%

तालिका 41.1: विभिन्न क्षेत्रों में राष्ट्रीय संसदों में महिलाओं की भागीदारी
(Women Participation of Women in National Parliaments Across Regions)

क्षेत्र	सभी सांसदों के % के रूप में महिला सांसद	
	जनवरी 1997	*मई 2000*
नॉर्डिक देश (Nordic Countries)	36	40
उत्तर व दक्षिण अमरीका (North & South America)	13	21
यूरोप (नॉर्डिक देशों को छोड़कर) (Europe Excluding Nordic Countries)	14	19
उपसहारीय अफ्रीका (Sub-Saharan Africa)	10	17
एशिया (Asia)	13	16
प्रशान्त (Pacific)	10	12
अरब देश (Arab Countries)	3	8

स्रोत: आँकड़े वूमन इन नेशनल पार्लियामेन्ट्स के बारे में अन्तर–संसदीय संघ के डाटा बेस से लिए गए हैं http://www.ipu.org/wmn-e/classif.htm जून 2006 में अभिलिखित।

तालिका 41.2: महिलाओं के लिए सामान्य वेतन पुरुषों से बहुत कम
(Significantly Lower Nominal Wages for Women than Men)

देशों की संख्या (No. of Countries)	*खेती के अलावा पुरुषों के वेतन से महिलाओं के वेतन का अनुपात* (Proportion of Women's Wages to Men's Wages Outside of Agriculture)
1. मध्य पूर्व और उत्तर अफ्रीका में 4 देश (Middle East and North Africa)	81
2. पूर्व एशिया व प्रशान्त में 6 देश (East Asia and Pacific)	80
3. 22 औद्योगिक देश (Industrialised Countries)	80
4. संक्रमणकालीन 10 देश (Countries in Transition)	76
5. लैटिन अमरीका व कैरेबियन में 8 देश (Latin America and Caribean)	73
6. उपसहारीय अफ्रीका में 4 देश (Sub-Saharan Africa)	70

तालिका 41.3: महिला साक्षरता दरें सामान्यत: पुरुषों से कम
(Generally Women's Lower Literacy Rate than Men)

	महिला साक्षरता दर (Women's Literacy Rate)
(1) अल्पतम विकसित देश (Less Developed Countries)	71
(2) विकसित देश (Developed Countries)	85
(3) सीईई/सीआईएस (CEE/CIS)	97
(4) लैटिन अमरीका व कैरेबियन (Latin America and Caribbean)	99
(5) पूर्व एशिया व प्रशांत (East Asia and Pacific)	92
(6) दक्षिण एशिया (South Asia)	64
(7) मध्य पूर्व व उत्तर अफ्रीका (Middle East and North Africa)	77
(8) पश्चिम व मध्य अफ्रीका (West and Central Africa)	63
(9) पूर्वी व दक्षिणी अफ्रीका (Eastern and South Africa)	85

स्रोत: *दुनिया में बच्चों की स्थिति 2007*, यूनिसेफ

संसार मे नोबेल पुरस्कार विजेता (Recipients of Nobel Prize): नारियों का प्रतिशत: 4.5%, पुरुषों का प्रतिशत: 95.6%

41.3 स्वतन्त्रता प्राप्ति के पश्चात् भारत में प्रशासन तथा संसद में नारियों की भागेदारी (Participation of Women in Administration and Parliament)

क्र. सं.	*पद*	*पुरुष*	*महिला*
1.	राष्ट्रपति	14 (कार्यवाहक सहित)	1 (2007 में) श्रीमती प्रतिभा पाटिल
2.	उपराष्ट्रपति	12	–
3.	प्रधानमंत्री	18	1
4.	भारत के मुख्य न्यायधीश	36	–
5.	भारत के मुख्य निर्वाचन आयुक्त	13	1
6.	संघ लोक सेवा आयोग के अध्यक्ष	24	–
7.	थल सेना अध्यक्ष	22	–
8.	नौसेना अध्यक्ष	21	–
9.	वायुसेना अध्यक्ष	20	–
10.	लोक सभा अध्यक्ष	19	–
11.	संसद में सदस्य	92.7 %	8.3 %
12.	भारतीय प्रशासनिक सेवा (IAS)	90 %	10 %
13.	जनसंख्या (2001) का औसत	1000 के पीछे	933

41.4 धार्मिक क्षेत्र में लैंगिक भेदभाव (Gender Discrimination in Religious Field)

1. हिन्दुओं के सभी शंक्राचार्य पुरुष हैं। 2. ईसाईयों में पोप का स्थान पुरुषों के पास रहा हैं। 3. मुस्लमानों में प्राय: सभी धार्मिक नेता पुरुष हैं। 4. अन्य धर्मों की लगभग यही स्थिति है। 5. सभी धर्मों के प्रवर्त्तक पुरुष रहे हैं।

41.5 वेदों में नारी का गौरवपूर्ण स्थान (Place of Pride of Women in the Vedic Period)

वेदों में नारी की शिक्षा, शील, गुण, कर्त्तव्य और अधिकारों का विशद वर्णन है। इस प्रकार का वर्णन संभवत: संसार के किसी भी धर्मग्रंथ में नहीं है। चारों वेदों में सैकड़ों नारी विषयक मंत्र दिए गए हैं, जिनसे स्पष्ट होता है कि वैदिक काल में नारी का समाज में विशेष स्थान था तथा पुरुषों की भाँति उन्हें जीवन के हर क्षेत्र में बराबर का स्थान प्राप्त था। वैदिक साहित्य के अध्ययन से ज्ञात होता है कि भारतवर्ष के समाज में नारियों को बहुत गौरवपूर्ण स्थान प्राप्त था। स्त्रियों की शिक्षा-दीक्षा की उत्तम व्यवस्था थी। स्त्रियाँ राजनीतिक, सामाजिक तथा प्रशासनात्मक कार्यों में महत्त्वपूर्ण भूमिका निभाती थीं।

ऋग्वेद में 24 और अथर्ववेद में 5 वैदिक विदुषियों का उल्लेख है। ऋग्वेद में इनके 422 मंत्र हैं। इनके नाम इस प्रकार हैं–सूर्यासावित्री (47 मंत्र), घोषाकाक्षीवती (28 मंत्र), सिकता निवावरी (20 मंत्र), इंद्राणी (17 मंत्र), यमी वैवस्वती (11 मंत्र), दक्षिणा प्रजापात्या (11 मंत्र), अदिति (10 मंत्र), वाक आम्मृणी (8 मंत्र), अपाला आत्रेयी (7 मंत्र), जुहू ब्रह्मजायो (7 मंत्र), अगस्त्यस्वसा (6 मंत्र), विश्ववारा आत्रेयी (6 मंत्र), उवर्वी (6 मंत्र), सरमा देवशुनी (6 मंत्र), देवजामय: इंद्रमातर: (5 मंत्र), श्रद्धा कामायनी (5 मंत्र), नदी (4 मंत्र), सर्पराज्ञी (3 मंत्र), गोधा (22 मंत्र), शश्वती आंगिरसी (23 मंत्र), वसुक्रपत्नी (24 मंत्र), रोमशा ब्रह्मवादिनी (5 मंत्र)।

अथर्ववेद में इनके नाम इस प्रकार हैं–सूर्यासावित्री (139 मंत्र), मातृनामा (40 मंत्र), इंद्राणी (11 मंत्र), देवजामय: (5 मंत्र) तथा सर्पराज्ञी (3 मंत्र)।

वेदों में नारी के गौरव का अनेक वर्णन है। नारी को ज्ञान-विज्ञान में निपुण होने के कारण ब्रह्मा बताया गया है। वेदों में कहा गया है–

गृहिणी ही गृह है। (ऋग्वेद, 3-53-46)
सुशील पत्नी गृहलक्ष्मी है। (ऋग्वेद, 10-3-5)
नारी कुलपालक है। (अथर्ववेद, 1-14-3)
नारी कुटुंब की पालक है। (यजुर्वेद, 14-2)
नारी परिवार की स्वामिनी है। (ऋग्वेद, 10-85-46; अथर्ववेद, 14-1-44)
नारी समाज में अग्रणी है। (ऋग्वेद, 10-159-2)
नारी अबला नहीं, सबला है। (अथर्ववेद, 20-16-9)
नारी सरस्वती के तुल्य प्रतिष्ठित हो। (अथर्ववेद, 14-2-15)
नारी शील, राष्ट्रीय रक्षा तथा कर्त्तव्य की खान है। (अथर्ववेद, 5-17-3)

ब्राह्मण ग्रंथों में नारी का गौरव: नारी को ब्राह्मण ग्रंथों में सावित्री कहा गया है। (जैमिनीय उप. ब्राह्मण, 27-10-17)

पत्नी के बिना जीवन अधूरा है। (शतपथब्राह्मण, 5-2-1-11)

स्त्रियों का अपमान निदंनीय है। (शतपथब्राह्मण, 11-4-3-2)

पत्नी गृहलक्ष्मी है, साक्षात् श्री है। (तैत्तिरीयब्राह्मण, 3-9-4-7)

यत्र नार्यस्तु पूजयन्ते रमन्ते तत्र देवता:।
यत्रैतास्तु न पूज्यन्ते सर्वास्तजाफला: क्रिया:।।

"जहाँ नारियों की पूजा होती है, वहाँ देवताओं का निवास होता है। जहाँ इनका आदर नहीं होता या इनका अपमान होता है, वहाँ सारे धर्म-कर्म निष्फल हो जाते हैं।"

(मनुस्मृति, 3-56)

जो अपने परिवार का कल्याण चाहते हैं, वे स्त्रियों का सदा सम्मान करें।

(मनुस्मृति, 3-59)

यजुर्वेद (36-2) में कहा गया है कि स्त्रियों को वेद पढ़ने का पूरा अधिकार है। अथर्ववेद (11-16-3-18) में उल्लेख है कि लड़कियाँ लड़कों के समान ब्रह्मचर्य को धारण करके शिक्षा ग्रहण करें।

ऋग्वेद (2-19-17) में वर्णित है कि स्त्रियों पर ही जीवन आधारित है और वे शिक्षा प्रदान करती हैं।

बौद्ध धर्म तथा जैन धर्म ने भी स्त्री शिक्षा का समर्थन किया है।

प्राचीन काल नारी शिक्षा की दृष्टि से समृद्ध युग था।

41.6 भारतीय संविधान में नारी समानता सम्बन्धी प्रावधान (Constitutional Provisions in India for Women's Equality)

(1) अनुच्छेद 14 के द्वारा महिलाओं को पुरुषों के समान ही **कानून के समक्ष समानता** (Equality before Law) तथा **कानून के अनुसार संरक्षण** का अधिकार दिया गया है।

(2) अनुच्छेद 15(1) के अनुसार लिंग के आधार पर राज्य किसी भी नागरिक के साथ भेद-भाव नहीं करेगा। अर्थात् महिलाओं के साथ भेद-भाव नहीं करेगा। इसके साथ ही अनुच्छेद 16 के अधीन रोजगार और नियुक्तियों में महिलाओं को भी बिना भेद-भाव के समान अवसर प्रदान किये गये हैं।

(3) अनुच्छेद 15(3) महिलाओं के विकास के लिए सबसे अधिक महत्त्वपूर्ण संवैधानिक प्रावधान है। इसके अनुसार राज्य को यह शक्ति दी गई है कि वह स्त्रियों व बालकों के लिए विशेष कानून बना सके। महिलाओं के लिए विभेदकारी कानून बनाने की शक्ति राज्य को इसलिए दी गई है जिससे वे मातृत्व रूपी प्राकृतिक दायित्व को निभा सकें तथा सदियों से पुरुष प्रधान समाज के कारण उन पर हो रहे शारीरिक, मानसिक, आर्थिक व सामाजिक शोषण का सामना कर सकें।

(4) धारा 39(ख) के अनुसार पुरुषों तथा स्त्रियों, दोनों को समान कार्य के लिए समान वेतन।

पंचायती राज में महिला-आरक्षण (Reservation for Women in Panchayati Raj): इस सम्बन्ध में निम्न अनुच्छेदों का उल्लेख करना आवश्यक है:

(a) *पंचायती संस्थाओं में आरक्षित पद:* अनुच्छेद 243घ(4) के अनुसार पंचायती

संस्थाओं के प्रत्येक स्तर पर अध्यक्षों के कम से कम एक तिहाई (1/3) पद महिलाओं के लिए आरक्षित होंगे।

(b) अनुच्छेद 243न (4) के द्वारा व्यवस्था की गई है कि नगरपालिका संस्थाओं में अध्यक्षों के पदों की कुल संख्या के कम से कम 1/3 स्थान महिलाओं के लिए आरक्षित रहेंगे।

सभी राज्यों ने 73वें और 74वें संविधान संशोधनों के अनुसार अपने-अपने राज्यों में कानून बनाकर महिलाओं को आरक्षण की व्यवस्था की है।

41.7 नारी शिक्षा का महत्त्व (Significance of Women's Education)

(1) वेदों में नारी शिक्षा के महत्त्व को स्वीकार किया गया है तथा इस पर बहुत जोर दिया गया है।

(2) *स्वामी दयानन्दजी* ने जोरदार शब्दों में कहा था कि राष्ट्र, समाज, प्रशासन तथा परिवार के क्रिया-कलाप तब तक उचित ढंग से नहीं किए जा सकते, जब तक स्त्रियों को शिक्षा न मिले।

(3) *स्वामी विवेकानन्द* का कहना था कि वही देश उन्नति कर सकते हैं, जहाँ स्त्रियों को उचित स्थान दिया जाता है तथा उनकी शिक्षा का भी उचित प्रबंध किया जाता है।

(4) *गांधीजी* ने स्पष्ट शब्दों में कहा कि स्त्रियों को वही शैक्षिक सुविधाएँ दी जाएँ जो पुरुषों के लिए हों। यदि हो सके तो उन्हें विशेष सुविधाएँ मिलनी चहिए।

(5) *पंडित जवाहरलाल नेहरू* ने ठीक ही कहा था कि लड़के की शिक्षा केवल एक व्यक्ति की शिक्षा है। किंतु एक लड़की की शिक्षा सारे परिवार की शिक्षा है।

(6) *विश्वविद्यालय आयोग* (1948-49) ने स्त्री शिक्षा का महत्त्व इस प्रकार बताया है: 'स्त्री शिक्षा के बिना लोग शिक्षित नहीं हो सकते। यदि शिक्षा को पुरुषों अथवा स्त्रियों के लिए सीमित करने का प्रश्न हो तो यह अवसर स्त्रियों को दिया जाए; क्योंकि उनके द्वारा ही भावी संतान को शिक्षा दी जा सकती है।'

(7) *श्रीमती हंसा मेहता समिति* (1962) का कथन है कि यदि नए समाज का निर्माण ठोस आधार पर करना है तो स्त्रियों को वास्तविक और प्रभावपूर्ण ढंग से पुरुषों के समान अवसर देने होंगे।

(8) *शिक्षा आयोग* (1964-66) ने लिखा है-'स्त्रियों की शिक्षा पुरुषों की शिक्षा से भी ज्यादा महत्त्वपूर्ण है। लड़कियों की शिक्षा पर जितना भी जोर दिया जाए, उतना थोड़ा है।'

इस शिक्षा आयोग ने स्त्रियों की शिक्षा पर निम्नलिखित कारणों से बल दिया है-

1. स्त्री शिक्षा का हमारे मानवीय संसाधनों के पूर्ण विकास में एक महत्त्वपूर्ण स्थान है।
2. स्त्री शिक्षा से घरों का सुधार होता है।
3. स्त्रियों की शिक्षा का शैशव के सर्वाधिक संस्कारमय वर्षों में चरित्र के निर्माण में अपना विशेष स्थान है।
4. स्त्रियों की शिक्षा प्रसवन-दर को घटाने में काफी सहायता कर सकती है।
5. घर की चारदीवारी के बाहर स्त्रियों का कार्य आज देश के सामाजिक और आर्थिक जीवन का एक महत्त्वपूर्ण अंग बन गया है और आगामी वर्षों में वह और भी बड़ा आकार ग्रहण कर लेगा, जिसका प्रभाव अधिकतर स्त्रियों पर पड़ने लगेगा।

(9) *1986 की राष्ट्रीय शिक्षा नीति* में इस बात पर विशेष बल दिया गया है कि

महिलाओं को शैक्षिक तथा सामाजिक दृष्टि से समान स्तर पर लाने के लिए विशेष कार्य-कलापों की आवश्यकता है। राष्ट्र निर्माण के कार्य में सुशिक्षित महिलाएँ महत्त्वपूर्ण भूमिका निभा सकती हैं। लड़कियों तथा महिलाओं की शिक्षा योजना विशेष रूप से तैयार करने की आवश्यकता है और इस कार्य के लिए वित्तीय साधनों की व्यवस्था करनी होगी।

(10) 16 fnlEcj] 1993 dksuksn'kkoQ *'सभी के लिए शिक्षा' सम्मेलन* के अवसर पर राष्ट्रपति डॉ. शंकर दयाल शर्मा ने महिलाओं तथा लड़कियों की शिक्षा तथा उन्हें अधिकार दिए जाने की ओर विशेष ध्यान देने पर बल दिया।

सम्मेलन में विद्वानों ने बताया कि अशिक्षित स्त्री की प्रसवन-दर 5.1 है, आठवीं तक पास की प्रसवन-दर 4.0, दसवीं पास तक की 3.1 तथा स्नातक पास की प्रसवन-दर 2.1 है। इसी प्रकार की दर से उत्पादन में शिक्षित तथा अशिक्षित स्त्रियों का योगदान है।

41.8 विश्वविद्यालय शिक्षा आयोग की स्त्री शिक्षा के बारे में संतुतियाँ (Recommendations of the University Education Commission on Women Education)

स्त्रियों का कार्यक्षेत्र एवं उनकी शिक्षा: संसार प्रगतिशील है, अतः स्त्रियों के कार्यक्षेत्र में भी प्रगतिशीलता है। अब वह समय नहीं रहा, जबकि स्त्रियों को घर की चारदीवारी में बंद रख जाए। इस संबंध में विश्वविद्यालय शिक्षा आयोग (1948-49) ने अपने विचार इस प्रकार व्यक्त किए हैं–

'घर की देखभाल करना स्त्रियों का मुख्य कार्य है और आगे भी रहेगा। फिर भी उनका संबंध सीमित नहीं रहना चाहिए। विभिन्न परिस्थितियों के कारण उन्हें जीवन के विभिन्न क्षेत्रों की ऐसी रूपरेखा बनाएँ जो उनका जीवन सफल बनाने में सहायक हो। एक शिक्षक ने लिखा कि स्त्री शिक्षा तो एक घटना मात्र थी। इसके लिए किसी ने योजना नहीं बनाई थी।

आयोग ने निम्नलिखित संतुतियाँ कीं:

1. कॉलेज में जीवन की जो सुविधाएँ प्रारंभ में लड़कों को दी गई थीं, वे लड़कियों को भी उपलब्ध कराई जाएँ, भले ही वे कॉलेज पहले लड़कों के लिए खोले गए हों।
2. स्त्री शिक्षा में कमी न की जाए, बल्कि इसे बढ़ावा दिया जाए।
3. स्त्रियों को उनकी शिक्षा की वास्तविक अभिरुचियों से अवगत कराने के लिए उचित शिक्षा निर्देशन का कार्य योग्य व्यक्ति करें, जिससे वे पुरुषों का अनुकरण न करें; बल्कि पुरुषों की भाँति अच्छी शिक्षा प्राप्त करें और अपना ध्येय बनाएँ। स्त्रियों और पुरुषों में कुछ समानता होनी चाहिए, परंतु वह एक-सी न हो, जैसी कि आज है।
4. छात्राओं की इस प्रकार साधारणतया सहायता करनी चाहिए कि वे सामान्य समाज में अपना स्थान सभ्य नागरिक के रूप में पहचान लें और अपने को इसके अनुरूप बना सकें। कॉलेज की शिक्षा इस प्रकार की हो कि यह लक्ष्य प्राप्त हो सके।
5. शिक्षा निर्देशन कार्य इस प्रकार किया जाए कि लड़कियाँ गृहविज्ञान के अध्ययन के प्रति उदासीन न रहें।
6. सहशिक्षा वाले कॉलेजों में पुरुषों पर इस बात का दबाव डाला जाए कि वे शालीनता रखें और सामाजिक जिम्मेदारी का अनुभव करें।
7. जहाँ लड़के-लड़कियों के लिए नए कॉलेज बनाए जाएँ। वहाँ इस बात का ध्यान

रहे कि वे वास्तव में सहशिक्षा संस्थाएँ हों। इनमें स्त्री और पुरुषों की आवश्यकताओं का पूरा ध्यान रखा जाए।

8. समान कार्य के लिए स्त्री और पुरुष अध्यापकों को समान वेतन दिए जाएँ।

तेरह से अठारह वर्ष की आयु तक के लड़के-लड़कियों के लिए अलग-अलग स्कूल: विश्वविद्यालय शिक्षा आयोग का विचार था कि आम राय ऐसी मालमू होती है कि तेरह या चौदह वर्ष की आयु से लगभग अठारह वर्ष की आयु तक लड़के-लड़कियों के विद्यालय अलग-अलग हों। आयोग ने अनुभव किया कि यह स्पष्ट नहीं होता कि इस विचारधारा का आधार रीति-रिवाज हैं अथवा अनुभव।

कॉलेज में सहशिक्षा: आयोग की सिफारिशों के अनुसार कॉलेज में प्रवेश की आयु लगभग अठारह वर्ष होगी। अत: कॉलेज में सहशिक्षा हो सकती है, जैसा कि आज तक मैडिकल कॉलेजों में है। इस स्तर पर अलग-अलग कॉलेजों के बनाने में आवश्यक रूप से व्यय की वृद्धि होगी। लड़के-लड़कियों के लिए अलग-अलग कॉलेज बनाने से दोहरे उपकरणों की आवश्यकता होगी, जो अभी पर्याप्त नहीं हैं और इनका भार हमारे सीमित साधनों पर पड़ेगा। लड़कियों के अलग कॉलेजों में साधारणतया निम्न कोटि के उपकरण, अपेक्षाकृत कम योग्यतावाले अध्यापक और अनुपयुक्त विद्यालय भवन होते हैं। यथासंभव कॉलेज स्तर पर सहशिक्षा को प्रोत्साहन दिया जाए।

41.9 राष्ट्रीय शिक्षा नीति (1986) तथा संशोधित शिक्षा नीति (1992) में नारी शिक्षा (Women Education in 1986 and Modified NPE, 1992)

राष्ट्रीय शिक्षा नीति (1986) के भाग चार में नारी शिक्षा के बारे में निम्नलिखित बातों का उल्लेख है:

महिलाओं की समानता हेतु शिक्षा: 4.2 शिक्षा को महिलाओं के स्तर में बुनियादी परिवर्तन लाने के लिए एक साधन के रूप में इस्तेमाल किया जाएगा। अतीत से चली आ रही विकृतियों और विषमताओं को खत्म करने के लिए महिलाओं को सुविचारित समर्थन दिया जाएगा। महिलाओं को शक्तिसंपन्न बनाने के लिए शिक्षा पद्धति द्वारा एक ठोस भूमिका निभाई जाएगी और यह हस्तक्षेप के रूप में होगी। नए पाठ्यक्रम, पाठ्य पुस्तकों तथा शिक्षकों, निर्णयकर्त्ताओं और प्रशासकों के प्रशिक्षण और अनुस्थापन एवं शिक्षा संस्थाओं के सक्रिय सहयोग द्वारा नए मूल्यों के विकास को बढ़ावा दिया जाएगा। यह काम विश्वास और सामाजिक निर्माण के माध्यम से संभव हो सकेगा। महिलाओं से संबंधित अध्ययनों को विभिन्न पाठ्यक्रमों के अंतर्गत प्रोत्साहन दिया जाएगा और शिक्षा संस्थाओं को महिला विकास से संबंधित कार्यक्रम शुरू करने के लिए प्रेरित किया जाएगा।

4.3 महिला निरक्षरता को दूर करने के काम को सर्वोच्च प्राथमिकता दी जाएगी। इसी प्रकार उन रुकावटों को दूर करने की हर संभव कोशिश की जाएगी, जिनके कारण महिलाएँ प्रारंभिक शिक्षा भी पूरी नहीं कर पातीं। इस काम के लिए विशेष सहायक सेवाओं की व्यवस्था की जाएगी, लक्ष्य निर्धारित किए जाएँगे और निरीक्षण को कारगर बनाया जाएगा। विभिन्न स्तरों पर जीविका संबंधी तकनीकी और व्यावसायिक शिक्षा में महिलाओं की भागीदारी पर प्रमुख जोर दिया जाएगा। भेदभाव न बरतने की नीति पर जोरदार तरीकों

से अमल किया जाएगा, ताकि जीविका संबंधी तथा व्यावसायिक पाठ्यक्रमों में लिंग के आधार पर भेदभाग को खत्म किया जा सके तथा गैर-परंपरागत काम-धंधों में महिलाओं की हिस्सेदारी को बढ़ाया जा सके। इसी प्रकार पहले से मौजूद और नई टेक्नोलॉजी में भी महिलाओं की हिस्सेदारी बढ़ाई जाएगी।

41.10 नारी शिक्षा में असमानता (Inequality in Women Education)

नारी शिक्षा में असमानता का सबसे प्रमुख उदाहरण है कि स्वतन्त्रता के पश्चात् केन्द्रीय स्तर पर शिक्षा मंत्रालय/मानव संसाधन विकास मंत्रालय का मंत्री पद किसी नारी को नहीं मिला है। इसी प्रकार भारत सरकार में शिक्षा सचिव/शिक्षा सलाहकार का पद भी पुरुषों को मिलता रहा है। लगभग यही स्थिति राज्यों में रही है।

राष्ट्रीय शैक्षिक अनुसंधान और प्रशिक्षण परिषद् (National Council of Educational Research and Training–NCERT), राष्ट्रीय शैक्षिक नियोजन एवं प्रशासन संस्थान (2006 से शैक्षिक नियोजन एवं प्रशासन विश्वविद्यालय–NIEAP now NUEPA), प्रौढ़ शिक्षा निदेशालय (Directorate of Adult Education), नवोदय विद्यालय समिति (Navodaya Vidhyalaye Samiti) आदि राष्ट्रीय स्तर के संगठनों तथा संस्थाओं में प्राय: पुरुषों की ही सर्वोच्च पदों पर नियुक्तियां होती रही हैं।

यहाँ पर नारी शिक्षा में विकास की स्थिति पर प्रकाश डाला गया है।

तालिका 41.4: स्वतंत्रता पूर्व भारत में नारी शिक्षा: नामांकन

वर्ष	*नारी शिक्षा का प्रतिशत*	*प्राथमिक स्कूल नामांकन*	*उच्च प्राथमिक स्कूल नामांकन*	*माध्यमिक विद्यालय नामांकन*	*यूनिवर्सिटी एवं कॉलेज नामांकन*	*अन्य संस्थाएं नामांकन*	*योग*
1881–82	0.2	124481	–	2054	6	515	127066
1901–02	0.7	345397	34386	10309	264	2812	393168
1921–22	1.8	1198550	92466	36698	1529	11599	1340842
1946–47	6.0	3475165	321508	280772	23207	56090	4156742

तालिका 41.5: नारी साक्षरता दरों में विकास (1951 से 2000)

जनगणना वर्ष	*कुल दर*	*पुरुष*	*महिला*	*पुरुष-नारी दर में अन्तर*
1951	18.33	27.16	8.86	18.30
1961	28.30	40.40	15.75	24.65
1971	34.45	45.96	21.98	23.98
1981	43.37	56.38	29.76	26.62
1991	52.21	64.13	39.29	24.84
2001	65.38	75.85	54.16	21.69

टिप्पणी: साक्षरता बढ़ने के बावजूद लगभग 19 करोड़ महिलाएँ निरक्षर थीं। (सात वर्ष तथा इसके ऊपर)।

तालिका 41.6: सात वर्ष तथा उससे ऊपर साक्षर तथा निरक्षरों की संख्या (1991 तथा 2001)

साक्षर/निरक्षर	कुल संख्या	पुरुष	महिला
साक्षर			
1991	358,402,626	228,983,134	129,419,492
2001	562,010,745	336,969,695	225,041,048
1991 में 2001 से बढ़ोत्तरी	203,608,117	107,986,561	95,621,556
निरक्षर			
1991	328,167,288	128,099,211	200,068,077
2001	296,208,952	106,654,066	189,554,886
कमी	31,958,336	21,445,145	10,513,191

तालिका 41.7: लड़कियों का कुल नामांकन में प्रतिशत: स्तर अनुसार 1950-51 से

वर्ष	प्राथमिक (I-V)	मिडिल (VI-VIII)	माध्यमिक, उच्च माध्यमिक 10+2/इण्टर	उच्च शिक्षा स्नातक तथा अपर
1950-51	28.1	16.1	13.3	10.0
1960-61	32.6	23.9	20.5	16.0
1970-71	37.4	29.3	25.0	20.0
1980-81	38.6	32.9	29.6	26.7
1990-91	41.5	36.7	32.9	–
2000-2001	44.0	40.5	39.0	38.6
2004-2005	46.7	44.4	41.5	39.4

तालिका 41.8: प्राथमिक स्तर पर लड़कियों के सकल नामांकन दर (1950-51 से)

वर्ष	कक्षा (I-V) लड़कियाँ	कुल	कक्षा (VI-VIII) लड़कियाँ	कुल
1950-51	24.8	42.6	4.6	12.7
1960-61	41.4	62.4	11.3	22.5
1970-71	60.5	78.6	20.8	33.4
1980-81	64.1	80.5	28.6	41.9
1990-91	85.5	100.1	47.0	62.1
2000-2001	85.9	95.7	49.07	58.6
2003-2004	95.6	98.2	57.6	62.0
2004-2005	104.7	110.7	65.1	74.3

तालिका 41.9: लिंगवार तथा स्तरवार 1951 से नामांकन (मिलियन में)

वर्ष	प्राथमिक			माध्यमिक/उच्च प्राथमिक			उच्च/उच्च माध्यमिक		
	लड़के	लड़कियाँ	योग	लड़के	लड़कियाँ	योग	लड़के	लड़कियाँ	योग
1950-51	13.8	5.4	19.2	2.6	0.5	3.1	1.3	0.2	1.5
1960-61	23.6	11.4	35.0	5.1	1.6	6.7	2.7	0.7	3.4

(क्रमशः)

(*क्रमश:*)

वर्ष	*प्राथमिक*			*माध्यमिक/उच्च प्राथमिक*			*उच्च/उच्च माध्यमिक*		
	लड़के	*लड़कियाँ*	*योग*	*लड़के*	*लड़कियाँ*	*योग*	*लड़के*	*लड़कियाँ*	*योग*
1970-71	35.7	21.3	57.0	9.4	3.9	13.3	5.7	1.9	7.6
1980-81	45.3	28.5	73.8	13.9	6.8	20.9	7.6	3.4	11.0
1990-91	57.0	40.4	97.4	21.5	12.5	34.0	12.8	6.3	19.12
2000-2001	64.0	49.8	113.8	25.3	17.5	42.8	16.9	10.7	27.6
2003-2004	68.4	59.9	128.3	27.3	21.4	48.7	20.6	14.3	34.9
2004-2005	69.7	61.1	130.8	28.5	22.7	51.2	21.7	15.4	37.1

टिप्पणियाँ: 1. प्राथमिक स्तर पर लड़कियों के नामांकन में लगभग 12 गुणा वृद्धि हुई, जबकि लड़कों की 5 गुणा।

2. मिडिल स्तर पर लड़कियों का नामांकन 34 गुणा। हाई तथा उच्च सेकेण्डरी स्तर पर लड़कियों के नामांकन में 18 गुणा से ऊपर तथा लड़कों के नामांकन में 13 गुणा।

तालिका 41.10: लिंगवार बीच में ही स्कूल छोड़ने वालों की दरें (1960-61 से 2004-2005)

	1960-61	*1970-71*	*1980-81*	*1990-91*	*2001-01*	*2004-2005*
कक्षा I-V						
लड़के	61.7	64.5	56.2	40.1	39.7	31.81
लड़कियाँ	70.9	70.9	62.5	46.0	41.9	25.42
योग	64.9	67.0	58.7	42.6	40.7	29.00
कक्षा I-VIII						
लड़के	75.0	74.6	68.0	59.1	50.3	50.49
लड़कियाँ	83.4	79.4	65.1	65.21	57.7	51.28
योग	78.3	77.9	72.7	60.9	53.7	50.84

तालिका 41.11: कक्षा I से X के बीच लिंगवार बीच में स्कूल छोड़ने वालों की लिंगवार दरें (2004-2005)

बालक	बालिका	कुल
60.41	63.88	61.9

तालिका 41.12: 100 लड़कों पर लड़कियों का नामांकन

वर्ष	*प्राथमिक (I-V)*	*मिडिल (VI-VIII)*	*माध्यमिक (IX-X)*
1950-51	39	18	16
1960-61	48	32	23
1970-71	60	41	35
1980-81	63	49	44
1990-91	71	58	50
2000-01	77	68	61
2004-05	88	80	71

तालिका 41.13: स्कूल-स्तर लिंग-अनुसार अध्यापकों के स्तरवार संख्या (2004-2005)

(*000 में*)

	पुरुष	*महिला*	*कुल*
प्राथमिक स्तर	1319	842	2161
माध्यमिक स्तर	992	597	1589
माध्यमिक/उच्च माध्यमिक स्तर	1282	801	2083

तालिका 41.14: 100 पुरुष अध्यापकों पर स्त्री अध्यापिकाएँ

वर्ष	*प्राथमिक स्कूल*	*मिडिल स्कूल*	*माध्यमिक/उच्च माध्यमिक स्कूल*
1950-51	21	18	19
1960-61	21	32	27
1970-71	27	38	33
1980-81	33	42	38
1990-91	41	50	46
2000-01	55	62	49
2004-05	64	60	63

उच्च शिक्षा में महिलाओं के नामांकन में वृद्धि (Increase in Women Enrolment at the Higher Education Stage): स्वतंत्रता प्राप्ति के बाद उच्च शिक्षा में नामांकित महिला छात्रों की संख्या में उल्लेखनीय वृद्धि हुई है। स्वतंत्रता प्राप्ति के समय महिला नामांकन 10 प्रतिशत से कम था। वर्ष 2004-2005 के दौरान महिला नामांकन बढ़कर 40.05 प्रतिशत हो गया।

विशेषत: गत दो दशकों के दौरान महिला नामांकन की गति तेज हो रही है। सारणी में दिए गए आँकड़ों से यह पता चलता है कि वर्ष 1950-51 से 2004-2005 के दौरान पंजीकृत प्रति सौ पुरुष महिलाओं के नामांकन में लगभग पाँच गुना वृद्धि हुई है।

तालिका 41.15: प्रति सौ पुरुष छात्र महिला नामांकन

वर्ष	*कुल महिला नामांकन*	*प्रति सौ पुरुष महिला नामांकन*
1950-51	40,000	14
2004-2005	42,34,000	68

महिला नामांकन का राज्यवार वितरण (Stage-wise Distribution of Women Enrolment): वर्ष 2002-2003 के दौरान उच्च शिक्षा अर्थात् स्नातक, स्नातकोत्तर, अनुसंधान तथा डिप्लोमा/प्रमाण पत्र के सभी स्तरों पर कुल नामांकन की प्रतिशतता के रूप में महिलाओं के नामांकन में लगातार वृद्धि होती रही है।

महिलाओं के नामांकन के संबंध में उल्लेखनीय बात यह है कि वह अन्य सभी स्तरों की तुलना में स्नातकोत्तर स्तर पर सबसे अधिक रहा।

तालिका 41.16: उच्च शिक्षा में महिला नामांकन का स्तरवार वितरण (2004-05)

स्तर	*कुल नामांकन*	*महिला नामांकन*	*महिलाओं की प्रतिशतता*
(क) स्नातक	93,15,808	37,64,328	40.41
(ख) स्नातकोत्तर	9,86,518	3,98,452	40.39
(ग) अनुसंधान	68,838	27,523	39.98
(घ) डिप्लोमा/प्रमाणपत्र	10,48,1042	44,037	40.08
कुल	**1,04,81,042**	**42,34,340**	**40.40**

तालिका 41.17: महिला कॉलेजों की संख्या (1986-87 से 2003-2004)

वर्ष	*महिला कॉलेजों की संख्या*
1986-87	780
1996-97	1195
1998-99	1359
1999-2000	1503
2000-2001	1578
2001-2002	1625
2002-2003	1650
2003-2004	1798
2004-2005	1849

41.11 नारी शिक्षा की वांछित प्रगति न होने के कारण तथा समस्याएँ (Reasons for not Appropriate Progress of Women Education and Problems)

1. पुरुष प्रधान समाज, 2. सामान्यत: नारी शिक्षा में रुचि की कमी, 3. समाज में अज्ञानता, 4. बाल विवाह, 5. गरीबी, 6. दोषयुक्त पाठ्यक्रम, 7. सहशिक्षा का विरोध, 8. सुविधाओं का अभाव, 9. अपव्यय, 10. सरकार की नारी शिक्षा के प्रति उदासीन नीति, 11. परदा प्रथा, 12. कई क्षेत्रों में अध्यापिकाओं की कमी, 13. अप्रभावी शैक्षिक व्यावसायिक निदेशन तथा परामर्श।

नारी शिक्षा की अवहेलना के कुछ उदाहरण: राष्ट्रीय शिक्षा नियोजन एवं प्रशासन संस्थान के एक अध्ययन के अनुसार, 2003-2004 में अधिकांश विद्यालयों में लड़कियों के लिए शौचालय तक नहीं थे। बिहार और छत्तीसगढ़ में कुल तीन से पाँच प्रतिशत विद्यालयों में ही यह सुविधा थी। मध्य प्रदेश, महाराष्ट्र, आन्ध्र प्रदेश, गुजरात, राजस्थान और हिमाचल प्रदेश की 12 से 16 प्रतिशत प्राथमिक विद्यालयों में लड़कियों के लिए शौचालय की व्यवस्था थी। पेयजल, ब्लैकबोर्ड, कक्षाओं संबंधी आँकड़े भी आशा नहीं जगाते।

41.12 नारी शिक्षा के विकास के उपाय तथा लैंगिक समानता में योगदान (Measures for the Promotion of Women Education for Gender Equality)

1. राष्ट्रीय शिक्षा नीति में इस बात की परिकल्पना की गई है कि शिक्षा को महिलाओं के स्तर में मौलिक परिवर्तन के लिए एक अभिकर्त्ता के रूप में प्रयोग किया जाए।

2. महिलाओं को अधिकार दिलाने में शिक्षा सही मध्यस्थतावाली भूमिका निभाये।

3. पाठ्य पुस्तकों, पाठ्यचर्या, शिक्षकों, निर्णयकर्त्ताओं तथा प्रशासकों के प्रशिक्षण एवं अभिनवन तथा शिक्षा संस्थाओं के सक्रिय सहयोग से नए मूल्यों के विकास को बढ़ावा दिया जाए।

4. महिलाओं के अध्ययनों को विभिन्न पाठ्यक्रम के रूप में प्रोन्नत किया जाए।

5. महिलाओं को अधिकार दिलाने में सही भूमिका निभाने के लिए शिक्षा प्रणाली को अनुकूल बनाया जाए।

6. महिलाओं के विकास के लिए सक्रिय कार्यक्रम चलाने के लिए शैक्षिक संस्थानों को प्रोत्साहन दिया जाए।

7. औद्योगिक, तकनीकी तथा व्यावसायिक शिक्षा के कार्यक्रमों में महिलाओं की शिक्षा को व्यापक बनाया जाए।

8. पाठ्य पुस्तकों से लिंग पक्षपात और महिलाओं के प्रति दुराग्रहवाले अंशों को हटाया जाए।

9. महिलाओं से संबंधित विषयों को हाथ में लेने के लिए अध्यापकों और अनुसंधानकर्त्ताओं का अनुस्थापन और सामान्य विषयों में महिलाओं के आयामों को शामिल किया जाए।

10. पाठ्यचर्या की पुनःसंरचना करने के लिए कार्यशालाओं का आयोजन किया जाए।

11. शैक्षिक संस्थाओं को उन कार्यक्रमों को आरंभ करने के लिए प्रोत्साहित किया जाए, जो समुदाय को प्रत्यक्ष लाभ पहुँचाए और महिलाओं में सामर्थ्य उत्पन्न करें।

12. प्रत्येक शिक्षा संस्थान द्वारा महिलाओं की स्थिति का अध्ययन करने, जागृति पैदा करने और महिलाओं में संप्रेषण तथा संगठन की प्रोन्नति के लिए तथा उनके विकास के लिए सक्रिय कार्यक्रम शुरू किए जाएँ।

13. सभी शिक्षकों तथा गैर-औपचारिक शिक्षा/प्रौढ़ शिक्षा अनुदेशकों को महिलाओं को अधिकार दिलाने वाले एक एजेंट के रूप में प्रशिक्षित किया जाए। शिक्षकों तथा प्रौढ़ शिक्षा/गैर-औपचारिक शिक्षा के शिक्षकों के सभी प्रशिक्षण कार्यक्रमों को शामिल करने के लिए रा. शै. अ. प्र. प. प्रौ. शि. नि. आदि द्वारा विशेष प्रशिक्षण कार्यक्रम विकसित किए जाएँ, जो उन्हें महिलाओं को अधिकार दिलाने के लिए प्रेरित करें।

14. महिलाओं के विकास के लिए स्वैच्छिक एजेंसियों तथा क्रियात्मक वर्गों को प्रशिक्षण कार्यक्रमों में शामिल किया जाए।

15. प्रौढ़/गैर-औपचारिक शिक्षा कार्यक्रमों में महिला शिक्षकों तथा महिला अनुदेशकों को विशेष प्रशिक्षण दिया जाए, ताकि वे महिलाओं की समानता के लिए सक्रिय भूमिका अदा कर सकें।

16. अनुसंधान संस्थानों, स्वैच्छिक संस्थाओं और कलाकारों द्वारा महिलाओं में चेतना उत्पन्न करने और अपने व्यक्तित्व को उन्नत करने के लिए विशेष कार्यक्रम तैयार किए जाएँ।

17. प्रचार माध्यम (रेडियो और दूरदर्शन) को योजना की स्पष्ट मार्गदर्शी रूपरेखाएँ तैयार करनी चाहिए।

18. स्कूल स्तर के अध्यापकों की भर्ती के लिए महिलाओं को वरीयता दी जानी चाहिए। इससे ग्रामीण क्षेत्रों में अधिक विश्वास की भावना उत्पन्न होगी और अभिभावक लड़कियों को स्कूल भेजने के लिए प्रेरित होंगे।

19. सामान्य कोर पाठ्यचर्या महिलाओं की नई स्थिति के अनुरूप मूल्यों के संस्थापन के लिए तथा उनकी शक्ति बढ़ाने के लिए एक शक्तिशाली साधन है। रा.शै.अ.प्र.प. की महिला सेल को फिर चालू किया जाए और उसे महिलाओं की समानता से संबंधित पाठ्यक्रम को तैयार करने की जिम्मेदारी दी जाए। इस सेल को स्कूली पाठ्यक्रमों से लिंग पक्षपात को दूर करने के लिए तेजी से कार्य करना चाहिए।

20. रा.शै.अ.प्र.प. और राज्य स्तर की एजेंसियों द्वारा आरंभिक प्रशिक्षण, सेवाकालीन प्रशिक्षण और पुनश्चर्या पाठ्यक्रमों के जरिए अध्यापकों, प्रशिक्षकों, आयोजकों और प्रशासकों को महिलाओं के मामलों में संवेदनशील बनाया जाए।

21. एक बड़ी संख्या में शैक्षिक कार्मिकों को शामिल करने हेतु एक देशव्यापी लिंग संवेदनशीलता का कार्यक्रम आरंभ किया जाए; ताकि शैक्षिक प्रशासकों, शिक्षकों और शिक्षक-प्रशिक्षकों को शामिल किया जा सके। इस रणनीति का अनुपूरक, संचार अभियान और बालिका शिक्षा हेतु सकारात्मक वातावरण तैयार करने के लिए अभिभावक जागरूकता कार्यक्रम होगा। महिलाओं को अधिकार देने और बालिका शिक्षा के बुनियादी मुद्दों पर महिला दलों की गतिशीलता को तीव्र किया जाए।

22. सभी शिक्षकों और प्रशिक्षकों को महिलाओं को अधिकार दिलवाने वाले एजेंटों के रूप में प्रशिक्षित किया जाए। प्रशिक्षण कार्यक्रम रा.शै.अ.प्र.प., परमाणु ऊर्जा विभाग, राज्य स्रोत केन्द्रों, जिला शैक्षिक प्रौद्योगिकी संस्थानों, राज्य शै.अ.प्र. परिषदों और विश्वविद्यालय प्रणाली द्वारा विकसित किए जाएँ। नवाचार प्रशिक्षण कार्यक्रम संबंधित संगठनों और महिला दलों की सहायता तैयार किए जाएँ।

23. रा.शै.अ.प्र.प. ग्रामीण क्षेत्रों में महिला शिक्षकों की भर्ती और तैनाती की समस्याओं का अध्ययन करे, ताकि अड़चनों और व्यवहार्य समाधानों का पता लगाया जा सके।

24. लिंग रूढ़िबद्धता को तोड़ते हुए सभी स्तरों पर बालिकाओं को अधिकाधिक व्यावसायिक तकनीकी और पेशेवार शिक्षा सुलभ कराने के लिए उपाय किए जाएँ।

25. ऐसी सहायक सेवाओं का सृजन करने के लिए, जिससे बालिकाएँ शिक्षा प्राप्त कर सके, विभिन्न विभागों के कार्यक्रमों और योजनाओं को अभिमुख करने पर बल दिया जाए। महिला एवं बाल विकास विभाग और राज्य सरकारों का सक्रिय सहयोग प्राप्त किया जाए।

26. महिला और बाल विकास विभाग द्वारा विकसित कानूनी साक्षरता सामग्रियों का दूर-दूर तक प्रचार किया जाए, ताकि वे स्कूली पाठ्यचर्या, साक्षरता अभियानों और महिलाओं की गतिशीलता का अंग बन सकें। विशेषकर, सूचना और प्रसारण मंत्रालय की मीडिया (संचार) सहायता माँगी जाए।

27. बालिकाओं की मीडिल और माध्यमिक शिक्षा तक पहुँच को बढ़ाने के लिए दूरस्थ शिक्षा का विस्तार किया जाए। राष्ट्रीय मुक्त स्कूल बालिकाओं को दूरस्थ शिक्षा में लाने में सफल रहे हैं तथा और अधिक मीडिल स्कूल की बालिकाओं को शिक्षा देने में सहायता देने हेतु इस संयोजन को बढ़ाया जाए।

28. महिला शिक्षा के नवाचारी कार्यक्रमों को बढ़ावा देने और उनके प्रलेखन पर बल दिया जाए।

यद्यपि इनमें से कई क्षेत्रों में कार्यवाही की गई है परन्तु गति धीमी है। गति को तेज करने की आवश्यकता है।

41.13 नारी समानता हेतु विशेष शैक्षिक प्रावधान/योजनाएँ (Special Educational Provisions/Schemes for Women's Equality)

1. ऑपरेशन ब्लैकबोर्ड: महिला शिक्षा की विशेष योजनाएँ: शिक्षा विभाग की विद्यमान योजनाओं के अधीन महिलाओं के लिए विशेष प्रावधान किए गए हैं। ऑपरेशन ब्लैकबोर्ड योजना के अधीन संशोधित नीति निर्धारण में एक शर्त यह है कि भविष्य में नियुक्त किए जाने वाले शिक्षकों में 50 प्रतिशत महिलाएँ होनी चाहिए।

2. छात्रावास योजना: छात्रावासों के निर्माण की योजना का संचालन इस उद्देश्य से किया जा रहा है कि अधिक-से-अधिक बालिकाएँ माध्यमिक शिक्षा से लाभ उठा सकें।

3. अनौपचारिक बालिका शिक्षा केन्द्र: मानव संसाधन विकास मंत्रालय की अनौपचारिक शिक्षा योजना के अधीन ऐसे अनौपचारिक शिक्षा केन्द्रों को, जो केवल बालिकाओं के लिए हैं, 90 प्रतिशत सहायता दी जाती है। बालिकाओं के अनौपचारिक शिक्षा केन्द्रों का संचित योग 1.18 लाख है। केन्द्रों की कुल संख्या 2.41 लाख है।

4. नवोदय विद्यालयों में लड़कियाँ: प्रभावी कार्यवाई से नवोदय विद्यालयों में बालिकाओं का दाखिला लगभग 31 प्रतिशत तक सुनिश्चित हो गया है।

5. महिला साक्षरता अभियान: पूर्ण साक्षरता अभियानों में महिलाओं को पूर्ण अधिकार देने के उद्देश्य पर विशेष ध्यान दिया गया है। चूँकि देश में महिला साक्षरता दर पुरुषों से काफी कम है, अतः ऐसा प्रतीत होता है कि पूर्ण साक्षरता अभियानों के अंतर्गत महिला अध्येता पुरुष अध्येताओं को पीछे छोड़ जाएंगी। अब तक वंचित वर्गों को अधिकार देने के संबंध में सामाजिक जागरूकता महत्त्वपूर्ण है, जैसा कि कुल जिलों में निर्माण संबंधी कार्य करने वालों को उचित वेतन के सीधे भुगतान, शराब की दुकानें बंद करने, सभी अभियान-जिलों में नामांकन की माँग में वृद्धि आदि जैसे कुछ आन्दोलनों/गतिविधियों में पाया गया है। यह मुख्यतः महिलाओं की शिक्षा की वजह से हुआ है। प्रौढ़ शिक्षा और उत्तर साक्षरता शिक्षा केन्द्रों में महिलाओं के नामांकन पर विशेष ध्यान दिया जा रहा है।

6. महिला उच्च शिक्षा: उच्च शिक्षा के क्षेत्र में, सामान्य और तकनीकी दोनों दृष्टियों से महिलाओं के लिए शैक्षिक अवसरों में असाधारण/अद्भूत विस्तार हुआ है। विश्वविद्यालय और कॉलेज स्तरों पर महिला शिक्षा में विविधता आई है और समाज, उद्योग और व्यापार की बदलती आवश्यकताओं के अनुसार उसका प्रबोधन किया गया है।

7. महिला अध्ययन–विश्वविद्यालय अनुदान आयोग विश्वविद्यालयों को महिला अध्ययन में अनुसंधान की सु-परिभाषित परियोजनाएँ आरंभ करने और अवर स्नातक और स्नातकोत्तर स्तरों पर पाठ्यचर्या के विकास तथा संबद्ध विस्तार क्रिया-कलापों के लिए भी वित्तीय सहायता प्रदान कर रहा है। आयोग ने सामाजिक विज्ञान तथा इंजीनियरी एवं प्रौद्योगिकी सहित विज्ञान और मानविकी में महिला उम्मीदवारों के लिए अंशकालिक रिसर्च एसोशिएटशिप के अनेक पदों का भी सृजन किया है।

8. महिला समाख्या–महिलाओं की समानता हेतु शिक्षा (Mahila Samakhya—Education for Women's Equality): 1989 में शुरू हुआ महिला समाख्या कार्यक्रम (महिलाओं की समानता हेतु शिक्षा) और उनके सशक्तिकरण हेतु एक ठोस कार्यक्रम है। यह योजना नौ राज्यों के 65 जिलों के लगभग 16000 गाँवों में चलाई जा रही है। ये राज्य हैं–आंध्र प्रदेश, असम, बिहार, गुजरात, झारखण्ड, कर्नाटक, केरल, उत्तर प्रदेश और उत्तरांचल।

योजना के उद्देश्य: (i) महिलाओं की छवि और उनके आत्मविश्वास को मजबूत करना। (ii) ऐसा वातावरण तैयार करना जहाँ महिलाओं को वे सूचनाएँ और ज्ञान प्राप्त हो सकें जो उन्हें समाज में सकारात्मक भूमिका निभाने की शक्ति दे। (iii) महिला संघों से गाँवों की शैक्षणिक गतिविधियों की सक्रियतापूर्वक निगरानी और मूल्यांकन का काम लेना। (iv) विकेन्द्रीकृत और सहभागितापूर्ण प्रबन्धन का गठन करना। (v) महिलाओं और किशोरियों को शिक्षा के अवसर उपलब्ध कराना। (v) औपचारिक एवं अनौपचारिक शिक्षा कार्यक्रमों में महिलाओं और लड़कियों की भागीदारी बढ़ाना है।

महिला संघ ऐसे केन्द्र बिन्दु हैं, जहाँ समस्त गतिविधियों की योजना तैयार की जाती है और यहाँ महिलाएँ मिल बैठकर अपनी समस्याओं पर चर्चा करती हैं। संघ के लिए निधारित धन बैंक या डाकघर के खाते में जमा कराया जा सकता है। इसका तीन वर्ष के अन्दर सामूहिक कार्यों के लिए महिलाएँ सदुपयोग कर सकती हैं। सहयोगिनियाँ 10 गाँवों के समूह की देखभाल करती हैं और प्रेरणादायक, समर्थक और पथ प्रदर्शक के रूप में कार्य करती हैं।

महिला समाख्या की सबसे महत्वपूर्ण उपलब्धि यह रही है कि इससे आधारभूत स्तर पर महिला सशक्तिकरण की नींव डाली जा सकी है और ग्रामीण महिलाओं के स्वरूप में एक परिवर्तन देखने को मिला है। कानूनी जागरूकता कार्यक्रम के फलस्वरूप नारी अदालतों का जन्म हुआ है। नारी अदालतें मुखरित और प्रभावकारी अनौपचारिक अदालतों के रूप में उभरी हैं। इन्हें लोगों की ओर से मान्यता और सम्मान दोनों मिला है। महिला शिक्षण केन्द्रों ने युवतियों और किशोरियों को शिक्षा प्राप्त करने का अनोखा अवसर प्रदान किया है। इन महिला शिक्षा केन्द्रों को विशेष रूप से नए सघन गुणवत्ता पाठ्यक्रम और दक्षता विकास कार्यक्रमों को ध्यान में रखकर तैयार गया है ताकि यहाँ महिलाएँ और किशोरियाँ अपनी शिक्षा जारी रख सकें और जीवन का हुनर सीख सकें।

9. महिला निरीक्षिका: कार्रवाई योजना (1992) में शिक्षा के कार्यक्रमों के निरीक्षण के लिए महिला कक्ष की स्थापना करने की व्यवस्था है। इस उद्देश्य के लिए शिक्षा विभाग, भारत सरकार के आयोजना ब्यूरो में एक कक्ष पहले ही स्थापित किया जा चुका है।

10. योजना तंत्र: कार्रवाई योजना 1992 के कार्यान्वयन की पुनरीक्षा करने, बालिकाओं की शिक्षा से संबंद्ध नीतियों और कार्यक्रमों पर सरकार को सलाह देने और अनिवार्य सहायक सेवा के प्रावधान, जिससे शिक्षा में बालिकाओं और महिलाओं की सहभागिता बढ़ेगी, को सुनिश्चित करने के लिए और आयोजना तंत्र को गति देने के लिए मानव संसाधन विकास मंत्रालय के शिक्षा विभाग ने महिला शिक्षा के वास्ते एक उच्चस्तरीय अंतर मंत्रालय समिति की भी व्यवस्था की है। ऐसी समिति को विधिवत् गठित किया गया है और राज्यों से भी इसी तरह की समितियाँ गठित करने का अनुरोध किया गया है। लगभग सभी राज्यों में यह समितियाँ गठित की गई हैं।

11. नारी शिक्षा एवं राष्ट्रीय शैक्षिक अनुसंधान और प्रशिक्षण परिषद्: रा.शै.अ.प्र.प. ने महिला शिक्षा पर विशेष कार्यक्रम आयोजित किए हैं:

12. कस्तूरबा गाँधी बालिका विद्यालय योजना: इस योजना के अन्तर्गत मुख्य रूप से प्राथमिक स्तर पर अनुसूचित जाति/अनुसूचित जनजाति, अन्य पिछड़े वर्ग और अल्पसंख्यकों की बालिकाओं के लिए दुर्गम क्षेत्रों में आवासीय सुविधाओं के साथ 750 विद्यालयों की व्यवस्था की गई है। यह योजना शैक्षिक रूप से पिछड़े विकास खण्डों में चलाई जा रही है जहाँ महिला साक्षरता की दर राष्ट्रीय औसत से कम है तथा 'लिंग' भेदभाव अधिक है।

41.14 महिला साक्षरता के विशेष हस्तक्षेप

2001 की जनगणना के अनुसार देश के 47 जिलों में महिला साक्षरता दर 30 प्रतिशत से नीचे है इसलिए राष्ट्रीय साक्षरता मिशन के लिए इतनी कम महिला साक्षरता दर एक चिंता का विषय है। इस बात को ध्यान में रखते हुए 47 जिलों में नीची महिला साक्षरता दर में सुधार का लक्ष्य निर्धारित किया गया। इनमें से अधिकांश जिले उत्तर प्रदेश, बिहार, उड़ीसा और झारखंड जैसे राज्यों में हैं। इन जिलों में महिला साक्षरता को बढ़ावा देने के लिए विशेष प्रवर्तित कार्यक्रम शुरू किए गए हैं। उत्तर प्रदेश और बिहार में यह कार्यक्रम पूरा हो चुका है और इसका मूल्यांकन भी किया जा चुका है।

उड़ीसा में नौ जिलों में महिला साक्षरता दर काफी कम है। इन जिलों को एक विशेष परियोजना के तहत त्वरित साक्षरता कार्यक्रम में शामिल किया गया है। इस कार्यक्रम के तहत 15 से 35 वर्ष आयु वर्ग के करीब (10,43,000) दस लाख तैंतालिस हजार महिलाओं को साक्षर बनाने का कार्य 117 स्वयंसेवी संगठनों के नेटवर्क को सौंपा गया। इस कार्यक्रम का बाह्य मूल्यांकन एजेंसियों द्वारा मूल्यांकन किया जा रहा है।

विशिष्ट महिला साक्षरता कार्यक्रम झारखंड के उन पांच जिलों में भी लागू किया जा रहा है। जहाँ महिला साक्षरता दर बहुत कम है। इन जिलों की 15 से 35 वर्ष आयु वर्ग की करीब पांच लाख महिलाओं को इस कार्यक्रम में शामिल किया गया। यह कार्यक्रम भी लगभग पूरा हो चुका है। केवल दो जिलों में बाह्य मूल्यांकन का काम बाकी है।

41.15 महिलाओं को सशक्त बनाना (Empowerment of Women)

I. महिलाओं को सशक्त बनाने के अभिकरण : सन् 2001 की जनगणना के अनुसार भारत में महिलाओं की संख्या 48.87 करोड़ थी जो देश की कुल जनसंख्या (102.70 करोड़ थी) का 48.2 प्रतिशत था। भारत में महिलाओं और बच्चों के समग्र विकास को वाँछित गति प्रदान करने के लिए 1985 में मानव संसाधन विकास मंत्रालय भारत सरकार के अधीन महिला और बालविकास विभाग (The Department of Women and Child Development) गठित किया गया। यह विभाग निम्न प्रकार के कार्य करता है:

(1) महिलाओं तथा बच्चों के विकास की देखरेख करने वाली प्रमुख एजेंसी के रूप में योजनाएं, नीतियां और कार्यक्रम बनाना। (2) महिलाओं तथा बच्चों के बारे में कानून बनाना तथा बनाए गए कानूनों में संशोधन करना। (3) महिलाओं तथा बच्चों के विकास के क्षेत्र में काम करने वाले सरकारी और गैर सरकारी संगठनों को दिशा निर्देश देना। (4) महिलाओं के लिए रोजगार क्षमता बढ़ाना।

इस विभाग के अन्तर्गत प्रमुख संस्थाएं निम्नलिखित हैं:

1. राष्ट्रीय महिला आयोग (National Women Commission)
2. राष्ट्रीय जनसहयोग तथा बाल विकास संस्थान (National Institute of Public Corporation and Child Development)
3. केन्द्रीय समाज कल्याण बोर्ड (Central Welfare Board)
4. राष्ट्रीय महिला कोष (Rashtriya Mahila Kosh)

II. महत्वपूर्ण कानून: 1. अनैतिक व्यापार (निरोधक) अधिनियम 1959 (1986 में संशोधन) (Immoral Traffic (Prevention) Act, 1986))

2. दहेज निरोधक कानून, 1961 (1986 तक संशोधित रूप में)

3. सति प्रथा निरोधक अधिनियम 1987 (Prevention of Sati Act, 1987)

III. महिलाओं के सशक्तीकरण सम्बन्धी प्रमुख कार्यक्रम (Main Programmes for the Empowerment of Women): 1. रोजगार तथा प्रशिक्षण के लिए सहायता देने का कार्यक्रम (Employment and Training Programme)

2. स्वावलम्बन (Women's Economic Self-Sufficient Programme)

3. स्वयंसिद्ध (Self Help Groups of Women)–महिलाओं को अल्प ऋण उपलब्ध कराना।

4. स्वशक्ति (Rural Women's Development)–महिलाओं के जीवन स्तर में सुधार लाना।

5. महिला शिक्षा के लिए कंडेंस्ड पाठ्यक्रम (Condensed Courses or Curriculum for Women)।

6. कामकाजी महिलाओं के लिए छात्रावास (Working Women's Hostel)।

7. स्वाधार: कठिन परिस्थितियों में पड़ने वाली महिलाओं के लिए योजना।

IV. महिला सशक्तीकरण की राष्ट्रीय नीति (National Policy on Empowerment of Women 2001): इस नीति के उद्देश्य हैं–

(i) महिलाओं की प्रगति, विकास और सशक्तीकरण सुनिश्चित करना। (ii) महिलाओं के साथ हर प्रकार का भेदभाव समाप्त करना। (iii) यह सुनिश्चित करना कि वे जीवन के हर क्षेत्र और गतिविधि में खुलकर भागीदारी करें।

V. संविधान में संशोधन (1993) पंचायती राज में महिलाओं के लिए 1/3 आरक्षण।

VI. महिलाओं के अधिकार: 1. *वैवाहिक स्वतन्त्रता (Freedom of Marriage)*: बालिका 18 वर्ष की आयु पूरी होने पर अपनी इच्छा से विवाह करने के लिए स्वतन्त्र है।

2. *गर्भधारण की स्वतन्त्रता (Freedom of Pregnancy)*: 1971 के कानून के अनुसार यदि गर्भवती महिला के स्वास्थ्य पर विपरीत प्रभाव पड़ रहा है तो वह घर वालों की इजाजत के बिना गर्भपात करा सकती है। गर्भवती महिला जो नौकरी करती है उसे अवकाश अनिवार्य है। इस व्यवस्था को सर्वोच्च न्यायालय के निर्णय के अनुसार मान्यता प्राप्त है।

3. *विवाह-विच्छेद या तलाक (Divorce)*: हिन्दू महिला हिन्दू विवाह कानून 1955 और उसका संशोधन (Hindu Marriage Act and its Amendment) के अनुसार कुछ शर्तों के आधार पर (जैसे पति द्वारा क्रूरता) विवाह-विच्छेद न्यायालय से ले सकती है।

4. *दहेज के विरुद्ध संरक्षण (Safeguards against Dowry)*: दहेज प्रतिशोध कानून 1961 (Anti-Dowry Act) द्वारा भी वधू से ससुराल-पक्ष द्वारा दहेज की माँग करने पर उन्हें दण्डित किया जा सकता है। यह कानून होते हुए भी महिलाओं पर अत्याचार हो रहे हैं।

41.16 संयुक्त राष्ट्र बालकोष युनिसेफ की संतुतियां (United Nations Children's Fund–UNICEF)

1. लड़कियों की शिक्षा सम्बन्धी सुझाव: 'दुनियां के बच्चों की स्थिति 2007' में युनिसेफ ने लड़कियों की शिक्षा में प्रगति लाने के लिए निम्नलिखित सुझाव दिए:

- स्थानीय स्कूल प्रशासन और शिक्षकों को स्कूल के समय में लचीलापन लाने के लिए बढ़ावा देना।

● विवाहित किशोरों और अविवाहित माता-पिता को कक्षाओं में आने की अनुमति देना।

● स्कूल-सुविधाओं को लिंग-आधारित हिंसा से सुरक्षित बनाना।

● माता-पिता और समुदाय के नेताओं को स्कूल के प्रबन्ध में बढ़-चढ़कर हिस्सा लेने के लिए बढ़ावा देना।

इसके अलावा इस बात पर ध्यान देना भी महत्त्वपूर्ण है कि स्कूल का पाठ्यक्रम बच्चों को लैंगिक समानता का महत्त्व समझाने में मदद करे।

2. महिलाओं के स्तर में सुधार: I. ***कानून में लैंगिक समानता दूर करना:*** महिलाओं को जमीन और संपत्ति के अधिकार देने के मामले में लैंगिक भेदभाव समाप्त करने के महत्वपूर्ण उपायों में निम्नलिखित उपाय शामिल होने चाहिए, लेकिन उन्हें सिर्फ इन्हीं उपायों तक सीमित नहीं रहना चाहिए:

● राष्ट्रीय कानूनों को अंतर्राष्ट्रीय मानव-अधिकार मानदंडों के अनुरूप बनाना।

● भूमि और संपत्ति अधिकारों में सुधार करके महिलाओं के प्रति भेदभाव मिटाना।

● महिलाओं के संपत्ति के अधिकारों के उल्लंघनों का पता लगाने और उनका पर्दाफाश करने तथा सरकारों द्वारा अंतर्राष्ट्रीय मानव अधिकार संधियों के पालन की निगरानी के प्रयासों में अंतर्राष्ट्रीय एजेंसियों और गैर-सरकारी संगठनों को शामिल करना।

3. कामकाजी परिवारों को सहारा देने में सरकार की भूमिका: सरकारों को ऐसे विधायी, प्रशासनिक और वित्तीय कदम उठाने चाहिए जिनसे महिला उद्यमियों और श्रम बाजार में उनकी भागीदारी के लिए सशक्त और सार्थक माहौल बन सके। इन उपायों में शामिल हैं:

● रोजगार की बेहतर परिस्थितियाँ जुटाना। ● कॅरिअर विकास के अवसर पैदा करना। ● सिफ लिंग के आधार पर वेतन में अन्तर समाप्त करना। ● बच्चों की देखभाल के लिए सुरक्षित, कम लागत की और उत्तम किस्म की सुविधा प्रदान करना।

4. बेहतर आँकड़ों और विश्लेषण की आवश्यकता: यह साबित करने के लिए पर्याप्त आँकड़े उपलब्ध हैं कि महिलाएँ पुरुषों से ज्यादा काम करती हैं और कम वेतन पाती हैं। फिर भी पुरुषों और महिलाओं के श्रम के बारे में अलग-अलग आँकड़ों की कमी के कारण उनके बीच विषमता के अधिक विस्तृत अध्ययन में रुकावट आती है। सेक्स के आधार पर रोजगार और आमदनी के बारे में बेहतर आँकड़े उपलब्ध होने से नीतियों और कार्यक्रमों के लिए विश्लेषण में सुधार आएगा जिसका लाभ महिलाओं, बच्चों, परिवारों और पूरे देश को मिलेगा।

42

अल्पसंख्यकों की शिक्षा: एन.सी.सी. तथा राष्ट्रीय सेवा योजना

(Education of the Minorities: NCC and NSS)

42.1 अल्पसंख्यकों की परिभाषा (Definition of Minorities)

भारतीय संविधान में यद्यपि अल्पसंख्यकों के लिए विशेष प्रावधान किए गए हैं परन्तु उन्हें परिभाषित नहीं किया गया है। राष्ट्रीय अल्पसंख्यक आयोग अधिनियम 1992 (National Commission for Minorities (NCM), Act 1992) के तहत निम्नलिखित पाँच धार्मिक समुदायों को अल्पसंख्यक अधिसूचित किया गया है:

(i) मुसलमान, (ii) ईसाई, (iii) सिख, (iv) बौद्ध, (v) पारसी।

42.2 अल्पसंख्यकों की जनसंख्या (Population of Minorities)

अल्पसंख्यकों की जनसंख्या देश की कुल आबादी का 18.47 प्रतिशत है।

तालिका 42.1: भारत में विभिन्न धर्मों के समुदायों की संख्या

(Population by Religious Communities, India-1961 to 2001)

(In '000

धार्मिक समुदाय (Religious Communities)	*1961*	*1971*	*1981*	*1991*	*2001*
कुल (All)	**439,235**	**547,950**	**665,288**	**838,584**	**1,028,61(**
हिन्दू (Hindu)	366,527	453,292	549,779	687,647	827,57[illegible]
मुस्लिम (Muslims)	46,941	61,418	75,512	101,596	138,18[illegible]
इसाई (Christians)	10,728	14,223	16,165	19,640	24,08(
सिख (Sikhs)	7,846	10,379	13,078	16,260	19,21(
बौद्ध (Buddhists)	3,256	3,812	4,720	6,387	7,95[illegible]
जैन (Jains)	2,027	2,605	3,206	3,353	4,22[illegible]
अन्य (Others)	1,499	2,186	2,766	3,269	6,64(

Source: Census of India, 2001.

1. Figures for 2001 exclude Mao Maram, Paomata and Purul sub-divisions of Senapati district of Manipur.

2. All India figures for 1981 and 1991 exclude Assam and Jammu & Kashmir respectively as no census was conducted there.

42.3 संविधान में अल्पसंख्यकों सम्बन्धी प्रावधान (Provisions in the Constitution for the Minorities)

भारतीय संविधान के भाग III '*मौलिक अधिकार*' (*Fundamental Rights*) में '*संस्कृति तथा शिक्षा संबंधी अधिकार*' (*Cultural and Educational Rights*) के अर्न्तगत दो अनुच्छेदों 29 and 30 में अल्पसंख्यकों के बारे में दिशा निर्देश दिए गए हैं।

I. अनुच्छेद 29(1) [Article 29(1)]: इसके अनुसार भारत या भारत के किसी भी भू-भाग (Part) में रहने वाले नागरिकों के किसी भी ऐसे जन-समूह (Section) को जिसकी अपनी पृथक भाषा, लिपि या संस्कृति है, यह अधिकार है कि वह अपनी भाषा, लिपि या संस्कृति को जनाए रखें।

II. अनुच्छेद 29(2): इसके अनुसार यदि कोई शैक्षिक संस्था राज्य द्वारा या राज्य की सहायता से संचालित की जा रही है तो उसमें प्रवेश हेतु वंश, जाति, धर्म और भाषा या इनमें से किसी एक के आधार पर भेद-भाव नहीं किया जाएगा।

III. अनुच्छेद 30(1): इसके द्वारा यह प्रावधान किया गया है कि समस्त अल्पसंख्यकों को चाहे वे धर्म या भाषा-सम्बन्धी क्यों न हों अपनी इच्छा की शैक्षिक संस्थाओं का संचालन करने का अधिकार है।

IV. अनुच्छेद 30(2): इसके अनुसार शैक्षिक संस्थाओं को अनुदान देते समय राज्य इस कारण भेदभाव नहीं करेगा कि किसी शैक्षिक संस्था का संचालन किसी धर्म या भाषा सम्बन्धी अल्पसंख्यकों के वर्ग के प्रबन्ध में है।

V. अनुच्छेद 350A-प्राथमिक स्तर पर मातृभाषा में शिक्षा की सुविधाएँ (Facilities for Instruction in Mother Tongue): इसके अन्तर्गत प्रत्येक राज्य और राज्य के भीतर प्रत्येक स्थानीय शासन भाषायी अल्पसंख्यक वर्गों के बालकों की शिक्षा के प्रथम स्तर पर मातृभाषा में शिक्षा की पर्याप्त सुविधाओं की व्यवस्था करनें का प्रयास करेगा। और राष्ट्रपति किसी राज्य को ऐसे निर्देश दे सकता है जो वह ऐसी सुविधाओं का उपबंध (Provision) सुनिश्चित करने के लिए अवश्य या उचित समझता है।

VI. अनुच्छेद 350B(1) (Special Officer for Linguistic Minorities): (i) भाषायी अल्पसंख्यकों के लिए एक विशेष अधिकारी होगा जिसे राष्ट्रपति नियुक्त करेगा।

VII. 350B(2): विशेष अधिकारी का यह कर्त्तव्य होगा कि वह इस संविधान के अधीन भाषाई अल्पसंख्यक-वर्गों के लिए उपबन्धित रक्षा उपायों (Safeguards) से संबधित सभी विषयों के सम्बन्ध में ऐसे सभी प्रतिवेदनों को संसद के प्रत्येक सदन के समक्ष रखवाएगा और सम्बन्धित राज्यों की सरकारों को भिजवाएगा।

42.4 भारत में अल्पसंख्यकों की साक्षरता दर (Literacy Rate of Minorities in India)

तालिका 42.4: आयुवर्ग के अनुसार अल्पसंख्यकों तथा अन्यों की जनसंख्या का साक्षरता अनुपात

(Literacy Rate as Proportion of Population by Age Group/2004-2005)

आयु वर्ग	*हिन्दू (Hindu)*			*मुस्लिम (Muslims)*	*अन्य अल्पसंख्यक (Other Minorities)*
	सामान्य (General)	*अन्य पिछड़े वर्ग (OBC)*	*SCs/STs*		
6–13	90.2	80.8	74.7	74.6	88.5
14–15	95.7	87.5	80.0	79.5	91.9
16–17	95.0	85.2	78.6	75.5	91.3
18–22	91.4	76.9	65.0	70.5	85.8
23 तथा ऊपर	74.0	50.6	36.5	46.1	67.0
कुल	**80.5**	63.4	52.7	**59.9**	75.2

स्रोत: राष्ट्रीय नमूना सर्वेक्षण संगठन 61वें चक्र (जुलाई 2004–जून 2005) [National Sample Survey Organisation, 61st Round (July 2004-2005)

तालिका 42.5: धर्म के अनुसार भारत में साक्षरता दर

(Literacy Rate Religion-wise in India 2001)

जनसंख्या % (Percentage %)

	कुल औसत	*हिन्दू*	*मुस्लिम*	*ईसाई*	*सिख*	*बौद्ध*
साक्षरता दर	64.8	65.1	59.1	80.3	69.4	72.7
जनसंख्या %	100	80.46	13.43	2.34	1.67	1.05

उच्च शिक्षा में 20 वर्ष तथा इससे ऊपर भारत में जनसंख्या का लगभग 7 प्रतिशत था। मुस्लिम जनसंख्या के सन्दर्भ में यह प्रतिशत लगभग 4 प्रतिशत था।

42.6 अल्पसंख्यकों की शिक्षा तथा कल्याण के उपाय (Measures for the Education and Welfare of Minorities)

अल्पसंख्यकों के कल्याण के लिए केन्द्रीय सरकार तथा राज्य सरकारों द्वारा मुख्यत: निम्नलिखित उपाय किए जा रहें हैं:

1. अल्पसंख्यक आयोग (National Minorities Commission): अल्पसंख्यक आयोग की स्थापना 1993 में की गई। इसकें मुख्य उद्देश्य इस प्रकार हैं:

(i) पुलिस द्वारा की जाने वाली ज्यादतियों को निपटाना। (ii) नौकरी सम्बन्धी मामलों को निपटाना। (iii) अल्पसंख्यक शैक्षिक संस्थानों तथा धार्मिक संबंधी विवादों को निपटाना। (iv) ऊपरलिखित के बारे में शिकायतों की जांच करने के पश्चात् संबंधित अधिकारियों से रिपोर्ट मांगना तथा उन्हें समुचित सलाह देना।

2. राष्ट्रीय धार्मिक और भाषायी अल्पसंख्यक आयोग (National Commission for Religious and Linguistic Minorities): इस आयोग ने 2005 में काम करना शुरू किया। आयोग का निम्नलिखित कार्य क्षेत्र है:

(i) धार्मिक और भाषायी अल्पसंख्यकों के सामाजिक-आर्थिक रूप से पिछड़े वर्गों की पहचान के बारे में परामर्श देना। (ii) धार्मिक तथा भाषायी अल्पसंख्यकों के सामाजिक-आर्थिक रूप से पिछड़े वर्गों के कल्याण के उपाय सुझाना। ये उपाए शिक्षा और सरकारी नौकरियों में आरक्षण के सन्दर्भ में भी होंगे। (iii) इनकी सिफारिशों को लागू करने के लिए आवश्यक संवैधानिक कानूनी और प्रशासनिक उपाय सुझाना और उनकी संतुतियों के बारे में रिपोर्ट पेश करना।

3. केन्द्रीय वक्फ परिषद (Central Wakf Board): केन्द्रीय सरकार ने वक्फ की स्थापना 1964 में की। वक्फ ऐसे कार्यों के लिए स्थायी रूप से दान की गई ऐसी चल या अचल संपतियाँ हैं जो मुस्लिम कानून के अनुसार पवित्र माने जाते हैं। वक्फ के पास करोड़ों रूपयों की संपत्ति है। वक्फ के प्रभारी केन्द्रीय मंत्री वक्फ परिषद के अध्यक्ष (The Union Minister in Charge of Wakf as the Chair Person of the Central Wakf Board) हैं। वक्फ द्वारा चलाई जाने वाली योजनाएं हैं: (i) शैक्षिक विकास कार्यक्रम, (ii) शहरी वक्फ संपत्तियों का विकास

4. भाषायी अल्पसंख्यकों के लिए विशेष अधिकारी (Special Officer for Linguistic Minorities): भाषायी अल्पसंख्यकों के लिए विशेष अधिकारी का कार्यालय जो प्राय: भाषायी अल्पसंख्यक के (Commissioner for Linguistic Minorities) रूप में जाना जाता है, 1957 में स्थापित किया गया है। यह अधिकारी उन सभी मामलों की जाँच करता है जो संविधान में दिए गए प्रावधानों की पूर्ति नहीं करते हैं। इनसे उत्पन्न शिकायतों को दूर करने के उपाय यह अधिकारी सुझाता है।

5. मौलाना आजाद एजुकेशन फाउंडेशन (Maulana Azad Education Foundation): मौलाना आजाद एजुकेशन फाउंडेशन एक पंजीकृत सोसायटी है। इसका उद्देश्य समाज के शैक्षिक रूप से पिछड़े लोगों विशेषकर अल्पसंख्यकों में शिक्षा का प्रसार करना हैं। भारत सरकार इस सोसाइटी को संचित निधि उपलब्ध कराती है। इसके द्वारा अल्पसंख्यकों की शिक्षा के लिए अनेक योजनाएँ चलाई जा रही हैं।

यह फाउंडेशन लड़कियों के लिए देश के अनेक राज्यों में छात्रवृत्तियाँ दे रहा है। यह फाउंडेशन साक्षरता क्षेत्र में भी कार्य कर रहा है।

प्रधानमंत्री का पन्द्रह-सूत्री अल्पसंख्यक कल्याण कार्यक्रम (Prime Minister's 15-Point Programme for Welfare of Minorities): यह कार्यक्रम 2006 में चालू किया गया। इसके अन्तर्गत अल्पसंख्यकों के कल्याण के लिए जिसमें शिक्षा एक महत्वपूर्ण घटक है, विकास सम्बन्धी कार्य किए जा रहे हैं।

42.6 मुस्लिम समुदाय की सामाजिक, आर्थिक तथा शैक्षिक स्थिति सम्बन्धी उच्च अधिकार प्राप्त समिति

(High Level Committee on the Social, Economic and Educational Status of the Muslim Community, 2005-2006)

समिति की नियुक्ति तथा कार्यक्षेत्र: (Appointment of the Committee and Its Scope of Work): प्रधानमंत्री कार्यालय, भारत सरकार (Prime Minister's Office,

Government of India) ने मार्च 2005 में इस समिति का गठन किया। समिति के कुल सात सदस्य थे। *न्यायाधीश राजेन्द्र सच्चर* (*Justice Rajendra Sachar*) इस समिति के अध्यक्ष थे। समिति ने अपनी संतुतियाँ नवम्बर 2006 में भारत सरकार को दी।

समिति के कार्यक्षेत्र में मुख्यत: निम्न बातें थी:

1. भारत के किन राज्यों, क्षेत्रों, जिलों तथा ब्लॉकों में मुस्लिम मुख्य तौर पर रहते हैं?
2. वे मुख्यत: विभिन्न भागों में जीवन निर्वाह के लिए कौन-कौन-से व्यवसाय करते हैं?
3. उच्च वर्गों की तुलना में उनकी आय किस अनुपात में है?
4. क्या मुस्लिम समुदाय को शिक्षा आदि के क्षेत्र में उच्च सुविधाएँ मिल रही हैं?

मुस्लिम समुदाय की शिक्षा में विकास सम्बन्धी समिति की मुख्य सिफारिशें (Major Recommendations of the Committee on the Development of Education of the Muslim Community): 1. समुदाय अध्ययन केन्द्र की स्थापना (Community Study Centre): चूंकि बड़े नगरों में मुस्लिम समुदाय की बहुसंख्या एक कमरे वाले घरों में रहती है, इस कारण बच्चों के पढ़ने के लिए एक समुदाय अध्ययन केन्द्र स्थापित किया जाए ताकि छात्र कुछ समय के लिए वहाँ जा कर पढ़ सकें।

2. *उच्चगुणवत्ता सरकारी स्कूल* (*High Quality Government Schools*): जहाँ पर मुस्लिम समुदाय की अधिक जनसंख्या है वहां पर उच्च गुणवत्ता वाले स्कूल खोले जाएं।

3. *लड़कियों के लिए स्कूल* (*Schools for Girls*): 9-12 ग्रेड में पढ़ने वाली छात्राओं के लिए लड़कियों के स्कूल खोले जाएं।

4. *अध्यापिकाओं की नियुक्ति* (*Appointment of Lady Teachers*): सहशिक्षा स्कूलों (Co-Educational Schools) में अधिक संख्या में अध्यापिकाओं की नियुक्ति की जाए।

5. *प्राथमिक स्तर पर मातृभाषा (उर्दू) में शिक्षा* (*Education in Urdu: The Mother Tongue*): जिन क्षेत्रों में उर्दू भाषायी लोगों का बहुमत है वहाँ पर प्राथमिक स्तर पर उर्दू को शिक्षा का माध्यम बनाया जाए।

6. *तकनीकी शिक्षा* (*Technical Education*): दसवी कक्षा में फेल होने पर अथवा उससे पहले जो मुस्लिक बच्चे स्कूल छोड़ देते हैं, उनके लिए तकनीकी शिक्षा की व्यवस्था की जानी चाहिए।

7. *उद्यौगिक प्रशिक्षण संस्थाओं में प्रवेश* (*Entry into ITI*): औद्योगिक प्रशिक्षण संस्थाओं (ITI) में प्रवेश के लिए न्यूनतम शैक्षिक योग्यता कक्षा 8 पास कर दी जाए।

9. *उच्चशिक्षा में अल्पसंख्यकों के लिए सुविधाएँ* (*Facilities for Minorities in Higher Education*): निजी कॉलेजों को जिनमें अल्पसंख्यक संचालित कॉलेज भी हैं, अतिरिक्त निधि दी जाए, यदि उनमें विभिन्न वर्गों के छात्र शिक्षा प्राप्त करते हों। ये संस्थाएं तर्कसंगत (Reasonable) शुल्क छात्रों से लें।

10. *छात्रवृत्तियाँ* (*Scholarships*): अल्पसंख्यक संचालित उच्च शिक्षा संस्थाएँ निर्धन छात्रों से कम फीस लें अथवा छात्रवृत्तियों का प्रावधान करें।

11. *उच्चशिक्षा में प्रवेश के मानक* (*Criteria*): उच्च शिक्षा संस्थानों में प्रवेश के मानकों में परिवर्तन लाया जाए। अत्यन्त पिछड़े वर्गों को अंकों में छूट दी जाए।

12. *छात्रावास सुविधाएँ* (*Hostel Facilities*): प्राथमिकता के आधार पर

अल्पसंख्यकों के छात्रों को छात्रावास की सुविधाएँ प्रदान की जाएं। इन छात्रावासों के लिए सरकार तथा समुदाय मिलकर साधन जुटाएं। मुस्लिम वक्फ परिषद् भी इसमें योगदान दें।

13. *अध्यापक प्रशिक्षण/शिक्षा* (***Teacher Training or Education***): जिन राज्यों में उर्दू भाषीय जनसंख्या अधिक हैं वहाँ पर प्रशिक्षण लेने वाले उन प्रार्थियों को जो उर्दू माध्यम में पढ़ा सकते हैं, प्राथमिकता दी जाए।

14. *उर्दू भाषा का विकास* (***Promotion of Urdu Language***): उर्दू भाषा केवल मुस्लमानों की भाषा नहीं है। इस भाषा की अवहेलना की गई है। इसका परिणाम निकला है, बच्चों को उनकी मातृभाषा उर्दू में पढ़ाने की अपर्याप्त व्यवस्था, उर्दू भाषायी स्कूलों में उर्दू पढ़ाने वाले अध्यापकों की कमी रही है। इसी प्रकार उर्दू माध्यम स्कूलों में भौतिक सुविधाओं का भी आभाव रहा है। इन कमियों को पूरा किया जाए।

15. *त्रि-भाषा सूत्र* (***Three Language Formula***): हिन्दी क्षेत्रों में उर्दू को इसका स्थान देकर त्रि-भाषा सूत्र का कार्यान्वयन किया जाएं।

16. *मदरसों में सुधार* (***Improvement in Madarsa***): मदरसों में दी जाने वाली उपाधियों को अन्य मान्यता प्राप्त उपाधियों के समतुल्य (Equivalent) मान्यता देने की कार्य विधि का निर्माण किए जाएं।

17. *विभिन्न प्रतियोगिताओं में मदरसों को डिगरियों की मान्यता* (***Recognition of Madarsa Degrees in Competitive Examinations***): इस सन्दर्भ में नीति निर्धारण की अत्यन्त आवश्यकता है। मदरसों में पढ़े हुए छात्रों को प्रशासनिक सेवा, बैंक, रक्षा सेवा आदि भर्ती में उनकी शैक्षिक योग्यता के अनुसार पात्र मान जाए। आवश्यकतानुसार मदरसों के पाठ्यक्रमों में इस दिशा में वांछित परिवर्तन किए जाएं।

42.6 राष्ट्रीय कैडेट कोर (NCC.)

राष्ट्रीय कैडेट कोर के उद्देश्य (Objectives of NCC): राष्ट्रीय कैडेट कोर की स्थापना 15 जुलाई 1948 को भारत सरकार ने निम्न उद्देश्य की प्राप्ति के लिए की:

1. *युवकों का चरित्र निर्माण करना* (***Character Building of Youths***): इस सन्दर्भ में छात्रों में निम्न गुणों का विकास करना है:

(i) साहस, (ii) भाईचारे का दृष्टिकोण, (iii) धर्मनिरपेक्षता, (iv) जोखिम उठाने में उत्साह, (v) खिलाड़ी भावना, (vi) निष्काम सेवा।

2. *युवकों को नेतृत्व का प्रशिक्षण देना* (***Training Youth for Leadership***): एन.सी.सी. का दूसरा महत्वपूर्ण उद्देश्य है युवकों का प्रशिक्षण तथा संगठित संसाधन निर्माण करना ताकि जीवन के प्रत्येक क्षेत्र में कुशल नेतृत्व मिल सकें विशेषकर ऐसे व्यक्ति तैयार करना जो सशस्त्र बलों (Defence Forces) में शामिल हों।

कुल संख्या: कैडेटों की कुल संख्या लगभग 13 लाख है। सेना (Army), नौसेना (Navy) तथा वायुसेना (Air Force) की शाखाओं में सीनियर तथा जूनियर डिवीजन में लड़के तथा लड़कियाँ है।

संगठनात्मक ढांचा: एन.सी.सी. डायरेक्टर जनरल का कार्यालय दिल्ली में है। देश के विभिन्न भागों में एन.सी.सी. के 16 निदेशालय है। प्रत्येक शैक्षिक संस्थान में एक लेक्चरर अथवा टीचर की नियुक्ति एसोसिएट एन.सी.सी. ऑफिसर (Associate NCC Officer) के रूप में होती है।

प्रशिक्षण कार्यक्रम: एन.सी.सी. के प्रशिक्षण में रक्षा संबंधी प्रशिक्षण के प्रमुख तत्व हैं। इसकी महत्वपूर्ण गतिविधियां हैं– पर्वतारोहण, ट्रेकिंग, नाव चलाना।

समाज सेवा कार्यक्रम: एन.सी.सी. कैडेट अनेक समाज सेवी कार्यक्रमों में भाग लेते हैं जैसे-प्रौढ़शिक्षा, रक्तदान, झुग्गी झोपड़ी की सफाई।

42.7 राष्ट्रीय सेवा योजना (National Service Scheme–NSS)

राष्ट्रीय सेवा योजना का आरम्भ (Beginning of NSS): शिक्षा आयोग 1964-66 ने देश में शिक्षा के प्रत्येक स्तर पर राष्ट्रीय तथा समाज सेवा पर बल दिया जिससे छात्रों में देश प्रेम तथा नि:स्वार्थ भाव आदि गुणों का विकास हो सके।

वर्ष 1969 में राष्ट्रीय सेवा योजना को स्नातक स्तर पर आरम्भ किया गया। इसका मुख्य लक्ष्य छात्र-छात्राओं में समाज सेवा तथा राष्ट्रीय विकास में प्रशिक्षण देना है।

यह एक ऐच्छिक योजना है जोकि देश के लगभग विश्वविद्यालयों के साढ़े तीन हजार कॉलेजों में चलायी जा रही है।

प्राय: इस योजना में प्रतिवर्ष 19 लाख छात्र नामांकित रहते हैं।

राष्ट्रीय सेवा योजना के कार्यक्रम (Programmes of National Service Policy): राष्ट्रीय सेवा योजना के महत्वपूर्ण कार्यक्रम निम्नलिखित है:

1. प्रौढ़ शिक्षा कार्यक्रम। 2. ग्रामीण क्षेत्रों में सड़कों का निर्माण तथा मरम्मत। 3. स्कूलों का भवन निर्माण तथा मरम्मत। 4. सामाजिक तथा आर्थिक दृष्टि से कमजोर वर्गों की कुछ क्षेत्रों में दशा सुधारनें संबंधी कार्यक्रम। 5. ग्रामों में तालाबों व पोखर का निर्माण तथा मरम्मत कार्य। 6. पेड़-पौधे लगाना तथा उनकी देखभाल करना। 7. परिवार नियोजन जागरण कार्यक्रम। 8. पोषाहार कार्यक्रम। 9. मनोरंजन कार्यक्रम। 10. पूर्व स्कूल शिशु देखभाल। 11. पर्यावरण शुद्धिकरण कार्यक्रम। 12. अनेक प्रकार के श्रमदान कार्यक्रम।

मौटे तौर पर राष्ट्रीय सेवा आयोग कार्यक्रमों का वर्गीकरण
(Broad Classification of NSS Programmes)

(1) नियमित कार्यक्रम (2) विशिष्ट प्रशिक्षण कार्यक्रम

नियमित कार्यक्रम: इस कार्यक्रम में छात्र दो वर्षों में 120 दिन कार्य करते हैं। इसके अन्तर्गत किसी एक ग्राम को अपना (Adopt) लेते हैं तथा वहाँ कार्य करते हैं।

विशिष्ट कार्यक्रम: इस कार्यक्रम के अन्तर्गत छात्रों के लिए 10 दिन के शिविर लगाए जाते हैं।

इतने वर्षों से राष्ट्रीय सेवा योजना चलाई जा रही है परन्तु इसका ठोस प्रभाव दृष्टिगोचर नहीं है। योजना में योजना का आभाव है। यदि इस योजना में केवल एक कार्यक्रम 'प्रौढ़ शिक्षा' को ही चलाया जाता तो सम्भवत: निरक्षरता का उन्मूलन हो गया होता। ऐसा अनुभव किया जा रहा है कि यह योजना मुख्यत: 'दिखावा' बनकर रह गई है। इसमें ठोस सुधार लाने की आवश्यकता है।

43

ज्ञानवान समाज के लक्ष्य की प्राप्ति में दूरस्थ शिक्षा (Achieving a Learning Society through Distance Education)

43.1 दूर शिक्षा अथवा दूरस्थ शिक्षा का नामकरण (Nomenclature of Distance Education)

दूर शिक्षा (Distance Education), पत्राचार शिक्षा (Correspondence Education), पत्राचार स्कूल (Correspondence School), पत्राचार अधिगम (Correspondence Learning), पत्राचार शिक्षण (Correspondence Teaching), दूर-अधिगम (Distance Learning), दूर-शिक्षण (Distance Teaching), बाह्य डिग्री प्रोग्राम (External Degree Programme), बाह्य अध्ययन (External Studies), बाह्य पद्धति (External System), घर-अध्ययन (Home Study), स्वतन्त्र अधिगम (Independent Learning), जीवन पर्यन्त शिक्षा (Life Long Education), अनौपचारिक शिक्षा (Non-Formal Education), मुक्त शिक्षा (Open Education), खुली शिक्षा (Open Education), खुला विश्वविद्यालय (Open University), मुक्त स्कूल (Open School), स्कूल से बाहर की शिक्षा (Out of School Education), पोस्टल पाठ्यक्रम (Postal Education), स्वयं पढ़ाओ प्रोग्राम (Teach Yourself Programme), टेली विश्वविद्यालय (Tele University), एयर विश्वविद्यालय (University in the Air), चारदीवारी के बिना विश्वविद्यालय (University without Walls) आदि शब्दों का लगभग एक जैसा ही अर्थ है। विभिन्न देश अपनी-अपनी परिस्थितियों के अनुसार इस प्रकार की शिक्षा का नाम अपने ढंग से दिए हुए हैं। दूरी शिक्षा मुख्यतः वह शिक्षा है जो उच्च शिक्षा के प्रवेश द्वार को उन सबके लिए खोलती है जो किसी-न-किसी कारणवश पूर्णकालीन विद्यार्थी नहीं बन सकते परन्तु अंशकालीन आधार पर अध्ययन करना चाहते हैं। दूरी शिक्षा अब स्कूल स्तर पर भी दी जाने लगी है।

43.2 दूरस्थ शिक्षा का अर्थ (Meaning of Distance Education)

मोटे तौर पर दूरस्थ शिक्षा वह शिक्षा है जो उन व्यक्तियों के द्वार पर पहुँचती है जो

किसी कारणों से औपचारिक शिक्षा का लाभ उठाने से वंचित रह जाते हैं। इसका अर्थ तथा कार्यक्षेत्र स्पष्ट करने के लिए कुछ विचारकों के विचार नीचे दिए गए हैं–

1. *जैक फॉक्स (Jack Focks)* के शब्दों में, "दूरस्थ शिक्षा अधिगम विधि वह अधिगम विधि है, जिसमें कुछ ऐसी विशेषताएँ हैं जो परिसर में स्थित शिक्षा संस्थाओं की विधियों से भिन्न हैं।"

2. *बोर्ज होम्बर्ग (Bo Holmberg)* के विचार में "दूरस्थ अध्ययन या दूरस्थ अध्ययन कोर्स एक कृत्रिम संवाद अवसर है जिसमें सीखने वाले तथा सिखलाने वाले के बीच भौगोलिक तथा संगठनात्मक दूरी को एक कृत्रिम निर्देशन द्वारा दूर किया जाता है।"

3. *पीटर्स (Peters)* ने दूरस्थ शिक्षा को इस प्रकार परिभाषित किया है, "दूरस्थ शिक्षा अप्रत्यक्ष अनुदेशन की विधि है जिसमें शिक्षक तथा छात्र में भौगोलिक एवं भावात्मक पृथक्ता रहती है, जबकि शिक्षा की मुख्यधारा में शिक्षक एवं छात्र का कक्षा में संबंध सामाजिक नियमों पर आधारित रहता है। दूरस्थ शिक्षा में यह संबंध प्रौद्योगिक नियमों पर आधारित रहता है।"

4. *एफ. रीव एडम्स (F. Reev Adams)* के अनुसार, "दूरस्थ शिक्षण पद्धति ऐसी शिक्षण पद्धति है जिसमें शिक्षक ऐसे छात्रों को ज्ञान तथा कौशल प्रदान करने का दायित्व सँभालता है जो आमने-सामने रूप में शिक्षा प्राप्त नहीं कर सकते परन्तु ऐसे समय तथा स्थान पर शिक्षा प्राप्त करना चाहते हैं जो उनकी व्यक्तिगत परिस्थितियों के अनुरूप हो।"

43.3 दूरस्थ शिक्षा की विशेषताएँ (Characteristics of Distance Education)

दूरस्थ शिक्षा की विशेषताएँ (Characteristics of Distance Education): 1. *भौगोलिक अध्यापक-छात्र सम्पर्क*: अध्यापक-छात्र आमने-सामने नहीं होते। दोनों में दूरी होती है।

2. *दूरस्थ शिक्षा का माध्यम*: अध्ययन सामग्री डाक द्वारा भेजी जाती है। इसके साथ-साथ दूरदर्शन तथा आकाशवाणी आदि का भी प्रयोग किया जाता है। कुछ देशों में दूरी-शिक्षा का माध्यम दूरभाष भी है।

3. *छात्र-परस्पर सम्पर्क*: दूरी-शिक्षा में छात्रों का आपस में बहुत कम मेल-मिलाप होता है।

4. *स्वगति अध्ययन*: छात्र अपनी गति से पाठ्यक्रम पूरा कर सकते हैं। इसमें समय का कोई बन्धन नहीं होता है।

5. *अध्यापक-छात्र का व्यक्ति सम्पर्क*: अध्ययन प्रक्रिया की अवधि में अध्यापक-छात्र का सम्बन्ध बहुत कम होता है।

6. *समान शैक्षिक अवसर*: शिक्षा में समान शिक्षा अवसरों को प्रदान करने की क्षमता है। समाज के गरीब लोगों तथा जो सुदुर और अत्यन्त निर्जन प्रदेशों में रहते हैं उनके दरवाजे तक शिक्षा पहुँचाने की शक्ति इसमें है।

7. *वंचित वर्गों के लिए सुनहरी अवसर*: यह शिक्षा प्रौढ़ों, औपचारिक शिक्षा से वंचित और काम करने वालों के लिए अनुकूल है।

8. *सभी शैक्षिक स्तरों पर उपयोगिता*: यह शिक्षा प्रणाली सभी स्तर के और विविध प्रकार के लोगों को शिक्षा दे सकती है।

9. *विषयों के चुनाव में स्वतन्त्रता*: यह प्रणाली सीखने वालों को अपने विषय/विषयों के चुनाव तथा उसे पूर्ण करने के समय आदि के बारे में बहुत स्वतन्त्रता देती है।

10. *जन-शिक्षा प्रणाली*: दूरस्थ शिक्षा जन-शिक्षा की प्रणाली है।

11. *लचीला प्रवेश*: दूरस्थ शिक्षा प्रवेश की दृष्टि से बहुत लचीली है। कई पाठ्यक्रमों में प्रवेश के लिए किसी डिग्री की आवश्यकता नहीं होती।

12. *संस्थागत प्रणाली का न होना*: दूरस्थ शिक्षा संस्थागत नहीं होती है।

13. *कम खर्चीली शिक्षा प्रणाली*: दूरस्थ शिक्षा प्रणाली में कम व्यय आता है।

14. *घर बैठे उपाधियाँ*: विदेशी डिग्रियाँ घर बैठे-बैठाए प्राप्त की जा सकती हैं।

दूरस्थ शिक्षा की आवश्यकता (Need for Distance Education): 1. औपचारिक और पारम्परिक शिक्षा प्रणाली उस समय विकसित हुई जब शिक्षा सिर्फ कुछ ही लोगों के लिए सीमित थी और जब मौखिक शब्दों के सिवाय अन्य शैक्षिक तकनीकें उपलब्ध नहीं थी। आज स्थिति ऐसी नहीं है। शैक्षिक प्रौद्योगिकी के क्षेत्र में क्रान्तिकारी प्रगति हो रही है जिससे देश के कोने-कोने में रहने वालों की शिक्षा का प्रबन्ध आसान हो गया है।

2. दूरी-शिक्षा के विकास का दूसरा कारण है 'सबके लिए शिक्षा।' भारत के लिए तो यह पद्धति और भी महत्त्वपूर्ण है, क्योंकि शिक्षा के क्षेत्र में संविधान द्वारा निदेशित लक्ष्यों की प्राप्ति से हम अभी भी बहुत दूर हैं। साक्षरता भी केवल लगभग 65 प्रतिशत है। उच्च शिक्षा में प्रवेश भी केवल 7% है।

3. दूर-शिक्षा के विकास का तीसरा कारण है 'ज्ञान का विस्फोट'। औपचारिक शिक्षा द्वारा नये परिवर्तनों को अपने में समाना बहुत कठिन है।

4. चौथा कारण है, औद्योगिक समाजों का उभरना।

5. पाँचवां कारण है, औपचारिक शिक्षा की सीमाएँ–(i) अध्ययन की लम्बी अवधि तथा समय, (ii) प्रवेश के लिए कम स्थान, (iii) परीक्षा सम्बन्धी निर्धारित योग्यताएँ, (iv) पाठ्यक्रमों का वास्तविक परिस्थितियों के अनुकूल न होना, (v) प्रति व्यक्ति अधिक खर्च।

6. छठी आवश्यकता है, सुदूर ग्रामीण क्षेत्रों, पहाड़ी क्षेत्रों आदि में रहने वाले व्यक्तियों की शिक्षा सम्बन्धी आवश्यकता को पूरा करना।

7. सातवीं आवश्यकता है, नौकरी अथवा निजी रोजगार में लगे लोगों को शिक्षित करना।

8. आठवीं आवश्यकता है, व्यवसाय अथवा समृद्ध जीवन सम्बन्धी कौशल बढ़ाने के लिए शिक्षा के अवसर प्रदान करना।

43.4 दूरस्थ शिक्षा के उद्देश्य (Objectives of Distance Education)

1. दूरस्थ शिक्षा का मुख्य उद्देश्य उच्चतर शिक्षा के व्यापक अवसरों को पूरा करना।

2. उन सीखने वालों को सीखने के व्यापक तथा सुगम अवसर प्रदान करना जो किसी कारणवश–कम आय, अधिक आयु तथा दूरी के कारण पूर्णकालिक शिक्षा प्राप्त करने में सक्षम रहे हैं।

3. शिक्षित व्यक्तियों को जो अपने कैरियर का सुधार चाहते हैं। उन के लिए उचित तथा प्रभावी शिक्षा के अवसर प्रदान करना।

4. उन सीखने वालों को अपनी रुचि के विषयों को अपनी गति से तथा सुविधानुसार

सीखने के योग्य बनाना जो इसको औपचारिक शिक्षा के कठोर नियमों के कारण नहीं सीख सके।

5. आर्थिक तथा सामाजिक रूप से पिछड़े वर्गों को उचित शिक्षा के अवसर प्रदान करके समाज के उपयोगी नागरिक बनने में सहायता देना।

6. रोजगार में लगे व्यक्तियों को उनके कार्य में बाधा उत्पन्न किए बिना विकास तथा उन्नति के अवसर प्रदान करना।

7. सीखने वालों को उनकी रुचियों से सम्बन्धित विभिन्न क्षेत्रों में हो रही प्रगति तथा सुधारों से अवगत कराना।

8. कुशल परन्तु कम-खर्ची शिक्षा प्रक्रिया प्रदान करना।

9. वे व्यक्ति जो प्रेरणा के अभाव के कारण अपनी शिक्षा पूरी नहीं कर सके परन्तु अब अपनी शिक्षा पूरी करने के लिए प्रेरित हैं।

10. व्यक्तियों को आधुनिकतम ज्ञान-विज्ञान से परिचित कराना।

11. विकलांग व्यक्तियों को शिक्षा के अवसर प्रदान करना।

12. सेवा-युक्त या जो व्यक्ति शौक में अथवा अपने आप को व्यस्त रखना चाहते हैं। उन्हें इस शिक्षा में अवसर प्रदान करना।

43.5 दूरस्थ शिक्षा तथा परम्परागत शिक्षा में भेद
(Difference between Distance Education and Formal Education)

दूरस्थ शिक्षा	*परम्परागत शिक्षा*
1. दूर-शिक्षा में अध्यापक छात्र से दूर होता है।	1. परम्परागत शिक्षा में विद्यार्थी तथा अध्यापक पास-पास होते हैं।
2. दूरी-शिक्षा विद्यार्थी की आवश्यकता पर ध्यान देती है।	2. अध्यापक केन्द्रित है।
3. लचीली है, कोर्स कई वर्षों में पूरा किया जा सकता है।	3. कोर्स को निश्चित समय पर पूरा करना होता है।
4. रेडियो, दूरदर्शन तथा अन्य कई प्रकार के माध्यमों को प्रयोग में लाया जाता है।	4. इसमें मौखिक शब्द की प्रधानता है।
5. यह अंशकालिक है।	5. यह पूर्णकालिक है।
6. प्रवेश के बहुत कम बन्धन हैं।	6. प्रवेश के लिए अनेक बन्धन हैं।
7. एक छात्र दूसरे छात्रों से प्राय: अलग रहता है।	7. छात्रों का निकटतम सम्पर्क होता है।
8. यह डिग्री तथा प्रमाण-पत्र के लिए होती भी है और नहीं भी।	8. डिग्री तथा प्रमाण-पत्र उत्तीर्ण होने पर अवश्य दिए जाते हैं।
9. अध्यापक को छात्रों की कठिनाइयों का तुरन्त पता नहीं चलता।	9. छात्रों की कठिनाइयों का तुरन्त पता चल जाता है; प्रतिपुष्टि (Feed Back) उसी समय मिल जाता है।
10. यह जन-शिक्षा (Mass Education) पद्धति है।	10. यह कक्षा पद्धति है।

(*क्रमश:*)

(क्रमशः)

दूरस्थ शिक्षा	परम्परागत शिक्षा
11. यह उन स्थानों पर भी उपलब्ध है जहाँ कोई स्कूल अथवा कॉलेज नहीं होते।	11. केवल शैक्षिक संस्थाओं में ही उपलब्ध है।
12. यह उनको भी उपलब्ध है जो बीमारी या अन्य कारण से शैक्षिक संस्थाओं में नहीं जा सकते हैं।	12. यह केवल उन्हीं को उपलब्ध है जो शैक्षिक संस्था में जा सकते हैं।

43.6 दूरस्थ शिक्षा प्रदान करने के माध्यम (Media of Imparting Distance Education)

1. अध्ययन सामग्री (Study Material), 2. दत्तकार्य के लिए उत्तर-पुस्तिकाएँ (Response Sheets), 3. व्यक्तिगत सम्पर्क कार्यक्रम (Personal Contact Programme), 4. दूरदर्शन (T.V.), 5. उपग्रह शिक्षण-दर्शन का प्रयोग (Satellite Instructional Television Experiment), 6. भारत का राष्ट्रीय उपग्रह (इन्सेट I-B) (Indian National Satellite—INSET I-B), 7. टेली कॉन्फ्रेन्सिंग (Teleconferencing), 8. वीडियो कॉन्फ्रेन्सिंग (Vedio Conferencing), 9. एजूसेट (EDUSSAT)।

43.7 दूरस्थ शिक्षा के गुण (Merits of Distance Education)

1. आत्मविकास के अवसर (Opportunities for Self-Improvement): जो व्यक्ति किसी कारणवश औपचारिक शिक्षा से वंचित रह जातें हैं, उन्हें आत्मविकास के अवसर प्राप्त होते हैं। एक प्रकार से यह प्रणाली उनके लिए 'वरदान' है।

2. आसान पहुँच (Easy Access): दूरस्थ शिक्षा आसानी से प्राप्त की जा सकती है।

3. स्व-अधिगम (Self-learning): दूरस्थ शिक्षा व्यक्ति को अपने आप सीखने के अवसर प्रदान करती है।

4. ज्ञान का विस्फोट (Explosion of Knowledge): दूरस्थ शिक्षा द्वारा आधुनिक ज्ञान प्राप्त करने में सहायता मिलती है।

5. विभिन्न आवश्यकताओं की पूर्ति (Fulfillment of Different Needs): विभिन्न व्यक्तियों की विभिन्न प्रकार की शैक्षिक आवश्यकताएँ होती हैं। औपचारिक शिक्षा प्रणाली में इन आवश्यकताओं की पूर्ति के अवसर प्राप्त नहीं हो सकते।

6. भौगोलिक विषमताओं को दूर करना (Removing Geographical Constraints): दूरस्थ शिक्षा का नाम भले ही दूरी की शिक्षा से हो परन्तु इसने नए माध्यमों के प्रयोग से इसे एक प्रकार से 'घर में शिक्षा' नामकरण दे दिया है।

7. सीखते हुए कमाना अथवा कमाते हुए सीखना (Learning While Earning or Earning While Learning): दूरस्थ शिक्षा के दोहरे लाभ हैं। व्यक्ति कमाते हुए सीखता है।

8. शैक्षिक तथा व्यावसायिक योग्यता और क्षमता वृद्धि के अवसर (Opportunities for Improving Educational and Vocational Qualifications and Vocational Skills): दूरस्थ शिक्षा में अनेक ऐसे पाठ्यक्रम हैं। जिनके माध्यम से व्यक्ति अपनी शैक्षिक तथा व्यावसायिक योग्यता तथा क्षमता बढ़ा सकता है।

9. लचीली शिक्षा प्रणाली (Flexible System of Education): दूरस्थ शिक्षा समय, स्थान तथा शैक्षिक बाधाओं से मुक्त है।

10. पूरक शिक्षा (Supplementary Education): दूरस्थ शिक्षा द्वारा औपचारिक छात्रों के अध्ययन में पूरक शिक्षा का काम कर सकती है।

11. एकान्त अध्ययन (Study in Privacy): दूरस्थ शिक्षा के छात्र अपनी सुविधा के अनुसार घर में एकान्त में अध्ययन कर सकते हैं।

12. सावर्जनिक शिक्षा (Universal Education): 'सबके लिए शिक्षा' का उद्देश्य प्राप्त करने में सदूर शिक्षा बहुत उपयोगी है।

13. जनतांत्रिक आकाक्षाओं की पूर्ति (Meeting the Democratic Aspirations of the People): समाज के वंचित तथा पिछड़े वर्गों की मांग है कि शिक्षा का जनतांत्रीकरण किया जाए। दूरस्थ शिक्षा इस मांग की पूर्ति में महत्वपूर्ण भूमिका निभा सकती है।

14. कमखर्चीली पद्धति (Economical System): दूरस्थ शिक्षा औपचारिक शिक्षा पद्धति की अपेक्षा कम खर्चीली है।

15. सुविधानुसार पाठ्यक्रम (Convenient Syllabus): दूरस्थ शिक्षा में इस बात का पर्याप्त प्रावधान रहता है कि छात्रों की आवश्यकतानुसार परम्परागत पाठ्यक्रमों के अतिरिक्त नए-नए पाठ्यक्रमों की व्यवस्था की जा सके।

16. पाठ्यक्रम पूरा करने की लचीली प्रणाली (Flexible System to Complete the Course of Studies): दूरस्थ शिक्षा में प्रावधान रहता है कि छात्र किसी पाठ्यक्रम में निर्धारित विषय एक निश्चित अवधि में पूरा करने की बजाए अपनी सुगमता के अनुसार अलग-अलग विषयों की परीक्षा दे सके।

17. मानवीय साधनों का अधिकतम विकास (Optimum Utilization of Human Resources): अनेक व्यक्ति अथवा वर्ग ऐसे होते हैं जो प्रतिभा तो रखते हैं। परन्तु किन्हीं कारणों से औपचारिक शिक्षा के अवसर उपलब्ध न होने के कारण अपनी प्रतिभा को निखार नहीं पाते। यह व्यक्तिगत तथा सामाजिक दोनों प्रकार की क्षति है। परन्तु दूरस्थ शिक्षा इन मानवीय साधनों के विकास में सहायता प्रदान करती है।

18. योग्य अध्यापकों की सेवाओं की उपलब्धि (Availability of Services of Talented Teachers): दूरस्थ शिक्षा प्रदान करने में प्रयास किए जाते हैं कि पठन सामग्री ऐसे अध्यापकों से तैयार करायी जाए जो बहुत अनुभवी तथा कुशल हैं। इसी प्रकार उनकी सेवाएँ दूरदर्शन तथा आकाशवाणी द्वारा प्रसारित शैक्षिक कार्यक्रमों में उपयोग में लायी जाती हैं।

19. उच्च शिक्षा में कार्यरत औपचारिक शैक्षिक संस्थाओं के बोझ में कमी (Lessening Burden on Formal Higher Education Institutions): औपचारिक उच्च शिक्षा संस्थाओं की सीमित क्षमताएँ होती हैं दूरस्थ शिक्षा इन सीमाओं की पूर्ति करती है।

43.8 दूरस्थ शिक्षा की सीमाएँ (Limitations of Distance Education)

1. *रूढ़िग्रस्त पाठ्यक्रम (Stereotyped Curriculucm)*: समय गुजरने पर दूर-शिक्षा के कोर्स दृढ़ (Stereotyped) हो जाते हैं। उनमें लचक नहीं रहती।

2. *प्रयोगात्मक अनुभव की अवहेलना (Neglect of Practical Experience)*: प्रयोगात्मक कार्य के लिए बहुत कम गुंजाइश है।

3. *सीमित अध्ययन सामग्री* (*Limited Learning Material*): अध्ययन केन्द्रों पर पाठ्य सामग्री की बहुत कमी रहती है।

4. *सीमित अध्ययन केन्द्र* (*Limited Study Centres*): प्रायः यह देखा गया है कि समीपवर्ती स्थानों पर अध्ययन केन्द्र स्थापित नहीं किए जातें हैं। इसके अतिरिक्त अध्ययन केन्द्रों की संख्या भी बहुत कम रहती है।

5. *छात्रों द्वारा सामग्री की परख* (*Evaluation of the Quality of Correspondence Material*): पढ़ाने वालों के पास इस प्रकार के साधन नहीं होता जिससे वे जान सकें कि छात्रों को उचित प्रकार की सामग्री दी जा रही है या नहीं।

6. *छात्रों के उत्तरों की सीमाएँ* (*Limitation of Student's Responses*): छात्रों के उत्तरों से उनके विकास के स्तर का पूरा पता नहीं चलता।

7. *छात्रों की राय तथा पाठ्यसामग्री की उत्पादकता* (*Student's View on Utility of Teaching Material*): पाठ्य सामग्री की उपादेयता के बारे में प्रायः छात्रों की राय नहीं ली जाती।

8. *पाठ्यसामग्री की समय पर कम उपलब्धता* (*Less Availability of Learning Material*): कई बार पाठ्यक्रम सामग्री समय पर नहीं भेजी जाती।

9. *सम्पर्क प्रोग्रामों की सीमाएँ* (*Limitations of Contact Programmes*): सम्पर्क प्रोग्रामों में छात्रों की समस्याओं का दूर करने के बहुत कम प्रयास किए जाते हैं।

10. *नवीन शिक्षण माध्यम का सीमित प्रयोग* (*Limited Use of New Teaching Technology*): दूर-शिक्षा प्रायः पत्राचार शिक्षा ही रह गई है। नवीन साधनों का बहुत कम उपयोग किया जाता है।

11. *घटिया शिक्षा* (*Education of Low Quality*): प्रायः यह धारणा बन गयी है कि दूरस्थ शिक्षा घटिया शिक्षा है। इसकी उपाधियों को प्रायः तिरस्कार से देखा जाता है।

12. *बहुत कम व्यक्तिगत सम्पर्क* (*Very Limited Personal Contact*): अध्यापक तथा छात्र के बीच व्यक्तिगत सम्पर्क का प्रायः अभाव रहता है।

13. *असफलता का अधिक अनुपात* (*High Percentage of Failure*): अध्ययनों से संकेत मिलते हैं कि या तो छात्र दूरस्थ शिक्षा के पाठ्यक्रमों को बीच में छोड़ देते हैं या छात्र बड़ी संख्या में परीक्षा में फेल हो जाते हैं।

43.9 दूरस्थ शिक्षा का इतिहास (History of Distance Education)

भारत में दूर शिक्षा का इतिहास बहुत पुराना है। महाभारत युद्ध में कुरुक्षेत्र में हो रहे युद्ध की जानकारी दूर बैठे हस्तिनापुर में महाराज धृतराष्ट्र को संजय द्वारा दी गई।

पं. नेहरू द्वारा लिखे गए 'पत्र पिता के, पुत्री के नाम' भी दूर शिक्षा का उदाहरण है।

विदेश में प्लेटो द्वारा लिखे गए पत्र भी दूर शिक्षा के अन्तर्गत आ जाते हैं।

पत्राचार शिक्षा की आधुनिक प्रणाली का विकास 1856 में जर्मनी में हुआ जबकि भाषा सिखाने के लिए बर्लिन में पत्राचार माध्यम अपनाया गया। इंग्लैंड में 1894 में, अमरीका में 1891 में यह पद्धति चालू हुई। धीरे-धीरे इस पद्धति का विकास होता गया।

मुक्त विद्यालय का इतिहास (History of Open School): विश्व में सबसे पहला खुला विश्वविद्यालय ब्रिटेन में (1971) में स्थापित हुआ, उसके पश्चात् स्पेन (1973), पश्चिमी जर्मनी (1975), पाकिस्तान (1975), कनाडा (1975), वेनेजुएला (Venezuela)

1977, कोस्टा रिका (1978), ईरान (1978), थाईलैण्ड (1980), भारत (1982) आदि देशों में खुले विश्वविद्यालय शिक्षा के क्षेत्र में बहुत तेजी से प्रसार कार्य कर रहे हैं। इस समय संसार में ऐसे विश्वविद्यालयों की संख्या 40 है।

43.10 मुक्त विश्वविद्यालय तथा पत्राचार शिक्षा में अन्तर (Distinction between Open University and Correspondence Education)

मुक्त विश्वविद्यालय 'पत्राचार विश्वविद्यालय' से कई प्रकार से भिन्न है। यह भिन्नता प्रधानत: इनकी शिक्षण-विधियों के कारण है। जिस प्रकार तथा मात्रा में श्रव्य-दृश्य सहायक सामग्री, श्रव्य उपकरण रेडियो, टेपरिकॉर्डर तथा टेलीविजन का प्रयोग मुक्त विश्वविद्यालय में किया जाता है। उतना पत्राचार विश्वविद्यालय में नहीं होता। फिर भी यह तो मानना होगा कि 'पत्राचार विश्वविद्यालय' तथा 'मुक्त विश्वविद्यालय' में काफी समानता है।

43.11 मुक्त अथवा खुले विश्वविद्यालय की विशेषताएँ (Chief Features of an Open University)

1. आयु की कोई सीमा नहीं है। 2. देश के किसी भी क्षेत्र का निवासी प्रवेश ले सकता है। 3. कोर्स पूरा करने में लचीलापन है। समय की बाध्यता नहीं है। 4. कोई विश्वविद्यालय परिसर (Complex) नहीं है। 5. औपचारिक शिक्षा की किसी भी डिग्री के बिना प्रवेश मिल सकता है। 6. घर पर शिक्षा प्राप्त की जा सकती है। 7. आधुनिक संचार साधनों का प्रयोग किया जाता है। 8. देश के अनेक भागों में अध्ययन केन्द्र खोले गए हैं। 9. समुदाय के लिए अनेक नवाचार तथा सतत अथवा अनुवर्ती कोर्स खोलने का प्रावधान है। इस समय देश में 12 मुक्त विश्वविद्यालय हैं।

खुले विश्वविद्यालय की आवश्यकता के बारे में नई शिक्षा नीति 1986 में इस प्रकार कहा गया है: "खुला विश्वविद्यालय पद्धति उच्च शिक्षा के लिए अवसरों में वृद्धि प्रदान करती है, उच्च शिक्षा में पहुँच सुनिश्चित करती है। लागत को कम करने वाली है तथा एक नमनीय एवं अभिनव प्रणाली की शिक्षा पद्धति को प्रोत्साहित करती है। संचार माध्यमों से इस प्रणाली की गुणात्मकता बढ़ेगी।"

43.12 भारत में दूरस्थ शिक्षा की आवश्यकता (Need for Distance Education in India)

सामाजिक विकास एवं परिवर्तन के लिए शिक्षा एक शक्तिशाली संयंत्र है। परम्परागत शिक्षण व्यवस्था का विश्लेषण करने पर ज्ञात होता है कि वह व्यवस्था आधुनिक विकास में पर्याप्त प्रभावी नहीं रही है। वैज्ञानिक उपलब्धियों ने सामाजिक क्रान्ति उत्पन्न करके अनेक जटिलताओं को उत्पन्न किया है। शिक्षा की औपचारिक तथा सीमित व्यवस्था, बढ़ती जनसंख्या, विस्तृत क्षेत्र तथा अप्राप्य सुविधाओं के कारण स्वतन्त्रता के कई दशकों के पश्चात् भी भारत निर्धारित लक्ष्यों को प्राप्त करने में असमर्थ रहा है। केवल 65 प्रतिशत लोग ही साक्षर हो पाए हैं।

हमारे देश में दूर-शिक्षा की आवश्यकता अधिक है, क्योंकि विकासशील देश होने के कारण इच्छा व रुचि रखने वाले सभी विद्यार्थियों को नियमित शिक्षण संस्थाओं में शिक्षा प्राप्त करना सम्भव नहीं हो पा रहा है। अनेक युवक-युवतियाँ पारिवारिक,

आर्थिक और अधिक दूरी आदि की मजबूरी के कारण पूर्णकालिक शिक्षा प्राप्त करने में सक्षम नहीं हैं।

संक्षेप में भारत में दूर-शिक्षा की निम्न कारणों से आवश्यकता है:

1. बढ़ती हुई जनसंख्या को शिक्षित करने हेतु। 2. सुदूर ग्रामीण तथा पहाड़ी क्षेत्रों में रहने वाले व्यक्तियों के लिए। 3. नौकरी या व्यवसाय में लगे लोगों की शिक्षा हेतु। 4. शैक्षिक रूप से असमान वर्गों की शिक्षा हेतु। 5. 'सबके लिए शिक्षा' जनतन्त्र की इस माँग को पूरा करने हेतु। 6. औपचारिक शिक्षा की सीमित क्षमताओं को देखते हुए पूरक शिक्षा प्रणाली के रूप में।

43.13 भारत में दूर-शिक्षा का इतिहास तथा प्रसार (History and Development of Distance Education in India)

भारत में सब से पहले दिल्ली विश्वविद्यालय ने बी.ए. (आर्टस) में पत्राचार प्रणाली 1962 में आरम्भ की। इसके पश्चात् पंजाबी विश्वविद्यालय (1968), मेरठ (1969), तथा अन्य विश्वविद्यालयों में अनेक विषयों तथा डिग्रियों के लिए पत्राचार कोर्स आरम्भ किए गए। पहला खुला विद्यालय 1982 में आन्ध्र प्रदेश में खोला गया और दूसरा 1987 में नई दिल्ली में [इन्दिरा गाँधी राष्ट्रीय खुला विश्वविद्यालय (Indira Gandhi National Open University—IGNOU]। इस समय लगभग 13 लाख छात्र दूरस्थ शिक्षा के माध्यम से उच्च शिक्षा प्राप्त कर रहे हैं।

मुक्त स्कूली शिक्षा का राष्ट्रीय संस्थान (National Institute of Open Schooling): 1989 में राष्ट्रीय मुक्त विद्यालय (National Open School) खोला गया। यह केन्द्रीय सरकार (शिक्षा विभाग, मानव संसाधन विकास मंत्रालय) की स्वायत्त शैक्षिक संस्था है। इसका मुख्य उद्देश्य शिक्षा के माध्यम से समाज के वंचित वर्गों को स्कूली शिक्षा के अवसर प्रदान करना है। मुक्त विद्यालय द्वारा दिये गये प्रमाण-पत्रों को उच्च शिक्षा में प्रवेश करने के लिए मान्यता मिली हुई है। इस विद्यालय में अध्ययन तथा परीक्षा का ढंग लचीला है। इसने अनेक अध्ययन केन्द्र खोले हुए हैं जो छात्रों को सहायता सेवा उपलब्ध कराते हैं। इस मुक्त विद्यालय में प्रतिवर्ष दो लाख नामांकन होते हैं। देश और विदेश में 10 क्षेत्रीय केन्द्र तथा लगभग 1,700 अध्ययन केन्द्र हैं। प्रवासी भारतीय तथा विदेशी छात्रों के लिए शिक्षा को सहज बनाने के लिए राष्ट्रीय मुक्त विद्यालय के मान्यता केन्द्र प्राप्त दुबई, आबूधावी, कुवैत, नेपाल तथा कनाडा में हैं। अब मुक्त विद्यालय का नाम बदलकर 'National Institute of Open Schooling' कर दिया गया है।

मुक्त शिक्षा का राष्ट्रीय संस्थान ने लगभग 50 व्यावसायिक पाठ्यक्रमों की व्यवस्था की है। इनकी अवधि 6 महीने से लेकर 2 वर्ष है। इन पाठ्यक्रमों में सामान्यतः पांचवी से बारहवीं पास छात्र प्रवेश ले सकते हैं।

43.14 इन्दिरा गांधी राष्ट्रीय मुक्त अथवा खुला महाविद्यालय (Indira Gandhi National Open University–IGNOU)

इन्दिरा गांधी राष्ट्रीय मुक्त विद्यालय की स्थापना सितम्बर 1985 में हुई थी। इस विश्वविधालय को देश में दूरस्थ शिक्षा के प्रसार, समन्वय तथा इसके स्तर निर्माण का उत्तरदायित्व भी सौंपा गया है।

इंदिरा गांधी राष्ट्रीय मुक्त विद्यालय के निम्नलिखित कार्य हैं:

1. देश की जनसंख्या के एक बड़े भाग को, विशेषकर सुविधाहीन वर्ग, को उच्च शिक्षा के अवसर सुलभ कराना।

2. विशिष्ट वर्गों जैसे महिलाओं, पिछड़े क्षेत्रों तथा पर्वतीय क्षेत्रों आदि में रहने वाले लोगों के लिए उच्च शिक्षा के विशेष कार्यक्रम आरम्भ करना।

3. जानकारी तथा कुशलता बढ़ाने के लिए सतत् शिक्षा के कार्यक्रम आयोजित करना।

पाठ्यक्रम: इन्दिरा गाँधी मुक्त महाविद्यालय ने 1987 में कार्य आरम्भ किया। आज तक इसने 120 कार्यक्रम चलाए हैं जिनके अन्तर्गत 900 कोर्स हैं। पी.एच.डी. कोर्स का भी प्रावधान है।

विश्वविद्यालय ने देश के विभिन्न भागों में 60 क्षेत्रीय केन्द्र, 7 उपक्षेत्रीय केन्द्र एवं 1300 अध्ययन केन्द्र हैं। केन्द्रों में व्यापक छात्र सेवाओं का नेटवर्क स्थापित किया है। मुक्त महाविद्यालय ने महिलाओं, अनुसूचित जाति/जनजाति और शारारिक रूप से विकलांग व्यक्तियों के लिए लगभग 270 अध्ययन केन्द्र (Study Centre) खोलें हैं।

एकीकृत बहुमाध्यमी निर्देशन (Integrated Multimedia Instruction): मुक्तविद्यालय अन्य शिक्षण साधनों के साथ शैक्षिक रेड़ियों प्रसारण (Educational Radio Telecasts), शैक्षिक टेलीविजन (ETV), टेलीकॉफ्रेंसिग (Teleconferencing), तथा वीडियो कॉफ्रेंसिग (Video Conferencing) का प्रयोग कर रहा है।

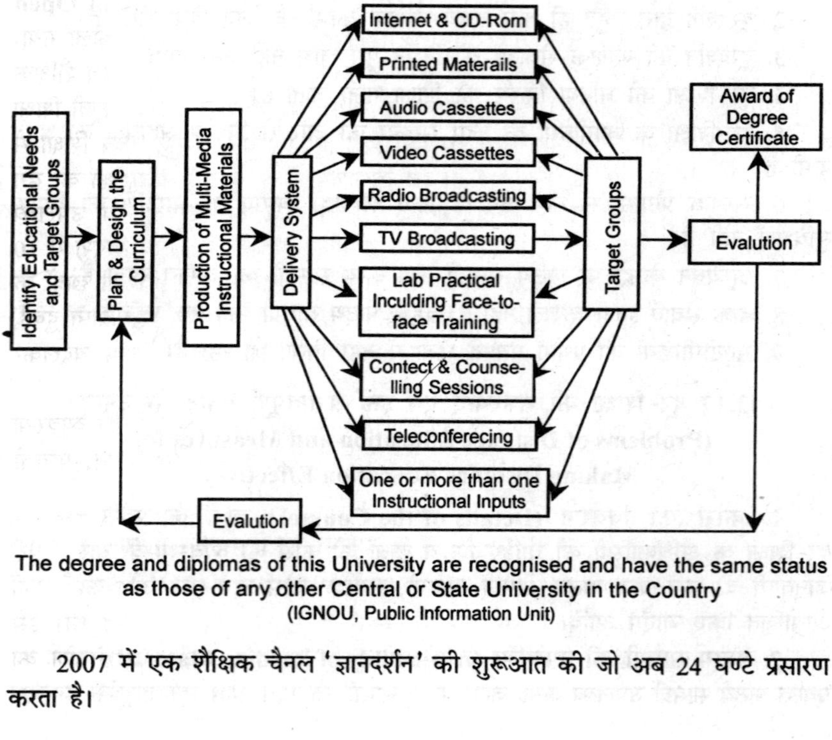

The degree and diplomas of this University are recognised and have the same status as those of any other Central or State University in the Country

(IGNOU, Public Information Unit)

2007 में एक शैक्षिक चैनल 'ज्ञानदर्शन' की शुरूआत की जो अब 24 घण्टे प्रसारण करता है।

वर्ष 2006 के दौरान लगभग 5 लाख छात्रों ने विभिन्न अध्ययन कार्यक्रमों में अपने नाम पंजीकृत करवाए।

43.15 दूरस्थ शिक्षा परिषद् (Distance Shiksha Parishad)

1992 में गठित दूरस्थ शिक्षा परिषद के निम्नलिखित कार्य हैं:

1. राज्य मुक्त विश्वविद्यालयों के लिए मार्ग निर्देश तैयार करना। 2. सेवारत व्यक्तियों की सतत शिक्षा की पूर्ति हेतु कार्यक्रम तैयार करना। 3. स्वरोजगार से सम्बन्धित क्षेत्रों में शिक्षण के कार्यक्रमों की व्यवस्था करना। 4. राज्य मुक्त विश्वविद्यालयों तथा दूरस्थ शिक्षा संस्थाओं का एक ऐसा नेटवर्क तैय्यार करना जिससे इस क्षेत्र में कार्यरत संस्थाएँ एक दूसरे के साथ संबंध स्थापित करके लाभान्वित हो सकें।

दूरस्थ शिक्षा परिषद् का गठन: दूरस्थ शिक्षा परिषद् में निम्न प्रकार से प्रतिनिधित्व है: 1. इन्दिरा गाँधी राष्ट्रीय मुक्त विद्यालय-इग्नू (IGNOU) के प्रतिनिधि। 2. भारत सरकार के शिक्षा विभाग के प्रतिनिधि। 3. विश्वविद्यालय अनुदान आयोग के प्रतिनिधि। 4. राज्य मुक्त विश्वविद्यालयों के प्रतिनिधि। 5. परम्परागत विश्वविद्यालयों में पत्राचार संस्थाओं के प्रतिनिधि। 6. प्रख्यात शिक्षाविद्।

43.16 भारत में दूर-शिक्षा की सीमाएँ तथा समस्याएँ (Problems of Distance Education)

1. भारत में संचार के साधन सुगम नहीं हैं।
2. दूरदर्शन द्वारा बहुत ही कम समय शैक्षिक कार्यों के लिए दिया जाता है।
3. दूरदर्शन की शैक्षिक सेवाओं का निर्धन पूरा लाभ नहीं उठा पाते।
4. दूर-शिक्षा को घटिया किस्म की शिक्षा माना जाता है।
5. दूर-शिक्षा के कार्यक्रमों के लिए सरकार की ओर से वित्तीय सहायता की बहुत कमी है।
6. सम्पर्क प्रोग्रामों में भाग लेने के लिए रेलगाड़ी किराए या आरक्षण की विशेष सुविधाएँ नहीं हैं।
7. अध्ययन केन्द्रों पर पाठ्य सामग्री तथा अन्य सामग्री का अभाव रहता है।
8. डाक सेवाएँ इतनी कुशल नहीं हैं। बहुधा पाठ्य सामग्री छात्र तक पहुँचती ही नहीं।
9. मल्टीमीडिया का प्रयोग पर्याप्त मात्रा में नहीं किया जा रहा है।

43.17 दूर-शिक्षा की समस्याएँ एवं इन्हें प्रभावपूर्ण बनाने के उपाय (Problems of Distance Education and Measures for Making Distance Education Effective)

1. कोर्स का विवरण (Details of the Course): छात्रों के प्रवेश लेने पर दूर-शिक्षा के अधिकारियों को चाहिए कि वे छात्रों को कोर्स की व्यवस्था के बारे में पूरी जानकारी दें। कब-कब पाठ्य सामग्री आएगी, सम्पर्क कोर्स कब-कब और कहाँ-कहाँ आयोजित किए जाएँगे आदि।

2. पाठ्य सामग्री की उपलब्धि (Availability of Reading Material): छात्रों को पर्याप्त पाठ्य सामग्री उपलब्ध कराई जाए। पाठ्य सामग्री के साथ-साथ सुगमतापूर्वक उपलब्ध

होने वाली संदर्भ पुस्तकों आदि की सूची भी भेजी जाए। जहाँ तक सम्भव हो पत्राचार पाठ स्वयं में पूर्ण हों ताकि दूर-शिक्षा पाने वाले छात्रों को इधर-उधर न भटकना पड़े।

3. पत्रचार पाठ आदि की छपाई (Printing of Correspondence Lessons, etc.): छपाई स्पष्ट हो। छपाई के अक्षर इस प्रकार के हों कि उन्हें पढ़ने से आँखों पर कोई विशेष प्रभाव न पड़े। छपाई में गलतियाँ न हों।

4. लेखकों का चयन (Selection of Lesson Writers): पत्राचार पाठ तथा पूरक सामग्री लिखने से पूर्व लेखकों की बैठकें अथवा सेमिनार बुलाए जाएँ तथा लेखकों को पाठ्य सामग्री लेखन सम्बन्धी स्पष्ट निर्देश दिए जाएँ और बताया जाए कि पाठ्य पुस्तकों की सामग्री और दूर-शिक्षा की सामग्री में अन्तर है।

5. अध्ययन केन्द्र की स्थापना (Setting Up of Study Centres): अध्ययन केन्द्रों का चुनाव सावधानीपूर्वक किया जाए। अध्ययन केन्द्र तक रेल तथा मोटर से आसानी से पहुँचा जा सके। कोर्स के निदेशक जहाँ तक सम्भव हो, कॉलेज के प्रिंसिपल अथवा वरिष्ठ अध्यापक हों। अध्ययन केन्द्र में बहु-माध्यम (Multi-media) के प्रयोग की व्यवस्था हो। छात्रों के ठहरने के प्रबन्ध की आवश्यकता को ध्यान में रखा जाए।

6. सम्पर्क कार्यक्रम (Contact Programme): सम्पर्क कार्यक्रम का दूरस्थ शिक्षा में विशेष महत्व है। इस कार्यक्रम में छात्र अन्य छात्रों तथा अध्यापकों के सम्पर्क में आते हैं। उन्हें एक-दूसरे से विचार-विमर्श का अवसर प्राप्त होता है। अध्यापकों से अपनी शंकाएँ निवारण के अवसर प्राप्त होते हैं। इस कार्य का नियोजन इस ढंग से किया जाए ताकि छात्रों को अपनी कठिनाइयों के हल ढूँढने में सुविधा हो। उन्हें एक-दूसरे से मिलने को पर्याप्त अवसर दिए जाएँ।

7. मार्गदर्शन तथा परामर्श (Guidance and Counselling): इन सम्पर्क कार्यक्रमों में छात्रों के उचित मार्गदर्शन तथा परामर्श के लिए विशिष्ट अनुभव प्राप्त व्यक्तियों को आमंत्रित किया जाए।

8. उत्तर पुस्तिकाओं की जाँच: उत्तर पुस्तकों पर ट्यूटर द्वारा टिप्पणियाँ इस प्रकार दी जाएँ जिससे छात्रों को वास्तविक लाभ हो। इस प्रकार की टिप्पणियाँ हों; तर्क ठीक है, उत्तर देते समय उक्त बातों की चर्चा, आदि। टिप्पणियाँ ऐसी नहीं होनी चाहिए; इधर-उधर की बातें कही गई हैं, कुछ समझ में नहीं आता, प्रश्न को बिल्कुल नहीं समझा, आदि। उत्तर पुस्तिकाएँ शीघ्र लौटा देनी चाहिएँ।

9. पाठ्य सामग्री भेजने की व्यवस्था (Arrangement for Sending Study Material): डाक अथवा रेल अधिकारियों से उचित सम्पर्क स्थापित किए जाएँ ताकि छात्रों को समय पर पाठ्य सामग्री मिल सके।

10. शैक्षिक तकनीकी का उपयोग (Use of Teaching Technology): इस बात पर ध्यान दिया जाए कि दूर-शिक्षा केवल पत्राचार शिक्षा प्रणाली ही न बन जाए। यथासम्भव दृश्य-श्रव्य साधनों का पूरा-पूरा इस्तेमाल किया जाए।

11. परीक्षा परिणाम (Declaration of Result): प्राय: यह देखा गया है कि परीक्षा परिणाम समय-समय पर नहीं घोषित किए जाते और छात्रों को घोषित परिणाम जानने के लिए बहुत कठिनाइयाँ आती हैं। उन्हें प्रमाण-पत्र भी देर से मिलते हैं। इन सभी बातों के उचित समाधन निकाले जानें चाहियें।

44

परमहंस योगानन्द: जीवन कैसे जिया जाए शिक्षा (Paramahansa Yogananda: How to Live Education)

44.1 श्री परमहंस योगानन्द (1893–1952) का संक्षिप्त जीवन चरित्र [Brief Life Sketch of Shri Parmahansa Yogananda (1893-1952)]

श्री योगानन्द का असली नाम मुकन्दलाल घोष था। उनका जन्म 5 जनवरी 1893 में पूर्वोत्तर भारत में हिमालय पर्वत श्रेणी के निकट स्थित गोरखपुर में हुआ। वे आठ भाई-बहन थे–चार भाई और चार बहनें। मुकन्दलाल भाईयों में दूसरे तथा चौथी सन्तान थे। उनके माता-पिता बंगाली क्षत्रिय थे। पिता का नाम भगवती चरण घोष तथा माता का नाम ज्ञान प्रभा था। बचपन के पहले आठ वर्ष गोरखपुर में व्यतीत हुए। उनके पिताजी भारत की तत्कालीन बड़ी कम्पनियों में से एक बंगाल-नागपुर रेलवे (बी.एन.आर) में उपाध्यक्ष (Vice-President) के समकक्ष पद पर कार्यरत थे। यात्रा उनके कार्य का एक हिस्सा थी। परिवार अनेक शहरों में रहा।

माता के प्रभाव के कारण बच्चों का बचपन में धर्म ग्रन्थों के साथ परिचय हुआ।

आध्यात्मिक प्रवृति (Spiritual Nature): बाल्यकाल से ही मुकन्दलाल की प्रवृति आध्यत्मिकता से प्रभावित हो गई।

मुकन्दलाल ने हिन्दू हाई स्कूल कलकत्ता (कोलकत्ता) से शिक्षा प्राप्त की। स्नातक की शिक्षा सिरमपुर कॉलेज से।

मुकन्दलाल से वे योगानन्द 1914 में 21 वर्ष की आयु में बने जब उन्होंने सन्यास की दीक्षा ली; वर्ष 1935 में वे परमहंस कहलाए।

परमहंस का अर्थ है सब से महान हंस। पुराणों में हंस को सृष्टिकर्ता ब्रह्मा का वाहन बनाया गया है। हंस के बारे में कहा जाता है कि वह दूध और पानी के मिश्रण से दूध अलग कर सकता है। इस प्रकार हंस आध्यात्मिक विवेचन या आध्यात्मिक विवेक बुद्धि का प्रतीक है–'अहंस' अथवा 'हंस' का शब्दश अर्थ है, "मैं वह हूँ" इन शक्तिशाली संस्कृत शब्दों का श्वास और प्रश्वास के साथ गहरा स्पन्दनात्मक संबंध है। इस प्रकार मनुष्य अपने श्वासोच्छ्वास के साथ अनजाने में अपने अस्तित्व के सत्य का प्रतिपादन करता रहता है: 'मैं वह हूँ।'

उन्होंने अनेक वर्ष हिमालय पर्वतीय स्थानों पर व्यतीत किए तथा अनेक महात्माओं के सम्पर्क में आए।

अमरीका में निवास (Residence in America): योगानन्द योग के पहले प्रवर्तक थे जिन्होंने अमरीका में स्थायी निवास अपनाया। वे वर्ष 1920 में अर्थात् 27 वर्ष की आयु में अमरीका गए तथा सारे देश की यात्रा की। इन यात्राओं को उन्होंने 'आध्यात्मिक अभियान' (Spiritual Campaigns) की संज्ञा दी। उनके गहन, सारगर्भित तथा प्रभावी प्रयत्नों को सुनने के लिए सैंकड़ों अमरीका निवासी आते।

44.2 परमहंस के प्रकाशन (Publications of Paramahansa)

1. *Autobiography of a Yogi*, 2. *God Talks with Arjuna* (*Sri Sri Paramahansa Yogananda's*), 3. *How You Can Talk with God*, 4. *The Law of Sucess*, 5. *Metaphysical Meditations*, 6. *Prayer of a Master for His Disciples*, 7. *Sayings of Paramahansa Yogananda*, 8. *The Science of Religion*, 9. *The Art of Living*, 10. *Developing Dynamic Will*, 11. *Habit—Your Master or Your Slave*?, 12. *Increasing the Power of Initiative*, 13. *Man's Greatest Adventure*, 14. *Nervousness: Cause and Cure*, 15. *Seek God Now*, 16. *The Universality of Yoga*, 17. *Who Made God*?, 18. *Answered Prayers*, 19. *Focusing the Power of Attention for Success*, 20. *ईश्वर से वार्तालाप की विधि*, 21. *सफलता का नियम*, 22. *परमहंस योगानन्दजी के वचनामृत*, 23. *प्रार्थनाओं के उत्तर प्राप्त करना*, 24. *मानसिक एकाग्रता द्वारा सफलता*, 25. *ईश्वर की असीम शक्ति द्वारा रोग–मुक्ति*

44.3 आध्यात्मिक क्रान्ति लाने वाली '*योगी कथा अमृत*' (Autobiography of Yogi)

उनकी जीवन कथा व्यापक रूप से मानवीय अस्तित्व के सर्वोच्च रहस्यों का अविस्मरणीय विवेचन करती है। हमारे युग के महान् आध्यात्मिक विभूतियों में से एक का आकर्षक शब्द चरित्र प्रस्तुत करती है। इस पुस्तक में परमहंस योगानन्द ने अपने विलक्षण बाल्यकाल के अनुभव, किशोरावस्था में एक दिव्य गुरू की खोज करते हुए विविध संतों एवं ऋषियों के साथ अपनी भेंट अपने ईश्वर–साक्षात्कार प्राप्त गुरू के आश्रम में प्रशिक्षण के दस वर्ष और बहुत से वर्ष जो उन्होंने आध्यात्मिक गुरू के रूप में सारे विश्व में सत्य की खोज कर रहे साधकों के प्रशिक्षण में व्यतीत किए, का विवरण प्रस्तुत किया है।

यह ऐसी पुस्तक है जो मन और आत्मा के द्वार खोलती है। इस पुस्तक में परमहंस योगानन्द ने रमन महर्षि, आनन्दमयी मां, मास्टर महाशय (रामकृष्ण परमहंस के संत सदृश शिष्य), महात्मा गांधी, रवीन्द्रनाथ टैगोर एवं जगदीशचन्द बोस के साथ अपनी मुलाकातों का भी उल्लेख किया है।

44.4 परमहंसजी के अनुसार जीवनदर्शन के मुख्य सिद्धान्त (Main Principles of Philosophy of Life According to Paramahansa)

1. व्यक्ति जो भी कार्य करे मन लगाकर करे परन्तु ईश्वर को हमेशा याद रखे।

2. परमात्मा में स्थिर होने के लिए एकान्तवास आवश्यक है। परन्तु जिन्होंने यह स्थिरता प्राप्त कर ली है वे तदोपरान्त जगत् की सेवा करने के लिए वापस लौट जाते हैं।

3. जो सन्तजन बाह्य स्तर पर कोई कार्य नहीं करते, वे भी अपने विचारों एवं पवित्र स्पंदनों द्वारा जगत् का आत्मज्ञानहीन मनुष्यों द्वारा अथक किये गए लोकोपकारी कार्यों से कहीं अधिक बढ़कर हित करते हैं।

4. सन्तों की निष्पक्षता ज्ञान में स्थापित होती है। उन पर माया के बदलते चहरों का कोई प्रभाव नहीं पड़ता। अज्ञानी लोगों की समझ को उलझन में डाल देने वाले राग द्वेष उन्हें छू भी नहीं पाते।

5. आत्मदर्शी पुरूष कभी कोई चमत्कार नहीं करता जब तक उसे अपने अन्तर से उसके लिए आज्ञा नहीं मिलती।

6. मनुष्य के आचरण का तब तक कोई भरोसा नहीं होता जब तक वह ईश्वर में अधिष्टित न हो जाए।

7. जो लोग इस जगत् के लिए उपयोगी होते हैं, वे किसी दूसरे जगत् की शोभा बढ़ाते हैं।

8. शब्दों के बिना भी गुरू-शिष्य में आन्तरिक स्तर पर धारावाही संवाद चलता रहता है।

9. तीक्षण बुद्धि एक दुधारी तलवार है। इसका उपयोग अच्छे के लिए भी हो सकता है और बुरे के लिए भी।

10. आत्मसंयम के सिंह बनकर संसार में विचरण करना चाहिए।

11. इन्द्रिय-दुर्बलताओं के मेंढ़कों की लाते खाकर इधर से उधर लुढ़कने नहीं देना चाहिए।

12. पुस्तकीय ज्ञान आध्यात्मिक अनुभूति के अभाव की पूर्ति नहीं कर सकता।

13. विस्तृत शब्दज्ञान को ही ज्ञान नहीं मानना चाहिए।

14. विश्वविद्यालय की डिग्री का बौद्धिक ज्ञान के साथ कोई सम्बन्ध नहीं है।

15. जहाँ दया का प्रश्न है, वहाँ संतजन कोमल होते हैं। जहां सिद्धान्तों का प्रश्न है, वे वज्र से भी कठोर होते हैं।

16. भगवान हमारे सबके भीतर है।

17. ध्यान से हमारी प्रत्येक समस्या के लिए ईश्वर का तत्क्षण मार्गदर्शन, उसका समुचित प्रत्युत्तर भी मिलता है।

18. ईश्वर की इच्छा का ज्ञान कैसे किया जाता है यह जब तक हमें पता नहीं चलता, तब तक मानव जीवन दु:खों से ग्रस्त रहता है।

19. अन्तर्ज्ञान आत्मा का मार्गदर्शन है, जो मनुष्य के मन में तब स्वभाविक रूप से प्रकट होता है जब वह शान्त होता है। लगभग हर व्यक्ति को कभी न कभी कोई सच्चा "पूर्व संकेत" मिलने का अनुभव है, जिसका कोई स्पष्टीकरण नहीं होता।

20. सभी विचार हमेशा के लिए ब्रह्माण्ड में स्पन्दित होते रहते हैं, गहन एकाग्रता के द्वारा सिद्धपुरूष किसी भी मनुष्य के विचारों को जान सकता है, चाहे वह मनुष्य जीवित हो या मृत।

21. योग विज्ञान का लक्ष्य मन को शान्त करना है।

22. विचार किसी व्यक्ति में नहीं बल्कि सृष्टि में अवस्थित हैं। किसी सत्य का सृजन नहीं किया जा सकता, केवल उसे जाना जा सकता है।

23. संकीर्तन योग आध्यात्मिक साधना का एक प्रभावशाली प्रकार है।

24. जाति, पंथ, वर्ग, वर्ण या स्त्री-पुरूष का भेद छोड़ कर स्वामी विश्वबंधुत्व के आदर्श पर चलता है।

25. स्वामी का लक्ष्य परमब्रह्म के साथ सम्पूर्ण एक रूप ही हो जाना उसका लक्ष्य होता है।

44.5 समाधि की महिमा (Significance of Smadhi)

परमहंस योगानन्द ने निम्नलिखित अपनी कविता में समाधि की महिमा की एक झांकी प्रस्तुत की है:

अदृश्य हो गये प्रकाश और साया के परदे सारे,
दु:ख का लवलेश भी कहीं नहीं रहा,
मिट गए क्षणभंगुर सुखों के बोध सारे,
नष्ट हो गयी इन्द्रियों की धुंधुली मृग मरीचिका।
प्रेम, घृणा, स्वास्थ्य, रोग, जन्म, मृत्युः
द्वैत के पर्दे पर खेलती ये सारी मिथ्या परछाइयां लुप्त हो गयीं।
माया का तूफान थम गया
गहन अंतर्ज्ञान की जादुई छड़ी सी।
सृष्टि का प्रत्येक कण,
काम, क्रोध, लोभ, अच्छा, बुरा, मोक्ष, मुक्ति, इन सबको मैंने निगल लिया।
और ये सब मेरे एक मात्र विराट् अस्तित्व के रूधिर का महासागर बन गए।

नोट: कविता के कुछ अंश।

44.6 क्रिया योग विज्ञान (Kriya Yoga Vigyan)

क्रिया योग का अर्थ (Meaning of Kriya Yoga): परमहंस योगानन्द जी ने क्रिया योग का अर्थ इस प्रकार दर्शाया है। क्रिया शब्द संस्कृत 'कृ' धातु से बना है। जिसका अर्थ है करना, कर्म और प्रतिकर्म करना। इसी धातु से 'कर्म' शब्द बना है, जिसका अर्थ है कार्य-करण का नैसर्गिक नियम। अत: क्रिया योग का अर्थ होता है "एक विशिष्ट कर्म या विधि (क्रिया) द्वारा अनंत परमतत्व (Infinite Divine) के साथ मिलन (योग)। इस विधि का निष्ठापूर्वक अभ्यास करने वाला योगी धीरे-धीरे कर्म-बन्धन से या कार्य-कारण संतुलन की नियमबद्ध श्रृंखला से मुक्त हो जाता है।"

क्रिया योग के मुख्य तत्व (Chief Features of Kriya Yoga): 1. क्रिया योग एक सरल मन:कायिक प्रणाली (Psychological Method) है जिसके द्वारा मानव रक्त (Human Blood) कार्बन रहित (Decarbonised) होकर ऑक्सीजन (Oxygen) से प्रपूरित हो जाता है (Recharge)।

2. इस अतिरिक्त ऑक्सीजन के अणु (Atoms) प्राण-धारा (Life Current) में रूपान्तरित (Transmute) हो जाते हैं, जो मस्तिष्क (Brain) और मेरूदण्ड (Spinal Centre) के चक्रों में नवशक्ति का संचार (Rejuvenated) कर देते हैं।

3. शिराओं मे बहने वाले अशुद्ध रक्त (Venous Blood) का संचय (Accumulation) रूक जाने से योगी ऊतकों (Tissues) में होने वाले ह्रास (Decay) को रोक सकता है या कम कर सकता है।

4. उन्नत योगी (Real Yogi) अपनी कोशिकाओं (Cells) को प्राणशक्ति में (Pure Energy) में रूपान्तरित (Transmutes) कर देता है।

5. क्रिया योग एक प्राचीन विज्ञान है। भगवान् श्रीकृष्ण ने क्रिया की चर्चा की है। भगवद गीता में एक श्लोक में कहा गया है, "अपान वायु (Outgoing Breath) के हवन (Offering) द्वारा और प्राणवायु में अपान वायु के हवन द्वारा योगी प्राण और अपान, दोनों की गति को शुद्ध कर देता है और इस प्रकार वह प्राण को हृदय से मुक्त कर लेता है और प्राणशक्ति पर नियन्त्रण प्राप्त कर लेता है।"

6. योग के श्रेष्ठतम विद्वान अथवा प्रवर्तक महर्षि पंतजलि (Patanjali) ने लिखा है "शारीरिक तप (Body Discipline), मनोग्रह (Mental Control) तथा ओम् का ध्यान (Meditation of 'Aumn') मिलकर क्रिया योग बनता है।"

7. क्रिया योगी (Kriya Yogi) मन से अपनी प्राणशक्ति (Life Energy) को मेरूदण्ड (Spinal Chord) के छह चक्रों (Centres)–आज्ञा, विशुद्ध, अनाहत, मणिपुर, स्वाधिष्ठान तथा मूलाधार में ऊपर नीचे घुमाता है। ये छह चक्र विराट् पुरूष के प्रतीक स्वरूप (Symbols of Cosmic Man) राशि चक्र की बारह राशियों के समान हैं। मनुष्य के सूक्ष्मग्राही मेरूदण्ड में आधे मिनट के प्राणशक्ति के ऊपर नीचे प्रवहन से उसके क्रम विकास में सूक्ष्म प्रगति होती है। आधे मिनट की यह क्रिया एक वर्ष की स्वाभाविक तौर पर होने वाली आध्यात्मिक उन्नति के बराबर होती है।

8. अपने शरीर एवं मन का स्वामी बनकर क्रिया योगी अन्ततः "अन्तिम शत्रु" मृत्यु पर विजय पा लेता है।

9. क्रिया करने वाला योगी अपने अहंकार के कारागार से बाहर निकलकर सर्वव्यापकता की गहन हवा का स्वाद लेता है।

44.7 जीवन के लिए शिक्षा: परमहंस योगानन्द के विचार (Education for Life: Views of Paramahansa Yogananda)

परमहंस जी की शिक्षा में अपूर्व रूचि थी। परमहंस जी लिखते हैं, "बच्चों की सही शिक्षा का आदर्श मुझें सदा ही प्रिय रहा है" उन्होने प्रचलित शिक्षा के दोषों के बारे में लिखा, "केवल शरीर और बुद्धि के विकास पर ही सारा ध्यान लगानें वाली साधारण शिक्षा के रूखे परिणाम मुझे साफ दिखाई दे रहे थे। नैतिक तथा आध्यात्मिक मूल्यों, जिन्हें समझे बिना कोई मनुष्य सुख के पास फटक भी नहीं सकता का प्रचलित पाठ्यक्रम में अभाव था।"

1. शिक्षा का अर्थ (Meaning of Education): परमहंस जी ने एक ऐसे विद्यालय की स्थापना करने का दृढ संकल्प किया, "जिसमें बच्चे पूर्ण मानव में विकसित हो सकें"। इस विद्यालय में जीवन के लिए शिक्षा दी जाती थी।

2. रांची योग विद्यालय की स्थापना (Founding of Ranchi Yoga Vidyalay): वर्ष 1917 में बंगाल के एक छोटे से गांव दीहिका (Dihika) में सात बच्चों का विद्यालय खोला फिर यह स्कूल रांची (बिहार) में स्थानान्तरित कर दिया गया। इस शहर की जलवायु भारत की सब से स्वास्थ्यप्रद जलवायुओं में से एक है। परमहंस जी ने इस विद्यालय का नाम 'योगदा सत्संग ब्रह्मचर्य विद्यालय' रखा इस विद्यालय में प्राथमिक विद्यालय स्तर की कक्षाएँ थी।

विद्यालय में पाठ्यक्रम: विद्यालय में कृषि, औद्योगिक, व्यावसायिक तथा अल्प पाठ्यक्रमों की व्यवस्था थी।

अरण्यक आश्रम विद्यालय (Forest Ashram School): प्राचीन भारतीय आश्रमों की भांति, ऋषियों की शिक्षा पद्धति जिसमें सांसारिक एवं आध्यात्मिक शिक्षा का समावेश था, इस विद्यालय में कक्षाओं की अधिकांश पढ़ाई खुले आकाश के नीचे की जाती थी।

44.8 विद्यालय में योगदा पद्धति (Yogda System in the Vidyalaya)

इस विद्यालय में छात्रों को यौगिक ध्यान (Concentration) तथा स्वास्थ्य एवं शारीरिक विकास की शिक्षा दी जाती थी। इस पद्धति का नाम 'योगदा पद्धति' था। जिसका प्रतिपादन 1916 में परमहंसजी ने किया था।

परमहंसजी ने योगदा पद्धति की इस प्रकार व्याख्या की है, "जब मैंने यह देखा कि मनुष्य का शरीर भी एक विद्युत बैटरी (Electric Battery) की तरह ही है, तब मैने विचार किया कि सीधे मानवीय इच्छा शक्ति (Human Will) से शक्ति संचार द्वारा इसे भी रिचार्च (Recharge) किया जा सकता है। इच्छा के बिना कोई भी कार्य संभव नहीं है।" अत: गति प्रदान करने वाली इस मुख्य शक्ति, इच्छा शक्ति को ही मनुष्य अन्य किसी भारभूत यंत्र सामग्री (Burdensome Apparatus) अथवा यांत्रिक व्यायामों (Mechanical Exercises) के बिना अपने शरीर में नवशक्ति का संचार करने के लिए प्रयुक्त कर सकता है। सरल योगदा प्रविधियों (Yogda Techniques) के द्वारा कोई भी सचेत रूप से तत्क्षण अपनी मेरूशीर्ष के केन्द्रित प्राण शक्ति (Life Forced Centred in Man's Medulla Oblongata) को महाप्राण (Cosmic Energy) की असीम आपूर्ति से पुन: रिचार्ज कर सकता है।"

इस शिक्षण पद्धति से विद्यालय के छात्रों ने अच्छी उपलब्धियाँ प्राप्त कर ली। शरीर के एक भाग से दूसरे भाग में प्राणशक्ति को स्थानान्तरित करने की तथा कठिन आसनों (Postures) में पूर्ण स्थिर रहते हुए बैठे रहने की असाधारण क्षमता उन्होंने विकसित कर ली। शारीरिक बल तथा सहनशक्ति के ऐसे-ऐसे करतब करते थे जो कि बलवान युवक भी नहीं कर सकते थे।

विद्यालय की उपलब्धियों के कारण प्रवेश पाने वालों की संख्या एक वर्ष में ही दो हजार तक पहुँच गयी।

विद्यालय आवसीय (Residential) था तथा इसमें केवल एक सौ छात्रों की ही व्यवस्था की जा सकती थी। अत: इस व्यसस्था में परिवर्तन करना पड़ा।

बाह्य कार्य (Outdoor Work): विद्यालय के पास तीस एकड़ उपजाऊ जमीन थी। वहाँ पर छात्र, शिक्षक तथा स्वयं परमहंस जी प्रतिदिन बाग-बगीचे तथा अन्य कार्य करते। वहां पर अनेक पालतू पशु पाल रखे थे। उनमें एक हिरन का बच्चा भी था जिसे सभी छात्र बहुत प्यार करते थे। परमहंसजी को उस हिरन के बच्चे से इतना प्यार हो गया था कि वे उसे अपने सोने के कमरे में ही सोने देते।

स्कूल की शाखाएँ: विद्यालय की ख्याती बिहार तथा बंगाल में शीघ्रता से फैली। दानी महापुरूषों ने मुक्त हृदय से ऋषियों के शिक्षा-आदर्शों के अनुसार चलने वाले स्कूल को दान दिया। मिदनापुर तथा लखनपुर में विद्यालय की शाखाएँ खोली गयी।

रांची विद्यालय से शिक्षा प्राप्त छात्रों ने बाद में विश्वविद्यालय जीवन में ख्याति प्राप्त की।

योगदा का अर्थ (Meaning of Yogda): योगदा दो शब्दों से बना है अर्थात् 'योग' तथा 'दा', योग का अर्थ है मिलन (Union), सामंजस्य (Harmony) तथा सन्तुलन (Equilibrium) 'दा' का अर्थ है वह जो देता है योगदा अर्थात जा योग देता है। 'सत्' का अर्थ है सत्य (Truth) 'संघ' का अर्थ है 'फैलोशिप' (Fellowship) पश्चिम में योगदा सतसंघ आन्दोलन का अर्थ है 'Self Realization Fellowship'

रवीन्द्रनाथ टैगोर से भेंट तथा विद्यालयों की तुलना (Meeting with Rabindranath Tagore and Comparison between Two Schools): रवीन्द्रनाथ टैगोर से परमहंस की भेंट रवीन्द्र नाथ टैगोर के विद्यालय में हुई। दोनों स्कूलों के कार्यक्रमों पर चर्चा हुई। परमहंस जी ने दोनों स्कूलों की तुलना इस प्रकार की, "हमने दोनों विद्यालयों में कई बातों में समानता पायी–खुलें आकाश के नीचे शिक्षा, सादगी बच्चों की रचनात्मक प्रवृति के विकास के लिए पर्याप्त अवसर। रवीन्द्रनाथ ने साहित्य तथा काव्य के अध्ययन पर तथा संगीत और गायन के द्वारा आत्माभिव्यक्ति पर काफी जोर दिया था।" शान्तिनिकेतन के बच्चों के लिए मौन के विशिष्ट समय भी निर्धारित थे परन्तु उन्हें योग का कोई विशेष प्रशिक्षण नहीं दिया जाता था। कविवर ने रांची में सभी छात्रों को सिखाए जाने वाले शक्ति संचार के योगदा व्यायामों और एकाग्रता की यौगिक प्रविधियों के मेरे विवरण को अत्यन्त ध्यान से सुना।"

विद्यालय में स्वशासन (Self-Government in the School): विद्यालय के अनेक कार्याकलाप स्वायत्त समितियों के माध्यम से परिचलित होते हैं। बच्चों को खेल–क्रीड़ा में प्रोत्साहन दिया जाता है। बच्चे बागवानी करके अपने लिए सब्जियाँ पैदा करते हैं।

विद्यालय में आध्यात्मिक साधना (Spiritual Sadhna): रांची के विद्यालय में क्रिया योग की शिक्षा दी जाती है। छात्र नियमित आध्यात्मिक साधना तथा गीता पाठ करते हैं। उन्हें उपदेश तथा प्रत्यक्ष उदाहरण द्वारा सादगी, त्याग, आत्मसम्मान एवं सत्यानुशीलन की शिक्षा दी जाती है। उन्हें यह सिखाया जाता है कि बुराइयों से दु:ख ही मिलता है और अच्छाइयों से सच्चा सुख प्राप्त होता है।

अन्य विद्यालय (Other Schools): रांची के विद्यालय के समान ही योग प्रशिक्षण कि व्यवस्था के साथ–साथ आवासीय व्यवस्था युक्त कई अन्य विद्यालय खोले गए हैं पश्चिम बंगाल के पुरूलिया जिले में लखनपुर स्थित योगदा सत्संग विधापीठ तथा मिदनापुर जिले में इस्मालीचक स्थित योगदा स्कूल तथा आश्रम।

गांधीजी विद्यालय में: वर्ष 1925 मे गांधी जी इस विद्यालय के कार्यक्रम को देखने के लिए आए तथा असीम प्रसन्नता व्यक्त की।

44.9 योगदा सत्संग सोसायटी ऑफ इण्डिया (Yogda Satsanga Society of India)

योगदा सत्संग सोसायटी एक अलाभाजक (Non-Profitable) संस्था है जिसका गठन करने में उसके चिरस्थायी रूप से चलते रहने की व्यवस्था की गई है। योगानन्दजी ने इस नाम के अन्तर्गत भारत वर्ष में अपने सारे कार्यों और इसके प्रतिष्ठानों को समिति–बद्ध किया है। भारत के विभिन्न भागों में इसके अनेक ध्यान केन्द्र चल रहे हैं।

पश्चिम में इस संस्था के नाम को परमहंसजी ने अंग्रेजी रूप दे दिया और (Self Realisation Fellowship)' के नाम से पंजीकृत कराया।

स्रोत: योगी कथामृत: परमहंस योगानन्द कोलकता 2005।

उपसंहार–शिक्षा तथा जीवन: परमहंस योगानन्द जी ने मानव जीवन के उत्थान के लिए निम्न उद्देश्य तथा आदर्श बताए हैं:

जीवन के उद्देश्य: 1. स्वयं-प्रयास के द्वारा मनुष्य के अनित्य चैतन्य को ईश-चैतन्य में विकसित करना।

2. एक ही दिव्यराज मार्ग को इंगित करना, जिसकी ओर सच्चे धर्मों के सारे पंथ अन्तत: पहुँचाते हैं। वह राजमार्ग ईश्वर का दैनिक, वैज्ञानिक, भक्तिमय ध्यान करना है।

3. मनुष्यों को तीन प्रकार के कष्टों–शारीरिक रोग, मानसिक, अशान्ति और आध्यात्मिक अज्ञान से मुक्त करना।

शिक्षा के कार्य: 1. सादाजीवन और उच्च विचारों का विकास करना।

2. बन्धुत्व की भावना का विकास करना।

3. क्रिया योग का प्रसार करना।

4. व्यावसायिक तथा आध्यात्मिक शिक्षा का समन्वय करना।

5. योगदा प्रशिक्षण द्वारा छात्रों का विकास करना।

6. सामूहिक गतिविधियों पर बल देना।

7. छात्रों को शिक्षण-अधिगम प्रक्रिया में भागीदार बनाना।

8. सेवाभाव का विकास करना।

अभ्यास प्रश्न

23

फ्रोबेल (1782–1852): खेल प्रणाली विधि
(Froebel: Play-way Method)

23.1 फ्रोबेल का संक्षिप्त जीवन चरित्र
(Brief Life Sketch of Froebel)

फ्रेडरिक विल्हेम आगस्त फ्रोबेल (Frederick Wilhelm August Froebel) जो कि पूर्व प्राथमिक शिक्षा के महानतम प्रवर्तकों में से है, का जन्म दक्षिण जर्मनी के गाँव वियासवक में 21 अप्रैल 1782 में हुआ।

वे अपनी प्रारम्भिक किशोरावस्था में उपेक्षित रहे। उन्हें अपनी दु:खपूर्ण तथा शोकपूर्ण स्मृतियों ने बच्चों के जीवन को अधिक सुखी बनाने की प्रेरणा दी। जब वे केवल नौ मास के थे तो उनकी मां का देहान्त हो गया। उनके पिता ने दूसरा विवाह किया तथा फ्रोबेल की अवहेलना की। सौतेली मां के दुर्व्यवहार ने फ्रोबेल के जीवन को और भी दु:खी बना दिया। माता-पिता के प्यार से वंचित बेचारा बच्चा अब भगवान् की दया पर ही आश्रित रह गया। फ्रोबेल अन्तर्मुखी और भावुक हो गए। वे प्राकृतिक सौन्दर्य की ओर आकर्षित हो गये। पर्वत, वृक्ष, फूल, बादल इत्यादि उन्हें अपने साथी लगने लगे। उनका पिता पादरी था। उसने भी उसे अप्रत्यक्ष रूप से प्रभावित किया। क्योंकि फ्रोबेल का अपना बचपन उपेक्षित था, अत: उन्होंने अपना सारा जीवन बच्चों की खुशी में लगा दिया।

फ्रोबेल की शिक्षा (Education of Froebel): स्कूल में फ्रोबेल मूढ़मति समझा जाता था। अत: स्कूल में उनकी शिक्षा-दीक्षा अधिक नहीं हुई। 15 वर्ष की आयु में उन्होंने एक वन रक्षक के यहाँ नौकरी कर ली। उसके साथ दो वर्ष रहा। इस प्रकार उनका उपेक्षित बचपन प्रकृति के निकट सम्पर्क में व्यतीत हुआ। उन्होंने बहुत-सा समय जंगल में बिल्कुल अकेले व्यतीत किया। सम्भवत: यहीं से उनकी वास्तविक शिक्षा शुरू हुई और उनका प्रकृति से प्रेम बढ़ा। दो बातों ने उन्हें बहुत प्रभावित किया–उनके पिता का धार्मिक प्रभाव और प्रकृति प्रेम। इन्हीं दोनों ने रहस्यवादी तथा आदर्शवादी बना दिया। उन्होंने प्राकृतिक नियमों में समानता और एकता का अनुभव किया। अत: उन्होंने जेना (Jena) विश्वविद्यालय में प्रवेश प्राप्त किया जहाँ वे Fitch और Schelling के आदर्श जीवन दर्शन से बहुत प्रभावित हुए। दुर्भाग्य से वे विश्वविद्यालय में केवल दो वर्ष तक ही शिक्षा प्राप्त कर सके। उसके पश्चात् विश्वविद्यालय के द्वार उनके लिए बन्द हो गए क्योंकि उनकी आर्थिक

अभ्यास प्रश्न
(Review Exercises)
अध्याय 1. शिक्षा का अर्थ एवं प्रकृति

A. निबन्धात्मक प्रश्न (Essay Type Questions)

1. शिक्षा का महत्त्व विस्तारपूर्वक लिखिए। 2. शिक्षा के अर्थ को स्पष्ट करें। 3. शिक्षा की परिभाषाओं को कितने प्रकार से बांटा जा सकता है? 4. शिक्षा की सर्वश्रेष्ठ परिभाषा आप किसे मानते हैं? अपने उत्तर के पक्ष में दलीलें दें। 5. शिक्षा का अर्थ एक आध्यात्मक प्रक्रिया के रूप में क्यों लिया जाता है? 6. ''शिक्षा का अर्थ जन्मजात शक्तियों का विकास है?'' इस कथन पर अपने विचार प्रकट करें। 7. "शिक्षा का अर्थ व्यक्ति को वातावरण तथा समाज के अनुकूल बनाता है।" इस सन्दर्भ में अपने विचार लिखें। 8. "शिक्षा का अर्थ व्यक्ति तथा समाज दोनों का विकास है।" आप इस विचार से कहाँ तक सहमत हैं? 9. गाँधी जी ने शिक्षा का क्या अर्थ लिया है? इसे विस्तारपूर्वक लिखिए। 10. डॉ. राधाकृष्णन तथा स्पेंसर द्वारा शिक्षा की दी गई परिभाषाओं की समीक्षा करें। 11. जनतन्त्र में शिक्षा का क्या अर्थ है? 12. शिक्षा के विस्तृत तथा संकुचित अर्थ की व्याख्या करें। 13. शिक्षा की प्रकृति को स्पष्ट करें। 14. शिक्षा के सामान्य कार्यों का उल्लेख करें। 15. शिक्षा की कोई-सी चार परिभाषाएँ दें-दो भारतीय विचारकों की तथा दो पश्चिमी विचारकों की। इन पर अपनी टिप्पणी दें? 16. भारत की वर्तमान परिस्थति में शिक्षा को परिभाषित करें। 17. "शिक्षा एक व्यापक अवधारणा है।" इस कथन की विवेचना करें। 18. "शिक्षा से मेरा अभिप्राय: बालक, तथा मनुष्य के शरीर, मन और आत्मा के अर्न्तनिहित सर्वोत्तम शक्तियों का सर्वांगीण विकास से है।" इस पर चर्चा करें।

B. लघु उत्तारात्मक प्रश्न (Short Answer Questions)

1. शिक्षा का जीवन में क्या महत्त्व है? 2. शिक्षा शब्द की उत्पत्ति का स्रोत क्या है? 3.शिक्षा की कोई एक परिभाषा लिखें जिसे आप सब से उत्तम समझते हैं। 4. शिक्षा का शाब्दिक अर्थ क्या है? 5. शिक्षा में चार H's का क्या अर्थ है? 6. शिक्षा में 7 R's का क्या अभिप्राय: है। 7. भूमण्डलीयकरण के सन्दर्भ में शिक्षा का अर्थ लिखिए। 8. शिक्षा, सूचना और संचार प्रौद्योगिकयों की चुनौतियों का किस प्रकार सामना कर सकती हैं। 9. ''शिक्षा सतत चलने वाली प्रक्रिया है।'' इस का क्या अर्थ है? 10. शिक्षा का कार्यक्षेत्र क्या है? 11. शिक्षा के किन्हीं चार कार्यों का उल्लेख करें। 12. "शिक्षा द्विमुखी प्रक्रिया है।" इस का अर्थ स्पष्ट करें। 13. "शिक्षा एक त्रिमुखी प्रक्रिया है।" इस से आप क्या समझते हैं? 14. शिक्षा को पंचमुखी प्रक्रिया क्यों कहा जाता है?

अध्याय 2. शिक्षा के प्रकार तथा इस से संबंधित अन्य प्रत्यय

A. निबन्धात्मक प्रश्न (Essay Type Questions)

1. औपचारिक, अनियमित तथा अनौपचारिक शिक्षा का अर्थ स्पष्ट करें। 2. औपचारिक शिक्षा का क्या अर्थ है? इस शिक्षा की अनौपचारिक शिक्षा से तुलना करें। 3. औपचारिक शिक्षा, अनियमित शिक्षा तथा अनौपचारिक शिक्षा की तुलना करें। 4. शिक्षा तथा निर्देशन (अनुदेशन) की तुलना करें। 5. शिक्षा तथा स्कूलिंग में क्या अन्तर है? इन दोनों प्रत्ययों में किस का अधिक महत्त्व है? 6. शिक्षा तथा प्रशिक्षण का अन्तर स्पष्ट करें। 7. शिक्षा तथा साक्षरता में क्या भेद है?

B. लघु उत्तरात्मक प्रश्न (Short Answer Questions)

1. प्रतिपादन का शिक्षा में क्या स्थान है? 2. "साक्षरता मुख्यत: प्रौढ़ों तथा बीच में स्कूल छोड़ने वालों के लिए है।" इस पर नोट लिखिए। 3. 'हां' या 'नहीं' में निम्न कथनों का उत्तर दें। (i) जनतन्त्र प्रणाली में शिक्षा व्यवस्था में प्रतिपादन पर बल दिया जाता है। (ii) सूचना प्रौद्योगिकी ने विभिन्न प्रकार की शिक्षाओं में भेद कम कर दिया है। (iii) नाजी जर्मनी में शिक्षा पूर्णतया राजनीति से प्रेरित थी।

अध्याय 3. शिक्षा के उद्देश्य

A. निबन्धात्मक प्रश्न (Essay Type Questions)

1. शिक्षा के उद्देश्य क्या होने चाहिए? 2. "शिक्षा के उद्देश्य बदलते रहते हैं।" इस कथन की व्याख्या करें। 3. किसी भी देश में शिक्षा के उद्देश्य किन-किन कारकों से प्रभावित होता है? 4. उदाहरण देकर स्पष्ट करें कि शिक्षा के उद्देश्यों में परिवर्तन होते रहते हैं। 5. प्राचीन भारत में शिक्षा के उद्देश्य कौन-कौन से थे? क्या यही उद्देश्य आज भी होने चाहिए? अपने उत्तर की व्याख्या करें। 6. शिक्षा के वैयक्तिक उद्देश्य का क्या अभिप्राय: है? इस उद्देश्य की आलोचनात्मक व्याख्या करें। 7. शिक्षा के सामाजिक उद्देश्य का क्या

अर्थ है? इस के पक्ष तथा विपक्ष में अपने विचार व्यक्त करें। 8. "शिक्षा के वैयक्तिक तथा सामाजिक उद्देश्य एक दूसरे के पूरक हैं।" इस कथा पर प्रकाश डालें। 9. क्या केवल चरित्र निर्माण ही शिक्षा का उद्देश्य होना चाहिए? अपने उत्तर के पक्ष में तर्क दें। 10. शिक्षा के व्यावसायिक उद्देश्य की आलोचनात्मक व्याख्या करें।

B. लघु उत्तरात्मक प्रश्न

1. वैयक्तिक उद्देश्य के पक्ष में किन्हीं तीन विचारकों के नाम लिखें। 2. रॉस ने शिक्षा के उद्देश्य पर क्या मत प्रकट किया हैं? 3. ''व्यक्ति के बिना समाज कोरी कल्पना है''–इस सन्दर्भ में शिक्षा का उद्देश्य क्या होना चाहिए? 4. शिक्षा का व्यावसायिक उद्देश्य क्या होना चाहिए। 5. चरित्र निर्माण उद्देश्य की क्या आवश्यकता है?

अध्याय 4. वर्तमान भारतीय समाज तथा शिक्षा के उद्देश्य

A. निबन्धात्मक प्रश्न (Essay Type Questions)

1. माध्यमिक शिक्षा आयोग (1952–53) ने शिक्षा के कौन–कौन से उद्देश्य दर्शाए हैं? 2. कोठारी शिक्षा आयोग ने किस प्रकार के भारतीय समाज की परिकल्पना की? इस परिकल्पना के सन्दर्भ में भारतीय शिक्षा के उद्देश्यों के बारे में क्या संतुतियां दीं? 3. भारतीय समाज के शिक्षा संबंधी उद्देश्यों पर प्रकाश डालें। 4. ''भारतीय समाज में शिक्षा के दो महत्त्वपूर्ण उद्देश्य–चरित्र निर्माण तथा व्यावसायिक क्षमता का विकास होने चाहिए।" इस कथन की विवेचना करें। 5. स्कूली शिक्षा के उद्देश्यों पर चर्चा करें। 6. ''भारतीय समाज के शिक्षा के उद्देश्य समय–समय पर बदलते रहें हैं।" इस कथन की व्याख्या करें तथा स्वतन्त्र भारत में शिक्षा के उद्देश्य लिखें। 7. भारतीय समाज के सन्दर्भ में शिक्षा के व्यावसायिक उद्देश्य की आलोचनात्मक व्याख्या करें। 8. "व्यावसायिक उद्देश्य चरित्र निर्माण के बिना शिक्षा का उद्देश्य अधूरा है।" इस कथन की व्याख्या कीजिए।

B. लघु उत्तरात्मक प्रश्न (Short Answer Questions)

1. संविधान की प्रस्तावना में भारतीय समाज के लिए किन–किन शिक्षा के उद्देश्यों के संकेत मिलते हैं। 2. विश्वविद्यालय शिक्षा आयोग ने भारतीय शिक्षा के कौन–कौन से उद्देश्य बताएं। 3. शिक्षा को उत्पादकता से केसे जोड़ा जा सकता है? 4. राष्ट्रीय शिक्षा नीति 1986 में शिक्षा के किन–किन उद्देश्यो के संकेत मिलते हैं?

अध्याय 5. शिक्षा के साधन अथवा अभिकरण

A. निबन्धात्मक प्रश्न (Essay Type Questions)

1. शिक्षा के साधनों का अर्थ स्पष्ट करें। इनके कितने प्रकार हैं? प्रत्येक पर संक्षिप्त नोट लिखें? 2. शिक्षा के औपचारिक तथा अनौपचारिक साधनों में क्या अन्तर है? क्या यह अन्तर स्थायी रहता है? स्पष्ट करें। 3. किन्हीं दो औपचारिक शिक्षा के साधनों तथा दो अनौपचारिक साधनों पर नोट लिखें। 4. शिक्षा के औपचारिक तथा अनौपचारिक साधनों की तुलना करें।

B. लघुउत्तरात्मक प्रश्न (Short Answer Questions)

1. शिक्षा के साधनों का क्या अभिप्राय: है? 2. गैर औपचरिक शिक्षा के साधनों का क्या महत्त्व है? 3. औपचारिक शिक्षा के साधनों की दो सीमाएं लिखें। 4. अनौपचारिक शिक्षा के साधनों की दो सीमाएं लिखें।

अध्याय 6. परिवार तथा स्कूल शिक्षा के साधन के रूप में

A. निबन्धात्मक प्रश्न (Essay Type Questions)

1. "परिवार ही वह शिक्षा साधन है जहां बालक सबसे पहले नागरिकता का पाठ सीखते हैं।" इस सन्दर्भ में परिवार के शैक्षिक कार्यों का विवरण दें। 2. परिवार का क्या अर्थ है? इसका बालक की शिक्षा में क्या महत्त्व है? 3. परम्परागत परिवार तथा आधुनिक परिवार के शैक्षिक कार्यों की तुलना करें। 4. "परिवार शिक्षा का सर्वोत्तम प्रथम स्थान है।" इस कथन पर अपने विचार लिखें। 5. "स्कूल समाज का निर्माता है।" इस कथन को स्पष्ट करें। 6. "भारत के भाग्य का निर्माण इसकी कक्षा–कक्षों में हो रहा है।" इस कथन का क्या अर्थ है? 7. "स्कूल का कार्य छात्रों को परीक्षा के लिए तैयार करना है।" क्या आप इस कथन से सहमत हैं? उत्तर के पक्ष तथा विपक्ष में अपने विचार दें। 8. "विद्यालय एक लघु आदर्श समाज है।" इस कथन पर प्रकाश डालें। 9. समाज स्कूलों की क्यों स्थापना करता है? 10. परम्परागत स्कूल के कार्यों तथा आधुनिक स्कूल के कार्यों में क्या अन्तर है? 11. गुरुदेव टैगार ने अपने स्कूल की संज्ञा पिंजरे से दी है। इसका क्या कारण है? 12. एक आदर्श स्कूल की कौन–कौनसी विशेषताएँ होनी चाहिएँ? 13. अध्यापकों तथा अभिभावकों के सहयोग की क्या आवश्यकता है? यह सहयोग किस प्रकार से सार्थक बनाया जा सकता है?

B. लघु उत्तरात्मक प्रश्न (Short-Answer Questions)

1. परिवार के कोई से चार शैक्षिक कार्य लिखें। 2. परम्परागत परिवार तथा आधुनिक परिवार के शैक्षिक कार्यों में क्या अन्तर है? 3. अभिभावक-शिक्षक संघ का क्या महत्त्व है? 4. वर्तमान स्कूल के किन्हीं चार कार्यों का उल्लेख करें?

अध्याय 7. शिक्षा के साधन के रूप में समुदाय, स्वयंसेवी संगठन तथा राज्य

A. निबन्धात्मक प्रश्न (Essay Type Questions)

1. समुदाय का क्या अर्थ है? समुदाय स्कूलों की क्यों स्थापना करता है? 2. समुदाय के शैक्षिक कार्यों का विवरण दें? 3. स्कूल तथा समुदाय के सहयोग की क्या आवश्यकता है? यह सहयोग किस प्रकार प्राप्त किया जा सकता है? 4. शिक्षा में गैरसरकारी संगठनों का क्या महत्त्व है? इन संगठनों की क्या सीमाएं है? 5. राज्य शिक्षा संस्थाओं को क्यों खोलता है? राज्य तथा शिक्षा के सम्बन्ध पर प्रकाश डालें। 6. राज्य की शिक्षा के क्षेत्र में क्या भूमिका होनी चाहिए? 7. भारतीय समाज की आकांक्षाएँ क्या हैं? इस सन्दर्भ में राज्य के शैक्षिक कार्य लिखें? 8. शिक्षा में राज्य का नियन्त्रण होना चाहिए अथवा नहीं। अपने विचार लिखें।

B. लघु उत्तरात्मक प्रश्न (Short-Answer Questions)

1. कोई से चार कार्य लिखें जो समुदाय विद्यालय के लिए कर सकता है। 2. राष्ट्रीय शिक्षा नीति में शिक्षा में गैर सरकारी संगठनों के योगदान पर प्रकाश डालें। 3. अनौपचारिक खेल समूहों का शिक्षा में क्या महत्त्व है? 4. संगी-साथी (Pear group) का शिक्षा में क्या स्थान है?

अध्याय 8. जनसंचार माध्यम तथा सूचना प्रेषण तकनीकी शिक्षा के साधन के रूप में

A. निबन्धात्मक प्रश्न (Essay Type Questions)

1. जनसंचार माध्यम से क्या अभिप्राय: है? इनका शिक्षा में क्या लाभ है? 2. जनसंचार माध्यम का अर्थ लिखें। इनके शैक्षिक कार्यों पर प्रकाश डालें। 3. आकाशवाणी प्रसारणों का शिक्षा में क्या महत्त्व है? इनका अधिकतम उपयोग कैसे किया जा सकता है? 4. दूरदर्शन का शिक्षण सहायक साधन के रूप में किस प्रकार उपयोग किया जा सकता है? 5. दूरदर्शन कार्यक्रम कितने प्रकार के होते हैं? इन कार्यक्रमों की कौन-कौन सी सीमाएं हैं? 6. दूरदर्शन पाठ में अध्यापक की भूमिका पर विस्तृत प्रकाश डालें? 7. शिक्षा में इण्टरनेट का क्या स्थान है? 8. जनसंचार माध्यमों के शैक्षिक लाभ लिखें? 9. जनसंचार माध्यमों में प्रयोग के शिक्षक की क्या भूमिका रहती है?

B. लघु उत्तरात्मक प्रश्न (Short-Answer Questions)

1. बन्द परिपथ दूरदर्शन (CTT) का शिक्षण में क्या स्थान हैं? 2. वीडियो कॉन्फ्रेंसिग का शैक्षिक उपयोग क्या है? 3. कम्प्यूटर का शिक्षण में क्या उपयोग है? 4. शिक्षा में सिनेमा का क्या स्थान है? 5. समाचारपत्रों का शिक्षण में किस प्रकार प्रयोग किया जा सकता है?

अध्याय 9. जे.जे. रूसो

A. निबन्धात्मक प्रश्न (Essay Type Questions)

1. "प्रत्येक वस्तु प्रकृति के निर्माता के यहां से अच्छे रूप में आती है, केवल मनुष्य के सम्पर्क में वह दूषित हो जाती है।" इस कथन पर टिप्पणी करते हुए रूसों के शिक्षा दर्शन की प्रमुख विशेषताएं लिखें। 2. रूसों के अनुसार शिक्षा में प्रकृतिवाद का क्या अर्थ है? इसका शिक्षा के विभिन्न पक्षों पर क्या प्रभाव पड़ता है? 3. रूसो के अनुसार विभिन्न आयु अवस्थाओं के लिए किस प्रकार की शिक्षा व्यवस्था की जाए? 4. रूसो द्वारा दर्शाए गए पाठ्यक्रम की क्या रूपरेखा है? रूसो ने कौन-कौन सी शिक्षण विधियों को उपयुक्त माना है? 5. रूसो के अनुसार निषेधात्मक शिक्षा का क्या अर्थ है? आपके विचार में इस अवधारणा का वर्तमान शिक्षा प्रणाली में क्या स्थान है? 6. रूसो की शैक्षिक विचारधारा का वर्तमान में क्या स्थान है? 7. रूसो के शैक्षिक दर्शन की कौन-कौन सी विशेषताएँ हैं? आज की परिस्थिति में उनका क्या औचित्य है? 8. रूसो के प्रकृतिवाद का शिक्षा में क्या स्थान है? 9. रूसो का वर्तमान शिक्षा पर क्या प्रभाव पड़ा है?

B. लघु–उत्तरात्मक प्रश्न (Short Answer Questions)

1. रूसो के स्त्री शिक्षा पर क्या विचार हैं? 2. रूसो की प्राकृतिक अनुशासन की अवधारणा का क्या अर्थ है? 3. रूसो ने प्रकृति को सर्वश्रेष्ठ शिक्षा का स्रोत क्यों माना? 4. 'एमाइल' पर नोट लिखें? 5. रूसो ने शिक्षा में किन प्रवृत्तियों को बढ़ावा दिया? 6. रूसो द्वारा लिखित किन्हीं तीन पुस्तकों के नाम लिखें? 7. रूसो के अनुसार प्राकृतिक शिक्षा के कौन–कौन से प्रकार हैं?

अध्याय 10. जॉन हेनरिक पेस्टेलॉजी

A. निबन्धात्मक प्रश्न (Essay Type Questions)

1. पेस्टेलॉजी का शिक्षा में क्या योगदान है? 2. "पेस्टेलॉजी ने शिक्षा में मनोवैज्ञानिक प्रवृति को बढ़ावा दिया।" इस सन्दर्भ में उनके विचारों पर प्रकाश डालें। 3. पेस्टेलॉजी का आनशांग सिद्धान्त क्या है? इसकी प्रमुख विशेषताओं का उल्लेख करें।

B. लघु उत्तरात्मक प्रश्न (Short Answer Qestions)

1. पेस्टेलॉजी ने शिक्षा के क्षेत्र में कौन–कौन से प्रयोग किए हैं? 2. पेस्टेलॉजी ने किस प्रकार का पाठ्यक्रम दर्शाया है? 3. पेस्टेलॉजी द्वारा लिखित किन्हीं तीन पुस्तकों के नाम लिखें।

अध्याय 11. जॉन ड्यूवी

A. निबन्धात्मक प्रश्न (Essay Type Questions)

1. ड्यूवी के शिक्षा दर्शन के प्रमुख तत्वों की विवेचना करें। उनकी शिक्षा में क्या देन है? 2. ड्यूवी के शिक्षा दर्शन की विशेषताओं पर प्रकाश डालें। 3. ''संसार में उपयोगिता ही सत्य है''–इस कथन के सन्दर्भ में ड्यूवी के शिक्षा दर्शन की व्याख्या करें। 4. ड्यूवी के अनुसार प्रयोजनवाद का क्या अर्थ है? ड्यूवी के प्रयोजनवाद ने शिक्षा पर किस प्रकार से प्रभाव डाला है? 5. ''शिक्षा अनुभवों का पुनर्निर्माण है''–इस कथन की विवेचना करें? 6. "शिक्षा का अर्थ व्यक्ति का इस प्रकार विकास करना है कि वह वातावरण पर अधिकार प्राप्त कर सके। इस सन्दर्भ में ड्यूवी के विचार लिखें।" 7. ड्यूवी ने शिक्षा के कौन से उद्देश्य दर्शाए हैं? उनकी किस प्रकार प्राप्ति हो सकती है? 8. ड्यूवी ने किस प्रकार का पाठ्यक्रम सुझाया है? 9. ड्यूवी के अनुसार विद्यालय का क्या रूप होना चाहिए? 10. ड्यूवी का शिक्षा के विभिन्न पक्षों पर क्या प्रभाव पड़ा है?

B. लघु उत्तरात्मक प्रश्न (Short Answer Questions)

1. "विद्यालय समाज का दर्शन है?'' ड्यूवी के इस कथन पर नोट लिखें?" 2. ड्यूवी के अनुसार शिक्षा किस प्रकार 'छात्रों' में सामाजिक कुशलता का विकास कर सकती है? 3. ड्यूवी के अनुसार विद्यालय में किस प्रकार का अनुशासन होना चाहिए? 4. ड्यूवी के शिकागो के प्रयोगात्मक विद्यालय पर टिप्पणी दें? 5. ड्यूवी द्वारा लिखित किन्हीं चार पुस्तकों के नाम लिखें। 6. ड्यूवी के विचार में शिक्षक का शिक्षा में क्या स्थान है?

अध्याय 12. बरट्रैण्ड आर्थर रसेल

A. निबन्धात्मक प्रश्न (Essay Type Questions)

1. रसेल के शिक्षा दर्शन की विशेषताएं लिखें? उनका शिक्षा पर क्या प्रभाव पड़ा है? 2. रसेल ने विभिन्न स्तरों पर किस प्रकार की शिक्षा व्यवस्था का सुझाव दिया है? 3. रसेल के शिक्षा संबंधी विचारों पर प्रकाश डालें? उनका शिक्षा पर क्या प्रभाव पड़ा है?

B. लघु उत्तरात्मक प्रश्न (Short Answer Questions.)

1. रसेल के अनुसार स्कूल अनुशासन का क्या रूप होना चाहिए? 2. रसेल के विचार में स्कूल के क्या कार्य हैं? 3. बीकन हिल स्कूल का किस प्रकार संचालन किया जाता था? 4. रसेल द्वारा लिखित किन्हीं दो पुस्तकों के नाम लिखें?

अध्याया 13. भारतीय विचारधारा तथा शिक्षा में इसका योगदान

A. निबन्धात्मक प्रश्न (Essay Type Questions)

1. भारतीय विचारधारा के केन्द्र बिन्दुओं पर प्रकाश डालें? शिक्षा पर इनका क्या प्रभाव पड़ा है? 2. भारतीय विचारधारा के क्या स्रोत हैं? उनका शिक्षा पर क्या प्रभाव पड़ा? 3. प्राचीन भारतीय शिक्षा की

मुख्य विशेषताएं कौन-कौन सी थीं? 4. भारतीय दर्शन का शिक्षा पर क्या प्रभाव पड़ा? 5. वैदिक शिक्षा का मूल्यांकन करें? 6. उपनिषदों में निहित दार्शनिक विचारों का क्या सार है? उन्होंने शिक्षा को कैसे प्रभावित किया? 7. योग दर्शन क्या है? शिक्षा में इसका क्या महत्त्व है?

B. लघु उत्तरात्मक प्रश्न (Short Answer Questions)

1. वैदिक शिक्षा के क्या स्रोत हैं? 2. उपनिषद् का क्या अर्थ है? उपनिषदों ने शिक्षा पर क्या प्रभाव डाला? 3. भारत के छह दर्शनों के नाम लिखें। किसी एक का शिक्षा पर प्रभाव लिखें? 4. वेदान्त दर्शन का अर्थ लिखें। इसका शिक्षा पर क्या प्रभाव पड़ा? 5. भगवद्गीता ने शिक्षा को किस प्रकार प्रभावित किया है?

अध्याय 14. शिक्षा तथा दर्शन

A. निबन्धात्मक प्रश्न (Essay Type Questions)

1. दर्शन का अर्थ तथा महत्त्व लिखें? इसका विषय क्षेत्र क्या है? 2. शिक्षा तथा दर्शन का क्या सम्बन्ध है? 3. "शिक्षा दर्शन का गतिशील पक्ष है।" इस सन्दर्भ में दर्शन तथा शिक्षा के सम्बन्ध पर प्रकाश डालें। 4. दर्शन ने शिक्षा को किस प्रकार प्रभावित किया है? 5. "शिक्षा दर्शन की प्रयोगशाला है?" इस सन्दर्भ में दर्शन तथा शिक्षा के सम्बन्ध पर प्रकाश डालें? 6. शिक्षक के लिए दर्शन का जानना क्यों आवश्यक है? 7. शिक्षा की दर्शन को क्या देन है? 8. विभिन्न दर्शनों ने शिक्षा के उद्देश्यों को किस प्रकार प्रभावित किया है?

B. लघु उत्तरात्मक प्रश्न (Short Answer Questions)

1. तार्किक प्रत्यक्षवाद का क्या अर्थ है? इसने शिक्षा पर क्या प्रभाव डाला है? 2. शिक्षा में अस्तित्वाद पर टिप्पणी दें? 3. जैन दर्शन का अनेकान्त सैयदवाद का अर्थ लिखें? शिक्षा में इसका क्या महत्त्व है?

अध्याय 15. यर्थाथवाद: अरस्तु तथा जैन दर्शन के सन्दर्भ में

A. निबन्धात्मक प्रश्न (Essay Type Questions)

1. यथार्थवाद का क्या अर्थ है? इसका शिक्षा पर क्या प्रभाव पड़ता है? 2. यथार्थवाद से आप का क्या अभिप्राय: है? इसने शिक्षा के विभिन्न पक्षों को किस प्रकार प्रभावित किया है? 3. "अरस्तु का स्थान संसार के प्रमुख शैक्षिक दार्शनिकों में है।" इस कथन की विवेचना कीजिए? 4. अरस्तु के यथार्थवाद के मुख्य तत्त्व लिखें। इनका शिक्षा पर क्या प्रभाव पड़ा? 5. अरस्तु के विचार में आदर्श व्यक्ति के कौन-कौन से गुण होने चाहिए? शिक्षा इन गुणों का किस प्रकार विकास कर सकती है? 6. जैन दर्शन की प्रमुख विशेषताएँ कौन-कौन सी हैं? उनका शिक्षा पर क्या प्रभाव है?

B. लघु उत्तरात्मक प्रश्न (Short Answer Questions)

1. यथार्थवाद के अनुसार शिक्षा के क्या उद्देश्य होने चाहिएँ? 2. यथार्थवाद के किन्हीं तीन समर्थकों के नाम लिखें? 3. अरस्तु के अनुसार किस प्रकार का पाठ्यक्रम होना चाहिए? 4. जैन दर्शन का शिक्षा पर क्या प्रभाव पड़ा है?

अध्याय 16. प्रकृतिवाद: रूसो तथा रवीन्द्रनाथ टैगोर के सन्दर्भ में

A. निबन्धात्मक प्रश्न (Essay Type Questions)

1. प्रकृतिवाद का क्या अर्थ है? इसने शिक्षा के विभिन्न पक्षों पर क्या प्रभाव डाला है? 2. प्रकृतिवाद की शिक्षा में क्या देन है? इसकी क्या क्या सीमाएं हैं? 3. "टैगोर का दर्शन प्रकृतिवाद है?" इस सन्दर्भ में टैगोर के विचारों पर प्रकाश डालें? 4. टैगोर के शिक्षा दर्शन को प्रभावित करने वाले कौन-कौन से कारक थे। टैगोर के शिक्षा सम्बन्धी विचार लिखें? 5. टैगोर ने शिक्षा के विभिन्न पक्षों को किस प्रकार प्रभावित किया है? 6. टैगोर ने एक आदर्श स्कूल की कौन-कौन सी विशेषताएं दर्शायी हैं? 7. "शिक्षा स्वाभाविक तथा प्राकृतिक वातावरण में हो"–इस सन्दर्भ में टैगोर के विचारों की विवेचना करें। 8. टैगोर ने शिक्षा में प्रकृतिवाद को साकार रूप किस प्रकार दिया?

B. लघु उत्तरात्मक प्रश्न (Short Answer Questions)

1. विश्वभारती पर नोट लिखें। 2. टैगोर के शिक्षा सम्बन्धी विचारों की सीमाएं लिखे। 3. टैगोर ने बच्चे को पिंजरे में बन्द तोते की संज्ञा क्यों दी? 4. टैगोर द्वारा लिखित किन्हीं चार पुस्तकों के नाम लिखें? 5. टैगारे का शिक्षा में क्या योगदान है?

अध्याय 17. आदर्शवाद: प्लेटो, सुकरात तथा अद्वैत दर्शन के सन्दर्भ में

A. निबन्धात्मक प्रश्न (Essay Type Questions)

1. आदर्शवाद का क्या अर्थ है? आदर्शवाद का शिक्षा के विभिन्न पक्षों पर क्या प्रभाव है? 2. आदर्शवाद का शिक्षा के सन्दर्भ में मूल्यांकन करें। 3. सुकरात के शैक्षिक आदर्शवाद की क्या विशेषताएं हैं? उनका मूल्यांकन करें। 4. सुकरात को किस शिक्षण विधि का प्रतिपादक कहा जाता है? इस विधि पर प्रकाश डालें। 5. प्लेटो के शैक्षिक दर्शन की विशेषताओं पर प्रकाश डालें। उनका शिक्षा में क्या महत्त्व है? 6. प्लेटो के शैक्षिक आदर्शवाद की विवेचना करें।

B. लघु उत्तरात्मक प्रश्न (Short Answer Questions)

1. आदर्शवाद में किस प्रकार का पाठ्यक्रम दर्शाया गया है? 2. प्लेटों के शिक्षा में योगदान पर नोट लिखें। 3. अद्वैतवाद दर्शन का क्या अर्थ है? इसका शिक्षा पर क्या प्रभाव है? 4. आदर्शवाद की तीन सीमाएं लिखें। 5. आदर्शवाद के अनुसार शिक्षा के उद्देश्य कौन-से हैं?

अध्याय 18. प्रयोजनवाद: जॉन-ड्यूवी के उपकरणवाद तथा प्रयोजनवाद के सन्दर्भ में

A. निबन्धात्मक प्रश्न (Essay Type Questions)

1. प्रयोजनवाद का क्या अर्थ है? इसका शिक्षा के विभिन्न पक्षों पर क्या प्रभाव पड़ता है? 2. प्रयोजनवाद दर्शन का शिक्षा में क्या महत्त्व है? इसकी कौन-कौन सी सीमाएं हैं? 3. शिक्षा में प्रयोजनवाद के गुण-दोषों का विवेचन करें। 4. प्रयोजनवाद ने शिक्षा को किस प्रकार प्रभावित किया है? 5. ड्यूवी के साधनवाद तथा प्रयोगवाद का अर्थ स्पष्ट करें? इसकी विशेषताएं लिखें?

B. लघु उत्तरात्मक प्रश्न (Short Answer Questions)

1. ड्यूवी के प्रयोजनवाद को किन-किन नामों से पुकारा जाता है? 2. प्रायोजना विधि का शिक्षा में क्या महत्त्व है? 3. ड्यूवी के कारणवाद का अर्थ लिखें। शिक्षा में इसका क्या स्थान है?

अध्याय 19. महात्मा गांधी: बुनियादी शिक्षा के बुनियादी सिद्धान्त

A. निबन्धात्मक प्रश्न (Essay Type Questions)

1. "गांधीजी का शिक्षा दर्शन बेसिक शिक्षा तक सीमित नहीं है।" इस कथन की विवेचना करें। 2. गांधीजी के शिक्षा के विभिन्न पक्षों पर विचार लिखें। 3. गांधी जी ने प्रचलित शिक्षा प्रणाली में क्या दोष पाए? इन दोषों को दूर करने के लिए उन्होंने कौनसी शिक्षा पद्धति का विकास किया? 4. बेसिक शिक्षा की मुख्य विशेषताओं तथा सीमाओं की व्याख्या करें। 5. बेसिक शिक्षा के मुख्य सिद्धान्तों का विवेचन करें। 6. जाकिर हुसैन समिति 1937-38 का गठन क्यों किया गया? इस द्वारा प्रस्तावित शिक्षा व्यवस्था की व्याख्या करें। 7. गांधी जी की शिक्षा पद्धति को बेसिक अथवा नई तालीम की संज्ञा क्यों दी जाती है? 8. बेसिक शिक्षा पद्धति किन कारणों से असफल रहीं?

B. लघु उत्तरात्मक प्रश्न (Short Answer Questions)

1. गांधी जी के दर्शन के चार मुख्य तत्त्व लिखें। 2. गांधी जी ने शिक्षा को किस प्रकार परिभाषित किया है? 3. गांधी जी ने स्कूल स्तर पर शिक्षा का माध्यम मातृभाषा बनाने पर क्यों बल दिया? 4. बेसिक शिक्षा पद्धति में हस्तकला को शिक्षा का आधार क्यों बनाया गया? 5. "शिक्षा आयोग 1964-66 ने बेसिक शिक्षा का 'मरणपत्र' लिखा।" इस कथन पर नोट लिखें?

अध्याय 20. गिजूभाई बधेका

A. निबन्धात्मक प्रश्न (Essay Type Questions)

1. गिजूभाई बधेका ने शिक्षा के किस स्तर पर विशेष कार्य किया? उनके द्वारा प्रतिपादित शिक्षा प्रणाली की क्या विशेषताएं हैं? 2. ''गिजूभाई बच्चों की शिक्षा में 'अवतार' माने जाते हैं''-इस कथन को स्पष्ट करें? 3. गिजूभाई द्वारा संचालित बाल मन्दिर का सार क्या है? इस बाल मन्दिर की कार्य विधियों पर प्रकाश डालें। 4. भारत में शिशु शिक्षा के क्षेत्र में गिजूभाई के योगदान पर प्रस्ताव लिखें। 5. गिजूभाई के शिक्षा दर्शन की विशेषताएं लिखें। किस प्रकार से उन्होंने इस दर्शन को साकार रूप दिया। 6. गिजूभाई द्वारा संचालित बाल मन्दिर को 'बच्चों के संसार' की संज्ञा क्यों दी जाती है?

B. लघु उत्तरात्मक प्रश्न (Short Answer Questions)

1. लघुमन्दिर में गिजूभाई ने किन शिक्षण विधियों को अपनाया? 2. गिजूभाई द्वारा लिखित किन्हीं चार पुस्तकों का नाम लिखें? 3. गिजूभाई ने शिशु शिक्षा में क्या योगदान दिया है?

अध्याय 21. स्वामी विवेकानन्द: मनुष्य-निर्माण शिक्षा

A. निबन्धात्मक प्रश्न (Essay Type Questions)

1. स्वामी विवेकानन्द जी के जीवन दर्शन के मुख्य तत्त्व कौन-से थे? उन्होंने इन तत्त्वों को शिक्षा प्रक्रिया में किस प्रकार प्रयोग किया? 2. स्वामी विवेकानन्द के अनुसार आदर्श मानव की क्या विशेषताएँ हैं? इस प्रकार की विशेषताओं के विकास के लिए किस प्रकार की शिक्षा चाहिए? 3. मनुष्य निर्माण में स्वामी विवेकानन्द के अनुसार शिक्षा का क्या योगदान है? 4. स्वामी विवेकानन्द के अनुसार शिक्षा का क्या उद्देश्य है? यह उद्देश्य कैसे प्राप्त किया जा सकता है? 5. स्वामी विवेकानन्द के शिक्षा मे योगदान की विवेचना करें। 6.चरित्र निर्माण कार्य में शिक्षा की क्या भूमिका है?

B. लघु उत्तरात्मक प्रश्न (Short Answer Questions)

1. स्वामी विवेकानन्द ने शरीरिक शिक्षा पर विशेष बल क्यों दिया? 2. स्वामी विवेकानन्द के अनुसार अनौपचारिक शिक्षा का क्या महत्त्व है? 3. स्वामी विवेकानन्द के विचारों का शिक्षा में क्या योगदान है? 4. स्वामी विवेकानन्द ने धर्म का क्या अर्थ बताया है? 5. स्वामी विवेकानन्द लिखित किन्ही तीन पुस्तकों के नाम लिखें?

अध्याय 22. श्री अरविन्द घोष तथा समग्र शिक्षा

A. निबन्धात्मक प्रश्न (Essay Type Questions)

1. श्री अरविन्द के जीवन दर्शन की विशेषताओं का उल्लेख करें। उनका शिक्षा के विभिन्न पक्षों पर क्या प्रभाव पड़ा है? 2. श्री अरविन्द के अनुसार एकीकृत शिक्षा का क्या अर्थ है? इस शिक्षा का किस प्रकार प्रावधान किया जा सकता है? 3. समग्र शिक्षा का क्या अर्थ है? इसके उद्देश्यों पर प्रकाश डालें? इन्हें कैसे प्राप्त किया जा सकता है? 4. श्री अरविन्द के अनुसार शिक्षण की कौन-कौनसी विधियां होनी चाहिए? 5. "प्रत्येक के भीतर कुछ दिव्य होता है।" श्री अरविन्द के अनुसार इसकी व्याख्या करें। शिक्षा में इसका क्या स्थान है? 6. श्री अरविन्द के शैक्षिक सिद्धान्त तथा विधियों की विवेचना करें?

B. लघु उत्तरात्मक प्रश्न (Short Answer Questions)

1. "नैतिक शिक्षा का आधार साधना हो।" इस कथन पर संक्षेप में प्रकाश डालें। 2. श्री अरविन्द के अनुसार समग्र शिक्षा का क्या अर्थ है? 3. श्री अरविन्द के अनुसार राष्ट्रीय शिक्षा की क्या विशेषताएं होनी चाहिएँ? 4. श्री अरविन्द की शिक्षा को क्या देन है? 5. पाण्डेचेरी में स्थापित अन्तर्राष्ट्रीय शिक्षा केन्द्र पर नोट लिखें?

अध्याय 23. फ्रोबेल (1782-1852): खेल प्रणाली

A. निबन्धात्मक प्रश्न (Essay Type Questions)

1. "शिक्षा वह प्रक्रिया है जिसके द्वारा बालक की जन्मजात शक्तियां बाहर की ओर प्रकट होती हैं।" इस सन्दर्भ में फ्रोबेल के शिक्षा सिद्धान्त तथा शिक्षण विधि की विवेचना करें। 2. फ्रोबेल के अनुसार शिक्षा का क्या उद्देश्य है? इस उद्देश्य की प्राप्ति के लिए उसने किस प्रकार की शिक्षा व्यवस्था का सुझाव दिया? 3. किंडरगार्टन का क्या अभिप्राय: है? इसकी विशेषताओं तथा सीमाओं पर प्रकाश डालें। 4. फ्रोबेल की शिक्षा में देन पर चर्चा करें। 5. फ्रोबेल ने बच्चे की प्रकृति के बारे में क्या विचार प्रकट किए हैं? उसकी प्रकृति के अनुसार किस प्रकार की शिक्षा व्यवस्था करनी चाहिए?

B. लघु उत्तरात्मक प्रश्न (Short Answer Questions)

1. फ्रोबेल के अनुसार आत्मक्रिया का क्या अर्थ है? 2. फ्रोबेल ने खेल पर क्यों बल दिया? 3. फ्रोबेल के उपहारों का शिक्षण में क्या महत्त्व है? 4. फ्रोबेल की शिक्षण विधि को भारतीय विद्यालयों में किस प्रकार प्रभावी बनाया जा सकता है? 5. "फ्रोबेल ने शिशु शिक्षा को नई दिशा दी।" इस कथन की व्याख्या करें। 6. "आओ, हम बच्चों के लिए जिएँ।" फ्रोबेल के इस कथन पर प्रकाश डालें।

अध्याय 24. मेरिया माण्टेसरी प्रबोधक उपकरण

A. निबन्धात्मक प्रश्न (Essay Type Questions)

1. मै. माण्टेसरी के दर्शन का सार लिखें। माण्टेसरी पद्धति के कौन-कौन से सिद्धान्त हैं? 2. माण्टेसरी के अनुसार अध्यापिका (संचालिका) का माण्टेसरी पद्धति में क्या स्थान है? 3. माण्टेसरी ने स्कूल की संज्ञा 'बच्चों के घर' से क्यों की? इसकी विशेषताओं पर प्रकाश डालें। 4. प्रबोधक यन्त्र का माण्टेसरी प्रणाली में क्या स्थान है? इसके सिद्धान्तों पर प्रकाश डालें तथा कार्यविधि लिखें? 5. माण्टेसरी पद्धति के गुण-दोष की चर्चा करें? 6. मै. माण्टेसरी के शैक्षिक सिद्धान्तों तथा पद्धति का आधुनिक शिक्षा पर क्या प्रभाव पड़ा है? 7. फ्रोबेल तथा माण्टेसरी के शैक्षिक सिद्धान्तों तथा विधियों की तुलना करें।

B. लघु उत्तरात्मक प्रश्न (Short Answer Questions)

1. मै. माण्टेसरी ने मेडिकल कॉलेज में किस प्रकार प्रवेश लिया? 2. मै. माण्टेसरी के शैक्षिक प्रयोगों पर टिप्पणी दें? 3. मै. माण्टेसरी द्वारा लिखित किन्हीं तीन पुस्तकों के नाम लिखें?

अध्याय 25. भारतीय संविधान: राज्य की नीति के निदेशक तत्त्व

A. निबन्धात्मक प्रश्न (Essay Type Questions)

1. भारत की संविधान की विशेषताएँ लिखिए। 2. धर्मनिर्पेक्ष राज्य, लोकतान्त्रिक राज्य तथा समाजवादी राज्य की विशेषताएँ लिखें।

B. लघु उत्तरात्मक प्रश्न (Short Answer Questions)

1. भारतीय संविधान में कौन से शब्द 1976 में जोड़े गए? उनका शिक्षा में क्या महत्त्व है? 2. भारतीय संविधान के अनुसार शिक्षा दर्शन के कौन-से महत्त्वपूर्ण तत्त्व होने चाहिएँ?

अध्याय 26. राज्य की नीति के निदेशक तत्त्व

A. निबन्धात्मक प्रश्न (Essay Type Questions)

1. राज्य की नीति के निदेशक तत्वों का क्या अर्थ है? शिक्षा में इनकी क्या भूमिका है? 2. धारा 45 में 2002 में क्यों संशोधन किया गया? किया गया संशोधन लिखें। 3. राज्य की नीति के निदेशक सिद्धान्त तथा मौखिक अधिकारों का अन्तर स्पष्ट करें।

B. लघु उत्तरात्मक प्रश्न (Short Answer Questions)

1. निदेशक तत्त्वों का शिक्षा में क्या महत्त्व है? 2. किन्हीं तीन निदेशक तत्त्वों का उल्लेख करें जिनके सन्दर्भ में शिक्षा के क्षेत्र में भारत सरकार तथा राज्य सरकारों ने ठोस कदम उठाए हैं।

अध्याय 27. शिक्षा में सम्बन्धित भारतीय संविधान की धाराएँ

A. निबन्धात्मक प्रश्न (Essay Type Questions)

1. भारतीय संविधान में शिक्षा से सम्बन्धित धाराओं पर प्रकाश डालें। 2. क्या शिक्षा समवर्ती सूची में होनी चाहिए? अपने विचार लिखें। 3. शिक्षा में केन्द्रीय सरकार की क्या भूमिका है? इस पर विवेचना करें। 4. क्या शिक्षा राज्यों की सूची में होनी चाहिए? पक्ष अथवा विपक्ष पर टिप्पणी दें। 5. संविधान में शिक्षा के सम्बन्ध में कब-कब संशोधन किए गए? इन संशोधनों के क्या कारण थे?

B. लघु उत्तरात्मक प्रश्न (Short Answer Questions)

1. धारा 21A पर टिप्पणी दें? 2. धार्मिक शिक्षा के बारे में संविधान में क्या स्थिति दर्शायी गई है? 3. अल्प संख्यकों के बारे में संविधान में कौन-कौन से प्रावधान हैं? 4. केन्द्रीय सरकार की शिक्षा में क्या भूमिका है? 5. राष्ट्रीय शिक्षा नीति में केन्द्रीय सरकार तथा राज्य सरकारों के सन्दर्भ में क्या विवरण दिया गया है?

अध्याय 28. पंथ निरपेक्षता (धर्म निरपेक्षता)

A. निबन्धात्मक प्रश्न (Essay Type Questions)

1. धर्म निरपेक्षता का अर्थ स्पष्ट करें? संविधान में इसकी क्या स्थिति है? 2. "धर्म निरपेक्षता का अर्थ किसी धर्म को मानना नहीं है।" इस कथन की व्याख्या करें? भारत में इसकी क्या आवश्यकता है? 3. भारतीय संविधान में धर्म निरपेक्षता के बारे में क्या प्रावधान है? इनका शिक्षा में क्या महत्त्व है? 4. धर्म निरपेक्षता का

अर्थ स्पष्ट करें। इसकी प्राप्ति में कौन-कौन सी बाधाएँ हैं? 5. धर्म निरपेक्षता को बढ़ावा देने के लिए शिक्षा का क्या योगदान है? स्कूल इस दिशा में क्या भूमिका निभा सकते हैं?

B. लघु उत्तरात्मक प्रश्न (Short Answer Questions)

1. धर्म निरपेक्षता को परिभाषित करें? 2. भारतीय संविधान में धार्मिक शिक्षा सम्बन्धी क्या प्रावधान हैं? 3. क्या स्कूलों में धार्मिक शिक्षा दी जाए? पक्ष अथवा विपक्ष पर नोट लिखें? 4. भारतीय संविधान में 'धर्म निरपेक्षता' अवधारणा कब जोड़ी गयी? इसका क्या कारण था?

अध्याय 29. सामाजिक लक्ष्य तथा जनतन्त्र

A. निबन्धात्मक प्रश्न (Essay Type Questions)

1. सामाजिक लक्ष्यों का क्या अर्थ है? भारतीय समाज के सामाजिक लक्ष्य कौन-कौन से हैं? उनका क्या स्रोत है? 2. भारतीय समाज के सामाजिक लक्ष्य लिखें? उनकी प्राप्ति के लिए संविधान में किस प्रकार की व्यवस्था का प्रावधान किया गया है? 3. जनतन्त्र का क्या अर्थ है? इसकी विशेषताएं लिखें? जनतन्त्र के मूल्यों का विवरण दें। 4. जनतन्त्र के विभिन्न पक्षों का संक्षेप में विवरण दें। 5. जनतन्त्र की विशेषताओं तथा सीमाओं की विवेचना करें। 6. जनतान्त्रिक शिक्षा की मुख्य विशेषताओं का उल्लेख करें। जनतन्त्र में शिक्षा के क्या कार्य हैं? शिक्षा द्वारा जनतन्त्र के मूल्यों को किस प्रकार बढ़ावा दिया जा सकता है? 7. जनतन्त्र का शिक्षा के विभिन्न पक्षों पर क्या प्रभाव पड़ा है? 8. जनतन्त्र मूल्यों के विकास में स्कूल की क्या भूमिका है?

B. लघु उत्तरात्मक प्रश्न (Short Answer Questions)

1. अध्यापक की छात्रों में जनतन्त्र के मूल्यों के विकास में क्या भूमिका है? 2. जनतान्त्रिक अनुशासन का क्या तात्पर्य है?

अध्याय 30. समाज का समाजवादी ढांचा

A. निबन्धात्मक प्रश्न (Essay Type Questions)

1. समाज के समाजवादी ढांचे का क्या अर्थ है? भारतीय समाजवाद की कौन-सी विशेषताएं हैं? 2. भारत ने समाजवादी ढांचे का आदर्श क्यों अपनाया? संविधान में इस सम्बन्ध में कौन-कौन से प्रावधान हैं? 3. समाजवादी ढांचे की स्थापना में शिक्षा की क्या भूमिका है? 4. शिक्षा में अवसरों की समानता का क्या अर्थ है? इस सन्दर्भ में भारत सरकार ने कौन-कौन से अहम पग उठाए हैं?

B. लघु उत्तरात्मक प्रश्न (Short Answer Questions)

1. भारतीय समाजवाद की विशेषताएँ लिखें। 2. समाजवाद की स्थापना सम्बन्धी संविधान में दिए गए कोई से तीन प्रावधान लिखें।

अध्याय 31. शिक्षा के समाजशास्त्रीय आधार

A. निबन्धात्मक प्रश्न (Essay Type Questions)

1. शैक्षिक समाजशास्त्र का क्या अर्थ है? इसके कार्यक्षेत्र पर प्रकाश डालें? 2. शैक्षिक समाजशास्त्र ने शिक्षा के विभिन्न पक्षों को किस प्रकार प्रभावित किया है?

B. लघु उत्तरात्मक प्रश्न (Short Answer Questions)

1. शिक्षा का समाजशास्त्र तथा शैक्षिक समाजशास्त्र में क्या अन्तर हैं? 2. शैक्षिक समाजशास्त्र का शिक्षा के उद्देश्यों पर क्या प्रभाव पड़ा है? 3. व्यक्ति तथा समाज का परस्पर क्या सम्बन्ध है?

अध्याय 32. शिक्षा आर्थिक विकास का साधन

A. निबन्धात्मक प्रश्न (Essay Type Questions)

1. शिक्षा का आर्थिक विकास से क्या सम्बन्ध है? 2. शिक्षा का आर्थिक विकास में क्या महत्त्व है? आर्थिक विकास के लिए शिक्षा व्यवस्था किस प्रकार की होनी चाहिए? 3. आर्थिक विकास के लिए शिक्षा में किस प्रकार के सुधारों की आवश्यकता है?

B. लघु उत्तरात्मक प्रश्न (Short Answer Questions)

1. भारत की किन्हीं चार विकसित देशों से प्रति व्यक्ति आय की तुलना करें। 2. किन्हीं चार देशों के नाम लिखें जिनका वयस्क शिक्षा दर भारत से अधिक है। 3. किन्हीं चार विद्वानों के नाम लिखें जिन्होंने शिक्षा तथा आर्थिक विकास के सम्बन्ध पर शोधकार्य किया है।

अध्याय 33. सामाजिक परिवर्तन के अभिकर्त्ता के रूप में शिक्षा

A. निबन्धात्मक प्रश्न (Essay Type Questions)

1. सामाजिक परिवर्तन का क्या अर्थ है? यह क्यों होता है? इसके कौन-कौन से पक्ष हैं? 2. सामाजिक परिवर्तन के कारणों तथा प्रभावों पर प्रकाश डालें? 3. सामाजिक व्यवस्था तथा शिक्षा का क्या सम्बन्ध है? 4. सामाजिक परिवर्तन में शिक्षा की क्या भूमिका रहती है? 5. स्कूल तथा अध्यापक की सामाजिक परिवर्तन में क्या भूमिका है? 6. "सामाजिक परिवर्तन में शिक्षक का प्रभाव घटता जा रहा है" क्या आप इस विचार से सहमत हैं? उत्तर स्पष्ट करें?

B. लघु उत्तरात्मक प्रश्न (Short Answer Questions)

1. सामाजिक परिवर्तन में आने वाली किन्ही चार बाधाओं का उल्लेख करें? 2. तकनीकी विकास से शिक्षा में किस प्रकार परिवर्तन आता है?

अध्याय 34: सामाजिक तथा राष्ट्रीय कल्याण: शिक्षा तथा मानव संसाधन विकास

A. निबन्धात्मक प्रश्न (Essay Type Questions)

1. भारत के संविधान में सामाजिक कल्याण सम्बन्धी धाराओं पर प्रकाश डालें? 2. राष्ट्रीय विकास में शिक्षा की क्या भूमिका है? 3. मानव संसाधन विकास का क्या अर्थ है? शिक्षा के इस दिशा में क्या कार्य हैं? 4. भारत में मानव संसाधन विकास की क्या आवश्यकता है? जनशक्ति का आंकलन किस प्रकार किया जा सकता है? इसके लिए शिक्षा में किस प्रकार के सुधारों की आवश्यकता है? 5. जनशक्ति नियोजन का क्या अर्थ है? यह किस प्रकार किया जा सकता है?

B. लघु उत्तरात्मक प्रश्न (Short Answer Questions)

1. तत्कालिक सामाजिक विकास से राष्ट्रीय विकास कैसे हो सकता है? 2. राष्ट्रीय विकास के कौन-कौन से संकेतक हैं? 3. मानव संसाधन विकास का क्या अर्थ है? 4. शिक्षा की मानव संसाधन विकास में क्या भूमिका है? 5. जनशक्ति नियोजन की क्या आवश्यकता है?

अध्याय 35: राष्ट्रीय समाकलन तथा भावात्मक समाकलन

A. निबन्धात्मक प्रश्न (Essay Type Questions)

1. राष्ट्रीय विकास तथा भावात्मक समाकलन का क्या अर्थ है? इसकी क्या आवश्यकता है? 2. राष्ट्रीय विकास तथा भावात्मक समाकलन का क्या महत्त्व है? इसके मार्ग में कौन-कौन-सी बाधाएँ हैं? उन्हें कैसे दूर किया जा सकता है? 3. राष्ट्रीय विकास तथा भावात्मक समाकलन में शिक्षा की क्या भूमिका है? इस सम्बन्ध में किस प्रकार के शैक्षिक कार्यक्रमों की आवश्यकता है? 4. शिक्षा आयोग 1964-66 ने राष्ट्रीय समाकलन तथा भावात्मक समाकलन संबंधी क्या संतुतियाँ की हैं? 5. भावात्मक समाकलन समिति (1961) का गठन क्यों किया गया? इसने भावात्मक समाकलन के बारे में क्या संतुतियाँ दी हैं? 6. शिक्षा की राष्ट्रीय समाकलन तथा भावात्मक समाकलन में क्या भूमिका है? भारत में इस सन्दर्भ में शिक्षा के क्षेत्र में क्या कार्य हो रहा है? 7. राष्ट्रीय समाकलन तथा राष्ट्रीय भावात्मक में स्कूल तथा शिक्षक किस प्रकार योगदान दे सकते हैं?

B. लघु उत्तरात्मक प्रश्न (Short Answer Questions)

1. भावात्मक समाकलन तथा राष्ट्रीय एकता में क्या अन्तर है? 2. भारत के प्रथम प्रधानमंत्री के भावात्मक एकता के बारे में क्या विचार थे? 3. राष्ट्रीय शिक्षा नीति में राष्ट्रीय समाकलन तथा एकता के बारे में किस प्रकार की नीति का उल्लेख किया गया है? 4. राष्ट्रीय समाकलन तथा भावात्मक समाकलन में पुस्तकों में किस प्रकार के सुधारों की आवश्यकता है? 5. क्या राष्ट्रीय समाकलन तथा भावात्मक समाकलन अध्यापकों के ही योगदान पर निर्भर है? उत्तर स्पष्ट करें। 6. "भावात्मक एकता तथा समाकलन का माध्यम प्रजातान्त्रिक अन्तर्क्रिया है" इस कथन की संक्षेप में व्याख्या करें।

अध्याय 36: सांस्कृति धरोहर

A. निबन्धात्मक प्रश्न (Essay Type Questions)

1. संस्कृति का क्या अर्थ है? भारतीय सांस्कृतिक धरोहर की विशेषताओं पर प्रकाश डालें। 2. शिक्षा तथा संस्कृति का क्या सम्बन्ध है? शिक्षा के सांस्कृतिक धरोहर सम्बन्धी क्या कार्य हैं? 3. विद्यालयों के सांस्कृतिक धरोहर सम्बन्धी क्या कार्य हैं? वे इस क्षेत्र में क्या कार्य कर सकते हैं?

B. लघु उत्तरात्मक प्रश्न (Short Answer Questions)

1. भारतीय सांस्कृतिक धरोहर की कोई चार विशेषताएँ लिखें? 2. संस्कृति का विषय-क्षेत्र क्या है? 3. संस्कृति के बारे में कौन-सी भ्रान्तियाँ हैं? 4. संविधान की सूची में कितनी भाषाओं का उल्लेख है? 5. शिक्षा सांस्कृतिक धरोहर को किस प्रकार बढ़ावा दे सकती है?

अध्याय 37: विभिन्न धर्मों का मानव उत्थान में योगदान

A. निबन्धात्मक प्रश्न (Essay Type Questions)

1. धर्म के मुख्य तत्त्व कौन-कौन से हैं? धर्म किस प्रकार से मानव उत्थान में क्या योगदान दे सकता है? 2. सभी धर्मों के उन तत्त्वों का विवरण दें जो मानव उत्थान में सहायक हैं। 3. "धर्म जोड़ने का कार्य करते हैं न कि तोड़ने का।" इस कथन की विवेचना करें।

B. लघु उत्तरात्मक प्रश्न (Short Answer Questions)

1. भारतीय त्यौहार मनाने का दर्शन लिखें। 2. किन्हीं चार त्यौहारों के नाम लिखें जो प्राय: किसी न किसी रूप में भारत के सभी भागों में मनाए जाते हैं?

अध्याय 38. नवीन सामाजिक व्यवस्था: निरक्षरता तथा राष्ट्रीय प्रौढ़ शिक्षा कार्यक्रम

A. निबन्धात्मक प्रश्न (Essay Type Questions)

1. भारतीय नवीन सामाजिक व्यवस्था का क्या अर्थ है? इसकी क्या आवश्यकता है? 2. भारतीय समाज की नवीन व्यवस्था की किस प्रकार की कल्पना संविधान में की गई है? 3. भारतीय समाज की नवीन व्यवस्था की प्राप्ति के लिए संविधान में मुख्य कौन-कौन से प्रावधान किए गए हैं? 4. भारतीय नव-निर्माण में कौन-कौन सी बाधाएँ हैं? किसी एक बाधा का उल्लेख करें तथा उसे दूर करने के उपाय लिखें। 5. निरक्षरता को भारत की व्यवस्था में एक शाप क्यों माना गया है? इसे किस प्रकार से दूर किया जा सकता है? 6. निरक्षरता उन्मूलन के सन्दर्भ में भारत में चलाए जाने वाले प्रमुख कार्यक्रमों का विवरण दें। उनमें किस प्रकार से सुधार लाया जा सकता है? 7. 'सभी के लिए शिक्षा' पर निबन्ध लिखें। 8. राष्ट्रीय प्रौढ़ शिक्षा कार्यक्रम क्यों चलाया गया? इसकी प्रमुख विशेषताएँ क्या हैं? 9. राष्ट्रीय साक्षरता मिशन का क्या अर्थ है? से चलाने के लिए किस प्रकार की व्यवस्था की गई है? इस कार्य में कहाँ तक सफलता मिली है? 10. भारत में निरक्षरता उन्मूलन कार्य की गति धीमी क्यों रही है? इसे किस प्रकार प्रभावी बनाया जा सकता है?

B. लघु उत्तरात्मक प्रश्न (Short Answer Questions)

1. भारतीय नवीन व्यवस्था की क्या आवश्यकता है? 2. संविधान में किस प्रकार के समाज की परिकल्पना की गई है? 3. भारतीय नवीन व्यवस्था के निर्माण में शिक्षा की क्या भूमिका है? 4. राष्ट्रीय साक्षरता मिशन पर नोट लिखें। 5. राष्ट्रीय प्रौढ़ कार्यक्रम की विशेषताएँ लिखें।

अध्याय 39. सामाजिक, सांस्कृतिक तथा आर्थिक दृष्टिकोण से वंचित वर्गों की शिक्षा

A. निबन्धात्मक प्रश्न (Essay Type Questions)

1. सामाजिक, सांस्कृतिक तथा आर्थिक दृष्टि से वंचित वर्गों का क्या अर्थ है? उनकी शिक्षा का क्या महत्त्व है? 2. संविधान में पिछड़े वर्गों के कल्याण के लिए कौन-कौन से प्रावधान किए गए हैं?

B. लघु उत्तरात्मक प्रश्न (Short Answer Questions)

1. शिक्षा आयोग ने पिछड़े वर्गों की शिक्षा के महत्त्व के बारे में क्या विचार दिए? 2. राष्ट्रीय शिक्षा नीति में पिछड़े वर्गों के कल्याण के लिए क्या-क्या दिशा-निर्देश दिए गए हैं?

अध्याय 40. विभिन्न वर्गों की समानता के लिए शिक्षा साधन तथा उपाय

A. निबन्धात्मक प्रश्न (Essay Type Questions)

1. शिक्षा में समानता का क्या अर्थ है? असमानता का सामाजिक व्यवस्था तथा राष्ट्रीय एकता पर क्या प्रभाव पड़ता है? 2. शिक्षा में समान अवसरों का क्या महत्त्व है? इस दिशा में कौन-कौन से प्रभावी पग उठाए जा सकते हैं? शिक्षा आयोग 1964-66 ने इस सन्दर्भ में क्या सन्तुतियाँ दी हैं। 3. शिक्षा में समानता हेतु राज्य ने कौन-कौन से प्रावधान किए हैं? 4. राष्ट्रीय शिक्षा नीति 1986 तथा 1992 में शिक्षा में समानता हेतु विभिन्न वर्गों के लिए क्या सुझाव दिए हैं? 5. अनुसूचित जातियों तथा जनजातियों में शिक्षा विकास के लिए संविधान में दिए गए प्रावधानों का उल्लेख करें। इस सन्दर्भ में कौन-कौन से कदम केन्द्र तथा राज्य सरकारों ने उठाए हैं। इन्हें कैसे प्रभावी बनाया जा सकता है? 6. क्षतिग्रस्त अथवा निर्योग्य बच्चों का क्या अर्थ है? उनका वर्गीकरण करें। ऐसे बच्चों की कौन-सी समस्याएँ हैं। उनकी शिक्षा के लिए शिक्षा निर्देश लिखें।

B. लघु उत्तरात्मक प्रश्न (Short Answer Questions)

1. शिक्षा में अवसरों की समानता का क्या अर्थ है? 2. शिक्षा में समान अवसर प्रदान करने के कोई चार सुझाव दें? 3. अनुसूचित जातियों तथा अनुसूचित जनजातियों की शिक्षा में विकास के चार उपाए लिखें। 4. विकलांग बच्चों के लिए समेकित शिक्षा का क्या महत्त्व है?

अध्याय 41. लैंगिक असमानता

A. निबन्धात्मक प्रश्न (Essay Type Questions)

1. लैंगिक असमानता का क्या अर्थ है? इसके कोई चार उदाहरण दें। 2. नारी समानता सम्बन्धी संविधान में कौन-कौन से प्रावधान हैं? 3. नारी शिक्षा का क्या महत्त्व है? नारी शिक्षा की बहुत समय तक अवहेलना क्यों होती रही है? 4. नारी शिक्षा में समानता हेतु सरकार द्वारा कौन-कौन से कार्य किए जा रहे हैं? 5. नारी शिक्षा के क्षेत्र में कौन-से विशेष कार्य किए जा रहे हैं? नारी शिक्षा का तीव्र गति से किस प्रकार विकास किया जा सकता है?

B. लघु उत्तरात्मक प्रश्न (Short Answer Questions)

1. वैदिक काल में नारी शिक्षा की क्या स्थिति थी? 2. नारी शिक्षा का क्या महत्त्व है? 3. नारी शिक्षा में भारत में समानता के चार उदाहरण दें। 4. महिलाओं को कैसे सशक्त बनाया जा सकता है? 5. निम्न पर नोट लिखें: (i) कस्तूरबा गाँधी बालिका योजना, (ii) महिला समाख्या।

अध्याय 42. अल्पसंख्यकों की शिक्षा: एन.सी.सी. तथा राष्ट्रीय सेवा योजना

A. निबन्धात्मक प्रश्न (Essay Type Questions)

1. अल्पसंख्यकों की क्या परिभाषा है? उनकी भारत में कितनी संख्या है? 2. अल्पसंख्यकों के लिए संविधान में विशेष प्रावधान क्यों किए हैं? शिक्षा सम्बन्धी प्रावधानों की विवेचना करें। 3. अल्पसंख्यकों के कल्याण के लिए, विशेषकर शिक्षा में विकास के लिए कौन-सी योजनाएँ चलायी जा रही हैं? 4. मुस्लिम समुदाय की सामाजिक, आर्थिक तथा शैक्षिक स्थिति सम्बन्धी समिति का गठन क्यों किया गया? समिति की प्रमुख संतुतियाँ लिखें।

B. लघु उत्तरात्मक प्रश्न (Short Answer Questions)

निम्न पर संक्षिप्त नोट लिखो:

1. केन्द्रीय वक्फ बोर्ड तथा शिक्षा। 2. मौलाना आजाद एजुकेशन फाउंडेशन। 3. सच्चर समिति रिपोर्ट (2005-06)। 4. राष्ट्रीय कैडेट कोर। 5. राष्ट्रीय सेवा योजना

अध्याय 43. ज्ञानवान समाज के लक्ष्य की प्राप्ति में दूरी शिक्षा

A. निबन्धात्मक प्रश्न (Essay Type Questions)

1. दूरस्थ शिक्षा का क्या अर्थ है? भारत में इस शिक्षा का क्या महत्त्व है? 2. दूरस्थ शिक्षा के क्या उद्देश्य हैं? इसके गुण-दोषों पर प्रकाश डालें। 3. दूरस्थ शिक्षा तथा परम्परागत शिक्षा में क्या अन्तर है? 4. दूरस्थ शिक्षा को किस प्रकार प्रभावी बनाया जा सकता है?

B. लघु उत्तरात्मक प्रश्न (Short Answer Questions)

1. मुक्त विश्वविद्यालय की कौन-सी विशेषताएँ हैं? 2. मुक्त शिक्षा तथा पत्राचार शिक्षा में क्या अन्तर है? 3. इन्दिरा गाँधी राष्ट्रीय मुक्त विश्वविद्यालय पर नोट लिखें। 4. मुक्त स्कूली शिक्षा का राष्ट्रीय संस्थान कब खोला गया? इसकी विशेषताएँ लिखे।

44. परमहंस योगानन्द: जीवन कैसे जिया जाए?–शिक्षा

A. निबन्धात्मक प्रश्न (Essay Type Question)

1. परमहंस योगानन्द जी के अनुसार जीवन दर्शन के कौन-से मुख्य सिद्धान्त हैं? शिक्षा का जीवन में क्या स्थान है? 2. आदर्श जीवन के क्या लक्षण हैं? शिक्षा इसमें क्या योगदान दे सकती है? 3. शिक्षा का जीवन में क्या सम्बन्ध है? रांची विद्यालय में किस प्रकार जीवन जीने की शिक्षा दी जाती थी? 4. क्रिया योग विज्ञान का क्या अर्थ है? इसके मुख्य तत्त्व कौन-से हैं? 5. परमहंस योगानन्द के अनुसार शिक्षा का क्या अर्थ है? विद्यालय में योगा पद्धति पर प्रकाश डालें।

B. लघु उत्तरात्मक प्रश्न (Short Answer Questions)

1. '*लघु कथा अमृत*' पुस्तक पर नोट लिखें। 2. समाधि की महिमा पर प्रकाश डालें। 3. क्रिया योग विज्ञान के कोई चार तत्त्व लिखें। 4. परमहंस योगानन्द ने प्राणी मात्र को जीवन संबंधी क्या सन्देश दिया है?

बहुविकल्पीय प्रश्न (Multiple Choice Questions)

1. विद्वान जिसने सर्वप्रथम संस्कृतिकरण की अवधारणा का प्रयोग किया–
   (a) एम.एन. श्री निवास (b) टी.के. ओपन (c) गाँधी जी (c) ड्यूवी
2. निम्नलिखित परिवर्तनों और उनके कारकों का चयन करें–

परिवर्तन	*कारक*
(a) जनतन्त्रीयकरण	(i) नगरों का विकास
(b) स्त्री शिक्षा पर बल	(ii) कारखानों का विकास
(c) नगरीयकरण	(iii) जनतन्त्र संस्थाएँ
(d) औद्योगीकरण	(iv) सामाजिक सुधार

3. जैन धर्म के अनुसार सर्वोच्च सामाजिक मूल्य क्या है?
   (a) अपरिग्रह (b) सत्य (c) अहिंसा (c) अस्तेय
4. नैतिक कर्त्तव्य की पहचान क्या है?
   (a) राज्य का आदेश (b) नैतिक बाध्यता (c) कानून का समर्थन (d) उल्लंघन पर दण्ड
5. रवीन्द्रनाथ टैगोर ने कौन-सी शिक्षण संस्था स्थापित की?
   (a) विश्वभारती (b) नालन्दा विश्वविद्यालय
   (c) तक्षशिला विश्वविद्यालय (d) बनारस हिन्दू विश्वविद्यालय
6. बालक की शिक्षा प्रक्रिया में 'शरीर', 'मन', तथा 'आत्मा' पर किस शिक्षाविद् ने सबसे अधिक बल दिया?
   (a) हरबर्ट (b) सुकरात (c) पेस्तालोजी (d) गाँधी
7. शिक्षा में सामाजिक कुशलता के उद्देश्य पर किसने जोर दिया?
   (a) प्लेटो (b) गाँधी (c) ड्यूवी (d) हरबर्ट
8. निम्न में से किसका विशेष सम्बन्ध रूसो से है?
   (a) नैतिक शिक्षा का विरोध (b) प्रकृति की ओर लौटो
   (c) स्वतन्त्रता (d) विधेयात्मक शिक्षा
9. किस शिक्षाविद् का नाम 'आनशांग' विधि से जुड़ा हुआ है?
   (a) प्लेटो (b) रसेल (c) पेस्टालोजी (d) टैगोर
10. कितने वेद हैं
    (a) 2 (b) 4 (c) 6 (d) 5
11. निम्नलिखित में से कौन प्रकृतिवादी था?
    (a) सुकरात (b) प्लेटो (c) हरबर्ट (d) रूसो

12. निम्नलिखित में से कौन-सा आरोप सुकरात पर नहीं लगाया गया था?
(a) उसने एथेन्स के युवकों को बिगाड़ा। (b) वह पागल था। (c) वह राष्ट्र के देवताओं का अपमान करता था। (d) उसने नए देवताओं का पूजन आरम्भ किया।
13. उद्वेत दर्शन के प्रमुख स्तम्भ थे:
(a) महात्मा बुद्ध (b) गाँधी जी (c) शंकराचार्य (d) बल्लभाचार्य
14. प्रयोजनवाद का जन्म कहाँ हुआ?
(a) भारत (b) यूरोप (c) अमेरिका (d) ब्रिटेन
15. शिक्षा-आयोग (1964-66) ने शिक्षा के किस पक्ष पर विचार किया?
(a) प्राथमिक शिक्षा (b) माध्यमिक शिक्षा (c) विश्वविद्यालीय शिक्षा (d) शिक्षा के सभी पक्ष।
16. बौद्ध शिक्षण पद्धति में कौन-सा तत्त्व नहीं था?
(a) मौखिक विधि (b) पाली माध्यम (c) जातक अध्ययन (d) लिखित परीक्षा
17. बौद्ध पाठ्यक्रम में कौन-सा विषय नहीं था?
(a) तर्कशास्त्र (b) मिलिन्द प्रश्न (c) वैदिक कर्मकाण्ड (d) चिकित्सा शास्त्र
18. गांधीजी का शैक्षिक प्रयोग स्थान टालस्टाय फार्म कहाँ स्थित था?
(a) इंग्लैण्ड (b) दिल्ली (c) वर्धा (d) दक्षिण अफ्रीका
19. बेसिक शिक्षा में कौन-सा मुख्य सिद्धान्त नहीं था?
(a) साहित्यिक शिक्षा (b) स्वावलम्बन (c) समवाय पद्धति (d) शिल्प केन्द्रित शिक्षा
20. विवेकानन्द जी का नाम किस अवधारणा से जुड़ा हुआ है?
(a) मानव-निर्माण (b) ग्राम निर्माण (c) हस्तकला (d) भारतीयकरण
21. स्वामी विवेकानन्द जी का जन्म का नाम क्या था?
(a) गोपाल (b) नरेन्द्र (c) महेन्द्र (d) दयानन्द
22. किस धर्म-सभा में स्वामी विवेकानन्द ने भाग लिया:
(a) दिल्ली (b) लन्दन (c) शिकागो (d) न्यूयार्क
23. श्री अरविन्द के साथ कौन-सा नाम जुड़ा हुआ है?
(a) एकात्म शिक्षा (b) बेसिक शिक्षा (c) प्राथमिक शिक्षा (d) शारीरिक शिक्षा
24. फ्रोबेल के अनुसार कौन-सा खेल उपयोग नहीं है?
(a) एकाकी नृत्य (b) समूह गान (c) गत्यात्मक खेल (d) उपहारों का खेल
25. नीचे 'क' वर्ग में शिक्षाविद् का नाम दिया गया है। 'ख' वर्ग में उनसे जुड़ा तत्त्व। शिक्षाविद् के सामने सही उत्तर लिखें।

'क'	'ख'
(1) विवेकानन्द	(a) प्रयोगवाद
(2) गाँधीजी	(b) उपहार
(3) ड्यवी	(c) मानव-निर्माण
(4) फ्रोबेल	(d) शिल्प-आधारित शिक्षा

26. नीचे 'क' वर्ग में पुस्तक का नाम दिया गया है, 'ख' में लेखक का। सही लेखक का नाम पुस्तक के आगे लिखें।

(1) हाउ वी थिंक (How we Think)	(a) रूसो
(2) रिपब्लिक (Republic)	(b) ड्यूवी
(3) एजूकेशन ऑफ मैन (Education of Man)	(c) प्लेटो
(4) इमाइल (Emile)	(d) फ्रोबेल

27. संविधान की धारा 211 का किससे संबंध है?
(a) शिक्षा का अधिकार (b) उच्च शिक्षा (c) माध्यमिक शिक्षा (d) मल शिक्षा।
28. संविधान की धारा 45 में कब संशोधन किया गया?
(a) 1976 (b) 1986 (c) 1992 (d) 2002

29. शिक्षा को संविधान की समवर्ती सूची में कब रखा गया?
   (a) 1956 (b) 1966 (c) 1976 (d) 1986
30. संविधान में 'समाजवाद' शब्द कब जोड़ा गया?
   (a) 1952 (b) 1976 (c) 1956 (d) 1986
31. डॉ. सम्पूर्णानन्द किस समिति के अध्यक्ष थे?
   (a) प्राथमिक शिक्षा (b) मूल शिक्षा (c) भावात्मक एकता (d) धार्मिक शिक्षा
32. मुदालियर आयोग ने शिक्षा के किस क्षेत्र पर अपनी संतुतियाँ दीं?
   (a) मूल शिक्षा (b) माध्यमिक शिक्षा (c) प्राथमिक शिक्षा (d) व्यावसायिक शिक्षा
33. विश्वविद्यालय शिक्षा आयोग के कौन अध्यक्ष थे?
   (a) डॉ. राजेन्द्र प्रसाद (b) गांधी जी (c) डॉ. जाकिर हुसैन (d) डॉ. राधाकृष्णन
34. शिक्षा में वैयक्तिक उद्देश्य का समर्थन किसने किया?
   (a) दुर्खीम (b) ड्यूवी (c) कार्ल मार्क्स (d) नन
35. निम्नलिखित में से किस शिक्षा पद्धति में उत्पादन पर बल दिया गया है?
   (a) किण्डरगार्टन (b) माण्टेसरी (c) डाल्टन योजना (d) बेसिक शिक्षा
36. चार आर्य सत्य किससे सम्बन्धित हैं?
   (a) हिन्दू धर्म (b) इस्लाम धर्म (c) जैन धर्म (d) बौद्ध धर्म
37. वेद किस धर्म से जुड़े हुए हैं?
   (a) हिन्दू (b) मुस्लिम (c) जैन (d) ईसाई।
38. सबसे पहले किनका जन्म हुआ?
   (a) महात्मा बुद्ध (b) गुरू नानक (c) हजरत मुहम्मद (d) ईसा मसीह।
39. 2001 जनगणना के अनुसार भारत में साक्षरता प्रतिशत था।
   (a) 65% (b) 75% (c) 55% (d) 60%
40. राष्ट्रीय साक्षरता मिशन की कब स्थापना हुई?
   (a) 1988 (b) 1956 (c) 1976 (d) 1990
41. सर्वशिक्षा अभियान कब आरम्भ हुआ?
   (a) 1990 (b) 1996 (c) 1986 (d) 2002
42. संशोधित धारा 45 का किससे सम्बन्ध है?
   (a) व्यावसायिक शिक्षा (b) नैतिक शिक्षा (c) माध्यमिक शिक्षा (d) शिशु देखभाल तथा शिक्षा
43. 'क' वर्ग के नीचे कुछ दार्शनिकों के नाम दिए गए हैं तथा 'ख' के नीचे दर्शन के 'क' के अनुसार उपयुक्त उत्तर दें।

(1) महर्षि गौतम	(a) सांख्य दर्शन
(2) महर्षि पतञ्जली	(b) प्रयोजनवाद
(3) रूसो	(c) वैशेषिक दर्शन
(4) ड्यूवी	(d) न्याय दर्शन
(5) महर्षि कपिल	(e) प्रकृतिवाद
(6) कणाद	(f) योगदर्शन

44. घर तथा स्कूल में सहयोग स्थापित करने की कौन-सी मुख्य विधियां हैं?
   (a) उत्सवों में अभिभावकों को बुलाना।
   (b) शिक्षकों का कभी-कभी छात्रों के घर जाना, विशेषकर जब वे अस्वस्थ हों।
   (c) अभिभावक-अध्यापक संघ की स्थापना करना।
   (d) उपर्युक्त सभी।
45. प्राचीन भारत में शिक्षा का मुख्य उद्देश्य था
   (a) भौतिक सुखों की प्राप्ति। (b) धर्म का प्रचार। (c) जीवन की पवित्रता तथा मोक्ष प्राप्ति।
   (d) इसमें से कोई भी नहीं।

46. महात्मा गांधी का नाम था:
    (a) नरेन्द्र नाथ (b) मोहन दास (c) मोती लाल (d) मनोहर लाल
47. रवीन्द्रनाथ टैगोर को नोबेल पुरस्कार उनकी किस पुस्तक के लिए मिला?
    (a) गोदान (b) शाकुन्तला (c) भगवद्गीता (d) गीतांजली
48. छात्रों में अनुशासन की भावना का विकास कैसे किया जा सकता है?
    (a) अच्छे कार्य के लिए छात्र को पुरस्कार देकर।
    (b) अनुशासन पर भाषण देकर।
    (v) अनुशासित व्यक्तियों के उदाहरण देकर।
    (d) छात्रों को विद्यालय के कार्यों में भाग लेने के अवसर देकर।
49. शिक्षा आयोगों में कौन सदस्य होने चाहिए?
    (a) शिक्षक, प्राचार्य, शिक्षाविद्, अभिभावक।
    (b) धार्मिक नेता, समाचारपत्रों के सम्पादक, शिक्षा पर लेख लिखने वाले।
    (c) राजनैतिक नेता, प्रबन्धक, वैज्ञानिक, इतिहासकार।
    (d) केवल शिक्षाविद्।
50. छात्रों में समयपालन तथा अन्य गुणों का विकास कैसे सम्भव है?
    (a) भाषण देकर।
    (b) वाद-विवाद का आयोजन करके।
    (c) किसी का उदाहरण देकर।
    (d) स्वयं उदाहरण प्रस्तुत करके।

उत्तर

1. (a) 2. (a) (iii), (b) (iv), (c) (i), (d) (ii) 3. (b) 4. (b) 5. (a) 6. (d) 7. (b) 8. (c) 9. (b) 10. (c) 11. (d) 12. (a) 13. (d) 14. (c) 15. (d) 16. (d) 17. (c) 18. (d) 19. (a) 20. (a) 21. (b) 22. (2) 23. (a) 24. (a) 25. 1(c) 2. (d) 3. (a) 4. (b) 26. 1(b) 2. (c) 3. (d) 4. (a) 27. (a) 28. (d) 29. (c) 30. (c) 31. (c) 32. (d) 33. (d) 34. (d) 35. (d) 36. (d) 37. (a) 38. (a) 39. (a) 40. (a) 41. (d) 42. (d) 43. 1(d) 2. (f) 3. (e) 4. (b) 5. (a) 6. (c) 44. (d) 45. (c) 46. (b) 47. (d) 48. (d) 49. (a) 50. (d)